1987～1990
中国海洋年鉴

中国海洋年鉴编纂委员会
中国海洋年鉴编辑部编

海 洋 出 版 社

《中国海洋年鉴》编纂委员会
成　员　名　单

（均以姓氏笔画为序）

顾　问：

文圣常	青岛海洋大学教授
任美锷	南京大学教授，学部委员
严宏谟	国家海洋局局长，高工
严　恺	河海大学教授，学部委员
曾呈奎	中科院青岛海洋研究所研究员，学部委员

主　编：

杨文鹤	国家海洋局副局长，高工

副主编：

王　勇	国家科委社会发展科技司副司长，高工
佘大奴	农业部水产司司长，高工
汪兆椿	海洋出版社社长，高工
陈伯镛	国家海洋局情报所副所长，副编审
施正铿	青岛海洋大学校长，教授

编　委：

丁一汇	国家气象局气象科学研究院副院长，研究员
马应良	国家海洋局南海分局副局长，高工
牛世奎	山东省海洋技术开发中心主任，高工
王锦康	国家海洋局计划司司长，高工
王　彦	中国海洋石油总公司南海西部石油公司总经理
王善书	中国海洋石油总公司海洋石油勘探开发研究中心副主任，高工
石　松	国家海洋局杭州水处理技术开发中心研究员
史保林	中国盐业总公司副总工程师，高工
白德禄	辽宁省科委海岸带办公室副主任
邢至庄	大连理工大学海工所所长，教授
刘光鼎	中科院地球物理研究所所长，研究员，学部委员
关定华	中科院声学研究所所长，教授
何志刚	上海海洋石油开发工程联合公司董事长，高工
朱大奎	南京大学海洋研究中心教授
朱继懋	上海交通大学水下工程研究所所长，教授
孙湘平	国家海洋局一所研究员
宋小棣	杭州大学教授
杨启伦	地矿部上海海洋地质调查局总工程师，高工
杨金森	国家海洋局海洋发展战略研究所副所长，副研究员
余宙文	国家海洋局科技司司长，教授
苏纪兰	国家海洋局二所教授
李允武	国家海洋局技术研究所所长，研究员

进军海洋
造福人民

[illegible]

开发黄金海岸
造福亿万人民

康世恩
一九八七、二

發展海洋事业，
振興國家经济。

李先念
一九八七年八月廿日

研究开发海洋，延伸活动空间，是中华民族面临的紧迫任务。

祝贺中国海洋报创刊

宋健

一九八九年五月卅日

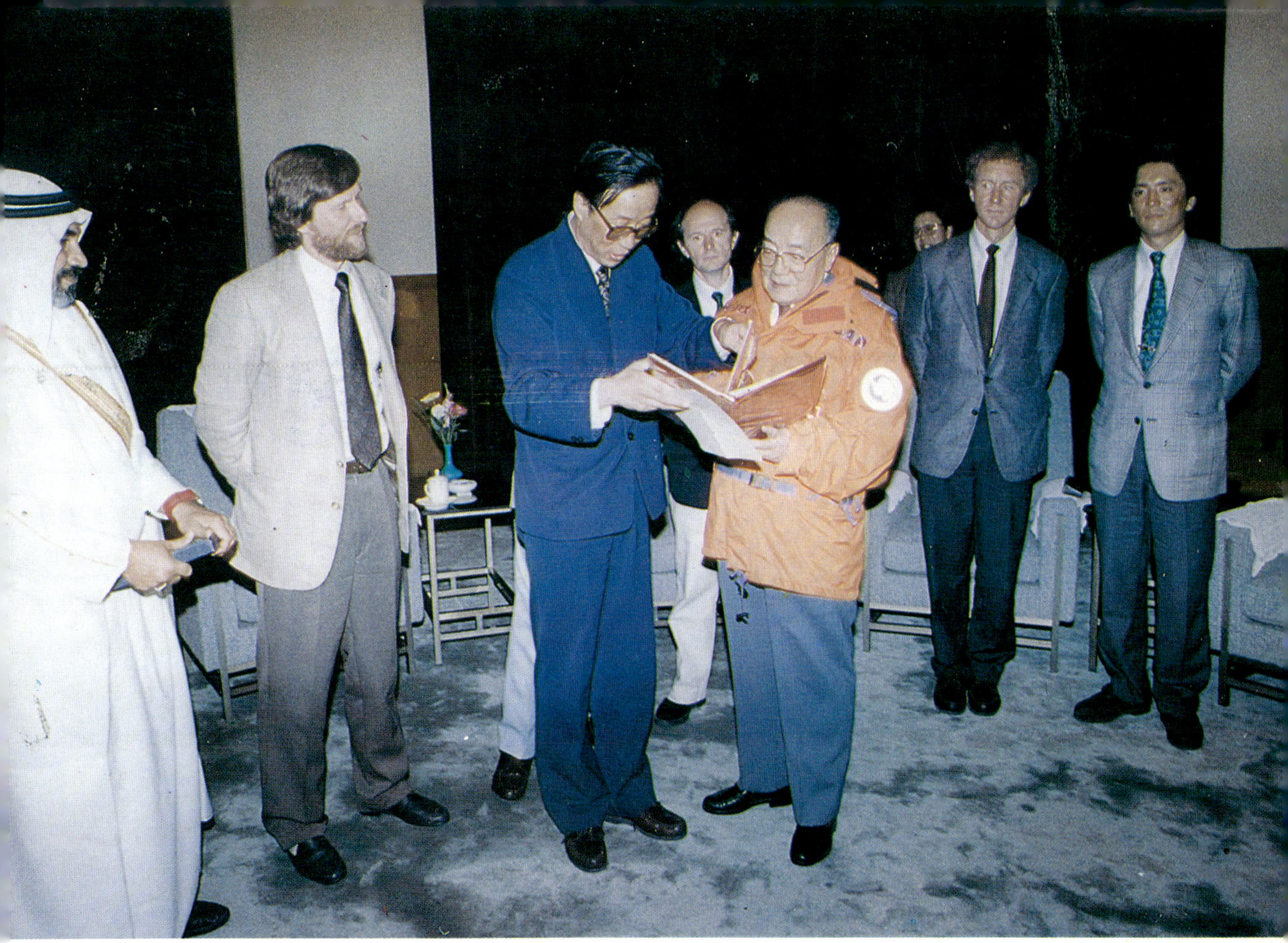

1990年5月9日，国家主席杨尚昆在人民大会堂接见国际横穿南极探险队。杨主席身着探险队赠送的南极服与秦大河亲切交谈

李鹏总理参加中澳渔业协定签字仪式

李瑞环同志在天津题词"苦干三年,吃鱼不难"

王震同志视察长岛海珍品增殖中心

周谷城在"极地"号船上为中国首次东南极考察队挥笔题词:"考察南极,造福人类,敬祝南极中山站建成"

国家“六五”海洋遥感攻关课题成果鉴定会于1986年在北京举行。方毅、宋健出席了会议并参观其成果展览

周谷城于1989年4月26日视察“极地”号科学考察船

◀ 田纪云副总理在广西展厅参观

全国海岸带调查成果汇报展览会 1987 年 1 月在北京举办，康世恩、宋健、周培源、雷洁琼、武衡等出席了开幕式并参观了展览，康世恩为展览会开幕式剪彩

南海2号在恩平18—1—1井就位作业

平潭风力发电

南海北斗——硇洲灯塔

蓬勃

▶ 设备完善的海珍品苗种繁

▼ 舟山浅海养殖

▲ 中日海上水产品加工技术会议纪要在北京签字

▼ “东方”号调查船

发展的中国海洋水产业

▲ 中国水产学会与台湾水产考察团互赠礼品

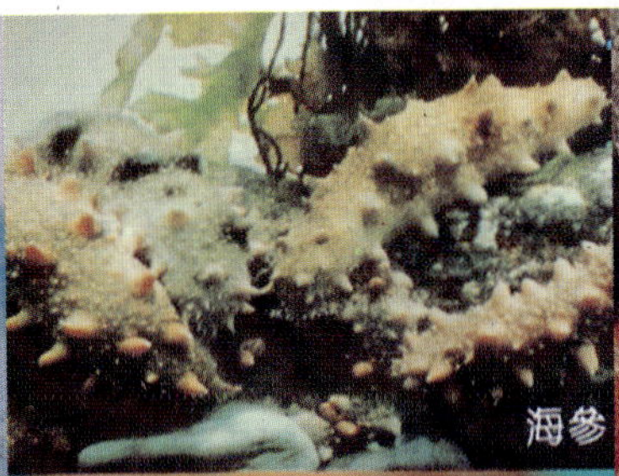

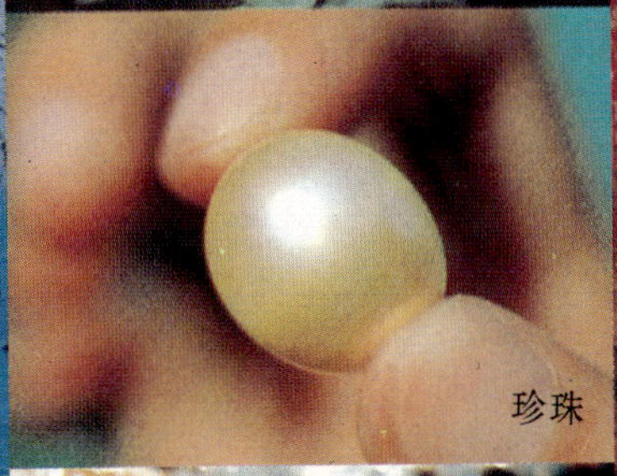

◀ 扇贝

◀ 具有国际先进水平的渔具模型试验水槽

▶ 水产加工品

南沙综合科学考察

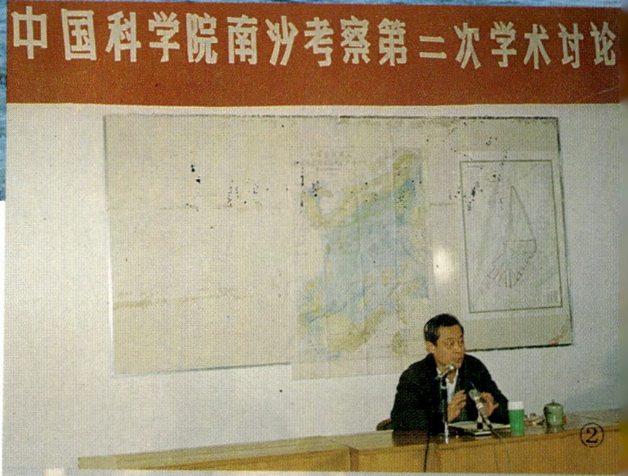

1987年，经国务院批准，由中国科学院牵头联合各部委组织南沙综合科学考察队。4年来已对南沙群岛海区进行9个航次的海上考察，总航程近5万海里，考察内容有10多个学科30多个专题，获得大量的资料、数据、样品和标本，为南沙的研究与开发积累了第一手宝贵的资料。

①在南沙仙娥礁作测量

②南沙考察领导小组组长、中国科学院副院长孙鸿烈作总结发言

③在南沙海区汽枪悬挂拖曳和激发在工作中

④在南沙岛礁上架设观测台

⑤南沙信义礁的考察碑石

⑥在南沙岛礁上捕鱼

发展中的连云港

国家“七五”计划期间，连云港完成港口投资10.7亿元，交付使用万吨级以上深水泊位8个，新增吞吐能力1140万吨

▲ 年设计通过能力140万吨的三突堤杂货码头

▲ 年设计通过能力100万吨的木材专用码头

▲ 年设计通过能力900万吨的庙岭煤炭专用码头

▶ 兴建中的庙岭二期工程，除木材专用码头两个2.5万吨级泊位已交付使用外，集装箱和散粮三个专业深水泊位仍在施工中。图为散粮码头“筒仓”

◀ 卫星接收

▲ 中国第一个深海资料浮标在水深 4 000 米海域工作

▲ 圆满完成中美海气合作调查第八航次胜利归来的向阳红 14 号船

▶ “中国海监 72”船

中国海监航空大队

飞机航片

▲ 航空遥感飞机“中国海监”号

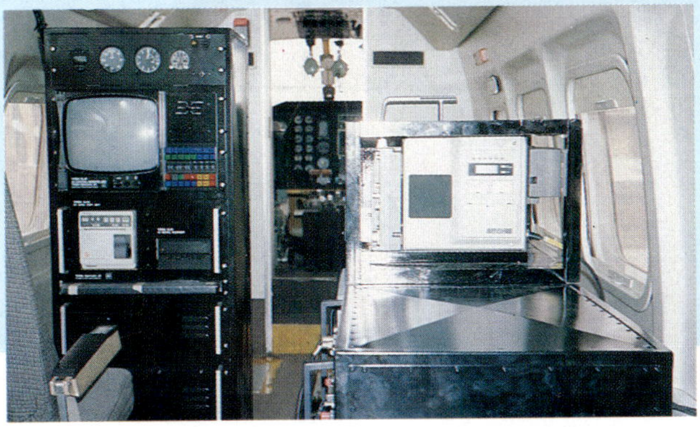

◀ 3808 飞机遥感设备

▶ 南沙永署礁海洋观测站于 1988 年 8 月 2 日建成。图为该站 工作人员欢迎国家海洋局派 来的慰问团

《中国海洋年鉴》编纂委员会于1989年12月8～9日在天津召开第二届编委会成立大会暨第一次工作会议，编委会主任杨文鹤主持会议并讲了话。

为了适应我国海洋开发及沿海经济发展的新形势，本届编委会加强了海洋产业部门和沿海省(市)海洋开发部门代表的力量，组成了一个由国家有关部委、海洋产业部门、沿海省(市)海洋开发部门、中科院、高教系统以及国家海洋局系统等海洋界知名专家、学者和领导干部参加的新阵容。

上图为主编杨文鹤主持会议

下图为参加会议的编委会成员及其代表以及编辑部人员

编　辑　说　明

《1987～1990 中国海洋年鉴》系由我国海洋界各有关部门和单位共同编写的中国海洋方面的大型综合性、资料性、史册性工具书。其宗旨是在坚持四项基本原则的前提下，全面反映中国海洋界各部门、各行业、各地区在海洋管理与保护、海洋开发利用、海洋科学与技术等方面的基本面貌和发展情况，记载海洋界所取得的重大成就，以及发生的重大事件和重要活动，记录海洋工作者的辛劳业绩，真实地留下编年的记载，为管理人员和科技人员了解中国海洋事业的发展概貌提供翔实可靠的资料，为发展我国的海洋事业、促进我国国民经济建设服务。

1989 年 5 月，专职的《中国海洋年鉴》编辑部在国家海洋局情报所正式成立，同年 12 月，第二届"中国海洋年鉴编纂委员会"正式组成；各产业部门、地方政府海洋部门、科研、教育部门的海洋单位以及国家主管部门都提供了 1986～1989 年间的新进展、新成果概况，从而为本年鉴编纂出版工作打下了良好的基础。

本年鉴在 1986 年卷本的基础上，在框架总体设计、内容编排格式、版面安排等方面均有较大变动，主要是：

1. 注意突出"大海洋"的观念，力求较全面地反映我国海洋工作的全貌和各行各业各地区的特色，为此本卷专门设立了产业篇、地方篇；随着海洋综合管理的开展和加强，本卷增设了管理部分；南极考察是具有国际影响的综合科学考察活动，故独立设置南极篇；本年鉴着重突出中国海洋事业的进展，国外内容仅单列一篇。这样，本卷共设 9 个篇目（34 个部分）：(1)综合篇；(2)产业篇；(3)综合管理与公益服务篇；(4)海洋科学与技术篇；(5)海洋教育与新闻出版篇；(6)南极篇；(7)地方篇；(8)国外篇；(9)附录。全书收集了 1986～1989 年间的各种海洋事件、事实和资料，并对 1986 年卷本未收入的 1986 年前的重要事件及进展作了简要补充。

2. 在内容编排格式和版面安排上，除了综合篇和附录篇以外，全部以"条目"形式编排内容，并统一用黑体字加【　】表示，内容较长的则下设小条目，仅以黑体字表示，以增强其可检索性；字号用小五号，使版面紧凑，经济。

本年鉴是社会主义大协作的产物，是全国几十个部门、几百名海洋工作者共同努力的结晶。在整个组稿、审稿、编辑过程中，得到了国家各有关部门领导机关的支持，得到了各部门各单位的积极合作，得到了海洋界著名人士、专家、学者的热情指导和帮助。这里应特别指出的是，对本书作出贡献的除书中署名者（包括作者）外，还有：国家海洋信息中心主任侯文峰、研究员许启望，国家海洋局海岛司司长苏胜全，海水淡化与综合利用研究所副所长于开泉，海洋出版社总编周培兴、副总编王小楠，交通部科技司高级工程师潘忠琴等参加审阅了书中的有关部分；董伟参加过部分条目的编辑工作；刘天华、余学青设计了彩页版面。在此一并致谢。

由于我们的编辑水平有限，经验不足，人员又少，因此，本书在框架设置、内容选取、行文体例等方面，都难免存在这样或那样的问题，敬祈关心、爱护《中国海洋年鉴》的各级领导和读者批评指正，帮助我们改进工作，使《中国海洋年鉴》越办越好，常出常新。

中国海洋年鉴编辑部

1990 年 12 月

目 录

综 合 篇

专 文

特 载

大事记

海洋法规选编

产 业 篇

海洋生物资源开发

海洋石油和天然气资源的勘探与开发

海上港口与运输

海洋盐业及海水化学资源开发

海底固体矿产资源的勘探与开发

海水淡化和水处理技术

海洋能开发

综合管理与公益服务篇

海洋综合管理

海洋环境预报服务

海洋信息管理与服务

海洋资料服务

海洋情报服务

海洋文献服务

海洋科学与技术篇

海洋调查

海洋科学研究

物理海洋学

海洋气象学

海洋物理学

海洋化学

海洋地质与地球物理学

海洋生物学

海洋医学

海洋经济学

海洋法学

海洋技术

水声工程技术

潜水技术和水下工程

海洋无线电导航定位技术和通信技术

海洋遥感技术

海洋环境观测技术

海洋防污、防腐、防附着技术

船舶及海洋工程技术

海岸工程技术

海洋教育与新闻出版篇

海洋教育

海洋新闻与出版

南 极 篇

地 方 篇

辽宁省海洋、海岸带综合开发

河北省海洋、海岸带综合开发

天津市海洋、海岸带综合开发

山东省海洋、海岸带综合开发

江苏省海洋、海岸带综合开发

上海市海洋、海岸带综合开发

浙江省海洋、海岸带综合开发

福建省海洋、海岸带综合开发

广东省海洋、海岸带综合开发

海南省海洋、海岸带综合开发

广西壮族自治区海洋、海岸带综合开发

台湾省海洋、海岸带综合开发

国 外 篇

美 国

日 本

苏 联

英 国

法 国

联邦德国

加拿大

印 度

东南亚地区

主要的国际海洋计划

附

附 录

综　合　篇

专 文

迎接海洋事业发展的新时代

严 宏 谟
(国 家 海 洋 局)

海洋拥有人类赖以生存的丰富资源。新技术革命的浪潮,使人们的传统海洋观念发生了深刻变化,中国的改革开放政策的实施,更为中国的海洋事业注入了新鲜的活力,使得中国的海洋事业在80年代取得了令人瞩目的成就。

1.改革开放政策的实施,沿海地区人民群众海洋意识的增强,加快了中国海洋开发的步伐 随着1980年开始的"全国海岸带和海涂资源综合调查"的开展,向海洋要财富、变海洋优势为经济优势,已成为人们的共识。几年来,沿海和近海区域,从事海洋开发的部门增多,开发内容增加,规模扩大,并且出现了国家、集体、个人一起上的海洋开发局面,各方面的积极性空前高涨。沿海很多省市从战略高度出发,提出了经济发展新战略,一场前所未有的开发利用海洋的热潮已在沿海地区兴起。

2.新兴海洋产业异军突起,传统产业焕发青春 自1986年以来,海洋渔业稳步发展,海产品产量持续上升,到1989年,产量达661万吨,比1985年增加242万吨,年均递增率为12%;海洋水产养殖业发展迅速,1986年养殖产量为85.76万吨,到1989年达157.56万吨,年均递增达22%;远洋渔业已形成10万吨的捕捞能力;沿海港口的深水泊位达250多个,吞吐量近5亿吨;中国已拥有3 700多艘海洋运输船,载重量达2 200多万吨,海洋运输业已成为国家交通的重要支柱;中国的海盐产量居世界第一,1989年达1 885.84万吨,占中国原盐产量的60%以上;海洋石油、海洋化工、海洋能、海水淡化等一些新兴海洋产业和高技术产业也异军突起,发展迅速。1989年已经建成和正在建设的海上油气田9个,原油产量达95万吨,预计到1992年原油生产能力可达500万吨,天然气达5亿立方米。据统计,1989年,全国海洋产业部门的产值达245亿元,比1979年的60多亿元增长了4倍,成为国家经济建设中不可忽视的领域。

3.海洋综合管理能力增强,并由经验型走向法制化 从1983年开始,中国"海监"船和"海监"飞机与中国"港监"、"渔政"等执法部门一起,形成了空中、海上、沿岸密切配合的执法系统,1984年建成"全国海洋环境污染监测网",减轻和控制了海洋环境质量的下降;1988年,在国务院确立了国家海洋综合管理职能部门后,基本上形成了国家海洋局—海区分局—管区—监察站的国家海洋综合管理系统;沿海省、直辖市、自治区人民政府相继成立了地方海洋管理机构,不仅促进了海洋的开发与保护,而且使中国的海洋管理体制更趋合理和完善。

4.中国海洋科技事业取得突破性进展 1986年,中国完成了为开发海洋资源所进行的海岸带和海涂资源综合调查,不仅在国内,而且在国际上都引起了强烈反响;1983～1989年,完成了大洋多金属结核资源调查和地质科学综合考察,发现并圈定了多处大面积的富矿区,并向联合国国际海底管理局提出了"大洋海底矿区"的申请;在1984年12月25日首次登上了南极洲之后,又连续进行了6个航次的南极考察,建成了两个常年科学考察站,开展了南极多学科考察活动,南极科学考察工作所取得的成就,受到国际上的高度赞扬;1988年在远离大陆数百海里的我国南沙群岛上建成了现代化的海洋观测站;在此期间完成了一些重大的海洋环境和资源调查,完成了国家有关攻关项目和专题的科研项目,取得了一大批科技成果,并直接应用于海洋开发。据不完全统计,1980～1989年,中国取得重大海洋科技成果506项,全部获得省、部级或国家级奖,有的还处于国际领先地位。同时,中国还积极参与了如热带海洋和大气相互作用研究等重大的国际海洋科学计划,并在其中发挥了重要作用。

中国海洋工作取得了巨大成就,但是应当看到,中国海洋工作的基础比较薄弱,海洋经济在国民经济中的比重还比较小。特别是近几年来,随着开发海洋资源和保护海洋环境的发展出现了一些新问题，主要是(1)我国尚未形成统一的合作协调体制，使得海洋的综合效益不够理想；部分地区着眼于局部利益和急功近利，给海洋环境和生态平衡造成损害；(2)海洋法律、法规尚不健全，维护海洋权益的形势相当严峻；(3)我国是世界上遭受海洋灾害最多的国家之一，每年的直接经济损失达数十亿元。而目前我国海洋减灾防灾系统尚不完善，监测网络不够健全，一些重要技术装备比较落后。

90年代，中国海洋工作的基本指导思想应以开发海洋资源、发展海洋经济为中心，围绕权益、资源、环境和减灾开展海洋综合管理。基本任务是，健全海洋基本法律，维护海洋权益，合理利用海洋资源，保护海洋生态环境，减轻海洋灾害损失，以促进中国国民经济、特别是沿海地区经济"翻两番"的宏伟目标的实现。具体需要抓好以下几个方面的工作：

1. 加强海洋立法和管理，制订和完善重大海洋法律及专项法规，理顺在管理上的一些交叉关系，形成综合协调和分工负责相配套的海洋管理体制。

2. 依靠科技进步，统筹兼顾，合理安排开发或整治的总体布局来发展中国的海洋产业，综合利用各种海洋资源。在这一工作中，一是根据各地、各海区的环境资源特点，制订科学的海洋功能区划，二是要抓好海洋开发规划，三是在适当时机，颁布并实施有关海洋开发的法规条例。

3. 采取有力措施，保护海洋生态环境。坚决贯彻实施"海洋环境保护法"，并依据长期、统一的海洋倾废控制方针，对某些重点海域实行污染物的总量控制。同时，通过建立海洋自然保护区，保护和挽救一批海洋自然生态景观和资源。

4. 加强海洋环境监测、预报和防灾、减灾系统的建设，提高海洋公益服务能力。90年代将加强海洋监测系统的技术改造和设备更新，进一步完善和健全海洋监测网，提高对海洋环境的综合监测能力。健全国家和地方两级海洋灾害预警系统，重点发展风暴潮、海浪、海冰等灾害预报技术，提高预报时效和准确率，在本世纪末达到国家减灾规划要求的指标。

海洋事业的发展，直接关系到国民经济和社会的发展。海洋工作综合性强，单靠任何一个部门是完成不了的。90年代需要增强全民族的海洋意识，树立"大海洋"观念，各部门、各地区按照各自的分工，通力合作，以切实有力的实际行动，把中国的海洋管理好，开发好，保护好。争取在未来10年里取得更多的突破性进展。

（本文作者系国家海洋局局长）

增强海洋意识　建设海上辽宁

林　声

（辽宁省人民政府）

辽宁，作为我国的一个海洋省，有其独特的自然条件和地理优势。它横跨黄渤二海，大陆岸线和岛屿岸线长达2 800多公里，近海水域面积是陆地耕地面积的1.7倍，且海岸线类型齐全，具有多种开发利用价值。仅就海岸带和近海水域而言，其海洋资源具有八大优势，即：港口航道、鱼类生物、滩涂土地、盐田、苇田、油气田、海滨矿砂和滨海旅游资源。其中，芦苇、水产养殖的产量和金刚石蕴藏量，均在全国名列前茅。辽宁省背靠东北平原广阔腹地，是东北地区经济振兴的前沿，面向正在发展的渤海经济圈、东北亚经济合作区和环太平洋经济圈，处于重要的战略地位。辽宁省还是全国重要的工业基地，具有雄厚的海洋开发物质基础。更重要的是全省已初步形成一支专业齐全、适应性较强的科技队伍，各类专业技术人员达52万人，居全国第二位。仅大连与海洋有关的单位就有30多个，工程技术人员5 000多人。

80年代以来，在党的改革开放政策的指引下，辽宁省的海岸带和海洋开发，呈现了蓬勃发展的形势。滩涂养虾业和贝类管养的成功尝试，使我省沿海市、县(区)年产值增加6～7亿元，为国家增收创汇1.7亿美元，一些集体和相当多的渔民由此脱贫致富。锦县大有农场，拥有5万亩滩涂，1986年以前以种水稻为主，收益不大。1986年后，大力发展对虾养殖，到1989年，不仅还清了国家1 000万元贷款，还挣回了一个具备2万亩养殖池及育苗、冷冻加工等成套设备的养殖场。在沿海地区的渔民中，也出现了不少万元户、十万元户，甚至百万元户。仅据东沟县的不完全统计，在银行存款上百万元户的就有20多户。渤海的油气资源开发，已显露出巨大的潜力，除已开发的辽河油田外，在我省的辽东湾又打出了日产千吨以上的油井，用不了多久，辽东湾海面将会陆续竖起一批石油钻井平台。辽宁省的海洋运输业近年同样有了长足的发展。大连、丹东、营口和正在兴建的锦州、盘锦等港口码头，已初步形成了五口通商的格局。在占有50%以上旅游资源的滨海地带，旅游业正方兴未艾，目前沿海已有10多个县区新建立了滨海旅游点和风景区，比较著名的有兴城海滨、营口鲅鱼圈海滨浴场、金州的金石滩和碧海山庄等。全省滨海地带每年接待国内外游客近千万人次。所有这些，不仅给我省的经济发展带来了十分明显的效益，而且使人们对海洋的认识程度大大加深了一步。

实践证明，开发利用海洋资源，对于开放辽东半岛，振兴辽宁经济，具有举足轻重的现实意义和长远的历史意义。当前，在辽宁省国民经济中最突出的薄弱环节是农业，我省耕地有限，且逐年在减少，现人均耕地已降至1.36亩。1988年年底，省委书记全树仁同志在省农村工作会议的报告中曾提出：我们不能只看到"六山一水三分田"、人均占有耕地不到1.4亩的"陆上辽宁"，我们还要看到拥有9 600万亩海域，296万亩滩涂，100万亩退海荒滩的"海上辽宁"。并号召全省人民为建设"海上辽宁"，首先开发利用水面耕地，向农业大倾斜，这是一个重大战略决策。对此，我们必须从长远的眼光出发，从战略的高度来认识，绝不可身在港湾而不知港湾之可贵，地处沿海而不知利用和保护海洋之无穷资源。

建设"海上辽宁"，首先要转变人们传统的大陆思想，树立海洋国土观念，增强海洋意识，把人们的生产活动范围向海洋推进。要在本世纪末使我省海岸带和近海海域的工农业总产值达到全省国民经济总产值的一半以上，让建立起来的"海上辽宁"可与"陆上辽宁"相媲美，加速全省经济腾飞。在布局上，以国家重点建设项目为龙头，发展临海产业，建立更多的沿海卫星城市，形成沿海工业带。在辽东半岛则以大连为龙头，以丹东、营口为两翼，把发展外向型经济与海洋资源开发结合起来。在开发利用海洋资源中，要广泛采用新技术，改造传统的海洋产业，发展新兴的海洋产业。同时要做好环境和资源的保护工作，做到经济效益、社会效益和生态效益的统一。应以辽河三角洲为基础，创建生产建设和生态建设相结合的模式区。要大力加强海洋科技研究工作，抓住一些重要研究课题，争取在短期内有较大突破，并同时注意人才培养。要从我省的全局出发，制定海洋开发利用规划，并把这一特定国土开发项目作为重要组成部分纳入全省发展规划之中。近期我省海岸带和海洋开发的主要任务是：改造和扩大四种产业，开拓和繁荣五个经济区，发展和建设六大生产基地。要以长山列岛为依托，建设海上渔业生产示范基地县。要加强海洋的综合管理，建立健全有关的海洋管理机构，制定有关海洋管理法规，建立严格的海洋开发利用审批手续，做到有法可依，有章可循，依法治海，综合管理。要增加海洋开发资金的投入，各级地方政府财政也要进行必要的投入和支持。当前，全省要以海水增养殖为突破口，首先解决粮食生产中动物蛋白质的增产问题，进而向海洋的深度和广度进军，加速"海上辽宁"的建设步伐，为我省的经济腾飞做出贡献。

(本文作者系辽宁省副省长)

要加快沿海城市的建设

钮因义

（国家海洋局情报所）

改革开放政策和沿海地区经济发展战略给沿海地区带来了巨大活力和迅速的发展。在沿海地区经济发展中，沿海城市发挥了极其重要的主导作用。

一、沿海城市的基本现状

沿海地区现有拥有海岸线或靠近海岸的城市42座，总人口超过4 000万，其中非农业人口约2 700万。平均每万平方公里有城市1.5座。城市的分布密度和城市化程度，都高于全国和东部地区的相应水平。

沿海城市中包括直辖市2个、省会城市和计划单列城市9个、地级市21个、县级市10个。它们分别是全国的、地区的、省和地方的经济中心，同时也是政治中心和文化中心。沿海城市中，城市非农业人口超过200万的有上海、天津、广州，城市规模属特大城市。非农业人口在100～200万的有大连、青岛、杭州，属大城市。以上6城市非农人口占沿海地区非农总人口的64.7%。非农人口在20万～100万的有21座城市，属于中等城市。非农人口在20万以下的有15座，属于小城市，人口只占沿海地区总人口的7%左右。特大城市和小城市的发展规模，相差十分悬殊。

按城市的经济发展水平和城市功能指标，沿海城市大致上可分为四个档次。上海市的工业总产值、社会商品零售额、海港货物吞吐量均居全国之首，是当代中国最大的综合性经济中心，世界著名的港口城市。属于发展的最高档次。天津市和广州市是全国性综合经济中心；它们又分别是华北地区和华南地区的经济中心和重要的对外口岸。发展水平属于第二档次。属于发展第三档次的有青岛、大连、杭州，它们都是大区域性经济发展中心。其它城市属于第四发展档次，其中包括省级经济中心、经济特区、地方经济中心、进出口口岸、旅游中心和侨乡。沿海城市的经济发展规模和水平是和城市的非农业人口多少相适应的。特大城市和小城市非农人口相差悬殊，恰好反映了它们经济发展水平的悬殊性。

1980 年以来沿海地区已有 5 个经济特区和 14 个开放城市。它们是改革开放政策的产物，是在对外开放中迅速发展起来的新型城市。它们拥有开放程度最高和享有特殊政策的优势，从而使城市外向型经济得到迅速发展。在不到五年内（至 1985 年），5 个经济特区的工业总产值已达到 56.76 亿美元，占整个沿海城市工业总产值的 3.55%。十年中，深圳经济特区引进外资 27 亿美元，建立了 2 570 家三资企业。1989 年深圳的工业总产值已达 116 亿元，比 1979 年增长了 193 倍。沿海 14 个开放城市的工业总产值已占沿海城市工业总产值的 76%。港口货运量占沿海城市港口货运量的 94%以上。可见沿海开放城市在沿海地区经济发展中的举足轻重的地位。实践证明，设置经济特区和沿海开放城市的决策是完全正确的，经济特区和开放城市的潜在能量很大，有待进一步发掘。

二、沿海城市的特点和问题

1. 沿海城市分布不均衡　中国大陆岸线长 18 000 km，有设市的城市 42 座，平均 400 多公里才有一座。对于拥有 960 万 km^2 的国土和约 300 万 km^2 的管辖海域的中国，这样的沿海城市密度是过于稀疏。而且它们基本上形成三个集群分布在渤海、长江口和珠江口沿海地区。按海区来看，黄渤海沿海城市分布较均衡，其次是东海，南海最稀疏。浙江以北的沿海地区有特大城市 2 个，大城市 3 个，中小城市 13 个。福建以南的沿海地区有特大城市 1 个，中、小城市 23 个。如果把沿海地区的城镇分布情况一起分析，那么分布不均衡性就更加明显。沿海地区有海岸线的县辖镇约 1 064 个。平均每百平方公里有城镇珠江口有 0.9 个，城镇人口 3 万，长江三角洲沪杭甬沿海地区有 0.5 个，城镇人口 4.7 万，广西沿海地区分别为 0.12 个和 0.2 万人，海南岛 0.08 个和 0.19 万人。海南岛城镇密度还不到珠江口的 1/10，城镇人口不到珠江口的 1/15。珠江口地区城镇密度比沪杭甬地区高，但它的城镇人口比沪杭甬地区低，说明它小城镇多，城镇化程度低。

2. 沿海城市分布不合理　从宏观上看，沿海各省、自治区、直辖市都有一个或一个以上的港口城市。这些港口城市不仅为所在的省、自治区、直辖市提供了出海口，同时也为中部地区和西部地区提供了出海口。由于沿海城市分布不合理，城市的作用得不到充分地发挥，同时，也制约了城市自身的发展。三个特大城市中最大、发展档次最高的上海市，居全国海岸带的中部，天津市和广州市分别居全国海岸带的北部和南部。它们高度发达的经济水平和城市的综合功能所形成的辐射力和聚合力，基本上覆盖华东地区、长江流域、华北地区、华南地区和珠江流域。这样的布局是比较合理的，港口城市的功能得到很好地发挥。但是，大、中、小城市的分布在长江三角以北地区比较合理，在以南地区就很不合理，除广州外没有一个大城市，多数中、小城市的发展档次也较低。从整体来看，沿海特大城市和小城市的规模，发展水平相差过于悬殊。城市过大会带来人口、土地、住房、能源、交通、用水、环境等一系列问题，影响城市功能的更好发挥。城市过小就不能推动和影响周围地区的发展，对城市自身的发展也缺乏活力。

3. 发展速度小城市比大城市快，南方比北方快　在开放政策的引导下和大城市的辐射、扩散影响下，中、小城市正在迅速发展。沿海城市的发展南方比北方快，小城市比大城市快。五个经济特区都在南方，近几年发展突飞猛进。上海市 1980～1985 年非农人口增加 14.84%，而宁波增加了 75.8%；广州非农人口增加 12.25%，而佛山增加 19.65%，江口增加 24.86%，深圳增加 180.5%，珠海增加 110.65%。随着开放政策的深入贯彻，中、小城市发展速度高于特、大城市的发展速度的趋势将日益明显。另外，城市的微观空间分布和结构也正在发生变化。沿海城市有一半以上是河口型港口城市，河口因受各种营力的作用变化急剧，并且容易发生淤浅。同时由于运输船舶的大型化和吃水深度加大，原来的港口不能适应而必须向河口和口外深水岸线扩展，港口城市市区也不断向海滨、河口下游延伸。沿海城市这种空间上的变化近几年发展很快，还会继续发展。这给城市规划、海岸线的分配和利用等都带来了许多新问题和新矛盾。经济特区和开放城市中的经济技术开发区的迅速发展，使经济特区与其他城市之间、经济技术开发区与同一城市的其他区域、产业之间如何协调、联结等问题，都需要认真探索。

三、沿海城市的建设是个战略问题

当前全国人民正在党中央领导下为实现社会主义建设第二步的战略目标而奋斗。李鹏总理在全国计划工作会议上的讲话中指出要继续执行改革开放的方针

特　　载

宋健同志在海岸带综合开发座谈会上的讲话

（1987年1月6日）

现在我说几点意见。为了加强海岸带和海洋资源开发管理，国务院决定成立海洋资源研究开发保护领导小组，已经开过一次会了，正在研究帮助中央各部委、各省市自治区做些什么。今天，我想就海岸带和海涂资源综合调查和开发工作有关问题，简单说几点意见。

这次海岸带和海涂资源综合调查工作已经胜利完成，成绩很大。这项工作搞了七年，十个省市区、十五个部门共15 000多人参加，这恐怕是中国有史以来一次规模较大的调查。摸清了情况，积累了资料，为今后海洋和海岸带的开发打下了很好的基础。应该充分肯定参加这项工作的同志们的贡献，包括耐心、细致地组织这项工作的各个部委、各个省市区的领导同志。我想建议，是否给参加这次调查工作优秀的、有成就的、做出贡献的同志以奖励。奖励也不一定给奖金，可以授予奖章等，以表达中央、人民对他们的感谢。所得到的调查资料非常宝贵，各个省都应整理出版。各个省都在搞省志，其实这就是省志中一个非常实惠的部份。建议大家花点钱出版，好好把资料搞出来。我们如果不积累资料，等到下一代要找就没有了，这些资料非常珍贵，应该长期保存，甚至永久保存。

这次调查也引发了一些关于海洋保护开发方面很好的意见。我建议把这次海岸带调查的基本结果和基本结论再浓缩一下，连同对今后工作的基本意见，一起向国务院写个报告。如果认为问题重大，也可以申请向国务院常务会议作一次汇报。

大家谈了很多观念上的转变，首先树立海洋国土的观念，很重要。中国的人口多，粮食压力很大，假使一个人要400公斤，到2000年就要4 800亿公斤。按现在的预测，人口到2021年左右可能要到十四五亿，粮

政策，要继续贯彻沿海地区经济发展战略，努力发展外向型经济。为了继续巩固和发展沿海开放地区和地带，使其更好地发挥在对外开放中的重要作用，应该从战略高度加强对整个沿海城市的建设和发展。

1. 要根据国家十年规划和更长远的展望，并在国际大背景下，对沿海城市的宏观布局和建设进行专门研究，确定战略目标，单独制定沿海城市远景规划。

2. 加强沿海城市的宏观调控，优化特、大、中、小城市的结构和布局。适当控制特、大城市规模，强化和完善特、大城市功能，重点加强中等港口城市建设，大力发展小城市和成千个小型城镇，形成由若干特、大、中、小城市和城镇配置合理的城市群组成的沿海城市体系。

3. 对沿海城市微观空间布局的变化、老城市的扩展、新城区的建设都要有科学态度，充分考虑和遵照全国海洋功能区划和海岸带分区综合开发规划，使珍贵的海岸得到合理利用。在发展多功能的综合性中心城市的同时，要因地制宜，发展和建设有中国特色的城市，如科学城、旅游城等，使沿海城市多姿多彩。

4. 执行开放政策，加速沿海城市的开放步伐，扩大开放范围和提高开放程度。沿海城市应在照顾大局、全国一盘棋的指导思想下，充分利用自身的区位优势和经济技术优势，采用各种方式和渠道，发展外向型企业，发展新、高技术产业，促进整个沿海地区经济发展和加快产业升级的步伐。

5. 沿海城市的发展和建设，要顺应世界潮流，面向世界、面向未来和面向现代化，依靠科技进步，实行科技兴市的战略。把沿海城市的发展建立在依靠科技进步这个基点上，把各项工作转移到依靠科技进步的轨道上来。但各城市的条件不同，必须从实际出发，实事求是，把重点放在科技兴农、科技兴企业上，想方设法走上低消耗、低成本、高效益道路。达到经济效益、社会效益、生态效益的统一，使城市健康发展。

（本文作者系国家海洋信息中心总工程师，研究员）

食将一直是紧张的。35万平方公里的海岸带地区将来到底能养多少人口，这个账给中央、国务院报一下是很好的。将来人口到十五亿的时候，这个海岸带最好能养上三五亿人。弄清海岸带能养多少人口，这个大账是比较直观的，战略意义不言自明。还应该讲清楚，最近这二三十年内海洋开发对国家和人民可能有多大作用，特别应该预测一下可用于水产养殖的总面积。海洋局应该根据各方面专家的意见综合一下，向国务院报告。这是大账，这是战略性质的东西，决定战略、政策的事应该说清楚。比如说海岛，海岛到底能养多少人？到底有多少个岛？总面积多大、开发的前景如何等等。海洋局有责任把这个数字搞准。

关于下一步工作，大家提了很多意见。海岛是应该弄清楚，不仅仅是海岛本身的问题，刚才尤芳湖同志说现在是只统计500平方米以上的，这恐怕要做具体分析，要照顾到国土的延伸，要为后代想想。经委已经指示要开发海岛，这是从经济角度上考虑，经济和国土应该能够结合起来。过去海岸带调查是每年经费300万，调查海岛要多少钱?请算算账，从各方面集一点资不是不可能。从当前情况来看，海岸带调查完了以后，海岛调查应继续进行。

另外，逐步搞开发、保护，这个原则一定能被人民、各级政府所接受。海洋开发也应该搞联合，如天津、上海的力量很强，应该大力参加联合开发，山东的长岛就可以向外省市开放，特别向天津市开放，这样可以吸引人才、资金，加快开发速度。浙江省有近2 000个岛，上海市力量强，资金也多，可以搞联合开发。国际上可以联合开发，国内更应联合。海南岛基本上还是没有开发的处女地，自己开发的力量不够，应该搞横向联合，这是中央的政策。

关于经费问题，我同意杨浚同志意见，海洋开发应主要靠地方和群众集资，若等国家给钱，可能是白等，把时间耽误了。国家投资即便有一点，也只能限于支持综合性的调查研究。如果指望中央用很多钱支持你进行大规模的建设，例如胶州湾的开发，是比较困难的。我们希望各个部委结合自己的计划，支持海洋开发工作。但是，最可靠的办法，最终还是由人民集资，这一点应该非常明确。陕西开发神木煤矿，采取的办法就不象过去那样全靠国家投资几十亿修煤矿，那样做要几十年才能达到3 000万吨规模。由群众采矿，由小到大，逐步积累资金，在十年八年内就可达到3 000多万吨。国家管修路，然后让农民自己贷款办矿，吨煤贷款仅二三十元，结果一两年就起来了，明年可达到300多万吨。这就是把充分的劳力和丰富的资源结合起来。海洋开发也应该走这条路。

海洋开发工作最好搞小企业，实现规模经济，便于技术指导，便于资金积累，收税也方便。去年乡镇企业产值3 300亿元，但税收不上来，地方和中央财政收入增长不多。收对虾增殖费很有启发，利用海洋资源的都要缴一点资源费(涂逢俊：现在只收了渤海的，三省一市800万元，今年是1 000多万元)。应该学会集资，学会从群众中动员资金用于海洋经济开发。应该研究开辟新的经费来源，不能自己发了财，还是事事等国家给钱。搞联营公司是个好办法，技术进步了，劳动生产率提高了，资金也积累了，税也就收上来了(涂逢俊：我们叫做分散经营，集中服务)。再有，比如胶州湾开发，如果向政府要钱，然后去组织开发，结果可能还是搞不活。是否可以找企业家去办，用贷款办，比如说搞一个企业，争取银行支持，给他贷款，而不是白吃投资。有希望的开发项目可以登报招聘。要搞哪些企业，目标是什么，谁愿来干可报名投标，然后从报名的里面选出有能力有知识的企业家去干。按改革的规定，这些企业家的工资可以比其他职工高出一倍到三倍，搞得好的还可以高到五倍。全国的育苗场，兴旺的程度大不相同，官办的养殖场通常效率很低，而集体办的，或有企业家领导的，效率很高，产值也很高，所以光靠向国家要钱不是办法。

就是说，开发应该搞企业化，联合服务也好，综合服务也好，都要组织起来，按企业方式进行，这样，就能迅速发展起来。象辽宁省有的县产值达到七八百万元，应鼓励他们自己搞育苗场和产前产后服务公司。当然，开始起步时国家可以给点支持，但是最好用贷款。总之，对于海岸带的开发，建议大家千万不要等待国家投资以后再干，要自己想办法干起来。至少最近几年，政府投资主要用于公共事业的建设，如电站、原材料、交通、通信等。所以要学会依靠地方、依靠群众集资，这是个非常重要的政策。

关于加强沿海各省市区对海洋的管理这个问题也应提出来。各省各有各的情况，海岸线特别长的省，要有专门机构，特别象广东省有6 000多公里的海岸线，更应该加强管理。山东、江苏、辽宁这几个大的省也应加强海洋管理机构。具体如何做?还是由各省市区政府自己确定。这个会议上的一些问题，包括我谈的一些意见，各位同志回去可以给省里领导同志报告一下，供他们参考。

鉴于海洋战略地位的重要，管理工作肯定是要加强，不能再糊涂下去了。从国土的观点来看要加强，从我们当前经济建设的需要看也要加强，这是不能动摇的。

(根据讲话记录整理，略有删节)

宋健同志在视察国家海洋局情报所时的讲话

（1987年2月18日）

这是我第一次接触海洋资料中心。今天上午粗看了一遍，你们这几年的进步，大大出乎我的意料之外。我原来想象，你们情报所，你们中心可能跟其它“土八路”差不多，天天翻手册、查资料，一定非常疲劳，非常辛苦；看来这几年你们的业务建设的确有很大变化，你们整个工作方式、贮存方式 、检索方式、处理方式，都发生了根本性的变化，有了很大的进步。这说明我们海洋资料、文献的管理和处理自动化试验已经向前迈进了一大步。我非常鼓舞！这是第一点。

我不是学海洋的。但是我知道海洋科学非常重要。中国海岸线18 000多公里，我们的人口去年已到了10.6亿，去年一年就增长了1 400万。下一个世纪要增长到15亿，弄不好的话——我希望能弄好——也可能要到19亿。不管怎么样，这么多人口，如果我们不利用海洋，是绝对不行的。我们要象重视耕地一样重视海洋。我们要研究开发和保护它。近几年来，海洋已经给了我们不少实惠，天津现在鱼的供应量增加很多，主要靠海水养殖。我们没有大舰队，没有大渔船队，不能象有的国家那样派大船队出去，到远洋捕鱼采矿，至少近几年还做不到。因此，我们要大力开发海洋资源。海洋资源的保护，海洋科学技术的研究，海洋科学技术知识的积累、服务，海洋预报等工作，跟全国沿海几亿人民的生产、生活活动直接相关。所以我认为各位是战斗在主战场上，这是非常重要的一个战场。国家海洋局的同志和天津市政府对各位工作给予了很大的关心，又要盖大楼，又要加设备，一派兴旺。祝我们情报所能够在今后几年内更上一层楼，能够为我们国家的经济建设，为发展我国的海洋科学技术事业作出更大的贡献！这是第二点。

第三，关于开放。我们这几年取得了一些进步，当然，我们不能估计太高说我们已达到了世界水平。但是尽管如此，我们能够取得现在这样的成绩，与党中央的开放政策是直接有关的。党中央已经说了多次，我们还要继续开放下去。我希望我们搞海洋工作的同志，像其它战线一样，要继续加强国际交流，继续打开更多的国际交流窗口，建立更多的渠道，出去参加国际合作，能请的就请进来。要充分利用中央的开放政策给我们创造的良好的条件——国际条件和国内条件，来发展我们的事业，提高我们的水平，能够更多地进入世界。

（根据讲话记录整理，略有删节）

以改革精神，做好全国海洋工作

（严宏谟同志在国家海洋局工作会议上的总结报告摘要，1988年1月13日）

同志们：

开了7天会，大家围绕“转变职能、下放权力、调整结构、精简人员”这个中心议题，以改革精神，研究我局如何做好全国海洋工作，在大的方向、大的原则问题上，取得了比较一致的看法。下面就同志们集中讨论的几个问题讲几点意见。

一、要从现行管理体制中解放出来，调动各方面的积极性，树立大家办海洋的观念

我国的大陆岸线、岛屿岸线总计32 000多公里，65 00多个岛屿，根据《联合国海洋法公约》，可能划归我国管辖的海域约300万平方公里，这样广阔的海域，单靠一家管是不可能管好的。

海洋工作综合性强，跨部门，跨省市，技术密集，投资高，单靠一个部门的力量包揽不了全部工作。

上述现状决定了我们必须有全国海洋工作一盘棋的思想，与有关海洋部门分清各自的职责，依靠沿海地方政府和人民群众，团结全国各方面海洋力量，各展所长，分工合作，为此：

1.积极支持沿海省、自治区、直辖市建立相应的海洋机构，管理领海以内海域和海岸带。

2.利用我局现有的技术队伍和装备力量，多渠道地为海洋开发活动提供服务。

3.积极参与沿海地方政府进行的海洋资源开发和试验，搞好“海洋、海岸带联合计划”，组织开展全国性的重大的海洋开发前期的调查工作。

二、坚决转变职能，把工作的着重点放在加强对我国海洋实施综合管理和为海洋开发提供公益服务的轨道上来

我局的主要任务过去概括为十六字，即：执法管理，公益服务，调查科研，组织协调。根据国务院赋予我局的职能和海洋事业发展的需要，现修改为综合管理，公益服务，调查科研，组织协调。国家海洋局是国务院管理全国海洋工作的职能部门，为了实现职能转变，我们要采取以下措施：

第一，强化代表国家履行综合管理海洋职能的意识。

第二，分局是局的派出机关，行使管理所在地区海域的职权，因此分局应当全盘考虑如何根据综合管理的职能，进一步做好分工海域的管理工作。

第三，分局的中心站、海洋站要向多功能方向发展，条件成熟的要履行一定的管理职能，逐步转变成管区、监察站。

第四，分局和研究所要密切协作，海洋的综合管理和公益服务必须依靠科学技术，科学研究要为海洋综合管理和公益服务提供技术保障。

第五，一、四、七海洋调查船大队拟分别改名为中国海洋监察总队(待报批)青岛海洋监察大队、上海海洋监察大队、广州海洋监察大队，待条件成熟后成立厦门海洋监察大队。

第六，在现有海洋法规的基础上，组织力量，加速研究拟订其他有关海洋法规，健全海洋法制管理体系。

三、贯彻政事、政企分开的原则，调整我局的内部机构

总的精神是明确职责，减少层次，精简人员，充实实体，克服官僚主义，提高效率，增强活力。今后，我局机构设置序列为：

(1)科研事业单位：现有的研究所领导关系不变。所有研究所今年要继续贯彻科技体制改革的决定，在深化改革方面迈出步子。研究所的工作必须引进竞争机制，课题实行公开招标，允许科技人员合理流动，充分发挥科技人员的作用。

(2)海洋出版社，要坚持社会效益和经济效益的有机结合，局将逐年减少财政补贴，积极创造条件，逐步实行自负盈亏。

(3)宁波海洋学校，要继续办好中专，并拟创造条件办大专。

四、树立社会主义商品经济观点，学会运用经济手段进行管理

局属各事业单位要充分利用技术优势，开展横向服务，一方面促进海洋资源开发利用和沿海地区经济建设，一方面增加本单位的收益，减轻国家负担，增强自我发展能力。

局对经费管理将研究制订新方法，发挥经济杠杆的作用。对不同性质的单位，要采取不同的管理办法，把行政管理和经济管理两种手段有机地结合起来。

五、要发扬艰苦奋斗精神，勤俭办事业

要坚决压缩基建投资，把有限的资金用到改进海洋管理手段和改造基础设施建设上。

要提倡勤俭办事业。业务发展和建设，不要求大而全，办一件事不要先铺摊子，要把工作先搞上去，做到少花钱，多办事。

团结奋斗，实现和完成我局“七五”奋斗目标和基本任务

(严宏谟同志1988年在国家海洋局机关干部大会上的讲话摘要)

“七五”期间，概括地说我们要抓好七项大任务。

一是做好执法管理工作，这要从两个方面来做，一方面是维护我国海洋权益，另一方面是保护海洋环境；二是积极开展中近海的海洋预报，为海洋开发、渔业生产和沿海城市安全预警服务；三是大力发展海洋资料信息产品；四是做好全国海岸带和近海的调查科研工作；五是组织几项大洋调查和极地考察；六是密切与沿海省市区的联系，加强与海洋有关部门的合作，制订法规，编制规划，还有与邻近国划界研究，制订方针政策；七是积极开展国际交流，参与国际海洋事务。为完成上述七条任务，我们要加速基础设施的建设，这就是建设“一网三系统”。现代化海洋工作，要有先进的手段，而我们的“一网三系统”就是手段。另外，我们要建立管理和服务型相结合的工作体制，集中人、财、物，顺利完成七条任务。

从实施情况看，大家是按这个方针做的，有的任务已经完成，比如，七一在中央电视台、广播电台发布海洋预报问题。上电视台做了大量工作，现在的问题是要提高预报水平。现在海上遥测资料浮标已有5个。I型浮标也增加了观测波浪的项目，今年很快就要布放在东海，这样就有6个浮标在海上工作。这次浮标获得的台风资料是不错的。但是浮标网的建设还要努力。还有，过去台站和中心站资料传递的通信手段是不通的，观测资料不能及时传递。现在从海洋站到中心站到分局再到预报中心已经沟通了。我们规定的大洋调查任务都在执行中，其中包括中美、中日、中法、中加合作项目都在进行。海岸带调查今年全部结束。现在局里的横向联系也增多了。前段时间的工作，路子走的是对的，在前几年工作的基础上，我们做了一些工作。但不能骄傲，要继续往前走。

在这里，还要讲几件事。现在大家天天讲加强宏观管理，但是实际行动还没有做到。作为海洋局，应该从大的方针、政策入手，推进全国的海洋工作，这个问题是很紧迫的。现在海洋界形势发展很快，搞海洋开发，

1986～1989年大事记

1986年

1月8日　国家海洋局致函美国驻华使馆，同意美国"托马斯·G·汤姆森"号调查船进入中国海域与中科院海洋所合作进行海洋调查。

1月20日　国家主席李先念发布第34号主席令，公布第六届全国人大常委会第14次会议通过的《中华人民共和国渔业法》，并决定于1986年7月1日开始施行。

1月20日　中国南极长城站举行"中国少年纪念标"揭幕仪式。

1月25日　国家海洋局与农牧渔业部商定：国家海洋局所属"中国海监"船舶和飞机配合"中国渔政"船执行海上渔政监督检查任务。

1月26日　国家"六五"科技攻关项目——遥感技术在海洋环境与资源调查开发中应用研究——在北京通过国家级技术鉴定。

1月28日　国务委员方毅、国家科委主任宋健参观国家海洋局主办的海洋遥感技术展览会，方毅为展览会题词："发挥遥感优势，开发海洋资源"。

1月29日　中国对外经济贸易部批准中国水产联合总公司对外开展与渔业有关的承包工程、劳务合作和合资经营等业务。

2月5日　中国海洋石油总公司与英国克拉夫公司在北京签订南黄海24/16区块石油合同。

2月16日　中国海洋石油总公司与美国阿莫科石油公司在北京签订珠江口东部16/34区块石油合同。

2月24日　国家海洋局"向阳红14"号调查船完成中美热带西太平洋海气相互作用合作研究首次海上调查任务返抵广州。该合作研究将历时四年，每年春秋各进行一个航次（共计8个航次）的海上调查。

2月　中共中央纪律检查委员会第一书记陈云为国家海洋局题词："进军海洋，造福人民"。

3月16日　中国与ACT（意大利阿吉普、美国雪弗龙和德士古）集团合作在珠江口合同区惠州27－1－1井试油，证实惠州凹陷南缘为一油气有利聚集带。

3月17日　以国家海洋局局长严宏谟为团长的八人代表团出席在牙买加首都金斯敦举行的联合国国际海底管理局筹委会第四届会议。

3月24日　美国西方石油公司与中国合作的珠江口28/23合同扩大区惠州凹陷陆丰15－1－1井试油，日产原油499.1m³。

3月29日　中国第二次南极考察队离开长城站回国。

4月2日　第二届香港及华南国际海洋生物研讨会在香港召开，11个国家和地区的56名科学家出席了会议。会议历时22天，现场交流了国际海洋生物研究动态和方法。会后，出版论文集两卷共64篇论文。

4月5日　交通部发出通知，宣布成立上海、大连海上安全监督局。代表国家对各自所辖海区和港口的交通安全实行统一监督管理。

4月7日　由国家海洋局组织，地质部、冶金部、有色金属工业总公司等单位参加的"向阳红16"号调查船，完成太平洋中部多金属结核资源综合调查后返回上海。

4月12日　国家海洋局、中科院、国家教委共同承担的国家"七五"计划重点科技攻关项目第76项——"海洋环境数值预报研究"完成可行性研究报告并报国家科委。

4月17日　以国家海洋局葛有信为团长的中国海洋代表团抵达平壤，就签订中朝两国海洋科技合作协定事项与朝鲜民主主义人民共和国气象水文局进行会谈后取得一致意见，并同意由两国局长换文签署。

4月20日　国家海洋局局长严宏谟率工作小组走访沿海各省市自治区及部分市县，就发展中国海洋事业的设想及海洋工作机构设置等问题与地方省市县领导进行磋商，听取地方领导、专家们的意见。

4月28日　国务院办公厅发出关于发展鳗苗生产、控制鳗苗出口的通知。

各部门都有积极性，这对国家来讲是好事。我特别希望大家重视我们的工作思路，思路要开拓一些，开阔一些，要为国家的海洋事业多做贡献，不能只局限在我们海洋局的小天地里，这个问题十分重要。

5月5日 应国家海洋局邀请，劳顿博士率英国海洋代表团来华访问，与国家海洋局探讨了两国合作进行海洋研究的有关事宜。

5月5日 应国际劳工组织邀请，由交通部、劳动人事部和中国海员工会组成的中国代表团，出席了在日内瓦召开的海事技术预备会议。

5月6日 国家经委、国家科委、农牧渔业部、国家海洋局、中国海洋学会在北京召开"全国海岛工作座谈会"。沿海各省市区、国务院有关部委、军队及科研等部门90个单位160人参加了会议。

5月9日 中国第一座10万吨级煤码头——石臼港煤码头，通过国家正式验收，交付使用。

5月15日 民主德国交通部副部长兰特纳米来华，与中华人民共和国交通部副部长林祖乙就海运合作问题进行会谈。

5月16日 中国海员工会颁发《国际海员俱乐部工作条例(试行)》。

5月17日 国家南极考察委员会在京召开中国南极研究学术委员会成立大会。中科院副院长孙鸿烈担任主任委员。

5月19日 美国坎布里奇科学文摘社派员到天津为国家海洋局情报所安装、调试联合国水科学与渔业文摘(ASFA)高密度激光光盘检索系统。这在中国是首家使用光盘检索系统。

5月20日 国家海洋局"向阳红9"号、"实践"号船分别从青岛和上海启航，开始执行中日两国为期7年的联合黑潮调查第一航次调查任务。

6月1日 由中国远洋运输总公司经营的实行定航线、定船舶、定货种、定泊位、定时间的中国国际班轮正式运行。共开辟37条航线、89个航班。其中：核心班轮5条航线、20个航班。

6月2日 国务院批准将海关征收的的吨税划归交通部管理。海关吨税由海关代交通部征收，直接用于海上干线公用航标维护和建设。

6月6日 渤海石油公司辽东湾自营探井绥中36-1-1井发现高产油流，发现了地质储量亿吨以上的绥中36－1油田。

6月18日 国家海洋局局长严宏谟率中国海洋科技代表团访问联邦德国，签署了两国海洋科技发展合作议定书，探讨了今后可能进行合作的领域、项目和方法。

6月20日 国家海洋局组织编写的"中国2000年海洋污染预测及防治对策研究"在大连通过鉴定。

6月23日 第19届南极研究科学委员会会议在美国圣迭戈市举行，中国被接纳为该委员会正式成员国。中国代表团以正式成员国身份出席了会议。

6月27日 南黄海盆地北部凹陷10/36区块诸城1－2－1井开钻，于3 343～3 423m处有一80m厚的深灰色泥岩，呈油迹及原油浸染现象，证实该层位为良好生油层。

6月28日 中国海洋学会在京召开"中国海洋开发技术专家座谈会"，向有关部委提出了"关于加速发展中国海洋开发技术的建议"。

7月1日 中央电视台开始播放国家海洋预报台发布的中国海域和西北太平洋海浪、海温、海冰预报及风暴潮消息。

7月2日 国务院副总理万里、国务委员、国家科委主任宋健召集有国务院有关部门和青岛市负责人参加的会议，讨论加强海洋资源的研究、开发与保护问题。会议决定成立国务院海洋研究开发保护领导小组，宋健任组长，农牧渔业部长何康、国家海洋局局长严宏谟、国家科委特邀顾问杨浚任副组长。领导小组办公室设在国家科委，有相应的办事机构负责处理日常工作。

7月29日 中国海洋学会与共青团中央、国家海洋局、国家南极考察委员会联合举办全国青少年海洋科普夏令营，来自12个省、市及香港地区的260名青少年参加了夏令营活动，活动于8月3日结束。

8月1日 中华人民共和国船舶检验局成立30周年。李鹏同志题词："为四化服务，为国争光"。

8月5日 中国最早的合资企业——中波轮船股份公司在上海举行35周年庆祝大会。

8月8日 全国政协副主席、全国科协主席、著名科学家钱学森视察国家海洋局。

8月9日 中法合作北部湾涠10－3油田投入评价性试生产，日产油1 000t。这是南海石油合作开发的第一个油田。

8月26日 由国家海洋局组织的"国际气候变化和海洋研究科学委员会官员会议"在北京召开，该委员会的主席、副主席等六位著名气象和海洋学家出席会议。

8月26日 中国海洋石油总公司和英国BP石油公司南黄海25/02区物探协议在北京签订，物探面积5 431km²，地震测线1 000km。

9月16日 中国海洋石油总公司与美国阿莫科石油公司珠江口东部04/29区块合同在京签订，面积6 036km²，地震测线3 200km，探井2口。

9月18日 中国海洋工程学会和国家科委海洋专业组学科组联合主持的第三届海洋能源利用学术讨论会在杭州召开。15省市59个单位的97名代表出席了会议。会议代表建议将海洋能项目列入国家重点科技计划。

9月25日 全球海洋环境污染调查工作委员会

第六次会议在法国巴黎联合国教科文组织总部召开，国家海洋局派代表团参加了会议。

9月27日　中国海洋学会海洋工程学会主办的国际潜水技术、生理和医学学术讨论会在上海召开。国内外70多名专家参加了会议，其中来自美国、日本、联邦德国、挪威、瑞典等国及香港地区的专家14名。这是中国潜水科学技术界召开的第一次国际学术会议。

10月7日　国务院办公厅发出成立海洋资源研究开发保护领导小组的通知。

10月13日　以国家海洋局副局长陈德鸿为团长的中国代表团一行四人首次以伦敦倾废公约缔约国身份出席伦敦倾废缔约国第十次协商大会。

10月19日　中国海洋学会海洋工程学会、中国土木工程学会港口工程专业委员会、中国水利学会港口航道专业委员会和天津水运工程学会在天津联合召开第四届全国海岸工程学术讨论会。国务院有关部委及沿海省市的143个单位的389名专家学者参加了会议。

10月31日　中国第三次南极考察和“极地”号船首航南极欢送大会在青岛国家海洋局北海分局码头举行。国家南极考察委员会主任武衡、国家海洋局局长严宏谟、山东省副省长马长贵、北海舰队司令员马辛春等到码头送行。

11月2日　国务院批准国家海洋局划定的第一批三类废弃物海洋倾倒区方案，并授权国家海洋局负责对外公布。

11月3日　国务院海洋资源研究开发保护领导小组第一次全体会议在国务委员、国家科委主任宋健主持下召开。会议听取了农牧渔业部水产局局长和国家海洋局局长的汇报，并对近期工作做了安排；通过了领导小组办公室工作职责；明确了办公室负责人：国家科委副秘书长胡廷华兼任办公室主任，国家科委王勇（主持日常工作）、农牧渔业部钱志林、国家海洋局杨金森兼任副主任。

11月4日　国家海洋局海洋技术所研制的6 000m海水颠倒温度表通过技术鉴定，结束了中国靠进口此种仪器的历史。

11月11日　中日航海学会学术交流会在桂林召开。香港海员学会派5名代表参加。

12月1日　根据中国和瑞典两国政府间科技合作协定，以福尔克·谢皮尔博士为首的瑞典海洋科技代表团一行三人来华访问。

1987年

1月2日　中国南极长城站第二次越冬考察队离开长城站回国。

1月3日　由国家海洋局和全国海岸带及海涂资源综合调查领导小组联合主办的全国海岸带和海涂资源综合调查、开发利用成果展览会在北京开幕。国务委员康世恩为展览会剪彩，国务院副总理田纪云、国务委员宋健以及全国人大、政协、民主党派负责人周培源、雷洁琼等参观了展览会。展览会历时10天。

1月3日　交通部广州海上安全监督局成立，对外仍保留“中华人民共和国广州港务监督”和“中华人民共和国黄埔港务监督”名称。

1月5日　国务委员宋健在国家海洋局召开沿海省、市、区科委负责人和有关专家座谈会，研究和探讨全国海洋和海岸带调查、开发利用规划设想。

1月20日　国家海洋局下达《海洋工作第七个五年计划》通知，主要任务是：加强“一网三系统”建设；加强执法管理，维护海洋权益；开展公益服务；继续做好海洋调查科研工作；加强与沿海省市自治区的联系，推动全国海洋工作协调发展。

1月20日　中华人民共和国港务监督局和美利坚合众国海岸警备队正式签订了“海上搜寻救助合作协议”。

1月25日　王大珩、汪德昭等26位著名科学家联名向党中央、国务院写信，建议尽快发展中国海洋卫星技术。

2月1日　经交通部批准，中国船级社大阪办事处今天开业。主要负责有关船舶、集装箱和船用产品的各种检验等。

2月9日　中美海洋与渔业科技合作联合工作组第九次会议在美国南加利福尼亚大学召开，国家海洋局副局长、中美海洋与渔业科技合作工作组中方组长杨文鹤率团出席会议。会议达成了关于“海洋与渔业科技合作议定书附件七”。

2月14日　交通部颁发《中华人民共和国海船船员考试发证规则》。

2月17日　中日合作珠江口16/06合同区陆丰13－1－1井在第三系钻获工业油流，日产1 065m^3。

2月18日　国务委员兼国家科委主任、国务院海洋资源研究开发保护领导小组组长宋健视察国家海洋局情报所、技术所和海水淡化与综合利用研究所，天津市姚峻副市长陪同视察。

2月24日　中国、联邦德国海洋科技合作联合委员会第一次会议在北京举行，会议确定了两国1987～1988年的合作项目和1987～1991年的长期合作课题。

3月7日　交通部连云港海上安全监督局成立。对外仍保留“中华人民共和国连云港港务监督”名称。

3月9日　国务院海洋资源研究开发保护领导小

组决定成立全国海洋资源研究开发保护专家组，组长：文圣常，副组长：刘瑞玉、陈吉余、赵传细、巢纪平。该专家组是审议咨询团体，在国务院海洋资源研究开发保护领导小组领导下开展工作。

3月12日　中美合作29/04合同区流花11—1—1井测试，日产油330t。随后钻井3口，外方估算地质储量2.4亿t，为南海第一大油田。

3月16日　交通部批准，新的《海船航行设备规范》公布实行。

3月19日　国家科委海洋组在上海召开千瓦级波能发电装置方案论证会。18个单位的32名专家参加。会议认为嵊山站址虽较好，亦需考虑施工的经济性和电站的安全性，不排除另选新站址的可能性。

3月20日　农牧渔业部在大连市召开全国海水养殖会。提出要继续贯彻"充分利用浅海滩涂，因地制宜，养殖增殖、鱼虾贝藻全面发展，加工运输综合经营"的方针。

3月23日"首次南大洋考察成果"在杭州通过技术鉴定，该成果获国家海洋局科技进步一等奖、国家科技进步二等奖。

3月24日　交通部烟台海上安全监督局成立。对外仍保留"中华人民共和国烟台港务监督"名称。

3月30日　联合国国际海底管理局和国际海洋法法庭筹委会第五届会议在牙买加首都金斯敦举行。以国家海洋局副局长陈炳鑫为团长的中国代表团出席了会议。

4月1日　国务院办公厅转发农牧渔业部《东、黄、渤海主要渔场渔讯生产安排和管理的规定》和《关于近海捕捞机动渔船控制指标的意见》两个文件的通知，要求各地认真贯彻执行，采取有效措施，严格控制近海渔船的盲目发展。

4月2日　辽东湾自营区SZ36—1构造南高点SZ36—1—2D井开钻，油层最大厚度163m，后在其北、东、南钻5口评价井、1口探井，创中国海上当年发现、当年评价、当年探明一块油田的高速度水平。

4月20日　联合国教科文组织政府间海洋学委员会第14届大会在法国巴黎举行，以严宏谟为团长的中国代表团出席了会议。大会共有87个国家和18个国际组织的303名代表参加。大会秘书处提出了全球海平面观测网计划。在中国南沙群岛和西沙群岛标明建有观测网站，并注明上述两群岛属中华人民共和国管辖。这届大会上中国再次当选为执行理事国成员。

5月10日　由国家海洋局组织举办的国际海洋生态系围隔实验学术讨论会在北京举行，来自加拿大、美国、挪威、荷兰、联邦德国、香港地区及中国的70名专家出席了会议。国家海洋局局长严宏谟出席会议并会见了各国科学家，就中国同世界各国在海洋科学技术研究、资源开发利用和管理方面的合作问题交换了意见。

5月17日　中国第三次南极考察队完成任务返回青岛。国家南极考察委员会和国家海洋局在青岛举行隆重欢迎仪式。国家南极考察委员会主任武衡、山东省长李昌安、国家海洋局长严宏谟、北海舰队司令员马辛春等出席欢迎仪式。

5月　应国家海洋局邀请，法国库斯托基金会总裁、世界著名潜水专家雅克·伊夫·库斯托先生率团访华，与国家海洋局探讨并签定了潜水科技合作意向书。全国人大副委员长严济慈会见了代表团全体成员。

6月10日　渤海埕北油田投产。这是由中国发现、试采，由中日合作按国际标准和规范建成并投入开发的中国第一个海上油田。至7月1日，日方将油田管理和作业移交中方。

6月25日　中国海洋石油总公司南海西部石油公司在北部湾钻的涠6—1—1井在下第三系和碳系试油，日产气94万m^3、油150t、原油195t。开辟了古潜山找油的新领域。

6月25日　交通部撤消中国海难救助打捞总公司和海上拖航公司，恢复交通部海上救助打捞局。

6月28日　中日黑潮联合调查实施协议书在京签字，国务委员兼国家科委主任宋健出席了签字仪式。中日黑潮联合调查是国家海洋局同日本科学技术厅达成的一项为期七年的大型科技合作项目。

7月6日　联合国教科文组织政府间海洋学委员会和环境规划署下属的方法、标准和相互校准专家组第八次会议在法国巴黎举行。会上公布22个国际实验室。互校分析结果，国家海洋局三所被评为并列第二名。

7月7日　中日黑潮调查研究双方第一次工作组会议在北京举行。双方总结了1986年合作调查研究实施情况，商定了1987年度合作调查研究的实施计划。

7月12日　为合理利用和保护渔业资源、以科学指导生产，合理地制订各项渔业管理措施，农牧渔业部批准黄渤海区、东海区、南海区分别成立渔业资源管理咨询委员会。

7月29日　联邦德国"太阳"号海洋调查船首次停靠国家海洋局东海分局码头。该船是前来执行中国、联邦德国联合调查中国东海、南海地球化学和沉积学任务的。除中国、联邦德国海洋专家外，荷兰、奥地利等国家的海洋学家也参加了海上调查作业。

7月29日　广东海洋学会、中国海洋生物学会、广东海洋湖沼学会、中科院广州分院团委及研究生会联合举办"全国首届青年科学交流会"。6省市27个科研单位的70多名代表参加了会议，代表平均年龄27岁。

8月2日　首届全国海冰学术讨论会在大连召开。19个单位的40余名代表出席会议。

8月8日　国务院海洋资源研究开发保护领导小组副组长、国家科委特邀顾问杨浚率中国海洋工作考察团于8月8日～9月2日先后访问了加拿大和美国。考察团参观访问了两个国家的30多个单位，建立了联系，探讨了进一步扩大合作交流的渠道和领域。

8月26日　国家海洋局决定给首航南极并在扩建南极长城站任务中做出重要贡献的“极地”号船员记集体大功一次。

8月30日　国家主席李先念为国家海洋局题词：“发展海洋事业，振兴国家经济”。

8月31日　国家主席李先念为南极考察题词：“考察南极，造福人类”。

8月31日　南太平洋常设委员会秘书长丰塞卡率七人代表团访华，签署“中华人民共和国国家海洋局和南太平洋常设委员会合作协议”。国务委员兼外交部长吴学谦出席了签字仪式并会见了代表团全体成员。

9月1日　装备现代化遥感设备的国家海洋局“中国海监”飞机开始在中国管辖海域执行巡航监视任务。

9月7日　中国海洋学会海洋工程学会在北京召开第二届发展中国家海岸和港口工程会议，会议代表共470人，其中有来自48个国家和地区的专家学者200人。

9月8日　太平洋海啸警报系统第十一次国际会议在北京举行，10个国家的29名代表出席了会议，国际海委会高级助理秘书奥留宁博士主持会议。

9月8日　国家海洋局举行海岸带及邻近海域开发课题报告会，国务委员兼国家科委主任宋健出席会议并讲了话，提出：“要依靠科技进步发展海洋产业，并探索不用粮食来发展海洋养殖业的路子”。

9月8日　全国海洋资源研究开发保护专家组第一次全体会议在京举行，国务委员、国务院海洋资源研究开发保护领导小组组长、国家科委主任宋健到会讲话，会议明确了专家组的职责任务、活动方式和工作方法，审议论证了“海岸带及邻近海域的开发”课题。

9月15日　世界首次风暴潮专题学术讨论会在京举行。12个国家和地区的60名代表出席了会议。

9月19日　中国海洋石油总公司与日中石油开发株式会社签署渤海BZ34—2/4油田开发协议。

9月26日　澳门当局派港务厅厅长苏励治来广州就澳门内港拓宽航道及疏浚物倾倒管理问题与国家海洋局南海分局总工程师马应良举行会谈并达成协议。

10月15日　农牧渔业部发布《中华人民共和国渔业法实施细则》通知。

10月16日　农牧渔业部在北京召开全国渔政工作经验交流会，讨论修改了《渔政管理工作条例》等五个有关渔业法规。

10月20日　国家海洋局副局长陈德鸿率中国海洋代表团访问朝鲜，朝鲜政务院副总理崔光接见了代表团全体成员。

11月9日　中国第四次南极考察队40人乘飞机赴南极长城站，队长贾根整。越冬队16人，队长秦大河。

11月10日　中日黑潮合作调查研究第二次工作会议在日本东京举行，以国家海洋局科技委员会主任苏纪兰为团长的中方七人代表团出席了会议。

11月21日　山东省海岸带综合调查成果通过国家级鉴定验收。至此，历时8年之久的全国海岸带综合调查基本告一段落。

11月　联合国国际海洋学院与中华人民共和国国家海洋局联合主办了海洋资源管理和养护培训班，来自13个国家的25名学员在北京学习后赴青岛参观访问并进行学术交流。

12月4日　中国海洋石油总公司与日本石油资源株式会社在北京签订渤海莱州湾13/03石油合同，面积1 400km^2，地震测线1 500km，探井2口。

12月7日　国家海洋局副局长陈炳鑫等2人出席联合国国际海底管理局筹委会总务委员会会议。会议审批了苏联、法国、日本在太平洋底富矿区的勘探申请区的登记。

12月8日　第四届全国近海工程学术讨论会在上海召开，118名代表参加了会议。改选了专业委员会委员。

12月17日　中国海洋、水产、石油、地质、地理、航海、声学、地震、水利、海洋湖沼、造船、仪器仪表、能源等13个全国性学会和海军装备部、海后工程部联合在广州召开了“全国海洋开发工程技术交流会”，110个单位的400名专家学者等出席了会议。会议举办了技术市场，国内50多个单位和国外4个公司参加了市场。

12月20日　经国家计委批准，交通部国际集装箱多式联运系统工业性试验项目列入1988年国家重点工业性试验项目计划。

12月　海洋出版社出版的《海洋浮游生物学》获国家教委优秀教材特等奖。

1987年　历时3年的“中法长江口及其毗连海域污染物和营养物生物地球化学联合研究”结束并通过

成果鉴定。

1988年

1月7日　经国务院批准，国家海洋局发布第二批三类废弃物海洋倾倒区通知。

1月20日　中国海洋石油总公司与挪威国家石油公司在北京签订南海琼东南盆地52/26区探井合同，面积3 740km²，测线500km。李鹏代总理和挪威首相布伦牧兰夫人出席签字仪式。

1月27日　海南省建省筹备组与国家海洋局商定，成立海南省海洋局。

2月3日　国家南极考察委员会副主任、中国南极研究学术委员会主任、中科院副院长孙鸿烈一行三人赴南极长城站考察，期间，还访问了智利和阿根廷，3月14日回国。

3月6日　南海珠江口中日(JHN)16/06合同区陆丰13—2—1井测试，日产油1 256.9m³。

3月7日　联合国教科文组织政府间海委会执行理事会第21届会议在巴黎教科文组织总部举行。以国家海洋局局长严宏谟为团长的中国政府代表团出席了会议。

3月14日　联合国国际海底管理局和国际海洋法法庭筹备委员会第6届会议在牙买加首都金斯敦举行。以国家海洋局副局长陈炳鑫为团长的中国代表团出席了会议。

3月24日　中国与ACT集团合作的珠江口惠州26—1—1井试油，日产原油4 200m³。为迄今中国海上试油产量最高的探井，也是中国海陆砂岩储油层最高的单井日产量。该井位于16/08合同区内，构造面积17km²，是目前中国海上对外合作发现的一个高产优质中等油田。

3月28日　中国与美国埃索公司合作的珠江口39/11合同区附加区文昌9—2—1井试油，日产天然气71万m³，凝析油237m³。证实文昌A凹陷为珠江三大拗陷主要生油凹陷。

3月　《南极研究》杂志创刊。中科院科技政策局研究员张焘任主编。

4月　南海西部石油公司北部湾自营涠11—4N—1井试油，日产油489m³、气13万m³、凝析油73m³，发现涠11—4北油田。

5月2日　以许光健为团长的中国七人代表团参加了在惠灵顿举行的南极矿产资源特别协商会议，许光健和郭琨在《南极矿产资源活动管理公约》上签字。

5月6日　中国、联邦德国海洋科技合作联合委员会第二次会议在波恩举行。以国家海洋局副局长杨文鹤为团长的中国代表团出席了会议。

5月8日　希腊政府海洋科技代表团首次访问中国。

5月10日　农业部发出通知：经国务院批准，设立东海产卵带鱼保护区。

5月18日　国务院发布《防止拆船污染环境管理条例》。该《条例》自1988年6月1日起施行。

5月20日　国家海洋局“向阳红16”号船赴太平洋实施多金属结核调查，历时半年。

5月23日　交通部颁发《海区雷达应答器管理办法》。

5月31日　中国船级社加入国际船级社协会，成为该协会的第十名正式会员。

7月1日　渤海石油公司建造的深水平台导管架广东深圳赤湾导管架场竣工。该场地可建造120m水深的各类石油平台导管架，是国内第一个大型海上平台制造场。

7月12日　国家副主席王震赴烟台考察渔业，在烟台、长岛实地考察。指出：“发展渔业，一方面要保护海洋渔业资源，一方面要搞远洋渔业，特别要发展水产养殖业。”

8月2日　南沙永署礁海洋观测站建成剪彩。

8月8日　国家海洋局和国家南极考察委员会决定并报国务院批准：在东南极建立中国第二个南极科学考察站——中山站。

8月16日　国际海岸带学术讨论会在北京举行。13个国家和地区及国际组织的130多人出席会议。会议得到了联合国教科文组织、中国科协等的赞助。

8月30日　中国海洋石油总公司与美国格蒂公司、日本石油资源和华南公司在北京签订珠江口15/31石油合同，面积1 276km²，地震测线600km，初探井2口。

8月　中国第二次海洋药物学术会议在青岛举行，135人参加了会议。

9月7日　第一届亚洲海洋地质国际会议在上海举行。16个国家和地区的130名专家学者出席了会议。

9月9日　上海—那贝—基隆航线客船通航。

9月18日　1988年国际可再生能源会议在美国檀香山举行。20多个国家的370多位代表出席了会议。中国大陆派12人参加会议，其中海洋能利用方面2人。中科院广州能源所的论文“中国沿海用波力发电装置改进灯浮标的电源”在大会上宣读。

9月23日　中日液膜学术研讨会在杭州举行。中日两国75名科学家参加了会议。

9月23日　厦门—那贝—基隆航线开通。

9月26日　中国海洋石油总公司与美国埃索、壳牌公司签订珠江口26/28区块2 000km物探协议。

9月29日　中国海洋石油总公司与美国西方石油公司签订珠江口28/23区块扩大区陆丰22—1构造一口初探井协议。

10月4日　中苏渔业合作协定在莫斯科签订。中国农业部部长何康、苏联渔业部部长恩·依·科特亚尔分别代表本国政府签字。

10月15日　李鹏总理主持召开国家机构编制委员会第8次会议。会议审议并原则批准了“国家海洋局‘三定’方案”。

10月17日　执行中日黑潮调查的日本“昭洋丸”、“凌风丸”、“启风丸”3艘海洋调查船先后停靠中国上海港，与中国海洋工作者进行学术交流和参观访问。

10月20日　交通部代表中国政府与民主德国签署海运合作议定书。

10月21日　全国沿岸农村海洋能资源区划评审会在上海召开。17个单位的24名代表参加了会议。

10月26日　国家海洋局、航空航天部、中国科学院等联合完成《海洋卫星立项预研工作报告》、《海洋卫星技术经济综合论证专题报告》。

10月29日　白沙口潮汐电站淤沙防治对策研究评议会在山东省乳山县召开。23个单位的34名专家教授和工程技术人员参加了会议。

11月1日　国家海洋局局长严宏谟率中国海洋科技代表团访问南太平洋常设委员会4个成员国——哥伦比亚、厄瓜多尔、秘鲁和智利。

11月7日　中国和澳大利亚渔业合作协定在堪培拉签署。李鹏总理出席了签字仪式。中国外长钱其琛和澳大利亚能源部长凯林分别代表本国政府签字。根据协定，1989年3月1日起允许中国渔船赴澳大利亚专属区海域按配额量捕鱼。双方商定了入澳船数、捕鱼配额、捕鱼区域、资源费交纳、停靠港口、协定的有效期等问题。

11月8日　中国外轮理货总公司和波兰理货公司双边协议在北京签字。

11月15日　中国海洋石油公司与美国太阳东方勘探公司和加拿大石油有限公司在北京签订北部湾09/36区块石油合同，其最低义务工作量为250km地震测线、5口井。

11月18日　根据国办函〔1988〕81号《关于国务院已撤三十八个非常设机构的通知》文件精神，国务院海洋资源研究开发保护领导小组办公室召开会议，就未了事宜向有关部门作了交接，并以领导小组办公室会议纪要的形式通告国务院有关部门和沿海省市自治区：即日起国务院海洋资源研究开发保护领导小组及其办事机构结束工作。

11月20日　中国首次东南极考察队乘“极地”号船赴东南极建中山站并进行科学考察。总指挥陈德鸿，考察队长郭琨，船长魏文良。

11月23日　中国海洋石油总公司与美国阿莫科石油公司在北京签订海南岛以南崖13—1天然气田第二次补充开发协议和销售合同。

12月9日　国家海洋局发布第三批三类废弃物海洋倾倒区通知。

12月10日　全国海岛资源综合调查领导小组第一次会议在北京召开。国务委员、国家科委主任宋健作重要讲话。

12月　受国家自然科学基金会地学部委托，中国海洋学会完成了“中国海洋科学近期发展战略及其政策要点”总报告及海洋生物学、海洋物理学、海洋化学、海洋地质学、海洋观测技术等五个分报告。

1989年

1月3日　海洋石油第三轮招标开始。招标海域为南海珠江口盆地东沙—神狐地区的七个区块，总面积32 075km^2。

1月9日　南海地质与地球物理国际学术讨论会在广州举行。来自10个国家和地区的112名代表出席了会议。

2月15日　国务院发布27号令，颁发《铺设海底电缆管理规定》。

2月26日　中国南极中山站落成，郭琨任首任站长，高钦泉、高振生任副站长。

2月27日　中国首次东南极考察队乘“极地”号船撤离中山站，留下以高钦泉为队长的20名队员在中山站越冬考察。

3月11日　全国电渗析技术30年成就报告会在北京举行，全国62个单位的114名代表出席了会议。

4月11日　第三届香港及华南国际海洋生物研究讨论会在香港举行，11个国家和地区的53名科学家出席会议。

4月23日　南海西部石油公司从挪威购买的半潜式钻井平台抵达国内，命名为“南海六号”。该平台工作水深460m，最大钻井深度7 620m，可抗风速100kn。

4月23日　全国海岛资源综合调查与开发研讨会在浙江省舟山市普陀区召开，与会代表100多名，提出了“关于加强海岛调查和开发工作的建议”。

4月28日　国家南极考察委员会在北京举行中国首次东南极考察队总结表彰大会。

5月8日　经中美两国确认，《中美海洋和渔业科学技术合作协议书》有效期继续延长5年。

5月8日 中国首次国际南极研究学术讨论会在杭州举行。13个国家和地区的130多名专家学者出席了会议。

5月25日 中日合作开发的渤中28—1油田正式投产。该项工程由渤海石油公司总承包建设。总投资1.27亿美元,其中日方投资0.62亿美元,中方投资0.65亿美元。

5月30日 中国海洋石油总公司与辉固—麦克兰德(香港)有限公司签订"在中国进行地球化学调查的技术服务协议"。

5月30日 世界海洋环流实验中国委员会成立。

5月 第11届亚运会组委会决定:由国家海洋局承担亚运会水上比赛秦皇岛海域的海洋环境预报。

6月9日 南黄海石油公司开始在台湾海峡进行地球物理勘探资料采集作业。渤海物探公司"滨海512"地震船承担此次作业。

7月4日 联合国教科文组织政府间海委会第15届大会在巴黎举行。以国家海洋局局长严宏谟为团长的中国政府代表团出席了会议。

7月12日 南黄海石油公司与地矿部海洋地质调查局在东海共同投资联合钻探的黄岩7—1—1井试获工业油气流,日产天然气75.8万m^3、凝析油52.8m^3。该井4月10日开钻,6月10日完钻,井深3 651m。

7月27日 由中、法、美、苏、英、日六国六名队员组成的国际徒步横穿南极大陆科学探险队从南极半岛尖端的海豹冰原岛出发。中科院兰州冰川冻土所副研究员秦大河参加了探险队。

7月27日 全国海洋功能区划会议在天津召开。会议通过了《全国海洋功能区划论证报告》等5个文件。

8月9日 南海西部石油公司结束与道达尔等四家石油公司关于涠10—3油田评价性生产合同,同时,开始进入与挪威国家石油公司进行评价性试生产阶段。

8月12日 山东省青岛市胶州湾内的中国石油天然气总公司管道局黄岛油库老罐区一储油16 000t的油罐因雷击起火,相继又引起4个油罐爆炸,40 000t原油燃烧了4昼夜。14位消防队员、5位工人牺牲,70名消防战士负伤。直接经济损失上亿元。污染海域几十海里,海洋渔业和养殖业损失惨重。海水浴场、海滨旅游岸段污染严重。

8月14日 联合国国际海底管理局和国际海洋法法庭筹委会第7届夏季会议在纽约举行,国家海洋局副局长陈炳鑫率中国代表团出席了会议。

8月30日 渤海石油公司辽东湾自营区锦州9—2—1井试油结束,日产原油341.2m^3,天然气36万m^3。

9月7日 中国海洋石油总公司与美国西方石油远东公司、澳大利亚石油勘探有限公司、AGL石油(中国)有限公司在北京签订南海珠江口盆地17/15合同区石油合同。合同区面积6 260km^2。

9月11日 应国家海洋局邀请,联合国教科文组织政府间海委会秘书长库伦堡博士来华访问。

9月23日 国家海洋局作出"关于加强海洋环境工作和实行中国海洋环境公报制度的决定"。

9月26日 渤海BZ34—2/4油田两条4km海底管线及电缆铺设完工。

9月27日 《中国海洋报》正式创刊。邓小平同志为该报题写报名。李茂和任总编辑。

9月27日 南海北部湾涠10—2—1井第一层石灰岩系测试求产,日产原油824m^3,天然气22万m^3。

10月5日 中国海洋石油总公司与美国阿莫科东方石油公司在北京签订南海珠江口盆地28/11合同区石油合同和29/16合同区石油合同。

10月10日 中国极地研究所在上海成立,董兆乾任所长。

10月14日 国际淤泥质潮滩研讨会在上海举行。10个国家和地区的25位专家参加了会议。会议向联合国教科文组织提交了一份"关于淤泥质潮滩研究的若干进展及今后研究的建议"的报告。

10月17日 中国海洋石油总公司与美国派克顿东方公司在北京签订南海珠江口28/28合同区石油合同和27/06区物探协议。28/28合同区面积4 508km^2,合同期限30年,外商承担2 000km地震测线和4口初探井的义务工作量。27/06物探区面积10 000km^2,2 500km地震测线,物探期限18个月。

10月18日 《中国海洋报》发布国家海洋局"关于加强海洋综合管理和实行举报制度的通告"。

10月18日 第七届水下工程和潜水技术全国学术讨论会在上海举行。20个单位的59名专家学者参加了会议。

10月20日 中国海洋石油总公司与英国BP石油开发有限公司在北京签订珠江口盆地航空激光荧光遥感探测协议。协议区面积188 000km^2,期限18个月,外商承担义务工作量为47 300km,并对资料进行处理和评价。

10月21日 第四届海洋能源利用学术讨论会在南京举行。14个省市35个单位的43名代表出席了会议。

10月23日 中美海洋和渔业科技合作联合工作

海洋法规选编

中华人民共和国矿产资源法

1986年3月19日第六届全国人民代表大会
常务委员会第十五次会议通过

第一章　总　　则

第一条　为了发展矿业，加强矿产资源的勘查、开发利用和保护工作，保障社会主义现代化建设的当前和长远的需要，根据中华人民共和国宪法，特制定本法。

第二条　在中华人民共和国领域及管辖海域勘查、开采矿产资源，必须遵守本法。

第三条　矿产资源属于国家所有，地表或者地下的矿产资源的国家所有权，不因其所依附的土地的所有权或者使用权的不同而改变。

国家保障矿产资源的合理开发。禁止任何组织或者个人用任何手段侵占或者破坏矿产资源，各级人民政府必须加强矿产资源的保护工作。

勘查矿产资源，必须依法登记。开采矿产资源，必须依法申请取得采矿权。国家保护合法的探矿权和采矿权不受侵犯，保障矿区和勘查作业区的生产秩序、工作秩序不受影响和破坏。

采矿权不得买卖、出租，不得用作抵押。

第四条　国营矿山企业是开采矿产资源的主体。国家保障国营矿山企业的巩固和发展。

国家鼓励、指导和帮助乡镇集体矿山企业的发展。

国家通过行政管理，指导、帮助和监督个人依法采矿。

第五条　国家对矿产资源实行有偿开采。开采矿产资源，必须按照国家有关规定缴纳资源税和资源补偿费。

第六条　国家对矿产资源的勘查、开发实行统一规划、合理布局、综合勘查、合理开采和综合利用的方针。

第七条　国家鼓励矿产资源勘查、开发的科学技术研究，推广先进技术，提高矿产资源勘查、开发的科学技术水平。

第八条　在勘查、开发、保护矿产资源和进行科学技术研究等方面成绩显著的单位和个人，由各级人民政府给予奖励。

第九条　国务院地质矿产主管部门主管全国矿产资源勘查、开采的监督管理工作。国务院有关主管部门

组第9次会议在华盛顿举行，国家海洋局副局长杨文鹤率中国专家组出席了会议。

10月30日　中国第六次南极考察队乘“极地”号从青岛启航赴南极长城站和中山站，首次实施一船两站计划。

11月15日　全国青年海洋学术研讨会在厦门举行。50多名青年海洋科技工作者参加了会议。

11月21日　第五届全国海岸工程学术讨论会在上海召开，100多个单位的250名代表参加了会议。

11月28日　渤海石油公司自营钻探的旅大16－3－1井获工业油流。

11月28日　1989年国际海洋能利用会议在檀香山召开。包括中国在内的9个国家的代表出席了会议。

11月30日　广州国际海洋工程地质讨论会在广州召开。25个国家和地区的125名代表参加了会议。

12月1日　海洋生态系围隔实验中国国际高级培训班在厦门开班，历时20天。8个国家的14名外籍学员参加了培训班。该班由中国国家科委和国家海洋局主办，联合国教科文组织和政府间海委会赞助，国家海洋局三所承办。

12月8日　全国纯水技术及反渗透应用交流会在杭州举行。14个省市有关单位的70名代表参加了会议。

12月12日　国际徒步横穿南极大陆科学探险队抵达南极点。

（蔡永明　刘春汛　秦为稼　等）

协助国务院地质矿产主管部门进行矿产资源勘查、开采的监督管理工作。

省、自治区、直辖市人民政府地质矿产主管部门主管本行政区域内矿产资源勘查、开采的监督管理工作。省、自治区、直辖市人民政府有关主管部门协助同级地质矿产主管部门进行矿产资源勘查、开采的监督管理工作。

第二章 矿产资源勘查的登记和开采的审批

第十条 国家对矿产资源实行统一的登记制度。矿产资源勘查登记工作，由国务院地质矿产主管部门负责；特定矿种的矿产资源勘查登记工作，可以由国务院授权有关主管部门负责。矿产资源勘查登记的范围和办法由国务院制定。

第十一条 国务院矿产储量审批机构或者省、自治区、直辖市矿产储量审批机构负责审查批准供矿山建设设计使用的勘探报告，并在规定的期限内批复报送单位。勘探报告未经批准，不得作为矿山建设设计的依据。

第十二条 矿产资源勘查成果档案资料和各类矿产储量的统计资料，实行统一的管理制度，按照国务院规定汇交或者填报。

第十三条 开办国营矿山企业，分别由国务院、国务院有关主管部门和省、自治区、直辖市人民政府审查批准。

国务院和国务院有关主管部门批准开办的国营矿山企业，由国务院地质矿产主管部门在批准前对其开采范围、综合利用方案进行复核并签署意见，在批准后根据批准文件颁发采矿许可证；特定矿种的采矿许可证，可以由国务院授权的有关主管部门颁发。省、自治区、直辖市人民政府地质矿产主管部门在批准前对其开采范围、综合利用方案进行复核并签署意见，在批准后根据批准文件颁发采矿许可证。

第十四条 开办乡镇集体矿山企业的审查批准、颁发采矿许可证的办法，个体采矿的管理办法，由省、自治区、直辖市人民代表大会常务委员会制定。

第十五条 国家对国家规划矿区、对国民经济具有重要价值的矿区和国家规定实行保护性开采的特定矿种，实行有计划的开采，未经国务院有关主管部门批准，任何单位和个人不得开采。

第十六条 国家规划矿区的范围、对国民经济具有重要价值的矿区的范围、矿山企业矿区的范围依法划定后，由划定矿区范围的主管机关通知有关县级人民政府予以公告。

矿山企业变更矿区范围，必须报请原审批机关批准，并报请颁发采矿许可证的机关重新核发采矿许可证。

任何单位或者个人不得进入他人已取得采矿权的矿山企业矿区范围内采矿。

第十七条 非经国务院授权的有关主管部门同意，不得在下列地区开采矿产资源：

一、港口、机场、国防工程设施圈定地区以内；

二、重要工业区、大型水利工程设施、城镇市政工程设施附近一定距离以内；

三、铁路、重要公路两侧一定距离以内；

四、重要河流、堤坝两侧一定距离以内；

五、国家划定的自然保护区、重要风景区，国家重点保护的不能移动的历史文物和名胜古迹所在地；

六、国家规定不得开采矿产资源的其他地区。

第十八条 关闭矿山，必须提出矿山闭坑报告及有关采掘工程、不安全隐患、土地复垦利用、环境保护的资料，并按照国家规定报请审查批准。

第十九条 勘查、开采矿产资源时，发现具有重大科学文化价值的罕见地质现象以及文化古迹，应当加以保护并及时报告有关部门。

第三章 矿产资源的勘查

第二十条 区域地质调查按照国家统一规划进行，区域地质调查的报告和图件按照国家规定验收，提供有关部门使用。

第二十一条 矿产资源普查在完成主要矿种普查任务的同时，应当对工作区内包括共生或者伴生矿产的成矿地质条件和矿床工业远景作出综合评价。

第二十二条 矿床勘探必须对矿区内具有工业价值的共生和伴生矿产进行综合评价，并计算其储量。未作综合评价的勘探报告不予批准。但是，国务院计划部门另有规定的矿床勘探项目除外。

第二十三条 普查、勘探易损坏的特种非金属矿产、流体矿产、易燃易爆易溶矿产和含有放射性元素的矿产，必须采用省级以上人民政府有关主管部门规定的普查、勘探方法，并有必要的技术装备和安全措施。

第二十四条 矿产资源勘查的原始地质编录和图件，岩矿心、测试样品和其他实物标本资料，各种勘查标志，应当按照有关规定保护和保存。

第二十五条 矿床勘探报告及其他有价值的勘查资料，按照国务院规定实行有偿使用。

第四章 矿产资源的开采

第二十六条 开办矿山企业，由审批机关对其矿区范围、矿山设计或者开采方案、生产技术条件、安全措施和环境保护措施等，依照法律和国家有关规定进行审查，审查合格的，方予批准。

第二十七条 开采矿产资源，必须采取合理的开采顺序、开采方法和选矿工艺。矿山企业的开采回采率、采矿贫化率和选矿回收率应当达到设计要求。

第二十八条 在开采主要矿产的同时，对具有工业价值的共生和伴生矿产应当统一规划，综合开采，综合利用，防止浪费；对暂时不能综合开采或者必须同时采出而暂时还不能综合利用的矿产以及含有有用组分的尾矿，应当采取有效的保护措施，防止损失破坏。

第二十九条 开采矿产资源，必须遵守国家劳动安全卫生规定，具备保障安全生产的必要条件。

第三十条 开采矿产资源，必须遵守有关环境保护的法律规定，防止污染环境。

开采矿产资源，应当节约用地。耕地、草原、林地因采矿受到破坏的，矿山企业应当因地制宜地采取复垦利用、植树种草或者其他利用措施。

开采矿产资源给他人生产、生活造成损失的，应当负责赔偿，并采取必要的补救措施。

第三十一条 在建设铁路、工厂、水库、输油管道、输电线路和各种大型建筑物或者建筑群之前，建设单位必须向所在省、自治区、直辖市地质矿产主管部门了解拟建工程所在地区的矿产资源分布和开采情况，非经国务院授权的部门批准，不得压覆重要矿床。

第三十二条 国务院规定由指定的单位统一收购的矿产品，任何其他单位或者个人不得收购，开采者不得向非指定单位销售。

第三十三条 国家在民族自治地方开采矿产资源，应当照顾民族自治地方的利益，作出有利于民族自治地方经济建设的安排，照顾当地少数民族群众的生产和生活。

民族自治地方和自治机关根据法律规定和国家的统一规划，对可以由本地方开发的矿产资源，优先合理开发利用。

第五章 乡镇集体矿山企业和个体采矿（略）

第六章 法律责任

第三十九条 违反本法规定，未取得采矿许可证擅自采矿的，擅自进入国家规划矿区、对国民经济具有重要价值的矿区和他人矿区范围采矿的，擅自开采国家规定实行保护性开采的特定矿种的，责令停止开采、赔偿损失，没收采出的矿产品和违法所得，可以并处罚款；拒不停止开采，造成矿产资源破坏的，依照《刑法》第一百五十六条的规定对直接责任人员追究刑事责任。

第四十条 超越批准的矿区范围采矿的，责令退回本矿区范围内开采、赔偿损失，没收越界开采的矿产品和违法所得，可以并处罚款，拒不退回本矿区范围内开采，造成矿产资源破坏的，吊销采矿许可证，依照《刑法》第一百五十六条的规定对直接责任人员追究刑事责任。

第四十一条 盗窃、抢夺矿山企业和勘查单位的矿产品和其他财物的，破坏采矿、勘查设施的，扰乱矿区和勘查作业区的生产秩序、工作秩序的，分别依照《刑法》有关规定追究刑事责任，情节显著轻微的，依照《治安管理处罚条例》有关规定予以处罚。

第四十二条 买卖、出租或者以其他形式转让矿产资源的，没收违法所得，处以罚款。

买卖、出租采矿权或者将采矿权用作抵押的，没收违法所得，处以罚款，吊销采矿许可证。

第四十三条 违反本法规定收购和销售国家统一收购的矿产品的，没收矿产品和违法所得，可以并处罚款；情节严重的，依照《刑法》第一百一十七条、第一百一十八条的规定，追究刑事责任。

第四十四条 违反本法规定，采取破坏性的开采方法开采矿产资源，造成矿产资源严重破坏的，责令赔偿损失，处以罚款；情节严重的，可以吊销采矿许可证。

第四十五条 本法第三十九条、第四十条、第四十二条规定的行政处罚，由市、县人民政府决定。第四十三条规定的行政处罚，由工商行政管理部门决定。第四十四条规定的行政处罚，由省、自治区、直辖市人民政府地质矿产主管部门决定；对国务院和国务院有关主管部门批准开办的矿山企业给予吊销采矿许可证处罚的，须报省、自治区、直辖市人民政府批准。

第四十六条 当事人对行政处罚决定不服的，可以在收到处罚通知之日起十五日内，向人民法院起诉。对罚款和没收违法所得的行政处罚决定期满不起诉又不履行的，由作出处罚决定的机关申请人民法院强制执行。

第四十七条 矿山企业之间的矿区范围的争议，由当事人协商解决，协商不成的，由有关县级以上地方人民政府根据依法核定的矿区范围处理，跨省、自治区、直辖市的矿区范围的争议，由有关省、自治区、直辖市人民政府协商解决，协商不成的，由国务院处理。

第七章 附 则

第四十八条 本法实施细则由国务院制定。

第四十九条 本法自 1986 年 10 月 1 日起施行。

第五十条 本法施行以前，未办理批准手续、未划定矿区范围、未取得采矿许可证开采矿产资源的，应当依照本法有关规定申请补办手续。

中华人民共和国渔业法实施细则

1987年10月14日国务院批准，1987年10月20日农牧渔业部发布

第一章　总　　则

第一条　根据《中华人民共和国渔业法》*（以下简称《渔业法》）第三十四条的规定，制定本实施细则。

第二条　《渔业法》及本实施细则中下列用语的含义是：

（一）“中华人民共和国的内水”，是指中华人民共和国领海基线向陆一侧的海域和江河、湖泊等内陆水域。

（二）“中华人民共和国管辖的一切其他海域”，是指根据中华人民共和国法律，中华人民共和国缔结、参加的国际条约、协定或者其他有关国际法，而由中华人民共和国管辖的海域。

（三）“渔业水域”，是指中华人民共和国管辖水域中鱼、虾、蟹、贝类的产卵场、索饵场、越冬场、洄游通道和鱼、虾、蟹、贝、藻类及其他水生动植物的养殖场所。

第二章　渔业的监督管理

第三条　国家对渔业的监督管理，实行统一领导、分级管理。

国务院划定的“机动渔船底拖网禁渔区线”外侧，属于中华人民共和国管辖海域的渔业，由国务院渔业行政主管部门及其所属的海区渔政管理机构监督管理；“机动渔船拖网禁渔区线”内侧海域的渔业，除国家另有规定者外，由毗邻海域的省、自治区、直辖市人民政府渔业行政主管部门监督管理。

内陆水域渔业，按照行政区划由当地县级以上地方人民政府渔业行政主管部门监督管理，跨行政区域的内陆水域渔业，由上一级人民政府渔业行政主管部门及其所属的渔政监督管理机构监督管理；跨省、自治区、直辖市的大型江河的渔业，可以由国务院渔业行政主管部门监督管理。

重要的、洄游性的共用渔业资源，由国家统一管理；定居性的、小宗的渔业资源，由地方人民政府渔业行政主管部门管理。

第四条　“机动渔船底拖网禁渔区线”内侧海域的渔业，由有关省、自治区、直辖市人民政府渔业行政主管部门协商划定监督管理范围；划定监督管理范围有困难的，可划叠区或者共管区管理，必要时由国务院渔业行政管理部门决定。

第五条　渔场和渔汛生产，应当以渔业资源可捕量为依据，按照有利于保护、增殖和合理利用渔业资源，优先安排邻近地区、兼顾其他地区的原则，统筹安排。

舟山渔场冬季带鱼渔汛，浙江渔场大黄鱼汛，闽东、闽中渔场大黄鱼汛，吕泗渔场大黄鱼、小黄鱼、鲳鱼汛，渤海渔场秋季对虾汛等主要渔场、渔汛和跨海区管理线的捕捞作业，由国务院渔业行政主管部门或其授权单位安排。

第六条　国务院渔业行政主管部门和渔政渔港监督管理机构，代表国家行使渔港监督管理权。

国务院渔业行政主管部门在黄渤海、东海、南海三个海区设渔政监督管理机构；在重要渔港、边境水域和跨省、自治区、直辖市的大型江河，根据需要设渔政渔港监督管理机构。

第七条　渔政检查人员有权对各种渔业及渔业船舶的证件、渔船、渔具、渔获物和捕捞方法，进行检查。

渔政检查人员经国务院渔业行政主管部门或者省级人民政府渔业行政主管部门考核，合格者方可执行公务。

第八条　渔业行政主管部门及其所属的渔政监督管理机构，应当与公安、海监、交通、环保、工商行政管理等有关部门相互协作，监督检查渔业法规的施行。

第九条　群众性护渔管理组织，应当在当地县级以上人民政府渔业行政主管部门的业务指导下，依法开展护渔管理工作。

第三章　养殖业

第十条　使用全民所有水面、滩涂，从事养殖生产的全民所有制单位和集体所有制单位，应当向县级以上地方人民政府申请养殖使用证。

全民所有的水面、滩涂在一县行政区域内的，由该县人民政府核发养殖使用证；跨县的，由有关县协商核发养殖使用证，必要时由上级人民政府决定核发养殖使用证。

第十一条　领取养殖使用证的单位，无正当理由未从事养殖生产，或者放养量低于当地同类养殖水域

---

* “中华人民共和国渔业法”已收录在《1986年中国海洋年鉴》中

平均放养量60%的，应当视为荒芜。

第十二条 全民所有的水面、滩涂中的鱼、虾、蟹、贝、藻类的自然产卵场、繁殖场、索饵场及重要的洄游通道必须予以保护，不得划作养殖场所。

第十三条 国家建设征用集体所有的水面、滩涂，按照国家土地管理法规办理。

第四章 捕 捞 业

第十四条 近海渔场与外海渔场的划分：

(一)渤海、黄海为近海渔场。

(二)下列四个基点之间连线内侧海域为东海近海渔场；四个基点之间连线外侧海域为东海外海渔场。四个基点是：

1.北纬33度，东经125度；

2.北纬29度，东经125度；

3.北纬28度，东经124度30分；

4.北纬27度，东经123度。

(三)下列两条等深线之内侧海域为南海近海渔场；两条等深线之外侧海域为南海外海渔场。两条等深线是：

1.东经112度以东之80米等深线；

2.东经112度以西之100米等深线。

第十五条 国家对捕捞业，实行捕捞许可证制度。

从事外海、远洋捕捞业的，由经营者提出申请，经省、自治区、直辖市人民政府渔业行政主管部门审核后，报国务院渔业行政主管部门批准。从事外海生产的渔船，必须按照批准的海域和渔期作业，不得擅自进入近海捕捞。

近海大型拖网、围网作业的捕捞许可证，由国务院渔业行政主管部门批准发放；近海其他作业的捕捞许可证，由省、自治区、直辖市人民政府渔业行政主管部门按照国家下达的船网工具控制指标批准发放。

内陆水域的捕捞许可证，由县级以上地方人民政府渔业行政主管部门批准发放。

捕捞许可证的格式，由国务院渔业行政主管部门制定。

第十六条 在中华人民共和国管辖水域，中外合资、中外合作经营的渔业企业，未经国务院有关主管部门批准，不得从事近海捕捞业。

第十七条 有下列情形之一的，不得发放捕捞许可证：

(一) 使用破坏渔业资源、被明令禁止使用的渔具或者捕捞方法的；

(二) 未按照国家规定办理批准手续，制造、更新改造、购置或者进口捕捞渔船的；

(三) 未按国家规定领取渔业船舶证书、航行签证簿、职务船员证书、船舶户口簿、渔民证等证件的。

第十八条 娱乐性游钓和在尚未养殖、管理的滩涂手工采集零星水产品的，不必申请捕捞许可证，但应当加强管理，防止破坏渔业资源。具体管理办法由县级以上人民政府制定。

第十九条 因科学研究等特殊需要，在禁渔区、禁渔期捕捞，或者使用禁用的渔具、捕捞方法，或者捕捞重点保护的渔业资源品种，必须经省级以上人民政府渔业行政主管部门批准。

第五章 渔业资源的增殖和保护

第二十条 禁止使用电力、鱼鹰捕鱼和敲舟古作业。在特定水域确有必要使用电力或者使用鱼鹰捕鱼时，必须经省、自治区、直辖市人民政府渔业行政主管部门批准。

第二十一条 县级人民政府渔业行政主管部门，应当依照本实施细则第三条规定的管理权限，确定重点保护的渔业资源品种及采捕标准。在重要鱼、虾、蟹、贝、藻类，以及其他重要水生物的产卵场、索饵场、越冬场和洄游通道，规定禁渔区和禁渔期，禁止使用或者限制使用的渔具和捕捞方法，最小网目尺寸，以及制定其他保护渔业资源的措施。

第二十二条 在"机动渔船底拖网禁渔区线"外侧建造人工鱼礁的，必须经国务院渔业行政主管部门批准；在"机动渔船底拖网禁渔区线"内侧建造人工鱼礁的，必须经有关省、自治区、直辖市人民政府渔业行政主管部门或其授权单位批准。

建造人工鱼礁，应当避开主要航道和重要锚地，并通知有关交通和海洋管理部门。

第二十三条 定置渔业一般不得跨县作业。县级以上人民政府渔业行政主管部门应当限制其网桩数量、作业场所，并规定禁渔期，海洋定置渔业，不得越出"机动渔船底拖网禁渔区线"。

第二十四条 因养殖或者其他特殊需要，捕捞鳗鲡、鲥鱼、中华绒螯蟹、真鲷、石斑鱼等有经济价值的水生动物苗种或者禁止捕捞的怀卵亲体的，必须经国务院渔业行政主管部门或者省、自治区、直辖市人民政府渔业行政主管部门批准，并领取专项许可证件，方可在指定区域和时间内，按照批准限额捕捞。捕捞其他有重要经济价值的水生物苗种的批准权，由省、自治区、直辖市人民政府渔业行政主管部门规定。

第二十五条 禁止捕捞中国对虾苗种和春季亲虾。因养殖需要中国对虾怀卵亲体的，应当限期由养殖单位自行培育，期限及管理办法由国务院渔业行政主管部门制定。

第二十六条 任何单位和个人，在鱼、虾、蟹、贝幼苗的重点产区直接引水、用水的，应当采取避开幼苗密集期、密集区，或者设置网栅等保护措施。

第二十七条 各级渔业行政主管部门，应当对渔业水域污染情况进行监测；渔业环境保护监测网，应当纳入全国环境监测网络。因污染造成渔业损失的，应当由渔政渔港监督管理部门协同环保部门调查处理。

第二十八条 在重点渔业水域不得从事拆船业。在其他渔业水域从事拆船业，造成渔业资源损害的，由拆船单位依照有关规定负责赔偿。

第六章 罚 则

第二十九条 依照《渔业法》第二十八条规定处以罚款的，按下列规定执行：

（一） 炸鱼、毒鱼的，违反关于禁渔区、禁渔期的规定进行捕捞的，擅自捕捞国家规定禁止捕捞的珍贵水生动物的，在内陆水域处五十元至五千元罚款，在海洋处五百元至五万元的罚款；

（二） 敲舾作业的，处一千元至五万元罚款；

（三） 未经批准使用鱼鹰捕鱼的，处五十元至二百元罚款；

（四） 未经批准使用电力捕鱼的，在内陆水域处二百元至一千元罚款，在海洋处五百元至三千元罚款；

（五） 使用小于规定的最小网目尺寸的网具进行捕捞的，处五十元至一千元罚款。

第三十条 依照《渔业法》第二十九条规定处以罚款的，按罚款一千元以下执行。

第三十一条 依照《渔业法》第三十条规定需处以罚款的，按下列规定执行；

（一） 内陆渔业非机动渔船，处五十元至一百五十元罚款；

（二） 内陆渔业机动渔船和海洋渔业非机动渔船，处一百元至五百元罚款；

（三） 海洋渔业机动渔船，处二百元至二万元罚款。

第三十二条 依照《渔业法》第三十一条规定需处以罚款的，按下列规定执行：

（一） 内陆渔业非机动渔船，处二十五元至五十元罚款；

（二） 内陆渔业机动渔船和海洋渔业非机动渔船，处五十元至一百元罚款；

（三） 海洋渔业机动渔船，处五十元至三千元罚款；

（四） 外海渔船擅自进入近海捕捞的，处三千元至二万元罚款。

第三十三条 买卖、出租或者以其他形式非法转让以及涂改捕捞许可证的，没收违法所得，吊销捕捞许可证，可以并处一百元至一千元罚款。

第三十四条 依照《渔业法》第二十八条、第三十条、第三十一条、第三十二条规定需处以罚款的，对船长或者单位负责人可以视情节另处一百元至五百元罚款。

第三十五条 未按《渔业法》和本实施细则有关规定采取保护措施造成渔业资源损失的、围湖造田或者未经批准围垦沿海滩涂的，应当依法承担责任。

第三十六条 中外合资、中外合作经营的渔业企业违反本实施细则第十六条规定的，没收渔获物和违法所得，可以并处三千元至五万元罚款。

第三十七条 外国人、外国渔船违反《渔业法》第八条规定，擅自进入中华人民共和国管辖水域从事渔业生产或者渔业资源调查活动的，渔业行政主管部门或其所属的渔政监督管理机构应当令其离开或者将其驱逐，并可处以罚款和没收渔获物、渔具。

第三十八条 渔业行政主管部门或其所属的渔政监督管理机构进行处罚时，应当填发处罚决定书；处以罚款及没收渔具、渔获物和违法所得的，应当开具凭证，并在捕捞许可证上载明。

第三十九条 有下列行为之一的，由公安机关依照《中华人民共和国治安处罚条例》的规定处罚；构成犯罪的，由司法机关依法追究刑事责任：

（一） 拒绝、阻碍渔政检查人员依法执行公务的；

（二） 偷窃、哄抢或者破坏渔具、渔船、渔获物的。

第四十条 渔政检查人员玩忽职守或者徇私枉法的，由其所在单位或者上级主管部门给予行政处分；构成犯罪的，依法追究刑事责任。

第七章 附 则

第四十一条 本实施细则由农牧渔业部负责解释。

第四十二条 本实施细则自发布之日起施行。

防止拆船污染环境管理条例

1988年5月18日国务院发布

第一条 为防止拆船污染环境，保护生态平衡，保障人体健康，促进拆船事业的发展，制定本条例。

第二条 本条例适用于在中华人民共和国管辖水域从事岸边和水上拆船活动的单位和个人。

第三条 本条例所称岸边拆船，指废船停靠拆船码头拆解；废船在船坞拆解；废船冲滩（不包括海难事故中的船舶冲滩）拆解。

本条例所称水上拆船，指对完全处于水上的废船进行拆解。

第四条 县级以上人民政府环境保护部门负责组织协调、监督检查拆船业的环境保护工作，并主管港区水域外的岸边拆船环境保护工作。

中华人民共和国港务监督（含港航监督，下同）主管水上拆船和综合港港区水域拆船的环境保护工作，并协助环境保护部门监督港区水域外的岸边拆船防止污染工作。

国家渔政监督管理部门主管渔港水域拆船的环境保护工作，负责监督拆船活动对沿岸渔业水域的影响，发现污染损害事故后，会同环境保护部门调查处理。

军队环境保护部门主管军港水域拆船和环境保护工作。

国家海洋管理部门和重要江河的水资源保护机构，依据《中华人民共和国海洋环境保护法》和《中华人民共和国水污染防治法》确定的职责，协助以上各款所指主管部门监督拆船的防止污染工作。

县级以上人民政府的环境保护部门、中华人民共和国港务监督、国家渔政渔港监督管理部门和军队环境保护部门，在主管本条第一、第二、第三、第四款所确定水域的拆船环境保护工作时，简称“监督拆船污染的主管部门”。

第五条 地方人民政府应当根据需要和可能，结合本地区的特点、环境状况和技术条件，统筹规划、合理设置拆船厂。

在饮用水源地、海水淡化取水点、盐场、重要的渔业水域、海水浴场、风景名胜区以及其他需要特殊保护的区域，不得设置拆船厂。

第六条 设置拆船厂，必须编制环境影响报告书（表）。其内容包括：拆船厂的地理位置、周围环境状况、拆船规模和条件、拆船工艺、防污措施、预期防治效果等。大中型拆船厂的环境影响报告书（表），报所在地的省级环境保护部门批准；小型拆船厂的环境影响报告书（表），经所在地的县级环境保护部门审查，报上一级环境保护部门批准。未经批准者，不得设置拆船厂；拆船公司不得对其提供废船。

环境保护部门在批准环境影响报告书（表）前，应当征求各有关部门的意见。

第七条 监督拆船污染的主管部门有权对拆船单位的拆船活动进行检查，被检查单位必须如实反映情况，提供必要的资料。

监督拆船污染的主管部门有义务为被检查单位保守技术和业务秘密。

第八条 对严重污染环境的拆船单位，限期治理。

对拆船单位的限期治理，由监督拆船污染的主管部门提出意见，通过批准环境影响报告书（表）的环境保护部门，报同级人民政府决定。

第九条 拆船单位应当健全环境保护规章制度，认真组织实施。

第十条 拆船单位必须配备或者设置防止拆船污染必需的拦油装置、废油接收设备、含油污水接收处理设施或者设备、废弃物回收处置场等，并经批准环境影响报告书（表）的环境保护部门验收合格，发给验收合格证后，方可进船拆解。

第十一条 拆船单位在废船拆解前，必须清除易燃、易爆和有毒物质；关闭海底阀和封闭可能引起油污水外溢的管道。垃圾、残油、废油、油泥、含油污水和易燃易爆物品等废弃物必须送到岸上集中处理，并不得采用渗坑、渗井的处理方式。

废油船在拆解前，必须进行洗舱、排污、清舱、测爆等工作，经港务监督检查核准后，方可拆解。

第十二条 在水上进行拆船作业的拆船单位和个人，必须事先采取有效措施，严格防止溢出、散落水中的油类和其他漂浮物扩散。

在水上进行拆船作业，一旦出现溢出、散落水中的油类和其他漂浮物，必须及时收集处理。

第十三条 排放洗舱水、压舱水和舱底水，必须符合国家和地方规定的排放标准；排放未经处理的洗舱水、压舱水和舱底水，还必须经过监督拆船污染的主管部门批准。

监督拆船污染的主管部门接到拆船单位申请排放未经处理的洗舱水、压舱水和舱底水的报告后，应当抓紧办理，及时审批。

第十四条 拆下的船舶部件或废弃物，不得投弃或存放水中；带有污物的船舶部件或者废弃物，严禁进入水体。未清洗干净的船底和油柜必须拖到岸上拆解。

拆船作业产生的电石渣及其废水，必须收集处理，不得流入水中。

船舶拆解完毕，拆船单位和个人应当及时清理拆船现场。

第十五条 发生拆船污染损害事故时，拆船单位或者个人必须立即采取消除或者控制污染措施，并迅速报告监督拆船污染的主管部门。

污染损害事故发生后，拆船单位必须向监督拆船污染的主管部门提交《污染事故报告书》，报告污染发生的原因 、经过、排污数量、采取的抢救措施、已造成和可能造成的污染损害后果等，并接受调查处理。

第十六条 拆船单位关闭或者搬迁后，必须及时清理原厂遗留的污染物，并由监督拆船污染的主管部门检查验收。

第十七条 违反本条例规定，有下列情形之一的，监督拆船污染的主管部门除责令其限期纠正外，还可以根据不同情节，处以一万元以上十万元以下罚款：

（一） 未持有经批准的环境影响报告书（表），擅自设置拆船厂并进行拆船的；

（二） 发生污染损害事故，不向监督拆船污染主管部门报告也不采取消除或者控制污染措施的；

（三） 废油船未经洗舱、排污、清舱和测爆即行拆解的；

（四） 任意排放或者丢弃污染物造成严重污染的。

对未持有经批准的环境影响报告书（表），擅自在第五条第二款所指的区域设置拆船厂并进行拆船的，除依据前款规定予以罚款外，按照分级管理的原则，由县级以上人民政府责令限期关闭或者搬迁。

第十八条 违反本条例规定，有下列情形之一的，监督拆船污染的主管部门除责令其限期纠正外，还可以根据不同情节，给予警告或者处以一万元以下罚款：

（一） 拒绝或者阻挠监督拆船污染的主管部门进行现场检查或者在被检查时弄虚作假的；

（二） 未按规定要求配备和使用防污设施、设备和器材，造成环境污染的；

（三） 发生污染损害事故，虽采取消除或者控制污染措施，但不向监督拆船污染的主管部门报告的；

（四） 拆船单位关闭、搬迁后，原厂址的现场清理不合格的。

第十九条 罚款全部上缴国库。

拆船单位和个人在受到罚款后，并不免除其对本条例规定义务的履行，已造成污染危害的，必须及时排除危害。

第二十条 对经限期治理逾期未完成治理任务的拆船单位，可以根据其造成的危害后果，责令停业整顿或者关闭。

前款所指拆船单位的停业整顿或者关闭，由作出限期治理决定的人民政府决定。责令国务院有关部门直属的拆船单位停业整顿或者关闭，由国务院环境保护部门会同有关部门批准。

第二十一条 对造成污染损害后果负有责任的或者有第十八条第（一）项所指行为的拆船单位负责人和直接责任者，可以根据不同情节，由其所在单位或者上级主管机关给予行政处分。

第二十二条 当事人对行政处罚决定不服的，可以在收到处罚决定通知之日起十五日内，向人民法院起诉；期满不起诉又不履行的，由作出处罚决定的主管部门申请人民法院强制执行。

第二十三条 因拆船污染直接遭受损害的单位或者个人，有权要求造成污染损害方赔偿损失。造成污染损害方有责任对直接遭受危害的单位或者个人赔偿损失。

赔偿责任和赔偿金额的纠纷，可以根据当事人的请求，由监督拆船污染的主管部门处理；当事人对处理决定不服的，可以向人民法院起诉。

当事人也可以直接向人民法院起诉。

第二十四条 凡直接遭受拆船污染损害，要求赔偿损失的单位和个人，应当提交《污染索赔报告书》。报告书应当包括以下内容：

（一） 受拆船污染损害的时间、地点、范围、对象，以及当时的气象、水文条件；

（二） 受拆船污染损害的损失清单，包括品名、数量、单价、计算方法等；

（三） 有关监测部门的鉴定。

第二十五条 因不可抗拒的自然灾害，并经及时采取防范和抢救措施，仍然不能避免造成污染损害的，免予承担赔偿责任。

第二十六条 对检举、揭发拆船单位隐瞒不报或者谎报污染损害事故，以及积极采取措施制止或者减轻污染损害的单位和个人，给予表扬和奖励。

第二十七条 监督拆船污染的主管部门的工作人员玩忽职守、滥用职权、徇私舞弊，由其所在单位或者上级主管机关给予行政处分；对国家和人民利益造成重大损失、构成犯罪的，依法追究刑事责任。

第二十八条 本条例自 1988 年 6 月 1 日起施行。

国务院对农业部、财政部、国家物价局
关于《渔业资源增殖保护费征收使用办法》的批复

1988 年 10 月 9 日

国务院批准《渔业资源增殖保护费征收使用办法》，由你们联合发布施行。

本《办法》施行后到 1990 年底，征收的渔业资源增殖保护费，免征国家能源交通重点建设基金。

附:渔业资源增殖保护费征收使用办法

渔业资源增殖保护费征收使用办法

第一条 根据《中华人民共和国渔业法》第十九条的规定,制定本办法。

第二条 凡在中华人民共和国的内水、滩涂、领海以及中华人民共和国管辖的其他海域采捕天然生长和人工增殖水生动植物的单位和个人,必须依照本办法缴纳渔业资源增殖保护费(以下简称"渔业资源费")

第三条 渔业资源费的征收和使用,实行取之于渔、用之于渔的原则。

第四条 渔业资源费由县级以上人民政府渔业行政主管部门及其授权单位依照批准发放捕捞许可证的权限征收。由国务院渔业行政主管部门批准发放捕捞许可证的,渔业资源费由国务院渔业行政主管部门所属的海区渔政监督管理机构(以下称"海区渔政监督管理机构")征收。

第五条 渔业资源费分为海洋渔业资源费和内陆水域渔业资源费。

海洋渔业资源费每年征收金额,由沿海省级人民政府渔业行政主管部门或者海区渔政监督管理机构,在其批准发放捕捞许可证的渔船前三年采捕水产品的平均年总产值(不含专项采捕经济价值较高的渔业资源品种产值)1～3%的幅度内确定。

内陆水域渔业资源费年征收金额由省级人民政府确定。

专项采捕经济价值较高的渔业资源品种,渔业资源费年征收金额,由省级人民政府渔业行政主管部门或者海区渔政监督管理机构,在其批准发放捕捞许可证的渔船前三年采捕该品种的平均年总产值 3～5%的幅度内确定。

经济价值较高的渔业资源品种名录,由国务院渔业行政主管部门确定。

第六条 渔业资源费的具体征收标准,由省级人民政府渔业行政主管部门或者海区渔政监督管理机构,在本办法第五条确定的渔业资源费年征收金额幅度内,依照下列原则制定:

(一) 从事外海捕捞、有利于渔业资源保护或者国家鼓励开发的作业的,其渔业资源征收标准应当低于平均征收标准,也可以在一定时期内免征渔业资源费。

(二) 从事应当淘汰、不利于渔业资源保护或者国家限制发展的作业的,或者持临时捕捞许可证进行采捕作业的,其渔业资源费征收标准应当高于平均征收标准,但最高不得超过平均征收标准金额的三倍。

(三) 依法经批准采捕珍稀水生动植物的,依照专项采捕经济价值较高的渔业资源品种适用的征收标准,加倍征收渔业资源费,但最高不得超过上述征收标准金额的三倍。因从事科研活动的需要,依据有关规定经批准采捕珍稀水生动植物的除外。

渔业资源费的具体征收标准,省级人民政府渔业行政主管部门制定的,由省级人民政府物价部门核定;海区渔政监督管理机构制定的,报国务院渔业行政主管部门审查后,由国务院物价部门核定。

第七条 县级以上地方人民政府渔业行政主管部门或者海区渔政监督管理机构,根据本办法第六条规定的渔业资源费征收标准,依照作业单位的船只、功率和网具数量,确定应当缴纳的渔业资源费金额。

第八条 持有广东省和香港、澳门地区双重户籍的流动渔船,由广东省人民政府渔业行政主管部门征收渔业资源费。

第九条 县级以上地方人民政府渔业行政主管部门或者海区渔政监督管理机构,在批准发放捕捞许可证的同时征收渔业资源费,并在捕捞许可证上注明缴纳金额,加盖印章。

征收渔业资源费时,必须出具收费的依据。

第十条 渔业资源费列入当年生产成本。

第十一条 省级人民政府渔业行政主管部门征收的渔业资源费(含市、县上缴部分,下同),实行按比例留成和上缴一部分统筹使用的办法。

沿海省级人民政府渔业行政主管部门征收的海洋渔业资源费,90%由其留用;10%上缴海区渔政监督管理机构,用于大范围洄游性渔业资源增殖保护项目。省级人民政府渔业行政主管部门征收的内陆水域渔业资源费全部由其安排使用。

市、县人民政府渔业行政主管部门征收的渔业资源费上缴省、自治区、直辖市的比例,由省级人民政府渔业行政主管部门商同级财政部门确定。

第十二条 渔业资源费用于渔业资源的增殖、保护,使用范围是:

(一) 购买增殖放流用的苗种和培育苗种所需的配套设施;修建近海和内陆水域人工鱼礁、鱼巢等增殖设施;

(二) 为保护特定的渔业资源品种,借给渔民用于转业或者转产的生产周转金(不得作为生活补助和流动资金)；

(三) 为增殖渔业资源提供科学研究经费补助；

(四) 为改善渔业资源增殖保护管理手段和监测渔业资源提供经费补助。

渔业资源费用于渔业资源增殖与保护之间的比例，属于海区掌握的，由海区渔政监督管理机构确定；属于省、自治区、直辖市掌握的，由省级人民政府渔业行政主管部门商同级财政部门确定。

第十三条 跨省、自治区、直辖市的大江、大河的人工增殖放流，由江河流经的省、自治区、直辖市人民政府渔业行政主管部门根据国务院渔业行政主管部门的统一规划，从其征收的内陆水域渔业资源费中提取经费。

第十四条 渔业资源费按预算外资金管理。

县级以上人民政府渔业行政主管部门征收的渔业资源费应当交同级财政部门在银行开设专户储存，依照规定用途专款专用，不得挪用。

第十五条 县级以上地方人民政府渔业行政主管部门以及渔业资源费的其他使用单位，应当在年初编制渔业资源费收支计划，在年终编制决算，报同级财政部门审批，并报上一级渔业行政主管部门备案。

海区渔政监督管理机构编制的渔业资源费收支计划和年终决算，由国务院渔业行政主管部门审查汇总后，报财政部门审批。

收支计划和决算报表的格式由国务院渔业行政主管部门统一制订。

第十六条 各级财政、物价和审计部门，应当加强对渔业资源费征收使用工作的监督检查，对挪用、浪费渔业资源费的行为，应当依照国家有关规定查处。

第十七条 本办法由国务院渔业行政主管部门会同财政、物价部门解释。

第十八条 本办法自1989年1月1日起施行。

铺设海底电缆管道管理规定

1989年1月20日国务院第32次常务会议通过，2月15日发布

第一条 为维护中华人民共和国国家主权和权益，合理开发利用海洋，有秩序地铺设和保护海底电缆、管道，制定本规定。

第二条 本规定适用于在中华人民共和国内海、领海及大陆架上铺设海底电缆、管道以及为铺设所进行的路由调查、勘测及其他有关活动。

第三条 在中华人民共和国内海、领海及大陆架上铺设海底电缆、管道以及为铺设所进行的路由调查、勘测及有关活动的主管机关是中华人民共和国国家海洋局(以下简称主管机关)。

第四条 中国的企业、事业单位铺设海底电缆、管道，经其上级业务主管部门审批同意后，为铺设所进行的路由调查、勘测等活动，依照本规定执行。

外国的公司、企业和其他经济组织或者个人需要在中华人民共和国内海、领海铺设海底电缆、管道以及为铺设所进行的路由调查、勘测等活动，应当依照本规定报经主管机关批准；需要在中华人民共和国大陆架上进行上述活动的，应当事先通知主管机关，但其确定的海底电缆、管道路由，需经主管机关同意。

第五条 海底电缆、管道所有者(以下简称所有者)，须在为铺设所进行的路由调查、勘测实施60天前，向主管机关提出书面申请。申请书应当包括以下内容：

(一) 所有者的名称、国籍、住所；

(二) 海底电缆、管道路由调查、勘测单位的名称、国籍、住所及主要负责人；

(三) 海底电缆、管道路由调查、勘测的精确地理区域；

(四) 海底电缆、管道路由调查、勘测的时间、内容、方法和设备，包括所用船舶的船名、国籍、吨位及其主要装备和性能。

主管机关应当自收到申请之日起30天内作出答复。

第六条 海底电缆、管道路由调查、勘测完成后，所有者应当在计划铺设施工60天前，将最后确定的海底电缆、管道路由报主管机关审批，并附具以下资料：

(一) 海底电缆、管道的用途、使用材料及其特性；

(二) 精确的海底电缆、管道路线图和位置表以及起止点、中继点(站)和总长度；

(三) 铺设工程的施工单位、施工时间、施工计划、技术设备等；

(四) 铺设海底管道工程对海洋资源和环境影响报告书；

(五) 其他有关说明资料。

主管机关应当自收到申请之日起30天内作出答复。

第七条 铺设施工完毕后，所有者应当将海底电

缆、管道的路线图、位置表等说明资料报送主管机关备案,并抄送港监机关。

在国家进行海洋开发利用、管理需要时,所有者有义务向主管机关进一步提供海底电缆、管道的准确资料。

第八条 海底电缆、管道的铺设和为铺设所进行的路由调查、勘测活动,不得在获准作业区域以外的海域作业,也不得在获准区域内进行未经批准的作业。

第九条 获准施工的海底电缆、管道在施工前或施工中如需变动,所有者应当及时向主管机关报告。如该项变动重大,主管机关可采取相应措施,直至责令其停止施工。

第十条 海底电缆、管道的维修、改造、拆除和废弃,所有者应当提前向主管机关报告。路由变动较大的改造,依照本规定重新办理有关手续。

外国船舶需要进入中国内海、领海进行海底电缆、管道的维修、改造、拆除活动时,除履行本条第一款规定的程序外,还应当依照中国法律的规定,报经中国有关机关批准。

铺设在中国大陆架上的海底电缆、管道遭受损害,需要紧急修理时,外国维修船可在向主管机关报告的同时进入现场作业,但不得妨碍中国的主权权利和管辖权。

第十一条 海底电缆、管道的路由调查、勘测和铺设、维修、拆除等施工作业,不得妨碍海上正常秩序。

海底电缆、管道的铺设或者拆除工程的遗留物,应当妥善处理,不得妨碍海上正常秩序。

第十二条 铺设海底电缆、管道及其他海上作业,需要移动已铺设的海底电缆、管道时,应当先与所有者协商,并经主管机关批准后方可施工。

第十三条 从事海上各种活动的作业者,必须保护已铺设的海底电缆、管道。造成损害的应当依法赔偿。

其他海洋开发利用和已铺设的海底电缆、管道的正常使用发生纠纷时,由主管机关调解解决。

第十四条 主管机关有权对海底电缆、管道的铺设、维修、改造、拆除、废弃以及为铺设所进行的路由调查、勘测活动进行监督和检查。对违反本规定的,主管机关可处以警告、罚款直至责令其停止海上作业。

前款所列处罚的具体办法,由主管机关商国务院有关主管部门制定。

第十五条 为海洋石油开发所铺设的超出石油开发区的海底电缆、管道的路由,应当在油(气)田总体开发方案审批前报主管机关,由主管机关商国家能源主管部门批准。

在海洋石油开发区内铺设平台间或者平台与单点系泊间的海底电缆、管道,所有者应当在为铺设所进行的路由调查、勘测和施工前,分别将本规定第五条、第六条规定提供的内容,报主管机关备案。

第十六条 铺设、维修、改造、拆除、废弃海底电缆、管道以及为铺设所进行的路由调查、勘测活动,本规定未作规定的,适用国家其他有关法律、法规的规定。

第十七条 中华人民共和国军用海底电缆、管道的铺设依照本规定执行。军队可以制定具体实施办法。

第十八条 主管机关应当收集海底地形、海上构筑物分布等方面的资料,为海底电缆、管道的铺设及其调查、勘测活动提供咨询服务。

第十九条 本规定中的“电缆”系指通信电缆及电力电缆;“管道”系指输水、输气、输油及输送其他物质的管状输送设施。

第二十条 本规定由中华人民共和国国家海洋局负责解释。

第二十一条 本规定自1989年3月1日起施行。

中华人民共和国水污染防治法实施细则

1989年7月12日国务院批准公布

第一章 总　则

第一条 根据《中华人民共和国水污染防治法》第四十五条的规定,制定本实施细则。

第二条 国务院有关部门和地方各级人民政府,应当将水环境保护工作纳入国民经济和社会发展计划。

各级人民政府的经济建设部门,应当根据同级人民政府提出的水环境保护的要求,把水污染防治工作纳入本部门生产建设计划。

第三条 建设项目中水污染防治所需资金、材料和设备,应当与主体工程统筹安排。

第四条 跨省、自治区、直辖市的地方水环境质量补充标准和地方污染物排放标准,由有关省、自治区、直辖市人民政府协商制定,并报国务院环境保护部门备案。

第五条 对水污染防治有显著贡献的单位或者个人，由人民政府给予奖励。

第二章 水污染防治的监督管理

第六条 国务院有关部门和地方各级人民政府有关部门，在确定大、中型水库坝下最小泄流量时，应当维护下游水体的自然净化能力，并征求有关区域县级以上人民政府环境保护部门的意见。

第七条 各类水体保护区的划定和调整，由县级以上环境保护部门会同有关部门提出方案，报同级人民政府批准；跨省、县级行政区的，由其共同的上级人民政府批准。

第八条 引进国外技术和设备的建设项目，凡向水体排放污染物的，应当配备水污染防治设施，使该建设项目排放的污染物不超过国家和地方规定的污染物排放标准。

第九条 企业事业单位向水体排放污染物的，必须向所在地环境保护部门提交《排污申报登记表》。环境保护部门收到《排污申报登记表》后，经调查核实，对不超过国家和地方规定的污染物排放标准及国家规定的企业事业单位污染物排放总量指标的，发给排污许可证。

新建、改建、扩建的企业事业单位污染物排放总量指标，应当根据环境影响报告书确定。

已建企业事业单位污染物排放总量指标，应当根据环境质量标准、当地污染物排放现状和经济、技术条件确定。

排污许可证的管理办法由国务院环境保护部门另行制定。

第十条 超过国家或者地方规定的污染物排放标准的企业事业单位，在向所在地环境保护部门申报登记时，应当写明超过污染物排放标准的原因及限期治理措施。

第十一条 需要拆除或者闲置污染物处理设施的，应当提前向所在地环境保护部门申报，并写明理由。环境保护部门接到申报后，应当在一个月内予以批复；逾期不批复的，视为同意。

第十二条 被责令限期治理的排污单位，应当定期向环境保护部门报告治理进度。

环境保护部门应当检查排污单位治理情况，对完成限期治理的项目进行验收，并向同级人民政府报告验收结果。

第十三条 各级人民政府的环境保护部门或者有关的监督管理部门对管辖范围内的排污单位进行现场检查时，应当持有省辖市级以上人民政府环境保护部门签发的检查证件。

第十四条 各级人民政府的环境保护部门或者有关的监督管理部门进行现场检查时，根据需要，可以要求被检查单位提供下列情况和资料：

（一） 污染物排放情况；

（二） 污染物治理设施的运行、操作和管理情况；

（三） 监测仪器、设备的型号和规格以及校验情况；

（四） 采用的监测分析方法和监测记录；

（五） 限期治理执行情况；

（六） 事故情况及有关记录；

（七） 与污染有关的生产工艺、原材料使用方面的资料；

（八） 其他与水污染防治有关的情况和资料。

第十五条 企业事业单位造成水污染事故时，必须在事故发生后四十八小时内，向当地环境保护部门作出事故发生的时间、地点、类型和排放污染物的数量、经济损失、人员受害等情况的初步报告。事故查清后，应当向当地环境保护部门作出事故发生原因、过程、危害、采取的措施、处理结果以及事故潜在危害或者间接危害、社会影响、遗留问题和防范措施等书面报告，并附有关证明文件。

环境保护部门接到水污染事故的初步报告后，应当立即会同有关部门采取措施，减轻或者消除污染，对事故可能影响的水域进行监测，并由环境保护部门或者其授权的有关部门对事故进行调查处理。

第三章 防止地表水污染

第十六条 排污口需要搬迁的，由排污单位经过技术论证后提出，报经县级以上人民政府环境保护部门批准。

第十七条 在水体保护区附近新建排污口，必须经县级以上人民政府环境保护部门和有关水体保护区的主管部门批准。

第十八条 县级以上人民政府农业部门对利用工业废水和城市污水进行灌溉的，应当定期监测用于灌溉的污水水质、土壤和农产品，并采取相应措施，防止土壤、地下水和农产品被污染。

第十九条 在内河航行的船舶，其防污设备应当符合国家船舶防污结构与设备规范的规定，持有船舶检验部门签发的合格证书。

船舶无防污设备或者防污设备不符合国家船舶防污结构与设备规范规定的，应当限期达到规定的标准。

第二十条 在内河航行的船舶必须持有航政机关规定的防污文书或者记录文书。一百五十总吨以上的油轮和四百总吨以上的非油轮，必须持有油类记录本。

第二十一条 港口或者码头应当配备含油污水、

粪便和垃圾的接收与处理设施。

船舶的废油、残油和垃圾不得排入水体，应当排入接收设施。

第二十二条 在港口的船舶进行下列作业，必须事先向航政机关提出申请，经批准后，按照规定在指定的区域内进行：

（一） 冲洗载运有毒货物、有粉尘的散装货物的船舶甲板和舱室；

（二） 排放压舱、洗舱和机舱污水以及其他残留物质；

（三） 使用化学消油剂。

第二十三条 船舶在港口或者码头装卸油类及其他有毒害腐蚀性、放射性货物时，船方和作业单位必须采取预防措施，防止污染水体。

第二十四条 船舶发生事故，造成或者可能造成水体污染的，航政机关应当强制打捞清除或者强制拖航，由此支付的费用，由肇事船方承担。

第二十五条 造船、修船、拆船、打捞船只的单位，必须备有防污设备和器材。进行作业时，应当采取预防措施，防止油类、油性混合物和其他废弃物污染水体。

第四章 防止地下水污染

第二十六条 开采多层地下水时，对下列含水层应当分层开采，不得混合开采：

（一） 半咸水、咸水、卤水层；

（二） 已受到污染的含水层；

（三） 含有毒害元素，超过生活饮用水卫生标准的水层；

（四） 有医疗价值和特殊经济价值的地下热水、温泉水和矿泉水。

第二十七条 揭露和穿透含水层的勘探工程，必须按照有关规范要求，严格做好分层止水和封孔工作。

第二十八条 利用岩洞和地下人防工程设施作其它用途的，必须有防渗漏和防流失措施。

第二十九条 矿井、矿坑排放有毒害废水，应当在矿床外围设置集水工程，并采取措施防止污染地下水。

第三十条 人工回灌补给地下饮用水的水质，应当基本符合生活饮用水水源的水质标准，并经县级以上人民政府卫生部门批准。

第五章 法律责任

第三十一条 依照《中华人民共和国水污染防治法》第三十七条规定处以罚款的，按下列规定执行：

（一） 有《中华人民共和国水污染防治法》第三十七条第一款第一项所列行为，对拒报或者谎报有关污染物排放申报登记事项的，可以处三百元以上三千元以下罚款；

（二） 有《中华人民共和国水污染防治法》第三十七条第一款第二项所列行为，水污染防治设施没有建成而投入生产的，可以处以一万元以上五万元以下罚款；水污染防治设施没有达到国家有关建设项目环境保护管理规定而投入生产的，处以五千元以上二万元以下罚款；

（三） 有《中华人民共和国水污染防治法》第三十七条第一款第三项所列行为，处以三百元以上三千元以下罚款；

（四） 有《中华人民共和国水污染防治法》第三十七条第一款第四项所列行为，贮存、堆放污染物或者废弃物的，处以二千元以上五万元以下罚款；弃置、倾倒、排放污染物的，处以五千元以上十万元以下罚款；

（五） 有《中华人民共和国水污染防治法》第三十七条第一款第五项所列行为，不 按规定缴纳排污费的，除追缴排污费或者超标排污费及滞纳金外，可以并处一千元以上一万元以下罚款。

第三十二条 依据《中华人民共和国水污染防治法》第三十八条第一款处以罚款的，可处以一万元以上十万元以下罚款。

第三十三条 依据《中华人民共和国水污染防治法》第三十九条规定处以罚款的，按下列规定执行：

（一） 对造成水污染事故的企业事业单位处以一万元以上五万元以下罚款；

（二） 对造成重大经济损失的，按照直接损失的百分之三十计算罚款，但最高不得超过二十万元。

第三十四条 未取得排污许可证或者临时排污许可证，但排放污染物未超过国家规定的排放标准的，应当给予警告，责令限期办理排污许可证，可以并处三百元以上五千元以下罚款。

不按照排污许可证或者临时排污许可证的规定排放污染物的，应当限期改正，并处以五千元以上十万元以下罚款。情节严重的可以吊销排污许可证或者临时排污许可证。

第三十五条 县级人民政府环境保护部门可处以一万元以下的罚款，超过一万元的罚款，报上级环境保护部门批准。

省辖市级人民政府环境保护部门可处以五万元以下罚款，超过五万元的罚款，报上一级环境保护部门批准。

省、自治区、直辖市人民政府环境保护部门可处以二十万元以下罚款。

第三十六条 缴纳排污费、超标排污费或者被处以警告、罚款的单位、个人，并不免除消除污染、排除危害和赔偿损失的责任。

第六章　附　　则

第三十七条　中华人民共和国缔结或者参加的与国际或者国际边界河流、湖泊水污染防治有关的国际条约、协定，同中华人民共和国法律有不同规定的，适用该国际条约、协定的规定。但是，中华人民共和国声明保留的条款除外。

第三十八条　国务院有关部门和各省、自治区、直辖市人民政府可以根据《中华人民共和国水污染防治法》和本细则，结合本部门、本地区的实际情况，制定实施办法。

第三十九条　本实施细则自1989年9月1日起施行。

中华人民共和国水下文物保护管理条例

1989年10月20日发布施行

第一条　为了加强水下文物保护工作的管理，根据《中华人民共和国文物保护法》的有关规定，制定本条例。

第二条　本条例所称水下文物，是指遗存于下列水域的具有历史、艺术和科学价值的人类文化遗产：

（一）　遗存于中国内水、领海内的一切起源于中国的、起源国不明的和起源于外国的文物；

（二）　遗存于中国领海以外依照中国法律由中国管辖的其他海域内的起源于中国的和起源国不明的文物；

（三）　遗存于外国领海以外的其他管辖海域以及公海区域内的起源于中国的文物。

前款规定内容不包括1911年以后的与重大历史事件、革命运动以及著名人物无关的水下遗存。

第三条　本条例第二条第（一）、（二）项所规定的水下文物属于国家所有，国家对其行使管辖权；本条例第二条第（三）项所规定的水下文物，国家享有辨认器物物主的权利。

第四条　国家文物局主管水下文物的登记注册、保护管理以及水下文物的考古勘探和发掘活动的审批工作。

地方各级文物行政管理部门负责本行政区域水下文物的保护工作，会同文物考古研究机构负责水下文物的确认和价值鉴定工作。对于海域内的水下文物，国家文物局可以指定地方文物行政管理部门代为负责保护管理工作。

第五条　根据水下文物的价值，国务院和省、自治区、直辖市人民政府可以依据《中华人民共和国文物保护法》第二章规定的有关程序，确定全国或者省级水下文物保护单位、水下文物保护区，并予公布。

在水下文物保护单位和水下文物保护区内，禁止进行危及水下文物安全的捕捞、爆破等活动。

第六条　任何单位或者个人以任何方式发现本条例第二条第（一）、（二）项所规定的水下文物，应当及时报告国家文物局或者地方文物行政管理部门；已打捞出水的，应当及时上缴国家文物局或者地方文物行政管理部门处理。

任何单位或者个人以任何方式发现本条例第二条第（三）项所规定的水下文物，应当及时报告国家文物局或者地方文物行政管理部门；已打捞出水的，应当及时提供国家文物局或者地方文物行政管理部门辨认、鉴定。

第七条　水下文物的考古勘探和发掘活动应当以文物保护和科学研究为目的。

任何单位或者个人在中国管辖水域进行水下文物的考古勘探或者发掘活动，必须向国家文物局提出申请，并提供有关资料。未经国家文物局批准，任何单位或者个人不得以任何方式私自勘探或者发掘。

外国国家、国际组织、外国法人或者自然人在中国管辖水域进行水下文物的考古勘探或者发掘活动，必须采取与中国合作的方式进行，其向国家文物局提出的申请，须由国家文物局报经国务院特别许可。

第八条　任何单位或者个人经批准后实施水下文物考古勘探或者发掘活动，活动范围涉及港务监督部门管辖水域的，必须报请港务监督部门核准，由港务监督部门核准划定安全作业区，发布航行通告。

第九条　任何单位或者个人实施水下文物考古勘探或者发掘活动时，还必须遵守中国其他有关法律、法规，接受有关部门的管理；遵守水下考古、潜水、航行等规程，确保人员和水下文物的安全；防止水体的环境污染，保护水下生物资源和其他自然资源不受损害；保护水面、水下的一切设施；不得妨碍交通运输、渔业生产、军事训练以及其他正常的水面、水下作业活动。

第十条　保护水下文物有突出贡献、符合《中华人民共和国文物保护法》第二十九条各项规定情形的，给予表彰、奖励。

违反本条例第五条、第六条、第七条的规定，破坏水下文物，私自勘探、发掘、打捞水下文物，或者隐匿、私分、贩运、非法出售、非法出口水下文物，具有《中华人民共和国文物保护法》第三十条、第三十一条各项规定情形的，依法给予行政处罚或者追究刑事责任。

违反本条例第八条、第九条的规定，造成严重后果的，由文物行政管理部门会同有关部门责令停止作业限期改进或者给予撤销批准的行政处罚，可以并处一千元至一万元的罚款。

第十一条 本条例由国家文物局负责解释。

第十二条 本条例的实施细则由国家文物局制定。

第十三条 本条例自发布之日起施行。

开采海洋石油资源缴纳矿区使用费的规定

1988年12月5日国务院批准

第一条 为促进国民经济的发展，扩大国际经济技术合作，鼓励开发我国海洋石油资源，根据《中华人民共和国对外合作开采海洋石油资源条例》，制定本规定。

第二条 在中华人民共和国内海、领海、大陆架及其他属于中华人民共和国行使管辖权的海域内依法从事开采海洋石油资源的中国企业和外国企业，应当依照本规定缴纳矿区使用费。

第三条 矿区使用费按照每个油、气田日历年度原油或者天然气总产量计征，矿区使用费费率如下：

(一) 原油

年度原油总产量不超过一百万吨的部分，免征矿区使用费；

年度原油总产量超过一百万吨至一百五十万吨的部分，费率为4%；

年度原油总产量超过一百五十万吨至二百万吨的部分，费率为6%；

年度原油总产量超过二百万吨至三百万吨的部分，费率为8%；

年度原油总产量超过三百万吨至四百万吨的部分，费率为10%，

年度原油总产量超过四百万吨的部分，费率为12.5%。

(二)天然气

年度天然气总产量不超过二十亿立方米的部分，免征矿区使用费；

年度天然气总产量超过二十亿立方米至三十五亿立方米的部分，费率为1%；

年度天然气总产量超过三十五亿立方米至五十亿立方米的部分，费率为2%；

年度天然气总产量超过五十亿立方米的部分，费率为3%。

第四条 原油和天然气的矿区使用费，均用实物缴纳。

第五条 原油和天然气的矿区使用费，由税务机关负责征收管理。

中外合作油、气田的矿区使用费，由油、气田的作业者代扣，交由中国海洋石油总公司负责代缴。

第六条 矿区使用费按年计算，分次或分期预缴，年度终了后汇算清缴。预缴期限和汇算清缴期限，由税务机关确定。

第七条 油、气田的作业者应当在每一季度终了后十日内向税务机关报送油、气田的产量，以及税务机关所需要的其他有关资料。

第八条 矿区使用费的代扣义务人和代缴义务人，必须按照税务机关确定的期限缴纳矿区使用费。逾期缴纳的，税务机关从逾期之日起，按日加收滞纳矿区使用费的1‰的滞纳金。

第九条 油、气田的作业者违反第七条的规定，不按期向税务机关报送油、气田的实际产量和税务机关所需其他有关资料的，税务机关可酌情处以人民币五千元以下的罚款；隐匿产量的，除追缴应缴纳的矿区使用费外，可酌情处以应补缴矿区使用费五倍以下的罚款。

第十条 本规定下列用语的含义是：

(一) 原油：指在自然状态下的固态和液态烃，也包括从天然气中提取的除甲烷(CH_4)以外的任何液态烃。

(二) 天然气：指在自然状态下的非伴生天然气及伴生天然气。

非伴生天然气：指从气藏中采出的所有气态烃包括湿气、干气，以及从湿气中提取液态烃后的剩余气体。

伴生天然气：指从油藏中与原油同时采出的所有气态烃，包括从中选取液态烃后的剩余气体。

(三) 年度原油总产量：指合同区内每一个油、气田在每一日历年度内生产的原油量，扣除石油作业用油和损耗量之后的原油总量。

（四） 年度天然气总产量：指合同区每一个油、气田在每一日历年度内生产的天然气量，扣除石油作业用气和损耗量之后的天然气总量。

第十一条 本规定自1989年1月1日起施行。

国家税务局
关于对1989年1月1日以前签订的石油合同缴纳矿区使用费问题的通知

1989年12月13日

海洋石油税务管理局天津、上海、广州、湛江分局：

财政部关于《开采海洋石油资源缴纳矿区使用费的规定》公布后，一些外国石油公司提出对在《规定》生效前签订的石油合同，其矿区使用费率同新规定不一致的应如何处理，要求做出规定。经研究，现明确如下：

凡在1989年1月1日以前签订的石油合同，仍可按照合同的规定或者财政部特案批准的矿区使用费费率交纳矿区使用费。也可以按照财政部1989年第1号令公布的《开采海洋石油资源缴纳矿区使用费的规定》缴纳矿区使用费，由缴纳义务人自行选择。但应在该油、气田进入商业性生产之前30天内，向主管海洋石油税务局提出申请，经税务机关审查确认后据以执行。

中华人民共和国财政部税务总局
关于对外国石油公司在华合作勘探开发石油支出的勘探费用结转摊销问题的通知

1988年4月16日

海洋石油税务局天津、上海、广州、湛江分局、江苏、浙江、福建、湖南、江西、云南、贵州、广西、广东、海南省税务局：

为了进一步贯彻落实国家对外开放的方针，鼓励外国石油公司继续来华投资合作开发石油资源，现对已终止合同的外国石油公司支出的勘探费用结转摊销问题，规定如下：

一、外国石油公司在合同终止之后如仍保留其在华合作开采石油资源的经营管理机构（办事机构）或在华连续拥有合作开采石油资源合同的外国石油公司，其已终止合同区发生的勘探费用，可以按照《中华人民共和国外国企业所得税法施行细则》第二十二条的规定，从本公司拥有的石油合同区的生产收入中摊销。

二、外国石油公司在华没有设立上述机构或没有连续拥有合作开采石油资源合同的，其已投入终止合同区的勘探费用，经主管税务机关审查确认并出具证明后，从终止合同之日起十年内又与中方签订了新的合作开采石油资源合同的，可以凭原主管 税务机关出具的证明，按照《中华人民共和国外国企业所得税法施行细则》第二十二条的规定，从本公司继后拥有合同区的生产收入中摊销。

产　业　篇

海洋生物资源开发

·专文·

中国海洋渔业稳步发展

瞿 绍 东
(农业部水产司)

经历了40年的建设,中国的海洋渔业已形成了规模宏大、比较完整配套的产业体系;它以群众渔业为主体,以国营渔业为骨干,拥有100多万劳动大军,23.41万艘、327.09万总吨、629.7万kW的庞大海洋渔业船队,有从海上捕捞、贮运、海水产品增殖、养殖、冷藏、加工、销售到渔用工业、科研、教育、渔业法规、渔政管理、渔港基地等一系列配套设施组织。具备了在近海、外海和远洋从事捕捞作业的能力。据联合国粮农组织1986年统计,中国海洋捕捞年产量位居世界前五名,海洋水产品养殖产量居位世界第一。1986年以来,海洋渔业稳步发展,海水产品产量持续上升,1986年产量为475万t,比1985年增加56万t;1987年产量为548万t,1988年产量为605万t,1989年产量为661万t,年均递增率为12%。

1.完善和深化海洋渔业体制改革

1985年,国务院颁布《关于放宽政策,加速发展水产业的指示》(即中央五号文件),对水产产业政策作了纲领性的概括,指出:"发展水产业,应当实行以养殖为主,养殖、捕捞、加工并举,因地制宜、各有侧重;坚持国营、集体、个体一起上,产供销、渔工商、内外贸综合经营,加快速度,提高质量,讲求效益"。在这个文件指引下,各渔区已形成以合作经济为主体、个体经济为补充、多种经济成分和多种经营形式并存、竞争发展的新局面。在生产领域里,到1986年几乎所有实行大包干的集体捕捞单位都改为实行分散经营、以船核算的新体制。渔民集资体合股造船买船、开挖鱼池、兴办水产冷库加工厂。水产养殖业的承包办法原则上参照种植业的做法,能够承包到户的都承包到户;水面大的可以联户承包,也可以一户牵头承包,邀伙经营。在水面、滩涂、低洼地多的渔区,只要承包者有力量经营,承包面积可以不限,鼓励集资、集劳、合股联合进行开发性承包,按股分红。承包期因地制宜,开发荒水荒滩的可以承包30a以上,承包指标可以协商确定,也可以投标确定。国营水产生产企业全面推行经济承包责任制,实行厂长(场长、经理)负责制,把企业经营成果同职工分配紧密结合。在流通领域里,把水产品全部划为三类产品,一律不派购,价格放开,实行市场调节。水产购销政策的重大突破,使大批生产者和集体、个体商业者进入水产市场,促进了竞争机制的形成,多元化、多层次、多渠道、多种经济成分流通新体制初具规模;产销见面、南北调剂、城乡交流、水产品供应品种增加、质量提高、货源充裕,市场一派兴旺。

2.调整海洋渔业的产业结构,初步形成良性循环的生产布局

根据五号文件指出的水产政策,国家又将海水养殖和外海、远洋渔业列为发展的重点;将安排好近海水域的捕捞生产、搞好资源保护和增殖作为改善的中心内容;同时将水产品保鲜加工视为集中力量突破的薄弱环节。水产产业政策的调整,从宏观上确定了水产业内部各行业的发展顺序、发展重点,为引导海洋渔业协调稳定发展提供了依据。

中国的浅海、滩涂总面积2亿多亩,按现有科学水平可进行人工养殖的面积约2 000万亩。1986年利用487.78万亩,单产176kg/亩;1987年利用553.89万亩,单产199kg/亩;1988年利用619.89万亩,单产230kg/亩;1989年利用635.08万亩,单产248kg/亩。海水养殖产量,1986年为85.76万t,1987年为110.06万t,1988年为142.45万t,1989年为157.56万t,年均递增22%。

近海作业调整了生产结构和布局,限制和压缩近海底拖网作业,增加流网作业,开发中上层鱼类和虾蟹类资源,并开始突破大量渔船云集近海的僵局,大力发展外海作业,在南海的西沙、东沙、中沙、南沙群岛海域开辟新渔场,外海渔业产量已占全部海洋捕捞的

10%。近海开展多品种增殖放流和投放人工鱼礁，初步形成增殖渔业。1985年第一批远洋船队赴西非捕鱼，标志着中国远洋渔业开始起步，现已形成年产10万t的生产能力。海洋捕捞产量1986年为389.61万t、1987年为438.11万t、1988年为463.33万t、1989年为503.64万t，年均递增9.7%。

在海水产品产量增长的前提下，产品的构成发生了变化。海洋捕捞产量与海水养殖的比例为：1986年为82：18；1987年为80：20；1988年为76：24；1989年为76：24。养殖产量的比重逐步增加。

3.基础建设初具规模，渔区经济全面发展

沿海现已建成渔业基地、渔港482个，在35个国营渔业基地和渔港中有17个属大型渔业基地。水产全行业已具备年建造6万t钢质渔船、年修理600多艘渔轮和2 000多艘机帆船、制造柴油机14.7万kW、渔用专用机械和仪器3万台(套)的修造船机能力。20多万艘机动渔船(其中24m及其以上的渔轮5 459艘)已有一部分配备了雷达、定位仪和探鱼仪等先进助渔导航设备。一个以冷库为依托的水产品加工体系已初步形成，特别是沿海渔区的群众冷库发展尤为迅速，目前已达800多座，冷藏能力15万t/次，占全国冷库总数的一半以上；以水产品冷藏加工、水产贸易、渔用工业和商业服务业为主的二、三产业增多，取得长足的发展。如饮食服务业、旅游业、服装制造业、运输业等非渔产业，改善了劳动力就业结构，改变了单一的生产格局，促进了渔区经济的繁荣。各沿海省、市都建立了海洋水产科研机构，沿海的县、乡大多都设立了水产科技推广机构。沿海的水产院校均设立海洋水产学科，培养专门人才。1986年1月全国人大常委会讨论通过了《中华人民共和国渔业法》；1987年10月，国务院批转了《中华人民共和国渔业法实施细则》，揭开了中国渔业立法工作新的一页。目前，专职从事海洋渔政管理的人员约5 000余人，加上群众性的渔政管理人员和协助渔政管理的水上公安干警，形成一支专管与群管、渔政和公安相结合的渔政管理队伍。另外，还有渔港监督、渔船检验、渔业环境监测、渔业电信人员等，堪称一支庞大的队伍，渔政管理工作明显加强。

1986年以来海洋渔业取得了很大发展，但应当清醒地看到：这种发展是属于政策补偿性的，是依靠政策和价格导向、消耗大量生产要素资源、自然资源维持的。目前，海洋渔业生产投入、产出效益仍然较低，近海捕捞强度过量增长仍未得到有效控制，90%的捕捞量还是来自近海。海洋渔业基础建设已初具规模，但同世界渔业发达国家相比还有差距。从整体上看，生产设备落后，技术水平较低，管理手段不强，基本上属于本国资源为国内市场服务的内向型经济，缺乏产业内部自我改造、创新、发展的动力和对外竞争能力，在国民经济中地位较低。

渔业劳动者的科学文化素质较低已成为水产业发展的主要约束。如在机械化程度较高的全民所有制海洋捕捞企业中，职务船员有2/3是初中以下文化水平，大专以上几乎是空白，中专人员不到2%。

由于信贷资金偏紧，财政专项资金逐年减少，渔业生产资金不足。根据国家经济状况，粮食、柴油、化肥、化纤等物资的供应在今后的一个时期内亦不会有明显的改善. 所有这些投入因素短缺，致使渔业生产成本大幅度上升，水产业的比较效益已呈递减，再加上各种税费的增加，海洋水产业的发展将受到不利的影响。

近海渔业资源状况在较长的时期内不会有明显的改善，近海捕捞强度的过量增长是海洋渔业一个最大难点。虽然外海、某些中上层鱼类资源及某些地方品种仍有一定的开发潜力，但就总体来讲，海洋捕捞渔业增产的潜力不会太大。

【海水养殖业概况】 海水养殖业是大农业和水产业的重要组成部分，在国民经济中占有不可缺少的地位。1985年以来，各地根据中央的有关政策，按照自然规律和经济规律，结合本地实际情况，认真贯彻执行海水养殖的发展方针，抓住发展重点，因地制宜、各有侧重地发展养殖生产，使鱼、虾、贝、藻的养殖生产得到了全面的发展，取得了很大的成就，海水养殖业已成为水产外向型经济的中坚产业。

1985年，全国海水养殖产量71.2万t，占全国水产品产量的10%，其中，鱼、虾、蟹和海珍品养殖产量为6.5万t，占海水养殖产量的9.1%；藻类27万t，占37.9%；贝类产量378万t，占53%。主要是以贝、藻类养殖为主，其中贻贝、蛏、海带三大品种的产量占海水养殖总产量的72%；海水养殖面积416万亩，占可养面积2 000万亩的20%，发展海水养殖生产的潜力很大。

为了调动各行各业充分利用浅海、滩涂以及盐碱低洼荒地资源，大力发展养殖生产，农业部先后于1985年和1987年两次召开全国海水养殖工作会议，制订了海水养殖业的发展方针、发展重点。各地按照“充分利用浅海滩涂，因地制宜养殖增殖，鱼虾贝藻全面发展，加工运销综合经营”的发展方针，把主攻方向放在“巩固提高藻类，积极发展贝类，稳步扩大对虾，重点突破鱼蟹，加速拓展海珍品”上。由于方针对头，经过几年的努力，初步实现了“以虾带贝、以贝保藻、以藻养珍”的良性循环设想。

到1989年，全国海水养殖面积扩大到635万亩，占可养面积的31%，资源利用率4年提高了11%，比1985年增长52%，净增220万亩。养殖产量达到158万t，提前两年完成“七五”末期年产120万t的计划指标，比1985年增长1.2倍，年平均增长率为22%。海水养殖产量在水产品总产量的比重提高到13%。如按国际统计标准计算，海水养殖产量则为482万t，是世界海水养殖产量的主体。海水养殖业的发展，为沿海农村调整产业结构、增加水产品供应和出口创汇起到了积极的作用。

【调整养殖品种构成】 1986年以来，在海水养殖业的发展过程中采取了一系列有效措施，对海水养殖品种结构进行调整，海水养殖业形成了以对虾养殖为龙头、鱼虾贝藻养殖全面发展的格局。

对虾养殖 对虾养殖由于突破了人工育苗和养殖技术的难关，养殖生产得到了迅速的发展，成为海水养殖业中发展最快的品种之一，由1985年的90万亩、4万t，发展到1988年的244万亩、20万t，分别增长1.7倍和3.9倍，创产值34亿元，上交国家税利3亿元，出口创汇4亿多美元。1989年，在治理、整顿的大环境中，虽然养殖面积减少了15万亩，产量减少了1万多吨，但对虾产量仍占海水养殖产量的11%。对虾养殖业的发展，不仅带动了贝类增养殖的发展，而且加快了饲料加工业、育苗、冷藏、运输和其他服务业的发展，可谓“一业兴百业旺”。全国直接从事对虾养殖生产的人员达20多万人，加上为养虾业服务的人员，从业者达上百万人，许多地方和许多渔、农民依靠发展养虾而致富。

扇贝、鲍鱼养殖 扇贝和鲍鱼是继对虾之后发展较快的另外两个品种。扇贝养殖，在1985年0.5万亩、0.8万t的基础上，发展到1989年的5.4亩、12.9万t，分别增长10.5倍和14.5倍。鲍鱼人工育苗和养殖在前几年科研和中间性生产试验成功的基础上，也进入了大规模的人工育苗养殖生产阶段，室内工厂化养殖、海区筏式养殖、海区播养增殖规模不断扩大，1989年鲍鱼产量为129t，其中养殖产量51.3t，捕捞产量77.7t。

贝类养殖 在对虾养殖生产的带动下得到迅速的发展，养殖面积和产量从1985年的228万亩、38万t，发展到1989年的300万亩、93万t，分别增长0.3倍和1.4倍。其中贻贝是贝类养殖中的主要部分，1989年产量达49万t，占贝类产量的53%，比1985年增长了2.8倍。

鱼、蟹类养殖 近几年来经过调整养殖品种结构和养殖方式有了比较快的发展。1989年鱼类养殖面积70万亩，产量3.6万t，是1985年的2.6倍。蟹类养殖在南方几省得到了迅速的发展，1989年面积达4万亩，产量4 000多吨。

海带养殖 1985年产量达到25.4万t，为历史最高年产量，以后几年由于加工、销售上的问题，产品滞销，导致了养殖面积、产量下降，处于徘徊减产的困境。1988年以后，随着制碘业的发展和副食品需求的增加，海带养殖又进入了发展阶段，1989年产量突破了最高年份的产量，猛增到27万多吨，比1985年增长7%。紫菜、裙带菜等藻类的养殖也有一定的发展。

【海水养殖基础设施和服务体系建设】 为保证海水养殖业的发展，各地根据海水养殖生产经营分散、对社会化服务依赖较强的特点，积极开展多层次、多方面和多种形式的服务，从苗种、饲料、物资供应到技术服务，初步形成了适应生产发展的服务体系。目前，全国已建成了年育苗能力为70多亿株的海带育苗室、7 000多万贝壳的紫菜育苗室和上千亿尾的对虾育苗室，另外还建成了年育扇贝苗100多亿粒、鲍鱼苗5 000万粒、海参苗上千万头的海珍品育苗室和海水鱼、滩涂贝类的育苗设施。1989年全国共育出对虾苗近千亿尾，各种扇贝苗124亿粒，鲍鱼苗4 000万头，海参苗1 000万头，海带苗70亿株，紫菜苗7 360万贝壳，另外还生产蛏苗1.8万t，蛤苗0.4万t以及其它贝苗，基本满足了养殖、增殖生产的需要。对虾配合饲料加工设施的规模也不断扩大，总生产能力达年产30多万吨。

【海水养殖商品基地建设】 据统计，海水养殖商品基地和国营海水养殖企业的养殖面积已占海水养殖总面积的40%，产量占16%以上，成为海水养殖业的主力。由国家和地方政府及有关部门重点扶持建设的商品化养殖基地，到1988年已建成集中连片的基地2 292个，就业劳力近10万人，累计建成基地面积154万亩，投产147万亩，产量12.5万t，产量占海水养殖总产量的8%。1989年在此基础上又有较大的发展。商品基地的建设，对调整生产布局和产品结构、推广先进的养殖技术、促进专业化商品化生产起到了重要作用。

国营海水养殖企业，在四年中也有了很大的发展，到1989年，养殖面积达97万亩，产量12万t，分别比1985年提高了1倍和2倍多。

【海洋渔业资源增殖概况】 中国海洋渔业资源的增殖工作与国外相比起步较晚，直至80年代初才形成一定的规模，。但近几年来，增殖规模不断扩大，经济效益、社会效益和生态效益日益显著。目前，沿海的11个省、自治区、直辖市(台湾省未统计在内)都不同规模地开展了渔业资源的增殖工作。大规模实行人工放流增殖的品种主要有对虾、海参、鲍鱼、扇贝、海蜇、梭鱼、牙鲆、梭子蟹和滩涂贝类等。增殖的方式，一是投放人工鱼礁、鱼巢或建造其他有利于资源生物的发生、发育、生长和繁殖的设施；二是人工培育、人工放流苗种，增加资源量；三是建造人工藻场、贝场，使之成为海洋生物繁殖、栖息、觅食和防御敌害的场所，起到增殖、保护资源的作用。 (孙喜模)

【人工鱼礁】 中国建造、投放人工鱼礁工作是从1979年开始的，经过几年的努力，很快推广至辽宁、山东、江苏、浙江、广东、广西等地，至目前为止共建24个人工鱼礁点，投放人工鱼礁28 700多个，空12万m^3，并在浅海投石近10万m^3。投放人工鱼礁主要的作用是使礁区周围水域产生上升流以使海底沉积的营养物质不断上升，并向周围扩散，提高初级生产力，起到聚集鱼类、形成渔场的功能；另外还可诱集海参、鲍鱼、海螺等贝藻类附着、栖息，为其生长、繁殖提供场所。

人工鱼礁的结构型式可大体分为拼装式、整体式、浮沉结合式和旧船等几种。其中大型结构(如广西企沙400t重的船型礁)虽不多，但有发展前途；小于8m^3的鱼礁，以采用整体结构为多；废船鱼礁的集鱼效果较好。新的鱼礁材料粉煤灰—碱渣制品已试验成功。1985年，广东省大亚湾研制了M、N、C三种礁体，重150～225kg，共投放3 210个。至1986年止，辽宁省在东沟、庄河、长海及金州共投放鱼礁651座，总体积11 410m^3，其结构为窗板式沉箱、自浮式沉箱及改造旧水泥船。金州礁区，投礁后水产品产量与投礁前相比，海参增加4倍，鱼类增加2倍；1987年产值为1984年的7倍。1986年，江苏省连云港市在海州湾建成人工鱼礁场，礁体为钢筋混凝土矩形六面体，各面有孔，每组礁体为8m^3，重2t。1986年以来，山东省胶南县投放海珍品增殖礁面积达3万m^2。1987年，广东省南澳县第二批投放人工鱼礁100个，每个30m^3，为钢筋混凝土箱形结构。 (孙喜模 何志先 王惟诚)

【人工放流】 海洋渔业资源的人工放流增殖始于80年代初，目前已从试验阶段走向规模生产，主要表现在以下几个方面：

1.对虾人工放流增殖形成规模，经济效益显著。对虾人工放流增殖始于1982年，目前已在沿海四大海区进行规模放流。至1989年，全国共放流中国对虾幼苗168亿尾，约回捕对虾3.2万t，创产值9亿元，渔民净收入5亿元，出口成品虾1.2万t，创汇约1.2亿美元，经济效益、社会效益和生态效益都很显著。山东省南部沿海1985～1989年共放流3cm以上虾苗40多亿尾，回捕对虾近8 000t。辽宁省1985～1989年在黄海北部放流虾苗46亿尾，回捕对虾1万多吨，产值近3亿元。其中1988年放流14亿尾，回捕对虾3508t，产值1.27亿元，直接生产纯益0.98亿元，加上其他行业的效益和国家税收，总纯益达1.88亿元，创汇3 000万美元，投入与产出比为1∶21。福建省1986～1989年在三都湾放流中国对虾幼虾近10亿尾，回捕对虾近千吨，产值近1 200万元，投入产出比为1∶6。其中1988年放流4亿尾，回捕500t，产值500多万元，由于放流后加强了对水产资源的保护，鱼、蟹增产2 000多吨，增值愈千万元，投入产出比在1∶10以上。浙江省象山港对虾放流也取得了好的效果，1987年放流2.25亿尾，回捕400t，产值919万元；1988年放流1.56亿尾，回捕314t。由于放流增殖，象山港已形成了种群。

2.其他品种的放流增殖规模也不断扩大。大连海域具有增殖的自然条件，从80年代起就开展了海参、栉孔扇贝、虾夷扇贝、鲍鱼、牡蛎、魁蚶、海胆、三疣梭子蟹等品种的增殖，几年来增殖规模和数量不断增加。海参、扇贝、鲍鱼的增殖已见成效。据不完全统计，1984～1989年，放流海参苗1 746万头，产量由1984年的30多吨(干品)提高到1989年的69t，占全国产量的60%；鲍鱼底播投苗495万粒，产量由1984年15.6t提高到1989年的114t，占全国鲍鱼产量的88%。长海县自1983年起在海洋岛放流鲍鱼苗16.2万粒，成活率超过30%，刺参301万头，成活率达55%。该县1988～1989年还放流了虾夷扇贝苗7 406万粒，魁蚶苗30万粒，使海区资源明显增加。山东蓬莱县海珍品增殖中心，1986～1988年在50亩的海区中投石3 000m^3，海参礁40个，移植裙带菜孢子叶500kg，放流刺参幼苗50万头，使海区刺参资源量猛增，可产干参10t，亩产值4 550元，亩纯利3 530元。浙江省东清县为了解决贝类养殖所需的苗种，积极开展贝类苗种增殖工作，采取留足、移植亲贝、整涂附苗、采苗预报、中间培育等方式，靠海区自然增殖解决了苗种来源。近几年来，增殖蛏苗180亿粒，蚶苗几十亿粒，每年附着太平洋牡蛎苗30～50亿粒，从而促进了滩涂贝类养殖生产的发展。

(孙喜模)

【南美白对虾首次引人中国】 南美白对虾(*Penaeus* (Litopenaeus) *vannamei* Boone, 1931)又名凡纳对虾，或称白肢虾(white leg shrimp)，原产于南美州太平洋沿岸，自然分布区范围局限于秘鲁南部至墨西哥的索诺拉(Sonora)附近。它是迄今世界上公认的、最有养殖前途的对虾种类之一。其特点是体大(成虾体长可达23cm)、肉质鲜美、生长快(池养100d左右体长即可达

12～13cm)、对饵料的要求低(投喂20～25%动物性饵料即可正常生长)、可以较长时间离水而不死,加上这种对虾的加工出肉率高(65%以上)、抗温盐度变化的能力强和适宜于高密度饲养等,因此深受国际水产市场和养虾业者的欢迎。但是,南美白对虾属于开放性纳精囊类型,与中国对虾等闭锁性纳精囊类型不同,人工繁殖难度大,成为限制这一优良品种推广的原因。

1988年7月,中科院海洋研究所首次从美国引进了第一批体长2～7cm的南美白对虾,计17尾。在国家农牧渔业部水产局和该所的全力支持下,成立了专门研究组,进行繁殖生物学攻关试验。经过连续一年多的努力,到1989年9月,已经先后完成了越冬保种、繁殖前水环境驯化、性腺催熟和人工授精等多项试验,并且于同年10月初培育出了第一批白对虾蚤状幼体,目前该研究正在深入进行。 (张伟权)

【海水养殖发展的经验】 1986～1989年,海水养殖业取得了很大的成就,其主要经验是:

1.依靠政府的政策调动生产积极性。 在生产领域中,各地在坚持滩涂、水面公有制不变的情况下,普遍落实了各种形式的联产承包责任制,逐步形成了以家庭、联户承包为基础,村、社(场)统一管理、服务的双层经营体制,出现了国家、集体、个体一起上,各行各业大办海水养殖业的新格局。二是在流通领域中,逐步放宽水产品购销政策,价格全面放开后,生产者得到了更多的实惠,利益的驱动促使了养殖生产者按照价值规律合理地进行水产业内部结构的调整,出现了发展养殖生产的热潮。三是在产品出口、信贷、物资供应、企业进出口权等方面给予一定的优惠。国家先后对养殖对虾出口实行免征关税、提高收购价格、出口利润返还,在资金、物资供应上给予很大优惠,另外还对扇贝产品核减了产品税,有力地支持了生产的发展。

2.依靠科技进步。 重视科学技术的研究,对带有全局性的养殖技术组织科技力量联合攻关、突破。重视科研成果在生产中的应用和推广。重视水产科技人员和劳动者的技术培训,生产者的素质技能有了很大提高。近四年来,一些品种的人工育苗和养殖技术攻关,有的已取得突破性进展,有的进入中间性试验生产。已经突破的技术,通过办培训班、技术承包、技术咨询和抓高产片、示范点等多种形式,进一步被生产者掌握,转化为生产力。各地还在生产实践中摸索、创造出不少成本低、产出高、合理利用资源、保护生态平衡的多品种混养、轮养、间养模式,获得了较好的经济效益和生态效益。自1986年以来,共有29项海水养殖科研成果分别获得国家和部级各种奖励,这些成果的进一步推广,有力地促进了海水养殖业的发展。

3.多方面投入,增强产业发展后劲。 发展海水养殖生产,需要大量的投资。各地都采取了一些有力的措施,引导资金投向逐步向海水养殖业倾斜。主要有:引导和鼓励渔、农民入股集资和劳动积累;实行跨地区、跨行业的横向经济联合;参股分利;补偿贸易;利用多种外资、贷款;国家予以适当的扶持。发动广大渔民、农民增加投入是一条十分宝贵的经验。如发展对虾养殖生产累计投入的40多亿元中,渔、农民的直接投入达10多亿元。 (孙喜模)

【配合饲料】 随着沿海地区海水养殖业的迅速发展,低值贝类、小杂鱼虾等动物性饵料资源量逐年减少,人工配合饵料成了海水养殖业的关键所在。从80年代初,国家水产总局就组织了有关科研、院校和生产单位对"对虾营养生理及配合饵料的研究"联合攻关,取得了较大进展,在生产上发挥了较好的效果。但由于中国在基础研究方面起步较晚,目前,配合饵料的质量与日本、美国和台湾省相比尚有不少差距。

1986～1989年,在对虾营养和消化生理学、添加剂、粘合剂、配合饵料系列化、推广等方面都有新进展:

1.对虾营养要素的需要量和消化生理等研究的现状、存在问题和今后的建议等绝大部分资料已汇编在《全国鱼虾饲料学术讨论会论文集》和《全国对虾、鱼类配合饲料论文集》中。除此之外,中科院海洋所进行的"中国对虾蚤状、糠虾、仔虾期的主要消化酶和氨基酸的研究"、"锌、铜等微量元素对中国对虾生长发育影响的研究"等研究成果为对虾不同发育生长期配饵的设计提供了科学的依据。

2.一批对虾配合饵料通过国家有关部委和省市级的鉴定:(1)"六五"期间由天津农学院、中国水产科学院和山东省海水养殖研究所等完成的"对虾配合饵料研究"1987年获国家科技进步二等奖。(2)中科院海洋所完成的"黄岛Ⅲ号优质对虾人工配合饵料的研制及推广应用"1988年获中国科学院科技进步二等奖。(3)青岛海洋大学完成的"对虾营养及配合饵料研究"1988年获农牧渔业部科技进步二等奖。(4)北京大学完成的"北大2号饲料"1987年通过由国家自然科学基金委员会主持的鉴定并获北京大学五四科技进步一等奖。(5)中科院海洋所完成的"YEG—对虾引诱剂"1988年获中国科学院科技进步三等奖。(6)辽宁省海水养殖研究所完成的"对虾育苗开口饲料——微胶囊颗粒饲料"1989年获农业部科技进步三等奖。(7)南开大学完成的"对虾系列人工配合饵料"1987年由河北省科委主持通过鉴定。(8)中科院海洋所完成的"对虾养成期系列配合饵料"1988年由山东省科委星火办主持通过验收。(9)山东省海水养殖研究所完成的"DY—对虾微粒子开口饵料和对虾微型微膜饵料”通过山东省经委和省水产局主持的鉴定。(10)中科院海洋所完成的“89—Ⅳ对虾微膜开口饵料”1989年通过鉴定。

（吴厚余）

【饵料生物】 植物性饵料生物培养 中国单细胞藻类饵料生物的培养工作始于50年代后期。80年代随着中国海水养殖业兴起而得以较快地发展，开放式水泥池三级培养单细胞海藻在全国沿海各省广泛开展。1987年浙江省海洋水产研究所采用立柱式塑料袋代替水泥池，将开放式培养改为封闭式培养，减少了污染，提高了生产效率。1989年青岛海洋大学又将立柱式塑料袋改为卧式薄膜塑料袋培养，并在沿海群众生产中推广。中科院海洋所大面积培养螺旋藻取得了进展，设计了年生产能力12t干藻粉的设备，并用生产的螺旋藻粉制成SB－A扇贝高级营养剂，H－881、H－891鲍鱼育苗饲料，H－882工厂化养鲍饲料和H－883海上养鲍饲料。目前进行培养的单细胞饵料生物种类已超过20种，但进行大量生产的只有少数几种。

1986年以来，中国单细胞藻类研究的重点是饵料藻种的分离和培养。1985年，中科院海洋所在山东沿岸分离出一种新的3011金藻品系，它是海珍品育苗所需的优良饵料品系；1988年中科院海洋所又在山东沿岸分离出一种耐低温的8011饵料品系，它是中国北方早春单细胞藻类培养的良好饵料品系。

海洋酶母作为饵料是70年代才开始的，研究工作进展很快。中科院海洋所、青岛海洋大学和上海水产学院等单位已进行了海洋酶母的分离、筛选、培养和饵料效果实验。

动物性饵料生物培养 轮虫：1987年，中科院海洋所利用轮虫作为对虾幼体的饵料，取得每立方水体育60万虾苗的好成绩。1988年，他们又利用富营养化抑制敌害生物生长的方法进行土池大面积培养轮虫获得成功。1987年，中科院海洋所与美国德克萨斯大学协作，创立了室内高密度培养轮虫的新方法，此方法已被列入美国红鱼养殖手册。1989年，中科院海洋所与青岛海洋大学协作，采用诱变方法，培育了小的轮虫品系，以解决鱼类育苗中的开口饵料问题，现实验仍在进行中。由于轮虫养殖生产发展的迫切需要，轮虫生物学及其培养方法的研究将成为重要研究内容。

卤虫：卤虫是鱼、虾幼体的良好饵料，目前所养殖的海洋动物中，85％以上的种类都用卤虫作为饵料。中国卤虫资源广泛，但由于近几年来养殖事业的迅速发展，卤虫卵已供不应求，出现了不顾后果的过度捕捞，使卤虫资源受到严重破坏。国内1958年开始在中科院海洋所进行卤虫的研究工作。最近几年来，中科院海洋所、南开大学、青岛海洋大学、辽宁师范大学等单位分别在卤虫的染色体组型和不同卤虫地理品系的调查研究中做了一些工作，发现了不少新的卤虫品系，特别是在内陆的咸水湖中发现了卤虫的广泛分布，并在内陆的咸水湖中发现了一个新的两性生殖种。另外，在卤虫卵的孵化技术方面以及在养殖和应用的研究方面，近几年来也已有了很大进展，特别是中科院海洋所提出的卤虫卵去壳新方法，为卤虫卵的应用开辟了一条新路子。在卤虫养殖的研究方面，青岛海洋大学、中科院海洋所以及山东省的一些地方也做过一些实验，取得了一些成果，但仍存在一些问题待解决。

（李茂堂 伍国忠）

【海洋捕捞业的结构调整与技术改造】 1986～1989年，中国海洋捕捞业取得了持续稳定的增长。1986年捕捞量389.6万t，1987年438.1万t，1988年463.3万t，1989年达503.60万t。四年间连续跨上了四百万、五百万吨两个台阶，年递增率为9.7％。1989年，全国有海洋机动渔船23.41万艘，327.09万吨位，629.725kW，非机动渔船6.65万艘，10.7万吨位。海洋捕捞业的稳定增长，对促进沿海渔区经济发展和丰富市场供应发挥了重要作用。

长期以来，中国海洋捕捞业面临的主要矛盾是：近海资源与捕捞强度增长不相适应，造成了资源的过度利用。形成这一矛盾有社会、经济和技术等各方面的原因，而资源开发利用结构不合理、技术落后是其中两个重要的直接性因素。资源开发利用结构不合理包括三个层次，一是捕捞作业结构不合理，在拖网、围网、流网、钓业和定置网等作业中，近海拖网和定置网比重过大，损害资源严重；二是生产布局不合理，直到1984年，近海渔获量仍占捕捞渔获总量的90％以上，造成了外海开发不足、近海开发过渡的局面；三是沿海渔区产业结构不合理。中国海洋捕捞强度过量增长反映了一个根本性的经济问题，即沿海渔区产业结构简单，分工分业不发达，很多渔村有史以来就是单一的捕捞生产，与渔业相配套的保鲜加工、储运、后勤服务等第二、第三产业十分落后。这种结构的不合理，既不利于渔区劳动力等生产要素的合理配置，也不利于合理利用海洋渔业资源和产业整体效益的提高。技术落后是直接影响和制约资源开发利用结构合理形成的主要因素之一。从总体看，中国海洋捕捞业在渔船、设备、后勤设施的技术水平较差。实践证明，技术落后并不能减轻近海捕捞强度，相反，大量技术性能差和装备落后的渔船，没有向外海扩展的能力，只能挤在近海，加剧资源的破坏。因此，加快海洋捕捞业的技术改造和技术进步，促进渔产业结构和捕捞作业结构的合理调整，是中国海洋捕捞业的两项主要的和长期性的工作。

1979年，中央就提出了要大力保护资源，调整近海作业，开辟外海渔场。1986年，农牧渔业部水产局在广州召开了全国海洋群众渔业工作座谈会，会议提出，要继续搞好渔场管理、改造和资源的保护增殖和合理利用，并把改造渔场、增殖资源看作发展海洋渔业的一项重要措施，会议强调“继续调整产业结构，调整海洋捕捞生产结构”。在1987年召开的全国群众渔业生产经营管理座谈会上，着重强调了对捕捞业的综合治理，并提出了8点具体措施。1989年在农业部水产司召开的全国海洋捕捞技术改造经验交流会上，进一步明确了开发新品种新渔场，发展外海渔业和远洋渔业，调整作业结构，合理利用资源，改善生产条件，提高产品质量，改造资源生态系统，归根到底要靠增加投入和科技进步来解决，把“依靠科技进步，调整生产布局和作业结构”作为海洋捕捞业发展指导思想的重要内容。

近四年来，沿海各地总体上是按照以上思路和政策调整和发展海洋捕捞业的。各地采取了一系列的措施，引导、鼓励加快技术改造，根据资源的变化，调整作业结构和布局，增殖资源，发展以水产品加工为主的渔区第二、三产业。

1. **渔船技术改造进展显著**。根据不同的条件，各地有所侧重地开展了技术改造。南海区各省针对本海区资源的状况，近年来把改良船型、增大功率、改善渔船保鲜能力、装备先进助渔导航设备、改革渔具渔法作为技术改造的主要内容。通过发动群众、分类指导、办点示范，推动渔业技术改造顺利开展。仅广东省从1979年到1989年，就淘汰调整近海渔船6 000艘、22.06万kW，改造渔船15 900多艘、36.77万kW，更新渔船16 700多艘、60.35万kW。群众捕捞渔船超过294.20kW的就有460多艘，有的达到735.99kW以上。渔船普遍安装了保鲜设备，共有3 000多艘渔船配备了卫星导航仪、雷达、定位仪、彩色探鱼仪、水平声纳、单边带对讲机等，普通对讲机已经普及，渔船技术性能有了很大的改善。东海和黄渤海区各省、市配合开发外海，开发中上层鱼、虾蟹和一些地方性品种的需要，也积极开展了渔船、网具、助渔导航通讯和捕捞技术方面的技术改造。1988年，天津、山东、福建、广东、广西等省市共更新改造渔船7466艘；全国147.1kW以上的海洋捕捞机动渔船1988年增加到5 459艘、147.84万kW，比1985年增加了1 961艘，52.96万kW。大功率渔船的增加，增强了开发外海的能力。目前，机动渔船基本实现带冰生产，大功率渔船保鲜设施有了不同程度的改进。全国海捕渔船中共有雷达一万多台，卫星导航设备100多台，远程单边带机和普遍对讲机5万多部。

2、**捕捞作业结构得到改善，外海渔业规模扩大**。结合渔船技术改造，各地一方面限制压缩近海底拖网生产，适当发展刺网和钓鱼作业，目前，这两种作业的产量比例已超过15%，比1978年提高了9%。从1986年开始，经过3年的努力，渤海秋讯捕虾逐步实现了“以流代拖”。到1988年，渤海成为中国第一个无拖网作业的海区。另一方面大力开发利用中上层鱼类和近海虾蟹资源。鲐鲹鱼、马面鱼的产量1988年达158.6万t，比1978年增加了近50万t。大力开发外海资源，南海的西沙、中沙、东沙和南沙渔场开发取得了新进展，生产规模不断扩大。东海外海渔业也稳步发展。外海渔获量1986年达到41.3万t，占总渔获量的10.6%，1989年达97.4万t，占19.3%。由于作业结构和布局的调整，使中国海洋捕捞业在近海资源形势比较严竣情况下，渔获量保持了持续稳定的增长。

3. **渔区第二、三产业迅速发展，区域产业结构趋向合理**。80年代，沿海渔区产业结构变化十分明显。水产品冷藏、加工、贸易、渔用工业等第二、三产业取得长足发展，单一的产业结构得到了改造。70年代以前，全国几乎没有群众渔业的冷库，到1987年底，沿海省市的渔业村、乡和城镇已建有水产冷库800多座，冷藏能力15万t/次，约占全国水产冷库总座数的66%，沿海渔区以冷库为依托的保鲜加工服务体系已初步形成，促进了海洋渔业综合效益的提高。据广东省统计，1988年全省海洋水产品加工、运销、渔机修造及其他渔业后勤服务业的总产值近20亿元，与捕捞产值大体持平。山东省测算，1988年海洋捕捞产值23.6亿元，比1979年增长了3倍，其中因保鲜加工、提高质量增值就占新增产值的25%左右。

此外，近几年远洋渔业的起步和迅速发展及近海资源增殖事业的兴起，为海洋捕捞业创造了新的发展机会。 （李健华）

【新型渔业船舶】 1985年以来，为适应远洋和跨洋捕鱼的需要，中国自行设计和建造了一批拖网渔船，包括8154C、8158、8160、8162等型号，与过去国内渔船相比，增加了主机功率，提高了拖网速度和拖力，扩大了制冷量和冷冻加工能力，改善了船员生活条件。此外，还设计建造了数艘小型玻璃钢钓船赴太平洋进行金枪鱼捕捞。在国内，由于底层鱼资源衰退，中上层鱼资源较好，围网渔船也有发展的趋势。441.3kW8203型围网渔船经5年使用，取得较好的经济效益，并推广到南北各省。配合围网作业的450总吨冷海水运输船也投入运行。1987年营口渔船厂为毛里塔尼亚建造了2艘双甲板冷冻渔船，首创渔船出口纪录，继而建成8162型双甲板冷冻渔船，并出口阿根迁。目前更大的出口渔船1 029.7kW8166型双甲板冷冻渔船、1 471kW全旋洄围网渔船正在设计中。此外，中国的992.9kW8702

型渔政船已建成使用。为渔船配套的国产主机、电机、制冷压缩机、无线电台、雷达、油泵、油马达等性能均有很大改善，为渔船发展提供了装备保证。渔船的快速性预报、耐波性计算、洄转性理论研究、导流管使用及防蚀研究均取得一定成果。 （郭 梁）

表1 中国设计建造主要海洋渔业船舶要素表

船型	8154C	8158	8160	8162	8166	8702	450总吨	开创号
总 长(m)	43.5	44.8	44.38	37.64	43.0	49.9	52.3	92
垂线间长(m)	37.0	38.2	37.00	32.00	36.0	43.6	46.0	
型宽(m)	7.60	7.60	7.60	8.40	9.00	7.6	8.80	15
型深(m)	3.8	3.85	3.75	5.50/3.30	6.40/4.15	3.85	4.20	9.55
平均吃水(m)	2.8	2.85	2.85	3.20	3.60	3.0	3.40	5.40
排水量(t)	439.9	500.7	499.7	536	753	519.3	870	3 180
鱼舱容积(m^3)	170	207.5	180	230	260	—	500	980
自持力(d)	20	25	30	—	60	30	30	
作业方式	双拖网	单、双拖	单拖、虾拖	单拖	单拖	渔政监督	运输	单拖、加工
主机功率(kw)	441.3	551.6	662	753.5	1 029.7	992.9	735.5	1 765.2×2
航速(kn)	12	11.6	11.5	10.5	11.0	14.5	12	15
保鲜方式	冰鲜、速冻	冰、速冻	冰、速冻	速冻	速冻	—	冷海水	速冻
推进特点	固定导管浆	双速比、定距浆	导管浆	双速比、导管浆	固定导管浆	固定浆		
设计者、建造者	水科院、大连渔轮厂等设计、宁波修改	1989设计 水科院 江苏省水产局	1986年 大连渔轮公司	1988.5下水 大连渔轮公司	1989年设计 广州渔轮厂	1988年建造 1990.4交船 水科院黄海厂	1986.12交船 上海渔机所 上海渔轮厂	

【远洋渔业】 中国自1985年起开始发展远洋渔业。截至1989年底，已有辽宁、山东、江苏、上海、浙江、福建、广东、广西、海南和中国水产联合总公司的20个单位在西非、印度洋西部、北美、南美、西南太平洋的21个国家（摩洛哥、几内亚比绍、塞内加尔、塞拉利昂、尼日利亚、加蓬、几内亚、伊朗、毛里求斯、索马里、美国、苏联、阿根廷、秘鲁、智利、乌拉圭、澳大利亚、新西兰、贝宁、巴布亚新几内亚、瓦努阿图）建立了25个独资、合资企业，外派各类船只108艘，从业人员2 430人，总投资额2.7亿人民币、0.427亿美元，生产总值1.3亿美元。1987年共捕捞9万t渔获物，其中1.4万t运回国内销售，1988年捕捞约10万t.其中3万t运回国内销售。

上海、烟台、大连海洋渔业公司于1985年分别从国外引进3艘3 000吨级大型尾滑道拖网加工船，在北太平洋中部、白令海公海和美国阿拉斯加海域进行作业，产品直接外销。1987年又增加两艘大型拖网船，捕捞狭鳕，取得较好的经济效益，为远洋渔业大洋性生产打开了局面。

1985年派出第一批赴西非作业的8154型拖网船队，加上1986年派出的第二批船队，使在这一水域作业的船数达到20艘。1988年烟台海洋渔业公司4艘拖网船及东海水产研究所渔业调查试验船"东方号"亦开赴西非作业。

大连海洋渔业公司派往毛里求斯的金枪鱼钓船和各渔业公司派往伊朗的拖网船队都取得较好的效益。

1988年，中国积极与苏联、加拿大、东非和南美各国进行渔业谈判，广泛开展渔业国际合作，促进远洋渔业发展。1988年12月中国与澳大利亚签订渔业协定后，中国渔船可在澳西北部12 n mail外进行捕捞作业。1989年3月，第一支赴澳捕捞队开始试捕。同年8月，由大连、烟台、青岛的渔业公司的6艘生产船、2艘加工船组成的捕捞船队在苏联远东水域捕鱼。同年3月，由宁波渔业公司等单位组织的2艘渔轮赴索马里试捕。

中国远洋渔业的经营形式有合资经营、合作经营、独资经营。入渔方式有购买许可证或通过当地代理交纳代理费、政府间渔业协定等。作业方式以拖网为主，充分发挥国营海洋渔业企业的底拖网生产的丰富经验和装备优势，利用沿岸国的陆上后勤设施，主要在水深15～40m的大陆架海区生产，捕捞品种主要有海鲶、十指马鲅、带鱼、舌鳎等底层鱼类，兼捕一些虾和头足类。另外，通过引进国外先进的二三千吨级拖网加工渔船，以本国港口为基地，在北太平洋水深200m以上的海区捕捞狭鳕，加工成鱼片和鱼糜。

中国远洋渔业在短短几年时间里从无到有、从小到大，其主要原因之一是国家采取了扶持政策。1987年8月，国务院转发了农牧渔业部《关于进一步发展我国远洋渔业的报告》，在渔船、渔需物资和渔货进出口、贷款、利润留成等多方面实行优惠政策，为远洋渔业创造了良好的环境。 （陈剑华 侯恩淮）

【水产加工业】 1985年以来，中国水产品产量持续大幅度增长，给水产加工业提供了充分的原料。同时由于国家"改革、开放"政策的实施，国营、集体、个体加工企业逐年增加，加工能力明显扩大；水产加工业得到较大发展。

1. 经济效益与生产同步增长。 据不完全统计，1989年水产加工产量达164万t，比1985年的102万t增长了60.7%；加工品总产值(按1980年不变价格计算)22亿元，比1985年的4.42亿元增长了4.98倍；实现利税5.8亿元，比1985年增加了2.3亿元；1989年加工品总产值占渔业总产值的18.7%。经济效益增长幅度最大的是海带制碘行业，1989年实现利税3 147万元，比1985年的60万元增长了52.45倍，1985年全国33家海带制碘企业有28家亏损，而1989年全部盈利。

2. 生产第一线的保鲜得到加强。 水产品价格放开和优质优价使渔民普遍注意保鲜，安装隔热仓带冰出海和采用冷海水保鲜的渔船数大量增加。1989年广东省带冰渔船达9 313艘，比1985年增加近2倍。此外，群众渔业的小冷库、小冰厂、小加工厂的建设迅速发展，据不完全统计，1989年全国有水产冷库1 300多座，冷藏能力达75万t/次，比1985年增加了45万t/次；冷冻能力38万t/d；制冰能力3万t/d，比1985处增加了1.8万t/d。

3. 新产品开发和技术改造取得新成果。 1985年全国首届水产加工品展销会展出的2 800多个加工产品经过4年的不断改造提高后，相当部分已成为市场适销对路商品，尤其是低值鱼、小杂鱼的加工又有新的进展。继马面鱼综合利用在沿海普遍推广之后，福建、广东以蓝园鲹和小杂鱼为原料生产的调味鱼片开始进入港、台及日本市场；辽宁、山东以远东拟沙丁鱼和鲹鱼为原料研制生产了调味鱼干，红烧、烟薰、茄汁罐头和鱼松等产品；广东、福建开发的蟹肉罐头、腌汁鳓鱼、烤鳗等已形成规模生产；江苏、山东等省也研制成功了龙虾、海参等罐头产品，有些已批量生产。1986～1989年，海带制碘行业试制成功了27项新产品，投入生产的22项新产品都取得了较好的经济效益。

在新产品开发的同时，各地还注意采用新技术改造老设备，在水产冷库中已形成了一批技术装备好、经营开发能力强的大中型骨干企业；液压推进、定点吊冰的冰池正在推广，各种输冰机械亦日趋完善；自动化管冰机、颗粒制冰机引进、消化研制成功，正组织国产化批量生产；上海、舟山引进的西德鱼粉生产设备的投产，对中国鱼粉工业的技术改造起了推动作用；广州、青岛、上海等地引进的鱼糜生产线和模拟食品生产线，加快了水产加工现代化的进程。海带制碘工业引进了137台套生产设备，并依此研制了100多台，为企业改变产品结构、实现扭亏为盈提供了有利条件。在改进包装方面也取得了可喜的成绩，目前渔轮上已普遍推广使用塑料周转鱼箱，中、短途贮运环节开始推广保温鱼箱、低温鱼箱和编织袋装运冻鱼。据不完全统计，现在全国已有300万个塑料周转箱、5万个保温鱼箱和3 000多万条塑料编织袋用于生产和流通环节；几年来全国在改进水产品包装中减损增收约2亿元。

4. 水产加工品出口大幅度上升。 1989年中国出口水产加工品23.5万t，比1985年的6.3万t增长了2.73倍，创汇9.27亿美元，比1985年的3.8亿美元增长了1.44倍。 （林美娇）

【水产流通体制和供销】 1986～1989年，中国水产流通体制发生了深刻的变革，从以计划为主的产品经济体制转为以市场调节为主的商品经济体制。1985年3月，中共中央国务院颁布了5号文件，决定将水产品全部划为三类产品，一律不派购，价格放开，实行市场调节；同时指出水产品市场开放后，要加快流通体制改革的步伐，疏通流通渠道，减少中间环节，鼓励产销直接见面，放手让国营商业、集体商业、合作企业和有证商贩参与市场竞争与调节，渔民既可以就地生产和销售，也可以长途运销，不受行政区划的限制。这就使水产品供给的流量、流向可以根据市场需求和生产者的意愿自由调整，彻底改革和结束了过去必须按国家规定的价格、品种和购留比例专一收购的局面，多渠道流通、多种形式经营并存的水产品经营新格局开始形成。

水产流通体制的改革，加之城市经济改革和其它改革措施的实施，对中国的海洋水产业的发展产生了重大的影响。

1.调动了生产者的积极性，促进了水产经济的高速发展。流通体制的改革，改变了国营商业代表国家长期低价强制收购渔产品的不合理做法，使渔民真正成为相对独立的商品生产者，调动了他们的生产积极性和创造性，使之不断改善生产条件，运用新技术，增加投入，按照市场需要调整生产结构。

2.活跃了市场，方便了消费者。开放水产品市场后，大量的小商小贩、合作商业、集体渔民纷纷参与流通，打破了国营商业长期垄断市场的局面。产销见面，城乡开通，东西交流，南北调剂，冲破了地区封锁，恢复了一些港口和商埠的集散作用。1989年，全国城乡水产品集市贸易成交300万t(包括淡水产品)、158亿元，分别比1986年的217.6万t、64.35亿元增长37.8%和145.53%。

3.推动国营水产供销企业的改革。开放水产品市场后，国家财政对国营水产供销企业的包揽与支持逐渐减少，使之不得不从行政上和职责上进行一系列改革。权力下放、调整机构、精减人员、实行自负盈亏等一系列措施增强了国营企业参与市场竞争的能力。

4.品种增多，产品质量提高。由于优质优价、按质论价成为现实，各个品种、规格、等级之间的价格档次明显，刺激了生产者和经营者最大限度地提供优质水产品的积极性，促进了保质保鲜、加工增值行业的迅速发展。

5.强化了信息工作。开放水产品市场后，日益增强的市场观点、竞争观点和效益观点驱使人们注重信息的积累与开发。1987年，中国水产商情网络建立，现已发展到400多个单位参加。各地也组建了一批不同形式、各有特色的信息组织，如全国沿海国营企业水产信息网络组织、13个大中城市水产信息网络、长江流域主要城市水产信息网络、全国14个省会城市水产供销经济联合体等。

6.自我服务、自我管理的行业协会相继成立。开放水产品市场初期，国营水产供销行业作为一个行业，传统的横向体系已解体，企业之间的合作由于各自谋求经济效益的行为而弱化，加之大量的小商小贩涌入流通领域，无秩序经营带来的盲目性日益明显。为促进行业内部和行业之间的联系，为企业排忧解难，广东省率先成立了水产供销行业协会，随后浙江省舟山市等地成立了相似的组织。1989年2月，中国水产供销行业协会筹备组建立，预计1990年第四季度正式成立。

流通体制的改革对促进渔业生产发展、丰富市场供应起了积极的推动作用，但也带来了水产品价格大幅度上涨和国营水产供销企业经营量大幅度下降的问题。

1986～1989年，海水产品价格直线上升，尤其是优质海水产品。据舟山市场统计，黄鱼、带鱼、墨鱼、鲳鱼、马鲛、海鳗等6种产品的平均收购价，1986年比1985年上涨31%，1987年比1986年上涨54%，1988年比1987年上涨72%；海水产品价格上涨的原因很多，海产品成本上升、人们消费观念改变、集团购买及国际市场的反馈对海产品价格上升都起到推动作用。

1989年，全国国营水产供销系统收购海水产品74.54万t，仅占总产量的11.2%，与1985年相比，绝对量下降36.2%，相对量下降16.7%；与1986年相比，绝对量下降33%，相对量下降12%(见表2)。国营水产供销企业消退的原因，一是企业布局不合理；二是企业内部经营机制不完善，改革不够配套；三是企业负担重，参与市场竞争的各种条件不平等。

(张祖光　李彦亮)

表2　中国国营供销系统海水产品收购情况

年　度	海水产品产量(万t)	国营企业收购量(万t)	收购量之比(1985年为100)	收购量与总产量之比(%)
1985	419.2	116.87	100	27.8
1986	475.37	110.99	94.96	23
1987	548.17	100.76	88.22	18
1988	605.78	81.09	69.38	13
1989	661.2	74.84	63.78	11

【渔业立法概况】 渔业法制建设是社会主义法制建设的一部分，它包括两方面重要内容：渔业立法和渔业行政执法。通过渔业立法和渔业行政执法，规范以水产资源为生产对象的渔业生产活动，调整国家各级渔业行政主管部门以及企事业单位和生产者在渔业活动中的行政和经济关系。

1986年1月20日颁布的《中华人民共和国渔业法》明确规定，县以上人民政府渔业行政主管部门可以在重要渔业水域、渔港设渔政监督管理机构，国家渔政渔港监督管理机构对外行使渔政渔港监督管理权”。1987年10月，《中华人民共和国渔业法实施细则》经国务院批准由农牧渔业部发布施行。各省、自治区、直辖市人大常委会和人民政府根据《渔业法》及其《实施细则》，先后制定了《实施办法》。这些规定是渔政渔港监督管理部门依法行政的法律依据；从此，中国渔业有了根本大法，渔业立法跨出了突破性的一步，为中国渔业法制建设奠定了基石。据不完全统计，1986年以来，省级以上人大、政府、渔业行政主管部门共颁布渔业法规、规章等规范性文件达120多个，初步形成了以《渔业法》等渔业法律为核心的，具备单行法规、规章和地方性法规及规范性文件的渔业法律、法规体系。渔政渔港监督管理实现了有法可依，有章可循，进入了以法治渔，以法兴渔新的发展阶段。　（崔晓东）

【渔业行政执法】 目前，沿海各省、自治区、直辖市水产主管部门均设立了渔政、渔港监督、渔船检验、渔业电信等管理机构，主要渔业生产地（市）县也相应建立了渔政管理站（科、股）；到1989年底，在沿海707个大小渔港中，已有207个渔港建立了渔港监督站、11个渔船检验处；在渔船较为集中的港口建立了46个渔船检验站。另外，在黑龙江、吉林、辽宁3省边境水域还设立了4个边境渔政管理站。

渔业许可证制度 《渔业法实施细则》第15条规定，国家对捕捞业实行捕捞许可证制度。为合理利用和保护近海渔业资源，摸清全国渔船变动情况，1986年对海洋渔业船舶进行了全面普查工作，1987年国家下达了“海洋捕捞机动渔船马力控制指标”，1989年农业部制定了《渔业捕捞许可证管理办法》，实行了马力凭证制度，统一制发了“捕捞机动渔船马力凭证”和捕捞许可证，通过审批捕捞许可证，加强了海洋渔业捕捞渔船的宏观控制，对调整渔业结构、维护渔场秩序产生了积极的效果。

为充分开发利用适于养殖的水面、滩涂发展养殖业，国家将所有权与使用权分离，确定生产者的使用权，核发养殖使用证。《渔业法》明确了养殖生产者的权力和义务，并具体制定了使用证的发放管理办法，有利地保证了水面、滩涂的合理开发利用，促进了养殖业的发展。

1986年颁布的《渔业法》明确规定，批准发放海洋渔业捕捞许可证不得超过国家下达的船网工具控制指标，1987年国务院批准下达了《近海捕捞机动船控制指标》，这是国家第一次对近海渔船进行数量控制。

渔业资源监督管理 1986年以来，除继续贯彻执行“机动渔船底拖网禁 渔区线”，禁渔区、禁渔期、保护区、伏季休渔、幼鱼比例检查等水产资源繁殖保护管理规定外，针对沿岸、近海捕捞强度不断增长，特别是近海群众渔业机动船底拖网作业的迅速增长，捕杀经济幼鱼和产卵亲鱼极其严重的情况，1987年，为进一步保护带鱼资源，在舟山渔场设立了产卵带鱼保护区。为了保护中国对虾资源和渤海经济鱼类资源，1986开始规定拖网逐步退出渤海，1988年在渤海捕捞对虾一律不准使用拖网，全年禁止在渤海进行底拖网作业。1988年开始设立3个中国对虾洄游通道，在对虾离开越冬场向渤海进行生殖洄游的通道内实行禁渔区，禁止在渤海捕捞对虾亲虾。

渔业水域生态环境保护 近几年来，渔业环保工作已由初步调查阶段过渡到加强管理阶段。1985年全国建立了渔业水域环境监测网，加强了对重点渔业水域的环境监测，为保护渔业资源提供了科学依据。1988年11月颁布的《中华人民共和国野生动物保护法》，明确规定国家渔业行政主管部门主管水生野生动物管理工作，由渔政渔港监督管理局具体负责水生野生动物的保护和监督管理。各地积极行动起来，广泛进行宣传教育，开展了对名贵珍稀水生动物的保护工作。如广东省自1983年以来先后设立了5个省级自然保护区. 1985～1989年，共保护雌海龟720多头次安全登陆产卵，共孵出稚龟31 086只回归大海。

渔业安全生产和渔港监督管理 在治理整顿中，面对渔船数量大、船型小、分散经营、技术设备差等实际情况和特点，改变了过去以行政命令抓安全生产管理的方法，转变为依法治理，逐步建立了以渔港为中心的安全生产监督管理体系。1986年以来，先后颁布实行了《中华人民共和国渔港水域交通安全管理条例》、《中华人民共和国船舶进出渔港签证办法》、《中华人民共和国海洋渔业船舶船员考试发证规则》、《渔船渔港管理费征收使用管理暂行办法》等三十多个法律、法规。

渔船和船用产品的技术监督管理 到目前为止，已相继制定了《船舶及船用产品检验工作条例》、《渔业船舶监督检验细则》、《钢质海洋渔船建造规范》等一系列渔业船舶和船用产品的检验规范、章程，并根据规范和章程等有关法规，对新建、改建或修理的船体、轮机、电气、电讯、冷藏、安全保护等项目进行建造检验、初次检验、定期检验、期间检验、年度检验、临时检验等法定检验，对检验合格的，签发相应的船舶吨位证书、船舶适航证、载重线证书等一系列渔业船舶检验证书及船用产品检验报告。对船用产品及其材料的生产进行技术监督，经检查符合规定要求的发给产品合格证书；并对建造渔船和制造船用产品工厂进行技术认可，颁发认可证书。由于加强了技术监督检验，渔业船舶和船用产品的质量有很大改善。1990年2月，国家批准成立了“中华人民共和国渔业船舶检验局”。

渔业电信和渔业管理信息系统　为了适应渔业生产和渔政渔港监督管理的需要，制定了《渔业电信管理办法》，规范了通讯频带，提高了通讯质量，除继续充分发挥原有老设备的作用外，目前已广泛推广使用长距离通信的单边带电台、电传机等，短距离通信联络的超短波通讯机、对讲机等通讯设备，在渔业生产指挥、海难救助、渔政渔港监督管理工作中发挥了重要作用。1984年开始建设“渔业管理信息系统”，到1989年底，在北京渔业管理信息中心，黄渤海、东海、南海区渔政局、广东省和东海区三省一市已基本进入开发应用阶段。

（崔晓东）

【海洋水产科研机构及其体制改革】　中国的海洋水产科技事业有着悠久历史。海洋水产科研单位的体制也比较健全。目前从事海洋科研的单位主要隶属中央和地方两个层次，在全国沿海的11个省市中，共有各种海洋科学研究单位18个，1个进行海洋科学综合教育和科研的大学——青岛海洋大学及农业部所属的四所培养水产专业人材及进行海洋和水产科研的水产院校，即上海水产大学，厦门水产学院，大连水产学院和湛江水产学院。中央在地方的水产科研单位中分别隶属农业部、中国科学院和国家海洋局，隶属农业部的有水科院黄海水产研究所、东海水产研究所、南海水产研究所；隶属中国科学院的有海洋研究所，南海海洋研究所；隶属国家海洋局的有第一海洋研究所，第二海洋研究所，第三海洋研究所。地方所属的有辽宁省海洋水产研究所、河北省水产研究所、天津市水产研究所、山东省水产研究所、山东省海水养殖研究所、上海市水产研究所、江苏省海洋水产研究所、浙江省海水养殖研究所、福建省水产研究所、广西自治区海洋研究所等，还有一些综合性的大学也设有水产系进行海洋水产科研和教学工作。

随着水产事业的发展，水产科技体制改革不断深化，水产科研单位实行了所长负责制，放活科技机构和科技人员，实行科技承包制度及技术的有偿使用，解决了长期以来中国科技和生产严重脱节和科技人员不关心生产的大问题。1986年以来，仅农业部直属的科研单位就有1/3的科研人员应用现有的科研成果从事科技推广开发工作，社会效益十分显著。

（王　平　邓　伟）

【水产科研成果】　1986～1989年，水产科研成果显赫。“紫菜提胶工艺”获国家级发明奖四等奖，“对虾种群动态规律的研究”和“海蜇生活史及横裂生殖研究”两个项目获国家级自然科学奖。7个项目获国家级进步奖。另有27项涉及海洋资源调查及试捕技术、海洋资源增殖技术、渔船建造、海水养殖及各种海洋水产品加工技术的研究项目获农业部科技进步奖，这些研究成果对近年来水产生产的发展起了巨大的作用。由美国引进的海湾扇贝在国内人工繁殖技术的研究成功为中国的海水养殖提供了一个新的优良品种，至1988年底，海湾扇贝的养殖已在全国沿海推广至辽宁、河北、山东、浙江、福建、广东等省，养殖面积达21 101亩，产量达49 374t，产值20 602万元，纯利达4 692.5万元；通过对黄海、东海及外海远东拟沙丁鱼进行资源调查和探捕工作，掌握了鱼群洄游规律，确立了两个渔轮作业渔场及两个群众渔业可利用的渔场。初步评估资源蕴藏量在75万t左右，年可捕量为15万t。这些渔场的确立可解决中国围网渔业3～5月份的淡季问题，仅1988年便有28组围网船投入生产，产量近5万t，目前已形成规模生产，这项技术在生产上的使用使一些渔业公司围网船扭亏为盈，填补了外海围捕远东拟沙丁鱼的空白，减轻了对沿海底鱼资源的压力。8160型拖网渔船的研制项目获1989年农业部科技进步二等奖，该船是为适应开发外海及过洋性大陆架渔业资源而设计研究的一种新船型，其主要改善了适航性，使稳性可满足Ⅰ类航区，更适应在西非等渔场捕捞价值高的经济鱼类；该船的研制成功，使中国的远洋渔业迈出了一大步。“渤海水域渔业资源、生态环境及其增殖潜力的研究”阐明了渤海渔业资源的基本情况，包括资源结构、资源变化特点，掌握了主要增殖对象的生物学特征，种间关系，营养层次，卵子和幼鱼的数量、分布等。阐明了当前渤海理化环境和生物环境的综合特征，包括水团的划分，营养物质的分布及其变化，初级生产力，浮游生物和底栖生物的数量分布等。通过调查证明渤海的生态环境数十年没有显著变化，具有较大的生产潜力，在管好的基础上可进行增殖，以增加渤海渔业资源，提高渔业资源产量和质量。根据调查的结果，确定了近期渤海增殖放流的主要种类，在此基础上逐步开始了苗种的试验性和生产性人工放流。1987年中国对虾人工精荚移植技术的成功提高了中国对虾的交尾率，降低了亲虾的越冬成本，这项技术的研究成功，为中国在春季禁捕亲虾提供了一项基础技术。象山港、东吾洋、胶州湾增殖开发项目的研究使北方特有品种“中国对虾”南移至东海区、扩大中国对虾的养殖增殖区域技术上成为可能。“大珠母贝人工育苗、养殖及插核育珠技术”的成功打破了日本对育大珠技术的垄断，填补了中国的空白。这项技术可使人工贝苗移海养殖，一周年成活率最高可达83.3%，平均为57.8%，壳长最大达 14.7cm。用它进行插核育珠，创造出了一套新技术，克服了大珠母贝插核手术易发的大量死亡和脱核，育珠率达 10%。1985 年中科院海洋所从菲律宾引进了优质含胶红藻——长心麒麟菜，在海南省进行了水下筏式垂直和框式密集平养，摆脱了过去局限于珊瑚礁生产方式，为麒麟菜人工养殖开阔了道路。该所进行的坛紫菜北移养殖于 1988 年获得成功，并与条斑紫菜轮养，使北方紫菜养殖的亩产由过去不足 100kg，增加到将近 150kg。为提高海带养殖的单产，山东省荣城市采用海带苗绳绑漂的方法，改善海带的受光条件，使海带大面积养殖增产 40%以上。1988 年山东省水产学校进行的裙带菜海上育苗直接养成试验，使裙带菜养殖在北方得到发展。另外，江篱、龙须菜养殖研究也取得一定进展。（王 平 邓 伟 伍国忠）

【海洋珍贵濒危水生野生动物保护】 中国海域自然地理条件优越，海洋水生野生动物资源丰富。1989 年 1 月 14 日，国家野生动物主管部门正式发布的《国家重点保护野生动物名录》中，水生野生动物占有 10 纲、18 目、29 科，约 80 余种，其中很大一部分是海洋水生/野生动物。在沿海海域中，主要分布有海豹、儒艮、海龟、棱皮龟、玳瑁、中华白海豚、海马、文昌鱼、红珊瑚、砗磲、虎斑宝贝、冠螺、大珠母贝、佛耳丽蚌、鹦鹉螺等。此外，还有抹香鲸、灰鲸、蓝鲸、长须鲸、座头鲸、露脊鲸等鲸类。

海洋珍贵稀有水生野生动物是中国一项宝贵的自然资源，具有很高的经济、科学、医学和文化价值。很多物种不仅可以食用，而且其皮毛、骨骼、甲板、内脏等还可以加工成装饰品、工艺品、药材和工业用品。

长期以来，由于保护海洋水生野生动物的意义没有受到人们重视，滥捕滥杀珍贵海洋水生野生动物和破坏其栖息环境的事件时有发生，使其资源受到严重破坏。例如，南海海龟资源曾十分丰富，从 50 年代到 70 年代，仅西沙水产站每年平均能收购 1 000 多头；由于长期过度 的滥捕滥杀，滥挖龟卵，现在海龟活动范围已急剧缩小，上岸产卵的海龟寥寥无几；在几种海龟中，除绿海龟尚有一些外，棱皮龟、太平洋鳞龟、玳瑁已濒于绝迹。福建省厦门刘五店的文昌鱼，由于当地海岸工程建筑和围垦，造成渔场环境恶化，文昌鱼大量死亡或迁移。30 年代刘五店文昌鱼最高年产量达 250t，40～50 年代年产量 50～100t，60 年代产量仅 25～35t，70 年代后，已不成渔业，年产量仅数十千克。另外，在北部湾沿岸分布的儒艮、南海的一些名贵珊瑚、贝类也都受到过度采捕和人为损害，处于十分危急的状况，有些物种已濒临灭绝。

尽管由于种种原因，中国珍贵、濒危海洋野生动物保护工作一直十分薄弱，但各级渔政管理部门还是做了大量的工作。从 1979 年以来，国家和地方渔业主管部门颁布了有关保护法规；开展了珍贵濒危物种的资源调查工作；建立了一些自然保护区和保护站；开展了宣传教育和科学知识普及工作。1985 年 5 月，中国第一个海龟自然保护区在广东省惠东县建立，标志着中国海龟保护工作进入了一个新阶段。1985 年 6 月，广东省水产局建立了南海海龟资源保护站。同年 9 月由农业部渔政局召开的南海海龟资源保护会议在广东省举行，这是中国首次举行保护海龟的会议。为了全面地了解南海海龟资源的分布与状况，农业部渔政局从 1987 年起组织了大规模的调查，调查的范围包括西沙群岛、海南省和广东省沿岸；广西壮族自治区从 1980 年开始禁捕儒艮。1989 年 3 月颁布的《中华人民共和国野生动物保护法》使保护海洋珍贵、濒危水生野生动物工作走上有法可依的轨道。

通过几年来的努力，海洋水生野生动物保护工作已取得了明显的成效，受 到 国 内 外 的关注，并引起了良好的反响。1986 年国际自然和自然资源保护联盟(IUCN)曾来函询问中国的海龟保护工作情况。1989 年该联盟向农业部渔政局、广东省南海海龟资源保护站等单位颁发了奖状，以表彰中国在海龟资源保护工作中做出的贡献。（汪小炎）

表 3　1986～1988 年重要海洋水产科学研究项目及获奖成果

项目名称	主要负责单位	主要负责人	协助单位	起止年月	获奖等级
对虾弧菌病防治研究	海洋局一所	叶孝经	水科院黄海水产研究所　青岛医学院	1982～1985	1986 年农牧渔业部科技进步二等奖
中深海刺钓技术试验与推广	广东省水产局海洋渔业技术总站	马振坤	广东省阳江县水产局　广东省海丰县水产局	1979.7～1985.12	1986 年农牧渔业部科技进步二等奖
麒麟菜的人工养殖及其加工	广东省琼海县海水养殖场	庄　屏		1955～1985	1986 年农牧渔业部科技进步二等奖
南海北部大陆斜坡重点虾场调查	水科院南海水产研究所	钟振如		1981.4～1985.3	1986 年农牧渔业部科技进步二等奖
栉孔扇贝自然海区采苗技术的研究	山东海洋学院	王如才	山东省长岛县水产局	1974～1984	1986 年农牧渔业部科技进步三等奖
8105 型 198 总吨拖网渔船		朱耀年	上海渔轮厂	1981.5～1985.12	1986 年农牧渔业部科技进步三等奖
透明柔软渔用锦纶 6 单丝的研制与应用	浙江温岭渔业塑料化工厂	金庆法	中科化学研究所	1981～1985	1986 年农牧渔业部科技进步三等奖
闽中、闽东渔场中上层鱼类资源开发利用	福建省水产研究所	王芳灿	福建省水产厅海洋处	1983.3～1984.8	1986 年农牧渔业部科技进步三等奖
南海北部多种鱼类综合渔获量中长期预报的研究	水科院南海水产研究所	姚冠锐		1978～1985	1986 年农牧渔业部科技进步三等奖
黄渤海蓝点马鲛资源开发预报及合理利用的研究	水科院黄海水产研究所	韦　晟	山东省、辽宁省海洋水产研究所　河北省、天津市水产研究所	1962～1985	1986 年农牧渔业部科技进步三等奖
黄渤海鲐鱼行动分布、渔情及资源预报的研究	水科院黄海水产研究所	朱德山	山东省、辽宁省海洋水产研究所　河北省、天津市水产研究所	1968-1984	1986 年农牧渔业部科技进步三等奖
黄海鲱鱼资源的开发和渔业预报的研究	水科院黄海水产研究所	唐启升	山东省、辽宁省海洋水产研究所　河北省、天津市水产研究所	1971～1985	1986 年农牧渔业部科技进步三等奖
大珠母贝人工育苗养殖及插核育珠	水科院南海水产研究所	蒙钊美	广东省海陵珍珠养殖场	1979～1984.3	1987 年国家科技进步一等奖
对虾人工配合饵料的研究	天津农学院	谢宝华	水科院黄海水产研究所　山东省海水养殖研究所	1970～1984	1987 年中国科技进步二等奖
渔用双向牵伸网及其生产工艺、设备	辽宁省海洋水产研究所	邵象贤	辽宁大连二运修配厂	1982～1984	1987 年国家科技进步三等奖
坛紫菜营养细胞直接育苗和养殖的研究	上海水产学院	王素娟	中科院植物生理研究所　福建连江水产综合场	1980～1985	1987 年国家科技进步三等奖
对虾种群动态规律的研究	水科院黄海水产研究所	邓景耀		1959～1984	1987 年国家自然科学三等奖

续表 3

项目名称	主要负责单位	主要负责人	协助单位	起止年月	获奖等级
中国软骨鱼类的侧线管系统及罗伦瓮和罗伦管系统的研究	上海水产大学	朱元鼎			1987 年国家自然科学三等奖
海蜇的生活史及横裂生殖研究	辽宁省海洋水产研究所	陈介康			1987 年国家自然科学四等奖
后期坛紫菜制取琼胶工艺	福建省惠安化工厂	潘景文			1987 年国家发明四等奖
对虾放流标志技术	水科院黄海水产研究所	樊宁臣		1981～1985	1987 年农牧渔业部科技进步三等奖
石花菜筏式养殖技术及病害防治技术	山东省海水养殖研究所	李宏基			1988 年国家发明三等奖
对虾营养生理及配合饵料配方的研究	青岛海洋大学	李爱杰		1980～1986	1988 年农业部科技进步二等奖
对虾人工移殖精荚技术	水科院黄海水产研究所	杨丛海		1986～1987	1988 年农业部科技进步二等奖
8203 型围网渔船的研制	水科院渔船室	冯振玉	中船总公司第 704 研究所　宁波渔轮修造厂　温州渔业机械厂	1981.6～1987.5	1988 年农业部科技进步二等奖
中高压液压围网起网机械系统	水科院渔业机械械仪器研究所	沈自申		1973～1985.12	1988 年农业部科技进步二等奖
中国水产资源开发利用的经济问题	水科院渔业经济研究所	夏世福	水科院黄海水产研究所等	1983.4～1986.7	1988 年农业部科技进步二等奖
8E150C～1 型柴油机研制开发	中国水产联合总公司南通渔船柴油机厂	季安贵	大连工学院内燃机研究所	1983.5～1986.10	1988 年农业部科技进步二等奖
对虾头加工利用	江苏省淡水水产研究所	吕志宏	连云港市海洋渔业公司	1983.1～1985.1	1988 年农业部科技进步三等奖
海上水工用材防蛀、防腐的研究	中国科学院林土研究所	刘雅儒	辽宁省金县水产局广东阳江县水产公司	1972～1976	1988 年农业部科技进步三等奖
渤海水域渔业资源、生态环境及其增殖潜力的研究	水科院黄海水产研究所	邓景耀	中科院海洋研究所　海洋局第一海洋研究所	1982～1987.6	1988 年农业部科技进步三等奖
广东省浅海、滩涂增养殖渔业环境及资源	水科院南海水产研究所	余勉余	中科院南海海洋研究所	1980.7～1987.7	1988 年农业部科技进步三等奖
插砌条石护面防波堤的试验研究	水科院水产规划设计所	赵秀珍	大连工学院	1984.11～1987.4	1988 年农业部科技进步三等奖
PZL～2×130 型褐藻胶造粒机	水科院渔业机械仪器研究所	王真森		1981～1985	1986 年农牧渔业部科技进步三等奖
“GF”型快速沸腾式干燥设备	水科院渔业机械仪器研究所	张振益	江苏省淡水水产研究所	1982～1985 年	1986 年农牧渔业部科技进步三等奖

（陈爱平）

海洋石油和天然气资源的勘探与开发

·专文·

阔步前进的海洋石油工业

罗　明
（中国海洋石油总公司）

中国的海洋石油工业，是在党中央、国务院制订的改革、开放政策指引下发展起来的。开放给海洋石油事业带来了勃勃生机，使海洋石油企业充满了活力。经过十年的辛勤耕耘，年轻的中国海洋石油工业正在茁壮成长。

到1989年底，中国海域共完成地震测线近70万km，钻探井200多口，钻评价井100多口，发现70多个含油气构造。已有埕北、渤中28—1、涠10—3等3个按国际标准开发建设的海上油田投产，1989年原油产量达95万t。渤海的渤中34—2/4、绥中36—1、锦州20—2，南海的惠州21—1、26—1和北部湾的涠11—4等6个海上油气田正在进行开发建设，将在1992年前陆续投产。还有一批海上油气田正在进行开发可行性研究。

对外合作以来，外国公司已投入勘探风险资金22.5亿美元，开发资金4.5亿美元。中方也投入勘探资金10.7亿元人民币，开发资金4.7亿美元。

壮大自己，跻身世界行列。中国海洋石油总公司已建成包括物探、钻井、测井、船舶、地质服务、平台制造、海洋工程、物资供应、基地服务等主要专业比较齐全配套的承包服务队伍，拥有一批先进的海上石油作业装备和设施。这支队伍素质比较高，坚持"用户第一、质量第一、信誉第一"的宗旨，设备满负荷运转，工作高效率，取得了良好的服务信誉。

通过对外合作的窗口，引进、消化、吸收国际先进技术，加强自营勘探开发的科学技术研究，海洋石油科学技术取得明显进步。在海洋石油地质研究、海上地球物理勘探、海洋石油钻井、海上油藏开发研究和海洋工程建设等方面，都有一批技术达到或接近国际先进水平，有利地推进了海洋石油事业的发展。

中国海洋石油总公司通过"滚雪球"的方式，独立核算，自负盈亏，自我发展，取得了好的经济效益。到1989年底，仅石油合作承包外汇收入总计达10.8亿美元，交税累计外汇1.42亿美元、人民币2.07亿元。目前，总公司的资本已达25.2亿人民币。

海洋石油工业近期发展战略。目前，中国海洋石油正处于勘探、开发、生产并进，上、下游一体化发展的新阶段。中国海洋石油总公司确定了今后几年发展的目标：提高效益，增强实力，争取1992年原油生产能力达到500万t，天然气生产能力达到5亿m^3；1995年原油生产能力达到800万t，天然气生产能力50亿m^3。

为实现这一目标，该公司将实施5项发展战略：

1.坚持和发展对外合作。海洋石油是中国工业行业中率先实行全面对外开放的企业，并以开放促进了改革。只要始终坚持平等互利的原则，遵照国际惯例，采取合情合理的政策，重合同，守信用，不断改善投资环境，就能进一步吸引外资，促进对外合作更有效地发展。

2.坚持和发展自营勘探开发。在坚持对外合作的同时发展自营勘探开发，对加快发展有重要意义。它可以充分发挥人财物方面的力量，增加找油机遇，提高经济效益。同时通过自营的实践，可以提高队伍素质，为更广泛地开展国际合作打下基础。

3.在南海西部海域建设大气区。南海西部具有形成大气区的地质条件和资源潜力，可望建成年产上百亿立方米的天然气生产能力。中国政府将实施鼓励开发利用建设天然气的政策，吸引更多的外国公司来合作建设大气区。这样不仅能满足海南、广东对能源和化工原料的需求，还能进一步扩大供气范围，为内地经济发展做出贡献。

4，打开东海对外开放的局面。东海盆地是中国沿海大陆架最大的沉积盆地，其石油资源一直受到中外地质学家的重视；海洋石油总公司将按照中国政府的部署，积极做好准备，开放东海，发展对外合作，争取早日打开局面。

5.开拓炼油和石油化工新领域。国际上的经营实践说明，作为一个石油公司，必须上下游一体化发展，才能减少风险。中国海洋石油总公司正在积极促进建设中外合资的大型石油化工项目，使海上原油通过深加工获得高增值，壮大海洋石油企业的经济实力。

【海洋石油与天然气资源勘探与开发概况】 从1986年起，世界油价市场处在低于每桶20美元的低油价环境中，中国海洋油气的勘探和开发，正是在这种环境中继续不断地发展。

由于中国海洋石油总公司在对外合作中不断调整政策，增强对外吸引能力，到1989年底，累计已与12个国家45家石油公司签订了54个合同和协议(目前已终止24个)，利用外资26.5亿美元。同时，中国海洋石油总公司自筹资金，在辽东湾、渤海、东海及北部湾海域进行了自营勘探。到1989年底，中国已在渤海、南黄海、东海、珠江口、琼东南、莺歌海及北部湾海域60万 km^2 的范围内，完成区域地球物理普查工作，钻井进尺109.7万m，钻探含油气构造70多个，找到石油地质储量8.5亿t，天然气储量1 400亿 m^3；其中正在开发的油田有4个，1989年产油95万t，海上产油累计341.35万t。

海洋油气开发工作，1986年以前主要搞勘探，1987年开始勘探与开发并举，1989年已进入勘探开发和生产并进，上、下游工业一体化发展阶段。

通过勘探工作，证实中国近海各沉积盆地石油地质条件很好，油气资源十分丰富。在海上已发现了一批油气田，并预测珠江口盆地的中央隆起带及其周围、辽东湾及东海陆架盆地具备形成大油气区的地质条件，莺歌海盆地—琼东南盆地—珠江口盆地珠三凹陷，具有形成大气区的地质条件。

与此同时，形成了一支初具规模、技术配套的海洋石油勘探开发队伍，建起了石油基地。目前，中国海洋石油总公司从事海洋石油的职工有3万人，4个地区石油公司(渤海石油公司、东海石油公司、南海东部石油公司和南海西部石油公司)、5个专业公司(海洋石油开发工程设计公司、海洋石油勘探开发研究中心、海洋石油测井公司、海洋天然气利用公司和海南石油天然气公司)，几十艘钻井船、工作船和地震船，建成了塘沽、湛江、赤湾石油基地。

通过海洋石油对外合作，消化吸收国外先进技术，发展了中国海洋石油技术。目前，中国海洋石油总公司已能承包海上工作量的50%以上，为其更新设备和发展自营勘探提供了基础。

【渤海海域油气勘探开发】 本海域为中国海上油气勘探老区。1986～1989年，由于合作勘探少，中国海洋石油总公司自筹资金，在辽东湾开展自营油气勘探开发工作。在辽西低凸起中段找到石油地质储量超过1亿t的SZ36—1大油田；在辽西凹陷北端找到了由JZ9—2、9—3、14—2、16—1含油气构造组成的复式油气带；在辽中凹陷南端找到了LD16—3含油构造。渤中地区主要开展油气开发建设和投产工作。目前海上原油产量的2/3以上为渤海生产，渤海海域是当前开发工程建设和原油生产的主要海区。

【SZ36—1大油田】 SZ36—1构造位于辽西低凸起中段，是一个紧临生产凹陷的有利古潜山构造。1986年5月，该构造北高点第一口预探井SZ36—1—1井开钻，于古生界灰岩风化壳中，获日产173 m^3 原油，揭示了潜山风化壳的含油潜力。同时在其上的东营组地层也获19.69万 m^3 天然气的测试结果。

经认真研究，1987年4月在构造南高点上钻井，东营组油层最大厚度达163m，测试折算日产原油200t。随后又在该井的北、东、南方向上钻了5口评价井和1口探井，综合地震精查和钻井资料发现油层分布范围和厚度都很大，初步估算含油面积几十平方千米、地质储量1亿多吨。1988年在进行开发可行性研究的同时，于潜山西侧断层下降盘的滚动构造上，开钻一口井，电测解释东营组有油层15层40.6m，开辟了找油新领域。

经过详细的地质及油藏工程研究，截止1988年底，SZ36—1油田计算探明储量1.5亿t以上。油田面积大、油稠，为全面有效开发该油田，决定先开辟生产试验区进行试生产。

1989年5月，能源部审查批准了SZ36—1生产试验区整体开发方案。

【09复式油气聚集带】 JZ9—3构造位于辽西凹陷北端一断裂构造带上，为扩大JZ20—2油气范围，1988年8月1号井开钻，东营组解释油层7层17.4m，试油折算日产184 m^3 原油、6 199 m^3 天然气，证实了东营组为主要产油层。随后在其周围钻了4口评价井，也都见到油气显示。

1989年5月，在与JZ9—3构造一条断层相隔的JZ9—2构造上钻探，在东营组发现3层厚度达20m油层，试油获日产原油396.8 m^3，天然气475 657 m^3，扩大了油田北部、西部含油范围。

如果考虑到油田南端JZ14－2构造，则组成09构造带上的5个构造中，除JZ15－1、15－2未钻探外，其余3个构造均已见到不同层系的油气层，这5个构造圈闭面积近20万km^2，可能构成一个不同含油层系的复式油气聚集带。

【JZ20－2**凝析气田开发**】 该凝析气田是1984年自营钻探JZ20－2－1井时发现的，1986年以前已钻探了中高点和南高点。1986年6月，在北高点钻探5号井时，于沙河街组地层中获日产凝析油166m^3，天然气74万m^3。此时3个高点的总圈闭面积达32.6km^2。

1987年所钻的两口评价井见油后，完成了开发概念设计。同年全国矿产储量委员会审查了气田储量。1988年4月，在JZ20－2构造北二高点上开钻13号井，于沙河街组7层18.7m高压油气层因井喷事故未测试，但该井已将JZ20－2构造的含油范围向北延伸。1988年11月，JZ20－2凝析气田总体开发方案通过审查。预计该凝析气田1992年末投产，年产气量5亿m^3，稳产20年。

【JZ16－1－1**井见油**，09～20**带联合开发**】 JZ16－1构造位于JZ9－3与JZ20－2油气田之间，1989年7月预探井开钻，于沙一段获日产原油78.94m^3、天然气29 734m^3。这样将JZ20－2、9－2、9－3三个油气田和JZ14－2含油构造结合，将成为一个具有一定规模的联合含油气田开发区。

【LD16—3**构造见油**】 位于辽中凹陷南段、靠近渤中凹陷的LD16—3构造，1989年8月开钻了一口预探井，于东营组测试日产原油33.34m^3，原油比重0.854。这一发现证实辽中凹陷南段具有良好的生油条件。只要找到有利圈闭和良好储层，可望有新的发现。

（赖万忠）

【**埕北油田**】 埕北油田位于埕子口凸起北边埕北低凸起西北端，是渤海石油公司1972年发现的，1977年投入试采，1981年签订中日合作开采合同。1985年9月有26口开发井的B平台正式投入生产。1986年A平台建设完成并于1987年1月陆续投产，同年6月渤海石油公司正式接替了日本埕北开发株式会社的操作管理权，油田全面投入生产。

1988年由于采取了下泵抽油等措施，全油田平均单井日产量上升，采油速度从1987年的1.64％提高到1.89％。1989年，为保证油田有较长时期的稳产期，采取了相应的开采方针。目前，水驱动用储量明显增加，全油田含水上升减慢。1989年产油40.855万t，为海上油田首位。

【BZ28－1**油田投产**】 BZ28－1构造位于渤中凹陷南部，1980年发现。第一口探井BZ28－1－1于寒武系碳酸盐岩地层获日产110.5t原油、22 430m^3天然气的油气流。1981～1985年，在构造上先后完钻7口评探井和2 300km的地震工作。1985年7月中日双方达成开发BZ28－1构造的协议，后因国际油价暴跌，双方多次修整方案。1989年5月油田正式投产，油田分南、北两个采油井口平台，各4口生产井，当年产油16.97万t。

【BZ34－2/4**东油田投产**】 1983年，在渤南日中合作区中，日中石油开发株式会社于BZ34构造群的主体——BZ34－2构造上完钻1号井，在于沙河街组获日产266.1t石油和2 839.1m^3天然气，发现了BZ34－2油田。到1986年8月，BZ34－7－1井见油后，这个构造带上的1～7号构造均见到了油气，形成一个含油气构造带。该带共有沙三段、东上段、东下段和馆陶组4套含油层，为一复式油气聚集带。

1987年11月，石油部批准了BZ34—2/4东油田整体开发方案，预计1990年第二季度开始商业性生产。

【**南黄海海域油气勘探开发**】 1979年以前，该海域由原地质部系统钻探井7口，均未见到油气流和显示。1979年以后，开展了对外合作的物探协议和合作勘探，其间共钻井9口，也未见到具商业性的油气流。

在对外合作的一、二轮招标中，该海域共中标5个区块，其中一轮中标3块，二轮中标2块。到1989年底，一轮中标的3块合同已终止。

通过合作阶段的工作，除加深了对本区石油地质条件、特点的认识外，尚在南四凹陷的常6—1构造钻井试油中，见到了低产油流，证实了含油层系；北凹诸城1－2构造钻井中，也揭示了泰州组生油层，并作了全区石油资源量测算。

【**泰州组生油层**】 1986年6月，在北凹诸城1－2构造上开钻1号井，于3 343～3 423m（井底深度）揭示了泰州组地层为一套80m厚的深灰色泥岩。该井在3 417～3 423m取芯，于深灰色泥岩裂缝及层面上见到油迹与萤光显示。萤光显示井段长度4.45m，其中0.5m见到油迹和原油浸染现象，证实泰州组为一良好生油层。

【**初步搞清南凹与陆上苏北油田的关系**】 为了解苏

北油田与南黄海盆地南凹海陆连接区的构造关系，1989年，南黄海石油公司投资在南部海陆部分完成1∶5万高精度航磁测量。通过资料解释，明确了海区是位于苏北盐城凹陷、白驹凹陷向东侧浅海区延展部位，除裕华凸起缺失下第三系沉积外，大多数凹陷是相通的，且处在各凹陷交汇处的地区，对油气聚集有利。区内虽可能有中生代浦口组的沉积，但火成岩的影响很小。如果潜山顶部由灰岩组成，则对于寻找潜山的含油气构造十分重要。

【东海海域油气勘探开发】 东海海域面积约77万km^2，其中大陆架面积约50万km^2。海域中的东海陆架盆地面积25万km^2，是中国最大的沉积盆地之一。目前油气勘探开发的工作范围为盆地主体，面积20万km^2。

东海盆地由7个凹陷及5个隆起组成，盆地东部最大沉积厚度超过12 000m，以陆相沉积为主；盆地西南部以海相、海陆过渡相、陆相沉积为主，厚度超过8 000m。

该海域至今仍为自营海区。1980年以前，地矿部、石油部、国家海洋局、中科院海洋所等单位进行了多种地球物理勘探工作。1980年12月地矿部开钻第一口探井——龙井1号。1984年进行了早期油气资源评价。至1989年底，共完钻18口井，其中地矿部15口，石油系统2口，地矿部与南黄海石油公司合资钻井1口。这些井中，有10口井见到不同程度油气，证实了4套产油气层系：上第三系下中新统龙井组和玉泉组、下第三系渐新统花港组、上始新统平湖组和下古新统石门潭组。

与此同时，台湾省、日本和南朝鲜也在东海盆地进行过勘探工作，虽有几口井见到油气层和油气显示，但未获理想的油气流。

根据这些资料，通过盆地模拟资源量计算，盆地生油量约近2 000亿t，天然气约为20万亿m^3。

（赖万忠）

表1　中国东海钻井油气成果表

井　名	井　位	完钻时间	井　深(m)	终孔地层	测试成果	作业单位
龙井一井	N30°10′03″ E126°05′08″	81.2.12	3 570	下第三系	气显示	SBMGS
龙井二井	N29°53′46″ E125°56′15″	82.7.25	4 228	下第三系	气显示	SBMGS
东海一井	N30°01′13″ E126°02′39″		4 200	下第三系	气显示	CNOOC
平湖一井	N29°04′08″ E124°55′13″	83.4.10	4 651	下第三系	工业油气流	SBMGS
玉泉一井	N29°12′11″ E125°28′30″	85.3.10	3 903	下第三系	工业油气流	SBMGS
平湖二井	N29°08′14″ E124°55′57″	86.4.20	4 105	火山岩	工业油气流	SBMGS
灵峰一井	N27°02′42″ E121°58′24″	85.3.21	2 808	片麻岩	油显示	SBMGS
天外天一井	N2832′06″ E125°00′17″	86.5.10	5 000.3	下第三系	工业油气流	SBMGS
平湖三井	N29°03′59″ E124°53′42″	87.2.22	3 705	火山岩	工业油气流	SBMGS
孤山一井	N28°45′53″ E124°55′57″	87.2.7	3 861	下第三系	油显示	SBMGS
平西一井	N29°12′19″ E124°56′20″	88.2.7	3 204	火山岩		SBMGS
石门谭一井	N26°56′20″ E121°44′57″	87.7.8	3 853.2	花岗闪长岩	二氧化碳气流	SBMGS
美人峰一井	N31°39′11″ E124°35′35″	88.6.23	3 906	下第三系		SBMGS

续表 1

井　名	井　位	完钻时间	井　深(m)	终孔地层	测试成果	作业单位
明月峰一井	N27°27′54″ E122°15′50″	88.2.18	2 983	花岗岩		SBMGS
温州 6-1-1	N27°55′28″ E122°53′42″		3 571	花岗片麻岩		CNOOC
平湖四井	N29°04′22″ E124°54′49″	88.12.8	3 750	下第三系	工业油气流	SBMGS
宝云亭一井	N29°19′17″ E125°03′35″	89.6.10	4 126	下第三系	工业油气流	SBMGS
残云一井	N28°42′47″ E125°06′30″	89.6.15	3 651	下第三系	工业油气流	SBMGS,CNOOC
秋月一井				下第三系	油气显示	SBMGS

注:SBMGS,上海海洋地质调查局

CNOOC,中国海洋石油总公司

（杨启伦）

【黄岩 7－1－1 井获工业油气流】 黄岩 7－1 构造位于东海陆架盆地西湖凹陷中南部，为南部地区第二个大而完整的背斜构造，T_2^1 层圈闭面积 238km^2，由南、北两个高点组成。黄岩 7－1－1 井于 1989 年 4 月开钻，井位在南高点高部位上，为地矿部与海洋石油总公司联合钻探的一口探井。该井在钻探中，从 1 954m 中新统起，至完钻井深 3 651m 止，油气显示不断。试油射开 3 层 28.5m 油气层，合计日产凝析油 132.5m^3，天然气 88.5 万 m^3。继平湖组构造之后，再次证明东海盆地南部的含油气远景。

【台湾海峡西部地质普查勘探】 在台湾海峡西部进行的直接与油气勘探有关的工作始于 80 年代。1987 年 7～8 月，中科院南海海洋研究所和福建省海洋研究所合作，完成 1 134km 包括地震、重力、磁力在内的地球物理综合概查测线。其后，地矿部第二海洋地质大队又作过 5 条平行于海峡的地震剖面。根据这些资料和前人成果，在北界观音隆起和南界澎湖隆起之间的台西盆地内，划分出新竹、乌丘屿、厦澎 3 个凹陷和 1 个澎北凸起。

1989 年 6 月，南黄海石油公司在台西盆地西南部的厦澎凹陷内作了综合地球物理普查测线。从资料解释看，厦澎凹陷面积 6 000km^2，是一个轴向为北东向的断凹型新生代凹陷。凹陷内主要发育了一套夹薄层砂岩的 E_2-E_1 的厚层海相灰岩及 N_1-Q 以砂岩为主的浅海—滨海相砂泥岩层；下第三系沉积厚度最大可达 6 000～7 000m，上第三系沉积厚度 2 000m。构造格局以块断活动为主，形成了一系列的北东东向的反向正断层，由此产生了不少的以正断层遮挡的断块油气圈闭。在厦澎凹陷东侧的新竹凹陷海域内，台湾“中油公司”已经发现了长康(CBK)、长胜(CBS)、长隆(CBL)、长安(CBA)4 个油气田和 CDA、THS、CDW、CFC4 个含油气构造，这对其西侧的厦澎凹陷油气勘探工作将起到借鉴作用。

【南海北部海域油气勘探开发】 南海北部海域指东起台湾岛之南、西到海南岛之西的南海北部大陆架，其上分布着珠江口盆地、琼东南盆地和北部湾盆地。

1979 年对外合作以前，该海域只钻井 21 口(珠江口盆地 6 口、莺歌海盆地 5 口、琼东南盆地 2 口、北部湾盆地 8 口)；自 1979 年该海域对外合作至 1989 年底，已钻探井 112 口，作地震测线 13 万 km。目前已发现 29 个含油气构造、投产油田 1 个。　（赖万忠）

【珠江口盆地油气勘探】 珠江口盆地位于广东大陆以南、海南岛与台湾岛之间的大陆架与陆坡区之间，海域面积 28.3 万 km^2，盆地面积 17.5 万 km^2。盆地沉积以新生代为主，厚度大于 10 000m。盆地由北部断阶、二坳—隆起带组成，即北部凹陷带(珠三、珠一凹陷)、中部隆起带、南部凹陷带。

1971 年地质部开始对盆地进行地球物理综合勘探。1974 年地质部开始钻探第一口探井——珠 1 号井，到 1979 年对外合作前共钻井 6 口，其中珠 5 号井见油气流、珠 2、4、7 号井见油气显示。

1979 年该海域开始对外合作，全面开展地球物理工作。到 1989 年底，共进行了三轮招标，盆地共招出 22 个区块、3 个附加区和 4 个物探协议区。对外合作以来，共完成地震测线 6 万多千米，钻井 90 口，钻探构造

59个。目前已发现地质储量超过2亿t的LH11—1油田和砂岩单井日产最高的HZ26－1油田(单井日产4 228m³);有2个油田正进行开发建设,5个油气田正进行开发评价。这是中国目前对外合作量最大的海区。

(赖万忠)

【惠州凹陷南缘是一个有利油气聚集带】 1986年1月开钻的HZ27－1－1井位于惠州凹陷南缘大断裂下降盘一侧,在珠海—珠江组获日产油546.5m³;在HZ27－1构造钻探之前,其西侧的XJ24－3、24－1构造已经见油,证实惠州凹陷南缘为一有利的油气聚集带。

【陆丰凹陷南侧见油】 1986年2月LF15－1－1井开钻,该构造位于东沙隆起北缘,珠江组试油折算日产294t。同年4月,在其东的LF22－1－1井开钻,相同层位钻遇油层3层6.2m。这两口井见油,将惠州凹陷的含油范围向东扩展了一步。

【东沙隆起上发现LH11－1大油田】 LH11－1构造位于东沙隆起顶部,该构造为一个生物礁、滩岩体,分东、西、南三个高点。

1987年1月,位于西高点的LH11－1－1A井开钻,于珠江组发现一套厚达75m的礁灰岩油层,平均孔降度23.66%。经测试日产油300t。同年4月,东高点钻2号井,获日产油21.2m²;同年5月,LH4－1－1井开钻,获日产油286.2m³,同年6月,LH11－1－3井开钻,获日产油57.7m³。据初步估算,地质储量为2.4亿t,这是中国南海发现的第一个大油田。

LH11－1构造的见油,在地质上证实了3点应注意的地方:1.礁体油气聚集规模巨大;2.礁灰岩孔降度极高。3.油气迁移距离可达40km以上。据初步统计,东沙隆起上尚有51个大小不等的礁体,其勘探领域很广。

【文昌9—2构造见油气】 1988年1月,文昌9－2－1井开钻,钻探见油气层37层187.8m,获日产气71.9万m³,凝析油237.8m³。这是继其西南侧文昌19－1构造见油后,在珠三凹陷的又一重大发现,证实了文昌A凹陷是珠三凹陷的主要生油凹陷。)

【惠州26－1构造见高产油流】 惠州26－1－1井位于东沙隆起西端北缘,为地震变速处理后发现的构造,电测解释油层68.3m,合计日产油4 200m³,是目前海域砂岩油藏的最高日产量。

【LH11－1油田钻成功水平井】 1989年5月,LH11－1构造上钻成一口水平井,该井有699m的水平井段,电泵试采累计开泵100多天,产油90多万桶,关井时含水仅26%,平均日产油1 000多立方米。

同时该构造上的其它2口井也进行了试采。平均日产油分别为400多立方米和1 000多立方米

(赖万忠)

【琼东南盆地油气勘探】 琼东南盆地位于海南岛之南,海域面积6万km²,盆地面积4.5万km²。1979年对外合作前仅钻井两口,莺9号井于渐新统地层获原油37.64m³/d。从1979年对外合作到1989年12月,共钻井14口,发现了崖13—1大气田、松涛32—2含油构造、崖14—1含油层构造和崖19—1含气层构造。

1983年4月,于崖南凹陷西侧断裂附近的崖13－1构造上,钻探崖13－1－1井,于陵水组试油获日产天然气62.75万m³的高产;1984年4月,崖13－1－2试油获日产天然气70.83万m³的高产;为进一步落实储量,1986年2月开钻钻评价井3号和4号,分别获日产天然气46.71万m³和118.95万m³;值得注意的是4号井于陵水组之上的三亚组砂层中发现含油层,试油获日产126万m³的天然气高产。初步认为气藏类型为背斜控制的构造气藏。该气田预计1993年投产。

【莺歌海盆油气勘探】 该盆地位于海南岛西南,呈北西—南东向延伸,其西北可能延伸到河内坳陷。盆地面积5万km²,目前研究区仅限于东侧2万km²范围。1979年对外合作前钻井5口,均未见工业油气流,1979年对外合作至今,共钻井2口,揭示了砂地质问题,增加了地球物理勘探程度。

【北部湾盆地油气勘探】 北部湾盆地位于海南岛北侧的北部湾内,海域面积3.8万km²,为一中新生代断陷盆地。1979年对外合作前,地质部和石油部在该海域作了地震工作,并钻井8口,其中6口井见油气流,一口井见油气显示。1979年合作至今,共钻井25口。目前全盆地钻探构造25个,已证实4个油田,含油气构造4个,涠10—3油田已生产3a。

通过钻探,证实了下第三系流沙港组为主要生油层,上第三系涠州组砂岩、流沙港组陆相砂岩和石炭系潜山灰岩为储层。生储盖组有下生上储、自生自储、新生古储等。对涠西南、海中、乌石、迈阵和海头北5个凹陷进行资源量计算,生油量近300亿t。

(赖万忠)

【涠10—3油田已投人整体开发】 涠10—3油田处

于涠西南凹陷西北侧二台阶上，为1978年经地震工作发现的构造。1982年10月，第一口探井涠10－3－1井开钻，到1983年9月共钻探井4口，均在流沙港组三段获单井日产300～400t的高产油气流。1984年，中、法双方经可行性研究后，针对断层多、构造复杂的特点，将油田开发分二步进行，即先进行评价性试生产2a，如顺利则进入全面总体开发。

1985年，按评价性试生产方案在油田进行三维地震测试，并钻生产井4口，试实了涠10—3油田是一个高产油气田。1986年8月正式投入生产，到年底生产145d，累计产油15.5万t，采出程度1.75%。

1989年全油田有注水井2口，采油井9口，年产油量20.2万t。累计采油量99.4万t，采出程度达11.24%。

【涠6－1构造发现高产油气流】 涠6－1构造位于涠西南凹陷北侧一台阶上，1987年5月，第一口探井涠6－1－1井开钻。在下第三系流沙港组砂岩和古潜山石炭系灰岩中，共有122m油气层。经两层测试日产天然气94.4万m^3，凝析油150t，原油195t。

本井开辟了北部湾海域古潜山找油找气的新领域，为下步勘探指明了方向。

【涠11—4油田进人开发建设】 该构造位于涠西南凹陷南侧。1985年与意大利一公司进行了开发可行性研究。为搞清油层物性及落实储量参数，1987年开钻一口评价井，发现两套可自喷的新油层，于是进入了开发概念设计阶段。1988年3月另一口评价井完钻，重新计算了储量。1989年能源部批准整体开发方案。目前已进行开发建设。

【涠11－4北构造发现油气流】 1988年，于涠11－4北构造钻探井3口，除流三段见油气外，尚在涠州组获日产油489m^3。这一发现为北部湾油气勘探增加了一个新领域，即在涠西南凹陷不仅要重视流沙港组的油气，也应重视涠州组的油气。

1989年钻评价井一口，现正进行油田评价工作。

（赖万忠）

【涠10－3北构造发现高产油气流】 该构造位于涠10－3油田北侧断层上升盘。1989年9月，第一口探井开钻，钻井中油气显示多处。经测试，石炭系灰岩日产原油824m^3、天然气21 995m^3，其上之长流组砂岩有油层，折算日产原油65.6m^3。

随后在其东钻评价井，钻井过程中长流组见萤光、油斑砂岩，石炭系古潜山于井深1 820.4m发生大漏和放空现象。由于该井漏失严重，只进不出，被迫停止试油和钻井。

这两口井除证实石炭系古潜山不仅含油而且具有高产条件外，又发现了一套新的长流组含油层系。连同涠6—1构造，这一带的潜山可能构成一油气富集区。

（赖万忠）

【海洋石油科技水平】 中国海洋石油总公司利用与外国石油公司合作勘探开发海上石油的条件.引进、消化、吸收国际先进技术和管理经验，促进海洋石油科技进步。几年来，几个主要领域的技术已处在国内领先地位，部分技术已达到或接近国际先进水平。

海洋石油已有一支完整的地质勘探开发、工程设计、钻井、测井、作业、海上施工、承包服务等现代化水平的技术队伍和相应的设备。有一支经过专业培训的技术骨干，目前全公司已有2 000多人拥有各种国际操作合格证书，可以为外国公司承包服务。

中国自营勘探了辽东湾海上石油，目前正准备投入开发；已接替了法国道达尔石油公司开发的北部湾涠10—3油田的操作。

【海洋石油科技队伍和科研成果】 中国海洋石油总公司目前拥有3万多职工，有技术人员1万余人，其中高级技术人员1千余人。总公司下属的海洋石油勘探开发研究中心，从事海洋石油勘探开发新理论、新技术、新方法和中长期勘探目标的研究；海洋石油开发工程设计公司，从事海洋石油开发工程的研究，承担海洋石油开发工程的可行性研究、总体设计和基本设计；各地区公司和专业公司，从事有关的专业和生产性研究。几年来，总公司直接投入科研经费1千多万元，国家经委和科委支持的经费共1千多万元；完成科技项目500余项，其中14项获得国家科技进步奖，138项获得海洋石油总公司科技进步奖。

（王淑芳）

【海洋石油地球物理勘探概况】 中国海洋石油物探工作始于1962年在海南岛岛南浅水地带进行的地震勘探。从60年代中期起，先后在渤海、北部湾、珠江口和东海开展了大量的海上石油物探工作。1979年对外合作后，海洋石油物探的技术装备和人员技术水平得到迅速提高，现已达到国际先进水平。

海洋石油物探采用的方法有航空磁力、船上重力和磁力、海底重力、航空和海上化探、海上地震（包括浅海和极浅海）等，其中以地震勘探为主。与陆上相比，海上地震勘探具有施工效率高、成本低、资料质量好的优点。海上探井成本昂贵，因此在海上油气勘探开发中，地震勘探起着极为重要的作用。目前中国正从构造

勘探向地层(岩性)勘探方向发展,并且大量使用三维地震勘探技术。 (赵亚明)

【海上地震资料采集和处理技术】 近年来,对"滨海511"地震船进行了更新改造,装备了一套计算机控制系统,能进行较高质量的海上数字地震和三维地震资料采集、时实处理和预处理。引进了三维解释站,加速了三维地震资料处理速度,提高了处理质量。有了极浅海遥测地震采集的设备和技术。海上地震采集技术在国际竞争中有明显优势,已在合作开发区承包了外国公司的海上地震资料采集工作;在自营勘探区,获得大量高质量资料。

引进和开发了地震资料特殊处理软件,提高了处理水平。引进了DISCO处理软件,进行振幅补偿、速度分析、选后滤波、选后预测反褶积等多项处理技术。引进了SIDIS系统,提高了复杂断裂带和局部构造解释精度;应用振幅信息研究气层;开发了储层地震软件包。广泛应用计算机绘图系统;解释工作站已投入使用,提高了解释工作效率和质量。

综合导航系统 采用以无线导航为主的、结合卫星导航、多卜勒声呐等导航设备组成的综合导航系统。所使用的无线电导航系统有MAXIRAN、ARGO、SYLEDIS、PLUSE-8、TRISPONDER等。在三维地震勘探中,还在等浮电缆中安装数字罗经,以确定每一个检波器的精确位置。综合导航系统用计算机实时地对导航数据进行处理、显示及记录,给出每个海上采集点的精确坐标。

空气枪震源 空气枪震源特点是高容量、高气压、面积组合及精确的时间控制。用计算机控制每一气枪的激发时间,去除气泡影响,以达到所需的震源波形,同时还可对每炮的实际气枪容量、自动激发、不激发的气枪进行自动记录。

数字地震仪 一般采用120道或240道DFS-V型和TITAN1000型数字地震仪。其特点是记录频谱宽、动态范围大、灵敏度高。采样率一般用1ms或2ms。

等浮检波拖缆 常用120道或240道等浮检波拖缆。拖缆总长3 000m,其上装有一组定深器以保证工作时所有检波器都处于水面下同一深度。另外还配备有三维采集质量实时控制系统。

上述海上地震勘探设备,都装在可进行远洋作业的地震船上。

另外,为解决浅海地震勘探及海陆过渡带的勘探问题,中国还建立了一支浅海及海陆两栖地震队伍,配备DIGSEIS无线电遥测地震仪和海陆两用车、"泥里爬"等运载设备,用短程高精度的TRISPONDER导航设备定位。 (赵亚明 王淑芳)

【配制计算中心进行资料处理】 现在,在海洋石油研究部门和各主要海域都设有计算中心用于地震资料处理,通过引进消化,处理水平已达到80年代末期的国际先进水平,表现为:

1. 能对各种不同采集系统的野外磁带进行输入格式转换;

2. 能对各种导航系统的导航磁带进行预处理,以满足不同处理系统的输入需要;

3. 具有较全面的精细处理及特殊处理能力,能根据具体地质任务进行目标处理,以解决特定的地质问题。其主要功能有:保持振幅处理、预波处理、密点速度分析、波阻抗剖面处理、高分辨率处理、去噪处理、两步法反褶积、多项式拟合处理、AVO处理、迭前偏移、DMO处理、VSP处理和压制多次波处理等。

4. 具有较先进的三维处理能力:能进行全方位的三维处理、进行精确的面元中心迭加、对面元的各道进行检距均化、能对速度数据进行人机联作处理及进行高速的一步法偏移。

【计算机解释与绘图】 进入80年代后,海洋地震资料解释,已从过去的手工解释及作图迅速过渡到用计算机进行解释的阶段。目前海上采用的计算机解释及绘图系统有DISCORERY二维作图及解释系统和IES、SIDLS、INTERPRET等三维解释站。其主要功能有:二维解释剖面的数字化采集并自动绘制各种成果软件、测井成果的人机联体编辑与处理、;较完善的模拟反演系统(以射线模型为主)、能在解释站上进行若干人机联作处理、层位的自动对比功能、水平切片与垂直剖面的联合显示与解释、顺层切片的显示功能、剖面与水平切片的快速连续显示等。

随着科技水平的迅速发展,海上地震资料解释的重点,已从构造解释转向为岩性解释。人机联作解释工作站已成为三维资料解释中的必不可少的关键。

(赵亚明)

【海上钻井技术】 目前,中国掌握了80年代国际水平的海上钻井技术,包括优选钻井参数、地层压力预测监视、平衡压力钻井技术、海上丛式井、定向井的二维、三维井眼轨迹设计和钻井作业。引进了测斜仪和定向井专用工具。引进了顶部驱动钻井装置,提高了钻井速度。引进了综合录井仪,开发了中英文综合录井联机脱机系统软件,实现了钻井地质综合录井现代化、自动化。

1980年,渤海石油公司与日中石油开发株式会社联合开发埕北油田,在构造的东西两侧,建造了A、B两座相距1.5km的钢质固定式钻井平台。渤海石油公司引进世界先进的定向井、丛式井钻井工艺技术，采用计算机进行井眼轨迹设计，使用新型戴纳、纳维井下动力工具和随钻测量等井迹监测仪器，随时观察井底井迹变化情况，及时调整钻井技术措施。结果比合同期提前 322.8d 完成 56 口井的钻井任务。

【中国深水、大斜度井】 阿莫科东方石油公司在中国南海东部海域的 LH11－1 构造上，钻的 LH11－1－5 井，是中国深水大斜度井。从 1988 年 2 月 24 日开钻，到 3 月 22 日完钻，历时 28d。该井海水深度 310m，测量井深 2 643.8m，垂直井深 1 263.1m，水平位移 1 926.5m，最大井斜 81°。

钻井过程中采用了先进的自动导向钻具结构，井底马达上接有万能井下定向接头和双斜接头，不用改变钻具结构即可对井下的井斜角和方位角进行调整。采用随钻测量(MWD)、电磁多点测斜(EMS)和磁性多点测斜(MMS)，随时测量井斜角和方位角，保证了该井的定向钻进。同时还用 MWD 进行电磁波电阻、电阻和补偿中子孔隙度测井。采用顶部驱动系统、优质泥浆和可转动带扶正器及封隔器的尾管挂结构，提高了钻井时效和固井质量。

【中国深水、水平井】 阿莫科东方石油公司在中国南海东部海域的 LH11－1 构造上，钻成的 LH11－1－6 井，是中国第一口深水、水平井。1988 年 11 月开钻，1988 年 12 月底完钻。该井处海水深度 310m，测量井深 2 159.5m，垂直井深 1 215.7m，井斜 90°，水平井段总长度 699.8m。

这口井是 Odeco 公司用新型半潜式钻井平台钻成的。在碳酸盐岩组目的层，钻 598m。用 7″尾管完井，没有注水泥，在水平井段射孔。

为了最大限度地采油，安装了人工采油完井系统，在生产层上部安装了电潜泵。操作者依靠地面电器设备，监测油井动态，控制泵速。为了连续得到油井的工作资料，使用了两个电传系统。在离工作区域不远的地方，飘浮着一套监测系统，用来收集南中国海的气象资料，如风速、波速和波高等。1988 年 12 月 31 日用盐酸对该井两个井段进行了酸化。从 1989 年 1 月 3 日开始延长钻杆测试(EDST)，并使用了生产处理储油轮和水下软油管等装备。到 1989 年 6 月 10 日试验结束，共历时 155d，纯生产时间 116.5d。

通过 5 个月的试验表明，水平井比直井和大斜度井，可以降低水锥的形成和发展速度，大大地改善了开发效果，提高了采油速度。 (陈朝胤)

【海洋石油环境调查】 近年来，进行了渤海海域水文气象观测、莺歌海海区海况调查、珠江口海况观测、北部湾涠西南海洋环境调查、辽东湾海冰调查、渤海石油开发区和南海石油开发区工程地质调查等，取得了大量实测数据，为海洋石油勘探开发和海洋石油工程设计提供了较可靠的参数。

南海西部石油开发区工程地质调查，较全面地调查了北部湾、莺歌海和珠江口西区的海底地形、地貌特征。做了 7 000km 浅层地震，解释出潜伏在浅地层中的各种灾害地质现象，如古河道、洪冲积层、断层、滑坡等，查明了海底 2～5m 地层沉积物类型、沉积环境和分层，测定了沉积物土质力学性质和沙土抗液化强度等。

在南海、渤海进行了污损生物和平台钢腐蚀调查，取得了海区污损生物种类、数量、生长速度、水平及垂直分布情况和钢平台腐蚀的基本数据，进行了海洋(钢)工程阴极保护的实验与研究。 (王淑芳)

【海洋石油测井新技术研究】 海洋石油测井公司研究所 1985 年 9 月与清华大学联合研制数控测井系统，1986 年 9 月完成概念设计。1987 年该所与四机部雷达局和十五所合作完成数控测井系统地面软件、硬件、补偿中子测井仪、自然 γ 能谱测井仪。预计 1990 年完成现场试验和鉴定工作。数控测井系统的开发研究，使中国的海洋测井技术向国际水平迈进了一大步。

1989 年 11 月该公司与核工业部第三研究院合作建造了自然 γ 能谱刻度井群。该井在结构、层位设置、放射性物质浓度等方面的设计都采用国际原子能机构对该类刻度模型所推荐的技术标准和休斯顿大学有关建井经验与先进数据，科学地采用了防止氡气富集和溢出的最新技术措施，保证该井各项技术指标长期稳定可靠。

1989 年底该公司与江汉测井研究所合作完成国产补偿中子测井仪、微球型聚焦测井仪，与美国德莱赛公司合作进行 CLS－3700 数控测井装备的硬、软件联配研制工作，使国产井下测井仪器以组合化、系列化水平投入现场作业。

现在，中国海洋石油总公司已拥有先进的数控测井设备，从事裸眼井、套管井的全套石油测井、射孔作业、井下爆破解卡、切割钻杆、下桥塞等多项工程作业。拥有高分辨率地层倾角测井仪和重复式电缆地层测试器和垂直地震测井技术和资料处理能力。引进开发了国际先进的处理解释系统，能做砂泥岩、碳酸盐剖面常规处理及复杂岩性剖面、地层倾角、裂缝识别、沉积相、多井分析和声波全波分析等多种处理。另外还研制出数控测井现场解释系统，进行快速处理解释。

(王淑芳 全芸明)

【海洋石油测井公司对外合作】 1980年10月，海洋石油测井公司与美国休斯敦德莱赛阿特拉斯分公司签订了十年合资经营协议，成立了中国石油测井—德莱赛·阿特拉斯合作服务公司。至1985年底共测井69口。1986年拥有设备CLS－3700三套，测井30口，1987年测井8口。1988年拥有CLS－3700四套，测井15口。1989年拥有设备二套，测井6口。1986年至1989年共培训中方操作工程师18人、维修工程师14人。

1984年3月，海洋石油测井公司与法国斯伦贝谢公司签订了“海洋测井合作协议”，至1985年底，海洋石油测井公司为该公司在中国海域83口井的测井作业提供雇员38人，1986年至1989年为该公司在渤海、莺歌海等海域的测井作业提供雇员89人次。

1988年海洋石油测井公司从美国Geosource公司引进1套VSP垂直地震剖面测井设备，1989年完成试生产并投入生产应用。

1988年5月与英国地震测量公司谈判在中国合作筹建VSP联合处理中心，1989年11月VSP联合处理中心正式开始处理资料。VSP联合处理中心填补了中国海洋测井与地震资料长期分散处理解释的空白，使地震、测井的解释成果更加精确。 (金芸明)

【海洋系统试井】 试井是了解地层及油井动态特征的重要手段；它利用一系列流量和压力记录数据了解油井的工作状况、计算地层水动力学参数、预测井的动态。

目前，海洋石油系统已拥有多种井下试井仪器，包括电子、机械压力计，取样器，测试树，DST井下工具等。另外还有一些地面设备，包括计量罐、分离器等；主要仪器如电子压力计精度已达国际水平。在试井资料解释方面，拥有当今世界先进的试井解释软件INT－ERPRET，试井资料的解释已达国际水平。

(刘能强)

【海上定位导航技术】 中国海洋石油总公司引进了马西兰中近程海上定位系统、阿龙DW—54远程海上定位系统和赛里笛斯中程无线电导航定位系统等一批先进设备。在南海设立了14个定位岸台，成立了定位数据处理中心，一批技术人员受到外国公司培训，可进行软件编程、定位数据处理、导航计算、水下定位设计和软件维修等，为海上地震作业、平台移位、现场调查等海上定位提供服务。 (王淑芳)

【中国北部海域无线电定位】 由中国海洋石油总公司和英国雷卡测量公司合资经营的中国渤海雷卡定位测量有限公司，1986～1989年，在渤海、辽东湾(也包括东海海区)为中外石油公司的地震作业、钻井平台移位、井场调查、井场采样等石油作业提供定位测量服务。它采用赛里迪斯高精度无线电定位系统为主要服务手段，在渤海和辽东湾地区形成永久性的两个大台链以满足各种作业的定位需要。

1988年6～9月，为高精度航空地球物理测量提供导航定位服务，渤海雷卡公司成功地首次在中国应用赛里迪斯高精度定位系统在中国北部海区进行1∶60 000大比例尺航空地球物理测量工作的导航定位工作，完成近26 000km测线飞行导航定位，定位精度和导航精度均满足要求。

为解决中国东海远距离的导航定位问题，借鉴英国北海经验，渤海雷卡公司于1988～1989年初，尝试使用启东脉冲8台站、南朝鲜和冲绳的罗兰－C台站构成一个链并加上GPS系统进行定位，GPS主要用于校正上面构成链的脉星系统。精度可达30m左右。

【南海海区无线电定位系统】 由中国海洋石油总公司和英国雷卡测量公司合资经营的中国南海雷卡定位测量有限公司，主要定位设施是以近程高精度无线电定位系统——马西兰和/或赛里迪斯系统、阿果系统为主，加之水下音频系统和卫星定点系统。1986～1989年，为地震作业、钻井平台移位、井场调查等石油作业提供定位服务，累计工作时达1 643d。采用双系统实施定位测量工作，在广大的南海海区，建立了25个左右的较永久性的岸台站满足作业区域定位工作需要，较普遍使用的岸台站有十几个，这不包括在北部湾和海南省西部海区所需定位岸站数量。在南海海区已构成覆盖相当大面积的无线电定位网络。据实践证实，在南海海区主系统阿果系统全天候工作控制范围可达280km，在白天工作可达360km，定位精度5～30m。

【导航浮标定位技术】 1985年4～6月，在南海珠江口海区，与中国合作的美国埃索中国公司开展三维地震勘探测量，采用导航浮标定位技术实现了高精度定位。这是中国海上首次成功运用这项技术，为在较远海区如何实现高精度定位提供了经验。1987年底，在南海海区近400m水深处，南海雷卡公司运用无线电高精度定位系统在较短的时间内完成寻找并捞上意外掉进海底的锚链，为外国阿莫科石油公司挽回巨大经济损失。 (付启岳)

【油藏模拟技术】 近年来，海上相继发现各种类型油气藏。为了油藏早期评价、开发可行性研究以及总体开发方案设计的需要，油藏数值模拟技术已成为油藏工程的重要手段和有力工具。

1987年以来，海洋石油研究中心先后从国内外引进、移植了适应各种类型油气藏的开发软件和工作站系统，这些软件主要有：simbest Ⅱ/simease 2.0，compⅢ，compⅣ，PVT处理器和VF10W等。引进模型已广泛投入工业应用，并取得良好的社会效益和经济效益。三年来已先后完成锦州20－2底油凝析气藏、绥中36－1高粘黑油油藏、崖13－1干气藏、BZ28－1裂缝型挥发油藏以及流花11－1油藏水平井开发数值模拟研究课题，为海上油气田开发决策提供科学依据。同时还承担委内瑞拉C6V/m油藏35年历史拟合和方案预测对外技术合作项目。目前已经形成一支能够自行维护和对外承担技术咨询服务的油藏模拟研究队伍。

（陈朝胤）

【近海油气勘探与开发工程概况】 中国近海油气资源的勘探与开发工程，1979年以前，主要依靠自己的力量在渤海、南黄海和南海等海区做了不少工作，建立了近海工程发展的初步基础。1980年对外合作开发以来，与十几个国家几十家公司合作，做了大量的工作，发现了一批有商业开采价值的油气田。1986年后在继续对外合作开发的同时，加强了自营海区油气田及浅海潮滩地区资源的勘探与开发。到1989年底为止，有16座移动式钻井勘探装置在海上作业，其中1986年以来建成或改装后投产的有6座，另外还有一批近海油气田工程正在进行可行性研究。在此期间，近海工程技术亦有很大发展，其中：近海油气田早期开发工程的设计研究；抗冰平台结构型式的研究；钢筋混凝土平台开发边际小油田的可行性研究；海底输油气管线和海底电缆的设计、铺设研究，水下油罐油水置换工艺的试验研究；浅海及潮滩带油气田勘探与开发工程技术的研究等均获得了良好的成果。（详见表3）

有3座近海油田投产，1989年近海油田原油产量达94.1万t，建成了一批近海工程和设施，还有一些近海油气田工程设施正在加紧建设。 （王惟诚）

【近海钻井勘探装置】 中国曾有自升式、半潜式和坐底式海上钻井装置22座，其中近一半是中国自力更生、依靠本国的技术力量和设备进行设计和建造的。除因各种原因已退役的“勘探1号”、“胜利1号”、“渤海1号”、“渤海2号”、“渤海3号”及“南海3号”外，目前在海上作业的海上钻井装置有16座，其中“渤海8号”和“渤海10号”分别于1986年和1988年经上海船厂由原来仅能打勘探井的单一功能钻井船改装为既能打探井又能打生产井的多功能悬臂式钻井船，定位作业宽度也扩大到12m，并增加了电脑操船装置等设备，性能达到了国际先进水平。这值得提出的是，1986年以来中国浅海及潮滩地区钻井勘探装置有很大发展。1986年天津新港船厂改装由美国进口的胜利4号，1988年青岛北海船厂建造的胜利2号和1988年上海中华船厂与烟台船厂合建的胜利3号相继投入使用，为加速浅海和潮滩油气资源的勘探和开发增添了新的力量。尤其是由胜利油田钻井工艺研究院和上海交通大学设计的“胜利2号”步行式钻井船，能适应极浅海潮滩沼泽区钻井作业，这种型式的浅海钻井装置世界尚无先例。（详见表2） （王全增 王惟诚）

【近海固定式平台】 近海固定式平台是目前海洋开发中采用最广泛的一种结构型式。按支承结构的型式可分为钢导管架桩基平台、钢筋混凝土重力式平台、张力腿平台及拉索塔平台。

中国第一座海上固定式平台为钢导管架桩基平台，1966年12月安装在渤海湾水深6m处。截止1989年底，在中国海域共安装钢导管架桩基平台34座，其中渤海33座，南海1座。目前正在安装、建造的钢导管架桩基平台有10座(详见表4)。

1986年以来中国钢导管架桩基平台的设计和制造施工水平有较大提高。由渤海石油公司完成的渤中28－1、渤中34－2/4和绥中36－1油田的平台设计完全按照国际通用规范和标准进行的。同时，平台安装的水深不断加大，由渤海石油公司为南海西部石油公司制作的钢导管架桩基井口平台，于1986年安装在北部湾水深40m的涠10－3油田；由渤海石油公司赤湾导管架制造厂为南海东部石油公司制作的钢导管架桩基平台计划在1990年上半年安装在南海水深117m的惠州21－1油田，该平台的支承结构为4腿柱12桩，导管架总高度为125m，是中国目前制作的最大深水导管架。

适于南海北部湾40m水深的钢筋混凝土重力式平台已由教育部混凝土平台联合设计组于1985年完成可行性研究概念设计。(详见近海钢筋混凝土多用平台可行性研究条目） （李林普）

【近海油田浮式生产系统】 近年来中国广泛应用了投资省、建造快、机动灵活的由井口平台、单点系泊和生产贮油轮组成的浮式生产系统开发小油田和边际油田，详见表5。 （卢佩琼）

【近海海底电缆工程】 海底电缆除用于国民经济建设、人民生活需要外，还用于国防建设。中国目前最长的“长岛－砣矶”海缆工程，建于1989年11月。这条长21.5km，35kW的海底电力电缆的铺设用了不到两年

表 2　中国海上移动式钻井装置

型式	序号	装置名称	拥有单位	建造厂家	完工年份	最大作业水深(m)	最大钻井深度(m)	备注
座底式	1	胜利 2 号	胜利石油管理局	青岛北海造船厂	1988	0～7	4 500	
	2	胜利 3 号		上海中华烟台造船厂	1988	2～9	6 000	
	3	胜利 4 号		美国迈科德莫特公司	1982	2～4.4	9 044	1986 年由天津新港船厂改造
自升式	4	渤海 4 号	渤海石油公司	日本三菱重工	1977	90	6 096	
	5	渤海 5 号		大连造船厂	1983	40	6 000	
	6	渤海 6 号		新加坡伯利恒船厂	1979	76	6 096	
	7	渤海 7 号		大连造船厂	1983	40	6 000	
	8	渤海 8 号		新加坡马拉松船厂	1980	76	6 096	1986 年由上海船厂改装为悬臂式钻井船
	9	渤海 9 号		大连造船厂	1984	40	—	原设计为钻井船，1984 年改为海上旅馆
	10	渤海 10 号		新加波马拉松船厂	1980	76	6 096	1988 年由上海船厂改装为悬臂式钻井船
	11	南海 1 号	南海西部石油公司	新加坡罗宾船厂	1976	原设计 91.44	6 096	1987 年将桩腿截去 38.5 m，1989 年改为钻井采油平台在涠 10－3 北作业
	12	南海 4 号		日本日立船厂	1980	91.44	6 096	
	13	勘探 2 号	地质部	新加坡罗宾船厂	1977	91.44	6 096	
半潜式	14	南海 2 号	南海西部石油公司	挪威阿克造船厂	1975	304.8	7 620	
	15	南海 5 号		挪威 Frmvaes	1983	457.2	7 620	
	16	勘探 3 号	地质部	上海造船厂	1983	300	5 000	

时间，它使山东省长岛县大部分地区接通了国家电网。正在建设的渤海湾及南海油、气开发工程中的渤中 34－2/4、锦州 20－2、绥中 36－1 和涠 11－4 等油气田工程也将分别用不同长度的海底电缆使附设各平台的用电连为一体，详见近海钻井勘探装置条目一览表。它们的铺设将使中国海底电缆工程技术获得更大发展。

（孙绍述、张日向）

【近海水下井口基盘】 水下井口基盘技术国外近年来已广泛用于近海油气田工程中，采用海底油井采油时作为井口装置；当与井口平台配合使用时作为钻井定位、井口保护、井口回接及安装平台的导向设施。基盘一般分为定距式、组装式和整式体三种。1986 年渤海石油公司首次设计制造了中国两座定距式水下井口基盘，安装在辽东湾锦州 20－2 地区。它由 ALT 套管接头的主筒体箱、形梁构架、追加井口导向筒、附属悬臂结构、定位及水平平衡装置等组成。主要特点是装配有 762mm 快速接头，可直接用于井口架回接。基盘的主要性能如下：　井数　3～4 口；　井径　762mm；井距　2 400mm。

（李林普）

表 3　中国海上油气田工程设施

序号	油(气)田名称	所在海区	开发形式	水深(m)	投产时间(年、月)	近海工程设施(种类、数量)	备注
1	埕北油田	渤海湾	中日合作	15	(B区)1985.10 (A区)1987.1	A、B两区共计：钻井(采油)平台两座，生活平台两座，储油、输油、系船平台各一座，海底输油管线1.6km	已建成投产
2	涠10－3油田(含涠10－3N)	南海北部湾	中法合作	37.5	1986.10	井口平台一座，自升式改装钻井采油平台一座，单点系泊装置一套，17万t储油轮(带处理设备)一艘，海底输油管线3.4km	
3	渤中28－1油田	渤海中部	中日合作	23	1989.5	井口平台两座，单点系泊装置一套，5万吨级储油轮(带处理)一艘，海底输油管线3.4km	
4	渤中34－2/4油田	渤海中部	中日合作	20.5	预计1990.5	井口平台两座，注水平台一座，单点系泊装置一套，5万吨级储油轮(带处理)一艘，海底输油管线4.2km，海底电缆4.2km	正在进行建设
5	惠州21－1油田	南海16/08合同区内	中美意合作	117	预计1990.8	生产平台一座，浮式储油轮一艘，单点系泊装置一套，海底输油管线	
6	惠州26－1油田	南海16/08合同区内	中美意合作	120	预计1991.	与惠州21－1油田相距25km，将与惠州21－1油田联合开发，工程设施类似。	
7	西江24－3油田	南海珠江口	中美合作	99	预计1992	生产平台一座，22.5万t储油轮一艘。	
8	崖13－1气田	南海莺歌海	中美合作	90	预计1993	生产平台一座，海底输气管线100km	
9	锦州20－2凝析油气田	渤海辽东湾	自营	15.5～18.5	预计1992.5	早期开发一期工程水下井口基盘两座，井口平台两座，海底管线60km，海底电缆10km	
10	绥中36－1油田	渤海辽东湾	自营	32	预计1992.12	井口平台三座，生活平台一座，8万吨级储油轮一艘，单点系泊装置一套，海底输油管线6km，海底电缆1.5km	
11	涠11－4油田	南海北部湾	自营	41	预计1992.	生产平台两座，海底输油管线18.7km，输气管线17km，注水管线1.7km，海底电缆1.7km。	

(王全增、王惟诚)

【近海海底管线工程】 海底管线是近海油、气开发工程中的一个重要组成部分。继渤海湾埕北油田1.6km海底集油管线于1985年7月建成投产后，1986年以来，在南海40m水深的涠10－3油田及渤海中部的渤中28－1油田和渤中34－2/4油田又铺设了12.5 km的海底管线；还有一些海底管线工程正在建造铺设或准备铺设(见表6)。这些海底管线工程的建设成功，说明中国在海底管线设计、施工等方面已取得可喜的突破性进展。　(孙绍述　张日向)

【近海钢筋混凝土多用平台可行性研究】 它是国家经委"六五"计划科技攻关项目。由海洋石油开发工程设计公司和大连理工大学、清华大学、天津大学、同济大学、华南理工大学组成的联合设计组1983～1985年作了大量的试验研究和计算工作，经过技术、经济及施工条件等充分论证，提出了独腿圆罐，独腿方罐及五腿四罐等结构方案，完成了概念设计。这是中国首次进行的混凝土平台设计。其主要特点是：建一座平台能完成海上钻井、采油、处理、贮油、系泊油轮、装油等全部作业，简化了海上油田的工程建设规模；节省钢材；维修费用低；抗腐蚀、抗事故性荷载能力强；海上施工作业时间短；适用于中国有冰封的渤海及台风为害的南海等环境恶劣海区常年不停产连续安全生产作业。

（王惟诚）

表 4　近海固定式平台一览表

平台名称	油田名称	平台类型	腿柱数目	桩数	平台用途	安装海域	水深(m)	安装时间	备　注
渤海 1 号	海 1 井构造	导管架桩基平台	4 座导管架	24	钻探井	渤海	6.5	1966.12	1970 年改为采油平台
渤海 2 号	白水头构造	导管架桩基平台	3 座导管架	15	钻探井	渤海	7.3	1967.12	1969 年度被海水推倒
渤海新 2 号	白水头构造	导管架桩基平台	2 座导管架	16	钻探井	渤海	7.3	1970.4	
渤海 3 号	新港构造带	导管架桩基平台	9	12	钻探井	渤海	11.0	1970.11	干井搬迁
渤海 4 号	海 4	导管架桩基平台	24	24	钻探井	渤海	6.0	1971.	1975 年改为采油平台
4 号采油平台	海 4	导管架桩基平台	9	8	住房	渤海	6.0	1975.	
4 号采油平台	海 4	导管架桩基平台	4	4	火炬	渤海	6.0	1975.	
渤海 6 号	埕北	导管架桩基平台	16	16	钻井	渤海	16.0	1975.11	
6 号采油平台	埕北	导管架桩基平台	2×16	2×16	生产、储罐	渤海	16.0	1977.12	
6 号采油平台	埕北	导管架桩基平台	16	16	公用住房	渤海	16.0	1977.12	
渤海 7 号	渤中海 13 井	导管架桩基平台	16	16	钻井	渤海		1975.3	1977 年改为公用住房平台
7 号采油平台	渤中海 13 井	导管架桩基平台	16	16	生产、储罐	渤海		1977.5	
渤海 8 号	渤中	导管架桩基平台	16	16	钻井	渤海		1977.1	1981 年改为生产储罐平台
8 号采油平台	渤中	导管架桩基平台	16	16	公用住房	渤海		1981.10	
9 号采油平台	石臼坨	导管架桩基平台	8	8	生产、储罐	渤海			1975 年设计
9 号采油平台	石臼坨	导管架桩基平台	8	8	公用、住房	渤海			1975 年设计
渤海 10 号	渤中	导管架桩基平台	16	16	钻井	渤海		1977.6	
12 号采油平台	石臼坨 427	导管架桩基平台	8	8	生产	渤海	25	1978.10	
12 号采油平台	石臼砣 427	导管架桩基平台	16	16	储罐	渤海	25	1978.10	
12 号采油平台	石臼砣 427	导管架桩基平台	8	8	公用、住房	渤海	25	1978.10	
A 平台	埕北	导管架桩基平台	16	16	钻井、生产	渤海	15.8	1983.9	

续表 4

平台名称	油田名称	平台类型	腿柱数目	桩数	平台用途	安装海域	水深(m)	安装时间年、月	备　注
A 平台	埕北	导管架桩基平台		24	储油	渤海	15.8	1983.9	
A 平台	埕北	导管架桩基平台		9	公用、住房	渤海	15.8	1985.6	
B 平台	埕北	导管架桩基平台	16	16	钻井、生产	渤海	15.8	1985.6	
B 平台	埕北	导管架桩基平台		24	储油	渤海	15.8	1985.6	
B 平台	埕北	导管架桩基平台		9	公用、住房	渤海	15.8	1983.12	
B 平台	埕北	导管架桩基平台		8	储油	渤海	15.8	1983.12	
B 平台	埕北	导管架桩基平台	2×3	6	靠船	渤海	15.8	1984.7	
涠 10－3 平台	北部湾涠 10－3	导管架桩基平台	4	4	井口平台	南海	37.5	1986.6	
28－1 平台	渤中 28－1	导管架桩基平台	4	4	井口平台	渤海	23.0	1989.9	
28－1 平台	渤中 28－1	导管架桩基平台	4	4	井口平台	渤海	23.0	1988.12	
28－1 平台	渤中 28－1	导管架桩基平台	4	4	系泊平台	渤海	23.0	1987.12	
20－2－1 平台	锦西 20－2	导管架桩基平台	4	4	系泊平台	渤海	15.5～18.5	1988.6	
20－2－3 平台	锦西 20－2	导管架桩基平台	4	4	系泊平台	渤海	15.5～18.5	1987.6	
34－2/4	渤中 34－2/4	导管架桩基平台	4	4	系泊平台	渤海	20.50	1990.1	
34－2/4	渤中 34－2/4	导管架桩基平台	4	4	系泊平台	渤海	19.90	1990.1	
34－2/4	渤中 34－2/4	导管架桩基平台	4	4	注水	渤海	20.50	1989.8	只安装了导管架
34－2/4	渤中 34－2/4	导管架桩基平台	4	4	系泊	渤海	20.50	1990.8	
36－1	绥中 36－1	导管架桩基平台	4	4	井口平台	渤海	32.00	1990.12	
36－1	绥中 36－1	导管架桩基平台	4	4	公用、住房	渤海	29.80	1990.12	
36－1	绥中 36－1	导管架桩基平台	4	4	采气	渤海	32.0		1991 年安装
36－1	绥中 36－1	导管架桩基平台	4	4	井口平台	渤海	32.0	1990.12	
36－1	绥中 36－1	导管架桩基平台	4	4	系泊	渤海	32.0	1990.10	
21－1	惠州 21－1	导管架桩基平台	4	8	生产	南海	117.0	1990.3	只安装了导管架

表5 近海油田浮式生产系统

序　号	油田及生产系统名称	工作水深(m)	开发工程系统	投产时间(年、月)
1	南海涠 10－3 油田开发生产系统	37.5	固定井口平台＋海底管线＋固定塔式单点＋软联结＋17 万吨级生产贮油轮	1986.10
2	渤中 28－1 油田开发生产系统	23.5	固定井口平台＋海底管线＋固定塔式单点＋轭钢臂永久系泊＋5 万吨级生产贮油轮	1989.5
3	渤中 34－2/4 油田开发生产系统	20.5	固定井口平台＋海底管线＋固定塔式单点＋轭钢臂永久系泊＋5 万吨级生产贮油轮	预计 1990.5
4	渤海绥中 36－1 油田一期生产系统	32	固定井口平台＋海底管线＋固定塔式单点＋轭钢臂永久系泊＋8 万吨级生产贮油轮	预计 1992.12
5	南海西江 24－3 油田开限生产系统	99	固定综合生产平台＋海底管线＋单锚腿单点＋可撤离系泊＋17 万吨级贮油轮	预计 1992.3
6	南海惠州 21－1 油田开发生产系统	117	井口平台＋海底管线＋单锚腿单点＋快速撤离系泊＋22.5 万吨级生产贮油轮	预计 1990.8

注：　生产贮油轮系指油田的生产处理设施，发电、污水处理、生活等辅助设施的模块放在贮油轮的甲板上。

表6　近海海底管线工程

序号	工　程　名　称	所在海区	水深(m)	结　构　型　式	长度(km)	投产时间
1	涠 10－3 集油管线	南海北部湾	37.5	双层钢管内管 12.75″×0.562″，套管 16″×0.2811″	1.6	1986 年
2	涠 10－3N 至涠 10－3 输油管线	南海北部湾	39.6	一条 6″海底输油软管	1.8	1989 年
3	渤中 28－1 集油管线(两条)	渤海中部	23	双层钢管	2×1.7＝3.4	1989 年
4	涠 10－3N 注水管线	南海北部湾	40	单层管	1.5	1989 年
5	渤中 34－2/4 集油管线	渤海中部	20.5	双层钢管	4.2	预计 1990 年
6	锦州 20－2 输气管线	渤海辽东湾	15.5	单层钢管	48.57	预计 1994 年

【近海水下油罐高凝原油油水置换工艺研究】 水下贮油罐的油水置换工艺技术国外 60 年代已成功地应用，但高凝原油采用这种置换工艺尚无先 例。1984 年国家经委将此课题列为中国“六五”计划中开发海上油田的科技攻关项目，由大连理工大学承担了该课题的研究工作.重点研究水下油罐传热规律及置换排出海水对海洋污染影响等问题，1986 年取得初步成果并获国家专利[专利号:500]。1987 年南海西部石油公司结合涠 11－4 油田开发工程系统的可行性研究，与大连理工大学合作，用 1∶3 大比例的模型进行了工业性试验研究，表明小型试验研究所得结论是正确的，进一步加深了对中国高凝原油采用油水置换工艺可行性的认识，并为其应用提供了可靠的依据。

（卢佩琼　王惟诚）

【浅海潮滩油气开发工程】 1986 年以来，中国在渤海湾围绕胜利油田、大港油田和辽东油田沿岸发现了良好的油气前景，浅海和潮滩的开发工程得到了进一步发展。

1.海堤：1986 年以来，以上这些油田在沿岸已修建了大量突堤和围堤工程，仅胜利油田就修建了 23.75km 围堤和顺岸堤，圈闭面积 88.31km²，其中含油面积 67.3km²，石油地质储量 2.5 亿 t，年望产油 542 万 t，经济效益和社会效益十分显著。海堤的软基表层处理在吸取江苏、浙江一带滩涂围垦工程经验的基础上广泛采用了土工编织布，并采用无纺织物与杂木杆、竹条、红柳等作筋材，构筑临时重型车辆道路，获得成功。海堤的防护结构也做了不少新的尝试，如浆砌蘑菇石、栅拦板以及现场灌筑锦纶膜袋混凝土面层等；护面与堤身间的反滤层也改为采用无纺织物。这些新的防护结构的实际效果尚在观察之中。在近岸 0m～0.5m

高程范围内，为修建突堤而构筑围堰十分困难，拟建的胜利油田埕岛油田人工岛的引堤考虑了采用土工编织布土笼围堰，围堰亦为堤身的一部分，从岸向海推进施工。

2.人工岛：为了开发浅海和潮滩地区的油气资源，与岸易于联系的人工岛是一种较好的工程选择。1988～1989年，由胜利油田先后组织国内有关大专院校和海洋工程公司，在对莱州湾口的埕岛油田开发工程的预可行性研究中，提出了多种人工岛工程方案，这些方案有：大连理工大学与胜利油田设计院提出的双排管桩方案；天津大学与胜利油田钻井院提出的管柱方案；中船总第九设计院提出的沉井方案；冶金设计院与交通部三航设计院提出的高桩台方案及渤海石油工程设计公司提出的导管架平台方案。这是中国第一次大规模进行人工岛设计研究工作。

3.一种新型的施工、运输工具——气垫平台：浅海潮滩地区工程施工作业和交通运输是一个较难的课题。中船总公司708研究所和杭州东风船厂为解决此难题于1988年为大港油田建造了一座7301自航式气垫平台，载重量达35t，它的主体为钢质浮箱，上层建筑由铝合金制作。平台长19.2m，宽12.2m，高6.9m。底部四周装有高1m的囊指形围裙，气垫压力为500kg/m²。平台四周设置压载调节水舱，可调节平台的航行状态。平台满载排水量为80t，静水时航速5～20km/h，续航时间6h。可在潮滩带0～2m浅水区使用，也可在地表允许承载能力为0.1kg/cm²以下的泥泞沼泽区使用。　（王惟诚　王中正）

【**海洋油气开发船舶**】　由于近海中小型油气的不断发现，数量众多，海上石油、天然气矿藏的早期开采和浮式储动系统的优越性已逐步被人们所认识并推广使用。中国已建成的涠10－3油田和渤中28－1油田都采用浮式生产系统。1989年中国首次建成的52 000t浮式生产储油卸油船已投入使用，它的甲板上布满了提炼原油用的净化处理、油气水分离、动力、介质炉、火灯焰以及尾部外输油系统和首部联接单点系泊用的门形支架等设备和结构，这些设备与油舱都有危险气体逸出，设计有一定难度，它的建成填补了空白。同型船还将用于渤中34－2油田。

挪威在北海使用的运油穿梭船，载重115 000t，装有动力定位系统，能在4～5m浪高、74～93km/h风速下停泊并装载海上开采出来的石油，采用6 600V高压轴带发电机。这是中国至今造过最大吨位的船舶，建造质量获得国外船东的好评。

中国自营的涠11－4油田所用浮式生产系统已经设计完成。开采东海平湖油气田的天然气也将采用浮式生产系统。用早期开采和浮式生产系统来开发海上油田，国外已有比较完整成熟的经验，但将这一技术应用于天然气，国外还没有先例。中国自行研究的压缩天然气海上储运系统已经过中国船舶检验局和美国船舶局的评审，一致认为安全可靠，性能良好，可以作为下一步设计的基础。这一设计的成功，将为中国近海类似天然气田的早期开采创造范例（表7）。（许学彦）

表7　中国近海油气开发浮式生产、储运船舶要素表

船型	总长(m)	两柱间长(m)	型宽(m)	型深(m)	设计吃水(m)	船级	载重吨(t)	航速(kn)	续航力(nmile)	主机	台数	功率	主电站	交船年份	船东	设计单位	其它特点	建造厂
52 000吨级	221.3	210	31	17.6	10.5	ABS	51 200	—	—	—	—	—	燃气输机发电机组2 500kW×2台柴油发电机700kW×1台	1989	中日合营	中国船舶设计研究院	提炼原油加工设备，动力模块管和单点系泊设备	沪东船厂
115000吨载重量穿梭油轮	256	244	46	22.2	15	DNV	118 150	14.5	10 618	B&W 4L70 MCE	2	5 742×2	柴油发电机组1 270kW×1台轴带发电机6 500kW×2台	1987	挪威	挪威、中国联合设计	自动动力定位，6 600V高压电系统，直升机平台，单点系泊装载系统，高度自动化的操船控制室。	大连船厂

【**海洋石油对外合作概况**】　中国近海海域对外合作于1979年正式开始。到1989年底，通过双边谈判、第一轮、第二轮和第三轮正式招标，共签订了8个地球物理勘探协议区合同和54个其它各类合同（包括双边合

同、石油合同、物探协议、预探井合同、化探协议、研究协议等)。8个物探协议区的全部权利和义务于1981年转让给中国海洋石油总公司。54个各类合同、协议中,目前有24个已终止、30个仍正执行。截止1989年底,总计招标面积250 442km²,目前执行面积为122 605km²,退出面积127 837km²。

【5个老双边合同】 对外合作初期阶段,通过双边谈判,在渤海、北部湾和琼东南分别与3个国家的5家石油公司签订了5个石油合同区,合同区总面积54 114km²,到1989年底已退出49 204km²,保留面积4 910km²。目前仍在执行的合同中,渤海渤西南区块,共发现3个油田和9个含油构造。BZ28—1油田于1989年5月投产,BZ34—2/4东油田预计1990年下半年投产,埕北油田B平台1985年9月投产,A平台1987年1月投产。在北部湾东北部,1980年5月与法国道达尔石油公司签订了一个共担风险的勘探开发合同,通过勘探,发现了涠10—3油田和涠12—3含油构造,并证实了涠11—1,11—4和乌石16—1三个含油构造为油田;涠10—3油田已于1986年8月开始评价试生产。另外,在琼东南盆地于1982年9月与美国阿科石油公司签订了阿科石油合同区,面积9 000km²,经过勘探发现了崖13—1大气田。

【地球物理勘探协议区合同】 自1973年3月起,先后在南黄海和南海北部海域与17家外国公司签订了8个地球物理勘探协议区合同,共有13个国家的48家石油公司参与了这些物探协议,中方授权其中9家公司为8个物探协议区的作业者。8个物探协议区总面积423 900km²,共完成地震工作量107 171km。这些工作量的完成,为中国近海海域油气资源评价提供了重要依据,为全面对外合作打下了基础。1981年这些合同的全部权力的义务,先后转让给中国海洋石油总公司。

【一轮招标】 1981年10月9日,原石油工业部向国务院提出"关于海上石油对外合作第一轮招标的请示报告",经国务院审批后,授权中国海洋石油总公司于1982年2月和3月分别发出"中国海洋石油总公司对外合作开采海洋石油资源的招标通知书"和"招标者须知"。1982年9月～1983年11月进行地质初评、外国公司报价书解释及地质详评和各合同区勘探工作量的最后确定等工作,到1983年12月2日,共招出18个区块,第一轮招标基本结束。后来,于1985年12月30日又在珠江口盆地招出29/04区块。合计19个区块,总面积为42 401km²,其中南黄海盆地3个区块,珠江口盆地13个区块,北部湾盆地3个区块,到1989年底已有14个区块合同先后办理了终止手续,有5个区块合同仍在执行,共保留面积8 920km²,合计完成地震工作56 976km,钻探井、评价井84口,在珠江口盆地有6个区块发现了6个油田和7个含油构造。

【二轮招标】 经国务院批示,1984年11月发布"中国海洋石油总公司第二轮招标通告",1986年12月基本结束。共在南黄海南部珠江口盆地招出8个合国区块,总面积44 913km²。到1989年底已有两个区块终止合同,还有6个区块继续执行,保留区块面积20 199km²。8个区块共钻探井、评价井26口,作地震线2万多千米,发现两个油田和3个含油气构造。

【三轮招标】 二轮招标后,海洋石油总公司与外国石油公司通过双边谈判,到1989年底先后签订各种合同和协议共19个,其中石油合同6个、探井合同3个、物探协议5个、化探协议2个及研究协议3个。区块面积共计98 540km²。到1989年底有6个合同协议终止。在此期间共作地震1万多千米,钻探井7口,在东海化探协议区完成6 000多千米化探工作量。

1989年初,中国海洋石油总公司开始第三轮招标,到年底在珠江口盆地招出3个区块,面积为11 728km²,目前尚无勘探工作。　　(张跃华)

海上运输与港口

【沿海港口概况】 中国的沿海港口不但是水陆交通枢纽，也是沟通海外的纽带。到1990年末，中国拥有万吨级以上深水泊位的港口，已由建国初期的4个发展到20多个，深水泊位达到290多个，1989年全年完成货物吞吐量4.9亿多吨。其中外贸物资吞吐量1.6亿多吨。与1949年相比，深水泊位增加3.8倍，吞吐量增加48倍。不同时期港口的发展大致是：1949～1972年仅建设了32个深水泊位，港口发展主要以恢复、改造为主，平均每年仅增加1个多深水泊位，1973年外贸物资进出口的海运量剧增，为1962年的3倍。由于沿海港口能力不足，开始出现压船压港现象。为此，政府提出了"3年改变港口面貌"的目标，开始了建港高潮。1973～1975年的3年内，开工兴建了58个深水泊位，到1980年的8年间建成50个深水泊位，新增吞吐能力1亿t；1981～1985年（"六五"期间），建成54个深水泊位，新增吞吐能力1亿t；1986～1990年（"七五"期间），又建成90多个深水泊位，平均每年增加近20个深水泊位。上海等8个沿海港均建立了保税仓库，沿海开放地区的主要开放城市、经济特区，都拥有一定数量的深水泊位，为发展外向型经济打下了基础。十年改革开放，港口建设的成就超过前三十年建设的总和。

建国四十年来，除了对原有老港口进行必要的改建、扩建外，先后在湛江、张家港、防城、石臼、岚山头、深圳、洋浦、乍浦选建了9个新的深水港；在丹东、大连、营口、秦皇岛、烟台、青岛、连云港、南通、镇江、南京、上海、宁波、舟山、温州、厦门、汕头、广州、北海选建了19个新的深水港区；在辽宁的锦州、河北的唐山和浙江、福建、广东等沿海地区和岛屿，建设了一批中小港口和中小泊位，使沿海主要港口由50年代的8个，发展到目前的35个，每千千米海岸线拥有的深水泊位数，由过去的3.3个发展到14.9个，平均每600km海岸线就拥有1个主要港口。

为适应能源、外贸运输迅速发展的需要，近十几年来集中建成了一批深水高效率的大型专业化泊位。在秦皇岛、湛江建成2万、5万吨级泊位，在大连、青岛建成10万、20万吨级原油装船专用泊位；在连云港、秦皇岛、石臼港建成3万、5万、10万吨级煤炭装船泊位；在大连、天津、上海、广州、厦门、南京、青岛建成了不同规模的集装箱专用泊位。

1986～1990年（"七五"期间），在国家统一规划下，中央积极支持各省市、各企业单位建设一批港口。同时，积极实行了中央投资、地方政府集资、利用外资、部门集资、中外合资等多种形式、多种渠道集资，拓宽了资金来源，港口建设取得了可喜成果。

中国沿海岛屿众多，住人岛有460多个，其中居住5 000人以上的岛屿90多个（不包括台湾省），多数住人岛屿缺少港口码头，严重制约了岛屿经济的发展。近十年来，先后在山东长岛，辽宁的大长山，浙江的普陀、岱山、定海、象山、老唐山，福建的崇武、黄岐、东山，广东的南澳，广西的涠洲，海南岛的八所、洋浦、海口、清澜等地进行了港口建设。

在岛屿、海峡、旅客运输上的港口建设，虽然尽了很大的努力，但全国50多个万人岛屿中，仍有12个万人岛屿没有交通设施，有些航线买票难、乘船难的问题仍然存在。"七五"期间，加快了沿海和岛屿客运码头及对台专用码头的建设，建成了龙江港、南安石井和惠安崇武对台专用码头，改善了大陆与岛屿的交通条件，并促进海峡两岸的贸易往来。

"七五"期间，中国沿海港口建设是以煤炭、石油等能源运输和木材、矿石、粮食、集装箱等外贸货物运输为重点，相应地发展旅客运输、陆岛运输，开辟新的港口和新的港区，现在基本上形成外贸货物吞吐、内贸物资交流、集疏比较通畅、与船舶运力相协调的海上运输系统。分层次地发展对外开放城市及经济开发区的港口和陆岛间、岛屿间的水上运输。重点强化与主骨架、主通道相连接的枢纽港的建设。大连大窑湾、宁波北仑、福建湄洲湾、深圳大鹏湾，是中国沿海不可多得的深水海湾，在沿海港口布局中，这些深水海湾各自服务于一个广泛的区域，具有发展成为中国远洋运输的国际深水中转港的潜力。目前，这4个深水海湾正在探索发展中。

综上所述，尽管中国沿海港口的建设和发展取得了很大的成就，然而亦存在不少问题，突出表现在沿海港口的生产能力仍不能适应国民经济发展的需要。

经港口普查，中国沿海港口目前有48个深水、58个中级泊位是解放前建成的，这些泊位集中于大连、秦皇岛、天津、青岛、上海、广州等生产任务繁忙的港口。超期服役、超负荷运输给港口安全生产造成相当大的隐患。压船、压港、压货现象时有发生;这固然与物资调运和储存等方面有关,但也表明港口生产管理和配套设施能力落后于发展的要求。

在港口布局上,国家虽然增强了宏观控制,使沿海港口形成了主要港口为枢纽、分层次发展建设沿海港口的布局雏形。但由于建设速度的不平衡,华东、华南地区一些主要港口的建设项目难以完成,致使南北港口布局不平衡局面依旧存在,货物集中于几大港口的状况仍未得到改善。由于种种原因,"七五"港口建设计划未能按期完成,这都需要在"八五"期间尽最大努力来完成"七五"期间推延下来的港口建设项目。

【丹东港】 丹东港位于辽东半岛东北根部、黄海鸭绿江口内右岸,地理坐标北纬 40°01′50″、东经 124°23′。该港是黄海最北方的一个港口。丹东港现有丹东、浪头两个港区,以丹东港区为主,并建设了 5 000 吨级泊位(结构为万吨级)的大东新港区。该港依托于丹东市,水陆交通方便,海运已与国内不少海港及长江部份港口通航,距大连 290km。1985 年开始办理外贸运输业务,并设有丹东海关。

丹东港务局原为港航合一的企业,1987 年港航分开。浪头港区有 3 000 吨级泊位 3 个。丹东老港区因受条件的限制,建设新港十分必要,大东新港建成后,将不受鸭绿江航道对通航的限制和影响,3 号泊位已于 1988 年 7 月竣工,可靠泊万吨级船舶 1 艘,设计吞吐能力 75 万 t。

1990 年末,全港共有中级以上泊位 5 个(深水泊位 1 个,中级泊位 4 个),年综合通过能力 159 万 t。

【大连港】 大连港位于辽东半岛南端,地处渤海海峡北侧。港区分布在黄海大连湾和大窑湾内。大连湾口有大小三山岛为自然屏障,大窑湾口有砂砣和琉璃砣子掩护,港区浪小水深,不淤不冻,是东北地区的一个天然深水良港。已批准正式对外国藉船舶开放,并与世界 140 多个国家的地区有贸易运输往来,开辟了大连至上海、天津、青岛、烟台等 8 条客运航线。该港是东北地区海陆交通的一个重要枢纽。

大连港务局属下设有东部、西部、香炉礁、寺儿沟、甘井子、黑嘴子及新港等港务公司。新港原油出口港区在大窑湾口外鲇鱼湾,其余均在大连湾内,其中寺儿沟为成品油港区。全港共有生产码头泊位 55 个,其中深水泊位 26 个,最大靠泊能力 10 万吨级,另有 3 个万吨级浮筒泊位。在大连湾北岸和尚岛正建设年设计吞吐能力 340 万 t 的 3 个深水泊位。

根据 1986 年大连港大窑湾新港区一期工程初步设计确定:在辽东半岛南端大窑湾南岸琉璃砣子和乱柴沟之间,新建深水泊位 10 个。其中有 3 万吨级集装箱泊位 2 个、2.5 万吨级多用途泊位 2 个、3.5 万吨级矿石泊位 1 个、2.5 万吨级化肥泊位 1 个,1.5 万吨级钢铁泊位 2 个,1 万吨级杂货泊位 2 个,增加年吞吐能力 570 万 t。

全部工程将于 1994 年前建成。"七五"期间,大窑湾新港区起步(一期)工程建成 3 万吨级集装箱泊位 2 个,2.5 万吨级多用途泊位 2 个。

【营口港】 营口港位于辽东半岛西北侧,渤海辽东湾内,在辽宁省营口市境内。现有两个港区,鲅鱼圈港区和营口老港区,两港区水路相距 30 n mile。鲅鱼圈港区地理坐标北纬 40°17′30″、东经 122°06′00″。位于市区的营口老港区,在辽河入海河口内,地处北纬 40°41′、东经 122°15′。1980 年 9 月开始办理外贸运输业务,1984 年 10 月批准对外国藉船舶开放。

营口老港区共有生产用码头泊位 20 个。其中港务局 6 个泊位,航运局 1 个,造纸厂 13 个。非生产用泊位 2 个。港务局于 1986 年又建成投产码头泊位 3 个。鲅鱼圈新港区 1986 年建成投产 3 万吨级专业化煤码头泊位 1 个。港区建设将分期进行:一期工程除煤码头外,还有正在建设 8 个散件杂货泊位;二期工程计划安排 5 个万吨级散件杂泊位;三期工程拟再建 4 个万吨级杂货码位,另外将开辟仙人岛危险品码头。1989 年全港货物吞吐量 200 万 t,其中外贸 118 万 t。

1990 年末,全港共有中级以上泊位 11 个(深水泊位 5 个,中级泊位 6 个),年综合通过能力 729 万 t。

【秦皇岛港】 秦皇岛港位于河北省秦皇岛市,地处渤海辽东湾的西南角,地理坐标北纬 39°54′,东经 119°31′。港区水域开阔,水深浪小,淤少不冻,气候温和,为沿海的一个天然良港。港口直通全国沿海港口,国外航线通往 50 多个国家和地区。

秦皇岛港是中国最大的煤炭海运出口港,其运量占全国沿海煤炭总输出量的 70%以上,也是大庆原油海运出口港之一。全港共有生产用码头泊位 18 个;港务部门 16 个,其中深水泊位 14 个,最大靠泊能力为 5 万吨级。丙、丁杂货码头 6 个深水泊位,年设计通过能力 350 万 t;煤三期工程 10 万吨级泊位 1 个,3.5 万吨级泊位 2 个,年设计通过能力 3 000 万 t;丙码头 2 个 3.5 万吨级泊位 1987 年建成投产;丁东南码头是一个 1.5 万吨级的码头,年吞吐能力 30 万 t,该工程于 1986 年开工,1989 年完成。

1989 年全港货物吞吐量 6 565 万 t,其中外贸 1 855 万 t。

1990 年末,全港共有中级以上泊位 24 个(深水泊位 23 个，中级泊位 1 个），年综合通过能力 9 325 万 t。

【天津港】 天津港位于渤海湾西岸天津市塘沽区、海河之入海口，地处华北平原东北部。地理坐标北纬 38°59′08″、东经 117°42′05″，是中国最大的人工港，担负着京、津两大城市和华北、西北地区各省的主要物资进出口任务。随着中国改革开放政策在国际上的影响，世界上已有 150 多个国家和地区的 300 多个港口同天津港有业务往来。

天津港务局下设第一至第五港埠公司及集装箱公司。全港共有生产用码头泊位 77 个，其中港务局 34 个泊位(内：深水泊位 24 个)；共有非生产用码头泊位 29 个，其中港务局 4 个泊位。港务局另有客运泊位 4 个，其中新港客运码头 1 万吨级 2 个泊位，塘沽客运码头 5 000 吨级泊位 2 个。新港船闸可通过吃水 6m 以下的船舶。此外，北疆东突堤南侧码头岸线 950m、6 个深水泊位主体工程将于 1990 年完成，北侧码头岸线 1 122m、6 个深水泊位已于 1986 年开工。南疆港区正在开发之中。

1990 年末，全港共有中级以上泊位 43 个(深水泊位 31 个，中级泊位 12 个)，年综合通过能力 2 302 万 t。

【烟台港】 烟台港位于黄海芝罘湾、山东半岛北部烟台市。地理坐标北纬 37°32′48″、东经 121°23′55′。隔渤海海峡与辽东半岛端部的大连港相望，相距仅 89 n mile，同为渤海门户。已向外国藉船舶开放，并与日、美、加、朝等 24 个国家和地区有贸易往来，至日本的神户等 4 个港口有货运班轮通航。

1988 年烟台港共有生产泊位 19 个(包括西港池非金属矿石及杂货泊位)，其中万吨级以上泊位 5 个，中级泊位 10 个，100 吨级泊位 3 个，工作船码头 1 个。

1988 年全港综合通过能力为 381 万 t。

1990 年末，全港共有泊位 23 个，其中深水泊位 9 个，综合通过能力可达 711 万 t。

【威海港】 威海港位于黄海威海海湾西北岸、山东半岛东北部威海市，地理坐标北纬 37°30′21″、东经 122°07′23″。港区东面有刘公岛为屏障，西北及南向有大陆环抱。本港与辽东半岛的旅顺口共扼渤海咽喉，系海防要地。

本港水路距烟台 47 n mile、大连港 93 n mile。客运有通往大连的定期客运班轮。威海港与烟台港同为山东半岛至辽东半岛最便捷的水上通道。已批准对外国藉船舶开放。

威海港务局共有码头泊位 5 个，其中 5 000 吨级两个，1 000 吨级 1 个。1986 年于刘公岛内侧深水区兴建 4 万、2 万吨级浮筒泊位各 1 个。

1990 年末，共有中级泊位 3 个，年综合通过能力 100 万 t。

【青岛港】 青岛港位于黄海胶州湾内、山东半岛南部青岛市。地理坐标北纬 36°04′00″、东经 120°19′05″。已对外轮开放，并与 120 多个国家和地区通航。有至上海、大连和广州三条定期客班轮航线及不定期国外旅游船来港。

青岛港务局属下设有四个作业区、一个集装箱公司、一个客运站及辅助生产配套部门。前三个作业区在市区大港区，第四作业区为黄岛油港区。港务局有生产用码头泊位 30 个，其中深水泊位 16 个，最大靠泊能力 5 万吨级，另有非生产用泊位 5 个；目前正在建设的有 1985 年开工的黄岛二期原油出口 20 万吨级码头泊位 1 个和 1987 年开工的黄岛前湾一期工程 6 个深水泊位。

1990 年末，全港共有中级以上泊位 31 个(深水泊位 17 个，中级泊位 14 个)，年综合通过能力 4136 万 t。

【连云港】 连云港位于沿海中部、黄海海州湾西南岸。地理坐标北纬 34°44′32″、东经 119°27′28″。港口北面有东西连岛为天然屏障，港南侧依云台山，岛山之间形成宽 2km 的海峡。

该港是横贯中部地区的陇海铁路沿线及西北中原地区最近的出海口岸，南距上海 380 n mile，北距青岛 110 n mile。该港已对外国藉船舶开放，并开辟了日本、朝鲜、澳大利亚、东南亚、南美、欧州等国际航线，与近 70 多个国家和地区有贸易往来。

连云港有生产用码头泊位 9 个，其中 1 万吨级 5 个；非生产用泊位 3 个。1986 年底建成投产庙岭新港区一期年设计能力(出口)900 万 t 的专业化煤码头 1 座(计 3.5 万及 1.6 万吨级泊位各 1 个)；老港区三突堤杂货码头 4 个深水泊位(其中 2.5 万吨级 2 个，1 万吨级 2 个)已于 1987 年 12 月建成投产，年设计通过能力 140 万 t。庙岭二期工程 5 个深水泊位(3.5 万吨级散粮泊位 1 个，2.5 万吨级集装箱泊位 2 个，1.5 万吨级木材泊位 2 个)已于 1985 年正式开工，正在建设中，同步建设的还有拦海西大堤(全长 6 700m)。

1990 年末，全港共有中级以上泊位 17 个(深水泊位 13 个，中级泊位 4 个)，年综合通过能力 1 670 万 t。

(鲍强生)

【上海港】 上海港位于中国大陆海岸线的中部，长江入海口附近之上海市境内，现有港区基本上分布在黄埔江中下游西岸。港口地理坐标北纬 31°14′，东经

121°29′。向东出海可通中国南北沿海和世界各大洲。西溯长江直达南京、武汉和重庆，遍及长江流域；经黄埔江及其支流和内、外港线与江、浙、皖河网相沟通。有定期客运班轮通往广州、厦门、福州、宁波、温州、大连、青岛等南北沿海主要港口和南京、武汉等长江干线港口。该港已对外国藉船舶开放。它是中国沿海客货水陆运输重要的枢纽和最大的综合性国际贸易港口。

上海港辖区包括黄埔江内120km岸线和长江口南岸至杭州北岸自浏河口以下沪苏交界处至金山咀以上沪浙交界处的上海市境内江、海岸线160km。港务局属下设有12个装卸公司及1个客运总站，其均分布在黄埔江两岸。物资部门最大的专用码头区为宝钢码头和上海石化总厂码头。全港共有生产用码头泊位671个(深水泊位61个)其中：港务局98个泊位(深水泊位46个)，最大靠泊能力2.1万吨级；其他交通部门100个泊位(深水泊位1个)；物资部门473个泊位(深水泊位14个)，最大靠泊能力4万吨级。非生产用泊位314个，其中港务局71个。另有浮筒泊位96个(万吨级泊位46个)，装卸平台2座，其中之一位于绿华山锚地，靠泊能力10万吨级。正在建设中的港区、码头有：宝山作业区，深水泊位6个、江船泊位2个，1986年开工；关港作业区，深水泊位8个，1987年开工；朱家门煤码头，深水泊位1个，江船泊位1个，1986年开工。

1990年末，全港共有中级以上泊位113个，其中万吨级以上泊位63个，总通过能力7 335万t。

【宁波港】 宁波港区位于浙江省东北部的宁波市、东海金塘水道南侧和甬江河内。现有三个港区，宁波市区老港、北仑港区(地理坐标北纬29°56′28.6″，东经121°53′05″)和镇海港区(北纬29°57′00″、东经121°43′00″)。三个港区都设有铁路专用线，经杭甬线与全国铁路干线联接，公路发达。内河通过杭甬运河、钱塘江与京杭大运河相通。现有宁波至上海、温州及舟山地区的定海、普陀山、沈家门等6条客运航线，水陆交通方便。已批准对外国藉船舶开放。

宁波港务局共有生产用码头泊位23个(深水泊位5个，最大为10万吨级)，非生产用泊位11个；有22万吨级“北仑”号水上驳油平台及2.7万吨级“通州”号水上过驳装卸平台各1座，浮筒泊位2个。此外，镇海港区于1986年建成投产的有：杂货码头5～7号万吨级泊位2个、3 000吨级泊位1个，16号5 000吨级液体化工泊位1个。北仑港区2.5万吨级通用泊位1个于1987年建成。物资单位码头泊位17个，最大可靠泊5万吨级船舶。

1990年末，全港共有中级以上泊位23个(深水泊位10个，中级泊位13个)，总通过能力2 620万t。

【温州港】 温州港位于浙江省南部温州市、东海温州湾瓯江河口内，地理坐标北纬28°02′，东经120°39′。河口外有大门岛、小门岛、状元岙、洞头岛等岛屿呈一线布列为天然屏障。海运北距上海320 n mile，南到福州192 n mile。该港为对外开放口岸，接纳外国船舶来港，已与日本、朝鲜、科威特、新西兰、新加坡及香港等国家和地区通航。

温州港区范围上起瓯江大桥，下至瓯江口门，水道长37 n mile，有市内老港、杨府山、状元桥、龙湾、盘石等港区。全港有生产用码头泊位60个，其中：5 000吨级1个，3 000吨级8个。非生产用码头泊位20个。港务局生产用码头泊位11个，最大靠泊能力5 000吨级1个，3 000吨级5个；非生产用码头泊位5个；另有5 000、1万及2万吨级浮筒泊位1个。此外，港务局在龙湾港区1986年开工建设1万吨级杂货及多用途码头泊位1个。

1990年末，全港共有中级以上泊位11个，其中万吨级以上泊位1个，年综合通过能力185万t。

(鲍强生)

【福州港】 福州港位于福建省福州市、闽江入东海河口内。港区分布在闽江下游两岸，有台江、马尾两个作业区和沿江11个客运站。深水港区马尾作业区地理坐标为北纬25°59′，东经119°27′。北距上海472 n mile，东距基隆149 n mile，南距香港420 n mile。至上海有定期客轮。本港已对外国藉船舶开放，并与20多个国家和地区的30多个港口通航。内河沿江上溯，可达闽江水系各港，至南平200km，可通航60吨级客货轮。

福州港全港共有生产用码头泊位78个，其中：港务局30个(内：1万及5 000吨级各2个)；物资部门24个(内：5 000及3 000吨级各1个)。1986年在鳌峰洲建成1 000吨级码头泊位2个。马尾松门万吨级煤码头泊位1个于1987年开工。

1990年末，全港共有中级以上泊位9个(深水泊位3个)，年综合通过能力370万t。

【厦门港】 厦门港位于福建省南部厦门市、东海金门湾内、九龙江入海口外。主要港区位于厦门岛的西侧和西南侧。地理坐标北纬24°29′、东经118°04′。北距上海561n mile，东距高雄165n mile，南距香港287n mile。本港已对外国藉船舶开放，并与30多个国家和地区的50多个港口有海运往来。与香港、广州、温州及上海有定期客班轮。

厦门港务局属下设有东渡、高崎、老港等港区，老港区主要是客运。全港共有生产用码头泊位53个，其中：港务局37个泊位(深水泊位4个，计1万吨级2

个,1.5万吨级及5万吨级各1个)。

1990年末,全港共有中级以上泊位12个(深水泊位6个),年综合通过能力269万t。

【汕头港】 汕头港位于广东省东部及韩江三角洲南端的汕头市,南海榕江与韩江汇流入海口,地理坐标北纬23°21′14″,东经116°40′20″。该港地处闽粤海运交通要冲,已批准对外国藉船舶开放,并与20多个国家、地区的40多个港口通航,同50多个国家和地区有贸易往来。

汕头港区东起德洲屿最东端,西止龟屿最西端,有汕头港务局、西堤港务所、物资部门码头等。全港共有生产用码头泊位18个,其中:港务局4个,均为3 000～5 000吨级的中级泊位;其它交通部门100吨级以下的泊位11个;物资部门3个3 000～5 000吨级中级泊位。非生产用泊位7个,均属港务局。另有浮筒泊位6个,其中万吨级2个。港务局1986年底又建成投产年设计通过能力100万t的煤炭专业码头,其中5 000吨级及500吨级各1个泊位,位于市区对岸达濠岛虎头山下。此外,1987年建成5 000吨级粮、杂码头泊位各1个;1989年建成两个5 000吨级泊位的杂货码头。

1990年末,全港共有中级泊位8个,年综合通过能力300万t。

【蛇口港】 蛇口港位于广东省深圳市西部南头半岛东南端、南海珠江口东侧深圳湾口西北岸。地理坐标北纬22°28′48″,东经113°54′24″。西与赤湾港毗连,湾对岸即为九龙半岛,相隔3.5n mile,至珠江口东、西侧的香港(中区)及澳门、珠海的航程分别为20及25 n mile,至虎门30n mile。与香港、广州、、汕头、珠海、石岐有定期客运班轮,同珠海有汽车轮渡。本港已批准对外国藉船舶开放。

蛇口港有蛇口工业区货运码头、港务公司货运码头、旅游区码头及渔工贸公司码头共27个泊位,其中:货运4个泊位,计1.5万吨级2个,3 000及1 500吨级各1个;客运4个泊位,计港澳线(气垫船)、蛇口—珠海汽车轮渡、沿海线(3 000吨级)、国内线;石油基地供应船4个泊位,货主码头2个泊位,水产公司(200吨级)8个泊位,渔工贸公司(100吨级)5个泊位。一突堤西侧已于1987年建成水深－12.1m、长230m及水深－7.5m、长100m的码头岸线,可靠泊3.5万吨级船舶1艘或5 000吨级船舶2艘。左炮台山南侧5 000吨级油轮泊位和原2#、3#客轮泊位改造为小突堤码头5个泊位工程已于1987年竣工。二突堤亦在建设。

深圳港(包括蛇口、大鹏、赤湾港)1990年末共有深水泊位12个,中级泊位18个。年综合通过能力1 087万t。

【广州港】 广州港包括黄埔港和广州港。因广州港深入河口内。因此本节仅述有关黄埔港的内容。

黄埔港位于广州市东南侧、南海珠江河口内,地理坐标北纬23°05′50″、东经113°26′42″。水路距广州17n mile,香港68n mile。对外藉船舶开放,已与64个国家和地区335个港口有贸易运输。至厦门、上海、青岛、大连有定期客货及客运班轮,至香港间有飞翔船班轮;水陆交通四通八达,为华南内、外贸重要口岸。

黄埔港务局下设一、二、三港湾公司及集装箱公司,一公司为老港区,在黄埔水道左岸;二公司、三公司(新建的)、集装箱公司位于墩头基,称新港。全港共有生产用码头泊位112个,其中:港务局28个泊位(内:深水泊位19个,最大靠泊能力3.5万吨级),物资部门84个泊位(内:深水泊位5个,最大靠泊能力2.4万吨级);非生产用泊位16个,均属港务局。另有万吨级浮筒泊位8个。墩头西基煤炭专业码头2个3.5万吨级泊位已于1986年建成,在建新沙港区,第一期工程为10个深水泊位,靠泊能力按3.5万吨级设计。其中5个泊位已于1986年开工。

1990年末,全港(包括原广州港)共有中级以上泊位57个(深水泊位21个,中级泊位36个)。

【湛江港】 湛江港位于广东省雷州半岛东北部湛江市、南海广州湾内,地理坐标北纬21°11′11″、东经110°24′21″。本港对外国藉船开放。

湛江港辖区内有大港(湛江港务局,下同)和省航运部门所属中小港。大港设有第一、二、三作业区及一区南一期等。一区系老港件杂货码头,二区为石油专业作业区,三区主要是出口非金属矿石、煤炭和进口铁矿石。1985年12月,一区南一期6个深水泊位投产。

全港共有生产用码头泊位60个,其中:大港21泊位(深水泊位15个,最大5万吨级),中小港32个泊位(最大1 000吨级),物资部门7个泊位。非生产用泊位5个,均属大港。原有5个泊位改造为4个1.5万吨级泊位的工程已于1986年开工。 (鲍强生)

【海口港】 海口港(又名秀英港)位于海南岛海口市西郊、琼州海峡南侧之海口湾南岸,在南渡江支流海甸溪入海河口外侧,地理坐标北纬20°01′24″,东经110°16′27″。海口港地处海南岛北端,与雷州半岛隔海相望。该港是海南岛对外贸易的重要口岸,也是海南岛北部水运交通枢纽,有至广州、香港的定期客运班轮,已于20多个国家有业务往来。

海口港务公司属下设有第一、二作业区和船务公司。全港共有码头泊位13个，均为生产用，2个5 000吨级散杂货泊位年设计通过能力55万t，3 000吨级4个，1 000吨级3个，500吨级4个。

1990年末，全港共有中级泊位9个，年综合通过能力170万t。

【八所港】 八所港位于海南岛东方县、南海北部湾东侧，地处海南岛西海岸中部。地理坐标北纬19°06′00″、东经108°36′48″。毗邻著名的石绿铁矿区，有西环铁路直达石绿矿区和三亚市等地。该港以出口铁矿石为主，是目前海南岛唯一的有深水泊位的港口。本港已批准对外国藉船舶开放.并和17个国家和地区通航贸易。

八所港务局有生产用码头泊位4个，其中1万吨级2个，3 000吨级2个。近又将2个3 000吨级杂货泊位扩建为1万及5 000吨级各1个泊位，已于1986年竣工。防波堤改造工程及在新防波堤(突堤)内侧建2个2万吨级通用泊位，设计通过能力70万t，已于1987年动工，预计1990年建成。

1990年末，全港共有中级以上泊位7个(深水泊位5个，中级泊位2个)，年综合通过能力455万t。

【三亚港】 三亚港位于海南岛三亚市、南海三亚湾东侧及三亚河入海口，地理坐标北纬18°14′06″、东经109°29′58″。它地处海南岛最南端，左隔鹿回头(半岛)与榆林港相邻，东南与西沙群岛隔海相望。本港已批准对外国藉船舶开放。

三亚港务局共有生产用码头泊位5个，其中5 000吨级2个，1 000吨级3个。

1990年末，全港共有中级泊位5个，年综合通能力80万t。

【北海港】 北海港位于南海东北部北海半岛端部、广西壮族自治区北海市，地理坐标北纬21°29′，东经109°06′。海运距湛江港255 n mile。该港已批准对外国藉船舶开放，并与87个国家、地区的173个港口有贸易往来。

全港共有生产用码头泊位13个，最大靠泊能力3 000吨级，其中：港务局泊位6个，最大为1 000吨级。港务局1986年建成万吨级码头泊位2个。

1990年末，全港共有中级以上泊位3个(深水泊位2个，中级泊位1个)，年综合通过能力114万t。

【防城港】 防城港位于南海北部湾北岸、广西壮族自治区防城县防城港镇，地理坐标北纬21°37′00″、东经108°20′00″。防城港湾西、东两侧有白龙半岛及"炮台角"岬角掩护。海运至北海港51n mile，湛江港294 n mile。与东南亚、西欧通航，最为便捷。1983年10月批准对外国藉船舶开放。

全港共有生产用码头泊位9个，其中深水泊位7个(1986年建成投产深水泊位4个)，非生产用码头泊位2个。

1990年末，全港共有中级以上泊位8个(深水泊位7个，中级泊位1个)，年综合通过能力366万t。

(鲍强生)

【主要港口进港航道和设施】 沿海港口航道名称、起讫地点、长度、低潮或枯水期航道尺度、乘潮水深、乘潮持续时间，航道底质、满载通航最大船舶吨级以及航道设施详见表1。

中国沿海设有各类航标2 560余座，大多分布在孤岛、礁石、岬角等渺无人烟处，点多线长，维护、补给困难。为保证航标正常工作，加强航标维护和巡检，全年维护航标522 203座天。航标维护正常率：北海、东海区均达100%，南海区达99.75%，为船舶安全航行提供了可靠的保证。

为使海区航标配布形成网链，近年来，建成了多种手段的综合助航体系以满足各类型船舶航行定位使用需要，新建和改建灯塔(桩)36座，增设视觉航标100余座，雷达应答器和雷达指向标13座，更换新型灯器150余座，全部拆除了福建沿海对台湾设置的灯光遮蔽孤，完成了劳兰A导航台发射机样机制造以及无线电指向标设备引进和换装前期准备工作，配合海军完成了劳兰C南海台组的建设和调试，使海区航标面貌有了明显改善。其次，集中力量重点改善通航密度大、船舶事故发生率高的主通道和主枢纽的通航条件，对上海长江口北槽和黄埔珠江航道的航标进行综合改造，调整配布和加密，改换望板、新型灯器能源和长效油漆，增加了白天视距和夜间灯光射程。

由于航标设备陈旧、灯光不亮、管理手段落后，因而进行了航标新技术的研究和产品更新换代。积极推广采用太阳能、风能、波浪能和自动化技术。在孤岛灯桩安装太阳能近300座、22 700余瓦，并在有条件的水域安装波浪发电装置36座、720W；在东亭山灯塔采用无线电遥测遥控，实现灯塔自动化管理。对劳兰A导航台和无线电指向标进行信号自动监测，提高导航定位精度。

【沿海运输业】 **船舶与旅客运输** 据1989年统计，中国水运部门有沿海运输机动船2 637艘，5 772 254总载重吨，77 135客位；远洋运输机动船1 130艘，15 209 034总载重吨，6 967客位。沿海及远洋运输在船舶运力紧张、港口装卸、疏运能力不足的情况下，基

表 1　沿海主要港口进港航道及设施

序号	港名	航道名称	起讫地点	长度(m)	低潮或枯水期航道尺度(m) 水深 设计	水深 实际	宽度	乘潮水深(m)	乘潮持续时间(h)	航道底质	满载通航最大船舶吨级 不乘潮	乘潮
1	丹东	丹东港区进出港航道	44#～46#鼓	1 500	−2.5	−2.0	60	5	2.5	细沙	200	1 000
		浪头港区进出港航道	日龙山以下	1 000	−2.5	−4.0	60	7	2.5	中细沙	200	3 000
		斗流浦附近航道	24#～29#鼓	5 000	−2.5	−2.0	60	7	2.5	中细沙	200	3 000
		新辟航道(中水道)	8#～10#鼓	3 000	−2.5	−1.8	60	7	2.5	中细沙	200	3 000
		大东新港区航道		20 000		−6.0		10				10 000
2	大连	大港航道	1#灯浮至东口门	3 500	−10	−10	270			泥	20 000	
		香炉礁航道		2 800	−8	−7.6	100			泥	10 000	
		甘井子航道	4#至2#灯浮	5 000	−9	−8.6	180			泥	10 000	
		鲇鱼湾航道	油码头南端至1#灯浮	1 600	−17.5	−17.5	300			泥	100 000	
		寺儿沟一栈桥航道		1 000	−9.5	−9.4	120			泥	10 000	
		寺儿沟二栈桥航道		1 000	−9.5	−9.5	120			泥	10 000	
3	营口	营口港区外航道	1#灯浮至永远角	26 300		−1.7	60	5.56	1.5	泥沙	200	3 000
		营口港区内航道	永远角至一号码头	13 000		−3.2	60	7.06	1.5	泥沙	500	5 000
		鲅鱼圈港区外航道	防波堤口门外	8 500		−9.2	110			泥沙		
4	秦皇岛	主航道		6 700	−13.5	−13.0	120	14.5	3	泥沙	50 000	70 000
		东航道		4 679	−13.5	−12.8	120	14.5	3	泥沙	50 000	70 000
		西航道		4 843	−12.0	−12.0	100	13.0	3	泥沙	35 000	50 000
		老航道		3 145	−10.0	−9.5	100	11.0	3	泥沙	10 000	20 000
		新航道		1 480	−10.0	−9.5	100	11.0	3	泥沙	10 000	20 000

续表 1

序号	港名	航道名称	起讫地点	长度 (m)	低潮或枯水期航道尺度 (m) 水深 设计	实际	宽度	乘潮水深 (m)	乘潮持续时间 (h)	航道底质	满载通航最大船舶吨级 不乘潮	乘潮
5	天津	闸东航道	0+00～1+100	1 100	−5.0	−4.8	60	5.5/6.5	5	淤泥	2 000	3 000
		闸东航道	1+100～2+600	1 500	−6.5	−6.5	60	7.5	5	淤泥	4 000	10 000
		主航道	2+600～2+900	300	−10.0	−9.0	60/150	10	5	淤泥	10 000	20 000
		主航道	2+900～4+239	1 339	−10.0	−9.0	150	10	5	淤泥	10 000	30 000
		主航道	4+239～27+400	23 161	−11.0	−10.0	150	11	5	淤泥	30 000	50 000
6	烟台	老港外航道	东口门—芝罘湾	2 200	−8.7	−8.4	80	11.0	2	泥沙	10 000	25 000
		老港内航道	东口门—港内	700	−8.7	−8.4	80	11.0	2	粉砂	10 000	25 000
7	威海	进港航道		2 250	−6.5	−6.5	60			泥沙	5 000	
8	青岛	青岛外航道	团岛至 8#浮鼓	5 000		−20	500			亚粘土	50 000	
		青岛港航道	8#浮鼓至一号码头	2 600	−10.5	−10.5	120	14		亚粘土	20 000	50 000
		黄岛油港南航道	团岛至原油码头	8 000		−12.5	300			亚粘土	50 000	
		黄岛油港北航道	双浮至 26 浮	2 000		−12.5	300			亚粘土	50 000	
9	连云港	连云港外航道	10#至 19#浮标	11 300	−6.5	−7.0	70	10.3	4	泥	5 000	10 000
		连云港内航道										
		一港池航道	19#浮标至港池	600	−7.0	−7.0	100	10.8	4	泥	5 000	10 000
		煤码头航道	19#浮标至煤码头	1 200	−7.0	−7.0	100	10.8	4	泥	5 000	10 000
10	上海	长江口入海航道	长江口灯船—吴淞口河塘灯桩	93 526						粉沙		
		其中:北槽航道	261#～270#灯浮	15 700	−7.0	−7.0	250	10	3	粉沙	10 000	20 000
		鸭窝沙航道	20#～23#灯浮	2 800	−7.3	−7.3	250	10	3	粉沙	10 000	20 000
		黄埔江港区航道	吴淞口 101 灯浮—闵行电厂西界	67 228						淤泥		
		其中:吴淞口航道	101#～103#灯浮	1 500	−8.0	−8.0	导标轴线以南 50m	10	3	淤泥	10 000	20 000
		高桥航道	杨站—上海农药厂	1 700	−8.0	−8.0	140	10	3	淤泥	10 000	20 000
		陈家咀航道	共青苗圃—水产公司	1 500	−8.0	−8.0	160	10	3	淤泥	10 000	20 000

续表 1

序号	港名	航道名称	起讫地点	长度(m)	低潮或枯水期航道尺度(m) 水深 设计	水深 实际	宽度	乘潮水深(m)	乘潮持续时间(h)	航道底质	满载通航最大船舶吨级 不乘潮	乘潮
11	宁波	北仑进港航道	挑花灯桩—北仑	54 000	−17.2	−17.2以下	700	20.0		泥石	140 000	200 000
		镇海进港航道	外游山—招宝山	3 600	−7	−6.2	70	9.0	1	泥	3 000	10 000
		甬江航道	外游山—三江口	26 000	−4	−3.4	60	6.2	1	泥	1 000	3 000/5 000
12	温州	黄大岙航道	青菱屿至崎头	15 000	−5.5	−4.7	400		1	泥沙	3 000	10 000
		沙头水道	小五星至崎头	13 000		−2/−4	200			泥沙	1 000	3 000
		北口水道	崎头至盘石	13 000		−6/−11	250		1	泥沙	10 000	10 000以上
		港内航道	盘石至江心寺	26 000		−2/−10				泥沙	500	3 000
13	福州	内港航道	解放大桥至魁岐	7 300	−1.5	−1.5	20	3.5	2	沙	50	500
		内港航道	魁岐至马尾	9 300	−2.0	−1.8	30	3.8	2	沙	100	500
		通海航道	马尾至芭蕉尾	35 000	−5.5	−5.0	80	9.3	2	沙	3 000	10 000
		通海航道	芭蕉尾至闽江口外沙	15 000	−5.5	−4.2	80	9.3		沙		10 000
14	厦门	外航道	青屿与五担之间—鼓浪屿引航联检锚地	14 000		−12	1 200			泥	50 000	
		内航道鼓浪屿—嵩屿	引航联检锚地—东渡码头	8 000		−8	300			泥	10 000	50 000
		内航道厦门—鼓浪屿	引航联检锚地—和平码头	5 000		−6.4	200			泥		客轮
15	汕头	港外航道		9 400								
		（拦江沙航道）	赤屿至白石	4 600		−4.1	500	6.1	1.67	沙	2 000	5 000
		（鹿屿航道）	白石至马岛西北灯浮	4 800		−7.0	250	9.0	1.67	沙	5 000	5 000以上
		港内航道		9 150								
		（珠池肚航道）	马岛西北至外海桁灯浮	2 600		−5	350	7.0	1.67	泥沙	3 000	5 000以上
		（港池航道）	外海桁灯浮至韩江支流口	4 200		−7	500	9.0	1.67	泥沙	5 000	5 000以上
		（上游航道）	韩江支流口至龟屿	2 350		−8	400	10.0	1.67	泥沙	5 000	10 000
16	蛇口	进港航道	珠江口矾石水道至五湾	6 100	−6.0	−5.9	60	8.3	1	淤泥	2 500	5 000
		进港航道	矾石水道至五湾港池（原有）	2 600	−8.0	−8.5	80	10.9	1	淤泥	8 000	15 000
			（1987年12月扩建竣工）		−10.7		110					35 000

续表1

序号	港名	航道名称	起讫地点	长度(m)	低潮或枯水期航道尺度(m) 水深 设计	水深 实际	宽度	乘潮水深(m)	乘潮持续时间(h)	航道底质	满载通航最大船舶吨级 不乘潮	乘潮
17	黄埔	大濠洲航道		3 300	−9.0	−7.0	120	9.0	3	沙、风化岩	5 000	10 000
		赤沙航道		5 500	−9.0	−9.0	140	11.0	3	沙、泥	10 000	20 000
		莲花山航道		11 000	−9.0	−9.0	140	11.0	3	贝壳、沙	10 000	20 000
		坭洲头航道		9 600	−9.0	−9.0	140	11.0	3	泥沙	10 000	20 000
		大虎航道		8 650	−9.0	−9.4	160	11.6	3	沙泥、石	10 000	20 000
		川鼻航道		13 000	−9.0	−9.4	160	11.6	3	淤泥、沙	10 000	20 000
		伶仃航道		45 000	−8.6	−8.6	160	10.8	3	淤泥、沙	10 000	20 000
		桂山航道		18 500	−8.7	−8.7	160	10.9	3	泥沙	10 000	20 000
18	广州	东河道水道	白鹅潭—东圃涌	19 000		−2.8	100	4.8	3	沙石泥	500	1 000
		南河道水道	白鹅潭—丫吉沙	7 100		−4.5	100/120	6.5	3	沙泥	1 000	3 000
		沥滘水道	丫吉沙—沥滘沙	5 950		−4.5	120	6.5	3	沙泥	1 000	3 000
		汾水头水道	沥滘东—汾水头	2 800		−4.7	120	6.7	3	泥沙	1 000	3 000
		海心岗水道	汾水头—海心岗	3 750		−5.4	110/120	7.4	3	泥沙	3 000	5 000
		新造水道	海心岗—新南星礁	5 820		−6	120	8	3	沙泥	3 000	5 000
		铁桩水道	新南星礁—舢艚尾	5 400		−7.4	120	9.4	3	沙泥	5 000	10 000
		西河道水道	白鹅潭—珠江桥	7 000		−2.1	100/120	4.1	3	泥、石沙	500	1 000
19	湛江	斗龙村东航道		7 408.0	−11	−11	1 800	13.5	2	沙、沙泥	20 000	60 000
		龙水岭航道		5 926.4	−11	−11	1 800	13.5	2.5	沙泥、沙	20 000	60 000
		斗龙村北航道		8 519.2	−9.8	−9.8	200	13.5	2	沙泥	20 000	60 000
		南三岛南航道		4 074.4	−11	−11	400	13.5	3	沙泥、沙	20 000	60 000
		广州湾进口航道		7 222.8	−11	−13	400	13.5	4	硬沙	20 000	60 000
		南王岛西航道		5 741.2	−11	−10	400	13.5	2	沙泥、沙	20 000	60 000
		东石航道		8 519.2	−11		400	13.5	2	沙泥	20 000	60 000
		东头山航道		2 778.0	−11		400	13.5	3	泥沙	20 000	60 000

续表 1

序号	港名	航道名称	起讫地点	长度(m)	低潮或枯水期航道尺度(m) 水深 设计	水深 实际	宽度	乘潮水深(m)	乘潮持续时间(h)	航道底质	满载通航最大船舶吨级 不乘潮	乘潮
19	湛江	麻斜航道		3 148.4	−11	−11	400	13.5	3	泥	20 000	60 000
		一区港池航道		1 481.6	−9.3	−9.3	100	11.5	1	泥	10 000	30 000
		麻斜西航道		2 407.6	−11	−11	400	13.5	2	泥	20 000	60 000
		莫烟楼航道		3 148.4	−11	−11	400	13.5	3	泥	20 000	60 000
		莫烟楼西航道		1 296.4	−11	−11	400	13.5	3	沙泥	20 000	60 000
		调顺岛航道		4 630.0	−10	−10	400	12.5	2	沙泥	20 000	60 000
		霞海航道		3 333.6	−11	−11	400	13.5	2.5	沙泥	20 000	60 000
		三区港池航道		926.0	−11	−11	400	13.5	3	沙泥	20 000	60 000
20	海口	进出口航道		4 800	−5	−5	60		2～3	石	3 000	5 000
		喇叭口航道		110	−5	−5	80		2～3	泥沙	3 000	5 000
		港池航道		850	−5	−5			2～3	泥沙	3 000	5 000
21	八所	正西中心航道	口门至航道进口灯浮	1 800	−9	−8.4	120	10.2～11.2	5～6	泥沙	10 000	18 000
22	三亚	旧航道	3#灯浮至1#港池	400	−4	−3.5	35	4.9		泥沙	1 500	3 000
		新航道	白排礁与小洲岛连线中点至4#灯浮	1 250	−7	−7	45	8.4		泥沙	5 000	7 000
23	北海	港外航道	从1#浮标至1号作业锚地	14 631	天然	−5.6	550	11	0.5～1	沙泥	7 000	20 000
		港内航道	从作业锚地进入内港	1 200	−3	−2.5	60	7.5	0.5～1	沙泥	200	4 000
24	防城	三牙航道	1～3#灯浮	5 400	−7.5	−7.5	80	11	2	泥沙	5 000	25 000
		西贤航道	4～5#灯浮	2 400	−7.5	−7.5	80	11	2	泥沙	5 000	25 000
		牛头航道	6～7#灯浮	4 000	−7.5	−7.5	80	11	2	泥沙	5 000	25 000
		马鞍航道	7～8#灯浮	1 350	−7.5	−7.5	80	11	2	沙石	5 000	25 000

本满足了经济和社会发展的需要。

1986～1989年，沿海旅客运量有较快的增长。据1988年统计，沿海有客运航线96条，客船206艘。上海、浙江、福建、广东、广西等省市自治区还开辟了港澳航线19条。上海、厦门市和日本的大坂、神户等地开通了客运航线；1988年，天津、大连、青岛等港共接待外国旅游船184次，外国游客80 496人。

沿海能源运输 是沿海运输发展的重点，分为煤炭运输和石油运输。1988年沿海4个主要煤炭装船港(秦皇岛、青岛、石臼所、连云港)发运煤碳5 880万t。“七五”期间尽管运输能力有所提高，但由于煤炭需求量大，其海上运输十分紧张；煤炭的装船安排和煤船运力成为沿海煤炭运输的矛盾焦点；由于煤炭调进不畅，装煤港存煤下降，煤船在港待装现象严重。外贸出口因等煤滞期，仅1988年支付船舶滞期费就达700万美元。石油运输除用油轮直接运输外，管水联运亦占一定比例。东北、山东原油通过管线分别在大连、秦皇岛和青岛下水。“七五”期间由于石油增产幅度不大，经港口中转的原油每年变化不大，但石油运输船舶老化和技术状况明显下降，油轮营运率低于80%，运力不足。

集装箱运输 “七五”期间中国已开辟集装箱航线47条，泊位18个，通过能力127万标准箱，能力大于实际吞吐量。1988年沿海、长江港口完成国际集装箱吞吐量946 930箱、758 776t货物，使用集装箱运输的外贸进出口货物的比重达到25%。国内运输集装箱完成吞吐量151 037箱。424 244t货物。上海港、北仑港和深圳大鹏湾为国际深水中转港，承担沿海各港流向远洋的国际集装箱中转。大连、天津、连云港和广州港为沿海集装箱干线港。

远洋运输 远洋运输发展较快；据1988年统计，中国从事国际海航船舶达1 946万载重吨；其中中远公司经营的船舶为610艘、1 400万载重吨。特别是远洋集装箱运输，其运量每年以30%左右的幅度增长，取得了很好的效益。

海岛运输 是沿海运输的一个薄弱环节，如占全国岛屿总数1/3的浙江省，全省共有大小岛屿2 100多个，而客运航线只有23条，远远不能满足需要。舟山群岛26万人岛屿中尚有6个没有码头。为了适应海峡、岛屿间旅客和车辆的运输需要，中国自行制造和从国外购进了一些滚装船，到1989年，已开辟了大连至烟台、青岛至黄岛、蓬莱至长山岛、上海至崇明、白峰至鸭蛋山、湛江至海口、海安至海口、坨口至珠海等车、客渡航线，并正在筹备开辟金山至镇海、芦潮至舟山及蓬莱至大连的车客渡航线。

“七五”期间，沿海船舶和运力、运量比前几个五年计划虽然有所增长，但是其发展并不均衡和协调，客运常年紧张，部分地区的运力仍不适应运输量增长的需要，特别是沿海支线运输仍十分薄弱，这些都有待今后进一步调整和解决。 (鲍强生)

表2 沿海主要港口分货类吞吐量(万t)

吞吐量＼年	1986	1987	1988	1989
总　计	44 311	46 851	51 817	55 455
煤　炭	10 825	12 112	14 075	16 760
石　油	8 184	8 226	8 520	8 985
内、原油	6 374	6 247	6 230	6 428
金属矿石	2 604	2 668	2 531	2 940
钢　铁	3 107	2 275	2 243	2 063
矿建材料	2 385	2 413	2 722	2 961
水　泥	417	298	339	343
木　材	870	961	1 390	791
非金属矿石	817	991	1 217	1 572
化肥及农药	944	1 786	2 230	2 108
盐	899	843	792	893
粮　食	2 528	3 273	3 521	3 607
其它	4 357	4 758	6 007	6 004

表3 沿海主要港口全港货物吞吐量(万t)

吞吐量＼年	1986	1987	1988	1989
丹　东	51	64	82	112
大　连	4 429	4 610	4 853	5 092
营　口	113	116	181	200
秦皇岛	4 873	5 379	5 812	6 565
天　津	1 818	1 725	2 109	2 437
龙　口	354	313	387	426
烟　台	691	696	780	703
威　海	130	122	123	138
青　岛	2 801	3 028	3 109	3 112
石　臼	263	425	740	840
连云港	949	894	1 114	1 126
上　海	12 604	12 833	13 320	14 604
宁　波	1 795	1 940	2 002	2 209
舟　山	253	205	248	208
海　门	353	389	345	424

续表 3

温州	311	328	333	332
福州	406	430	436	533
泉州	98	108	116	112
厦门	320	431	469	513
汕头	231	251	286	282
蛇口	116	151	268	366
赤湾	91	203	231	280
广州	260	3 314	4 736	4 704
湛江	1 296	1 424	1 532	1 610
北海	71	74	64	71
防城	32	85	125	131
海口	174	198	241	256
八所	391	405	393	410
三亚	64	64	59	64
总计	35 338	40 205	44 494	47 860

表 4 沿海主要港口外贸货物吞吐量(万 t)

年 吞吐量	1986	1987	1988	1989
丹东	3	3	6	18
大连	3 206	3 210	3 451	3 851
营口	64	57	89	117
秦皇岛	1 391	1 724	1 868	1 855
天津	1 465	1 430	1 667	1 648
龙口	15	20	16	15
烟台	194	261	334	343
威海	10	14	8	6
青岛	1 510	1 560	1 513	1 545
石臼	25	96	122	101
连云港	536	541	690	642
上海	3 053	2 681	2 779	2 587
宁波	488	535	520	609
舟山	3	15	25	15
海门	6	12	5	6
温州	18	22	22	14
福州	90	104	119	123
泉州	9	8	19	19
厦门	139	212	259	271

续表 4

汕头	42	66	77	78
蛇口	52	55	118	149
赤湾	47	112	132	165
广州	1 008	1 193	1 244	1 265
湛江	512	544	649	704
北海	26	44	38	39
防城	27	77	102	86
海口	39	36	64	80
八所	1	4	3	16
三亚	11	10	11	19
总计	13 990	14 646	15 950	16 386

表 5 沿海主要港口旅客客运量(万人)

年 客运量	1986	1987	1988	1989
大连	354	389	412	327
秦皇岛	2	1	—	—
天津	40	47	43	35
龙口	29	28	32	30
烟台	195	227	235	215
威海	14	12	26	24
青岛	67	73	68	55
上海	1 224	1 317	1 368	1 225
宁波	277	311	329	312
舟山	453	524	570	729
海门	29	30	30	29
温州	112	126	153	142
福州	144	12	20	24
厦门	21	26	33	29
汕头	16	22	24	28
蛇口	106	140	198	—
广州	630	589	588	510
湛江	6	10	16	14
北海	4	4	3	7
海口	33	39	53	66
三亚	3	3	4	2
总计	3 759	3 929	4 205	—

表6 海上客货运输量

项 目	年 份	总 计	沿 海	远 洋
货运量(亿 t)	1985 年	1.58	0.86	0.72
	1990 年	2.45	1.5	0.95
货物周转量(亿 t km)	1985 年	6 750	985	5 765
	1990 年	9 470	1 670	7 800
客运量(亿人次)	1985 年	0.203	0.19	0.013
	1990 年	0.272	0.25	0.022
客运周转量(亿人 km)	1985 年	40.80	38.0	2.8
	1990 年	54.0	50.0	4.0

【海上运输科研体制改革】 1986 年以来，为适应交通运输科技发展的需要，根据国家科委的要求，交通部制定了一系列方针政策改革现行的科技体制，主要有以下几个方面：1. 加强对科技工作的宏观管理，组织宏观调控决策系统的软科学研究；2. 建立部级和企业级科技发展基金；3. 改革科研机构的拨款制度，扩大科研机构自主权，实行所长负责制和经营承包责任制，增加科研机构自我发展活力；4. 开拓技术市场，加快科研成果转化为生产力的进程；5. 加强对国外先进技术的消化吸收工作，提高自我开发的技术起点。

通过以上科技技体制改革政策的实施，到 1989 年底，交通部海上运输科研机构基本形成了以软科学研究、基础理论研究、应用科学研究、技术开发推广等为主的相互衔接、协调发展的多种类型、多层次的合理的纵深配置。 (潘忠琴)

表7 沿海主要港口国内标准集装箱进出口吞吐量

年 份	进口吞吐量		出口吞吐量		备 注
	箱数(个)(TEU)	重量(t)	箱数(个)(TEU)	重量(t)	
1986	53 343	263 277	56 774	195 963	按 9 个港口
1987	61 610	221 084	62 743	223 216	11 个港口
1988	70 887	258 475	72 442	259 907	11 个港口
1989	70 369	254 802	69 741	253 346	11 个港口

表8 沿海主要港口国际标准集装箱进出口吞吐量

年 份	进口吞吐量		出口吞吐量		备 注
	箱数(个)(TEU)	重量(t)	箱数(个)(TEU)	重量(t)	
1986	278 233	2 629 797	289 813	2 490 914	按 17 个港口
1987	316 275	3 203 619	324 419	2 867 506	17 个港口
1988	465 397	4 572 776	435 564	4 334 347	20 个港口
1989	547 706	4 686 999	542 543	5 592 498	20 个港口

表9 对外开放港口外轮进出港情况(按沿海港口分)

年 份	进港船舶			出港船舶			备 注
	船数(艘)	总吨(万 t)	船员人数(人次)	艘数(艘)	总吨(万 t)	船员人数(人次)	
1986	12 783	7 856	244 867	14 046	8 748	257 337	按 27 个港口
1987	13 896	8 788	257 849	12 780	8 543	255 357	31 个港口
1988	13 993	9 416	288 261	13 891	9 300	293 541	28 个港口
1989	17 756	10 081	288 662	17 651	10 015	283 053	32 个港口(包括黑龙江)

表10 水运部门沿海和远洋运输机动船及载客量

年份	沿海				远洋			
	艘数(艘)	总吨(吨位)	总载重量(吨位)	载客量(客位)	艘数(艘)	总吨(吨位)	总载重量(吨位)	载客量(客位)
1986	2 431	424 100	594 012	23 355	295	312 688	445 557	4 263
1987	2 811	3 647 047	5 236 645	71 739	939	8 650 171	13 870 447	6 246
1988	2 666	3 779 671	5 466 956	73 304	1 037	9 184 042	14 742 109	6 066
1989	2 637	3 976 642	5 772 254	77 135	1 131	9 522 551	15 209 034	6 967

【海上运输科研队伍发展】 交通部直属的从事海上运输科研的单位有水运科学研究所、上海船舶运输科学研究所、天津水运工程科学研究所和海洋水下工程科学研究所。交通部属企事业单位从事海上运输的科研机构有上海港、大连港、青岛港等科研所;上海、广州、烟台三个救捞局科研所;天津、广州、上海三个航运局科研所;天津港湾工程科学研究所;海船规范科学研究所;第二、三、四航务工程局科研所以及大连海运学院、上海海运学院、武汉水运工程学院等。另外地方省市从事海上运输的科研机构有10多个。

海上运输科研队伍1986～1989年总人数变化不大,基本维持在8 000人左右,其中科研人员5 000多人,但人员结构却发生了显著的变化:具有高级职称的人数1986年不足100人,1989年上升到600多人,具有中级职称的人数也由1986年2 000人增加到1989年2 500人。这些变化说明海上运输科技人员已初具规模,人员素质有较大提高,结构比例也日趋合理。

【海上运输科技成果】 1986～1989年,海上运输科技成果获奖60余项,平均每年获奖15项。

软科学研究 1986年国务院以国办发40号文,正式颁布12个领域技术政策,"交通运输技术政策研究"是其中之一。这项研究获1987年国家科技进步一等奖。1986年以来交通部先后组织了"煤炭海运系统的优化论证"、"港口水上过驳作业系统"、"国际集装箱运输系统优化论证"、"2000年中国交通运输"、"2000年中国水运、公路交通科技、经济和社会发展规模大纲"、"2000年交通运输发展战略研究"等大型软科学研究项目;这些研究为海上运输规模和各级领导决策提供了科学依据。

攻关项目及成套技术研究 "六五"国家攻关项目"软土地基加固处理和真空预压袋装砂排水加固软基的研究"、"大直径预应力钢筋混凝土管桩研制"等已广泛应用于沿海港口建设。"散粮筒仓技术"1986年在湛江港投入应用。"集装箱运输技术成套系统"已在广州港和青岛港投入使用,经济效益显著。"300m氦氮氧饱和潜水试验"是深海打捞、海洋考察所必不可少的,此试验1987年由海洋水下科学研究院完成。

新技术开发应用 大连海运学院研究的"离子轰击热处理技术"已向国外输出;在船舶自动化方面,上海船舶运输科学研究所在"长顺轮无人机舱自动化系统装置研究"取得重大进展后,又研制了"CX88和JK88十六位微位监测系统"和"超大屏幕高亮度彩色多功能显示系统",这些研究都达到80年代国际先进水平。1987年交通系统3项发明成果首次参加第十五届日内瓦国际发明新技术展览会全部获奖,其中"15t滑块式多瓣抓斗"获金奖,"分离油污水及实施该方法设备"获镀金奖。

国际合作 海运方面国际合作交往增多。主要有中国和美国合作开展泥沙方面的研究、与加拿大合作的"防止粉尘污染港口技术"、与日本合作的"防止漂沙淤积港湾的对策和防止海洋溢油污染的对策"研究等。

(潘忠琴)

【海运技术政策简介】 1986年国务院以国办发40号文,正式颁布12个领域技术政策。这些研究成果获1987年国家科技进步一等奖,"交通运输技术政策"研究是这12个领域之一。在"交通运输技术政策"中,有关海运技术政策,简介如下:

港口 沿海岸线的水域应本着深水深用、浅水浅用的原则;总体规划要与经济布局、城市建设和船型发展密切结合,逐步形成完善的港口体系。提倡发展专业化泊位。港口应因地制宜地发展多种集疏运方式;有条件的港口要积极发展水上过驳作业。煤炭等大宗散货专业化泊位应发展高效率、低能耗连续式卸船机械,在量大、货流稳定、运距较短的航线上积极发展自卸船工艺,集装箱泊位应以集装箱岸边起重机为主。港口固定机械的动力应尽量以电力驱动为主。流动机械应尽量采用柴油机的动力。件杂货集装箱和码头前沿一般不宜修铁路装卸线。

航道 对于航标的配置应以适应航道发展、江海衔接为原则。海区水上航标设施采用国际海上浮标系统。电气化是航标灯能源的发展方向。航标器材要提高可靠性，采用强光源，向小型化、集成化、标准化发展。

船舶运输 运输船舶的定位结构应与港口、航运和货源的变化相适应。海洋船队逐步提高专用船的比重，海洋船队以采用机动船为主，条件适宜的地区可采用顶推船组，积极发展集装箱运输。沿海客运以发展客货船为主，开发 海峡渡轮和旅游船舶。研制新型船舶，如浅吃水肥大型船、自卸船、客货兼用的滚装船、江海直达运输船、散装化学品船、节能新型船及高速客船。对于老旧船舶应加速更新换代。海船的动力装置以低速柴油机为主。

通讯和导航 对于海岸电台应普及单边带电话，有选择的开放数字选呼、窄带直接印字电报、传真通信。重要港口实现船岸高频无线电话。加速卫星通信，建设海事卫星岸站。港口地区通信枢纽，近期以采用纵横交换为主，今后主要发展数控交换机，逐步向数字通信枢纽过渡。加速完善船舶导航设施。无线电定位系统近期仍沿用劳兰 A，逐步以劳兰 C 取代，并利用卫星定位系统为辅助。在有条件的重要港口，建立港口导航设施和实验性港口交通管理系统。 （潘忠琴）

【一种计算近海海浪要素的新方法】 确定近海区的海浪，首先要定出向岸和敞海各方向的风速、风区和水深。向岸一方各向的风速，采用岸边气象站或海洋站，一般近海的风速比岸边大一二级、可用公式校正；风区，从岸边用直线或等效风区计算出近海某计算点的风区值；水深，沿各方向的不同水深值进行平均，加上有关潮位值；据此求出各向的波高值。但如何确定敞海一面的波高，迄今尚无成熟理论和计算方法，在不得已情况下用历史地面天气图来推求，由于要从天气图 1/1000 万的比例图中，确切定出计算点位置和水深极为困难，加上其它种种误差，由此导出的波浪精度极差。为此，鲍强生利用岸边实测波浪以及有关波浪计算值，经过折射外推，然后平移到某计算点的波高等（用 DSM 方法计算）。经过向岸及敞海各方位求出的波高值，可绘制成波浪玫瑰图，设计波浪值以及外业作业天数等各种有关计算值。

本方法可为海上建筑物、水产、石油和矿藏的开发，海上平台、海上施工以及军事等部门和单位提出了必要的基础资料和重要依据。 （鲍强生）

【海洋运输船舶】 海洋运输船舶正朝着自动化、集装箱化和节能化方向发展，1986 年以来中国在这方面取得了较大进展。

1. 成功地自行设计建造了一批具有国际先进水平的船舶。主要有 16 000 吨级多用途货船，采用了快速性与稳性兼优的极 V 线型，加上合适的球首、球尾，技术指标先进。其它代表性的有航行于中国沿海以运输煤炭为主的 35 000 吨级散货船以及 63 000 吨级原油运输船等。

2. 与国际联合设计由中国船厂建造的新型船舶。如 64 000 吨载重量散货船，可装 3 760 辆小轿车的汽车滚装船。航行时可一人驾驶高度自动化的带有 554 只冷藏箱的 2 700 箱全集装箱船；8 014m^3 冷藏船；可一人驾驶和一人遥测、遥控全船货油及压载水的高度自动化的采用 Superflux Ⅲ 型结构全双壳结构的 69 000 吨成品油轮；这些船型中国都是首次建造，有些在世界上也属首创，例如 2 700 箱全集装箱船在德国被称为“未来船型”，是在完成了多项研究课题、提高技术经济性能后 80 年代后期新发展的船型。

3. 发明多种赶上世界水平的节能新技术。一是在尾部线型上采取措施，减少阻力或回收旋转能量提高推进效率，如尾端球、球尾、双尾鳍、涡尾及不对称尾等，可节能 3～20%；二是在螺旋桨前后采用补偿导管、舵附推力鳍、助推轴支架和反应舵等，节能达 4～14%。具有代表性船舶的主要性能要素见表 11。

（许学彦）

【海港工程技术船舶】 中国自行研制的各种挖掘船、起重船、打桩船、抛卸船、航标船、打捞船、破冰船、潜水支援船等，目前正服务于各海港中，在航道整治、港口建设、防险救助以及海洋开发诸领域中作出贡献，其中不少船型分别获得国家、部委、省市的科技进步奖，有些船舶的造型与布置由于设计成功而为国外同行仿效。

80 年代中国建设的具有代表性的海港工程技术船舶主要有下列数种：

1. 4 500m^3 耙吸式挖泥船，在长江口整治工程中发挥重大作用，其生产能力接近 70 年代末从荷兰进口同型船水平。

2. “津浚 17”1.47×10^3kW 沿海绞吸式挖泥船和微机控制的 7.34×10^2kW 绞吸式挖泥船采用电液自动化定位桩合车、水上拼装等新技术，接近国际水平。

3. “北海 102”1×10^4kW 远洋救助拖轮，多用途大功率，高度自动化，振动小，噪音低。

4. “C723”6.6×10^3kW 破冰拖轮，破冰厚度能力达 0.8～1.2m。

5. 65m 打桩船，采用了桩架可自动倾倒、纵横倾自动平衡装置等新技术。

6. “勘察”一、二号深潜器母船分别装备了 SM358－2 及 SM360 深潜系统，可在水下 300m 处进行观察，水下 200m 内潜水员可出入。

7. “B－15”大型航标船将于 1990 年初交付使用。

（刘维倩 王忠复）

表 11 近年来中国建造海洋运输船舶规格要素表

序号	船型名称	主要尺度(m)					船级	载重量(t)	航速(kn)	续航力(n mile)	主机			主电站	交船年份	其他特点
		总长	两柱间长	型宽	型深	设计吃水					型号	数量	连续服务功率 kW			
1.	35 000 吨级散货船	195	185	32	15.2	10	ZC	39 800	14.3	10 000	sulzer6 RTA52	1	7 182	柴油发电机组 440kW×3台	1989	球首,球尾,双舵
2.	64 000 吨级散货船	255.6	215	32.2	18	12.5	BV	61 718	14.5	29 000	HD－B&W 5L7OMCE	1	8 076	柴油发电机组 750kVA×2台 轴带发电机 500kM×1台	1987	球首,球尾,前置导管,符合DOT要求
3.	16 000 吨级多用途货船	159	148	23	13.6	9	ZC 和 PRS	15 800	15.6	12 500	B&W 5L60MCE	1	4 703	柴油发电机组 585kW×3台	1987	球首,球尾,极V线型,前置导管首侧推
4.	2 700 箱全集装箱船	233.92	220.42	32.2	18.8	11	GL	32 800	21	35 000	sulzer 7RTA84＋EB	1	19 430	柴油机发电机组 2 200kW×2台 1 300kW×2台	1990	球首,不对称球尾,首侧推,平稳导管集中式制冷系统,7 000 秒重油,变频电制,高度自动化系统
5.	3 760 辆汽车滚装船	182.79	170.5	29.6	21.2	7.75	GL	9 600	17.5	25 000	B&W 6L60MCE	1	5 820	柴油机发电机组 920kW×2台 轴带发电机 700kW×1台	1988	SV球首,球尾,大侧斜桨,带costa球的是挂舵,首侧推,部分船体用低合金高强度钢
6.	8 014m^3 冷藏船	120.5	111.6	18.55	10.15	6.15	GL	3 300	18.4	10 000	sulzer 5RTA52	1	5 652		1990	球首、艏侧推,货仓制冷系统,自动监控,无人机仓
7.	25 500 吨级成品油舱	163	155	26	14.3	10	LR	26 400	14.0	15 000	B&W 5L60MCE	1	5 559	柴油发电机组 456kW×3台	1990	球首,开式尾,二道纵壁
8.	63 000 吨级油轮	224.6	217	32.2	19.6	12.75	ZC	62 140	14.0	20 000	HD－B&W 6L60MCE	1	8 900	柴油发电机组 500kW×3台	1987	球首,方尾,专用压载水仓
	69 000 吨级成品油轮	228.6	223	32.24	19.5	12.47	DNV	59 239	14.5	15 000	B&W 5L80MCE	1	8 455	柴油发电机组 960kW×2台 轴带发电机 800kW×1台	1987	球首,球尾,双壳,油仓特壁,液压深潜泵,高度自动化
10.	80 000 吨级油轮	240.7	230	41.2	21	12.2	DNV	79 400	14.5	20 000	B&W 6S70MCE(D)	1	8 804	柴油机发电机组 700kW×3台	1990	球首,球尾,双底,双舷高度自动化

海洋盐业及海水化学资源开发

【海盐生产】 1986～1989年，中国盐业发展较快。盐的总产量1985年为1 477万t，1986年增加到1 783万t，1989年为2 803万t，平均每年增长17.33%。四年平均年产量2 146万t，仅次于美国和苏联，居世界第三位。海盐在全国盐业的总产量中的比重占60%以上，四年平均年增长16.39%，平均年产量1 356.5万t，为世界各海盐生产国之首。1986～1989年海盐产量见表1。

中国海盐产区，北起辽宁、南至广西壮族自治区，沿海10个省市。1989年海盐盐田生产面积为3 323km²，其中：北方海盐区（包括辽宁、河北、天津、山东、江苏）为2 817km²，南方海盐区（包括浙江、福建、广东、广西、海南）为506km²；海盐单位生产面积产量四年平均为42.44t/万m²，其中北方海盐区平均为42.40t/万m². 海盐的质量比较稳定，优质一级品率一般在85%以上，氯化钠含量在95%以上。

为满足食盐市场的需要，海盐区发展了加工盐生产，主要有真空精制盐、粉碎洗涤盐和粉洗精盐，1989年几种加工盐合计产量为200万t。此外，还发展了以上述加工盐为系列的深加工生产，例如加碘盐，调味盐、低钠盐等，1989年生产的品种在30种以上。

海盐生产企业中，有大中型盐场14个，其中北方海盐区13个，南方海盐区1个，1989年产盐能力800万t，占海盐产量的55%。产盐能力过百万吨的有河北南堡新生盐场和天津长芦塘沽盐场。

海盐的生产技术有明显的进步。四年中，进一步推广了"三化"、"四集中"、塑苫结晶、塑料薄膜铺底防渗等技术。北方海盐区因地制宜推广了"新、深、长"工艺，改进了水力管道输盐，联合收盐，堆坨、拆坨、集运等技术装备。海盐生产、维修机械化程度达到50～60%。

海盐生产企业管理水平也有不同程度的提高。近几年来，开展了企业升级活动，促进了盐业的企业管理。1988年，有山东羊口盐场、东风盐场、高岛盐场、莱州盐场4个海盐场进入了国家二级企业行列，1989年又有山东南万盐场、菜央子盐场、天津汉沽盐场、河北南堡新生盐场、黄骅盐场等5个海盐场被评为国家二级企业。

（史保林）

表1　1986～1989年中国海盐产量　　(单位：万t)

	1986年	1987年	1988年	1989年	四年平均产量	平均每年增长(%)
海盐合计	958.87	1 098.60	1 482.70	1 885.84	1 356.50	16.39
其中：北方海盐	848.91	887.20	1 242.70	1 683.44	1 165.56	19.07
南方海盐	109.96	211.40	240.00	202.40	190.94	1.60

【海盐盐化工】 制盐母液（苦卤）的综合利用是中国海盐生产的重要技术经济政策之一。有条件的盐场均建有盐化工厂，生产氯化钾、溴、氯化镁、无水硫酸钠等产品及其深加工的系列化产品共约50余种。这不仅有效地进行了卤水资源的综合利用，同时也控制了因排出大量苦卤带来的环境污染。

1986年以来，盐化工生产，尤其是溴的生产发展很快，其生产技术也有较大进步。（1986～1989年北方海盐区主要盐化工生产情况见表2）。

1. 溴：1987年中国溴产量8 455.35t，其中北方海盐区产溴8 087.03t，占95.64%。由于近年来溴的需要量逐年增加，市场紧张，中国的制溴业借鉴日本、英国的制溴技术，在老卤（制氯化钾母液）蒸馏制溴工艺的基础上发展了以中度卤水（13～15°Be′）和苦卤为原料的空气吹出制溴工艺，使制溴生产和技术跃上了一个新台阶，特别在降低能耗、消除污染、提高经济效益方面成果突出。空气吹出法制溴有三种工艺流程：空气吹出纯碱吸收尾气排空；空气吹出二氧化硫吸收尾气排空和空气吹出二氧化硫吸收尾气封闭循环。（见工艺流程图1、2、3、）。

近几年来制溴生产开发的新技术、新装备主要有：(1)二氧化硫（亚硫酸）吸收工艺；(2)高效填料的应用；(3)顺流喷雾捕沫吸收；(4)静态混合器应用；(5)蒸馏废液回收；(6)尾气封闭循环技术，此项技术解决了每生产 1t 溴所排出的 60～70 万 m^3 含有氯、溴、二氧化硫废气排空造成的污染，并有效地回收了这些有效成份，具有一定的经济效益和社会效益；(7)耐热、耐腐成套玻璃蒸溴装置的应用，该装置体积小，车间占地面积仅为原来的 1/3，厂房建筑高度也由原先的 15～18m 降至 8m，大大节约了建设资金；该装置的另一优点是节约能源，密封性能好，有利于环境保护。

通过这些技术的应用，使中国的制溴技术达到了国际先进水平，并获得了不少科技成果奖。1986～1989 年，获得轻工业部科技进步二等奖 2 个(山东省盐业公司、羊口盐场)、三等 奖 1 个(汉沽盐场)；国家科技进步三等奖 1 个(羊口盐场)；国家经委新技术开发奖 1 个(汉沽盐场)。溴的产品质量达到国际标准，有 3 个企业的溴产品获国家银牌奖(塘沽盐场、汉沽盐场、羊口盐场)。

2. 利用制氯化钾副产品混合盐(高低温盐)生产硫酸镁技术 1989 年通过鉴定，此项技术为氯化钾生产过程中排 出的废渣的综合利用又开辟了一个新途径。

3. 中国现已能生产白色片状氯化镁，并达到出口要求。

(王芝芳)

表 2 1986～1989 年北方海盐区主要盐化工产品产量 (单位 t)

年 份	地 区	氯 化 钾	溴	氯 化 镁	无水硫酸钠
1986	累计	26 789.30	3 564.80	203 511.60	65 164.20
	辽宁	5 527.00	452.20	40 985.00	18 549.00
	河北	3 063.00	281.60	9 233.00	11 232.60
	天津	12 248.00	1 039.00	98 710.00	7 764.60
	山东	975.00	1 161.00	5 744.00	27 618.00
	江苏	4 976.30	631.00	48 839.60	—
1987	累计	21 965.94	3 775.73	166 387.77	53 154.00
	辽宁	3 887.00	352.00	33 994.00	26 339.00
	河北	1 686.00	136.23	9 357.00	533.00
	天津	8 652.94	856.89	64 249.12	7 674.80
	山东	1 973.00	1 639.30	4 616.00	18 608.00
	江苏	5 767.00	791.31	54 171.65	—
1988	累计	25 304.46	5 907.82	202 734.00	38 371.00
	辽宁	4 095.00	379.21	32 400.00	12 899.00
	河北	1 961.00	140.22	10 116.90	5 421.00
	天津	10 291.00	1 438.00	82 375.10	3 524.00
	山东	2 096.00	3 053.49	12 914.00	16 527.00
	江苏	6 861.46	896.90	64 928.00	—
1989	累计	31 805.77	8 087.03	258 528.83	30 801.85
	辽宁	7 173.00	604.30	57 131.00	14 986.00
	河北	4 040.30	530.70	20 669.20	3 802.85
	天津	11 678.00	1 464.00	95 778.63	1 809.00
	山东	1 847.00	5 414.70	18 963.00	10 204.00
	江苏	7 067.47	71.33	65 987.00	—

【盐田生物技术开发】 现代海盐生产应用的盐田生物技术对提高原盐单位面积产量和原盐质量起了很大作用，其技术途径主要是：在适宜条件下通过营养因素(主要是氮肥和磷肥等)调节盐场卤水蒸发池中各种嗜

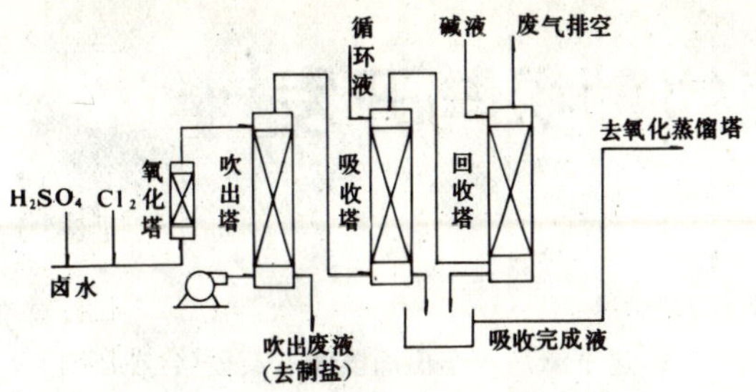

图 1 空气吹出碱吸收工艺流程图

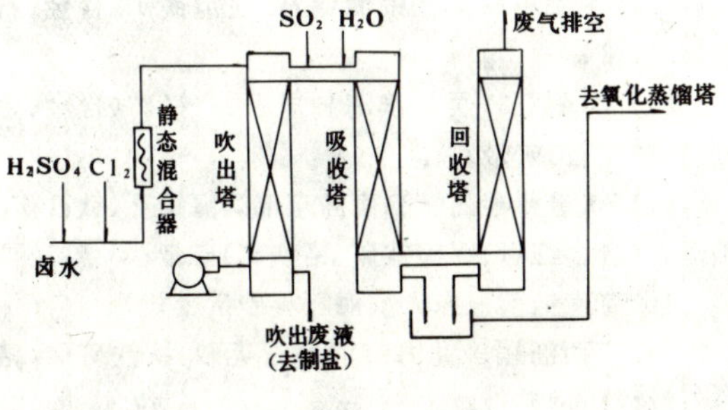

图 2 空气吹出二氧化硫吸收工艺流程图

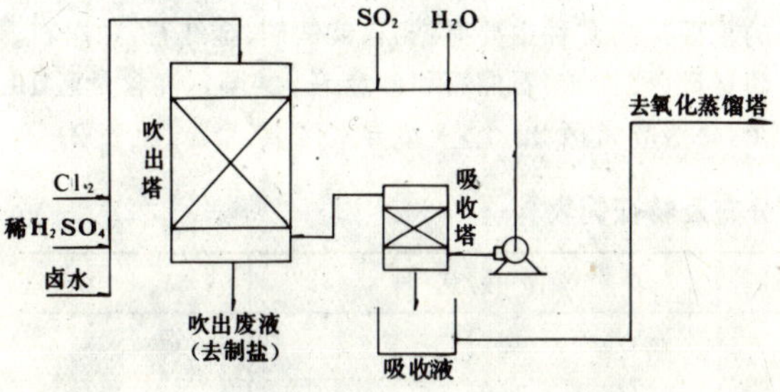

图 3 空气吹出二氧化硫吸收尾气封闭循环工艺流程图

盐生物类群比例和数量，使之在池底形成适应厚度的生物垫层，以减少盐田卤水渗漏量；利用生活于卤水中某些生物的颜色(如：嗜盐菌呈红色)增加卤水对太阳能的吸收量，加快卤水蒸发速度，提高原盐单位面积产量；通过人工繁殖、合理捕捞等手段调控中级制卤区滤食性低等甲壳动物卤虫的密度，以卤虫滤食活动清除卤水中不溶性浮颗粒、有机碎屑和微小的单细胞悬浮游藻类、增加卤水净化程度，提高原盐质量。

轻工业部制盐工业科学研究所 80 年代初开始对盐田生物领域进行研究。1986 年以来，承担了联合国开发计划署援助的“盐田卤水生物技术”项目，在盐田生物防渗、净化卤水提高盐质及建立合理的生物生态系统方面获得了大量成果。盐田生物技术国际研讨会将于 1990 年召开。

【从盐藻中提取天然β—胡萝卜素】 中国海盐区分布在沿海十个省市，具有大量养殖盐藻的条件。轻工业部制盐工业科学研究所承担“七五”攻关项目“从盐藻中提取β—胡萝卜素”，已建立室外盐藻养殖池 1.7 万 m^2 和处理 30t/a 藻糊的胡萝卜素提取车间及相应的配套设施。收藻后，在提取车间经提取加工便可获得天然β—胡萝卜素晶体、悬浮体、植物油溶液和水溶乳浊液或干粉等产品。

该项目具有广泛的推广价值，并已于 1990 年通过鉴定。其工艺过程如下图：

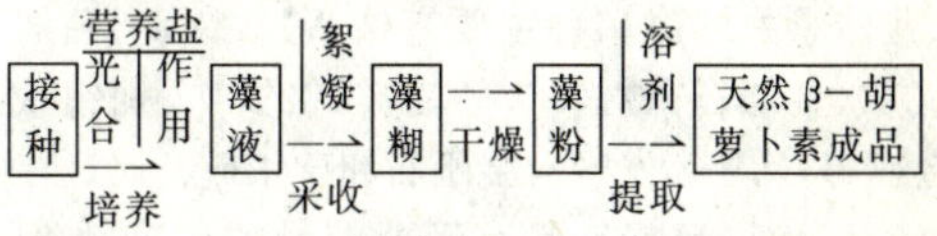

密度 密度

5×10⁴～10×10⁴/ml 50×10⁴～80×10⁴/ml

(史保林)

【盐业水产养殖】 1980 年以来，沿海盐场利用盐田低盐度水面，开发了以对虾为主的养殖业。1986～1989 年，盐业海水养殖业在辽宁、河北、天津、山东、江苏、浙江、广东、广西、海南等 10 个省、市、区都有较大发展。截止 1989 年底，盐业对虾养殖面积达 15 万亩，产量 1.2 万 t。1986～1989 年全行业合计产虾 5.1 万 t，出口创汇约 1 亿美元(见表 3)。目前全行业建成冷库 55 座，冷冻能力 1 万 t；对虾育苗场 44 座，育苗水体 4.8 万 m^3。饵料加工场 60 座，从事对虾养殖职工 1 万人；同时，多数企业的对虾养殖生产，从亲虾越冬、育苗、养殖、饵料加工到出口已成龙配套，使对虾养殖成为海盐业三大经济支柱(盐、盐化工、虾)之一。(石 奇)

表 3 盐业行业水产养殖状况

	1986	1987	1988	1989
养殖面积(万亩)	24.35	21.35	22.1	15.31
其中对虾养殖面积(万亩)	20.70	19.28	—	15.31
养殖产量(t)	16 041.5	17 000	15 379	—
其中对虾产量(t)	10 436	15 291	13 769	12 134

海底固体矿产资源的勘探与开发

【海底固体矿产资源分类】 根据海底固体矿产的产状及其出产水深，可将海底固体矿产大致分为五类：滨海砂矿、浅海砂矿、深海锰结核和锰结壳、海底煤矿及其它存在于基岩中的金属矿产、海底多金属热液矿。目前中国进行勘探与开发利用的主要是滨海砂矿。

（杨启伦）

【中国滨海砂矿及其产地分布】 中国目前已探明的具有工业储量的滨海矿种主要有锆石、钛铁矿、独居石、磷钇矿、金红石、磁铁矿、砂锡矿、铬铁矿、铌钽铁矿、砂金矿等，此外还发现有金刚石和砷铂矿。

据统计，中国已探明具有工业储量的矿产地 91 处，各类不同矿种的矿床数 140 个，重要矿点 157 处（见表 1）。

根据不同矿种在海岸带的分布特点，结合区域地质构造和成矿条件分析，可将中国滨海砂矿划分为 12 个成矿带：

1. 辽东半岛北黄海沿岸锆石、砂金矿带；
2. 山东半岛莱州湾东部滨海砂金矿带；
3. 山东半岛北黄海滨海石英砂矿带；
4. 山东半岛南黄海滨海锆石（含钛铁矿、磁铁矿、金红石）矿带；
5. 福建平潭岛－车山岛滨海石英砂（含独居石、钛铁矿、锆石）矿带；
6. 广东饶平－海丰滨海锆石、独居石（含钛铁矿）矿带；
7. 广东海丰－阳江滨海锡石、铌钽铁矿（含金、石英砂）矿带；
8. 广东阳江－吴川滨海独居石、 钇矿（含金、金红石、锆英石）矿带；
9. 广东雷州半岛－海南岛东部滨海锆石、钛铁矿、独居石（含金红石、铌钽铁矿、铬铁矿）矿带；
10. 海南铺前－东方滨海石英砂矿带；
11. 广西沥尾－北海市滨海石英砂、钛铁矿（含锆英石、金红石）矿带；
12. 台湾西海岸滨海锆石、独居石（含磁铁矿）矿带。

（谭启新）

【中国浅海砂矿及其分布】 在中国附近海区已发现的重要矿物矿种主要有锆石、钛铁矿、金红石、独居石、磷钇矿、磁铁矿、石榴石和砂金等。共圈定高含量区 19 个，Ⅰ级异常区 22 个，Ⅱ级异常区 27 个。（见表 2）

表 1 中国滨海砂矿分布及特征简表

省份	编号	产地	主要矿种	伴生矿种	成因
辽宁	1	庄河县英那河小孤山	锆石	磷钇矿	冲积
	2	新金县金厂湾及澄沙河等 16 个矿区	锆石 金	钛铁矿、磁铁矿、金红石、独居石、磷钇矿、铌钽铁矿	冲积、海积 冲积
	3	复州县、复州河岚崮山	金刚石	磷钇矿、钛铁矿	
	4	盖县仙仁岛	锆石 独居石	金红石	海积
河北	5	山海关－秦皇岛－北戴河	锆石 独居石	金红石、锡石	海积
山东	6	掖县三山岛	金		残坡积、海积
	7	招远诸河流 *	金		冲积、冲洪积
	8	黄县屺姆岛	石英砂		海积
	9	牟平县云溪	石英砂		风积、海积
	10	威海双岛	石英砂		风积、海积
	11	荣城旭口	石英砂		海积
	12	荣城仙仁桥	石英砂		海积
	13	荣城石岛	锆石	钛铁矿、磁铁矿、金红石	海积、冲积 残坡积
	14	乳山白沙滩	锆石	钛铁矿、磁铁矿	海积、冲积

续表 1

省份	编号	产　地	主 要 矿 种	伴 生 矿 种	成　因
山东	15	乳山风城	锆石	钛铁矿、磁铁矿	海积
	16	胶南白果树	锆石	磷钇矿、金红石	海积、冲积
	17	日照县王家皂	石英砂		海积
	18	日照县石臼所—金家沟	磁铁矿	铌钽铁矿	海积
江苏	19	连云港田湾	石英砂		海积
浙江	20	巨山冷峙	独居石	锆石、钛铁矿、金红石	海积
	21	舟山桃花岛	独居石	锆石、钛铁矿	海积
福建	22	宁德漳湾	磁铁矿		海积
	23	宁德平潭	石英石		海积
	24	晋江华峰	石英石		海积
	25	晋江金井围头	锆石、独居石	钛铁矿、磁铁矿	海积
	26	厦门黄厝	独居石	钛铁矿、磁铁矿	海积
	27	漳浦赤湖	石英砂		海积
	28	古雷半岛东林	锆石	金红石、钛铁矿	海积
	29	东山梧龙	石英砂		海积、风积
	30	东山山迹	石英砂		海积
	31	绍安宫口	锆石、钛铁矿	独居石、磷钇矿、金红石	海积
广东	32	饶平碧岗	独居石	锆石、钛铁矿、金红石、磁铁矿	海积
	33	陆丰甲子	锆石、钛铁矿	独居石、金红石、锡石	海积
	34	陆丰滴水	锆石、钛铁矿	独居石、金红石、锡石	海积
	35	陆丰上英	锆石、钛铁矿		海积
	36	海丰杨柳埔	锡石	钛铁矿、独居石、锆石、金红石	海积
	37	惠阳平海碧角	石英砂		海积
	38	珠海下栅	石英砂	钛铁矿	海积
	39	新会斗门	石英砂		海积、冲积
	40	台山园山头*	锡石	铌钽矿、钛铁矿、独居石、锆石	冲积
	41	台山大洋	褐钇铌矿	磷钇矿、锆石、金、锡石	冲积
	42	阳江平兰	金	磷钇矿、独居石、锆石	海积
	43	阳江丹南	独居石	锆石、钛铁矿、金红石、磁铁矿	海积
	44	阳江溪头	石英砂	钛铁矿、磁铁矿	海积
	45	阳江南山海	独居石、锆石、钛铁矿		海积
	46	电白沙尾	磷钇矿、独居石、锆石、钛铁矿		海积
	47	电白马店河	独居石、锆石、磷钇矿	金红石	海积
	48	电白鸡打港	独居石	磷钇矿、钛铁矿	海积
	49	电白电城	独居石、磷钇矿、锆石	钛铁矿	冲积、海积
	50	电白博贺	独居石	锆石、钛铁矿、磷钇矿	海积
	51	电白孟信坡	磷钇矿、独居石、锆石、钛铁矿		海积
	52	吴川吴阳	磷钇矿、独居石、锆石、钛铁矿		海积
	53	徐闻柳尾	锆石、金红石、钛铁矿、独居石	铌钽铁矿	海积
	54	文昌铺前	锆石、钛铁矿、石英砂	金红石、独居石	海积
	55	文昌白延—清澜	锆石、铬铁矿		冲积、海积
	56	文昌烟墩	独居石、钛铁矿、锆石	金红石、铬铁矿	海积
	57	文昌三更寺	独居石、钛铁矿、锆石	铬铁矿	海积
	58	文昌沙笔	钛铁矿、锆石、铬铁矿	铌钽铁矿	海积
	59	琼海潭门	钛铁矿、锆石、铌钽铁矿、铬铁矿	独居石	海积
	60	琼海博鳌	锆石、钛铁矿、独居石	金红石	海积
	61	万宁南港	钛铁矿、独居石、锆石	金红石、铬铁矿、锡石	海积
	62	万宁横山	钛铁矿、锆石	独居石、金红石	海积
	63	万宁小海	钛铁矿、锆石	独居石	海积

续表 1

省份	编号	产地	主要矿种	伴生矿种	成因
广东	64	万宁保定	钛铁矿、锆石、独居石	金红石、铌钽铁矿	海积
	65	万宁东澳—尤保	钛铁矿、锆石	独居石、金红石	海积
	66	万宁长安	钛铁矿、锆石	独居石、金红石	残坡积、冲积
	67	万宁兴隆	钛铁矿、锆石		残坡积、冲积
	68	万宁坑龙	钛铁矿、锆石	砷铂矿	海积、冲积
	69	陵水乌石—港坡	钛铁矿、锆石	独居石、金红石	海积
	70	陵水陵水河	锆石、钛铁矿	独居石、金红石	冲积、海积
	71	陵水新村港	钛铁矿、锆石	磁铁矿、金、独居石、	海积
	72	陵水万洲坡	锆石、钛铁矿	独居石、金红石、铌钽铁矿	残坡积、冲积
	73	崖县南田	锆石、钛铁矿	磁铁矿	冲积
	74	崖县马岭	钛铁矿、锆石	金红石、独居石	海积
	75	崖县保平	锆石、钛铁矿	独居石、铬铁矿、褐锡铌矿、磷钇矿	海积
	76	东方县八所	石英砂	钛铁矿、锆英石、独居石	海积
	77	儋县龙山	钛铁矿	锆石、独居石、金红石	海积
	78	儋县新隆	石英砂	锆石、独居石、金红石	海积
广西	79	合浦新圩	磁铁矿	钛铁矿、铬铁矿、独居石、磷钇矿	海积
	80	北海市白虎头	石英砂	钛铁矿、锆石	海积、风积
	81	电白寨—大墩海	石英砂		海积
	82	官井—村屋—民丰	钛铁矿	锆石、金红石	海积
	83	犀牛脚-三娘湾-沙角	钛铁矿	锆石、金红石	海积
	84	防城山心村	石英砂		海积、风积
	85	天堂坡	石英砂		海积
	86	尾	钛铁矿		海积
	87	防城巫头	石英砂	锆石、金红石	海积
	88	防城锉头	钛铁矿	锆石、金红石	海积
台湾	89	台北金山双溪	钛铁矿		海积
	90	台西北新竹—苗栗	独居石、锆石		海积
	91	台西南东石—北门	独居石	锆石	海积

表 2　中国浅海及邻海砂矿异常及相对高含量区特征表

海区	编号	位置	矿种	含量(%)	级别	面积(km^2)	水深(m)	岸距(km)	沉积物类型	地形地貌
渤海	1	六股河口东北	石榴子石 钛铁矿	10～15 20～30	高含量		0～20	20	细砂,粉砂	水下沙坝,古河谷,沙脊
	2	辽东湾东部	石榴子石 钛铁矿 锆石	10～15 20～30 >5	高含量		0～20	15	细砂,粉砂	沙脊群,海湾堆积平原
	3	滦河口至大庄河口外	磁铁矿 锆石 石榴子石 钛铁矿	>5 >5 10～15 20～30	高含量		0～20	10	细砂,粉砂为主	古河谷,冲刷槽,浅滩
	4	辽东浅滩	磁铁矿 锆石 石榴子石 钛铁矿	>5 >5 10～15 20～30	高含量		0～20	50	细砂和粉矿为主	沙脊群,古阶地
	5	莱州湾东部	金	>0.025g/m^3	高含量		0～15	4	细砂,粉砂,泥,中粗砂,砾砂	水下沙坝,浅滩

续表 2

海区	编号	位置	矿种	含量(%)	级别	面积(km²)	水深(m)	岸距(km)	沉积物类型	地形地貌
北黄海	6	渤海海峡	钛铁矿	≥10	高含量		0～50	15	砂,细砂,粉砂,泥	冲刷槽,古阶地
	7	渤海海峡东侧	锆石	>1	高含量		50	45	粉砂质细砂为主	古阶地
	8	辽南沿岸庄河口外	锆石	>1	高含量		<30	15	细砂,粉砂质细砂	岛屿地貌,浅滩
	9	长山群岛南侧	石榴子石	>20	高含量		20～50	70	粉砂质细砂,细砂,泥质粉砂	岛屿地貌,浅滩
	10	海洋岛东南	钛铁矿 石榴子石	>10 >20	高含量		20～100	240	中细砂,细砂	岛屿,砂脊群
	11	山东半岛成山角外	锆　石	>20	高含量		0～50	45	泥质粉砂,粉砂	古河谷,侵蚀崖
南黄海	12	山东石岛湾	锆石		Ⅰ		<20	3	细砂	海湾掘蚀洼地
	13	丁字港外	锆石 石榴子石	0.0169～0.0597 0.0628～0.2724	Ⅰ	75	0～10	11	细砂,粉砂质砂	冲刷岸坡,河口
	14	灵山岛西南	锆石	0.0601	Ⅰ		20～25	7	含结核中细砂	冲刷岸坡,古阶地
	15	朝连岛东侧	石榴子石	0.138～0.2633	Ⅱ	400	35～40	55	含结核砂,粉砂质泥,砂质粉砂	古滨海平原
	16	石臼所—斋堂岛外侧	锆　石 石榴子石	0.0131～0.1637 0.056～0.4778	Ⅰ	600	15～25	17	含结核中细砂,粉砂质砂	水下岸坡,古滨海平原
	17	石臼所东40km	锆石 石榴子石	0.0325～0.1051 0.3622	Ⅰ	35	25～27	30	含结核粉砂质砂	古滨海平原
	18	海洲湾东侧的平岛—达山岛一带	锆　石 石榴子石 钛铁矿	0.0132～0.2 0.0513～0.4897 0.1307～0.5311	Ⅰ	3300	5～30	40	含结核中粗砂,中细砂,粉砂质砂,泥质砂	海湾浅滩,古黄河三角洲浅滩
	19	平岛—达山岛东一带	锆石	0.0138～0.075	Ⅰ	175	25～35	70	含结核粉砂质砂	古黄河三角洲浅滩
	20	五条沙东	锆石 金红石 钛铁矿 石榴子石	0.0111～0.0753 0.1267～1.2097 0.0129～0.0799 0.022～0.765	Ⅱ	9750	15～55	120	粉砂质砂,细砂,砂质粉砂,粉砂,泥	古滨海平原,古黄河三角洲,潮流辐射沙脊
	21	五条沙东	钛铁矿	0.7052	Ⅱ		25～30	150	砂质粉砂	浅滩
	22	瑶沙北	石榴子石	0.2600	Ⅱ		10～15	80	细砂	浅滩
	23	新洋港东侧120km处	锆石 钛铁矿 金红石 石榴子石	0.0284～0.1014 0.1428～1.1221 0.0166～0.0731 0.0642～0.4738	Ⅱ	650	10～20	120	细砂,粉砂质砂	浅滩,沙脊
	24	瑶沙西北	锆石	0.0536	Ⅰ	135	10～15	21	细沙	浅滩
	25	金家沙东北	钛铁矿	0.5040	Ⅱ		15～20	150	粉砂质砂	沙脊,浅滩
	26	港东40km	钛铁矿 锆　石 石榴子石	0.1567～1.1674 0.0127～0.1812 0.0553～0.5050	Ⅱ	1025	5～20	70	细砂,粉砂质砂	沙脊,浅滩
	27	港湾东	钛铁矿 石榴子石	0.1277～0.5101 0.0127～0.0928	Ⅰ	3000	20～40	150	细砂,粉砂质砂,泥质粉砂	古长江三角洲
	28	港外侧	钛铁矿 石榴子石	0.1955～0.5628 0.0857～0.3257	Ⅰ	525	5～15	20	细　砂	潮流辐射沙脊
	29	吕四东北35km	钛铁矿 锆　石 石榴子石	0.1274～0.8455 0.0190～0.0783 0.0617～0.2616	Ⅰ	415	15～20	35	细砂,砂质粉砂	潮流辐射沙脊
	30	吕四外侧	钛铁矿 锆　石 金红石	0.1028～10250 0.0510 0.0332～0.0479	Ⅰ	425	5～10	22	细砂	潮流辐射沙脊
东海	31	崇明岛东	锆　石 钛铁矿 磁铁矿	>3 >30	高含量		40～50	240	中细砂,细砂泥粉砂,砂	古长江三角洲
	32	勿南沙东南	锆　石 钛铁矿 磁铁矿	>3 >30	高含量		30～40	80	细砂	古长江三角洲

续表 2

海区	编号	位置	矿种	含量(%)	级别	面积(km^2)	水深(m)	岸距(km)	沉积物类型	地形地貌
东海	33	长江口外	钛铁矿 磁铁矿	>30	高含量		<20	30	泥质粉砂	古阶地
	34	舟山群岛东北	锆石 钛铁矿 磁铁矿	>3 >30	高含量		40～50	100	细砂,泥质细砂	辐射状沙脊,古剥蚀堆积岗丘
	35	檀头山—大陈岛东	锆石 钛铁矿 磁铁矿	>3 >30	高含量		50～100	210	细砂	水下阶地
	36	檀头山—大陈岛东	锆石	>3	高含量		100	340	细砂	水下阶地
	37	檀头山—大陈岛东	锆石 钛铁矿 磁铁矿	>30	高含量		100～200	420	中细砂,细砂	水下阶地,古河谷
	38	檀头山—大陈岛东	锆石 石榴子石	>3 >10	高含量		100～200	440	中细砂,细砂	水下阶地
南海	39	惠东县平海东岸	锆石 金红石	1 944g/m³ 500g/m³～750g/m³	Ⅱ	100	<15	2	细砂	水下沙坝,水下岸坡
	40	万山南深水砂带	钛铁矿 锆石	16460g/m³ 1419g/m³	Ⅱ	170	>70	135	粘土质砂	古三角洲,古河谷
	41	万山南深水砂带	金红石 钛铁矿	250～750g/m³ 2500～7500g/m³	Ⅱ	200	30～40	55	粉砂质砂,细砂	古三角洲
	42	川岛东南深水砂带	独居石 金红石	57g/m³ 792g/m³	Ⅱ	400	30～40	45	粉砂质砂,细砂	古三角洲
	43	川岛东南深水砂带	金红石 锆石	250～500g/m³ 250～500g/m³	Ⅱ	400	40～60	80	细砂	水深地缓,古三角洲,古阶地
	44	川岛东南深水砂带	金红石 锆石	250～500g/m³ 350～500g/m³	Ⅱ	700	>70	155	细砂,粉砂质砂	古阶地
	45	川岛东南深水砂带	金红石 锆石	250～500g/m³ 250～500g/m³	Ⅱ	520	40～60	65	细砂	古阶地
	46	阳江南深水砂带	金红石 锆石	4852g/m³ 8530g/m³	Ⅱ	450	60～80	110	细砂	古阶地
	47	阳江南深水砂带	金红石 钛铁矿	10256g/m³	Ⅱ	150			粉砂质砂	古阶地
	48	海陵岛—闸坡湾	独居石	5403g/m³	Ⅰ	130	<15	2	细砂	岛屿港湾岸
	49	电白港—沙扒镇	独居石	359.7g/m³	Ⅱ	350	<20	4	细砂	港湾岬角岸
	50	吴川乾塘—覃巴	独居石	121g/m³	Ⅰ	150	<10	3	细砂为主,部分粗中砂	凹岸,水浅地缓
	51	湛江口外南三岛— 州岛	独居石 锆石	265.8g/m³ 1 940g/m³	Ⅰ	500	<15	10	细砂,次为粉砂质粘土和中细砂	堆积地形,浅滩地带
	52	雷州新寮东侧	独居石 锆石	123g/m³ 1 432g/m³	Ⅱ	400	<20	15	细砂	浅滩,沙垄
	53	文昌铺前港	独居石 锆石	186g/m³ 1 548g/m³	Ⅱ	60	<20	2	细砂	拦门沙
	54	琼东北东侧	锆石	1 060g/m³	Ⅱ	35	<10	2	细砂	海蚀地形
	55	文昌东侧	锆石	250～750g/m³	Ⅱ	200	<40	2	细砂	水下岸坡,上部较陡
	56	陵水—万宁	锆石 钛铁矿 金红石	3 274g/m³ 1 759g/m³ 2 655.9g/m³	Ⅰ	450	<40	3	细砂	港湾堆积地形
	57	陵水腾桥南	锆石	1 078g/m³	Ⅱ	60	<30	2	细砂	堆积岸
	58	莺歌海西北	锆石	1 097g/m³	Ⅱ	70	<20	10	以粉砂为主	槽沟
	59	东方西侧	金红石 钛铁矿	1 042g/m³ 9 268g/m³	Ⅱ	60	<20	2	粘土质粉砂	海湾地形

续表 2

海区	编号	位置	矿种	含量(g/m³)	级别	面积(km²)	水深(m)	岸距(km)	沉积物类型	地形地貌
南海	60	昌化港海尾一带	独居石 金红石 锆石	1 046 847 1 149	Ⅰ	70	<20	1	粗中砂	地形较陡
	61	白马井港	含独石的锆居石	250～750	Ⅱ	110	<20	5	以粗中砂为主	港湾地形,沙滩
	62	北部湾	锆石	250～750	Ⅱ	550	60～70	8	细砂	地形坡度较缓
	63	唐家西侧	锆石 金红石	1 481 835	Ⅰ	280	<10	5	细砂,粘土质砂	堆积地形
	64	江洪西侧	锆石 金红石	1 511 986	Ⅰ	330	<20	10	细砂,粘土质砂	浅滩,沙堤
	65	北海南—草潭	锆石 独居石	1 311 171	Ⅰ	1 200	<10	10	中粗砂为主	地形平坦
	66	北海—犀牛角	锆石 独居石	1 482 67	Ⅰ	550	<10	5	细砂,中粗砂和粗砂	地形平坦
	67	钦州湾	钛铁矿 锆石 金红石	15 918.6 897 558.8	Ⅰ	550	<20	5	砾石,中细砂、粘土质砂,粉砂质砂	暗礁地形发育
	68	广西防城	锆石 金红石	2 239 956	Ⅱ	130	0～10	2	粘土质砂及细砂	海蚀崖,浅滩

【福建东山硅砂矿开发】 此矿位于福建省东山县境内,由两个特大型硅砂矿组成,总储量2亿多吨。硅砂二氧化硅含量在98%以上,含铁量低。目前已建成一条年产30万t硅砂的生产线,从开采、加工到运输全部实现了机械化作业。该生产线于1989年12月通过竣工验收后于1990年1月正式生产。该基地是中国目前规模最大、机械化程度较高的大型硅砂原料基地,是上海耀华皮尔舍顿浮法玻璃有限公司的配套工程。

【山东龙口北皂海域海底煤田勘探】 山东龙口北皂海域的海底煤田系陆上开采的煤田向海区的延续部分。为了扩大该煤田的储量,1989年地矿部上海海洋地质调查局和海洋地质研究所等单位合作,首次在该海域进行了单道地震勘探60余千米,获得了良好的地震记录。计划进一步进行钻探取芯。预计煤层深度在300m以下。 (杨启伦)

【广东阳江—电白近岸稀土砂矿调查】 该项目由地质矿产部广州海洋地质调查局与亚太地区近海矿产资源联合调查委员会(CCOP)合作完成,中方实施单位为第二海洋地质调查大队。调查区位于111°～112°E之间,水深4～21m,面积约1 750km²。测区北侧有闻名的南山海稀土矿相毗邻。海上作业分为物探、底质取样、钻探三个阶段,调查时间约1988年4～11月。物探阶段使用的调查船为登陆艇。测网为2×4km,主测线垂直海岸的总体方向为160°;联络测线与主测线垂直,方向为70°。使用技术手段和完成的工作量:测深、高分辨率单道地震勘探各1 307.7km,旁侧声纳扫瞄415.5km,此外尚进行了两个站位的声纳浮标测量试验,由于采用了多极电火花震源(50～100极)的新技术,单道地震的剖面异常清晰,分辨率特别高。底质取样阶段用大洋50型取样器取表层样,重力取样器取柱状样,完成的站位分别为50个、20个。钻探施工由南海西部石油公司"滨海503"船完成,钻进方法采用锤击法,共施工7个孔,进尺112.97m。

通过地质、物探资料的综合分析,建立了该调查区的地震层序(自上而下的地震层组为Ⅰ、Ⅱ、Ⅲ)和晚第四纪的地层剖面,查明了稀土砂矿的成因类型和成矿时代;圈定了远景区,从而为进一步工作明确了方向。

据现有资料分析,该区的主要成矿时代和成因类型是玉木间水期海侵层位的障壁岛类型和大西洋期高海面形成的浪成海滩脊。以上两个层位的含矿沙体在陆地所见分别是"老沙堤"(即老红砂)和"新沙堤",在海区的地震剖面上则有成列的堤状沙体显示,揭示着较好的找矿远景。此外,全新世早期的海侵层位和现代的海相堆积也见有找矿价值的沙体存在。已提交的成果为《广东阳江——电白近岸稀土砂矿调查报告》,主要附图有比例尺为1∶10万的地形图、地貌图、各地震反射界面等深图、各地震层组等厚度图和钻孔柱状图等。 (许祥平)

海水淡化与水处理技术

·专文·

海水淡化和水处理高技术产业的兴起

程 义 芳
(国家海洋局杭州水处理技术开发中心)

海水淡化研究属于当代高科技领域。它作为一门新兴技术学科，是研究把海水、苦咸水、其它含盐地表水、地下水转化为生产、生活用水的理论和技术，由膜分离(电渗析、反透渗、压渗析等)、相变分离(蒸发、冰冻等)、离子交换和仿生迁移等组成一体化与微分化结构体系。

目前世界约有70多个国家从事海水淡化科技活动。进入80年代中期后，蒸馏淡化继续占据世界淡化市场的首位，产水量占总脱盐装置的60%以上。与此同时，膜分离法成为世界高科技竞相开发的热点，淡化市场开始出现向反渗透方面倾斜的趋势。西欧尤里卡计划涉及当代高科技五大领域二十四个尖端项目，首批包括“海水淡化渗透膜”。欧州共同体也计划把膜技术列为主要研究开发领域，特别强调连续过程(如反渗透、超过滤、微孔过滤、电渗析、渗析)中膜的应用。日本通产省工业技术院制定的“90年代产业基础研究开发制度”中列入高效分离膜。由此可见膜法水处理技术在当代高科技竞争中的地位。

中国海水淡化技术的研究始于1958年，世界各国几种典型发展模式为中国提供了借鉴经验。30年来，在坚持发挥社会总效益的原则指导下，逐步建立了一支拥有约3 000人的科技队伍，从事基础研究、应用研究、开发研究以及现场运行管理。目前，中国约有5 000台各类淡化装置在27个省市、自治区运行。

1986年以来中国淡化技术的新进展主要表现在：科技水平又上了新台阶，例如中盐度苦咸水淡化组件和频繁倒极电渗析技术等重大技术成果进入国际先进水平行列；增添了可以替代进口的工业新产品，完全国产化的反渗透组件、超过滤组件、折叠式微孔滤筒等投入工业应用；扩展了应用领域，淡化技术同时成为工业废水闭路循环系统和化工分离新手段；基础研究和应用基础研究取得了新的突破，在新型膜材料、复合膜、荷电膜、测试技术等方面，其研究水平和范围均与世界先进国家相差不大。

【广东红海湾砂锡矿综合调查】 为地质矿产部广州海洋地质调查局与亚太地区近海矿产资源联合调查委员会(CCOP)合作调查项目。调查区位于东经114°52′～115°35′之间，北纬22°22′以北至水深5～8m处，面积约2 600km²。海上作业分为物探、钻探两个阶段。物探阶段由第二海洋地质调查大队施工，调查船为“奋斗四号”，作业时间自1983年5月下旬起至7月上旬止，测网为2×2km，主测线和联络测线方向分别为南北向和东西向。使用的技术手段和投入的工作量：测深、浅地层剖面和高分辨率单道地震勘探各2 513.7km，磁法测量2 434.0km。CCOP专家组参加了此阶段的工作，帮助中方培训了浅层地球物理勘探的技术人员。

钻探的主要目的是验证物探资料的地质解释，对调查区的砂矿远景进行概略性的评价。海上施工由第四海洋地质调查大队承担，共施工34个钻孔，其中1个孔钻迁基岩，总进尺为94.64m。

通过地质、物探资料的综合解释，建立了调查区的地震层序和晚第四纪的地层剖面，初步查明主要的含矿层位为松散层下部的河床相堆积，成矿期因地而异。提交的成果报告有《广东红海湾砂锡矿物探调查报告》和《广东红海湾砂锡矿综合调查报告》。主要附图有比例尺为1∶10万的地形图、地貌图、各地震反射界面等深图、各地震层组等厚度图、磁异常平剖图和平面图、基岩岩性推断图、钻孔柱状图等。 (许祥平)

1986～1989 年，中国海水淡化和水处理技术的发展具有以下几个特点：

1. **淡化技术的发展开始直接接受国家计划的驱动**。从 1986 年起，膜法水处理技术首次被列入国家科技攻关、国家自然科学基金重大项目和国家火炬计划。研究开发高效分离膜和组器技术，兴建示范工程，建设中间生产试验线。

2. **继电渗析技术之后，中国反渗透技术开始进入大规模工业应用阶段**。在此期间，电渗析的发展方向在于开发新型离子交换膜和特种分离技术；反渗透技术由于大型组器件研制成功而获得突破性进展，并在电子工业超纯水、电厂高压锅炉补给水和海岛地下苦咸水等领域取得了市场。在水脱盐技术方面没有明显进步，受基础工业限制，离子交换膜的研究没有取得大的进展，但在沿海岛屿等地建立了大面积工业应用试验基地。

3. **分离膜高技术产业开始兴起**。近几年来，科研单位通过有偿转让和创办经济技术实体辐射科研成果，形成了一支以分离膜为核心的新兴企业群体。产品包括各类功能膜（不对称膜、超薄复合膜、荷电膜和离子交换膜等）、组器件（中空纤维式、卷式、板式、管式、折叠式等）以及由上述器件为核心的系统工程设计。据不完成统计，生产上述产品的企事业单位有近百家，年产值近亿元。

4. **世界先进技术国家继续争占中国水处理技术市场**。“六五”期间，中国引进膜法水处理设备约 50 套，主要用于电子工业超纯水和电厂锅炉补给水。由于中国电子工业近年来迅猛发展，至 1989 年底，引进设备激增至 300 套。中国科研的首要目标是开发替代进口产品，进而发展具有中国特色的分离膜技术产品。由于国产反渗透组件大量投放市场，迫使进口产品大幅度降价，1989 年与 1985 年相比，中空组件和卷式组件分别降价 30%～50%。

5. **国家技术标准的制订标志中国淡化技术进入高层次管理水平**。1986 年国家海洋标准计量中心组织制订了中国第一个膜法水处理技术国家标准——电渗析技术，使中国电渗析技术进入标准化、规范化阶段。

【反渗透法制取超纯水】 超纯水是电子、半导体、高纯材料、仪器微量分析以及生物工程、光导纤维和高能物理等高技术产业部门重要的基础材料之一。而中国采用的单一离子交换工艺或电渗析－离子交换工艺已不能满足工业生产的要求。从 70 年代初反渗透装置工业化以来，反渗透－离子交换工艺则成为国际上广泛采用的超纯水制造工艺。中国在“六五”期间，为解决国内工业生产急需，据不完全统计从同外引进这类成套设备 100 余套，花外汇约 4 000 万美元。其主要原因之一是国产反渗透装置尚未工业化生产。国家海洋局杭州水处理中心在长期的反渗透研究基础上，1982～1986 年先后研制成功了 10.16cm 和 20.32cm 卷式及中空纤维式反渗透组件，并形成批量生产能力，为超纯水系统的国产化创造造了条件。

国家科委在“七五”期间把用国产反渗透装置制取超纯水列入重点科技项目，国家海洋局杭州水处理中心和电子工业部第十设计院共同承担了这一任务，并选择浙江省无线电厂为示范试验点。浙江无线电厂使用的原水是杭州市自来水，系钱塘江地表水，总含盐量正常情况下为 10^{-4}，有时高达 2.2×10^{-4}；超纯水系统的设计能力为 10t/h，水质达到 ASTM—EI 纯水规范标准。制取超纯水整个系统由预处理子系统、反渗透—脱气—初混补给水子系统精混床—紫外线杀菌—终端膜过滤精制循环子系统组成。其中，反渗透装置选择 2 台装置并联运行，1 台是 HRO－5000 型低压中空纤维装置，1 台是 SRO－5000 型卷式装置。该系统自 1988 年 10 月投入运行以来，已间歇试转 1 年多。结果表明，预处理系统出水的污染指数 SDI 能稳定在 4 以下；中空纤维和卷式两台反渗透装置脱盐率大于 90%，产水量大于 10t/h，水回收率 70%～75%；初混床出水电阻率达到 10～18MΩ－cm；三层精混床出水电阻率能稳定在 17～18MΩ－cm；系统的终端出水各项指标均达到了 ASTM－EI 级水质标准。采用国产预处理、反渗透和离子交换设备，引进少量配套设备设计的超纯水系统，与成套从国外引进的系统相比，可节约设备投资费 30%以上。

【第一座反渗透海岛苦咸水淡化站】 该站由国家海洋局杭州水处理中心和解放军海军医学研究所共同承建，于 1989 年 6 月在山东省长岛县南长山岛王沟建成。它采用 6 只 SRO－4014 型 10.16cm 反渗透卷式组件，组件按 3－2－1 锥形方式排列。经 2 000 多小时的试运行表明：在将含盐量 3×10^{-3} 咸水淡化至 3×10^{-4} 以下时，产水量为 60t/d，总耗电量为每吨淡水 4kW·h；水质完全符合饮用标准。 （鲁学仁）

【HRC－M－220 型中空纤维反渗透组件】 在 HRC－115 型和 HRC－220 型低压 CTA 中空纤维反渗透组件研究的基础上，1989 年 12 月国家海洋局杭州水处理中心研制成功了 HRC－M－220 型 CTA 中空纤维反渗透组件。在盐水盐度为1.6×10^{-3}、操作压力为2.80MPa、水回收率为75%的条件下，该组件脱盐率大于91%，产水量大于32t/d。组件运行1 056h性能稳定，产水量衰减率为－0.037。当供给盐水浓度为1.052×10^{-2}时，脱盐率为93.8%，产水量为14.4t/d，水回收率50%。该组件的性能已达到日本东洋纺80年代初同类产品的技术性能，完全可以取代进口产品。

【卷式超滤装置】 该装置1988年12月由国家海洋局杭州水处理中心研制成功，并已投入批量生产。卷式超滤装置是比较理想的膜分离设备之一，其特点是体积小、有效膜面积充填密度大、结构简单、操作方便。它可用于食品饮料、医疗医药、卫生保健、电子、化工、发电和环保方面。卷式超滤装置由组件和配套器件组成，外观设计分框架式和箱体式2种，可根据用户的实际需要，通过组合不同数量而组装成产水能力为0.5～10t/h的装置。在操作压力0.3MPa下，对牛血清蛋白(分子量67 000)和细菌的截留率大于98%，产水污染指数一般为0.6～0.8。经专家鉴定该装置性能接近国际先进水平。 (鲁学仁)

【聚砜中空纤维超滤装置及其应用】 天津纺织工学院膜分离子工程所在国内首先研制成功了聚砜中空纤维超滤装置。中空纤维膜有内、外压两种形式。截留分子量有2 000、6 000、2 000、67 000和100 000五种。组件规格有φ30×150、φ50×300、φ70×500、φ80×500、φ80×1 000、φ90×500φ和90×1 000七种。超滤装置的产水量为0.003～2.0t/h。该装置已成功地用于医药、食品、电子、酿造、废水处理等行业。1986～1989年创经济效益近100万元。 (李秀 鲁学仁)

【BW型中空纤维超滤组件】 该组件是1989年8月由中国科学院大连化学物理研究所研制成功的。它是超纯水制备系统重要设备之一，在超纯水制备中主要作为预处理手段，清除胶体和大分子物质，以提高离子交换和反渗透单元的出水水质与再生经济效果；它也可用在终点过滤以去除微粒、胶体、细茵和有机物。该组件壳体材料选用国外进口聚砜材料制做，衬网选用高压聚丙稀材料。PS中空纤维膜对卵白蛋白(分子量45 000)截留率为95%，对牛血清蛋白(分子量67000)截留率为98%。组件有两种型号，其膜有效面积分别为2.2和4.4m²，其组件外型和几何尺寸与美国Romicon和Amicon公司商品组件相同。

(鲁学仁)

【JJ系列褶筒式微滤器】 该微滤器1989年9月由国家海洋局杭州水处理中心和核工业部第八研究所共同研制，已投入批量生产。它采用带增强支撑体对称性CN－CA微孔滤膜，以先进的特殊热熔焊技术进行端封、边封制做成型。膜孔径分0.22μm、0.45μm、0.8μm三种，在压差为0.02MPa的条件下，水通量为0.6～1.2t/h。该产品经有关单位试用，结果表明它在孔径控制、水通量、电阻率影响、微粒去除率等方面的性能已接近和达到国外同类产品水平，可与国外产品交替使用。

【CA－CTA膜褶筒微滤器】 1989年11月无锡化工研究设计院和无锡市超滤设备厂研制成功了CA－CTA膜褶筒微滤器。该滤器以二醋酸纤维素(CA)和三醋酸纤维素(CTA)为滤膜材料、聚丙稀无纺布为支撑体、聚丙稀为外壳，采用无粘合剂热塑压工艺制成。在0.02MPa下，水通量为0.6～1.6t/h；产品经有关单位使用效果良好，可替代国外同类产品。

【电渗析法进行海水和海岛苦咸水淡化】 1981年6月国家海洋局杭州水处理中心在西沙永兴岛建成了日产200t淡水的电渗析海水淡化站，采用10台电渗析连续式流程，将3.5×10^{-2}的海水脱盐至5×10^{-4}，总耗电量每吨淡水16kW/h，比用船运水节省费用80%。为了严格控制饮用水标准，1984年又采用564特效脱硼树脂，安装了脱硼装置，将电渗析出水中的硼的浓度由4.7×10^{-6}脱至5×10^{-7}以下时，水质良好，完全符合饮水卫生标准。1989年11月对淡化站进行了全面检查，主要设备仍运行良好。

该中心于1987年7月在山东省长岛县大饮岛南村建成1个电渗析海岛苦咸水淡化站。该淡化站由2台400×600mm、二级四段480对膜组装的电渗析器组成。针对原水浓度波动大的特点，采用了部份循环式流程。实际运行结果表明，该装置性能稳定，运行管理方便。将5×10^{-3}左右的苦咸水脱盐至5×10^{-4}～8×10^{-4}时，产水量2.4t/h，总耗电量每吨淡水5kW·h。当原水浓度降至3×10^{-3}时，产水量3.5t/h，总耗电量每吨淡水3kW·h以下。水质符合饮用水标准。

(鲁学仁)

【电渗析－反渗透联合工艺制取甘露醇】 在海带综合利用工业中，从海带浸泡液提碘后的废水中提纯和浓缩甘露醇，使用传统的蒸发浓缩结晶法存在得率低、水耗和能耗高等缺点。70年代以来，中国一些单位曾作过提纯甘露醇工艺改革尝试，因种种原因未能如愿。1987～1989年国家海洋局杭州水处理中心和黄海海藻工业公司开展了电渗析－反渗透膜法组合技术提纯甘露醇的研究，并进行了累计运行1 000h以上的生产性试验。结果表明，采用这种新工艺可使甘露醇原液高度纯化，并浓缩3倍以上，比原工艺节省蒸汽70%。投入工业化生产后，对年产500t甘露醇的生产厂，预期每年可增纯收入约200万元。

【膜研究新进展】 1986～1989年，中国在反渗透膜、超滤膜、微孔滤膜和离子交换膜研制方面取得了较大进展。国家海洋局杭州水处理中心研制了多种水处理用膜：1986年6月研制的CN－CA微孔滤膜已由国家海洋局环保司确定为中国海洋环境污染调查用膜；1986年9月研制成功了离子交换导电网，其中离子交换网膜制法已于1989年1月在中国专利局取得专利权；1986年10月研制成功了CA－CTA102型低压反渗透膜，该膜在1.0MPa下，脱盐率大于92%，水通量大于$3.0\times10^{-6}m^3/cm^2\cdot h$，适宜于制备超纯水和锅炉软化水；1988年1月研制了HNA和PAN－B正荷电超滤膜，用于处理阴极电泳漆，具有抗污染能力强、产水量大等特点，膜性能达到美国Abcor公司同类膜水平；1988年11月研制了平均孔径2×10^{-2}～1×10^{-1}um的系列聚酯布和无纺布的增强的PAN、PSA及PS超滤膜，作为卷式超滤器和板式超滤器用膜，并已商业化生产；1989年11月研制了PA和PF系列反渗透复合膜，其实验室制备的膜性能与国外同类膜性能相近；1989年12月研制成功了中、高盐度脱盐CTA中空纤维膜，对含盐量10^{-2}的盐水脱盐率可达到97%以上。

天津纺织工学院分离工程所研制的PS中空纤维超滤膜已商品化生产，在生物工程和酶制剂应用中获得良好结果。无锡化工研究设计院1989年11月研制成功了CA－CTA微孔滤膜。中国科学院大连化学物理研究所1989年8月研制了PS中空纤维超滤膜。中国科学院北京生态环境研究中心研制了PS中空纤维，并进行了油水分离和表面活性剂处理的应用研究。北京工业大学环化系进行了制膜溶剂系的研究。1989年8月辽宁省兴城8271厂引进美国生产线制备了卷式CA反渗透膜。

【电渗析沙漠苦咸水淡化车】 国家海洋局杭州水处理中心和兰州石油机械研究所于1986年11月为新疆沙漠石油钻井队研制了高浓度苦咸水淡化车。该淡化车采用二系列批量循环电渗析法，适用于3.5×10^{-2}以下不同矿化度的沙漠苦咸水淡化，日产淡水40t。整套装置安装在9个撬座上，便于沙漠地区运输。经试用表明，该装置能解决沙漠钻井队的生活用水和钻井设备冷却用水，是中国首次研制的沙漠钻井用水装置。

【张集煤矿矿井苦咸水淡化】 徐州矿务局张集煤矿处于黄淮平原地下水咸水分布地区，周围十几公里内无淡水资源。该矿地下水总含盐量为1.2×10^{-3}～1.8×10^{-3}，其中硫酸根离子浓度3×10^{-4}～4.8×10^{-4}。还有氟和三价铁离子等。矿工饮用后有不同程度的腹泻。1988年7月国家海洋局杭州水处理中心和煤炭科学研究院杭州研究所为该矿设计了电渗析淡化矿井苦咸水装置。该装置是由6台800×1 600mmDKD－a_1型电渗析器并联排列组成，每天产淡水1 500t。长期连续运行表明，淡化水质量始终符合国家饮用水标准，饮用后再无腹泻现象发生。该装置在设计中采用了浓水部份回流工艺，使浓室与淡室的总离子浓度比为6∶1。在不增加设备电耗的情况下，使水的回收率提高到60～70%，而一般电渗析的水回收率只有50%。专家鉴定认为，这种工艺设计能充分利用水资源，特别适宜于在水资源短缺的矿区推广应用。

【电渗析法处理含锌和含铜废水】 牡丹江钢纸总厂是中国第一家钢板纸、钢管纸和鞋板纸加工厂，日排放废水上千吨，其中含锌(含Zncl₂ 3×10^{-4}～5×10^{-4})废水250t。从1986年5月起国家海洋局杭州水处理中心采用6台电渗析器处理该厂含锌废水，日处理量200～250t。处理后的水中Zn^{2+}离子浓度降至5×10^{-6}以下，达到了国家排放标准。每年还可从电渗析浓缩水中回收氯化锌约25t。

用铜一氯化铜刻蚀工艺生产印刷电路板过程中，一般排出10^{-3}浓度的酸性铜废水。据不完全统计中国约有这类生产厂1 000多家，绝大多数厂家废水未经处理直接排放，造成严重的环境污染和铜资源流失。1986年国家海洋局杭州水处理中心为浙江省邮电印刷厂设计了电渗析－离子交换处理含铜废水的装置。处理后水质完全达到排放标准，且水回收率可达到90%以上，实现了污水处理闭路循环。电渗析浓缩液中含铜达2×10^{-2}，可用于回收金属铜。 (鲁学仁)

【电渗析技术的应用及经济效益】 电渗析将含盐量2×10^{-3}～5×10^{-3}的苦咸水脱盐至5×10^{-4}的淡化或初级纯水是经济的。以下着重列举在这方面应用的例子，并简要说明电渗析技术所产生的经济和社会效益。

北京京西电厂2台2×10^5kW机组，水处理容量为40t/h，过去用离子交换法，每年排出废酸、废碱水量为39 600t。采用电渗析－离子交换组合工艺后，每年排出废液量为14 400t，这样每年可以减少废液25 200t，而且提高了蒸汽品质。

锅炉用水长期使用钠离子交换器。在含盐稍高的地区，钠离子交换器就需频繁再生，甚至难以保证出水水质。采用电渗析为钠离子交换器的前处理步骤，可以节省大量食盐，提高软化水水质，减少锅炉排废，延长钠离子交换器的再生周期。山东寿光化工厂采用400×1 600mm四级二段400对膜组装电渗析器2台，每年节省盐165t，炉水排污从原来的20%下降到10%以下，钠离子软化器再生周期从16～24h延长到146～160h。

生产工艺用水，经过电渗析处理后，由于水质提高，可致使产品成本降低，质量提高。如上海金山石油化工厂二分厂采用电渗析除盐水作为初级纯水和补充循环冷却用水，每天处理水量6 000t以上，获得了明显的经济效益。郑州铁路局商丘机务段用电渗析淡化水供机车用水，使机车锅炉蒸汽品质提高，因而提高了机车的运行效率和牵引能力，从牵引3 300t提高到3 500～3 700t，上升6%以上，相当于每天多开出两列货车，同时降低机车放水率10%，每年可节约原煤4 000t。

在啤酒、汽水等饮料行业采用电渗析水处理，造水成本低，且产品色、香、味俱佳，所以应用广泛，特别在上海地区得到了全面推广应用。如上海啤酒厂采用电渗析以后，使酿造水水质大大提高，接近国际皮尔逊酒的酿造水水质。

另外电渗析在纯水制备、电镀废水处理等方面也取得重要进展。

就海水淡化而言，蒸馏法仍占优势。1986年美国国际脱盐协会统计表明，反渗透法海水淡化的产量占23.4%。目前世界上最大的反渗透淡化工厂是1989年4月由日本三菱重工在沙特阿拉伯吉达市建成的产淡水量为56 800t/d工厂，它采用日本东洋纺的25.4cm直径双芯的三醋酸纤维素中空纤维膜组件。

（高从阶）

【蒸馏法淡化新疆高盐度苦咸水】 国家海洋局天津海水淡化与综合利用研究所1988年11月为新疆塔里木石油勘探开发指挥部研制成功了1台高盐度苦咸水压汽蒸馏淡化装置。该装置产水量为24t/d，适于淡化5×10^{-2}浓度以下高盐度咸水，电耗32～35kW·h/t（随原水浓度略有变化）。淡化水含盐量小于2×10^{-5}，可除去任何有害物质。经过矿化后，水质良好，符合饮用水标准。1989年完成全部配套设备，并投入使用。实践证明该装置操用简单，运行可靠。该装置在国内同类设备中容量最大，并在高温防垢技术方面有新进展。

（张　洪　鲁学仁）

【Y—88A养殖专用水质处理剂】 近年来，中国海水养殖业得到了蓬勃发展，但国内还没有海水养殖专用水质处理药剂，只能用分析纯化学试剂EDTA二钠盐作为代用品，缺点很多，一是成本高；二是对重金属离子的络合不广泛，尤其是对铜和汞的络合能力差；三是化学试剂品在生产过程中根本不考虑养殖的特殊需要，用于养殖不安全。鉴于以上情况，国家海洋局海水淡化与综合利用研究所研制成功了T—88A养殖专用水质处理剂，并通过了海洋局组织的专家鉴定，认为该水处理药剂高效、价廉、安全，填补了国内空白。经山东沿海十几个养殖单位试用，育苗用水的水质达到了要求，孵化率和幼苗的成活率都有显著提高，经济效益非常明显。

（王　岩）

【太阳能海水淡化器】 太阳能海水淡化器由国家海洋局海水淡化所研究成功，并通过国家海洋局技术鉴定。这种新型淡化器的产水率为15kg/(m²·d)，达到80年代国外同类装置的先进水平，该技术已获得中国专利局实用新型专利权。

该装置由平板型太阳能集热器和多级薄膜蒸馏器组成。它利用太阳辐射热量，使沿着受热板背面附着纤维层流下的海水沿薄膜升温蒸发。所产生的蒸汽在下方相对的隔板上面冷凝，其潜热用于隔板背面的海水蒸发。这样，热量依次传递和多次利用，各级产生的蒸馏水和浓海水分别沿隔板上、下面放出。

这种太阳能淡化器可广泛用于海岛、海岸带缺少淡水地区和沙漠苦咸水地区，为当地居民和驻军提供饮用水。

目前，这种新型淡化器正处于产品开发、推广应用阶段。

（王金龙）

（上接98页）**【小型全贯流式水轮发电机组】** 中国长江动力公司武汉汽轮发电机厂在与华中理工大学合作研究的基础上，于1989年研制成功GD－W－120型全贯流式水轮发电机组，经在湖北省黄冈地区白莲河水库西干渠渠首电站的运行考验和实测，机组运行情况良好，轮缘密封情况令人满意，技术参数达到设计要求。该机组为小型潮汐电站和低水头大流量水力资源的开发提供了运转平稳、结构紧凑、工程投资节省的新机型，为今后生产中型适于潮汐电站用的全贯流水轮机组奠定了基础。

（王世勤）

海 洋 能 开 发

【海洋能开发概况】 海洋能具有蕴藏量大、可再生、不需燃料、无污染、可以搞综合利用等一系列优点，是具有广阔发展前途的新能源. 但是，海洋能的开发需要高、新技术，海洋能开发利用的经济性问题长期处于争论之中。1986～1989 年，中国在海洋能方面没有重大科研攻关项目，相对其它海洋产业而言处于缓步前进和徘徊阶段。在经费十分困难的条件下，中国海洋能开发和研究也取得了一定的进展：建成了福建省幸福洋潮汐电站；广东省大万山波浪发电试验站完成了岩坑开挖、钢筋混凝土浇筑、炸岩坎和第一次气室性能试验；完成了中国沿岸农村海洋能资源区划工作；研制了潮汐电站用的小型全贯流水轮机组；完成了不同形式波浪发电的可行性研究，并对一些新的波浪发电形式进行的探索；灯浮标用波浪发电装置向系列化和商品化方向发展。1986 年和 1989 年两次全国性海洋能学术讨论会共收到论文 10 篇。1987 年 12 月在广州召开全国海洋开发工程技术交流会，被该会议论文集录用的有关海洋能开发利用的文章达 15 篇。1986～1989 年，海洋能方面的国际交往增多，1986 年和 1987 年挪威和美国的海洋能专家分别来华讲学和访问。1988 年和 1989 年在美国夏威夷召开的国际可再生能源会议和国际海洋能学术会议，中国均有代表参加并宣读论文。1986 年海洋情报所翻译出版了“90 年代海洋技术”一书，该书中 1/4 以上篇幅是海洋能的论述。1986～1989 年，海洋工程学会海洋能源专业委员会共刊印了 52 期“海洋能通讯”报道国内外动态。

1986～1989 年，国外海洋能研究开发呈上升趋势。如 1985 年挪威在卑尔根岛上相继建成 2 座不同型式的岸式波力电站，装机容量分别为 500kW 和 350kW，每度电成本为 4～5 美分。在取得较好的经济效益后，其岸式波力电站已向商品化发展。1983 年投入运行的 20 000kW 加拿大安纳波利斯潮汐发电站，由于采用全贯流式水轮发电机组，发电成本大为降低，已可与常规电站竞争。英国塞汶河口大型潮汐电站的勘探设计工作自 1986 年又重新开始。

【幸福洋潮汐电站】 该电站位于福建省平潭县海坛岛城关西北 14km 处，1989 年 5 月建成，总投资 450 万元。电站采用单库单向退潮发电方式，总装机容量 1280kW，年设计发电量为 3.1×10^6kW·h，机组采用竖井贯流式 GB_s－WS－190 型水轮机，TSWN99/37－12 交流同步水流发电机和 YT－100 型调速器。该电站是中国目前装机容量仅次于江厦潮汐电站的第二大潮汐电站。

该站潮差平均为 4.54m，最大 7.16m，最小 1.14m。库内远期发电控制水位为 4m，近期 3.5m。当控制水位为 3.5m 时，总库容 167 万 m^3，有效库容为 133 万 m^3。机组设计水头为 3.02m，发电最大水头 3.7m，最小水头 1.2m，发电平均水头为 2.28m。

该电站由福建省水利水电勘测设计院设计，福建科委、省水电厅和平潭县政府三家筹资合建，利用已有的幸福洋围垦工程，发电与养殖相结合，实现了综合利用。

【白沙口潮汐电站续建工程】 白沙口潮汐电站位于山东省乳山县境内，该电站的最后 2 台(5、6 号)机组于 1987 年 9 月安装完毕，并网发电，从而使原设计的单机容量 160kW 的 6 台机组全部投入运转，年设计发电量为 232 万 kW·h。

该电站为单库单向潮汐电站，涨潮纳水，退潮发电。最大工作水头 2.14m，设计水头 1.2m。单机流量 13.2m^3/s。电站最大库容 204 万 m^3，中潮库容 155 万 m^3，小地潮库容 103 万 m^3。整个电站国家投资 370 万元。

建坝前后海滩的地形有所演变，为保证电站正常发电，1986～1989 年，继续对该电站的淤沙防治对策进行了研究，提出了研究报告。

【珠江口波浪试验电站】 该波浪发电站位于广东省大万山岛洋台角西侧，利用天然台地岩石，采用岸式气动型振荡水柱方案，设计装机容量为 8kW(1 台 3kW，1 台 5kW)。机组采用对称翼型空气式透平。电站于 1986 年 4 月动工，施工方法是采用在岩石外侧预留岩坎，内侧爆破岩坑造成陆地施工环境，兴建气室结构，然后炸去岩坎以避免水下施工作业。整个电站正在建设中。 (王世勤)

【BD 型系列航标灯用波力发电装置】 BD－101 型

波力发电装置的对称性翼型转轮于1986年获国家专利。继此之后，中国科学院广州能源研究所自1986年起开始研制BD型系列产品，至1989年止已研制成功BD－102型、BD－103型、BD－602型和BD－603型等系列产品.通过海上试验及在中国沿海航道上推广应用，在技术上日趋完善。BD－102型装置适用于港湾、河口波况小的水域，1987年起已开始小批量生产。BD－103型装置适用于风浪较大、海面开阔的海域；BD－602型和BD－603型适用于大型浮标和灯船上。

广州海上安全监督局航标处在南海灯浮标上积极推广应用BD型系列波力发电装置，至1989年已投放51台。现场投放使用情况说明，波力发电装置的研制是成功的，经济效益较好，为海上灯浮标找到了以自然能源代替繁重的电源补给的可能途径。

中国航海学会航标专业委员会建议在海区优先采用波力发电装置作为中国航标能源发展的技术政策之一。

【健跳港潮汐电站可行性研究】 该项可行性研究由浙江省水利水电勘测设计院于1988年8月完成。健跳港位于浙江省东南部三门湾内，距三门县县城约33km。研究成果推荐凤凰山坝址河床式布置桩基方案，主要建筑物由预制钢筋混凝土沉箱构成。电站站址处最大潮差为7.16m，平均潮差4.18m，电站装机5台3 000kW机组，单向发电。灯泡贯流式机组，转轮直径5.5m，转速60转/min，设计水头2.5m，水轮机流量145m^3/s。该电站的计划年发电量4494万kW·h，年供电量4 270万kW·h，工程总投资预算为1.17亿元。研究表明健跳港潮汐电站具有很大开发建设价值。

【平潭县海坛岛仙人桥波流试验电站可行性论证】 该课题是由国家科委海洋专业组——学科组办公室委托国家海洋局海洋技术研究所与中国科学院水电部水科院水力学所共同承担的一项考察与研究论证课题，得到国家海洋局与水电部的资助，1987年5月完成，提出包括总报告在内的10篇技术论证报告。该成果提出平潭岛仙人桥地区的站址地形和波况资料，该海域宽的平均波能密度为$\overline{P}=8.29$kW/m，波能资源比较丰富。所给出的水工模型试验结果、总体方案、参数选择和电站平面布置等为该论证提供了可靠依据。由于仙人桥站址前沿水深过浅，尾水区风沙和泥沙淤积严重，引水渠道过长等原因，所以该站址不尽理想，下一步将重新开展选址调查，选择更理想的站址。

【白沙口潮汐电站淤沙防治对策研究】 该课题是在国家科委、山东省科委和国家海洋局的资助下，由山东省水利厅负责，中国科学院海洋所、山东省水文总站、国家海洋局第一海洋研究所、乳山县水利局、白沙口潮汐电站等单位共同承担，于1988年全部完成，提交了“白沙口潮汐电站淤沙防治对策研究”的总报告以及一些参与单位的成果报告。

该潮汐电站建站以后，因泥沙在尾水渠中淤积，逐渐形成巨大沙丘，减少了尾水渠的过水断面，使尾水位抬高，同时库内淤积，纳潮量减小，也使机组出力降低。为了解决以上问题，1983年9月通过论证，立题研究，历时5年，课题组详细深入调查观测该地区的地质、地貌、水文、气象等环境资料，进行了多次库内、库外水下地形和泥沙运动等项测验，在此基础上，分析了库区和前海区的泥沙来源，提出了防淤措施的建议。研究成果认为，只要有适当的整治措施，保持住库区设计纳潮量，电站的前景是乐观的。同年10月，国家科委海洋专业组——学科组和山东省科委召开了“白沙口潮汐电站淤沙防治对策方案评议会”。

【小钦岛摆式波力发电可行性研究】 该课题是由国家科委海洋专业组——学科组办公室委托国家海洋局技术研究所与天津大学、林业部天津林业工具厂共同承担，于1989年7月全部完成，提交了可行性研究的总报告和7个专题报告。小钦岛位于山东省长岛县，距蓬莱北58km处，波能资源丰富，岛上只靠少数柴油机发电，能源成本高，岛的西北大石棚处在约4m水深的地方有两排平行排列的礁石，是良好的小型波力发电的站址。根据水工模型试验和波力发电装置的模型试验表明，摆式波力发电装置的转换效率较高，受潮差的影响小，是一种有发展前途的波力发电型式，建议在小钦岛站址先修建1座装机容量8kW的小型摆式波力试验电站，积累经验。 （王世勤）

【中国沿岸农村海洋能区划】 该项任务是国务院农村能源领导办公室以(85)34号文件下达的。其主要任务是调查统计各省区沿岸农村装机容量200～1 000kW的潮汐能可开发资源量、波浪能和潮流能资源的理论蕴藏量以及与开发有关的自然环境要素资料，分析评价海洋能资源状况、开发利用的自然环境条件和开发利用现状，提出今后海洋能资源开发的建议。区划工作由国家海洋局科技司和水电科技司负责，沿海各省市及有关单位参加。1988年3月完成了区划初稿，同年5月和10月召开初审会和评审会，根据评审会的意见要求，有关单位又做了相应补充工作。全部区划工作于1989年4月完成。 （王传昆）

（下转95页）

综合管理
与公益服务篇

海 洋 综 合 管 理

·专文·

海洋综合管理的客观性和基本任务

鹿守本

(国家海洋局综合管理司)

国家对海洋的管理形态,直接制约、影响海洋的开发利用。海上实践的成败也不断地丰富、修正国家海洋管理的方式和内容。海洋管理作为社会实现海洋利益的基本功能,在推进国家海洋事业上,具有极为重要的地位和作用。海洋管理关系到海洋工作的方向、速度、效果和国家海洋基本权益。

一、海洋综合管理的客观性和必然性

中国海洋管理工作,在近四十年里经历了重大的发展与变革。随着海洋调查、研究和开发规模的扩大,海洋管理在国家和地方、部门与行业也不断演化。前三十年,除了传统海洋产业外,其它海上工作主要是对海洋环境和资源开展调查研究,而且主要是由国家组织进行,较为全面的海洋开发尚未展开,各方面的矛盾尚不突出,全局性的国家协调需求还不迫切。但进入80年代后,随着改革开放和沿海经济的迅速发展,极大地带动了海洋资源和空间的开发利用,一些新的海洋产业如海洋石油天然气、海洋盐化工、海水养殖、海水淡化与综合利用、海洋旅游和海洋空间利用等迅速形成,依赖海洋或部分依托海洋的沿海工企业急速增多,陆源污染物排海数量显著增加,由此引起了一系列环境、资源和海洋管理上的问题:一是海洋环境质量下降,污染损害事件不断发生,特别是重点河口、海湾和城市沿岸水域,综合水质偏差,有些区域出现超标,近海富营养化程度较高,赤潮危害扩大,油类和其它有机物污染较为普遍。污染损害事件近些年呈上升趋势,1986～1989年间较大污染事件就发生数十次之多,不仅对海洋环境与资源带来危害,而且也造成严重经济损失。仅1989年夏秋在河北、山东部分近海的赤潮,就使养殖、水产业损失1亿多元。二是沿岸海域使用不合理,既破坏了海洋自然景观,又降低岸段和海域的客观功能,降低海洋综合效益。海岸或海域,因其所处地理位置、环境和资源条件的不同,而具有差异的自然属性,制约着海洋开发项目的选择和布局。由于中国尚未编制海洋功能区划和开发规划,行业、部门在无整体约束的条件下开展各类开发活动,于是发生海洋开发背离海区功能的问题,比较突出的是围垦造地、地下水开采、河口筑坝等,造成局部海域生态环境的破坏,沿岸地面下沉,土地盐碱化发展,以及异常增水现象的发生等。三是行业开发中的矛盾大量增加。海洋资源的多样性,决定了开发的综合性,但统一的水体使开发行业无不存在着联系,或有益,或有害,甚至冲突。如盐业生产与海水养殖、围垦与水产、工程开发与旅游和自然景观等。为趋利避害,保持海洋开发各行业的全面发展,必须加强海洋工作的综合、协调。四是海洋资源的破坏。虽然海洋资源量是巨大的,但总有一定的开发限度。只有适度、合理开发,才能维持资源的持续力。否则,资源可能在某一海区、某一时期出现衰退或枯竭。比如中国近海渔业资源正面临这种形势。五是全面海洋开发的兴起也暴露出公共基础设施和保障系统的薄弱。一切海上生产活动都需要进行必要的基础实验和观测,都需要基础资料、数据和图件,都需要现场水文气象预报保障。这类工作只宜统一建设、管理,面向全社会服务,避免、减少分散投资上的浪费和海洋生产活动的损失。另外,随着各国现代海洋观的形成和发展,特别是1982年国际海洋法公约的通过,海洋新价值观与传统认识已有本质的差别,以海洋管辖权和利益占有为主要内容的权益斗争逐渐演化为沿海国家的国策性问题,把海洋资源和空间的斗争推到一个新阶段。

海洋开发内容的发展是海洋组织管理演变的动力。80年代以来中国海洋开发的进步及其暴露出来的新问题,都集中反映了原有海洋管理体制的不适应性。

为保证全国海洋事业的继续协调发展，克服存在的上述问题，捍卫国家海洋的固有权益，必须对中国海洋管理体制进行改革，建立有力的国家指导、管辖和有效的开发协调，即国家的海洋综合管理。这也是世界各海洋国家海洋管理的必然趋势。正是在此背景下，加强海洋综合管理在中国逐渐取得上下之共识，于是在1988～1989年国务院机构改革中确立了中国海洋综合管理新体制，并责成国家海洋局履行综合管理中国海洋事业之责。

二、海洋综合管理的基本任务

根据中国海洋事业现状和迫切要解决的问题，海洋综合管理的基本任务已确定如下六个方面：

1. **海洋权益管理** 运用国家力量或专门的管理队伍，采用先进的技术装备手段和可行的方式，根据国内、国际海洋法律、法规对国家管辖海域实施有效管理，防止外来侵犯、损害和破坏，以保证国家的海洋利益。具体工作主要是：①内水和领海的权益管理；②海洋专属经济区的权益管理；③大陆架的权益管理；④海洋岛屿的权益管理；⑤公海资源的权益管理等方面。

2. **海洋资源管理** 海洋资源管理的目标是：通过海域的功能区划和开发规划，指导、约束海区资源开发利用，形成合理的海洋产业布局；通过海区海洋生产力的研究的预测，确定开发的合理规模、适当的发展速度和数量指标，实现资源持续利用的目的；通过海洋自然条件的研究和新技术、新方法的使用，创造海洋可再生资源的生产力提高，不断地扩大资源利用的基础；通过政策协调工作，减少或避免海域中开发行业之间的矛盾和冲突，避免资源和环境的破坏，提高海域的整体效益，并保证海洋开发的良性循环和最好的功效。其具体管理任务有：①组织划定并管理海洋功能区，建立海洋开发的良好秩序；②进行海洋资源的权属管理。确保国家对管辖海域的各类矿产资源、生物资源和动力能源的占有、使用和处理的权利；③协调行业资源开发，建立合理的海洋产业结构，提高海洋的整体效益；④组织海洋资源开发新领域的探索，促进海洋新产业的形成和发展等。

3. **海洋环境管理** 中国近期的海洋环境管理重点放在：①海洋倾废管理。为控制废弃物向海洋的倾倒，国际上已通过了《伦敦倾废公约》，中国颁布实施了与之相协调的《海洋倾废管理条例》及其配套的有关规定、办法，这些法规文件是开展海洋倾废管理的基本依据；②海洋矿产资源勘探开发防污染管理；③海洋生态环境管理；④组织建设和管理海洋污染监测、监视网。这是实施海洋环境管理的基础，是预测未来趋势的依据。

4. **海洋自然保护区的管理** 把需要保护或保存的海洋资源环境和遗迹等对象连同分布的海域以及必要的陆域，相对完整地选划出来，采取特殊措施加以保护和管理。海洋自然保护区的基本类型和对象主要有如下几类：①原始海洋自然景观保护；②重要海洋生态系统的保护；③海洋自然历史遗迹保护；④人类认识、利用海洋的历史遗迹保护；⑤优美的海洋自然景观保护；⑥按照国际"人与生物圈计划"的宗旨，建设海洋生物圈保留地等。

5. **海洋立法与管理** 海洋立法既是海洋综合管理的一项基本任务，又是实施海洋综合管理的途径和手段。目前，中国不仅局部性的海洋法律制订工作极为薄弱，而且行业或专业性法律、法规也很不健全，不能适应海洋管理工作的需要，与世界海洋法律制度的发展亦有较大差距。因此，极需建立中国的海洋法律体系，加速海洋立法的进程。

6. **搞好海洋公用基础设施的建设、管理与服务** 海洋事业的特点是装备技术条件高，投资数量大。没有一定的装备技术和社会物质力量，就不可能建立现代海洋开发事业。海洋公用基础设施包括开展海洋调查、研究、开发利用等活动所必需的、具有公共使用特点的海洋装备与设施条件。如海洋调查船、码头基地、飞机、潜器、试验现场、实验站、观测与监测站、通讯传递系统、定位系统、标准计量、资料处理系统、环境预报服务系统等。它们的社会作用与价值并不受某一个部门的局限。如果分散、重复建设，不仅是巨大的浪费，而且也没有必要。应该由国家海洋综合部门统筹安排，有计划地建设，并组织好公益服务。

海洋综合管理是一个新问题，限于实践，目前的认识还是粗浅的。随着今后海洋事业的发展，它的意义、作用和内容必将更加丰实。海洋综合管理的前景是广阔的。

【国家海洋局海洋综合管理概况】 国务院在过去十年里的两次机构改革中都特别注意了海洋综合管理部门的建设工作。1988年11月决定改变国家海洋局的性质和基本职责，赋予其综合管理中国管辖海域、实施海洋监视监测、维护国家海洋权益、协调海洋资源合理开发利用、保护海洋环境、组织管理海洋基础与公共事业等职责，使其成为国务院管理全国海洋事务的职能部门。国家海洋局为履行综合管理之责，首先对原工作系统实行职能转移，进行组织机构的调整和力量的建设。为使海区布局合理化，在原中心海洋站和海洋站的基础上，建立了海洋管区和海洋监察站两级管理机构，截止1989年底大连、秦皇岛、烟台、青岛、上海、宁波、温州、厦门、汕尾、北海等10个管区和50余个海洋监察站初步建成并投入工作。基本上形成了国家海洋局—海区分局—管区—监察站的国家海洋综合管理系统。同时组建了北海、东海、南海“中国海监”船队和第一航空遥感中队，利用船舶和飞机等手段对中国管辖区域进行巡航监视和综合管理工作。另外，推动了沿海省、市、区对毗邻沿岸水域开发与管理活动的开展，有10个省、市、区相继成立了海洋局或海洋处(办)。地方海洋机构的出现不仅促进了海洋的开发与保护，而且使中国海洋管理体制更趋合理和有效。至1989年，海洋综合管理工作主要进行了以下几方面的工作：

1. 组织沿海省、市、区进行了中国海域的功能区划工作；

2. 选划了一批海洋自然保护区；

3. 集中船舶、飞机和技术力量，突出了对重点沿岸海湾、河口的执法管理；进行陆源污染源、海上船舶排污、倾废等内容的监视监测和执法管理，并收到一定成效；国家海洋局各分局、管区、监察站和地方海洋管理部门共同合作，开展了对海上偶发损害事件的应急监视和处理工作。

4. 海洋倾废管理主要抓了五件工作。一是大力加强了倾废管理条例的宣传、教育。二是进一步完善海洋倾废管理法规，组织制订“两个条例”的实施办法。三是进一步协调了疏浚物倾倒管理中的矛盾。四是完成新倾废区选划20余处，上报国务院批准的6处，基本上缓解了倾废与倾倒之间的矛盾。五是对违章倾废事件的行为进行了及时处理，保证了倾废管理法规的贯彻。

5. 开展了海洋生态环境管理的调研论证，提出了初步成果报告；组织了舟山海域和厦门海域的生态环境管理试点。

6. 在有关部门和地方的支持下，普查了全海域已有电缆管道的分布情况，登记造册，并编绘了中国海底电缆管道图集，为管理和铺设提供了条件；审批了港、台第二条海底电缆路由方案和港—日—南朝鲜海底电缆海上施工作业计划等大型电缆工程，及时办理了铺设、维修申请，以及损坏、破坏事件的处理等。为使管理完善，正在组织编写海底电缆管道管理规定的实施办法。

7. 自1989年起编制了“中国海洋环境年报”、“中国海洋灾害公报”、“中国海平面公报”，以便更好地为海洋生产、沿海经济建设服务，做好减灾防灾工作，也为各级领导部门决策提供了背景依据。

海洋综合管理工作虽然取得了上述成绩，但囿于工作较新，经验缺乏，法律制度 不健全等原因，致使该项工作困难较多，进展不快。今后随着诸多条件的改善，海洋综合管理工作对海洋事业的发展定能起到更大作用。 (鹿守本 赵恩波)

【海洋立法工作】 1986～1989年间，中国的海洋管理工作已初步走上了法制化、制度化的路子，陆续制订、颁布了一些海洋方面和涉及海洋领域的法律，法规。1986年1月20日，第六届全国人民代表大会常务委员会第十四次会议通过并公布了“中华人民共和国渔业法”，之后，3月19日又颁布了“中华人民共和国矿产资源法”；1987年1月22日颁布了“中华人民共和国海关法”；同年10月14日国务院批准了“中华人民共和国渔业法实施细则”；1988年5月18日，国务院发布了“防止拆船污染环境管理条例”，同年6月21日批复了中国国际贸易促进会修订的“中国海事仲裁委员会仲裁规则”，11月8日通过了“中华人民共和国野生动物保护法”；1989年2月15日，7月12日和10月20日，国务院又先后发布了“铺设海底电缆管道管理规定”、“中华人民共和国水污染防治法实施细则”和“中华人民共和国水下文物保护管理条例”(详见法规选编)。此外，为便于行使国家主权，对领海实施全面的管理，1984年，国家海洋局和外交部、海军、交通部、农牧渔业部等单位，组成《领海及毗连区法》起草小组，现已完成了该法的送审稿。该法从法律条文的内容上，完善了1958年初步建立的领海法律制度，由当时的侧重防卫转向对领海的全面管理，并且在领海以外12海里的区域建立毗连区法律制度，扩大了对海关、财政卫生、入出境的管辖区域。1985年12月“专属经济区法和大陆架法”起草小组组成，并于1986年12月分别拟出《专属经济区法》、《大陆架法》的文本和《专属经济区和大陆架法》的文本两种讨论稿。1987年9月，经有关部门和专家讨论、修改，确定将专属经济区法和大陆架法合为一个法律文本，编写出《中华人民共和国专属经济区和大陆架法》第二稿。1989年9月，在中国海洋法学会成立大会上，又广泛地听取了海洋法学界专家的意见，为进一步修改作了有利的准备。但总的说来，海洋立法尚处在进入阶段，还有不少薄弱环节，特别是一些基本性的海洋法律制度，至今尚未建立、健全，与维护国家海洋权益和实施海洋综合管理的客观要求很不适应，是一个极待解决的问题。

【依照职责分工的部门行政管理】 按目前国家管理体制，维护海洋权益涉及国内诸多部门。除军事、外交之外，国家对海洋的管理在规定了国家海洋局负有综合管理中国管辖海域的职责外，也明确了渔政部门、港务监督部门以及公安、卫生、海关等部门的有关行政管理工作。这些在行业发展基础上逐步形成的分部门行政管理与海洋主管部门所实施的综合性管理是相辅相成的。

海洋渔政管理 农业部渔政局对外称作"中华人民共和国渔政渔港监督管理局"。对水产资源繁殖保护、渔航安全、渔船检验、渔业电信及渔业港口行使管理职能。除确定积极增殖渔业资源，鼓励发展外海和远洋渔业，限制近海捕捞强度的方针之外，还运用法律形式规定了渔业的保护对象、可捕标准、渔具和捕捞方法，并且根据海洋渔业资源的分布与变化规律，划定了禁渔区，确定了禁渔期。通过中日渔业协定，规定了东海、黄海渔业资源保护区、休渔区和 441.3kW 渔轮禁渔区。1985 年，中日双方达成协议，从浙江南部至江苏沿海海域禁渔区线以外，设立 5 个禁渔区，在禁渔期间，禁止任何渔船进入作业；设立两个保护区，在规定时间限制双方进入作业的船只数量。整个休渔期间，都有渔政船只在海上执行驱赶进入中国禁渔区非法作业的外国和其他地区的渔船的任务，对违规渔船依法予以处罚。(参见产业篇同条)

港务监督与海上交通管理 中华人民共和国港务监督部门实施海上交通行政管理，在对外国籍船舶的管理中，要求外国籍船舶在中国管辖海域航行须遵守中国一切有关法律、法规，按受港务监督部门的检查；对来中国港口的外国籍船舶实行申请批准制度；规定外国籍船舶在中国管辖海域航行，不得进行危害中国安全和权益的活动，并应遵守有关海峡、水道、航线和禁航区的规定。所有这些具体行政管理活动，都充分体现了对国家主权和海洋权益的维护。

其它管理活动 除上述管理活动以外，公安部门在海上维护秩序的执法活动，卫生部门在海上的卫生检疫活动，海关在海上查缉走私活动等，都属维护主权和海洋权益的行政管理活动。

应该指出的是，中国在维护海洋权益、对管辖海域实施行政管理方面，尚存在一些问题和薄弱环节。为加强海洋行政管理，更有效地维护海洋权益，国务院、中央军委在 1984 年曾提出建立国家海上统一执法队伍问题，但因种种原因未能实现。在目前国家管理体制的情况下，需要各有关部门在履行各自职责的同时，搞好相互配合，共同维护国家海洋权益。 (*赵恩波*)

【海洋科技管理】 现代科学技术是新的社会生产力中最活跃的和决定性的因素。现代科学技术迅速发展出现的重要特点，一是科学技术各个领域的相互渗透和综合发展；二是一项科学研究成果的出现到技术上应用的周期急剧缩短；三是科学技术所面临的问题越来越复杂，要求参与解决这些问题的科技人员的行动更加协调一致，并组织多学科、多部门的联合攻关。随着科学技术的发展，科技管理工作越来越显示出其重要性。

现代海洋开发是新技术革命的重要领域之一，属于高技术范畴，综合性强，技术难度大，风险也大。加强海洋科学技术管理工作对于推动海洋开发利用和实施海洋管理具有重要的意义。根据《中共中央关于科学技术体制改革的决定》，近几年来，海洋科技管理工作有了较大转变，并取得了显著成效。主要表现在以下几个方面：第一，认真贯彻"面向"，"依靠"的方针，把推动海洋开发和海洋管理作为海洋科技工作的首要任务，并积极安排有关的项目；第二，重视海洋科技政策、规划及软科学研究，在国家有关部门的指导下，组织编制了"海洋中长期科技发展纲要"、"海洋技术政策"，开展了"海岸带及邻近海域开发"等多项软科学研究；第三，组织开展海洋高技术论证与研究，推动了海洋高技术产业的形成和发展；第四，积极推广科学技术研究成果，使其尽快转化为生产力，如杭州水处理技术开发中心和天津海水淡化与综合利用研究所积极开拓技术市场，取得了显著经济效益。

海洋科技管理主要包括科技计划管理、科技项目管理、科技经费管理、科技人才管理、科技成果管理等。《国务院关于深化科技体制改革若干问题的决定》指出，要进一步简政放权，扩大科研机构的自主权，改善科学技术工作的决策程序，运用系统工程和其它现代管理手段，加强宏观管理。

科技计划管理 海洋科技计划分为三类：第一类是指令性计划，即国家和部门下达的科技计划任务。"七五"期间，列入国家重点科技攻关任务的海洋领域的项目有第 76 项"海洋环境数值预报研究"和第 70 项新材料中的"膜法水处理技术研究"。1990 年将全部完成科技攻关任务。第二类是指导性科技计划，包括国家有关部门委托、资助的科技计划和基金项目计划。国家海洋局拟从 1990 年与国家自然科学基金会地球科学部实施联合基金计划，共同资助海洋科学技术研究项目。第三类是各单位自行安排的科技计划和横向技术服务项目。

科技项目管理 按照国家对科技工作三个层次的部署来安排海洋科技项目。把绝大部分科技力量动员和组织到面向经济建设和实施海洋管理的主战场上来，同时组织部分优秀科技人员跟踪和发展海洋高技术，开展重要的基础性研究工作，以保持海洋科学技术发展的后劲。在项目的管理上引入了竞争机制，实行择优委托或招标方式落实项目承担单位，并积极开展国际间学术交流与科技合作，鼓励科研机构向开放、联合、竞争的方向发展。

科技经费管理 按照不同类型科学技术活动的特点，实行了经费的分类管理，对社会公益型的科研机构实行了经费包干；对技术开发类型的科研机构，实行逐年减少事业费，直至达到经费的基本自给。天津海水淡化与综合利用研究所是技术开发类型的研究所，拟于1990年减拨事业费到位。为了调动科研机构和广大科技人员的积极性，实行了经费与任务挂钩、经费随任务走的原则，并根据课题执行情况采取分期拨款的管理办法，从而提高了科技经费的投资效益。

科技人才管理 商品竞争、市场竞争，归根结蒂是高技术和人才的竞争，充分发挥现有科技人员的作用非常重要。随着科技体制改革的深入发展，对专业技术人员实行了专业技术职务聘任制，并对高、中级科技人员实行专业技术职务聘任与任务定额挂钩的管理制度，鼓励和支持科技人员合理流动和业余兼职，选派既懂经济工作又具有经营管理能力的科技人员到沿海地区担任科技副市长、副县长、副镇长等，自1986年以来国家海洋局已派出10多名科技人员到沿海市县挂职，这对充分发挥科技人员的作用、促进沿海地区海洋经济的发展大有好处。

科技成果管理 科技成果管理包括科技成果归档、登记、鉴定、划分密级、奖励、推广应用及发明、专利等。科技成果管理是科技管理工作的重要内容，是使科学技术转化为直接生产力、提高科学技术工作效益的关键。据初步统计，至1990年国家海洋局共建立海洋科技档案30 317卷；获海洋专利10余项；1986～1990年共获国家级和省部级科技进步奖励项目112项，其中获国家科技进步二等奖3项，三等奖3项，获国家海洋局科技进步一等奖14项，二等奖40项，三等奖52项。（见附录获奖成果一览表） （王建文）

【全海网制订海洋监测工作新方案】 国家海洋局依据《海洋环境保护法》的规定，1984年4月组织成立了全国海洋污染监测网（以下简称全海网）。该网由沿海省、自治区、直辖市和有关部门的69个成员单位组成。1987年9月22～24日，国家海洋局和国家环保局在北京联合召开了全海网第二次工作会议。会议总结了1984～1987年全海网的工作；调整了协调领导小组成员单位和联络员；修改了组织办法，制订了1988～1992年监测工作方案。参加全海网的成员单位由原69个增加到89个。1988～1992年全海网新的工作方案，规定了监测海域为近岸，尤以海湾、河口海域为主，选择了优化的监测站位布设原则和监测频率，共布设503个监测站位，对水质、沉积物、生物体中的40多个环境要素，每年进行2～3次监测；提出了统一的采样、运输、储存与预处理的要求。自1988年开始，全海网89个成员单位按新的组织办法和工作方案进行中国近海海域的环境监测工作。

【海洋环境监测质量管理】 1986～1988年，国家海洋局为提高海洋环境监测质量，组织建设了全国海洋环境监测中心（原国家海洋局环保所），加强了全海网的技术管理和技术保证工作，调整了全海网的工作方案，研究并生产了无沾污采样器和滤膜、滤器；开展了全海网成员单位的实验室间相互校准，举办了质量控制研讨会，1984～1989年间进行了7次8个项目16个浓度水平的三种基体（水质、沉积物和生物体）的实验室间相互校准，各实验室的数据质量逐年提高；1986～1989年，组织50多个单位、2 000余人参加《海洋环境监测规范》的修订和验证工作，并于1989年12月25日于天津通过了国家级鉴定。该规范全面总结了近20年的实践经验和研究成果，吸取了国内外先进技术和方法，具有科学性、综合性、先进性和实用性的特点。

【中国近海环境质量监测工作】 1989年，国家海洋局北海、东海、南海环境监测中心组织三个海区监测网成员单位对所辖海域进行了2～3次海洋污染监测工作。共完成了133个测站，630个站次的水质监测。其中北海（包括渤海和黄海）59个测站，东海40个测站，南海34个测站。监测项目共25个，其中水质15项：pH值、盐度、浊度、溶解氧、化学耗氧量、活性磷酸盐、氨—氮、硝酸—氮、亚硝酸—氮、油类、总汞、铜、铅、镉、有机氯农药，部分海域也有铀和总β射线项目；水文气象10项：水温、气温、风向、风速、水深、水色、透明度、海况、气压、简易天气现象等。共采集水样10 000余个，获得监测数据15 000余个。全年发布监测通报、年度环境质量年报共14期。渤、黄海海域进行了一次生物体和表层沉积物的污染监测，南海部分海域进行了一次生物体和放射性污染监测，共获得数据10 000余个。

国家海洋局环境监测中心对三个海区监测网的监测资料进行汇总，提出了1989年度的中国近海环境质量及1990年度变化趋势报告。

【中国近海环境质量状况】 据1989年度《中国近海环境质量年报》，中国近海大部分海域综合水质相当于一类海水水质，从总体上看，大部分海域水质正常。海南省北部沿海、某些河口、海湾、相当部分的沿岸海域水质偏差，接近一类海水水质标准；胶州湾、珠江口、辽东湾、长江口、杭州湾、舟山群岛海域水质较差，相当于二类海水水质。水质特点是从南到北沿岸海域普遍存在着不同程度的污染，重点河口、海湾、大中城市毗连海域环境污染和生态破坏较严重。主要污染物是油类、有机污染(COD)、富营养化和重金属污染。

1.油类(包括矿物油和动物油)污染。这是中国近海的主要污染类型,在某些海湾和河口水质油类污染普遍检出,超标率高。总体上呈南高北低趋势。

2.营养盐类(富营养化)污染。中国近岸海域营养盐类含量普遍偏高。近年来,东海大片海域、南海局部海域时有赤潮发生,1989年夏秋在渤海也发生了规模较大的赤潮,造成了严重的经济损失(见表2)。

3.有机污染。中国近岸水域有机污染比较普遍,海湾、河口及大中城市毗连海域都受到了一定程度的有机污染。胶州湾、长江口、珠江口、辽东湾、大连湾有机污染物(COD)较高。

4.重金属污染。中国近海海域水质中重金属含量属正常,总汞和铅均不超过一类海水水质标准。广东中部、北部湾和珠江口局部海区的镉含量超过了一类海水水质标准。长江口的铜含量较高,普遍超过一类海水水质标准。这种情况除陆源排放的原因外,还可能与上述地区地球化学本底值偏高有关。

其他污染物,如有机氯农药含量不高,尚未构成污染,pH值也属正常,均满足一类海水水质标准。

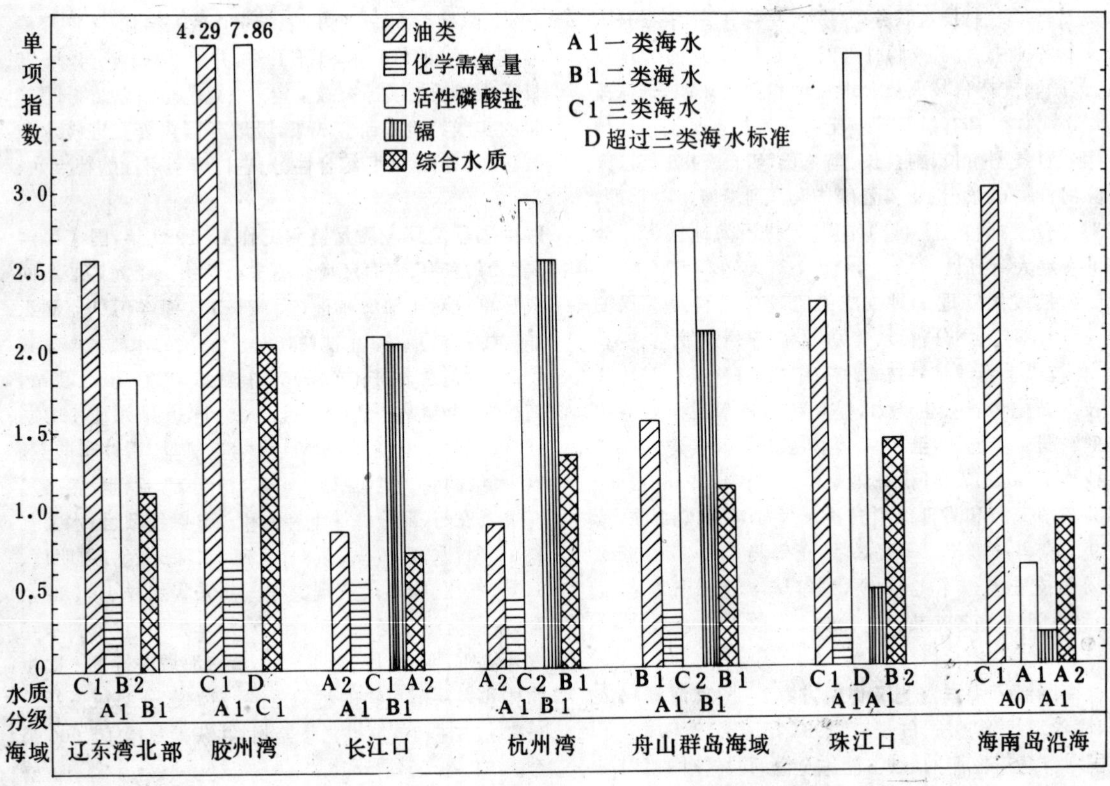

图1 1989年中国近海重点监测海区评价结果

中国近海污染物的主要来源是陆地污染源直接或间接排放入海。据统计,中国沿海省、自治区、直辖市(台湾省没有统计在内),废水(包括工业废水和生活污水)排放量约占全国废水排放总量的50%,其中直接入海的废水量在80亿t以上。海洋石油污染除来自陆源排放以外,还来自海洋石油勘探开发和海上船舶的含油废水的排放。对海洋环境和资源损害最大的是来自海上溢油事故所造成的石油污染,自70年代初以来,在中国海域发生100吨级以上的溢油事故100多起。入海原油2万t以上(见表1)。

【重点海域管理】 重点海域管理是1989年"海洋管理年"的重点任务之一。经论证,选择了锦州湾、胶州湾、长江口、厦门西港、珠江口等为重点海域。1989年,国家海洋局派出"中国海监"飞机和船舶,对重点海域、航道、港河口、海湾、石油开发区、海洋倾废区、主要渔场、陆源排污口、赤潮及溢油事故现场进行了巡航监视。一年中,船舶巡航262航次,飞机巡航268架次,对海洋污染及违法行为及时取证,交有关主管部门进行处理,发布了16期巡航通报。对黄岛油库失火事件、河北黄骅海域赤潮、上海炼油厂溢油事故、温州灵昆岛青

表1 中国发生百吨级以上溢油事故统计表

时　间	船名或单位	发生地点	溢油量（t）
1974.9.30	大庆31号	青岛港	
1975.2	亚洲飞鹅号	福州港	895
1975.8.8	黄岛站	青岛港	128
1976.2.16	南洋号	汕头东北海面	200
1976.2.17	碧洋丸	汕头东北海面	10 000
1976.6.23	洪湖号	威海以北海面	200
1977.5.31	海洋丰收号	广东南沃岛	330
1978.1.9	雅典地平线号	长江口外	350
	大庆412号	上海港高桥	1 400
1978.7.8	大庆401号	上海港	655
1978.8.4	上海炼油厂	上海港高桥	179
1979.6.19	赛勒斯总统号	青岛港	100
1983.10.11	大庆236号	广东碣石湾外海	355
1983.11.25	东方大使号	青岛港	750
1983.11.26	大庆36号	大连港内	3 343
1984.4.5	利成号	广东横档岛	1 400
1984.5.1	海利号	温州海城	685
1984.8.13	秦皇岛输油站	秦皇岛港	1 470
1984.9.28	加翠号	青岛港	757
1986.10.18	大庆245号油轮	在青岛黄岛码头爆炸	100
1988.7.2	渤海7号平台	井喷	入海原油量无法统计
1988.8.8	莲花池号油轮	宁波镇海石化总厂油码头	293
1989.8.12	青岛黄岛油库爆炸	青岛黄岛	600

蟹死亡事件、启东污染毛蚶产运等进行了应急监视，收到了良好的社会、环境、经济效果。　（崔绍珍）

【海洋倾废管理】 随着中国沿海经济的发展，向海洋倾倒疏浚物数量逐年增加。1949～1985年间，从每年250万t增加到5 600万t，1989年增加到8 000多万吨。除疏浚物外，还有城市垃圾和少量工业废物等倾倒入海。

1985年4月1日，《海洋倾废管理条例》开始实施，同年9月6日，中国加入了《伦敦倾废公约》。由此开始，中国对海洋倾废实施了全面的管理。1985～1986年，组织了中国倾废现状调查，整顿了原有不合理的倾废区；1988～1989年对主要港口疏浚物沾污状况进行了调查；1987～1989年进行了碱渣、粉煤灰倾倒实验研究；1986～1988年进行了疏浚物有害物质溶出实验，并应用围隔式生态技术研究其对初级生产力的影响。

中国海洋倾废管理，采取从严管理的原则，严格执行许可证制度，禁止有毒有害的一类废弃物倾倒入海。目前已经批准倾倒的废弃物均属低毒无害的三类废弃物。为了确保环境安全，依据科学、合理、经济、安全的原则选划倾废区，并组织有关部门论证、协商后报国务院审批。

目前中国海洋倾废管理的重点仍是疏浚物倾倒的管理，这是因为这类倾倒物数量大，并且一部分已受到陆源污染物的沾污。

建立海洋倾废许可证制度 1986～1989年，各海区主管部门共签发海洋倾废许可证143份，其中主要是三类疏浚物倾废许可证。倾倒废弃物总量约4 278万t（见表3）。

表2 1986～1989年间中国沿岸海域发生的较严重的赤潮

发生时间	发生区域	危害面积	起因生物	危害和经济损失
1986年1月	台湾省高屏地区		*Piotogonyaulax tamarensis*	30余人在食用受赤潮污染的养殖紫蛤后，出现麻痹性贝毒中毒，其中有2人死亡
1986年2月	广东省深圳湾西部海域		夜光藻	周围牡蛎场50%的牡蛎死亡
1986年5月	浙江省石浦以东海域	$175km^2$	角藻和夜光藻	海洋生态受到严重破坏
1986年6月初～6月底	福建省厦门西海域		裸甲藻	定置网渔获物大大减少，有时甚至捕不到鱼。鱼类、梭子蟹出现死亡。有人食用了受污染的梭子蟹后出现腹痛和腹泻症状
1986年11月25～27日	福建省东山县附近海域		裸甲藻	136人在食用受赤潮污染的蛤仔后，出现麻痹性贝毒中毒症状，其中1人死亡
1987年6～7月	长江口外海区	约1 $000km^2$	中肋骨条藻	周围有藻腥味，对海洋生态造成严重影响
1987年8月	浙江省嵊泗县枸杞海区	大片海域		海湾扇贝大量死亡，未分笼养殖的大小鲍鱼全部死亡；岩礁上的部分贻贝也出现死亡
1987年夏季	香港水域	大片海域		致死鱼类达120t，损失达2.4万英镑
1987年8月	香港吐露港		骨条藻	网箱养鱼因缺氧死亡，损失达300多万港元
1988年6月	长江口外海域	1 $400km^2$	夜光藻	海洋生态遭受严重破坏
1988年7月	长江口外海域	1 $700km^2$	夜光藻	海洋生态遭受严重破坏
1988年12月	广东省大鹏湾盐田至南澳镇沿岸	长约20km 宽2～3km	夜光藻	海面有腥臭味，发现死鱼浮于水面，岸边沙滩堆集粘臭物
1989年4月2～4日	广东省深圳赤湾	大片海域		鱼、贝类死亡，威胁到海洋生态环境
1989年4月	福建省福清县近岸水域	大片海域		沿海1 300亩养殖缢蛏绝收，损失缢蛏11 000t，价值近3 000万元。由于误将赤潮水抽入育苗池，造成长毛对虾苗死亡1亿多尾，经济损失100多万元
1989年7月	浙江省舟山群岛海域	1 $000km^2$		pH值增高，盐度降低，鱼、贝类死亡
1989年7月5～10日	福建省东山县沿岸水域	$3km^2$		网箱养殖的真鲷、鲈鱼等名贵鱼类大部分死亡，直接经济损失达280万元
1989年7～11月	长江口海域	大片海域		水体溶解氧含量降低，水质恶化，鱼、虾、贝类死亡
1989年8～10月	渤海沿岸水域	几乎整个沿岸水域		致使鱼、虾、贝类大量死亡。对沿岸对虾养殖业危害严重，初步估计直接经济损失达3亿元
1989年9月22～26日	浙江省沿岸水域	大片海域		底层水体溶解氧含量下降，鱼、贝大量死亡

（华泽爱）

海洋倾废区选划、监测与管理 1986～1989年间，各级主管部门选划了40多个海洋倾废区。国务院已批准了三批共17个倾倒区，其中多数是三类疏浚物倾废区，还有空中放油区和三类废弃物倾倒区。国家海洋局审查确定了一个碱渣试验倾倒区;海区主管部门根据工程急需等特殊情况宣布了一次性使用的临时倾倒区3处。上述倾倒区使用情况正常(见表4),它们将于1990年全部纳入全国海洋污染监测网的监测计划。

表3 1989年海洋倾废情况统计表

发证机关	许可证(份)	倾倒量(万t)	废弃物
北海分局	86	1 066.31	疏浚物
东海分局	无	无	无
南海分局	5	1 268	疏浚物
厦门管区	4	92	疏浚物
海南省局	1	120	疏浚物
1986～1988年	47	1 730.5	主要是疏浚物
合计	143	4 277.81(办证的倾倒量)	

【海洋石油污染防治与管理】 随着中国海洋油气资源的勘探开发,海洋原油及石油产品的长途运输业的发展,大型的船舶溢油、井喷以及运、贮油设施溢油事故时有发生。1988年7月2日渤海7号石油钻井平台发生井喷,造成海洋环境的污染损害;1989年8月12日青岛市黄岛油库因遭雷击发生油罐爆炸事故,大量原油入海。1986～1989年,国家海洋局及其派出机构,依据"海上石油勘探开发环境保护管理条例",对海上石油勘探开发活动实施监督管理,特别是加强了对石油平台防污工作的常规性管理,严格执行报告和检查制度。大多数平台能按规定配备防污设备和器材,做到防污记录薄和防污报告报表的填报。为防治溢油污染,企业和作业者都配备了相应的应急能力。据统计,1989年没有发生大、中型井喷及溢油事故,但小型的溢、漏油现象时有发生。

【海洋环境保护标准】 中国现行的海洋环境质量标准有1982年4月6日发布的GB3097－82"海水水质标准",污染物排海标准有1983年4月9日发布的GB3552－83"船舶污染物排放标准",1985年发布的GB4911－85"海洋石油勘探开发含油污水排放标准"。国家海洋局于1983年和1987年组织研制并颁发了海洋调查用7项标准溶液和海洋污染调查用重金属标准物为国家二级标准物质(见表5,6)。上述标准物质由国家计量局颁 发了批量生产合格证,并列入1989年"中华人民共和国标准物质目录"。 (崔绍珍)

【海洋环境影响评价工作】 按有关环境保护管理规定,建设污染环境的项目,需编制环境影响报告书,对建设项目产生的污染和对环境的影响作出评价。从1986年以来,国家海洋局的一、二、三所、环保所、北海分局、南海分局,以及其他从事海洋科学调查、研究、保护和管理的机构,极为重视这一工作,他们发挥海洋科技力量强,具有多学科综合性调查研究的能力以及资料基础好的优势,主动承担了几十个项目的海洋和临海大、中型建设项目环境影响评价任务。其中有海洋油(气)开发工程项目,广东大亚湾核电工程,临海大型火电厂工程,沿海各省、市的深水港建设工程等的环境影响评价任务。各单位在所编写的《环境影响报告书》中,规定了防治污染和保护环境的措施,为保护中国海洋环境、促进建设项目中防治污染的设施能与主体工程同时设计、同时施工、同时投产使用做出了积极的贡献。 (陈泽夏)

【中国近海断面监测】 原计划自1986年起中国近海断面调查从执行"过渡方案"转为执行"长期监测方案",但因对新方案的论证和确定尚未完成,故1986年继续执行"过渡方案",同时进一步对"长期方案"加以试行和反复修改完善,于1987年12月制订了"中国近海断面监测方案"(即长期方案),从1988年起正式执行。长期方案的断面设置遵循科学、经济、适用、可行的原则,即从中国的国情、国力出发,以尽可能少的断面、站位数和观测次数达到最佳的监测效果。因此保留或布设的新断面尽量能:(1)与台站观测、海上浮标系统、航空遥感、污染监测等互相协调,互为补充,形成监测网络;(2)与历史断面相衔接,尽量延长资料的时序;(3)控制监测海区水交换主通道;(4)与主要海流方向垂直或横切,尽可能通过涡旋中心位置;(5)考虑了水产、养殖、资源开发、交通运输和国防建设等事业需要。中国近海共设长期断面13条,测站123个,辅助断面6条,测站49个,总计测站172个。其中渤海长期断面1条,辅助断面2条,测站25个;黄海长期断 面4条,

表 4　国务院已批准使用的海洋倾倒区一览表

序号	倾倒区名称	倾　倒　区　位　置	批准时间	备注
1	天津机场空中放油区	38°58′N、117°58′E，38°35′N、119°24′E，38°24′N、119°19′E，38°49′N、117°55′E 各点连线范围内	1986.11.2	未使用
2	大连周水子机场空中放油区	38°15′N，122°E，38°40′N，122°E，38°15′N，123°30′E，38°40′N，123°30′E 各点连线范围内	1986.11.2	未使用
3	上海虹桥机场空中放油区	佘山—31°48′N，123°22′E～31°30′N、123°30′E—南汇四点连线范围内	1986.11.2	未使用
4	杭州笕桥机场空中放油区	30°09′40″N、123°31′15″E，30°18′N、121°34′E，30°40′N、121°34′E，30°30′N、123°30′E 各点连线范围内	1986.11.2	未使用
5	上海人粪尿临时倾倒区	31°15′N，122°45′E，32°N，123°E，31°30′N、123°05′E，31°30′N、123°20′E 的连线内	1986.11.2	未使用
6	胶州湾外疏浚物倾倒区	35°59′24″～35°58′39″N，120°18′～120°20′E		已使用
7	九澳岛东南方疏浚物倾倒区	以 22°06′24″N，113°36′12″E 为中心，520m 为半径的海域	1987.3	为澳门内港航道疏浚工程专用
8	黄茅岛以南疏浚物倾倒区	22°01′—21°58′N，113°38′30″—113°40′30″E	1987.3	
9	大亚湾核电站码头疏浚物倾倒区	22°34′06″N、114°34′E，22°35′54″E、114°33′48″N，22°33′12″N、114°34′54″E，22°33′36″N、114°35′E 的连线内	1987.11.27	已使用
10	烟台港疏浚物倾倒区	37°37′12″～37°38′06″N，121°31′45″～121°33′15″E 的范围内	1987.11.27	已使用
11	淇澳岛东北倾倒区	22°27′18″～22°30′N，113°42′～113°43′10″E 连线范围内	1987.11.27	已使用
12	淇澳岛东南倾倒区	22°19N～22°21′N，113°43′E～113°44′E 的范围内	1987.11.27	已使用
13	内伶仃岛东南疏浚物倾倒区	22°25′N、113°49′12″E～22°25′N、113°50′36″E，22°23′N、113°50′E～22°23′N、113°51′12″E 的范围内	1987.11.27	已使用
14	厦门港疏浚物倾倒区	24°17′18″N、118°08′12″E，24°18′N、118°08′12″E，24°18′N、118°08′48″E，24°17′18″N、118°08′48″E 的连线内	1988.12.2	已使用
15	泉州湾疏浚物倾倒区	24°46′N，118°48′30″E 为中心，半径为 0.5 n mile 的圆形区域	1988.12.2	已使用
16	湄州湾疏浚物倾倒区	25°00′44″N、119°01′48″E 为中心，半径为 0.5 n mile 的区域	1988.12.2	已使用
17	南海三类废弃物倾倒区	21°40′～21°45′N，115°10′～115°15′E	1988.12.2	已使用

表5　海洋调查用7项标准溶液(国家二级标准物质)

名　　称	编　　号	标称浓度(mol/L)	相对不确定度(%)
盐酸标准溶液	GBW(E) 080009	0.006 00	0.2
碘酸钾标准溶液	GBW(E) 080010	0.010 00	0.2
铵盐标准溶液	GBW(E) 080011	0.0	5
	GBW(E) 080012	2.0	
	GBW(E) 080013	4.0	
	GBW(E) 080014	6.0	
硝酸盐标准溶液	GBW(E) 080015	0.00	2
	GBW(E) 080016	2.50	
	GBW(E) 080017	5.00	
	GBW(E) 080018	10.0	
	GBW(E) 080019	15.0	
亚硝酸盐标准溶液	GBW(E) 080020	0.000	2
	GBW(E) 080021	0.500	
	GBW(E) 080022	1.00	
	GBW(E) 080023	2.00	
	GBW(E) 080024	4.00	
名　　称	编　　号	标称值(以磷计)(μg/L)	相对不确定度(%)
磷酸盐标准溶液	GBW(E) 080025	0.00	2
	GBW(E) 080026	0.80	
	GBW(E) 080027	1.60	
	GBW(E) 080028	2.40	
	GBW(E) 080029	3.20	
名　　称	编　　号	标称值(以硅计)(μg/L)	相对不确定度(%)
硅酸盐标准溶液	GBW(E) 080030	0.00	5
	GBW(E) 080031	0.00	
	GBW(E) 080032	2.00	
	GBW(E) 080033	5.00	
	GBW(E) 080034	10.00	
	GBW(E) 080035	12.5	2
	GBW(E) 080036	25.0	
	GBW(E) 080037	50.0	
	GBW(E) 080038	100.0	

研制单位:国家海洋局第二海洋研究所(杭州市)

(引自《中华人民共和国国家标准物质目录》,1989年,第29～31页)

表 6 海洋污染调查、监测用重金属标准物质(国家二级标准物质)

名称	编号	标称值(μg/L)	不确定度(μg/L)
水中铜、铅、镉、铬、锌标准溶液	GBWE(E) 080039	铜 100	3
		铅 30	2
		镉 10.0	0.6
		铬 30	2
		锌 800	24
海水中铜、铅、镉、铬、锌标准溶液	GBW(E) 080040	铜 5.0	0.4
		铅 10.0	0.6
		镉 1.00	0.06
		铬 5.0	0.4
		锌 70	3
水中汞标准溶液	GBW(E) 080041	1.00	0.06
海水中汞标准溶液	GBW(E) 080042	1.00	0.06

研制单位:国家海洋局第二海洋研究所(杭州市) (引自《中华人民共和国国家标准物质目录》,1989 年第 32 页)

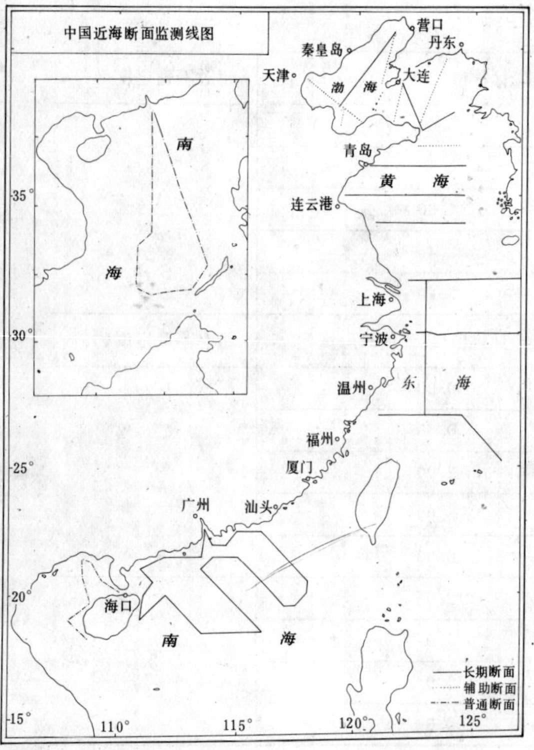

图 2 中国近海断面监测线及站位布设图

辅助断面 4 条,测站 68 个;东海长期断面 4 条,测站 38 个;南海长期断面 4 条,测站 41 个,一般断面 4 条,测站 37 个。特别是从 1989 年开始在南海设置了南海珠江口—永署礁巡回大断面(29 个测站),以配合南沙永署礁海洋站工作,扩大监测海区和资料来源,充分发挥调查船的综合效益。监测时间从 1988 年起(南海断面从 1989 年开始),每年进行四个季度月即 2,5,8,11 月 4 次观测,南海巡回大断面结合为永署礁海洋站运输船舶的航次进行观测。另外,考虑到近海渔汛的特点,在春秋渔汛期各海区适当增加了观测次数。监测项目包括海洋水文、气象、化学等 24 个要素,其中北海和东海已于 1989 年开始增加了测流项目。

1986～1989 年间,中国近海断面调查共获得 50.5 万多个资料。 (徐 怡 李乃兰)

【滨海水文气象观测】 1989 年,国家海洋局有海洋观测站 56 个,长期定点连续观测的项目有潮汐、波浪、表层水温、盐度、海冰、海发光和气象等。为改变台站仪器设备陈旧、观测方法落后的状况,1988 年,由国家海洋局海洋技术所研制的海洋站自动观测系统安装于小麦岛海洋站,建成了中国第一个海洋自动观测站。该自动观测系统自动进行定时和连续数据采集处理,并进行储存、打印电报编码和报表。由于平台不便于住人,1989 年,海洋技术所研制完成了吕泗平台自动观测系统,该系统自动采集数据和存贮,并通过无线电台将资料发回岸站。为提高波浪观测的准确度,自 1986 年起在 12 个海洋站安装了遥测波浪仪和声学测波仪,改变了传统的光学测波法,获取了大量可供进行波谱分析的波浪资料。雷达测冰技术也得到了发展和应用，1989年在辽东湾鲅鱼圈建成了第一个雷达测冰站，可测量冰量、冰型、冰的分类等海冰状况。1986年起在结冰海区的海洋站配备了海冰理化性质的测量仪器，对海冰的温、盐、密度及强度进行测量。

为进行全球的海平面联测，通过选址调查并经国务院、中央军委批准，1988年8月军民联合在南沙群岛永署礁建成南沙海洋观测站，并开展了海洋观测工作。观测设备采用了国家海洋局技术所研制的自动观测系统，将资料贮存和无线电发回大陆，并向联合国海委会的海平面中心报送资料。目前中国加入全球海平面观测系统的站有大连、厦门、坎门、吕泗、闸坡、西沙和南沙站7个。它们每月向海平面中心报送月平均水位资料。

为有效地监测和预报中国沿海的风暴潮灾害，全国104个验潮站组成了北海、东海、南海三个地区的业务协作网，进行资料交流和资料共享。

海洋站微机数据处理系统在台站广泛推广使用，实现了资料信息化，提高了资料的质量和时效。

为改变站点少、分布不均匀及代表性差的状况，1986年以来相继增建和改造站、点10个，逐步向海洋站布局合理化方向发展。

为提高海洋站人员技术素质，举办了各种类型的技术培训班。同时加强技术规范和规章制度的编制工作，1987年编制出版了《海滨观测规范》，它对1979年颁布的规范进行了修改、补充。 （屈　强）

【国土资源法研究会成立】 1987年11月23～28日，“国土资源法研究会”在北京举行成立大会暨学术研讨会。该会作为“中国经济法研究会”的分会，是由国家计委国土司、地质矿产部、农牧渔业部、林业部、水利部、国家海洋局、国家土地管理局、中国社科院法学所等部门和单位联合筹建的，团体会员108个，个人会员649名。1989年3月1～3日，该研究会在北京召开国土资源综合立法讨论会，会议认为目前中国海洋资源和环境形势严峻，渔业资源的开发利用过度，资源再生能力降低，良性循环遭到破坏。为此，会议决定向全国人大建议加强国土资源管理，在全国人大设立国土资源和环境委员会，并提交了提案。

【开展海洋功能区划工作】 为使海洋开发利用合理，提高海洋开发效益，按照海域客观功能进行利用，自1989年初，在国务院有关部门的支持下，国家海洋局组织沿海省、市、区进行了中国海域的功能区划。1989年完成了渤海功能区划的试点。其它省市区也完成了开展功能区划的力量组织、工作方案制订和部分资料搜集工作，为全面工作的开展做好了准备。

（李鸣峰）

【海洋自然保护区的选划和建设】 中国海洋自然保护工作极为薄弱，国务院领导对此十分关注。1988年国务委员宋健指示要加快这一工作。至1989年，已选划了一批各种类型的海洋自然保护区。国家海洋局和广西壮族自治区、浙江省于同年联合审批了北仑河口和镇海两处地方级保护区，并组织了河北昌黎黄金海岸、浙江南麂岛、海南大洲岛金丝燕和三亚珊瑚礁、广西合浦红树林等六处国家级海洋自然保护区的调研、论证和申报工作。 （李鸣峰　鹿守本）

【全国海岸带和海涂资源综合调查圆满完成】 1980年开始的全国海岸带和海涂资源综合调查的外业工作于1986年全部结束。在1985年江苏省的调查成果经国家审查验收之后，于1987年1月和2月先后完成了辽宁、天津、浙江三省市和广东、广西、上海三省区市综合调查成果的审查验收，1987年11月通过了对山东省调查成果的审查验收，标志着全国各省区市承担的海岸带和海涂资源综合调查工作已圆满结束。通过这次调查，共获得各种观测数据5 788万个，各种调查报告14种，计5 000多万字，图约2 600幅，资料汇编3 956卷（册）39 240万字，摸清了中国海岸带的自然环境、自然资源和社会经济状况等基本情况。据不完全统计，这次调查成果的应用已获得经济效益约27亿元；10个省区市的调查成果获得省级科技进步奖，其中江苏、广东、山东三省获特等奖，6个省市获一等奖，一个省获二等奖。1987年1月3～8日，在北京举办了全国海岸带和海涂资源综合调查及开发试验成果展览会，国务委员康世恩为展览会剪彩，国务院副总理田纪云、国务委员宋健、何康、全国政协副主席雷洁琼等参观了展览会。1988年8月19～22日，海岸带国际学术讨论会在北京举行，美、英、日、苏、联邦德国、瑞士、斯里兰卡、香港等十多个国家和地区的30位专家学者出席了讨论会，他们对中国的全国海岸带和海涂资源综合调查工作给予了高度评价。

1987年11月全国综合调查成果编委会正式成立，1989年完成报告初稿和汇编打印。全国综合调查成果由三部分组成：全国海岸带和海涂资源综合调查报告、报告附图和调查资料汇编。全书分三篇28章，128万字。此书的完成，将是中国第一部全面论述中国海岸带环境、资源和社会经济现状与发展前景的权威著作。

【编制海岸带管理法规】 1982年国务院法规中心将制订《海岸带管理法》列入“1982～1986年立法规划”，

1983年7月由国家海洋局负责，组成了由各有关部门和沿海省市参加的海岸带管理法规起草小组，国家海洋局局长严宏谟任组长，任美锷教授任顾问。1986年11月完成了《海岸带管理条例》送审稿。本条例共分18条，包括管理的目的、任务、范围、机构、职责及奖励与处罚等内容。在组织制订全国海岸带管理法规的同时，沿海各省市亦先后开展了海岸带管理法规的制订和海岸带管理工作。江苏省在海岸带综合调查工作结束之后，率先制订了《江苏省海岸带管理暂行规定》，1985年11月由省人民政府颁布，1986年1月1日开始实施，1989年又经省人大常委会讨论，决定由省法制局牵头修改后，升格为《海岸带管理条例》。1986年上海市制订的《上海市滩涂管理暂行规定》经上海市人大常委会通过，1986年10月1日起执行。此后又有辽宁、天津、海南、山东等省市也先后开展了海岸带管理法规的制订工作，分别提出了所属地方的管理条例或办法的讨论稿或征求意见稿。

【沿海省市区陆续成立海洋管理机构】 为加强海岸带管理工作，1986年国家成立了海洋研究、开发、保护领导小组，国务委员宋健任组长；1989年国家海洋局设立了海岛海岸带管理司，负责协调、管理和保护全国海岸带的开发、利用工作；1989年海南省成立省海洋局，海南省政府明确规定，海南省海洋局行使政府管理职能，是省海洋工作的主管部门。在此期间，辽宁省成立了省海洋局，广西、浙江、福建三省区先后成立了省(区)海洋处，山东、江苏省科委分别成立了海洋处和海洋局，其他省市对原海岸带办公室也做了充实和加强。另外，大连、宁波、厦门和广西的沿海县市也组建了海洋机构(见表7)。 (覃正富 李谋胜)

表7 中国沿海省(区、市)各级海岸带管理机构情况一览表

省(区、市)名称(含计划单列市)	海洋管理机构名称	级别	成立时间	隶属关系	备注
辽宁省	辽宁省海岸带办公室	处级	1988.9.	省科委	
天津市	天津市海岸带管理处	处级	1987	市科委	
河北省	河北省海洋办公室	处级	1987	省科委	
山东省	山东省科委海洋管理处	处级	1987	省科委	
江苏省	江苏省科委海洋局	处级	1989.12	省科委	
上海市	上海市海岛办公室	处级	1989.9	市科委	
浙江省	浙江省海岸带办公室	处级	1982	省科委	
福建首	福建省海洋管理处	处级	1989.11	省政府科委代管	
广东省	广东省海岸带办公室	处级	1982	省科委	
广西区	广西海洋管理处	处级	1988.11	区政府科委代管	沿海五县市成立海洋管理机构
海南省	海南省海洋局	厅级	1989.1	省政府	其中机关编制定员40人
青岛市	海岛调查办公室	处级	1989.6	市科委	
宁波市	宁波市海洋管理处	处级	1989.11	市政府科委代管	
厦门市	厦门市海岛调查办公室	处级	1989.1	市科委	

(胡怀福)

【全国海岛资源综合调查】 国务院办公厅1986年发出了“关于进一步开发建设海岛的意见”，1988年1月21日国务院批准了由国家科委、国家计委、国家海洋局、农业部、总参谋部等对全国海岛资源进行综合调查和开发试验的请示报告。全部调查任务计划在1988～1992年5年内完成。海岛调查是在全国海岸带调查之后的又一项大型工程，是一项涉及多学科、多部门的综合调查，也是一项海洋国土基础工作。为组织全国有关单位力量，1989年12月成立了由国家科委(组长)、国家计委(副组长)，农业部(副组长)、总参谋部(副组长)、国家海洋局(常务副组长)和沿海各省(市、区)、计划单列市有关负责同志组成的“全国海岛资源综合调查领导小组”,负责调查工作的统一组织协调,统一规划,统一部署。具体调查任务由沿海各地分别组织实施。领导小组办公室设在国家海洋局。

全国海岛资源综合调查包括全国所有岛域及其周围20～30m水深范围内的近岸水域,调查重点是乡级以上行政单位驻地所在岛域,调查内容包括海岛的自然环境、自然资源和社会经济现状及对其进行综合评价,制订开发利用规划,同时进行开发利用实验。辽宁省已于1988年进行了岛屿目标调查试点,1989年辽宁、广东两省又率先开展了海岛资源综合调查工作。

(王　勇　覃正富　李谋胜)

【海洋档案管理概况】 1983年国家海洋局根据国家档案局“档案馆网建设规划”的要求,建立了海洋档案馆,为实现集中统一管理海洋档案创造了条件。从1984年开始,国家海洋局牵头组织了由海洋档案馆、国家海洋局下属单位及中科院、水产总局、青岛海洋大学等有关人员参加的海洋档案分类法编委会。1989年,“海洋档案分类法”通过部级审查验收并编入《中国档案分类法》。此外,有关部门还制定了海洋档案管理和报送制度,制发了全国海岸带调查档案管理三项技术标准等。这些规章制度的实施,为实现海洋档案资源共享和海洋档案管理标准化奠定了基础。

【海洋档案馆】 海洋档案馆成立于1983年。它是在国家海洋局情报所、国家海洋资料中心的基础上建立的。新建的海洋资料、文献、档案专业楼于1989年完工并启用,其总面积为14 000m²,档案、资料库房面积为3 000m²。该馆除了收藏国内外各种海洋资料、档案外,还在检索、提供服务方面,引进、消化、吸收并改造了国外先进的海洋信息处理技术,发展并建立了目前国内先进的海洋资料、档案、情报和信息自动化检索系统。目前这一系统所存贮的海洋资料信息量已超过42 300兆字符。该馆可为用户提供原始档案和资料信息,也可根据用户要求提供信息、档案的研究和计算成果。在对外方面,海洋档案馆与联合国教科文组织下设的政府间海洋学委员会建立了海洋档案、资料、文献的交换关系。仅海洋台站观测的海洋资料,就从美、日、英等国交换得到磁带、缩微胶片和平片等30多万站次。

【海洋档案馆藏现状】 该馆收藏有国内外多种海洋档案、资料。现有馆藏档案40 000多卷,其中主要有:

1.*海洋调查档案*。主要保存有1960～1989年开展的近70次重要项目的全国海洋调查所形成的档案;1976～1980年,根据中国第一次远程运载火箭试验对远洋水文气象保障要求,在太平洋中部特定海区进行综合调查形成的档案;1980～1987年全国海岸带和海涂资源综合调查形成的档案;1984年以来中国南沙海域调查获得的档案;1984年开始进行的南极科学考察形成的档案等。

2.*海洋基础科学研究档案*。海洋档案馆存有中国近海水文特征研究档案,包括海洋台站、船舶、飞机、浮标等观测得到的数据、记录、图样、照片、录像等以及通过分析研究而形成的档案;海洋气象学研究档案,如国家海洋局二所完成的赤道海域大气层结构分析等课题形成的档案;海岸和海底地形、地貌、海底地质构造、海洋沉积等研究档案等。

3.*海洋环境保护档案*。包括海洋环境污染监测档案,海洋环境科学研究档案以及海洋环境保护政策和法规档案。

4.*海洋技术档案*。主要包括海洋观测技术档案、观测仪器、海洋工程技术档案等。

5.*海洋科技信息情报档案*。已积累了近几年研究出版的“2000年中国海洋开发研究”、“中国海洋开发研究与基本资料汇编”、“海洋科学主题词表”、“中国锰结核调查选区的情报研究”、“渤海石油开发区海潮流资料综合处理”、“太平洋潮汐表”等调研课题形成的档案资料。

海洋系统有关单位形成的其它海洋档案,如海洋工程档案、海洋开发档案、海岸带档案、海洋预报档案、海洋教育档案、海洋调查船档案等,也都已具有一定的数量和规模。

【全国海岸带和海涂资源综合调查档案管理】 该项目由国家海洋局、国家档案局、海洋档案馆、全国海岸带调查办公室于1983年12月－1987年12月完成。该项工作在10省(自治区、直辖市)、18个部委、500多个科研调查单位配合下,整理形成档案12 893卷、图纸3 363张、照片档案11 020幅及部分录象带、影片和软盘,建立起一整套完整、准确、系统、由国家统一管理的海洋科技档案。为确保档案质量,在国内还首次系统地完成了专门档案的整理、著录和分类档案技术标准系列,并编制出目录260册。在5省市中开展了机检,大大提高了档案检索的深度和广度。该项目获部级科技进步二等奖。

(国家海洋局档案处)

【海洋技术监督概况】 1986年以来,海洋技术监督工作以《中华人民共和国标准化法》、《中华人民共和国计量法》、《中华人民共和国标准化法实施条例》、《中华人民共和国计量法实施细则》、《关于在我国统一实施法定计量单位的命令》等法律为准绳,围绕以质量为中心,以标准化、计量为基础的技术监督工作方针,海洋技术监督工作走上了法制管理的轨道,开创了海洋技术监督的新局面。制定了海洋行业一系列管理办法，基本建立健全了海洋行业的技术监督机构体系，宣传贯彻了标准化法、计量法和国务院关于统一法定计量单位的命令，协助国家技术监督局对国家海洋计量站和国家海洋计量站青岛分站、上海分站、广州分站进行了考核和复查验收工作，对海洋行业推行法定计量单位进行全面检查，制定了一些急需的国家标准、行业标准、企业标准、国家规程、部门规程，对一些产品实施了质量监督管理。 （徐维龙）

【海洋技术监督工作的组织机构】 海洋行业的技术监督机构，在1989年前有国家海洋局标准计量中心和国家海洋计量站，隶属于国家海洋局海洋技术研究所，国家海洋局机关没有专门管理职能部门。1989年国务院机构改革时，国家海洋局机关增设了技术监督处，它是负责海洋行业技术监督工作的行政主管部门；原国家海洋局标准计量中心改为国家海洋标准计量中心，直属国家海洋局领导，相应地原国家海洋局北海标准计量站、东海标准计量站、南海标准计量站升为处级机构，它们是负责海洋行业技术监督工作的技术机构，指导各海洋企事业单位的技术监督工作。为此，全国海洋技术监督机构体系已基本建立和健全，职责任务明确，这是海洋行业技术监督工作发展的重要标志。

【海洋国家和行业标准的制订】 标准是技术监督的技术法规，是保证产品质量的龙头。1986年以前海洋行业的标准主要用于海洋仪器产品，1986年以后海洋行业的标准范围已扩展到海洋调查、海洋监测、海洋信息、海洋预报、海洋管理与公益服务等方面。几年来制订并发布的国家标准、行业标准分别见表8和表9。

表8 1986～1989年发布的海洋国家标准

序号	标准号	标准名称
1	GB 9852·1—88	全国海岸带和海涂资源综合调查档案标准　整理规则
2	GB 9852·2—88	全国海岸带和海涂资源综合调查档案标准　著录细则
3	GB 9852·3—88	全国海岸带和海涂资源综合调查档案标准　分类法
4	GB 8621—88	SCA2—2型压力式验潮仪

表9 1986～1989年发布的海洋行业标准

序号	标准号	标准名称
1	ZBA 45001—88	海洋行业标准体系表
2	ZBN 92002—86	仪器仪表海洋环境条件
3	ZBN 92002·0—86	海洋仪器印刷线路装配板涂覆保护
4	ZBN 92004·1—88	海洋仪器基本环境试验方法　高温低温试验导则
5	ZBN 92004·2—88	海洋仪器基本环境试验方法　高温低温贮存试验导则
6	ZBN 92004·3—88	海洋仪器基本环境试验方法　湿热试验导则
7	ZBN 92004·4—88	海洋仪器基本环境试验方法　温度变化试验导则
8	ZBN 92004·5—88	海洋仪器基本环境试验方法　长霉试验导则
9	ZB 92004·6—88	海洋仪器基本环境试验方法　盐雾试验导则
10	ZB 92004·7—88	海洋仪器基本环境试验方法　振动试验导则
11	ZB 92004·8—88	海洋仪器基本环境试验方法　冲击试验导则
12	ZB 92004·9—88	海洋仪器基本环境试验方法　连续冲击试验导则
13	ZB 92004·10—88	海洋仪器基本环境试验方法　倾斜和摇摆试验导则
14	ZB 92004·11—88	海洋仪器基本环境试验方法　水静压试验导则
15	HY/Z 001—88	海洋仪器产品标准化审查细则
16	HY/Z 002—88	产品图样及文件编号细则

【海洋仪器企业标准的制订】 1985年，国务院决定，不准无标准生产。1986～1988年，国家海洋局标准计

量中心组织有关的十几家研制单位制订了38项海洋仪器设备的企业标准(见表10),消灭了无标准生产的混乱局面,并确认了一批合法产品,清理了产品种类。

(秦嗣仁)

表10 已发布的海洋仪器企业标准

序号	名称	起草单位
1	颠倒温度表	宁波温度表厂
2	表层水温表	宁波温度表厂
3	航空红外测温仪	海洋技术研究所
4	SZC 6-1型数字传输式STD剖面仪	海洋技术研究所
5	SCA1-1型有井验潮仪	海洋技术研究所
6	JWA1-2型颠倒温度表检定设备	海洋技术研究所
7	SZC4-1型千米自容式STD自记仪	海洋技术研究所
8	YLY1-1型振弦式压力传感器	海洋技术研究所
9	QQC1-1型颠倒温度表读数器	海洋技术研究所
10	感应式盐度计	沪光仪器厂
11	SBA3-1型台站测波仪	海洋技术研究所
12	SBA3-2型台站测波仪	海洋技术研究所
13	SBA1型岸用测波仪	济南光学仪器厂
14	LGS2-1型萤光分光光度计	第一海洋研究所
15	LGS3-1型水下激光衰减仪	第一海洋研究所
16	HZS1-1型水中萤光计	第一海洋研究所
17	SLC9-1型直读式海流计	青岛海洋大学
18	SYC2-1型电极式盐度计	青岛海洋大学
19	中国标准海水	青岛海洋大学
20	电渗析器	第二海洋研究所
21	中空反渗透组件	第二海洋研究所
22	卷式反渗透组件	第二海洋研究所
23	醋酸纤维素系反渗透膜	第二海洋研究所
24	CN-CA微孔滤漠	第二海洋研究所
25	金膜测汞仪	第三海洋研究所
26	船用抛弃式深度温度计	第三海洋研究所
27	岸用声学测波仪	山东省海洋仪器仪表研究所
28	温盐深探测仪	山东省海洋仪器仪表研究所
29	QXSZ-1型水下照相机	山东省海洋仪器仪表研究所
30	YLY-7型水密接插件	山东省海洋仪器仪表研究所
31	SBF1-1型近海遥测波浪仪	山东省海洋仪器仪表研究所
32	XZC2-1型数字气象仪	山东省海洋仪器仪表研究所
33	QSC1-3型计数器	山东省海洋仪器仪表研究所
34	HSC1-2A型数字式船用酸度计	厦门第二分析仪器厂
35	HFC1-2型数字分光光度计	厦门分析仪器厂
36	HYY1-2型溶解氯测定仪	厦门大学
37	SLC3-2型电传海流计	天津市气象海洋仪器厂
38	光折射盐度计	济南光学仪器厂

【推行法定计量单位】 1984年国务院发布“关于在我国统一实行法定计量单位的命令”以来,国家海洋局于1984年7月发布了贯彻中国法定计量单位的决定,之后于1986和1989年又先后两次转发了国家计量局和国家技术监督局的有关规定,对推行法定计量单位工作做了具体部署。

1989年4月至10月,国家海洋局组织检查小组对海洋行业有关单位推行法定计量单位工作进行了抽查,共检查了青岛海洋大学、中科院海洋所、山东省海洋仪器仪表所以及海洋局系统等16个单位,查阅书刊、技术资料78份计1 400多万字,进行书面考试17场,抽考高、中、初级科技人员和各级领导干部共217

人。在抽查期间，检查组还讲课18次，参加听讲人员529人。检查中评选出三个优秀单位和25名优秀人员。根据存在的问题，国家海洋局决定在1990年举办几期法定计量单位培训班。 (邵又雅)

【计量检定规程的制订与修改】 1986～1989年，中国又制订颁布了《标准海水》、《印刷海流计》、《直读式海流计》3项国家标准和《FZF2、FZF1型海洋资料浮标》部门规程，连同已颁布的6项规程，共计已有9项规程。现正在起草的有《船用分光光度计》、《船用光电比色计》、《现场温盐深仪器》、《光折射盐度计》等4项规程。另外，还对颠倒温度表、表层水温表、感应式盐度计、机械式温度深度计等4项规程进行了复审，因无重大改动，故没有再版。 (秦嗣仁)

【建立计量基准和标准】 1986年以前国家海洋局已研制了7种海洋行业专用检定设备，1986年以来又有几项检定设备投入使用。1987年8月国家海洋计量站研制的JZA2－1型温盐检定设备通过鉴定，为国内外各类STD、CTD系统的检定创造了条件。继1985年天津气象海洋仪器厂的水槽改造验收达到水电部部标SD145－85中规定的二级标准并开始启用以来，国家海洋局又投资改造了中山大学试验水槽的拖车，1987年6月验收，车速变化率达到SD145中规定的一级标准，可供海流仪的检定使用。1987年9月—1989年，国家海洋局出资由国家海洋计量站上海分站与交通部上海船舶运输科学研究所共同开展用船科所的循环水筒检定流速仪的研究，并于1989年完成水筒改造工作，试用证明，可以用于印刷海流仪的检定工作，正待鉴定验收。1989年10月，国家海洋局科技司与青岛海洋大学合作改造海洋大学的动力水槽作流速仪检定用。到1989年底，北海、东海、南海三个海区流速仪流速的检定设备基本解决。为解决流向检定问题，国家海洋计量站1987年开始研制JLA1－1型流向检定设备，1989年底已提供试用，效果良好，正待鉴定。

为提高海洋化学调查和污染监测的可靠性，近几年又研制了多种标准物质。海洋监测用的重金属标准溶液(二级)于1988年通过鉴定，贻贝(生物)标样(一级)于1989年通过鉴定。到1989年底，经国家技术监督局批准公布的海洋调查用二级标准物质已有13种共36个浓度值，国家海洋局二所、青岛海洋大学和国家海洋局标准计量中心已被批准分别生产上述有关标准物质，供海洋行业购用。 (邵又雅)

【一万二千米颠倒温度表检定设备通过鉴定】 该设备由国家海洋局标准计量中心研制，于1988年5月21日通过鉴定，注册型号为JWA1－3型。该设备由六部分组成：①示值检定恒温水槽；②调温水槽；③压力系数检定水槽(恒温槽内装压力容器)；④冷水槽和致冷机组；⑤控制柜，分4个分机箱，2个是用DWT－702精密温度自控仪控制示值和压力系数恒温水槽，2个为机电控制系统；⑥活塞压力计及压力系数检定水槽内压力容器的翻转设备。

主要性能和技术指标：示值检定水槽——①控温范围：－2～＋80℃；②恒温精密度：－2～＋60℃为0.01℃，60～80℃为0.02℃；③控温准确度：±0.05℃；④槽内水平温差：0.01℃。压力系数检定水槽——①温度控制范围0～6℃；②恒温精密度：0.01℃；③水平温差：≤0.01℃；控温准确度：±0.05℃；④压力容器：工作尺寸为∅7mm×350mm，最大工作压力为120MPa；⑤压力准确度：±0.1％。

工作环境：①环境温度为10～30℃；②相对湿度为85％以下；③电源：380V±10V，30A。

【温盐检定设备研制成功】 1987年8月，JZA2－1型温盐检定设备通过鉴定。研制单位为国家海洋局标准计量中心。该设备主要为检定STD、CTD测量系统而设计的，其他测量原理相近的温、盐、深仪器亦可以此检定。它主要由如下部分构成：①海水恒温水槽；②海水副槽；③五个海水储槽；④海水处理装置；⑤制冷机组和冷水箱；⑥空压机；⑦机电控制柜。它必须与标准计量中心的标准仪器配套使用。

主要技术指标：控温范围为－2～＋40℃；有效工作区温场波动为±0.003℃；水平温差≤0.003℃，垂直温差≤0.003℃；平均升温速率≥10℃/h；平均降温速率≥5℃/h；有效工作区尺寸：∅700mm×1 000mm；盐度工作范围视海水盐度而定。与计量标准仪器配套后可达到的准确度，温度为±0.001℃，盐度±0.003；压力±0.05％。

该设备自1986年投入使用以来，先后检定测试了国内外CTD、STD系统20余次，尤其为中美联合海气调查检定CTD系统，为保证该项调查中CTD资料的量值准确可靠起到了重要作用，被美国海洋科学家认为是世界上先进的CTD系统校准设备之一。

【系列标准海水取得产品许可证】 为了校准盐度计，国家海洋局标准计量中心研制成功了系列标准海水，经几批试产后，于1989年6月11日获国家技术监督局颁发的二级标准物质产品许可证。

系列标准海水是自0～42盐度范围内按均分原理和实际需要确定生产标准值为5.0，15.0，25.0，30.0，

海洋环境预报服务

【海洋环境预报服务概况】 海洋环境预报是指中国近海和远洋的海洋环境状况预报(包括海浪、海温、海冰、海流、风暴潮、潮汐的预报)以及作为其基础之一的海洋气象预报,还包括海洋气象导航。

海洋环境预报服务是保障海上交通运输、海上石油勘探开发、海洋渔业生产、海上军事和科学研究活动等海洋事业,保护海上及沿岸人民生命财产和经济建设的重要手段,具有重大的社会效益和经济效益。

从事海洋环境预报服务的单位主要是国家海洋局,国家气象局也有海洋天气预报的业务。经过二十多年的努力,中国已建成国家海洋环境预报中心(国家海洋预报台)—青岛、上海、广州、海南预报区台—中心海洋站—海洋站的海洋环境预报系统。每天或定期通过电视、广播电台、专线电传电话、邮递等传播媒介向公众和有关部门发布海洋环境预报,收到了很好的服务效益。为了更好地提高服务效果,由国家海洋局牵头,正在组织全国海洋灾害预报警报系统,由各级政府部门(包括防汛指挥部)组织海洋灾害的监视、监测、预报、警报和防灾抗灾工作,力求最大限度地减少海洋灾害造成的损失。

海洋环境预报技术方法近年来有很大的进展。国家海洋局所属预报系统各单位在常规预报方法上已积累了丰富经验,取得了重大成绩。国家海洋环境预报中心的风暴潮预报、海温预报和海浪预报均已荣获国家科技进步奖二、三等奖。1986年以来,有关单位和科研单位、高等学校一起,在海洋环境数值预报研究方面通力合作,即将顺利完成国家"七五"重点科技攻关项目第76项的任务,并将于1990年底起,使海洋环境数值预报投入业务化运转。　　(包澄澜)

【海洋环境预报业务】 **组织机构**　国家海洋环境预报中心(以下简称预报中心)与青岛、上海、广州海洋环境预报区台,以及海南省海洋预报台共同组成中国海洋环境预报系统。位于北京的预报中心是政府间海洋学委员会(IOC)和世界气象组织(WMO)全球联合海洋服务系统(IGOSS)确认的国家海洋学中心,与全世界特别是太平洋地区的海洋服务机构有着广泛的业务联系和技术交流,承担国际组织和国家分配给的在西北太平洋地区和中国海域的海洋环境预报服务业务。位于青岛、上海、广州的预报区台分别承担中国渤海、黄海、东海和南海东部海域的海洋环境预报服务,海南省预报台承担南海西部海域的海洋环境预报服务。有关中心海洋站或海洋站承担站区范围内近海水文要素预报服务。

资料来源　*国际船舶报资料*。全球联合海洋服务系统(IGOSS)中的观测系统(IOS)、资料处理和服务系统(IDPSS)和全球通讯系统(GTS),将观测到的资料经质量控制处理后,迅速可靠地发到用户。

国内船舶报资料。在中国近海作业的船舶和平台,如调查船、渔船、商船、石油平台等,凡志愿参加或要求预报产品反馈者,均有责任提供现场观测记录。

滨海观测报资料。中国海岸线和众多岛屿上建立有50多个海洋观测站,这些观测站可以将定时观测记录传到预报部门使用。

35.0和40.0的标准海水。但根据特殊需要,亦可生产任意标准值的标准海水。其准确度为±0.003。

【国际计量大会通过并发布90温标(ITS－90)】 国际计量大会于1989年通过90温标(ITS－90)。它的颁布实施将影响温度量值本身,还要影响到声速、盐度、湿度、比容等一系列海水物理要素和海洋学要素的量值。就海洋界最感兴趣的温度范围,以IPTS－68定义的温度t_{68}与以ITS－90定义的温度t_{90}间的差异是$t_{90}=0.99976t_{68}$,所以在高温端出现约0.01℃的差值。对测量准确度要求不高的情况下,可以忽略不计温标变化的影响,而对于计量标准和高精密度测量,如CTD资料整编、海水比容、海水声速计算以及盐度计算等,则不应忽视这一变化,应在计算前加一步程序,将温度t_{90}转换成t_{68}值,然后方可采用现有的海洋学计算公式,直到这些海洋学公式做出相应的更动。转换办法是$t_{68}=1.00024t_{90}$。

由于温度是基本物理量,温标改动牵及面大,影响也广。中国准备于1991年7月实施90温标。

(秦嗣仁)

海洋遥感资料。①航空海洋遥感——利用飞机进行海洋调查观测。运用遥测仪器可以直接测到海温、海浪、海流、大气参数；②航天海洋遥感——以人造卫星和航天器为观测平台获取海洋信息。目前主要是结合气象卫星进行，可以获取海冰、海面温度、海面粗糙度及海水颜色的信息反演，但至今只有海冰、海温可作为预报资料应用。

海洋浮标资料。有锚泊浮标和漂流浮标之分。锚泊浮标具有定点、定时、连续及准确的收集海洋水文气象要素的能力。漂流浮标则随波逐流地收集大面积海洋水文气象要素资料。这些信息通过中继站传至陆地站，为预报提供实时资料，又可储存起来供研究工作使用。

综上所述，多渠道的资料来源，基本形成了海洋立体监视监测体系，较前有可喜进展，但由于海洋面积辽阔，环境条件恶劣，技术条件要求高，工作环节多，因而使资料的来源受到较大的限制。

资料传输 实时资料及时传至预报部门，是保证预报时效的关键。目前预报中心作为资料通讯中继站已与国家有关通讯网联通的有：

·全球通讯系统(GTS)世界天气监测网(WWW)的气象通讯网；

·邮电系统电信网；

·海洋资料传输网；

·公众卫星公司通讯网；

·专用线路。

这样，北京预报中心与青岛、上海、广州各预报区台形成了资料传输网络，基本上做到资料传递畅通。与此同时，预报产品也可以利用传真、电传方式相互交换或传至用户。

预报项目 目前所进行的预报项目，主要是与国计民生密切相关的海浪、海温、风暴潮、海冰、潮汐、潮流、最佳航线选择等。

海浪预报。海上船舶遇难，往往是因为巨浪直接撞击船体使其失去平衡所致。海浪预报就是提前告知不同浪高的大浪区、巨浪区、狂浪区、狂涛区和怒涛区的地理分布状况。作为短期预报项目，每天定时通过电视、广播以及无线传真向沿海公众播放中国海及西太平洋的24h海浪预报。

海温预报。海温是渔业生产、水产养殖、生物资源开发的重要环境要素之一。及时了解海水温度，对于适时地进行海上作业是十分必要的。由于海温的变化较其他要素相对缓慢，因此从需要出发，仅发布中国近海及外缘海域的旬、月、季海温预报，以及不定时的渔场速报，以电视、传真和邮寄等方式提供用户。

风暴潮预报。中国是多风暴潮灾害的国家，做好风暴潮预报，减轻潮灾意义重大。目前预报中心已开展了台风风暴潮和温带风暴潮预报业务。在对外预报服务中以风暴潮消息、警报、紧急警报的不同方式经电视台向公众和以电话、电传对内部发布。

海冰预报。每年冬季渤海及黄海北部都发生海水结冰现象，其结冰范围、厚度都不尽相同，个别年份会造成严重冰灾。近几年每年冬季都定期作出冰情年展望、月、旬预报，通过电视台、传真和邮寄向公众和用户定期发布，特殊情况随时告知沿海政府和有关部门。

最佳航线选择。最佳航线选择就是根据船舶航行过程中的海洋水文气象状况和船舶本身的运动性能，及时调整航行的方向和速度，以便得到安全而经济的航迹，使航行作业和远洋运输达到最佳效果。有时可以利用海洋水文气象条件(顺流、顺风、顺浪)缩短航行时间，降低燃料消耗。目前远洋科学调查、南极考察、远洋运输都不同程度地利用最佳航线选择顺利完成任务，并取得较好经济效益。

海上大风预报。海上较强的天气系统，往往带来海况的急剧变化，因而海上大风预报十分必要，可为海浪、风暴潮预报提供客观的外界环境条件。海洋大风预报的准确性直接影响有关海洋预报项目准确率的提高。

预报方法 目前使用的海洋环境预报方法主要有三大类，即经验和诊断预报方法、数理统计预报方法和数值预报方法。

经验和诊断预报方法。利用天气图和海况图，根据天气学和海洋学基本原理，结合预报经验，定性或半定量地判断天气系统和海洋系统的移动和强度变化来作出1～3d预报。目前各种计算图表、诊断结果和卫星遥感定性定量显示等都成为经验预报方法的重要参考。

数理统计预报方法。在预报时段较长的预报如中长期天气预报、海温和海冰预报中，利用多年历史资料的各种数理统计方法已成为主要的预报方法。

数值预报方法。根据流体力学和热力学原理，建立海况特征方程式，求其解来确定未来海洋状况。因数值预报能揭示和分析海洋和大气大尺度的变化过程和物理实质，所以被认为是具有发展前途的预报方法。“七五”期间，国家将“海洋环境数值预报研究”列入重点科技攻关项目(第76项)，目前已取得可喜成绩，在业务化试验运行中，海浪、海冰、风暴潮、海温的数值预报都得出基本符合指标要求的等值线(或过程)分布，可望组织实施进入预报业务。作为第76项重点攻关项目的一部分及其补充，预报中心自行研制了大气—海浪—海温—海流—风暴潮—海冰的数值预报模式，其中海浪数值预报已顺利通过试预报并运行一年多。

但是，限于目前对海洋的认识和理论水平，在数值模拟过程中不得不作出某些假设和简化，并且海况数值预报在很大程度上依赖于天气系统预报的准确性，加上资料的限制，因此，目前海况的数值预报还处于初期阶段。随着海洋遥感、海洋浮标新技术的开发应用，数值预报将会得到较大进展。

预报服务发布方式 由于海洋环境预报部门分散在沿海各地，对外发布方式不完全相同，现以预报中心为例介绍如下。

电视台播放。每天定时向电视观众播出西北太平洋和中国近海未来24 h海浪分布图。每旬末播出下一旬的黄海、东海及外缘海域海温分布图。海冰预报是在冬季月末播出下月渤海及黄海北部的冰情图，冰情严重时段，也以旬预报向外发布。风暴潮的发生是以不定时的新闻向公众告知风暴潮消息或警报。

广播电台播发。无法从电视中看到海浪预报的，可以通过收音机，每天在21时收听广播电台播放的24h的海浪预报节目。

无线传真播送。海浪分析图和预报图每天在15时50分至16时10分发布传真图，并在19时30分至20时10分再重新播送一次。海温预报是在每月逢3的日期14时播送上一旬的实况分析图，而每月逢10的日期14时播送下一旬的预报图，凡播出的第二天14时再重播一次。海冰预报是每年冬季结冰期间逢9的日期(2月份为月末)14时发布下一旬的冰情图。

电话、电传及有线传真传递。风暴潮预报时效短，多采用此种方式告知政府部门。

专送或邮寄传递。以文字形式的预报单定时送到领导机关和有关指挥调度部门。对外埠所要求提供的中、长期预报服务，大都以邮寄方式送至用户。

(陈克文)

【海洋天气预报】 海洋天气预报是保障海上人员活动的重要手段，国家海洋局和国家气象局都有海洋天气预报的业务。国内外海洋天气预报的内容包括以下几个方面：

· 地面天气图分析。这是根据最近的天气观测电报分析出来的天气图，图上给出各种天气系统分布。

· 地面天气预报图。给出未来12～24h海上高、低气压系统和锋面的位置，有时候发布未来36～48h甚或5d的预报图。

· 海面风分析图。给出海面的风向和风速。目前海面风分析主要根据海上船舶报资料分析得出。

· 海面风预报图。给出未来12～24h海面风向、风速预报。中国目前由模式作出海面风预报。

· 海浪分析图。给出海面浪高和传播方向。

· 海浪预报图。给出未来24h海面的浪高和传播方向。过去海浪预报主要用经验方法作出，目前中国已有海浪数值预报模式，海浪预报精度有了明显提高。

· 海冰分析图。给出海冰的范围和厚度。最近几年用卫星云图确定渤海海冰的范围很有成效。在深水区域，海冰的分析还给出海面大面浮冰块和冰山的范围和移动方向。

· 海上天气区域分布图。给出海上锋面位置，锋区云系，海上的降水区域和雾区。

· 海上危险天气分布图。为海员提供对航行有危害的区域，包括风速≥12.5m/s，浪高≥2.4m，海冰覆盖区域，船只可能被冰冻住的海域，能见度小于3 n mile的区域。

· 卫星云图。给出海上云型分布，从云型确定出海上的天气系统位置。

· 海况分布图。提供各种海况资料，如海面温度(SST)、水色、海洋混合层厚度、洋流分布、黑潮暖流的位置以及冷暖水旋涡等。

这些海上天气分析和预报，包括地区性和全球性，时间尺度从几小时到数天不等。从发展趋势看，海洋天气分析预报产品将主要以数值分析和预报为基础，并考虑一些物理或统计关系，最后得出海面的分析和预报。中国的海洋天气分析和预报正朝这个方向迈进。

上述海洋天气分析预报业务是专业性的。在中央电视台每天定时播放中国沿海海面的天气预报和近海海浪预报，很受公众的欢迎。 (陶诗言)

【海洋气象预报】 海洋气象预报和咨询，直接服务于海上交通运输、石油开发、救助打捞、渔业生产和沿海的工程设计、港口建设等项目，也是作好海浪、风暴潮等海洋水文预报的基础。从1986年到1989年，中国的海洋气象事业有了较大的发展。中央气象台通过中央电视台的新闻联播和午间新闻节目，播放热带气旋警报和中国海24h气象预报。国家海洋局的海洋气象预报系统得到了进一步发展和完善，技术力量和预报手段也有了明显提高。

资料来源 国家海洋环境预报中心直通北京气象中心的高速传输线路，从全球电信系统快速获得实时气象、海洋资料。同时，通过国家海洋局的通信网络将海洋站、调查船、自动观测浮标测得的气象、海洋资料及时传输到海洋环境预报中心，预报中心再通过卫星小站，将获得的全部资料转发到4个预报区台，计算机对各种资料加工处理后，绘制出各种天气图表供预报分析中使用。另外，还从气象卫星上获得大量图片和数据，作为预报中重要参考之一。为了更好地制作海洋气象的中、长期预报和加强预报方法的研究探索，除自1966年开展工作后积累的各种气象资料外，还采取多种手段，将许多气象资料的年代扩展到1949年或更早的年代。

预报项目　国家海洋环境预报中心开展了多种时效和区域的海洋气象预报。

短期预报。每天发布中国近海和邻近洋区未来72h分海区的要素预报。其内容包括风向、风力、天气、能见度，以及和风力对应的浪级和涌级。当西北太平洋上有热带气旋生成和活动时，将根据情况发布热带气旋消息、警报或紧急警报。对近中心最大风力≥8级的热带气旋，将发布未来72h的移向、移速、中心将到达的位置，以及是否登陆，登陆的时间、地段和登陆时的近中心最大风力。该预报项目还包括为航行在西北太平洋上的船舶提供3d航线预报，以及海上的救助打捞、石油开发、施工作业等时效为72h的专项预报和现场预报服务。

远洋预报。发布东北太平洋、南太平洋及北印度洋海域时效为48h的8级以上的大风区预报和热带气旋警报。内容包括大风区和热带气旋的实况，未来的移向移速和到达的地理位置及其变化趋势，并为航行在三大洋上的船舶推荐最佳航线和提供时效为48h的航线天气预报。为了满足南极考察的需要，自1984年以来，先后开展了南极长城站、中山站地区及南大洋的气象预报和从中国到南极特定航线上的气象预报。尤其在1986～1987年度的第三次南极考察期间，首次成功地开展了横穿三大洋的环球航线天气预报。

中、长期预报。发布中国近海及邻近洋区分海区的旬、月预报。其内容包括旬或月内有几次冷空气、温带气旋和南向大风等重要天气过程，以及对应各天气过程5级以上的风向、风力的时间、空间分布和伴随出现的浪级和涌级；海雾出现的时间和天数；将有几次8级以上的热带气旋活动以及影响的海区、可能登陆地段。每年4月底，发布西北太平洋热带气旋（不含热带低压）年展望，展望本年度热带气旋总个数和在中国登陆的总个数，以及与正常年份的比较情况；并给出首末两个登陆中国的热带气旋可能出现的时段。展望还详细地列出各月份热带气旋发生、登陆的个数及对某海区影响的次数。此外，国家海洋环境预报中心根据用户要求，还可以提供西北太平洋某海区的超长期预报、天气实况和气候背景等方面的服务。

预报方法和预报精确度　国家海洋环境预报中心发布的短期、远洋海洋气象预报，主要是以天气学方法为主，结合多年研制并经过实际检验的定量、半定量经验统计预报方法，同时参考国内外数值预报产品制作的。目前，预报中心自已研制的短期海洋气象数值预报方法已基本完成，正处于试报阶段，近期即可投入业务使用。

短期预报的准确率较高，按合理的评定标准，对1986～1989年的海区要素预报进行统计，3d平均预报准确率为90.1%（见表1）。尤其是自1982年承担渤海石油公司的海上石油勘探任务以来，曾为上百次海上石油钻井平台和大型油驳的拖带、就位提供预报和现场服务，均能准确地抓住良好天气时段，保证海上作业安全顺利地完成。

表1　1986～1989年短期预报准确率统计表

预报时效	第一天	第二天	第三天	3d平均
预报准确率(%)	92.4	90.1	87.8	90.1

远洋预报也曾多次圆满地完成太平洋中部的锰矿球调查、中美海气联合调查、南极考察等重大海洋气象保障任务。图1是1988年第五次南极考察期间，“极地”号船横穿南太平洋咆哮西风带时，风、浪预报（虚线）和实况（实线）的比较。可以看出，预报和实况是比较吻合的。

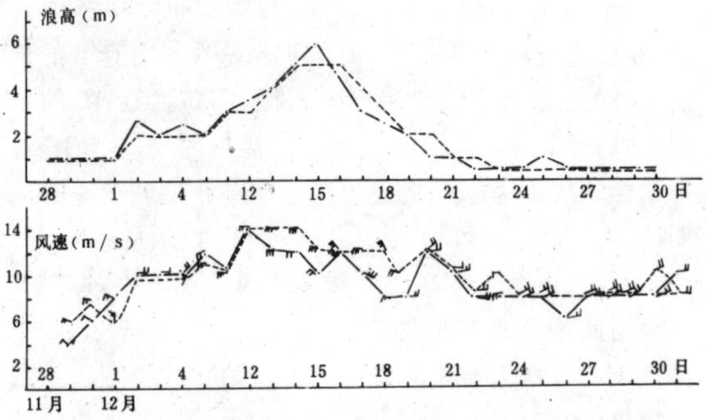

图1　风、浪预报（虚线）和实况（实线）的比较

中、长期预报，是以多种成功率较高的数理统计预报方法为主，同时结合诊断分析、天气学和经验预报方法、国内外的动力统计方法制作的。统计1986～1989年的预报准确率，平均为70.1%。

表2是1989年4月下旬发布的西北太平洋热带气旋年展望和该年度热带气旋实况对照表。从表中可知，预报和实况是基本接近的。

传输手段　国家海洋环境预报中心具有国际电传线路、文字传真机、无线传真发射机和通讯车等现代化通讯设备。发布的各种预报可及时传递到国内外有关部门。对海上航行的船舶，也可以采用通讯卫星或无线电报发送所需要的预报。另外，一些要求时效不太高的预报，还可以通过公众邮路以快件形式寄出。

（肖琢静）

【海浪预报】　1986～1989年，中国海浪预报服务，已经在中国近海和西北太平洋的海洋预报业务中取得很大的经济效益和社会效益，特别是在电视和电台逐日发布预报，收益更大。在国家海洋预报台，已形成了由

表2 1989年热带气旋年展望和实况对照表(年总个数指5～12月总个数)

项目	年总个数	登陆情况			各月情况(总个数/登陆个数)							
		总数	第一个时段	最后一个时段	5月	6月	7月	8月	9月	10月	11月	12月
预报	27～30	8～10	6月上旬	10月中旬	1/0	2～3/1	4～5/2	6～7/2～3	5/2	5/1～2	3/0	1/0
实况	31	11	5月20日夜间	10月21日夜间	2/1	2/1	7/4	7/1	6/2	4/2	2/0	1/0

海浪资料收集系统、海浪分析预报技术系统和海浪预报服务系统构成的预报服务体系。统计验证表明,24,48和72 h的预报准确率分别为89.9%,86.5%和82.1%。该成果曾获1989年国家科技进步三等奖。中国海浪预报技术,除了海浪常规预报方法在日常预报业务的应用中得到不断充实提高外,波浪数值预报模式的研究也取得了很大进展,第三代波浪数值预报模式已进入准业务预报。

海浪常规预报方法又有新发展 在60年代初,文圣常提出的以圆频率为参量的波浪谱模式,为中国的海浪预报奠定了基础,并且已被列入港口工程技术规范。在70年代又有新的发展和改进,并将文氏波谱的应用图表化,目前,这套图表仍是海浪常规预报的重要工具,通过多年的应用和验证,无论是计算大洋的波高还是计算近海浅水区的波高效果都是良好的。

同时,还引用大家所熟悉的有效波理论,在收集大量实测资料的基础上,用无因次分析法提出的Sverdrup—Munk—Bretshneder预报方法,Wilson和Walden计算方法,以及利用在中国海和西北太平洋收集的大量资料提出的计算公式,用理想风场(风速、风时或风区)进行计算和检验,建立了预报诺模图和表,经过近几年的试验和应用,这套较高精度的计算图表也是日常海浪预报的主要工具。

为了更好的分析和预报波高大于3m的灾害性波浪场,根据影响中国近海和西北太平洋的主要天气系统,在统计分析大量资料的基础上,建立了冷空气(占69.8%)、温带气旋(占15.5%)和热带风暴(含台风,占18.5%)型波浪场的分布特点和预报方法。其详细内容已登载在《海洋预报》1989年第2,4期上。这些方法为分析初始波浪场奠定了基础,也是预报灾害性波浪场的重要手段,实践证明这些方法在日常海浪业务预报中是可行的。

波浪数值模式已进入准业务预报 在国家海洋预报台,将已引进的日本MRI模式,即矶崎一郎和宇治豪(1973,1974)研制的第一代波浪数值模式,清华大学张兆顺等引进的英国的"BMO海浪预报模型"的改进模式——第二代波浪数值模式,国家海洋环境预报中心高全多等引进的第三代波浪数值模式,在HP－1000计算机、MV－8000计算机以及Cyber－840计算机上相继进行后报对比检验。在此基础上,从1989年1月起,将北京大学张玉玲等研制的五层原始方程天气数值预报模式、吴辉碇等研制的海上风边界层数值模式与第三代波浪数值模式组装成的波浪准业务预报模式,在中国海、日本海以及140°E以西的西北太平洋上,采用2个纬距网格,在Cyber－840计算机上已稳定地运转了一年多,每日提供24,48和72 h的波浪数值预报产品。

海浪数值预报技术研究也被列入"七五"期间国家重点科技攻关项目。该课题由青岛海洋大学文圣常负责,经过三年的努力,已完成了从物理模式、数值方法的研究与选定,就中国海区的典型天气过程(寒潮、台风和气旋)完成了10个个例计算后,与南京大学钱永甫改进的五层P－σ混合坐标的原始方程天气数值预报模式和海上风边界层数值模式组装,于1989年8～10月在Cyber－840计算机上连续计算(计算区域在3°N～41°N,108°E～136°E的中国海、日本海以及136°E以西的西北太平洋,对于渤海采用0.25°×0.25°的细网格,其它区域采用1°×1°的经纬网格),依合同要求完成了业务化试验的全过程。该项目于1989年9月获国家计委、科委和财政部"七五"科技攻关项目的阶段成果奖。

近几年,国家气象局在波浪数值模式试验和研究方面也做了大量工作,并且于1988年11月在上海召开了"中国气象学会海洋气象学委员会海浪预报"会议,进行了学术研讨和学术交流,促进了波浪数值预报技术的发展。 (杨春成)

【潮汐、潮流预报】 海洋潮汐、潮流预报是一项与国民经济和国防建设密切相关的工作。自1965年民用潮汐表由国家海洋局情报所负责以来,到1989年,潮汐、潮流预报工作得到了很大的发展。在对潮汐、潮流分析和预报方法的系统研究以及不断改进计算机软件的基础上,现在不但能对各种类型的港口进行准确预报,而且正朝着覆盖全球的潮汐预报业务发展。预计到1994

年，海洋情报所将出版覆盖全球的系列潮汐表。实现这一目标后，无论从预报准确度还是从预报范围上，都可达到目前的国际先进水平。

随着海运、渔业以及其他海洋经济活动的发展，中国民用潮汐表中预报站的数量以及预报内容也不断增加。从1985年起，开展了潮流预报，并且预报范围扩展到太平洋及邻近海域。表3给出1966～1989年中国潮汐表内容的增加情况。中国民用潮汐表的发行量也在不断增加。从1988年开始，民用潮汐表的用户达到500多个单位，发行量增加到2万多册，是60年代发行量的7.4倍。目前中国负责潮汐、潮流预报业务的单位除国家海洋局情报所外，还有海军航保部门负责军用潮汐、潮流表的编制和出版；上海航道局负责上海地区（包括长江下游）的潮汐预报等。 （褚英杰）

表3 1966～1989年中国潮汐表内容的增加情况

年份	预报站数	其中逐时预报站数	潮流预报站数	预报范围
1966	65			中国沿海、朝鲜西岸（3个站）、越南沿海（3个站）
1969	88	17		中国沿海、朝鲜西岸（3个站）、越南沿海（3个站）
1975	93	20		中国沿海、朝鲜西岸（3个站）、越南沿海（9个站）
1980	108	27		中国沿海、朝鲜西岸（3个站）、越南沿海（3个站）
1985	231	27	37	中国沿海和太平洋及邻近海域
1989	263	67	41	中国沿海和太平洋及邻近海域

【海温预报概况】 1986～1989年间中国的海洋表层或表面温度分析预报业务有了进一步的发展：其产品由过去的单一“预报”产品，增加到“通报”、“速报”等多种分析产品；已基本上对中国近海进行了全部监测、分析和预报；其传递方式由过去主要靠“邮寄”的单一形式，转变为除“邮寄”外，还通过电视、广播、传真等现代化通信手段传递海洋温度分析预报产品。

海温速报 海温速报就是把短时间内（一日或数日）所获得的海温信息用最快的通讯手段迅速传递到用户手中。发布海温速报的种类很多，一般地主要是利用船舶测报（包括渔船）资料发布短时间内的海温速报。近年来随着航空航天事业的发展，人们越来越重视利用飞机、卫星的遥感遥测资料来发布海温或海况速报。1986～1988年的10～12月，海洋预报中心、海洋技术所和上海海洋预报区台联合在东海近海（28°N～32°N、124°E以西海域），使用航空红外测温仪、投掷式测温浮标等先进仪器设备，进行了航空测温监测飞行（测温精确度小于±0.5℃），并迅速及时地向海洋渔业生产和指挥部门发布了13期航空测温速报，对中国近海的海洋捕捞生产起到了重要参考作用。水科院东海水产研究所自1987年12月起，专门成立了渔业情报服务站，利用卫星遥感资料、船舶报水温、台站观测水温、渔船观测水温、气象地面图以及中国一些主要海洋渔业公司的渔场位置、渔获量资料等，制作黄、东海周平均渔海况速报，到1989年底已发布了100余期。该速报与日本的周平均渔海况速报呈交叉发布，给中国海洋水产部门的使用带来很大方便。国家海洋局二所在“七五”期间也开展了卫星遥感海面温度的研究，他们应用NOAA卫星资料，与宁波、舟山海洋渔业公司协作，自1987年连续三年在冬季带鱼汛期间发布渔海况速报共40期，速报内容有等温线、流态（含水系）、近岸水色、中心渔场、流隔及渔情说明等。上述速报都深受用户欢迎。

海温通报 将前期海洋温度实况按不同时间尺度进行分析平均，及时地向广大用户通报，也称海温实况分析。目前中国主要开展了中国近海及其外缘海域的旬、月平均表层水温实况分析。用于海温实况分析的资料主要是国内和国际航线上的商船、货船测报资料，沿岸和岛屿的海洋台站资料以及少量的海洋浮标资料。自1986年9月起，国家海洋环境预报中心发动在海上作业的渔船进行测报，开辟了一条获得海洋信息的新途径。由于受通讯等条件的限制，中国的一些专业性海上调查资料未能有效地在海温实况分析中加以应用。

海温实况分析的方法主要有两种：一种是客观分析法，一种是经验分析法。由于目前海洋观测资料较少，而且资料多偏于航线，在实际工作中多用后者。它的基本分析程序主要包括资料质量检验（剔除观测资料的重报和错报）、网格点统计平均（将半个经纬距内零散资料进行统计平均处理，作为固定网格点的分析值）、空白海域填补（对无观测资料的海域进行分析填补）等。分析时还要根据同期多年平均状况、前期海温状况、近期海况变化特点等进行综合分析判断。

目前在中国从事海温通报业务的主要有国家海洋局下属有关单位：海洋环境预报中心进行的海温实况分析通报的海域范围比较大，包括中国近海及其外缘海域；青岛、上海、广州海洋环境预报区台分别从事渤海、黄海、东海、南海海温实况分析通报业务。除此之外，上述单位还对所负责的海域实施海温预报业务。

海温预报 国家海洋环境预报中心自1986年7月起，把过去所开展的中国近海及其外缘海域表层月平均海温预报业务改为旬平均海温预报业务，并通过中央电视台和中央人民广播电台向全国发布。青岛、上海海洋环境预报区台也通过当地的广播电台发布所分担的渤、黄海域和东海海域的旬平均海温预报，及时提供给当地用户使用。海温预报方法近年来也日臻完善。其方法可概括地分为三类：

1. *经验预报方法*。根据海温自身变动的持续性、周期性、相似性以及与其它要素的相关性，来做出定性或定量预报。特别是由于海温变动具有很大的保守性，因此以持续性为基础并考虑到其突变性的经验预报方法多为人们所采用。宋学家等提出了一种简便易行的海温经验预报公式，该公式主要含有预报旬的多年平均项、当旬准距平项、趋势变动项、急剧变动项等。利用此公式可预报一个水文特征相同的海温场，而且预报准确率较高，也可以预报个别站点。一般情况下中国近海的沿岸冷水、黄海冷暖水、台湾暖水等强弱的经验预报是可能的，而因天气的剧变，如寒潮、台风等引起的海况急变的预测则比较困难。因此高精度的短、中、长期海洋气象预报对于海温预报是不可缺少的。应用该经验预报方法制作中国近海及其外缘海域旬平均表层温度预报，其精度一般在0.7℃(均绝差)左右。

2. *数理统计预报方法*。中国自70年代中期以来，以青岛海洋大学(研究代表者为苏育嵩)和国家海洋环境预报中心(研究代表者为杜碧兰)等单位为主体，相继建立了若干数理统计海温预报模式，这些模式主要是：(1)周期分析预报模式，其方法有谐波分析预报法、谱分析法、方差分析预报法等；(2)时间序列预报模式；(3)相关预报模式，主要有阶段回归模式和逐步回归模式；(4)经验正交函数场分析预报模式，可分为单因子(海温自身)预报法和多因子(结合相关因子)预报法。还有一些辅助的预报方法，如逐步判别等。其中以经验正交函数场预报方法为佳。由于数理统计预报方法比动力数值预报方法计算容易，因而目前仍是在海温业务预报中的主要的、行之有效的方法。在“七五”期间，国家海洋环境预报中心和青岛海洋大学把上述统计预报方法应用于中国近海及其外缘海域表层温度预报，取得了良好的效果，并分别获得了国家科技进步二、三等奖。

3. *数值预报方法*。在“七五”期间，中国海洋界开始投入较大的人力和物力进行海温数值预报方法的开发研究。国家海洋环境预报中心(研究代表者为王立治)和青岛海洋大学(研究代表者为王赐震)分别提出的距平模式和混合层模式，填补了中国海温数值预报方法的空白。

应用距平模式做1972～1975年逐月的月预报试验(海域为115°～142°E，18°～38°N)，模式运转是稳定的，在冬春季节模式预报结果明显优于惯性预报效果(相关系数提高约10%，预报均方误差绝大多数小于1.0℃)。并且从1989年5月下旬起进行实时旬预报试验(海域同上)，其运行也是稳定的，效果平均接近于惯性预报水平。

混合层模式中不但考虑了海流输送对热平衡的贡献，而且考虑了在强烈海洋天气扰动下的海洋上混合层的物理变化过程。同距平模式的旬、月预报时间尺度相比，该模式属短期预报模式(3～5d)。从1989年4月开始，该模式直接与气象预报模式连接，并进行了3个月的连续试预报，其结果为：实测样本个数为50个，均绝差小于1.2℃，相关系数大于0.85。

上述两个数值预报模式现正处于试验和提高阶段，其预报效果还不甚理想，但作为中国的海温数值预报的第一代模式，其框架已经基本建立，预期在90年代将正式投入业务预报使用。 (宋学家)

【风暴潮预报】 中国开展风暴潮预报工作已有20年历史(1970～1989)，国家海洋预报台所从事的风暴潮预报工作和所建立的预报技术曾获1985年国家级科技进步二等奖。1986～1989年期间，中国风暴潮数值预报模式研究取得了令人瞩目的进展，风暴潮理论研究也取得了丰硕成果。在国家海洋预报台，许多行之有效的预报技术，如相似对型和单站经验统计预报方法等，仍在应用并有新的发展；预报中采用的美国的SPLASH诺模图方法，已被该台建立的、与其类似的诺模图方法所替代，并且数值方法也不仅仅限于渤海而是覆盖了整个中国海。

数值模式产品与数值预报模式 国家海洋预报台王喜年建立的开阔海台风风暴潮数值预报模式已用于预报业务，采用模式程序曾成功地预报了1985年第6号台风风暴。到1987年，王喜年已完成了166场假想台风引起的逐时风暴潮值的计算，建立了估算登陆台风引起最大增水的诺模图和表。在此基础上，发展了一个适合曲折海岸的数值预报程序，同尹庆江等一起建立了适用于覆盖整个中国沿海的五个互相嵌套预报子区域的数值模式，并进行了大量的历史台风风暴潮过程后报试验和两年(1988～1989)的实时预报检验。该模式在空间上是二维的，作业时只需输入简单的台风参数，模式输出结果包括单站逐时风暴潮位值和计算域全过程每个格点的最大风暴潮位值。还可得到相应的绘图产品，便于预报人员直观地了解一次台风风暴潮过程影响沿岸的范围、量值和影响时间。1989年，国家海洋预报台准确及时地发布了8903号台风(5月17～21日)风暴潮和8905号台风(6月6～12日)风暴潮的预报警报，并在中央电视台、中央人民广播电台播放和广播了风暴潮消息。特别是8908号(7月16～19日)强台风风暴潮是建国以来袭击珠江口及其以西沿海最严重的一次，由于提前发布了准确的预报以及防潮措施得当，大大减轻了灾害。数值预报在这次预报中发挥了重要作用。

多年来国家海洋预报台的风暴潮预报精度统计结果表明：最高潮位年平均预报误差均小于30 cm，潮时平均预报误差几乎全在30 min之内，平均预报时效超过10 h。

“七五”期间，国家海洋环境预报中心吴辉碇等所进行的风暴潮数值方法研究，1989年通过了专家鉴定，并于同年被评为国家海洋局科技一等奖。其中关于风暴潮模式和大气模式联接的业务预报方案独具特色。用此方法除作了各海区由不同天气系统诱发的风暴潮的后报试验外，还对渤海温带风暴潮进行了一段时间的预报试验。这是大气科学和风暴潮有机结合的一项重要成果。

厦门大学除金泉等进行的“台风风暴潮数值预报方法研究”，1986年12月通过了专家鉴定，1987年获国家教委科技进步二等奖；1988年获国家级科技进步三等奖。本项研究成果1985年用于试报，1986年用于业务预报，取得了较满意的效果。

为了研究粤西台风风暴潮的生消规律及摸索其预报方法，国家海洋局三所吴培木同广东省水文总站及国家海洋局南海环境预报区台的技术人员联合进行了为期7a(1982～1988)的合作研究，所建立的数值预报模式已经能在广东省水文总站的Vax计算机上进行实时预报，并在预报中发挥了很好的作用。

1987年10月由广西壮族自治区科委下达、广西区海洋研究所承担、广西区水文总站钦州分站协作的“广西沿岸主要港口台风风暴潮特征及其预报的研究”项目，于1989年12月24日通过了专家鉴定。两年中，他们完成了资料搜集与整理，风暴潮特性研究，经验方法、数值方法和数值预报诺模图的建立，并于1989年进行了预报检验。

风暴潮数值预报技术研究被列入“七五”期间国家重点科技攻关项目。中科院海洋所刘凤树会同厦门大学陈金泉、中科院南海海洋所和中山大学的甘雨鸣等，合作进行长江口以南海域台风风暴潮数值预报技术研究；长江口以北海域的台风风暴潮和渤、黄海的寒潮风暴潮数值预报技术研究由青岛海洋大学冯士筰等进行。此项目于1986年10月正式签定合同。经过两个专题组近3年的努力，已完成了从物理模式、数值方法的研究与选定，大量的试验计算和比较，直至业务化试验的全过程工作。他们所建立的风暴潮数值预报方案也是二维的，不能进行海水漫滩的计算，也没有考虑风暴潮与天文潮的相互作用。目前这一项目已进入后期验收阶段。

首届国际风暴潮学术会议 该会议于1987年9月15～17日在北京国家海洋环境预报中心举行，有近20名国外专家学者和国内近40名专家学者参加了这次会议。会议在风暴潮的理论研究，台风、温带风暴潮模式研究，风暴潮的现行预报技术，风暴潮监测技术，风暴潮防范计划与对策等5个方面进行了交流。专家们认为，中国以上诸方面的工作已经取得了举世瞩目的进展。会上，美方专家Jelesnianski介绍的美国最新一代台风风暴潮预报模式——SLOSH(SEA，LAKE，AND OVERLAND SURGES FROM HURRICANES)——引起了与会专家的浓厚兴趣。

国际合作研究 1987年9月国际会议之后，国家海洋环境预报中心、海洋局二所同Jelesnianski和Jye chen合作，进行了SLOSH模式在中国杭州湾计算域的初步应用实验。1988年下半年至1989年上半年中美双方专家合作完成了雷州半岛和杭州湾两个计算域的SLOSH模式非漫滩实验，同时开展了杭州湾潮汐和风暴潮相互作用的研究。SLOSH模式在中国应用的合作研究取得了可喜进展。模式程序和已建立的两个计算域的数据文件已完成向预报中心Cyber－840计算机的传输和实验，在1989年夏季的台风风暴潮实时预报中SLOSH模式发挥了作用。Jelesnianski于1989年12月顺访了预报中心，双方专家进行了学术交流，检验了在Cyber机上运行的SLOSH程序，并就下一步的模式漫滩实验进行了技术讨论。

国外风暴潮数值预报模式发展概况 尽管近几年国内外风暴潮数值预报模式试验与日俱增，但是完全令人满意的、经过反复实验过的、有生命力的模式并不多。相比之下，SLOSH模式以其独有的特色而受到一些国家的欢迎。

在美国，SLOSH模式的应用区域不断增加。截止1985年完成了22个计算域的计算，到1989年完成计算的区域增至33个，其中包括波多黎各。为了确定一个计算域潜在的风暴潮泛滥区域，需要进行大量假想风暴的计算，即所谓的综合疏散研究，截止1986年完成了13个计算域的研究，到1989年增至17个。为了更好地描述河道网格流特征，1988年Jelesnianski采用双曲网格系统对加尔沃斯顿湾计算域的风暴潮进行了研究并获得成功。

英国用于预报温带风暴潮的海模式也在不断改进提高。与之联接的大气模式由10层发展到15层；而用于计算纯天文潮的水边界值由2个分潮(M_2,S_2)，增加至6个分潮(O_1,K_1,N_2,M_2,S_2,K_2)。同时为了考虑形成于陆架区边缘的风暴潮而扩大了模式的计算域。

（王喜年）

【海冰预报】 中国的海冰研究机构主要有国家海洋环境预报中心、国家海洋局环保所、天津大学和大连理工大学等。海冰预报服务主要由海洋预报中心承担。海洋环保所具有雄厚的现场海冰观测与冰力学测试研究力量；大连理工大学和天津大学在研究本构型冰力学和结构型冰力学方面各有专长，天津大学并设有海冰实验室。此外，国家海洋局北海分局秦皇岛中心海洋站也具有现场海冰观测与冰力学测试力量。

海冰监测　1986年起，国家海洋预报中心、海洋局技术所与中科院长春地理研究所一起首次进行了渤海和黄海北部海冰航空遥感监测工作。监测的项目包括海冰的类型、密集度、冰厚、冰温、水温、流冰块及冰脊等。所用仪器是国产的航甲13－40航空相机、DGS－1航空多光谱扫描仪、PHH1－1航空投掷浮标(包括接收机)、十厘米微波辐射仪和SWH1－1航空红外测温仪及美制机载合成孔径侧视雷达。所监测的项目，均符合要求。例如，流冰块的最大水平尺度误差百分率为10～20%，特别是通过航空彩红外海冰照片利用阴影法计算冰脊帆高首次获得成功。1988年，渤海石油公司与联邦德国进行技术合作，引进先进技术——电子测距经纬仪和彩色图像声呐系统，在辽东湾观测了压力冰脊的重要参数。这是中国海冰监测的重要成果。

1987年，国家海洋预报中心开始建立自行研制改进的NOAA系列彩色卫星海冰图象分析系统，可以分析出海冰的类别、密集度、结冰范围及流冰位移的速度。这套系统现已应用到海冰预报业务中。

1988～1989年，国家海洋局环保所与北京环境特性研究所将雷达测冰图象进行数值化分析处理，经过现场观测试验，获得了满意的结果。

海冰预报方法研究　1988年，国家海洋预报台海冰预报服务及现行预报技术获得了国家海洋局科技进步二等奖。该预报台每年10月举办一次海冰会商年会，进行海冰预报会商，交流海冰监测、预报及研究的经验和成果。1986～1989年间，通过海冰年会交流的海冰预报方法研究成果主要有：

1. *海冰超长期预报方法研究*。国家海洋预报台利用太阳活动、厄尔尼诺与渤海冰情关系的分析研究，得出以下二点结论：(1)当太阳活动峰值年或前后有厄尔尼诺事件配合时，渤海冬季必出现重冰年；当谷值年或前后有厄尔尼诺事件配合时，则会出现偏重冰年；(2)当太阳活动降值年有厄尔尼诺事件配合时，渤海冬季冰情偏轻。第一点结论可预测重冰年、偏重冰年；第二点结论可预测轻冰年、偏轻冰年。

2. *海冰增长和消融变化及流动的研究*。国家海洋预报台根据海冰生、消的物理过程、运动过程与大气、海洋要素的关系，研究建立了下列计算公式。

结冰范围计算公式：

$$L=\eta\left[\sum_{i=1}^{n}\left(T_{ai}-T_{wi}\right)\right]^{2}.$$

冰厚计算公式：

$$H=H_{0}\sqrt{\frac{L_{0}\left(h_{0}+h_{s_{0}}\right)}{L\left(h+h_{s}\right)}\cdot\frac{\sum_{i=1}^{n}\left(T_{ai}-T_{wi}\right)}{\sum_{i=1}^{m}\left(T_{ai}-T_{wi}\right)}}$$

冰脊龙骨深计算公式：

$$K=\frac{\rho_{i}}{\rho_{w}}h+\sqrt{\frac{\rho_{i}}{\rho_{w}-\rho_{i}}}S_{0}$$

冰脊冻结龙骨深计算公式：

$$C=\frac{h}{2}\left[1+\sqrt{1+\frac{4\alpha}{h\left(s+h_{s}\right)}\cdot\sqrt{\frac{\rho_{i}}{\rho_{w}-\rho_{i}}}}\right]$$

流冰漂移运动计算公式：

$$V_{d}=\beta V_{p}^{2}$$

1986～1989年，运用现行的海冰预报方法，综合预报渤海、黄海北部的结冰范围误差在±0.5级(按国家海洋局颁发的《中国海冰情预报等级》)以内，准确率为80～90%，5m等深线附近冰厚预报误差百分率在10～20%。另外，1987年以来，在海冰设计标准研究和渤海石油平台与海冰的相互作用研究，以及海冰防灾减灾对策研究等方面都做了许多工作。

3. *海冰数值预报方法研究*。中国的海冰数值预报方法的研究工作始于80年代初。1986年以来，国家海洋局环保所继续研究改进80年代初所建立的海冰数值模式；国家海洋预报中心在吸收国内外工作经验的基础上也研制了一个海冰数值模式。这两个海冰数值模式均在试验中。从试验的情况看，还需要对现有模式做很多研究改进，方能在90年代后期投入海冰预报业务。

国外海冰工作概况　美国、苏联、加拿大、芬兰等国的海冰监测技术比较先进，如美国使用机载激光剖面仪观测冰厚、冰脊，设流冰漂流站观测北极冰岛运动等。在海冰预报方法的研究和应用方面，与中国的情况基本类似。加拿大用简单数值积分法建立的冰厚增长预报公式：

$$h_{i}=\sqrt{\frac{2k_{i}}{L\rho}\int_{0}^{t}\left(T_{m}-T_{a}\right)\mathrm{d}t}$$

预报效果相当于中国的水平。为了提高预报准确率，国外很重视海冰监测工作与监测技术的研究。目前，美国、苏联、芬兰、加拿大、瑞典、丹麦等国均建立海冰数值预报模式。芬兰的波罗的海海冰模式是线性—粘性二层模式，已应用到海冰预报业务中，预报时效为36 h。美国极地海冰预报系统（PIPS）是1～6d的海冰预报模式，在海军舰队数值海洋中心（PNOC）的电子计算机Cyber－205上运行。大气预报场来自海军全球大气预报业务系统。该模式可预报北冰洋、格陵兰和挪威海域的冰漂流、冰厚、密集度与冰边缘线。1986年6～10月对模式做的评估表明，流冰漂流速率一般偏大，而漂流方向是符合实际的，平均密集度预报与分析结果的偏差大约为12%，尽管在许多情况下预报的边缘线位置是合理的，但是在楚科奇海和东西伯利亚海域出现冰迅速消退的趋势与实际不符合。加拿大大气环境局（AES）冰模式系统（SIM）所联接的区域冰模式是有限差分模式。它与赫布勒尔（Hibler）模式相似。除此之外，区域冰模式在冰内应力公式中利用多种冰厚结合。1987年2～3月，在圣劳伦斯湾对模式进行试验和评估，目的在于修正其参数，培训大气环境局的预报员和修改模式的不足。

另外，还有一个中、丹研制的动力—热力三层冰模式，在东格陵兰海域进行模拟的结果与实测资料和遥感资料比较，表明三层模式比两层模式敏感。

（邓树奇　张启文）

【**海洋气象导航**】　海洋气象导航是根据航行区域的水文气象条件及船舶在风浪中的运动特性，结合航行任务的要求，应用优化理论，确定安全经济的最佳航线的技术。中国海洋气象导航研究和服务开展较晚，在这方面作出贡献的有国家海洋预报中心、青岛海洋大学、大连市气象台及海军水面舰艇学院等。虽然各单位所研制的业务操作系统具有不同的特点，但都达到了较高的技术水平和较好的服务效果。海洋预报中心制定的气象导航服务系统是以电子计算机为核心的一套比较复杂的作业过程，其流程如框图所示。青岛海洋大学把气导技术工作分为优选初始航线和优选变更航线两大流程，建立了必要的数据库，特别是在天气、海况的中长期预报方面开辟了多种途径，并在海浪客观、定量预报上做了大量工作。大连气象台和水面舰艇学院设计了一套应用微机的气象导航计算系统，主要包括：北太平洋风/浪场计算程序、船舶性能曲线计算程序、航线优选程序以及绘图程序和数据库等。

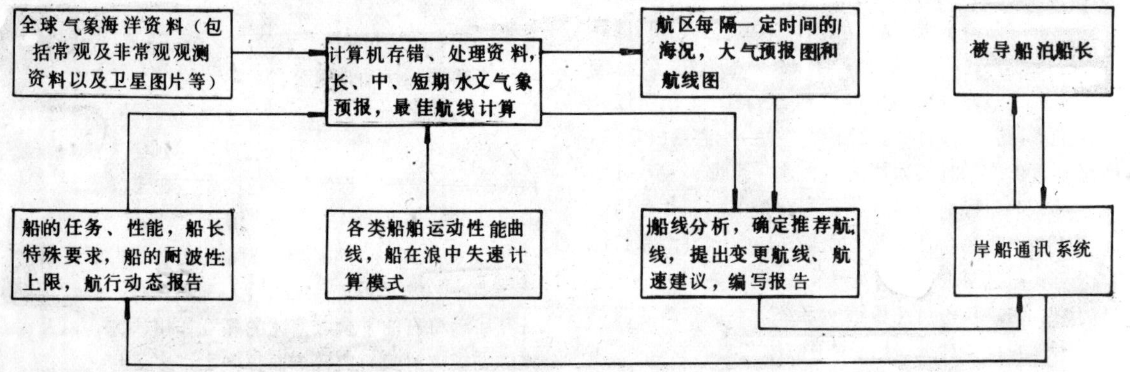

图2　气象导航流程框图

船舶运动性能计算　水文气象因子对船速的影响的估算是气象导航的重要依据。大连气象台和水面舰艇学院根据不同船型的实测失速数据，利用多元逐步回归方法，建立了船舶失速回归方程，在该方程中考虑了风向、风速、浪高、涌向、涌高、航向、实际排水量和性能航速等因素。海洋大学秦曾灏等也在收集了不同吨位的散装货轮、油轮共6 658个航速及对应的风、浪、流等数据的基础上，根据最小二乘原理，求出了10艘散装货轮、油轮的航速与风浪的相关曲线和对应的表格，为优选航线提供了船舶运动性能资料。海洋预报中心韩忠南等为了在船舶航线计算模式中能够直接引用具有普遍性和高精度的船舶失速计算公式，在一般线性失速公式基础上引入非线性项——浪高的二次方，求得了非线性综合失速计算公式：

$$V=V_0-(b_1h+b_2h^2-b_3qh)(1-b_4DV_0).$$

式中，V_0为船的技术速度，h为浪高，q为浪向相对船向的方位角，D为船的载重吨位，V为船的实际速度，b_1，b_2，b_3，b_4为经验系数。

最佳航线计算模式　秦曾灏和刘秦玉等在优选航线中运用了“比较法”和“等时线法”。首先依据中、长期天气预报，结合船舶运输的任务情况，对各条可航航线，如习惯航线、大圆航线等，进行分析比较，从中确定一条航线作为基础航线，然后在基础航线互近，根据风、浪、流场的55d数值预报以及15～20d的每候主要海面强风区位置及其强度，按照最优控制理论进行有约束条件的数学规划，用“等时线法”进行优选，确定出初始航线。

韩忠南根据动态规划原理，把最佳航线计算问题视作为一个序列系统，参考运筹学中求主要矛盾线的“破圈法”定理，设计出最佳航线计算程序。首先将需要选择最佳航线的洋区分为航程约一昼夜的若干地带。通常将出发港口 P_0 和目的港 P_N 用大圆航线连结起来，再将大圆线截为若干段，在截点处引大圆线的垂线，并在每条垂线上由大圆线向两侧，每隔一定距离取一节点，因此得到一群节点 $P_{i,k}$。而后在此范围内找出最佳航线，它必须满足航时最少的要求，即

$$T=\min_{s}\ [t_{0,(N-1)S}+t_{(N-1)S,N}]$$

$(s=1,\ 2,\ 3\cdots,\ m)$，

并且在选代法基础上实现问题求解。

最佳航线与海况相关模拟试验　为了阐明航线优选和环境预报之间的关系密切到何种程度，多长的预报时效才能基本满足最佳航线服务的实际要求，韩忠南在模拟海洋环境时、空变化的情况下，针对不同的航向、时段和预报时效，计算了横越北太平洋的船舶最佳航线。结果表明，船舶最佳航线和海洋环境要素的分布及变化有极为密切的关系，其中海洋天气和海况条件的影响居于主导地位，因而一定时效和精度的天气和海况预报是气象导航的必要前提。试验还表明，强温带气旋活动对最佳航线选择影响显著，对它们路径和强度的正确预报是优选航线的关键。同时，航线计算对天气和海况预报时效有较高的要求，原则上是预报时效越长，精度越高，航线优化效果越好。但是，因为当前受预报技术水平限制，只能提供较准确的 5d 中期预报（可适当延伸）。在这样的条件下，以 5d 预报加气候平均为基础，按递推方式计算最佳航线，可望接近理想的结果。

气象导航的社会经济效益　气象导航能提高船只航行安全率，避免海难带来的重大损失；降低货损率，节时、节油，延长船舶营运时间，增加船的周转率，从而提高劳动生产率；减少船体和机械设备受损，缩短维修期和降低维修费用。据美国大洋航路公司统计，他们推荐的航线比原标准航线节约航时，在大西洋平均约 6 h，在太平洋平均约 16 h。而据青岛远洋运输公司统计，气象导航与走习惯航线相比，横越太平洋的船每航次可缩短航程 1 062 n mile，平均增加航速 1 kn，省时近 5d。海洋预报中心于 1984 年进行了 9 个航次的气象导航试验，效果也比较令人满意，如《莺歌海》轮第 32 航次，东行节约航时 93 h，西行节约航时 104 h。他们还协助指挥部门为“极地”号调查船首次从南极长城站驶往中山站，在南极高纬地区成功地选择了一条安全、经济的航线，避开了各种恶劣天气和海冰的影响，取得了显著的社会经济效益。　　（韩忠南）

【海洋环境数值预报】　海洋环境数值预报是选择符合实际情况的物理方程，利用高速电子计算机，在给定边界条件和初始条件下进行数值求解的一种预报方法。其主要优点是客观、定量。国家海洋预报中心 1988 年底完成了从资料的输入、检码和译码、数据的处理和客观分析、大气模式、边界层模式等业务系统的研究和组装，提供海平面以上 10 m 高度处的风向、风速和其它气象要素，为海浪、海温、海流、海冰和风暴潮等海洋环境数值预报的业务运行打下了基础，并于 1989 年 1 月开始进行实时资料的整套业务运行考核，证明这个自动化的数值预报业务化系统是稳定的，效果较好，为中国的海洋环境数值预报业务系统正式发布预报打下了坚实的基础。该系统的结构如图 4 所示。

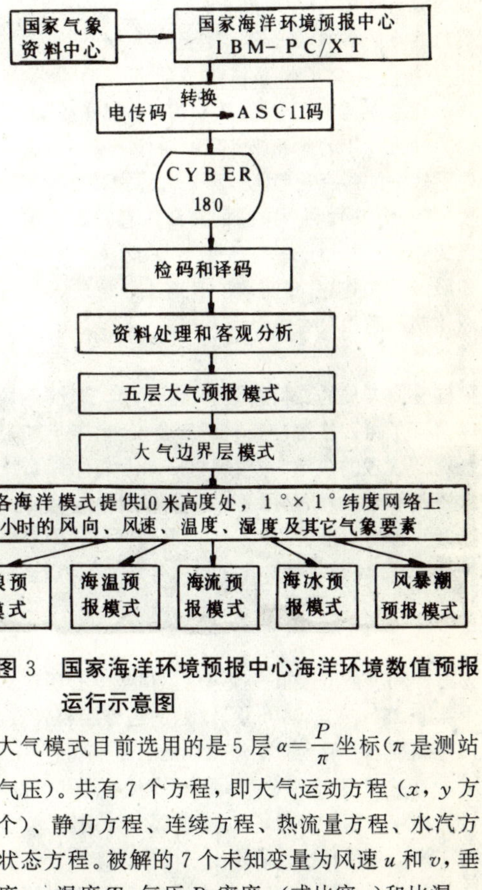

图 3　国家海洋环境预报中心海洋环境数值预报运行示意图

大气模式目前选用的是 5 层 $\alpha=\frac{P}{\pi}$ 坐标（π 是测站场面气压）。共有 7 个方程，即大气运动方程（x，y 方向 2 个）、静力方程、连续方程、热流量方程、水汽方程和状态方程。被解的 7 个未知变量为风速 u 和 v，垂直速度 ω，温度 T，气压 P，密度 ρ（或比容 α）和比湿 q。在模式中考虑了大尺度和对流两种凝结加热以及行星边界层中的动量、热量和水汽的湍流输送，并引进了边界层模式。一般由边界层模式求 $Z=10$ m 处的风，

海洋信息管理与服务

海洋资料服务

【海洋资料管理概况】 海洋资料的管理泛指对海洋环境和资源数据资料的管理，它是由不同信息载体记录的数据、模拟曲线、照片、特殊调查监测设备的工作记录等技术资料及有关技术说明所组成。海洋资料的管理方式一般仍以部门或单位管理为主，所设管理机构负责对本部门(单位)海洋资料的收集、保管和服务。

为了更充分地发挥海洋资料这一重要国家信息资源的应有作用，逐步改变海洋资料分散的局面，以实现资料共享的目的，经国家海洋工作行政主管部门批准，1985年起设立了国家海洋资料归口管理专职机构——国家海洋资料中心，履行海洋资料的国家管理职责。经过几年的业务技术建设，到1989年该中心已具备了较强的国家管理能力和先进的资料处理和服务手段，在充分开发利用中国的海洋信息资源中起到了积极的作用。同时，该中心已被公认为实施海洋资料管理和服务的实体，并将对改变当前不适应的海洋资料管理体制起到积极的作用。

【国家海洋局的资料管理】 1987年国家海洋局在天津召开了第四次海洋资料工作会议，重申了加强局系统资料管理的决定，并明确指出国家海洋局系统的海洋资料管理工作，是国家海洋资料中心履行海洋资料国家管理的一个组成部分。国家海洋资料中心主要按“国家海洋局海洋资料管理和服务规定”对局系统各类海洋环境和资源资料进行接收、存贮、处理和服务。国家海洋局各分局资料室和研究所科技档案资料室为二级资料归口管理部门，分别管理所在海区海洋台站、海洋断面调查和海洋环境监测、调查等资料产出部门及各项课题所获取的资料；承担向国家海洋资料中心汇交海洋资料的义务，并作为对外服务窗口，开展资料服务。

【海洋资料信息服务系统】 这是1986年国家海洋局批准的重点建设海洋服务系统之一。该系统以实现海洋资料信息的搜集、传输、处理、开发应用和服务的自动化为目标，逐步建成具有高密度信息贮存，合理的数据库结构、数据与应用软件相独立的综合性海洋环境和资源数据库，海洋开发利用专题数据库，海洋文献数据库，海洋科技档案数据库，海洋法规数据库，海洋产业数据库，海洋国土数据库，海洋情报研究数据库等。它们将广泛应用现代信息技术，对不断出现的新型海洋资料(卫星、航空遥感、浮标遥测多普勒海流等资料)进行标准化处理、质量控制和自动查询检索服务。

在组织结构上，该系统以国家海洋资料中心、海区资料管理部门(或研究所资料部门)、地区资料咨询服务站和资料信息产出部门等三个层次各节点在内的集中和分布式相结合的计算机网络系统。

该海洋资料信息服务系统将适时进入国家通讯网络，成为整个国家信息系统的一个组成部分。

(徐志道)

【海洋资料文档建设】 按建设“海洋资料信息服务系

为海洋环境数值预报提供风场。预报中心还在试验一个从0.25 m～1 600 m共15层的边界层模式，边界层内各高度上的风场对海洋工程是十分重要的。

有关海浪、海温、风暴潮和海冰的数值预报，分别详见相应的预报条目，下面只作简要介绍。

海浪数值预报已研制出三代模式。第一代波浪模式，主要以非耦合的波动动力学为基础，其主要优点是处理简单，效果也可以，但物理机制不很清楚。第二代波浪模式主要处理了非线性耦合的波浪传播方程。其主要优点是克服了第一代模式中单个波分量独立变化的缺点，而代之为通过非线性能量转换的耦合。在第二代模式中，由于处理不同又分为将参数化的风浪和标准离散谱的涌浪组成波的总体的所谓“耦合混合型”以及将风浪和涌浪的离散谱作为完整谱总体的所谓“耦合离散型”两种。第三代模式是通过对谱输送方程的积分而不加任何谱型先前限制的方法计算波谱。各代模式各有优缺点。目前预报中心对第一、二和三代波浪数值预报模式正在进行分析、比较和试验，以第三代模式作为业务预报参考，进行了不间断的实时资料运行。已能作3d预报，从1990年4月起将试作5d预报。

统”任务书要求，国家海洋资料中心于 1987 年建成了南森站、海流、海洋站海浪、海洋站温盐、潮汐、海洋地球物理、潮汐调和常数、沉积物粒径分析、大洋锰结核、海洋地球化学等十个项目的资料文档，并通过了部级鉴定。

该海洋资料文档总计容纳国内外约 8 000 万个站次(年)的数据资料，采用国际海洋数据处理的先进技术，严格按照标准代码和格式进行处理，数据经质量控制后其误码率按项目计算小于 1/10 000。各分类文档均能提供各种检索功能，并可对数据进行多种海洋学专业的计算和统计，直至完成图形输出。作为海洋资料信息服务系统第一发展阶段的主要目标，海洋资料文档的建设，在海洋数据的计算机处理、实用规模和数值数据库的探索等方面，居国内领先地位，在科学数据大型应用系统的总体设计、数值数据库的编码系统和处理格式的标准化以及数据质量控制技术的发展方面，为中国海洋数据处理和数值数据库的建设积累了经验，是中国海洋信息资源开发和利用的一项重要科研成果。经评审，海洋资料文档获国家科学技术进步二等奖。 （徐志道）

南森站海洋资料文档 南森站资料内容包括海水温度、盐度、密度、溶解氧、声速、波浪、海水化学和海面气象等 50 种海洋环境要素，是研究海洋时空变化的综合资料。该资料文档有国内外资料 25 万站次，容量达 600 万条记录 4 亿多个字符。其中国内资料 12 万余站次，国外资料 13 万站次。全部资料经过了统一的标准化处理，经过人工多次校验和计算机质量控制。其中质量控制中应用了范围检验、数理统计检验、按月份分海区选取质量控制参数检验等方法。

在建文档的同时，国家海洋资料中心引进改造和自己设计了 40 多个软件，包括质量控制、维护管理、检索和统计分析等应用程序。该文档可进行灵活多变的统计计算，可进行区域网格、单位、航次、要素、层次、月份、季度等多种项目的联合和单项检索及统计。

海洋站资料(温盐、海浪、气象)文档 中国沿海北起葫芦岛南至西沙群岛有 56 个海洋观测站，长期进行着海洋水文、气象要素的观测，获得了大量资料。现已将这些资料分别建成了温盐、海浪、气象三个独立的文档。资料贮存量为 3 487 站年，210 万条记录，25 448 万个字符。三个文档有 60 个支持程序，分为资料处理、质量控制、资料检索三大部分。资料处理程序可将不同格式的资料信息一次性转化为标准格式；质量控制程序是根据国内海洋站资料的特点采用单站质控参数，逐月、逐日、逐时、逐要素地对资料进行严密的范围检验、递增性检验、季节检验、相关检验、非法码检验；文档具有多功能检索系统，可对资料进行区间检索，单站年、月、经纬度检索，单要素检索和极值检索等。

海流资料文档 包括海流大面站和海流连续站两部分资料，共计 51 万余条记录。其中连续站海流资料 5 540 站次，172 852 条记录。大面站海流资料含国内大面调查海流资料和国外表面海流资料与漂流海流资料，计 34 万条记录。海流资料文档将海流的流向、流速、风、温度、水深、底层深度等信息参考国外有关格式进行了标准化处理。并按改进的马斯登方区排序形成了地理方区文件。为了方便用户，又加上了必要的编码和信息。文档有 30 多个计算机程序。可对文档维护管理并迅速、准确、连续地进行各种形式的检索。

潮汐文档 潮汐文档包括潮汐资料文档和潮汐调和常数文档。潮汐资料文档是国家海洋资料中心首先进行海洋资料信息化试验的部分资料。其信息由两种手段生成：一是由潮汐月报表直接录入得到，一是由 108 机使用的潮汐信息化纸带通过光电接收机和微机转换到磁带上而生成的。文档包括月最高、最低潮位及潮时、高低潮、高低潮时和逐时潮位等信息。拥有中国沿海 252 个验潮站近 2 200 站年的潮位观测资料。根据潮汐理论设计了质量控制程序、检索程序和应用程序 70 余个。对文档中的数据逐个进行了质量控制，结合人工审核将不合理的数据舍弃，对可疑的数据加

采用距平的方法可解出海流、海温和海平面高度 3 个变量的距平变化。目前预报中心可作海流和海温的旬预报和月预报。

风暴潮的数值模式比较多。预报中心也有几个模式进行试验，并于 1989 年投入业务作参考预报。

假设海水为不可压缩的流体，则由将流速作深度平均后的运动方程和连续方程组即可解出海流和风暴潮位的变化。对台风风暴潮来说，还必须要知道台风未来的移动路径和强度变化，即要知道未来的风场分布预报。目前台风的数值预报和台风风暴潮数值预报合成一体的预报还处于试验阶段，一般都要加进经验的处理。

海冰的数值预报一般采用动量平衡方程和连续方程，此外再加上一个压力方程，便可确定冰的流速、冰厚和冰的密集度变化。

国家“七五”重点攻关项目第 76 项——海洋环境数值预报目前正在考核阶段，预计在 1991 年初进行国家验收。验收后，国家海洋环境预报中心将对原有数值预报系统作某些调整、改进和新的试验，并将正式对外发布 3～5d 的海洋环境数值预报。 （王两铭）

了质量符，生成了应用数据文档，为用户提供服务。

潮汐调和常数文档是潮汐资料文档的派生文档。现包括国内 1 600 站年的潮汐调和常数和 400 个站的国外港口调和常数。

海洋地质、地球物理资料文档 海洋地质、地球物理资料包括的内容很多。现主要建立了海洋沉积物粒径资料文档、地球化学资料文档、大洋锰结核资料文档和海洋地球物理(水深、磁力、重力)资料文档。地球化学资料有 1 万条记录，粒径分析资料 3 万条记录，锰结核资料 1 万条记录，地球物理资料 180 万条记录，在建文档过程中编制了 20 多个程序。地球物理资料文档可对照 11 种条件进行检索，包括调查单位、调查船、航次、文件、航行方案编码、调查资金编码、经纬度区域、资料参数、调查时间、建档时间等。既可以表格形式输出，也可转记在磁带等载体上，又可绘出彩色平面等值线图或立体图。大洋锰结核资料文档及其它文档也具有同样的功能。用人机对话的形式对各文档进行了全面质量控制，保证了资料质量。为了方便用户还生成了清单文档。

【综合海洋—大气数据集(COADS)】 COADS 资料是由美国科罗拉多州大学和美国国家海洋大气局所属的环境科研合作机构，美国国家海洋大气局环境研究室等机构于 1985 年合作完成的。COADS 是将全世界现有海洋—大气历史资料中机器可读部分经过充分的质量控制，排除或标识出重复或不可靠的数据后，简化成为一个易使用的压缩存储的数据集，它包括 1854～1979 年一百多年间海洋和气象的珍贵历史资料。国家海洋资料中心对接收的 COADS 资料进行了分析，并进行了压缩和恢复试验，丰富了其管理软件，改进了检索程序，能迅速准确地检索资料，提供服务。

【新型资料的处理】 国家海洋资料中心用现代化的手段处理了 CTD 资料、多普勒海流剖面资料、海洋浮标资料和中美海气、中日黑潮联合调查资料等新型资料。

多普勒海流剖面观测资料是目前观测海流剖面最有效的方法。各海洋国家都在研究多普勒海流资料的处理技术。国家海洋资料中心 1989 年建立了从微机到 CAD 绘图系统的多普勒海流剖面资料分析处理、质量控制、数据管理和产品服务系统。浮标资料是国家海洋局布设浮标网后获取的新型海洋资料，有些数据是常规观测方法无法获取的。浮标资料处理难度相当大。1986～1989 年，国家海洋资料中心成功地研制了一套 MAREX 浮标资料处理系统。其中包括质量控制程序、统计分析和绘图程序等内容。质量控制程序能对浮标原始数据进行奇异值检验、测量范围检验、观测要素的时间序列连续性检验和要素之间的相关性检验。统计分析程序主要对各种要素计算其平均值、挑选极值，并对在不同级别的划分下出现的次数和频率进行统计，有关风、浪要素的持续时间统计及联合频率分布统计。计算机绘图程序是在 CAD 绘图系统上进行的。主要完成各要素的时间序列图，风浪要素的频率分布图，联合频率分布图，持续时间图和风、流要素玫瑰图。

专家评审认定浮标资料处理系统的软件结构合理，效率较高，能自动地对浮标资料做标准化加工处理、绘图和输出。产品项目完整系统，比 MAREX 公司产品项目更丰富。

【海洋信息服务系统的设备】 国家海洋资料中心在建设海洋信息服务系统过程中，配备了较齐全的信息处理设备。有 IBM4341－L10 计算机系统一套：内存 4MB、三通道 6 台磁带机、4500MB 磁盘、二台打印机、一台小型绘图仪、一台图形显示器、一台硬拷贝机和 30 台终端。此外设有一套微机资料预处理系统，包括 IBM PC/XT 一台，EG－XT 一台，PC－AT 四台，IBM5550 一台，PS/2 二台，AST286 二台，AST386 一台，长城 286 一台，PS/85、PH/85 各一台。还有一套脱机绘图系统，由计算机图型处理系统、自动绘图系统两部分组成。

【海洋资料服务】 为了更好地发挥海洋局在全国的海洋管理职能，1989 年开始采用“公报”和“年报”的形式把海洋环境状况、发展趋势、建议和对策向全国发布，以预防灾害，发展生产。1989 年国家海洋资料中心发布了《中国海洋环境年报》、《中国海平面公报》。海洋环境年报主在内容有中国近海环境质量状况(环境质量概况、赤潮灾害、重点监测海域环境质量状况)；海平面变化；潮汐、风暴潮与海流状况；海浪(巨浪、沿岸风、浪)状况；海冰、海水温度、盐度等状况。实施处理并与有关国家交换了中美海气相互作用联合调查和中日黑潮联合调查资料，编辑出版了中日合作的第一本黑潮图集。这是中国与国外合作的第一本图集。这本图集在整编技术方面利用计算机自动化程度比日本的高，与日本整编的 1986 年度中日黑潮合作调查图集相比，在内容上更为丰富，在国内受到好评。资料中心还整编了《渤海、黄海、东海海洋图集》水文分册。水文分册图集利用各资料文档的技术和 CAD 绘图系统进行各要素的自动填图，并自动绘制海流图 108 张。新整编的水文图集内容丰富，项目齐全，资料时间序列长，覆盖面大，是继中国海洋普查图集之后整编的又一大型海洋水文图集，有些图幅填补了国内空白，能系统全面地反映出渤、黄、东海水文特征、重要的海洋物理现象及其变化规律。

【海洋制图】 作为海洋资料处理的一个重要方面——海洋制图也逐步由手工清绘向自动辅助制图的技术方向发展。国家海洋资料中心目前正着手建立海洋底图数据库，利用CAD绘图系统自动绘制海洋底图、海底地貌图、各种要素的计算机自动填图，以及玫瑰图、海流图、过程变化曲线图、垂直分布图等。该中心已出版的中日黑潮调查图集，南大洋图集，南海中部调查图集，渤、黄、东海地球物理图集和即将出版的渤、黄、东海图集水文分册、生物分册、化学分册及气候分册图集，从资料统计到数据填图，已基本实现了自动化，部分图件已摆脱了繁重的手工作业。 （刘法孔）

表1 海洋调查资料馆藏情况（截止1989年）

资料种类	单位	数值
海洋站观测资料		
海浪	站年	916
温盐	站年	1 567
气象	站年	1 044
海流资料		
国内外连续站	站次	5 540
国内大面站	站次	4 382
国外GEK资料	站次	341 046
南森站资料	站次	250 834
地球物理	站次	1 800 000
地球化学	站次	3 000
潮汐资料	站年	2 144
COADS	站次	79 000 000
中美海气调查资料*	站次	4 416
NBT,XBT	站次	364 000
船舶报	站次	3 740 800
CTD资料	条	1 937 000
海平面资料	条	375 000
降水资料	条	185 990
锰结核	站次	10 055
信风资料	条	625 000
粒径	站次	5 000
中日黑潮调查资料**	站次	2 580
总计	站次	76 537 294

* 中美海气调查资料统计到第五航次

** 中日黑潮调查资料统计到第二航次

【海洋资料交换】 近年来，国家海洋资料中心及世界海洋资料中心D向国内、外用户提供的海洋资料及资料产品服务如下表所示。

国内用户：

年　份	服务次数	资料产品项目	资料内容
1986	50		(1)海洋站水位、温度、盐度、海冰等观测资料。(2)海洋水文、化学、地质等环境调查资料。
1987	110	60	
1988	18	21	
1989	45	25	

国外用户：

国别	服务次数	资料形式			资料内容
		磁带	软盘	纸质(册)	
日本	11	3	4	386	
美国	19	8	23	42	(1)海洋观
澳大利亚	1	3			测、调查数
法国	1	1			据资料
朝鲜	2			4	(2)专题调
民主德国	1	1		1	查图集
英国	1			2	(3)刊物
苏联	1			1	

【中美海气相互作用合作调查资料管理】 按中美海洋渔业合作会议协议，决定自1985年起至1990年，共进行8个航次由中美两国海洋学家参加的热带西太平洋海气相互作用调查活动。调查项目包括海水温度、盐度、深度、海流、生物化学、海面气象（含低空气象探测）、气溶胶、降水、总日射等。整套资料分别送达中美两国海洋资料中心。

每航次测得的原始资料记录，原则上由航次调查的项目负责专家，在向国家海洋资料中心提交复制件后带走。对于需作专门处理的资料载体（磁带），由国家海洋资料中心复制处理后提交调查项目负责专家使用。 （徐志道）

海洋情报服务

【海洋情报研究进展概况】 80年代海洋情报研究工作空前活跃。从80年代早期开始，海洋情报研究在编制发展规划，开拓新的海洋研究领域，决策重点研究方向课题，参加国际海洋活动的对策研究中，起到了重要的作用。海洋情报在研究内容、领域、研究工作的具体活动方面都有新的发展，从单学科的研究发展到多专业、多学科的综合研究，从自然科学研究发展到自然科学和社会科学交叉研究。情报研究工作和政策研究、战略研究、发展预测紧密结合，海洋情报研究与海洋产业发展的关系日益密切，都表现出情报研究工作已进入了新的发展阶段。

【海洋发展战略与预测研究】 1. 中国海洋开发战略研究。系大型的“2000 年的中国”研究课题的组成部分。由国家海洋局政策研究室主持，全国海洋界 250 多名专家、学者、科技人员及管理人员参加了这项工作。研究工作包括两部分：中国海洋开发总体战略研究和专题海洋开发战略研究。共撰写了 160 多篇有关研究论文。专家组在这个基础上完成了“中国海洋开发战略研究报告”，对中国 2000 年的海洋开发提出了一个宏观的、较为系统和清晰的发展蓝图。本成果获国家科技进步一等奖。

2. 2000 年中国海洋开发研究。国家海洋局情报所和海洋局二所于 1986 年分别完成了“2000 年中国海洋开发研究”和“2000 年中国海洋开发战略研究”，对中国海洋资源状况、开发现状、2000 年资源开发预测、开发策略和对策等进行了专门论述，并从海洋经济角度提出了一些建设性建议，是研究中国 2000 年海洋开发的较为系统的材料。前一成果获得中国科技情报成果二等奖。

3. 中国海洋资源开发中的几个战略问题。由中科院南海所 1986 年完成。它论述了中国海涂资源、岛屿、滨海砂矿的开发利用及海洋地质学的专题调研和展望。

4. 20 世纪海上石油产量预测研究。由地矿部海洋地质综合研究大队 1987 年完成。介绍了北美洲、拉丁美洲、西欧及地中海、非洲、中东、东南亚、澳大利亚、苏联和中国等地区的油气开发现状、储量及勘探海域，预测了 20 世纪末海上石油产量。

5. 中国锰结核调查选区的情报研究。国家海洋局情报所 1986 年底完成。主要对中国 1983 年以来锰结核调查选区进行论证，提出了具体方案，阐明了选区的依据、调查步骤及应注意问题，对 2000 年以前中国锰结核调查、开发的重大研究课题、技术政策和主要措施提出了建议。

6. 中国 2000 年海洋污染预测及防治对策的研究。国家海洋局环保所、南海分局、东海分局 1986 年联合完成。该研究以沿海工农业布局为依据，将环境目标分成高中低三档，对 1990 年和 2000 年海洋污染状况进行了预测，提出预防和解决重大海洋环境问题的对策，粗略地勾绘出 2000 年的海洋污染状况，为中国经济发展长远规划及沿海地区的发展规划提供环境方面的科学依据。

7. 海平面上升的危害对策。国家海洋局情报所于 1987 年完成。主要论述了海平面变化趋势，提出要加强海平面监测和预测研究，加强国际合作，采取防灾的具体措施以及重视沿海地区测绘工作等建议。

8. 国外海洋科学技术的发展(1990～2000 年)。国家海洋局情报所 1989 年完成。报告论述了美、苏、日、法、联邦德国、英国等主要海洋国家当前海洋科技发展的主要领域及水平，预测了 2000 年前后的发展趋势和世界海洋科技的发展方向。

9. 2000 年中国海洋科学技术国际合作展望与对策。国家海洋局外事办公室、科技司和情报所等单位于 1987 年完成。主要论述了海洋这一特殊的国际科技合作领域，介绍了国际海洋合作进展及中国对外合作情况，展望了 2000 年海洋科技的发展趋势，提出了存在的问题及解决的途径。

【海洋规划研究】 1. 福建省海洋科学技术发展规划(1986～2000)。由国家海洋局三所 1985 年完成。它较全面地概述了福建省海洋技术(包括教育)的历史和发展趋势，提出今后 15 年内福建省海洋科技发展方向。

2. 2000 年废水入海排放标准的制定与发展规划设想。由国家海洋局三所 1986 年完成。它探讨了美国、英国、日本、丹麦、印度、法国等国家的水污染物排放标准的特点及国外废水入海排放标准的发展趋势。根据中国具体情况提出了废水入海排放标准的制定与发展规划设想。

3. 中国海洋自然保护工作发展规划设想及海洋自然保护区区划方案。由国家海洋局三所 1986 年完成。它论述了中国优越的海洋环境和丰富的海洋自然资源，介绍了自然保护工作的现状，预测了海洋经济的发展与需求，针对中国现有海洋自然保护区数量少、类型单调、调查科研力量薄弱的情况，提出了中国海洋自然保护工作的重点、目标与对策。

4. 渤海国土综合开发规划研究。由国家海洋局情报所 1986 年完成。该报告分析了渤海海洋资源开发的特点和优势，叙述了开发现状和存在的主要问题，重点探讨了到本世纪末的发展目标和任务，提出了开发布局的初步设想，对渤海国土综合开发发展的某些政策性问题进行了研究，提出了建议，并附有图件。该成果获国家海洋局科技进步三等奖。

5. 中国海洋药物科学的十年进展及战略设想。由青岛药物研究开发中心与山东省海洋药物研究所 1988 年完成。介绍了中国海洋药物科学发展概况和主要成就，并从海洋科技、经济、社会共同发展的总体战略出发，对未来开发利用海洋资源，从中研制具有特异作用的海洋药物，为医药工业开创新产品，提出了设想和建议。

【海洋政策研究】 1. 中国海岸带和邻近海域开发。由国家海洋局等单位 1987 年完成。它论证了中国海岸带及邻近海域开发的现状、潜力、开发目标及主要开发内容，并根据中国当前经济技术条件和开发中存在的问题，提出了主要政策和措施。

2. 中国海洋产业政策研究。由国家海洋局情报所1989年完成。该研究介绍了中国海洋产业的现状、存在的主要问题及发展目标，根据中国国情，借鉴国外海洋产业政策，对中国海洋产业政策进行了研究，并提出了配套政策和措施，为振兴国家经济有效地开发利用资源和空间，解决资源短缺和劳动就业问题开辟了一条新路。

3. 对中国海洋技术政策的探讨。由中科院南海所1989年完成。该研究认为，要加强和扩大海洋开发技术能力，必须依据中国国情制定切实可行的海洋技术政策，发展海洋技术应与海洋经济发展目标相协调，并根据国民经济发展水平和速度、投资可能性合理安排，既要抓好传统产业技术和更新改造，更要重视新兴产业技术的开拓发展，同时还应强调技术的优化选择，联合攻关。

4. 中国海洋技术政策。由国家科委、国家海洋局等单位于1989年初步完成。主要论证了：(1)中国要建立自己的基本海洋法律制度，增强海洋力量，维护海洋权益；(2)深化海洋环境和资源综合调查研究与测绘，做好开发和管理的前期和基础工作；(3)加强海洋环境监测、预报和资料信息服务，提高海洋开发保障和防灾能力；(4)积极发展水下工程技术；(5)以全球卫星体制为重点发展海洋通信与导航定位系统；(6)加速发展增养殖业，调整近海捕捞业，积极发展远洋渔业；(7)加强以油气资源为主的海洋矿产资源开发；(8)发展海水利用技术，逐步扩大海水资源的利用；(9)重视开发海洋娱乐和旅游资源；(10)适当发展海洋能利用技术；(11)扩大港口吞吐能力，加强沿海运输通道建设，开拓扩大远洋运输；(12)加强综合协调，促进海洋资源合理开发利用，提高海域综合开发效益；(13)强化海洋污染监测、监视和执法管理，保护海洋生态环境。

【国外动态研究】 1. 海上邻国海洋油气勘探开发情况。国家海洋局战略所1989年完成。介绍了中国的海上邻国马来西亚、印度尼西亚、泰国、菲律宾、文莱、朝鲜等国海上油气资源勘探开发进展情况。

2. 伦敦倾废公约缔约国协商会议的实质和现状。由国家海洋局战略所1989年完成。伦敦倾废会议是一个科学和政治相结合的国际性会议，是防止、减少、控制海洋污染和保护海洋环境的国际论坛。该研究针对伦敦倾废会议，提出中国采取策略的建议。

【国内动态研究】 1. 海洋卫星技术经济综合论证报告。由国家海洋局、航天工业部、中国科学院近20个单位联合论证，1987年完成。报告对中国发射海洋卫星的必然性作了分析，较全面、系统地分析了海洋的全球战略地位，海洋卫星出现的必要性、技术特点和国外动向，对该项技术发展趋势进行了估计，同时对海洋卫星社会经济效益进行了预测，提出了中国发射第一颗海洋卫星系统的设想。并设有14个子专题研究。

2. 海洋卫星与中国海洋渔业资源的开发。由国家海洋局二所1988年完成。它根据中国海洋渔业的现状和存在的问题以及世界渔业的发展趋势，指出若要改变中国海洋渔业连续多年徘徊不前的局面，必须将卫星遥感技术应用于海洋渔业生产，并就该项技术所能产生的经济效益作了分析。

3. 海洋石油开发中环境条件的研究与应用。由南海西部石油公司勘探设计所1988年完成。它分析了南海四个石油开发区海洋环境条件研究的现状，提出了今后必须着重解决好针对性和时间性、学科性和科学性、应用性和规范性以及经济性等问题。

4. 海南省的渔业资源优势及经济开发。由广东省水产学校1989年完成。在分析了海南省的海洋渔业资源优势及开发现状和存在问题的基础上，提出今后在资源开发方面应实行开发与保护相结合的方针及加强管理、建立相应的资源研究开发机构，并就鱼虾类、贝类、藻类中应优先开发的品种提出了建议。

5. 海南省港湾海岸资源的特点及开发利用。由中科院南海所1989年完成。它根据海南省港湾海岸资源的分布特点，以及资源丰富但利用效益甚低，局部资源已受人类活动破坏的现状，提出必须加快海南省港湾资源的开发利用速度，进行综合调研，提出切实可行的科学方案，以达到较高的经济效益和保护非再生性的港湾海岸资源。

6. 海南省海洋和海岸带资源开发研究报告。由海南省海洋局1989年完成。报告针对如何合理地、充分地开发、利用、改造和保护海南海洋资源，适应海南经济发展战略总目标的要求，论证了海南的自然条件、自然资源、资源优势和开发原则，以及海洋和海岸带资源的开发与布局，提出了加强海南环境保护的建议，并阐述了国内海洋开发现状和趋势。它是对该地区研究的主要成果之一。

【海洋情报研究数据库开发】 1986年国家海洋局情报所开始筹建海洋情报研究数据库，到1989年已完成了海洋事实情报(如海洋机构名录、海洋科学家名录、海洋地名录、海洋灾害记录等)和海洋数值情报(如海洋统计信息、海洋资源信息、海洋基本数据等)的检索、统计和绘图。

【其它海洋情报研究】 其它海洋科研机构也取得了一些情报研究成果，如中科院南海所的“对南海渔业资源管理的几项建议”；地矿部海洋地质所的“中国海洋开发和海洋功能区划战略”，地矿部的“中国海区及周边海域地质矿产资源潜力情报调研”，“国外200海里专属经济区的调查开发概况”；上海水下工程研究院的关于中国潜水技术及其产业发展的研究报告、水产部门关于发展水产养殖的研究报告、石油部门的关于中国海洋石油开发战略研究；交通部门的有关海港和海运发展问题研究；能源部门的有关发展中国潮汐发电的建议、以及国家海洋局情报所的“中国海洋统计年鉴(1988)”，战略所的关于领海划界研究和海洋防灾政策研究等，在国家制定发展战略、规划和政策中都起了重要参考作用。

情报研究在直接为海洋经济技术开发服务方面也取得了一定成果，特别是在海水养殖技术、海洋石油开发技术、海水资源利用技术等方面，促进了产业技术革新改造、新技术引进和推广，支持了国家的生产建设及沿海乡镇企业的发展，加速了海洋资源的开发利用。

（贾　泓）

海洋文献服务

【海洋文献服务概况】 海洋文献和情报资料的积累、保存、传播和推广应用是海洋科学技术发展的一个必要条件。现在已形成一个较完整的工作网络和文献支持系统。除了综合性的海洋专业图书情报服务部门(如国家海洋局情报所)外，各高等院校和各海洋专业研究所都建立了自己的图书馆或情报资料室，具体承担海洋图书情报的服务工作。目前，中国海洋文献收藏量较大的单位是青岛海洋大学图书馆、中科院海洋所图书馆和海洋局情报所文献馆等。这些单位基本上都建立起一套完整的馆藏体系和服务体系。其中青岛海洋大学图书馆藏书已达 60 万册，每年接待读者约 70 余万人次。1989 年，海洋情报所馆藏中外图书达 7 万多册，报告 3 万册，中外文期刊 3 000 种，工具书 4 000 册，磁带和光盘记录的国外文摘 38.7 万篇。年度读者数量 4 000 人次。

随着改革开放政策的实行，广大读者对海洋文献的需求也有相应的发展和变化。海洋文献服务部门为适应这种客观需要，在服务内容、范围和方式上都有很大的发展。主要表现在：

1. *加强一次海洋文献的服务工作*。一次文献即原始文献。现在各馆、室大都改变传统的闭架管理方式，逐步推广书刊开架借阅，并且还通过馆际互借、新书展览或者用新书简介、好书推荐等方式加强了文献传递过程中的主动性和针对性。另外，有的馆、室在服务范围和开馆时间方面也进行了一些改革。

2. *深入开展二次文献服务*。所谓二次文献服务是指书目报道、定题服务和文献检索等方面的服务。这方面工作已经通过办好检索刊物，集中配备检索工具和工具书(或建立文献检索阅览室)，对新到国内外文献编印“新书通报”分发给有关读者等方式开展起来，而且还根据重要科技项目的需要，开展定题服务或跟踪服务，根据读者和用户的需要开展了代查服务和咨询服务等。

3. *服务手段现代化*。80 年代以来，中国海洋科学技术和教育机构的图书情报部门基本上较普遍地利用复印设备为读者提供海洋文献服务。有的单位增添了视听设备和开展声像资料服务，有的单位开始应用电子计算机为读者开展情报检索服务，甚至有的馆、室正在着手准备实现图书情报资料流通管理方面的自动化。

（潘学良）

表 2　国家海洋局情报所海洋文献馆藏情况

（截止 1989 年）

项目	数量	
国外科技期刊	1 600 种	34 000 册
国内科技期刊	1 100 种	
国外科技图书	1 9342 册	
国内科技图书	9 274 册	
科技报告	32 058 册	
工具书	4 045 册	
产品样本、说明书	2 431 份	
海洋图集	1 757 册	
海洋科技电影	88 部	
科技录像	60 部	
缩微平片	949 套	
数据库磁带	49 盘	
OA、ASFA 磁带数据库	163 000 篇	
卫星照片	523 套	

（陈乐楠）

【海洋文献资源共享】 文献资源是国家的重要财富，也是海洋科技情报的重要资源。近年来，中国海洋文献资源建设已具有相当的贮藏量和规模，并在推动海洋科学事业发展中发挥了重要作用。然而，随着海洋科学技术事业的全面、深入的发展，中国海洋科技图书情报工作还不能满足海洋科学研究、教育和技术生产的需要，存在着海洋文献资源保障体系不健全、缺乏统一规划和组织协调、重复订购和缺漏现象严重、开发利用不充分等问题。特别是在书刊价格上涨，各单位经费十分紧张的情况下，加强协作协调，走资源共享的道路更显得十分必要和重要。为此，1987 年，国家海洋局情报所于青岛组织召开了全国 20 多个单位参加的“进口原版海洋书刊订购和资源共享协调会”。通过共同协商，互相调剂，减少了书刊重复，节约了大批采购经费。为了继续搞好协调工作，情报所建议组建海洋图书情报工作协调委员会及其办事机构。通过有组织的协调，将国内有关单位作为整体海洋文献支持系统的组成部分，互相配合，互相补充，充分发挥整体效益，这对于实现海洋文献资源的合理布局和情报资源的共享具有很大的意义。

【海洋文献计算机检索】 在计算机检索系统中，除了计算机硬件、软件和通讯设备外，数据库是最重要的物质基础。数据库是指存贮和组织在磁带、磁盘或光盘上的并能利用计算机从多方面提供或产生新的数据的数据文件集合。目前国外海洋科学及其有关的文献数据库有十几个，其中较重要的是美国《海洋文摘》(OA)数据库和联合国《水科学和渔业文摘》(ASFA)数据库。这些数据库可以通过国际联机分别从DIALOG，ORBIT，ESA和BRS等系统进行检索。

国家海洋局情报所通过自建和引进相结合的途径已经建立起一个初具规模、实用性较强的中外文海洋文献检索系统。该系统于1986年9月通过了国家海洋局组织的鉴定，并开始向全国用户提供计算机检索服务。它拥有OA磁带数据库、ASFA磁带及光盘数据库和中国海洋文献数据库等。

OA磁带现在在该所IBM－4341计算机上利用STAIRS文献检索软件进行格式转换、改造、建库和开展检索服务。经改造建库的海洋文献记录已有8万条。每个文献记录除了保留原数据库中主要的著录项目外，还对一部分在海洋情报所有馆藏的文献加上了索取号，对国内有关单位有收藏的出版物加上了其馆藏代码。

ASFA文献数据库，海洋情报所有磁带和CD ROM光盘两种载体形式。数据库的规模有17万篇。ASFA磁带是从1986年开始，在IBM－4341计算机上改造、建库和开展检索服务。ASFA CD ROM光盘存贮的文献是从1982年开始的，在微机上进行检索服务。

从1986年6月至1989年底，海洋情报所利用该机检系统向国内广大用户开放服务，共打印提供海洋文献信息3万多篇。

【中国海洋文献数据库】 国家海洋局情报所在国内有关单位的协作和支持下正在建设的中国海洋文献数据库是中国目前唯一的中文海洋文献数据库。该系统包括输入建库、追溯检索、定题服务和检索刊物编排四个子系统。系统的设计与建设从1985年开始。到1989年，数据库的规模为13 000篇。库存文献覆盖了1976年以来的海洋科学技术领域及有关学科的中文期刊(共130多种)、会议文献和其它连续出版物。该数据库专业内容包括海洋水文学、海洋气象学、海洋物理学、海洋化学、海洋生物学、海洋地质学、海洋调查与观测技术设备、海洋渔业、海洋资源开发、海洋工程技术、海洋环境保护及海洋政策研究等。数据库中的记录著录项目有：题名、作者、文摘(1986年前的期刊论文未著录文摘)、刊名、卷期、页码、会议名称、会议地点、会议日期、文献索取号、分类号、主题词和自由词等。该数据库可以通过主题词、自由词、分类号、作者等途径进行检索。中国海洋文献数据库边建设，边对外开展检索服务。从1989年开始，它的建设又与出版《海洋文摘》相结合。

表3 国家海洋局情报所数据库建设情况

序号	数据库名称	类型	建库总量	其中1989年入库量
1	海洋情报事实数据库	事实	80兆字符	10兆字符
2	中国海洋文献数据库(至1989年)	文献	13 000篇	1 000篇
3	OA，ASFA磁带数据库	文献	163 000篇	35 000篇
4	ASFA光盘数据库	文献	97 249篇	24 000篇
5	LSC光盘数据库	文献	252 000篇	0

(陈乐楠)

【国际海洋书刊交换】 国际书刊交换是指在平等、自愿、互惠的基础上，经双边协商建立起来的图书、期刊和其它出版物的交换关系。国家海洋局情报所是从1978年开始国际书刊交换工作的。最初是通过该所编辑的《海洋文选》作为交换刊物与国外主要海洋国家的海洋机构之间开展交换。随着工作的发展，到1989年，该所已同32个国家和地区的160多个单位建立了稳定的海洋出版物交换关系。对外交换的刊物包括《海洋文集》、《海洋学报》、《海洋通报》和《海洋文摘》等。每年收到国外寄来的海洋书刊约1 500余册。海洋书刊交换工作的开展，为国家节省了外汇，搜集到一些参考作用较大或国外不公开出售的出版物，同时也缩短了国外书刊的到货时间，提高了海洋科技情报的时效。

【ASFIS国家中心】 ASFIS是水科学和渔业情报系统(Aquatic Sciences and Fisheries Information System)的英文缩写。该系统是由联合国粮农组织(FAO)、联合国教科文组织政府间海洋学委员会(IOC)、联合国海洋事务和海洋法办公室(UNOALOS)和联合国环境规划署(UNEP)海洋和海岸区域规划活动中心(OCA/PAC)四个联合国机构及国家情报中心网络共同合作组成的一个国际情报系统。它的主要目的是收集和交流有关海洋和淡水科学研究、资源和环境活动方面的科技情报，并向全世界的有关科学家、技术人员、管理及立法人员等提供服务。其情报服务活动主要有：出版具有主题、生物分类和地名索引的现刊文献目录（包括书本式、磁带和光盘等），开展追溯检索和出版专题文献目录，出版专家名录和其他有关资料，协助成员国增强和发展情报服务能力，举办有关的培训活动等。

中国于1986年正式参加ASFIS，由国家海洋局情报所作为中国ASFIS中心参加ASFIS的有关活动。海洋情报所的一名负责人参加ASFIS咨询委员会，2名文献工作者（1989年增加为3人）参加ASFIS编辑委员会。截止到1989年，中国代表已参加过3次ASFIS咨询委员会会议和一次编辑会议。1986年，ASFIS总部派其出版单位美国坎布里奇科学文摘社（CSA）总经理希克森等人来海洋情报所安装调试光盘检索系统。由于双方的努力和交往，促进了ASFIS及中国国家中心的迅速发展。

根据ASFIS成员的权利和义务规定，每个中心都有责任鉴别和收集ASFIS业务范围的有关情报，按ASFIS方法进行文献加工；报道有关海洋和渔业方面的机构、计划和科学家；鼓励和促进本国海洋和渔业情报服务。ASFIS国家中心应得到一套ASFA印刷本，一套机读ASFA数据库磁带以及其它出版物等。中国ASFIS中心享有规定的一切权利和义务。1986年，中国ASFIS中心提供了21种中国刊物刊载的500篇文献的英文标引单。从1987到1989年，每年提供的标引单都在1 000条以上。标引的刊物也由原来的21种增加到60种。除期刊外，还标引了重要的图书及会议论文等。现在已基本上把中国每年发表的有关海洋和淡水环境科学技术及管理方面的重要文献都标引输入到ASFA。

中国中心1986年为ASFIS编辑了《国际海洋科学家名录补篇Ⅰ：中国海洋科学家名录》，1990年还将为ASFIS编辑出版《水科学和渔业文摘数据库标引和用户指南》。在向ASFIS输送情报的同时，中国中心利用获得的有关情报和文献资料及其设备积极地向国内用户和读者服务。从1986年开始，每年为数百个用户开展了海洋及水产领域科技文献的计算机检索服务，每年提供给读者的文献信息有1万多条。

【IOC文件和出版物保管中心】 联合国政府间海洋学委员会（IOC）1976年决定把它的出版物和主要文件的复制件提供给成员国指定的一个收藏中心，这个收藏中心要负责把这些文件和出版物进行编目处理并在本国提供服务。1978年8月，中国政府代表正式指定国家海洋局情报所作为IOC的出版物和文件保管和服务中心。到1989年，该中心已经收到的“摘要报告”，“技术丛书”，“讨论会报告”，“专家会议报告”和联合国科教文组织（UNESCO）海洋处的“海洋科学报告”及“海洋科学技术论文”等出版物共计2 000余册。海洋情报所文献馆已随时对这些文献资料做了分类、编目和加工处理，并同其它书刊资料一起向国内广大读者和用户提供了开放服务。

【国际海洋科学图书馆和情报中心协会】 国际海洋科学图书馆和情报中心协会（International Association of Marine Science Libraries and Information Centers——IAMSLIC）是一个非盈利性的国际海洋图书情报组织。它成立于1975年。其宗旨是为了促进海洋图书馆和情报中心的合作及资源共享，将对海洋情报的存贮、检索和传播感兴趣的个人或单位联系起来，提供一个组织形式，供其成员交流思想和探讨相互关心的问题。该协会现有团体成员和个人成员200多个，其中美国成员约占三分之二。该协会每年召开一次工作会议和一次学术讨论会，有时两个会议同时进行。会议一般在有条件的成员单位所在地举办。IAMSLIC出版《新闻通讯》、《国际海洋科学图书馆和情报中心指南》和会议文集等。另外，该协会鼓励其成员间开展海洋文献资料的复印交换工作。

从1984年至1988年，国家海洋局情报所三次派人参加了IAMSLIC的会议。1989年国家海洋局正式批准海洋情报所加入该组织，这对进一步加强中国海洋情报业务工作的国际合作与交流将起到促进作用。

（潘学良）

海洋科学与技术篇

·专文·

海洋科技的两个前沿问题

余宙文

(国家海洋局科技司)

第二次世界大战以后,特别是近几十年来,由于海洋开发利用、军事活动和人类环境维护的需要,海洋科学技术有了长足的进步。在对海洋的考察监测方面已使用了各种最新的尖端科学技术,如卫星遥感技术、各种船用现代化的测量仪器设备、深潜观测技术和示踪技术等;计算机已在海洋各分支领域得到广泛的应用;发现了海洋中的许多重要现象和过程,对海洋的行为有了更深刻的了解,已进行对海洋行为的预测预报并不断改进这种预测预报技术;海洋开发利用的技术手段有了很大的发展,海洋行业已从古老的盐业、捕捞和航运发展成十多个行业,其中包括海上采油采矿、海水养殖、海洋化工、海洋药物和海洋旅游业等;在对海洋行为的探索方面,过去着重于对个别现象和过程的研究,现在除了更深入地探索海洋的各种个别过程以外,人们已开始把海洋当作地球行星的一个环境分量,从大时间尺度和空间尺度的观点上综合研究海洋系统的行为。

海洋科学技术尽管有很大的发展,但相对于其它先进学科来说,仍有着巨大的差距。人类已经高度地开发和利用了陆地资源,地球外层空间的探索和利用也有了很大的发展。相对说来,人们对海洋行为的认识仍很肤浅。正如美国Baker教授所指出的,许多与人类利益密切相关的问题还难于作出回答,例如:湾流是否使欧洲变得暖和?在地球的热收支平衡中,海洋输送着多少热量?海洋和大气一起如何产生厄尔尼诺(El Niño)现象?海洋环流如何影响海洋对二氧化碳和其它温室气体的吸收?海洋中的生物过程如何影响全球变化?等等。可以不夸张地说,相对于海洋的巨大潜力来说,海洋仍是基本没有得到开发的处女地。为使人类充分利用海洋这一宝库,海洋科技必须有更大规模的发展。在20世纪90年代,如下两方面是值得特别提到的海洋科技发展的前沿领域。

1.为了解、预测和控制人类未来生存和发展的环境,对全球海洋开展大规模的国际合作调查和研究

海洋,作为人类生存环境的重要组成部分,它对环境的变化具有巨大的调节能力和记忆能力。要想对大尺度的人类生存环境做出有科学依据的决策,必须对海洋有彻底的了解。现以全球气候变暖趋势的这种环境问题为例,看看海洋在这个问题中的作用。由于人类滥伐森林,大量燃烧化石燃料等行为,致使大气中二氧化碳等温室气体大量增加。据估计,目前大气中二氧化碳含量为工业革命前的1.25倍,在下一世纪全球温度有可能升高5℃左右,全球的降雨格局会有较大的变化,北半球的农业基地大体上要向北推移,海平面将上升并淹没沿海的低洼地区——这是一幅令人担忧的图象。但实际情况并不见得完全是这样,因为在这种估计中,至少没有充分地考虑到海洋的巨大调节作用。气象学家和海洋学家已经一致认为,气候变化方程中的未知数主要是海洋,准确预报气候变化的关键之一在于对海洋的深刻了解,在研究全球气候变化时应把对海洋的研究置于优先的地位。海洋约占全球面积的71%,而海洋的大部分又主要分布在热带地区,因此在对太阳辐射吸取、输送和再分配方面,海洋都起着重要的作用。对于大气中的二氧化碳,海洋通过生物过程和化学过程可以大量吸收并转化大气中的二氧化碳,通过流动过程和沉积过程,又可把转化后的二氧化碳加以输送并储存于海底等地方。可以说,就人类生存和发展的环境而言,地球本身具有一定的自我调节和适应的能力,其中海洋起着重要的作用。

目前,在世界范围内环境意识大为增强,不少国家的首脑都把保护人类生存和发展的环境问题作为施政措施中的一部分,许多与环境问题有关的国际组织和科学计划纷纷建立。海洋当然是环境问题中必不可少的部分。可惜的是,目前人们对海洋在人类生存和发展环境中的调节和适应的能力大小以及相应的机制并无充分的了解。为了解决未来人类生存和发展的环境变化趋势问题,一系列海洋国际合作研究的大型计划相继建立和正在建立,如为探索提前数月至数年的气候预报可能性而以研究热带海洋为主的“热带海洋与全球大气(TOGA)”计划,以研究全球海洋环流为主的“世界海洋环流实验(WOCE)”计划,以研究能量和水循环为主的“全球能量与水循环实验(GEWEX)”计划,以研究海洋对二氧化碳的吸收、输送和储存作用的“全球海洋通量联合研究(JGOFS)”计划,以对地球系统中的物理、化学和生物过程加以综合研究的“国际地圈生物圈计划(IGBP)”,以研究海洋生物对海洋环流

海 洋 调 查

【中美热带西太平洋海气相互作用合作研究】 1985年7月，中国国家海洋局与美国国家海洋大气管理局签署了“中美海洋和渔业协议书”，其中，“中美热带西太平洋海气相互作用合作研究”是最大的一个子计划，也是中美科技合作中较大的项目。该项目合作期限为五年（1986～1990）。在此期间，中美双方按照拟定的六个中心课题进行合作研究，同时由中方出船、美方提供部分大型仪器设备等在西太平洋热带海域（10°30′S～20°N，165°E以西）进行8个航次的现场考察。中方参加研究的单位有国家海洋局、国家气象局和中国科学院所属的研究所和分局等7个单位，美方参加的有大学、研究所及国家海洋大气管理局所属的研究所共7个单位。中国“向阳红5”号和“向阳红14”号调查船实施海上考察。

在合作研究期间，中国在物理海洋、海洋气象、海气边界层、大气化学、大气物理、海洋和大气相互作用的研究等方面取得了一批成果。发现印度洋某些区域的表面水温与东太平洋表面水温有较高的相关关系；热带西太平洋逆流槽的次表层热含量是反映厄尔尼诺事件的重要信息指标；热带西太平洋的热盐和生物初级生产力特征对厄尔尼诺的响应与东太平洋的不同；热带西太平洋各主要流系对厄尔尼诺的响应不同，其中北赤道逆流和赤道潜流最为敏感；热带海洋与大气环流、副热带高压、中国东部和东北地区的气候及其农、渔业产量均有密切关系；发展了中国的海气相互作用耦合模式等。在现场考察方面，到1989年已完成了7个航次。借助于多普勒声学海流剖面仪、锚碇浮标系统、漂流浮标、温－盐－深度仪、抛弃式温－深仪、维沙探高仪、系留气艇、海气界面梯度仪、太阳辐射测量仪、营养盐自动分析仪等一系列国际上领先的海洋考察技术和资料处理软件，获得了大量的海洋和大气资料。特别是在国际上首次于西太平洋获取了1986/1987厄尔尼诺事件发生、发展及消衰全过程的系统资料；在国际上首次观测到热带西太平洋的赤道潜流于厄尔尼诺盛期发生反方向（即向西）流动。

为了总结阶段合作的成果，中美双方于1988年11月在北京举行了第一次学术研讨会。会议期间，中、美双方分别提交了76篇和20篇论文。论文的内容涉及大气和海洋变化的相互响应，区域性海洋环流和水团特征，厄尔尼诺－南方涛动和季风，海气界面上能量交换和物理过程及其在气候变化中的作用，厄尔尼诺－南方涛动的理论模拟，海洋初级生产力和化学成分的分布和变化规律等，获得了一批具有国际水平的科学研究成果。

由于中美合作研究的区域和内容与世界气象组织和国际科联制定的“世界气候研究计划”(WCRP)的重要子计划——“热带海洋与全球大气(TOGA)”计划相一致，因此上述合作也是对国际“TOGA”科学计划的

和化学性质变化的响应的“全球海洋生态系动力学(GLOBEC)”计划，以监测海洋为主的“国际全球海洋站位系统(IGOSS)”计划，以研究北极环境和全球气候关系的“北极系统科学(ARCSS)”计划，以研究海洋沉积和古气候为主的“海洋钻探计划(ODP)”等等。可以肯定地说，众多海洋国际合作研究大型计划所涉及的全球海洋调查研究是90年代海洋科技发展趋势的重要方面，它们都是90年代海洋科学的前沿领域。这些国际计划涉及物理海洋学、化学海洋学、生物海洋学和海洋地质学，所研究的现象具有全球的空间尺度和数年甚至数十年的时间尺度，研究的效益主要体现在社会效益上。这些研究要求全球海洋学家通力合作，应用诸如遥感技术、深潜水技术等高科技的观测技术，并动用众多的调查船进行联合观测。

中国是海洋大国，中国海洋方面的政府部门和科学家，已制定了若干相应的全国性计划，准备以较大的力量投入到90年代的这类前沿海洋科技的研究中。

2. 为了迎接21世纪海洋开发利用的高潮，大力发展各种海洋高技术和探测技术

海洋是人类资源的宝库，它蕴藏着丰富的生物资源、非生物资源、可再生能源、水资源等。今天，陆地资源已开发得比较充分，部分资源已经出现了枯竭的趋势，加上人口的大幅度增长，寻求新的资源领域已迫在眉捷，海洋自然是首先被注意到的资源宝库。人类从现实的需要出发，将对海洋的开发利用给以更大的关注，力图从海洋获取更多的食物、矿物和能源以及尽可能

贡献。由于客观原因，目前该项目的合作期限大约需延迟一年。（王宗山）

【西太平洋科学考察】 为了完成国家“七五”科技攻关项目“海气相互作用的研究”和中科院重大基础性综合研究项目“西太平洋热带海域海气相互作用及年际气候变化研究”，中科院组织实施了由中科院海洋所、南海所、大气所和兰州大气所等单位400余人次参加的“西太平洋科学考察”。

1986年9～12月，“科学1”号和“实验3”号考察船在西太平洋热带海域进行了首次编队同步调查。到1989年，共进行了4次大规模多学科综合性海洋考察，海上工作日约160d，船舶航程28 800多海里；完成了综合考察站350个站次和36条观测断面的科学考察任务；获得了大量的海洋水文、气象、化学、沉积和辐射等方面的科学数据，为研究这一海域海洋环流动力学和海气系统能量收支、经向输送及其对中国气候和近海海况的影响，为了解这一海域海气特征的年际变化，计算这一海域海水流量和热量输送提供了必要的科学数据。

主要成果是：首次观测到在太平洋西部边界流之下存在逆向潜流，并命名为“棉兰老潜流（Mindanao Undercurrent）”。特别是在南向棉兰老海流之下，发现了北向潜流的存在。这一新发现是太平洋西部边界环流动力学上的重大进展。调查研究结果表明，在菲律宾近岸似有一支非常狭窄的自北向南的沿岸流存在，它是否是一支永久性或半永久性的流，还待今后予以证实，其形成的动力机制也待进一步研究。通过实测资料的研究，首次提出了“太平洋西部边界流经向输送对我国东南部冬天冷暖起着重要作用”和“我国整个大陆冬天的冷暖不完全取决于来自西伯利亚寒潮的强弱与多寡”的新论点。与该调查计划有关的研究项目“赤道环流与浅海环流的关系及其在海气相互作用中的作用”、“我国陆架环流与大洋环流的变异、相互作用及其与短气候变化的关系”、“西太平洋热带海域海气相互作用和年际气候变化的研究”和“太平洋西部边界流的研究”等工作已得到国内外有关专家的极大重视和高度评价。此外，该调查计划布设在太平洋西部边界流区的7条断面，已被列入“世界大洋环流实验”的实施计划中。（孙　洪）

【大洋锰结核调查】 根据国家海洋局与地矿部共同制定的“太平洋锰结核资源调查开发研究规划纲要（1986～1990）”，1985年12月28日至1986年4月7日国家海洋局“向阳红16”号对7°～13°N，165°～178°W、面积60多万平方公里的太平洋海域开展了锰结核调查。调查密度1°×1°，调查内容有表层沉积物和柱状沉积物取样、海底拖网采样、重力、深地层和水深测量、水文气象观测、深海海底照相和多频探测等，现场对沉积物进行pH、Eh、碱度等化学环境要素测定，并对锰结核作了铁、锰、铜、钴、镍等品位速测。调查结果初步了解锰结核的分布、赋存状况和富集规律，圈出了锰结核富集区，并选送锰结核进行冶炼技术的初步试验。

1987年4月28日～9月12日和1988年5月27日～11月24日，国家海洋局“向阳红16”号又先后两次对8°15′～13°30′N，139°15′～156°45′W的41万多平方公里的太平洋海域进行锰结核调查。调查密度为15′×15′，调查手段除使用常规的取样仪器外，还采用先进的自返式采样器获取特定面积内的锰结核样品，利用海底照相和多频探测等先进技术连续探测锰结核和海底沉积物。两个航次调查历时319d，取样次数407次，深海照相有效照片427张，多频探测线长

充分地利用海洋这一空间资源。但是鉴于海洋环境的特殊性，海洋资源开发的美好前景和开发的经济效益之间目前尚有一段距离。在90年代，除现有的一部分开发领域（如油、气、水产、渔业等）外，尚不可能出现大规模的开发浪潮。因为海洋开发受制于多种自然的和社会的因素，其中需要解决一系列的技术难题，包括海洋环境监测、监视技术、水下施工技术、防腐和防生物附着技术、深潜技术、水下通讯技术等。这些开发技术在90年代将得到显著的发展，其中有的技术在80年代已经取得了巨大进步。如，卫星遥感技术在海洋中得到越来越广泛的应用，过去以调查船的现场测量为主的探测系统已逐步向着以卫星遥感为主、调查船和浮标的现场测量为辅的立体观测系统过渡。现在已可通过卫星遥感技术测量海洋上的许多现象。为了使卫星遥感技术在海洋上更广泛、更深入的应用，除应进一步发展星载探测仪器和信号接收传送技术以外，还必须对海洋现象本身进行深入的研究，特别是对为反演处理所需要的海洋现象的研究。预计到90年代末，海洋监测手段将比现在有较大的发展和改进。随着各种开发技术的发展，现有的海洋行业的规模将得到扩大，新兴海洋行业将不断出现。那时，大规模开发利用海洋资源的世界性浪潮即随之到来。

中国海域面积广阔，而陆地资源不甚丰富。为了进一步开发利用海洋，也为了维护人类的生存环境，90年代必须大力对海洋科技的前沿问题开展研究，以使海洋为社会主义的事业服务，为人类作出更大的贡献。

26 000km。初步圈定出20多万平方公里的锰结核远景区，初步估算出干结核13多亿吨。

与此同时，中国地矿部于1986～1989年期间在夏威夷西南海域进行了4个航次的锰结核调查（参见“大洋地质科学调查”条）等。

（梁居庭 张富元 杨启伦）

【大洋地质科学调查】 地矿部大洋地质科学调查与科研工作始于1983年，到1989年的6月间，进行了4个航次的以寻找多金属结核矿产资源为目标的大洋地质科学调查和19项专题的科学研究，均取得了重要成果。

海上调查任务由“海洋四号”船承担。第一航次（HY4－861）测区位于中太平洋海盆（7°～12°N，176°E～178°W），面积约为35万km^2，时间从1986年11月30日到1987年3月2日；第二航次（HY4－871）测区位于东太平洋海盆CC区（9°～14°30′N，139°30′～147°30′W），面积约50万km^2，时间从1987年3月3日至6月18日；第三航次（HY4－881）测区选在871航次测区的南部及其以西地区（7°～11°37′30″N，138°37′30″～153°00′W），面积约30万km^2，时间从1988年5月9日至12月21日；第四航次（HY4－891）测区选在881航次东、南和西南部，面积约19万km^2，时间从1989年7月15日至12月13日。各航次调查网度为60′×60′，CC区富矿区为15′×15′，部分地区达10′×10′。

参加调查与科研工作的，除地矿部广州海洋地质调查局、海洋地质研究所、上海海洋地质调查局外，还有中科院地质所、矿床所、测试所、水文所和成都地质所及地矿部大区与省地质局系统11个岩矿测试中心，投入的人力近450人。

4个航次的调查方法基本相同。采用了多学科、多工种的综合地质调查、地球物理调查和现场测试等项手段。地质调查包括采集多金属结核、表层沉积物、岩石和水样等，使用的工具有大洋50型抓泥斗、XD－1型箱式采样器、2450型大型重力活塞采样器、拖网、4201型自返式抓斗和1890型自返重力取芯器等；地球物理调查包括测深、重力、磁力、地震和多频探测等；现场测试包括X荧光光谱分析、简易化学分析、沉积物涂片观察、超微化石鉴定、微生物培养以及现场照相等。为获得海底更多的地质信息和直观了解多金属结核 的赋存状态，还采用了单次和连续海底照相。调查中于CC区还做了8个站位的温盐深（CTD）测量。船上采用高精度的MX－5000型综合卫星导航系统定位，还设有卫星通讯系统和接收与监视海洋气象设备。

主要调查成果：4个航次调查共完成地质测站669个，采样1 132次，海底照像49个站位（有效照片1 592张），采获结核量1 811kg，富钴结壳58.5kg，水深测量（含走航）118 928km，重力测量（含走航）105 582km，磁力测量15 916km，连续地震剖面15 242km，多频探测15 874km；圈定出约20万km^2的富矿区。此外，在约翰斯顿岛东南海山首次采获具重要经济意义的富钴结壳；在马里亚纳海沟取得了1 646km地球物理资料。与此同时，结合调查开展了“太平洋中部多金属结核的调查与研究”（部控重点项目）。此项目共含19个一级课题和16个二级课题，研究内容重点在多金属结核、沉积物、标样、数字处理检索系统和技术经济评价等。各项课题的成果为多金属结核矿床的评价提供了科学依据。 （梁德华）

【中日黑潮合作调查研究】 根据中日科学技术合作协定（1980年5月）中的黑潮合作研究项目，中国国家海洋局与日本科学技术厅于1987年6月28日在北京签定了“中日黑潮合作调查研究实施协定”。国家海洋局组织下属一所、二所，北海、东海分局，海洋资料中心和海洋环境预报中心参加。日方参加的有气象厅、水产厅、海上保安厅下属的气象台、研究所、水路部以及科学技术厅海洋科技中心等。实施海上调查的有中国的“向阳红09”号、“实践”号以及日本的“昭洋丸”、“拓洋丸”、“海洋丸”等14艘海洋调查船。

合作调查研究为期7a（1986～1992），第1～2年为普查阶段，第3～5年为专题调查，第6年为深入调查。调查海区为黄海南部、东海、硫球群岛东测、日本以南、以东海域。合作调查研究内容：（1）阐明海况的变化机制，如水循环、锋面混合、水团、黑潮及对马、台湾、黄海三支暖流的变异等；（2）了解调查海区海洋环境和初级、次级生物生产力及浮游生物的分布与季节变化；（3）阐明黑潮的净化机制，营养盐的分布、变化及物质沉降等；（4）黑潮流域的海－气相互作用；（5）探讨调查海域的热量、动能以及综合观测系统的开发。

1986～1988年，“实践”号、“向阳红09”号分别进行了6个和5个航次调查，各完成断面69条、71条，测站533和534个。共获得一万多个水层的资料和样品，并与日方合作编绘出版《黑潮水文图集》两册，撰写论文近百篇。1989年11月，在东京举行了“中日黑潮合作调查研究讨论会”，对三年中的黑潮调查研究进行了总结和学术交流。中国每年也召开一次大型黑潮调查研究学术交流会。

主要成果：通过合作调查研究，对台湾暖流、对马暖流的来源、路径和水文结构等提出了新的见解。认为台湾暖流由内、外两侧分支组成；“内侧”分支主要来自台湾海峡，“外侧”分支主要由台湾东北海域黑潮次表层水涌升而成。黑潮水入侵陆架也有冬、夏两种方式；在东海陆架区50～100m等深线之间存一高密水，它主要是由入侵陆架后的黑潮“上层”水与沿岸水混合不断降温增密的结果。高密水形成于10～11月，1～3月最盛，4～9月为消衰期。对马暖流水来源是多方面的，不同季节，水源也不相同。

对海洋锋、黑潮路径和大弯曲等有进一步认识。揭示出东海黑潮锋位于黑潮流轴左侧，锋宽约10n mile，具有明显的横向摆动。锋的强度有春夏强、秋冬弱的特点。在日本以南黑潮路径的划分中，新提出命名了一种φ型路径。首次对黑潮续流西段的路径提出二类七型，这较前人的流路模式更为全面。对黑潮续流南、北两侧涡旋移动路径提出各有二条。指出1986～1988年，黑潮又发生一次大弯曲现象，并认为黑潮大弯曲时，中国东部沿海水位上升，气候偏暖；在厄尔尼诺时期，水位下降，气候偏凉。

在黑潮流速、流量的计算方法上也有所创新和改进，首次采用β螺旋方法和逆方法较好地计算了东海黑潮和日本以南海域黑潮的流速和流量，通过分层计算至1 500m，所得流量为黑潮流量的95%。

（孙湘平）

【南沙群岛及其邻近海区综合科学考察】 中国科学院南海所于1984年使用“实验3”号执行为期三年的南沙综合科学考察，共设167个站，总航程12 330多海里。研究查明了曾母暗沙和八仙暗沙的位置，绘制礁区新的地形地貌图；对礁区水文、气象、地质、化学、光学和生物等提出较系统的新资料和一些新见解。

1987年3月6日经国务院批准，由中国科学院牵头，会同国家科委、国家计委、国家海洋局、国家测绘局、农业部、石油部和国家教委等组成南沙考察领导小组，下设南沙综合科学考察队，成员单位32个，参加课题人员300多名，内容有岛礁和水道调查研究、油气资源调查研究、生物资源与生态调查研究、海洋环境调查研究等4个综合课题。

1987年由“实验2”号海洋地球物理考察船重点考察曾母暗沙盆地的地质构造及含油气地层结构，评价盆地的含油气远景。在盆地范围内共设垂直构造走向主测线3条，平行构造走向联络测线3条，完成多道反射地震测量1 707km，电火花浅层剖面测量518km，投放折射地震声呐浮标站8个，在盆地北部深水区做了4个站的热流测量，重力测量和测深6 753km，磁力测量5 803km。查明在曾母暗沙西北的大陆架上存在一个大型沉积盆地，其走向大致为北西西－南东东，东西长约600～650km，南北宽约150～180km，第三系最大厚度在8km以上，盆地总面积大于9万km^2；发现了南薇滩西南盆地是和曾母盆地的基底相连、面积约25.7km^2的大型第三系沉积盆地；在南沙群岛北面深海区，还发现国内外海图上未标出的7座海山。“实验3”号综合海洋科学考察船对南沙群岛东北部的蓬勃暗沙、仙宾礁、牛车轮礁、仁爱礁、美济礁、仙娥礁、信义礁、海口礁、舰长礁和半月礁等10座岛礁进行登礁考察，发现一些礁盘位置与1986年海图存在一个向北或西1～3n mile的系统偏差；首次发现南沙孢粉种类组成；发现一些海洋生物新种及新记录；采到的孢粉样品分析中发现有来自海南岛的特有种，以及发现多处人类活动遗迹，进一步证实南沙群岛与大陆之间的联系。

1988年和1989年又分别进行1个和3个航次的考察，主要收获有：

1. 首次对南沙礼乐滩盆地进行地球物理专业考察，查明该盆地是一个面积约3.0万km^2有油气远景的盆地；

2. 首次从中央水道进入危险地带的岛礁群，再转向南华水道西段进行考察，获得了有价值的航海资料；

3. 对南沙海区进行大洋性渔业资源钓捕，总渔获412.7kg，其中经济价值鱼类有13种。在礁盘生物资源钓捕中，表明有着较丰富的开发潜力。

4. 春、夏期间，在北康暗沙与南薇礁之间海域存在一支气旋式环流；在南部陆架区海流方向大体上自西向东；东南部的南沙海槽西侧流向基本相反；苏禄海海水大体上常年经巴拉巴克海峡流入南沙海域，对南沙海槽及巴厘曼丹沿岸产生明显的影响；西南季风期间风大，云量大，海洋供给大气的感热和潜热增加，海面失热，热平衡出现负值；南沙海水中亚硝酸盐含量很低，难以测出，仅在75m层左右普遍存在一个亚硝酸盐薄层，反映该层水动力状况和特殊的生物过程与化学过程。本考察仍在继续中。 （马应良）

【南海珠江口盆地1∶20万海洋工程地质调查】 该项目系国家重点项目之一，由中国地矿部下达，广州海洋地质调查局执行，并得到联合国开发计划署(UNDP)的经济技术援助。项目期限5年(1986～1990)。其任务是在南海珠江口盆地中部的油气远景区进行9幅1∶20万比例尺国际分幅、总面积约7万km^2的区域性海洋工程地质调查，查明其灾害地质因素的分布，对海底稳定性及区域工程地质条件作出评价。该项目自1986年开始执行以来，先后派员出国考察和进行技术培训，并聘请了11名外国专家担任技术顾问。通过实践，调查技术方法已日渐成熟，仪器装备正趋于现代化、综合化和系列化，青年技术人才得到迅速成长。从过去只能在浅水区作业的简单调查，发展到能适应在近岸、大陆架和上陆坡较深水区工作的技术能力；由过去单一的调查手段进步到由测深仪、旁侧声呐、浅层剖面、单道地震、多道数字地震、各类小型取芯器、大型活塞取芯器、海底锥形原位测试及一系列有关沉积学、年代学和土工学的实验测试方法组成的综合手段。

至1989年底,已完成7.5个图幅的海上调查,每幅调查报告包括10多张平面图,10多万字说明及大量插图附表。

该项目于1986年及1987年举办过两次培训班,同国内20多个单位和9个南太平洋国家的学员进行了技术交流活动。在1989年11月30日至12月6日由地矿部与联合国技术合作发展部(UNDTCD)联合举办的广州国际海洋工程地质讨论会上,全面展出了该项目所取得的成果及技术进步,得到联合国及国外专家的高度评价。 (冯志强)

【大亚湾核电站海洋生态零点调查研究】 1986年12月~1987年12月及1988年8月~1989年8月,国家海洋局三所先后对大亚湾进行了两个周年的海洋生态零点调查。该调查项目是由法国电力公司(电站技术保证单位)拟定,经中科院、国家海洋局、高教和水产四个系统的专家审定,向全国招标,国家海洋局三所中标承担的。

调查计划包括生态系的三个方面(水文与水生生物、底栖生物、鱼类与渔业)及冷却系统设计参数(污损生物及防污、滤鼓堵塞物),共56个项目74个参数。调查分两个周年进行。

第一周年:以核电站冷却水进出口处为中心,向各个方向布设调查试验站点。站位分三大类。1.大面站:综合站18个,锚锭浮标站3个,底栖生物站33个,沉积物和地貌站120个,测线10条,潮间带设23条断面,每条断面设4~6个站。2.进水口站:从核电站进水口往外设1条断面,进行一系列专题调查。3.气象和潮位站。

为保证调查质量和所获数据在国际上有可比性,对6个项目的11个参数,按法国电力公司指定的单位进行了国际互校;对互校项目及其他一些项目进行10份平行样测定或几种方法比较实验;对大多数测试仪器进行了校正;许多仪器和药品在中国是首次应用。

第二周年:调查内容同第一周年,具体项目有增有减。主要增加了5大项:温度和盐度走航测量;海水产氧量与耗氧量;马尾藻和变化短齿蛤、黑荞麦蛤的种群动态;虾资源专题调查;大鹏湾沿岸海面下0.5m的微生物调查。不再调查的有3项:潮间带和潮下带的地貌调查;核电站进出口的污损生物调查;大亚湾内18个站的逐月试捕。

站位布设分五类。1.大面站:有综合站10个,浅海底栖生物站33个,潮间带设23条断面,每条断面设4~6个站,沉积物站53个,10多条地貌测线,悬浮物站53个,沉积物耗氧站20个,渔业站18个。2.连续站。3.进出水口站为中心的加强站,排水口向外延伸一个断面4个站。4.温、盐断面共设26个站。5.气象站和潮汐站。

两个周年的调查任务全面完成后,向工程部门提交了80多万个数据和图表,其中有些资料已用于冷却系统设计,还有些已用于设计阶段的环境影响报告书,全部数据将编入电站投料阶段的环境影响报告;编写了3 000多页的调查报告,撰写了103篇学术论文,第一集《大亚湾海洋生态文集》已于1989年底由海洋出版社出版发行。

经国内和香港23个单位42名专家评审,认为该项工作在国内居领先地位,并达到国际水平。

大亚湾核电站装 机容量2×90万kW,将于1992年运行,用大亚湾海水冷却。

(黄宗国 马应良)

【中美南海海洋地质联合调查】 自1979年以来,地矿部广州海洋地质调查局(原南海地质调查指挥部)和美国哥伦比亚大学拉蒙特-多尔蒂地质观测所在南海进行了长期科学合作,研究的总课题是探讨被动大陆边缘的构造演化模式。该合作项目分两阶段进行。第一阶段从1979年至1982年,美方“维玛”号调查船在海上工作两个月;第二阶段从1985年至今,中方“海洋四”号调查船在海上工作一个月,美方“康拉德”号调查船工作两个月。所采集的地质地球物理资料均在美方处理。合作调查共获得海面磁力、海面重力、水深测量、单道地震剖面各9 700km,多道地震6 300km,地震声呐浮标273个站位,多波束测深3 000km,扩展排列剖面20条(1 943km),合成排列剖面2条(778km),地热流测量139个站位计1 725km,底质取样16个站位。上述调查项目中,地震声呐浮标、多波束测深、扩展排列剖面、合成排列剖面和地热流测量在中国海区均属首次使用。

利用所采集的资料,中美科学家联合编写了调查报告,中方科技人员还编写了中方调查报告(第一、二分册)和《南海北部晚第四纪地质环境》一书,以及撰写了10余篇论文。通过第一阶段合作研究,对南海北部陆缘及南海海盆有新的认识:(1)南海北部陆坡及陆隆上存在沉积盆地。(2)北部陆缘的地壳结构复杂,在陆架盆地中,上地壳很薄,说明地壳已被拉伸;在陆坡上,存在异常上地幔,说明那里仍有活跃的构造活动。(3)北部陆坡的地热流值大于2HFU,说明是高热流值地区,有利于油气的生成。(4)大约以115°E为界,北部陆缘的东西部分在地球物理场特征上存在较大差异,说明它们可能由两块古老地体拼合而成。(5)南海中央海盆是在晚渐新至早中新世期间通过南北向海底扩张而形成的，具有年轻洋壳的特征。

第二阶段合作研究所取得的新认识是：(1)从双船地震剖面看，北部陆缘存在北倾的拆离断层。该断层从基底至下地壳，已接近莫霍面，其视倾角从上往下变小，这和在美国盆 地山脉省的地壳中所观测的断层相似。证明该处可能存在岩圈断裂。(2)双船地震资料揭示，珠江口盆地的地壳厚 24km，西沙海槽的地壳减薄至 16km，而东沙隆起的地壳厚度达 32km，大于华南陆地的地壳厚度。说明神弧—东沙隆起在新生代之前为一特殊线性构造，可能为古岛弧，或古造山带。(3)南海西南海盆中存在 2km 以上的沉积，在盆地边缘之下有一套变沉积岩，推测是前渐新世沉积。因此，初步结论是，西南海盆的形成时间比中央海盆早。(4)在北部陆缘上，新生代沉积之下有一套层状沉积，其层速度为 5km/s，在测线上最大残留厚度达 7km。推测为中生代沉积，具有生油气潜能，是寻找油气的新目标。

通过合作，中方科技人员初步掌握了地震声呐浮标、地热流测量和双船地震探测等地球物理方法，填补了国内在海洋地球物理方法上的空白。

(姚伯初)

【中、西德南海地球科学联合研究】 根据"中国和联邦德国海洋科技发展合作议定书"，中国和联邦德国海洋科技合作委员会共同进行"南海地球科学联合研究"。国家海洋局二所与联邦德国地球科学与自然资源研究所(BGR)于 1987 年 5 月至 7 月利用德国科学调查船"太阳"号及其先进装备在南海中部进行了 SO－49 航次的考察工作，调查区域在 12°～20°N，112°～119°E。调查项目有：48 道反射地震、重力、地磁、多波束海底测扫、水深测量、3.5KC 浅地层剖面、地热、柱状取样、重锤式拖网取样及地球化学现扬测试。共完成地球物理测量剖面 9 条，总长 4 112km，地热站位 9 个，柱状取样 16 个，柱芯总长 95.50m。还完成了 21 个站位拖网取样和 17 个地球化学站的测量工作。1988 年 8 月，完成了 SO－58 航次，在南海北部及东部进行了部分补充性调查。

通过联合研究，在南海地球科学方面获得了一些新认识和新发现：(1)利用 48 道反射地震获得了标志地壳底界面——莫霍面的连续清晰记录，南海东部海盆的莫霍面位于海底 9.9km 处，扩张轴(15°N 附近)以北的莫霍面有向北倾伏的趋向。南海深海的三个海盆皆具有大洋地壳性质。根据沉积层序，三个海盆的相对年龄关系可能是：西北海盆最老可能属于早渐新世，东部海盆次之，西南海盆的张开则始于早中新世晚期，其扩张脊处沉积层薄，甚至缺失并具有现代火山活动，表明它仍在进一步扩张；(2)在北部陆坡，中西沙地体取得的基岩样品表明中西沙地壳属性为陆壳，对比钻井资料，可以判断中西沙地体基底为前寒武的古老结晶基底，南海地区燕山期中基性和酸性岩浆活动强烈，新生代以基性岩浆活动为主；(3)获得长度 10m 以上的柱芯 4 个，其中超过 13m 的 3 个。这是迄今中外科学家在南海取得的最长柱芯。通过对柱芯的部分鉴定分析，初步追溯出南海 30 万年以来的古海洋和古气候的变化趋势，并发现南海晚更新世时期的重大古海洋事件，事件距今为约 12.8 万年；(4)首次在南海北部发现海底锰结核，岩石拖网取得的锰结核和锰结壳中，最大的锰结壳样品长 60cm，宽 14～27cm，厚 10cm，最大的锰结核样品直径 14cm。样品中铁的重量百分比含量 18.9%，锰 19.94%，铜 0.164，钴 0.31%，镍 0.21%，而且南海锰结核(壳)富含稀土金属，稀土总量为 0.1～0.3%，其中离子吸附型稀土含量为 0.096%。便于加工提取；(5)南海北部陆坡发育众多断陷盆地，根据对该区轻烃成因的研究确定南海北部陆坡具有热成因的天然气储藏，其中上部陆坡区为煤成天然气藏，中部陆坡为与凝析油有关的天然气藏。(全翔龙)

【南海海洋地质综合调查】 1987～1989 年间，地矿部广州海洋地质调查局分两个阶段开展了南海南沙群岛海域的地质地球物理综合调查。

第一阶段：1987 年 10 月 8 日至 11 月 16 日，"海洋四号"调查船完成曾母盆地的综合调查。测区范围：109°00′～113°00′E，3°30′～8°00′N，面积约 12.6×10⁴km²。工作比例尺为 1∶200 万，测网 40×80km，共布设南北向主测线 10 条，联络测线 6 条。调查项目有测深、重力、磁力、单道地震、多道反射地震和地质采样等。采用 MX 5000 型综合卫星导航系统定位。调查中对南海南部的南通礁作了实地考察，并在礁上树立了'中华人民共和国地质矿产部《海洋四号》船'调查纪念碑。

调查中使用的仪器设备、完成的工作量和观测精确度为：①水深测量，SN－16 型雷森万米测深仪，工作量 6 323.3km，相对误差 3.16%；②重力测量，KSS—5(№ 86)海洋重力仪，完成 6 323.3km，均方误差±1.64×$10^{-5}m/s^2$；③磁力测量，G821G 磁力梯度仪，只用了主传感器，未作地磁日变校正，完成 6 184.3km，均方差±28.6nT；④地震测量，采集设备包括：DFS－Ⅳ数字地震仪，SEC－24 道地震漂浮电缆，EH－4 型气枪(8 枪双列阵，总容量 27.4L)，EPC－4603 型单道地震剖面仪。共完成 6 137.4km；⑤定位，卫星段平均闭合差 620m，定位中误差最大 2 897m，最小 65m，一般 317m；⑥用重力取样管取了 8 个柱状样。

1989 年 8 月完成了《南海南部曾母盆地综合地球

物理概查报告》及18幅附图。揭示南海曾母盆地是一个大型的含油气盆地,其新生界厚度一般为6.0～7.0km,最大可达11.0km,以海相碎屑岩为主;通过地质地球物理综合解释,将盆地划分出8个二级单元,并对各构造单元的油气远景作了分析评价。

第二阶段:1989年4月3日至4月22日,“奋斗四号”石油地球物理勘探船进行了南海万安西盆地和曾母盆地北部的综合调查,测区范围是:108°50′～112°00′E,6°00′～13°00′N,面积约20×10^4km²,水深200～4 000m,工作比例尺为1:200万,布设了以东西向测线为主的24个测线段。调查项目有测深、磁力和多道地震。导航定位用MX1107RS卫星接收机;地震测量系统包括DFS－Ⅴ数字地震仪、48道地震漂浮电缆、Bolt 1500CT气枪、CHHK－Ⅱ核子旋进磁力仪;DSF－6000型精密测深仪。磁力和水深测量与地震同步进行。共完成地震3 419.7km,磁力3 339.89km,测深1 453.0km(因仪器换能器功率小,不能满足深海调查)。测深和磁力资料全部合格,地震合格品率达99.92%。定位误差以两次卫星定位间推算闭合差统计,小于2km者占86.4%,最大6.4km。第二阶段调查资料正在解释中。

(陈邦彦)

【东海西部海洋地质综合调查】 地矿部上海海洋地质调查局于1978～1988年间相继在东海西部地区(26°00′～32°00′N,124°00′E以西至岸边)开展了比例尺为1:50万海底地形地貌、沉积物及各种大比例尺的沿岸工程地质调查。调查面积约17.4万km²,调查网度一般为10×5～10×10km,共完成工作量:测深8万余公里;沉积物取样1 040个站位,浅地层剖面测量1万km,旁侧声呐扫描约2 000km,浅钻17个。对沉积物样品进行了粒度、矿物、微体古生物、地球化学、古地磁、稳定同位素、^{14}C测年等各种分析鉴定工作,共6 000余个。1988年底完成了《东海西部海洋地质综合调查报告》的编写工作,并有附图35张。其主要内容为:①对东海西部海底地形地貌特征进行了全面阐述,根据成因－形态相结合的原则划分了9个地貌类型。其中对长江三角洲的界线,陆架古滨海平原、古河口湾、潮流砂脊群、断陷凹地等特殊地貌类型特征及形成机制进行了首次研究;②海底表层沉积物类型共有11种,根据沉积物成分特征、沉积环境、沉积作用将东海西部划分为6个沉积区。尤其是成功地利用地球化学分析资料做为环境分区的指标,这在国内处于领先地位;③对东海西部地区浅部地层进行了反射界面和反射层组的划分,并开展了地震相及沉积相的划分、描述和研究;④对东海西部晚更新世以来地层层序进行了划分和对比,并相应地建立了地层剖面。同时在海平面变化、沉积环境演变等方面都取得了重要的研究成果;⑤首次对东海西部海底工程地质特征进行了研究,并开展了工程地质分区及条件评价,尤其对海底不稳定因素类型、分布、特征及动态进行了研究。

(王振宇)

【东海八角亭构造的三维地震勘探】 地矿部上海海洋地质调查局1987年在东海八角亭构造上第一次进行了海上三维地震勘探。八角亭构造是在东海发现的第一个油气田——平湖油气田的一部分,它位于上海市东南大约400km的地方,面积55.6km²。

海上数据采集工作由“奋斗七号”船完成,并利用该局在东海布设的高精度无线定位系统(ARGO MAXIRAN)和自行研制成功的简易地震漂缆跟踪系统,取得了高质量、高密度的三维地震原始数据。测线间距为50m,60次覆盖,采用长达3 225m的120道地震漂缆及总容量为43.95dm³的气枪阵震源。数据处理是在地矿部北京计算中心的IBM 3081大型计算机系统上进行的,有针对性地采用了动态面元、倾斜时差校正(DMO)、迭前和迭后子波反褶积、智能内插、三维速度分析和三维二步法偏移等处理技术,其中有些在国内三维地震数据处理工作中尚属初次使用,取得了一套高分辨、高信噪比的三维数据体。此外,还进行了G－LOG和复数道分析。对所取得的资料在LANDMARK人机联作解释系统上进行了解释,提交了一套用于油气田评价的精确构造图件。

该次调查查明了该区断裂系统的展布以及断面的空间产状,除了原来二维地震所发现的一条主断层以外,新发现了9条不同规模的断层。在此基础上查明了八角亭构造的形态,又发现了一些有意义的构造圈闭。三维地震资料还清楚地揭示了基底的起伏以及与基底隆起有关的披覆构造;显示了各地震层序的特征,为确定始新统与渐新统之间不整合面的确切位置提供了依据。

(袁文光)

【东海西湖凹陷中南部区域工程地质调查】 地矿部上海海洋地质调查局于1987～1989年在东海西湖凹陷中南部地区(27°45′～29°50′N,124°30′～126°00′E)开展了1:50万比例尺的区域环境工程地质调查。调查面积为3万km²,调查网度为10×20～20×20km。共完成海上调查工作量:测深10 000km,浅地层剖面测量4 000km,旁侧声呐扫描3 158km,柱状取样92个站位,浅钻4个站位,平台长期水文气象观测4个站位,并在该地区开展了近20个构造的井位工程地质调查(每个井位调查面积为9km²,测网密度为150×150～300×300m)。对柱状样及浅钻样品进行了现场及实验室内的工程物理力学性质测试,并开展了粒度、矿物、化学、孢粉及微古、古地磁、^{14}C 等项目分析鉴定。通过对各种资料的分析研究，基本查明了该区的水深及海底地形、地貌特征和成因，尤其对潮流砂脊地形特征及成因进行了详细阐述。查明了本区近 100m 地层内的地层层序、划分对比及变化特征。查明了海底沉积物类型及沉积特征、物理力学性质特征，并划分了工程地质层。研究了海底不稳定性因素类型、特征及对工程稳定性的影响。研究了本区水文气象条件及天然地震对工程稳定性的影响。在上述工作的基础上，对本区工程环境地质条件进行了分区，并做出了综合性评价。

【全新世长江水下三角洲调查】 1985～1987 年，地矿部上海海洋地质调查局在长江河口及口外海滨地区（30°00′～32°00′N，124°00′E 以西）开展了全新世长江三角洲调查。调查面积为 4.5 万 km^2，测网密度为 5×5～5×10～20×20km。完成海上工作量：测深 8 000km，浅地层剖面及旁侧声呐扫描各为 3 000km，表层取样 623 个站位，柱状取样 51 个站位，水下浅钻 22 个站位，沿岸第四纪钻孔一个（孔深 344.74m）。对沉积物样品及岩芯进行了粒度、矿物、化学、微古、孢粉、超微、藻类、古地磁、稳定同位素、^{14}C 等 20 余个项目的分析鉴定。通过调查研究，查清了全新世长江水下三角洲及现代长江水下三角洲的界线范围、海底地形、地貌特征及成因机制；建立了长江水下三角洲全新世地层层序及层组命名；进一步研究了长江水下三角洲沉积特征、沉积相的水平和垂直分布及各种相指标；并对长江水下三角洲的形成、发育、演化过程进行了详细阐述。在上述研究的基础上建立了长江水下三角洲现代沉积模式。此外，对长江水下三角洲工程地质条件及灾害地质类型进行了划分和初步评价，为长江口航道整治、沿岸各种工程项目建设、海底电缆及海底输油气管道铺设等国民经济建设提供了基础性资料。

（王振宇）

【珠江三角洲沉积地质学调查研究】 该调查研究系地矿部重点科研项目 82014 的一个组成部分，其研究目的是：查明珠江三角洲的现代沉积环境，了解其特定的动力作用过程与形成三角洲沉积环境的关系；将珠江三角洲的现代沉积环境与第四纪沉积层系的三度空间联系起来，建立可供对比的三角洲横向和垂向序列模式；查明三角洲砂体的分布特征和有机地球化学背景，为珠江口盆地的三角洲沉积体系提供古今对比的地区性模式；查明三角洲地区的海进海退旋回，了解海平面的变化历史、现状和发展趋势以及三角洲的推进速度和堆积速率，为长远的经济技术规划提供依据；初步了解珠江口一带海洋工程建设的不利地质因素，为沿海工程地质调查与研究、区域稳定性评价提供实测资料。调查范围：112°30′～114°15′E，21°40′～23°25′N，总面积 18 000km^2。

主要成果是：①重新划分和重新制定了珠江三角洲地区第四纪地层层序和划分方案；②对珠江三角洲地区第四纪沉积环境进行了详细划分，为研究晚第四纪沉积相提供了可供对比的大量资料；③阐明和论证了第四纪以来的两个海侵旋回，为研究华南地区海平面变化规律提供了重要依据；④以两期海侵控制形成的两种不同环境的沉积模式，反映了珠江三角洲晚第四纪以来的沉积地质学特征及其成因；⑤以浅层地震资料为依据，研究了晚第四纪地层的地震程序及沉积层序、地震相及沉积相，同时揭示了海洋工程建设某些不利地质因素。研究报告于 1986 年 9 月正式经过全国同行专家评审，定为优秀级，目前正在改写成沉积地质学专著，交地质出版社公开出版发行。

（龙云作）

【闽南—台湾浅滩渔场上升流区生态系研究】 该项目是由厦门大学海洋系和亚热带海洋研究所、福建省海洋研究所、福建省水产研究所共同承担的一项多单位合作、多学科交叉的大型综合性理论研究和应用研究紧密结合的课题。它分别被国家教委、福建省科委列为重点研究课题，1987 年 9 月执行，1989 年 12 月结束。

该项研究涉及海洋 5 个学科、38 个子课题，从海洋水文、化学、生物、地质和渔业等方面综合研究上升流与渔场的关系；并且从生物和非生物各因子间的相互关系的变动规律来分析上升流区生态系的结构和功能特征。三年来，完成了 9 个航次的现场调查研究及实验室分析的大量工作，取得了约 10 万个第一手数据；建立了计算机数据库；撰写出近 30 万字课题总报告和 70 多篇论文，不久将正式出版研究论文集。

“闽南—台湾浅滩渔场上升流区生态系研究”课题是中国包括学科较多的一次上升流生态系综合调查研究，其深度和广度比国内同类研究有所发展和创新。通过多学科调查及与渔业生产实际相结合的综合研究，证实在闽南—台湾浅滩海域有多处上升流存在，并首次肯定了闽南—台湾浅滩渔场为上升流渔场，对该上升流区生态系生物群落结构特征、初次级生物生产力及其转换效率、营养盐和碳循环进行了较为全面的探讨，并对渔场资源量进行了估算，提出了对该渔场渔业资源合理开发利用的意见。此外，在该海域还发现了浮游动物的若干新种、新属、新记录；进行了细菌生物量、浮游生物、次级产量、多种形态磷、溶解和颗粒有机碳、溶解游离氨基酸、$\delta^{18}O$ 和氟里昂示踪等项工作，填补了该海域上述研究的空白。（洪华生　戴民汉）

【台湾海峡海洋环境综合调查】 国家海洋局三所于1984年4月～1985年6月对台湾海峡中线以西海域进行了多学科海洋环境综合调查，1985～1988年又进行了补充调查和资料的分析研究工作。调查范围为22°20′～25°45′N，116°30′～120°30′E，面积约4.3万km^2。提交海洋地质地貌、海洋水文气象、海水化学、浮游生物、底栖生物、初级生产力、海洋放射性、海水声速等8个专业的调查成果。有些海域和项目填补了过去调查的空白。该项目获得国家海洋局科技进步二等奖。

通过调查，获得以下新认识：(1)沉积物分布具有明显的规律性，自北向南由细变粗。海峡中部、南部包括台湾浅滩的沉积物是晚更新世末期的残留沉积，在全新世海侵过程中受到部分改造；(2)该海域有多种水系交汇；调查证明台湾浅滩存在上升流，发现平潭附近和泉州湾有上升流现象；(3)发现存在浅海声道；(4)海水水质良好，总β和^{137}Cs放射性背景值正常；(5)首次在海峡南部水深20～62m海域发现文昌鱼大范围分布，并发现多毛类一个新属3个新种；(6)该海域叶绿素a和初级生产力略低于东海，但高于南海，也略高于台湾西南岸。

（陈承惠）

【台湾海峡油气资源调查】 1981年地矿部广州海洋地质调查局(原称南海地质调查指挥部)的“海洋二号”调查船首次在台湾海峡西部开展以地震为主的综合地球物理剖面测量，发现了九龙江和晋江凹陷。1985年“海洋二号”调查船又在台湾海峡中部完成一条综合地球物理剖面。1988年11月，在过去3年对台湾海峡所完成的1 835km地球物理剖面所取得的初步地质成果的基础上，地矿部决定将台湾海峡的油气普查勘探列入地矿部的地质工作计划，并由广州海洋地质调查局承担该项任务。1989年，该局在台湾海峡共完成以地震为主的综合地球物理测线3 649km。根据普查资料的解释成果，得到一些新认识。其中认为台湾海峡西部的主要生油岩为始新统和白垩系；台湾西部平原区的含油层位为中中新统，另外在白垩系、始新统、渐新统、下中新统和上新统亦见到一些含油层位；在台湾海峡西部主要找油目的层位应为下第三系和白垩系。

截止1989年底，已在台湾陆上及海峡东部发现18个油气田，32个含油气构造。其中海上油气田3个，海上含油气构造4个，台西油田有一半位于海上。并且由于目的层较浅，小于3 500m；水浅，小于65m；离岸近；勘探成本低，因此具备钻探的有利条件。

（金庆焕）

【杭州湾锋面调查研究】 杭州湾是一个喇叭型河口湾。1986年，苏纪兰等通过对1983年浙江省海岸带调查资料的分析指出，该湾口不仅存在一条东北－西南向的最大盐度梯度带，而且该带与高悬沙中心有良好的配置关系，显示出锋面在横向上的辐合作用和纵向上的输运性能。还认为，这一锋面可视为长江河口羽流锋的次级锋面。为进一步研究该锋面的水文、环流结构，探讨锋面辐集传输效应在该湾水文条件、泥沙运移和沉积中的地位，1987～1989年三年中，国家海洋局二所进行了“杭州湾水系界面与悬移物质输运的研究”，该课题获得了国家自然科学基金委员会的资助。

由于河口湾锋面及效应研究涉及多学科，加之本身尺度较小，又现场测量仪器设备受到限制，因此至今未见有系统而成熟的调查研究方法。杭州湾锋面调查研究中，除采用常规的观测方法外，还尝试了多种方法的兼用，其中有些方法还是较为新颖的。如上、中、下水层同时投放漂流物，并用船只时时跟踪上层投放的带有雷达反射装置的浮标，跟踪过程中还适时进行水文测量和生物、化学、泥沙等项目的采样。为获取大面同步资料，又在现场作业同时接收卫星遥感信息。通过三年的工作，对杭州湾锋面获得了一些新认识：(1)该锋面强度和整体性均有夏优于冬、大潮胜于小潮之特点；其北部呈多束状，中部窄而强，南部分裂为东南和西南两支；(2)杭州湾除有北始南汇咀南止庵东浅滩的锋面外，在金山咀外还终年存在一舌形锋面，但强度较弱。这两条锋带结合，使杭州湾锋面在平面上呈X型分布；(3)杭州湾上层有一股由东北至西南的沿锋面流动。垂直于锋面的环流强度较弱，大概是因水浅所致；(4)悬沙高浓度中心和一些生、化要素高值区的分布，均不同程度地反映出锋面对物质的辐集性能。

（王康墡）

海洋科学研究

物理海洋学

【海流】 黑潮及其分支的调查和研究 中国对黑潮及其分支的研究越来越重视，国家海洋局1981年下达“黑潮及其对东海海洋环境影响研究”的课题，国家海洋局一所负责，二所和北海分局参加，1982年起至1985年底结束，历时四年。1987年10月《黑潮调查研究论文集》出版，在这本专著中，提出不少较新的观点：孙湘平指出，黑潮对中国近海海洋环境影响的关键地段主要表现在A段(25°N以南，中国台湾东岸近海)和B段(中国钓鱼岛至赤尾岛附近，即25°N以北，125°30′E以西区域)，它们与中国闽浙沿岸海况、渔场位置及日本的对马暖流有密切关系，C段(125°30′E～129°E)和D段(129°E以东至吐噶喇海峡)的黑潮变异主要影响中国近海海况及气候。此外，他还对东海黑潮表层流轴、流幅的年际变化、东海黑潮右侧与琉球群岛以西海域的逆流与暖涡现象作了论证和分析。郭炳火等认为，台湾暖流的上层水主要来自台湾海峡，下层则来自台湾东北方表层水和次表层水；黑潮在台湾东北方海区，冬、夏季均出现爬上陆架的趋势.冬季入侵幅度大，可达100m等深线附近；夏季东海出现许多涡旋，在东海区南部有两个不大的气旋式涡旋和一个较大的反气旋式涡旋；在海区北部，在台湾暖流水与南下的黄海水交汇处出现三个并靠的气旋式涡旋。林葵等还指出夏季在台湾东北方有一个冷涡。

1987年6月，国家海洋局与日本科学技术厅签订了“中日黑潮合作调查实施协定(详见“中日黑潮合作调查研究”条)。

翁学传等(1987)根据1984、1985年观测资料，研究了台湾暖流区近底层流，结论是台湾暖流区底层流较稳定，各季流向均为北向流，其中除闽、浙外海春季为北偏西流外，其余皆为东北向或正北向；另外，在台湾海峡中部和北部海域，冬季和春季底层流与夏季一样为东北向流，而不是传统的西南向。苏志清(1988)、王从敏(1988)等都从不同的角度阐述了台湾暖流的特征。

与大量的实际观测和资料分析的同时，各种数值模拟也开展起来：李龙章(1986)使用二维正压非线性模式研究了东海东北海域(包括对马海峡)流型，但是未考虑风应力；王卫等(1987)、袁耀初(1988)和廖启煜(1987)等都在不同程度上揭示了黑潮及陆架区海水运动的规律。

此外，关于黑潮与大气及气候学之间关系也有诸多文章加以论述。侍茂崇等(1989)指出，黑潮在蛇动期间，中国长江流域旱或大旱，而在蛇动开始或结束，长江流域则是大涝；刘举平(1986)认为，黑潮大弯曲与厄尔尼诺不是孤立的，而是同一大尺度海气系统变化的反映；于振娟(1988)指出，东海黑潮流轴变化与日本以南黑潮流轴弯曲关系密切，流轴变化可作为青岛降水多寡的一个重要指标。

中国科学院所属的各研究所，如海洋研究所、南海海洋研究所、大气研究所均对黑潮有长年不懈的调查与研究。近年来，结合“中美热带西太平洋海气相互作用合作研究”课题，中科院与海洋局、气象局密切合作，在黑潮源地使用了多普勒声学海流剖面仪、锚碇浮标系统、漂流浮标、温－盐－深度仪等先进仪器，取得了许多重要资料，成功地预测了厄尔尼诺－南方涛动事件。南海海洋研究所对南海环流的研究也有新的成就。大气研究所提出了海洋环流新的数值计算模式。

近海海流的研究 中国海域普遍较浅，海洋开发又多从岸边做起，因此，港湾、河口及近岸海流的观测硕果累累。首先，近岸实际观测增多，可以说中国沿海主要港湾余流场资料皆有报告。1986年以来，主要的报告有，曾刚(1987)根据1980，1981，1985年厦门港测流资料，对厦门港海流分布特征作了较详细的描述；赵松鹤等(1989)根据解放以来所有历史资料，给出山东沿岸及莱州湾、桑沟湾、胶州湾、海州湾的实测资料及分析；侍茂崇(1989)根据1983年以来黄河三角州实测海流资料，给出黄河口附近海域余流场特征分析；胡建宇(1987)利用1980，1986年福建省5个港湾79个测站观测资料进行分析，给出了福建省沿岸港湾余流的一些特征；陈波(1987)基于近期的调查资料，从计算余流入手，分析了广西沿岸的海区余流特征；李身铎(1987)利用历史资料给出杭州湾不同层次的余流分布图。

在理论及数值模拟方面，曾庆存(1987)以二维全流方程为基础，采用等距、跳点、隐式的总能量守恒的有限差分方法计算和讨论了近岸海流的数值计算问题；李瑞生等(1987)通过引入浅水垂向平均化涡度方程，发现涡量同界面参数有关，论证了把浅水环流定为一平面闭合流线是不合理的，继而给出浅水环流形成的必要条件；张东生(1988)则对潮流、波流和灌河径流综合作用下的灌河口沿岸流进行了数值模拟；刘兴泉(1989)除了对渤海冬季环流进行数值模拟外，还对冬季环流机制和黄海暖流余脉影响作了有意义的探讨。1986年以来，中国海洋工作者对南海海流数值模拟工作显著地增多：曾庆存和甘子钧(1989)利用二维全流方程，计算了南海1～12月平均流，所得的南海逐月环流的总趋势以及一些小尺度涡旋现象与实际观测符合。这是迄今为止，在时间和空间上对南海数值研究最全面的一次；李树华、谭志华(1986)各从不同角度对南海不同区域内余流场特征作了讨论。丁宗信(1987)指出，风的变化、强流弯曲和瞬时涡旋是黄、东海陆架低频变化的机制，而半封闭海区低频流变化与海面气压震荡有关。

上升流也是近岸海流研究中一个重要分支，中国对上升流研究尚处在初始阶段。浙江沿岸上升流区是一种比较稳定的季节性现象，胡敦欣等认为，它主要起源于黑潮余脉的逆坡爬升，丁宗信认为风的短期变化起着重要作用。1986年以后，郭炳火、于文泉、李繁华、韩舞鹰以及景振华等都对这方面有所研究。

潮汐余流的研究和进展 在浩瀚海洋的沿岸水域，特别是一些陆架海区，人们常观测到潮流在海水运动中起主导作用。其量级可达1m/s或更大一些。近10余年来，愈来愈多的科学家注意到：因摩擦、底形、边界形状种种原因使得这些强潮流出现非线性现象，而导致余流，人们称这种余流为潮汐余流。而由潮汐余流产生的环流叫潮汐环流，以区别于由风应力或密度梯度等原因所形成的流动。潮汐余流的研究已成为科学家们日益感兴趣的课题之一。他们从现场观测、数值模拟和实验室实验分析等方面来探讨这一海洋动力现象。需要指出的是，潮汐余流作为一种海洋动力现象，并不是处处皆很明显，一般而言，它主要出现在地形复杂的沿岸海域，特别是河口、港湾、水下沙脊和狭窄水道区。中国的学者在潮流场数值计算基础上，给出了海湾及近海的潮余流场。在1986年以前，这种余流场主要是二维的，1986年以后，于克俊等给出了渤海三维潮余流场，与实际观测结果很好符合；汤毓祥等对潮流和余流相互作用以及对潮汐余流的影响从机制上了进行研究(1986,1987)；特别是王化桐、窦振兴等(1986)采用二维单层流体动力学数值模式，先后对胶州湾海域潮余流作了数值计算；俞光耀等(1986)采用Awaji相类似方法计算了胶州湾拉格朗日余流；冯士筰等(1986,1987)提出了潮致拉格朗日余流及其输运的一个弱非线性理论。根据上述理论，对渤海进行了拉格朗日余流场计算(郑连远，1988；魏更生，1988；孙文心等，1989；王辉，1989)。此外，冯士筰等(1988)又导出斜压浅海和河口中拉格朗日余环流及其输运的一个弱非线性耦合理论，使得陆架海域输运问题研究在理论上和应用上进一步深化。关于拉格朗日余流的理论和计算已由冯士筰、俞光耀、王化桐等成功地应用于中国10个海湾的污染物输送及环境评价中去。

海流数值预报 自1986年开始，历时4年，由中科院海洋所、青岛海洋大学、厦门大学联合承担的“七五”重点课题——“海洋环境数值预报产品研究”中的“渤、黄、东海及西北太平洋海流数值预报”专题，已成功地对所设海区进行了短期海流预报的试报，从此开始了中国走向海流预报的新阶段，这项成果已达到80年代国际先进水平。 (侍茂崇 沈积钧)

【潮汐潮流】 1986～1989年中国在海洋潮汐和潮流方面的研究有了进一步的发展。潮波运动的理论研究逐步深入，潮波运动数值模拟向三维进展；二维数值计算无论在方法或是在数值分析上都得到了更为广泛的应用，并获得一些有益的成果；数值潮流场对物质输运的应用研究逐步深入和扩展；潮汐和潮流的分析和预报方面提出了几种新方法，对海区平均海面和水位的分析研究也有多方面的成果。

潮波运动理论研究 杜勇(1989)研究了变截面河口非线性潮波，分析了浅水潮波的生成和变化规律；同年他还研究了河口涌潮的形成，认为起决定作用的是浅水非线性效应，而截面变形则是起促进作用。叶安乐(1989)研究了变截面河口潮能的劈分计算与传输。赵进平等(1988)严格求得了潮波在半封闭海湾运动的解析解，阐明了开尔文波的位相滞后规律，发现无摩擦反射过程的Poincare波簇由两组不同初相的波组成。周朦等(1987)由渤海的平均潮能输入与耗散出发，得出了渤海海底拖曳系数为0.001 3。

潮波运动数值模拟研究 1.数值积分的求解方法。罗宏绶(1986)介绍了河口二维潮流特征差分的一维化解法。孙英兰等(1987)介绍了胶州湾变化边界潮汐运动过程的数值模拟。周朦等(1988)介绍了二维长波方程的一个无条件稳定有限差分格式。

2.三维潮波运动的数值计算。叶安乐等(1986)计算了台湾海峡K_1分潮的垂向潮流变化。于克俊等(1987)计算了渤海全日潮和半日潮，着重研究了M_2分潮流的垂向变化。孙文心等(1989)给出了渤海三维余流的数值计算结果。

3.半封闭海湾潮汐运动的数值分析。夏综万等

(1987)分析了潮流在海湾中的旋转方向。叶安乐等(1987)分析了海底形态对旋转潮波系统的影响和不同底形倾斜对无潮点位置的影响。杨昭庆等(1989)提出狭窄水道的谢才系数还与河宽有关。

4.数值潮流场对物质输运的作用。胡方西(1986)给出了杭州湾二维盐度扩散的一种解法。戴贤凯(1987)分析了北仑港潮流与泥沙输运的关系。董礼先等(1989)研究了黄渤海数值潮流场与沉积物搬运的关系,指出在各因素中潮流场在该海区起主导作用。李龙章等(1988)研究了渤海海峡的余流,指出欧拉余流是定常的。拉格朗日余流是潮位相的函数。

5.二维潮波运动数值计算得到更为广泛的应用,并在宽阔水边界上得到有效的应用。这方面有代表性的研究有:方国洪等(1987)对东海东部和南部大范围水界输入的数值计算结果。张东生等(1988)对江苏灌河口附近的三边水界的数值流场的计算。曹德明等(1988)对杭州湾和钱塘江潮波的二维和一维的联合数值模型。至于二维潮波数值计算在具体海区的应用,更有许多文章述及。此外,还有许多作者基于数值分析方法讨论了不同水域内潮波运动规律。

潮汐潮流分析和预报的研究 王骥(1986)发表了高低潮数据的调和分析方法。方国洪(1987)对采样间隔小于1h的海平面和潮流资料提出新的低通滤波器。修日晨(1987)提出潮流场永久预报方法。徐炎光(1989)提出潮汐潮流资料序列间断和记录采样间隔不相等的普遍适用的调和分析方法。李红岩(1989)研究了潮汐响应分析及非线性输入函数。

1986年国家“七五”重点攻关项目第76项“海洋环境数值预报研究”中,各海区潮流数值预报是主要研究内容之一。此项目将于1990年结束,中国的海区潮流数值预报将进入一个新的历史时期。

平均海面和假潮水位研究 1988年重大科研项目“中国气候和海面变化及其趋势和影响的初步研究”,由国家自然科学基金委员会和中国科学院联合资助,由中国科学院施雅风主持。项目的二级课题有“中国海面变化及其趋势和影响的初步研究”,其内容有:全新世海面变化;器测时期海面变化;未来海面变化趋势及其对沿海三大经济区环境与经济的影响。该项目将于1991年完成。此外,李立(1987)分析了台湾海峡两岸月平均海面高度的变化,1989年研究了该海峡冬季亚潮频水位的振动。章大初(1987)分析了近200年世界洋面变化。李坤平(1987)分析了黄海沿岸平均水位变化。浦永修(1988)分析了中国大陆沿岸月平均海面的季节变化。

刘凤树讨论了胶州湾假潮水位变化。李坤平等(1987)提出了龙口湾分离假潮的数字滤波器。

(沈育疆)

【海浪】 海浪计算物理模型 中国已对现有的所谓第二代模型及第三代模型的发展作过不少有价值的工作,有些是较重大的改进,有些则在部分内容上有突破,主要单位有青岛海洋大学、国家海洋局一所、中科院南海所、上海气象局等。已提出了几种属于混合型的数值计算(预报)物理模型。其一:以有效波要素与风联系的经验关系直接确定风浪变化、能量平衡方程等式右端的源函数。再依赖于以有效波高、周期和水深作参量的理论风浪频谱表达式,得到离散组成波能量随时间和空间的变化。涌浪则是采用非耦合离散涌浪谱能量平衡方程。风浪与涌浪间的能量转换由形成风浪的风作数据。其二:上海气象局的模型改进了TOHOKU模式中能量不守恒及能量没有方向分布的缺点,提出表示涌浪在逆风条件下的消衰模式,并对该模式中的风浪与涌浪间能量转换作了细微的处理。其三:中国早期风浪谱中引进一成长过程参量——平均波龄β,它随风速及时间、空间的变化规律则由中国早期“会战”公式表示,自$\bar{T}$及Toba的3/2次方定律得到$\bar{H}$。台风浪的消衰采用矶崎－宇治模式。关于风浪与涌浪的划分,就各组成波而言,当场风力能支持的属于风浪,风力不能支持的则属涌浪,涌浪将消衰。国家海洋局一所发展了所谓的第三代模式,这一模式曾用于南海台风浪的计算。它是将所谓第三代模式中波－波相互作用项这一个六重Boltzmann积分的表达式用宜于计算的函数形代替,此外还考虑了波－流相互作用。将耦合风浪成长机制写入Stokes方程组,导出非线性风浪在波数空间中成长的演化方程和在窄谱情况下物理空间中的控制方程。

海浪谱及海浪统计分析方法 1986～1989年间,中国提出了包含水深的理论风浪频谱,其参量除特征波高、周期及水深外,还有谱峰因子P,后者不仅有物理意义,也是描述谱型不可缺少的参量,避免了在工程应用中使用JONSWAP谱时取$\gamma=3.3$的不足之处。此频谱的表达形式与JONSWAP谱不同,但两者的谱值差极小。该谱型已被列入交通部《海港水文》规范,并已在其它有关的工程领域内得到应用。国家海洋局一所用一个含有6个参量的双峰频谱表达式表示了胶州湾的双峰谱,其中参量由已知实测谱的特征量来确定。为了获得更客观的实测海浪频谱估计值,中科院海洋所提出了使谱估计的相对均方误差为最小的确定滞后数m的理论依据,建立了最优估计中相对均方误差、滞后数和波高记录间的关系。给出了根据海浪记录检验海浪过程平稳性和测定非平稳性指数的判据。青岛海洋大学发展了海浪统计理论已有的成果,提出了下列理论和方法,例如借助Hilbert变换技巧给出一种由波面记录计算波面包线的方法。根据 Rice 和 Longuet－Higgins 理论导出了波群包络线最大值和波群,波高的统计分布。依据线性海浪模式和波动射线理论导出了周期与波高的一种联合分布,它与 Longuet－Higgins(1983)的结果有同等效益河海大学对连云港、石臼港、赤湾港的波群作了统计分析。中国船舶研究中心用线性回归方法周期条件平均值和条件标准差随波高的变化,获得波高和周期长期联合分布,它比 Ochi 二元对数正态模式的要好。

其它研究 在海浪的其它领域及规则水波方面,也作了广泛的、积极的探索,获得了一批有一定水平的成果。如:假定外观海浪谱的表现反映实际海面,且这种谱中的每个组成波独立,由此而建立了一种计算浅水波要素的方法(中科院南海所)。将 Wilson 公式改成递推形式,然后用最优化技术数值计算台风浪。利用波浪作用通量守恒原则,得到于缓坡上在线性底摩擦应力下有水流时谱将变形的结论(大连理工大学)。用摄动法求解均匀倾斜水底上二维流体力学方程组,得到一种非线性波动,用运动学破碎判据并考虑了回流对破碎的影响,讨论了破碎深度与破碎波高等波浪特性。以小参数法导出了线性抛物线近似下的折射绕射联合模式及在焦散区的模式。用一个改进的局部变分法计算波浪绕射,提出了非线性规则三维波四阶近似理论关系式的计算方法。用比 Starr 等人工作更简便的方法导出波动动能与水平动量关系及能量劈分。关于水波的成长机制,得到了波浪成长过程中精确到波陡二次方的非线性水波色散关系,证明了在耦合机制控制下的非线性成长过程具有多重时间尺度(国家海洋局一所)。 (张大错)

【温盐特征、水团、跃层和海洋锋】 1986～1989 年期间,关于海洋温盐特征和水团分析,中国的研究工作更趋深入与提高,分析方法更趋多样化和新颖,正式发表的论文也较多。开始了海表温度和跃层数值预报的攻关研究并取得了重大的突破。

温盐分布和变化的分析 以“东方红”号 4 个航次的调查资料为主,苏育嵩等 1986 年发表了“长江口及济州岛附近海域综合调查研究报告”。对调查海区的水温、盐度、密度的分布与变化作了比较系统的讨论。国家海洋局一所、二所根据 4 年的黑潮调查,发表了《黑潮调查研究论文集》,其中,对东海黑潮区及其邻近海域,台湾暖流附近海域的水文状况,有比较详细的讨论与分析。关于台湾海峡及南海北部湾的水温、盐度的分布与变化,也有文章述及。谱分析等方法已较多地应用于中国近海区水温变化的研究,周发琇等(1987)对黄海陆架区表层水温低频振动的研究,汤明义等(1987)对黄海表面水温场准周期变化的分析,都有新见解。

水团分析 1986 年 9 月,中国海洋湖沼学会水文气象学会第五次学术年会期间,召开了“中国临近海域水团问题”专题讨论会,就浅海水团定义、中国临近海域水团的划分与命名等问题,进行了深入的探讨。会后发表了“中国临近海域水团问题专题讨论会总结”,对中国海洋水团的分析研究,起了很大的推动作用。

1. 多种分析方法的引入与改进。 水团的分析研究,除继续应用 $t-S$ 图解及地理学方法外,聚类分析方法得到了广泛应用,并不断加以改进及提高(苗育田等,1987;李凤岐等,1989)。判别分析方法也引入水团分析研究,李凤岐等(1987,1989)应用 Bayes 多组判别方法,对黄、东海和南海北部海区的水团划分,进行了差异显著性检验与讨论,并提出了一种 Fisher 型逐步判别预报法,进行了水团预报的试验。

模糊数学方法引入水团分析研究,已引起人们的极大兴趣,在 1986～1989 年期间取得了大量研究成果。李凤岐等用模糊集合观点讨论了水团的有关概念,提出了水团划分的“内同性”与“外异性”原则,为用集合论的观点和方法研究水团打下了基础。他们关于变性水团隶属函数的讨论,为建立水团隶属函数提供了理论根据及实用原则。关于模糊聚类、软划分方法的引入与改进,以及确定研究海区内水团个数方法的探讨,王凤钦等,邱章,李凤岐等,卢中发等都做了不少工作。关于变性水团隶属函数拟合方法的研究和关于模糊分析方法的引入(李凤岐等),以及模糊关系方程的应用(王从敏等)等,都为水团分析增添了许多新颖的内容,或提供了更有效的分析手段。李凤岐等关于“模糊数学方法在水团分析中的应用”研究,1988 年获国家教委科技进步二等奖。

2. 水团特征与变化规律的研究。 苏育嵩等(1986)划分了长江口及济州岛附近海域四季的变性水团,讨论了它们的特征与变化,指出夏季东海下层冷水可潜伏于长江冲淡水之下,北伸达长江口以北。关于东海黑潮及其邻近海域的水团,国家海洋局一所、二所及青岛海洋大学的研究人员,都有比较深入的探讨。其中,关于台湾暖流水、对马暖流水的起源,以及识别出黑潮次－中层混合水团等,都有新颖的观点与见解。苏育嵩等对于南海北部海区的水团,综合应用了 $t-S$ 图解、模糊数学和判别分析等方法,系统而全面地进行了研究,以新的观点和见解,讨论了海区内变性水团的相互关系、次－中层混合水团识别以及水系的划分等。该研究成果获山东省教委 1989 年科技进步二等奖。

水团分析研究的另一个特点,是对某几个水团进行了相当集中和深入的研究,翁学传等(1988)使用

24a 的温盐资料,利用相似系数法分析了黄海冷水团的变化特征。指出:黄海冷水团的分布范围具有比较明显的年间变化,但其温盐性质却比较稳定,多年最大变幅水温为 7.7℃,盐度为 2.58;黄海冷水团的三个低温中心,以北黄海低温中心位置最稳定,南黄海东侧低温中心的盐度变幅最小,仅 0.63。翁学传等关于“黄东海水团的分析方法和几个主要水团特征的研究”,获中国科学院 1986 年科技进步三等奖。关于台湾暖流水及其起源,海洋局一所、二所都有人对此分析研究。翁学传等(1987,1988)不仅统计了多年的温盐资料,而且投放了人工水母,结合其漂移方向进行综合分析,其结论主要有:台湾暖流表层水是由台湾东侧北上的黑潮表层水和来自台湾海峡的海水混合形成,而台湾暖流深层水则完全源自台湾东侧的黑潮次表层水。关于对马暖流水,不纯属黑潮分支已无异议(苏育嵩等,1986;王元培,1987),但对其形成与混合变性机制,尚无比较统一的结论。

3. *水团形成机制的研究*。 除定性的讨论与借助环流动力学方法研究之外,水团形成机制的多学科综合研究业已开始。青岛海洋大学与日本鹿儿岛大学合作,1987 年 5~6 月完成了第一航次的海上调查,并且撰写了东海水团形成机制多学科研究的分析报告。

1986~1989 年,在各级学报和刊物上发表的有关水团分析的文章数量相当多。其中,“浅海变性水团分析和预报研究”专辑(青岛海洋大学学报,第 19 卷第 1 期(Ⅱ)),收录文章较多,代表性较好,具有较大的参考价值。

海洋锋和跃层的研究 对中国近海海洋锋和跃层的研究日趋活跃。郑义芳等(1987)比较全面地分析了东海各季节的海洋锋和跃层,指出:不论冬夏,东海均有锋区,表层与下层不尽吻合;东海在初夏与初冬出现的水温锋,形成原因不同。苏育嵩等(1986,1989)重点分析了济州岛附近海域的跃层类型及多跃层现象,并对“跃层间环流”给予相当的注意。赵保仁对黄海陆架锋的分布、形成及其与冷水团环流和潮混合的关系等,进行了较多的分析,发表了一系列论文,提出了一些新见解。关于台湾海峡的温、盐跃层及冬季北部湾海洋锋的划分与成因,也有文章讨论(曾刚,1988;谭光华,1987)。

在水团,跃层和海洋锋的研究中,比较注意联系渔业生产实际,探讨鱼类洄游路线、中心渔场变动与水团、跃层、海洋锋的关系,也是这几方面研究工作的一大特色。

数值预报方法的研究 “七五”国家重点科技攻关项目中,列有海洋环境数值预报,其中包括中国近海海表温度数值预报、跃层特征及数值预报等专题,分别由青岛海洋大学、中科院海洋所和国家海洋局一所等单位主持,在预报模式的研制,数值方法的改进以及业务预报实施方案方面,进行了攻关研究,取得了突破性进展,部分项目已进行了试预报,达到相当高的水平。

(李凤岐)

【海洋内波】 海洋内波是一种发生在密度稳定层化海水中的波动,其最大振幅出现在海水内部,频率介于惯性频率与 Vaisala 频率之间。它是海洋中大、中、小尺度运动过程间能量传递的重要环节;它也影响着声传播速度和路径,对声呐信号起干扰作用。

1986 年方欣华、王景明对海洋内波的研究现状作了简介,引起了中国流体力学界对海洋内波的极大兴趣,尹逊福(1986)用 1963 年三船同步调查资料分析了东海西部陆架海区潮频内波特性,给出了此海域中内波的传播速度与方向。赵俊生等(1987)分析了近海潮频率内波的波包特性。孙洪亮等(1987)用多层海流计资料分析了中国近海跃层区半日潮内波流的垂向结构特性。方欣华等(1987)用连续站的 CTD 资料分析了中国东海浅水区内波垂向结构的统计特性;1989 年利用现有可用资料分析了东海陆架区低频内波统计特性,并对东、黄、渤海低频内波的传播特性及生成机制作了讨论与推测。郑全安等(1989)用侧视雷达图象信息对崂山湾附近的浅跃层波动作了分析,这是中国利用遥感技术进行内波观测的首次尝试。

在此同时,中国也对海洋内波的理论进行了研究,其中有秦曾灏(1986)关于剪流中稳定性与内波的研究;范植松(1988)关于水平柯氏力对内波与平均流的相互作用之影响的研究;徐肇廷(1989)关于分层海洋中内孤立波的研究等。另外,有不少学者,如周显初、戴世强等从流体力学角度对内波的非线性及孤立波进行了探讨。

1986~1989 年期间,在以前工作基础上,先后进行了两项关于海洋内波研究的国家自然科学基金项目,有一些初步的调查研究成果。但调查与资料分析还未能进入大洋水域,理论研究和海洋实际的联系尚欠紧密。

【海洋细结构】 海洋细结构是指迭加在海水物理要素(如温度、盐度、密度、流速、流向等)随深度光滑变化之剖面上的,尺度介于 1~100m 的不规则变化的总称,细结构的强度对海水的涡动粘性系数和涡动扩散系数的数值有着重要的影响,在很大程度上细结构是由内波引起的,反过来又强烈地影响着内波的特性,它对声传播起着散射作用,因而影响着声呐的性能。国际上对细结构的研究极为重视。

中国对细结构的研究起步很晚,进展也很慢。至今仍很少见到这方面的论文,原因在于缺乏观测仪器和资料。兰昌华和黄华文(1985)关于南海东北部海区上层温盐细结构的调查分析的论文是中国刊物中发表的第一篇关于海洋细结构调查分析的论文。此后方欣华等(1987)用连续站CTD资料分析了东海浅海季节性跃层的温、盐、密垂直结构统计特性及其与内波的关系;1988年用CTD断面调查资料分析了东海大陆架和大陆坡的一个断面的温度细结构统计特性,此断面调查横贯黑潮区和广阔的陆架区,水深范围为34m～1 046m;1989年用中国首次南大洋考察的CTD资料对调查水域的温度细结构统计特性作了初步分析。

由于CTD资料中存在温度滞后,所得盐度资料误差较大,不能直接用来深入分析温、盐、密度细结构的相互关系,因此目前正在致力于解决滞后订正问题,待此问题解决后,中国关于细结构的研究可望进入一个新水平。

(方欣华)

【风暴潮】 1986～1989年,中国海洋学界在风暴潮的研究和预报方面都获得了不小的进展,特别是在预报方面。在1986年开始的国家"七五"科技攻关项目第76项中,设立了两个风暴潮数值预报方案研制的专题。"长江口以南台风潮数值预报"由中科院海洋所、厦门大学海洋系、中科院南海所、中山大学地理系等单位承担,"长江口以北台风潮及渤、黄海风暴潮数值预报"由青岛海洋大学承担。预报模式均是二维的,后一专题还用了三维模式计算了风暴潮流。这是中国第一代风暴潮数值预报模式,预计1990年以后可将其投入实时预报。1988年底两专题的方案研制及模拟、后报工作均已完成,并于同年12月初与同一课题中的其它4个专题一起在青岛举行了有17名同行专家参加评议的阶段成果报告会。两专题均已在1989年的台风季节和寒潮季节进行了试报,并将于1990年最终进行专家鉴定和验收工作。

国家海洋局海洋环境预报中心已于1986年7月1日起正式通过中央电视台向全国发布中国沿海台风潮的经验预报。该中心还与国家海洋局二所一起对美国国家天气局的飓风潮数值预报方案(即SLOSH)进行研究,并聘请美方专家来华和派出学者学习,为引进做好准备工作。

1986年,由厦门大学海洋系和福建省水文总站联合完成的福建沿岸台风潮预报获国家科技进步三等奖。这是中国第三个受国家级奖励的风暴潮项目。

风暴潮的研究工作也收获不小,因此"中国风暴潮及海啸研究会"于1987年9月与国家海洋局海洋环境预报中心联合共同筹办了在北京召开的风暴潮学术交流国际会议。美国、加拿大、英国、印度等国均有学者参加。会议论文集由国际知名学者Murty教授主编,定名为《Storm Surge —— Observation and Forecasting》,并由海洋出版社出版。

1986年11月,"中国风暴潮研究会"在北京召开了第二次会员大会,选出了第二届理事会,大会并决定将会名改为"中国风暴潮及海啸研究会"。

(孙文心)

海洋气象学

【热带气旋】 1986～1989年间,中国在热带气旋(台风)的科学研究、数值模拟和分析预报等方面都有所发展,电子计算机和卫星云图等现代技术的应用比过去更加深入广泛,"OLR"资料(即射出长波辐射资料)也开始应用于台风研究,对于热带气旋的形成、移动、强度、结构以及伴随着的降水现象等突然变化的一些难题,取得了一些初步认识。

热带气旋移动(路径)　近几年国内热带气旋研究的重点,已由一般移动规律,逐渐转向移向的突然转折和移速的突然变化等异常问题。理论研究和数值试验以及观测事实表明,台风路径的异常与其环境流场关系密切,台风环境流场或高度场个别变化的特征,对于未来短时期台风移动的异常有较好的指示意义。热带气旋本身的非对称结构及其与环境气流、β效应的非线性相互作用,可引起热带气旋移动的突变或异常。多台风同时出现常伴随异常路径的发生,双台风的相互旋转运动,不仅与藤原效应有关,而且受环境流场的较大影响。近年来关于双台风相对运动的数值模拟已得出了与观测研究相当一致的结果。这一切都说明,台风移动的异常变化,不仅与大尺度环境流场有关,而且与台风涡旋的中尺度结构以及不同尺度系统间的相互作用有关,问题比较复杂。同类变化现象,分析得出主要原因常常并不相同。因此,台风移动的异常变化现象,在今后较长的时期里仍将是预报的难题和科研的重点。

热带气旋的强度和结构　关于热带气旋强度和结构变化的问题,是近几年台风分析预报和科研的另一个重点,并通过对合成或典型台风资料的诊断分析,得出了不少有意义的初步结果。例如,对于热力强迫的台风次级环流,非绝热加热与积云垂直混合同样重要;埃克曼抽吸与积云垂直混合相互促进,导致次级环流的增强。在台风加强过程中,台风核心区(半径约138km以内)与核外区(半径约138～410km)动能变化明显不同;台风迅速加强前只在核外区动能明显增加,而在迅速加强阶段只有核心区动能增加明显。对于一些南海台风登陆前突然加强的例子，发现其初期扰动能量的增长，主要来自斜压过程转换。对于登陆后维持时间长的，其有效位能的斜压转换较强；很快衰减的，这一能量转换很小。由于与中纬度系统的相互作用、下垫面地形的影响以及中、小尺度系统的产生等，台风在大陆上的降水分布和过程变得相当复杂；往往最强降水并不出现在台风刚刚登陆环流最强之时，而是在减弱的台风环流与弱冷空气相遇之时；这时，台风已非暖心气旋，呈现出上层暖下层冷的热力结构。这几年，中国气象学者也开始应用流动稳定性及分岔和突变理论探讨台风强度突然变化的问题，并得出径向气压梯度的非线性变化可能引起台风强度突变的初步结果等。从上述可以看出，热带气旋强度、结构和降水的迅速变化，与大尺度、中尺度环流系统、小尺度积云对流、地形以及其相互作用都有关系，问题的复杂程度比移动路径更大。

台风与厄尔尼诺关系 近几年这方面的研究增多，结果发现，在厄尔尼诺期间，通过瓦克环流的向东位移，160°E以西的西北太平洋上台风形成的次数显著减少；这一海域台风频数与赤道东太平洋海温年际变化之间的负相关高达0.6以上；但在160°E以东台风次数却有所增加。南海台风频数与厄尔尼诺的关系也不明显。此外还发现，1～4月东太平洋海温距平积累量与中国东部热带气旋降水的年际变化之间存在显著的相关。 （董克勤）

热带气旋的形成理论 关于台风的形成主要有两方面的问题：一是台风形成的条件，一是台风形成的物理过程。国内的研究主要集中在台风形成的大尺度条件方面，80年代以后，对于台风本身物理过程的研究也有所增多，例如开始研究了凝结加热和风垂直切变的作用等（李崇银，张铭，1984）。1986年以后，对于边界层摩擦，积云团的组织作用，辐射作用以及能量循环过程等进行了理论分析和研究。但尚未形成一致的认识。1989年，丁一汇、刘月贞等曾对热力的和动力的各种因子对台风形成和维持的作用进行了全面的分析和诊断。得到凝结加热作用最大，其次是积云对动量的垂直输送和涡动对动量的水平输送作用，并且两者的作用常有相反的趋势。进一步，发现边界层摩擦作用可以通过增强积云对流使台风更迅速地发展起来。1989年魏鼎文等也认为积云线和积云团及其合理排列是使台风迅速增长的一个主要机制，并根据实验室和数值模拟试验证明了这种多尺度积云团相互作用理论对台风发展的重要性。这个观点开始引起国内气象界的注意。

丁一汇和孔军（1988）构造了一个包括各种物理过程的三维原始方程台风数值模式，并用此模式成功地模拟了热带气旋的结构和发展过程。在此基础上，进一步用该模式研究了大气辐射过程对热带气旋发展的影响。结果表明，在热带气旋发展过程中，当包括辐射过程后，模式气旋发展得更早、更强，但最后达到稳定状态的强度则差别不大。在发展阶段，有辐射的模式气旋有更快的地面气压加深率，更强的低空最大风速和上升运动，更明显的眼区和眼壁等，所有这些结果都表明辐射过程对于热带气旋的初始发展和加深过程有相当重要的影响。

对于台风的能量学进行了不少研究（丁一汇，刘月贞，1986）指出了在台风整个生命期，辐散风的动能制造是主要的动能源（约4W/m²），无辐散风动能只有0.5W/m²。气压梯度力在边界作功项和有效位能转换项是主要功能源。后者与台风中加热场（主要是凝结加热）的增强密切有关。因而从能量学观点也论证了凝结加热的重要性。

利用流体力学中的转盘试验也可研究台风的形成问题。中科院大气物理所在这方面作了不少工作，魏鼎文和王允宽（1987）分别研究了凝结加热和积云对流的作用，很好地模拟出了台风的结构和发展过程，利用转盘试验也模拟了冷空气和地形的作用，发现它们在一定条件下，可以使台风发展。这些方面的工作受到了国内外有关专家的重视。 （丁一汇）

热带气旋的数值模拟 1986～1989年间用数值模拟方法研究热带气旋（TC）获得如下进展。刘月贞等（1988）和孙子平等（1989）以TC次级环流方程探讨了热力和动力强迫的作用，试验表明，非绝热加热可导致很强的次级环流，它与积云热量垂直混合是主要热力因子，与埃克曼抽吸的相互作用是TC发展的重要过程；徐祥德（1986，1989）用轴对称模式对环境场影响的试验表明，环境的TC外围降温有利于TC发展，而冷空气的侵入TC，可抑制其发展，海温对TC影响的模拟表明，海洋加热效应与TC环流相互反馈是TC发展的重要因素，海温下降使TC低层的径向内流减弱，海表温度为28℃时，初始弱涡旋有条件发展成台风；张铭（1986）用二维轴对称模式模拟了TC眼区的形成过程，试验表明，积云对流的动量输送和TC中心区较小的凝结加热是台风眼形成和维持的主要因素；李天明（1988）提出含有积云面积预报方程的轴对称模式模拟了TC发展成台风和云带的发展过程；李天明还用正压原始方程模式试验了TC非对称结构对TC移动的影响，诸如蛇形路径、移向突变等均与非对称结构有关；王玉清等（1989）用正压模式对双热带气旋的移动规律作了模拟研究，结果表明，双TC的间距小于临界距离时才会出现藤原效应，临界距离取决于TC结构和相对强度，双 TC 的“合并”实质上是一个减弱消失，一个维持的过程，有利的环境流场可使相互排斥的双 TC 达到相互吸引的临界距离。　（朱永禔）

台风路径预报　中国台风路径预报的技术和水平近几年有所提高。1985～1987 年 3a 平均的 24h 预报误差，中央气象台为 212.7km，略小于日本气象厅（241.4km），稍大于美国关岛联合台风警报中心（206.2km）。从 70 年代后期开始，全国已先后有 10 种客观预报方法在实际预报中应用，据 1975～1979 年的结果统计，这些客观方法的 24h 预报平均误差，普遍稍大于预报负综合预报，动力统计和两层引导方法 48h 预报误差稍小；而据 1985～1989 年统计，除数值预报以外，多种客观方法的 24h 预报误差均小于 200km，48h 预报平均误差为 400km 左右。由此可见，这几年台风路径客观预报的技术比过去有明显提高，其预报误差一般小于预报负综合预报。

目前台风路径预报的误差与路径的复杂程度关系很大。据中央气象台 24h 台风预报的误差资料统计，对于比较稳定地向西－西北方移动一类路径，其平均误差只有 134.9km；对于一般转向类台风路径，平均误差为 219.2km；对于同时出现双台风的转向类路径，其平均误差则高达 290.3km。日本气象厅和美国关岛联合台风警报中心的预报误差也类似。这说明目前国内、外的各种台风预报技术对于台风移向的突然明显转折和移速突然增减，仍然缺乏预报能力。1986 年第 16 号台风，从 8 月 16 日到 9 月 6 日，在中国南海、台湾省和菲律宾附近海洋上作了两个大圈的路径回旋，出现 5 次移向的明显转折，这种情况，在全球热带气旋的历史记录中罕见，不仅当时预报困难，就是事后分析，其原因也不完全清楚。

为了提高预报的准确程度，这几年在台风路径预报方法的更新和改进方面取得了一些进展。统计方法由于样本增多、预报因子改变和数学模型的改进等，预报效果有所提高。作为两层引导方法的更新，三层权重引导方法在 1987 年以来的南海区域台风路径预报中应用效果较好。路径相似方法由于增加了形势场成份而有所提高。应用数种客观方法进行综合预报的试验研究也有初步进展。台风路径中期趋势预报的研究也有所进展等。

1987 年以后美国停止了西太平洋台风的飞机侦察，台风定位的误差增大。初始位置或移动的较大误差对于任何预报路径的方法均有不利的影响。因此，应用卫星云图确定台风位置、估计台风强度的技术变得更加重要。　（董克勤）

【海洋气旋及其爆发性发展】　1987 年国家气象局下达了海洋气旋及其爆发性发展研究的专门课题，由国家气象局气象科学研究院、气象中心气象台和上海气象局气象台共同承担，丁一汇负责。该课题对中国沿海近 40a（1949～1988）和北太平洋 20a（1966～1985 年）的海洋温带气旋过程资料进行了整编，并存入微型计算机软盘，可供长期保存和随时调用。在上述资料的基础上，气象科学研究院对 1973～1988 年，中国东部及沿海地区的温带气旋过程及其爆发性发展进行了气候学分析。统计出平均每年有 60 多个温带气旋过程产生，其中近 1/5 能达到爆发性发展的强度，亦且爆发性气旋多发生在冬半年，以 3 月份为高峰月。还发现其发生最大频率区是在日本以东洋面上，约占同期西太平洋爆发性气旋总数的 51%。近几年，丁一汇、仪清菊、北京大学的陈受钧、空军气象学院的谢光道等一些气象工作者从天气学诊断分析和数值模拟的角度对爆发性气旋的形成和发展做了许多工作，得到爆发性气旋基本上是一种斜压不稳定现象，其中温度平流、涡度平流、海气交换、凝结潜热释放和高空急流等因子对其形成都有重要贡献。但目前还不能肯定哪一种因子是最主要的，仍处在探索阶段。　（仪清菊）

【海气相互作用】　1986～1989 年间，海气相互作用的研究取得如下进展。

海气湍流通量研究　曲治厚（1988）在西太平洋热带海域动量、感热和潜热等湍流通量的观测研究中，根据“实验 3”号调查船 1986 年 10 月至 12 月在菲律宾以东 60 多平方公里的热带海域 6 个连续测点上，使用系留气艇探测系统测得温压湿风等廓线资料，利用相似理论的通量廓线关系，得出动量、感热和潜热通量。结果表明，热量主要以潜热方式输入大气。

张淮水等（1988）在 Bowen 数和东中国海 Bowen 数分布的研究中，讨论 Bowen 数的作用，及其计算方法。依据多年资料计算出东中国海的 Bowen 数值且绘制出分布图。为中国近海海气相互作用研究提供了依据。

海气相互作用的物理过程研究　赵永平（1988）关于赤道东太平洋海温异常对夏半年亚太地区大气环流的影响研究，表明赤道东太平洋海温对夏半年印度低压和北太平洋副高有重要影响。厄尔尼诺年印度低压和北太平洋副高减弱缩小，而反厄尔尼诺年两者则增强扩大。高士英利用 1950～1979 年逐月纬向和经向风的平均值与东太平洋海温作相关分析得出，ENSO 发生前印度洋赤道地区有纬向西风偏强和经向北风偏强。这与南印度洋的气旋性环流加强及印尼地区高海温异常有关。任振球（1986）研究指出地转自转大幅度持续减慢与厄尔尼诺的发生相当一致，但后者比前者平均滞后14d。这说明地转急剧减慢可能是厄尔尼诺的形成原因。巢纪平(1986)应用海气耦合三层滤波距平模式，对1976～1977后和1982～1983年两厄尔尼诺年冬季作个例实验，表明该模式预报大尺度地表温度月距平场，与实况的相关系数基本上超过惯性预报。与距平大气环流模式相比，结果相差不大，但可节省计算机时。张荣华(1988)利用滤波距平模式和谱方法，研究海表温度异常强迫作用所产生的定常行星波型。大气中遥相关型和大气位场响应，对海表温度异常的位置及基本气流的敏感性作出一定的说明。邢如楠研究了斜压海洋风生环流的数值模拟，建立了具有规则海岸线和无海底地形的三层斜压海洋模式，结果表明海洋环流随信风系统有季节变化。张淮(1988)研究了无界有限深度海洋对移行风场的短周期响应。指出响应扰动具有两种类型，即地转流和惯性重力波。并且提出一种圆形旋转风场在海上移动的扰动源，从而以扰动源为脉冲构成响应扰动方程的非齐次项。求解结果说明扰动响应的强度、范围及持续时间等。张淮水等(1988)依据海洋顶层水温的铅直分布特征，利用Prandtl相似提出描述海洋顶层温度廓线的一种模式。该模式中考虑风浪、流的效应，对热通量、浪、流等特征量以参数化表示。黄嘉佑(1988)对描述海气相互作用的随机动力模型作解释时考虑了周期外力对海气系统的影响。亦且用该模型对赤道东太平洋的海温作随机模拟，模拟序列的解释方差达70%。 (张 淮)

【大尺度海气相互作用的天气气候影响】 由于80年代初以来，接连发生了两次历史上罕见的强厄尔尼诺事件(1982/1983和1986/1987年)，造成全球气候异常(1983年长江流域出现了历史上少见的大洪水)，给国民经济带来巨大损失。因此以厄尔尼诺形成及其对气候影响为中心的海气相互作用研究非常活跃。1986～1989年期间，大尺度海气相互作用与天气气候的研究在以下六个方面都取得了新进展。

ENSO与气候异常 ENSO(厄尔尼诺与南方涛动)每隔2～7a发生一次，可导致全球大气环流和气候异常。ENSO对中国汛期旱涝的影响，王绍武(1989)概括了一个基本一致的结论：在ENSO发生当年，中国北方到长江中游以少雨偏旱为主，次年则多雨偏涝。但淮河到长江中下游以至华南沿海，则在ENSO发生当年多雨偏涝，而次年少雨偏旱。反ENSO年中国旱涝情况大体相反；赵振国等(1989)关于ENSO对中国气温影响的研究结果表明：在ENSO发生当年的春夏季，中国气温易偏冷，秋冬季中国气温易偏暖。反ENSO年的情况正好相反。ENSO与中国气温的耦合关系以东部为明显。关于ENSO对西北太平洋(包括南海)热带气旋(即台风)的影响，李崇仁(1986,1987)和聂桂珍等(1988)研究结果表明：ENSO年西北太平洋发生的热带气旋总数偏少，在广东沿海登陆的热带气旋次数也少；反ENSO年则相反。杨淑瑞等(1987)还指出ENSO年西北太平洋热带气旋生成位置偏东偏南，强热带气旋持续天数较多，首次热带气旋出现日期较晚，而末次结束日期较早。

为进一步揭示ENSO对中国气候影响的机制和延长气候预报的时限，不少学者对ENSO发展过程及其出现前的海气特征作了研究。符淙斌等(1987)按ENSO过程发展的不同特征分成三个类型，对经典的ENSO模式作了补充修正。高士英等从多方面提出了ENSO预报的海气征兆和因子，1989年的研究指出中东赤道太平洋的西风异常以及经向风异常对ENSO的发生起着重要作用；1987年研究还指出，冷空气南下造成中国持续低温，可作为ENSO发生的预报指标。周发琇等(1989)提出，东赤道太平洋海温经验正交分解的第一模态具有明显的准2a周期，这个周期与ENSO发生有密切联系。

必须指出，许多研究与实践经验都表明，由于中国大部地区处于中纬度，中国汛期旱涝除了受ENSO影响外，还受其它因子的影响。为此，今后需要进一步弄清①中纬度气候异常有多大程度上同ENSO有联系，其影响的物理过程如何？②准周期性ENSO现象的形成机制和发生发展的必要或充分条件。

极冰与气候变异 全球冰盖面积最大者为两极，而大气环流是行星热机、海陆热机和极冰热机的共同产物，因此极冰冷源对气候影响很大。刘为伦等(1989)的研究认为，南极月平均冰雪范围明显缩小(扩大)，则其滞后3～9个月的西太平洋副高势力就趋于加强(减弱)和西伸(东退)，有利于对应期黄河流域多(少)雨，水量偏丰(枯)。赵汉光等(1989)和卞林根(1989)研究南极冰雪与西北太平洋热带气旋的关系，结果表明，南极极冰面积偏小(大)时，则西太平洋副高强(弱)，脊线位置趋于偏南(北)，西北太平洋热带气旋发生总数和中国登陆次数都偏少(多)。而且南极冰雪面积变化发生在副高和热带气旋次数变化之前。这样南极冰雪变化对热带气旋次数就具有预报意义。方之芳等(1986)认为在北极冰－北太平洋流区海温－副高的相互作用中，北极冰对副高环流影响的可能途径之一，是通过大洋洋流输送影响海温来完成的。

海洋与季风、海陆风 季风和海陆风主要是由海陆热力差异所造成，只是尺度大小不同而已。许乃猷等(1987)在黑潮对长江中下游夏季风影响过程的初步研究中，提出黑潮流轴冬春季海温偏高(低)时，长江中下游汛期夏季风就偏强(弱)。这两者的交叉谱结果表明,它以2.4周年的同相耦合振荡最明显,也即黑潮流轴冬春海温主要通过2.4周年的同相耦合振荡,影响着长江中下游汛期夏季风的变异。还提出了这两者的影响过程模式。毛天松等(1988)研究了北太平洋海温距平对6月长江中下游夏季风影响机制,认为海温距平的热成风效应影响了北太平洋西部各纬带上的盛行风,从而引起副高强度和位置的变化,并导致长江中下游夏季风的变化。陈烈庭等(1989)利用印度洋和西赤道太平洋海温的自然正交函数分解场,分析海温与季风的关系,结果表明:在海温的第一、二特征向量场上,印度季风区与东亚季风区有反相的海温分布,这反映了印度季风系统和东亚季风系统的密切关联。这此场还显示了阿拉伯海海温与印度季风有着非常密切的相互制约关系。何金海等(1986)对1979年夏季中国东部各纬带水汽输送周期振荡的初步分析结果表明,与中国夏季雨带季节性北移紧密联系的水汽输送,随着地理位置的变化呈现明显不同振荡特性。南海到华南存在准40d和4d左右的显著周期;长江流域存在80d和8d左右的显著周期;华北存在5d左右的显著周期。另外中国东部地区的降水也存在40～50d的振荡,且与来自南海地区水汽输送的变化位相一致。

王赐震等(1988)对山东半岛北部沿海的海陆风的研究揭示了半岛北部海陆风的季节变化特征,并且用二维原始方程模式,对该区海陆风进行数值试验研究,对海陆风的参数化改进与陆风环流发展机制等方面提出了一些看法。于恩洪等(1987)在研究渤海湾西部海陆风的空间结构时,认为城市热岛效应,使陆风减弱,海风加强,海风西伸范围变大。向可宗(1986)利用二维模式模拟华南沿海海陆风环流和城市空气模式计算该区的逐时污染浓度,结果表明,这个方法能描述沿海城市海陆风影响下的大气环境状况。吴增茂(1987)给出一个湍流能量闭合的二维原始方程湖(海)陆风模式,能令人满意地再现出湖陆风过程且揭示了许多重要现象:①在湖风衰亡阶段,湖风锋面向内陆的移动速率远比在其强盛阶段快;②陆风和湖风向水域伸展都比向陆域伸展快。

海洋与热带气旋 热带气旋不仅是海洋与陆上的一种灾害性天气系统,而且它的发生发展、移动都与海洋热状况有关。

丁一汇等(1986)从运动学场、温度场、湿度场及水汽收支等方面,对1975年7号台风的结构做了详细研究。结果表明台风是从一个具有暖心的扰动发展而来,最大增暖中心的高度在成熟期最高(300～250hPa)。对流不稳定在台风发展期已大部分释放完,很快地趋近湿中性层结。水汽辐合在台风南北半部有明显不同,北部以辐散为主,南部以辐合为主,最强的水汽辐合在边界层,尤其在近地面层。对降水贡献最大的项是由辐散场造成的质量场辐合,尤其在低层,约占总降水的70%。台风的主要水汽来源于台风的南边界,台风北边界为流出。由于输入的水汽量远大于流出量,从而使台风得到大量的水汽供应。江敦春等(1987)对台风角动量平衡的诊断分析结果表明,台风的演变过程可以由其旋转轴确定的绝对角动量来表征。在台风发展最盛期,对流层角动量达到最大。另外比较各强迫函数的作用,凝结潜热释放则是影响角动量垂直输送的重要因子。刘辉(1987)应用一个CIKS机制的扰动模式,从理论上分析了环境温度(如海温)场对台风等对流性扰动发展和移动的影响。结果表明,环境温度梯度对台风等扰动的发展可产生明显的影响。而且该影响与环境温度梯度的方向及该梯度场和台风间的相对位置有很大关系。此外,环境温度梯度可使台风出现一种相当强的趋暖运动。其结果可为冷空气对台风发展和移动的影响提供一些动力方面的解释,对于实际的台风预报有一定参考价值。

海洋与海雾 刘龙太等(1986)在长江口及济州岛邻近海域综合调查研究报告－海雾中指出,中国近海海雾产生在气温高于水温的季节,但形成海雾的条件并非全部水温低于气温。在黄海调查期间,共调查海雾33次,气温高于水温的有23次,低于水温的有10次。其中当气温低于水温时,湍流交换的结果,空气既增温又增湿,海雾得以形成和维持的条件是空气的增湿率大于增温度。陈千盛(1986)在分析台湾岛和福建沿岸的雾时指出,福建沿岸雾多于台湾及邻近岛屿,且其持续时间比台湾岛西部长,战淑芸等(1988)在研究华南沿海海雾的气候特征及其与赤道东太平洋海温的关系中指出,华南海雾与厄尔尼诺爆发的时间有密切关系,而且海温变化特征超前雾季8个月。

海洋与大气活动中心 海洋对气候的影响,一般都是通过大气环流活动中心的变化来实现的。李若钝(1986)对东太平洋赤道海温对大气环流的影响研究表明北半球500hPa高度与海温滞后相关显著地区和永久或半永久性大气环流系统的多年平均位置基本一致。海温异常高时,北半球500hPa上永久或半永久性系统强或弱变强,系统位置也有变化。与海温滞后响应关系最显著的正相关区为西太平洋副高,最显著负相关区为东亚大槽。这都是影响中国天气气候的重要大气活动中心。赵永平(1986)研究发现中纬黑潮区的海气热量交换与北太平洋上空长波的发展密切相关,并对其相互作用提出了一个简单的不可逆模式:冷空气强(弱)时,海气热量交换值大(小),太平洋上空长波脊发展加强(弱);结果又反过来促使冷空气持续加强

(弱)。如此循环,直到夏半年环流调整为止。葛孝贞等(1986)用二维纬向平均模式,通过数值模拟研究海温变化对副热带高压季节活动的影响,结果表明,副高对西太平洋中纬度海温的响应存在着3~5个月的滞后,所以当3~5月西太平洋中纬度海域为感热正距平时,相应地当年7~9月副高减弱并南移。反之,则北移增强。李月洪(1986)在研究SO与北太平洋海温相关场的时空特征中,指出:SO与赤道东太平洋海温呈明显的反相变化,以冬季最显著。与西太平洋海温关系较差,大致为反相变化。SO与赤道太平洋海温的时滞关系随季节而变,大体上为:冬(夏)季赤道海温落后(超前)SO一个季节左右。 (许乃猷)

【海一气耦合模式】 现有的海一气耦合模式大体上可分为两类,一类是简化模式,如巢纪平等在1982年提出的"滤波距平模式";另一类是耦合的大气和大洋环流模式,最早由美国科学家S. Manabe和K. Bryan在1969年提出,80年代中期以后,发展这类耦合环流模式的工作开始受到各国科学家的重视,1989年在汉堡召开的气候模拟国际会议上将其列为六大专题之一。

国内这方面的研究工作虽然开展较晚,且计算条件较差,但在1986~1989年间也取得了突破性进展。如国家海洋环境预报中心、南京大学和中科院大气物理所等单位已开始建立有自己特色的海一气耦合模式。其中曾庆存等于1986年和1988年先后设计和研制了两层大气环流模式、四层大洋环流模式和四层太平洋环流模式。在此基础上,利用海一气界面上压力、动量通量和能流的连续性将大气环流模式和太平洋环流模式相互耦合,于1989年做了两次跨季度气候距平预测试验,每次预测的时段都在半年以上。初步结果表明,他们的耦合模式对于大气环流形势的季节转换,海表温度异常的维持和演变,以及东亚地区降水距平的时一空变化都有一定的预测能力。 (张学洪)

【厄尔尼诺现象】 为了认识厄尔尼诺事件发生发展的规律,张先恭和宋杰(1989)根据中国旱涝史料重建了近500年南方涛动指数;王绍武(1989)综合了各种ENSO重建的研究结果,并利用登陆中国的台风及东亚冷夏与厄尔尼诺事件的良好关系,建立了近500年厄尔尼诺年表。该年表说明厄尔尼诺的多发期大约以70a左右的周期重复出现。按照这个规律,未来可能属于厄尔尼诺的少发期。因此本世纪末到下世纪初厄尔尼诺事件频率可能下降。但对这种频率变化目前尚无满意的解释。

近年来,人们多认为不能只研究厄尔尼诺事件,而必须研究包括反厄尔尼诺在内的整个海温变化的循环过程。例如,用大气环流模式(AGCM)在给定赤道东太平洋的正海温距平强迫时,几乎已经能模拟出所有在厄尔尼诺事件出现时观测到的大气环流与气候异常,而用海洋环流模式(OGCM)在给定赤道西风应力(信风张驰)时也可模拟出完全类似于厄尔尼诺事件的海温变化过程,但却都无助于解释海温升高或信风发生张驰的原因。只有建立海气耦合模式,同时模拟出厄尔尼诺和反厄尔尼诺,才有可能接触到过程发展的原因问题。Sperber等(1987)利用OSU模式对南方涛动(SO)的变化进行了模拟,Zebiak和Cane(1987)用简化的赤道β平面线性浅水方程大气模式与重力约化海洋模式耦合,用海温及湿度辐合驱动大气,而用表面风应力控制海洋斜温层深度,模拟出与实际情况十分接近的海温准周期振荡,振荡的平均周期为3~4a。该模式已用来试作厄尔尼诺的预测 。美国国家气候分析中心(CAC)的气候诊断月报自1989年6月开辟了预报论坛专刊,探讨厄尔尼诺的预报问题。 (王绍武)

【南方涛动】 近几十年来南方涛动问题一直是国际地球科学中一个十分活跃的研究课题。中国也从1985年以来每年都派出数艘海洋考察船,分别在西太平洋热带海域和赤道太平洋进行综合考察和研究,取得了一批有价值的观测资料和研究成果。同时对南方涛动本身的形成原因和变化机制,以及对全球气候和海洋环境的影响等问题做了许多工作,有比较深刻或新的认识。

南方涛动的结构、成因和演变过程 多年来,人们一直认为南方涛动是一种地理位置准稳定的驻波结构。但近几年的研究表明,在南方涛动所在纬度地区,实际上存在一个正、负海平面气压距平交替地从印度洋向南太平洋东部移动的过程。并且这些正、负距平的源地可以很清楚地一直追溯到南印度洋的中高纬地区。这个过程历时约22个月左右,整个周期为3.5a。因此,南方涛动的驻波特征,实质上是一个个正、负气压距平相继从西向东移动在印度洋和东南太平洋上的表现。由于这些气压距平从印度洋中高纬度向低纬移动的轨迹同该区冷高压活动的路径非常吻合,可以认为印度洋冷空气的活动可能是形成南方涛动的一个重要原因。

南方涛动在厄尔尼诺形成过程中的作用 人们一直认为厄尔尼诺发生在强的南方涛动负指数时期。然而,许多观测事实表明,实际上在南方涛动正指数时期就已经孕育着厄尔尼诺的发生,在负指数时期已孕育着反厄尔尼诺的产生。因此现在一般认为,厄尔尼诺/南方涛动现象不仅仅是一事件,更重要的是一循环。关于南方涛动在厄尔尼诺形成过程中的作用，有的研究指出，南方涛动的变化可能导致印度洋和太平洋赤道地区风场的 Seesaw 现象，而风场的 Seesaw 又将引起印度尼西亚和东太平洋地区的海温出现 Seesaw。厄尔尼诺是海洋对太平洋地区信风场和印度洋地区季风场联合强迫作用的响应。但也有一些统计研究指出，虽然南方涛动与厄尔尼诺具有非常密切的联系，可是并不存在一一对应的关系。有的强的南方涛动负指数时期并没有厄尔尼诺事件发生，也有的厄尔尼诺现象的出现实际上与南方涛动无关。（陈烈庭）

【大气遥相关】 1986 年以来，由于观测资料的不断增加、电子计算机和滤波技术的广泛应用，中国在大气遥相关方面的研究有明显的进展。发现了不少大气环境和/或气候变化遥相关的新的观测事实，为中国长期天气预报和气候预测提供了有实用价值的依据。尤其是一些新的遥相关型的发现，不仅增进了对大气的基本结构和不同地区大气环流和/或气候相互联系的认识，而且对中国天气气候形成的物理过程和机制也有了进一步的了解，是中国长期天气预报和气候研究极有成就的一个方面。

北方涛动 中国学者在计算大量基点相关图的基础上，分析海平面气压的遥相关现象。发现在北太平洋热带地区也存在类似南方涛动的海平面气压距平纬向反相振荡的现象，即当北太平洋东部气压上升时，西部的气压下降。反之亦然。由于这一振荡位于赤道以北并与南方涛动南北对称，故称之为北方涛动。研究表明，北方涛动不仅与热带地区的海温、降水和平均垂直环流（包括 Walker 环流和 Hadley 环流）变化有关，而且同北太平洋海温、中国季风雨、北美气温，以及太平洋/北美（PNA）型、东亚/太平洋（EAP）型和亚洲/北美（ANP）型的大气环流异常有密切联系。

北半球大气环流的遥相关 80 年代初 J. M. Wallace 等曾详细地分析了冬季北半球中高纬度的遥相关现象，总结出了五个遥相关型，即太平洋/北美（PNA）型、西大西洋（WA）型、东大西洋（EA）型、欧亚（EU）型和西太平洋（WP）型。但关于其它季节的遥相关都一直很少研究。近几年，中国气象学家对各个季节尤其是夏季的遥相关做了许多工作。除进一步证实了上述一些遥相关型的存在外，还发现了一些新的遥相关型，如自青藏高原经亚洲北部到阿拉斯加一线的亚洲/北美（ANA）型、自热带西太平洋经东亚向东到东北太平洋一线的东亚/太平洋（EAP）型和向西到大西洋一线的东亚/大西洋（EAA）型（也有人称太平洋/欧亚（PEA）型）。这些遥相关型对理解中国天气气候异常的物理机制具有重要的意义。分析表明，不同季节各遥相关型的强度有明显差异，有的在冬季最强，有的在夏季较明显，也有的消失而代之以其它型式的遥相关型。另外，不同季节各遥相关型的地理位置也有不同程度的变化。

大气环流遥相关的物理机制 随着大气环流遥相关型的不断揭示，引起了许多动力学家对遥相关型形成的物理机制的极大兴趣，并从地形和准定常热源的影响、行星波在球面大气中的传播，以及平均气流的正压不稳定等各个方面进行了探讨。近几年，中国气象学家一方面，从观测研究计算了赤道东太平洋、热带西太平洋、青藏高原及其它地区的热源异常与大气环流的遥相关。另一方面，从理论和数值模式模拟了大气环流对这些地区热源异常的响应。观测研究表明，赤道东太平洋和热带西太平洋海温的异常及青藏高原下垫面热状况的异常，分别与上述 PNA 型、EAP 型及 ANP 型环流的异常有密切关系。同时模式的计算结果表明，这些地区的热源异常会引起类似 Rossby 波列的流型，其传播路径分别与实际观测得到的 PNA 型、EAP 型和 ANP 型等遥相关型相当一致。说明这些遥相关型是由于外源强迫所产生的准定常行星波在球面大气中传播的结果。（陈烈庭）

【东亚季风研究】 季风的研究自 1987 年季风试验（MONEX）之后，得到了很大发展。不但揭示了许多新事实，而且从理论上和数值预报上也获得了很多成果。目前国外用全球谱模式已可以较好地预报季风的爆发和演变以及季风雨的分布，中国目前也正在积极的研制适合季风预报的数值模式。另一方面季风研究成果也日益被用于中国的旱涝等灾害性天气和气候的预报中。1986～1989 年，除了国内季风研究协作组继续组织和协调国内关于东亚季风的研究之外，还开展了广泛的国际交流。在 1987 年和 1989 年分别在中国昆明和美国宾夕法尼亚大学召开了中美季风学术研讨会，并交换了访问学者和开展了合作研究，把中国季风的研究提高到了国际水平。1988 年在庆祝中美大气科学合作 10 周年时，双方都把季风合作看作是最有成效的领域之一。1986～1989 年所取得的主要成果可概括为以下五个方面：

东亚季风系统与印度季风系统的相互作用和差别 朱乾根等（1986）用经验正交展开分析了夏季印度和东亚环流，指出两种流型是很不相同的，应该分为两个不同的季风系统。何金海（1988）用数值试验和诊断分析证实，澳大利亚冷空气爆发后不久便发生东亚越赤道气流的加强和南海季风加强以及华南降水增加。郭其蕴（1988）根据印度夏季风雨量和中国同期降水量的相关分析，得出除华北一部分地区外，对中国东部地区相关不显著。这表明印度季风并不是影响中国季风降水的主要因子。亚洲季风区的热源分布及其热力影响是亚洲季风系统中的一个重要问题。王安年(1987)和朱乾根(1989)的数值试验表明,在孟加拉湾热源强迫下,可以模拟出正常的季风环流。如果只加上南海热源和澳大利亚冷源就可以模拟出东亚季风系统各个成员,这说明东亚季风系统并不需要青藏高原热源即可模拟出来。

季风环流平均结构及其季节变化 在东亚季风环流系统中高空存在着两支东风急流。吕竟夕和丁一汇(1989)用15a的气候资料证实了这一观测事实。丁一汇等(1989)还研究了200hPa平均流场和辐散风场,提出夏季速度势辐散中心位于菲律宾附近上空,这与热源中心一致,并有两支强盛的辐散风向北到中国大陆,向南到澳大利亚,组成了强大的经圈环流。陶诗言和陈隆勋(1987)绘制了东亚和印度各地自春到夏的季节变化平均日期图。得出亚洲季风区的季节变化是自南海开始的(5月中旬);林春育(1988)提出一套10年气候平均的中国大陆自春到夏的流场季节变化图;对东亚季节变化机制提出了不少新看法。数值模拟表明(李维亮,陈隆勋等,1989),青藏高原的热源作用对季节变化不大。

季风的低频振荡 在季风区存在着两种明显的低频振荡:10～20d周期和40～60d周期的振荡。但目前对于这种周期振荡的起源还没有一致的看法。在东亚季风区,40～60d低频振荡有其明显的特征。在赤道上,风场振荡位相是向东向上的,而在副热带地区是由东向西的(陈隆勋和谢安,1988)。谢安等(1989)还证明,青藏高原不是低频振荡源区。1974～1983年间夏季高原主要受来自热带低频振荡影响,而冬季受来自高纬振荡的影响。何金海(1986)等指出,中国降水带季节性北进以及南海地区夏季经向水汽输送也具有低频特征。每一次振荡峰值均对应中国大陆的一次重要天气过程,如华南雨季结束。另外,低频振荡的传播和强度与厄尔尼诺现象也有一定关系。

冬季风的形成和变动 冬季风最明显的地区是沿中国和东南亚沿岸,经东海、南海到马来西亚和印度尼西亚一带。丁一汇和Krishnamurti(1987)系统地研究了西伯利亚高压的建立、气团变性、传播及其与东亚冷涌的关系。发现高压的建立和发展是中高层质量辐合和辐射冷却的共同作用;冷高压一旦离开源地可迅速变性,到达海洋时变性最激烈,其强度为陆地的3倍。对冷涌的统计研究表明(1988),从东海到南海是冷涌最明显的地区,这种现象主要在700hPa以下,在近地面最强。冷涌的向低纬传播主要是以低频振荡的形式进行,它与青藏高原大地形有一定关系(朱乾根和杨松,1989)。它的发展主要是通过非地转风的加强产生的(卢文通和丁一汇,1988)。数值试验发现(杨松和朱乾根;1989),冷涌可通过能量输送过程加强中低纬环流的相互作用。东亚冷空气爆发的这种行星尺度效应,还表现在可以引起瓦克环流东移,进而导致美洲西岸风暴活动的加强(丁一汇,1989)。

季风及其降水的年际变率 季风及其降水的年际变率是很显著的,这种年际变率除了与环流的异常条件有关外,更重要的是与厄尔尼诺事件以及海气相互作用有关。陈隆勋等(1988,1989)指出,对于海温场有准2a(QBO)和准3.5a(SO)两种主要的甚低频振荡。类似地在中国的降水和气温场中也发现的明显的QBO和SO振荡,它们有不同的起源和传播路径。陶诗言等(1988)指出,长江中下游梅雨期降水为正距平的年份,春末和夏初菲律宾以东热带洋面温度为正距平,并且在前冬亚欧大陆的积雪为正距平;反之,梅雨期降水为负距平。这表明,下垫面的强迫作用对东亚季风的活动是有影响的。 (丁一汇)

海 洋 物 理 学

【海洋声学】 近几年来中国海洋声学有很大进展,特别是浅海声学进展很大,有些成果达到国际先进水平。

声场理论与数值预报 中科院声学所对简正波声场的变换与过滤研究得到1986年中国科学院一等奖和第四次国家自然科学奖二等奖。声场有简正波和射线两种表示方法,它们之间的关系一直是国际上注目的课题。高天赋等从波动方程边值问题出发导出了严格的简正波和广义射线表达式。分别引进简正波和广义射线生成函数,然后严格证明两者之间满足富氏变换关系。这是迄今为止国际上最完整最严格的证明,是目前应用很广的混合公式(Hybrid)的理论依据。声在浅海传播到一定距离以上往往只有几号简正波起主要作用。简正波过滤方法有助于弄清简正波的行为。中科院声学所等在长水槽中和浅海中进行了简正波空间过滤的实验。利用垂直线列阵和固有函数网络分别过滤出各号简正波。实验中发现总场的信号起伏远大于单个简正波的起伏,这证明几号主要简正波多途干涉引起的衰落是起伏的主要机制。简正波过滤也可用于提取小掠角的海底参数。

中科院声学所张仁和等完成了反转点会聚区理论与南海深海声道研究,得到第四次国家自然科学奖四等奖。他们提出水下声道中三类反转点会聚区的概念,建立了完整理论,给出物理意义清晰、形式简明的三类会聚区声强表示式。在南海的声传播实验中发现了声道现象及反转点会聚区，实验结果与理论分析一致。

张仁和等完成了浅海声传播损失数值预报研究工作。他们用广义相积分近似与简正波振幅函数包络平滑的方法获得浅海平均场积分表示。该公式在任何深度都不发散，用它可在微机上在几秒内对复杂的浅海传播损失做出满足实用要求的预报。用简正波方法预报要使用大型计算机和较多的机时。他们提出反演海底反射系数的新方法并首先证明临界简正波的群速与衰减不等于海底的声速与吸收衰减。后者解决了一个国际上长期以来的理论争议。本工作得到1988年中国科学院一等奖。

在浅海噪声测距中常常发现声信号的横向相关半径在一段时间内会突然下降，严重影响定位的现象，与国内外理论和一些实验结果不一致。中科院声学所关定华、朱瑞超使用水平射线和垂直简正波方法进行理论计算。阐明简正波的号数愈高，横向相关距离愈短。在低号简正波因互相干涉而抵消，出现衰落现象时，信号相关半径就会突然下降到高号简正波的数值，从而解决了国际上多年未解决的问题。

青岛海洋大学李赛牧和Clay合作研究了楔形波导中的若干问题，包括反褶积定位，刚性楔附近冲击声源的声传播实验。

声散射研究 哈尔滨船舶工程学院对水中弹性体的声散射进行了大量的理论和实验研究。何祚镛等研究了弹性粘弹性复合板的振动和声散射。张劲东研究了旋转壳体在声激励下产生的振动与声辐射。汤渭霖研究了水中弹性圆柱的声散射问题，鲍筱玲等研究了水中有限弹性圆柱的脉冲回波与螺旋表面绕行波。中科院东海工作站蒋廷华等测量了多种材料的柱体在水中散射的形式函数。

中科院南海所梁元博等进行了大量的实验与理论归纳，求得底质的物理力学参数与纵波声速及横波声速的关系。

中科院声学所钱祖文等考虑到悬浮粒子浓度较大时散射波和粘滞波相互作用条件下计算出信号的衰减与散射。他们提出了用衰减与散射数据计算粒子的密度与分布的方法。这把海中泥沙搬运的声遥感方法推进了一步。

声吸收研究 国际权威Hamilton得出海底底质声吸收与频率成线性关系的结论。但低频声吸收与频率关系一直有争议。中科院声学所周纪浔等用浅海声传播数据提取海底参数，然后用来计算传播损失。发现如海底均匀，则海底声吸收系数取与频率1.8次方成正比，可以符合实验数据。目前国际上普遍认为，如海底声吸收系数与频率成线性关系，则从传播衰减看浅海有一最佳频率，近似与海深成反比。但在黄海海区的实验并未发现最佳频率，这也可以用吸收系数与频率间的非线性关系来解释。

中科院声学所裘辛芳等改进了海水低频吸收的测量方法，可以测出0.02 dB/km的衰减。Mellen等观测到硼酸浓度在5～40mmol/L时硼酸的弛豫频率与硼酸浓度成正比，而裘辛芳等则观察到在0.4～15mmol/L更低的浓度下也有同样的线性关系。他们证明了在海水浓度下$MgHCO_3^+$的驰豫频率为10kHz，而且与pH值无关。他们提出一个包括$MgHCO_3^+$的统一吸收公式。

海洋噪声研究 中科院东海站吴承义与Kibblewhite共同研究了10Hz以下的海洋噪声，引进了一个实际的地声模型。他们考虑到海底是固态均匀半空间，考虑到海底反射和横波激励，也考虑了低频的涌浪的非线性相互作用，他们的推导与实测结果符合得更好。

（关定华）

【海洋光学】 1986～1989年期间，国外海洋光学研究有较大开展。反映在1986年与1988年短期内相继召开了两次国际海洋光学会议，都具有较丰富的内容。这期间国内进行的工作与国外的发展方向基本一致，只是数量不多。主要包括以下方面。

海洋光学测量仪器的研制 1.钟其英等研制了3种海洋光学测量仪器：海洋光学多参数测量仪，可在0～200m深度自动测量海水光束透射率、20°角散射、6个波段向下和向上太阳光辐照度及深度等15个参数，每秒采集数据一次，自动记录存储，解决了多参数同时测量记录问题并用自容式方法克服了水下使用电缆的困难。走航式海面照度计，可在船只走航时测量太阳光在海面产生的照度，解决了传感器水平定向问题，可与导航仪联接同时记录船位与时间。船用海洋光谱仪，可在船上同时测量6个波段可见光的海面向上辐射，是测量与海面遥感有关背景辐射的基本仪器。测量时以简便方法保持定向。

2.丁永耀等研制了深水照度计、浊度计等。

3.于良等研制了0～300m低飞行高度的海上遥控海洋光学探测系统。将光学图象与信号经摄象机与发射机传送给船上监视器，用于鱼群和海洋参数的光学探测。这一高度的实测数据可用来补充遥感的需要。

海上光学测量与光学海洋学研究 1986年至1989年期间，钟其英、郭运孝等利用上述仪器在台湾海峡南部、珠江口外及南沙群岛邻近海域进行了大量测量和调查，完成了600多个光学测位。赵太初进行了闽江口悬浮泥沙水体波谱特征测量，丁永耀等进行了胶州湾荧光光谱特征测量。孙胜利等利用飞机对渤海海域的海冰与海况进行了多次摄象、录象考察。

根据上述测量和其它方面的数据，钟其英等提出了不同波长反射比与叶绿素 a 的相关关系。开展了太阳辐射对海洋热状况和表层热结构的研究。发现在东沙群岛西南方的一个与冷涡有关的封闭型清洁海水区域，及在南沙邻近海域北康暗沙西与该处温度等值线相关的封闭型清洁海水区域。在珠江口和赣江口海域测到了反映悬浮物异常垂直分布和浊－清－浊"河口三层结构"。在南沙远离河口处也测到了这类结构，并证明了它们与涡动扩散系数的垂直分布有关。丁永耀等研究了海洋表面辐射光谱与泥沙含量的关系，日光辐射下海洋荧光光谱与浮游植物含量的相关关系，建立了海中叶绿素和泥沙含量计算模式，提出了荧光线高度法及三维荧光谱。后者的相关系数法与 Pearson 乘积矩模式识别可用于海洋石油勘探及污染鉴别（丁永耀，1987）。钱正绪等以光衰减系数为指标用聚类法划分了黄海水团和悬浮体分布。付克忖用高性能海洋水色仪测定了东京湾分谱辐射率，得出二波长辐射率比值与海水衰减系数的相关方程及与叶绿素浓度的关系（付克忖，1988）。赵太初结合林寿仁等前期的工作进行了闽江口悬浮泥沙水体波谱特征测量与遥感定量分析，介绍了建立遥感泥沙含量应用模式的方法，并用 R－S 标定法完成 10 个时相遥感资料的含沙定量分析。与实测数据对比误差为 10%。

1987 年钟其英等受"海洋调查规范编委会"委托，将海面照度、水下辐照度和光束透射率等光学参数首次列入规范，于 1989 年 11 月通过部级评审。

水下激光观测 1989 年 9 月郑国星等利用自己研制的宽视角水下激光电视在渤海 12 号平台顺利完成了井口回接的观测任务。该海区水质较混，表层圆盘透明度 0.5～1m，低层更混。一般水下摄录机都无法进行观察作业。在这一混水条件下，激光电视观察距离仍达 1m，范围达 1.5m，清晰观察到井口状态和周围环境，为回接指挥提供了可靠依据。 （于 良）

【海洋电磁学】 由于海水只对部分频段上的电磁波能量有较大衰减，而不是对所有频段上的电磁波能量都有较大衰减；还由于海洋也是处于磁场之中，海洋中的所有机械运动都不可避免地伴随着电磁现象。因此，海洋深处也并非电磁场的"真空"，研究海洋中的电磁运动规律，必将为研究地球物理、海洋地质、海洋资源开发利用以及国防等方面提供丰富的信息。

1985～1987 年，中国研制成轻潜水用第二代水下无线电对讲机（第一代同类产品于 1969 年研制成功），工作深度不小于 30m，通话距离不小于 100m。由于该设备是用电磁场传递信号，所以通信距离和通信质量受水文条件和地形影响极小，能在机械噪声干扰强、地形和水文条件复杂的海区可靠通信，即使在通信双方之间存在防波堤、礁石、水生植物等障碍，仍能保持正常工作。1986 年 5 月，在青岛港内测量了海水中工频及其谐波（最高为 20 次谐波）的电场强度，分析了它们的分布情况和产生谐波的可能原因。1989 年 8 月，在黄海进行了海底电磁波发射试验，海面可检测距离不小于 6km。1989 年 12 月，在东海测量了水中运动金属导体上的电磁噪声（电磁扰动）。已知金属导体在海水中运动，将产生两种主要的电磁噪声。一是导体在天然磁场中运动产生的运动感应噪声；二是导体与海水发生电化学反应，电化学反应受导体周围湍流的扰动而形成电化学噪声。此外，尚有其它原因产生的电磁噪声，但比较微弱。 （梁高权）

海 洋 化 学

【海洋物理化学】 中国海洋物理化学研究近几年取得较大进展，受到国际海洋化学界的关注。青岛海洋大学化学系这方面的研究工作起步较早，其中张正斌等关于分级离子/配位子交换理论的研究获 1986 年国家教委科技进步一等奖，1987 年获国家自然科学三等奖。张正斌等的论著《海洋物理化学》1989 年已由科学出版社出版。

分级离子/配位子交换理论研究 海水中微量元素－有机物－固体粒子液－固界面化学作用和液－固界面分级离子/配位子交换理论的研究主要集中在交换百分率 E(%)－pH 曲线、等温线、有机物的影响以及作用机理等方面。刘莲生等（1986）研究了海水中 Cu、Zn、Cd 在粘土矿物上液固分配的离子交换作用，发现了分级离子交换－沉淀型等温线。对高岭石其交换等温线有两个"台阶"，蒙脱石和伊利石则有三个"台阶"。张正斌等（1987）研究了海水中 Cu、Zn、Cd 与 γ－Al_2O_3 作用的分级交换等温线。根据分级离子/配位子交换理论导出了相应的等温式，并求出了液－固界面络合物的稳定常数 K_1 和 K_2。关于有机物－固体粒子相互作用的研究，张正斌等（1989）研究了 8 种氨基酸与 γ－MnOOH 和针铁矿之间相互作用的交换率（%）－pH 曲线和等温线，在 pH＝8.10 时等温线为 Freundlich 型。杨桂朋等（1989）研究了 7 种酚类有机物在蒙脱石、高岭石和伊利石上的交换等温线。其等温线可分为两类，一类属于 Langmuir 型，另一类属于"台阶"型。研究还发现了"酚类有机物在粘土表面上分级交换的空间位阻效应"。傅文通、骆炳坤（1989）研究了铀酰络离子在水合氧化钛上的吸附作用，测定了 $Na_4[UO_2(CO_3)_3]$、$Na[UO_2(OH)_3)]$ 和水合氧化钛（HTO）在海水中及 NaCl－$NaHCO_3$－U 水溶液中吸附铀的红外光谱。发现了海水中铀在HTO上的吸附，除了HTO作为配位外，吸附态的其它配位体是H_2O和OH，也有一部分CO_3^{2-}基团。陈松等(1989)综合多年来在海洋重金属固－液界面过程的研究结果，对重金属在沉积物－海水的界面转移作了较定量系统的介绍。周仲怀等(1989)根据1984年和1987年对黄河口铀的调查结果，提出黄河口水中铀可能是处于热力学不平衡状态，探讨了影响黄河口水中铀存在形式的各种因素。关于有机物存在下的液－固界面作用，张正斌等(1987)研究了海水中氨基酸对金属离子M(Ⅱ)－δ－MnO_2离子交换的影响。结果表明，在pH＝1～8.5时，较高浓度(20.00×10^{-6})谷氨酸、甘氨酸和丙氨酸以及低浓度(0.20×10^{-6})组氨酸对Cd(Ⅱ)，Zn(Ⅱ)－δ－MnO_2离子交换没有影响，而较高浓度(20.00×10^{-6})组氨酸则有较大影响，其影响程度是Cu(Ⅱ)＞Cd(Ⅱ)＞Zn(Ⅱ)。孟晓光等(1987，1989)为探讨金属离子在混合交换剂上的交换特性能否从个别交换剂的交换特性预示和对哪些体系交换加和性是成立的，对微量元素在各种不同的水合金属氧化物、粘土矿物和新鲜铁胶的二元混合物上的交换加和性作了研究。主要结果是：(1)交换率E(%)和混合交换剂组成的关系、交换率E(%)和pH的关系以及离子/配位子交换等温线三者的交换加和性规律及其定量方程式已经得到。(2)非加和性规律的条件是：①在无限稀溶液条件下或分级交换不发生时；②假定两交换剂的混合不是"简单的理想混合"。

海洋化学动力学研究 国际上这方面的研究基本属于空白。蔡卫君等(1986，1987)对海洋中微量元素－固体粒子－有机物相互作用体系，在反应级数、反应速率常数、活化能方面作了实验测定。在反应机理方面先后提出"液膜递进模型"和"BAM固有液膜和递进膜复合控制模型"，最后又出现"台阶型"动力学曲线。以上工作不仅填补国内研究的空白，而且已达到国际先进水平。

海水中悬浮粒子的微电泳研究 王修林等(1988)研究了海水中有机物存在下铀(Ⅱ)－氧化物离子交换反应体系的微电泳。结果表明，氧化物表面物种决定了氧化物体系的电泳淌度。郑士淮等(1987)用微电泳的方法研究了针铁矿及δ－MnO_2悬浮粒子的电泳行为，测定了电泳淌度与酸度、重金属离子及有机物浓度的关系。张曼平等(1987)测定了不同盐度下黄河口水体中悬浮粒子的电泳行为，得到如下结果：(1)所有悬浮粒子均带负电荷；(2)粒子Zeta电位的负值随盐度增大而减小。

海洋综合化学模型研究 目前国际上流行的是"无机溶存形式"模型，实验证明，有机物和固体络合物的形式往往起关键作用。张正斌等(1988)考虑到"有机溶存形式"，又根据所测定的70多个体系的固体界面络合物数据而计算"液－固界面络合物"的存在形式，提出"综合化学模型"，国际上尚无同类成果报道。

其它方面研究 张正斌等(1988)提出了用无机离子交换法测定天然水体络合溶量的新方法。在海洋化学微观研究方面，张正斌等曾提出了"海水化学模型的结构参数计算法"等，目前这方面的研究仍处于科学发展前沿。

(杨桂朋 张正斌)

【河口化学】 1986～1989年间，中国河口化学研究十分活跃，公开发表论文近百篇，在所发表的海洋化学论文中占有较大比重。所进行的涉及河口化学的较大规模研究多项，其中包括1985～1988年进行的"中法长江口及其毗邻东海近岸水域污染物和营养物生物地球化学研究"，该合作研究的成功，对河口化学学科的发展及其成果的应用都具有很高价值(详见海洋生物地球化学条)。青岛海洋大学与法国巴黎高等师范学校等单位联合进行"黄河口调查"课题，是一项涉及河口化学内容广泛而全面的研究。青岛海洋大学还先后开展了"黄河口的河口和海洋化学研究"和"黄河口物理化学和界面化学研究"两课题。张正斌等在多次调查基础上，用分级离子/配位子交换理论进行处理，成果在与美、法同行学术交流中获得好评，并已由西德Springer公司出版专著(1989)，是国际上第一部具有中国特色的黄河口化学研究专著。1986年，青岛海洋大学还发表了有关长江口及济州岛邻近海域综合调查研究报告，有较大篇幅涉及长江口化学。国家海洋局三所近年开展了"厦门港及九龙江口海域河口化学及污染状况调查研究"(1983～1986)和"闽江口环境质量调查"(1986～1987)。两项调查包括常量元素、营养盐、痕量重金属、有机氯农药等项目，分别用断面收支法和Boyle反应物法研究河口化学行为和计算有效通量。青岛海洋大学孙秉一等研究了河口元素平衡模式问题，结合元素的转移和动力过程提出了一个河口元素平衡的数学模式；又利用稀释比与元素浓度间的关系，提出了另一种数学模式，并通过室内模拟研究予以验证。

黄河水中悬浮物、常量溶解组份和砷、氟等痕量元素含量之高居世界河流前列，因而其河口化学受到重视。孙秉一等(1988)曾先后对其常量组份的行为作了观测研究。李全生等(1986)发现溶解硅在春季有明显的生物迁移。马锡年等(1986)认为溶解砷自河端向海洋作保守性积累。有关黄河口痕量金属的分布与地球化学特性，也有大量报道，如周仲怀等(1986)和徐丽君等(1987)对铀，黄华瑞等(1986，1987)对铬，郑舜琴等(1987)对汞等都有报道。此外，黄薇文等(1989)和史致丽等(1989)对黄河口沉积物中的重金属分布作了深入研究,认为基本上是陆源结合态形式。

长江口水化学仍是热门课题。林峰等(1987)在SCOPE/UNEP发表了长江口营养盐的研究结果,指出磷酸盐受缓冲机理的制约,其余营养盐在春夏光合带受浮游植物繁殖的制约。胡明辉等(1989)通过生物分析,发现长江口高N:P比值水体中浮游植物的生长明显受磷酸盐相对不足的限制,指出该水体一旦获高磷污水的补充,可能致使磷饥饿单胞藻大幅度繁殖而诱发赤潮。1986年陈泽夏、黄华瑞等、李全生等、郑舜琴等分别对长江口的痕量溶解金属和类金属的分布和河口行为加以研究。有关底质中重金属的地球化学特性,陈松等(1987)、庄国顺等、陈敏仪等和苏惠娟等(1988),分别提供了调研结果。曾秀山等(1986)测得长江口颗粒物中活性$Al(OH)_3$与晶格中的铝比值为1:21,认为直接称重法与常规校正法可对比使用。朱桂海等(1988)利用碳同位素质谱、气相色谱和三维全扫描荧光法等先进技术,发现长江口海区沉积物中有机物主要来自陆地植物和海洋浮游生物。曹文达等(1986)还调查了长江口海水中腐殖质的分布。

作为亚热带小河口的典型,九龙江河口化学得到深入的研究。王伟强等(1986)用淡水分值和分层系数法描述河海水混合特征。林峰等(1987)对其营养盐通量作了周年观测。郭锦宝等(1988)与胡明辉等(1989)分别对碘和硒的地球化学加以研究。李锦霞等(1988)利用洁净实验技术测得痕量金属含量,为国内报道的最低值。杨逸萍等(1988)对悬浮物中10种痕量元素进行测定,指出$S<6$,主要是陆源;$S>6$,元素对Al的比值显著增大,表明这些元素随生物过程结合到固相。

中科院南海所对珠江口化学的研究也相当活跃,诸如水体中钡、铍和铬存在形式(徐梅春等,1986),铀同位素组成和分布(孙恢礼等,1987),悬浮物时空分布与通量、颗粒有机碳与氮来源与分布(陈金斯等,1986;1988),以及沉积物中重金属的地球化学特征(何清溪等;曾翔飞等,1988)等研究。 (胡明辉)

【水—海底界面化学】 海底沉积物与上覆水的物质交换是海洋地球化学一个重要过程。国家海洋局二所王成厚对东海陆架近岸区底部界面附近的SO_4^{2-}行为研究发现,由于季节变化、成岩作用和生物扰动等原因,夏季上覆水的SO_4^{2-}浓度低于间隙水中的浓度,皆因淡水稀释之故;秋季情况正相反,因而上覆水对沉积物有一正通量的迁移。国家海洋局三所陈松等着重研究了重金属在河口沉积物—海水界面的转移,认为该过程主要受Fe—Mn氧化物和有机物所控制。李锦霞等与加拿大海洋研究所的Johnson、黄志成合作,进行了重金属从港湾沉积物释放到海水中的实验室研究,即利用洁净技术,发现铅等9种重金属在6 h内释放达最大值,而钴需要12 h,随后铅、钴的背景值下降,而其余多数元素则保持不变,弱结合态的重金属可能通过解吸和交换,释放到海水中,同时又在海水中形成络合物或沉积物,或吸附在悬浮物上又被载带下来。厦门大学洪家珍等和郭庭宗等,利用蛙人采集沉积物柱样,然后在惰性气氛中处理分样和收集间隙水,进行其中常量元素、营养盐和重金属含量的测定,对Berner公式作校正,并根据柱样、间隙水的浓度梯度和扩散系数,求得这些组份与上覆水的交换通量,并分别提供了界面迁移的动力学数学模式。林敏基等对东海陆架BHC和DDT的污染历史与沉积通量作了研究,利用两种较为简便的估算模式,对不同时间尺度内水—沉积物界面上有机氯农药的沉积输入通量加以估算。

【海—气界面化学】 海洋和大气的相互作用,是以物质和能量交换的形式进行的,其中侧重于物质交换的研究,一般称海气交换。海气交换是物质地球化学循环勿容忽视的一个环节,中国在这一领域的研究取得了可喜的成绩。中科院海洋所詹滨秋就大气中二氧化碳的迅速增加对全球气候和海洋产生的温室效应及后果、其研究意义和研究动态,作了综合评述。陈立奇对海气交换研究的概况和展望,也有概要的评论。他还采用因子分析方法,成功地鉴别了百慕大上空78个海洋气溶胶样品的物质主要来源,提供一种海洋气溶胶物质来源和强度的因子结构模式。他及其同事对中国首次南极考察(1984.11~1985.3)在太平洋和南极半岛周围海域上空所收集的31个海洋气溶胶样品进行分析,结果发现北太平洋海洋气溶胶中非海盐的SO_4^{2-}含量自北纬向南纬明显降低,认为北太平洋主要是由陆源污染源的SO_4^{2-}在风系作用下长距离传输进入北太平洋上空,而在南太平洋大气非海盐源SO_4^{2-}则可能主要来自海洋生物活动。1988年,国家海洋局三所、北海、东海分局与美国国家海洋大气管理局有关单位合作,开展"中美海洋大气化学实验项目",在大连、青岛、滩浒岛、厦门建立4个采样站,测定海洋大气中污染元素、气候敏感物质的存在形式、含量及迁移、来源和对海洋输入影响,该项目将于1991年结束。郑建成等正与加拿大海洋研究所黄志成合作,利用加方提供的卫星遥控悬浮物捕集器在南极考察船上采集样品,从事大洋尺度CO_2循环和酸雨研究。国家海洋局三所等在"中日黑潮联合研究(1986~1992)"项目中,承担了"黑潮海气交换(气溶胶、碳循环)"的课题。每年两个航次开展断面调查,研究海洋气溶胶浓度与尺度谱分布及物质来源、传输、海洋表层水总碱度分布规律和变化，分析水团的CO_2海气交换。

顾宏堪等根据天然海水与河水中痕量金属离子浓度相似，从而推断天然水蒸发循环时必然伴随着这些离子，离子与悬浮体之间在天然水pH条件下没有发生重要的平衡转移，认为离子随水循环可能是水的携带，不依于离子本身的蒸发能；这种大胆新颖的设想，意味着热力学在痕量物理化学体系中出现反常，即不能由自由能$\triangle G^{\circ}$直接判断痕量物理化学过程进行的可能性。他们利用自己设计的海水痕量金属离子随蒸发循环的实验装置进行了较长期仔细的验证，结果引起国内外同行相当的兴趣。 （胡明辉）

【海洋有机化学】 1986～1989年间，对海洋中的总有机物、腐殖质、碳水化合物、氨基酸和类脂化合物等开展了广泛研究。

总有机物研究 李亮歌等(1987)对海洋沉积物中有机碳(OC)的多种测定方法进行对照研究，发现重铬酸钾—硫酸亚铁法和高温燃烧法误差较大，而改良的过硫酸钾法则较适合作沉积中OC和无机碳的连续测定。王丽君(1987)将240 C型元素分析仪用于海水中颗粒有机碳(POC)和颗粒有机氮(PON)的同时测定，检测限分别为5μg/L和1μg/L。任素梅等(1988)对黄河口海域有机氮的分布特征作了调查。于1985年8月在10个站位采样，用碱性过硫酸钾氧化法测定溶解有机氮(DON)，以Kjeldahl—茚三酮法测定PON。发现总氮(TN)的平均浓度为83.4μg/L。PON和DON在表层分别平均占TN的63.3%和31.5%，在底层占62.4%和34.5%；无机硝酸氮平均仅占TN的4.2%。这与该海区的特征及有较高的生产力相关。陈金斯等(1988)研究了珠江口海域POC和PON的来源、分布、浓度变化与陆地径流和悬浮物含量的关系，并对由珠江经虎门口入海的POC和PON作了推算。朱桂海等(1988)采用碳同位素质谱、毛细管气相色谱和三维全扫描荧光法等技术研究长江口邻近海域陆架区沉积物中有机质的分布特征，并从地球化学的观点讨论了沉积有机物的来源。鲍根德等(1986～1988)曾研究杭州湾及其邻近陆架区、东海近岸浅水区和太平洋西部深海区沉积物中的有机质、氮和磷的地球化学特征。洪华生等(1988)对厦门港、九龙江口海洋表面微层中的有机物(POC，DOC，PON)、营养盐(NO_2^-，NO_3^-，PO_4^{3-})、微量金属(铜、镍、镉)和悬浮颗粒进行定量测定。发现微层平均富集系数($[Xi]_{表面微层}/[Xi]_{15cm}$)多在1.0～2.0范围内。溶解组分的富集占优势。DOC和颗粒物的富集可诱致其它组分的含量和形态分布的变化。

海洋腐殖质研究 纪明侯、曹文达等对海洋腐殖质作了较系统的研究，发表论文10余篇，取得的成果主要有：发现一种中国生产的高效吸附剂GDX—2树脂，其对海水腐殖质的吸附量为美国Amberlite XAD—2树脂的2.24倍；测定了海洋腐殖质的若干物理、化学性质以及其中的氨基酸和碳水化合物组成；对黄河口、长江口和东海海域的海水和沉积物中的腐殖质分布作了调查；研究了海水腐殖质对某些浮游植物生长的影响。翁家宝等(1988)用质子核磁共振法研究了厦门港沉积物中腐殖质的结构特征，给出了腐殖酸中脂肪族结构单元和芳环上取代基官能团的类型。

碳水化合物、氨基酸和其它含氮物 孙林枫等(1988)测定长江口和舟山附近海水中溶解糖(DCHO)和颗粒糖(PCHO)的浓度范围分别为142～222 μg/L和42.9～71.5 μg/L，除表层DCHO有所不同外，其余各层的碳水化合物分布均与叶绿素a相似。王玉君等(1989)采用反相高效液相色谱法测定海水中溶解态的游离氨基酸(DFAA)，40min可完成水样中DFAA的完全分离，对各含6 pmol的16种氨基酸混合样分析偏差为10%左右，检测极限为100 fmol，线性范围在1 pmol～1 nmol之间。卢冰等(1988)研究过浙江近海沉积物中氨基酸的分布特征。发现在0～70m的深度范围内氨基酸呈抛物线变化；在0～5.2m，18.5～20.1m和63.0～69.0m处出现较高值；富里酸中氨基酸的含量高于腐殖酸。钱佐国等(1986)曾研究海水中尿素的测定方法，发现醛类和酚类对双乙酰单肟法有干扰，同时探讨了显色机理。

类脂化合物和有机污染物 唐运千等(1987)研究过浙江近海沉积物中的若干类脂化合物，包括正构烷烃、类异戊二烯烃中的植烷和姥鲛烷、一元脂肪酸和多环芳烃等。测得烷烃、一元脂肪酸甲酯和芳烃等仅占类脂物的15%～27%；脂肪酸中以C_{16}酸和C_{18}酸占优势，并含少量大于C_{22}的酸，说明其主要来自海洋藻类，少量来自陆地植物，在距今约5万年的沉积样中仍检出含苊和苯并芘(致癌烃)的多环芳烃。林建平(1989)用薄层色谱—火焰离子检测法分析南极艾理斯峡湾沉积中的类脂化合物，给出岩芯泥样中游离脂肪酸、甾醇和脂肪醇含量的剖面分布。姜善春等(1986)采用薄层色谱、气相色谱和色谱—质谱—数据系统等分析技术，从东海海域赤尾屿以北水深为242m的海底表层软泥中鉴定出17 β(H)，21β(H)－升藿酸和17β(H)，21β(H)－双升藿酸，推测其由细菌或藻类中的多羟基藿酸转化而来，为早期成岩作用的产物。郑金树等(1988，1989)报道一种研究海洋环境中有机污染物的分类分析法，系采用层析柱分类，以带熔融毛细管的气相色谱仪或气相色谱—质谱联机进行分析。并建议把海洋有机污染物粗分为五类：石油烃、酞酸酯、甾族化合物、有机氯杀虫剂和多氯联苯类。王中柱等(1987)将气相色谱法用于测定海水中的苯酚和甲酚异构体:将水样溴化,以石油醚萃取溴代酚,用ECD检测器测定。该法用于黄河口海域挥发酚的调查时测得其浓度范围为0.64～3.82μg/L。孙淑媛等(1989)研究了海水中多氯联苯的测定法,用国产1300(1)型树脂富集海水中的多氯联苯,用气相色谱法分析。林敏基等(1986,1989)较系统地研究了有机氯杀虫剂BHC和DDT在东海陆架区的污染历史和沉积通量。他们采用两种较简便的模式,估算在不同时间尺度上的BHC和DDT经水—沉积物界面的沉积输入通量;利用DDT测年法和BHC测年法研究现代沉积速率和沉积作用;并估算出BHC和DDT在陆架沉积环境中的残留时间超过40a。张守法等(1986,1987)调查了北太平洋海水和沉积物中BHC和DDT残留物的含量和分布,并推算出BHC在黄海的污染历史和表层沉积输入通量;根据对黄海125个站位沉积样的分析结果,认为黄海的BHC污染程度微低于南海和渤海。此外,还有许多工作者对水体中的有机氯农药,对海水、沉积物、生物样品中的多环芳烃、烷烃和石油烃的测定方法进行了广泛研究,并测定了石油烃组分在海水中的溶解度。

(钱佐国)

【海洋资源化学】 中国近几年来,在开发海水无机化学资源方面,提出了若干新的理论概念,开拓了一些新兴的富集技术和工艺;在开发海洋天然有机物资源的应用研究方面,取得了一系列成果,研制投产的海洋试剂、海洋药物和助剂已有十多个品种;在基础研究方面,相继发现、提取和半合成出一批新的生理活性物质。

溴的海洋资源化学 中国采用吹出法海水提溴始于70年代,相继在羊口、青岛、北海、新海建成百吨级提溴装置。由于产量规模小,产品单一,沿用旧有的碱吸收浓集工艺,致使长期在技术上和效益上未能过关。1986年前后,在莱州盐场,利用地下海水,首次建成了中国的酸—气法吹溴厂,年产量500 t;在工艺设计上,不仅吸收了英、日等国的先进技术,且有自已的特色和创新。其中,以静态混合器代替氧化塔,使设备简化,节省了投资,而且使滞后时间缩短近20倍,提高了氧化效率(孙玉善,1988)。近年来,羊口盐场引进了英国联合沃特公司的闭路制溴装置,生产能力为1 250 t/a。树脂吸附法用于海水提溴的浓集工艺,曾由天津制盐科研所和江苏省海水综合利用研究所研究实现。1987年,山东省石化厅又组织科技人员将这一工艺用于莱州湾地下浓海水提溴小试。这些工作证明,树脂法提溴的工艺在技术上是可行的,但由于经济上的原因,至今尚未用于生产。海水直接提溴的另一方法是液—固分配型吸着法。青岛海洋大学1981年曾提出液—固界面反应中的"离子—共价"吸着概念,并于1983年据此设计出一种可用于海水直接提取溴(和碘)的JA—2型吸着剂,通流海水证明,每克吸着剂可平均吸溴100～120mg,富集因数为2 000左右。1987年又将这种吸着剂改型,使其对光不敏感并能缩短吸着反应周期,用于莱州湾地下海水提溴,每克吸着剂吸溴量可达到200～216mg。

溴系列产品的开发研究 传统的盐化工在中国已有一定基础,现正进行技术改造并着重研制经深度加工的海洋精细化工产品。山东、江苏、浙江等地的有关单位正努力进行溴系列产品的开发研究。已研制出的溴系阻燃剂四溴丁烷、四溴双酚A、十溴联苯醚、五溴甲苯、六溴苯、四溴苯酐、PE—68等10多个品种;已开发的溴系高效灭火剂有"1211","1301"等。此外,还有新型含溴农药和石油井上作业添加剂的研制。目前中国溴的年产量仅4 000～5 000t,据预测,中国的溴需用量,1990年为1.5万t,2000年为2万～3万t。

海水镁砂 镁砂是碱性耐火材料的重要原料,它对于现代钢铁工业尤为重要。制备高纯度海水镁砂的主要技术关键是降钙和除硼。华东师范大学和中科院海洋所等单位系统地研究了海水镁砂的降硼,试用离子交换预处理方法,可使海水的脱硼率达到95%;试用的过碱法可使镁砂的含硼量(按B_2O_3计)降至0.06%以下,接近或达到国际先进水平(孙国清,1988)。

来自海水的新型无机阻燃剂 经过表面偶联处理的氢氧化镁微细晶粉是近几年发展起来的一种无毒、无臭的新型无机阻燃剂,适用于多种热塑性树脂和橡胶制品的模压加工。阻燃型氢氧化镁已在天津化工院、兰州化工所、青海盐湖所、杭州市化工所和青岛建新盐化厂研制成功,正向中试投产过渡。1987年,青岛海洋大学利用莱州湾地下海水和盐场副产品硫酸镁作为起始原料,分别与碱性物质反应,并选用当地自产的絮沉剂解决了淤胶态初始产物的沉降等技术问题,开拓出制备阻燃型氢氧化镁的新工艺,产品质量可达到日本赤穗化成公司同类产品的水平。

轻质透明碳酸镁 由华东师范大学与浙江省宁海县盐业公司联合研制,产品性能已达到日本同类产品水平,填补了国内空白。该产品主要用于透明橡胶及透明牙膏等行业,已在上海、江苏、浙江等省、市有关厂家投产,是一种具有潜在市场的产品。

海水提钾新技术 1986年前后,国家海洋局海水淡化所对沸石提钾工艺进行了改进,原产氯化钾改为硫酸钾,并进行了扩试,现正拟与塘沽盐场联合开发上万吨级中试装置。

1987年前后，青岛海洋大学化学系首次提出了“半冠合多齿配体”概念，并据此进行了分子设计，合成出一系列新型钾离子富集剂，适用于除钙海水中钾离子的富集。1988年，他们设计、合成的钾离子高效富集剂TTAH4，既能用于天然海水提钾，又可适 用于地下海水型卤水提钾，控制一定的反应条件，钾离子的回收率均可达到100%。这一成果获国家教委1988年科技进步二等奖，目前正在改造剂型，提高机械强度，为工业应用创造条件。

海水提铀 中国海水提铀的研究，起步虽晚(始于1968年)，但到80年代初，研究水平已跃居世界前列。华东师范大学与协作单位已提取约1kg的铀化合物，上海有关单位和国家海洋局三所合成出AHP凝胶型高效捕铀树脂；基础研究工作，包括吸铀机理和主控动力学等，较国外同类研究还要深入一些。但近几年，由于种种原因，中国海水提铀的研究逐渐落后于日本和联邦德国。最近，中科院海洋所对莱州湾地下海水的铀含量进行了系统地检测，发现有的水样铀含量高达100μg/L左右；进行的相应富集试验亦取得了良好的结果，铀的回收率可达到95%左右(周仲怀等，1989)。

海水提碘 海水直接提碘的研究，国外从60年代起，就有一些探索性的工作，但多局限于一般化学方法，因而均未见成功。80年代初，青岛海洋大学研究出一种可用于海水直接提碘的无机吸着剂，可使近岸海水中的痕量碘离子富集约17万倍，用此方法首次从海水中分离出单质碘的结晶。近几年，基于这种吸着剂的富集方法已推广应用于四川气田水提碘的研究，并取得新的进展。 (孙玉善)

【海洋环境化学】 80年代后半期海洋环境化学的研究有了较大进展。主要表现研究的污染物中石油及其产品的比重有很大的增加；有关污染物的入海途径、通量和迁移规律以及环境化学行为和归宿方面的成果在数量和质量上均有明显地提高；关于污染物对海洋生态系统及其赖以生存的生态环境的影响课题的研究日益受到重视；为海洋环境保护管理与决策服务的研究内容如污染物负荷和局部海域环境容量等已在着手进行测定和估计。

石油和有机污染研究 1986～1989年间，中国在该领域的研究成果日增，《海洋环境科学》1989年曾有专辑刊登。其中青岛海洋大学李永祺等测定了海洋沉积物中烃类氧化菌对海洋溢油的降解作用；国家海洋局三所王初升等提出利用混合功能氧化酶对外源污染物的代谢作用可估算溢油事故对水产生物的影响，并作为污染生物监测指标，有一定的实用价值。上述研究触及了有关生物效应和生物归宿等当前国际上研究的焦点。倪纯治等连续多年对从厦门海域分离出来的10株烃降解菌，进行了实验室混合体烃降解试验，发现上述菌株对石油烃的降解速率和能力为混合烃>单一烃，低分子烃>高分子烃，链烃>环烃，很有实际意义。徐学仁等发现海洋环境中石油光氧化产物对浮游植物和酵母的毒性效应远大于原油。南京大学王连生等指出微生物对石油氧化降解的速率与环境温、盐等条件关系密切。当有亲脂性营养物存在时，将大大提高微生物化学的降解速率。贾晓平等结合贻贝(牡蛎)对污染的监测，普查了广东省沿海牡蛎中石油烃的残留量及其对牡蛎养殖的影响，发现石油烃在牡蛎体内各器官中的分布有较大的差异，其中内脏含量最高。

1985年11月在杭州召开了中国有机质污染的分析、环境行为和污染控制的学术讨论会。会议收到论文84篇。通过交流讨论可以看出，中国环境中有机物的分析和研究已从单一化合物开始(六六六和DDT等)过渡到复杂的有机化合物和混合物近百种；从分析手段和测试方法的研究深入到有机物在环境中的行为、归宿等的研究。会议提出今后急待解决的问题有：(1)尽早建立测试的标准物；(2)加强横向联系，充分发挥大型测试仪器的流通使用；(3)建立复杂有机物分离测试新技术；(4)推动生化治理和生物工程等应用基础的研究。

排海污染物和海洋倾废的环境污染研究 在沿岸海域，由于城市污水直接排海、农田废污泄漏和禽畜粪便的冲刷入海而造成水域富营养化，进而导致赤潮的爆发。1986年以来，中国近海北起大连湾，南到珠江口，赤潮现象不断出现，引起学术界和海洋管理部门的高度重视。国家海洋局三所和厦门管区专门成立了赤潮综合调查小组。厦门大学吴瑜端、陈慈美等对城市污水排海所带来的营养物入海过程存在形式间的转变及其机理，对浮游植物生长的刺激作用和浮游植物种群的更替等进行了较系统地研究。吕荣辉、乔献芬等研究了九龙江口厦门港水体的自净能力、入海通量和人为影响，并对11项污染指标作了初步估算。曾秀山、廖文卓等对厦门港和筼筜湖疏浚物中主要有害物质在海洋环境中的流出释放过程及其对海域初级生产力的影响进行了较全面的实验室研究，获得大量数据，特别是结合海洋倾废点的选址，进行了实验室模拟试验，测得了生物对有毒物质及疏浚物的忍受限度，取得较好的成果。

海洋污染调查监测 早在1976年联合国政府间海委会(IOC)在“全球海洋环境污染调查综合规划(GIPME)”中建议进行全球海洋污染调查。为确保调查数据的可比性，IOC建立了一个方法、标准、互校专家组(GEMSI)，检查生物组织中污染物的分析质量，以便在全球开展用生物作为水质质量指示物的调查工作。1982、1983和1986年国家海洋局环保所作为西太平洋沿岸国家和地区的贻贝监测成员国前后三次参加了这一工作。在这期间该所对生物组织中的15种元素的分析取得良好的结果，并与国际22个实验室获得可比性。1986年GEMSI在泰国举办了"江河污染物入海通量"研讨会。国家海洋局三所在会议期间参加了8种痕量金属测试的国际互校，并且名列前茅。可见中国在海洋环境污染监测中有关元素测试技术已达到国际水平。1987年9月，中国成立了"全国海洋污染监测网协调领导小组"，在海洋环境管理和立法、对策制订等方面做了大量工作(见海洋综合管理篇)。

(吴瑜端)

海洋石油污染生化监测技术　海洋石油污染及其对生物效应是当今全球不可忽视的问题。研究和建立行之有效的海洋石油污染及其对生物效应的监测技术已经成为环境科学家的一个重要课题。利用海洋生物细胞色素P－450加单氧酶监测海洋石油污染及其生物效应已于1980年被联合海洋污染科学专家组(GESAMP)列为世界上37种重要的生物监测技术之一。国家海洋局三所张玉生比较系统地进行了该技术应用基础理论的研究，探讨了其实际应用的可行性。他还从鲈鱼肝组织中纯化了多环芳烃诱导型的细胞色素P－450加单氧酶，并且对其光学特性、电泳行为和免疫化学性质等方面进行了研究。部分研究结果已于1986和1987年分别发表在有关国际刊物上。1988年9月，他与美国和加拿大的科学家合作，利用鱼类的肝细胞色素P－450加单氧酶生化监测技术对百慕大海区的石油及其多环芳烃化合物的污染进行实际监测，取得了良好的结果。该项技术的研究已经获得了国家自然科学基金委员会青年科学基金的资助(1989.1～1991.6)。

(张玉生)

【海洋生物地球化学】　海洋生物活动制约着海洋中化学物质的地球化学行为和过程。两者之间的相互关系已成为海洋生物地球化学的主要研究对象。近年来该学科的研究已由早期常量生物元素的生物地球化学循环研究延伸到微量生物元素与污染物质的生物化学过程和元素在海洋环境中的存在形式、生物活性的转化、运移、归宿及其对相关生态系统的群落结构和功能影响的研究；从定性描述过渡到动力过程和通量等定量的测算。特别是开展了一些国际合作研究项目，取得了重要成果。

海洋生态系围隔实验(MEEE)　1985～1986年国家海洋局三所等和加拿大有关单位合作进行了海洋围隔生态系实验。该项研究成果已于1989年在北京召开的"国际海洋生态围隔实验技术讨论会"中得到了交流和总结。它初步探明了污染物在海洋环境中的归宿问题，也探讨了污染物对厦门港水域中浮游生物群落结构和功能的影响。该研究不但在围隔实验技术上有所改进，而且在污染物的种类和存在形式方面增加了石油分散剂和溶解分散油及固相污染物等的研究内容。国家海洋局三所已建立了国内第一个围隔式海洋生态系研究的基地；配置了陆地水池和港湾现场围隔实验装置、化学分析洁净实验室和较完整的生态分析技术实验室。

中法合作开展"长江口及其毗邻东海近岸水域生物地球化学研究"　该项目于1985～1988年由国家海洋局二所、环保所等与法国科学研究中心等单位合作进行。研究范围为30°50′～32°00′N，122°00′～124°00′E。研究成果已于1988年3月在杭州召开的国际学术讨论会上作了交流总结，提交会议的论文计60篇，出版了"研究论文集"。该项研究内容体现了多物种、多介质和多界面的特点，所采用的设备手段如洁净实验室、GOFLO采样器、水下浊度自记仪和沉积物捕获器等都是80年代先进的技术，研究达到80年代的国际水平。它初步探明了河口海域中化学物质的运移方式和主要历程；测算了海/河、海/气和海/沉积物等界面间所发生的迁移过程的特征和通量；评估了研究水域的初级生产力；探讨了有机质的微生物矿化过程的特征和水—沉积物界面的污染物的生物转化和代谢等过程的机制。特别是对冲淡水羽流锋面辐聚颗粒物表面上的化学反应，有较大突破。该项目为污染物和营养物及生物代谢物等在河口近海水域现场条件下(不同于人为围隔体系)的海洋生物地球化学，以及海洋有机物的生物地球化学研究填补了空白。

海洋中生物化学过程影响研究　近几年中科院、高等院校和国家海洋局有关单位围绕着元素全球循环和全球海洋通量的研究(中国已于1989年4月成立了"全球海洋通量研究中国委员会[C—JGOFS—C]")，侧重进行水—生物界面间的反应动力学及其反应机制的探讨，深入寻找生物化学过程对海洋环境中化学元素的吸收、传递、富集及其生物活性形式对生物生态系统的反馈等。厦门大学胡明辉等利用放射性示踪技术测定了厦门海域常见的三种浮游植物和双壳类软体动物对元素硒的吸收、积累和摄食转移等，发现浮游植物对硒的富集能力很强，富集系数高达10^4。花蛤摄食藻类后同化吸收硒的效率达50%以上。还测得其生物半净化期和净化的机制。对硒在海洋食物链中的积累和转移有了定量的估算。吴瑜端等研究发现了有毒金属离子和生物物质元素氧、氮和硫之间的亲和力大小，及其毒性的强弱($Hg^{2+}>Cu^{2+}>Cd^{2+}>Zn^{2+}$)；发现有毒金属离子的生物毒性半致死限$EC_{50}$和金属硫化物的溶度与$K_{sp}$呈正相关;还提出了介质营养水平和共存污染物对金属毒性的桔抗和协同效应。1987年在日本召开的国际海洋河口沿岸污染学术讨论会上吴瑜端等提出的红树林植物对河口海域污染物汞等的净化转化作用是亚热带海域河流输送污染的净化系统的论点,引起与会各国代表的极大兴趣。青岛海洋大学陆贤昆等利用海洋围隔生态系研究了汞的存在形态、各界面间的交换通量和收支情况等,测得了汞的排除速率和浮游植物生长的关系。孙秉一等对汞、锡等的海洋生物地球化学过程进行了实验室模拟和现场相结合的研究,发现浮游植物对不同存在形式的汞、锡有不同的吸着作用和毒性效应,反之生物代谢过程产物对上述毒物有解毒效应。史致丽等进行了石油对浮游植物生长的效应和生长、形态、光合作用及胞外产物的影响的研究,得出常见藻类对石油有一定的净化能力。此外,国家海洋局三所蔡福龙等根据生态学原理建立了人工小生态环境,测定了Fe、Mn、Zn、Co等元素在生物体中的迁移规律及其对生态系统的影响,较为系统全面。赖德荣、王初升等在研究重金属对海洋底栖贝类酶解的影响中,发现Cd、Hg对翡翠贻贝软体组织中磷酸酶和转氨酶的抑制作用,Pb对泥蚶中脱水酶的抑制作用,并提出了海洋污染的酶学监测指标。 (吴瑜端)

【同位素海洋化学】 中国的同位素海洋化学研究始于60年代初,80年代得到迅速的发展。到1989年,已研究、建立了一系列海洋环境中放射性核素的分离、富集及测定方法,开展了中国近海放射性水平的调查研究。由于γ-能谱法、α-能谱法以及中子活化法的应用,使放射性核素海洋地球化学的研究不断取得新进展。海洋放射年代学和海洋环境中铀系不平衡的研究及应用,不断地丰富和充实了中国同位素海洋化学的研究内容,逐步地缩短了中国在这方面与国际先进水平的差距。放射性同位素在其它海洋分支学科中的应用以及稳定同位素的应用亦取得了不少进展。

海洋环境中放射性核素分离、富集与测定方法(见表1)。

中国近海放射性水平的调查研究 为查清中国海域放射性核素的含量(对未受污染的海域即为天然本底值),在卫生部所属卫生防护单位历年定点定时进行放射性水平常规检测的基础上,1980～1982年卫生部又组织辽宁、河北、天津、山东、江苏四省一市的卫生厅(局)和卫生部工业卫生实验所对渤海、黄海的放射性污染源和沿岸放射性水平进行了系统调查。1982年福建省卫生厅组织该省的放射卫生单位对福建省近海海域的放射性水平进行了全面调查。基本上摸清了中国近海海域的放射性水平以及放射性核素的动态变化、转移规律和可能给人体造成的照射剂量。根据北起辽宁、南至广西等沿海各省、市、区的调查单位和卫生部工业卫生实验所提供的总结资料,由李树庆、祝汉民等编成《中国近海放射性水平》一书,1987年由海洋出版社出版。此外,中科院海洋所、国家海洋局一所、三所和南海海洋环境监测中心等单位还对中国近海的总β放射性作了大量调查研究。

海洋中铀系不平衡的研究和应用 基于铀(钍、锕)系母、子体之间放射性不平衡(统称"铀系不平衡")的研究和应用是海洋学中一个新的研究方向。近年来,中国在这方面的研究取得了一系列有意义的成果。

1. *现代沉积速率的测定* 基于^{226}Ra—^{210}Pb不平衡而建立起来的^{210}Pb测年法,为现代沉积作用过程的研究提供了可靠的时标,在中国近岸海域获得了广泛的应用(详见表2)。厦门大学陈绍勇等根据^{238}U—^{234}Th不平衡,研究了湄洲湾秀屿站表层沉积物的混合作用,得出混合系数为$0.49\times10^{-6}cm^2/s$,并提出了该海域的^{210}Pb年代学模式。此外,人们还对^{210}Pb测定沉积速率的误差及其校正、^{226}Ra补给的^{210}Pb的扣除、大气中^{210}Pb的沉降通量等进行了研究。

2. *深海沉积速率的测定* 根据深海沉积物中的$^{234}U-^{230}Th$和$^{235}U-^{231}Pa$不平衡,中科院地质所、南海所、地化所测定了南海陆坡沉积物的沉积速率。中科院地质所夏明等还研究了V-1和V-6两个南海陆坡岩心的铀系不平衡。海洋局三所邹汉阳等与厦门大学黄奕普等对采自中太平洋北部M_{14}站(水深3 991m)的深海岩心运用^{230}Th ex和^{230}Th ex/^{232}Th法,求得平均沉积速率为3.2mm/ka,并推测该沉积环境可能有过沉积间断发生。中科院南海所用^{230}Th ex法测出南海深海岩心(18°N,115°E)的沉积速率为1.7mm/ka。

3. *大洋锰结核的研究* 黄奕普、邹汉阳等对中太平洋北部的锰结核进行了放射化学研究,测算出M_6,M_8,M_{10},M_{20},M_{21}各站锰结核(共6个侧面)的生长速率(mm/Ma)范围分别为0.8～4.2(^{230}Th ex法),0.8～4.4(^{230}Th ex/^{232}Th法)和1.4～7.4(^{231}Pa ex法),为估算该海域锰结核的自然增长率提供了重要的依据。同时他们还根据M_{21}顶、底侧的铀系不平衡程度,计算出它的滚动时间为$(9.83\sim13.7)\times10^4a$。厦门大学罗尚德、黄奕普等根据实测的生长速率以及Ni、V、Zn在锰结核中的深度分布特征,测算出它们的半扩散深度与有效扩散系数。罗尚德等在研究了锰结核生长与沉积环境的关系后得出:

$$S(mm/Ma)=[52.0(Mn/Fe-0.60)^{1.25}+10]/[Mn]$$

这一关系式,颇有实用价值。

表1 中国研究建立的海洋环境中放射性核素分离、富集与测定方法一览表*

序号	方　　法	方 法 摘 要	研 究 单 位	时 间
1	用氯化钡一铁明矾测定海水中总β放射性的方法	$BaCl_2$一铁明矾沉淀法富集，钟罩型计数管测量	中科院海洋所	(1978)
2	海水中^{90}Sr测定方法的研究	Na_2CO_3沉淀$Sr(^{90}Sr)$、$Fe(OH)_3$除^{90}Y、β计数测$Fe(OH)_3$—^{90}Y	中科院海洋所	(1983)
3	海泥和土壤中^{137}Cs的盐酸回流浸取方法	6N HCl回流浸取法	山东卫生防疫站等	(1982)
4	近岸沉积物对$^{90}Sr(^{85}Sr)$、^{137}Cs、^{60}Co及^{106}Ru的吸附性能	不同类型沉积物，FH—1906低本底NaI(Tl)γ—能谱仪	国家海洋局一所	(1987)
5	海水对近岸沉积物中放射性核素解吸性能的研究	不同类型沉积物，FH—1906低本底NaI(Tl)γ—能谱仪	国家海洋局一所	(1986)
6	近岸沉积物对放射性垂直吸附性能的探讨	不同类型沉积物，FH—1906低本底NaI(Tl)γ—能谱仪	国家海洋局一所	(1987)
7	海水、海洋生物和沉积物中^{65}Zn的测定	离子交换分离、电沉积和沉淀法制源，低本底β计数器测量	国家海洋局三所	(1984)
8	海洋生物样品中^{60}Co、^{59}Fe和^{65}Zn的离子交换分离测定	离子交换分离	中科院海洋所	(1980)
9	海产食品中^{65}Zn的测定	低本底NaI(Tl)γ—能谱仪	国家海洋局一所	(1981)
10	利用国产天然沸石快速浓集和分析海水等环境水中的^{137}Cs	浙江缙云天然沸石，γ—能谱测定	中国预防医学中心工业卫生实验所	(1987)
11	氧化铝吸附剂对海水中多种放射性核素的浓集效率	Al_2O_3吸附剂浓集，γ—能谱测定	中国预防医学中心工业卫生实验所	(1984)
12	就地浓集—直接γ能谱法同时测定海水中的U、Th、^{226}Ra、^{7}Be和^{95}Zr—^{95}Nb	Al_2O_3吸附剂浓集，γ—能谱测定	中国预防医学中心工业卫生实验所	(1987)
13	渤海沉积物中Pu的测定	反相分配色层法分离，电沉积制源，低本底α计数器或α—谱仪测量	中科院海洋所	(1984)
14	天然水中氚的测量	Triton X—100，PPO+POPOP甲苯闪烁液，DYS—1型低本底液闪计数器	中科院生物物理研究所	(1983)
15	海水氚分析方法研究	碱式电解浓缩，FH 1915型低本底液闪计数器	国家海洋局三所	(1988)
16	东海海水中氚的测定	Ni—不锈钢电解槽电解浓缩液闪计数器测量	中科院海洋所	(1984)
17	海水、悬浮物和沉积物的多元素中子活化分析	海水经活性炭或蒸发预浓缩，悬浮物、沉积物不破坏中子活化，Ge(Li)γ—谱仪	中科院高能物理研究所	(1984)

续表 1

序号	方法	方法摘要	研究单位	时间
18	海水中铀的快速载带共沉淀富集法	载体的载带共沉淀富集，分光光度测定	中科院海洋所	(1984)
19	离子交换剂直接比色法测定海水中的铀	离子交换，比色测定	青岛海洋大学	(1985)
20	海水中铀的测定	碱式碳酸锌浓缩、铀试剂Ⅲ萃取光度法分离测定	华东师范大学	(1983)
21	海洋物质中微量铀、钍分离流程	$Fe(OH)_3$共沉淀U、Th，离子交换分离Th与U、Fe、异丙醚、TBP除Fe，α能谱测定	中科院南海所	(1982)
22	海洋样品中U、Th的阴离子交换分离与测定	阴离子交换分离、，α能谱测定	厦门大学	(1986)
23	海洋沉积物中微量U、Th、稀土的离子交换分离与测定	大孔阴、阳离子交换树脂分离偶氮胂Ⅲ光度测定	中科院地化所 华东地质学院	(1988)
24	锰结核中U、Th分离与测定的新方法	单柱法分离，α能谱测定	厦门大学	(1986)
25	碳酸盐地质样品中U、Th的分离与年龄的测定	双柱分离，α能谱测定	厦门大学	(1985)
26	海洋沉积物中^{210}Po的测定	Pb—Po法、自沉积、α能谱测定	国家海洋局三所	(1983)
27	海洋沉积物中^{210}Pb的测定	Pb—Bi法、电沉积、α/β低本底测定	国家海洋局三所	(1984)
28	近岸沉积物中^{210}Pb的分离与测定	Pb—Bi法、离子交换、β低本底测定	厦门大学	(1986)
29	沉积物中^{210}Pb的分析方法	Pb—Po法、自沉积、α能谱测定	中科院海洋所	(1988)
30	沿岸沉积物中^{210}Pb、^{226}Ra的同时分离与测定	离子交换分离，α/β低本底测定	厦门大学 国家海洋局三所	(1985)
31	海洋沉积物中^{226}Ra、^{210}Pb和U、Th同位素的联合分离与测定	离子交换分离，α/β低本底测定^{210}Pb，射气法测定^{226}Ra，α能谱测定U、Th	厦门大学	(1986)
32	锰纤维富集和射气法测定天然水中的^{226}Ra	锰纤维富集，射气闪烁法测定	厦门大学	(1988)
33	锰结核中^{231}Pa的分离与测定	离子交换、萃取、α计数或α能谱测定	厦门大学	(1989)
34	^{219}Rn逃逸与^{215}Po法测定^{231}Pa	单柱法分离，α能谱测定	厦门大学 美国南加州大学	(1987)
35	锰结核、珊瑚礁中U、Th、Pa的分离与测定	单柱法分离，α能谱测定	厦门大学	(1988)
36	锰结核中U、Th、Pa、Pb、Sr和REE的联合分离	“单一双柱”流程	厦门大学	(1988)
37	质谱同位素稀释法同时测定海水中痕量U和Th	$Fe(OH)_3$富集、萃淋树脂分离U、Th、Fe，质谱测定	核工业部北京五所	(1985)

*《海洋污染调查规范》和《中国近海放射性水平》两书中已介绍的方法未列入此表。

表 2 中国应用^{210}Pb法测定现代沉积速率的概况

序号	海区	站号(位)	水深(m)	岩芯长(cm)	沉积速率(cm/a)	沉积通量[g/(cm²·a)]	^{210}Pb通量[dpm/(cm²·a)]	混合速率(cm²/a)	^{210}Pb分离测定法	研究单位及时间
1	珠江口	珠—7			0.23	0.20			Pb—Po法	中科院
		珠—10			0.28	0.23			α谱仪测定	地质所
		珠—5			5.45	4.47				(1983)
	渤海	渤—1			0.44	0.49				
	锦州湾	渤—2—上			0.53	0.47				
		渤—2—下			4.20	5.46				
2	珠江口	361	30		0.26				Pb—Bi法	中科院
	邻近	362	80		0.28				电沉积	南海所
	海域	363	120		0.26				α/β低本底	(1987)
3	南海	K_{8-3}(20°27′8″N, 112°40′32″E)	68		0.36	0.47			Pb—Po法	中科院
	陆架	K_{22-4}(18°03′17″N, 110°33′14″E)	157		0.47	0.51			α—能谱	海洋所
		L_{3-6}(21°50′10″N, 109°20′22″E)	22		0.44	0.45			测定	(1988)
		K_{31-1}(17°16′52″N, 108°53′31″E)	96		0.19	0.26				
4	厦门港	X8113			(建堤后)(建堤前) 2.1 0.35				Pb—Po法	国家海洋局三所
		X8127			2.3 1.3				Pb—Po法	厦门大学
		X8134			— 7.3				Pb—Bi法,离子交换	
		X8163			～2.7				Pb—Bi法,离子交换	(1985)
		X81133			～9.4				Pb—Bi法,离子交换	
5	湄洲湾	秀屿站		44	0.53		2.48	15.45	Pb—Bi法	厦门大学
		峰尾站		25	1.50				(离子交换)	
									α/β低本底	(1988)
6	台湾	SX4(23°23′42″N, 119°50′E)	115	8	0.283(±0.044)		2.53	2.57	Pb—Bi法	蔡守文(S. W. Tsai)
	海峡	SX17(22°40′N, 119°30′E)	143	12	0.182(±0.010)		2.90	1.06	离子交换.	鍾玉嘉(Y. Chung)
		SX18(22°40′N, 119°20′E)	90	14	0.197(±0.022)		2.79	1.25	低本底流	中山大学
		GC22(22°20′N, 120°00′E)	902	101	0.073(±0.011)		2.41	0.17	气式正比	海洋地质研究所
		BX25(22°21′N, 119°39′E)	1590	28	0.066(±0.010)		4.06	0.14	计数器	台湾,高雄(1989)
		SX26(22°21′30″N, 119°28′E)	1106	16	0.280(±0.035)		12.89	2.52		
		GC30(22°20′N, 120°19′18″E)	302	103	0.723(±0.088)		23.29	17.23		

续表 2

序号	海区	站号(位)	水深(m)	岩芯长(cm)	沉积速率(cm/a)	沉积通量[g/(cm²·a)]	^{210}Pb通量[dpm/(cm²·a)]	混合速率(cm²/a)	^{210}Pb分离测定法	研究单位及时间
7	长江口	G8133(31°00′N, 126°38′E)	96	151	0.64	0.33	2.00		Pb－Bi法（离子交换）	厦门大学
	及东海	G8134(32°40′N, 124°38′E)	75	138	0.27	0.19	0.84		β低本底	(1983)
	陆架	G8140(31°00′N, 122°35′02″E)	19	155	—	—	—		计数器	
		G8132(31°20′N, 126°00′18″E)	72	33.5	0.72	0.36	2.07		Pb－Bi法	海洋局
		G8133	96	151	0.86	0.44	2.35			
		G8134	75	138	0.37	0.26	0.98		（电沉积），	三所
		G8135(33°25′N, 124°00′E)	66	70	0.33	0.24	0.99		α/β低本底	(1984)
		G8139(32°00′N, 126°09′50″E)	83	26.5	0.42	0.18	0.98			
	长江口	G8133	96	151	0.80		1.99		Pb－Po法	海洋局三所
	及东海	G8134	75	138	0.34		0.89		α能谱测定	(1983)
	陆架	G8135	66	70	0.28		0.88			
		G8138(32°00′N, 125°45′20″E)	69	150	0.93		1.86			
		G8103(31°15′N, 122°28′46″E)	23	84.7	0.49		0.52			
8	长江口	G8104(31°00′N, 122°30′E)	17	50	0.51	4.65			Pb－Po法 α能谱测定	海洋局环保所(1984)
9	胶州湾	东南部(36°07′30″N,120°17′18″E)	5～10		0.22	0.24			Pb－Po法	中科院海洋所
		丁字湾三角洲外缘(36°30′N,121°14′54″E)	10～15		1.7	0.12			α能谱测定	核工业部原子能所 广东测试所(1985)
10	黄河口	12站(？)			2.5 (0～20cm层)				Pb—Po法	中科院海洋所
		20站(38°11′N, 119°11′E)			0.6 (12～28cm层)				α能谱测定	广东测试所(1988)
		24站(38°02′42″N, 119°16′E)			20～40 (0～40cm层)					
11	渤海锦州湾	17号站(40°46′N, 121°02′E)			0.4	0.56			Pb－Po法 α能谱测定	海洋局环保所(1983)

4.珊瑚礁生成年代与古海平面变化的研究　根据珊瑚礁中^{230}Th 的生长，黄奕普与美国 USC 的 T. L. Ku，澳大利亚新南威尔士大学的 Pickett 等联合对东澳大利亚珊瑚礁的铀系年龄重新进行评价，指出先前对 North Stradbroke Island 珊瑚礁所测的铀系年龄太年青（小 2 万 a 左右），该珊瑚礁应对应于 Substage 5e 而非先前所定的 5c，并首次报道了 Grahamstown 珊瑚礁的铀系年龄，从而使东澳珊瑚礁铀系年龄与海平面变化研究中所出现的混乱得以澄清。此外，夏明等根据珊瑚礁铀系年龄估算了海南岛、西沙群岛、雷州半岛的上升速率为 1～2mm/a。

国内外铀系标准样对比计划　夏明等在参加国际铀系标准样第二、三阶段的对比计划（即 USIP—Ⅱ、USIP—Ⅲ）并取得了好成绩之后，组织开展了国内铀系标准样的首次比对，结果表明，各实验室仪器的能量分辨率变化在 27～65keV 之间，满足了测试要求，其中厦门大学铀系实验室为 27keV。比美国先进铀系实验室之一的丹佛地质调查所 α－谱仪的能量分辨率（35keV）还高。各实验室测试的结果，能够反映数据质量并具有指标性质的 16 个数据全部优于 USIP—Ⅱ、USIP—Ⅲ总共七个对象 34 个相应的数据。也就是说，国内标准样比对计划所测试的各项数据和结果不亚于国际标样比对的结果。

放射性核素的示踪应用　利用放射性示踪沙研究底沙运动规律是国际上研究底沙运动的先进技术。邹汉阳等利用^{46}Sc 标记的放射性示踪沙研究闽江口底沙运动规律，为福建港航局内沙航道增深工程和外沙区抛泥区的选择提供了科学依据。为厦门港东渡二期工程开挖基槽抛泥的需要，需选择既能缩短运距、节约工程费用，又不会造成环境污染和内港回淤的合适抛泥区，国家海洋局三所程汉良等采用^{46}Sc－玻璃沙进行底沙运动的观测研究，结果表明实验海区作为临时性抛泥区是适宜的，为工程节约经费达 100 万元以上。此外，中科院海洋所纪明侯等、青岛海洋大学李永祺等、国家海洋局三所蔡福龙等对放射性核素在海洋生物研究中的应用进行了一系列研究，取得了有意义的成果。

稳定同位素在海洋学上的应用　厦门大学李文权等研究了台湾海峡南部 δ^{18}O 的分布特征及其水团示踪应用。国家海洋局一所吴世迎、北京大学郑淑蕙等详细地研究了锰结核的氧、碳同位素，分析讨论了影响同位素分布的因素，从同位素平衡的角度提供了锰结核的成因信息，并对前人的某些成因观点提出了稳定同位素方面的佐证和评价。吴世迎还论述了黄海钙结体的碳、氧同位素特征。地矿部海洋地质所韩春瑞在西琛一井礁相沉积碳酸盐矿物及氧、碳同位素特征的研究中，讨论了各时期沉积相段的碳酸盐矿物和氧、碳稳定同位素组成的变化及其关系，为研究礁区沉积环境和成岩作用条件的变化、进行区域性礁相沉积地层的划分与对比提供了依据。　（黄奕普）

【海水分析】　原子吸收分光光度法　由于该方法的灵敏度高，精密度和回收率均佳，近年来已成为海水分析的重要手段。韩恒斌等（1986）用磷酸钠作基体改进剂，用 GFAAS 法直接测定海水中的 Cd。李锦霞等（1986）用 APDC/DDTC 氟里昂萃取，GFAAS 法测定大洋、近岸、河口水中的 Cu、Pb、Zn、Cd、Fe、Co、Ni。黄素梅等（1986，1987）用 EDTA 铵盐作基体改进剂，GFAAS 法直接测定海水中的 Mo、Al，检出限分别为 0.69，0.90μg/L；回收率 94.3%，96.9%。金龙诛等（1987）用 APDC 沉淀分离富集，GFAAS 法直接测定海水中的 Pb、Cd、Cu、Co、Ni、Zn、As、和 Mo。戚苓等（1987）用二乙三胺螯合滤纸预浓缩，HCl 洗脱，AAS 法测定海水中 Cu、Cd、Pb、Cr、Ni，回收率为 92%～107%。

洪华生等（1988）用 Co－APDC 共沉淀预富集，石墨炉 AAS 法测定海水中 Cu、Ni、Cd，回收率分别为 97.0%，95.8%，91.0%，变动系数分别为 2.5%，7.4%，6.1%。张素纯等（1988）用线流动注射离子交换预富集冷原子吸收光谱法测定海水中的 Hg，实现采样、富集、洗脱自动化。易瑞灶（1989）用 APDC－DDTC/MIBK－环已烷萃取，以石墨炉 AAS 法连续测定 Cu、Pb、Cd、Zn，检出限分别为 0.013，0.022，0.0013，0.051μg/L，相对标准偏差均小于 8%，回收率为 96%～108%。

等离子体发射光谱法　该方法具有多种元素联合测定的优点。特别是采用电感耦合激发光源后，使方法的精密度可达 1%～2%，浓度测定范围宽达 5 个数量级，方法简便，分析时间短，可承担大量样品的分析。刘虎生等（1986）设计一种双管同时进样的封闭装置，用氢化物富集，ICP－AES 法测定海水中的 As。乌铜等（1987）用生成挥发性物质化学反应，结合 ICP－AES 技术测定海水中的 I。钱君龙（1988）用二乙三胺螯合滤纸预浓缩，HCl 洗脱，采用 ICP－AES 同时测定海水中的 10 种痕量金属（Al、Cd、Cr、Cu、Ni、Fe、Pb、V、Zn、Mo），回收率在 94%～107%之间。

分光光度法　该方法简便，所用设备简单，是最常使用的分析方法之一。但除催化分光光度法的灵敏度可达 10^{-9}级外，一般的灵敏度不够高。测量时水样量大，且要经共沉淀或其它方法进行分离富集。袁有宪等（1986）用流动注射－胶束增溶光度法，利用二甲酚橙－溴化十六烷基三甲基铵连续测定海水中的 Cd 和 Mg。程德温（1987）用间磺酸基偶氮安替比林显色测定海水中Ca,变动系数小于6%。周逢葭(1987)用亚胺—H酸分光光度法测定海水中的B,相对标准偏差1.05%,回收率101%。戚苓等(1989)用二乙三胺螯合滤纸富集,分光光度法测定海水中微量的I。暨卫东(1989)在磷钼蓝法的基础上,外加醇类溶剂萃取,使海水中活性磷酸盐的检测限提高至0.002 μmol/L,测定范围0.002～0.800 μmol/L。

电化学分析法 在海水中微量或痕量元素的测定方面,电化学分析法具有简便、快速,并能实现现场连续测定等特点。电化学探头测定pH、S^{2-}、Eh、F^-、O_2、Zn^{2+}以及盐度和碳酸盐饱和度等获广泛应用。伏安法的应用也较普遍。谢宗贵(1986)在硫氰酸铵—铜铁试剂—二苯胍体系中,采用微分脉冲极谱测定海水中的U,检出限0.1μg/L,,分析误差小于±5%。黄沛成等(1986)用巯基棉富集,阳极溶出伏安法测定海水中As和Se。苏循荣等(1986)在$HClO_4-Na_2SO_3-NH_4Cl-KIO_4$底液中,用JP1—A示波极谱仪,滴汞电极测定海水中Se(IV),测定范围为10^{-8}～10^{-5}g/L,回收率97%,变动系数3.0%。夏玉宇等(1986)用阳极溶出伏安法直接测定海水中的Ge。苏循荣等(1987)在醋酸铵—铜铁试剂体系下测定Cr,峰电位—1.02V,检测限2.0×10^{-6}g/L;在HOAC—NH_4OAC—HUCP体系中,以导数极谱法同时测定Cu、Pb、Sn,峰电位分别为—0.24,—0.60,—0.76V,最低可检测到4.0μg/L,变动系数均小于10%。杨逸萍(1987)用巯基棉富集,悬汞电极示差脉冲溶出伏安法测定海水中溶解态Se(Ⅳ)和Se(Ⅵ),检出限分别为0.018,0.009μg/L;变动系数4.4%,3.0%;回收率102%,96%。陈立义(1987,1988)在HCl—Sb(Ⅲ)—钼酸铵和丙酮体系中,用极谱法测定海水中活性磷,峰电位—0.42V,检出限6×10^{-8}mol/L;在Sb(Ⅲ)—Mo(Ⅵ)—NaCl—乙醇体系中,用杂多酸极谱法测定海水中活性硅,峰电位—0.30V,检出限8×10^{-8}mol/L。黄宜鹤(1988)用玻碳电极伏安法直接测定海水中Cu、Pb、Cd,与汞膜电极法相比,该法分离效果好,检出限低(分别为1.8,1.0,0.47μg/L),无毒性。任典勇(1989)用铜锌合金粉,使硝酸根还原为氨,采用氨气敏电极间接测定海水中NO_3^-,回收率99%～103%。

其它方法 气相色谱法仅限于测定海水中溶解气体以及可形成气态化合物的元素。毛细管色谱法多用于海洋石油资源的调查、有机地球化学的研究。质谱同位素稀释法对某些元素的测定较为可靠。崔仙舟(1987)用溴化—ECD检测器测定河口水中微量酚,检出限为0.1μg/L。李志远等(1987)应用巴特尔大体积采样器,Al_2O_3富集直接γ能谱法同时测定海水中U、Th、^{226}Ra、^{7}Be、^{95}Zr、^{95}Nb。李锦霞(1988)应用双硫腙—氯仿萃取质谱同位素稀释法和洁净实验技术,分析了海水中Pb、Cd、Zn,检出限分别为6×10^{-11},6×10^{-12},2.4×10^{-10}g/L,精密度为±3%。吴世炎(1989)建立了用阳离子交换分离—萃取(或氧化还原)纯化—电沉积法(或沉淀法)制源—β计数的放化分析程序,对^{54}Mn、^{60}Co、^{65}Zn进行联合分析,灵敏度分别为1.7×10^{-2},1.2×10^{-3},1.1×10^{-2}bq/L。王中柱(1986)对海水中苯酚及甲酚异构体的气相色谱测定法进行了研究,检出限为0.1μg/L,回收率102%。陈茜等(1987)用气相色谱法测定海水中的丙酮和甲醇。王玉君(1989)采用反相高效液相色谱法测定海水中溶解态游离氨基酸,检出限为1.0×10^{-13}mol/L,分析偏差10%。孙淑媛等(1989)用树脂提取预富集,气相色谱法分析海水中的PCB_5,回收率为66%～73%,相对标准偏差在±10%之内。

海水中油的测定 苏君夫等(1988)采用分光光度法测定海水中的原油和消油剂,检出限原油为1.1mg/L,消油剂为0.25mg/L。黄静芳(1988)用环已烷萃取荧光分光光度法测定海水中微量油。陈晖(1988)对比了紫外分光光度法和荧光法测定海水中微量油的差异,评价了海洋环境中的油污染状况。李速等(1988,1989)首次研制了可供测量海面轻质油、原油等多种油品油膜厚度的快速测定装置,可对近海、港湾等水面油膜厚度进行测定。此外,谭湘萍(1988)对海水中油类的分析方法作了探讨。

沉积物及间隙水的测定 施文远等(1986)用改进离子交换法进行了沉积物Pb离子交换,一步分离纯化沉积物中的^{210}Pb,用低本底β探射仪测定^{210}Pb的放射性。张秀莲(1987)建立了海洋沉积物中V、Cr、Y、Zr、Nb的能量色散X射线荧光光谱测试方法,相对误差小于10%。杨慧辉等(1988)对海洋沉积物用ICP—AES同时测定Al、Ba、Be、Ca、Ce、Co、Cr、Cu、Fe、La、Mg、Mn、Nb、Ni、Os、Sr、Ti、V、Y、Zn等19种元素。廖文卓(1986)对海洋沉积物间隙水中的Cd、Pb、Cu进行差示脉冲溶出测定。高恩登(1987)应用氟硼酸根电极和氟电极直接电位法,建立了测定海洋沉积物中硼和氟的条件与干扰元素的分离和消除方法,回收率为99%。高生泉(1987)采用APDC—DDTC—MIBK—石墨炉平台原子吸收分光光度法测定间隙水、上覆水中的Cd、Pb、Cu,回收率分别为90%～107%,91%～103%,93%～106%,变动系数分别为5.7%,5.1%,3.4%。 (黄薇文 古 因)

海洋地质与地球物理学

【海洋地貌学】 1986～1989年间中国海洋地貌的研

究，主要集中于海岸带、河口三角洲与大陆架的调查研究。1984～1985年国家科委、国家海洋局等组织领导了全国海岸带与海涂资源的调查研究，组织沿海各省市数千名科技人员，调查范围自岸向陆10km，至水深10～15m，完成1∶20万全国海岸带综合研究。对重点河口，如黄河口黄河三角洲、长江口及珠江口作了重点研究。相继出版了沿海各省市海岸带研究报告和专著，以及海岸地貌有关论文，在中国海岸带资源开发、沿海经济发展中起了重要作用。

全球环境变化及海平面上升是海岸理论研究中一个重点，全球气候变暖，南极冰盖不断融化和解体，全球理论海平面今后每年将以一定的速度上升，这对人口密集、经济发达的沿海地区，尤其是地面沉降较大的华北平原、江苏平原及各大河口区，将产生极大影响。近几年主要应用现代验潮记录结合地面沉降研究了长江口、黄河三角洲的海平面问题。

海洋地貌的应用研究，主要集中于海岸带开发、海岸工程、海港选址、航道回淤工程、海洋平台与海底管线工程选址、选线与稳定性等方面。

【海洋沉积学】 海洋沉积学的研究是与海洋地貌同时进行的。由于海岸带是人类活动频繁区域，故这个区域沉积学研究较多。

浅海区海洋沉积的研究主要结合油气勘探进行。在黄海有108.83m第四系全取芯钻探，得出180万年以来经历8次海进海退，通过孢粉研究建立气候变化序列，通过氧碳同位素建立90万年以来温度曲线，并综合分析建立180万年来的地层表。

在南海北部海洋地质调查中，进行了氧同位素、古地磁、碳酸钙含量等测定，研究了该海区的晚第四纪沉积历史，建立了沉积剖面，论证了该海区古温度、古盐度、古海流及海平面变化。 （朱晓东　朱大奎）

【东海海底地形图、东海海底地貌图、南通幅地质图的编制】 1∶100万东海海底地貌图的编图范围为118°00′～132°00′E，21°50′～33°30′N，包括东海大陆架、冲绳海槽、琉球岛弧、琉球海沟及大洋盆地五部分。该图的编制是以上海海洋地质调查局近几年来在东海开展25万余公里测深资料为基础，并参考了国内外不同比例尺的水深图、底质图等资料，其测网密度、定位精度及资料的系统完整性均达到了该比例尺编图要求，较好地表现了东海陆架、海槽、岛弧、海沟、盆地的地形格局和地貌类型。尤其对陆架上的不同时期的长江三角洲、古滨海平原、古河口湾、潮流砂脊群、断陷凹地、古海岸线等地貌类型进行了详细研究划分，与国内已出版的东海地形图、地貌图相比有新的发现和新的认识。

1∶100万南通幅（Ⅰ—51）地质图，是根据地矿部的要求，由上海海洋地质调查局与江苏省地质矿产局共同编制。它是按国际分幅（32°00′～36°00′N，120°00′～126°00′E），1∶100万地质图编图规范要求进行的。这次编图共完成1∶100万南通幅地质图和1∶100万南通幅前晚第三纪基岩地质图两幅，并附有20余万字的说明书一份。对该区第四纪地质、地层、构造、岩浆活动、地质发展史等方面都进行了详细划分与论述。该图经国内专家评审，一致认为填补了中国1∶100万海陆连结地质图的空白，达到了国内先进水平。

【上海幅、宁波幅、温州幅海底沉积物类型图的编制】 上海海洋地质调查局在南黄海海洋地质调查基础上，于1983年编制出版了1∶50万青岛幅（34°30′～37°00′N，123°00′E以西）、南通幅（32°00′～34°30′N，123°00′以西）海底沉积物类型图。近几年又在东海西部海洋地质综合调查的基础上，编制了1∶50万上海幅（30°25′～32°00′N，124°00′以西）、宁波幅（28°15′～30°25′N，124°00′以西）、温州幅（26°00′～28°15′N，124°00′E以西）海底沉积物类型系列图件。该沉积物类型图采用国际上一般通用的C.K.温德华粒级标准，F.P.谢帕德三角图表命名原则，并考虑了海底地形地貌、海洋水动力条件、沉积物成分及沉积环境、沉积作用等因素，因此较客观地反映了该区沉积物特征、分布及变化规律。为便于国内外学术交流，图例及文字说明采用了中英文对照。 （王振宇）

【海洋第四纪地层】 中国陆架区海洋第四纪地层研究采用的方法可归纳为两类，其一为海底钻探法；其二为浅地层剖面仪测量法。这两种方法的有机结合，使中国海洋第四纪地层学的研究取得了长足的进步。

限于海上的作业条件，80年代后期主要对晚更新世以来所发育的地层进行了详细的研究，取得了一系列研究成果。(1)中科院海洋所曾系统分析了渤海Bc—1孔的第四纪地层，该孔位于39°09′N、119°54′E，水深27m，孔深240.5m。经古地磁测量结果，岩芯184～177.5m为布莱克亚时，所以0～177.5m属晚更新世沉积，包括5期海相地层和介于其间的陆相地层。中国陆架区的海侵类型可划分为两类，即气候型和构造型海侵。前者具有全球意义，可以与大洋深处的氧同位素曲线中的1.5期相当；后者具有区域性变化特征。(2)中科院海洋所在长江水下三角洲钻取到Ch1孔，该孔位于31°10′N、122°35′E，水深24m，孔深99m。该孔0～36m为泥质沉积，相当于长江水下三角洲的底积层，其时代属全新世海侵沉积；岩芯36～60m属晚更新世末期沉积；60～84m属最后冰期的中期沉积，早期沉积缺失，岩芯84m为沉积间断面；岩芯84m以下属中更新世陆相沉积。这些成果在秦蕴珊等编著的东海地质、黄海地质和渤海地质等专著中已有详尽记载。(3)在南黄海,地矿部海洋地质研究所曾钻取到 Qc_2 孔,郑光膺在《南黄海层型地层对比》一书中作了详细的划分。该孔位于 34°18′N、122°16′E,平均水深 49m,孔深 108m。分析结果是,0～18m 为全新世海侵沉积;18～33m 为最后冰期沉积;33～54m 属最后间冰期海侵沉积;54～80m 相当于中更新世沉积;80～108m 已达奥尔都维亚时的上部,相当于早更新世后期,仍未能穿透中国陆架区的第四纪地层。

上述几个钻孔的分析资料,基本上代表了 80 年代后期中国陆架区海洋第四纪地层的研究概况。在 1986～1989 年间,中科院海洋所和地矿部海洋地质研究所都开展过海上浅地层剖面仪的测量工作,获得了大面积浅地层结构的多种信息,其中包括古岸线断面、古河道断面、古三角洲沉积结构、古湖岸断面以及构造线的分布等,为进一步开展陆架区海洋第四纪地层学的研究奠定了良好的基础。(4)国家海洋局一所曾系统地开展过黄海晚第四纪地层研究。1987 年刘敏厚等出版了《黄海晚第四纪》一书,对黄海晚第四纪以来的生物地层、年代地层和气候地层都作了详实的记述。

(赵松龄)

【海洋大地构造学】 1986～1989 年间,中国海洋大地构造学的研究主要通过各种地球物理勘探手段,对中国海及邻近海域的盆地构造特征、演变历史进行调查研究,为寻找含油气构造、地层服务。同时,通过调查研究,对中国东部、西太平洋地壳及板块运动增添了新的认识。自中生代以来,中国大陆边缘及邻海成为构造活跃区。第三纪,太平洋板块的俯冲方向从 NNW 转向 NNE,在中国东部海域形成了琉球海沟、琉球岛弧、冲绳海槽的沟、弧、盆体系。在中国东部陆上,郯庐断裂带从中生代的左行平移转变为新生代的右行平移,使断裂带两侧 NW—SE 向的受力从挤压转为拉张。在中国大陆南部,印度板块和欧亚板块的碰撞,南海形成小洋盆,使南海大陆边缘的裂谷进一步发展成为坳陷盆地。沿着盆地的外缘,现代仍属构造活动带。

南海是在欧亚板块上,在与印度—太平洋板块相互作用下,发生、形成、演化而来的。其成因主要是由于中生代在太平洋板块的作用下,欧亚板块东南缘发生张裂和海底微扩张,结果形成了现在的南海构造格局的基础。南海的构造主要划分为:北部陆缘坳陷区,海盆扩张区,南部陆缘坳陷区,中西沙、南沙地块和东部岛弧褶皱带。最新资料表明,南海盆地地壳厚度最薄处为 5km,最厚处为 8.7km,属大洋型地壳。南海海底经历了两次扩张,第一期为晚渐新世,其扩张轴线呈 NEE 向,为非对称扩张;第二期发生在早中新世,扩张轴呈 EW 向,为对称性扩张。

东海盆地的构造总体上为"三盆三隆"格局,即自西南向东北依次为:浙闽隆起区、东海陆架盆地、钓鱼岛隆褶区、陆架前坳陷、冲绳海槽盆地和琉球隆褶区。总体走向为 NNE 及时代较老的 NEE 和 NWW 向,地质构造表现为"南北分块"和"东西成带"的特点。

黄海的构造总体上是北黄海—胶辽隆起带和南黄海—苏北沉降带。南黄海盆地和苏北盆地连成一体,中间被一近东西向隆起分为南北两个箕状坳陷。最新资料表明,南黄海的构造组成自北向南为千里岩隆起区、南黄海北部盆地、中部隆起区、南黄海南部盆地和勿南沙隆起等五个构造单元。

渤海盆地自燕山运动晚期全面隆起,遭受剥蚀,普遍缺失晚白垩世—古新世的沉积。从始新世到晚第三纪,盆地进入了断陷—坳陷发育期。地震反射资料表明,第三纪坳陷最深部位沉积厚达上万米。渤海盆地是一个复式叠加型断陷沉积盆地,具有多旋回、多层系和多油气藏类型的特点。海区范围内由辽东湾坳陷、渤中坳陷、黄河口坳陷和郯庐断裂带四个构造单元组成,其主要构造线为 NNE 向。

【海洋地球化学】 海洋地球化学的研究,目前主要围绕大洋锰结核及其它海洋矿产的化学成分、成因、分布规律、海洋污染的地球化学过程及其对策等进行。

大洋锰结核是继海洋石油天然气之后最重要、最有前途的海洋矿产资源。近年来,中国对锰结核的地球化学研究取得了重要的进展,尤以太平洋资料最可观。发现锰结核中含化学元素多达 40 种以上,但各海区的结核在元素成分比例上有所差别,而结核本身内部元素分布情况更杂,反映了结核生长过程中的差异性与复杂性。至今,对锰结核的形成过程、生长速率及元素来源等问题尚未取得最后一致认识。一种意见认为锰结核是由 MnO_2 的胶体沉积作用形成的,这种沉积作用进行得非常缓慢;另一种假说认为结核是在底栖生物活动的参与下,Mn—Fe 氧化物沉定形成的。

海洋同位素地球化学已开始受到广泛重视,并取得了许多重要成果。作为计时计和示踪剂,放射性同位素主要应用于沉积地层、锰结核和生物介壳测年,推算沉积速率、海相循环、洋盆历史,甚至精确计算生物对沉积层的扰动作用。对于近百年来的沉积速率问题,^{210}Pb 具有优越的作用,这在近海与海岸沉积与工程建设中具有很大的实践意义。稳定同位素对于研究物质来源、古海水温度、古海洋学、古气候具有特别重要意义。利用氧同位素 ^{18}O 推算古温度的方法近年来开始用于中国古海洋学研究,并取得了良好结果。

从研究海域看,河口与近海是海洋地球化学目前研究的主战场。入海陆地物质的85%经河口进入海洋,并大部分沉积在近海。在这过程中,不同元素有着不同的反应。例如,溶解态硅通过絮凝作用、吸附作用等地球化学作用从水体中析出。P,N作为主要营养元素,对河口和沿岸海域的初级和次级生产力有重要影响,而人类活动产生过量的磷酸盐和硝酸盐则可造成严重污染。河口、近海亦是陆地风化作用向海洋提供痕量元素的重要场所。生物活动和丰富的有机质通过生化循环、络合作用、pH值、盐度、氧化还原电位变化控制了微量元素的存在与迁移。微量元素的分布同时还受沉积物颗粒大小的分布,亦即水动力条件的制约。某些微量元素及沉积和磷酸盐在地质上具有良好的指相意义。蓝先洪等(1987)调查发现,在珠江三角洲地区,海相中$B>1.0\times10^{-8}$,$Sr>1.6\times10^{-8}$,$Ba>4.0\times10^{-8}$;陆相中,$B<0.5\times10^{-8}$,$Sr<0.6\times10^{-8}$,$Ba<3.0\times10^{-8}$。$Ca/Ca+Fe<0.40$为陆相,>0.80为海相。总体上,中国近海沉积物的地球化学特征表现为:元素的含量与分布受沉积物粒度控制,大多数元素的含量沿岸线呈带状分布,元素来源主要是陆源碎屑物质(赵其渊等,1989)。 (朱晓东 朱大奎)

【**海洋矿物学**】 海洋矿物按成因可分为碎屑矿物、砂矿矿物、生物矿物、自生矿物、热液矿物及底成矿物。目前,海洋矿物学研究已涉及到海洋矿物特征的各个方面。

碎屑矿物 这类矿物包括轻重碎屑矿物和粘土矿物。刘敏厚等(1987),陈丽蓉等(1987)对黄海、东海中碎屑轻重矿物的组分、组合规律、分布特征及其与环境的关系均有论述。杨作升(1988)研究了黄河、长江、珠江沉积物中粘土矿物与物源区气候环境关系,总结出流往不同气候带的三条大河所携带粘土矿物的类型、特征及其分布规律。何良彪(1989)还分析了主要粘土矿物在中国海域的分布趋势,提出了三大河粘土矿物在中国各海区的扩散模式:伊利石主要富集于黄海南部、东海北部和南海区,绿泥石的高值区主要分布于北方海域,高岭石高值区分布在南海南部,而蒙脱石在中国近海多为低值区。此外,何良彪(1986)和赵全基(1988)先后对中太平洋北部和赤道太平洋海域粘土矿物进行了研究,指出粘土矿物在沉积物中的总量和蒙脱石的含量与锰结核的丰度为正相关。

自生矿物 自1980年以来,王琦等陆续报道过黄海、东海等海区的黄铁矿。朱而勤从1983年起先后在东海、南海、北部湾、冲绳海槽等海区底质中发现了以铁氧化物为主的自生结核。朱而勤和王琦编著的《海洋自生矿物》(1988,海洋出版社)全面系统地介绍了现代海底自生矿物的性状、类型、地球化学等,并有专章阐述了中国近海的自生矿物。1987年山东大学出版社出版了朱而勤编著的《大洋锰结核矿物学》。该书主要讨论了结核形成的成壳物质,所成氧化物的晶体结构类型、规律性等问题。罗济民等(1988)研究了北太平洋锰矿物和铁矿物的组分以及矿物组分与结核中有用金属富集度的关系。朱而勤(1986)在东海发现了高镁方解石结核,系高镁孔隙溶液在砂质沉淀中渗透、沉淀而成,属自生碳酸盐类。同一年,朱而勤等还发表了对海南岛三亚湾铁锰碳酸盐的矿物学研究结果。该区除少数菱锰矿外,多为菱铁矿,铁锰间过渡矿物极少。1986年以来,对陆架海域的海绿石也作了大量研究,发表论文近10篇。彭汉昌等(1987)、朱而勤等(1988)总结出中国近海海绿石由北向南由黄绿向黑绿,以颗粒状为主向生物内模状为主,由铝含量较高向铁含量高、成熟度逐渐增高的变化趋势。

生物矿物 东海钙质生物骨屑的矿物学研究系自然科学基金资助的课题,其成果于1987年发表。在该项研究中,朱而勤研究了4门类20多个种属的钙质骨屑的矿物成分、化学成分、同位素组分与生物种属的关系。经反复探寻,在东海未发现可作为骨屑温度计的生物种属。

宇源矿物 自1978~1979年从中太平洋海域表层沉积物中发现了许多铁质、石质和玻璃陨石以来,彭汉昌等对有关宇源球粒的研究做了大量工作,1987,1988年的研究成果主要论述含金黄色镍铁核心的铁质球粒和微玻陨石的性状。最近发现的铁质陨石的核心的镍钴含量达28~80%,这是该球粒宇源成因的确证。

发现了一种新矿物——钓鱼石 申顺喜等(1986)报道了在冲绳海槽南端表层沉积物中发现的一种新矿物,根据发现地(在钓鱼岛附近海底)命名为钓鱼石,已于1985年11月经国际矿物协会审查承认。其化学成分为$NaAl_{12}O_{17}$,属六方晶系,薄板状,晶体很小(<0.4mm×0.2mm×0.003mm)。无色至淡绿色。硬度7.6,密度3.3。可能系该区产生的含碱高铝玄武岩的伴生矿物。 (朱而勤)

【**古海洋学**】 中国对古海洋学的研究工作起步较晚,但是最近4年(1986~1989)取得了长足的进展。特别是通过中国各部门分别组织的冲绳海槽考察、中美南海考察、中德南海考察、南沙考察、西太平洋的菲律宾海考察、东太平洋的中太平洋的铁锰结核考察的南极考察等,对中国古海洋学的研究起着很大的促进作用。

这几年来的古海洋学研究工作主要集中在中国的边缘海区,特别是南海,而在南海又集中在南海北部与深海盆地。开展了南海晚更 新世以来的古水温、古气候及古洋流的研究，发现在这一时期内有5个大的气候变化和海面升降，它们相当于氧同位素的1，2，3，4，5各期。研究了赤道暖流及黑潮等对南海的影响，末次冰期时有孔虫多为温、凉水分子，推测其时赤道暖流未进入南海。对南海全新世气候分期问题，有的学者认为在全新世气候转暖过程中，海面上升曾有过二次短暂的停顿，分别在－50m和－30m的位置。对西沙碳酸盐沉积层的研究表明，这里13万年以来的氧同位素曲线可以和格陵兰的冰芯记录相对比，说明在中低纬度的热带边缘海中也对极地冰盖体积变化有所反映。同时推断出生物礁的生长速率，在末次冰期时为45cm/ka，在末次间冰期时为200cm/ka。

对南海碳酸盐的沉积作用的研究表明，碳酸盐的溶跃面在2 900～3 000m间，碳酸盐的补偿深度在3 500～4 000m间。晚更新世以来南海的碳酸盐沉积旋回与大西洋相似，而与太平洋相反，初步认为这是由于陆源物质供给状况决定的。

冲绳海槽区的古海洋研究较早些。这里最先取得晚更新世以来的氧同位素曲线，可与深海曲线相对比，并且证实了Thompson的关于太平洋粉红色红拟抱球虫绝灭于距今12万年左右的观点。这里晚更新世以来的碳酸盐旋回变化也与大西洋相似，认为是与生物生产率变化有关。

近几年在古海洋学研究中还引进了转换函数法，从有孔虫化石群的数量变化中提取古温度的信息。这一方法运用在冲绳海槽与南海均给出满意的结果，得出的冬、夏表层水温变化与氧同位素曲线相当吻合。

这四年来古海洋的研究区域逐渐扩大，除中国边缘海区外，还扩展到了西太平洋，菲律宾、中太平洋与东太平洋，甚至对南极海域古海洋环境的研究也引起了足够的注意。

1989年11月在上海召开了中国第一届古海洋学术讨论会，交流了研究成果，介绍了古海洋学的现状与进展，成立了中国古海洋学联系网络。参加会议的有28个单位的52名科技工作者。大会收到了第三届国际古海洋学大会主席、英国剑桥大学地球科学系主任MeCave教授和第一届古海洋学大会主席许靖华教授的贺信。会议决定第二届古海洋学术讨论会于1992年在青岛召开。 （高　良）

【海洋古地磁】 进行海洋古地磁研究的主要单位——中科院海洋所、南海所、国家海洋局一所、地矿部海洋地质研究所等，几年来先后在西部、中部太平洋，菲律宾海盆，马里亚纳海槽，中国南海、东海、黄海、渤海，北部湾，台湾海峡，辽东湾等海域和沿岸平原地区进行了海洋古地磁调查与钻探取样、测试工作。1989年11月于杭州召开了第四届全国古地磁学术会议，同年于青岛召开了海洋古地磁研讨会。在此期间共发表了东海Dc－1和Dc－2孔古地磁研究、长江三角洲部分钻孔沉积岩芯古地磁的初步研究、中太平洋海盆磁性地层分析及有关锰结核的地质环境讨论、黄海布容正极性时极性事件的讨论等论文20余篇，从不同角度反映了这一期间的研究成果。

中科院海洋所孙维敏等在中国海域发现哥德堡亚时的存在。并经^{14}C法测定其年代为距今10 250～11 510a。论证了其地质意义，并依其作为划分全新世与晚更新世地层的界线。对中国海及其沿岸平原地区沉积进行磁性地层划分及短期磁游移研究结果表明：中国海磁性地层以布容正向时最厚，可达150m左右。松山反向时最薄甚至缺失。高斯正向时又增厚，这一结果在秦蕴珊等主编的东海地质、黄海地质、渤海地质中进行了论述。同济大学陈德昌等在对下辽河平原第四系地层古地磁研究中也有同样论证。该结果表明下辽河平原沉积布容正向时磁性地层与高斯正向时磁性地层直接接触，缺失松山反向时地层。地矿部海洋地质所葛同明等论证了太平洋中部中新世以来存在两个沉积期与两个间断期。他们还通过对雷琼地区晚新生代火山岩古地磁研究确认在松山及反向时末期可划分一个新的短周期正极性亚时，但未命名。中科院南海所袁友仁等对同一地区研究得出雷琼两地在晚上新世至晚更新世间为同一构造整体的结论。但中科院南京地质古生物所虞子冶等研究表明，海南岛地史上古地磁变化十分复杂，它经历了长时间远距离漂移和旋转，从晚古生代时与冈瓦纳大陆相连后裂离，向北漂移于第四纪时达到现今位置。海洋局一所丛友滋等论证了太平洋海盆磁性地层与锰结核生成地质环境的关系。并通过对太平洋沉积岩芯的研究认为宇宙地层的空间变化层序与地球磁性地层层序变化一致。他们还进行了岩石磁化率与古水流流向及沉积动力环境特征的研究。中科院南海所陈忠通过南海围区中新生代古地磁特征研究证明新生代期间南海围区发生过不同程序的南北向漂移或旋转，这些运动对南海形成、构造演化、特别是南海早期扩张运动起着重要的控制作用。中科院海洋所还通过国际合作，将完成地磁场长期变化与气候变化的关系及其对环境影响的研究，从而把古地磁研究与古气候、古环境及海平面变化研究结合起来。海洋局一所也在进行中外合作研究。 （孙维敏）

【海底热流】 1986～1989年期间，中国海底热流的研究，主要是利用国内外已发表的中国海底热流数据，研究海底地壳的构造问题，以及开展国际合作，探索近海海底地壳热流的测量计算方法。中科院南海所刘昭蜀、陈雪(1987)利用 Hayes, D. E. (1987)、钱翼鹏(1982)、Taylor, S. R. (1982)的资料，将南海中央海盆划分为四个热流区：东北低热流区，热流值小于2HFU；西北区，平均热流值为2～2.5HFU，大致呈北东方向排列；中部区，最高热流值为2.66HFU，向东和向南热流值呈下降趋势；西南区，是南海中央海盆平均热流值最高的地区。将南海中央海盆南部的平均热流值曲线与太平洋中央海岭平均热流曲线进行比较，认为两条曲线的初始部分近似重合，热传导方式应相似。因此采用半无界空间方程推导出用热流值计算地壳年龄的公式：

$$t = T_0^2\left(\frac{K_\rho C}{\pi}\right)\frac{1}{[\theta(t)+K_r]^2}$$

根据计算，他们认为西南区热流值高，是因为地壳最新拉裂所致。

陈忠荣、夏戡原(1987)用GR－12型海洋热流探针在南沙群岛海域首次开展海底热流调查取得了三个站位的资料。根据他们的研究和国外在该地区的实测结果，确定南沙西南海区是一个高热流薄地壳的结构。

1988年5月，中科院海洋研究所与日本东京大学地震研究所和地质调查所签订了海底热流合作研究意向书。同年，国家自然科学基金委员会批准了(1988)李乃胜申请的"中国东部海域海底地壳热流与地质构造关系"研究课题(1989～1991)；日本文部省也批准了东京大学上田诚也教授的同一内容的课题，定于1989年开始中国—日本的3a海底地热的合作研究。

【海底天然地震】 近年来利用地震台网的记录，对中国大陆边缘海域地震P波的速度分布与岩石圈结构进行了较多的的研究。宋仲和等(1986)利用地震P波走时与幔速相结合的方法，研究了黄海、东海、南海至日本与菲律宾北部的上地幔的速度结构。认为东海与南海大陆架上地幔顶部的速度约为7.64km/s，高速盖层的速度梯度相当大，上地幔低速层的埋芷深度只有60多公里深，其下到300km深度范围内速度梯度很小，在390～420km，660～700km深度范围内有两个突出的过渡层，前者的速度梯度很大，约0.025^{-1}。黄海地区低速层以下到300km深度及两个过渡层间的速度比东海、南海略低。他们认为黄海、东海、南海大陆上地幔速度结构与华北地区相似，而与华南很不相同。因此推断它们不是华南地块的自然延伸部分，而是燕山期大平洋西岸岛弧海沟海退，大洋型结构逐渐演化成的。刘福田等(1989)在研究中国大陆的地震层析成像时，也把这样的新技术应用到中国边缘海域的深部构造研究中。110km深度处的速度图像表明，在冲绳海槽，经台湾海峡直到南海有一条突出的低速带的分布。臧绍先等(1989)利用ISC及中国地震台网的资料，研究了琉球群岛及冲绳海槽的地震分布、震源机制解，讨论了Benioff带的形态及应力状况，ms≥4的地震主要分布在琉球海沟西侧的弧形带中，形成明显的Benioff带。俯冲带的性质以吐噶喇海峡为界，其北，俯冲带的弯曲明显，深部倾角大，约72°，70km以下张应力轴是沿俯冲方向；其南，俯冲带平直，深部倾角小，约55°，压应力轴基本沿俯冲方向。冲绳海槽处于NNW向近水平的拉伸，与华北应力场类似。从而他们认为冲绳海槽没有受到菲律宾海板块的挤压作用的影响。

此外，对中国黄渤海地震带的地震参数的确定也开展了较多的工作。朱式俊等(1986)认为南黄海的地震活动远远高于杨州—铜陵地震带，应作为一个独立的地震带，以加强对海域地震的研究和监测。王浚南等(1989)以1984年5月21日南黄海地震为例，使用国际加速度仪台网(IDA)的超长周期瑞雷波记录，反演震源参数，定出主震的断层机制为走向N35°W，倾角52°，滑动方向54°，地震距为1.2×10^{18}N.m，压应力主轴方向为N74.4°E，是一条走向NNW的左旋逆断层。环文林等(1987)认为渤海地区是中国大陆边缘强地震活动区，7～7.5级以上的大地震，自1493年以来，有4个周期，每120a为一个活动周期，其震源大多位于10～25km深，均属浅源地震。卓钰如等(1988)对20年WWSSN台记录到的1969年7月18日渤海地震(Ms＝7.4)的远震P波波形与理论地震图进行对比，确定该地震的震源参数为地震距2.6×10^{19}N.m，震源破裂持续时间为12s，震源深度为35km，两个节面为(1)走向以＝24°，倾角δ＝85°，错滑角λ＝170°；(2)走向δ＝115°，倾角δ＝80°，错滑角λ＝5°。

郝维城等(1986)研究成功浅海海底地震仪(HSI)，工作水深≤250m，采用LS－1型地震计，数字与模拟两种记录，腐蚀与声遥控两种释放装置。

(喻普之)

【中国海区及邻域地质—地球物理系列图编制完成】 比例尺1：200万，编图范围从赤道至42°N，102°～140°E，以中国海为中心的北东向弧形区域的《中国海区及邻域地质—地球物理系列图》，系由地矿部三个海洋地质单位共同编制，刘光鼎主编。系列图包括地形、地貌、空间重力异常、布格重力异常、磁力异常(△T)、地球动力学、地质、大地构造和新生代盆地9幅图。另以角图(1：800万)表现中国海的地貌类型、地球动力学分区、海洋固体矿产分布和一些典型地质剖面。该图并附一说明，对中国海的地质—地球物理特征进行了系统的描述。1989年8月19日经由9位中国科学院学部委员及其他地质学家和地球物理学家组成的鉴定委员会鉴定认为：该系列图是对中国海洋地质工作成果的一次全面总结，成果丰富而实用，结论可靠而有创新，具有重要的学术价值；系列图对海洋矿产资源的开发，环境地质，地质灾害预测，乃至维护中国领海权益等方面具有深远的意义。

【三维密度界面反演方法研究取得新进展】 1987年3月中科院地球物理所刘元龙等提出了三横横向不均匀密度界面反演的质面系数方法。该法用水平矩形质面取代长方体，根据长方体的厚度与其埋深之比小于0.2～0.4时重力异常的近似等效性，进一步导出了能自动调整的重力反演三维密度界面的新方法。该方法与现有方法相比优点是收敛快，反演误差小。该方法已被用于计算中国地壳构造。（王硕儒）

【海洋灾害地质与海洋工程地质】 海洋灾害地质与海洋工程地质研究始于本世纪60年代，中国从80年代初才开始在渤海为海上石油钻井进行小范围的调查与实验。渤海石油公司、中科院海洋研究所、力学研究所及交通部第一航务工程局等单位对渤海湾的沉积物工程特性取得了一定的基础资料。1985～1987年，山东海洋学院与美国俄勒冈州立大学联合对黄河口及渤海中南部进行了三次海洋灾害地质、海洋工程地质的调查研究，取得较大进展。在中国开展系统的，大面积的海洋灾害地质、工程地质调查的试点工作在南海进行，由广州海洋地质调查局承担。1985年在联合国开发计划署(UNDP)援助下，建立了“南海珠江口盆地海洋工程地质调查”项目，联合国援助款169万美元，中方投资900万元。该项目到1988年已取得显著成果，通过各种资料的综合分析和对比，能够判断和识别出由海底至1 000m深范围内存在的诸如浅断层、滑坡体、埋藏古河道、浅层高压气、移动性砂波、塌陷、风暴凹槽等地质灾害因素，并能对其工程地质性质作出评价。从过去只能在浅水区作业的简单调查，发展到能适应在近岸、大陆架和大陆坡较深水区工作的技术实力，由过去单一的调查方法进步到能够用各种高分辨率浅层地球物理勘察技术，各种海底沉积物取样和海底原位测试及室内土工试验等一系列综合研究方法。四年来，已基本完成项目文件规定的7幅5万多平方公里的海上调查任务，1988年出版了中国第一批1：20万比例尺的区域性海洋工程地质调查成果报告及系列图件(参见海洋调查部分)。1989年11月30日—12月6日中国地矿部和联合国开发署技术合作发展部在广州联合主办了国际海洋工程地质讨论会。30多个国家、地区的100余名专家、学者在会上交流了有关大西洋、太平洋、墨西哥湾北海、地中海等地区以及中国有关南海珠江口、东海、辽东及黄河三角洲等海域的工程地质、海底稳定性、地震工程及地质灾害分析等50余篇论文。此会标志着中国海洋工程地质调查与研究技术发展迅速，技术水平已取得令世界瞩目的进步和重大成果。

辽东湾灾害地质因素研究 中科院海洋研究所、力学研究所从1988年开始，与渤海石油公司合作共同进行了辽东湾灾害地质因素研究，以回声测深仪、晶体发射的剖面仪、单道高分辨浅层地震仪、旁侧扫描声呐等仪器为手段进行调查，同时对海底土的工程力学性质进行了分析和测试。从所获资料可知，测区内的灾害地质因素有海底活动沙丘、海底沉积物的移动、潮流脊、埋藏古河道和古湖泊、浅层气、浅断层以及大于10m的松软沉积层等。

老黄河三角洲水下底坡不稳定性研究 1985～1987年青岛海洋大学与美国俄勒岗州立大学合作对黄河口 灾害地质进行了调查研究。他们利用回声测深仪、旁侧扫描声呐及浅地层剖面仪等高分辨率的声学探测仪器所获得的大量声学记录上分析得知，老黄河口三角洲水下底坡上存在着大量除平滑海底以外的不稳定地貌形态。塌陷凹坑和洼地、冲蚀坑、粉砂流冲沟以及残留沉积物突起等海底微地貌分布在水下底坡的不同位置，形成了一个不稳定性海底的条带。根据海底地貌和海底遭受的破坏程度，将老黄河三角洲水下底坡划分为平滑稳定区、轻度扰动区和不稳定区三种类型，并作出一幅不稳定性分区图。（郑继民）

【动力沉积学研究】 自1980～1982年中美长江口沉积动力学联合研究以后，对陆架和河口港湾、尤其是河口港湾动力沉积学方面的研究已有不少成果。由于各地沉积环境不同，水动力条件各异，其结论有很大的区域特征。

黄渤海区 董礼先、苏纪兰等(1989)从潮流场 数值模拟入手，计算了黄渤海区不同粒径的悬浮输运和底推移输运，并从二者总输运场的散度探讨了计算海区的冲淤状况。认为，尽管未考虑流、浪、温盐结构等动力因素及泥沙来源，而只着眼于潮流场作用下底床沉积物的再悬浮与再输运，但计算结果与实测沉积物分布图式在大部分海区吻合较好，说明在黄渤海区潮流场对泥沙输运与沉积是起着重要作用的。

黄河口 张世奇采用连续动边界技术建立了黄河口二维冲淤计算模型。在模型中考虑了潮汐、径流、海底摩擦、挟沙力、风应力以及絮凝作用七种因素的影响，对河口的长期冲淤变化进行了系列累积计算，力图反映黄河口淤积－延伸－摆动－改道的复杂现象，并计算了多种方案为黄河口的规划设计提供依据。

长江口 （见中国河口研究进展）

杭州湾　许卫忆和苏纪兰(1986A)模拟了杭州湾的二维潮波，应用Bagnold公式计算了沉积物输运并用净输沙量的散度来表征湾内沉积物的冲淤分布。所得结果与实测结果基本符合。认为，尽管海浪、风暴潮的作用也很大，但其效果是暂短或局部的，杭州湾沉积物分布的主要动力是潮流。除此之外，他们(1986B)还对杭州湾6种整治方案的冲淤状况进行了预测数值研究，以供决策参考。

苏北浅滩　黄易畅(1987)分析了波浪、潮汐、潮流、海流(余流)等动力要素在苏北辐射沙脊形成、发育中所起的作用。得出了该区沙脊群主要是潮汐、潮流作用下的堆积地貌的结论，并阐述了在潮汐、潮流作用下辐射状沙脊形成发育的过程。张忍顺(1986)根据多断面昼夜水文观测资料，分析了潮滩潮流及悬移质沉积物的分布变化，指出著名的延迟机制在苏北这种开敞或半开敞强潮区上的适应性和局限性，发现潮滩上有水沙的水平循环及类潮流椭圆，认为广阔的潮滩可以分成一系列相对独立的沿岸单元。

连云港区　陈德昌等(1989)以连云港为例，将波浪对淤泥积岸滩泥沙运动归纳为二种基本物理过程：在破波带内，波浪掀沙造成泥沙悬浮；在破波带外，水体含沙量来源于破波带内悬浮泥沙在潮流作用下的扩散运移。并从波高的统计分布出发，按波能概念提出了破波带内水体含沙量的横向表达式；破波带被视为无数泥沙线源的叠加，由此建立了破波带外水体含沙量的横向表达式。由相应公式计算的水体含沙量与实测结果基本一致。虞志英等(1986)通过对连云港吹泥区排泥期前后岸滩变化观测资料的分析，得到了对淤泥质岸滩短期冲淤过程的较完整的认识。认为近岸波浪尤其是破波带内的波浪作用是造成岸滩物质冲刷的主动力，潮流则对沿岸悬沙起输运扩散作用。在风浪频繁季节，岸滩冲刷主要在－3m以内的破波带中进行，在风浪静稳季节，约有69%的淤泥沉积下来，造成岸滩淤高。

北仑港区　戴贤凯等(1987)根据北仑港区的水文、泥沙条件，采用ADI法建立该区的二维潮流数学模型，描述了拟建北仑港二期码头工程实施后港区水域的流态，并对码头区域进行了冲淤变化分析和计算。用加大海底糙率来模拟群桩对水流的影响，为今后在数模中模拟透岭水工建筑物积累了经验。蔡体录(1987)根据北仑港的水文资料，分析了水动力条件，床面切应力以及地形资料，认为目前该区处于稳定阶段，水流足以把来沙带走，北仑港不会造成淤积。

天津新港区　盛兴民(1987)通过对黄河入海挟带泥沙沉积的分布规律分析，认为黄河的泥沙不会成为泥沙流进入天津新港。天津新港的淤积来源主要是附近浅滩泥沙在潮流和风浪作用下的重新分配。

黄埔港区　罗肇森等(1987)导出以悬沙淤积为主的河口航道开挖后洄淤量的计算公式。使用二维潮流数值模型得出的流速值，预报黄埔新沙港区在开挖港池和航道后的淤积数量，其结果与物理模型试验结果比较颇相一致。　(姜景忠)

【中国河口研究】　1986～1989年间，中国在河口领域，特别是对一些大河河口的研究正向纵深发展，取得不少研究成果。

长江口　长江口是中国第一大河长江的入海口。近几年的研究对长江输出物在河口及邻近陆架的时空变化、结构及其形成的物理机制，对某些海洋学现象提出了新的方法和见解。认为潮相变化对长江口沉积物的排出起重要作用，此种作用主要取决于与河口水深有关的潮差，而不是取决于河流的流量或河口的绝对潮差值。大潮期河口对于河流泥沙起导管作用，在小潮期却起沉井作用。大潮通过河口主汊道的泥沙接近下一个小潮期的3倍。有的研究对长江口潮流场和垂直结构特征作了探讨，用一种一般化了的有限差分格式解二维潮流方程取得了比较满意的结果。沈焕庭等(1986)根据60年代以来大量的实测资料，分析了长江口区的盐淡水混合类型、环流模式及其对悬沙的影响。指出，北港、北槽和南槽在径流、潮流、盐淡水异重流共同作用下，存在上层水流净向海，下层水流净向陆的河口环流。悬沙输移模式与河口环流模式相似。最大混浊带、浮泥、航道拦门沙的位置变化规律与滞流点相一致，其形成和变化与河口环流密切相关。导出的河口区相对观测层次的物质断面传输公式增加了反映环流及振荡切变的各种相互关系的有关项，其中某些项至少对长江口类型的河口是重要的。台风会造成拦门沙航槽的迅速洄淤，并用回归分析对此作了预报。口门附近和邻近陆架现代沉积物的结构构造与堆积速率密切带机关，根据^{210}Pb、^{234}Th等资料可将该区现代沉积物的结构造分为四大类型(关于河口化学方面的研究见“河口化学”条，下同)。

1988年上海科技出版社出版了由陈吉余、沈焕庭、恽才兴等主编的《长江河口动力过程和地貌演变》一书，反映了华东师范大学河口海岸研究所成立30多年来在长江河口动力过程和地貌演变研究等方面的主要成果，为长江河口的开发治理提供了科学依据，亦对河口学理论的发展具有推动作用。

黄河口　黄河是一条多沙河流，每年向海倾注约12亿吨泥沙。因而其河口的水文、泥沙、生物、化学有明显的独特性。对黄河口潮汐的研究表明，该海区属于半日无潮区，M_2无潮点位于38°08′41″N，119°03′57″E及其邻近海区，小潮流速大于大潮流速。对潮流铅直分布进行了观测，首次计算了该区粗糙度参量E_0值的分布，提出了最大潮流速度铅直分布与相对粗糙度参量的关系式。1983年秋至1984年夏在黄河口进行了温、盐、流、含沙量的多船同步观测，分析了这些要素的时空变化特征。该区细粒级沉积物有高含量的碳酸钙、蒙皂石、方解石及碱土金属和一定数量的角闪石等反映了较为干旱寒冷、物理风化较强而化学风化较弱的黄土形成和堆集区的特点。黄河口烂泥湾主要是汛期带来的大量粘土物质在口外咸水环境中絮凝沉降，加之潮流速小、水浅、来沙量大而形成，它有良好的消浪作用，为海上作业船只提供了锚泊避风场所。实测调查与资料分析表明，黄河三角洲地区的河道摆动均呈现出在反复摆动中向东迁移的特点，影响因素主要是地貌形态、气候与科氏力。黄河口的治理主要是泥沙问题，其对策为：减少流入河口的泥沙量，设法加大输入外海的泥沙量，扩大三角洲堆沙范围。

对黄河口化学研究表明，黄河口悬浮颗粒均带负电荷，Zeta电位的负值随盐度增大而减小；黄河水具有高碱度的特征，海—河水混合过程具有良好的保守性；表层沉积间隙水中的硫酸盐含量有异常增高现象；铀浓度较高，为5～9mg/L，在国内外大河流水是少见的；重金属的浓度接近其在黄土中的含量，人类活动对黄河口的沉积物尚未构成严重威胁。

珠江河口　为汊道密布的三角洲河口，近年来为解决洪、涝、咸、旱及淤积问题开展了多方面的专题研究。用特征差分的一维化解法为改变二维海区边界条件后的潮流计算问题提供了新的理论方法。导出以悬沙淤积为主的河口航道开挖后回淤量的计算公式，使用二维潮流数值模型得出的流速值预报新沙港区在开挖港池和航道后的淤积数量，结果与物理模型常规试验相近。对磨刀门输沙能力的初步探讨表明，涨潮流输沙率是流量及前期平均含沙量的函数，落潮流输沙率是流量及上淤相应含沙量的函数。从重力净环流、泥沙絮凝沉积和潮流冲刷引起泥沙再悬浮等对伶仃洋最大浑浊带的成因、变化规律和对槽床淤积的影响进行了探讨。对珠江口的现代沉积环境、构造特征及地质地貌演化也作了进一步的探讨。

在河口生物方面，对底质中介形虫、有孔虫属种的分布及其埋藏在河口区盐淡水环境中的分布规律进行了研究。通过对三角洲地层中的微体古生物分析，证实珠江三角洲地区发生过二次海侵。对珠江口表层沉积物中硅藻分布特征的研究表明，沉积物中硅藻壳体数量多寡、组合面貌与环境因素有密切关系，其中的盐度、深度、营养盐、海流等起控制作用。

钱塘江河口与杭州湾　通过物理模型和数值计算，阐明了杭州湾南北潮汐差别的主要原因，在金山卫以东湾区是科氏效应，而以西湾区则主要是地形的影响。在考虑非线性平流项影响的基础上，采用有限差分格式对杭州湾的潮汐潮流进行了数值计算，对M_2分潮用ADI法作了数值模拟，并根据实测资料估算了潮流的湍应力和涡动粘性。对盐水扩散用流体力学方程获得了二维扩散的数值解。应用经验特征函数分析了泥质潮滩随时间的波动。通过动力、地貌和沉积相结合的方法，论证了杭州湾北部潮流冲刷槽的水流结构、泥沙输移和演变规律。利用NOAA卫星的AVHRR数据监测杭州湾海域的悬浮含沙量达到了较高的精度。

在生态方面根据现场调查对杭州湾北岸软相潮间岸底栖生物，计算了种类多样性、种类丰度、种类均度和种类优势度，并分析了上海石油化工总厂投产后对该区环境质量的影响，结果表明，底栖群落的变化相当明显。

除上述四大河口外，对闽江口、赣江口、鸭绿江口、海河口、辽河口、灌河口、南流江口、南渡江口等中小河口也进行了河口水文、泥沙、生物、化学等方面的研究工作，其中九龙江河口，在生物与化学方面的研究比较深入。此外，在河口分类、海平面变化、潮汐余流等一些具有普遍意义的问题上也进行了有价值的探索。

（沈焕庭　王晓春）

【长江口细颗粒泥沙特性研究】　杭州大学河口海岸研究所承担的该课题是交通部“七五”攻关项目——“长江口三沙治理与通海航道研究”中的一个子项目，它由长江口细颗粒泥沙絮凝若干特性探讨、长江口细颗粒泥沙电荷特征研究以及长江口底质冲淤特性试验研究三个专题研究组成。经静水絮凝试验和粘土矿物鉴定表明，32μm是细颗粒泥沙絮凝临界粒径，8μm为絮凝最佳粒径；细颗粒泥沙絮凝体沉速增大10～75倍，是导致拦门沙淤积的重要原因之一；拦门沙区的伊利石、高岭石在盐度9～13时发生絮凝，其淤积部位为盐水楔的顶部，蒙脱石在盐度20～24时才发生絮凝，其淤积部位为盐水楔的尾部。上述结果已被长江口航槽改槽、三峡论证与东海粘土沉积等所引用。对长江口6类沉积物的13个样品测定表明，近70%的电荷量集中在32μm以下诸粒级之中，且随粒度细化呈明显增加趋势，为分析细颗粒泥沙的絮凝机理和界限提供了实验依据。长江口铜沙浅滩样品在环形水槽里做了冲刷与淤积试验，发现细颗粒泥沙存在稳定含沙量的性质，有渐淤和骤淤两种形式，冲刷试验中观测到粗颗粒泥沙以滚动开始，出现沙波运动甚至消失，而细颗粒泥沙则以沟蚀、面蚀与块体运动直至全部悬浮，并由此获得了泥沙起动流速数值和表达式。上述研究结果均作为总项目的主要科技成果，1988年获交通部“科技进步”二等奖。

（张志忠）

海 洋 生 物 学

【海洋微生物学】 大洋和南极微生物调查 大洋和南极微生物调查在中国起步较晚，80年代初国家海洋局系统的研究所开始从事这方面的研究。1982～1983年海洋局三所人员参加新西兰组织的南极夏季考察，带回样品开展室内微生物分析，1986和1987年相继以中、英文发表论文，题为“南极维多利亚干谷和罗斯岛的异养微生物”。1988年在中国第一届南大洋考察学术讨论会论文集中又同时发表了海洋局一所的“南极半岛西北海微生物生态分布和组成特点”和海洋局三所、比利时布鲁塞尔自由大学联名刊出的“南大洋水体中的细菌数量和生物量”的论文。1989年海洋局二所在“西北太平洋沉积物和锰结核中微生物的丰度和锰细菌”论文中报道，获得的锰细菌分离株中革兰氏阴性菌占72%、革兰氏阳性菌占28%，此外，还发现一株芽生细菌。

海洋油污染的微生物降解 海洋石油污染及其治理问题，是国内外普遍关注的课题。目前已知自然界中有28属细菌，30属丝状真菌和12属酵母菌共200多种能生活在石油中，通过生物氧化而降解石油的烃成分，将其转化为自身的生活物质和代谢产物。研究海洋石油降解菌的生态分布及其在自然海洋环境中的降解速率等，对于了解和控制海洋油污的净化过程具有重要的理论和实践意义。70年代以来，中科院海洋所、国家海洋局一所、三所等单位先后在胶州湾、渤海湾、大连湾和厦门港等海区开展石油降解菌的数量分布、种类组成以及影响油污降解的环境和营养条件等工作。80年代中期，国家海洋局一所和三所都报道过单菌株或自然混合菌群降解烃类的实验室研究。特别是三所对油污微生物降解的研究作了较系统的报道，分别在实验室模拟条件和厦门海区围隔生态实验中比较研究了烃降解菌纯种或天然群系对10种烷烃、柴油和原油的降解作用，发现烃的浓度是影响烃降解的重要因素。邻单孢菌菌株在25℃7d内对十六烷的降解率达到67%。1986年该所报道天然海区微生物对原油的降解率为0.02～0.19g/(d.m²)。对柴油降解率为0.004～0.61g/(d.m²)。1988年又报道黄杆菌降解原油速率为3.07×10^{-13}mg/(细胞.h)～1.62×10^{-12}mg/(细胞·h)。同年还发表降解烃类的假单胞菌超微结构的研究。这些工作都为今后进一步研究海洋油污染的净化问题提供了有价值的资料。

弧菌生态 弧菌广泛分布于近海和河口环境中，已确认对人有致病性的在30种以上，其中9种已在临床标本中找到。除霍乱弧菌外，还有一类嗜盐性的弧菌，可引起人类食物中毒、胃肠炎、创伤感染及原发性败血症等。某些弧菌则是海产鱼贝和甲壳类动物的致病菌。

国家海洋局三所于1986～1989年在大亚湾核电站海洋生态零点调查中进行了两次弧菌生态调查，研究其数量分布规律和种类组成，并首次应用美国的API20E系统作弧菌鉴定。研究结果表明，大亚湾水体弧菌的检测值小于3.0×10^4～2.4×10^4个/100cm³，年均值为4.02×10^3/100cm³，且其数量随水温、盐度、浮游植物量的变化而波动。弧菌种类有付溶血弧菌、溶藻弧菌、创伤弧菌、河弧菌和模拟弧菌等。

1989年青岛海洋大学徐怀恕和美国R. R. Colwell教授合作研究结果报道“霍乱弧菌的越冬方式——活的非可培养状态及其检测方法”。这一发现不仅为解释霍乱弧菌在海洋环境中的越冬和存活方式提供了科学依据，而且对研究其他海洋细菌的生态学问题也有重要启示。

近几年来，青岛海洋大学、国家海洋局一所、中国水产科学院黄海水产所和中科院海洋所等单位在研究对虾弧菌病类过程中系统报道了弧菌在对虾育苗系统和养虾塘中的传播、分布及其控制办法，并在生产中取得一定的防病效果。

海洋微生物和其他生物相互作用 海洋微生物和其他生物间相互作用问题是近年来优先关注的研究领域。它不仅在理论上具有重要意义，而且有可能为海洋生物资源的开发提供新的途径。1986年中科院海洋所发表的“褐藻酸降解菌研究”的第4篇系列报道，阐述该菌与养殖海带的相互作用关系及其在养殖区生态系中的重要性。1989年又发表“刺参体内外微生物组成及其生理特性研究”，可为海参人工养殖和防病工作提供基础资料。

海水养殖生物病害问题是研究海洋微生物和其他生物相互作用的一个重要侧面，随着中国海水养殖业的迅速兴起，养殖生物的病害问题已成为生产中的障碍。以养殖对虾为例，在秋虾越冬期，育苗期和养成期都发生严重的病害，1986年由中国水产科学院黄海水产所，中科院海洋所，青岛海洋大学和国家海洋局一所等有关单位共同承担“对虾病害防治技术”的“七五”攻关项目，通过几年工作已相继发表10余篇论文或报告。内容涉及病害种类(约30余种)和病原(包括细菌，真菌、病毒和原生动物)调查、各种类型病害发生发展规律、发病条件以及防病措施等。研究工作取得较好进展，并在生产中取得效益。此外，养殖鱼类和贝类的病害及其防治研究工作也正在进展中。

其它研究 多年来华东师范大学一直从事海洋发光细菌的研究，并于1987和1988年相继发表2篇关于中国黄海和南海发光细菌的分离与鉴定的论文。1988年国家海洋局三所和青岛海洋大学还发表了关于围隔生态系中海洋细菌对钼矿渣污染反应的论文。

（倪纯治　史君贤　陈　聦）

【海洋动物生理学】 1986～1989年间，海洋动物生理学在生殖内分泌生理学、视觉生理学、血液生理学、消化生理学等方面取得了引人注目的成就。

鱼类生殖内分泌生理学 1.文昌鱼哈氏窝组织的生理功能有新的证据。1884年哈齐克(B. Hatschek)发现文昌鱼哈氏窝组织。人们曾推测该组织与脊椎动物腺垂体同源，但一直缺乏生理生化方面的证据。1982年，张致一等用免疫细胞化学技术首次证实哈氏窝上皮细胞存在促黄体素免疫阳性颗粒。1989年方永强等用透射电镜技术首次观察到这种上皮细胞超微结构的形态及其特征，并提出它可能是文昌鱼原始的激素分泌细胞。2.文昌鱼存在着促性腺素释放素(LH—RH)，亦呈年周期变化。张致一等(1984)在文昌鱼哈氏窝的上皮细胞基部发现有LH—RH阳性免疫颗粒。张崇理等(1988)也发现文昌鱼的头部、中部和尾部同时存在哺乳类和鲑鱼等两种不同类型的LH—RH。方永强等(1989)从文昌鱼头部匀浆中初步分离出LH—RH活性物质，该物质可促使蟾蜍幼体的精子发生。同年方永强、张崇理等发现厦门文昌鱼体内的LH—RH含量呈周期变化，这种变化与文昌鱼生殖周期和生殖指数相一致。这一发现为证实文昌鱼具有原始的生殖激素调控系统提供了新证据。3.对厦门文昌鱼繁殖次数有新见解。海洋局三所1986～1987年的研究认为文昌鱼一年仅繁殖一次，一般繁殖季节为5～7月，其生殖年龄可达4a以上，其生殖季节的起止时间随当年水温变化而有差别。4.LFRH—A促使文昌鱼性激素发育和诱导产卵。方永强等(1985)报道了LFRH—A可促使文昌鱼精巢发育，亦证实文昌鱼亦可用LHRH—A作为人工繁殖的催产剂。5.鱼类性腺成熟前后类固醇激素浓度变化研究取得系列成果。上海水产大学赵维信等用放射免疫测定法对大西洋雄鲑鱼(*Salmo salar*)和虹鳟(*Salmo gairdneri*)性腺成熟前后血清中性腺类固醇激素浓度变化进行了较详细的研究，结果发现大西洋鲑流精雄鱼血清中11—氧睾酮(11—OT)和17α120β—双羟孕酮(17α20βP)的含量明显高于性腺未成熟雄鱼的睾酮水平。虹鳟排卵前后血清中17β—雌二醇(17B—E_2)、睾酮(T)和17α20βP的含量也有明显的不同。说明17α20βP是卵母细胞达到最后成熟和排卵不可缺少的一环。同时，赵雄信等还对团头鲂和鲢鱼血清中类固醇激素做了系列研究。　（方永强）

海洋动物视觉生理学 1.在视网膜组织生理方面，徐永涂等(1986)用组织学方法研究了鲻鱼(*Mugil cephalus*)视网膜的结构特点，详述了鲻鱼视网膜十层的结构，提出鲻鱼是复合网膜，存在两种光感受系统，并有明显的视网膜运动反应现象，讨论了视网膜结构与其生活习性的关系。徐永涂、何大仁(1988)在黄鳍鲷(*Sparus latus*)和普通鲻鱼幼鱼视网膜运动反应初步研究一文中揭示了环境光强与这两种幼鱼视网膜运动反应的关系，提出黄鳍鲷幼鱼从暗视向明视过渡的照度界限为$10^{-3}\sim10^{-1}$lx，普通鲻鱼幼鱼的相应过渡照度界限为$10^{-2}\sim10^{0}$lx。章厚泉等(1989)在"鲑点石斑鱼、大弹涂鱼在不同光照度下的网膜运动反应"研究中指出，鲑点石斑鱼(*Epinephelus fario*)具网膜运动反应，大弹涂鱼(*Boleophthalmus pectinirostris*)在完全暗适应及不同照度($10^{-2}\sim10^{3}$lx)下明适应后，不产生网膜运动反应，推测其明暗视调节系通过瞳孔运动反应完成。高安利等(1986)比较江豚(*Neiphocaena phocaenoides*)黄海沿岸种群和长江种群眼结构的差异与其生活环境光照条件关系，提出江豚无典型视锥，而具有细胞核和内节呈视锥状、外节呈视杆状的一种中间型视细胞。高安利等(1987)在"江豚和白暨豚(*Lipotes vexillifer*)视网膜神经节细胞的研究"中指出，江豚和白暨豚视网膜神经节细胞根据形态结构可分为1，2两型。12种豚类视网膜神经节细胞比较表明在适应弱光环境过程，视网膜神经节细胞组成发生了一些改变，证明视网膜神经节细胞的密度分布和动物的视敏度密切相关。黄春发等(1989)在"厦门文昌鱼(*Branchiostoma belcheri*)感光器官组成细胞超微结构研究"一文中指出文昌鱼感光细胞有向光和背光两种，介于无脊椎动物和脊椎动物之间的不同排列方式，但与脊椎动物一样，文昌鱼感光细胞联系属纤毛系，这一发现为文昌鱼是脊椎动物祖先提供了证据。

2.在视觉电生理方面，杨雄里等(1986)在"锯缘青蟹(*Scylla serrata*)视网膜电图特性的昼夜节律变化"一文中系统地分析了锯缘青蟹视网膜电图特征(包括敏感度，光谱敏感性和波形)的昼夜节律性变化。提出这种节律性可能主要是由于视网膜屏蔽色素位置的昼夜变化所致，但也可能存在另一种机制。他们在"切断视神经对蟹视网膜电图昼夜节律的影响"的研究中，发现切断视神经后，锯缘青蟹视网膜电图的昼夜节律发生了明显变化，但并不完全不消失，提示在中枢和眼柄中分别存在着两种起搏器。他们提出了蟹视网膜电图昼夜节律控制模式图。刘理东等(1986)在普通鲻鱼和棱鲻(*Mugil carinatus*)视觉特性的电生理研究一文中对这两种鱼的ERG一般特性、适应性、光谱敏感性及闪光融合频率进行了记录和分析，表明两种鱼的视觉特点很相似，ERG特性与中上层鱼类较为接近，具有典型混合视网膜特征。柴敏娟等(1988)研究了长毛对虾(*Penaeus penicillatus*)复眼ERG波形、辨增阈及光谱敏感特性,表明长毛对虾复眼具光敏特性不同的双重感受系统。郑微云等(1988)的研究指出褐菖鲉(*Sebasticus marmoratus*)暗适应时程特别长,而明适应时程很短,视网模具视杆、视锥两种不同光感受系统,但视锥感光功能在某种程度上退化,适于弱光视觉。

3. 在视觉行为方面,刘理东等(1986)研究了不同体长组尼罗罗非鱼(*Tilapia niloticus*)幼鱼视觉运动反应,着重探讨了罗非鱼在不同环境照度和屏幕转速下的反应特点,表明其在10^{-5}—10^{+4}1x照度下具典型的视觉运动反应,并随环境照度提高而增强,随屏幕转速增快和体长增加而减弱。何大仁等(1987)深入研究了环境照度、屏幕转速、水温、视野结构和体长等因素对罗非鱼视觉运动反应的影响。在一定范围内,视觉运动反应随环境照度和水温升高而增强,随屏幕转速和体长增加而减弱。周仕杰等(1987)研究了中国对虾(*Penaeus orientalis*)幼虾的视觉运动反应。何大仁等(1989)研究了在色光条件下黄鳍鲷幼鱼视觉运动反应,发现不同色光对鱼类视觉运动反应和视觉机能有一定的影响,并进行了讨论。 (何大仁)

对虾消化生理学 麦康森等(1987)对对虾消化生理进行了研究,发现对虾中肠对不同氨基酸的吸收运输能力是不同的。另外,用$^{51}Cr_2O_3$作指示物,研究对虾消化道不同部位对饵料蛋白质结合态、游离态氨基酸的消化吸收特点,以[3H]赖氨酸作示踪剂,进一步研究了饵料游离氨基酸在对虾体内的转运、分布及参与蛋白质合成问题,并了解不同投饵方式对这些过程的影响。结果表明饵料中游离氨基酸不能与结合态氨基酸同步吸收,亦严重影响其它必需氨基酸的吸收同步化,以致其结合率低下,这就是在配合饵料中直接添加游离氨基酸效果不理想的原因。适当多次投料有利于提高其结合率。 (方永强)

【海洋动物生化研究】 1986～1989年,海洋动物生化所涉及的面比较广泛,包括基础生化、水产、医药、环保等。由于新型分析测试技术的引入,研究内容也更为深入,其中广东、福建地区的研究工作更为细致。同位素示踪法也引入水产动物生化。

基础生化 1. 由于文昌鱼所处发育生物学的特殊地位,近几年围绕文昌鱼的生化研究有了进一步发展,张崇理等(1988)采用高压液相层析法和放射免疫法发现文昌鱼中存有促性腺素释放素(LH—RH)。陈清西等(1986,1987)在对文昌鱼碱性磷酸酶的必需基团、脲变性作用的动力学研究基础上又用可见分光光度法(1989)测定了文昌鱼碱性磷酸酶(ALPase)底物特异性以及磷酸盐等抑制作用。在阐明文昌鱼ALPase的催化机理方面提供了有用的信息。陈素丽等(1987)利用DEAE—纤维素、聚丙烯胺凝胶电泳、凝胶过滤法以及通过对氯汞苯甲酸(pCMB)的方法初步证明了文昌鱼酸性磷酸酯酶(ACPase)分子上的Cys、Trp、His、Ser等氨基酸残基可能是该酶的活性基团。黄春发等(1987)首次报道用电镜细胞化学方法证明了环核苷酸磷酸二酯酶(CNt—PDE)存在于文昌鱼感光细胞的微绒毛膜、管状结构膜和线粒体膜上,并具有很高的活性,这可能暗示着cAMP代谢在原索动物感光细胞信息传导中起着重要的作用。王守真等(1988)用电镜等方法测得文昌鱼副肌球蛋白(PM)的分子量为210 000,等电点是5.9,横纹周期14.5nm,氨基酸组成与河蚌PM氨基酸组成差异不大。

有关碱性磷酸酯酶的类似工作在华贵栉孔扇贝(欧阳培,1986)及缢蛏(余卫平,1986)中亦有报道。

2. 由于珊瑚中存有神经酰胺等多种生物活性物质,对中国软珊瑚的化学成分研究比较深入系统,至1989年已发表了21篇有关论文,苏镜娱等(1989)及李瑞声等(1989)分别利用旋光仪、质谱仪、核磁共振仪、红外光谱仪及元素分析仪等从几种软珊瑚中分别获得了两种神经酰胺。龙康侯等(1987)利用类似方法从柳珊瑚中分析出二萜类化合物。

3. 同工酶的测定是研究代谢调节、分子遗传、生物进化、个体发育、细胞分化等的有力工具,在酶学,生物学和医学中均占有重要地位。海产动物的种群、区系分类也逐步由形态、生态研究发展到利用同工酶的方法,程济民等(1988)采用聚丙烯酰胺凝胶电泳和圆盘电泳对脉红螺及"弹棘红螺"肝脏中三种同工酶(酯酶、苹果酸脱氢酶、过氧化物酶)进行了分析研究,结果证实二种螺为同一属种。 (施莫族)

4. 方永强和小林英司合作用免疫组织化学技术研究了文昌鱼的多肽激素—心兴奋肽在神经系统的分布,结果表明在脑泡中部的30多个神经细胞胞体及其纤维和脊髓两侧呈链状排列的神经细胞体及其纤维都对FMRFamide显示强免疫阳性反应。他们推测这种神经递质可能对文昌鱼节律运动有重要的生理作用。

此外,吴友吕研究了南极企鹅(gentoo penguin,*Pygocelia papua*)红细胞的细微结构和血红蛋白的凝胶电泳。 (方永强)

水产生化 随着对虾养殖业在中国兴起,对对虾的研究也逐步从形态、生态发展到营养生理、生化的研究。

1. 何海琪(1988)用U—^{14}C放射性同位素法研究中国对虾的必需氨基酸,结果发现除常规的10种必需氨基酸外,酪氨酸和甘氨酸也可能是中国对虾的必需氨基酸。

2. 罗日祥等(1989)用^{125}碘—20—羟基蜕皮酮—2—半琥珀酸—酪氨酸甲酯测定对虾不同器官的蜕皮甾类(MH)含量，结果发现中肠和眼柄为最高。

3. 江明恃等人采用解聚—聚合的方法从对虾腹神经索中分离纯化微管蛋白。用阴离子去垢剂 SDS 处理，将对虾神经纤维中的微管蛋白解聚为分子量相似的两条链. 它们的分子量都在 55 000 左右。用免疫反应研究了微管蛋白在对虾腹神经索中的神经纤维内分布，结果发现对虾神经纤维的髓鞘部位也呈现明显的荧光反应，表明对虾神经纤维髓鞘中含有相当量的微管蛋白，而其它种动物的有髓纤维的髓鞘却未见阳性反应。

4. 麦康森等(1987)对对虾生化的研究见“海洋动物生理学”条。 (施莫族 方永强)

药用生化 海产动物药用生化近年来发展亦较快。凝集素主要是一类含糖蛋白质，广泛分布于细菌、真菌、高等植物、无脊椎动物中，它们在生物体受精、组织发育、机体防御等重要过程中起着细胞间的分子识别作用，临床上把凝集素作为免疫机能的促进剂，用于肿瘤、血液病、肝脏疾病的辅助诊断。苏拔贤等(1986)报道了 13 种贝类中有 10 种贝类具有凝集素，其中文蛤属的活性最高。

莫有群等(1987)利用北部湾海蛇血清对红血球溶血及抗蛇毒溶血作用进行了研究，结果表明海蛇血清经 50℃处理 15min 后对人体和动物的血球具有抗溶血的效果，对海蛇血清的药用途径打下了基础。

鲎试剂是检测内毒素(热原)的灵敏试剂，周国英(1987)报道了内毒素—鲎试剂凝固系统机制研究取得重要进展。鲎试剂(LAL)中含有较多的生物因子，其中有 C、B、(1→3)β—D glucan(CMPS)、G、凝固酶原(proclotting enzyme)、凝固蛋白原(coagulogen)和抗脂多糖因子，此外还有级联反应中的激活因子：$\overline{C}$、$\overline{B}$、$\overline{G}$ 和凝固酶(clotting enzyme)共 11 种蛋白多肽物质。LAL 与内毒素发生凝固反应有二条通路：一是内毒素调节通路，即由内毒素激活 C 因子变成活化 C 因子($\overline{C}$)，C 激活 B 因子成为活化 B 因子($\overline{B}$)；二是(1→3)β—D glucan (carboxylnethylated (1→3) β—D—glucan，简称(CMPS)调节通路，即 CMPS 激活 G 因子成为活化 G 因子($\overline{G}$)。这二条通路所产生的 $\overline{B}$ 和 $\overline{G}$ 都能激活凝固酶原使其变为凝固酶，后者又催化凝固蛋白原生成凝固蛋白，发生凝固反应。

西加毒素研究 西加毒素是一类海产动物所含有的有毒物质。赵瑞生(1987)报道了西加毒素的研究概况，认为含有西加毒素的主要是某些热带珊瑚礁和半外海性的海洋鱼类，中国主要分布于南海诸岛、广东省和台湾沿岸，少数种类亦见于东海南部，毒素在体内的分布主要部位是肝脏、肠、生殖腺和肌肉等，而肝脏是毒性最强的部位。甘尔比毒藻是西加毒鱼的生物源。西加毒素为一粘稠的油状物，对热、低温稳定，干燥、盐腌都不能破坏其毒性。其结构尚待进一步确定。西加毒素会引起呼吸及心血管障碍，美国、日本、中国台湾、西沙群岛、福建南部都曾发生过西加鱼中毒事例，因此在海洋环境保护中进一步开展西加毒素的调查研究是十分必要的。 (施莫族)

【海藻生物化学】 1986～1989 年海藻生物化学研究成果主要集中在海藻多糖(特别是红藻多糖)的化学组成与结构方面。

中科院海洋研究所利用^{13}C—NMR 光谱技术研究了中国生产的多种红藻所含多糖的化学结构特点，各种红藻多糖经分级后以^{13}C—NMR 光谱和 IR 光谱法确定了这些多糖除共同含有不同量琼胶糖外，还验证了琼枝的分级产物主要由 β—卡拉胶组成，中国其他种类卡拉胶原料鹿角沙菜、角叉菜等则都是主要由 κ—卡拉胶构成。另外还验证了卡拉胶原料中配子体和孢子体分别主要含 κ—和 λ—卡拉胶。

其它一些研究成果有：中科院广州化学所从琼枝多糖中检出 γ—和 μ—卡拉胶；中科院海洋所研究发现中国产海带中的褐藻胶主要以 Mg、K、Na、Ca 等盐类形式存在；中科院感光化学所在海藻色素蛋白方面研究了各种红藻及紫菜中 R—藻红素和 a^{110}—藻兰素的分离及其吸光特性等。 (纪明侯)

【海洋动物发育生物学】 发育生物学是阐述个体发生规律的学科。在中国，近年来在某些领域应用现代技术已有了很深入的研究，但在海洋生物方面却为数不多，大部分仍处于外部形态的描述阶段。1986～1989 年期间，发表关于海洋动物发育生物学的研究论文有 50 篇左右，加上胚胎与环境关系方面的研究报告，约有 100 篇。

性细胞的发生和生殖 中华绒螯蟹精子发生和诱导其顶体反应的研究。在超微结构的水平上描述了精子细胞的结构及其在发生过程中的变化，并用卵水、海水、$CaCl_2$ 和 NCl 溶液诱导精子，观察顶体反应，结果表明：卵水诱导率最高，其次是海水，$CaCl_2$，NaCl 几乎没有作用。

文昌鱼精子发生。研究了厦门和青岛二个地区文昌鱼精子的超微结构和发生过程中形态结构的变化和演变规律。证实了汪德耀等关于许多动物雄性生殖细胞顶体是由液泡演变而成的观点。

鲻鱼精子发生。研究认为激素可刺激精原细胞增殖，精母细胞成熟分裂和精子的形成，还可促使脑垂体分泌促性腺激素参与生精活动。

电镜观察轮虫休眠卵，可见卵子具有多层卵膜和气室结构，据此讨论了其与休眠关系的生物学意义。

多毛类小头虫卵子发生和亚微结构研究。阐述了卵母细胞和滤泡细胞中内质网，线粒体、高尔基体的变化，并分析了上述细胞器与卵黄含成和卵黄前体物质运输关系。

栉江鳐卵母细胞超微结构研究。报导了卵细胞发育过程中环形瓣状体、内质网和卵黄颗粒的形成，讨论了环形瓣状体的起源和功能以及成熟期细胞环形瓣状体的高尔基体消失现象。

中国鲎卵子和卵黄发生观察。把卵子发生分为4个阶段，并观察到卵母细胞质中RNA呈梯度分布，认为卵黄形成的时间和空间不一定和卵黄蛋白合成时间和空间相吻合。

长毛对虾卵子发生。把卵子发生划分为3个时期——卵原细胞、卵黄发生前和卵黄发生卵母细胞，并讨论了卵子发生中细胞内部变化及滤泡细胞与卵细胞发育的关系。

1—甲基腺嘌呤诱导海星卵母细胞体外成熟，并具有受精能力。

文昌鱼卵母细胞质环形瓣状体研究，提出了“细胞核微核块分离”的假说，认为细胞核微核块的分离可能是形成核内和胞质环形瓣状体的方式之一，并参与细胞核与细胞质间的物质交换。

海湾扇贝性腺促熟研究，采用控温和投饵促使提早成熟。诱导泥蚶和缢蛏排卵试验，应用H_2O_2诱导获得了成熟卵。采用变温、H_2O_2、流水和紫外线照射海水等刺激法进行鲍鱼催产试验，认为后者催产效果最佳。

毛虾排卵，观察了排卵全过程以及排卵量和排卵周期。长毛对虾和斑节对虾人工促性腺成熟试验，通过摘除眼柄，诱导卵巢成熟和排卵。台湾日本龙虾，研究了生殖周期、最小性成熟个体和抱卵量。脊尾白虾繁殖生物学，记述了在北方4～10月为产卵期，5～8月为盛期，此虾为多次抱卵繁殖，当年产的到10月份性腺可达到成熟。中华绒螯蟹雄性生殖系统观察，生殖细胞由生发区基底部向管腔增殖，输精分为输精细管和贮精囊，射精管壁厚。

鲻鱼卵母细胞成熟研究，采用激素在离体条件下诱导，取得成功。认为17α、20β双羟黄体酮和脱氧皮质酮诱导效果最佳，而雌二醇等没什么作用。诱导遮目鱼成熟产卵也取得成功。赤点石斑鱼雄性性转变研究，认为在它的生活中性转变是单向的，即由雌性变雄性。在鱼类方面，还对渤海半滑舌鳎、鲈鱼、黑鲪、沙丁鱼等的生殖习性、生殖周期、繁殖力以及与体长体重的相关性作了分析和研究。

受精、胚胎和幼体发育　受精：牡蛎人工杂交试验，选用日本牡蛎和近江牡蛎杂交，取得成功。杂交种发育迅速、个体大、活动力和生命力强、耐高温。番红砗磲的发生，进行了异体和自体人工授精、自体受精发育的个体，畸型胚多且生活力差。泥蚶、缢蛏、蛤仔和紫蛤都做过人工授精试验。

斑节对虾和中国对虾进行了精荚移植试验，移植二个精包的比移植一个的，其受精率和孵化率都高得多。对斑节对虾还作了人工授精，认为刚产卵时，投入精子受精才能获得较高的受精率。黄鳍鲷、赤点石斑鱼、半滑舌鳎等鱼类都作过人工授精试验，均取得成功。

胚胎发育：湾齿围沙蚕的早期发育，作了一般形态学的描述。菲律宾蛤仔、记述了胚胎发育和浮游幼虫的形态特征、生长速度以及繁殖力。后鳃类兰斑背肛海兔，对胚胎发育作了观察，同时进行了温、盐影响胚胎发育的试验。脊尾白虾胚胎观察，发现卵抱附于雌虾第1～4游泳足间发育孵化。胚胎发育分划12个时期。青蟹胚胎发育，记载了各阶段的形态特征、发育速度和孵化率。

渤海半滑舌鳎早期发育形态特征研究，发现此鱼卵的受精率可达91%，孵化率最高达95%。从受精到孵化需要36～38h，渤海鲈鱼卵到孵化也需38h(14～18℃)，怀卵量多，资源却很少，认为与受精较低有关(死卵占总卵量41%)。黑鲪为卵胎生鱼类，对胚胎发育作了描述。青石斑鱼，进行了干法人工授精，受精率达90%，孵化率最高达95%，孵化时间为23～30h(22～25℃)，胚胎发育和仔鱼发育作了观察。黄鳍鲷、红鳍东方鲀，大弹涂鱼等的早期胚胎发育都进行过研究。

幼体发育：脊尾白虾幼体，把溞状幼体分为6个期，详细地描述了各期的形态变化。中国对虾消化系统研究，论述消化道和肝胰脏是怎样从幼体和仔虾发育形成的。指出虾类应属于后口动物，而不应属原口动物。对虾外生殖器官发育和分化，认为体长达27mm幼体，雌雄才开始分化，但分化与生长年龄有关，提议“以鞭长与体长比值(1.9)”作为宏观的外部性分化的参数。

刺参幼虫的变态，把幼虫分为浮游和底栖二个阶段，对水体腔作了详细的描述，指出它可作为鉴别幼虫发育正常与否的重要依据。

赤眼鲮卵、仔、稚鱼形态作了详细的描述，鲈鱼、黑鲪、中华乌塘鳢、黄鳍鲷、斑鰶、赤点石斑鱼、青石斑鱼、断斑石鲈、大弹涂鱼等鱼类的仔鱼发育，在不同程度上对其形态变化作了叙述。

早期发育与环境因子的关系　这部分是研究分析育苗过程中、理化因子对早期胚胎和幼体发育的影响，并提出各个时期发育的较适宜的环境因子。这方面资料较多，这里只能列出其研究题目。

属于腔肠动物有：几种重金属离子对海蜇胚胎发育和浮浪幼虫的影响；温度和盐度对海蜇蝶状体生长及发育的影响；水温对海蜇螅状体发育的影响；海蜇人工育苗。

属于软体动物有：栉江瑶人工育苗；海湾扇贝工厂化育苗；海湾扇贝大水体育苗；虾夷扇贝人工育苗；虾夷扇贝育苗适温问题；人工控制培育缢蛏幼苗；络合物对缢蛏早期发育影响；温度和饵料对鲍蚶性腺发育关系；海水某些化学因子对鲍蚶幼虫稚贝及成体的影响；日本长牡蛎土地育苗；重金属对褶牡蛎胚胎及幼体发育的毒性效应；太平洋牡蛎育苗技术；紫蛤的人工繁殖；外界因素对紫蛤繁殖影响；海水比重对青蛤受精胚胎发育及海水对D型幼体的发育影响；四角蛤人工育苗；温度变化影响大珠母贝幼虫的发育；日本海螺人工育苗；鲍鱼人工育苗。

属于节肢动物：卤虫孵化与环境的关系；中国鲎的人工育苗；低盐海水对斑节对虾仔虾的存活率；Zn^{2+}、Cu^{2+}对对虾卵、幼体各期发育影响；斑节对虾人工育苗；白虾人工育苗；人工水藻在对虾工厂化育苗生产中应用；中华绒螯蟹海水工厂化育苗；日本三疣梭子蟹育苗。

属于棘皮动物：影响刺参幼体发育与存活率的主要因子；Zn对刺参幼体毒性；大连紫海胆人工育苗。

属于脊索动物：文昌鱼人工育苗。

属于鱼类：盐度对梭鱼精子活力及受精率的影响；温度对平鲷胚胎发育的影响；汞、锌、铅对黑鲷胚胎发育的影响；红鳍东方鲀人工育苗技术；中华乌塘鳢的人工育苗；黄盖鲽人工繁殖及育苗；黑鲪人工育苗；赤点石斑鱼人工育苗；黄鳍鲷人工繁殖和育苗；日本真鲷的苗种培育；盐度对真鲷胚胎及早期仔鱼发育的影响；大弹涂鱼人工育苗等。（蔡难儿）

【海洋污损生物研究】 中国沿海的污损生物研究始于1950年，到1989年，已基本完成全国沿海主要港湾的挂板。1986～1989年，由于海洋开发的需要，还开展了电站冷却管道，海洋石油开发区，人工鱼礁和养殖网箱网笼，浮标、码头和船只的污损生物调查研究。开展了微生物粘膜和附着硅藻研究。研究了大型污损生物的腐蚀机理。在防污方面，除了巩固提高原有的铜、有机锡防污涂料外，还进行无毒防污涂料的研制。这四年间，培养了本专题的研究生，开展了国际交流，出版了两部专著。至今，中国的污损生物研究分支学科齐全，并跨入国际先进行列。

港湾污损生物挂板试验 至1989年，已基本完成中国沿海主要港湾的污损生物挂板调查研究，这些港湾或站点共40个。此外，在香港海域的大潭和吉澳也进行了挂板调查。

电站冷却管道污损生物研究 海洋局三所1987年1月～1987年12月，分别在大亚湾核电站进水口、材料码头、澳头等处，进行污损生物挂板，共分析611片，记录242种大型污损生物及102种附着硅藻。还给出了污损生物的厚度、覆盖面积、湿重、附着季节和群落的发展与演替。针对电站用电解海水制氯防污，这次还进行海水需氯量、Mn、NH_4等测定，也详细调查了进水口的滤闸和滤鼓的堵塞物，本项研究获得国家海洋局1989年科技进步一等奖。在此期间，海洋局二所和技术所，还分别进行秦山核电厂和大沽火电厂管道污损生物调查研究。（黄宗国）

海洋油田开发区污损生物调查研究 中科院海洋所和南海海洋所在1986～1989年期间先后进行南海珠江口、北部湾、莺歌海和渤海的莱州湾、辽东湾油田开发区污损生物调查研究，首次取得了南海外海污损生物的系统资料。资料供海洋石油平台建造使用，得到中科院1989年自然科学进步二等奖。在这期间，海洋局技术所首次在南海千米潜标挂放污损生物试板。

（黄修明）

人工鱼礁和网箱污损生物研究 1987～1989年，海洋局三所得到国家科学基金的资助，首次进行广东电白、南澳和大亚湾人工鱼礁附着生物群落的研究，初步揭示了人工鱼礁礁体附着生物群落的特点及其发展与演替。此外，还进行大亚湾养鱼网箱及养真珠贝网笼和浮筏污损生物的调查研究。

浮标、码头和船只污损生物研究 在海洋科学基金资助下，海洋局三所于1986～1988年全面、系统地调查了南海绝大多数浮标的污损生物，对南海近海和珠江口污损生物的种类和分布特征已有清晰的认识。也对大亚湾等处的码头桩柱潮间区污损生物群落的垂直分布，进行了比较深入的研究，阐明了潮间区主要附着生物的垂直分布及其与潮位的关系。还调查了海流计和船只的污损生物。（黄宗国）

微型污损生物 青岛海洋大学、海洋局三所，1970～1989年先后在榆林、湛江、汕头、厦门、舟山、连云港、青岛、大连等港口，挂放大量玻璃试板和金属试板，126种防污漆试板进行微生物粘膜试验，还观察了46艘船底的微生物粘膜。已初步阐明微生物粘膜的形成，发展与演替，粘膜的形态及物理、化学特性，首次记录了粘膜表面存在自由生活的线虫。1987～1989年，厦门大学进行厦门港、大亚湾和香港鱼网、试板和船底附着硅藻研究，对附着硅藻的种类有了较详细的记载（207种）。南京大学和江苏水产研究所研究了舟山海区定置网的附着细菌,发现6个属。

(王 秋 黄宗国)

污损生物腐蚀机理研究 海洋局三所和科学院海洋所分别在厦门港和青岛港进行了多种海洋工程材料挂板试验,发现大型污损生物对试板的覆盖程度,与腐蚀率的大小密切相关。大型污损生物引起了隙缝腐蚀,隙缝间形成了氧浓差电池,生物腐蚀过程是电化学过程。用恒电位仪对藤壶、苔藓虫和螺嬴蜚覆盖的电极(金属工程材料)测试结果,进一步佐证了上述结论。

(黄宗国)

防污研究 1986～1989年间,海洋涂料研究所、725所等继续巩固和发展以前基本定型的沥青—氧化亚铜防污漆和有机锡防污漆。此外,青岛海洋大学选择了硫杆菌属细菌,使用细胞固定化技术与涂料相结合,开发"无毒料防污涂料",正在申请专利。海军后勤学院三年来也在致力于这项研究,定于1990年初召开"无毒防污涂料评审会"(参见三防技术部分)。中科院海洋所进行了三烃基系有机锡化合物制备及防污效果优选评价,还进行了有机锡在海湾扇贝体内的富集研究,重视防污损生物和环境保护的关系

(黄修明 王 秋)

培养污损生物研究人材 厦门大学、青岛海洋大学和杭州大学,开设了本专题课程或讲座。1986年以来,6名硕士研究生分别在海洋局三所、厦门大学、青岛海洋大学和杭州大学就学,以网箱污损生物群落生态,渔网和试板的附着硅藻,藤壶个体生态生物学,微生物粘膜和无毒物防污涂料为硕士论文题目进行研究,并获得了学位。(黄宗国 王 秋 蔡如星)

国际学术交流 1988年11月在西班牙召开第七届国际海洋腐蚀与生物污损会议,海洋局三所提交了"厦门港码头桩柱的污损生物群落"学术论文,并被安排在大会发言。1986年和1989年,在香港举办的第二届和第三届香港及华南国际海洋生物研究和讨论会,海洋局三年两次都得到了联合国教科文东南亚科技署(ROSTAEA)的资助,参加了会议;杭州大学也参加了一次会议,都以污损生物为研究题目,在文集中共发表了6篇论文。这期间,还进行国际资料交换,并在英国的BIOFOULING,美国的MALACOLOGICAL REVIEW,加拿大的HYDROBIOLOGIA,荷兰的CRUSTACEANA和日本的OCCASIONAL PAPERS等杂志发表污损生物方面的论文。(黄宗国 蔡如星)

污损生物的出版物 海洋出版社1984年出版了"海洋污损生物及其防除(上)"(354页),1987年又出版了"海洋防污损与防腐蚀"(331页)。1989年制定了"污损生物调查国家标准"。1986～1989年还在海洋学报、生态学报等发表了若干论文。

(黄宗国 王 秋)

【海洋鱼类】 海洋鱼类形态、分类、地理分布研究 中科院南海海洋所、东海水产所、中科院海洋所、上海水产大学、厦门大学等单位,近年来在海洋鱼类形态、分类、地理分布等方面主要做了以下工作:(1)对邻近中国浅海和深海鱼类的研究。结果表明:57种鲹科鱼类的嗅囊多数呈椭圆形,其形状和大小均有相对稳定性,可作为辅助鉴别依据;嗅囊均具发达的初级嗅板,其平均数在亚科、属、种之间不同;(2)对10种鲷科鱼类头骨脑颅和牙齿构形,七丝鲚、风鲚、赤眼鳟、大头狗母鱼早期形态,多齿蛇鲻鳞片结构特点等作了详细的描述;(3)对东海、南海的中国近海带鱼肌浆蛋白作了电泳分析,呈现出4种图谱,这是种间还是种内差异尚待探讨;(4)南海大洋性深海鱼类调查,前后记载了124种,隶属于7目21种58属;(5)对闽南—台湾浅滩8种金枪鱼仔鱼,长江口区鳀鱼和康氏小公鱼卵、仔、稚鱼分布及其与水温、盐度的关系进行了调查。8种金枪鱼仔鱼分布区水温是22.5～29.2℃,盐度是22.9～34.7;根据仔鱼出现和持续期推算其产卵期为:鲔4～9月,扁舵鲣3～9月,圆舵鲣4～8月,舵鲣未明种4～7月,青干金枪鱼3～7月,鲣6月;这些资料可作为探索渔场的依据,金枪鱼的出现还可作为黑潮暖流支梢进入该海区的佐证;在长江口海区,鳀鱼卵、仔、稚鱼数量占首位,占网采鱼卵、仔、稚鱼总量的45.9～82.7%,出现时间为4～10月,卵子分布区的表层水温是17.0～24.5℃,盐度22.5～30.5,推测其主要产卵场位于122°30′E以东,康氏小公鱼卵、仔、稚鱼数量占调查区第二位(3.4～6.3%,产卵时的最低表层水温超过21℃,适盐较广。

这几年出版的有关此方面的专著有:1987年出版的《鱼类比较解剖》,以软骨鱼纲的尖头斜齿鲨和硬骨鱼纲的鲈鱼作为典型代表。对它们各器官系统的构造作了比较详细的描述,同时对鱼类三大纲(圆口纲、软骨鱼纲、硬骨鱼纲)的器官构造进行了比较研究。《东海深海鱼类》,收录了150m以深的243种深水鱼类,分属于26目99科181属。《中国鱼类系统检索》,上下两册,共编列鱼类2 831种,分隶于43目282科1 077属,鱼类外形图2 752幅。其中所列鱼类均是现存种类,来源于1983年以前发表的著作。

鱼类生态调查研究 渤海鱼类历史记载有156种。1982年4月～1983年7月逐月调查,只获108种,出现了鱼类种数明显减少的现象。其底层鱼类生物量估算为0.696t/km²,约为1930年的1/5,衰退十分严重。黄鲫是底层的最优势种,小黄鱼资源则出现明显回升,带鱼濒临绝迹。渤海硬骨鱼类卵、仔、稚鱼已鉴定

56种。此外，鱼类食物关系，种群结构、年龄、生长、生殖等特性也有简单描述。

黄河口区调查于1984年4～11月和1985年1月进行，获鱼类85种。其区系性质可分为三种成分：暖水性种，有鲫鱼、赤鼻棱鳀等25种；暖温性种，包括皱唇鲨、鳀鱼等47种；冷温性种，为大银鱼、方氏云鳚等13种。全年各季都以暖温性种居多，与整个渤海区一致。底层鱼类生物量，春季291.7kg/km^2，夏季594.8kg/km^2，秋季406.5kg/km^2，冬季47.8kg/km^2。带鱼过去曾是此区域的主要捕捞对象，但现在濒临绝迹，小黄鱼资源约为50年代末期的5%左右。关于生殖，已观察到39种亲鱼在该区域产卵，产卵期主要是升温季节。有40种以上的幼鱼在此育肥。鱼类的食性研究有以下四种类型：碎屑植物食物（梭鱼、斑鰶），浮游动物食性（鳀鱼、黄鲫），底栖生物食性（白姑鱼等），游泳动物食性（牙鲆、颚针鱼等）。

长江口区调查（1985年9月～1986年8月），获鱼卵、仔、稚鱼86种，成鱼和幼鱼169种，隶属17目67科，可分为淡水种（长蛇鮈等11种）、半咸水种（风鲚等17种）、溯河性和降海性种（中华鲟等7种）、海水种（大黄鱼等139种）四个类型。样品分析表明：带鱼、大黄鱼、小黄鱼、银鲳、刀鲚、风鲚等14种鱼占全部鱼类样品的重量的85.4%，占总尾数的95.5%；前四种的平均个体重量出现减小趋势。

大亚湾调查（1984年11月～1985年12月），获鱼卵、仔、稚鱼42种和22未定种，以近岸浅海中小型鱼类（鲾科、鲱科、鳀科等）为主。受网具限制，仅获成鱼和幼鱼157种，出现数量夏季最多，春秋次之、冬季最少。乌鲳、银鲳、真鲷、乳香鱼、斑鰶等40多种为主要经济鱼类。鱼类食性、生殖、体长组成和幼鱼出现季节等也都作了描述。

《东海绿鳍马面鲀研究论文集》，内容涉及该鱼的渔场环境、生物学特性、渔场渔期、资源评估、渔情预报，和鱼体综合利用等方面，提出钓鱼岛绿鳍马面鲀产卵中心渔场位于上升流区附近，并与涡旋有关，产卵主要时间是半夜23时至翌日11时。

其他有关鱼类生态研究或补充调查，在出版的几本关于中国海洋渔业区划的书中，均有叙述，特别是对鱼类区系、资源及其开发利用问题有较详细的论述。分散发表的论文，也阐明了鱼类的若干生物学特性和生态转换效率。

此外，还进行了鲻鱼、鲈鱼、黄鳍鲷等幼鱼及尼罗罗非鱼的视觉运动反应试验，所得结果及以前的有关其他鱼类的行为研究，被编集在《鱼类及海洋动物趋光生理研究论文选集》中。 （杨纪明）

【海洋生物遗传学】 海藻遗传研究的新进展 80年代以前，中国的海藻遗传学研究主要集中在海带，其次是裙带菜的单倍体遗传育种。80年代以后除继续这两种褐藻的研究外，又开展了绿藻和红藻的遗传研究。

在海藻的体细胞遗传方面，唐延林（1982）用酶法分离紫菜营养细胞和原生质体，并获得了再生植株。戴继勋等（1988）研究了坛紫菜叶状体不同细胞类型的原生质体的发育、分化和再生。结果表明，根丝细胞和营养细胞具有发育的全能性，能再生叶状体。其中有部分营养细胞分化为生殖细胞，即精子囊细胞和果胞细胞。由精子囊细胞分离的原生质体，只能形成新的精子囊细胞放散精子。由果孢子囊细胞分离的原生质体，最后放散果孢子形成丝状体。张大力（1983）对长石莼和袋礁膜两种绿藻进行了原生质体的制备、培养和融合研究，并分别获得了再生植株和杂种细胞团。

在龙须菜（*Gracilaria sjoestedtic*）的遗传研究中，张学成（1987）获得41个突变体，其中用甲基磺酸乙酯（EMS）处理成熟的四分孢子体，得到40个诱发突变体。这些突变体与野生型杂交，子一代进行孟得尔遗传分析，有26个属于隐性突变体，14个属于细胞质突变体。突变体的互补和重组分析，鉴定了7个顺反子，5个位点遇见复等位基因和发现基因内重组。体细胞重组导致四分孢子体的二倍体配子和正常组成的三倍体四分孢子体。他对江蓠属的*G. tikvahiae*进行杂种优势研究（1987）表明，由单倍体两性配子体的自体受精能获得完全纯合的二倍体配子体。对这些自交系与不同的两性克隆杂交而成杂合子二倍体的梢部的伸长率和特定的生长率进行比较，未发现杂种优势。在多倍体研究中（1988），用两性突变体杂交和自体受精，得到四倍体配子体。三倍体生长缓慢。四倍体植物极不正常，不适宜生育。

海产动物的遗传改良 近10年来，在国内相继开展了利用生物工程进行海产动物的遗传改良研究。周茂德等（1982）对牡蛎的种间杂交表明，太平洋牡蛎与近江牡蛎或褶牡蛎杂交都是可行的；部分杂种幼体可以完成变态；其子一代的壳形和大小是偏母遗传的。姜卫国等（1987）用细胞松弛素B和低温诱导合浦珠母贝（*Pinctada marlensii*）产生多倍体。希望培育不育品种以提高珍珠质量，缩短育珠期和提高育珠率。研究表明，抑制第一极体的三倍体诱导率达到40%左右；而抑制第二极体的三倍体诱导率分别为77%和52%。随着时间的延长，则出现一定数量的5倍体。亚致死温度是低温诱导多倍体的合适温度。抑制第一极体细胞松弛素B处理组的幼虫，日增长率和幼贝的大小均显著超过对照组。

对虾遗传学的基础研究，最近几年已在国内几个单位同时进行。相建海(1988)报道中国对虾的染色体数目为n＝44,2n＝88。戴继勋等(1989)根据中国对虾染色体的相对长度、臂比和着丝点的位置,确定其核型为2n＝88＝54m＝20m－sm＋10sm＋4sm－st.在中国对虾中未发现异形对性别染色体。在对虾杂交技术的研究方面,杨丛海等(1989)用电刺激法摘取中国对虾的精荚,进行人工移植获得成功。王清印等(1989)研究了中国对虾精荚的常温保存。这些研究为对虾的杂交育种和遗传研究,打下了良好的基础。

细胞融合是培育新品种和进行遗传研究的重要技术。青岛海洋大学张闻迪等(1988)研制出一种新的细胞融合方法:激光诱导细胞融合。并以泥鳅受精卵为材料,进行了细胞融合实验,融合的卵大都能继续卵裂发育,有的经囊胚、原肠到器官形成,直至幼体。这一技术的实验成功,为海洋动植物的细胞融合,提供了一种有用的新工具。　　(戴继勋)

【海洋动物新种的发现】 根据发表资料统计,1986～1989年海洋动物分类共发表1个新亚科,5个新属和253个新种:

1.原生动物门集中于东海胶结有孔虫和瓷质有孔虫、共有85个新种,占该门新种数92.4%、其余是寄生在对虾体外的纤毛虫类,占7.6%。

2.海绵动物鉴定5个新种,发现区域是广东沿岸和海南省榆林。

3.腔肠动物近年发现新种较少、黄海、东海和南海分别各占1个种。

4.在香港和珠江口水域共发现6个苔藓虫新种。

5.从寄生鱼体内发现吸虫新种,共鉴定40个新种,绝大部分是从渤、黄海鱼体中发现,个别发现在南海。

6.多毛类共有18个新种,多数发现在东海(包括台湾海峡)、少数发现在南大洋。

7.软体动物共发现22个新种,其中螺类新种占72.2%、多数发现在黄海和东海,仅少数在南海发现。

8.甲壳动物共鉴定58个新种,其中蟹类鉴定新种占54%、虾类占22.4%、藤壶占20.6%、主要集中在南海。

9.棘皮动物和鱼类所发现新种较少。

(陈清潮)

海 洋 医 学

海洋医学是研究与海洋环境直接有联系的各种医学问题的一门综合性应用性边缘学科。与航空、宇宙医学等学科相对应,均属环境医学范畴。其主要内容包括:潜水医学、航海医学、海洋药学、海洋营养资源等。

【潜水医学】 见潜水技术条。

【航海医学】 航海医学是研究航海及其有关环境条件下所出现的各种特殊医学问题的一门综合性学科,是医学科学在航海条件下的具体应用。1986～1989年,国内在此领域中主要取得了如下一批研究成果:①“中国海军医学地理”的研究;②HY－E－2型限幅式通讯隔声耳罩的研制;③水面舰艇舱室噪声限值的制订;④水面舰艇舱室照度标准的制订;⑤海军营养素供给量标准的制订;⑥海军救生口粮的研究;⑦海军部队营养、特种食品及给水卫生的研究;⑧水面舰艇远航食品的研究;⑨水面舰艇医疗舱室布置及列装医疗设备的研究;⑩代医院船的改装布局设计的研究;⑪潜艇舱室空气45种组分检测方法的研究;⑫核潜艇外照射剂量防护监测与评价技术的研究;⑬海上救护直升机改装及救生、药材、装备供应方案的研究;⑭舰船间高架索伤病员转送方法和器材的研究;⑮核潜艇长航若干昼夜艇员自持力的医学研究;⑯高效饮水除氯剂的研究;⑰船用、岛用臭氧净水装置的研制;以及⑱晕船药物的研究等。

1988年8月,根据学科发展的需要,在北京成立了“中华航海医学会”。1989年11月在上海举行了“全国第一届中华航海医学学术讨论会”,交流了专业论文96篇。1989年还与国际航海医学学术会议进行了学术交流。

【海洋药学】 这是一门研究海洋药物的分布、贮量、作用、用途、生产和合成等内容、专业性强、需多学科协作的新兴边缘学科。侧重于直接从海洋生物中萃取药物,或以其他化学结构为模式进行合成药物的研究。

中国是世界上唯一出版有海洋药物专业性杂志的国家,1981年创刊、现改名为《中国海洋药物》的杂志,得到国内外较好评价。中国药学会1980年成立了“海洋药物学术组”,1988年建立了以海洋资源药物研究开发为主要任务的青岛药物研究开发中心。海军、广州中山大学、山东、青岛、沈阳、大连都有海洋药物科学的专业研究和生产单位,为这一学科的开拓做了大量工作。80年代以来,寻找防治多发病、疑难病症(特别是癌肿、心脑血管疾病)的特效药物,“向海洋要药”,探索新药源,正成为药学研究的新方向。海洋生物资源中具有特异生物活性物质的种类甚多,国内已从初期的筛选工作,不断深化到机理研究和开发应用,取得许多成果。

获准生产的主要海洋药物　①河豚毒素(1982年鉴定,神经生理及药理学重要试剂)。②鲎试剂(1982年鉴定,临床检验、制药工业检测用)。③珍珠精母注射液(1983年鉴定,治疗子宫出血)。④刺参多糖钾注射液(1984年鉴定,抑制肿瘤生长、增强机体免疫功能)。⑤海星胶代血浆(1985年鉴定,新型血浆代用品)。⑥褐藻淀粉硫酸酯(1985年鉴定,治疗高血脂症及冠心病)。⑦藻酸双酯钠(1985年鉴定,对缺血性心、脑血管疾病及高血粘度综合症有显著疗效)。⑧藻酸丙二酯(1985年鉴定,良好的乳化剂)。⑨甘露醇烟酸酯(1985年鉴定,冠心病、脑血栓防治药)。⑩人造皮肤(1988年鉴定,对烧伤有特异疗效)。

发现一批海洋生物活性物质　近年来,中山大学、中科院南海所等研究发现了一批新的海洋生物活性物质:①从软珊瑚、柳珊瑚和海藻中发现并获得前腺素及其衍生物。②从南海珊瑚中分离得显著抗癌活性物质,如二萜内酯等。③从鳞灯心柳珊瑚中提出抗心律失常和抗心肌缺血的三丙酮胺。④从短指多型软珊瑚中分离出保护心肌缺血的7-羟基-8-甲氧基-4(1H)-喹啉酮。⑤从西沙群岛岩沙海葵中提取有强抑瘤活性和强血管收缩作用的海生毒素Palytoxin。⑥从海蛤和无齿蛛中提取分离出抗动物移植肿瘤的活性物质。⑦从玉足海参中分离出海参素I可抑制黄癣菌、新型隐球菌生长。⑧羊栖菜的多糖水提液有抗小鼠内毒素中毒作用。

【海洋营养资源】　中国广阔海域水质肥沃,水温适宜,生长 着大量浮游生物和海藻,也是鱼类生存的理想环境。主要经济鱼类有70余种,如带鱼、马面鲀、大黄鱼、鲳鱼、乌贼、小黄鱼及鲥鱼、海鳗等;海藻即海洋蔬菜,如海带、紫菜、马尾藻、裙带菜、石花菜等;海洋贝类如贻贝、扇贝、牡蛎、蛤、对虾、海参、鲍鱼、蛏等,均有很高的营养价值,是人们喜爱的食品。

1985年以来,已研制出一批海洋保健滋补品,是由海洋新药物与中成药、保健食品相结合而成,具有较高的经济效益。例如:由珍珠层粉及珍珠末已研制 出粉、片、胶囊、膜、丸、膏等一系列剂型的产品。贻贝系列产品有:海珍健身宝、海宝酱、东海三豪等。还有文蛤精、海参高级滋补晶、海马补肾丸、罗氏海盘车海洋胃药、海龟胶、海蛇酊,以及从许多海生动物中提取超氧化物岐化酶(SOD)可用以抗衰老。海洋水产品又是天然钙的重要来源,从鱼贝类中开发活性钙类药品和保健食品对儿童及老人的健康有重要意义。

(龚锦涵)

【水下生理学】　水下生理学是研究人体暴露于水下环境时生命活动规律的科学,其目的是保证人体能顺利地深入到海洋的深处进行有效地活动,再安全地返回海面,它是水下工程技术中一门基础性的学科。从70年代以来科学家广泛地从分子生物学水平、细胞学水平、器官水平和整体水平来研究机体暴露于高压下的生理学问题,其中对饱和潜水生理学的研究仍然是举世瞩目的重点课题。涉及饱和潜水生理学的研究主要有加压生理学、人体对高压环境适应能力,高压下智力活动能力和体力活动能力的变化,以及减压理论和减压方案的研究等。80年代在这方面具有代表性的突破性进展是法国开创性地进行了一系列氢氧饱和潜水实验;美、英、挪、法、联邦德国和中国等开展了大深度氦、氮、氧饱和潜水实验。受到国内外学者们重视的研究领域还包括:高压氧对机体的作用及氧中毒的机制,氮麻醉的机理,肺功能,减压/循环问题,人体的体温调节,平衡器官的功能,营养以及睡眠生理的研究等。

(石中瑗)

海洋经济学

【海洋经济学研究】　海洋经济学是刚刚出现的应用性经济科学。1981年海洋经济研究会成立以后,用几年时间探索海洋经济学的研究对象和方法、部门海洋经济和海洋生态经济等问题,陆续发表了一些文章。为了总结这些成果,并寻找新的研究方向,张海峰、夏世福、蒋铁民、施存龙、杨金森、于效群合作编写了《中国海洋经济研究大纲》,1986年由海洋出版社出版。这是中国海洋经济研究的一个阶段性成果,它肯定了海洋经济学研究对象方面比较成熟的成果,以及海洋水产、交通部门经济,海洋生态经济研究中的一部分成果,同时提出了一些深入研究的问题和方向。

1986年以后,为了使研究工作更紧密地联系实际,许多研究人员转向海洋区域经济研究,为各地区制定海洋开发规划服务。1987年,国家海洋局情报所和国家海洋局规划办公室完成了"渤海国土综合开发规划研究",1988年马应良、林幸青等完成了"海南省海洋开发规划研究",1989年周定成等完成了"厦门海洋经济研究"。青岛市、连云港市的有关人员还系统地进行了胶州湾、海州湾的开发规划研究。这些成果在理论和方法上成熟的新成果比较少,主要是移植区域规划的理论和方法,但是比较接近实际,在各地区制订规划和计划时发挥了一定的作用。

经济科学数学化是使研究成果更有实用价值的一个重要途径。不少海洋经济研究人员也很重视这个问题,并做了一些试验性研究工作。辽宁师范大学梁喜新等提出了对海岸带实行立体开发的设想,并采用线性规划方法在青堆镇海岸带立体开发试验中建立了数学模型。试验区面积约10 000亩,开发模型包括一个以岸滩为基地的水域生产生态系统,一个以水旱田为基础的陆上生产生态系统,由这两个系统构成了海岸带综合开发垂向结构。经过4年的研究试验,试验区产值增长2407%。蒋铁民、王其藩等利用系统动力学方法研究了"中国海洋经济总体模型与发展战略",目前正在整理研究成果。吴平生等运用系统动力学和线性规划两种方法,建立了江苏省大丰县滩涂开发生态经济模型,受到了联合国有关组织的好评,研究成果已开始被地方政府采用。 (杨金森)

海 洋 法 学

【海洋法研究】 从1982年起,在中国海洋学会下设立了"海洋国际问题研究会",由当时国家海洋局局长罗钰如任主任委员,从事海洋法律、海洋政策、海洋经济和海洋军事等方面的研究。每年召开学术讨论会,出版《海洋国际问题研究》专刊。在海洋法的研究方面,诸如领海无害通过制度、专属经济区的法律地位、相邻或相向国家间大陆架和专属经济区划界、岛屿制度、防止海洋环境污染等方面都发表了一些有价值的研究成果,出版了一批具有较高水平的专著和论文。1989年出版的赵理海著《海洋法的新发展》一书,就大陆架法律制度、国家管辖范围以内、以外的海域问题、海洋污染防治和海洋科学研究、争端的解决等海洋法中的重要问题在联合国海洋法公约中的发展作了较详细的评价,特别是对东海大陆架划界问题作了较深入的阐述。陈德恭著《国际海底资源与海洋法》、《现代国际海洋法》先后于1986年和1988年出版,就第三次联合国海洋法会议对各项海洋法事项的审议过程、斗争情况,以及公约的各项规定都作了较详尽的阐述和说明,展示了世界各国对制订海洋法所持的立场、观点,特别是充分阐述了中国对海洋法各项问题的主张,也指出了国际海洋法现存的问题。刘楠来等著《国际海洋法》于1986年出版。该书系统地介绍了海洋法和各项制度,特别是专门介绍了南极的法律地位和南极的法律制度。1987年出版的海洋法著作还有魏敏主编的高等学校法学试用教材《海洋法》、周忠海著《国际海洋法》,以及赵理海主编的海洋法论文集《当代海洋法的理论与实践》等。

1989年9月,"中国海洋学会海洋法学会"成立。它是中国研究海洋法的群众性学术团体,主要开展海洋法问题的研究和学术交流活动,协助国家主管部门制订、完善中国的海洋法律制度。该学会第一届理事会会长是国家海洋局副局长陈炳鑫,国际法院法官倪征瞍和国家海洋局原局长罗钰如任名誉会长。在海洋法学会成立大会上,对当前中国海洋立法的重要问题,包括海洋法律体系、专属经济区和大陆架法律草案以及关于申请国际海底先驱投资者登记问题等进行了讨论,并对国际海洋法问题进行了学术交流,会后正准备出版论文集。

海洋法的教育工作也有较大发展。北京大学、中国政法大学、吉林大学、外交学院、武汉大学以及中国社会科学院国际法研究所、上海社会科学院国际法研究所等均培养了一批海洋法专业的硕士或博士研究生,他们对中国海洋法的实践、科学研究和教育工作起到越来越重要的作用。 (陈德恭)

海　洋　技　术

水声工程技术

【概况】 几年来国际上水声工程技术在海洋中的应用日益广泛。技术上由于大规模集成电路的迅速发展，设备愈来愈小型化，功能愈来愈完备，自动化程度愈来愈高。中国近几年海洋水声工程技术也有很大的进展。其主要表现在信号处理技术、换能器技术、海洋水声设备及其应用等三个方面。

信号处理技术 主要是数字信号处理技术的发展和超大规模集成电路的应用。这基本上改变了信号处理的面貌，因而也改变了水声设备的面貌。现在用一个高速的可程序化的超大规模信号处理CPU芯片，就可以完成高速运算和整个信号处理过程，代替过去要用整个机柜的硬件，而且灵活性很大。中国在这方面进展也很快，能迅速开发国外新推出的大规模集成电路，研制各种信号处理板，基本能跟上国际上的步伐。中科院声学所、西北工业大学、715所，哈尔滨船舶工程学院分别开发了Texas Instrument公司的TMS 320系列，Fujisu公司的MB 8764，AD公司的ADSP 2100，Motorola公司的DSP 56000和56200，Zoraw公司的Zr 34161等大规模集成电路芯片。例如声学所利用TMS－320系列芯片，开发出AP 320，ADS－7，ADS－8等微型阵列处理机，这种信号处理板完成1024点FFT的运算时间为70ms。他们还用48片TMS 320 C25芯片装成分布式的阵列处理器，有很高的运算处理能力。目前有关单位正在研究开发第三代芯片，如TMS－320－C30等芯片，进行更高速的信号处理。目前注意发展的还有波动(Systolic)阵列结构等。

在信号处理理论和技术研究中最受重视，进展最快的是现代谱估计和信号参数模型、线谱增强、自适应滤波、检测和估值理论、FFT技术、水声信道匹配、信号处理快速算法、基阵信号处理和波束形成技术、最佳时空过滤理论、延时估计新方法、相移与数字多波束技术以及水下通讯的抗干扰技术等。

换能器技术 中国已能生产PVDF薄膜并用以制造水听器。声学所研制了复合陶瓷压电材料，这种材料同时具备压电陶瓷和有机材料的优点。有关单位设计和生产了水声工程技术使用的各种水声换能器，具有良好的性能。声学所和715所等研制了指向性高、旁瓣小的参量阵并在实际中应用。哈尔滨船舶工程学院发展了离散障板稀疏圆柱阵，有很好的性能。光纤水听器的研究也在进行，但尚未脱离实验室阶段。

在换能器和基阵理论方面值得提出的有FEI(有限元—本征函数—积分方程)分析声辐射和声散射的方法。其他还有压电换能器的传递函数、基阵指向性综合的逐步逼近方法等。

海洋水声设备 近几年研制、生产了一批新型设备，并在海洋中应用。其特点是大部分都采用数字信号处理系统、大规模集成电路和微型计算机，从而有较高的性能，大大缩短了和国际先进水平产品的差距。

在水下定位系统方面，国内发展了长基线、短基线和超短基线的水下声定位系统，并均已在实际中应用。如国家海洋局技术所和海军海洋测绘所共同研制的海洋大地测量水声定位系统(长基线与超短基线)，中科院声学所改进的OCEANO长基线系统，CDW－A超短基线定位声呐，哈尔滨船舶工程学院的长基线和短基线定位系统。

在海底地层勘探方面，声学所发展了GPY浅地层剖面仪，使用自适应技术抗海底海面多次反射干扰，可以在深度仅为2m以内的内陆湖中探测，得到清晰的图象。声学所还发展了DDC1－1型深地层剖面仪，可以在深海中探测千米的地层。

国家海洋局技术所与美国Raytheon公司联合研制了MBSP型锰结核声遥测仪，使用3.5，7，12，18 kHz频率，可以探测6 000m海底上的锰结核分布。经过试用，遥测结果与取样结果相当符合。

声学所发展了851声像声呐和CTS－1A型声像声呐，这类小型声呐使用微机技术，换能器机械扫描，彩色显示，有高的分辨能力，可以在无人潜器上使用。851声像声呐也可以用为小型多波束测深仪，在几十米深度以内的浅海或河道中使用，可以显示海底或河底深度剖面，非常方便。

声学所研制了SDH－14型智能测深仪，能自动进行量程的切换和扩展，并能自动跟踪海底。他们还研制了动窗显示式垂直鱼探仪。

声学所研制了SR－2型数字声线轨迹仪(见海洋

物理学测量仪器条)和声场预报仪,前者能显示声线的轨迹,后者能显示浅海声强分布,为海洋水声设备的使用提供依据。

国家海洋局技术所研制成 SBA3－2 型台站声学测波仪,其采用微机和大规模集成电路,性能比以前型号有很大改进。他们还研制了 QFS1－1 型千米声应答释放器及 QFS3－1 型千米声学应答爆炸螺栓,具有很好的性能和可靠性,已在海洋仪器布放中使用。

国家海洋局三所研制了 SLY－1 型定点多普勒海流计(见海洋水文观测仪器条)。

厦门大学研制了 SY－1 型水层深度遥测仪,用 PPM—FSK 方式进行水下多信号传输,可同时遥测水下五个层次的仪器的准确深度。

黄海水产所利用“北斗”号船上的 Simrad EK400 科学回声测深仪和 Simrad QD 数字积分器系统对黄海海区的沙丁鱼的分布进行了系统的研究,得到了很好的结果,填补了中国在这方面的空白。

中科院声学所研制了水下立体声音响设备,已在水下芭蕾运动员的训练和表演中使用。1988 年在布鲁塞尔世界发明博览会上展出,获得尤里卡金奖。

(关定华)

潜水技术和水下工程

【潜水技术发展概况】 由于近海油气生产的要求,饱和潜水技术在 20 世纪 60 年代至 80 年代得到长足发展。1981 年 3 月 6 日美国杜克大学用氦氮氧三元混合气创造了模拟潜水 686m 的世界最深纪录。1977 年法国考麦克斯(Comex)公司海上实验潜水达 460m,巡潜 501m。中国 1987～1988 年氦氮氧三元混合气模拟潜水达到 300m,氦氧二元混合气模拟潜水达到 350m,巡潜达到 370m;氦氧饱和潜水及至 60～75m 巡潜在 1989 年也取得成功。此外,由于氢比氦轻,也易获得,在高压下呼吸氢氧混合气阻力会更小,因而能适应更大的饱和深度。1985 年考麦克斯公司用氢氧混合气进行了饱和深度为 450m 的模拟潜水。但与氦相比,氢不安全,使一些研究者存有戒心。

目前世界上公认的空气潜水最大有效作业深度为 50～60m;氦氧常规潜水为 120m;饱和潜水为 200m。200～300m 的潜水和作业技术趋向成熟,300～450m 潜水和作业技术正在研究开发。

但海洋油气工业逐渐向大陆坡进展,有些区域的水深已达 900～1 200m,而海洋采矿业所面临的水深更数倍于此,都超过目前产业饱和潜水所能达到的深度。另外饱和潜水系统庞大、复杂,费时又费钱,因此有相当多的人士认为:解决深潜水应依靠工程技术,用多种类型的潜水器替代潜水员做水下作业。需要人员下水时,可着常压潜水服(ADS)或单人常压潜水器,以省去大量加减压时间和昂贵的气体。自 20 世纪 70 年代以来,潜水器技术发展非常快,已投入使用的多种型号潜水器,几乎能满足所有水下作业的要求。深水、有危险的水域及有污染的环境,使用潜水器则更为适宜。据 1986 年统计,有近 400 台潜水器在各海上油田做水下服务。1989 年日本造的“深海 6500”载人潜水器投入使用,工作水深 6 500m,可达占 97%以上的海洋底部。

尽管潜水器技术水平已很高,且有多种精密仪器、传感器和机械手,但仍无法和潜水员灵巧的双手及迅速反应的大脑相比。所以未来一些年内,潜水员潜水和潜水器两类潜水技术,仍都会有一定发展。

(刘随隆)

【潜水技术与潜水医学】 1986 年以来中国在此领域取得一批可喜成果。

300m 模拟饱和潜水实验获得成功 1987 年,上海海洋水下工程科学研究院在该院的 300m 饱和潜水实验舱内成功地进行了一次“300m 模拟饱和潜水实验”。4 名潜水员进入饱和居住舱后,经 9h40 min 加压到 300m,在此饱和深度呼吸氦氮氧三元混合气连续生活工作 7 昼夜。在长 3,4,6,7 d 分别进行了深度为 300m 的巡回潜水 16 人次,每次平均 11min;完成了一系列对国产潜水装具、工具的性能试验。然后经 307 h 的饱和减压安全返回常压。在潜水各不同阶段监测了有关生物医学功能指标;潜水员未出现明显高压神经综合征,亦无减压病发生。

氦氧饱和潜水技术进入实用新阶段 1987 年,由海军组织在“东救 301”潜水母船上,使用引进的潜水钟－居住舱饱和潜水设备系统,在东海公海(122°50′E,27°32′N)进行了两次“80m 氦氧饱和—100m 巡回潜水”的海上实潜作业训练。医学保障由海军医学研究所等单位负责。8 名潜水员分成两批,饱和暴露时间第一次 72 h,第二次 30 h。潜水员每天借潜水钟下潜至 100m 海底进行一系列巡潜作业,共 9 钟 18 人次,巡潜总时间 958min。然后经 89 h 饱和减压,全部安全返回常压。除在潜水各阶段监测有关生物医学功能指标外,还首次于潜水全过程(从进舱前 24 h 起直至出舱后 24 h 止)连续记录了潜水员的动态心电图,获得了复杂海况下实潜时的重要心电资料。一系列医学保障措施保证了实潜的成功。从而结束了中国氦氧饱和潜水技术停留在模拟阶段的历史,进入了实用的发展新阶段。

500m 饱和潜水系统在上海建成 1988 年底海军的 500m 饱和潜水系统经 10 年努力在上海海军医学

研究所建成。结合设备的载人验收试验进行了一次"350m模拟饱和—370m巡回潜水实验研究"。4名潜水员于1989年1月初进入居住舱，呼吸氦氧混合气，不另加氮。采用指数式及设中间停驻站的加压方案经2.5d加至350m，在此饱和深度连续生活工作72h10min。饱和期间潜水员进入过渡舱及水舱，快速加压至370m，共进行巡潜4人次，每次1h，有效地完成以援潜救生为主的各项作业。然后经350h饱和减压安全返回常压。在高压下(全过程在300m以深共6昼夜)无明显高压神经综合症，减压中无减压病。在舱内共生活22d。出舱后随访半年，健康良好。在潜水各不同阶段共监测123项生物医学功能指标，积累了有很高学术价值的科学资料。这次模拟饱和及巡潜深度都是当时亚洲记录，医学保障达到了国际同类实验的先进水平。　(龚锦涵)

【载人潜水器水下对接试验成功】 中国第一艘载人潜水器——深潜救生艇由上海交通大学等单位联合研制，武汉造船厂建造。其最大下潜深度为600m，每次救生人数为22人，船上装备有银锌电池为动力，观通导航设备有通讯声呐、水下电视、声成象声呐、定位声呐和测潜、测深声呐等，还装有七功能液压机械手一个。可以在最大下潜深度与潜水艇或其他水下结构物实施对口救生，并在200m之内进行开舱湿救。

1986年6月，该潜水器在43m水深和一艘坐沉海底的模拟"失事"潜艇在水下对接，进行了在一个大气压下7名艇员从一艘潜艇(失事潜艇)向另一艘潜艇(深潜救生艇)的水下干转移试验，同时还完成了潜水器在水下的开舱湿救，并达到了360m的水深，打破了中国潜水艇下潜深度的记录。这次水下对接试验的成功标志着中国深潜技术已跨入世界先进行列。

深潜救生艇研制成功，荣获1989年度国家科技进步一等奖。1989年12月19日党中央和国家领导人接见了深潜救生艇的总设计师、上海交通大学教授朱继懋。　(朱继懋)

【中国第一届无人遥控潜水器(ROV)演示会】 1988年11月23日由上海交通大学水下工程研究所和上海海洋石油服务总公司南洋国际水下工程公司联合召开了中国第一届无人遥控潜水器(ROV)演示会，全国20多个单位150多名专家和国家有关部门领导参加了这次大型演示会。演示会上上海交通大学水下工程研究所展示了一批在国家经委及水利部、中船总、中科院等有关部委支持下，1980年以来在无人遥控潜水器方面的最新成果。它包括五种不同类型和用途的无人遥控潜水器：

1."HR01"试验样机——和中科院1985年12月合作研制的中国第一台无人遥控潜水器，潜深200m，空气中重2 200kg，最大前进速度2kn，装备有水下电视、六功能机械手等。

2."JH01"大坝检查型ROV——为水利部研制，全部采用国产材料，专门用于大坝检查，1986年开始先后成功地在安徽丰乐水库和河北潘家口水库进行了检查作业，获得好评。该潜水器装备有3台电动推进器和普通光、弱光两用摄象头，工作深度60m，可以对观察目标进行水上监视或录像。水利部门已批准投入小批量生产。

3.SJT－10准作业型ROV——和加拿大国际潜艇工程公司合作研制，最大工作深度200m，采用计算机控制，能在水下完成自动定深和定航向，装有五功能机械手一个和水下摄象机，最大前进速度2.5kn以上，1988年和1989年先后在东海和南海石油平台上作业，取得很好的经济效益。

4.SJT－40作业型ROV——和加拿大国际潜艇工程公司合作研制，最大工作深度300m，计算机控制和P.C.M遥测，自动定向，自动定深，装有五功能和七功能机械手各一台及水下微光电视等设备，1988年开始连续在南海中标作业，获得国内外用户高度评价。

5.SJT－5观察型ROV——属袖珍型观察潜水器，空气中重仅12kg，最大工作深度150m，装有彩色水下摄象机，光圈遥控，可提供清晰、鲜艳、高分辨的水下电视图象。潜水器有四个电动推力器，在水中机动灵活。已投入批量生产。

【中、西德水下技术合作全面开展】 1988年中、联邦德国(西德)海洋科技合作联委会批准将水下技术正式列入长期合作研究的执行项目以来，中、西德两国专家商定水下技术合作项目为：(1)高压下空心结构的内爆裂；(2)高压潜水；(3)海洋机器人；(4)海洋油气开采的水下集输系统等五个课题。

西德方面由联邦德国研究技术部、大学、研究所、工业界等20余个单位参加。中国方面由国家海洋局、教委、交通部、中科院、海洋石油总公司、中船总等部门的15个单位参加。中、西德水下技术方面的专家在联委会领导下成立了联合专家组，西德方面的首席专家为GKSS国家研究中心、水下装备研究所所长肖夫斯塔教授担任，中方首席专家为上海交通大学水下研究所所长朱继懋。

【常压潜水服研制成功】 1988年分别由广州救捞局和中国船舶研究中心研制的KZF－1型和QSZ－1型常压潜水服在海上试验获得成功。KZF－1潜水服采用钛合金材料，空气中重量仅 308kg，在水中重量为 25kg，1989 年在南海 121m 水深完成了水下有人试验。QSZ－1 潜水服总高为 2m，空气中重量为 487kg，在水中重量为 28kg，生命支持系统由两套独立的呼吸和通讯系统组成，可以在水中正常工作 36 h，应急时自持力为 3 h。 （朱继懋）

海洋无线电导航定位技术和通讯技术

【罗兰 A 系统的更新和改进】 目前中国沿海的 10 个罗兰 A 岸台仍在为海上导航提供服务。1986 年以来，对岸台设备进行了维修和部分更换，接收设备也进行了改进，宝鸡凌云无线电厂 1986 年在 DY－12 的基础上生产出 DY－12A 型全自动罗兰 A 接收机并通过了技术鉴定。该机由微机控制，实现了自动坐标变换，直接显示经纬度，使操作人员从繁琐的标海图定位工作中解脱出来，自动化程度有了很大提高。

【罗兰 C 南海台链正式建成】 中国第一个罗兰 C 台链——南海台链已正式建成，并将于 1990 年发播导航信号投入使用。该台链的建成将为西起北部湾东至汕头沿海、南到南沙群岛的广大海域提供可靠的导航手段。该台链由三个罗兰 C 发射岸台、一个监测站和一个台链控制中心组成。南海台链发射的信号波形和模式与国际标准罗兰 C 通用，组重复间隔（GRI）为 69 300μs，两个副台的编码延迟分别为 11 和 26ms，作用距离白天在 1 000n mile 左右，夜间比白天减少 100n mile 左右，在离发射岸台 600n mile 以内且几何因子小于 8 时的定位精确度优于 0.4n mile，在离发射岸台 900n mile 以内，几何因子小于 18 的地区，定位精确度优于 1.2n mile。

南海台链的发射机是引进美国 Megapulse 公司生产的 64 单元全固态发射机，发射功率约为 2MW，天线高度 247m。接收设备已由西安导航技术研究所生产出了 XN－800 型全自动罗兰 C 接收机，该机装有全世界现有 20 个罗兰 C 台链的数据（包括中国南海台链），不必送概略位置即可实现全自动罗兰 C 导航。

目前罗兰 C 南海台链由海军负责管理，西安导航技术研究所提供技术保障。另外罗兰 C 东海台链的建设也已开始，预计不久罗兰 C 系统将成网覆盖中国沿海，从而取代罗兰 A 系统。

【卫星导航系统的发展】 **子午仪系统**（Transit） 子午仪系统是美国 50 年代研制的卫星导航系统，中国拥有大量的用户，接收设备主要是进口的，国产接收机占很少的比例。中国生产的子午仪接收机主要有组导 Ⅱ、组导 Ⅲ（与奥米加系统组合）、H/WDCY－C 型卫星/奥米加组合导航仪和 H/WDCY－B 型卫星/奥米加组合导航仪。还组装了部分国外接收机投入国内市场。目前该系统在中国还是海上导航定位（尤其远海或远洋航行时）的主要手段，预计可用到本世纪末。

全球定位系统（GPS） GPS 系统是美国新一代的卫星导航定位系统。它具有全球覆盖、全天候、连续实时、高精度三维定位的特点，应用领域极为广泛。目前已投入试运行，计划布设的 21 颗工作卫星已发射了 8 颗。加上第一阶段的试验卫星，可用卫星已达 14 颗，预计到 1992 年可全部投入使用。

GPS 系统接收设备国外发展较快，已有多种型号各种用途的接收机问市并投入实际应用。中国也已从 80 年代初开展了 GPS 系统接收设备的研制，国内研制 GPS 设备的主要有西安导航技术研究所，总参测绘研究所、中科院空间物理研究所，深圳华达电子有限公司等多家机构，还有许多单位开展了 GPS 系统的软件和应用的研究，也已推出了多种型号不同种类的国产接收设备，但距国外先进水平还有一定的差距。目前国内使用的 GPS 接收机大部分来自国外。

GPS 系统的投入使用将对导航定位领域产生深远的影响，也给海上导航定位、海洋测绘、海洋工程等领域提供了有效的定位手段，因此该系统正引起世界的密切关注。

近程高精度定位系统 1986 年中国七院七所研制成了 WD－3 型具有三级格网的高精度定位系统。它是为海岸带和海岛调查而设计的，作用距离为 100n mile，定位精度不低于±10m。该系统是在原 WD－1 型使用经验的基础上增强巷识别可靠性和适应沿海布台要求的多样性而设计的，因此除要求系统稳定可靠、定位精度高外，还要有圆—圆和双曲线两种工作方式。该系统岸台天线 15m，设备全部采用固态组件，功耗低，具有良好的机动性。经实际应用证明，系统的作用距离尚有很大潜力，在应用中也发现因某些传播误差影响定位精度，尚需在程序上作进一步改进。

（姜志宏）

【利用罗兰 C 天波信号导航】 为了解决海洋航空遥感的导航定位问题，国家海洋局技术所用从美国引进的 ML—6500 罗兰 C 导航仪，1986 年研究试验成功了在中国沿海利用罗兰 C 9970 台链和 5970 台链的天波信号导航技术。几年来海监飞机和其他海洋遥感飞机一直在应用这一天波导航技术，效果很好，导航连续、稳定、可靠，定位精确度一般小于 1n mile。实践证明，只要采取有效的技术措施，克服罗兰 C 天波信号所固有的、严重影响利用其导航定位的种种技术问题(如：天波信号不稳定、与地波信号相比有较大时延等),可以保证天波信号导航的精确度和可靠性。

罗兰C天波信号导航技术不但可以用于飞机导航,也可以用于船舶导航,既可在中国沿海、内陆应用,也可在任何罗兰C天波信号覆盖区应用,具有较大的实用价值。 (姜洪川)

【海洋实时资料传输网建成开通】 国家海洋局1986年7月1日建成开通海洋实时观测资料传输通信网。该网将国家海洋局所属56个海洋站每日4次观测到的实时海洋资料,在观测后1.5 h之内传输到位于北京的海洋环境预报中心。

该网由沿海高频、甚高频无线电通信网和陆地有线电传网组成。各海洋站根据通信距离分别配置15～400W高频通信电台,或25W甚高频电台,以无线电话、窄带印字电报和无线电传真方式,将资料按海区发送到设在青岛、上海、广州的二级网络中心,二级中心再经专用电传线路传至海洋环境预报中心。

该网运行5a,满足了国家海洋环境预报服务系统对信息传递的要求。目前正在组建小型卫星数据网替代原有线电传网,实施二级中心与海洋环境预报中心(网络中心)之间的直接计算机数据交换。

该网还同时用于下传和发布海洋环境预报产品及有关信息,也用于海洋站的日常行政通信。全网共架设各类电台68台。通信网的建立结束了沿海海洋站20年无可靠及时的通信设施的历史。

【国际海事卫星通信技术】 国际海事卫星组织(INMARSAT)于1979年7月正式成立,总部设在伦敦,最初拥有28个成员国,现已发展到56个成员国。国际海事卫星系统利用原美国的"MARISAT"卫星系统,将其卫星和地面站纳入了"INMARSAT"系统,并逐步增加卫星容量,在世界范围内增建海岸地球站,研究发展新的技术体制和新标准的船站。国际海事卫星系统由地球静止卫星、海岸地球站(CES)、船舶地球站(SES)和网络协调站(NCS)组成。目前国际海事卫星系统使用的卫星有8颗。开放的海事卫星海岸地球站21个(见表1,2)。

从1986年开始,交通部中国交通通信中心已在北京筹建覆盖太平洋和印度洋的海事卫星北京海岸地球站,预计可在1991年投入使用。机械电子工业部通信测控研究所于1985年引进美国RDI公司全套技术,已能够生产Shicom 1型A标准船舶地球站,到目前为止已生产6套。

截止1990年3月国际海事组织统计,全世界共安装使用各种型号国际海事卫星船站10 531套,其中中国大陆84套,中国台湾省186套。

表1 国际海事卫星(INMARSAT)系统使用的卫星

洋区	卫星名称	位置	发射日期	状态
大西洋	Marecs—B2	26°W	1984.11.9	工作
	IntelsatV—MCSB	18.5°W	1983.5.19	备用
	Marisat—F1	15°W	1976.2.19	备用
印度洋	Intelsat V—McsA	63°E	1982.9.28	工作
	Marisat—F2	72.5°E	1976.10.14	备用
	Intelsat V—MCSD	180°E	1984.3.4	工作
太平洋	Marecs—A	178°E	1981.12.20	备用
	Marisat F—3	176.5°E	1976.6.9	备用

【船舶交通管理系统在部分港口建成】 自1980年开始中国在部分港口建设船舶交通管理系统。至1989年底已建成4套,另有一套系统正在建设中(见表3)。

"船舶交通管理系统"国际上称为"船舶交通服务系统"(Vessel Traffic Service简称VTS)。VTS设备主要由信息收集系统、信息处理及记录系统和信息传输系统组成。信息收集系统通过雷达、VHF测向仪、水文气象传感器、无线电通信设备收集港口的环境和船舶活动情况。信息处理和记录系统对收集的信息进行处理计算,并根据处理结果监测船舶的操纵行动及航道情况,记录和复示船舶动态等历史数据。信息传输及服务则是通过无线电通信对船舶进行有关动态、它船意图、交通条件、违章及船舶危险状况预报等内容的信息服务,或应船舶请求提供助航信息。

表 2 国际海事卫星(INMATSAT)系统已开放的海岸地球站

(1990 年 3 月统计)

国家	站址	覆盖洋区
丹麦、芬兰、挪威、瑞典	埃克(Eik)	印度洋
日本	* 茨城(Ibaraki)	太平洋
日本	* 山口(yamaguchi)	印度洋
新加坡	新加坡	太平洋
英国	贡希俚(Goonhilly)	大西洋
美国	圣保拉(Santa Paula)	太平洋
美国	绍斯伯里(Southbury)	大西洋
科威特	乌姆艾什(Umm—al—Aish)	大西洋
法国	普勒默—博杜(Pleumeur Bodou)	大西洋
巴西	坦瓜(Tangua)	大西洋
苏联	敖德萨(Odessa)	大西洋
苏联	敖德萨(Odessa)	印度洋
意大利	福齐诺(Fucino)	大西洋
希腊	塞莫皮莱(Thermopylae)	印度洋
苏联	纳霍德卡(Nakhodka)	太平洋
沙特阿拉伯	(Jeddah)	印度洋
波兰	(Psary)	大西洋
波兰	(Psary)	印度洋
埃及	(Maadi)	大西洋
土耳其	阿塔(Ata)	印度洋
土耳其	阿塔(Ata)	大西洋

* 同时为洋区的网络协调站。

表 3 船舶交通管理系统建设情况

名 称	始建时间	完工时间	使用情况
宁波北仑港交管系统	1980	1982	1986 年交付使用
秦皇岛港交管系统	1983	1986	1989 年交付使用
青岛港交管系统	1984	1989	1989 投入使用
大连港交管系统	1988	1989	1989 投入使用
连云港交管系统	1988	预计 1990	正在建设中

(尹冀川)

海洋遥感技术

【海洋遥感技术概况】 1986～1989 年的 4 年期间,世界各国海洋遥感事业取得了突飞猛进的进展,主要表现在以下三个方面:1. 已发射或正要发射多颗海洋遥感卫星。已发射的有日本海洋观测卫星(MOS－1),印度国家卫星(INSAT)和印度遥感卫星(IRS－1A),法国斯波特(SPOT－1)卫星等,计划于 90 年代初发射的海洋卫星有欧空局的欧洲遥感卫星(ERS－1),日本的地球资源卫星(JERS－1),美法合作的地形试验卫星(TOPEX/POSEIDON),加拿大的雷达卫星(RADARSAT)等;2. 海洋遥感日益成为海洋监测与探索的不可缺少的手段,逐渐由实验研究向业务服务过渡;3. 海洋遥感的数据和产品逐渐向商品化过渡。

相比之下,中国海洋遥感事业存在着不少差距,主要表现在海洋遥感的原始资料来源不足。如众所理解的,海洋遥感事业的特点是有大的投资,才能有大的产出。现阶段,中国在海洋遥感方面要增大投资,尚有困难。国内学者在极其有限的原始资料的条件下,做了大量工作,且取得了许多成果。 (吴培中)

【极轨气象卫星风云一号】 1988 年 9 月 7 日中国发射了第一颗极轨气象卫星风云一号(FY－1),星上载有五通道扫描辐射计,其特点是特别设置了两个海洋水色通道(光谱范围为 0.48～0.53 μm 和 0.53～0.58μm),能反映丰富的海洋信息。从发回的图象看,海水中悬浮物层次分明,甚至能显示长江口的冲淡水以及沿岸水与陆架水交汇混合扰动的细节,并能进行沿海高叶绿素浓度和泥沙的动态监测。在陆地目标观测方面,可以清晰地识别植被、湖水、沙漠地形特征。虽然因姿态故障,该星有效工作时间只有 39d,但它表明中国空间技术已跻身于世界先进行列,也为发展中国卫星海洋遥感奠定了基础。 (黄润恒)

【风云一号卫星地面接收处理】 风云一号气象卫星海洋应用站建成 国家海洋局在杭州建成了风云一号(FY－1)气象卫星海洋应用站。接收站包括抛物面接收天线、接收机、位/帧同步器和实时监视器等。处理站包括计算机 PDP11/34 二台、图象处理器、图象扫描输入/输出机以及相应的计算机接口。该站配有气象卫星预处理软件包,可以制作 1A 和 1B 格式的 CCT。此外该站开发了海洋遥感的应用软件,如海表温度、表层泥沙浓度、表层叶绿素浓度、图像几何校正及海洋要素等值线等。该站是风云一号气象卫星数据在海洋上应用的试点。

气象卫星数据处理微机系统　国家海洋局张德颂、黄润恒等研制成气象卫星图象数据处理的微机系统。该系统是基于 IBM PC 386 机上构成，配备了美国极轨型和日本静止型的计算机接口。与同类系统相比，具有可以兼容接纳 FY－1/NOAA 卫星与 GMS 卫星两类气象卫星数据的特点。这两类气象卫星经天线接收机接收到数据后，分成两路，分别送入极轨气象卫星的解调器和静止气象卫星的解调器，然后经两路切换采样送入微机，进行存档和处理，可以制作 1A 和 1B 格式的 CCT。该系统还配备了海表温度、海冰图象处理分类等软件，利用静止卫星 GMS 资料向用户提供了全国地表 覆盖资料，黑潮暖流图象资料等。该系统还为国家海洋预报台制作海冰实况图的前期处理 。

地理信息系统与遥感图象数据处理相结合的微机系统　中科院王玉如设计了地理信息系统与遥感图象数据处理相结合的微机系统。该系统采用 32 位微机。地理信息系统（GIS）又称资源与环境信息系统，它是将地区资源与环境信息按空间分布和地理位置进行存贮、检索、分析、显示、制图并综合分析应用的技术系统。遥感方法是地理信息系统的大宗原始数据来源，所以需要把遥感信息系统与地理信息系统联结起来。该系统是由数据采集系统、数据库、图形库、图象库、数据处理系统、制图系统及应用系统等 7 个部分组成。由于该系统是微机系统，价格便宜，便于推广使用，因此是有应用价值的。

【机载微波遥感仪器】　微波遥感仪器有主动式和被动式之分。由于微波遥感具有全天候全天时和具有穿透能力的特点，以及更适合于海洋遥感应用，因此受到国内外专家极大关注。

1. 中科院长春地理所研制成机载微波辐射计，包括有 8mm，135mm，3cm，5cm，10cm，及 21cm 等 6 个波段，动态范围 80～300°K，灵敏度 0.5°～1°K。进行了近 30 次飞行试验，取得了有关海水监测、海上油污染、海岸带调查等十分有用的海洋遥感数据。

2. 中科院空间中心研制成机载微波散射计，波段 3cm，动态范围 80～300°K，灵敏度 1°K，正准备装机作飞行试验。

3. 中科院电子所研制成 X 波段（3cm）合成孔径侧视雷达，地面分辨率为 10m×10m，测绘带宽 35km，四种极化方式（HH，VV，HV，VH），采用机上胶片记录。已装备飞机投入使用。地面光学成象设备由中科院长春光机所研制，图象分辨率可达 3m，达到国际 80 年代初的技术水平。

【海洋环境监测与预报】　海冰遥感监测与预报　国家海洋局龚家彪、黄润恒分别利用美国气象卫星 NOAA 的 HRPT 数据，对渤海地区海冰图象进行处理，包括投影计算、定位修正及图象增强等，制作成该地区的海冰实况及预报分析图象，可以显示海冰的覆盖区及对海冰厚度进行分类。国家海洋局杜碧兰、谭世祥等合作在冬季利用航空遥感对渤海辽东湾及黄海北部进行了实时监测，采用的机载探测器有：红外照相机、摄象机、红外辐射计、微波辐射计以及投弃式测温浮标等，制作了该地区的海冰温度分布图、冰厚分布图、冰类型分布图。航空遥感监测海冰与 NOAA 气象卫星相比，具有地面分辨率高、大气衰减少、相片图象比较直观等优点，缺点是费用大。

海面温度遥感监测　国家气象局及其下属研究部门利用美国 NOAA 气象卫星的 AVHRR 红外通道 3，4，5 的数据对海面温度作反演计算，精度为±0.5～±1℃，几何定位精度可达 1.1～3km。国家海洋预报台利用卫星的反演结果结合其他来源的海面数据，向全国发布中国邻近海域的海面温度分布。因为海面温度是海洋热状况的反映，对海气热交换、大洋环流、表层流系等方面的研究起着重要作用。

气象卫星遥感黑潮流系　国家海洋局修树孟等利用美国 NOAA 气象卫星 AVHRR 第 4 通道红外图象，分析了东海黑潮冬春两季的表层流系分布特征，得到了一些有益的初步结果（详见"黑潮调查研究论文集"，1987）。

海洋水色遥感监测　国家海洋局、国家气象局及华东师范大学等单位的专家利用美国 NOAA 气象卫星的 AVHRR 可见光通道 1 及中国"风云一号"气象卫星的 VHSSR 可见光通道 1，3，4 的数据，对沿岸和河口进行海水水色的遥感试验，取得了长江口、杭州湾的悬沙浓度和叶绿素含量的定性或定量的初步资料。还利用美国陆地卫星 LANDSAT 的 MSS 和 TM 数据，取得了黄河口、长江口、杭州湾、鸭绿江口以及闽江口的水色初步资料。

【海洋污染航空遥感监测】　海洋污染航空遥感系统　国家海洋局中国航空监测大队于 1986 年和 1989 年分别从瑞典、丹麦引进 2 台真孔径侧视雷达及航空照相机摄像机，与国产紫外红外扫描辐射计一起装备了两架国产海监飞机 Y－12（见中国海监飞机条），构成了海洋污染航空监测系统。作为监测系统的一部分，地面数据/图像处理设备将于 1991 年初建成。该系统的主要用途是对海上油膜污染，包括污染范围、地点、厚度及污染物数量进行准实时的监视与监测。

上海市排污口航空遥感监测　国家海洋局二所与东海分局合作，用海监飞机 Y－12 上装载的 DGS－1

航空多波段扫描计，对上海向长江排污的三个口——西区排污口、南区排污口和黄浦江——进行了航空遥感监测。同时在排污口附近海面上布点进行同步采样，对航空图象解译后，取得了这三个排污口的污染等级、污水扩散区、污染带宽度等资料。

【海洋渔场速报】 海洋环境因子(如水温、水色、盐度、流系等)及其变化对鱼类的生存、繁殖、洄游和分布有直接影响，从而会改变中心渔场位置、渔汛期的早晚和渔获量。大多数鱼类对这些海洋环境因子中的水温和流系有较强的敏感性。国家海洋局二所沙兴伟、徐伯德等于1986～1987年开始试发海洋渔海况速报。他们利用美国NOAA气象卫星的AVHRR数据，反演得到的海面温度资料，然后计算出冷暖流锋面，并结合岸站的观测资料，综合分析后得到东海表层流系。几年来的试报很受渔业部门的欢迎，取得了一定的经济效益，目前正在做投入业务预报前的准备工作。

【海岸带与海岛环境遥感调查】 中国海岸带面积35万km^2左右，并且一直在缓慢变化着，海岛有6 000多个，分布甚广。用常规调查手段由于费钱多，耗时大，应用受到了限制。卫星与航空遥感技术是一种有效而经济的方法。中国近几年在这方面作出了可喜的成绩。

海南岛西北部遥感综合调查 国家海洋局二所高曼娜等利用美国陆地卫星LANDSAT的TM图象，结合中科院的海南岛航摄图象对海南岛西北部进行了地质、地貌、植被及土地利用的遥感综合调查。对现场特征进行了订正，提供遥感图象解译的依据，其中包括对海口湾及洋浦湾采用浅地层剖面仪、侧扫描声呐进行测量，获得了海底地形和浅层沉积的实测数据。此外还对植被、地貌和土地分类作了实地调查。该遥感综合调查项目取得了4项成果，即地貌解译图、第四纪地质解译图、1：20万植被图及1：50万土地利用图。

黄河口和三角洲遥感综合调查 中科院许殿元总结了他负责的研究组在1980～1989年10年期间对黄河口和三角洲进行遥感综合调查所取得的成绩，编著了一本专著——黄河口遥感研究，将于1990年出版。其内容涉及到黄河口动态变化、海域泥沙、海岸演变、陆地淤蚀、三角洲形成、黄河尾闾流路摆动以及风暴潮等方面。他们以采用美国陆地卫星MSS、TM资料为主，结合野外调查进行多学科的综合研究分析，得出了认识黄河口三角洲自然环境及其演变的一些基本规律，为黄河口三角洲的规划开发、黄河口的整治管理，以及这一地区油田的勘测建设等提供了一份基础性的成果。

【新型遥感技术】激光雷达遥感实验 国家海洋局胡福辰等利用激光雷达实验装置对海上石油污染进行探测实验，于1987年公布了实验结果。激光雷达尤其适用于夜间探测，可弥补常用可见光波段的不足，并具有地面分辨率高的优点，受到国外专家的青睐，目前尚处于试验阶段。中国尚没有成型的机载激光雷达可供使用。

雷达高度计的应用 国家海洋局薛德镛、吴曙初等利用雷达高度计测量海面风速作了有益的尝试，对现有的海面风速反演算法作了比较，并对中国海7812号台风风速作了计算，所得结果与常规调查相符。雷达高度计的主要用途是测量波高与海平面高度，这方面的研究国内正在进行之中。 (吴培中)

【海洋渔场环境航空遥感监测系统】 该系统由国家海洋局技术所研制，1989年12月通过技术鉴定。该系统采用航空遥感新技术对海洋渔场作大面积监测，并将所获数据资料及海区实况通过无线电传递设备快速发布给渔业部门，从而迅速准确地确定海洋中心渔场位置。系统以机载红外辐射计、投弃式测温浮标、表面温、盐浮标、罗兰导航定位仪、计算机终端和录像实时监测显示器组成，具有监测速度快、测量面积广、资料同步性能好的优点。除能用于海洋渔场环境监测速报外，稍添加一些设备即可用于海洋断面调查和地面场监测，具有较大的推广应用价值。

该系统建成后，分别于1986，1987，1988年的冬季，对中国东海海区进行了13个航次、26架次、26 816km的飞行试验服务，获得大量的极有价值的航空遥感资料，取得了显著的经济效益和社会效益。

(卢明生)

海洋环境观测技术

【概 况】 1986年至1989年期间，中国海洋环境观测技术取得了长足的进步。特别是由于国家把海洋资料浮标和航空遥感列入重点科技攻关项目，国家海洋局把建设海洋环境观测网作为重点业务工作，使中国的海洋环境观测技术摆脱了过去研制单个仪器、设备的落后局面，逐渐形成以航空遥感、调查船观测、海洋站观测、资料浮标和潜标观测等系统组成的立体观测系统。现在已拥有装备有现代化设备的、能从事海洋环境监测监视、遥感观测的飞机2架，南沙海洋站、小麦岛海洋站、吕泗海洋站等自动化海洋站，锚定资料浮标已在近海布设成网业务运行，调查船用仪器开始更新，潜标开始用于黑潮及南海研究。

同时，观测仪器、设备研制也有很大进步。其特征是研制出一批先进的传感器，如盐度、pH、溶解氧传感器；普遍用微机或单板机、单片机自动采集数据、进行运算和记录、传输；使用可靠性高的电子元器件和适用于海洋环境的新材料、新的三防工艺。这些仪器和设备已具备担负海洋观测任务所需的准确度、规格、可靠性、稳定性，并能投入小批量生产。（李允武）

【中国海监和海洋调查船】 1986 年以来，国家海洋局建造了一艘千吨级多用途“中国海监 72”号船；从芬兰买进了 1 艘万吨级货船，后改装为南极考察和运输专用船——“极地”号船。同时，对“向阳红 16 号”船进行了重大改造。另外，在此期间还购买了两艘小型海监船，并有 3 艘小型海洋调查船退役。

中国海监 72 号船 该船系中国船舶及海洋工程研究院受国家海洋局委托设计，武汉造船厂建造，于 1989 年建成并交付使用。该船的主要任务是：维护中国海洋权益，保护海洋环境资源，在中国管辖海域实施巡航监测监视与执法管理，并具有进行海洋水文气象、生物、化学等科学调查功能。

1. 基本参数：船体总长 70m；型宽 9.4m；型深 4.5m；满载吃水 3.0m；满载排水量 899t；净吨位 264t；最大航速 19.2kn；续航力 2 500n mile；自持力 20d；抗风力 10 级。

2. 主要动力设备：主机—— MAN/B&W6L28/32 型中速柴油机 2 台，每台功率 1 323.9kW；主电机—— 280kW 交流柴油发电机组 2 部；停泊电机—— 64kW 交流柴油发电机组 1 部。

3. 主要调查设备：2 000m 水文绞车 1 部；500m 水文绞车 1 部；500m 拖网绞车 1 部；无污染绞车 1 部。

4. 通讯导航设备：CZ－7 型 400W 组合电台 1 部；RM129A 型导航雷达 2 部；DY－12A 型定位仪 1 台；MX5102 型卫星导航仪 1 套；ADF4800 型测向仪 1 套；2S－1 型 2182HKz 值守机 1 套。

5. 实验室与特种设备：干实验室（面积约 25m²）备有干燥箱、电冰箱、空调器、调查数据采集和处理用计算机系统；湿实验室（面积约 24m²）备有测深仪、渔探仪、化学样品专用器材和计算机终端设备；活动实验室（用于特殊任务）；侧向推力器；防摇鳍；23 人救生船 2 只；10 人救生筏 2 只。

极地号船（见南极篇同条）。

向阳红 16 号船 1981 年上海沪东造船厂建造。1988 年建造厂又对其进行了较大改装，更换了主机、推进器和救生艇；增装了首部侧向推力器、8 000m 工程绞车、多频探测系统、海底照相系统、计算机控制与监测报警系统，使该船成为功能齐全的综合考察船，并设有 B 级冰区加强装置。

1. 基本参数：船体总长 110.99m；型宽 15.2m；型深 8.2m；满载吃水 5.5m；满载排水量 4 440t；净吨位 823.8t；最大航速 18.47kn；续航力 1 000n mile；自持力 60d；抗风力 12 级。

2. 主要动力设备：主机—— 9ESD243/82B 型柴油机 2 台，每台功率 3 309.75kW；主电机—— 560kW 柴油发电机组 3 部；应急电机—— 90kW 柴油发电机组 1 部。

3. 主要调查设备：各式绞车共 6 部，其中新安装 8 000m 液压工程绞车 1 部；美国雷声公司产“MBSP”声学多频探测系统；美国本索公司产水下照相系统等。

4. 通讯导航设备：近几年该船通讯导航设备不断更新，增装了日本产卫星通讯站 1 套，1 200W 组合电台 1 部，罗兰 C 定位仪 1 套；美国产 GPS 导航仪 1 套，国产 RM1290 导航雷达 2 部，避碰雷达 1 部。

5. 实验室与特种设备：实验室有水文室、气象室、化学室、物理室、生物室、地质室、重力仪室等；特种设备有日产淡水 15 t 制淡装置 2 台、生活污水处理器、油水分离器等；救生设备有新增 49 人机动全封闭救生艇 2 只，28 人机动救生艇 2 只，20 人气胀式救生筏 4 只，救生圈 12 只；起重设备有回转式 2.5 t 起重机 2 台，船尾新装 A 型架 5 t 起重机 1 台。（逯松荣）

【海洋地球物理调查船与工程作业船】 地矿部于 1989 年引进了“发现号”地球物理调查船；1986～1989 年间对“奋斗七号”地球物理调查船新配备了调查设备，使其增加了调查功能；1987 年对“奋斗四号”船进行了改装；1984 年将一艘三用工作船改装成工程地质钻探取样船；同年中船总公司、地矿部、上海船厂等联合自行设计、建造了一艘半潜式钻井船。连同原有的“海洋四号”、“奋斗三号”、“勘探二号”等调查船与钻探船一起，使中国的海洋地球物理、工程地质、海上油气勘探及钻井能力大大提高。

发现号地球物理调查船 该船是地矿部上海海洋地质调查局于 1989 年引进的一艘具有当代先进水平的地球物理调查船。该船原为潜水支持船，1980 由加拿大制造。1988 年由美国哈里伯顿地球物理服务公司改装成能够进行海上二维和三维地震作业的高性能的地球物理调查船。

主要参数和性能：船长 72m，宽 16m，型深 6.5m，总吨位 1 599t；2 台主发动机（MLW—ALCO，251V12 型）共 4 036kW，3 台柴油发电机组加上双主轴带发电机的总发电量达 3 655kW，4 部电动的艏、艉侧向推进器，船速 10.5kn，续航力 60d，床位 60 个，并有齐全的航海通信设备，直径 19m 的直升飞机停机坪。该船具有无限航区的挪威DNV船级,自动化程度高。

主要地球物理调查设备:(1)高分辨、深穿透的震源系统。气枪阵由48只新型套筒式气枪组成,总容量60dm³,分4列展开拖带于船艉。(2)240道的LRS 510型双地震漂缆系统,安装在2台大容量的漂缆绞车上。长度3 000~3 600m的漂缆2条,可同时拖于船艉,展开宽度达100m。(3)240道的DFS V数字地震记录系统以及磁力仪、测深仪、单道剖面仪、多道剖面仪等各种仪器设备。(4)CMS Ⅲ型海洋综合控制系统,具有导航控制、质量控制、漂缆跟踪及三维实时划分面元的多种功能,亦可接入ARGO、MAXIRAN、MX1107等无线电定位仪器和卫星定位接收机。该船使用上述设备能满足海上二维和三维地震数据采集各种作业方式的需要,工作效率很高,尤其是同时拖带2条漂缆进行海上三维地震调查比单缆三维地震工作效率可提高1.2~1.5倍。

该船经令人满意的作业性试航后,现已投入国内海洋油气勘查工作。

奋斗七号地球物理调查船 该船是地矿部海洋地质调查局1979年由美国引进的一艘地球物理调查船,10年中采集了大量海洋地球物理资料,在东海的油气勘查工作中发挥了重要作用。1986~1989年间,该船除原有的地震仪器设备外,又新增加了各种浅层地球物理调查和高分辨率地震调查设备,成为一艘既能进行工程地球物理调查又能进行常规地震调查的专业船。

主要参数和性能:船长50.3m,宽11.6m,吃水4.0m,排水量950t,2部D 398主机共1 125kW,两部柴油发电机组共有发电量190kW,续航力11 520km,船速10kn,床位33个,配有各种航海通信设备。

现有主要设备:(1)浅层地球物理调查设备——O.R.E.1500旁侧声呐扫描系统;O.R.E.GEOPULSE浅地层剖面系统;E.G.&G.浅地层剖面系统;ATLAS DESO 20双通道精密测深仪(33kHz,210kHz);RAYTHEON测深仪(带CESP Ⅲ及PDD200)。(2)高分辨地震探测设备——由5只国产气枪组成的总容量1.26dm³的气枪阵;BOLT 1500系列6.34dm³的水枪;AMG 24型高分辨地震漂缆;DFS V数字地震记录系统(24道,1ms采样),该系统改装后也可以用于常规地震调查。(3)常规地震震源系统——由14只BOLT气枪组成的总容量为43.95dm³的气枪阵;AIRCON Ⅲ气枪同步控制器;NORWALK空气压缩机2台,PRICE空气压缩机3台,总供气量206L/min。(4)导航定位设备——ARCO无线电定位系统;MAXIRAN无线电定位系统;MX 1107卫星导航系统。

根据调查需要还可以增加磁力仪等其它设备。

(袁文光)

奋斗四号地球物理调查船 "奋斗四号"船于1979年由7院设计,广州造船厂建造出厂。1987年5月经重新改装、配备后成为地矿部广州海洋地质调查局主要从事海洋油气调查的地球物理调查船。1987~1989年,该船主要在东海、南海、台湾海峡进行地球物理调查工作。

主要参数和性能:船长68.45m,宽10m,型深5.4m;吃水3.7m;总吨位856.84t,净吨位445.56t,满载排水量1 205.77t,自持力30d,续航力3 000 n mile,航速在0~13.5kn间连续可调。8300ZC型号主机2台,功率809kW×2,副机4台,其中6300ZD型2台,功率400kW;6135 ZC型2台,功率90kW。还配有751型雷达1台及ITT ST1680,ITT R700M收发信机和430 SP单边带对讲机。

地球物理调查设备:DFSV型120道数字地震仪(美国TI公司),LRS 510型120道地震电缆(美国LITTON公司),CUS-8301,RCL-3电缆定深器(美国SYNTRON公司),PAR 1500 CT气枪震源(美国BOLT公司),AIRCON Ⅲ型气枪同步控制器(美国I/O公司),LMF300HD-VGD2610W14型空压机(奥地利LMF公司),CHHK-2型海空核旋磁力仪(北京地质仪器厂),DSF-6000型数字测深仪(美国RAYTHEON公司)。

导航定位设备:MX 1107 RS卫星接收机(美国MAGNAVOX公司);阿戈(Argo)DM-54系统(美国CUBIC WESTERN DATA公司);玛西兰(MAXIRAN)系统(美国MAXIRAN公司)。 (张在朝)

海洋四号地质—地球物理调查船 这是一艘综合地质—地球物理调查船,自1980年建成以来,曾在南海陆架、陆坡及深海平原进行过油气地质调查、综合海洋地球物理调查、双船地震调查等。还在太平洋进行了以寻找多金属结核为主的大洋地质科学调查。

主要参数:船长104.21m,宽13.74m;总吨位2 608t;最大航速19.5kn;主机2台,每台功率3 530kW,发电机4台,其中3台功率为400kW,1台为190kW。

主要技术装备:船上装备有多道地震数据采集系统,多频探测系统,海洋重力仪,海洋质子磁力梯度仪,深海回声测深仪,温盐深探测仪,海底照相,地震声呐浮标,海底热流仪等地球物理调查设备;还备有万米绞车,自返重力取样器,箱式取样器,重力活塞取样器,自返抓斗,拖网等地质取样设备。另外,还装备有X荧光光谱分析仪,微机资料处理系统等主要室内资料处理设备。

(钱翼鹏)

奋斗五号地球物理调查船 该船系海洋工程地质调查船，广州造船厂建造，1979年底下水。1985年以来，结合南海油气勘探，该船先后在珠江口盆地进行了1：20万海洋工程地质区域性调查，在珠江口、莺歌海、北部湾海域进行了多次石油钻井井位和油气管道的工程地质调查等工作。获得测深记录30 700km，浅地震剖面记录26 200km，海底浅层剖面记录15 400km，旁侧声呐记录11 800km，高频数字地震记录4 450km，海底地质取样280个站位。

主要参数：船长68.45m，宽10m，型深5m，吃水3.5m；总排水量1 185.79t。主机2台，功率809kW×2，副机2台，功率400kW×2。最低船速1～2kn，最高船速14.8kn；自持力30d，续航力3 000 n mile。

主要设备：DFS－6000测深仪（美国RAYTHEON公司）；SMS－960旁侧声呐（美国EG & G公司）；SBP5000浅层剖面系统（美国Datasonics公司）；单道地震系统（美国EG & G公司）；高分辨率多道地震系统——（1）DFS－V数字地震仪（美国TEXAS公司），（2）S80、S15水枪（美国SSI公司），（3）24道海洋漂浮电缆（美国LITTON公司）；海底取样设备——（1）2450内径67cm重力活塞取样器（美国BENTHOS公司），（2）内径72cm的重力活塞取样器（国产）；导航定位系统——（1）DM－54系统，（2）MAXIRAN定位系统 （刘昌举）

“勘407”工程地质钻探取样船 该船是由1 910kW的三用工作船于1984年改装而成，主要用于海洋工程地质和海底沉积地貌调查。1984年以来，先后在东海、南黄海、渤海开展了井位工程地质、区域工程地质、第四纪地质、海底沉积地貌及沿岸工程地质勘探和调查，取得了良好的社会、经济效益。

使用条件：工作水深8～100m；钻进及取样深度150m（包括水样）；取样直径73mm；海况：风4～5级以下，浪高1.5m，流速1.5kn。

技术参数：船长54.96m，船宽11.60m；吃水3.8m；海载排水量1 500t；航速12.5kn；主机功率956kW×2；4点锚系锚泊。

主要装备：阿戈－玛西兰无线电定位系统；SYP－300型水文工程钻机.下击式绳索取芯，可采原状土样；DDL6－1型振动活塞取样器，取样直径54mm，取样长度4.4m；DES0－50型精密测深仪；实验室，可进行现场土样含水量、容量、小型十字板剪切、标准贯入测试；表层采样器以及其它常规测量仪器。

奋斗三号工程地质物探船 系1975年上海求新造船厂制造，曾先后在东海开展了石油物探和井位工程地质、区域工程地质及沿岸工程建设的物探调查工作。

主要技术参数：船长69m，船宽10m；吃水3.5m；满载排水量1 105t；航速14.5kn；主机功率809kW×2。

主要装备：阿戈—玛西兰无线电定位系统；DES0—20型双通道精密测深仪；O.R.E.浅地层剖面仪；O.R.E.旁侧声呐扫描仪；DFS－V型24道数字地震仪。 （王振宇）

勘探三号半潜式钻井船 由中国船舶工业总公司708所、上海船厂和地矿部上海海洋地质调查局联合设计，上海船厂建造的中国第一条自行设计、建造的半潜式海上石油钻井船。平台的设计及建造符合美国船舶检验局（ABS）、中国船检局（ZC）及国际海事组织（IMO）的规范和要求，经检验合格，于1984年7月交付地矿部上海海洋地质调查局，当年投入使用。同年在东海灵峰一井试钻成功，到1990年3月止共钻井8口，最大井深为5 000.30m，总进尺已达29 879.51m，其中3台井获高产工业油气流。6年的使用证明，这条中国自行设计和建造的半潜式钻井船，完全符合设计要求，是中国目前东海钻探的主力平台。

船型及主要参数：本平台为矩形双沉垫、非自航、半潜式海上石油钻探平台，总长91m，总宽约71m，型宽64m，总高（自沉垫底缘至井架顶端）约100m，主甲板（平台下甲板）距基线高30m，上甲板距基线高35.2m，沉垫尺度（长×宽×高）90m×14m×6.0m，立柱数量及直径6×Φ9m，立柱（或沉垫）横向中心距50m，立柱纵向中心距2×31m；拖航吃水5.6m，排水量14 040t；工作吃水20m，排水量21 991t；风暴吃水18m，排水量21 162t；最大钻井深度6 000m，最大静载荷454t；定员133人。

适用海况及装载能力：该平台适用于中国沿海大陆架（包括黄海、东海和南海），作业海况为：风速18m/s，浪高5m，潮流3kn，潮差5m，极限海况为风速51.5m/s（100kn），浪高18m，潮流3kn，潮差5m。工作水深将根据配载锚链的数量确定。当配载8根915m长的锚链时，工作水深可达180m，当配载8根1 220m长的锚链时，工作水深可允许达到250m。在前者情况下，拖航出港时甲板可变载荷（不包括沉垫内油、水）为1 600t，而在半潜状态下，甲板可变载荷为2 300t，若包括沉垫内的油、水在内，装载量可达到4 300t。

钻探及水下等设备：该平台安装有美国CONTINENTAL EMSCO公司钻机、国产海洋动态井架及美国VETCO公司钻柱运动补偿装置。水下设备包括VETCO公司及NL SHAFFER公司制造的69MPa防喷器组、18 3/4″套管头组、21″隔水管系统及张紧系统、NL SHAFFER公司的全液压控制系统及美国OIL WELL公司的水下电视系统。平台配有美国HAL－

LIBURTON 公司的固井设备、OTIS 公司耐压 69MPa 及耐 H_2S 的全套试油设备。

动力设备：主电站由 D399 型增压柴油机驱动 660KW GE 交流发电机共 5 组组成，可控硅整流输出直流电供钻井动力。

锚泊设备：采用 8 点钻系，锚链、锚机均系进口，重 15t LWT 锚 8 只系上海船厂所造。

其它按设计及规范要求配有救生、消防、起重、通讯、潜水、防腐等设备。

勘探二号自升式钻井平台　系 70 年代中期地矿部海洋地质调查局引进的大型钻井船。自 1977 年投入使用，至 1990 年 3 月先后在南海珠江口及东海钻井 16 口，总进尺达 52 571.44m。1979 年在珠江口盆地首先发现工业油气流，1980 年在东海先后钻井 9 口，最大井深是平湖一井 4 651m，其中 6 口井发现工业油气流，著名的平湖油气田即是“勘探二号”钻探首先发现的。到 1989 年，“勘探 2 号”已服役 13 个年头，现仍继续为东海油气勘探发挥重要作用。

主要参数和性能：工作水深 91.5m；设计最大风速(包括阵风)56m/s；设计最大浪高 15m；设计桩腿插入深度 7.8m；升台高度(船底离水面)11.6m，船体呈三角形，长 64.9m，宽 64.6m，高 8.2m，三条桩腿为桁架式，每条腿总长 127m。拖航时最大允许排水量 11 850t，设计总装载量(静态时)1 980t，床位 106 个。

主要设备：配有 1320－UE 绞车，2 台 10－P－130 泥浆泵及其它配套设备，钻井能力达 4 000～6 000m，配有耐压 69MPa 闸板防喷器组及套管头组，可用以钻高压油气井。5 台 D－399 型双出轴柴油机，功率 965kW×2，驱动 11 台发电机，其中交流的 3 台，每台功率 930kW，直流的 8 台，每台 551.6kW，用于驱动钻机。船体升降系由 36 个升降马达来完成，每个升降马达功率为 14.7kW，升降速度为 18m/h。

（裴月明）

【中国海监飞机“B—3807”和“B—3808”】　中国哈尔滨飞机制造公司制造。“B—3807”和“B—3808”属同型飞机，是在 Y—12 型飞机基础上，根据海洋监测的特殊需要改装的全天候飞机。

1. 基本参数：机长 11.86m；机翼展长 17.235m；机高 5.675m；最大航速 320km/h；巡航速 220～280km/h；升限 7km；低空巡 50m；最大载重 1 700kg；最大起飞重量 5.3t。

2. 发动机：PT6A—27 型发动机 2 台，每台功率 507.28kW，最大爬升/最大巡航功率 456.01kW。

3. 供电与通讯导航设备：主电源为 6kW(200A)直流起动发电机 2 台，24V(28A)铅酸蓄电池 1 组；机内装有通话器、超短波电台、单边带电台、无线电罗盘、高度表等；导航定位仪(Omega 或 GPS)。

4. 遥感系统：B－3807 机的遥感系统于 1986 年由瑞典空间技术公司引进，配以国产(中科院上海技术物理所研制)紫外/红外扫描仪、传感器、导航定位仪、飞行参数仪表、数据处理等组成智能化的体系，具有全天候大范围同步观测与自动处理和记录数据的能力。主要设备有侧视雷达、紫外/红外扫描仪、微波辐射计、手持照像机、数据处理和导航定位仪等。

B—3808 机的遥感系统于 1989 年由丹麦 TERMA 公司引进，与 B—3807 机的遥感系统相比，除增装了 CCD 摄像机、微光电视，省去了微波辐射计以外，其它设备和功能大体相同。　（苏　军）

【海洋资料浮标】　根据国家“七五”科技攻关第 76 项有关课题的要求，在国家海洋局的组织领导下，从 1985 年 10 月，山东海洋仪器仪表研究所开始了 FZF2—1 型海洋资料浮标的研制工作；1986 年 1 月国家海洋局海洋技术所着手了 FZS1—1 型小型海洋资料浮标的研制；1986 年 4 月中科院海洋所和南海海洋所开始研制深海资料浮标。目前，FZF2—1 型海洋资料浮标已通过鉴定，FSF2—1 型和深海资料浮标即将进行鉴定。

FZF2—1 型海洋资料浮标　FZF2—1 型海洋资料浮标于 1989 年 6 月通过鉴定。鉴定委员会认为该型浮标达到了同类产品 80 年代初期的国际水平。

FZF2—1 型海洋资料浮标由控制微机、收发系统、传感器系统、浮体及锚泊系统构成。其浮体为 10m 直径的圆盘型浮体，浮体型深 2.2m，吃水 0.95m，排水量 60t，主桅杆高为 8m，其顶端是气象平台，浮体内设有仪器舱和电源舱。为保证浮标系统的长期可靠性，控制、通信系统设备及各主要测量参数用的传感器都采用双机备份。通过控制微机的自检功能或岸站的遥控指令来实现主机和备机的转换。在作用条件允许的情况下，浮标系统可在海上连续工作 12 个月以上，有效数据接收率在 80%以上。FZF2—1 型采用单点系泊，系统采用 HF 通信。其控制系统是以 NSC—800 微机为主体的，可以完成数据采集、控制和处理。为防止因数据传输而影响数据的获取，采用了磁带记录的方法，将波浪原始数据和待发数据按要求记入磁带。

该型浮标工作的极限环境条件：水深≤200m；最大波高≤25m；表层流速≤6m；最大潮差≤5m；最大风速≤75m/s；气温≥－20℃。

主要技术指标见下表：

测量参数	传感器类型	测量范围	测量精确度	分辨率
风速	旋桨式	1.5～75m/s	±(0.5+0.05V)m/s	0.1m/s
风向	尾翼	0～360°	±5°	5°
气温	集成电路 AD 590 探头	−15℃～+40℃	±0.5℃	0.1℃
气压	振弦式	850～1 050hPa	±1hPa	0.1hPa
水温	集成电路 AD 590 探头	−3℃～+35℃	±0.5℃	0.1℃
舱温	集成电路 AD 590 探头	−10℃～+70℃	±1℃±(0.3+实测值 10%)	0.2℃
波高	加速度计	0.5～20m	(5～20S—10～+45℃)	
波周期	加速度计	3～25S	±0.5S	

（霍树梅）

【海洋水文气象观测仪器】

SZC6—1 **型数字传输式温盐深剖面仪** 由国家海洋局技术所研制生产，1986 年 10 月通过设计定型鉴定。该型仪器由水下探头和水上数据处理机组成，通过单芯电缆传输串行数码，能实时测量并记录海水温度和盐度随深度的变化值。整个系统设计采用了先进技术，恒流电源供电，电路集成化，提高了整机工作可靠性；数据由微机处理，使仪器具有一定智能化功能；测试结果直读、打印、磁带记录，自动化程度高；精确度较高，测量范围宽。

主要技术指标：其测量范围、精确度、分辨率、响应时间分别为温度 0～35℃，±0.05℃，±0.01℃，<0.9s；盐度 4～36，±0.05，±0.01，<0.5s；深度 0m，300m，600m，1 000m，±0.5%FS，±0.1m，<0.5s。

SWY3—1A 型数字式水温计 青岛海洋大学海洋仪器厂研制生产。主要技术指标：测温范围−5°～+50℃，精确度±0.1℃；使用深度 0～50m。

SZC7—1 型船用投弃式温深计 山东省海洋仪器仪表所研制生产。可供船只在航行中以投弃探头的方式测量海洋垂直温度场，具有快速、经济的特点。

主要技术指标：测量范围和精确度，温度为−2～+35℃，±0.2℃，深度 0～500m，±5%；船速 0～20kn；响应时间 0.14s；下降速度约 6m/s。

SZC7—2B 型投弃式温深计 国家海洋局三所研制生产。用于走航的船只上测量海水随深度变化的温度值；探头也可用于机载投弃式测温浮标。经过在海上试验和实际试用，证明其使用方便、稳定可靠，探头互换性好，仪器探头投放成功率高。

主要技术指标：测量范围和精确度，温度为−2℃～32℃，±0.2℃；深度为 3～200m，3～450m，±2% FS；船速≤15kn。

SZC11—1 型六千米自容式温盐深自记仪 由国家海洋局技术所研制生产，1988 年通过鉴定。该型仪器为深海自容式仪器，能连续测量海面到 6 000m 水深的任意一层次的海水温度、盐度和压力值，并能自动计算出随深度变化的海水温度、盐度、压力、条件密度等水文参数。适于远洋考察使用。

主要技术指标：测量范围和精确度分别为深度 0～6 000m，±0.4%FS；温度 0～32℃，±0.05℃（其中 0～5℃为±0.03℃）；盐度 0～36，±0.05（其中 34～36 时为±0.03）；连续工作时间 200min；下降速度 0～500m 时为 0.5m/s，500m 以深为 1m/s。

SYC2—1A 型电极式盐度计 青岛海洋大学海洋仪器厂研制生产。可以精确测定海水的盐度以及海水或其它电解质溶液的电导率。适合于船上、海洋平台及陆地实验室中使用。该型仪器采用交流电桥并且用音频振荡器供电，能有效地消除极化效应。检测电路中设置了性能优良的选频放大器，用以控制各种外来干扰信号。

主要技术指标：测量范围 3～43；精确度±0.005，Rt：±0.000 2；灵敏度±0.000 4，Rt：0.000 01；重复性±0.001；耗水量 60cm^3；测试速度为每小时 30 个水样；工作环境温度 1～40℃。

SYC1—2 型直读式盐度计 国家海洋局海水淡化所、长春地质学院和上海沪光仪器厂共同研制生产。它是 SYC1—1 型（Wus 型）感应式盐度计的改进型。该型仪器根据 1978 年实用盐标——PSS78 的定义，采用微机控制测量和进行数据处理，实现半自动测量，以数字直读显示测量结果。可在非恒温条件下无需查表直接测出海水或其它含盐水的盐度。可用于海洋调查、海水淡化以及自来水净化中对含盐量的测量。

主要技术指标：测量范围，电导率比为 0～1.20 000；实用盐度为 2～42；精确度±0.01；灵敏度：最小读数 0.000 3；最小分辨率 0.001。

SYA2—1 型实验室盐度计 国家海洋局技术所研制生产，1989 年 11 月通过鉴定。该型仪器具有智能功能，自动化程度较高。在全部测量过程中均不需要查表(包括仪器标定)。仪器操作简便，当注入水样后，只要按测盐键(测温键)，即可显示盐度值(温度值)；按打印键即可将温度和盐度值打印出来。仪器采用电极测盐度。用转换开关将测盐电路中的测量电极转换成一个固定电阻即可完成水样温度的测量，感温元件是标准电导池海水等效电阻。测盐测温电路几乎全部共用，因而明显简化了电路。

主要技术指标：盐度测量范围为2～42，分辨率0.001，精密度±0.002；精确度±0.005；温度测量范围0～35℃，准确度±0.05℃；水样消耗40ml(冲三次水)；测水样速度35次/h；工作温度5～35℃，存贮温度－40～＋55℃，相对湿度＜90％。

SYY1—1型光折射盐度计 济南光学仪器厂研制生产，1986年7月通过鉴定。其精确度比比重计高，比化学滴定法简便，比电导率盐度计便宜。仪器体积小，操作简便，不需要电源、标准海水、试剂和换算，便于携带和现场使用，适用于海水养殖，海洋调查，水质监测和河口区海水盐度测量。

主要技术指标：测量范围0～50；使用温度0～40℃；最小格值0.5；测量精确度0.3。

FSS1—2型千米潜标测流系统 该系统由国家海洋局海洋技术研究所研制，1988年1月份通过鉴定。FSS1—2型千米潜标测流系统可潜没于海面以下，长期定点连续测量深海海流要素。当按一定间距悬挂多个海流计时，可测出海流随深度变化的剖面结构。在悬挂其它海洋仪器时，该系统也可测其它要素。

FSS1—2型主要由水下千米锚定系留系统、海流计阵、千米声学应答释放器和水上无线电信标机(发射、接收)组成。

系统的技术指标：最大布设水深为1 000m(＋5％)；水下连续工作时间为90d(＋15d)；负载能力：1.5t；挂接仪器、设备数量不多于5套(件)。

系统在水下呈单点锚定绷紧状态，在挂接仪器设备处，垂直倾角不大于15°。声学应答距离不小于2n mile，水平释放距离不小于1.5n mile。主浮体距海面50～200m。

SLC9—2型直读式海流计 青岛海洋大学海洋仪器厂研制生产。可用于海洋、湖泊、港湾、河口、江河、水库等不同深度的流速和流向测量，尤其适用于超浅海水域。该型仪器采用旋桨式转子感应流速，用单片微机系统进行数据处理，终端数据可同时传输到液晶显示、标准打印机和RS232接口，同时该系统还可存贮24h整点的测量数据。

主要技术指标：流速和流向的测量范围与精确度分别为0.03～3.50m/s，±1.5％；0～360°，±4°；起动流速0.03m/s；采样时间间隔为0.5，3，15，30min；使用环境温度为－10～＋45℃，相对湿度为≤95％。

SLC10—1型系留自记式海流计 青岛海洋大学海洋仪器厂研制生产，1987年3月通过设计定型鉴定。主要用于测量海流，也适用于淡水、盐水和污水中的流速、流向测量，最大使用深度200m。该型仪器采用了先进的计算机和独特的软件系统，所测数据可用数字显示，也可用打印机记录。

主要技术指数：流速和流向的测量范围和精确度分别为0.03～3.00m/s，≤±2％或±0.03m/s；0～360°，≤±7°；启动流速≤0.03m/s；流速与流向同步采样，采样间隔25s，在100s内连续采5组样品，然后进行数据矢量合成处理；深度测量范围、精确度和测量时间间隔分别为0～200m，≤±2％，最小2min；使用环境温度0～40℃，存贮温度－20～＋45℃。

SLY1—1型声学多普勒海流计 国家海洋局三所研制，1986年11月通过鉴定。用于测流速、流向和水中声速等参数。测量数据用数码管直读显示，也可配接数字打印机打印记录。仪器特点是：传感器感应灵敏，测量范围宽，可测平均流速和瞬时流速；精度高，读数直观。仪器在船只锚泊状态下进行测量。

主要技术指标：测量范围和精度分别是流速0.02～4.5m/s，±1％FS；流向0～360°，±10°；声速1 450～1 550m/s，±0.5m/s；最大工作水深200m。

SLY3—1型自容式微控海流计 国家海洋局技术所研制生产，1988年12月通过鉴定。它是为深海长期测流而设计的，适于潜标和浮标测流系统使用。其流速传感器采用小型萨沃纽斯转子，流向传感器采用磁通门罗盘。记录部分采用半导体存贮技术，采用低功耗的静态CMOS RAM存贮器，用单片机控制。所测数据在RAM存贮器中可存贮一年，随时可以读出。其水上机可随时打印出水下机存贮器内的数据，也可与其它计算机对接，以进行数据处理。

主要技术指标：流速、流向的测量范围和精确度分别为3～300cm/s，±2％FS；0～360°，±4°；工作深度0～1 000m，每小时测量一次，可在水下工作3个月，数据存贮12个月；存贮容量8个32K字节；时间间隔2，10，30，60min(任选)。

SLY4—1型实时海流计 国家海洋局技术所研制生产，1988年12月通过鉴定。该型仪器为电缆传输式测流仪器，其水下机所用电源经电缆传下去，水下机所测流速和流向数据经同一电缆传到水上机，经单片机处理后，自动打印流速、流向值。其特点是造价低、体积小、重量轻、耗电少、工作稳定可靠；适用于船舶、平台、台站、浮标等处吊挂测流。

主要技术指标：流速、流向的测量范围和精确度分别为 3～300cm，±2%FS；0～360°，±4°；工作深度 0～200m；测量时间间隔为 1，2，10，20min(任选)。

（霍树梅）

2202 型万米测深仪 上海无线电二十二厂生产，1986 年通过技术鉴定。该仪器具有记录海底地貌、数字显示和打印输出功能，可同时打印每次测深的时间和相应的深度数据，适于深海海底地貌调查和导航应用。

主要技术指标：最大测深(H)10 000m；最小测深 $H \leqslant 10$m；测深精确度，$H<100$m 时为±1m，100m≤$H<1\,000$m 时为 $\pm H_{实测} \cdot 1\%$，$H \geqslant 1\,000$m 时为 $H_{实测} \cdot 0.5\%$；发射功率＞4 000W。

CADS—1 智能测深仪 中科院声学所东海研究站研制，1989 年曾在北京展览会正式展出。该仪器具有声速转换、自动变换量程、跟踪测深、自动记录和数字显示等多种功能。经东海、黄海多次实验证明，其性能可靠、精确度较高，是目前国内的较先进测深仪器。

主要技术指标：全量程($H_{实测}$)0～110m；测深精度为 $H \cdot 0.5\% \pm 3$cm；测量盲区≤0.8m。

（刘铭秀）

ZQA2—1 型海洋水文气象监测系统 国家海洋局技术所研制，于 1989 年 11 月通过技术鉴定。该系统是一种多参数自动测量记录装置，可获取现场长期连续的综合性资料；数据输出采用数字打印和磁带记录。本装置可独立工作，也可与其他系统联机使用。它可配置在海洋观测台站、海洋钻探船、海上交通控制站，对布放海域的水文气象要素进行全天候监测。

主要技术指标（量程与精确度）：风速(V)1～60m/s，±[$V \leqslant 45$m/s 时为$(0.5+V \cdot 5\%)$m/s；$V>45$m/s 时为 $V \cdot 10\%$]；风向 0～360°，±10°；气温－40～＋50℃，±0.3℃；气压 940～1 060hPa，±1hPa；水温－2～＋35℃，±0.1℃；盐度 10～36，±0.2；潮位 0～800cm，±1cm。

ZQA1—1 型海洋站自动观测系统 国家海洋局技术所研制，1989 年 12 月通过技术鉴定。该系统能够按照规范要求，自动进行特定要素的测量、数据处理、报表编制。目前设计测量项目 20 个，还留有备用接口，以便随着传感器的改进，逐步增加测量项目。

主要技术指标（量程与精确度）：10min 平均风速(V)：0.5～60m/s，±[$V<30$m/s 时为 $0.3+V \cdot 3\%$；$V \geqslant 30$m/s 时为 $V \cdot 5\%$]；10min 平均风向 0～360°，±6°；气温－50～＋50℃，±0.3℃；气压 850～1 060hPa，±0.8hPa；水温－2.5～＋35℃，±0.1℃；盐度 20～36，±0.1；潮位 0～3m，±1.6～5.0mm。

XZA1—1 型边界层声遥感探测系统 国家海洋局海洋预报中心研制，1989 年通过技术鉴定。该系统适用于探测低空边界层的风场和温度场结构及其时空演变。例如：混合层高度的演变；夜间逆温层厚度、形成和消失；温度垂直结构；城市热岛效应；稳定大气中的重力波的形成与破碎；低云和雾；锋面过境时温度场和风场的结构；中尺度天气系统边界层的分布与演变过程等等。

测风范围与精确度：水平风速 0 ～ 20m/s，±0.05m/s；水平合成风速 0～28m/s，±0.05m/s；正负垂直风速±6m/s，±0.05m/s；水平风向 0～360°，±3°。

XZC3—1 型船用气象仪 国家海洋局技术所 1986 年开始研制，拟于 1990 年鉴定。该装置能够按照《海洋气象观测规范》要求测量 10min 平均和 1min 瞬时真风速和风向。风速风向传感器和干湿球温度传感器具有互换性能。干湿球温度传感器装有自动上水和防摇装置。本气象仪主要用于船舶气象测量，也可用于海上和陆地气象台站的气象测量。

主要技术指标（量程与精确度）：风速(V)0.5～60m/s，$\pm 0.5V \sim 0.05V$；风向 0～360°，±7°；干球温度－30～＋50℃，±0.3℃；湿球温度 0～50℃，±0.3℃。

XZC2—2 型数字气象仪 山东省海洋仪表所 1988 年开始研制，拟于 1990 年初鉴定。该仪器采用螺旋浆式无触点测风传感器，测量数据的处理与显示由 CMC—80 微机完成，适用于各类船舶、海上和陆地气象台站测量风速、风向、气温、湿度等气象要素。在船舶航行中能测得真风速和真风向。

主要技术指标（量程与精确度）：风速(V)1.0～70m/s，$\pm(0.5+V \cdot 5\%)$m/s；风向 0～360°，±5°；气温－30～＋45℃，±0.1℃。

ZQP1—1 型遥测自动观测系统 国家海洋局技术所 1988 年 5 月开始研制，拟于 1990 年鉴定。该系统采用微机应用技术，能定时或连续地自动进行气温、气压、风速、风向、潮位等海洋水文气象要素的测量及数据处理、传输、打印、制表，适于海上和陆地海洋台站应用。

主要技术指标（量程与精确度）：10min 平均风速(V)0～60m/s，$\pm(0.3+V \cdot 3\%)$m/s；10min 平均风向 0～360°，±5°；气温－10～＋40℃，±0.3℃；气压 950～1 040hPa，±1hPa；潮位 0～800cm，±1cm；潮时 0～24h，±1min。

XDK2 型系留气球低空探测系统 长春气象仪器研究所研制。该系统主要用于低空大气边界层的温度、湿度、气压、风速、风向等气象要素的探测。

主要技术指标（量程与精确度）：－50～＋50℃，±0.5℃；相对湿度 0～100%，±1%；气压 650～1 050hPa，±1.2hPa；风速(V) 0 ～ 20m/s，±(0.3＋

V.3%)m/s；风向 0～360°，±22.5°。　（阎季惠）

【海洋物理学测量仪器*】

DSCI—2 型底质声特性测量仪　国家海洋局三所研制。该仪器由 LDC—1 型静力取样器增装水声换能器构成。它能在取样的同时，获得现场沉积物的声速和衰减常数，可用于沉积物剖面声速和衰减常数测量。

主要技术指标：工作水深≤200m；测量深度 1m；声频 100kHz；声程 16cm；测声范围 1.4～1.8km/s，精确度≤±5m/s(海水中)，沉积物中≤±10m/s；抗流能力<2.1m/s；取样速度 15 次/s。

SMH 系列标准水听器　国营无锡 721 厂制造，系列产品包括 SMH10/1、SMH10/2、SMH20、SMH40 共 4 种型号，测量频率范围分别为：1～236kHz，1～236kHz，1～100kHz，1～60kHz。它们均可用于实验室、江、河、湖、海等场地。

该水听器具有良好的电屏蔽性，灵敏度稳定。

主要技术指标：接收灵敏度不低于 －213dB 和 －205dB；频率响应精度：<±1.5dB；校准精确度，高频优于±0.5dB，低频优于±0.7dB；水平指向性：高频 －3dB，波束宽度>30°，在选定方向的 ±5° 范围内<±0.2dB；垂直指向性：高频－3dB 波束宽度>15°，在选定方向的±2°范围内<±0.2dB；动态范围：在 60dB 范围内非线性偏差<0.2dB；温度稳定性：在 0～40℃灵敏度变化<0.04dB/℃；静压稳定性：在 0～40MPa 灵敏度变化<0.3dB/MPa。

SR 系列数字式声线轨迹仪　本产品包括 SR—1，SR—2 两种型号，中科院声学所东海站研制。该轨迹仪由测量系统和声线轨迹计算机组成。通过人、机对话，将声源深度、水平距离、声线条数、声线发射角等数据输入计算机，可获得声速剖面、声线轨迹和声线图的主要参数；根据需要还可绘图并输出。

主要技术指标：声速测量范围 1.40～1.56km/s，精确度<0.75m/s；测深范围 0～500m，精确度±1m，声线轨迹显示距离 0.5～200km，显示深度 0～10km，精确度 1×10^{-4}；声源深度 0～10km；声线发射角 ±89°。

LSC—Ⅱ型吊挂式声速仪　国家海洋局三所研制，可用于水中声速和水深测量。

主要技术指标：声速测量范围 1.45～1.55km/s，精确度±0.2m/s；测深范围 0～200m，精确度±1% FS；工作温度 0～45℃；电源电压 DC 12V 或 AC 220V。

HZS1—1 型水中荧光计　国家海洋局一所研制。该仪器主要用于江、河、湖、海等水体中某些物质的时、空分布和混合扩散或稀释扩散规律的观测；也可借助某种荧光物质进行示踪检测；还可测定水中叶绿素及其它荧光物质的存在与分布。

主要技术指标：测量范围罗丹明 B 1×10^{-6}～1×10^{-9}g/cm³，精确度±10%；工作水深 0～50m；激发源光中心波长 545nm；接收源光中心波长 585nm；功耗 50W。

SLM—1 型海面照度计　中科院南海所研制。该仪器与计算机联用，在考察船走航过程中，每 5s 自动测量一次太阳光照度；每 4min 自动打印出照度平均值及观测时间和地点，并可将数据录于磁带上。本仪器还具有每 0.5s 自动测量与显示一次照度和采样值及 8 个通道的测量模数采样值的功能。

主要技术指标：照度测量范围 100 lx～15×10^4 lx，精确度±10%。

OMC—1 型海洋光学多参数测量仪　中科院南海所研制。该仪器的测量与记录采用自容式结构，数据显示与处理由计算机实现，主要用于测量不同深度海水的透光率和向上与向下的照度及 20°角内的散射函数。

主要技术指标：海水光束透过率，水中光程 961mm，在 5%～95%范围内线性误差不大于 2%；工作深度 0～200m；测量频率 16 次/s。

水下激光散射仪　国家海洋局一所研制。该仪器主要用于测量水体的散射系数及散射角度的分布，可获得水体散射函数随角度变化曲线。

主要技术指标：工作水深 100m；动态测量范围 100dB；测量误差±5dB。

TMD—Ⅲ型多波段透射率仪　国家海洋局一所研制。该仪器可用于测量水体中不同波段的可见光的透射率。

主要技术指标：测量范围 5%～98%；测量精确度 ±2%；测量波长：红为 650nm，黄为 580nm，绿为 530nm，蓝为 480nm，紫为 410nm，白为 400～760nm；电源电压 AC 220V。　（张淑芝）

【采水器】

QCC—1 型颠倒采水器　山东省海洋仪器仪表所研制和生产。容量有 1 000，1 200，2 000cm³ 三种，其总重分别为 5.5，6.0，6.5kg。均装有颠倒温度表架，可同时采水和测温。仪器配有 Φ3～5mm 钢丝绳和 QLC—1 型使锤一只。

QCC—2 型有机玻璃采水器　山东省海洋仪器仪表所研制生产。容量有 2 500，500cm³ 两种，均配有 Φ3～5mm 钢丝绳和 QLC1—1 使锤一只，主要用于采集

* 此处未列入的参见“水声工程技术”。

浮游植物分析用水样。

QCC2—3型颠倒表架采水器 山东省海洋仪器仪表所研制生产。该仪器装有自动定位装置，可采集预定水层的水样，并能同时测温，适于海洋调查应用。

主要技术指标：采水器容量5 000cm^3；温度表架2只；钢丝绳直径3～5mm；仪器总重12kg。

QCC3—1型击开式采水器 青岛海洋大学改制生产。本仪器主要用于采集500m以内水层的微生物分析用水样。

主要技术指标：采水瓶容量500cm^3；机架高290mm，宽210mm。

GCC6—1型有机玻璃采水器 国家海洋局北海分局研制生产。该仪器适用于海洋化学、海洋生物等专业性调查，可采集预定水层的水样。

主要技术指标：采水量15.1dm^3；外形尺寸700mm×480mm×240mm；总重19.5kg。

（张淑芝）

【海洋化学测量仪器及方法】

HA—5型微机海水五元素自动分析仪 国家海洋局东海分局研制，1989年8月通过鉴定。适用于海水中硅酸根、磷酸根、亚硝酸根、硝酸根、铵离子的含量分析。该仪器由微机控制整个分析程序，并对分析结果进行数据处理、显示、打印。分析时间6min，样品采样量为5～10ml，分析试剂加入量为1～3ml。

主要技术指标：硅酸根的测定范围3～30μmol/L；磷酸根的测定范围0.5～5μmol/L；亚硝酸根的测定范围0.5～5μmol/L；硝酸根的测定范围2～20μmol/L；铵离子的测定范围为1～10μmol/L。

HSY1—1型现场pH、温度测量仪 国家海洋局技术所研制。采用高输入阻抗电路，用固体参比电极取代甘汞参比电极，增加了温度自动补尝电路，可广泛用于海洋监测、水产养殖、污水处理、水质分析、环境保护等现场测量。测量结果采用液晶数字显示形式。

主要技术指标：测量范围分别为：2～12pH，5～35℃；准确度：±0.2pH，±0.5℃；重现性：0.05pH；温度补尝范围：5～35℃；最大使用深度：10m。

HYY2—1型现场溶解氧、温度测量仪 国家海洋局技术所研制。氧传感器采用复膜式原电池型原理设计而成，温度传感器采用热敏电阻。测定结果由液晶数字直接显示。用于实验室或野外现场测试均可。

主要技术指标：测量范围：溶解氧2～15mg/L，温度5～35℃；测量准确度：溶解氧±0.5mg/L，温度±0.5℃；残余电流＜0.3mg/L；响应时间：90%2分钟；重复性0.05mg/L；自动温度补尝范围5～35℃。

AD—3型极谱仪 青岛海洋大学研制。该仪器除具有线性极谱仪的一般功能外，还集中了同类仪器的特点，几乎能代替883型、TP－1型、AD－1型、AD－2型、SDP－1型、75－4B型、79－1型、DF－1型和XTP－821型等极谱—伏安仪器。可进行经典极谱法、催化波法、单扫描极谱法、溶出伏安法、示差极谱—伏安法、线性极化法、循环伏安法及计时电流法等分析测试。具有多种微分输出形式，以半微分极谱法为代表的新极谱有助于改善灵敏度的分辨率，使之可与微分脉冲技术相媲美。仪器具有操作自动化功能。它在测定铜、铅、镉、锌的浓度为10^{-9}mol/L时的精密度为5%。可有效地用于海洋污染监测及海洋化学分析等方面。

HY—650型显微图像颗粒分析系统 中科院海洋所与青岛海洋大学于1989年3月研制成功。该系统可对海水中非生物微细颗粒悬浮体进行颗粒分析，形态分析以及某些生物成分的鉴定，快速准确地计算出各种粒度参数，绘制各种相应图件，是海水悬浮物的最新研究仪器。该系统由光学显微镜、图像采集卡及监视器、IBM微机和鼠标器组成。由于该系统基于通用的测量原理和电子计算机技术，通过开发相应的应用软件和改动少许配件，就可在冶金、矿产、石油、地质、环保、生物医药等领域推广应用。

SJG—785型水质连续自动监测站 上海雷磁仪器厂研制可应用于江河水、饮用水、排放水等水质的调查监测和环境预测、污染源监测等。监测站内装配有氨监测仪、硝酸盐监测仪、多组分组合式水质监测仪、数据处理装置、水质采集器、预处理装置等。

WE—47—02型污染指数测定仪 国家海洋局二所研制，1987年10月通过鉴定。该仪器是国内首次研制成功，可替代国外引进的同类产品，满足水处理中对水质测试的要求，可与反渗透设备配套推广应用。该测定仪也适用于测量预处理水、自来水、反渗透水、离子交换水和超滤水等各种水的污染指数，是水处理行业中水质检测的必备工具。

U—7型多功能水质检测器 广东省佛山分析仪器厂生产。该仪器由控制器和指示器组成，全部敏感元件都装在一个坚固的防水装置中。具有携带方便，测量迅速、直接显示等优点。适合于海洋环保、水产养殖、工业排水等方面的水质测量。

主要技术指标：pH值、溶解氧、温度、电导率、浊度的测量范围分别为0～14pH，0～20mg/L，0～40℃，0～50mS/cm，0～400mg/L；重复性分别为±0.1pH，±1.0mg/L，±0.5℃，±2.5mS/cm，±20mg/L；分辨力分别为0.01pH，0.1mg/L，0.1℃，0.1ms/cm，1mg/L；pH值、溶解氧的温度补尝范围为0～40℃（自动）。

便携式水质测定仪 青岛海洋大学研制，1988年12月通过鉴定。采用微机处理数据，数字显示，可直接给出被测水体的温度、实用盐度、溶解氧、pH值和氧化还原电位的量值。该仪器综合了微机技术和电化学技术。对水产养殖水质的监测结果表明，该仪器具有精度高、重复性好、操作简单、使用方便，以及功能多的优点。

FH 1935微型机低本底液闪烁计数器 北京核仪器厂研制。主要用于低水平^{3}H、^{14}C放射性样品测量以及α、低能γ和β放射性低水平样品的测定。仪器采用了反符合屏蔽技术，选用了高灵敏的石英玻璃窗光电倍增管，具有探测效率高和本底极低的特点。整个仪器由反符合屏蔽探测器、样品探测器、自动换样装置、微机及本底源等部分组成。

主要技术性能：仪器能手动或全自动换样，循环测量，每次可测10个样品，并能适应3，7，20，50ml等不同容积的样品瓶；对5ml^{14}C标准源，探测效率大于70%，本底≤0.5个/min，优值大于10 000；对20ml^{3}H标准源，探测效率大于50%，本底≤20个/min，优值大于1 250；采用Tritonx－100乳化剂直接测氚水；可长期连续工作，1 000min内探测效率变化≤±1%。

海洋石油工程结构腐蚀现场电化学检测系统 中科院金属腐蚀与防护研究所研制，1989年7月通过鉴定。常规检测技术无法对平台节点腐蚀破环提供足够灵敏和准确的先期预报。为研究发展平台检测新技术，保障平台安全运行，该所承担了国家“七五”重点攻关项目“海洋石油工程结构腐蚀现场检测电化学技术的研究”，研制成功了带有数据采集、逻辑判断和打印输出微机系统的用于平台节点现场检测的智能技术系统。该系统包括海洋平台节点阴极保护状况探测仪和海洋平台节点氢致裂开危险性探测仪。可分别提供海洋平台节点干净海水、污染海水/海泥及节点表面局部污染环境条件下的保护电位、阴极保护状况和在不同电位范围内节点钢发生氢致裂开的危险性。

智能型腐蚀速度快速测定仪 中科院金属腐蚀与防护研究所研制。该测定仪以单板机为核心，采用微分极化技术和溶液欧姆补尝系统，具有打印和数字显示功能。还可根据用户的要求，提供多种探头，进行多项腐蚀参数的测定。该测定仪可适用于石油、化工等领域。具有稳定性好、测量精度高、操作方便、电流量程可自动选择等特点，是目前国内外腐蚀测试方面较为先进的测量仪。

海洋用脉冲保护仪 中科院海洋研究所研制。该装置包括被控制系统和控制机构。前者主要由被保护阴极、辅助阳极、参比电极和电解质组成；后者由前置放大器、调整部分组成。实验结果表明，该仪器保护效果显著，可达96%，并可节电和减少阳极材料消耗。

主要技术指标：恒电流范围：0～1mA，0～10mA，0～100mA，0～1A；精确度≤0.1%；电位控制范围：0～1.5V，连续可调；极化电压：10，20，30V；输入阻抗≥10MΩ；短载转换时间20ms；响应时间5ms。

含铜废水处理装置 为消除印刷线路板的污水污染，回收废液中的铜，国家海洋局水处理技术中心研制成功电渗析——离子交换处理酸性氯化铜废水装置。经过该装置处理后的水不仅含铜量低于国家排放标准，含铁量也比自来水低，完全能再用于冲洗电路板。电渗析处理后的浓缩废液，每1m^{3}能提取品位达90%以上的铜1kg，所用成本费仅1元，改变了过去废水处理都要赔钱的局面。 (刘令梅)

QCC10—2和QCC10—2A型深层痕量金属分析采水器 国家海洋局技术所研制，1988年12月通过鉴定。适合于采集海洋深层水样，进行痕量金属铜、锌、铅、镉分析的采水，也可以用于常规分析项目取样。此两种型号采水器由瓶体、球网组件、转轮组件、压力释放机构、使锤释放机构、固缆机构以及放气嘴、水嘴等组成。该采水器达到国际同类产品先进水平。

主要技术指标：容量2.4L；使用水深≥5m；工作方式为闭－开－闭；放水时间为3min。

(古 图)

海水中硝酸盐的BSPB自动分析法 中科院海洋研究所试验成功。该法与铜镉自动分析法相比具有精度高、分析速度快、操作简便、可长期连续运转且管道不易污染等优点。自动分析仪具有灵敏调节器及恒温设备，标样和测样同时比色，而不需考虑化学反应完全程度，并且该法不受环境温度与反应时间的影响。对现场海水(盐度约32)的分析结果表明，该法在一般海水的硝酸盐含量范围内(＜350mg/m^{3})，相对偏差≤7%。回收试验结果表明，海水中硝酸盐(或同时存在亚硝酸盐)含量在小于450mg/m^{3}范围内，回收相对误差≤9%。其精确度与铜镉分析法相当。

离子交换——原子吸收光谱测定海水中的镍、钴 海水中痕量元素的提取近年来趋向于离子交换分离富集法。用国产D401大孔苯乙烯系螯合型离子交换树脂选择吸附二价金属离子，分离富集海水中10^{-9}级的钴、镍等痕量元素，较之共沉淀法、溶剂萃取法简便，且性能稳定，能同时测定多种元 素和大量样品。中科院南海所采用AA－6原子吸收分光光度计和D401螯合树脂所做的实验表明，在诸多因素中，海水pH直接影响到元素的吸附效率，考虑到同时富集多种元素，选pH为4.8～5.0最为适宜；二价金属离子的吸附受其它元素的干扰影响不大。该方法的回收率对钴为95%，镍为97%；对7个平行结果计算所得精密度，钴的相对偏差为2%，镍为3%，回收率和精密度均能满足海水分析的要求。

SP—2305 型气相色谱仪现场测定海水中氧、氮、二氧化碳 中科院南海所用国产 SP－2305 型气相色谱仪在《实验 3 号》船上进行了 50d 现场测定。测定结果表明，气相色谱法用于船上现场分析海水中 O_2、N_2、CO_2 是比较理想的测试手段。国产 SP－2305 型气相色谱仪为双气路结构。在两个气路中分别装有 5A 分子筛和 GDX－104 填充柱，柱前装有供溶解氧气体从水中解离的气提室。水样从气提室底部的气样孔注入，载气透过进样口下面的烧结玻璃连续穿过水柱，并携带解离的气体经过干燥管进入色谱柱和检测器。当分析海水中总 CO_2 时，需在进样前先向进样孔注入 0.1ml 的 50%H_3PO_4，然后迅速注入水样，以便使海水中的碳酸盐分解成 CO_2 再进行分离的检测。

海水中微量硫化物的冷原子吸收间接测定法 中科院南海所试验成功。该法是在海水中加入过量的汞标准溶液，汞与样品中的微量硫生成稳定的硫化汞，在溶液的 pH 为 0.5～2.0 范围内，用硫酸联氨还原剩余的游离态汞离子，在不分离的情况下，用冷原子吸收法测定剩余汞，从而间接求出硫化物含量。测定的灵敏度为 0.2mg/L，测定仪器可用 F－732 型测汞仪。此法适用于近岸表层海水中微量硫化物的测定。溶液的 pH 值、盐度对测定结果影响很大，一般测量溶液的 pH 选择为 7～8，盐效应校正可取盐度相近或经处理后的无硫待测海水做底液来绘制工作曲线，盐度差别大的样品不能使用同一工作曲线(差别范围为 3.00～5.00)。

干烧法同时测定海水中颗粒有机碳和氮 采用元素分析仪同时测定海水中颗粒有机碳和氮的方法，只能适合于分析碳、氮含量高的样品，且空白含氮值偏高，银滤膜又贵。为此中科院南海所将此法进行了改进。他们自制石英样品勺，减少了空白值；采用玻璃纤维膜代替银滤膜；采用三氧化钨作催化剂，有助于难分解样品的转化。样品在纯氧中燃烧转化，生成的 CO_2、H_2O 和 N_2 由热导检测器检测。燃烧温度 980℃，还原温度 580～600℃，用酰乙苯胺校准。该法对颗粒有机碳和氮的最低检出限分别为 5μg/L 和 1μg/L；当平均碳含量为 500μg/L 时，标准偏差为 30μg/L，当平均氮含量为 60μg/L 时，标准偏差为 7.2μg/L。

石墨炉原子吸收法直接测定海洋沉积物和悬浮物中的镉、铅和铜 国家海洋局二所应用自制简易石墨平台基体改进技术以及峰面积测量方法直接测定海洋沉积物和悬浮物中的镉、铅、铜，有效地克服了石墨炉原子吸收分离法所遇到的基本干优，使标准加入法曲线与标准工作曲线的斜率比接近 1.0。同时提高了铅、镉测定灵敏度，加宽了测定线范围，测定可用简单标准民线法。用这种方法直接测定时，其标准加入回收率分别为 90%～107%，91%～103%，93%～106%。对地矿部水系沉积物标样的测定及与常规萃取－火焰原子吸收法对照，结果很一致，其变异系数分别为铜 3.4%，铅 5.1%，镉 5.7%。

锰结核中铀、钍分离与测定的新方法 厦门大学海洋系在为测定国内铀系标准样而建立的离子交换分离铀、钍流程基础上，研究出一种只用一根离子交换树脂柱就可同时吸附铀、钍，再分步洗提的新方法。该法的离子选择性高，可把深海锰结核中的绝大多数杂质分离掉，同时分离出放射化学纯的铀、钍，其最佳化学分离条件是 8mol/L 的 NH_4NO_3 和 0.1mol/L 的 HNO_3 体系。该法的化学回收率高，基本上可定量回收锰结核中的铀、钍，且分离程序简单，适于成批样品的分析。试验所用试剂和仪器包括：国产 717 型强碱性阴离子交换树脂、^{232}U—^{238}Th 平衡溶液(放射比度为 13.90±0.16dpm/g)、分析纯硝酸、硝酸铵、硝酸钍和硝酸铀酰，以及由 1 024 道脉冲幅度分析器组成的 α 能谱仪等。

(刘令梅)

【海洋地球物理测量仪器】

CHZ 型海洋重力仪 中科院测量与地球物理研究所研制，1986 年 11 月通过鉴定。该重力仪由弹簧系统电容传感器、电子控制、数据采集三部分组成，是一种轴对称式重力仪，其灵敏度可达 10^{-4}μm，且抗 C－C 效应干扰，能在垂直加速度 5m/s²，水平加速度 2m/s² 条件下正常工作，具有自动化程度高、性能稳定等优点。1986 年 8～9 月，在"实验 2 号"船上，与 KSS－30 海洋重力仪对比试验，纵、横 21 条测线，441 个交点，三次重复测量结果的均方误差是："CHZ"为±13.5μm/s²；"KSS－30"为±22.7μm/s²。

(王硕儒 付桂兰)

DZY—2 型海洋重力仪 国家地震局地震研究所于 1983 年研制成功。该重力仪主要由重力加速度传感器、信号分离系统、数据采集与处理系统三部分组成，是一种走航式剖面重力加速度测量仪器。1983～1989 年国家海洋局东海分局的实际应用证明，"DZY－2"抗干扰力强，性能稳定可靠，是海洋重力仪中较好的一种。

主要技术指标：量程 70mm/s²；精确度＜28μm/s²；漂移率＜5μm/(s²·d)；滞后时间 0.5min；抗干扰力＞4.5m/s²。

CHHK—2 型核子旋进式磁力仪 北京地质仪器厂于 1984 年生产。该仪器是 CHHK—1 型海空核旋磁力仪的改进型，主要用于海洋或空中测量地磁场强度。中科院海洋所、国家海洋局二所等单位的多年实际应用证明，本仪器功能齐全，性能稳定可靠，是国内比较先进的一种磁力仪。

主要技术指标：量程35 000～65 000nT；灵敏度分为0.1，0.2，0.5，1.0，2.0(nT)五档次；抖动度不大于2.0nT；点测时间2.7s/点(0.1nT)，1.3s/点(1.0nT)，5s/点(慢速)。

CTZY—1**型海洋质子磁力梯度仪** 北京地质仪器厂生产，1984年通过技术鉴定。该仪器是美国G801G海洋质子磁力仪的改进型，它不仅能测量地磁场强度，还能获得两个探头间的磁场梯度值，从而取得不受日变化影响的地磁场相对值，有利于远洋磁力测量和地质解释。经中科院海洋所、第二海测大队多年实际应用证明，“CTZY—1”性能优异，其磁场测量精确度高于CHHK—2型磁力仪。

主要技术指标：磁场强度量程20 000～80 000nT；梯度量程±99.999 9nT/m；全量程精确度<0.1nT；总场记录精确度0.15～0.30nT；梯度记录精确度±0.0015～±0.002 5nT/m。 (付桂兰)

GPY**高分辨地层剖面仪** 中国科院声学所东海站研制。该仪器具有海底地层剖面探测、地质硬度测量、浅海数字测深等多种功能，记录图象清晰、分辨率高、可靠性大。

主要技术指标：软地层最大穿透深度100m；浅表地层分辨率0.2～0.4m；工作水深2～300m。

QNC1—1**型采泥器** 山东省海洋仪器仪表所研制。该采泥器是一种大型底栖生物采样装置，主要用于海底表层底质取样。

主要技术指标：取样面积为3种，分别为0.25m²，0.1m²，0.05m²。 (刘铭秀)

【海洋生物学测量仪器】

HZS1—1**型水中荧光计** 国家海洋局一所研制生产，用于研究海洋、湖泊等水体的混合扩散规律和江河湖海中污染物的时空分布及稀释扩散能力；仪器经适当改动后，还可迅速、准确地测定水中的叶绿素，及其它荧光物质的存在与分布。

主要技术指标：测量范围10^{-6}～10^{-9}g/cm³；精确度±10%；工作深度0～50m；拖曳速度2～6kn；连续工作时间4h；数据记录采用数字显示，纸带记录，单板机数据采集系统。

IGS2—1**型荧光分光光度计** 国家海洋局一所研制生产，主要用于对荧光物质的定性定量分析。不仅适用于海洋中叶绿素和油类、农药等有机物分析，也适用于测定汞、镉、钴等无机元素。该仪器主要由高压汞灯、光路系统、干涉、滤光片、样品室、分光单色仪、光电倍增管、电子线路及数据显示等部分组成。

主要性能指标：波长范围375～700mm；入射狭缝0.01mm，$\triangle\lambda\leqslant 0.6$nm；干涉滤光片$\triangle\gamma<10$nm；灵敏度$1\times10^{-10}$g/cm³，奎宁硫酸盐最低检出量$1\times10^{-12}$g/cm³；线性$1\times10^{-9}$～$1\ 000\times10^{-9}$g/cm³，奎宁硫酸盐的最大线性误差±3%；稳定性：在电源电压为220V±10%的条件下，仪器预热0.5h后，8h内零点飘移<±4%FS，蒸馏水拉曼峰的读数变化≤3%；工作环境：－5℃—35℃。

垂直旋转培养器 国家海洋局二所研制，用以测定海洋光合作用和初级生产力，经多次试用、改进，现已正式用于海上现场测定，效果良好。可克服多年来，甲板模拟培养初级生产力所采用的静态培养器的下列缺点：水样中的浮游植物细胞感光强弱不均匀，会产生光照死角；浮游植物在进行光合作用时，因水样静止，使营养盐供给不足，使光合作用速率下降。

ODH—1**型浮游生物指示器** 厦门大学海洋系研制成的这种走航自动记录、智能化的浮游生物指示器可随船走航、采集并监测浮游生物相对量的变化，被测的参数经电脑分析，以连续或间歇的形式自动打印计算结果。该仪器填补了中国海洋浮游生物仪器的空白。

主要技术指标：灵敏度——光电采样信号电压与仪器内部标准电压相差±1mV时，仪器就能判断浮游生物量的大小；相对误差±10%；电源为直流9V±1V；连续工作时间24h；工作温度5—40℃，在40℃时最大相对湿度20%—80%；功耗<12W。

QQC2—2**型浮游生物网闭锁器** 国家海洋局三所研制。该装置采用杠杆逆向刺钩结构，利用使锤控制开关，性能灵敏可靠，适用于浮游生物种类组成和数量分布的分层调查。1983～1987年间，在南海中部、中美海气、中日黑潮、台湾海峡、福建海岸带等生态调查中，进行了700多项浮游生物分层采样，成功率达98%以上。

主要技术指标：最大负荷100kg；开锁力(使锤重)0.5kg；外型尺寸220mm×90mm×14mm。

WYC1—1**型小型底栖生物柱状采样管** 青岛海洋大学研制。该装置由采样管和释放器两部分构成。应用中借助自重降落惯性插入底质进行定量采样。适用于小型底栖生物和微生物的垂向取样。

主要技术指标：管长80cm；管内径2.2cm，3.6cm(两种)；取样面积约4cm²。 (张淑芝)

【HDT—101电子航海图系统】 天津海洋测绘研究所研制，1989年底通过技术鉴定。它是中国第一台电子海图系统。该系统由九部分软硬件构成。它们是数据采集器，海图显示器，文字显示器，基本海图数据库，后备海图数据库，24针汉字航海日志打印机，航迹盒带记录，人机对话键盘和主计算机。经实船试用和专家技术鉴定证明，该系统的功能和技术指标均满足舰船航海要求，是舰船指挥自动化系统的组成部分。1989年，该系统已安装在海军万吨级防救船上。这是中国首次将电子海图系统用于大型船。　　（徐　怡）

海洋防污、防腐防附着技术

【海洋防腐涂料】 船舶涂料是海洋涂料的主体，约占60%～70%。70年代以前多是油基漆、酚醛树脂涂料、焦油沥青涂料和醇酸树脂涂料。70年代，全国性的“4.18”攻关会战，促进了海洋涂料的发展，逐步形成了以上海开林造漆厂、大连、青岛、广州为主的生产船舶涂料的体系，基本形成国内自相配套的船舶涂料体系。主要品种有：

车间保养底漆：701无锌底漆（云母氧化铁—铝粉）；702环氧富锌底漆（超细锌粉）；

船底漆：焦油沥青铝粉防锈底漆；苯基苯酚甲醛树脂—煤焦沥青防锈底漆；氯化橡胶船底漆；

防污漆：沥青系船底防污漆L40～4（防污期1.5a）；

水线漆：酚醛树脂/桐油水线漆（防污期1a）；

船壳及上层建筑涂料：铁红酚醛防锈漆/酚醛醇酸船壳漆；

甲板涂料：醇酸树脂过氯乙烯甲板防滑漆；环氧树脂甲板涂料；

船舱漆：醇酸1型船舱漆；

货舱涂料：醇酸1型或环氧沥青涂料；

饮水舱涂料：水泥浆涂料；849漆酚饮水舱漆（防污期2a以上，符合饮用水质标准）。

80年代以后，中国开放沿海十四个港口，为海洋涂料的开发，提供了良机。其中秦皇岛港三期煤码头的防腐涂料进行国际招标，上海开林造漆厂中标，“向阳红”号南极考察船上国产涂料历经考验，涂层完好等事实，表明中国的海洋涂料开始步入国际先进行列。特别值得注意的是1986年，有效期达五年的长效防污涂料：H36厚浆型环氧—沥青长效防锈防污漆和0～5(4)，L105～6丙烯酸长效防污涂料均已在上海和青岛投产使用。该涂料耐干湿交替性能、海区通用性强，贮存稳定性好，防污有效期长达5a。1987年深圳海虹船舶油漆有限公司引进丹麦老人牌船漆公司技术——自抛光船舶防污漆试产成功，从而有了国产的新型防污漆。这种涂料可与海水作用，通过抛光自动释放抗生物药剂，防止海洋生物附着，同时保持船体光滑如初，稳定船速、节能、减少入坞次数，经济效益显著。目前国内大多数船厂都用海虹船漆，节约了大量外汇。大连油漆厂引进日本“中国涂料”公司整套船舶漆生产技术，1988年开始生产包括自抛光船底防污漆、氯化橡胶、乙烯树脂防污漆和厚涂型环氧漆、焦油环氧漆、高性能船舶漆等40多个新型品种。与此同时上海开林造漆厂生产出国际认可的IP—KL船舶漆，已打入国际造船市场。当前中国的船舶涂料技术正向世界先进行列靠近，部分领域已经达到世界先进水平。

海洋开发涉及到十分复杂的海洋工程、潜海或半潜海设施，因而海洋工程防护涂料也得以发展。这类涂料比船舶漆要求还苛刻，因构件庞大不易维修，要求涂层长效防腐，所以又称重防腐涂料。1987年以来兰州化机院、上海防腐协会、北京红狮公司、杭州工学院等单位陆续研制开发玻璃磷片重防腐涂料，在国内产生很大影响。这种涂料的特点是抗渗性能优良、耐腐蚀、耐热冲击、易修补等，均优于其他防腐涂料，此类涂料既不用贵金属颜料，又无毒害，是很有前景的海洋工程涂料品种。目前，国内已有20多家生产厂可以生产这种长效防腐涂料。1988年，上海涂料研究所、上海捕捞公司、上海闵行日化厂和青岛港务局环境工程研究所分别推出水下固化的防腐涂料，对海洋开发、潜海设施维护有重大实用价值。

国家海洋局天津海水淡化所的TH—847碳钢水冷器专用防腐涂料，在石油、化工、冶金、制盐、海洋工程等工程等方面应用效果显著，获1989年国家海洋局科技进步一等奖。同时该所还开展了多项海洋防腐课题的研究，推出TH系列涂料品种。1989年海后技术装备研究所研制成功的NC舰船水性生活舱涂料，去除溶剂污染、耐水、耐油、防霉性好，为舰船修造提供新型涂料品种。其他还有吉林大学研制的热喷厚涂沥青防腐涂料（2mm厚），南京水科院水运所的350μm厚涂无溶剂重防腐涂料，广州涂料所的集装箱专用涂料，西安近代化学所BC—861阻燃涂料，江苏武进罗溪化工厂、上海梅山冶金公司的环氧茚沥青防腐涂料等，用于海洋工程、矿井、化工装置防腐均有很好的经济和社会效益。

【其他三防措施】 海洋环境既苛刻又复杂，海洋防腐防污措施也是多样化的，例如特殊金属材料、工程塑料和金属喷涂对于海上平台是有效的，但成本也是可观的。电化学防护技术主要是牺牲阳极法和外加电流法两种，如和涂装或衬里技术配合，对海水和近海海泥区钢结构的防护更为有效，具有长期可靠的防腐蚀作用。电化学防护还可借助于导电涂料，形成可周期性变化的阴极电位，既能防腐蚀，又能打乱海生生物污损源的稳定态，使海生生物无法栖居，因而又能防污。工程塑料中许多可用于海洋领域，例如PE，PP和ABS较为普遍，但性能更好些的应属聚四氟乙烯、聚苯硫醚、聚苯醚和氯化聚醚。然而鉴于成本和施工技术难度大等因素，至今仍未能普及使用，主要用于海上生活用品、机械部件、仪表外壳等方面。今后会在海上设施，特别是管道衬里、海上救援船等方面，有更大的竞争力。

橡胶用于海洋防护是很有前景的。例如用于海洋浮标、舰艇护栏板、船底防污衬板等都很有效。特别是在高速船底侧面抗水流腐蚀—气蚀方面，特种合成橡胶有独到的优势。　　（阎明久）

船舶及海洋工程技术*

【新船型——气垫船和气翼艇】新船型中应用较广的是气垫船，中国于60年代起步，80年代开始向实用阶段过渡，已研制成功的全垫升式气垫船有5吨级全垫升式7210型艇，分别用于油田、武警、总后等单位；较大的客艇及旅游艇有7211型33客位旅游艇，716Ⅱ型海湾交通艇；货运艇有7310型气垫平台，722Ⅱ型气垫登陆艇等。在侧壁式方面研制成功并投入营运的有717系列喷水推进气垫客船，单泵推进经济型气垫客船及中型钢质双体气垫客船等。

气翼艇即动力增升式冲翼艇，中国第一艘试验艇750型于1986年建成，1987年通过技术评审，目前正在研制实用的水上客艇。

国外已建成大型气垫海峡渡船，并成功地用于英国和法国之间的海峡中。　　（恽　良）

【海洋工程力学与试验技术】　近年来，中国在海洋工程力学理论与试验研究方面主要的成果有：

1. 导管架平台方面：(1)完成导管架平台软件系统，并通过美国船舶局的合作验算，达到工程应用程度；(2)Z向钢管节点模型疲劳强度试验研究。即将完成T型管节点的S—N曲线。此外，在管节点相贯线附近应力和热点分析，海水腐蚀板材的S—N特性，TIG溶修对疲劳特性的改善以及蒙得卡洛法疲劳试验应用等方面均取得相应研究成果；(3)利用振动识别技术和声发射技术，对水下结构的破损、裂纹扩展监测取得进展，并将建立中国平台监测数据库和提供监测分析评估方法。

2. 浮式结构方面：(1)系统地开发了浮式结构的工程应用软件包，并已广泛应用于半潜平台、张力腿平台及系泊油轮的计算；(2)开发了悬链系泊静动态分析的应用软件，并已应用于工程评估及设计；(3)与挪威联合开发立管群分析程序，建立了单根立管和12种立管群的数据库。开发了柔性立管专用程序，将参加国际结构力学会议组织的对比计算。

3. 模型试验技术方面：小型风浪流水池已建成投产，较大型的正在建造中。试验技术取得进展，进行了一些非常规的特殊试验如海上解脱与回接、铺管、张力腿平台断腿、动力定位试验等。国内主要试验水池的试验技术不断提高，已多次承接国外石油公司及海洋工程公司委托的比较大型复杂的海洋工程试验。

【船舶动力定位技术】　动力定位可应用于海上钻井船、浮式生产储油船和半潜式平台等。国内近年来对动力定位开展了研究。1988年对一艘10万吨级油轮进行了水池动力定位的试验研究，设计一种自适应的卡门滤波方法，取得了良好的结果；对水下物体的对接开展了研究，并取得了应用性成果；国内目前已具备生产侧推器和方位推力器的能力，为今后进一步全系统的开发创造了有利条件。　　（何承渊）

【船舶系泊技术】　系泊技术是保证浮式生产系统安全生产和高效作业的技术关键。系泊系统设计的全过程是一个迭代的过程。中国已研究开发出系泊系统性能及载荷分析模拟的软件包，在多次国际性比较活动中获得好的结果。该软件包在最近完成的关于旋塔式系泊系统优化及数据库的研究中发挥了重要作用。理论设计结果与模型实验结果吻合程度令人满意。旋塔式系泊系统参数和性能数据库的建立为海洋石油公司提供了选型评价的依据。　　（曹谨忠）

【造船焊接技术】　80年代中国造船焊接技术有了较大发展，由于大力推广高效焊接，从而产生较大的经济效果。主要内容有：(1)推广CO_2焊接、重力焊、下行焊条、铁粉高效焊条等；(2)推广高空载电压可使用低氢焊条，并带有触电防护装置的交流焊接变压器以替代耗能量大的旋转式直流焊机，同时配套开发CO_2焊机及整流焊机；(3)在焊接材料上着重开发各种衬垫的应用，使手工焊减少到最低程度。这些衬垫、包括金属衬垫、焊剂衬垫、陶质衬垫和砂粒衬垫等。

在世界造船业剧烈竞争的情况下，提高效率是主要的竞争途径，焊接作为造船中的重要工艺方法必然会作为重点来考虑。从效率看，CO_2焊接有广阔的前景，并将成为造船业中的主要焊接方法，其中药芯焊丝的CO_2焊接取代实芯焊丝的CO_2焊接也是发展的必然趋势。

---

* 海洋运输船舶、海港工程技术船舶、海洋油气开发船舶和海洋渔业船舶分别见产业篇有关条目。

可以预计今后的一段时间内，中国造船工业中各种焊接方法的变化趋势是：(1)手工焊逐年减少；(2)埋弧焊将稳定在一定比例上，约18%左右；(3)药芯焊丝的比重将逐渐增大。（卓鸿逵）

【计算机应用技术】 计算机辅助船舶设计、建造与管理正在深入推广与应用之中。目前船舶设计计算机的单个程序已基本完备，正朝着集成化、模块化发展；计算机应用于船舶绘图则刚开始；计算机应用于生产管理已初具规模，有的船厂已实现从接受订货直到交船的稳定有效的管理系统，目前正将计算机扩大应用于造船生产管理，包括技术、计划、物资、成本、市场、后处理等企业管理功能和人事、工资、财务、仓库、办公室自动化等管理功能的现代化综合管理信息系统。

已成功地开发了各种船舶和平台导管架的报价计算机程序；船舶排管计算机程序已出口到东欧。

（许学彦）

海岸工程技术

【爆炸法处理水下淤泥地基】 用爆炸法密实水下抛石或抛沙基床，早在50年代中国就试验成功。一种创新的、利用爆炸方法处理水下淤泥地基的技术，由连云港建港指挥部、中科院力学研究所、交通部第三航务勘察设计院和连云港市锦屏磷矿组成的专题试验组，在1985～1989年期间研制成功。

高含水量海相淤泥地基是高压缩性、高灵敏度和极低承载力的软土地基，在海岸工程中，通常采用清淤置换或排水加固的方法处理。爆炸法处理水下淤泥地基，是利用爆炸能量来实现挤淤置换，主要包括两项施工工艺，即爆夯挤淤压密法和爆炸填石排淤法。前者，在水下抛石基床顶面或边坡以上一定高度处悬置药包，通过水体将爆炸冲击波压力均匀传递到基床，使之向下运动，挤出下卧淤泥，沉落到硬土层，与此同时，抛石基床本身在震动和冲击波作用下得到密实。此方法处理淤泥的有效厚度一般小于4m，二次爆夯的密实率可达20%，基床容重可达$2t/m^3$。后者，在预先堆放抛石体前方淤泥下一定深度插入药包，通过爆炸空腔负压和石体自重共同作用，抛石体以"泥石流"方式迅速坍塌下滑，沉落到硬底，形成舌状垫层（"石舌"），可以在此垫层上直接抛石筑堤。此方法爆炸能量的利用率较高，可以处理厚达20m的淤泥，一次爆填形成的垫层长度5～7m；由于爆炸震动密实，垫层容重亦可达$2t/m^3$左右。

为了在工程中实际应用，专题组还进行了上述两项工艺的机理试验研究，确定了模型律。结果表明，淤泥在爆炸瞬时强动荷载下的力学性状与流体相似。爆夯中爆炸空腔的初期运动起作用，爆填法的爆炸作用包括空腔发展的初期阶段和后期石舌形成阶段。初期和后期都需满足几何相似。爆炸处理后的抛石体稳定验算仍按散体计算。

专题组在1986～1989年期间，在连云港地区共进行了7项海港工程的爆炸处理淤泥地基，均取得成功，其中海军某工地防波堤处理淤泥厚度达到16m。1987年该项新技术通过了鉴定，1988年被批准用于中国目前最长海堤——连云港西大堤工程。同年，爆填法获得中国专利。

（金镠）

【"1204"工程削角圆筒防波堤断面模型试验】 830m长削角圆筒岛堤是"1204"工程的主体工程之一，建成后经过8年来的实际海况考验，特别是经过1985年8月19日9号台风的考验证明，工程工作情况优良，符合试验、设计预期要求。

该研究成果是对这种型式的结构物在中国的第一个成功试验，其所得的主要结论，迄今仍为海军系统、交通部系统及渔业系统设计类似建筑物的重要参考依据。

西方及苏联等国，做过一些仅测取圆筒面壁上压力的试验，其结论认为，大致上可以用常规立波波压乘以一个系数予以估算。

"1204"的试验研究，不仅仅涉及圆筒侧壁的压强分布，更对圆筒底壁、削角上部结构的底部和面部进行了同步研究，所取得的发现、规律和建议，直接应用于生产实践并获得圆满效果。不仅是对本专业领域的重要贡献，而且也获得了巨大的经济效益和社会效益：

(1)第一次发现并测得侧壁最大波浪压强在圆弧顶点正法向两侧40°方向，而不在臆想的两个圆弧曲面相交的深凹处。

(2)第一次发现并测得巨大的负压强超过正压强，及其发生的位置和方向。

(3)在国内第一次测得呈空间立体形状的筒底压强、筒壁压强、上部结构底部压强及圆筒削角斜面上的压强空间分布图。迄今尚未找到国外相当成果的有关研究报告。

(4)确定合理削角角度，提出上部结构必须整体浇注的技术要求。

(5)提出堤前波态、底部冲刷及对其防护的具体技

* 其中港口工程技术分别参见地方篇有关省、市部分。

术措施。

(6)与常规矩型沉箱相比,直接节省近 5 000m³ 钢筋混凝土,6 000m³ 混凝土,36 000m³ 砂石填料,按目前单价及费率折算,可节省人民币约 400 万元。

(7)这种结构可推广于民用商港、修造船基地及渔港的防波堤、防波堤兼码头及单一的码头结构。

(钟声扬　葛志瑾　王鉴义)

【**长江口三沙治理和通海航道研究**】 长江口航道冲淤多变严重影响航运,存在的主要问题是:(1)拦门沙水深不足;(2)南支下段存在中央沙、扁担沙和浏河沙(简称三沙)。针对上述情况,南京水科院进行了长江口三沙治理和通海航道研究。其主要内容包括:(1)三沙治理研究;(2)通海 航道研究;(3)新技术应用研究。三个方面共 13 个专题。其中:(1)三沙治理是从 21 个方案经反复试验后筛选出潜坝方案,对实施过程中可能出现坝头冲刷问题,新型建筑材料问题又进行了专题试验研究,都得到了较为满意的结果。(2)通海航道研究方面,认为长江 口 通 海 航 道 除 一 般 水深 (7.5～8.0m)的航道外,应另辟一条深水(9.5m)通海航道,并从长江口水文泥沙和演变趋势,论证了北港作为深水通海航道较为优越,论证了拦门沙的形成主要由于盐水入侵。对长江口细颗粒泥沙试验阐明泥沙表面双电层是絮凝的基本原因,并对盐水中细颗粒泥沙的静水沉降和动水沉降都获得试验成果,并已用于抢槽的回淤计算中,使计算和预报趋于完善。(3)在新技术应用研究方面,γ－测沙仪研制成功有助于疏浚的改进,对塑料编织物和软体排的室内外试验表明,该项材料具有来源丰富、价格低廉、运输量少、施工简便等优点,可以替代柴排作为护底材料。综上所述,本项研究采用了物理模型、数学模型、现场观测和室内试验等多种手段,研究内容全面,取得的成果从 总体上讲达到了国际先进水平。

(黄　胜)

【**水体悬浮泥沙遥感定量分析研究**】 南京水科院通过在长江口和杭州湾的卫星遥感试验与室内模拟试验,分析了不同悬沙含量的水体多光谱反射特性,根据河口悬沙沿程分布不均匀的状况,提出了用可见光连续函数的多元回归分析方法,拟合了一种卫星遥感水体悬浮泥沙含量的多波段比值模式。由于对卫星数据进行了大气程辐射订正、地理位置的几何校正,以及可减小太阳高度角变化和水面波动影响的比值处理等方法,该模式的分析精度有所提高。经杭州湾实测资料的验证,遥感水体悬沙含量的平均相对误差 11%,能够满足河口海岸大面积的悬沙定量分析要求。对不同时相的卫星遥感数据,在 IPOS/101 图像系统上进行处理,并完成了卫星遥感悬浮泥沙含量图制作流程。该图不仅可反映河口大面积的悬沙分布,而且能提供任一象元点的水体悬沙含量值,平面密度达(144～324)点/km²。

1984～1987 年,该方法曾推广应用在深圳赤湾港、厦门港湾以及闽江口地区的悬沙遥感分析,结合建港中的泥沙问题,探讨了泥沙运动对港口造成的影响,其成果已被有关生产部门参考引用。

(尤玉明　刘建军)

【**近海工程技术**】 见产业篇海洋石油与天然气资源开发部分中的有关条目。

【**海洋计量技术**】 见海洋综合管理部分的有关条目。

厂区大楼

激光照排

国家海洋信息中心印刷厂是首批国家书刊印刷定点企业，技术力量雄厚。

本厂是一个具有胶印制版、印刷、铅印铸字、排版、印刷、激光照排、照像植字及各类烫金及精、平装能力的综合印刷厂。现有的主要设备：全开照像机、拷贝机、晒版机、打样机、全开双色胶印机、对开胶印机、照像植字机、对开自动铅印机、八页机、方箱印刷机、铸字机、铸条机、华光Ⅴ型激光照排系统、切纸机、折页机、索线机、订本机、烫金机、三面切书机、热溶胶订包本机等。

二十年来，我厂承印的中、英、日等多种文字的海洋资料，做为每年联合国教科文组织海委会及世界各国资料交换的样本受到国内外专家的好评。并为我国南极考察承担了各种图集及资料的印刷任务。近年来，随着开放、搞活，我厂面向社会，为社会服务，也取得了比较好的社会效益。

质量第一，信誉至上，顾客至上是本厂的服务宗旨。

我们竭诚欢迎各界朋友来我厂洽谈业务，承接各种彩色印刷业务及书刊、杂志、图集、说明书、商标的印刷业务及各种印刷设备的维修、技术咨询等业务。

热烈欢迎各界人士光临海洋信息中心印刷厂。

地　　址：天津市河东区程林庄道建新路1号

电　　话：(022) 442377　442378　442379　441560

邮政编码：300161

海洋教育
与新闻出版篇

海 洋 教 育

【高等海洋教育概况】 1986～1989年，中国的高等海洋教育事业进一步发展，基本形成了以海洋、水产、海运、船舶与海洋工程等为主的学科体系，成为中国海洋科研和开发的重要方面军。目前，全国涉及海洋的高等院校(系)有：青岛海洋大学；上海水产大学、大连水产学院、浙江水产学院、厦门水产学院、湛江水产学院；大连海运学院、上海海运学院、青岛远洋船员学院、集美航海学院；哈尔滨船舶工程学院、镇江船舶学院；厦门大学海洋系、河海大学航运及海洋工程系、南京大学大地海洋科学系、大连理工大学土木系、同济大学海洋地质系、天津大学海洋与船舶工程系、上海交通大学船舶及海洋工程系、华中理工大学船舶和海洋工程系、华东师范大学河口海岸研究所、华东师范大学海水资源化学研究室、天津轻工学院盐业工程系、辽宁师范大学地理系、南京师范大学鲸类研究室、南京农业大学土化系、杭州大学河口与港湾研究室以及中山大学、福建师范大学、南京气象学院、北京大学、华南师范大学及其它部分高等院校(系)中的与海洋有关的专业。其中，不少院校(系)是国务院学位委员会首批批准的具有硕士、博士学位授予权的单位。从建国初期到1989年，各海洋高等院校(系)共为国家输送了20 000多名毕业生，他们当中许多人已成为中国海洋领域里科研、管理、测报、石油、水产、交通、环保、教育、地质矿产、国防和沿海省市有关部门、战线上的骨干，为中国海洋事业的发展和海洋的开发利用做出了贡献。

1986～1989年，中国高等海洋教育系统师资队伍不断壮大，截止1989年，从事高等海洋教育的教师共有4 000余名，其中正副教授就有近千名。1989年，各院校(系)共有在校本科生10 000余名、专科生2 000余名、研究生960多名(见表1)。

各院校(系)都非常重视教育改革工作。他们不但重视学生对海洋科学基础理论知识的学习，还注重培养学生独立工作能力，在培养学生全面掌握现代海洋技术应用方面下功夫。随着“对外开放”政策的贯彻落实，各院校(系)积极开展对外学术交流活动。1986～1989年，各院校(系)陆续派教师和研究人员出国进修、考察，足迹遍布美国、日本、英国、加拿大、奥地利、波兰、澳大利亚等国。同时，有的院校每年聘请外国专家、外籍教师来院讲学。另外，各院校(系)还非常重视科研工作，有的校(系)建立了专门的科研机构(见表2)。

21世纪，世界各国的海洋科研和开发将有突飞猛进的发展，要使中国由海洋大国变成海洋强国，依靠科技是关键，而科技的基础是教育。中国的海洋教育特别是高等海洋教育事业还远远满足不了国民经济与社会发展的需要。目前存在的问题主要有：教育经费不足，难以配备必需的先进仪器和设备；海洋科学、技术、管理等学科门类在高校系统尚不齐全；中青年教师骨干不足；对外交流不够，不能充分学习国外的先进的教材、教学方法、教学教育的理论与实践；在培养学生独立工作能力上有待进一步加强。 (罗嘉尧)

【部分海洋高等院校(系)分述】

青岛海洋大学 原名山东海洋学院，建于1959年3月30日，1988年1月4日改为现名。学校占地66.7万m^2，其中，1986年开始筹办的分部占地25.3万m^2。青岛海洋大学分部1989年的总建筑面积2.5万m^2。该校现设4个学院、14个系、39个专业，是一所以海洋和水产学科为特色、包括理、工、农(水产)、文和社会科学的综合性全国重点高等院校。1989年有在校学生6 000余名(研究生250余名)，教学和科研实验人员近千人，其中教师780人(具有高级职称的400人、中级职称的380人)。

现任校长施正铿，党委书记冉祥熙。

体制改革 1986～1989年，该校在教改方面积极进行了探索。根据基础学科发展、海洋开发和地方经济建设的需要，该校调整了办学方向和专业结构，先后增设了10多个新专业。

专业、研究机构 该校有博士、硕士学位授予权，现有5个博士点、11个硕士点。从1988年开始，该校的物理海洋学专业还设立了博士后流动站。除研究生各专业外，该校还有本科专业27个、专科专业14个，是全国海洋学科最多的一所大学。该校共有80余个实验室，还拥有一艘“东方红”号海洋调查船。该校的18个专职科研机构，直接为国民经济和国防建设服务。1989年，该校还成立了“青岛海洋大学出版社”。该社出版的《青岛海洋大学学报》国内外公开发行。学校图书馆藏书75万册、中外期刊2 000多种。

表1　1986～1989年部分海洋高等院校(系)师生数量表

校(系)	年度	专业个数	教师数					学生数																
			计	其中				研究生						本科生			专科生			自费走读、代培			成人教育
				教授	副教授	讲师	助教	毕业		在校		招生		毕业	在校	招生	毕业	在校	招生	毕业	在校	招生	夜大(毕业)
								博士	硕士	博士	硕士	博士	硕士										
青岛海洋大学	1986	31	787	31	138	313	171	/	41	4	177	1	74	365	2422	661	279	809	358	134	317	148	58
	1987	33	835	33	142	362	237	/	36	11	209	5	76	457	2727	769	435	690	324	155	434	283	109
	1988	33	972	55	216	366	209	/	56	19	207	9	64	563	2942	774	342	689	363	138	666	360	179
	1989	44	906	56	214	268	248	3	67	20	184	5	55	717	2705	484	319	927	476	266	831	360	177
厦门大学海洋系	1986	3	110	7	18	44	41	1	16	2	35	2	11	23	239	70							
	1987	3	115	8	23	56	28	1	7	1	54	4	17	46	216	69							
	1988	3	116	9	23	61	23	/	25	8	40	2	12	63	239	65							
	1989	3	115	12	31	68	4	1	10	9	31	/	4	63	241	40							
河海大学航运及海洋工程系	1986	2	106	7	38	36	25		10			1	21	469	533	127		45			49	26	
	1987	2	106	7	38	36	25		16				15	525	535	131					75	25	
	1988	1	106	8	37	35	24	1	21	1	9	1	9	527	512	76				49	100	4	
	1989	1	106	8	37	35	24	1	21	1	7	1	7	504	395	61				26	104		
南京大学大地海洋系	1986	4	116	13	25	50	28	2	23	12	76	4	27	82	337	68							
	1987	5	123	17	29	46	31	2	15	13	79	3	19	85	348	93							
	1988	5	134	15	46	55	29			10	70	3	24	98	368	105							
	1989	5	134	15	46	55	29			8	64	2	21	68	365	60							38
大连理工大学土木工程系	1986		10	2	3	2	3		5	4	20	2	7	29	112	30							
	1987		14	5	3	3	3		8	3	18		4	28	104	30							
	1988		23	6	6	11		2	7	5	14	2	3	27	76	30							
	1989		23	6	6	11		1	4	4	10	2	3	28	69	30							
同济大学海洋地质系	1986	2	67	5	8	36	16			3	22	2	13	37	153	59							
	1987	2	66	6	21	35	4	2	11	5	22	2	11		212	54							
	1988	2	66	6	27	29	4	1	10	4	34	1	15	41	225	34							
	1989	2	68	6	27	29	6	2	13	3	26	1	8	52	215	17							
哈尔滨船舶工程学院	1986	29	835	13	92	422	294		50	10	508	6	211	476	3259	983	68	348	50				6
	1987	29	931	23	160	316	394		121	19	540	9	160	640	3676	1080	263	157	72				6
	1988	30	919	43	205	395	265	1	206	19	475	2	154	647	4061	1059	85	224	151		23	23	143
	1989	32	879	37	190	365	283	2	159	20	418	5	118	933	3997	882	69	256	87		56	33	128
天津大学海洋与船舶工程系	1986		63	2	15	29	17	/	1	/	14	/	2	271	275	275							
	1987		56	3	16	27	10	/	3	/	22	/	12	302	304	304							
	1988		61	5	24	26	6	/	8	/	26	/	12	269	270	270							
	1989		60	5	24	29	2	/	2	/	35	/	11	231	231	231							
华中理工大学船舶和海洋工程系	1986	3	113	8	50	39	16		20	3	50	2	17	125	670	158				40	170	37	
	1987	3	113	8	50	39	16	1	22	4	56	3	22	149	700	178				113	97	40	
	1988	3	115	12	59	28	16	2	28	5	59	2	10	185	660	125				37	166	103	60
	1989	3	115	12	59	28	16	2	17	5	53	3	15	193	640	130				40	156	30	

续表 1

校（系）	年度	专业个数	教师数					学生数															
			计	其中				研究生						本科生			专科生			自费走读、代培			成人教育
				教授	副教授	讲师	助教	毕业		在校		招生		毕业	在校	招生	毕业	在校	招生	毕业	在校	招生	夜大（毕业）
								博士	硕士	博士	硕士	博士	硕士										
上海交大船舶及海洋工程系	1986											6	43			119						41	24 函授毕业 45
	1987											8	28			150						22	
	1988										7	22			150					44			
天津轻工业学院盐业工程系	1986	4	95			42								105	315	105		50					
	1987	4	98		10	48	20							105	315	105	20	30	20				
	1988	4	100		14	67	19							105	315	105	30	20	30				
	1989	4	105		12	67	21							105	315	105	30	20	30				
华东师范大学河口海岸研究所	1986		49	5	14	12	18		6	4	15	2	3										
	1987		55	5	15	16	19		6	6	9		1										
	1988		63	6	24	20	13	2	4	6	11	1	5										
	1989		61	6	24	20	11	3		5	6												
大连水产学院	1986	13	284	3	22	142	107							109	658	142	137	343	188		62		
	1987	13	281	7	54	131	78				2		2	193	649	243	146	425	212	62			
	1988	13	276	8	62	136	63				11		9	169	733	201	180	441	195				
	1989	14	278	11	60	139	59				20		9	144	746	158	179	453	189				
厦门水产学院	1986	13	233		31	91	94						82	537	180	135	231	78					
	1987	14	232		39	121	44						119	604	199	151	248	169					
	1988	14	234		47	104	63						106	689	192	75	352	180		25	25		
	1989	16	227		40	97	80						121	751	198	142	355	145		27	3		
浙江水产学院	1986	3	49	1	4	12	22							47	236	30		33	33				
	1987	4	57	2	5	16	34							45	212	55		94	60				
	1988	4	59	2	8	15	34							59	200	80		152	60				
	1989	4	55	2	8	14	31							63	172	40	30	181	60				
上海水产大学渔业工程系	1986	2												25	60	60							
	1987	2												30	60	55							
	1988	2												38	55	45							
	1989	2	15	1	5	8	3							38	45	45							
湛江水产学院	1986	18	257		19	114	114							124	828	272	94	288	145		70	25	
	1987	18	269	6	38	117	108							152	905	232	112	318	153	32	122	87	
	1988	20	274	7	54	127	85							195	932	226	156	305	148	86	132	45	
	1989	21	278	7	61	113	95							243	965	197	147	289	154	75	70	20	
上海海运学院	1986																						
	1987																						
	1988																						
	1989	13	769	25	137	296					122				2851					函授毕业 149			

表 2 1986～1989 年与海洋有关高等院校研究与发展机构人员情况一览表

机构名称	年度	研究与发展人员													研究生		
		合计	其中业务管理人员	教师						其他技术职务系列人员				辅助人员	小计	博士生	硕士生
				小计	教授	副教授	讲师	助教	其他	小计	高级	中级	初级				
南京大学大米草及海滩开发研究所	1986	14	2	9	1	1	4	3	0	3	0	3	0	2	0	0	0
	1987	28	3	15	1	1	7	4	2	13	2	7	4	0	2	0	2
	1988	14	0	12	1	1	8	2	0	2	0	0	2	0	1	0	1
	1989	18	0	16	1	4	10	1	0	2	0	0	2	0	3	2	1
厦门大学亚热带海洋研究所	1986	65	3	59	4	16	25	14	0	3	0	1	2	3	46	2	44
	1987	71	2	60	3	12	32	13	0	11	2	4	5	0	61	7	54
	1988	57	4	39	6	12	15	6	0	10	1	5	4	8	61	7	54
	1989	47	3	38	4	8	26	0	0	1	0	1	0	8	40	9	31
中山大学环境科学研究所	1986	22	3	17	0	3	3	10	1	5	0	2	3	0	2	0	2
	1987																
	1988	46	2	37	4	13	15	5	0	9	0	5	4	0	4	0	4
	1989	31	2	22	1	5	10	6	0	9	1	5	3	0	11	0	11
大连理工大学海洋工程研究所	1986	62	0	43	5	14	18	5	1	16	0	4	12	3	94	16	78
	1987	75	0	49	11	14	18	6	0	24	4	6	14	2	57	12	45
	1988	85	1	58	12	17	17	12	0	26	4	13	9	1	91	32	59
	1989	83	2	56	12	17	17	10	0	26	4	13	9	1	72	16	56
大连海运学院航海科学技术研究所	1986	47	3	29	2	5	4	8	10	15	0	4	11	3	9	0	9
	1987	41	3	22	2	5	6	9	0	14	0	8	6	5	7	0	7
	1988	33	3	21	2	7	8	4	0	10	0	9	1	2	12	1	11
	1989	33	3	21	2	7	8	4	0	10	0	9	1	2	12	1	11
哈尔滨船舶工程学院水声研究所	1986	61	6	45	4	14	12	15	0	9	0	5	4	7	52	9	43
	1987	92	6	56	4	15	16	21	0	30	7	12	11	6	58	10	48
	1988	92	5	56	5	14	16	20	1	31	7	12	12	5	59	10	49
	1989	89	8	55	6	11	17	21	0	28	8	12	8	6	42	7	35
哈尔滨船舶工程学院惯性导航研究室	1986	30	2	24	0	4	12	3	5	5	1	2	2	1	16	0	16
	1987	21	2	19	1	6	8	2	2	2	1	1	0	0	19	0	19
	1988																
	1989																
上海交通大学船舶与海洋工程研究所	1986	132	3	75	9	31	28	7	0	42	7	16	19	15	111	86	25
	1987	98	2	56	6	27	20	3	0	41	8	22	11	1	127	25	102
	1988	121	1	76	12	39	22	3	0	38	10	18	10	7	113	23	90
	1989	113	2	74	12	40	19	3	0	37	6	21	10	2	55	13	42

续表1

机构名称	年度	研究与发展人员													研究生		
		合计	其中业务管理人员	教师						其他技术职务系列人员				辅助人员	小计	博士生	硕士生
				小计	教授	副教授	讲师	助教	其他	小计	高级	中级	初级				
上海海运学院水运经济科学研究所	1986	20	2	15	0	2	1	0	12	4	0	2	2	1	6	0	6
	1987	25	2	23	2	2	1	18	0	2	0	1	1	0	9	0	9
	1988	23	3	20	1	3	8	8	0	2	0	1	1	1	6	0	6
	1989	16	1	13	0	2	3	8	0	3	0	2	1	0	4	0	4
河海大学海岸及海洋工程研究所	1986	48	2	24	2	5	10	1	6	18	0	4	14	6	25	2	23
	1987	33	1	17	3	7	7	0	0	16	0	8	8	0	28	2	26
	1988	36	2	15	3	7	5	0	0	21	3	11	7	0	1	0	1
	1989	36	2	15	3	7	5	0	0	21	3	11	7	0	1	0	1
青岛海洋大学河口海岸研究所	1986	17	0	14	0	3	7	4	0	3	0	1	2	0	4	0	4
	1987	14	1	12	1	1	6	4	0	2	0	2	0	0	5	0	5
	1988	14	0	12	1	5	3	3	0	2	0	2	0	0	8	0	8
	1989	18	0	15	2	4	4	5	0	3	0	3	0	0	7	0	7
青岛海洋大学物理海洋研究所	1986	29	0	22	1	8	10	3	0	5	0	1	4	2	17	2	15
	1987	32	1	23	2	8	9	4	0	7	1	2	4	2	21	2	19
	1988	31	1	24	2	12	5	5	0	6	1	4	1	1	25	8	17
	1989	34	1	25	3	13	3	6	0	7	1	4	2	2	11	2	9
青岛海洋大学海洋生物遗传研究室	1986	7	0	6	0	0	4	2	0	1	0	1	0	0	0	0	0
	1987	11	0	7	0	1	4	2	0	0	0	0	0	4	1	0	1
	1988	9	0	7	0	3	2	2	0	2	0	2	0	0	1	0	1
	1989	10	0	8	0	3	3	2	0	2	0	2	0	0	4	0	4
青岛海洋大学海洋藻类培养研究室	1986	6	0	6	2	0	0	1	3	0	0	0	0	0	6	0	6
	1987	6	0	6	2	0	0	4	0	0	0	0	0	0	7	0	7
	1988	6	0	6	2	0	0	4	0	0	0	0	0	0	7	0	7
	1989	7	0	7	2	0	0	5	0	0	0	0	0	0	2	0	2
湛江水产学院珍珠研究室	1986	13	0	4	0	1	2	1	0	5	0	1	4	4	0	0	0
	1987	11	0	2	1	0	1	0	0	5	0	2	3	4	0	0	0
	1988	13	0	3	1	0	1	0	1	6	0	2	4	4	0	0	0
	1989	14	0	3	1	0	0	2	0	10	1	3	6	1	0	0	0
华东师范大学海水资源化学研究室	1986	16	2	14	2	2	6	3	1	2	0	1	1	0	15	0	15
	1987	12	2	10	2	2	3	2	1	2	1	1	0	0	20	0	20
	1988	15	1	12	2	5	4	1	0	3	1	1	1	0	20	0	20
	1989	14	0	11	2	4	3	2	0	3	1	1	1	0	14	0	14

续表 2

机构名称	年度	研究与发展人员														研究生		
		合计	其中业务管理人员	教师						其他技术职务系列人员				辅助人员				
				小计	教授	副教授	讲师	助教	其他	小计	高级	中级	初级			小计	博士生	硕士生
华东师范大学河口海岸研究所	1986	88	17	58	8	14	14	21	1	27	5	15	7	3		19	4	15
	1987	93	16	42	5	10	4	23	0	38	10	19	9	13		14	6	8
	1988	83	8	36	5	8	3	20	0	35	8	18	9	12		14	6	8
	1989	89	4	50	6	14	20	10	0	23	5	12	6	16		10	2	8
南京师范大学鲸类研究室	1986	9	0	7	1	2	2	2	0	2	0	0	2	0		5	0	5
	1987	6	0	5	1	0	1	3	0	1	0	0	1	0		3	1	2
	1988	6	0	3	1	0	1	1	0	2	1	1	0	1		4	1	3
	1989	5	0	1	1	0	0	0	0	4	1	1	2	0		3	1	2
辽宁师范大学海洋资源研究所	1986																	
	1987																	
	1988	7	1	7	1	2	1	2	1	0	0	0	0	0		0	0	0
	1989	8	1	8	1	2	0	5	0	0	0	0	0	0		0	0	0
上海水产大学鱼类学研究室	1986																	
	1987	9	0	4	1	1	1	1	0	1	0	0	1	4		1	0	1
	1988	8	0	4	1	1	1	1	0	0	0	0	0	4		1	0	1
	1989																	
南京农业大学海涂研究室	1987	6	1	4	0	2	2	0	0	2	0	2	0	0		3	0	3
	1988	8	2	4	1	2	1	0	0	3	0	3	0	2		2	0	2

科研成果　1978年以来，该校共获188项奖，其中国家、部省级奖57项。在获奖项目中，“对虾工厂化全人工育苗技术”获国家科技进步一等奖，并获1988年北京国际发明展览会金牌奖和世界知识产权组织特别奖，心血管病变的高效新药“藻酸双脂钠”获南斯拉夫第15届国际博览会新发明金牌奖，“864—人工皮肤”获37届布鲁塞尔尤里卡世界发明展览会金牌奖，“实时多功能脉象仪”获1988年北京国际发明展览会银牌奖。另外，该校出版的《遗传学概论》获国家教委优秀教材一等奖，《风暴潮导论》获全国优秀科技图书一等奖，《潮汐学》获国家教委优秀教材二等奖，《海浪理论与计算原理》获国家教委科技进步二等奖。随着学校科研工作的迅速发展，该校各研究单位承担着越来越多的国家重大科研任务。

学术交流　该校积极开展国际学术交流和科技合作，派教师出国访问、考察、讲学和深造。先后与8个国家13个单位签订了合作协议，同15个国家30多个学术机构建立学术联系。1989年，来该校的外国专家学者达183人次。1988年，该校组织、主持了浅海物理学和亚太地区大学海洋教育国际学术讨论会和研讨会。

招生、分配与成人教育　1986～1989年，共招生6 506人(含成人教育)，1989年招生1 006人(其中博士生5人、硕士生55人、本科生471人、专科生475人)，另外，夜大和函授大学还招生1 050人。1986～1989年，该校仅本科生就毕业了2 466人。

1986年以来，该校相继成立了“成人教育学院”和“青岛海洋大学青岛教育学院”，并开设了夜大学、函授大学、专业证书班等各种形式的成人教育。1988年，青岛成人教育学院开设6专业、9个专业证书班。1989年，夜大学在校生1 059人，开设8个专业19个班。1987年，函授生1 910人，开设12个专业。这些，都适应了国家教育事业的发展和需要。　(刘　桓)

厦门大学海洋系　在全国高等院校中，厦大率先创建海洋系，成为中国海洋科学的重要发源地。著名海洋生物学家曾呈奎、金德祥、方宗熙、陈子英、伍献文等都曾在厦大从事海洋生物教学与研究工作。1946年，厦大正式创建海洋系。同时，“中国海洋研究所”亦在厦大成立。1970年，厦大复建海洋系，1978年重建厦大海洋所(1983年定名为厦大亚热带海洋研究所)。

专业设置　厦大海洋系和厦大亚热带海洋所现设3个专业、4个教研室、1个教研组，设有4个博士点、12个硕士点。现有在校本科生250人、研究生60人；教师中具有高级职称者45人、中级职称者近80人。

教育改革　该系要求学生德智体全面发展，逐步建立海洋学科课程新体系，加强海洋学、电子学、计算机等课程教学与教材建设，重视海上实践及毕业论文环节训练，培养学生独立工作能力。该系不时调整教学计划，拓宽专业知识面，提高教育质量，在教学、科研实践中，形成了“海洋浮游生物学”、“水声遥测遥控中的物理问题”、“海洋化学”、“鱼类生态生理学”、“河口近岸物理海洋学”等5个学术梯队。

学术交流、科研成果　为提高师资力量及学术水平，该系选拔优秀研究生充实师资队伍，选派优秀教师赴外国进修、考察、访问、参加会议。同时，也邀请外国海洋专家学者来校参观、访问、讲学，促进学术交流。

该系(所)重视理论基础，加强应用研究，致力于前沿课题的研究工作。1978年以来，共获国家、部省级奖16项。　　(黄钦华)

大连海运学院　全国重点大学大连海运学院1953年由上海航务学院、东北航海学院和福建航海专科学校合并而成，其前身可追溯至1909年的上海南洋公学船政科，至今已有80年历史，素有“中国航海家的摇篮”之称。该院占地63.4万m^2，拥有各类建筑25万m^2，是世界上大规模的高等航海学府之一。1983年，联合国开发计划署和国际海事组织在大连海运学院设立了亚太地区海事培训中心；1985年，世界海事大学大连分校在大连海运学院正式成立。

该院现有教职工2 000余人。自并校以来，已培养本科、专科和研究毕业生1.5万余名，他们已成为中国海运交通事业的骨干力量。1989年，在校本、专科生3 000余人、夜大、函授生500余人、研究生近200人、外国留学生22人。

现任院长：　陈祖慰。

专业和机构设置　该院现设9个系、16个本科专业、5个专科专业，附有院属研究所4个、系属科研所3个，有3个博士点、8个硕士点。该院还有成人教育部，下设夜大学和函授大学。

教学设施和科研工作　该院十分重视先进的科学技术教育，尽可能利用现代化手段培养海员的素质。现有66个实验室，还从国外引进了设备先进的航海模拟器、轮机模拟器、卫星导航和通讯设备、IBM—4381计算机等。学院拥有2艘万吨级远洋和近海教学实习船。图书馆藏书50余万册。

学院除实行奖学金和贷款制度外，还设有“木兰奖学金”(由美国福茂集团董事长兼总经理、大连海运学院校友赵锡成博士及其夫人朱木兰女士所设)和“招商局奖学金”(由香港招商局设立)。1989年前该院承担的科研项目中，有2项获国家发明奖，1项获国家专利、32项获国家、部省级重大成果奖。1987年，该院杨烈宇教授研制的离子轰击渗扩技术出口转让新加坡，成为中国首次向新加坡出口的科学技术，在国际上为中国赢得了荣誉。朱绍庐教授研制的燃煤锅炉控制系统被列为国家“七五”重点推广项目，为中国燃煤锅炉自动化做出了贡献。刘洪敏副教授拍摄出硅原子结构的清晰照片，受到世界物理学界的重视。　(佳晓)

河海大学航运及海洋工程系　河海大学航运及海洋工程系始建于1953年，1979年在该系成立了海岸及海洋工程研究所，1988年又成立了航运及海洋工程规划设计院。现有教职工145名，其中高级职称50名，中级49名。现有在校生近600人。该系设有港口及航道工程、海洋工程及海洋环境等专业，主要培养港口航道工程规划、设计、勘测、施工及海岸工程设计等方面的人才。30多年来，该系已培养了3 200余名水运建设方面的人才。该系和所拥有价值500多万元的仪器设备，为教学和科学实验创造了良好的条件。

(孙海芳)

大连理工大学土木工程系、海洋工程研究所　全国重点大学大连理工大学原名大连理工学院，创办于1949年4月15日，1988年1月4日改为现名。该校的土木工程系、海洋工程研究所、船舶工程系、船舶工程研究所、工程力学所等都与海洋工程有关，都为海岸工程建设及海洋开发事业贡献过力量。土木工程系、海洋工程研究所、海岸及近海工程国家重点实验室与该校的土建勘察设计院形成了一个完整的沿岸工程与海洋工程的教学、科研与设计体系。该系、所广泛开展应用研究和科技开发工作，在研究设计了大连渔港、海军某军港、大连新港(都已建成)的基础上，又积极参加了多项大中型港口和海洋平台的研究与设计工作，取得了丰硕成果，多次获得国家、部省奖励。　(康海贵)

南京大学大地海洋科学系　南京大学建立于1902年，是全国重点大学。南京大学大地海洋科学系的前身是地理系，由著名科学家竺可桢教授于1921年创建。该系是目前全国各大学同类学科中历史最久、专业设置最多的一个系。在该系设有国家重点学科——

自然地理学。全系设有6个本科专业、5个硕士专业和2个博士专业。1988年,该系有本科生351人、博士及硕士生91人、外国留学生6人。1978～1987年,该系获奖总数46项,其中国家级3项、部省级43项。

南京大学海洋科学研究中心 1986年5月,来自南京大学地学4个系7个研究室(组)的有关人员组成了南京大学海洋科学研究中心,共有高级科研人员15人、中级26人、初级24人。其任务是培养海洋科学人才,主要是硕士生、博士生,从事重大基础理论研究,开展多学科结合,进行有关生产与科学咨询工作,并广泛开展国际学术交流活动。

海岸与海岛开发实验室 该室主要从事海岸与海岛基础理论与开发应用研究,接受访问学者,向国内外开放。 (朱大奎)

华中理工大学船舶和海洋工程系 该系成立于1959年,现有教职工181人,其中教授12人、副教授等63人、中级职称53人,设有博士点3个、硕士点6个。30多年来,除培养了船舶工程专业、内燃机专业、应用电子技术专业的博士生、硕士生、本科生近5 000人外,还完成国防科工委、中船总公司、海军、国家海洋局等部门下达的近百项科研课题,其中获国家奖5项、部省级奖30项,为中国国防建设和造船工业、海洋事业作出了很大贡献。 (于清双)

天津大学海洋与船舶工程系 1970年,天津大学创立了中国第一个海洋石油建筑工程专业,1982年改名为海洋工程专业。1984年,海洋工程专业与船舶工程专业组成海洋与船舶工程系,1986年在该系建立了海洋工程研究所,1988年更名为海洋及特种工程研究所。该系现有教授5人、副教授24人、讲师29人、助教2人。该系海洋工程专业、船舶工程专业现有本科生231人,近海及海洋工程专业、海岸工程专业和水工结构专业现有硕士研究生35人。该系(所)业务范围主要包括:1.海洋环境荷载及其设计标准;2.船舶、海洋及特种工程系统分析、可靠性研究及最优设计;3.船舶、海洋及特种工程结构的静力分析、动力响应及承载力研究;4.船舶、海洋及特种工程结构物的水动力学计算方法、程序开发、模型试验及现场测试;5.船舶、海洋及特种工程系统的可行性研究与概念设计。

(刘德辅)

天津轻工业学院盐业工程系 该系始建于1953年,1988年1月改为现名。设2个本科专业和2个专科专业。共有教职工350人,其中高级职称10人,中级72人。目前有本科生390名、专科生56、干训班学生9人。该系附有校办工厂,担负教学实习和承担轻工部下达的生产任务。 (天轻盐)

水产高等教育海洋类专业概况 全国有上海水产大学、大连水产学院、湛江水产学院、厦门水产学院、浙江水产学院等5所水产高校。在这些高校中,分别设有海洋渔业、海洋渔业资源与管理、轮机管理、港口及航道工程、船舶驾驶、船舶检验、海水养殖等与海洋有关的专业。1986～1989年上述专业共招生1 609人,毕业1 501人,其中:海洋渔业招生411人,毕业490人;海洋渔业资源与管理招生103人,毕业117人;港口及航道工程招生91人,毕业100人;轮机管理招生190人,毕业253人;海水养殖招生638人,毕业479人;船舶驾驶招生60人,毕业31人;船检招生30人;渔港监督招生56人,毕业31人。 (曹凯德)

【部分海洋中等学校分述】

国家海洋局宁波海洋学校 创办于1980年的宁波海洋学校是一所多学科的中等专业学校。现有教职工200人,其中高级职称16人、中级46人。国内海洋界的一些教授、学者、专家在该校任客座教授。拥有各类实验室28个,各种仪器设备价值300万元,还有气象观测场、校办工厂和船员训练基地等设施。设有海洋水文气象、海洋环保监测、电子技术应用和船舶轮机管理等专业,培养从事上述专业的中等专业技术人才。同时,还担负着国家海洋局系统的职业技术教育任务及有关海洋科技方面的研究与服务。10a来,已培养各专业中等人才千余名;举办各种培训班97期,累计结业学员近5 000人。1986～1989年在校生人数及毕(结)业人数见下表:

类别 \ 人数 \ 年份		1986	1887	1988	1989
正规中专班	在校生	512	528	509	497
	毕业生	117	137	70	111
各类短训班	在校生	105	180	253	248
	结业生	68	106	94	247
船舶四小证培训		467	656	655	1324

上海海运学校 该校创建于1958年,初期为上海海运学院中专部,1961年命名为上海海运学校。现有师资140人,其中高级职称15人、中级57人、持有各级船舶技术岗位证书的15人。学校设有海船驾驶、船舶轮机管理、船舶无线电通讯和船舶电工等专业,培养海航运输技术干部。招收初中毕业生,学制4年。1986～1989年,共招生823人,毕业660人。

海洋新闻与出版

【海洋新闻与出版概况】 1986～1989年，海洋新闻与出版工作在组织机构、书报刊出版、影视拍摄等方面都得到了进一步发展。但是由于纸张涨价、排印装费用上浮、发行费率增加等原因，使出版物成本大幅度提高，大大影响了读者的购买力，专业书刊订数普遍下降，政策性补贴逐年上升，专业书刊的出版工作面临困境。随着治理整顿、深化改革工作的逐步落实，海洋出版工作将会呈现新的生机。

目前，出版海洋专业书刊的机构除海洋出版社和海军出版社属中央一级海洋专业性出版社外，在中央一级的有关出版社如科学、农业、石油、地质、气象、测绘以及沿海各省市科技出版社和有关大学出版社如河海大学出版社、青岛海洋大学出版社等都相继出版了一些与海洋有关的图书和期刊，仅期刊就已达50余种。据不完全统计，在1986～1989年间共出版有关海洋专业类图书400种左右，发行量约40万册，其中获国家或省部级奖励的图书约占5%。

随着海洋开发利用的兴起以及海洋管理的需要，1989年创办了第一份全国性海洋行业类的报纸《中国海洋报》，同时，中央有关部门创办的专业报如《中国环境报》、《中国农牧渔业报》、《中国地质报》、《中国气象报》等，也经常刊登有关海洋事业发展的动态和信息，逐步成为一支重要的宣传力量。

在影视出版物中，主要是电视和电影，围绕海洋重大事件和普及海洋知识的需要，陆续问世了一些影视作品，在电视类中有《长城向南延伸》、《万里海疆》、《极地号环球考察纪行》、《新的使命》、《远征南极》、《今日中国南极长城站》等；电影作品有《黑潮》、《热带海洋与全球大气》、《锰结核》、《浙江海岸带》、《金色的江苏海岸带》、《南极，我们来了》等等，这些影视的出版为扩大海洋意识、普及海洋知识起到了积极作用。

（汪兆椿）

【中国海洋报】 国家海洋局主办的中国海洋界唯一的全国综合性报纸，1989年9月27日在北京正式创刊。邓小平同志1989年9月26日亲自为该报题写报名。该报以宣传党和国家关于海洋工作的方针政策、发展战略，介绍中国沿海地区的海洋研究、利用、开发、管理和海洋系统各行业各项工作成就与经验，传递国内外各种海洋信息，开展学术交流与咨询，反映海洋工作者的呼声与建议，普及海洋知识，增强全民族的海洋意识、维护中国海洋权益、发展海洋事业、振兴沿海经济为宗旨。

《中国海洋报》面向全国海洋管理、科研、教学、军事、航运、港务、造船、石油、水产、盐业及环境保护行业，竭诚为海洋工作者服务，为广大青少年服务，是联系海洋各界的桥梁，传递海洋信息的媒介。

《中国海洋报》在创刊期间得到了中央领导及整个海洋界的关心与支持。国务委员兼国家科委主任宋健、海军政委李耀文海军上将、农业部部长何康、交通部部长钱永昌、地质矿产部部长朱训、中国科学院副院长孙鸿烈及著名海洋科学家曾呈奎、严恺、任美锷、文圣常等为该报创刊号题词祝贺。

《中国海洋报》为对开四版，暂为每周一期，北京邮局发行，全国订阅，邮发代号1—149，统一刊号CN11

大连海运学校 该校创建于1956年，1958年并入大连海运学院，成为该院的中专部，1972年由中国远洋运输总公司接管。现有教职工129人，其中高级职称25人、中级59人。现设海船驾驶、船舶轮机管理、船舶无线电通讯和船舶电工专业。招收高中毕业生，学制2年。每年招生400人。（孙海芳）

南通航校 其前身为南通河运学校，后开设了海船驾驶和海船轮机管理专业，1989年1月正式定名为南通航校。现设5个专业，有教师120人（高级职称14人、中级50人）。在校生1 000人左右。

（刘沛安）

水产中等教育海洋类专业概况 全国有水产中专16所，其中有9所沿海水产学校设海洋类专业，主要有海水养殖、海洋捕捞、轮机管理、渔船管理、渔业电讯等专业。据不完全统计，1989年在校生达1 982人，专业教师155人。1986～1989年共招生2 759人，毕业2 468人。毕业后，有不少人成为海洋渔业第一线的骨干力量，有的当上了船长、轮机手及养殖技术员等，对开发海洋、振兴海洋渔业起了很大作用。（曹凯德）

—0171。

报社实行总编辑负责制。总编辑李茂和。

（陈鸿衡）

【海洋出版社】 成立于1978年6月2日，是中央一级海洋专业出版社，直属国家海洋局领导。社长：汪兆椿，总编辑：周培兴。

该社任务是出好海洋专业书刊，介绍和推广国内外海洋科学技术新成就、普及海洋知识，促进和推动海洋事业发展，加强国际交流。其出书范围是：出版海洋综合管理、开发研究的科技著作，应用技术和知识性图书、与海洋相关的基础科学、通用技术、工具书、科普读物，以及海洋专业大专院校教材和职工培训教材。该社现有130余人，具有高级职称的人员为27人。设有海洋专著编辑室、海洋工具书编辑室、海洋科普图书编辑室、海洋学报编辑室、海洋期刊编辑室、国际开发部等6个专业编辑部门以及业务计划处，办公室、出版处、发行处、财务处、人事处等行政业务职能处室，另设有印刷厂和海洋书店各1个，初步形成了立足海洋、面向全国的具有海洋特色的出版体系。近几年来，该社认真贯彻出版方针政策，多出书，出好书，每年平均出版图书100余种，3 000余万字；出版海洋专业期刊和其他有关期刊27种，其中中文期刊15种，英文期刊12种，年出版165期，约1 500余万字。书刊质量绝大多数是好的，每年约有5%的图书获得全国性或者省部级奖励，如《海洋浮游生物学》获1987年国家教委颁发的全国高等教材特等奖。大量海洋书刊的问世，在国内初步形成了海洋专业出版优势，较好地团结了国内海洋界，为中国海洋科技发展、海洋资源开发利用、海洋综合管理以及普及海洋知识作出了贡献。

根据海洋专业书刊具有鲜明的地域性的特点，该社积极与外国出版公司合作，先后与9个国家和地区的15家出版公司签定了近40项合同，已出版外文版海洋图书38种、2万余册，出版英文版期刊12种。通过合作扩大了中国海洋科研成果和著作在国际上的影响，起到了交流窗口的作用。

【科学出版社】 成立于1954年，是隶属于中科院的中央一级专业出版社，近几年来每年出版图书600余种，是目前国内出版科技图书最多的出版社之一。

该社现有职工500余人，其中高级职称人员约占1/5。设有七个图书编辑室、四个期刊编辑部、期刊室、音像室，以及国际合作室、技术室和相应的设计、校对、出版、发行、管理机构等。另有两个印刷厂，并在上海设有办事处，在香港成立合资企业科华出版有限公司。

该社第三编辑室出版与海洋有关的图书，《潮汐学》获1987年国家教委高等学校优秀教材二等奖、《中国及邻区海陆大地构造》获1988年第四届全国优秀科技图书一等奖。

该社出版期刊130余种，其中有《海洋与湖沼》、《中国海洋湖沼学报》英文版、《海洋科学》以及与海洋有关的期刊多种。

【海军出版社】 成立于1986年9月8日，同时用“海潮出版社”作为副牌。该社是由原海军杂志社和海军航海图书出版社（对外称中国航海图书出版社）合并组成的，编制人数约500人，其中高级职称人员近20名，中级职称人员近百名。该社按其不同业务分工分设两大业务部门：军事图书和《海军杂志》业务部门设有总编辑室、《海军杂志》编辑部、军事图书编辑部、发行部、出版部等；海图和航海图书业务部门设有业务处、制图室、航海资料编译室、综合资料室、图库等部门。

该社为海军综合性出版机构，主要出版各类海图、海军军事理论、战役战术研究、教育训练、装备后勤、部队管理、海军历史、海军文艺、海军专业技术、海军辞书等军事、科技读物以及各类航海图表和航海通告。

该社是中国唯一出版海图的单位。建国以来共出版海图2 000多幅以及各种图集、航路指南等航海保证图表资料等。除满足国内有关单位需要外，还远销世界60多个国家和地区。

该社近几年出版了100多种图书。1987年出版的外轮用图书目录和两幅外轮用海图被评为全军优质产品奖，一种图书在全国性评奖中获奖。此外，《中国海军史画册》、《南沙告诉我们》、《中国近代海军史略》、《中国舰船史》、《中外海战大全》、《日俄大海战》等书具有较高的史料价值。

该社编辑出版的《海军杂志》是一本以军事训练、军事学术研究为主的综合性的军事性内部刊物。它开辟的“海军战略研究”、“2000年海战场预测”、“海军发展战略研究”、“海洋观讨论”以及“南沙斗争研究”等栏目，对推动海军的军事学术研究和海军现代化建设起到了积极的作用。

该社以副牌“海潮出版社”名义除出版航海、科技专著外，还出版一些有益于社会的图书，其中《每日英语》一书成为1988年北京十二本畅销书之一。

社址：北京西三环中路19号

邮政编码：100841 电话：685.6351

社长：哈洪涤，总编辑：林道远。

（汪兆椿）

【青岛海洋大学出版社】 青岛海洋大学出版社成立于1989年4月20日。社号为ISBNT—81026。该社宗旨是坚持四项基本原则，努力为教学科研服务，为社会主义生产、建设服务。立足本校、面向全国、兼顾国外，促进国内外的学术交流。主要出版高水平的教材、教学参考书、工具书、学术价值和实用价值高的专著、论文集和有关海洋方面的科普读物,也接受社会上与该校专业相关、水平较高和有价值的书稿。

建社以来,共出版图书106种,计61万多册,其中教材占51%,专著占29%,其他占20%。其中《马克思主义基本原理》(邹积贵、郑可圃编)、《中国画浅说》(高松庐)两书获华东地区高校出版社首届优秀图书评比二等奖。

该社设有总编辑室、自然科学编辑室、社会科学编辑室、综合编辑室;出版科、发行科、读者服务部及印刷厂。

该社现有职工17人,其中中高级职称者9人,并聘请兼职编辑13人。

社长:谢洪芳。

(钱清瑛)

【河海大学出版社】 成立于1986年11月17日。该社立足河海大学,面向全国,以出版具有较高质量和价值的教材、教学参考书和学术专著为主,兼及一些普及性读物和译著。

该社现有职工20余人,设有三个编辑室及出版发行科、财务室和办公室,另有图书代办站和书刊服务部。社长由梁瑞驹校长兼任。

该社已出版的图书主要为水利、电力、建筑、电子、海港工程等专业。其中教材、教学参考书和学术专著占80%以上。已出版的《水资源保护工作手册》300万字、《奥林匹克(英汉对照、分项图解)词汇大全》270万字,在国内外产生一定影响。《现代管理十八法应知应会备要》获1988年"金钥匙"纪念奖。

【海图出版】 中国出版的海图约4 300多种,居世界前列。已出版的海图不仅覆盖了中国近海的整个海域,而且基本覆盖了世界主要海区。其中中国沿海军用、民用、外轮用航海图2 200多种,国外海区1 400多种,专用图700多种,满足了国内的需要,并已向国外出口。据统计现已有15种供外轮使用的中国沿海航海图,远销66个国家和地区。 (汪兆椿)

表3 1986~1989年间出版的重点和优秀海洋图书一览表

书名	编著者	出版社	出版时间
中华民国海军史料	杨志本主编	海洋出版社	1986
中国海洋蟹类	戴爱云、杨思谅等	海洋出版社	1986
中国海平面变化	国际地质对比计划第200号项目中国工作组	海洋出版社	1986
地学基本数据手册	张家诚主编	海洋出版社	1986
水下焊接与切割技术	续守诚等	海洋出版社	1986
法汉水声学词汇	汪德昭主编	海洋出版社	1986
海水化学要素调查手册	韩舞鹰等	海洋出版社	1986
国际海洋法	刘楠来等	海洋出版社	1986
潮汐和潮流的分析和预报	方国洪、郑文振等	海洋出版社	1986
海水化学	大连水产学院	农业出版社	1986
海洋学	杨殿荣等	高等教育出版社	1986
海洋开发中的定位与测量技术	邱醒亚等	国防工业出版社	1986
东海石油地质图集	地矿部海洋地质综合研究大队	地质出版社	1986
中国大百科全书·大气科学·海洋科学·水文科学	曾呈奎等	大百科全书出版社	1987
太平洋海空战	王书君	海洋出版社	1987
海底油气管道工程	马 良	海洋出版社	1987
雷达探测大气和海洋	葛文忠等	海洋出版社	1987
海岸工程中的海浪推算方法	丰鉴章等	海洋出版社	1987
海洋防污与防腐蚀	邓舜扬	海洋出版社	1987

续表 1

书 名	编 著 者	出 版 社	出版时间
中国水产资源开发利用的经济问题	中国水产科学研究院	海洋出版社	1987
海洋化学手册	陈德昌等	海洋出版社	1987
远洋渔业	沈汉祥等	海洋出版社	1987
虾类的疾病与防治	卞伯仲等	海洋出版社	1987
二百海里渔业管理及政策文集	中国水产科学研究院	海洋出版社	1987
黑潮调查研究论文集	国家海洋局一所等	海洋出版社	1987
泉州海宋代海船发掘与研究	福建省泉州海外交通史博物馆	海洋出版社	1987
海产鱼类养殖与增殖	徐恭绍等	山东科学技术出版社	1987
海上保险学	李松操	辽宁大学出版社	1987
筹海图编浅说	范中义	解放军出版社	1987
国际海事法	韩传华等	鹭江出版社	1987
渔船海损事故案例及预防措施	周祖逵	人民交通出版社	1987
国际海洋法	周忠海	中国政法大学出版社	1987
中国近海放射性水平	李树庆等	海洋出版社	1987
曾母暗沙—中国南疆综合调查研究报告	中科院南海所	科学出版社	1987
南海地质地球物理图集	地矿部第二海洋地质调查大队、海洋地质所	广东地图出版社	1987
东海地质	秦蕴珊等	科学出版社	1987
中国海洋年鉴(1986)	杨文鹤主编	海洋出版社	1988
东海底质中的有孔虫和介形虫	汪品先、章纪军等	海洋出版社	1988
近海工程导论	陈宽主编	海洋出版社	1988
船舶及海洋工程结构的断裂与疲劳分析	郑学祥主编	海洋出版社	1988
大围缯网	连国胜	海洋出版社	1988
海洋开发机器与液压技术	廖谟圣	海洋出版社	1988
英汉海洋法和海洋事务词汇	虞源澄主编	海洋出版社	1988
日英汉海洋钻井及油矿词典	王兴阁主编	海洋出版社	1988
航海医学知识问答	腾敏灿主编	海洋出版社	1988
海带养殖	李如瑛等	农业出版社	1988
海洋开发技术辞典	徐德胜主编	上海交通大学出版社	1988
上海市海岸带和海涂资源综合调查报告	陈吉余主编	上海科学技术出版社	1988
海南经济发展战略	刘国光主编	经济管理出版社	1988
海商法	赵宏勋	对外贸易教育出版社	1988
浅海滩涂海产养殖致富指南	童合一主编	金盾出版社	1988
紫菜养殖	张佑基	农业出版社	1988
南海中部海域环境资源综合调查报告	国家海洋局	海洋出版社	1988
中国海洋环境手册	雷宗友主编	上海交通大学出版社	1988
论福建海洋开发	福建省科技协会	福建科学技术出版社	1988
2000年中国海洋资源开发研究	钮因义等	海洋出版社	1988

续表 2

书名	编著者	出版社	出版时间
冲绳海槽第四纪微体生物群及其地质意义	地矿部海洋地质综合研究大队、中国地质大学	地质出版社	1988
南海北部晚第四纪地质环境	地矿部第二海洋地质调查大队	广东科技出版社	1988
中国古代海洋学史	宋正海等	海洋出版社	1989
中国古代航海史	孙光圻	海洋出版社	1989
中外船舶配套设备手册	沈正恺主编	海洋出版社	1989
国际海域划界条约集	国家海洋局政策研究室	海洋出版社	1989
华侨华人史研究集(一)(二)	梁初明等	海洋出版社	1989
水环境保护功能区划分	夏　青	海洋出版社	1989
海洋工程设计基础	戚心源	海洋出版社	1989
英汉海事缩略语词汇	陈有悦	海洋出版社	1989
中国近海及沿海地区第四纪进程与事件	杨子庚等	海洋出版社	1989
近海钢质桩基平台	胡瑞华	海洋出版社	1989
海洋自生矿物	朱而勤	海洋出版社	1989
海盐工业分析	曾诚壁等	轻工业出版社	1989
万里海疆话古今	刘冰路等	辽宁人民出版社	1989
海洋物理化学	张正斌等	科学出版社	1989
海南岛自然地理	曾昭璇等	科学出版社	1989
南沙群岛及其邻近海区综合调查研究报告(一)	中科院南沙综合科学考察队	科学出版社	1989
南海地质与油气资源	金庆焕主编	地质出版社	1989
南海地质研究	地矿部广州海洋地质调查局	广州科学普及出版社	1989
潮汐表	国家海洋信息中心	海洋出版社	每年出版一套四册

【海洋科技期刊】 全国共出版与海洋有关科技期刊约50余种，主要有：

《海洋学报》中、英文版　双月刊(中)、季刊(英)

主办：中国海洋学会

主编：苏纪兰

出版：海洋出版社

《海洋与湖沼》中、英文版　双月刊(中)、季刊(英)

主办：中国海洋湖沼学会

主编：曾呈奎

出版：科学出版社

《海洋工程》　中、英文版　季刊

主办：上海交通大学、南京水利科学院

主编：杨尚荣

出版：海洋出版社

《热带海洋》　季刊

主办：中国科学院南海海洋研究所

主编：郑执中

出版：科学出版社

《水处理技术》中、英文版　双月刊(中)、季刊(英)

主办：国家海洋局杭州水处理中心

编委会主任：石松

出版：海洋出版社

《海洋科学》　双月刊

主办：中国科学院海洋研究所

主编：秦蕴珊

出版：科学出版社

《黄渤海海洋》　季刊

主办：国家海洋局第一海洋研究所

主编：陈则实

出版：海洋出版社

《东海海洋》　季刊

主办：国家海洋局第二海洋研究所

主编：余国辉

出版：海洋出版社

《台湾海峡》 季刊
主办:国家海洋局第三海洋研究所
主编:张金标
出版:海洋出版社

《海洋预报》 季刊
主办:国家海洋局海洋预报中心
主编:杜碧兰
出版:海洋出版社

《海洋通报》 季刊(1986～1988)、双月刊(1989)
主办:国家海洋局海洋科技情报研究所(1986～1988)
国家海洋信息中心、国家海洋局北海分局、国家海洋局东海分局、国家海洋局南海分局(1989)
主编:余宙文
出版:海洋出版社

《海洋信息》(原名《海洋译丛》) 双月刊(1986～1987)、半月刊(1988～1989)
主办:国家海洋局海洋科技情报研究所
出版:海洋出版社

《海洋文摘》 月刊
主办:国家海洋局海洋科技情报研究所
出版:海洋出版社

《海洋环境科学》 季刊
主办:国家海洋局海洋环境保护研究所
主编:潜琬英
出版:海洋出版社

《海洋湖沼通报》 季刊
主办:中国海洋湖沼学会山东、青岛分会
主编:王彬华

《南海研究与开发》 季刊
主办:广东省海洋学会
中国科学院南海海洋研究所

《海洋与海岸带开发》 季刊
主办:国家海洋局海洋发展战略研究所
中国海洋经济研究所
中国海岸带开发与管理研究会
主编:任美锷
出版:海洋出版社

《海洋世界》 月刊
主办:中国海洋学会
出版:海洋出版社

《南极研究》 季刊
主办:国家南极考察委员会
国家地震局地质研究所
主编:张 泰

《海洋地质与第四纪地质》 季刊
主办:地矿部海洋地质研究所
地矿部第四纪地质研究中心

《海洋地质译丛》 双月刊
主办:地矿部海洋地质调查局

《中国港口》 双月刊
主办:中国港口协会
主编:唐绍武

《造船技术》 月刊
主办:中国船舶工业总公司科技发展部
主编:方祖英

《中国造船》 季刊
主办:中国造船工程学会
主编:方文均

《舰船知识》 月刊
主办:中国造船工程学会
主编:杨 璞
出版:国际工业出版社

《船舶科学技术》 双月刊
主编:张延风

《船舶工程》 双月刊
主办:中国造船工程学会

《船舶导航》 双月刊
主办:中国船舶工业总公司七院707所

《现代舰船》 月刊
主编:马铁山

《船舶工业》 月刊
主编:费毓琦

《航海》 双月刊
主办:上海市航海学会
主编:周以恒

《航海技术》 双月刊
主编:周以恒

《中国水产》 月刊
主办:中国水产学会
主编:杨坚

《科学养鱼》 双月刊
主办:中国水产学会

《海洋渔业》 双月刊
主办:中国水产学会

《水产养殖》 双月刊
主办:江苏省水产学会
江苏省淡水水产研究所
江苏省海洋水产研究所

《海盐与化工》 季刊

主办：轻工业部制盐工业科学研究所

《中国海洋药物》 季刊

主办：中国药学会

山东省海洋药物科学研究所

【海洋科技影视片发展概况】 1986～1989年，中国的海洋事业有了较大的发展。海上航运、海洋捕捞、海水养殖、海洋石油开采、南极科学考察、海洋调查与研究等都取得了前所未有的成就。海洋开发的蓬勃兴起，吸引了大批电影、电视工作者"下海"。他们把镜头对准海洋，拍摄了大批反映海洋科学成就、技术进步的电影、电视片。中国首次南极考察获得成功之后，一大批反映中国南极科学考察、建站的影视作品出现了，填补了中国影视作品无南极科学考察内容的空白。

这一时期的影视作品，从内容上大体可以分为六大类：第一类，反映海水养殖技术、揭示海洋生物奥秘的科学教育片。其中最有代表性的有中国农业电影制片厂摄制的《蓝色的血液》、北京科学教育电影制片厂摄制的《海洋浮游生物》(上、下集)；第二类，反映中国对外合作进行海洋科学研究的影片。例如，由浙江电影制片厂摄制的《黑潮》，反映中日黑潮调查的成果，《热带海洋与全球大气》反映中美海洋科学家对热带海洋与大气相互作用的研究成果；第三类，反映了中国近年来海洋科学研究的主要成果。例如浙江电影制片厂摄制的《大洋锰结核》，介绍中国对大洋锰结核的研究，北京科学教育电影制片厂摄制的《江苏海岸带》，反映了中国连续多次进行全国海岸带调查的成果之一；第四类，反映中国南极科学工作者对南极考察和建站成果的作品。主要有：中央新闻电影制片厂摄制的《南极，我们来了》，上海科学教育电影制片厂摄制的《中国首次南极考察》、四川电视台摄制的中篇电视剧《长城向南延伸》；第五类，介绍中国海洋人文地理方面的科教片。主要有：中央电视台、国家海洋局、农业部、海军联合摄制的18集电视系列节目《万里海疆》、北京科学教育电影制片厂摄制的《海上丝绸之路》；第六类，反映中国海上石油开发成就的影视作品。主要是北京科学教育电影制片厂摄制的《渤海石油——勘探与开发》。

这一时期的影视作品数量多、质量高。据不完全统计，这一时期的电影作品约30部，电视录像作品30部50集以上。

（谭 征）

表4 海洋题材电影、电视片一览表

片名	摄制单位	摄制时间	编导	摄影	简介
万里海疆	中央电视台、国家海洋局、农业部、海军	1989	张建国 高峰 王桥英	张建国 杨德林 万健民	18集电视系列节目，以中国海洋人文地理为主要内容，观光风光片，中央电视台播出。
长城向南延伸	国家南极考察委员会 四川电视台	1989	编：金涛等 导：唐毓椿	张黎平	3集电视连续剧，生动真实地再现了建成中国南极长城站的史实。
南极科学考察纪实、中国首次南极考察简介	国家海洋局情报所	1985	王明洲	王明洲	电视录象片，介绍了中国首次南极科学考察、建立长城站的全部活动。
中国首次南极考察	上海科教电影制片厂	1985	编：高翔 张青松 导：王为光	高翔	中国电影工作者首次拍摄南极内容的大型科教片中的一部。获1985年度优秀影片奖。
南极，我们来了	中央新闻记录电影制片厂	1985	邵振堂	郝强国 邵振堂	大型新闻记录影片。获1985年优秀影片奖。
开拓者之歌	国家南极考察委员会办公室 中央电视台	1985	齐清云		电视录象片。歌颂了南极考察队员建长城站的事绩。
今日南极长城站	国家南极考察委员会、中央电视台、四川电视台	1987	周永年 白山杉 张杰尧	白山杉	电视录象片，再现了中国第三次南极考察队乘"极地"号赴南极考察活动。
中国首次环球科学考察记	国家海洋局情报所	1987	撰稿：谭征	编辑：张家新	科教录象片，介绍中国环球科学考察。1987年10月中央电视台播出。
新的使命	中央电视台	1988	庞一农 汪保国	庞一农 汪保国	7集电视系列片，记录了中国东南极考察队在南极大陆建中山站的全过程。
远征南极	国家海洋局情报所	1989	王金会	王金会	介绍了中国南极考察队建立中山站的活动。
走向世界之极	四川电视台	1989.9	唐毓椿	张黎平	电视记录片。建中山站的宝贵资料。获第四届电视文艺"星光奖"、《地方台50分钟》栏目一等奖。

续表 1

片　　名	摄制单位	摄制时间	编　导	摄　影	简　　介
南极冰山	上海科教电影制片厂	1989.3	高　翔	高　翔	科教片，介绍了南极冰雪资源的分布情况。
冰雪南极	上海科教电影制片厂	1989	高　翔	高　翔	旅游风光片，南极地理知识科教片，40周年国庆献礼片，参加了“89”上海国际科教电影节。
渤海油田	北京科教电影制片厂	1986	杨杰亭	王奎家 秘光明	渤海石油公司订制的5集科教片。
海洋石油——勘探与开发	北京科教电影制片厂	1986	杨杰亭	王奎家 秘光明	介绍了海底油田从勘探到开发生产的全过程和有关科学知识。
文昌鱼	中国农业电影制片厂	1986	吴元辉	肖文然	面向中学生的海洋鱼类科普教学片。
海洋浮游生物	北京科教电影制片厂	1987	李昭栋	廖启康	科普片，详尽地介绍了海洋浮游生物。
海　胆	北京科教电影制片厂	1987	王文彬	姚大禹	科普片，介绍了海胆的生活习性、繁殖特点及其用途。
扇贝人工养殖	北京科教电影制片厂	1988	王文彬	袁明福	科普片，从三个方面介绍了扇贝的人工养殖。
潮汐发电	北京科教电影制片厂	1987	莫　骄	王奎家	科普片，介绍了潮汐发电的原理及其特点。
黑　潮	浙江电影制片厂	1988	何浦生	徐　荣	科普片，介绍了黑潮的发育成因、流经路线、黑潮对世界气候特别是亚洲气候的影响。
海洋资料浮标	国家海洋局宣传处	1989	撰稿：魏星	吴金友 任建一	介绍了海洋资料浮标的主要技术性能和用途。中央电视台播出。
热带海洋与全球大气	浙江电影制片厂	1989	何浦生	陈　波	科教片，揭示了地球上异常气候变化的原因。
大洋锰结核	浙江电影制片厂	1987	何浦生	徐　荣	中国第一部反映海底矿产资源的纪实性科教记录片。
蔚蓝色的旋律	国家海洋局宣传处	1989	撰稿：魏星	吴金友 任建一	概括介绍了政府职能部门国家海洋局的主要工作。
前进中的中国海洋事业	国家海洋局宣传处	1989	撰稿：魏星，编：任建一		概括介绍中国海洋事业所取得的成就。
夏威夷——阿洛哈	国家海洋局情报所	1986	撰稿：谭征	王金会	地理风光旅游电视录像片。在天津、上海、杭州、广州等省市电视台播出。
美国旅游胜地——檀香山	浙江电影制片厂	1987	何浦生	徐　荣	旅游风光片。
密克罗尼西亚群岛掠影	浙江电影制片厂	1989	何浦生	陈　波	人文地理风光片。
海上“丝绸之路”	北京科教电影制片厂	1985	杨恩璞	杨恩璞 张宝义 张文田	科教片，记叙了考古见闻和中国古代航海成就。
海上气胀救生筏	北京科教电影制片厂	1985	刘克礼	忻迎一	海上安全教育片，介绍气胀救生筏的使用方法。
人工鱼礁	中国农业电影制片厂	1985	钱金祥	蔡　田	科教片，介绍了人工鱼礁的制作方法。
江苏海岸带	北京科教电影制片厂	1984	吴纯一	王　瑾 刘纪钦	科教片，介绍了有关江苏省海岸带地理、地貌特征等科学常识。
金色的浙江海岸带	浙江电影制片厂	1984	何浦生	徐　荣	科教片，介绍了浙江海岸带基本情况。
海产品与嗜盐菌	北京科教电影制片厂	1984	吴惠君	杨海庚	科普片，介绍海产品与嗜盐菌的关系、嗜盐菌对人体的危害及预防嗜盐菌中毒的方法。
马面鱼是个宝	中国农业电影制片厂	1984	赵树芳	赵树芳	科教片，介绍马面鱼的捕捞技术和综合利用技术。
藻贝间养	中国农业电影制片厂	1984	赵树芳	赵树芳	科教片，介绍了海藻、贝类的生活习性、藻贝间养技术。
海　蜇	中国农业电影制片厂	1983	丁　锋	刘　放	科教片，介绍了海蜇生活史、养殖技术。
蓝色的血液	中国农业电影制片厂	1980	杨友声	周振声	科教片，介绍了活化石——鲎对人类的贡献。1982年获第12届西柏林国际农业电影节金奖，1984年获贝尔格莱德国际科技电影节荣誉奖。
对虾养殖	中国农业电影制片厂	1979	李寿彭	张俊金	科教片，介绍了对虾生活习性及人工饲养方法，该片对普及对虾养殖技术起过作用。

南 极 篇

·专文·

中国十年南极考察成就卓著

郭 琨
（国家南极考察委员会办公室）

自1980年初中国首次派董兆乾、张青松赴澳大利亚南极凯西站考察以来，在党中央、国务院的亲切关怀和领导下，在国务院各部、委、局、中国人民解放军和全国人民的大力支持下，经过全体考察队员的艰苦奋斗、顽强拼搏，中国的南极考察工作取得了卓著的成就。

胜利建成中国南极长城站和中山站

1984年11月20日，经国务院批准，中国首次组织南极考察队赴南极洲建站和科学考察。1985年2月20日，中国在南极洲乔治王岛上胜利建成了第一个南极考察基地——中国南极长城站，并由夏季站升为常年站，有8名队员越冬考察。当年建站，当年越冬，这在世界南极考察史上实属罕见。南极长城站的建成，填补了中国一些科学领域的空白，使中国南极事业进入了一个新的阶段，充分显示了中国经济、工业、科学技术、航海和后勤保证等方面的实力，在国内外引起了重大反响。现在，长城站已初具规模，在科学考察条件、通讯手段、生活设施和环境保护等方面都较为完善，已成为中国开展多学科考察研究、国际合作的一个良好基地，并已连续三年接待两名日本科学家进行度夏生物合作考察。

1988年11月20日，经国务院批准，中国又首次派出东南极考察队赴东南极大陆建立中山站和进行科学考察。考察队克服重重困难，战胜了特大冰崩的威胁，经过一个月的艰苦奋斗，于1989年2月26日胜利建成了中山站，并留下20名队员越冬考察。中山站位于南极圈内，是开展具有南极特点的多学科考察的良好基地，也是中国深入南极大陆腹地直至南极点进行科学考察的中心基地。中山站的建成，标志着中国南极考察的一个新的起点。

科学考察研究获得重要成果

几年来，中国在长城站、中山站开展了多学科考察，两站的常年观测项目有气象、电离层、高空大气物理、地磁和地震等。两站的气象站均被世界气象组织纳入为世界气象观测网。

在南极的夏季开展了地质、地貌、冰川、生物、固体潮、环境、地球物理等学科的考察研究，都获得了宝贵的第一手资料。北京与长城站间的无线电短波通讯是目前中国最远的一条线路，经过几年的努力探索、试验，获得了良好的效果。对南大洋，共进行了4次以生物资源为重点的海洋环境综合调查，突出了磷虾资源考察研究，并进行了试捕。第三次南极考察队“极地”号船进行环球航行科学考察，获得了比较完整的太平洋、大西洋和印度洋的水文、化学、物理和重力等资料，这在中国航海史和海洋科学考察史上都是第一次。中国科学家撰写了数百篇论文，出版了《南极科学考察论文集》6集和科学专著数本。约10项成果获得国家和部级奖励。1989年5月，在杭州首次召开了“国际南极研究学术讨论会”，检阅和交流了中国南极科学考察研究成果。

在南极国际事务中取得了发言权、决策权，维护了中国的合法权益

为和平利用南极，维护中国对南极的合法权益，1983年5月五届人大常委会通过了中国加入《南极条约》的决定。同年6月中国正式成为条约成员国。当时，因中国在南极没有建立考察站，故只能是条约缔约国而不是协商国，在南极国际事务中只能承担条约的义务而没有发言权和决策权。长城站建成后，1985年10月中国被接纳为《南极条约》协商国。从此，中国在南极国际事务中有了发言权和决策权。1986年6月，中国又加入了国际科学联盟理事会下属的南极研究科学委员会(SCAR)。

中国成为南极条约协商国，受到广大国家的欢迎并给予了高度评价，特别是广大发展中国家由于条件限制，至今还处在《南极条约》之外，他们希望中国发挥作用和影响，在重大问题上主持公道，伸张正义，反对少数国家垄断南极事务，维护各国在南极洲的共同利益。

建立训练基地，装备专用南极船，建成中国极地研究所

经国家计委批准，于1986年初在黑龙江省亚布力滑雪场建立了南极训练基地。已有六期考察队员在该

训练基地进行了赴南极前的环境适应、冰雪行走、抢险救生、滑雪和一些机械装备的使用等全面的训练。通过实践检验，训练取得了良好效果。

1985年10月，经国务院批准，中国从芬兰购买了一艘旧极地运输船，经改装为中国南极运输和科学考察船，命名为“极地”号。自1986年10月首航南极并环球航行考察以来，已四次赴南极承担运输和大洋考察任务，安全航行10万多海里，为中国南极考察事业的发展做出了重要贡献。

为了深入进行南极考察研究，经国家科委、国家计委批准，1985年在上海组建中国极地研究所，第一期工程将于1990年全面竣工，并开始考察研究工作。中国极地研究所是中国开展南、北极考察研究和情报资料的中心，是开放性研究所。

培养锻炼了一批南极考察骨干队伍

到1989年，中国独立组织了6次南极考察队赴南极考察，队员共1 200多人次，其中科学家约有400多人次；派往外国南极站和船进行合作考察的科学家50多人次。全体考察队员怀着“振兴中华，为国争光”的雄心壮志，以坚韧不拔的决心和毅力克服重重困难，出色地完成了建站和科学考察任务。通过在极其艰苦、困难的条件下进行的历次南极考察，培养锻炼了一批特别能战斗的南极考察骨干队伍。

广泛开展了国际交往与友好合作

中国南极考察工作所取得的成就，引起了国际上的高度重视。许多国家表示愿同中国进行交往与合作。中国先后同澳大利亚、新西兰、智利、阿根廷、日本、英国、德国、法国、美国和苏联等国家的南极机构进行了广泛的交往和合作。同阿根廷政府签定了中阿两国南极合作协定；同智利、苏联签订了南极合作备忘录，同乌拉圭签订了中乌南极合作议定书。还参加了由中国、苏联、美国、日本、英国、法国等六国6名队员组成的国际横穿南极大陆探险队。

长城站、中山站与周围其他国家南极站的交往、合作更为密切，特别是紧急情况下相互之间的援助，更显示出各国人民、科学家的诚挚的友谊。两站既是中国科学考察的基地，也是中国对外交流的窗口，每当南极夏季期间，两站接待参观访问和旅游者约700人，他们当中有各国政府官员、科学家、高级将领和一般游客。仅1988～1989年度，到长城站的就有智利、巴西总统，智利政府内阁成员，阿根廷、苏联、乌拉圭等国的高级官员，以及世界各地的旅游者共500多人。他们对中国站的多学科考察、注意环境保护给予很高的评价。出席第11届南极条约特别协商会议的一些国家的代表团团长参观长城站后，对站区环境卫生和环境保护设施赞口不绝。美国国家科学基金会官员在留言簿上写道：“了不起的人民，了不起的站”。香港、台湾同胞和海外侨胞到两个站后，为祖国的南极事业取得的成就感到无比自豪和骄傲。

为实现南极“八五”计划而努力奋斗

随着南极考察的深入和发展，人们越来越认识到南极洲在全球变化研究中的重要地位和作用，如气候异常、臭氧洞的出现等。为此制定了中国南极工作十年规划和“八五”计划，提出了今后南极考察的方向和目标。中国南极工作今后十年任务将以科学考察研究为中心，“八五”期间，将集中力量，争取在有关学科的考察研究方面取得突破性进展，达到国际水平，为中国科技发展服务，并藉以不断增强中国在南极国际事务中的影响力和决策力，维护中国的权益。同时，中国将继续广泛进行国际合作，积极参加南极国际考察研究项目。在“八五”期间，中国拟组织以中山站为基地、向南极大陆腹地直到南极点的多学科考察活动。

中国的南极考察工作虽然取得了卓著的成就，但与一些南极条约协商国相比，还存在不少差距。特别是当今一些国家南极考察研究工作已由单一学科走向多学科的综合考察研究，从某一局部区域走向大范围的考察研究，把南极的考察研究与全球变化研究紧密地结合起来，与此同时，围绕南极问题的斗争也越来越尖锐复杂，使中国面临着许多新的挑战和考验。

今后，中国将继续继承和发扬“理想、纪律、拼搏、团结、求实”的南极精神，努力实现“八五”计划，为中国现代化建设服务，为人类和平利用南极做出中华民族的新贡献。

【南极的科学价值】 南极洲是地球上唯一的天然实验室、科学研究的“圣地”。随着南极科学考察研究的不断深入和发展，人们越来越深刻认识到南极的独特性及其在地球变化研究中极其重要的地位和作用。

1. 大陆冰盖　南极大陆冰盖总体约2 400万km^3，覆盖着南极大陆面积的95%。通过对冰盖、冰川的考察研究，特别是通过钻取冰芯，可以获得2千年甚至10万年以来的古气候和古环境资料，这对地球历史演变的研究有着重要的理论价值。另外，在研究全球大气循环过程和机制中，南极大陆冰盖及其周围的海冰起着关键作用。因此,要了解全球气候变化、准确作出长期天气预报,必须对这些冰盖、海冰与大气的相互作用进行深入的考察研究。

2. *南极大陆* “大陆漂移学说”认为,很久以前,现在的澳大利亚、印度、非洲和南美洲等南方大陆与南极洲紧密相连,组成了被称为冈瓦纳的超级大陆。通过地质考察和对岩石古地磁学的研究及对南极大陆瓣甲类化石资料的研究,支持该学说的证据越来越多。另外,通过在南极大陆发现煤、羊齿类和树干等化石的事实,足可以推测南极大陆在1亿年前生长有茂密的森林,这对大陆漂移学说也是一有力的证据。因此,南极大陆对了解地球演变过程占有重要地位。

南极大陆无人为干扰,处在磁极附近,最适合磁暴、极光、电离层扰动等各种高层物理现象的观测。同时,与世隔绝的南极大陆也是进行病毒、免疫学、细菌学和心理学研究的理想场所。

3. *南极周围的海洋* 如同南极大陆上空的大气对全球气候起着重要的支配作用一样,南极周围的海洋对世界大洋也起着重要的作用。因此,南极周围的海洋被列为世界大洋环流计划的重点调查研究海域。此外,南极周围的海洋缊藏着丰富的海洋生物资源,要合理开发利用并维持南极海洋生态系统平衡,必须进行大量的海洋科学调查与研究,以便为开发生物资源提供科学依据和理论基础。

【南极的资源】 南极地区蕴藏着丰富的自然资源、生物资源、矿产资源、石油和天然气资源。

1. *自然资源* 南极大陆的冰盖是最大的淡水资源,它拥有地球上90%的冰、72%的淡水。冰盖移动入海每年形成约1000km^{3}的冰山,对一些严重缺水的国家来说,这些冰山将成为其廉价的淡水资源。

2. *生物资源* 南极海洋生物资源极为丰富,尤其是磷虾资源引起了各国的关注。国际南极研究科学委员会(SCAR)组织的国际南极海洋系统和储量的生物调查(BIOMASS)结果表明,南极磷虾储量约为10亿t,分布在大约2 000万km^{2}的海域,,平均富集度约为30t/km^2,最大可达200～400t/km^2。南极磷虾是人类的一个重要的蛋白来源,每年捕捞约1亿t不至于影响南大洋生态系的平衡。

此外,鲸和海豹资源数量,现在正在恢复;鱼类资源日益受到人们的重视,每年可捕获约60万t。

3. *矿产资源* 南极大陆由于其面积的95%被巨厚的冰盖所覆盖,人们对其矿产资源了解甚少。

煤 南极横断山脉中,绝大部分有二迭纪前的煤。这种煤一般厚度薄、延续性差、含灰和水分较高。而质量较高的迭纪煤,位于查尔斯王子山脉的比费湖区。

铁 从恩德比地到威尔克斯地发现条带状含铁矿岩层构造,其中麦克·罗马逊地、查尔斯王子山脉发现南极最大的含铁构造。在查尔斯王子山脉的鲁克山,厚达70m的条带状含铁构造在冰盖下延伸数十公里。

铜 在南极半岛上发现了一些小型铜矿点,其中大都属中央安第斯山典型斑岩铜矿类型。在内陆的彭萨科拉山脉,发现有规模较大、层状杜费克基性侵入杂岩体的露头。航磁和无线电反射探测资料表明,杜费克侵入体厚约7km,面积可达5万km^2。

此外,在南极半岛斑岩铜矿型岩石中共生有微量辉钼矿,东南极前寒武纪地质岩石中也有少量辉钼矿;彭萨科拉山脉的杜费克侵入岩中有微量铂的痕迹并与铬、镍、钴共生;维多利亚地和阿德利地海岸带含硫化物的石英脉中,有金和银的痕迹;在东莫德皇后地的吕佐夫—霍姆湾发现有以副矿物出现的铌铁非金属矿物,如金云母、绿柱石和石墨等。

4. *石油和天然气资源* 南极大陆架中有一部分基本未变质、未变形的沉积层,其年代多半属白垩纪到第三纪,厚度可达3 000m,富有石油和天然气潜力。南极大陆周围至少有7个较大的沉积盆地,其中罗斯海盆地、威德尔海盆地沉积厚度为3 000～4 000m,很可能储藏有重要的油气资源;普里兹湾盆地沉积厚度达10 000m,被认为是主要的烃类化合物勘探区。此外,别林斯高晋海和阿蒙森海陆架区及南极半岛两边的陆架区可能有大量侏罗纪和新生代的沉积物,这是烃类化合物的可能来源。 (胡领太)

【国家南极考察委员会】 1981年5月11日,国务院批准成立国家南极考察委员会,是中国南极考察工作的组织领导机构,隶属国务院领导。国家南极考察委员会是由国务院有关部、委、局和军队系统有关部门的领导所组成。

国家南极考察委员会成员已进行了两次调整。现任主任武衡,副主任由国家海洋局局长严宏谟、中国科学院副院长孙鸿烈、国家自然科学基金会副主任胡兆森、国家海洋局副局长葛有信、外交部副部长刘华秋、海军副司令员张序三等担任。其他12名委员分别由财政部、国家教委、地矿部、机电部、国家气象局、总参谋部、国家计委、农业部、国家科委、国家测绘局、卫生部、国防科工委的领导担任。

国家南极考察委员会的职能是:

1. 统一领导和组织中国南极科学考察研究工作和处理国内外有关事项,组织拟订中国南极工作的方针政策,研究中国南极考察工作中的重大问题,向国务院提出建议;

2. 制订中国南极考察工作规划、计划;

3.负责建立和管理中国南极考察站和国内南极考察设施和设备；

4.负责组织中国同各国南极考察的交流，参加国际南极组织和国际南极合作活动；

5.负责对国内各部门南极研究机构的协调和业务指导；

6.负责向国家申请南极考察、研究工作所需经费。

【国家南极考察委员会办公室】 该办公室系国家南极考察委员会的常设办事机构，执行司、局级权限，由国家海洋局代管。负责组织管理、统筹协调和实施中国南极考察的日常工作。其编制机构：主任一名、副主任两名、总工程师一名，下设计划财务处、科技处、条件保证处、外事处和秘书处。

【中国南极研究学术委员会】 该委员会系国家南极考察委员会的学术咨询机构，成立于1986年5月17日，主任由中国科学院副院长、研究员孙鸿烈兼任，副主任由国家海洋局原局长罗钰如、中国科学院科技政策局研究员张焘、地质矿产部副总工程师、研究员李廷栋、国家气象局气象科学研究院院长、研究员周秀骥兼任，正、副秘书长分别由张焘和国家南极考察委员会办公室副主任高钦泉兼任。其他39名委员分别是中国科学院、国家海洋局系统的研究所、国家气象局气象科学研究院、中国医学科学院基础医学研究所、中国极地研究所、国家自然科学基金委员会、国家地震局地球物理研究所、机械电子工业部22所、北京大学、北京师范大学、兰州大学、青岛海洋大学和武汉测绘科技大学的研究员、副研究员、高级工程师或教授、副教授。

中国南极研究学术委员会的主任、副主任、正副秘书长和全体委员，均由国家南极考察委员会主任聘任，任期三年。

中国南极研究学术委员会下设五个学科组：地质和地球物理学、大气与空间科学、生物与医学、冰川地理与测绘学以及海洋学组。该委员会的主要任务如下：

1.拟定中国南极科学考察研究方向、任务、规划和科技政策，向国家南极考察委员会提出建议；

2.提出南极科学考察长远规划和年度计划的建议；

3.评审中国南极科学考察项目及研究成果；

4.组织国内外学术交流，举办学术会议；

5.讨论研究国家南极考察委员会委托的其他问题。　　（南极委办公室）

【中国极地研究所】 为适应中国南极科学考察事业发展的需要，国家科委和国家计委于1984年5月31日批准组建中国极地研究所。1989年10月10日，中国极地研究所在上海正式成立。它是国家南极考察委员会直属的唯一科研机构，是中国极地考察研究的中心。其主要科研方向是开展富有南极特色、有重大科学价值的重点学科、极地资源和能源的考察研究，其主要职能如下：

1.拟订南极科学考察长远规划和年度计划，并负责组织协调和实施；

2.进行具有南极特点的重点学科的考察研究；

3.建立中国极地情报资料中心，收藏、保管、归档和分析研究极地情报资料，为制订中国南极考察长远规划和政策提供咨询服务，编辑出版极地科学研究成果、文集和刊物；

4.进行国际学术交流和合作考察；

5.负责南极考察装备、仪器的研制、试验和储运。

中国极地研究所的编制计划150名，设所长一名、副所长两名、总工程师一名，下设8个处室：所办公室、计划科技处、条件保证处、极地低温生态研究室、极地冰川研究室、极地综合学科研究室、极地工程与技术研究室及极地档案与情报资料中心。实验室有超低温实验室、精密仪器实验室和电子计算机室。

（颜其德）

【中国其它南极研究机构】 全国有9个单位先后设立了10个南极研究专业室或组。

1.国家海洋局二所于1984年5月成立南极研究小组。主要任务是拟订南大洋科学考察计划、组织科研人员进行南极海洋生物、地质和地球物理、海洋水文气象等学科的考察与研究工作。

2.国家气象局气象科学研究院于1984年6月成立极地气象研究室。主要研究方向和任务是：开展南极地区天气气候特征和天气及冰情预报模式研究、南极地区冰雪—天气—海洋相互作用研究、南极地区大气环流和冷暖变化对中国天气可能产生影响的研究、南极地区长城站、中山站常规气象观测、天气预报和特殊项目的观测。

3.中国科学院地质研究所于1985年成立南极构造演化研究室。主要研究方向是：运用当代先进地质理论及分析手段探讨冈瓦纳古陆岩石圈的构成及演化、研究冈瓦纳古陆早期碰撞拼合及后期解体离散、陆间洋盆的扩张、消减和闭合历史、重建活动论古地理、沉积体系和变质带图式；研究岩石圈流变学分层结构、上下地幔的组成与时空变化，进而探讨地球岩石圈的早期形成机制；运用上述研究成果建立南极矿产资源、能源的形成模式，预测其分布规律。

4.地矿部中国地质科学院于1987年11日成立极地地质研究室。主要研究方向：南极地区矿产资源的调查、评价研究,开展极地基础地质及其岩石圈的组成、演化和动力学机制等方面的研究。

5. 中科院兰州冰川冻土研究所于1985年成立极地冰川研究室。主要研究方向:南极冰川物理学、动力学、冰岩芯、冰川气候学、冰—水—气相互作用、冰盖、冰架、海冰变化趋势及其对全球气候环境的影响以及冰山资源利用的可能性的研究。

6. 武汉测绘科技大学于1985年9月成立极地测绘研究室。主要研究方向:南极地球动力学研究、区域性地壳断层和板块运动监测及其动力机制研究;南极地表动态变化及卫星数字化影像地图和地形图成图研究;建立南极考察站区内的各种测绘基准;建立南极地图数据库。

7. 机械电子工业部22研究所于1984年成立电波传播研究组。主要研究方向:遥远区域短波传播模式及其机制、远距离短波传播规律、远距离通讯电路预测方法改善、充分发掘频率资源。

8. 机械电子工业部22研究所于1986年成立高空大气物理研究组。主要研究方向:高空大气物理现象观测、极地电离层结构与形态研究、高纬F层动力学研究、磁层与电离层耦合研究、高能粒子引起极光与极盖吸收研究、极地电离层不稳定性和不均匀性研究。

9. 北京大学地理系于1988年9月成立极地与高山地貌研究室。主要研究方向:风化、侵蚀、搬运和堆积过程的研究、了解气候、地貌与沉积的规律。

10. 中国科学院地球物理研究所于1987年3月成立极地地球物理研究室。主要研究方向:开展大气哨声、地磁脉动、地磁场的观测与研究,南极地区地球物理场特征、极地空间环境、南极大陆深部结构和地球动力学的研究。 (颜其德 胡领太)

【南极训练基地和队员训练】 为使南极考察队员适应南极恶劣的自然环境,以便圆满完成在南极洲的各项科学考察任务,中国建立了南极训练基地。队员在去南极洲之前,要在基地进行类极地的训练。

南极训练基地 1984年7月9日,国家计委批准国家南极考察委员会在黑龙江省尚志县青云滑雪场建设南极训练基地。一年后,建成总面积2 000多m^2的基地训练楼,并配有各种训练设施和器材,可供60名队员进行训练。基地编制10人(现配备6人),隶属于国家南极考察委员会,由黑龙江省体委代管。1986年3月,中国第三次南极考察队首次在这里进行了训练。之后,各次考察队均在此训练。

队员训练 考察队员的训练分为集体训练和部门训练。其中集体训练又分为冬季训练和夏季训练。

1. 集体训练 ①冬季训练。训练时间一般在每年的2～3月份。训练内容:了解南极自然地理概况、中国南极考察概况和本次考察队主要任务;滑雪、雪中登山、冰中脱险、宿营、挖雪沟雪洞、滑落停止和方向识别。通过训练,使队员掌握高山滑雪要领,掌握登山尤其是组结式登山技术,学会利用绳索迅速进行自救和互救的方法,掌握迅速用冰镐和准确的动作停止下滑的要领,学会雪地挖洞或挖沟进行避难的方法,掌握宿营地点选择、帐篷架设步骤和方法并学会用煤油打气炉进行野炊,学会使用地质罗盘仪识别方向等;②夏季训练。考察出发前集训,内容包括:组织纪律、外事、安全和防火教育,队员守则、南极条约体系、保护南极环境等有关规定的学习,检查各项准备工作的落实情况,解决存在的问题,协调实施方案。

2. 部门训练 ①机械部门。对南极站上各种机械、车辆、发电机组、污水处理系统等的使用操作、维修保养、排除故障等技术的训练;②通讯部门。各种通讯机器、天线、有关仪器的使用操作、维修保养、排除故障等技术的训练;③后勤部门。各种烹调技术的训练;④医疗部门。医疗器械特别是牙科器械等使用技术的训练;⑤建筑部门。建筑物的组装训练;⑥观测部门。观测仪器的试验、测试、使用、维修和排除故障的训练,气象部门还要在国内气象台站实习和跟班观测;⑦其它部门。航空、海上调查等部门均需进行技术训练,以适应南极地区作业。 (刘书燕)

【中国南极考察概况】 截止1989年12月,中国已组织了6次南极考察,赴南极考察总人数达1 178人次,其中,从事科学考察的研究人员306人次,占总人数的26%,从事后勤、建站及其他人员872人次,占总人数的74%。这些人当中,在南极越冬的有83人次,度夏的1 095人次(表1)。

【中国首次南极考察】 经国务院和中央军委批准,由国家南极考察委员会和国家海洋局组织领导的中国首次南极考察编队,赴南极建站和科学考察。编队由两船、两队组成——国家海洋局"向阳红10"号远洋综合考察船(115人),船长张志挺,政委周志祥,海军"J121"号打捞救生船(308人),船长丁德庆,政委袁昌文;南极洲考察队(54人),队长郭琨,南大洋考察队(74人),队长金庆明。全编队总共591人,分别来自全国的60多个单位。总指挥陈德鸿,副总指挥赵国臣、董万银。1984年11月20日,中国首次南极考察编队由上海国家海洋局东海分局码头启航,同年12月26日抵达南极洲南设得兰群岛乔治王岛的麦克斯韦尔湾。12月31日,南极考察队登上乔治王岛,并举行长城站奠基典礼,第一面五星红旗插上了南极洲。1985年2

表 1 中国历次考察队科学考察项目及人次统计

考察队 \ 人数 \ 项目		总人数	科考项目及人数						科考区域及人数		
			生物学和人体医学	地球科学	冰川冻土学	气象科学	高层大气物理学	海洋科学	合计	长城站	中山站	南大洋
一次队	度夏 1984.11～1985.4	591	1	8		16	4	75	104	18		86
	越冬 1985.4～1985.12	8		2		1			3	3		
二次队	度夏 1985.11～1986.3	42	2	9	1	3	3	2	20	20		
	越冬 1986.3～1986.12	10	1	1		2	2		6	6		
三次队	度夏 1986.11～1987.4	128	2	8	1	9	4	13	37	24		13
	越冬 1987.3～1987.12	15	1		1	2	3		7	7		
四次队	度夏 1987.11～1988.3	38	8	5	3	3	2		21	21		
	越冬 1988.3～1988.12	15	2	2	1	2	2		9	9		
五次队	度夏 1988.11～1989.4	157	7	13	3	10	8	1	42	27	15	
	越冬 1989.3～1989.12	34	3	2		5	3		13	6	7	
六次队	度夏 1989.11～	139	6	7	3	7	10	11	44	17	16	11
	越冬											
总计		11178	33	57	13	59	41	102	306	158	38	110

（南极委办公室）

月 20 日，中国南极长城站胜利建成，以国家南极考察委员会主任武衡为团长的代表团出席了长城站落成典礼，乔治王岛上的阿根廷、智利、巴西、苏联、波兰、乌拉圭等国的南极站站长、科学家和美国"公主"号考察船船长等出席了长城站落成典礼。

南极洲考察队、南大洋考察队完成了陆上和海上科学考察任务。于 4 月 10 日回到祖国。

1985 年 4 月 4 日～11 月 25 日，以颜其德为队长的 8 人越冬队首次在长城站越冬。 （郭琨）

【中国第二次南极考察】 1985 年 11 月 20 日～1986 年 3 月 29 日，国家南极考察委员会组织实施了中国第二次南极考察。考察队离京前，受到了中央书记处书记、国务院副总理李鹏、国务委员康世恩的接见。第二次考察队共 42 人，其中包括智利科学家 2 人、香港摄影师 1 人（李乐诗）和香港《文汇报》记者 1 人（阮纪宏）。队长高钦泉。二次队是乘飞机经美国、智利抵达长城站的。二次队建设了长城站通讯房并安装了卫星通讯设备。20 名科研人员进行了地质学、地貌、高空大气物理、地震、地磁脉动、生物学、气象学、海洋学、冰川学、天文学、大地测量和固体潮的考察或观测．获得了一批新的标本和数据。

1986 年 3 月 30 日～1987 年 1 月 2 日，以李振培为队长的 12 名越冬队员留在长城站越冬，进行了多学科的考察和观测。 （高钦泉）

【中国第三次南极考察】 1986 年 10 月 31 日～1987 年 5 月 17 日，中国第三次南极考察队（90 人）和"极地"号考察船（38 人）组成的考察队实施了中国第三次南极考察活动。总指挥钱志宏，副指挥郭琨、马荣典，考察队队长由郭琨兼任。1986 年 9 月 3 日,副总理李鹏、国务委员宋健在人民大会堂接见了第三次南极考察队队员并合影留念。三次队扩建和完善了长城站,新建了发电房、科研栋、医疗文体栋、气象栋、避难所、油库、气象观测场,架设了供水和排污管道,改善了通讯系统,安装了路灯、路标和方向标,加固了码头,建立了垃圾焚烧场。三次队的科学考察活动由陆上考察、南大洋考察和环球海洋考察三部分组成。①陆上科学考察。包括站上常规观测和野外考察。站上常规观测项目有:每天四次气象观测,接收传真天气图 220 张,编发气象报 315 份,发布天气预报 72 份;获得大气哨声磁带资料 20 余盘,地磁脉动磁带资料 5 盘;记录到 3 级以下地震 15 次、6 级以上地震 3 次;获得电离层探测资料胶卷 100m,甚低频锁相图 17 卷。野外考察项目包括:地质学:完成菲尔德斯半岛 1∶10 000 地质填图,采集了各类岩石标本 365 块,观测地质路线 14 条,地质观测点 171 个,钻取古地磁样 38 个、冰雪样 7 个,微古化石和孢粉分析样 4 个;环境方面:采集西湖湖底剖面样 3 组,原始土壤 50 袋,原状土壤 2 块,水样 14 个、气溶胶样品 5 组计 40 片、地衣苔藓标本 15 个、人发样品 40 份;冰川学:观测了纳尔逊冰盖上布设的 6 个测杆,新布设测杆 3 个,其中一处安装了自动数字采集仪;地球物理学:记录了 35d 的固体潮资料,完成了菲尔德斯海峡形变网和菲尔德斯半岛上 16 个点的重力测量;测绘学:完成了由 13 个点 29 条边组成的菲尔德斯海峡形变网的测边、三角高程测量,获得了 265 次卫星多普勒定位观测记录,实测了长城站区 5 个水准点、绘制了长城站区 1∶1 000 的平面图;生物学:采集长城站沿海鱼类 5 种 45 尾,取鱼类蛋白电泳样品 18 号、染色体样品 20 号,采集鸟卵标本 3 种 10 枚、棘皮动物样品 4 种 20 个、蝗螨 2 种、端足类 2 种。②南大洋考察。13 名海洋工作者在“极地”号船上完成了 28 个大面综合测站的 18 个项目的考察和采样,采集生物样 176 瓶、微生物分离菌种 129 株,化学分析数据 1 568 个,温盐深测量累计深度 23 000m,水色透明度数据 88 个,气溶胶 11 组计 88 片。鱼探仪开机 283 小时均未发现较大虾群,但采用夜间拖捕表层虾群法,试捕 15 网次,捕获磷虾累计 1 156kg,平均每网 73kg,最多的一网 303kg。③环球海洋科学考察。在“极地”号环球航行期间,海洋科学工作者进行四个专业 5 个项目的观测。获得了从青岛至长城站、长城站到青岛 27 222 n mile 距离的重力连续剖面资料,发射 XBT 探头 367 个,记录累计深度 183 500m,气溶胶采样 47 个,微生物采样 183 次,分离菌种 143 株,采集海洋浮游植物标本 120 瓶,在航海气象方面,每天 4 次定时观测,发布 3d 航线和锚地天气预报资料 147 份,获得观测资料 607 份,接收传真天气图 698 张,接收卫星云图 728 份。

第三次南极考察有 16 人在长城站越冬,队长钱嵩林。完成了冬季科学考察任务。

(高振生　胡领太)

【中国第四次南极考察】 1987 年 11 月 8 日～1988 年 3 月 19 日,中国组织实施了第四次南极考察活动。第四次南极考察队共 40 人,队长贾根整。考察队从北京乘飞机抵智利的彭塔阿雷纳斯市,然后换乘智利空军飞机到达长城站。四次队对新建的科研栋和医疗文体娱乐栋进行了内装修,并对站上的运输工具和发电机组进行了维修保养。此次南极考察的科学考察工作,包括 12 个学科 35 个课题。冰川学、地貌学和生物学是这次考察的重点学科。冰川考察以纳尔逊冰盖为对象,对其冰体运动、物质平衡、成冰作用、冰层温度等进行了综合调查研究。地貌学科组足迹遍布菲尔德斯半岛、阿德雷岛、无名岛和纳尔逊岛露岩区,布设了一批测点,确认该冰川的发育条件和演变过程,提出了该地区冰缘地貌过程的周期变化规律。通过观测和研究,推知该地区年上升率为 6mm。生物学组对菲尔德斯半岛潮间带及其附近浅海生态系的调查研究,取得生物样品 530 号,初步鉴定出 30 多种海藻、120 多种海洋动物。他们提出了南极潮间带及浅海的食物链以帽贝、黑背鸥、硅藻为中心的论点。经过对南极贝类、多毛类生殖发育及变态的研究,发现了适应南极环境卵胎生新现象。除重点学科外,新开展的古生物地层、人体生理学以及长城站的常规观测均较好地完成了预定任务。

1988 年 3 月 19 日～11 月 14 日,以秦大河为队长的 16 人越冬队在长城站越冬并进行冬季科学考察。

(贾根整)

【中国第五次南极考察】 中国第五次南极考察由中国首次东南极考察和长城站区考察两部分组成。

中国首次东南极考察　1988 年 11 月 20 日～1989 年 4 月 10 日,经国务院批准,国家南极考察委员会组织了中国首次东南极考察队赴东南极大陆建立中山站和科学考察。考察队由来自全国 30 个单位的 116 名人员组成,其中考察队员 76 名,“极地”号船员 40 名。总指挥陈德鸿,考察队队长郭琨,“极地”号船长魏文良。

建立中山站　首次东南极考察的主要任务是在东南极大陆建立考察基地——中国南极中山站。“极地”号 1988 年 12 月 23 日驶抵东南极的普里兹湾,1989 年 1 月 14 日到达离岸 400m 的冰海区时,遇到连续三次发生的巨大冰崩,1 月 21 日方脱离险境。1 月 26 日举行了中国南极中山站奠基仪式。2 月 26 日,建成中山站并举行了落成典礼。

科学考察　测绘学:完成建站施工放样测量,建立

了中山站区的测绘座标系统、高程系统，完成了站区 1∶2000 地形图的测绘、中山站建筑物沉降监测、陀螺经纬仪定向精度探讨等；地质学：进行了野外地质考察，测制了岩石地层剖面，系统地采集了岩石样品；环境学：从总体上认识了半岛地形地貌特征，观测并发现了大量古冰川活动和侵蚀作用痕迹，采集了不同环境景观单元中的大气、岩石、泥沙、湖水和积雪样品；生物学：观察了站区的海鸟、半岛的植被，发现淡水湖的水源来自融雪，不少湖泊中有淡水藻类植物，在海拔 83m 高湖泊中发现有淡水甲壳类动物存在；海洋学：共采集水样 295 个，获得了气温、水温、风及潮位数据 1 062 个，走航资料 3 300 个，测得中山湾附近海域盐度范围约 14～30，潮汐为不规则半日潮，最大潮差 1.56m，最小潮差 1.02m；气象学：除提供航行、卸货期间的气象服务外，还开展了影响中山站的气旋和下降风过程、云和天气的关系的研究。

1989 年 2 月 27 日开始，以高钦泉为队长的 20 人越冬队，首次在中山站越冬并进行冬季科学考察。

长城站考察 1988 年 11 月 12 日～1989 年 3 月 16 日，中国第五次南极考察队乘飞机赴长城站，考察队 41 人(其中越冬队 14 人)，队长刘书燕。

夏季考察 对站区房屋、设施和机械设备进行维修保养，完善实验室设备；此次科学考察项目共有 13 项 34 个课题。潮间带生态系是这次考察的重点，首次接待两名日本科学家进行生物考察。新增项目有：22 周太阳峰年综合观测、苔藓、企鹅与磷虾的关系等。

越冬考察 1989 年 3 月 16 日～1989 年 12 月 16 日，中国在长城站进行了第五次越冬考察。队长李果。常规观测项目包括地面气象、电离层、空间物理和地球物理等。除常规观测外，越冬队还进行了生物、冻土、地貌和人体生理等学科的考察。 (高振生)

【中国第六次南极考察】 1989 年 10 月 30 日开始，中国进行了第六次南极考察。中国第六次南极考察队共 139 人，领队万国铭；长城站考察队 39 人，站长张杰尧；中山站考察队 61 人，站长李振培；"极地"号考察船 39 人，船长魏文良。此次南极考察实施了"一船两站"的方案：即"极地"号由青岛赴长城站，把物资和考察队员送到长城站，然后，驶向中山站。

中山站第二期工程 新建高架式钢框架科研栋和文体仓库栋，并完成内装修；完成站区上下水工程并安装了 CW—60 型生化污水处理装置；安装了三台发电机、一台风冷机、总配电柜和控制室、余热利用系统；安装了由 5 个 50t 大油罐、油泵及进出油控制管路组成的储油供油体系；架设了发射、接收大型天线，安装了 JUE—45A 型卫星通讯系统和天线塔；完成了科学考察基础设施的安装与调试；完成了发电栋的部分内装修、上车平台和车库的地基工程。二期工程浇灌混凝土 123m^3，挖土量 300m^3。

中山站科学考察 除二期工程施工放样测量外，完成了中山站 1∶2 000 测图，进行了各种比例尺的航空摄影，面积约 35km^2；建立了二分量和三分量大气哨声、电离层、甚低频和短波通讯的探测系统；测绘了东西走向岩性构造剖面 8 条，绘制出米勒半岛地质草图，并对布洛克奈斯半岛进行了初步勘察；除常规气象观测外，还进行了近地面梯度风、辐射、大气化学和地温的分析研究；此外，还采集了湖水、冰、雪、土、企鹅粪便样品共 296 件。

长城站科学考察 长城站考察队进行了太阳活动对大气状态的影响、电离层、电波传播、哨声、地磁脉动、地磁场变化、浅海生态系、地貌与沉积、气象、人体生理和卫生学、冰川学的观测与研究，获得了大量资料和样品。同时，日本国立极地研究所的大山佳邦和北海道大学低温科学研究所的岛田公夫同中科院动物研究所的潘涔轩合作考察了乔治王岛、菲尔德斯半岛的陆上节肢动物并测定了部分种类的耐寒性，初步搞清了菲尔德斯半岛陆上节肢动物的种类、分布、群落结构特征及部分螨类的耐寒性。

南大洋考察 在普里兹湾及其邻近海域约 45 万 km^2 海区 4 条经向断面的 34 个测站上进行了磷虾、海洋水文、化学、生物学等 20 多个项目的观测，并进行了初步分析。认为大磷虾的资源量、分布和生殖过程年际变化较大；发现普里兹湾内外垂直结构有明显差异；发现大气中北半球的 CO_2 分压高于南半球；发现在水温低于 0℃的中山湾中有兰细菌存在。 (胡领太)

【长城站】 中国南极长城站建于 1985 年 2 月 20 日，座落于南设得兰群岛中最大的岛屿乔治王岛上。其座标为 62°12′59″S、58°57′52″W。距北京 17 501.949km，与北京的方位为 170°38′27″。海拔高程 10m。三面环山，前面有 2 000 多平方米的平坦地带。淡水充足，海滩平缓。距该岛上的智利、苏联和乌拉圭站很近，便于国际交流与合作。

经扩建与完善，长城站已初具规模。一号楼为站区的主楼，楼前水泥砖铺成的广场中央竖立着高 10m 的旗杆，五星红旗迎风招展。旗杆左侧为中国少年儿童纪念标；右侧为长城站建站纪念石，此石已被南极条约第十三届协商国会议列为南极第 52 号历史纪念物。二号楼可供 50 名队员居住。通讯房 50m^2，内装短波、卫通通讯设备。加上由四座 32m 高的铁塔组成的天线，可保证全天时与北京短波通讯联络，并可随时与世界各地进行电话、电传、传真业务联系。科研栋面积 159m^2，装备有8个实验室和各种仪器设备。医务文体娱乐楼面积164m²,设有医务室和健身活动器材,是队员文体活动的场所。发电栋是两层楼房,面积416m²,一楼内装75kW柴油发电机组2台,90kW柴油发电机组一台,二楼为被服、食品仓库和淋浴室,可保证全站用电,其余热可供全站生活和洗澡用水。车库面积178m²,可存站上主要车辆。油库占地面积1 060m²,由8个直径3m、长13.1m的钢质油罐组成,储油量500t。另外,还建有地磁与高空物理实验室(22m²)、高22m的天线塔、地磁物理绝对值观测室(14m²)、在纳尔逊冰盖下建有避难所(14m²),在站区西山上建有卫星多普勒观测室、4栋简易木板房、污水处理装置和废物焚烧炉。

长城站地区的科学考察,主要包括气象、地震、地磁、高空大气物理、测绘等常年观测,以及环境、地质、生物生态、人体医学、冰川、太阳22峰年的观测和研究。

【中山站】 中国南极中山站建于1989年2月26日,位于东南极大陆普里兹湾边的拉斯曼丘陵上。其座标为69°22′24″S、76°22′40″E。距北京12 553.160km,与北京方位为32°30′50″。站区三面环山一面向海,地势开阔。站前30m是水深20m的中山湾良港。站区最低气温一般不低于-50℃,风速不超过55m/s。淡水资源丰富,距具有重要科研价值的冰盖不到10km。离苏联的进步站和澳大利亚的劳基地不远,便于国际交流与合作。

中山站整体布局因地制宜,以方便供电、供水、科考为原则。房屋建筑采取三种类型:1.高架式集装箱体结构。如生活办公栋,由28个集装箱单元高架式组成,建筑面积450m²,抗风能力强,保温性能好。宿舍栋由22个集装箱单元组成,建筑面积327m²。科研栋由14个集装箱单元组成,配备有各种常规科研设备和仪器;2.高架式钢框架外围护结构。如发电栋为2层楼,外围护结构与主体结构分片成型,每片在国内预制好,现场采用单跨整体组装、整体吊起。发电栋装有3台115kW柴油发电机和1台30kW柴油发电机,可为站区连续提供用电和热水;3.轻型框架薄钢板围护落地结构。如车库,可防风雪,用于存放各种车辆。此外,由10个油罐组成的油库贮油能力为500t。

中山站的科学考察主要有测绘、气象观测以及环境本底值、环境演化、生物生态学、地质学、冰川学、高空大气物理、地磁、电离层、固体潮等考察与研究。

(高振生)

【“极地”号科学考察船】 “极地”号是国家南极考察委员会的极地科学考察船,由国家海洋局北海分局代为管理。该船原为冰区加强运输船,1971年建于芬兰劳马船厂,1985年9月4日被中国国家南极考察委员会买进。1986年3～9月,由上海沪东造船厂将该船改装,命名为“极地”号科学考察船,并取得了中国船舶检验局颁发的国际航行证书。该船主要使命有:1.向南极考察站运送物资、设备和生活用品;2.输送考察队员;3.补给考察站各种油料;4.搭载直升飞机,用以执行浮冰区引航、紧急救护和船站之间的运输任务;5.进行海洋调查;6.不赴南极考察时,作为干货船营运。

“极地”号船已三次赴南极执行任务。1986年10月31日～1987年5月15日,向长城站输送88名考察队员、2 000余吨扩、建站物资,首创中国环球航行和海洋多学科考察业绩;1988年11月20日～1989年4月10日,“极地”号二赴南极,首次到达东南极南极圈内的普里兹湾,将2 000余吨建站物资运上南极大陆,完成创建中山站的使命;1989年10月30日,“极地”号船实施“一船两站”方案,开辟了由长城站沿南纬62度、顺时针绕南极大陆驶往中山站的航线。

1.基本参数:船体总长152.4m;型宽20.0m;型深10.0m;满载吃水6.6m;满载排水量12 904t;净吨位2 628t;最大航速15.1kn;续航力20 000n mile;自持力>100d;抗风力12级。

2.主要动力设备:主机——B&W6K62EF型柴油机1台,功率6 104.65kW;主电机——560kW柴油发电机组2部;应急电机——90kW柴油发电机组1部。

3.主要调查设备:6 000m地质绞车2部;3 000m水文绞车1部。

4.通讯导航设备:JVB-35B型卫星通讯设备1套;JSS-210型组合电台1部;400W短波电台1部;4012型导航雷达1台;CAS型避碰雷达1套;AP型定位仪1台。

5.实验室与特种设备:水文室(12m²);重力仪室(12m²);化学室(12m²);气象预报室(12m²);气象报务室(12m²);飞机平台(约200m²);机库(约68m²);艏侧助推器1台;可供80人使用污水处理器1台;日产24～30t淡水制淡器1部;32人机动救生艇2只;50人机动全封闭救生艇4只;20人气胀式救生筏6只;11t×2双塔电动克令吊1台;8t×2双塔电动克令吊1台;8t×1单塔电动克令吊1台;15t液压克令吊1台;0.5t电动吊杆1只。

(万国才 逯松荣)

【南极科学考察与研究】 中国的南极科学考察与研究是从1980年1月首次派出董兆乾、张青松两位科学家赴澳大利亚南极凯西站进行科学考察而起步的。长城站和中山站建成后,开始了有组织、有计划的多学科综合考察与研究。主要学科包括:气象学、地质地貌学、冰川学、生物学、大地测量学、环境科学、地球物理学、高层大气物理学、人体生理和心理学和海洋学等。经过十年的努力,中国南极科学考察与研究取得了显著的成绩。采集了大量的标本样品,获得了大量的资料,撰写了近300篇论文和报告,出版了《南极科学考察论文集》1～6集,创办了《南极研究》等学术刊物,编著或译著南极各专业的书籍10余部,编绘各种图件10余幅。1989年5月,中国首次在杭州举行了国际南极学术讨论会。这次会议的召开,检验了中国十年来南极科学考察与研究的水平,找出了与国际水平的差距,促进了中国南极科学考察与研究的进一步发展。会后,出版了《国际南极研究讨论会论文集》(英文版)。

冰川学 1981年11月,国家南极考察委员会选派冰川学家谢自楚赴澳大利亚南极凯西站越冬进行冰川考察,这是中国南极冰川学研究的开始。到1988年6月,共有5名冰川学家在凯西站进行冰川研究,研究内容包括近表层雪/粒雪的雪层剖面;冰川近表层内的物理过程;冰芯的地层学和结晶学特征;同位素剖面的气候学;活动层的温度分布规律和冰雪的热学性质等。

从1985～1986年南极夏季起,中国冰川学家开始对长城站附近的纳尔逊冰帽进行物质平衡、雪层剖面研究、浅层冰芯(30m深度以内)的钻取和冰的结晶学、地层学特征分析、同位素等地球化学分析、冰面运动速度和冰厚度的测量、海冰和积雪季节变化的观测等。目前,野外作业基本结束,正在进行室内分析和资料处理。从1989年南极夏季起,又对乔治王岛上的柯林斯冰盖开展了1万年以来气候变化的研究,计划打钻取芯到冰川基岩。

1986年8月5～9日,中国南极研究学术委员会冰川地理测绘学科组在兰州召开了"中国第一届南极冰川学学术会议",会上宣读的18篇论文作为《南极科学考察论文集》之五予以发表,这是中国关于南极冰川学研究的第一批成果。

气象学 1985年和1989年,中国先后在南极长城站和中山站设立的气象台站得到世界气象组织(WMO)的承认,纳入世界天气监视网。长城站、中山站的国际区站号分别为"89058"和"89573"。两站每天定时进行地面气象观测,编制气象电报,分别通过智利费雷站和澳大利亚戴维斯站发送到世界气象中心。

在大气气候学研究方面,中国气象学家不仅翻译、编著了《南极南大洋天气气候研究译文集》、《南极的天气与气候》、《南半球气象学》、《国外南极气象科学考察研究》等气象科学专著,还从事了包括南极地区气候特征、南极地区的天气形势和环流特征、影响南极地区的极地气旋、南极地区气象要素的周期特征以及南极对全球大气环流和天气气候的影响在内的天气气候学研究,以及天气预报和应用气象学研究。

在大气物理和大气化学研究方面,中国气象专家在长城站和中山站上进行了辐射、近地面大气边界层、大气化学与大气本底环境和臭氧洞的观测与研究。

1986年9月,中国南极研究学术委员会大气与空间科学专业组在北京召开了"第一届南极大气科学学术讨论会",十几个单位的气象学者提交了29篇论文或报告。会后,作为《南极科学考察论文集》之四出版发行。

生物学 中国南极生物学研究,起初是在外国南极站上进行。自1981年11月～1986年3月,中国先后派出10名生物学家到南极澳大利亚的戴维斯站、新西兰的斯科特站和智利的马尔什基地进行生物学考察与研究。长城站建成后,中国生物学家在长城站区和南设得兰群岛地区主要进行潮间带生物、浮游生物、微生物、陆生生物和鸟类的考察与研究工作,获得了大量的科学资料和许多宝贵的生物标本。

中国南极生物研究目前尚处于动植物分类阶段,但也从事了部分生态系研究工作。中国生物学家先后报道了马尔什基地的18种藻类,戴维斯站区的9种藻类、26种海藻、82种冰藻,菲尔德斯潮间带的40种海藻;先后报道了戴维斯站区的15种多毛类,南设得兰群岛、比斯科群岛的8种多毛类,其中有4种尚属首次报道;先后报道了乔治王岛区的99种地衣;观察、发现乔治王岛附近有13种鸟类,菲尔德斯半岛有8种鸟类在当地产卵、孵化。此外,中国生物学家对南极生态学、包括菲尔德斯半岛潮间带群落系列演替、乔治王岛生态分布、陆地和海洋植物的生产力以及潮间带的食物链也进行了研究。

高层大气物理学 1983年9月～1987年11月,中国先后派出3名高层大气物理学家到南极的澳大利亚戴维斯站、凯西站和日本的昭和站进行过极光、哨声和电离层观测。1986年2月,长城站安装了电离层探测仪,中国大气物理学家开始在站上进行电离层现象的观测,并对观测资料作了初步的分析研究。与此同时,甚低频相位测试系统也在长城站投入使用,接收欧米伽导航系统的B·C·D·E·F和G台发射的10.2kHz和13.6kHz,以及GBR台发射的16kHz信号的相位日变化,以便研究南极区低电离层的变化、监视太阳耀斑爆发等太阳活动引起的电离层扰动。1988年1月,使用宇宙噪声接收仪,接收来自银河系的无线电信号,研究宇宙噪声信号的异常变化规律;1989年1月,开始用双频多普勒接收机接收NNSS卫星的双频(150MHz和400MHz)信标信号,研究电离层总电子含量及其变化,探索高纬和极区电离层的某些特征。

在哨声方面,主要研究了长城站哨声类型、发生率和色散特征,以及磁暴期间L=2—3壳层电子浓度的变化。在地磁脉动现象方面，研究了地磁脉动形态、PC1－2脉动事件、地磁太阳耀斑效应、磁暴与亚暴和长城站的地下电导率。

地质和地球物理学 从1985年1月～1989年，中国地质学家对乔治王岛的菲尔德斯半岛进行了一系列的地质调查，采集了1 000多块样本，开展了系统的岩石学、矿物学、痕量元素和同位素地球化学研究，从而建立了菲尔德斯半岛的火山地层序列，系统研究了火山岩相和火山构造及基底构造格局，测定出菲尔德斯半岛下部地层组的年龄为64.6±1～53±2Ma，上部地层组的年龄为52±1～43±2Ma。研究认为，菲尔德斯半岛第三纪的火山作用形成了一套亚碱性的火山岩，它具有从拉斑系列到钙碱性系列的双重特征，其形成机制与板块俯冲岛弧演化有密切关系。

在地球物理方面，在长城站主要进行了地磁、古地磁和重力研究。1987年2月，在长城站建立了地磁台，配备有各种地磁观测仪器。中国地球物理学家利用这些仪器记录的大量资料，对长城站区的地磁日变化和地球基本磁场特征进行了研究。对古地磁研究，通过对1981～1984年在南极采集的67块古地磁标本以及1985年以后在菲尔德斯半岛所采古地磁标本的测试，结合已有地质和古地磁资料，对比分析后认识到：侏罗纪以前，南极洲是冈瓦纳古陆的一部分；侏罗纪以后，南极洲从冈瓦纳古陆分离出来，以2cm/a的速度向南漂移。对重力研究，中国科学家从1985年开始以长城站为基地，进行极区重力观测研究，完成了长城站重力基准点国际联测，建立了极地重力形变网，用重力测量结果计算了长城站地区大地水准面差距、垂线偏差分量和空间重力异常值。

测绘学 中国测绘工作者在长城站和中山站上进行了卫星定位观测、天文测量、陀螺定向、激光测距、水准测量、航空摄影、重力测量和近景摄影测量等，从建立座标系统和高程系统开始，直到地图的测定、工程施工放样和地壳动态变化监测研究等，为中国在南极开展更大范围的测绘学研究和国际合作打下了基础。

在建立南极测绘基准方面，采用卫星多普勒定位技术，用MX1502卫星接收机观测子午仪卫星，确定出长城站地心座标和中山站地心座标。根据验潮站的昼夜观测，建立了长城站和中山站的永久性水准原点。

南极地图成图方法有：在大面积冰雪覆盖区，采用航天遥感技术制作卫星影象地图；在夏天露岩区利用航空摄影测量或白纸测图法测定大、中比例尺地图。已完成的地图包括：1∶2 000的长城站地形图；1∶10 000的长城站区地形图；1∶10 000的菲尔德斯半岛航测地图；1∶2 000的中山站区地形图。

用长距离大地测量主题反解，得到长城站和中山站到北京的大地线长度。

海洋科学 中国对南极海洋（或南大洋）的科学考察与研究，是在与友好国家合作的基础上开始的。在中国首次南极考察期间，专门组织的南大洋考察队首次完成了以南设得兰群岛周围海域和别林斯高晋海东北部海区为重点的综合海洋调查。尔后，在第三次南极考察、第五次南极考察和第六次南极考察期间，相继开展了南大洋综合考察，尤其是第三次南极考察期间，中国进行了首次环球海洋科学考察。

在物理海洋学方面，对普里兹湾海区的水团、环流，对威尔克斯地近海水文结构、水团、环流进行了分析研究；对南设得兰群岛附近海域的水团、水平环流进行了详细深入的研究。

在化学海洋学方面，分析研究了普里兹湾的海水化学特征及表层沉积中的痕量金属分布；对南极半岛西北部海区的溶解氧、营养盐、痕量金属、有机氯农药、可溶有机化合物、不溶有机化合物、海洋气溶胶进行了全面的分析研究。

在海洋生物学方面，以考察和研究南极磷虾为重点，同时开展了其它海洋生物的调查研究，主要包括海洋浮游植物、浮游动物、微生物、底栖生物和海鸟等。

在海洋地质和地球物理学方面，从事了海底地形地貌、海洋沉积物、重力异常场、地磁场、构造分区、地质演化和矿产资源远景评价等内容的调查研究。

海洋科学研究的主要成果包括：中国第一届南大洋考察学术讨论会论文集、南大洋考察报告等。

（杨志华）

【南极洲的法律地位】 国际南极合作考察的前提，是要了解南极洲的法律地位。南极洲目前是世界上唯一不属于任何国家的洲，在历史上曾有七个国家先后对它的某些部分提出过领土主权要求，但没有得到国际社会的公认。

1908年英国第一个宣布对20°～50°W，50°S以南和50°～80′W，58°S以南包括福克兰群岛和南极半岛在内的扇形地块及水域拥有主权。

1923年英国以斯科特、罗斯等早期探险家最先发现并对别国颁发捕鲸执照所实行的管理为依据，对160°E～150°W，60°S以南的扇形区提出领土要求，并委托新西兰总督管理，这就是新西兰所要求的那块大陆。

1933年英国代表澳大利亚对60°S以南，45°～136°E、142°～160°E相当于南极大陆2/5的陆地和水域提出了领土要求。

1924年法国以他们的探险家最早发现阿德利海岸为理由，对136°～142°E，67°S以南的狭长地域提出领土要求，并于1938年重申将其要求的地域延伸到南极点和 60°S。

1939 年挪威以其捕鲸者很早就在毛德皇后地一带从事捕鲸活动为据，对 45°E～20°W 之间的地域提出主权要求。

1940 年智利宣布对 53°～90°W，60°S 以南的地域拥有主权。

1941 年阿根廷宣布对 25°～74°W，60°S 以南的地域拥有主权。智利和阿根廷提出领土要求的依据是南美大陆与南极半岛的地质亲缘关系、有效占领理论及西班牙原来宣称对南极领土要求的继承。

这样，到本世纪 40 年代初，阿根廷、澳大利亚、智利、法国、新西兰、挪威和英国七个国家，对南极大陆的 83%提出了领土要求。其中，澳大利亚、法国、新西兰、挪威四国互相承认各自的领土要求；阿根廷、智利和英国要求的地域相互重叠，三方坚持各自的要求而不承认它方的主权要求；美国和苏联不承认它国对南极的任何领土要求，同时，保留他们对南极提出领土要求的权利。

【南极条约体系】 国际南极合作考察遵循的准则，是以国际地球物理年期间参加南极考察的 12 个国家于 1959 年 12 月 1 日在华盛顿签署的、1961 年 6 月 23 日生效的《南极条约》为核心的南极条约体系。

南极条约组织现有 39 个成员国。其中阿根廷、澳大利亚、比利时、智利、法国、日本、新西兰、挪威、南非、英国、美国和苏联 12 国为原始缔约国和协商国；波兰、联邦德国、巴西、印度、中国、乌拉圭、意大利、民主德国、瑞典、西班牙、芬兰、南朝鲜和秘鲁为条约参加国，并被接纳为协商国；捷克斯洛伐克、古巴、朝鲜、希腊、奥地利、厄瓜多尔、加拿大、丹麦、荷兰、罗马尼亚、保加利亚、巴布亚新几内亚、匈牙利、哥伦比亚 14 国为条约参加国，也称非协商国，无权参与南极重大事务的决策。

继南极条约签订之后，南极条约协商国又先后于 1964 年、1972 年、1980 年签订了《南极动植物保护议定措施》、《南极海豹保护公约》、《南极生物资源保护公约》。《南极条约》及上述公约连同历次南极条约协商国会议通过的 140 余项建议措施，统称之为南极条约体系。

《南极动植物保护议定措施》规定禁止在条约区内杀害、捕捉或骚扰任何哺乳动物或鸟类。如因科学研究、博物馆、动物园或制做标本的需要而捕捉动物，必须持有条约参加国政府授权颁发的许可证。禁止将南极大陆以外的动植物带进条约区，如经允许持有许可证带入条约区的动植物，必须使之置于受控状态下，用毕后带出条约区或就地销毁。

《南极海豹保护公约》意在防止过度捕猎以达到保护和合理利用海豹进行科学研究、保持南大洋生态平衡的目的。公约附件对于允许捕获量、受保护的种类、禁捕期、可捕区、保护区等都作了详细规定。为了科学研究，或向博物馆等文化机构提供标本，可在持有许可证的前提下捕捉海豹，但事后应通报各缔约国和南极研究科学委员会。

【南极矿物资源活动管理公约】 南极条约协商国根据 1981 年 7 月在布宜诺斯艾利斯举行的第 11 届南极条约协商国会议通过的建议，于 1982 年 6 月举行了第四届南极条约协商国特别会议的第一次会议，以讨论制订南极矿物资源活动管理公约。1982～1988 年 6a 间，共举行了 10 次会议。1988 年 6 月 2 日南极条约协商国在惠灵顿通过了南极矿物资源活动管理公约，并于 1988 年 11 月 25 日～1989 年 12 月 25 日向参加最后一轮谈判的国家开放签字。1989 年 10 月第 15 届南极条约协商国会议在巴黎举行，澳大利亚、法国向会议递交了联合议案，反对南极矿物资源活动管理公约，主张将南极辟为世界公园。澳大利亚、法国的提案得到了意大利、比利时等国的支持，同时南极矿物资源谈判发起国之一的新西兰迫于国内外环境保护主张的压力，也开始转而支持保护南极环境的主张。在第 15 届南极条约协商国会议上，澳大利亚、法国在反对南极矿物资源活动管理公约的同时还提出要召开特别会议，讨论制订南极环境全面保护公约。由于近些年来人类对于全球性的环境污染的认识不断深化，有助于南极条约协商国在制订南极环境全面保护公约方面取得进展，早日缔结公约，进一步完善南极条约体系。

南极条约组织系非联合国机构，因此马来西亚等国在第 38 届联大上建议将南极问题列入联大议程，主张南极是全人类的共同遗产，应由联合国管理南极。自 38 届联大以来虽然每次联大都讨论南极问题，但由于南极条约协商国的抵制而没取得任何进展。

【南极研究科学委员会】南极研究科学委员会（简称 SCAR）隶属国际科联，是专门组织、协调南极科学研究的国际性学术组织。它与南极条约组织没有从属关系，而在实际上它又是南极条约协商国最得力的学术咨询机构。SCAR 每两年召开一次会议，以协调南极条约协商国之间的科学考察计划，促进相互间的合作、交流南极研究的进展与成果。SCAR 成立于南极条约签定之前，是在酝酿、实施国际地球物理年计划过程中产生的。第一届 SCAR 会议于 1958 年 2 月 3～5 日在海牙举行，会议制订了 SCAR 章程、选出了组织机构，经第八次国际科联大会批准正式生效。SCAR 设主席 1

人,副主席2人。总部设在英国剑桥斯科特研究所内,设执行秘书1人和一助理秘书。SCAR现有24个成员国,其中21个正式成员国、3个非正式成员国(见表2)。

表2 南极研究科学委员会成员国

SCAR正式成员国	加入SCAR时间
1 阿根廷	1958年2月3日
2 澳大利亚	1958年2月3日
3 比利时	1958年2月3日
4 智利	1958年2月3日
5 法国	1958年2月3日
6 日本	1958年2月3日
7 新西兰	1958年2月3日
8 挪威	1958年2月3日
9 南非	1958年2月3日
10 苏联	1958年2月3日
11 英国	1958年2月3日
12 美国	1958年2月3日
13 德意志联邦共和国	1978年5月22日
14 波兰	1978年5月22日
15 德意志民主共和国	1981年9月9日
16 巴西	1984年10月1日
17 印度	1984年10月1日
18 中国	1986年6月23日
19 瑞典	1988年9月12日
20 意大利	1988年9月12日
21 乌拉圭	1988年9月12日
SCAR非正式成员国	加入SCAR时间
1 瑞士	1987年6月16日
2 芬兰	1987年7月1日
3 厄瓜多尔	1988年9月12日

第19届SCAR会议于1986年6月在美国圣迭戈举行,中国在此次会议上被接纳为SCAR的正式成员国。第20届SCAR会议于1988年9月12日～16日在澳大利亚霍巴特举行,中国8人代表团出席了大会和生物、地质、大地测量与制图、高层大气物理、人体生理医学、后勤及南极局局长会议,并在生物、地质、高层大气物理、大地测量与制图、人体生理医学学术讨论会上发表了论文。通过会上会下的活动,与许多国际著名的科学家建立了联系,为中国今后参加南极学术活动创造了良好的条件。

澳大利亚墨尔本大学的著名冰川、气象学家巴德教授在此次会议上当选为SCAR的副主席。

【1989年南极越冬站】 1989年南极冬季期间,现有的25个南极条约协商国中有18个国家派人在49个考察站上进行越冬考察,其中包括7个位于南纬60°以北的岛上的越冬站。

阿根廷

贝尔格拉诺Ⅱ站	77°52′S	34°37′W
奥卡达斯站	60°44′S	44°44′W
埃斯佩兰扎站	63°24′S	57°00′W
马兰比奥站	64°14′S	56°30′W
圣·马丁站	68°08′S	67°06′W
尤巴尼站	62°14′S	58°40′W

澳大利亚

*马阔里岛站	54°30′S	158°57′E
莫森站	67°36′S	62°52′E
戴维斯站	68°36′S	77°58′E
凯西站	66°18′S	110°32′E

巴西

弗拉兹站	62°0′S	58°24′W

智利

A·普拉特上尉站	62°30′S	59°41′W
B·奥希金将军站	63°19′S	57°54′W
R·马尔什中尉基地	62°12′S	58°54′W

联邦德国

G·冯诺迈伊尔站	70°37′S	08°22′E

法国

迪·迪尔维尔站	66°40′S	140°01′E
*阿尔弗雷德—富尔站	46°24′S	51°52′E
*马丁·德—维斯站	37°50′S	77°34′E
*法兰西港站	49°21′S	70°12′E

民主德国

*G·福斯特站	70°46′S	11°50′E

印度

达克欣·甘戈特站	70°05′S	12°00′E

日本

昭和站	69°00′S	39°35′E
瑞穗站	71°32′S	24°08′E

新西兰

---

* 位于60°S以北的越冬站

斯科特站	77°51′S	166°45′E
坎贝尔岛站	52°33′S	169°09′E
中国		
长城站	62°13′S	58°58′W
中山站	69°22′S	76°23′E
波兰		
阿克托夫斯基站	62°09′S	58°28′W
南朝鲜		
世宗王站	62°13′S	58°45′W
南非		
萨纳埃站	70°18′S	02°25′W
马里恩岛站	46°52′S	37°51′E
*高夫岛站	40°21′S	09°52′W
英国		
*伯德站	54°00′S	38°03′W
法拉第站	65°15′S	64°16′W
哈利站	75°36′S	26°46′W
罗瑟拉站	67°34′S	68°07′W
西格尼站	60°43′S	45°36′W
美国		
阿蒙森－斯科特站	90°S	
麦克默多站	77°51′S,166°40′E	
帕尔默站	64°46′S	64°03′W
苏联		
和平站	66°33′S	93°01′E
新拉扎列夫站	70°46′S	11°50′E
青年站	67°40′S	45°51′E
东方站	78°28′S	106°49′E
别林斯高晋站	62°12′S	58°58′W
列宁格勒站	69°30′S	159°24′E
俄罗斯站	74°46′S	136°49′W
进步站	69°24′S	76°24′E
乌拉圭		
阿蒂加斯站	62°11′S	58°51′W

【国际横穿南极探险】 1989年7月27日，由中国、法国、美国、苏联、英国、日本6国6名队员组成的国际横穿南极大陆科学探险队，从南极半岛的海豹冰原岛峰出发，沿最长路线，经南极点，开始了由西向东横穿南极大陆的征程。他们仅靠41条狗拉着的3只雪橇和每人脚下的一双滑雪板，翻冰脊越雪岭，艰难探险。此次探险的目的主要在于宣传人类在南极的合作、和平与友谊，唤起人类对南极环境保护的关注。1989年12月12日，探险队到达南极点时发表了南极宣言，宣言中指出：南极，是地球上一块伟大的自然丰碑，……应该成为没有政治疆界的科学圣地。

参加探险的6名队员是：队长让·路易·艾地安——医生、职业探险家，1946年出生于法国；威尔·斯蒂格——地质学者，职业探险家，1944年出生于美国；维克多·巴雅尔斯基——1950年出生于苏联；杰夫·萨莫斯——1950年出生于英国；秦大河——中国科学院兰州冰川冻土研究所冰川学家，受国家南极考察委员会派遣参加了此次探险；舟津圭三——日本大阪人，1957年生。

（李占生）

地　方　篇

辽宁省海洋、海岸带综合开发

【概况】 辽宁省横跨黄海和渤海两个海区，大陆岸线长1 971.5km，海岸绵延曲折，类型多样，景色秀丽。沿岸有大小海湾和优良港湾56个，发展水产、建设港口条件十分优越。近海岛礁星罗棋布，面积在500m^{2}以上的有506个，其中有人岛44个。海洋生物、海底油气、海水化学、海洋能、海洋空间及旅游等资源丰富；1986年以来，对这些丰富的资源加强了开发利用，为辽宁省的经济发展作出了贡献。

辽宁省沿海地区有省辖市6个，即丹东、大连、营口、盘锦、锦州、锦西市；市辖县级市2个，即瓦房店、兴城市；市辖县9个，即东沟、庄河、新金、长海、盖县、大洼、盘山、锦县、绥中县；市辖区7个，即旅顺口、甘井子、金州、鲅鱼圈、老边、葫芦岛、连山区。

辽宁沿海地区，陆域经济腹地深广，海上与沿海省市及东南亚各国经济交往十分便利，辽东湾北岸的辽西走廊，是关内外经济交往的通道。沿海地区交通便利，城镇密集，工业生产发达，经济基础坚实，文化和技术力量雄厚。1988年中央批准辽东半岛对外开放，为辽宁沿海地区发展国际贸易提供了一个良好的客观环境。

【自然资源】 **土地滩涂资源：** 辽宁省沿海土地总面积为28 757km^2，占全省总面积的19.71%。耕地面积1 476.5km^2；海涂资源面积1 973.3km^2，其中黄海北岸海涂面积700km^2，辽东湾沿岸海涂面积1273.3km^2；已利用滩涂面积998km^2，占总滩涂面积的50.8%。20m等深线以内浅海面积13 764km^2，其中可利用面积8 426.7km^2，占总面积的61.2%，已利用的浅海面积61.3km^2，占可利用面积的0.7%。近海水域面积5万多平方公里。岩礁面积610.7km^2，其中可利用面积137.3km^2，占总面积的21.5%；已利用的岩礁面积17km^2，占可利用面积的12.9%。

水资源： 地表水资源，沿海多年平均降水量417亿m^3，折合年均降深766mm。其中黄海岸段年降水量242亿m^3，折合平均年降水深921mm，渤海岸段年降水量175亿m^3，折合平均年降水深622mm。沿海地区平均年径流量168亿m^3，折合年径流深309mm，其中黄海岸段年径流量123亿m^3，折合年径流深470mm，渤海岸段年径流量45亿m^3，折后年径流深159mm。全省直接入海河流60多条，其中流域在500km^{2}以上的有18条，平均入海水量297亿m^3。地下水资源，分为第四系松散岩类孔隙水、碳酸盐岩类裂隙溶洞水、基岩裂隙水三大类。沿海地下水天然资源总量17.52亿m^3/a，可开采总量（只计算松散岩类孔隙水）7.3亿m^3/a；丹东地区沿海平原多用地表水，地下水开采很少；大连地区地下水开采量大，占总用水量的33.7%，其中金县西部由于过量开采地下水造成水位下降，已形成10多个漏斗，漏斗中心水位在零米线以下，局部出现海水涌进水质变坏。

海洋生物资源： 辽宁省海域各种海洋生物总数有650多种。游泳生物中，鱼类224种、虾类14种、蟹类2种、头足类10种、哺乳动物12种，计262种。底栖生物281种，其中底栖动物213种、植物68种。浮游生物有107种，其中浮游动物44种，浮游植物63种。辽宁海域地处全国海域最北部，纬度高，冬夏温差大，黄、渤海北部水域海洋学特点不同，渤海辽东湾水浅而混浊，受陆地影响大，生物区系结构有一定特殊性；黄海北部水深而清沏，受外海影响大，生物区系富变动性。

海洋矿产资源： 辽宁近海水域海底石油、天然气及滨海砂矿资源丰富。据预测，辽东湾浅海滩地石油资源量为6～7亿t；现已打出高产油气井。滨海砂矿主要有金刚石、锆英石、独居石、石英砂、建筑用砾石、卵石等。

（白德禄）

【海岸带调查】 辽宁省海岸带资源综合调查是全国海岸带调查的一个部分；整个调查从1981年正式开始，至1987年结束，历时7a。参加调查的科技人员300多人，共调查海岸线长度1 971.5km、海岸带面积35 800km^2。

这次调查取得了大量的成果，完成各种专业及专题报告105篇，总计500万字；各种专题图件141幅；资料汇编40册；归档立卷资料800多份。这次海岸带资源综合调查坚持“边调查、边规划、边开发”的方针，在查清资源类型、数量、质量及分布的基础上，结合社会经济的发展需要，将辽宁海岸带划分为东庄、大连、辽河三角洲、辽西、长海诸岛等岸段开发区，对辽宁的港口建设、渔业、芦苇、旅游资源开发、城镇建设布局等提出了规划设想，建立了十多个开发试验点，形成“海岸带分带种养模式"、"对虾优质高产模式"、"浅海立体混养模式"等开发模式，取得了明显的经济效益和社会效益，据初步统计，经济效益总计为3.8亿元，利润总计约1.2亿元；加强了海岸带区域经济研究，成立了省海岸带资源开发研究会；在认识上不断深化，从大农业观点发展到港口城市组群，提出开发建设"海上辽宁"的战略计划，并纳入整个辽东半岛经济的开放中去。

1987年1月，此项调查通过国家级验收；同年获辽宁省科技进步一等奖。

【海岛调查】 1987年，辽宁省对兴城市菊花岛进行了以资源开发利用为重点的调查，调查范围包括菊花岛及周围海域，总面积472km²；完成的主要成果有菊花岛目标调查及开发利用综合报告、5份专业报告、3册资料汇编和1册图集等。1988年对新金县的平岛开展了为开发建设服务的重点目标调查，完成了平岛调查综合报告，平岛自然条件、水产增养殖业、水资源、旅游资源开发等专业报告及规划等项目。1989年，按照全国部署和"全国海岛资源综合调查简明规程"的统一规定，并结合辽宁海岛开发建设的需要，编制了沿海资源调查实施方案，并对长山群岛进行了调查，完成了长海县7个乡本岛及邻近岛屿2个航次的调查。

【沿海对外开放】 1988年3月，国务院正式批准辽东半岛8市17个县区对外开放，带动了辽宁沿海地区外向型经济的发展。1988年辽东半岛经济区国民生产总值完成581.2亿元，比1987年增长10.3%；全年外贸收购总额61.4亿元，比1987年增长32.8%；除原油类以外，产品出口16.77亿美元；签订利用外资合同459项，合同金额8.6亿美元；固定资产投资完成161.4亿元。1989年国民生产总值为657.48亿元，外贸收购额77.4亿元，除原油类外产品出口17.9亿美元，签订利用外资合同金额6.6亿美元，实际利用外资4.7亿美元。

大连经济技术开发区 占地5km²，1984年10月开始兴建，到1988年共投资4.6亿元，完成了基础设施建设。现已同世界上30多个国家和地区建立了经济关系。开发区已建成和签订的项目共120项，总投资16.5亿元，其中外商投资企业70项，投资额11.5亿元；外销产品占总销售的60%。1989年，开发区累计签订项目122个，协议投资总额22亿元，其中三资企业132个，协议投资总额18亿元，外商投资占总额的60%以上。已投产或试产企业82家，实现总产值累计8.6亿元，创汇2.1亿美元。

营口出口加工区 1987年4月动工兴建。1988年共洽谈项目143项，批复立项37项，投资额2亿元，其中"三资"和"三来一补"项目8项，投资额占总投资额的67.5%。1989年引进5家外商独资企业、2个台资企业，利用外资589万美元；内联企业16家，投资额为3 452万元。

【海洋运输】 辽宁省沿海是东北三省和内蒙古东部地区的海上门户，经济腹地广阔，货源充足，地理位置优越。随着改革开放的深入发展和搞活经济各项方针政策的贯彻落实，内外贸易不断扩大，客货运输量逐年上升，全省海洋运输业出现了蓬勃发展的好形势。（见表1）。1986年，面对国内外运输竞争激烈的局面，海洋运输部门采取了增加新型船舶、调整运输结构、发展集装箱运输、提高船舶利用率等措施，强化运输能力。全省新购、建造货轮9艘（43 612t），客轮2艘（350客位），购买远洋货轮4艘（83 312t）。大连轮船公司购置1艘"北极星"号煤炭专用船（26 300t），每小时可自卸3 000t煤炭。1987年，进一步调整船舶结构，远洋运输新增货轮3艘（33 324t），更新1艘。

表1 辽宁省1986～1989年海运状况

项目 / 数量 / 年份	客运量（万人）	客运周转量（万人·km）	货运量（万t）	货运周转量（亿t·km）
1986	308	68 025	1 166	291.92
1987	338	70 732	1 212	289.30
1988	362	73 495	1 384	298.9
1989	327	67 212	2 299	356.71

【港口建设】 1986年以来，辽宁省沿海港口新建、扩建、改建的项目较多。在港口建设中，坚持了以大连港为中心，丹东港、营口港、锦州港为两翼，大中小配套，均衡发展的战略方针。现在全省沿海地区有大中小型港口10个，即大连、丹东、营口、锦州、庄河、皮口、大孤山、田庄台、华铜南和四块石港；1989年全省有生产泊位78个，其中万吨级泊位29个，港口吞吐量5 462.4万t。

（白德禄）

【海洋渔业】 1986年以来，海洋渔业认真贯彻"以养殖为主，养殖、捕捞、加工并举"的方针，全省渔业生产保持了持续、稳定、协调的发展，提前两年实现了到1990年水产品总产量和总产值翻一番的目标（见表2）。为保护和恢复近海渔场，采取了投放人工鱼礁、放流增殖、扩大远洋渔业规模等措施。至1989年，共投人工鱼礁657座、礁体1.4万m³，放流虾苗60多亿尾。海水养殖充分利用优越的自然条件，发展迅速，养殖产量一直居全国第一。

表 2　辽宁省 1986～1989 年水产资料统计

项目＼数量＼年份	1986	1987	1988	1989
海洋渔业(万 t)	63.2	75.9	88.8	94.8
海洋捕捞(万 t)	38.7	43.8	45.6	46.7
海水养殖面积(万亩)	89.44	94.5	99.5	105.1
海水养殖面积(万 t)	24.5	32.1	43.2	48.1
对虾养殖面积(万亩)	31.8	41.3	46.4	51.2
对虾养殖产量(万 t)	2.47	4.3	4.07	4.3
出口创汇额(亿美元)	0.56	1.58	1.75	—

【盐业与盐化工】 辽宁沿海地区属于暖温带半湿润季风气候区；年均降水量 500～700mm，净蒸发量 1 000mm，风力资源丰富，平均风速 3m/s 以上；海水盐度 30 以上；滩涂多属第四纪沉积，渗透率小，适宜发展盐业。现在，全省有国营盐场 9 个，其中市属大中型企业 6 个，即复州湾、营口、皮子窝、金州、锦州、旅顺，县属小型盐场 3 个，即青堆子、东沟、锦县。盐田面积 85.5 万亩。多年平均盐产量 200 万 t，供应辽宁、吉林、黑龙江省和内蒙东部四盟。主要盐化工产品有氯化钾、溴素、无水硝、氯化镁等，产量在全国占有重要地拉(见表 3)。

表 3　辽宁省 1986～1989 年盐业统计

产品＼产量＼年份	1986	1987	1988	1989
原盐(万 t)	165.32	136.80	205.40	330.08
盐化工产品(t)	65 579	64 545	49 774	82 894

【芦苇生产】 辽宁沿海地区是全国重要的芦苇生产基地。全省苇田集中分布于东沟、庄河岸段的鸭绿江、大洋河入口，营口、盘山、大洼、锦县等地的辽河、双台子河、大凌河三角洲地带。全省有苇田面积 130 万亩，收苇面积 100 万亩，芦苇生产场、队 16 个。1986～1989 年芦苇产量分别为 41.7、40、44 和 45 万 t；芦苇是辽宁造纸业的重要原料，现年产苇浆 15 万 t 左右，约占全省纸浆生产的 20%。

【滨海旅游业】 辽宁沿海风光秀丽，气候宜人，旅游资源十分丰富，可分为山水风光、生物景观、文物历史、社会风情等诸多类型。其中比较著名的有九门口长城、秦汉遗址、兴城风景区、辽河三角洲、大连市、蛇岛、庄河的冰峪沟、大孤山风景区和丹东风景区等。1986 年以来，滨海旅游业发展很快，建成一大批旅游基础设施，吸引了众多的国外游客(见表 4)。

表 4　辽宁省沿海地区 1986～1989 年外国旅客统计

地区＼数量＼年份	1986	1987	1988		1989	
	人次	人次	人次	外汇收入(万美元)	人次	外汇收入(万美元)
大连市	43 087	52 591	53 696	2 893	38 780	2 902
丹东市	4 339	4 121	4 585	271	4 177	358
锦州市	1 384	1 094	1 285	15	1 275	10
营口市	1 340	1 216	1 225	700	1 225	768
盘锦市	728	475	589	34	677	34
合计	50 878	59 497	61 380	3 913	46 134	4 072

【蛇岛、老铁山自然保护区】 蛇岛、老铁山自然保护区，是 1980 年 8 月经国务院批准建立的辽宁省第一个国家级自然保护区。保护区面积共 114km²，主要保护对象是蝮蛇和候鸟。蛇岛位于大连市西北的海中，距陆地最近距离 13km，其面积为 0.82km²。岛的四周岩壁陡峭，海蚀地景观鲜明，岛上丘陵起伏，沟深坡陡，岩石经风化成多洞穴裂隙；岛上植物有 65 科、206 种。每年春、秋两季，有大量的南北迁徙的候鸟在岛上停歇。岛上栖息着大量有毒的黑眉蝮蛇，据 1984 年自然保护区管理处考察，有 13 000 余条。老铁山地处辽东半岛最南端，黄、渤海分界线上，最高峰 465m，山上林木繁茂，是候鸟迁徙的集中停歇地。老铁山地区有鸟类 210 多种，其中 116 种属于中、日《保护候岛及其栖息环境协定》中列出的保护对象，40 多种属于中国重点保护种类，如一类保护动物丹顶鹤，二类保护动物虎头海雕、鸳鸯、天鹅等。

(白德禄)

河北省海洋、海岸带综合开发

【概况】 河北省1986～1989年海洋综合开发，在海岸带与海涂资源综合调查工作的基础上继续前进，奋力开拓，加快了研究开发的步伐。历时四年的海岸带与海涂资源调查于1987年6月29日通过国家验收，出版了成果报告。海岛调查工作经过周密的准备于1989年正式开展。海洋水产生产依据海岸带调查成果调整了捕捞作业结构，明确了向增殖型渔业过渡的发展方向。海水养殖，尤其是对虾精养有了高速度的发展，获得较好的经济效益。地方港口建设加快了步伐，1986年建成黄骅港1 000吨级泊位2个，1988年又开工3 000吨级泊位2个；1988年10月唐山港开工兴建5 000吨级泊位2个；黄骅港参与神木煤出海港的比选已获充分论证，中选有望。滨海油田开发，独立建制，加快步伐。盐业生产保持稳定增长势头，生产、资源优势得到进一步发挥，在国家支持下黄骅盐场扩建顺利进行，全省原盐生产能力将有较大幅度增长。全国三大碱场之一、年产60万t的唐山(南堡)碱厂于1989年9月建成投产。为保证秦皇岛市的正常供水，1989年提前兴建“引青济秦”应急工程。几年来，滨海旅游有了较大发展，旅游设施明显改善，第11届亚运会海上运动场在秦皇岛市建成交付使用。各项有关海洋的科技攻关也取得重大成果。海洋综合开发促进了沿海地区经济发展和对外开放，1988年国务院批准建立秦、唐、沧对外经济开放区，将进一步推进外向型经济和海洋开发事业的发展。 (张原秀)

【海岸带调查】 1984～1987年，依照全国海岸带和海涂资源综合调查工作部署，河北省全面开展海岸带和海涂资源综合调查。勘查海岸线总长599km，总面积11 379.88km²，取得了丰富的调查研究资料，1987年6月29日通过国家级审查验收。调查成果共整理资料汇编564卷，编制出河北省海岸带图集，编写了约600万字的专业调查报告及综合报告。此次调查对河北省海岸带自然资源、自然环境做了科学的评价，查清了各类自然资源的数量和质量，计算了海洋初级生产力和资源量；分析了淡水资源量和保证率以及灾害性天气对海岸带各类建设项目的影响等。此次调查的成果应用取得了巨大的社会经济效益。例如，根据调查成果，开辟了自抚宁县戴河口至昌黎县滦河口的“黄金海岸”为新的旅游区；对北戴河海滨及其附近海岸侵

【双台子河自然保护区】 双台子河自然保护区位于盘锦市大洼与盘山两县交界处，面积800km²，主要保护对象为丹顶鹤、白鹤、水涉禽等。该区1985年9月建立，属市级自保护区。1988年5月升为国家级自然保护区。

【仙人洞自然保护区】 1981年9月建立，属省级自然保护区，位于大连市仙人洞镇和三架山镇交界，总面积34km²。主要保护对象是残存稀有的亚热带野生植物及赤松、柞树等原生型森林。区内有原始森林6.9万亩，树木170多种，花草600多种，赤松、各种栎树、紫杉等较珍稀树种27种。赤松林在世界上仅分布于日本海周围地区，这里是中国唯一保持完好的赤松林群落。区内保存下来的亚热带残存树种，如三椏钓樟、天女木兰、盐肤木、灯台树、玉珍花等尤为珍奇宝贵。此外尚有多种药用植物和野生动物。该区对研究亚热带物种生存、演替规律等有重要价值。

【台风灾害】 1985年的9号台风在辽宁省大连、旅顺一带登陆，风力11～12级，全省大部分地区普降暴雨和大暴雨，降雨量达300～400mm，受灾农田1 580万亩，刮倒和折断树木735万株、果树116万株，落地水果35.7万t，中小河流决口4 930处，沉没、撞碎、撞伤船只828艘；台风造成的风暴潮使沿海地区生产建设和生命财产遭受巨大损失。

【辽河三角洲农业综合开发区】 辽河三角洲农业综合开发区是国务院批准的国家重点农业综合开发区，是辽宁省建国以来最大的农业投资项目。辽河三角洲是大清河、辽河、双台子河、大凌河、小凌河的入海尾闾，由退海平原、河口三角洲及毗连浅海水域组成，资源丰富，开发潜力很大。1989年1月，辽河三角洲开发工程拉开序幕，一年中，修筑了22km长的防潮大堤、接官厅防潮闸及1 232座桥、函、闸、站，开发水田6.72万亩，全年新增产值1.03亿元。 (白德禄)

蚀进行了研究并提出了防治对策;提出了全省盐业和盐化工工业布局与设想;根据调查资料确立全省海洋水产业必须由采捕型渔业向增殖型渔业转变、开发海洋牧场的指导思想,建立了3个对虾资源增殖站(昌黎、丰南、黄骅)和1个海珍品资源增殖站(秦皇岛);弄清了海岸带港口资源基本情况,为建港布局、近期港口建设和开发规划提供了资料和科学依据。

1989年,此项调查获省科技进步一等奖。

(王月霄)

【海岛资源综合调查】 1989年3月,河北省海洋及海涂资源研究开发保护领导小组第三次会议决定,按照全国统一部署开展本省海岛资源综合调查与开发试验。调查工作采取了如下措施:1.以岛群形式进行调查,全省分成4个岛群,即洋河口外诸岛、滦河口外诸岛、曹妃甸诸岛、大口河口外诸岛。2.成立技术顾问小组负责审查海岛资源调查技术规程;指导解决外业调查中遇到的重大技术难题;论证开发试验方案;验收调查及开发成果。3.成立综合调查队,制定河北省海岛资源综合调查规程细则;完成外业调查及内业整理工作,撰写专题调查报告和综合报告;编写海岛志及图集编绘。1989年8月14日～10月6日,地貌、土地利用、植被、测绘等8个专业组进行了海岛陆域部分的调查,并对曹妃甸岛群进行了专题调查,对洋河口外诸岛,滦河河口外诸岛及大口河口外诸岛进行了概查,取得了丰富的第一手资料。全部调查工作预计1992年完成。

(王月霄)

【海洋功能区划】 根据1989年7月“全国海洋功能区划工作会议”部署,河北省成立了海洋功能区划组,承担河北部分(范围为山海关与涧河口至北隍城岛连线、岐口与埕口至北隍城岛连线构成的两个三角区域内海域和必要依托陆域)的区划工作任务。经过广泛收集资料、现场核查、汇总分析等方法,按期完成了区划报告和区划图,顺利地参与了渤海区功能区划的汇总。

(穆仲义)

【海洋机构调整】 1987年5月河北省政府研究决定,将原“河北省海岸带综合调查领导小组”改为“河北省海洋及海涂资源研究开发保护领导小组”,负责承办国务院海洋资源研究开发保护领导小组办公室和全国海岸带综合调查办公室下达的任务。领导小组设在省科委,职能为组织拟定全省海洋资源开发保护的方针、政策、法规和管理制度;组织海洋及海涂资源研究开发保护方面重大科研项目攻关;组织协调有关部门拟定海洋开发诸方面的计划规划以及协调海洋涉外重大合作和多边合作项目。1989年在河北省科学院地理研究所设立的海岸海洋研究室结束了河北省没有海洋研究机构的历史。该研究室的主要工作方向是:河北省海岸带和海洋资源调查和开发;海洋环境演变研究和预测;海岸与海洋经济发展战略及有关海洋法规的研讨。

(胡镜荣　张原秀)

【海水养殖】 河北省海洋水产总产量自80年代以来由每年8万余吨增长到接近16万t,主要是由于对虾养殖产量翻番所致。1983年全省仅有对虾精养面积0.1万亩,1986年增至3.5万亩,产量也由不及100t增长到超过1万t;1987年对虾养殖约20万亩,总产量达2.09万t,单产水平居全国第一。1988年对虾养殖面积超过25万亩,总产量3.69t万吨,出口创汇6 000多万美元;1989年受赤潮影响,全省有比上年对虾减产1万余吨;1986～1989年平均产对虾2.5万t,均占海水产品产量的1/5。1987年全省11个养虾县中有5个产量超2 000t,其中唐海县产量超过7 000t,1988年5个超2 000t县中有3个县跃上5 000t台阶。与此同时,海水养殖品种不断增多,海湾扇贝、河蟹、罗非鱼、贻贝、梭鱼等养殖逐渐推广。养殖事业开始引进外资,1985年世界粮食计划署(WFD)“2771”项目在黄骅县投资700万美元,建起1.5万亩精养虾池,产品直接打入北美、西欧市场。

1986年以来,对虾养殖技术研究取得重大成果,在生产中推广应用成效显著。1986～1988年由河北省海岸办牵头、省内外近十个单位参加的国家“七五”重点攻关课题——对虾养殖大面积高产及亲虾越冬技术研究达到或突破了预期技术指标并推广成功,1989年12月通过农业部鉴定验收,三年间对虾大面积高产技术试验示范6 101亩,平均亩产193.5kg,推广面积6.67万亩,平均亩产165.95kg,经济效益2 468万元;亲虾越冬成活率91.2%。“对虾养殖、育苗、病害及饵料研究”是1987年国家海洋局下达的课题,由第一海洋研究所与唐海县沿海开发公司承担,对虾高密度育苗出苗达36.7万尾/m^3水体,纯效益718元/m^3;育苗期病害防治共挽救被感染虾苗2.1亿尾,应用制霉菌素治疗链壶菌病和紧缩虫病有新突破;采用中西药配制的“唐海3号”药饵对对虾养成期病害防治开创了新途径。1987～1988年黄骅县水产技术中心与北戴河河东寨养殖场进行“螺旋藻用于对虾育苗的生产应用试验”获得成功。此外,有关单位还进行了“罗非鱼养殖技术”、“海湾扇贝育苗养殖技术”、“梭鱼海水精养高产技术研究”、“河蟹养殖技术开发”等课题研究。

(张原秀)

【海洋捕捞和加工】 河北省海洋捕捞产量一直徘徊在7～10万t,捕捞品种以低质鱼和虾、蟹、贝类为主,其主要原因是渤海渔业资源破坏严重。为改变这个状况,海洋捕捞业认真贯彻保护资源、增殖与合理开发相结合的方针,调查近海作业结构,大力开发海洋牧场技术，由采捕型渔业向增殖型渔业过渡。首先开展了毛蚶资源增殖，每年投放亲蚶180多吨，取得明显效果，1986年7月增殖区试捕，结果比原毛蚶产区网产每小时增加50%左右。1980年以来，分别在秦皇岛、昌黎、丰南、黄骅建成3个对虾增殖站和1处海珍品增殖站，并在北戴河设立中心实验站，1988年向渤海投放虾苗6.45亿尾，占全海区放流量的1/2以上。

随着水产养殖的发展，水产加工能力也得到提高。截至1988年，全省水产系统建成冷库21座，冷冻能力396t/d，冷藏能力7 130t/次。　　(张原秀)

【地方港口建设】　黄骅港　地理坐标东经117°46′，北纬38°15′，港址西距津浦线沧州站87km，已修通地方铁路。1984～1988年建成2个1 000吨级泊位，年吞吐能力75万t。1988年底，黄骅港二期工程2个3 000吨级泊位开工，设计年吞吐能力50万t，预计1991年建成。

唐山港　位于河北省乐亭县王滩乡，东北距秦皇岛130km，南距天津港141km。港址自然条件较好，−5m和−10m等深线分别距岸1.5km和4.8km，不冻不淤，适建深水大中型港口。地方铁路1989年7月建成通车。唐山港起步工程——2个5 000吨级杂货泊位于1988年10月底动工兴建，设计年吞吐能力88万t，码头长366m(预留1.5万吨级能力)，码头前沿水深7.3m，航道2 700m，挡砂堤全长2 190m，整个工程将于1991年投产。

塘沽水线码头　位于天津港港界内，海河新港船闸上游5.5km处，距塘沽南站1km。原是一个以运煤为主的千吨级驳船码头，1988年开始扩建，设计3 000吨级杂货泊位1个，年吞吐能力20万t。全部工程设计1990年完成。　　(宋建民)

【冀江油田独立建制】　河北省唐山岸段5m等深线以浅，北至燕山南麓，东、西以天津市、秦皇岛市市域为界约5 500km²的范围为冀东油田所在地。原属大港油田探采，1988年4月设立冀东石油勘探开发公司，成独立建制，由石油勘探开发科学院实行总承包，是我国石油行业第一个新型科研生产联合体。两年来实施科研服务项目100余项，其中63项已取得成果，开发勘探上实施井位、井网、开采层系的“三优选”，发现一批高产区块，找到了优质油层，打出一批高产井。1989年底已有130多口油井投产，建成输油管网40多千米。

(李　田)

【盐业和盐化工】　全省盐场分布在唐山市和沧州地区6个县。1986年共有大、中、小盐场70多个，盐田总面积85.8万亩，原盐设计生产能力310万t，实际生产能力242万t，1986～1989年原盐平均产量在230万t以上。盐化工产品也有较大的发展(见表1)。1987年以后，河北省抓住国家对盐业实行倾斜政策的有利时机，大力发展原盐生产，到1989年底共争取国家支持新建的原盐基建、技改项目9个，加上自筹资金建设的小型项目，共设计新增生产能力约120万t，占地面积22.5万亩。为提高盐业生产的抗灾能力，新上塑苫结晶面积0.63万亩。盐化工方面新建3个提溴厂，设计新增生产能力590t。为改变加工盐生产规模小、品种单一的状况，已开始兴建1座8万t的精碘盐加工厂。

建于河北省南堡盐场区的唐山碱厂是国内年产60万t纯碱的三大碱厂之一。1985年动工，经4年建设于1989年9月建成投产，总投资7亿多元，设计年产纯碱60万t，用盐100万t，年产值2亿元左右。唐山碱厂的建成将有力推进河北省盐业的发展。

(武瑞祥)

表1　河北省1986～1989年盐业产值、产量表

产值、产量 \ 年份		1986	1987	1988	1989
产值(1980年不变价)(万元)		21 982	11 745	24 011	31 420
主要产品产量	原　盐(万t)	230	123	254	331
	氯化钾(t)	3 063	1 686	1 962	4 040
	工业溴(t)	281	136	140	543

【秦皇岛经济技术开发区】　秦皇岛经济技术开发区1984年10月经国务院批准兴建，开发区面积1.9km²，起步区0.62km²。自1985年4月奠基动工以来，共投资1.09亿元，完成了“七通一平”基础工程及其配套的生产生活服务设施。至1989年底，共批准利用外资和内联项目各25个，利用外资项目累计总投资6 625万美元，注册资本4 413万美元。内联项目总投资8 165万元。目前，开发区已有10家中外合资企业和12家内联企业投产和试产，初步形成了冶金、食品、饮料、机械、电子、轻工、纺织等行业40多种产品的生产规模。1989年，开发区工业总产值已达1.1亿元，实现利税2 885万元，创汇100万美元。在开发区生产的47种产品中有22种填补了国内空白。　　(王凤华)

【秦、唐、沧沿海经济开放区】　河北省邻海市、县有秦皇岛市、抚宁县、昌黎县、乐亭县、滦南县、唐海县、丰南县、黄骅县、海兴县。1984年秦皇岛市被国务院批准为沿海14个开放城市之一，1988年3月国务院批准河北省上述1市8县与毗连的卢龙县、滦县、唐山市、沧县、沧州市、青县共计3市12县为沿海经济开放区，实行对外开放。秦、唐、沧经济开放区总面积16 786km²，占全省面积的8.9%；人口共计717.05万人。1987年工农业总产值占全省的18.3%，出口创汇约占全省的20%。该区拥有113个工业门类，集中了全省相当一部分能源、建材、机械、化工等行业的骨干企业，经济实力雄厚。近年来交通、城市设施、通讯等建设取得重大进展，为对外开放创造了较好的基础条件。开放区矿产资源丰富，冀东铁矿探明的储量居全国第3位；盐田面积近100万亩，为长芦盐主产区；滨海旅游资源优势显著，北戴河、山海关、黄金海岸已成为知名的旅游热点。此开放区的建立将为发展河北省外向型经济、促进全省改革开放作出贡献。（李　田）

【昌黎焦庄和抚宁南戴河旅游区】 渤海西岸自抚宁戴河口到昌黎滦河口68.1km海岸，是全新世以来因河流、海流、海浪和风力等因素而成沙丘海岸。这里有美丽洁净的金色沙滩，还有陡缓交错、起伏连绵的新月型沙丘，它们与兰色的大海、苍翠的林带构成一幅绝妙的天然画卷，是旅游和疗养的理想岸线。1984年，秦皇岛市提出了开发昌黎焦庄和抚宁南戴河旅游区，以缓解北戴河旅游业的压力。在进行旅游区规划设计，实现水、电、路、通讯等基础设施建成的基础上，焦庄旅游区于1985年7月、南戴河旅游区于1987年7月相继开放，吸引了大量中外游客。焦庄旅游区每年接待游客100～150万人次，南戴河旅游区每年接待旅游80～100万人次。（王风华）

【海洋自然保护区】 按国家海洋局部署，河北省1989年上报了国家级海洋类型自然保护区一期设想意见，提出设立“黄金海岸”自然保护区、文昌鱼自保护区、北戴河自然风景保护区和万里长城山海关保护区。“黄金海岸”自然保护区地处河北省东部海岸带，北起大蒲河口北侧，南至滦河口，西界自北而南距岸线4～8km，东界大致在10m等深线附近，面积约300km²。保护对象为海岸自然景观及所在的生态环境，包括沙丘、沙堤、泻湖、林带和沿岸海区的生态环境，属于温带综合生态系统海洋保护区。七里海是保护区中部沙丘带内侧的一个泻湖，面积约7km²，泻湖有一宽200～400m、长2 000m的新开口潮汐通道与海相通。七里海还是我国北方候鸟聚集地之一，有鸟类50种左右。无论沙丘还是泻湖，它们的典型性在国内外并不多见，因此具有较高的科学研究价值。在本保护区岸段新开口以东海域中的细砂底质适宜文昌鱼栖息，10～15m水深处，平均栖息密度726.7个/m²，最高可达1 035个/m²。

（许镜荣）

【1989年沿海发生赤潮】 1989年夏，渤海湾发生赤潮灾害，使北起乐亭、南至海兴的沿海7个县的海洋水产业遭受不同程度的损失，数十万亩对虾养殖池受赤潮毒害死虾或减产，直接经济损失约2亿元。赤潮危害直接影响海洋生物的繁衍增殖，全省海捕虾产量比1988年减少1/2左右。

（张原秀）

【“引青济秦”工程】 秦皇岛市对外开放以来，工业、港口、旅游事业迅猛发展，城市用水出现空前紧张局面。据计算，缺水量为平水年1 472万m³，枯水年达2 358万m³。

为解决用水问题，决定兴建“引青济秦”工程，将青龙河水引入市区。工程全长60.9km，设计要求穿凿隧洞6座，长8.3km；建暗涵11座，长4.7km；铺设钢筋混凝土管线干支总长达42.8km；钢管线3.9km。整个工程动用土石方335.8万m³，钢筋混凝土10.4万m³。

引水工程分两期实施，第一期引水量为2m³/s，每年为市区供水6 300万m³，可满足近年缺水需要，每年可增加经济效益5 944万元。第二期待“桃林口水库”建成后，引水量加大10m³/s。第一期工程于1989年10月正式开工，预计1990年3月实现通水供水，10月底工程全部峻工。（王风华）

【海上运动场】 秦皇岛海上运动场是第11届亚运会31个比赛场馆之一，是本届亚运会海上帆船、帆板比赛场地。运动场座落于秦皇岛市市区西南侧海滨，东临秦皇岛港，西靠国家体委秦皇岛训练基地。海域水深适中（低潮位2.5m，高潮位4m左右），潮差小，水质好，地理位置、自然环境、比赛条件都十分优越。运动场海域和陆域占地面积10.5万m²。海上有2个水域比赛场区，A场区圆周直径2 100m，B场区圆周直径2 850m。海上运动场建设包括海域、陆域两部分，总投资207万元。工程于1987年7月开工，1989年7月竣工并交付使用。（王风华）

天津市海洋、海岸带综合开发

【概况】 天津市海岸线长 153.33km，滩涂、0～10m 的浅海面积分别为 $370.12km^2$ 和 $1\ 593.34km^2$，它背靠京、津两个特大城市，均有雄厚的工业基础。随着天津经济建设重点的东移，其地理区位优势非常明显。自建国以来，天津市不仅传统海洋产业有了长足的进步，而且一些新兴产业也有飞速的发展。中国第一个人工港口——天津新港，水、陆面积 $193km^2$，现有泊位 43 个，其中 4 个为客运码头，拥有中国机械化程度最高的集装箱码头，万吨级海轮可双向行驶，3 万吨级巨轮可乘潮出入；1988 年的吞吐量为 2 109 万 t，1989 年达 2 437 万 t，同世界 156 个国家和地区的 620 个港口有贸易往来。正在兴建中的东突堤码头向外延伸 900 余米，配套的铁路、公路、仓储、装卸等设施建设都在进行中。

天津经济技术开发区面积 $4.5km^2$，截至 1989 年底已有 75 家三资企业投产；在经济开发区内由美国 MGM 集团租借的 $5.3km^2$ 土地的建设也已开始；昔日沓无人迹的荒滩，如今已变成现代化的新城。

大港油田，通过广泛勘探，除在沿海陆域广阔地区开采石油外，近年来又在沿海岸线—5m 深以内海区勘测到石油和天然气；目前正在有计划地将生产向海上推进。

天津长芦盐务局 1989 年 1 月 1 日由轻工部下放天津市。为了适应工业发展和出口需要，除在现有的 $384km^2$ 盐田上积极设法提高单产外，天津市还计划在汉沽、塘沽、大港 3 个区的沿海再开辟新盐场。

1986 年以来，天津市沿海塘沽区、汉沽区和大港区掀起了养虾热潮。截至 1989 年，全市养虾面积已发展到 7 万亩，加上异地开发，面积总计达 8.93 万亩。1989 年对虾养殖生产在 蒙 受赤潮灾害后，全市仍产虾 3 700t，超过当年对虾海捕量。为适应海洋渔业发展的需要，兴建了育苗基地、饵料工厂、产品加工厂、冷库等设施。由农牧渔业部与天津市联合投资兴建的对虾增殖站目前已初具规模，除向养虾单位提供虾苗外，还肩负向渤海流放虾苗任务。放养扇贝 1989 年在汉沽区实验成功。

1988 年天津市开始筹建天津滨海浴场，并于 1989 年 7 月开始接待游人。

综上所述，天津市海岸带开发利用程度较高，但也存在一定的问题，如如何做到资源开发与治理保护并重的问题，这些都有待编制海岸带资源综合开发总体规划和制定海岸带管理办法。

【海岸带调查与海岛调查】 为配合全国海岸带和海涂资源综合调查，天津市于 1982 年 6 月成立了海岸带和海涂资源综合调查领导小组。调查队伍包括 73 个单位、1 700 余人，1983～1984 年进行了多学科同步或准同步的外业调查，取得了大量资料，不仅填补了许多空白，而且为进一步研究开发海岸带资源、实施有效保护及管理指明了方向和目标。调查成果于 1987 年先后通过了局、市和国家级审查验收，并获 1987 年天津市科技进步一等奖。调查所取得的资料得到了广泛的应用，据统计，从 1985 年至 1988 年，较重大的（市级以上）应用项目有 14 项，其中用于规划、选址有 4 项，工程、设计 2 项，交通能源 3 项，军事 1 项，灾害防治 1 项，农业、水利建设、养殖各 1 项，经济效益为 5.7 亿元。

海岛资源综合调查是海岸带资源综合调查的继续与延伸。根据国家科委等 5 部、局的部署，结合《全国海岛资源综合调查规程》与《技术规定》，在市海岸带资源综合调查领导小组的领导下，组建了技术顾问组和综合调查队，制定了调查工作计划，并于 1989 年第四季度开始了部分外业调查，计划用一年半时间完成调查任务。

（张连兴）

【海岸带综合地质勘查规范】 根据国家矿产储量管理局的要求，由天津市矿产储量委员会、天津市海岸带办公室、天津市地矿局等单位组成规范编制组，1986～1988 年完成了该规范编制工作。经全国矿产储量委员会审查通过，国家技术监督局批准，此规范作为全国海岸带勘查的国家标准（GB10202）发布。

该规范吸取了国内外海岸带地质勘查经验，体现了海岸带地质勘查基础性、区域性、综合性的特点，对各种海岸类型的普查和详查阶段有基础地质、地貌、矿产地质、水文地质和工程地质勘查的工作部署、工作质量要求和成果验收做出了规定。规范的内容包括：总则、勘查基本要求、勘查工程布置及质量要求、勘查研究程度要求、环境地质综合评价、资料整理与报告编制等。

（孙章诚）

【大港探区海滩—极浅海石油勘探】 天津市大港油田海滩—极浅海勘探范围北起涧河口，南至四女寺河口，海岸线总长146km，从高潮线至5m水深线总面积2 130km²，区域地质构造属于黄骅坳陷陆地向海域的延伸部分。

1986年大港石油管理局确定，将高沙岭—张巨河海滩—极浅海地区作为海滩找油的突破口，并积极展开了不同精度的地球物理勘探工作。首先，由大港石油管理局和地矿部航空物探技术中心合作，共同在大港—渤海西部地区进行1∶5万的高精度航空磁测。至1989年底，总飞行测线及控制线41 936.7km，测量总面积19 959.1km²，发现了大神堂、塘沽东、冯家堡等7个新的构造带及一批火山岩异常体。

1986～1989年底，大港油田在海滩—极浅海地区完成二维数字地震测线1839.55km，三维地震68.1km²，相继发现了高沙岭东、白水头东、唐家河、马棚口、马东、岐东、张巨河北、赵家堡东、赵家堡等10个圈闭，圈闭总面积151.9km²。

在地震查明构造的基础上，在唐家河海滩及白水头海滩积极进行钻前准备工作，共修建海堤10条，长31.11km，围海11.81km²；修建井场34座。至1989年底已钻探井35口，其中获工业油气井27口，在深浅层均发现了高产油气藏，证明了北大港油气田继续向海中扩展。 （张万钧）

【渤海水产资源增殖站初步建成】 由国家和天津市共同投资、天津市水产研究所承建的天津渤海水产资源增殖站预计到1990年底初步建成。此站位于天津大港区头道沟渤海岸边，占地3 661亩。1989年底已建成半地下育苗车间2座，计3 000m³水体，暂养虾池800余亩，并配有扬水站、锅炉房、鼓风机房、综合楼等设施，计土建面积5 655m²。1990年继续建设其他配套设施，预计年终可完成投资额886万元。此站计划投资1 039万元，建成育苗水体5 000m³，暂养虾池2 000亩，设计规模为年放流幼对虾4亿尾。此站将成为渤海湾沿岸放流规模最大的水产资源增殖站，对渤海对虾资源增殖将起到重要作用，具有较大的社会经济效益。 （李文抗）

【沿海风能资源开发】 天津市近海海面和沿海岸线向陆地伸展至15km的狭长地带上风力资源丰富，属风能常年开发区；其他地区的风力资源可进行季节性开发；沿海海面有85%以上的时间可以进行风力助航。

1985年塘沽区白水头村购置了11台150W的小型风力发电机；1986年6月该村又购进了3台风力提水机用于海水养虾。1989年在南郊区进行了风力机排咸的试验，效果显著；海上风力助航装置已经研制成功，定于在1990年3月在海上进行实际试验；风力机爆气净化污水正在试验中。 （陈　彬）

【纪庄子污水处理厂建成】 天津市纪庄子污水处理厂于1984年10月正式投入运转；它采用标准活性泥法，日处理污水26万t，污泥1 600m³，服务面积达37.7km²。

天津附近海域承担着天津市全部污水和北京市、河北省的部分排污；以前这些污水大都不经处理直排入大海，造成海域大面积污染。纪庄子污水处理厂建成后，不仅使排海污水提到净化，也减轻了对天津市全长71km的南排污河西岸农田的污染，环境效益显著。

【贝壳堤自然保护区】 天津滨海地区分布着4道由贝壳及其残骸构成的贝壳堤，它是渤海西岸海岸线变迁和滨海平原成陆的足迹。4道贝壳堤大致与现代海岸平行，序列清晰，连续性好，而且具有良好的水平层次，为国内外所罕见。它不仅是研究全新世古地理、古气候、古生物及海陆变迁的有力证据，也为地貌、土壤、水文、历史考古等方面的研究提供宝贵的资料。

自现代海岸起向西，第一道贝壳堤形成年代距今约700年，分布于蛏头沽、大沽、驴驹河、马棚口一线；第二道形成年代距今约2000年，北起白沙岭，向南经军粮城、东西泥沽、上古林至马棚口与第一道会合并延伸至岐口、狼坨子，其规模在四道贝壳堤中最大；第三道形成年代距今约3 500年，北段起于小王庄、张贵庄、巨葛庄、南八里台、中塘一线，在南北大港间分成3支。这道贝壳堤上曾发现东周时代和战国时代遗址多处；第四道贝壳堤形成年代距今约5 000年，见于翟庄子、北尚庄、苗庄等处。此道贝壳堤保存不好，南北端如何延伸有待调查。

天津市人民政府于1984年12月批准将南郊西泥沽、巨葛庄两处贝壳堤定为市级自然保护区。但各道贝壳堤均遭受不同程度的人为破坏，而且破坏趋势尚未有效制止。为更好保护贝壳堤，发挥其做为完整序列的保护和研究价值，有关部门已商定对各道贝壳堤均选点保护，并申报国家级自然保护区。 （阎宪苹）

【沿海海域发生赤潮】 1989年8、9月间，天津沿岸海域发生了历史上最严重的一次赤潮，使沿海地区的养虾业受到了空前打击。赤潮灾害与对虾市场疲软、饵料价格上涨等因素一起，成为滨海养虾业减收的主要原因。

初步分析认为，陆源污染和养虾池自身污染造成

山东省海洋、海岸带综合开发

【概况】 山东省大陆海岸线全长 3 121.95km，沿海岛屿岸线全长 670km，海岸线总长 3 791.95km。海岸带范围内（自岸线向内陆延伸 10km）陆域总面积 23 000km²，行政区分属惠民、东营、潍坊、烟台、威海、青岛及日照 7 个地市、33 个县（市、区）、236 个乡镇。滩涂总面积 3 223km²，其中约 70%分布在黄河三角洲及莱州湾南岸，其余 30%分布于较大的海湾沿岸，如胶洲湾、丁字湾、乳山湾、五里岛湾及靖海湾等。沿岸 20m 水深以内的浅海海域面积 29 031km²。海岸大部分是基岩港湾海岸，以海湾众多著称，面积大于 1km² 的海湾有 51 处。近岸海域多岛屿，面积大于 500m² 的海岛共 299 个，其中岩岛 202 个，沙洲岛屿 97 个。全省长度大于 30km 的入海河流 40 多条，年均入海径流量 502 亿 m³。

山东省海岸带不仅自然环境良好，而且物质资源非常丰富，其中以港口、矿产（石油、天然气、黄金、卤水、建材）、盐业及盐化工、水产、果品、交通、旅游、能源等为优势资源。1988 年，沿海地区总人口 1 729.03 万人，工农业总产值 432.26 亿元（按 1980 年不变价计算）。另外，山东省海洋科技教学单位众多，据统计有 29 个，其中具有高级职称的有 1 023 人，中级职称的有 2 235 人。　（刘来臣）

【海岸带调查】 山东省海岸带调查是全国海岸带调查的一部分。整个调查从 1980 年开始至 1987 年结束，历经 8 年之久，花费近千万元的经费，动用各类调查船 140 艘，机动车 100 余辆，参加单位有 80 余个，参加调查的人员共 5 000 余人，其中高级科技人员 50 余人，中级科技人员 500 余人，初级科技人员 1 000 余人。

在调查的基础上，对调查和收集的大量资料进行

的近岸水体富营养化、高温少雨少风的气象条件以及海湾水体交换能力弱是此次赤潮发生的主要原因。这次赤潮的特点是持续时间长、涉及范围广、危害程度严重。发生赤潮海域的虾池内水体呈酱紫色、有异味，有的虾池水面夜晚有光亮。

这次赤潮上已引起有关部门的重视，有关情况已上报市政府和国家海洋局。由于渤海沿岸均发生了不同程度的赤潮，有关部门和省市已决定联合开展赤潮对策研究。　（阎宪苹）

【天津市海洋功能区划工作】 天津市海洋功能区划工作始于 1989 年 8 月，同年年底完成。其范围包括汉沽、塘沽、大港区的 2 266.5km² 陆域和 2 万 km² 渤海中部海域。根据天津海区的自然属性和社会属性，将天津海区划定成为 29 种 96 个功能区。这些功能区的划定为制定海区发展规划、实施海洋综合管理、最大限度发挥区域的经济、社会和环境效益提供了依据。

【天津海滨浴场建成】 天津海滨浴场于 1989 年 7 月 16 日正式建成，它位于天津市塘沽区东南 20km 的高沙岭村，距天津市区 60km。由于该处沙滩平缓，坡度仅千分之一，海潮落差大，所以在退潮时近 3km 宽的潮间带无水。为解决落潮时无水可游的问题，在距海岸 600m 处围建了 1 个 18 万 m² 的人工浴场，这样既保证了全天侯开放，同时还提高了水质状况。在这样的地理条件下建设海滨浴场在国内尚属首创，具有试验性。实践证明，试验是基本成功的。浴场刚开放 50d 内，接待游客 24 万人次，显示了它的吸引力。　（王学锋）

【围海工程】 一项综合开发利用海滩的围海筑堤工程 1989 年在天津市大港区东海滩动工，工程预计总投资 4 700 万元。

此项工程以原有的 4.6km 海堤为基础，向东海滩继续延伸。4 条东西堤总长约 6.8km，1 条南北新堤长约 4.6km，总面积 7.8km²。整个工程共分 A、B、C 三个区块，A 区 1989 年建成，B、C 区预计 1990 年建成。

（卢明生）

表 1　天津市 1986～1989 年海洋水产状况

年份	海水产量总量(t)	海养面积(亩)	养殖产量(t)	对虾精养面积(亩)	捕捞产量(t)
1986	31 508	46 560	2 730	32 533	28 778
1987	32 862	62 495	4 715	49 485	28 147
1988	32 874	68 097	6 645	60 960	26 229
1989	37 861	73 536	7 121	65 386	30 740

了整理、计算和分析，完成以下10项重大成果：1.海岸带和海涂资源综合调查报告8册。2.海岸带和海资源综合调查图集，共计49种498幅。3.12个专业调查报告22册。4.海岸带和海涂资源综合调查资料汇编139种，496册。5.海岸带和海涂资源综合调查第一调查区(锈针河至丁字湾)、第二调查区(丁字湾至虎头崖)、第三调查区(虎头崖至大口河；黄河三角洲全部)的综合调查报告3卷8册。6.各调查区、各专业和专题调查报告计126篇。7.归档技术档案2 100余卷。8.各种海洋技术标本3.5万件，海岸带植物、岩石矿物、土壤等标本数万件。9.建立了海岸带和海涂资源综合调查数据库，输入2 480多万个数据，已提供使用。10.录制了48盘海岸带自然资源开发利用资料电视片。

另外，在调查过程中还进行了一系列开发试验，规模较大的有胶洲湾、乳山湾、桑沟湾等海域的水产开发试验，均取得一定的经济效益。

(张书吉　杨　鸣)

【海岛调查】 山东省沿海，面积大于500m^{2}的海岛有299个。其中长住居民岛20多个。这些海岛大部分离陆岸较近，交通方便，周围海域广阔，水产资源丰富。山东省科委、计委等部门自1985年起组织海洋局一所、中科院海洋所等单位对30个岛屿进行了多学科调查，其主要内容是：气候、水文、海水化学、海洋生物、地质地貌、社会经济、土壤、植被等。被调查的海岛有：桑岛、南长山岛、高山岛、猴矶岛、车由岛、大竹山岛、小竹山岛、大黑山岛、担子岛、威海褚岛、日岛、苏山岛、宫家岛、千里岩、狮子岩、马儿岛、女儿岛、大石岛、脱岛、竹岔岛、牙岛、灵山岛、平岛、达山岛、车牛山岛、牛背岛、牛尾岛、牛角岛，以上岛屿调查均于1988年完成，并由省科委等组织了鉴定。

1988年，为配合全国海岛资源综合调查，制定了“山东省海岛调查实施方案”。1990年成立了“海岛调查领导小组”，负责全省海岛调查任务。(于庭芳)

【海洋捕捞业】 山东沿海自然环境优越，水产资源丰富，近岸地方性区系鱼类150多种，其中经济鱼类30多种，资源量20多万吨；经济贝类40余种，资源量30多万吨；经济藻类50多种，资源量30～40万t，还有海参、海胆、扇贝、鲍鱼等经济价值较高的珍贵海产品近万吨。

山东省1988年有机动捕捞船26 746艘(346 867t，58 000kW)，捕捞量75.6万t。1989年捕捞量89.92万t；捕捞业的发展促进了沿海渔业生产和经济的发展，但由于增加了海洋捕捞的强度，无计划、无限制地酷捕，导致某些水产资源的衰减，有一些鱼类甚至面临枯竭，已不能形成渔场。如小黄鱼历史上最好年份产量2.6万t，1989年仅产9 796t；对虾最好年份产量2.1万t，而1989年仅产4 088t。因此保护近海渔业资源，开展有计划的捕捞，并逐步发展远洋捕捞业，已是当务之急。

(姜克岩　曲广富)

【海水增养殖业】 1986～1989年，山东省充分利用浅海、滩涂资源进行海水增养殖生产，取得很大发展。海带养殖是50～60年代的主要养殖品种，80年代得到稳步发展，1989年养殖面积7.7万亩，总产15.4万t。70年代贻贝养殖开始大面积投产，到1989年养殖面积2.7万亩，总产14.5万t。80年代对虾、扇贝养殖发展很快。对虾养殖，1986年养殖面积35万亩，总产量1.73万t，1989年养殖面积为77.5万亩，总产量5.14万t，另外为增加对虾养殖效益，开展了虾、鱼、虾贝等混养技术试验，并已获成功，目前正在推广之中。扇贝养殖，1986年养殖面积1.03万亩，总产量2.18万t，1989年养殖面积4.1万亩，总产量10.49万t。其他养殖品种的养殖面积和产量也有较大发展和提高。海参已开展海底增殖和池塘人工养殖。鲍鱼人工育苗已获成功，除去在海上进行养殖以外，还开展了工厂化人工养殖。可以看出，海水养殖业发展较快，就产量而言，1976年海水增养殖产量仅占总产量的16.65%，1989年海水养殖面积达到103.7万亩，总产50.4万t，占海洋水产总量的35.9%以上。

1983年对虾放流增殖试验获得成功后，每年都在山东南部海湾进行对虾放流增殖生产。近几年来，在山东南部海湾和北部莱州湾进行了对虾增殖放流，回捕率一般在7%以上，经济效益显著。

(姜克岩　曲广富)

【沿海港口建设】 山东省海岸蜿蜒曲折，有众多的基岩港湾及通向外海的深水航道。在北自虎头崖南至锈针河口长达2 490km的海岸上，就有大小海湾200多个，其中面积大于1km^{2}的51处，水深大于5m的32个，大于10m的18个，最深的达64m。著名的青岛港、龙口港、烟台港、威海港和石岛港均建于沿岸海湾内。海岸带岬角深水岸线很多，有积木角、龙洞嘴、八角、羊龙湾、鱼鸣嘴、朝阳嘴、石臼嘴和岚山头等，在这些深水岬角岸段，也先后建成不同规模的码头。另外，在黄河三角洲及莱洲湾沿岸，有很多河口及稳定、宽阔的潮水沟，可建中小型港口，现在的东风、下营、羊口、央子、广利等港，均属这种类型港口。

现在全省已有年吞吐量1万t以上的港口24处，渔港43处。1988年货物吞吐量已达5 537万t，比1987年增加22.3%。其中对外开放港口有烟台、龙口、威海、青岛、石岛、石臼、岚山等港。

1986～1989 年，在沿海 11 市（县）建成不同级别泊位 31 个，码头累计总长度 3 030m。包括：1. 东营广利港，800 吨级泊位 2 个，500 吨级泊位 4 个，码头总长 420m；2. 潍坊央子港，500 吨级泊位 2 个，码头总长 100m；3. 荣成利江港，1 000 吨级泊位 1 个，码头总长 75m；4. 乳山口港，3 000 吨级泊位 1 个，码头总长 130m；5. 烟台西港，(a)商港 1 000 吨级泊位 2 个，码头总长 160m；5 000 吨级泊位 2 个，码头总长 250m；(b)邮运码头，1 000 吨级泊位 1 个，码头总长 70m；(c)粮油专用码头，1 000 吨级泊位 4 个，码头总长 80m；6. 龙口港(a)煤炭专用码头，16 000 吨级泊位 1 个，码头总长 175m；件货码头，16 000 吨级泊位 1 个，码头总长 170m；散货码头，16 000 吨级泊位 1 个，码头总长 180m；(b)客货码头，5 000 吨级泊位 1 个，码头总长 120m；(c)胜利油田龙口基地，1 000 吨级泊位 4 个，码头总长 400m；7. 牟平港，5 000 吨级泊位 1 个，码头总长 120m；8. 长岛－蓬莱 1 000 吨级轮渡码头；9. 青岛－黄岛 1 000 吨级轮渡码头；10. 青岛大港过驳码头，1 000 吨级泊位 1 个，码头总长 410m；11. 埕口盐场盐运码头，1 000 吨级泊位 1 个，码头总长 70m。

（于庭芳）

【沿海能源开发】 石油、天然气是山东省海岸带的优势能源，风能、太阳能地热能、海洋能也有很大开发潜力。

石油、天然气从潍坊至惠民沿海资源丰富，其中的黄河三角地区是中国第二大油田——胜利油田所在地。根据淮北至套儿河间的 45 个油田和 14 个油气田的统计资料，探明控制地质储量为 28.9 亿 t，储油面积为 1 266km^2，天然气探明为探制地质储量为 213 亿 m^3，面积 127.2km^2。截止 1988 年底，胜利油田石油地质储量为 31.17 亿 t，天然气地质储量为 232 亿 m^3。1988 年石油产量为 3 330.26 万 t。

山东省海岸带是全国风能资源最丰富的地区之一，蕴藏量为 1 100 亿 kW.h/a，年有效风速达 4 491～7 499h。年有效风能大于 1 000kW.h/m^2 的地方有埕口、湾湾沟、土山、长岛、威海、成山角、乳山口、大桥、青岛、千里岩等地。除胶州湾以南和莱洲湾沿岸外，绝大多数岸段可安装数十千瓦级风力发电机。现在已在长岛、威海、成山角地区安装小规模风力发电机进行发电试验，并取得一定的效果。

太阳能资源相当丰富，全省海岸带区域总辐射量为 494～544kJ/(cm^2.a)。烟台以西地区较大，为 523～544kJ/(cm^2.a)。埕口最大为 544kJ(cm^2.a)。

黄河三角洲地区和山东半岛东部威海沿岸，地热能源蕴藏量丰富，现已部分开发用于温泉疗养及水产养殖，具有很大的开发潜力。

海洋能包括潮流、潮汐、波浪和温差发电等，山东省资源丰富，有待于开发。在乳山县白沙口建设的水库面积 4 800 亩、装机容量为 960kW 的潮汐电站，首台机组投产于 1987 年，现运行正常。

（姜克岩 曲广富）

【滨海旅游资源开发】 山东省沿海风景秀丽，气候宜人，地貌类型奇特，名胜古迹众多，旅游资源丰富。现已开发的旅游区主要有青岛、烟台、威海、蓬莱、庙岛群岛、荣成成山角、胶南琅蚜台、莱州文峰山等旅游区，每年吸引游客上百万。

1986 年以来，对已有的旅游景点及服务配套设施进行了修复和重建，如青岛崂山风景区、刘公岛北洋水师提督府、蓬莱阁、牟平养马岛等。随着旅游业的发展，沿海有关部门根据当地条件新建、扩建海水浴场 16 处，比较著名的有青岛的石老人、薛家岛、海阳县的黄金海岸、长岛的月芽湾及烟台、威海的部分浴场。这些旅游设施的新建和扩建，为国内外游客提供了观光和避暑疗养的理想场所。 （于庭芳）

【沿海矿产开发】 山东省沿海矿产资源丰富，不仅矿种多，而且有些矿种储量很大。已发现各种金属和非金属矿 70 种，其中 39 种已探明储量。

金矿储量和金的产量目前均居全国之首。从莱州市至招远县一带已发现具特大型规模的原生金矿 3 处。全区累计探明诸量 272t。另外，胶东半岛东部及南部具有较好的成矿条件。乳山、牟平已有开采。

钼矿是山东省海岸带储量最大的有色金属矿，福山区邢家山为特大型矿床，已探明储量 74.3 万 t。其他有色金属如银、铜、锌、铅等均为中小型矿床。34 处铜矿中以福山区王家庄储量最大，为 25.82 万 t，目前已在开采中，其他的规模均较小，分布于乳山、海阳、荣成、蓬莱等县。铝、锌矿多为伴生矿，已发现矿点 21 处，中型矿床 1 处，小型矿床 2 处。

滨海砂矿有锆英石、钛铁矿、金红石等砂矿，主要分布在荣成、即墨、崂山、日照等地海岸带，目前探明矿床、矿点 50 多处。石岛锆英石矿品位高，平均含锆英石 3～5kg/m^3，探明量 25 万 t。

非金属矿有石棉、石墨、滑石和菱镁矿等，分别分布在日照、威海、文登和莱州等市。

建筑材料花岗岩、大理石、海沙、石英矿等，储量都很丰富，并已进行一定规模开采。

（姜克岩 曲广富）

【盐业及盐化工】 山东省的盐田主要分布在惠民和莱州湾沿岸。1987 年全省盐田面积已达 399.35km^2，原盐产量272.9万t。莱州湾沿岸地下浓缩海水资源丰富，含盐浓度大，总含盐量为8.13亿t，是山东主要原盐产区，盐区总盐田总面积372.3km^2，生产面积约261.2km^2，原盐生产能力232.7万t(1987年)，该区盐田又主要分布在潍坊沿海一带，到1987年主要盐场有17个。

盐化工生产近年发展很快，潍坊1988年已形成年产溴素5 050t的生产能力，产溴素约4 000t。老产品氯化钾、氯化镁、“1211”灭火剂成批生产，新产品四溴双酚A，“1301”溴酸钠等产品已批量生产，潍纺年产60万t纯碱厂已建成投入生产。莱州盐场现已具备年产溴素500t、无水硫酸钠4 720t、TBC100t、无溴甲苯100t的生产能力。莱州东风盐场年产500t溴素。惠民鲁北化工厂以盐副产品为原料，年产硫酸1万t。

【林、农、牧开发】 山东省属暖温带，落叶、阔叶林区，海岸带又受特殊地形影响，树种资源丰富，共有木本植物511种，其中乔木220种，灌木291种，主要造林树种50余种。沿海地区共有林业用地395万亩，森林总面积255万亩，森林覆盖率为10.77%，其中防护林占39.59%，用材林占16.35%，经济林占21.68%，其他林占22.38%。现有各种林木总蓄积量211万m^3，其中松类约占27.35%，刺槐占24.16%，杨类占8.81%，其他树种占39.68%。

全省砂质宜林地约60万亩，已造林85%以上。落叶果树是山东沿海林业生产一大优势，主要名优特产有：烟台苹果、莱州梨、福山大樱桃、无棣和沾化金丝小枣等。

山东沿海农牧业受自然环境条件影响，资源和生产水平存在明显地域差异。

鲁北平原沿海，土地广阔，有耕地499万亩，草地211万亩，人均耕地3.6亩。该区易旱易涝，多盐渍土，产量较低。种植结构属粮棉型，粮食作物主要是：小麦、玉米、大豆、高粱，多为二年三熟制，粮食平均亩产264.5kg，皮棉亩产60.5kg。区内有牲畜36万头，人均0.26头。

鲁东丘陵沿海有耕地691万亩，人均1.7亩，属粮油结构型。粮食平均亩产508kg，花生亩产214.5kg。全区共有牲畜126.2万头，其中猪占110.30万头，属典型的农区饲养型。（姜克岩　曲广富）

【长岛海珍品自然保护区】 该保护区建立在长岛县以东和以南的海域内，共辖北隍城乡、南隍城乡及大竹山岛周围海域。其范围在南、北隍城、大竹山3个岛屿沿岸20m等深线以内海域，保护面积分别为2.4、2和0.67km^2。

保护区所属3个岛屿开发历史悠久，解放以来先后进行了人工养殖海带、扇贝、鲍鱼等工作。刺参、鲍鱼、海胆等海珍品的产量较高；但由于近几年管理不善，酷采严重，海珍品栖息条件受到破坏，造成自然资源衰退。为了保护该区的海上生物资源，目前该区正在筹备建成国家级海珍生物保护区，保护对象重点为海参、鲍鱼、海胆及近岸性鱼类和藻类，以形成一个良好的生态系统。

【日照“前三岛”自然保护区】 “前三岛”指平岛、达山岛、车牛山岛及周围岛礁，总面积0.34km^2。本保护区分为缓冲区、试验区和核心区，总范围在东经119°47′～119°57′、北纬34°58′～35°10′之间，缓冲区、试验区面积约412km^2，核心区包括3岛及各岛礁周围3km左右的范围。保护的重点对象是青岛文昌鱼、海珍品、经济鱼虾蟹等珍贵动物及它们的产卵场和索饵场及岛上140余种鸟类和它们栖息繁衍的自然环境。

该区目前正筹备建成国家海洋生物和自然环境保护区。(“前三岛”地处苏、鲁两省交界之海域，其归属现尚有争议——编者著)

【月湖综合保护区】 月湖(又名马山港)，位于山东半岛东端、成山头之南的荣成湾内，是一个典型的半封闭式砂坝泻湖，现保护较为完整。周围尚未大量开发，也无严重污染，在国内亦属少见，具有较高的科研价值。

月湖原具有优越的自然生态环境，盛产海参，最高年产干参近1 900kg，曾有参库之称，后期由于缺乏科学的整治与开发，使湾内水域环境破坏，水质恶化，生态失去平衡，海参资源锐减，前几年虽然采取了一些补救措施，但生态环境远未恢复。

月湖也是主要候鸟栖息之地。每年冬季，数千只大天鹅及大量海鸭、鹤和其他鸟类在此越冬，景象颇为壮观；夏季气候凉爽，部分天鹅留此度夏，且数量逐年增加。该湖周围有许多沿岸风成砂丘和海岸防护林带，既是典型的海岸地貌体，亦为发展旅游业的潜在资源。

该区现在正在筹备建立省级综合保护区。

（杨　鸣）

【台风灾害】 1986～1989年有下列几次台风对山东沿海影响较大，出现了大风或局部地区暴雨，造成了较严重灾害。

1986年8月28～29日，第15号台风影响山东省荣成市，海上阵风8～9级，损失船只17艘，其中7艘沉没；冲坏码头3处，长145m，挡浪桥770m，海上养殖扇贝140亩，贻贝90亩，直接经济损失总计300多万元。

1987年7月29日，第7号台风袭击山东省烟台

江苏省海洋、海岸带综合开发

【概况】 江苏省沿海共有14个县(市、区),海岸线总长1 039.8km;滩涂总面积近980万亩,其中潮上带面积390万亩,潮间带400万亩,岸外辐射沙洲190万亩。潮上带已围垦面积280万亩,开发近220万亩;潮上带未围垦面积110万亩,近期适宜围垦的面积60万亩;潮间带已用于文蛤护养与紫菜养殖的面积近100万亩,可供贝、藻类养殖的还有200多万亩。在220多万亩已围潮上带中,已建成耕地25万亩、林地7万亩、人工草地3万亩、海水养殖水面18万亩、淡水鱼精养水面5万亩、盐田97万亩;在已围未开发的潮上带中,部分搞了苇、鱼场及围滩大水面养鱼等粗放利用;未围潮上带中约种植芦苇20万亩。沿海地区生产、加工及配套服务设施也有较大发展,已建育苗场40座、温室35万m^2、产品加工厂10多座、冷冻厂140多座、饵料厂50多家,使沿海地区初步形成了粮棉、对虾、鳗鱼、淡水鱼、林果、畜牧、盐业、文蛤、紫菜、芦苇等商品生产和出口创汇基地。

1985年以前,江苏省沿海滩涂开发主要沿袭了“围垦—养垦—开垦”的传统农业和围建盐场的路子,商品率低,效益不高。因此江苏省沿海滩涂开发利用管理局在1985年制定的沿海滩涂“七五”开发规划中明确了“充分利用滩涂资源优势,以国内外市场为导向、因地制宜、合理开发、一业为主、综合经营”的指导思想,提出了“建设十大商品生产和出口创汇基地”的奋斗目标;在此基础上,1987年下半年该局与江苏省农业区划办公室又编制了“1988～2000年江苏省沿海滩涂综合开发规划”。该规划1987年12月通过了全国农业区划委员会、农牧渔业部主持的鉴定。

1986～1989年,江苏省沿海地区粮棉、水产养殖业等发展较快,共投资3亿多元,新围滩地5万多亩,开发已围滩地30万亩,增加各类生产面积约20万亩。累计实现总产值29.1亿元,税利12.5亿元,创汇1.4亿美元。其中1989年产值8.5亿元,税利3.3亿元,创汇3 500万美元,与1985年相比分别增长89%、50%及94%。(见表1、表2) (孙文高)

市、威海市的8个县、市、区,有文登市、荣成市、威海市(环翠区)、牟平县、乳山县、海阳县和芝罘区、福山区等,共辖乡镇130个。阵风10级,毁坏房屋4 836间,刮倒树木38.6万棵,损失水果1 711万kg,冲坏虾池17 810亩,损失养殖扇贝28.5万kg,贻贝220万kg,海带27.1万kg,船只20艘,造成经济损失总计8 598万元。

1988年8月26日,威海市受大风暴雨袭击,阵风11级,损失船只198艘,丢失网具1 600件,冲毁渔港码头7处。

另外近几年内造成重大灾害的是1985年9号台风。该次台风8月19日在山东胶南县登陆,青岛至烟台等沿海地区风力达9级以上,阵风11～12级,千里岩风速达到37m/s,降水多在100mm以上,烟台地区达到150～300mm,其灾害是解放以来最大的一次,仅烟台地区农作物受灾面积就达290万亩,损失水果1.75亿kg,船只200余艘,冲毁桥梁133座,公路167处,倒塌房屋2.7万多间,死伤人员50余人,直接经济损失5亿多元。 (牛世奎)

【寒潮、大风灾害】 秋、冬季影响山东沿海的大风主要是偏北向的季风,每年大约有十几次至二十几次不等,而影响较大的是来自西北向的寒潮大风,有的造成较大的灾害和经济损失。

1987年10月29～31日,山东寿光、寒亭、昌邑、广饶等4县区沿海遭受寒潮大风袭击,风力在10级以上,海上风浪3m多高,形成强大风暴潮,水位急剧上涨,在寿光、寒亭冲毁大坝近20km,养虾池500亩,海上围网养虾近千亩,毁坏船只21艘,渔港码头400m,直接经济损失千万元以上。

1987年11月26日,莱州、寿光、寒亭、昌邑、垦利等县、市、区出现8～10级大风,潮位上涨3.8m,冲毁大坝近60km,虾池4 000多亩,盐田25万亩,损失原盐2 000t,鱼船20艘,莱州市冲毁大坝300多米,损坏船只3艘;垦利县冲毁虾池3 000亩;5县市直接经济损失千万元以上。地处莱州湾南岸的胜利油田也损失近千万元。

1989年10月31日,在山东近海龙口市以北大约88.9km处,由于东北向大风形成巨浪,使上海“金山

表1　江苏省沿海滩涂生产情况表

类别	单位	1986年		1987年		1988年		1989年		1986～1989年产量累计
		面积	产量	面积	产量	面积	产量	面积	产量	
粮食	万亩、t	12.3	56 000	15.0	58 000	16.0	60 000	16.5	64 000	238 000
棉花	万亩、t	7.9	36 000	8.5	3 800	8.5	4 000	8.5	4 200	15 600
油料	t	—	1 400	—	1 400	—	1 500		4 300	8 600
紫菜	万亩、t	0.3	310	0.39	386	0.74	347	0.88	570	1 613
文蛤	万亩、t	80.0	21 000	84.0	20 000	86.0	24 000	90.0	25 000	90 000
原盐	万亩、万t	96.0	189	97.0	201	97.0	227	97.0	250	867
牧草	万亩	0.8	—	1.8	—	2.0	—	3.0	—	—
林果	万亩	5.0	—	6.2	—	6.6	—	7.0	—	—
芦苇	万亩、t	18.0	40 000	20.0	45 000	20.0	50 000	20.0	55 000	190 000

注：1.表中数据系不完全统计。

2.粮食产量中包括一部分棉花套种粮食的产量；油料作物面积中复种面积未单列，紫菜产量为干品；文蛤面积为护养面积，产量系整个估算产量；盐田面积系有效生产面积。

表2　江苏省沿海滩涂经济指标

类别	单位	1985年	1986年	1987年	1988年	1989年	累计	1989年比1985年增长%
产值	万元	45 000	60 000	66 000	80 000	85 000	291000	88.9
税利	万元	22 000	28 000	31 000	33 000	33 000	125 000	50.0
创汇	万美元	1 800	3 000	3 500	4 000	3 500	14 000	94.4

注：1.表中数据系不完全统计。

2.指标中不含海洋捕捞、港口及港口城市产值。

【海岸带调查】 江苏省海岸带和海涂资源综合调查是全国海岸带调查的组成部分，从1980年1月开始至1985年11月通过国家级鉴定验收，历时5a多。参加单位70多个，参加人员1 500多人（其中科技人员430多人）。

本次调查范围包括沿海1.5万km^2的陆地、滩涂和近海6万km^2的海域。调查的内容是除在保证完成国家规定的任务的基础上，还增加了若干地方经济发

号”货轮沉没，船上34人全部遇难。　（牛世奎）

【赤潮灾害】 1989年8～10月，河北省沿海发生大规模赤潮，同时涉及到山东省沿海四个地市，惠民、东营、潍坊及烟台的莱州市沿海相继出现赤潮，给沿海海水养殖生产造成重大损失。另外，赤潮对渤海对虾的捕捞生产也造成很大影响，1989年山东省在渤海湾增殖放流对虾22亿尾，据调查，长势良好，丰收在望，加上自然繁育的对虾，预计山东省海捕虾总产量将有大的增加，然而由于赤潮的影响，使对虾捕捞量大幅度减少。还有，莱州湾沿海滩涂贝类也因赤潮造成大量死亡。总经济损失约在亿元之上。　（牛世奎）

【防潮工程】 为防止海潮侵蚀与海水倒灌，1986～1989年在山东北部的惠民、东营、潍坊、烟台等地市的主要地段，修筑防潮堤坝244km，累计土方500万m^3。胜利油田为开发孤东的油气资源，修筑防潮围堰40km。龙口市修筑防波堤570m，护岸1 100m。烟台、威海市在北部和东部沿岸营造海岸防护林近百万亩。仅荣成市就有防护林49.8万亩。这些措施有效地保护了沿海的农田，使之免遭海水的侵蚀，为沿海的盐业、海水养殖业和石油开采生产提供了安全条件。

（于庭芳）

展需要的调查课题，其中9项具代表性的项目见表3。

本次调查共完成海上调查任务10项、海岸滩涂调查任务11项、沿海陆地调查任务14项、航测和图集编辑任务6项。完成的主要成果有6项，其中向国家提交的有：《江苏省海岸带和海涂资源综合调查报告》，84.5万字，1986年6月海洋出版社出版；1：20万《全国海岸和海涂资源综合调查成果图集》(江苏分册)87幅和说明，1989年12月完成；江苏省海岸带和海涂资源综合调查资料汇编1 100卷，已完成归档。向省提交的有：国内第一部省级海岸带管理法规《江苏省海岸带管理暂行规定》，江苏省人民政府于1985年10月18日行文颁布，并于同年11月19日在《新华日报》颁布施行；编写了《江苏省海岸带和海涂开发利用意见》，1985年4月江苏省人民政府办公厅将该《意见》转发沿海市、县和省有关部门，为开发利用沿海资源提供了科学依据；编印了10个图组、46幅专业图的《江苏省海岸带自然资源地图集》，1988年6月由科学出版社出版，为海岸带研究、开发、保护的有关人员提供了参考资料。此外完成的还有19个专业调查报告，《江苏省海岸带和海涂资源综合调查论文选集》4集共5册，《江苏省辐射沙洲东沙滩调查论文集》1册。 (周荣如)

表3　海岸带调查开发试验

名　称	试验期(年)	新增产值(万元)	新增利税(万元)	创　汇
如东海涂土地资源综合开发利用试验	1982～1985	728.97	159.65	30.4万美元
文蛤增养殖技术及开发利用试验	1982～1985	334.48	213.97	61 305万日元
水草藻绿综合改良滨海盐土试验	1981～1985	5.08	1.52	
盐土香料人工栽培试验	1981～1984	30	3	
海滨林木园试验	1981～1986	42.6	园内现有当时种植432 980株林木，价值42.6万元	
对虾大面积高产精养试验	1985～1986	470	93.6	300万美元
防止芦苇退化和高产技术试验	1981～1984	125	87	
海滨牧场试验	1981～1985	10.5	2.5	
海滩防蚀促淤试验	1981～1985	科研投资21万元，采用分离式离岸堤与丁坝相结合形式，工程后积淤效果明显，对护坡保滩、海岸防护有积极指导意义，社会效益巨大。		

【沿海港口与运输】 **港口：** 连云港是中国八个重要港口之一，位于江苏北部海州湾、陇海铁路东端终点站，是中国西北、中原地区的最短出海港口。(本港参见本书“海上运输与港口”)

燕尾港属连云港港务局管辖，离连云港东南约46.3km，位于灌河口，有3 000吨级码头泊位1个，每年出口20万t盐。陈家港：位于灌河下游。现有3 000吨级盐码头泊位1个，年吞吐量59.5万t，其中盐出口总量达20万t左右，另在小蟒牛地区建有3 000吨级杂质货泊位1个。九里港：有2个100吨级泊位，年吞吐量2万t。三洋港：有9个100吨级泊位，年吞吐量14万t。海头港：有5个100吨级泊位，年吞吐量35万t，此港口同九里港、三洋港均属赣榆管辖。射阳港：位于射阳河口，有1 000吨级泊位3个，年吞吐量14.9万t，属射阳县管辖。

运输： 江苏运输船队利用长江沿岸港口，航行于世界10多个国家和地区的50多个国际贸易港口，相继开辟了日本、朝鲜、东南亚和欧洲等航线。国内运输范围南至海南岛，北至丹东。

1986年，以12艘远洋船舶为主，总载重量9.12万t。5月新辟南通至香港集装箱支线班轮。7月首开曼谷航线。另外有南通港、张家港、南京港至香港、日本的定期班轮航线。全年货运量为63.53万t，周转量约12.04亿t.km。

1987年，开始实行定船、定时、定泊位、定航线、定货载营运；张家港至香港班轮由每月2班增至4班；为解决邻省市外贸出口困难，新开上海至香港定期班轮；开展集装箱租箱业务，使川航南通到香港支线集装箱船的箱位利用率提高。全年货运量71.62万t，周转量14.02亿t.km。

1988年，新辟两班南京至香港全集装箱定期班轮、南通到香港杂货班轮。全年货运量74.46万t，货运周转量14.72亿t.km。年底成立江苏海运公司。

(刘沛安)

【盐业与盐化工】 江苏盐田生产面积97万亩，形成江苏盐区，是中国北方四大海盐产区之一，产品素以淮盐享誉海内外，销往国内14个省、市，同时出口日本、朝鲜和香港。1986～1989年，累计出口原盐110万t，创汇1 000多万美元。全省盐产量见表4。盐的品种结构也有很大改变，增加了粉洗盐、粉精盐、低钠盐、加碘盐、加硒盐、加锌盐、调味盐、海群生盐等。其中粉精盐、低钠盐、加硒盐、加锌盐系国内首创，低钠盐获轻工部1985年优秀新产品奖。

原盐生产，全省已有2.78万亩盐田采用塑料薄膜苫盖结晶池新技术，单位面积产量比原来提高33.14%，氯化钠含量提高4%。

1987年初，省盐业公司开始全面进行盐田技术改造和滩地设备改造和配套工程，截至1989年底技改项目大部竣工，盐田设备完好率由1985年的54%提高到76.44%，全民劳动生产率1989年为10 015元/人，比1986年增长6.57%。

盐化工主要利用产盐后母液——苦卤，产品有30多个品种，总产量7万多吨。80年代以来，实行"以化养化"的方针，狠抓技术进步和产品开发，产品的产量、质量、品种、效益都有很大发展和提高。主要经济技术指标跨入了全国先进行列，成为江苏盐场的三大经济支柱之一(详见表4)。除表中所列产品外，还开发了NL－200阻燃剂、TBC阻燃剂、TE－清灰剂、溴化钾、溴化铵、三溴苯酚、双三溴苯氧基丙烷等。

表4　江苏省盐化工生产情况

单位：t

产品名称	1986年	1987年	1988年	1989年
氯化钾	4 946	5 767	6 861	7 067
溴素	412	429	473	505
空气吹溴	221	362	473	466
氯化镁	50 144	54 675	65 439	66 217
十溴联苯醚	7.32	4.24	33.42	51.78
溴氢酸	20.36	38.10	86.06	92.39
药用氯化钠	5.26	26.02	—	50.64
溴乙烷	—	—	8.83	50.64
硫酸镁	—	—	—	1 540
四溴双酚A	—	—	15.5	27.85
溴化锂	—	—	28	36.61
溴甲烷	—	—	—	13.14
精制钾	—	—	—	15.58
试剂钾	—	—	—	2.68

(薛存德　汪传玺)

【**海洋水产**】 江苏省沿海气候温和，水产生物资源丰富。1986～1989年，海洋水产稳中有长，特别是海水养殖业增长较快(见表5,6)，但由于海洋捕捞强度的增加，导致了经济鱼类资源的破坏。例如，大黄鱼产量1986年为997t，1989年下降到285t；1987年海洋捕捞业的产量比1986年增加0.9万t，但其中经济鱼类捕捞却下降3.77万t；因此，大力发展水产养殖、保护近海经济鱼类资源、合理捕捞、逐步发展远洋渔业应成为今后海洋水产发展方向。

水产科技方面，1986～1989年，取得的科技成果主要有4项：海水鱼养殖技术研究，1988年通过技术评审；四角蛤蜊人工育苗和苗种培养技术研究，1988年6月通过省科委验收；梭子蟹保活技术研究，1990年4月通过现场验收；黑鲷全人工繁殖、育苗及养成技术研究，获1990年省水产科技改进一等奖，该研究项目历时八年多，在黑鲷全人工繁殖、育苗、养成技术方面取得生产性突破，特别在亲鱼与苗种培养、苗种越冬及以黑鲷为主的成鱼混养方面技术比较成熟，在国内首次形成了比较完整的系统技术。以上课题均由省海洋水产研究所承担。

(刘　永)

表5　江苏省1986～1989年海水产品总产量

单位：万t

类别 / 年份	海洋捕捞	海水养殖	合计
1986	24.16 (其中经济鱼虾类12.97)	2.22	26.38
1987	25.06 (其中经济鱼虾类9.20)	2.92	27.98
1988	25.60	3.36	28.96
1989	27.81(其中远洋0.35)	3.45	31.26

表6　江苏省1986～1989年海水产品分类产量

单位：万t

类别 / 年份	1986	1987	1988	1989
鱼类	18.45	18.82	18.00	18.29
虾类	3.32	4.10	5.28	6.04
蟹类	1.69	1.76	1.7	2.65
贝类	2.69	3.27	3.85	4.10
藻类	0.23	0.09	0.06	0.18
合计	26.38	27.98	28.96	31.26

【沿海种植业】 江苏省沿海较大规模的垦植始于20世纪初，至今已在老海堤内开垦荒地约550万亩，兴建了16个大中型国营农场，粮棉生产面积250余万亩。在老海堤内垦荒的同时，50年代末至今在老海堤外又新围滩涂180万亩左右，其中用于种植业的面积约40万亩，主要分布于南通、盐城新垦区，其中1986～1989年增加生产面积约7万多亩。垦区生产条件也不断得到改善，在垦区内部进行了大中小沟、灌溉渠系、配套建筑物、道路桥梁、输电线路等建设，至1989年底，已建机电排灌站200余座，添置耕作机械800余台，基本上达到了能灌能排和机械耕作。

江苏沿海滩涂种植业以粮食和棉花为主，粮食作物有三麦、蚕豆、水稻、玉米、大豆等，经济作物有棉花、麻、薄荷等，油料作物有油菜、花生等。一般采用两年三熟、一年两熟或两年五熟轮作制。据不完全统计，1986～1989年，共生产粮食近24万t，皮棉近1.6万t，油料8 600多吨。其中1989年约生产粮食6.4万t、皮棉4 200t、油料4 300t。

1984年以来，由于受到"粮食、棉花过剩"的错误导向的影响，粮棉生产得不到重视，致使粮棉等一些品种种植业发展缓慢。近年来，国家重视农业并采取一系列优惠政策，提高收购价格，调动了群众种粮种棉的积极性，现已出现好的发展势头。 （徐华庆）

【沿海畜牧业】 江苏沿海畜牧业历史上以草滩放养牛羊、农户圈养猪禽为主。目前，沿海有专业畜牧场8个，国营农牧场6个，以及一些养鸡、养貂场等，大量的饲养还是场圃及农户作为副业的分散饲养。养殖的品种有牛、羊、猪、鸡、鸭、鹅、兔、貂等。据不完全统计，1986～1989年共养牛4 000多头、猪50万头、羊16万头、家禽260只、兔6万只、水貂20万只。牛以耕牛为主，东台县和射阳县等地有种牛场，大部分耕牛为农民户养；奶牛场有如东县棉花原种场畜牧场、国营淮海农场畜牧场等，规模为几十至上百头。羊以山羊为主，农户养殖量较大，专业养殖场有启东黄海滩羊场，该场利用在海滩上种植的大米草放牧，年饲养量500～1 000头，其他饲养量较大的有射阳林场，年饲养量2 000头，以及东台林场、大丰县华丰牧工商联合公司等。

（孙文高）

【沿海林业】 江苏沿海林业包括成片林、骨干林、农田防护林以及四旁植树。海岸带范围内成片林主要集中在20多个林果蚕桑场圃，总面积23万多亩。其中近万亩以上的大中型国营林场9个，总面积20余万亩，林业用地面积约18万亩，平均林木覆盖率约83%。建国初期修筑和加固的堤外滩涂成片林约4万多亩。近几年来，林场实行了林工、林农、林牧、林商结合的综合经营，经济效益明显提高。如大丰林场总面积4.5万亩，1989年税后利润达191万元，为1979年的38倍。射阳林场2.8万亩，1989年税后利润34万元。生态效益也更显著，大丰林场里面建立了麋鹿保护区；射阳林场有鸟类22目、40种、220种，数量达几十万只。

骨干林包括海堤林、河堤林及公路林，其中海堤林约有5万多亩，主要分布在盐城、南通两市的新老海堤上，河堤林及公路林分布在骨干河道两侧河坎上及公路两旁。农田防护林分布在垦区大中小沟及道路两侧，新围滩涂中约有2万多亩。

1986～1989年，结合沿海防护林工程体系的建设，海岸带范围内开展了植树造林活动，其中新种植的果树就有2万亩左右，面积较大的有如东县掘港农场黄桃基地3 500亩，东台市新东果园近2 000亩，海堤乡银杏树1 000亩，大丰县梨基地4 000亩。新围滩涂4年来发展林业2万多亩，除上述新东果园、海堤乡外，重点在新围的竹港垦区造林约5 000亩。另外，在新区种植桑园近万亩。 （王连官）

【沿海旅游业】 江苏沿海旅游资源较为丰富，以自然景观和文化景观方面的旅游资源构成了以青山、碧海、蓝天、岛屿、沙滩为主要特色的连云港风景旅游区和以观赏珍禽异兽为主要内容的盐城沿海旅游区。

1984年以前，沿海旅游资源主要开发了连云港云台山和海水浴场。1984年5月连云港宣布开放后，其旅游资源得到较快开发，民航机场、通讯设施和宾馆、商业网点等一大批基础设施项目全面展开，为旅游业的发展创造了条件。1986～1989年，在巩固和发展已开发的景点和项目的基础上，连云港市又逐步开发了一批新的旅游景点和旅游项目。在赣榆县金山乡原徐福庙旧址上新建了徐福祠，并将赣榆县具有传奇色彩的秦山岛开发成新的旅游景点，新增盐田风光旅游等项目。到1989年底，连云港风景旅游区已有涉外宾馆8家，定点餐馆2家，旅游出租车公司2家，二类旅行社（外）2家，三类旅行社（内）2家，外宾客房647间（套），可同时接待外宾1 420人。1986～1989年平均每年接待国外旅游者9 829人，年创700万外汇人民币。国外游客最多的1988年达到10 825人。国内游客每年保持在10～12万人，综合经济效益每年近1 000万元。

盐城市沿海旅游区主要是以保护丹顶鹤和麋鹿为主的两个海涂型自然保护区。为综合开发这一资源，两个保护区先后配备了多种旅游观光设施。建立了珍禽驯鹿小围栏以及望鹤亭、麋鹿瞭望塔等。1986～1989年，两个保护区都逐步实行常年接待来此考察研究和旅游观光的中外学者和游客，共接待20多个国家地区的470名外宾参观考察，同时平均每年接待国内游客3万多人。

另外，沿海旅游资源较少的南通市，根据本市滩涂资源特点，于1985年开发了踩文蛤专项旅游。1986～1989年每年都接待来南通旅游观光、投资经商、办企业的外国客人和港澳台胞。（陈宏友）

【固体矿产资源开发】 **砂矿** 江苏沿海建筑用砂资源有3种类型：1.古河床古河口沙；以赣榆县境内的古河口沙为主，埋于地表浅部，质地好及易开采的地段已被当地群众开采。2.古海滨沙：能被开采的主要有滨海平原的东港自然沙坝及赣榆沿海的古海滨沙坝；3.现代海滨沙：主要分布在赣榆海滨的海州湾北部，该段海岸多短小湍急的山地河流，河口及沿岸多砂质堆积体，当地群众开采量较大，如近年来绣针河口老虎滩沙嘴年采砂量已超过60万t；人工采沙是该海岸侵蚀的原因之一，当地政府已禁令不准开采，并采取了禁采护滩的措施。

保温材料用粘土 分布于盐城市郊郭猛，属于第四系沉积矿床；矿的主要成分平均含量为SiO_2－72.85％、Al_2O_3－13.02％、Fe_2O_3－4.03％；主矿体 长2 000m，宽2 700m，厚1.93m，层状；工业储量(A＋B＋C级)664万t，远景储量(D级)1 122万t。该矿已经过详细勘探。

大理石矿 分布于赣榆县三清阁，属元古界沉积变质矿床，该矿有两种类型用途：建筑装饰用及玻璃制造用，其中建筑材料用大理石岩矿石工业储量(A＋B＋C级)431万t，远景储量(D级)1 923万t，玻璃用大理岩矿石远景储量(D级)3 519万t。矿体理藏浅，适宜露采，目前已进行开采。

铁矿 位于海门县城东北约24km，为矽卡岩铁矿床，矿体理藏深度297～623m。目前已完成详查勘探，查明矿层25层，矿体11个；矿体长700m，宽770m，厚13～50m。工业储量(A＋B＋C级)18万t，远景储量(D级)1 674万t。

【地下水资源开发利用】 **地下淡水资源** 江苏省地下淡水资源在沿海不同地区存在着埋藏深度、涌水量和水质等方面的差异。南通沿海淡水含水层埋深在200～250m以下，单井出水量约1 000～1 500t/d；埒子河口以北无淡水含水层，以南有淡水含水层，埋藏深度自北向南逐步加深，深度60～190m以下，单井出水量约800～1 500t/d，长江古河道地段水量较大，如大丰县万盈—草庙北—涝水舍一线以南单井出水量大于2 000t/d；北部海州湾地区，基岩山区地下水含量少。

矿泉水资源 江苏沿海地区的地下水有的一部分符合饮用天然矿泉水国家标准(GB8537－87)，含有多种对人体有益的微量元素。从已进行的矿泉水调研资料和矿泉水鉴定资料分析：在赣榆县龙泉山、云台山、锦屏山等地的山前地带、盐城、东台、大丰等地的井泉水及深层地下水偏硅酸含量、锶含量均符合饮用矿泉水标准，另外还含有多种微量元素；这些矿泉水现已被陆续开采生产矿泉饮料。

地下热水资源 江苏省海岸带普遍具有地热资源，400m左右深的地层含水水温大都在30℃左右，出井口水温多在28℃左右。盐城市600m深层出井口水温达48℃。据分析，沿海滩涂地质构造有利地段在650m以下可能存在40℃以上的地下热水资源。近年来有些地方利用400m以下含水层的28℃的低温热水资源发展养鳗业。

江苏沿海地下水资源60年代还处于原始状态，第一淡水含水层的承压水头往往高出地表1m左右，水量丰富，水质好。随着经济的发展，地表水体逐渐受到污染，于是纷纷打井向地下要好水用于生产、生活，出现了滥采现象，造成地下水资源锐减，水位降低，尤其是村镇集中地带地面出现沉降。如大丰县城现年地下水开采量超过6 000万t，地下水位从1966年的2m下降到现在的34m，下降漏斗范围超过500km²；1981～1985年地面下沉了55cm。地下热水资源现在亦有滥采现象。（周荣如）

【盐城沿海滩涂珍禽自然保护区】 该保护区位于江苏省沿海中部，由响水、滨海、射阳、大丰和东台5县(市)的部分滩涂组成，总面积2 430km²，其中核心区面积170km²，缓冲区面积370km²，实验区(禁猎区)面积1 890km²；这里不仅有世界上最大的丹顶鹤越冬群，而且它是中国第一个海涂型自然保护区。

该保护区于1983年2月由江苏省人民政府批准建立，1984年11月建立管理处。建区6年来，自然保护工作有了新的发展，1986年成功地进行了人工育雏、饲养、驯化丹顶鹤、白枕鹤的试验，1989年驯养丹顶鹤13只、白枕鹤4只、蓑羽鹤4只、灰鹤2只及天鹅、白琵鹭、斑嘴鹈鹕等多种水禽；现在该区有各种鸟类19目、54科、266种(含亚种)，占江苏省现有鸟类种数的60％以上，其中有国家一级保护珍禽丹顶鹤、白鹤、白头鹤、白鹳、黑鹳、白肩雕、中华秋沙鸭、白尾海雕及大鸨9种，国家二级保护珍禽白枕鹤、灰鹤、大天鹅等29种，受中日候鸟保护协定保护的鸟类114种。1983～1989年在保护区越冬的丹顶鹤数量分别为361、301、472、611、618、318和582只，占全世界丹顶鹤总数的60％以上，被称为丹顶鹤的“第二故乡”。灰鹤数量也成倍增长。1987年6月在保护区首次发现黑嘴鸥的繁殖地，引起香港、英国生物学者的关注。此外，保护区里还有兽类22种，其中有国家二级保护珍兽河麂2 000余只。

【大丰麋鹿保护区】 1986年2月，经江苏省人民政府批准，林业部投资，开始建立世界上第一个麋鹿野养基地——江苏省大丰麋鹿保护区，其管理处设在大丰林场，保护区总面积10km²，东临黄海，隔海堤与丹顶鹤越冬栖息的滩涂相毗连。现已建成2.8m高铁丝网围栏圈养场2.73km²、35m高麋鹿塔一座。1986年8月根据中国与世界野生生物基金会签订的协议，由英国伦敦5家动物园无偿提供13头雄性麋鹿和26头雌性麋鹿。至1989年已发展到68头，其中雄性麋鹿31头，雌性麋鹿37头。大丰麋鹿保护区已发展成为世界第三大麋鹿种群地。

【启东市兴隆东沙鸟类自然保护区】 兴隆东沙位于启东市南部，长江入海口，是近期长江泥沙淤积形成的江心沙州。由于该沙地处江海交汇处，北亚热带中纬度南缘，各类鱼、虾、蟹、及贝等水生动物和滩涂苇、草资源十分丰富，是珍稀鸟类栖息、越冬的良好场所。据启东市环保局1988～1989年组织的调查发现，该区共有植物53种，鸟类21种。来此越冬、栖息的鸟类有丹顶鹤、白鹤、白头鹤、灰鹤、白鹳、天鹅和经济鸟类雁鸭等，鹭类和鸥类常年可见，遍及全岛。调查发现有丹顶鹤50只以上，白头鹤32只，大天鹅500余只等。1989年3月6日，启东市人民政府批准建立"启东市兴隆东沙鸟类自然保护区"。该保护区由核心区和缓冲区组成，总面积为15.4km²，其中核心区为东西长8km、南北宽1.3km的沙州及其周围500m的水域。1989年7月，经启东市政府同意，启东市环保局发布了《启东市兴隆东沙鸟类自然保护区管理办法》，并设立管理处。

【云台山森林自然保护区】 云台山森林自然保护区地处江苏省东北部的连云港市云台山地区，位于暖温带南缘，因受海洋气候影响，加上山岳地貌条件，该区兼有北亚热带的气候特点，生物气候带上反映出南北过渡的特色。据调查，该区共有维管束植物(包括部分栽培种)122科、361属、597种。地带性植被群落类型以暖温带落叶阔叶林的麻栎、栓皮栎、短柄桅树、桷树等为主，在后云台山的宿城、柳河等地混生的亚热带植被有红楠、枫香、四照花、南京椴、黄檀、化香等。以赤松为建群种的针叶林分布普遍，为中国分布之南界。此外在后云台山还有少量的杉木、毛竹、茶树、油桐等人工林，散生的古树有千年银杏、圆柏等。

云台山森林自然保护区是1981年由江苏省人民政府批准建立的，由前云台山的花果山、后云台山的宿城悟心庵和高公岛柳河三片林地组成。(张胜林)

【沿海水利工程】 江苏沿海地处江、淮、沂、沭、泗河下游，建国前水系紊乱，堤防破碎，西有洪水压境，东有海潮倒灌，洪、涝、旱、渍、风、潮等灾害频繁。建国后兴办了一系列水利工程，先后开辟了新沂河、新沭河、苏北灌溉总渠等排洪河道，直接导洪入海；整治扩浚蔷薇河、射阳河、黄沙港、新洋港、斗龙港、通吕河等排水干河；修筑加固江、海堤防，逐步增建挡潮涵闸；因地制宜调整水系，开辟单独排水入海河道；兴办了九圩港、通启河等直接引江工程；利用新通扬运河、淮沭新灌等引江、引淮；沿通榆河建站提水，发展灌溉。同时进行了面广量大的农田水利工程。40年来，共完成土方60多亿立方米，国家先后投资10多亿元，初步形成了防洪、防潮、防渍、防旱5套水利工程体系，大大提高了抗御自然灾害的能力。

1986～1989年兴建的滩涂水利工程主要有排水渠、海口闸和一些涵闸、抽水站。海口闸共有6孔，每孔净宽6m，造价405万元，于1988年建成；闸上引河长7.44km，疏浚土方185万m³，投资441万元，于1989年完成；该工程主要功能为挡潮排涝，使470km²的地区受益。涵闸和抽水站都是应滩涂开发之需而兴建的，主要有：大丰王港垦区纳潮涵洞1座，造价196万元；竹港垦区引淡闸1座，造价102万元；排水涵洞1座，造价60万元；引淡闸1座，造价51万元；如东县东凌垦区纳潮闸1座，造价80万元；射阳某基地抽水站1座，造价192万元；响水县抽水站1座，造价280万元。(徐 进)

【海岸防护工程】 江苏海岸防护工程主要有海堤工程和保滩促淤工程。全省除少数自然沙堤整修加固外，全部筑有海堤，新老海堤共有1 300km左右。海堤的结构型式因地而异，侵蚀强烈岸段大部分是土堤块石护坡；稳定或淤长岸段均为土质，大部分已种草植树。

江苏海岸约有2/7岸线处于侵蚀状态，主要分布在射阳河口以北、云台山以南约150km岸段，海门县东灶港以南、启东市蒿枝港以北约30km岸段，是防护的重点。

保滩促淤工程，采取的方法有构筑丁坝、护坎、潜坝、离岸堤、网坝、种植大米草等。对一些严重侵蚀、冲刷的地段采取几种形式相结合，进行综合治理。如在连云港市的小丁港一带将丁坝与离岸堤组合使用取得一定的成效；废黄河以南一带采用了丁坝与护坎、种植大米草等相结合的促淤保滩措施。全省已建有丁坝、潜坝40多条，护坎10多千米，栽植大米草26万多亩，互花米草5 000亩左右。大米草和互花米草主要集中在南部的启东、如东等县(市)和中部的东台、大丰、射阳等县(市)。

1986～1989年,海岸防护工程主要是对遭台风暴潮袭击损坏的工程和标准不高的工程进行修复、加固工作;另外,投资2 000多万元新筑海堤60余千米。

(潘兴泉)

【江苏辐射沙洲黄沙洋建港考察】 江苏沿海从射阳河口至长江口的南黄海海域内,由70条沙脊组成的、以琼港为顶点的辐射沙洲延伸到-25m等深线。出水沙脊有8条,0m以上总面积1 268km^2,最大沙脊东沙694km^2,其余为水下沙脊。沙脊间为潮汐通道,滩槽犬牙交错。最大潮沙通道黄沙洋位于中部,呈东西向,其主槽向岸深入,南靠如东县,西背琼港。此地区为古长江口水下三角洲,由南、北两潮波辐聚会合作用塑造成典型和完整的辐射沙洲形态,世所罕见。辐射沙洲平均潮差3.5m,黄沙洋主槽实测最大潮差达9.28m,为全国之冠。在全国海岸带资源综合调查的基础上,应南通市、如东县委托,1989年河海大学、南京大学数十名科技人员对黄沙洋又进行专门考察,探索利用辐射沙洲深水潮汐通道建港,研究大型船舶海上运输的可行性。大量实测资料表明,如东县洋口港地区,黄沙洋水域掩蔽较好、风浪较小、泥沙较少;其主槽多年来是相对稳定的;宽深顺直、-13m等深线直通外海;主槽内-20m深槽有2km^2,紧靠南边滩,滩高质硬;沿岸有20km宽阔的陆域,内河和公路网也便于疏运。水下地形测量、潮位分析、风浪计算、底质与浅地层结构分析、潮流数学模型、闸下航道水槽试验等成果为建港研究提供了科学依据。如东开发洋口港条件很好,近期可优先发展石油专用码头,能兴建10万吨级以上泊位及其陆上基地。这次考察取得重要进展,积累珍贵第一性资料,较全面、系统地论述了建港设想。 (薛鸿超)

【连云港扩建工程港口、航道回淤问题研究】 连云港是建在淤泥质海岸浅滩上的海港。港口及航道回淤问题一直是港口扩建中的关键技术问题之一。南京水利科学研究院从现场观测、室内试验和理论分析三个方面开展了这一问题的研究。研究内容包括:1. 泥沙来源,2. 浅滩上风浪和潮流综合作用下的含沙量确定,3. 浅滩上风浪要素分析,4. 外航道回淤计算方法的建立,5. 港池回淤计算方法的建立,6. 外航道及港池回淤的验证计算,7. 扩建后外航道及港池回淤的预报计算。研究表明,从外航道及港池的回淤角度来看,连云港可以发展成为深水大港。

通过此项研究发展起来的《淤泥质海岸航道、港池淤积计算》方法,已在国内多个港口采用,效果良好。中国水运工程标准技术委员会即将出版系列文献在国内试行。

(刘家驹)

【海堤防护工程试验研究】 江苏小丁港和吕泗两处侵蚀性海岸的海堤,由于波浪侵袭,经常需要抢险维修,很不安全。南京水利科学研究院对此进行了现场防护工程试验研究。研究内容包括:1. 海岸岸线蚀退速率,2. 海滩高程的下蚀速率,3. 原海堤的破坏原因,4. 丁坝对侵蚀性海岸防护的局限性,5. 离岸堤及T形防护工程效果,6. 潜堤的消浪效果,7. 离岸堤及丁坝结构合理形式,8. 尼龙袋装土作堤心的试验等。通过上述两项试点工程提出,对粉沙淤泥质侵蚀性海岸,应采取积极的海岸防护措施——间隔作离岸堤,使波浪直接冲击海堤的力量,消耗在远离海堤的离岸堤上,达到海堤安全的目的。这两处试点工程,都取得圆满成功,并受到江苏省科委海涂办公室及江苏海岸带海涂资源调查领导小组办公室的表扬,并获1985年江苏省科技进步奖特等奖。

(喻国华 刘家驹)

【南通市吕泗小庙洪水道建港可行性研究】 南京水利科学研究院于1988年2月受南通市计委委托,进行了吕泗小庙洪水道建港可行性研究。通过现场观测、数学模型及资料分析计算,对吕泗建港的社会经济条件、自然条件、水道的稳定性、泊稳条件、通航能力以及建港方案等提出了可行性研究报告。报告认为,小庙洪南支水道稳定,且水深大、风浪小,泊稳条件好,不建防波堤作业天数可达330d/a。3.5万吨级的船舶,靠自然水深每天可以进港;5万吨级船舶,只需少量挖泥,也可乘潮进港;10万吨级巨轮,在适当开挖后也能进港,且开挖后的回淤强度不大。该报告经过专家评审认为,小庙洪水道是中国沿海中部不可多得的深水港港址。交通部已要求南通港务局把小庙洪水道的建港规划,作为南通港规划的组成部分。

(沈朝慈)

上海市海洋、海岸带综合开发

【概况】 上海市海洋资源开发程度较高与所处的优越地理位置紧密有关。上海市是沿海南北海上联系连接点，又是长江入海口，水陆交通极为便利。其次，上海市沿海有丰富的自然资源和特殊的资源组合类型，长江给上海带来丰沛淡水资源，地表水资源年补充量593.5亿m^3，上海市人均拥有淡水量近5 200m^3，约为全国的1.1倍。长江口泥沙在口门堆积，为上海提供源源不断的土地资源。河口水体和泥沙含有丰富的营养盐。上海市沿江、沿海深水岸线及良好的航道组成了远洋运输、内河航运、江海联运、水陆联运和水水转运的港口航运资源和空间组合类型。正在积极开发的南黄海和东海大陆架石油，距上海不远，将成为上海油气资源的理想基地。此外，上海作为中国一个特大港口城市和工业城市，人才众多，万商云集，科技发达，金融繁荣，对外联系密切，从社会经济角度而言，也是一项重要资源，有利于上海市海洋资源开发在较高层次展开。以上这些资源组合迭加，赋予了上海市沿海资源开发具有造田、集散、供给、旅游、生产和贸易等多种功能的不可多得的有利条件。80年代以来，上海市海洋资源开发取得了很大成就，在海岸带资源调查胜利完成的基础上，港口资源利用、土地围垦、水产养殖均有新的发展，沿海抗灾能力得到改善，环境治理愈来愈受到重视。

【海岸带调查】 上海市海岸带和海涂资源综合调查从1980年开始，至1987年结束，历时7a。该项调查组织了全市61个科研单位、高等院校和生产部门的580名科技人员参加。项目包括气候、海洋水文、陆地水文、地质、沉积、地貌、海洋生物、海水化学、环保、土壤、植被、林业、土地利用、海岸工程、遥感应用、社会经济、测绘与制图等方面，整个调查按照全国统一规程进行工作，于1986年12月通过市级验收，1987年2月在广州通过了全国验收。

上海市海岸带调查范围为：西自长江口的徐六泾，向海到122°50′E；北自31°47′N，南至30°00′N的杭州湾北岸的水域。陆域西起宝山的跃龙化工厂，沿岸向东至南汇嘴，经奉贤至金山县金丝娘桥，向陆地延伸10km。调查总面积为25 100km^2，其中陆域部分3 400km^2，海域部分21 700km^2。

调查取得巨大成果，各专业组布设各种调查站位总计21 355个；获取各类样品26 018瓶（袋），标本11 655瓶（张）；钻孔32眼，总进尺2 246.44m；浅孔83眼，进尺366m。调查按规定完成上海市海岸带和海涂资源综合调查报告、图集和资料汇编，15个专业积累各项资料1 379卷；提交资料汇编94卷，计13 530页；专业报告23本，计168.7万字；课题报告51本，合计153万字；铅印海岸带调查论文选编3集，开发利用报告1册，其中包括各专业论文和专题报告112篇。编制1/20万海岸带图集件42幅；测绘和编印了上海市海岸带地形图55幅；拍摄录像9卷，收集卫星照片72张，摄制航空像片286帧，量计了上海市海岸带岸线、滩涂和水下滩的基本数据。

通过本次调查，摸清了上海市海岸带和海涂资源的数量和质量状况，充分掌握了上海市海岸带自然条件和社会经济条件，并在实际应用中取得明显的经济效益、社会效益和生态效益，例如，气候调查为长兴、横沙两岛扩大柑桔种植提供了科学依据；海洋水文调查与浅滩地貌调查为上海新港区选址、城市污水排放和上海石油化工总厂二期工程码头选址等方面作出了贡献；通过海洋地质调查，排除了历来在海图上被标为危险区的外高桥岸段的认识，为开发浦东查明了一条可建万吨级泊位的深水岸段；海洋生物专业组科技人员与有关方面合作，在技术上解决了低盐度对虾养殖的一系列问题。本次调查还非常重视宏观规划以及与社会经济发展有关的一些重大问题，为上海市城市总体规划、国土资源开发利用和三岛的发展建设提供了科学依据或积极建议。 （胡　辉　沈焕庭）

【沿海滩地资源开发利用】 滩地资源是上海市海洋资源中最重要的资源之一，它具有空间上向海逐渐伸展、数量上不断增长的特点。上海地处长江三角洲前缘，滩地资源扩展的物质基础主要来自长江径流挟带的泥沙。上海市近海（0～20m等深线范围内）滩地总面积为7 226km^2，其中0～5m等深线范围内面积为2 341.5km^2。潮间带滩地资源系指理论深度基准面到海塘之间的滩涂，其面积据量算为904km^2。目前历史时期自然淤涨成的高滩已剩不多，吴淞零点3.5m以上的高滩面积仅90.20km^2，仅占潮间带滩地面积的

1/10。目前滩地资源主要分布在长江口南支、北支，崇明东滩及杭州湾北岸，其中属郊县的滩地面积为607.78km²，其他(主要是江心沙)为296.45m²，郊县中以崇明县的滩地面积最大，为293.4km²，占32.4%；其次是南汇县，滩地面积为154.02km²，占17%。

1950～1987年，全市共围垦滩涂92.64万亩，其中市属企事业单位(不包括农场)、市政基础设施、驻沪部队等占地6万亩，沿江滨海6县1局开发利用86.64万亩，共建立了15个国营农场，4个县属良种场、水产养殖场和林场，4个垦区乡以及许多乡属垦区村、场。据不完全统计6县1局垦区共实现社会总产值16.16亿元，国民经济生产总值4.82亿元，工农业总产值14.76亿元，其中工业总产值11.80亿元，农业总产值2.97亿元，上交税收0.85亿元，利润和积累0.85亿元，出口创汇4 923万美元。需要指出的是，工业围垦用地成就非常巨大，1972年以来，上海石油化工总厂在杭州湾北岸经过5次围垦，共造田8km²多，建立了1座大型现代化企业，目前正在实施和发展深水围垦；宝山钢铁总厂在罗泾边滩修建了宝钢水库，库区面积2 400亩，蓄水量1 087万m²，作为钢厂生产用水水源。目前在罗泾边滩建设的陈行水库，库区面积1 960亩，蓄水量830万m³，主要作为宝山区用水水源，部分还将供给浦东开发区。

滩地资源的开发利用缓解了上海市人多地少的矛盾，对上海经济发展有着积极作用，但目前面临着宜围滩地资源减少的问题。目前高滩主要分布在崇明东滩，因此今后促淤造地难度及投资都将大大增加。

【海上运输】 上海港为中国重要的天然良港之一。属河口型沿海港口。它担负着以上海为轴心的国内外商品集散运输任务，国内联运面遍布20多个省市，国际上与5大洲160多个国家和地区的600多个港口相连接。

长江口航道是船舶进出上海港及长江干线的咽喉通道。从吴淞口至南京的进江水道10m水深基本畅通，吴淞口向下的入海水道自然水深达6m左右，利用3m乘潮水深可通航万吨轮，但由于长江口河势多变及受河口栏门沙影响，致使以天然河槽作为航槽的长江口航运形势时而恶化、时而改善，为使万吨以上船舶顺利乘潮进港，1974年开挖南槽人工维护航槽34.8km。1983年南槽大面积淤浅，于1984年开辟北槽人工维护航槽。目前长江口有2条人工维护航槽：园园沙航槽，长4 250m，设计宽350m，设计深度7.3m；北槽航槽，设计长度45km，，分上、下2级，上段槽长15.7km，维护深度7.0m；下段水深7.1m，目前尚不须维护。

【海洋渔业捕捞】 海洋渔业目前拥有各类渔船774艘，共7.54万t，13.6万kW。1988年上海市海水产品产量为15.88万t，占水产品总量的61.5%，其中海水捕捞产量15.56万t。按海域捕捞划分，东海占65.5%，黄海占27.48%，远洋占7.1%。按内外海分，内海捕捞产量8.87万t，外海捕捞产量6.69万t。非经济鱼的产量已经成为上海海洋捕捞的主要产品，马面鲀，鲐鲹鱼和鲱鱼3个品种已占海洋捕捞产量的57%。纵观海洋渔业捕捞生产，50年代年产量平均为2.5万t，60年代为8.75万t，70年代为15.38万t，80年代虽略有增长，但捕捞强度大，超过了资源再生能力，主要经济鱼类仍在继续锐减。1988年大黄鱼产量183t、小黄鱼1 298t、带鱼13 597t。

远洋渔业则有新的进展，1989年投产海轮14艘，1.06万kW，分布在北美、西非(大西洋海域和伊朗阿巴斯湾)等处捕捞，全年远洋捕捞产量2.46万t，比1988年增长1.2倍，创汇959.5万美元。

在长江口水域捕捞的鱼类有凤鲚、前颌间银鱼、长颌鲚(刀鱼、刀鲚)和中华绒螯蟹，但由于水质污染和捕捞过度，产量均不高，1988年凤鲚产量376t，前颌间银鱼10t，长颌鲚49t，中华绒螯蟹苗约7t。

【海水养殖】 上海市海水养殖主要是70年代以后发展起来的低盐度海水养殖对虾。据统计，1988年海水对虾养殖面积为17 122亩，主要集中在奉贤县柘林一带，产量约2 914t，产值约0.88亿元。

【沿海农、林、牧开发】 上海市沿海农、牧、林业开发区主要包括种植区、农牧混合区、果园区和林业。

种植区分布在宝山、川沙、南汇、奉贤、金山沿海地带和崇明岛、长兴岛、横沙岛，以种植粮食、棉花、油菜籽为主；蔬菜、瓜果、香料、药材等经济作物次之，面积约151万亩。农牧混合区以南汇、奉贤、崇明等15个国营农场为主要基地，有耕田面积24.5万亩，除种植粮油外，主要种植青饲料，饲养奶牛。果园以南汇、长兴和15个国营农场为主，计有果园面积7.8万亩，1988年生产果品2.38万t，主要品种有柑桔、桃、梨等。上海市沿海有林地面积58km²，占林业用地的86.4%，其中防护林面积12.7km²，占21.8%；经济林29.3km²，占50.5%，竹林面积12.7km²，占23.6%；主要树种为白榆、水杉、刺槐等。防护林在沿海资源开发中有重要的治理保护作用，目前沿海防护林带主要有4处：宝山、川沙、崇明县的大部分江堤，种植白榆、旱柳、刺槐等；崇明东北部及前哨农场、横沙岛的海堤内坡，种有稀少的白榆、刺槐、苦楝等；川沙施湾至奉贤处海滨的海堤内坡，近年来开始种植水杉，但尚未成林带；奉贤至金山的杭州湾北岸海堤内坡，种有白榆和刺槐等林带。此外，崇明东平林场面积 3.55km^2，其他沿海县也建有些小林场。

【其他资源开发】 上海市其他海洋资源包括近海油气资源、滨海砂矿资源及海洋能资源等。

在近上海海域，南黄海和东海盆地的油气资源是具良好开发前景的潜在资源，据概算，南黄海盆地的石油地质储量为 2.9 亿 t，东海盆地的油气资源为 60 亿 t，近几年在东海陆架盆地几口探井上相继获得了工业油气流。

滨海砂矿主要有川沙、南汇的沙带、宝山(长兴、横沙)砂带和漕泾贝壳砂，其中以制砖粉细砂矿最为普遍，在长江河口水域，西起江苏省徐六泾，东至横沙岛，南北河口两岸，面积约 2 000km^2(不含崇明、长兴、横沙三岛)，储量估算，仅扁担沙、中央砂等超过 20 亿 m^3，现已开始开采，预计粉细砂矿年采量为 10 万 m^3。

杭州湾是中国沿海潮差最大的水域，长江口北支的潮汐能蕴藏量居全国第二；长江口外波浪能也较为丰富，尚待开发利用。

【金山三岛自然景观保护区】 包括大金山、小金山和浮山岛 3 个小岛。3 岛系由中生代燕山期火成岩组成，为剥蚀残丘，分布于杭州湾金山岸线以南 6km 左右的海面上，其中大金山主峰海拔高度 103.4m，岛上保存着自然状态的植被和爬虫类动物，木本植物有山毛榉科、樟科、山茶科和木兰科等树种，落叶树种有黄连木、黄樟等。据统计大金山共有野生植物 213 种，隶属 161 属、76 科，它们与上海市海岸带上其他地区植物不同，还发现有列为国家二级保护植物的舟山新木姜子、国家三级保护植物天竺桂和针叶假迁阳参等珍贵品种。3 个小岛上分布的约 500 亩黄棕壤，也是全国海岸带范围内仅有的土壤种。近年来在大金山岛人工放养了一批珍贵的弥猴，自然生长和繁殖良好。

【崇明东滩候鸟保护区】 崇明东滩东旺沙、团结沙水草丰茂，低潮滩和草滩上有缢蛏、泥螺等底栖生物，附近水域有多种洄游鱼类和虾蟹，是鸟类很好的饲料。这一带有 350 余种鸟类，其中夏候鸟 40 种、冬候鸟约 90 种，属于国家保护的鸟类有 63 种。为了保护好鸟类生态环境，崇明东滩围垦区以外的吴淞高程 3.5～2.0m 之间的滩涂上尚有 20 余万亩作为鸟类活动保护区，由于滩涂不断向外淤涨，鸟类活动范围自然也会逐渐外移，因此崇明东滩将成为动态的候鸟保护区。

【气候灾害】 上海市沿海灾害比较频繁，突发性气候灾害是上海沿海最常见的灾害之一，它包括台风、寒潮及由此引起的风暴潮、龙卷风、旱、涝和冰雹等。上海沿海地区每年都可能受到台风影响。据统计，影响上海的强台风(最大风力大于 10 级、日雨量大于 100mm 或台风增水大于 100cm)平均每年有 1 次；1949 年以来在上海直接登陆的台风有 5 次，其中最近的 1 次是 1989 年 8 月 4 日在上海川沙县登陆的 8913 号台风，登陆时最大风力为 11 级。台风出现季节以 7～9 月份最多，往往带来大范围狂风暴雨，由台风引起的风暴潮非常显著，如遇上天文大潮，能引起特大高潮。

上海市每年受到寒潮侵袭平均 2～3 次，24h 定时降温可达 10.0～14.9℃，甚至超过 15℃ 以上。上海又是中国少数几个龙卷风多发地区，1980～1988 年 9 年中共出现大小龙卷风 22 次，平均每年发生 2～3 次，多发生在金山、川沙和南汇三个沿海县，如 1986 年 7 月 11 日南汇县的一次龙卷风，死 23 人，伤 500 余人，毁屋 4 000 多间。此外，上海沿海地区位于海、江、陆交汇处，水汽充沛，有利于雾的形成，如长江以东海面，年平均有雾日 50d 以上，主要出现于冬季，其次是春季，给沿江沿海航运带来不便。

【其他灾害】 上海沿海地区因环境污染导致长江口外水域赤潮频频发生，东海水域的水产资源已遭不同程度污染和破坏。地面沉降也是上海沿海地区不可忽视的一个灾害，近 10 年来，在长江岸段的东部如吴淞、江湾、高桥东沟地下水开采较集中的工业区，70～80 年代，累计沉降量为 30～80mm，地面持续沉降与海平面缓慢上升量叠加将给上海市沿海带来很大危害。

【海塘工程】上海市地势较低洼，平均海拔高度仅 4m 左右。为了保护上海城市安全，防止海潮侵袭，增强抗灾能力，并不断扩大土地资源，至目前为止，在滨海临江岸线一带，修筑海塘主堤 464.4km。所筑大陆海塘主堤长 170.8km，起自江苏省界经宝山、川沙、南汇、奉贤、金山五县，至浙江省界；岛屿海塘计，崇明岛 204.8km，长兴岛 59.1km，横沙岛 29.7km，上述有些海塘的外坡位于滩高、浪小的岸段，仅需采取植物防护。另有一部分则修了护岸工程，至 1982 年底止，共筑岸墙 208.5km，其中 42.5km 岸墙上筑了反浪墙。为防止滩涂坍蚀，确保大堤安全，在侵蚀岸段筑有保滩工程，计丁坝 440 道，勾坝 16 道，顺坝 24km，护坝 92km。上述海塘经多次加固、加厚及其他措施，防台抗潮能力已大为提高，其中抗御百年一遇潮位(吴淞高程 5.74m)和 11 或 12 级台风组合的海堤段有 220.7km，占总长的 63.6%。现有海堤直接保护 130 余万亩农田、70 万人口和大量工厂。 (胡 辉 沈焕庭)

浙江省海洋、海岸带综合开发

【概况】 浙江省大陆海岸线北起平湖县，南至苍南县，全长1 840km，约占全国海岸线长的1/10，岸线系数18.1km/km；其中泥质和人工岸线长1 041.4km，基岩和砂砾岸线长747.8km，河口岸线长50.8km。0～20m浅海水域2.35万km^2；理论基准面以上的潮间带面积2 443.84km^2，加上钱塘江江涂面积442.04km^2，共计2 885.88km^2。500m^2以上的岛屿有1 921个，岛屿岸线长3 301km，岛屿陆域面积1670.12km^2；其中舟山岛面积最大，为502km^2。全省沿海部分行政区划分为嘉兴市、杭州市、绍兴市、宁波市、舟山市、台洲和温州7个地(市)，共33个市、县、区，土地面积3.3万km^2。沿海有大小港湾120多个，港湾总面积8 584km^2，其中杭州湾4 140km^2、象山港563km^2、三门湾775km^2、台州湾1 170km^2、乐清湾463km^2、温州湾1 473km^2。沿海自北向南有钱塘江、曹娥江、甬江、椒江、瓯江、飞云江和鳌江等河流入海，年均入海径流量838.9亿m^3。沿海季风交替明显，四季分明，光热充足，年均气温15～18℃，年均降水量900～1 700mm，年均蒸发量1 200～1 500m，沿海表面水温年均为17～19℃，平均潮差4.3m。

浙江沿海自然条件优越，资源丰富，开发程度较高。沿海33个县、市、区，面积仅占全省的1/3，但集中了全省60%以上的耕地。1988年，沿海地区人口为2 231.48万，占全省的55.67%；社会总产值1 150.89亿元，占全省的70.12%；国民生产总值638.69亿元，占全省的65.28%；人均国民收入1 796元，比全省平均高116.55元。沿海地区城镇密集，工业发达，是粮、棉、蔗糖、水产等行业的重要生产基地。

【海岸带调查】 浙江省海岸带和海涂资源综合调查从1981年开始至1986年结束，历时6a，参加的科研单位17个，人员1 700人，其中中、高级以上职称的250多人。调查取得了巨大的成果，先后取得各种原始数据40多万个、标本4万个、资料汇编14种130万字、15个专业报告和5个专项调查报告。在这些资料的基础上，通过整理分析，编写了70万字的综合调查报告，30万字的专题报告，40篇论文、海岸带和海涂资源图集等。

此次调查系统性强，完整性好，且大部分属首次取得的数据资料，其实用价值较高；成果资料已广泛地被有关部门应用，收到明显的经济和社会效益。例如，海岸带多船同步水文测验获得的流场资料和岸滩岛屿潮位资料在秦山核电站、嘉兴电厂、三门电厂的选址和工程设计中得到了应用；根据象山县大目滩涂进行的潮位、水文、泥沙等项目的定位观测，查明该滩涂属缓慢淤涨岸段，可以通过促淤进行围涂，现第一期工程已开始；海洋生物调查使黄岩县金清一带海涂得到迅速开发；另外，此次调查获得的大量基础资料为从整体上制定开发规划提供了依据，并且为进一步的研究打下了基础。

【水产资源开发状况】 浙江省沿海0～200m等深线内的大陆架面积为22.27万km^2，沿海各大河流的入海径流、台湾暖流和黄海冷水团等多种水体交汇，带来了丰富的营养物质和不同的环境类型，为海洋生物的栖息和繁殖提供了良好的自然环境。据统计，浙江省浅海和海洋有游泳生物439种(其中鱼类365种，虾类60种，软体动物14种)，底栖生物342种，浮游动物228种，浮游植物761种，潮间带生物586种，藻类169种。在海洋捕捞主要对象的游泳生物中，经济价值较高和产量较大的有30种。沿海潮间带面积2443.84km^2，其中宜于发展海水养殖的面积568.8km^2。由于台风和大风的影响，浅海宜养面积不大，据统计约为402.7km^2，1988年全省已养殖面积为313km^2，海水养殖产量12.33万t。

浙江省海洋捕捞、海水养殖和远洋捕捞都比较发达。现有渔港81个，其中沈家门渔港是中国最大的渔港。1988年全省有100个渔业乡、镇，渔业劳动力38.42万人，总渔获量104.31万t，海洋渔业产值23.9亿元。

(宋小棣)

【海洋渔业捕捞】 以舟山渔场为中心的渔场是中国最大的渔场。据沿海陆架渔业区划调查，浙江省渔场的总资源蕴藏量为205万t，若按50%可捕量计算年捕捞量为103万t。目前在浙江渔场进行生产的有中国、中国台湾、日本和南朝鲜，所捕捞量约为100万t，已达饱和开发水平。1988年全省共有机动渔船39.38万艘，136.5万kW；非机动船53.37万艘，

6.69万t;捕捞量91.99万t,比1986年的86.79万t增长9.4%。其中鱼类占64.15万t(优质鱼33.6万t),占捕捞量的69.7%;主要鱼种产量为大黄鱼658t、小黄鱼1 476t、带鱼18.81万t、乌贼8 102t、鲳鱼2.46万t、鳓鱼3 323t、马鲛鱼8 439t、鳗鱼1.27万t、青玷鱼8.79万t、马面鱼5.36万t;除马鲛鱼、青玷鱼较1987年增产外,其他都是减产。捕捞虾蟹类约20万t。

1986年以来,海洋捕捞总量逐步上升,但优质鱼类产量却逐年下降;浙江省传统的四大经济鱼类中,除带鱼产量较稳定外,其他都已形不成渔讯;如大黄鱼最高年产量曾达16.81万t,1988年仅产658t。

以舟山渔业公司为主的远洋渔业发展较快,捕捞作业区主要是西非、南美洲;1988年捕捞量达5.43万t,经济效益较好。

【海涂围垦】 浙江省自解放以来共围垦海涂 211.5万亩,其中1985年以来约11.9万亩。在围垦土地中,农垦用地140万亩,养殖对虾用地9.77万亩,盐田15.2万亩,城镇工业用地17.68万亩。此外建造海涂水库14座,蓄水量1.44亿m^3,围垦土地已成为粮、棉、蔗糖、蚕桑、对虾等重要生产基地。80年代以来,工业、港口和城镇用地比重加大,镇海石化总厂、秦山核电厂、台洲电厂、镇海港、北仑港等用地中相当大的部分是围涂而成的。

【海上运输港口】 浙江省海岸线曲折,水深在9~12m以上的港口和航道资源有62处,其中可建万吨级以上深水泊位的资源有26处,主要分布在杭州湾、椒江口、三门湾、瓯江口、乐清湾和舟山群岛。70年代中期以来,以宁波港、镇海港建设为起点,沿海港口建设发展迅速,至1988年底,沿海共有港口55个,营运泊位482个,其中万吨级以上泊位15个。1988年,宁波、海门、温州和舟山等主要港口吞吐量3 014万t,比1978年增长4.14倍;温州港、宁波港、舟山港和海门港已对外开放,1988年远洋运输量19万t。

【沿海能源开发】 浙江省是海洋能源富集地区,据调查全省海洋能源理论总装机容量为3 496.5万kW,其中潮汐能为2 896.2万kW,波浪能为250万kW,潮流能350.3万kW,主要分布在杭州湾、象山湾、三门湾和乐清湾。目前全省已建有潮汐电站4座。

中国第一座核电站秦山核电站1985年在杭州湾北湾开始建设,预计1991年建成,装机容量30万kW。宁波镇海1978年开始建设的装机容量25万kW的电站,现二、三期工程已完成,总发电量105万kW。北仓电厂一期工程60万kW机组预计1990年发电。台州电站一、二期工程50万kW电站已建成。温州25万kW电站正在建设中,预计12.5万kW的1台机组1990年可发电。

【滨海旅游业】 浙江省沿海和海岛旅游资源十分丰富,有国家级风景名胜区5个(杭州西湖、嵊泗列岛、舟山普陀山、温州雁荡山、奉化溪口),省级风景名胜区9个,国家级重点文物保护单位6个、省级风景文物保护单位65个。自1978年对外开放以来,旅游人数大增,1989年共接待国外游客38.33万人次,比1980年的6万人次增长6倍多。舟山、宁波、温州、绍兴、杭州等地先后成立了旅游业管理机构。旅游基础设施建设也有较快发展,杭州、宁波、温州等机场相继开辟了国际航线。

【南麂自然保护区】 位于浙江省平阳县南部海域,由23个海岛和90多个明暗礁组成,面积12km^2,其中南麂岛面积7.9km^2。整个保护区面积为196km^2。保护区以贝、藻类资源为保护重点。据调查,本保护区内共有贝类345种,藻类194种,分别占中国贝、藻物种资源总数的30%和20%。

本保护区已被列为国家级海洋自然保护区。

【五峙山自然保护区】 五峙山位于舟山本岛西北,距舟山岛7km,由7个无人屿岛组成。本保护区保护对象为鸟类。岛屿周围海域鱼虾资源丰富,环境优美,为鸟类栖息和繁殖提供了良好的生态环境,每年有大批大雁、白鹭、海鸥等鸟类前来栖息和繁殖。

本保护区已被列为舟山市自然保护区。

(宋小棣)

表1 浙江1986~1989年海洋水产资料统计

项目 \ 年份	1986	1987	1988	1989
海水产品总产量(万t)	97.36	102.84	104.31	104.49
海洋捕捞(万t)	86.79	90.98	91.98	91.36
海水养殖(万t)	10.57	11.86	12.33	13.13

【宁波深水港开发研究】 这是浙江省"七.五"期间重点科研项目。由海洋局二所、杭州大学、浙江省交通设计院、浙江省地质矿产厅、浙江省环境保护研究所等单位共同承担,参加工作的科研人员逾200人。研究工作起自1985年12月,迄止1989年3月。根据港口总体规划的要求,对宁波—舟山间深水港域的自然环境、港

口资源、工程地质条件及软基处理方法、环境现状与开发后的污染趋势等进行了多学科的调查研究。同时，对开发的技术问题提出了防治对策，预测了到2000年舟山港、北仑港区合理的经济运量、对口航线船型选择。在此基础上，从开发深水港的目标出发，提出了舟山港域的总体规划方案，为港口开发的宏观决策和管理提供了技术、经济依据。

（叶银灿）

表2　浙江省1986～1989年海洋捕捞业统计表

（单位：t、万元）

年份 \ 种类	鱼类	虾/蟹类	贝类	藻类	产值
1986	648 332	179 292/45 548	96 429	3 987	119 889
1987	691 687	181 307/43 018	108 430	3 919	192 811
1988	641 530	221 394/61 460	113 120	5 623	239 017
1989	638 079	220 706/50 829	128 144	4 628	337 992

表3　浙江省1986～1989年海水养殖主要品种统计

（单位：亩，t）

项目 \ 年份		1986	1987	1988	1989
总产量		105 697	118 631	123 278	131 322
总面积		416 925	448 339	469 468	4903 075
对虾	面积	78 393	106 823	116 678	98 267
	产量	5 808.9	7 261	5 578	5 196
鱼类	面积	8 558.5	6 578	7 059	7 770
	产量	749.97	439	425	492
牡蛎	面积	41 352.5	41 306	42 935	43 035
	产量	3 043	2 862	2 999	2 872
文蛤	面积	3 958	5 540	5 540	4 660
	产量	241	343	354	364
贻贝	面积	816	1 396	1 708	2 045
	产量	2 528	3 974	5 334	5 164
蛏子	面积	208 620	196 487	209 804	228 295
	产量	66 767	68 343	73 122	75 853
蚶	面积	60 564	71 151	62 225	72 891
	产量	20 515	29 413	27 202	29 365
海带	面积	1 712	4 636	6 712	12 015
	产量	707	1 298	2 461	4 628
紫菜	面积	14 965	13 574	13 192	12 832
	产量	2 560	2 023	2 239	1 272

【秦山核电厂海堤工程】　秦山核电厂海堤是中国自行设计并建造的第一座核电站的主要屏障，海堤建成后共围海造地850亩，可满足厂区建设之需。海堤为斜坡式的土石混合堤，海堤全长1 818m，高9m，护堤丁坝6座。土石方总量78.3万m^3，混凝土3.05万m^3，总投资1 982.25万元。属Ⅰ级水工建筑物。

海堤处在杭州湾北岸，海域风大浪高，自然条件恶劣。海堤地基为“高灵敏度、高压缩性及低强度”的海相软弱沉积土，一般厚度为25～30m。工程难度大，工期紧。工程中，在国内首次大规模应用土工织物新技术、新材料，保证了软基的排水固结效应，增加了软基筑堤的安全度。此外，通过现场原位测试和混合料的堆筑试验、简化施工工艺、加快施工进度等一系列措施，比合同工期提前14个月竣工。

本工程由浙江省钱塘江工程管理局设计。1988年获浙江省优质工程奖，1989年获水利部优质工程奖。

（浙江省河口海岸研究所）

【甬江口过江隧道研究】　甬江过江隧道位于宁波市东16km的镇海县，距甬江入海口3km，隧道全长1 020m，由南北引道、北竖井和水底钢筋混凝土沉管三部份组成。其中南引道长225m，北引道长360m，北竖井长15m，水底沉管长420m。沉管由4段85m和1段80m长、12m宽、8m高的钢筋混凝土管段组成。

此过江隧道为中国首次采用沉埋法施工的隧道，施工中利用南岸滩地开挖建造钢筋混凝土沉管的土坞预制场，待5个沉管全部浇灌完成后，开坞将沉管按顺序拖运，从北竖井开始向南逐个定位、沉放埋没于已开挖出来的隧道轴线基槽内，由于隧道建于淤泥质软土地区，轴线位于潮汐河口的弯道上，有明显的涨、落潮水位变化及涨、落潮流变化，自然条件十分复杂，采用沉埋管段法施工，技术上难度大，因此，施工过程中进行了大量的试验研究，掌握了土坞软基压缩沉降变化规律和沉放过程中水流作用力的机理与变化规律，为施工设计提供了科学依据，也为今后建造同类型隧道提供了经验。

（过　达）

【慈溪海岸中、美联合观测站】　慈溪淤泥质岸滩现场测站是美国海岸工程研究中心、佛罗里达大学同中国河海大学根据中美科技合作水资源开发利用协议精神共同建立的一个联合观测站，位于杭州湾南岸，慈溪市海王山外，离岸4km处，由1组海上固定式平台组成，设置了2台635－11型底压式波高仪，1台635－9型底压式波高波向仪，2台Endeco流向流速仪，1台风速

福建省海洋、海岸带综合开发

【概况】 福建省海域属东海大陆架浅海水域，平均水深 80m，最深处达 160m；大陆架海域面积为 17.86 万 km^2。大陆海岸线北起福鼎县沙埕港，南至诏安县宫口港，直线距离 535km，曲线长度 3 324km，曲折率高达 1∶6.28。沿海有大小港湾 125 个。沿海岛屿星罗棋布，500m^2 以上的有 1 404 个，岸线总长 2 119.8km，总面积共 1 200km^2。浅海滩涂可供养殖的面积共 2 701km^2，其中滩涂可养殖的面积为 1 995km^2。

福建省海域地处中、南亚热带，气候温暖湿润。海面水温平均 17～22℃，日平均气温在 10℃ 以上的稳定积温居 4 500～7 500℃ 之间；雨量充沛，年均降水量 1 059.7mm。季风盛行、台风频繁是福建海域的主要气候特征。沿海各月均出现 6 级以上热带风暴，全年 7～8 级热带风暴天气达 132.5d，年受 5～6 次台风影响。

影响海域主要水体有闽江、九龙江和晋江等河川，低温低盐的浙闽沿岸水、高温高盐的南海水以及黑潮支流等。近岸海域盐度为 32，河口区为 26～29。

沿岸的潮汐基本上属正规半日潮，每天涨落潮各两次，由北而南，日潮成分渐加，南部为不正规半日潮。海域潮汐的特点是潮差大、流速急，如三都澳的大潮可达 7m，沙埕港的潮流流速可达 125cm/s。台风侵袭时风猛浪高，20m/s 以上的东北大风会在台湾海峡掀起 10m 高的大浪。

福建省海域中生物资源丰富，浮游植物种类多，密度高、数量大，已知的硅藻类有 51 属，120 种和 12 个变种；浮游动物有 21 大类 170 多种；底栖生物约 450 种；头足类有 10 种。沿海鱼类有 745 种，其中常见的海洋经济鱼类达 125 种。形成了闽东、闽外、闽中、闽南和台湾浅滩 5 大渔场，水深在 20m 以内的渔场面积为 12.51km^2。沿海浅海滩涂的鱼、虾、贝、藻和蟹类多达 500 种。福建省是全国红树林分布的北缘，闽南沿海有 6 科 7 属 7 种，闽东北海滩仅 1 种。

全省浅海滩涂的海水增养殖品种多达 70 种，其中贝类养殖以牡蛎、缢蛏、花蛤和泥蚶为主，被称为“四大贝类之乡”；而海带和紫菜是藻类养殖的主要品种；对虾、石斑鱼、鲍鱼和海湾扇贝则是近几年新开展的养殖品种。

滨海矿产中，天然硅砂量大质优，属特大型硅砂矿储量达 10 亿 t。沿海有硅砂矿 15 处，其中玻璃砂 9 处，型砂 5 处，标准砂 1 处；花岗石材广泛分布，大型高岭土矿床 1 处，矿泉水和地热资源也十分丰富。河口区蕴藏大量的建筑砂。

福建省沿海地区开发利用海洋资源有着悠久的历史，群众蕴存海洋开发和发展海洋经济的积极性，具有丰富的实践经验。1986～1989 年随着“改革、开放”政策的深入实施，福建省的海洋综合开发的速度显著加快，获得较高的社会经济效益(见表 1)。1988 年全省海洋产值达 37.67 亿元，占全省工农业产值的 6.59%。

(邱辉煌)

【海岸带调查】 由省科委牵头会同省水产、测绘、地矿、环保、水电、气象、林业等 7 个厅局，组织了海洋局三所、福建师大、福建农学院、厦门水产学院、省水产研究所、省环保局、省气象局、省测绘局和省水利规划队等 11 个部门 13 个单位、1 100 名人员参加的福建省海岸带资源综合调查，于 1986 年底完成，并通过调查成果的省级和国家级审查验收。

为期 6a 的这次调查，共完成 14 个专业的外业调查，取得原始资料数据 140 多万个，标本 33 936 个，成果图 201 幅。基本上掌握了福建省海岸带自然环境的特点，自然资源的数量、质量及其分布状况、社会经济现状和特点。

这次调查发现闽浙沿岸水冬季影响的范围可达广东汕头等海区，福建省海岸带冬、春、秋 3 季均受闽浙

风向仪，1 个由光电测沙器、流速仪、水位仪组合成的测沙装置。可以同步观测潮位、潮流流速流向，以及风和波高、波向的资料，再配合季节性的淤泥质岸滩地形测量，可以进行岸滩冲淤演变分析。

这是目前中国沿海地区观测内容较全面一个海岸观测站。此站 1985 年初步建成，1986 年开始试测，到 1989 年底已测得大量多因素同步连续资料，目前正在整理分析研究中。这些珍贵的第一性资料将为海岸工程研究提供重要依据，海岸观测站的现场测验技术也将促进海岸工程研究方法的提高。 (过 达)

表1　福建省海洋资源开发利用统计表

项目		年份	1986	1987	1988	1989	
海洋渔业	海洋水产品产量	(万 t)	71.18	74.86	91.07	94.60	103.02
	比上年增加	(%)	12.63	5.17	21.65	3.88	8.90
	占全省水产品产量比重	(%)	93.58	92.43	92.73	91.93	91.89
	海洋水产品(当年价)	(亿元)	10.96	14.00	19.57	30.77	31.46
	(按 1980 年不变价)	(亿元)	5.91	6.67	8.28	9.47	10.62
海盐业	原盐产量	(万 t)	70.80	103.60	77.61	92.59	90.81
	比上年增加	(%)	−12.59	46.33	−25.09	19.19	−1.92
	原盐产值(当年价)	(万元)	6 000	8 500	6 800	9 700	11 556
海洋运输	客运量	(万人次)	94	115	132	190	198
	其中　远洋	(万人次)	10	9	10	11	8
	沿海	(万人次)	84	106	122	179	190
	货运量	(万 t)	418	407	497	540	602
	其中　远洋	(万 t)	69	75	108	126	124
	沿海	(万 t)	349	332	389	414	478
	港口货场吞吐量	(万 t)	940.10	1 083.07	1 191.07	1 264.58	1 614.99
	比上年增加(%)		7.25	15.21	9.97	6.17	27.71
	主要港口货物吞吐量						
	福州港	(万 t)	388.27	440.57	479.11	486.21	675.91
	厦门港	(万 t)	265.60	288.20	376.90	395.14	512.60
	泉州港	(万 t)	91.37	97.62	76.12	85.88	111.96
	赛岐港	(万 t)	96.20	44.39	46.35	112.88	121.22
	涵江港	(万 t)	36.80	26.56	25.05	60.13	57.40
	漳州港	(万 t)	61.84	185.73	187.54	124.34	135.90
滨海旅游	接待境外旅客总人数	(万人次)	35.18	36.23	41.08	52.21	50.46
	外国人	(万人次)	7.67	8.91	9.85	9.30	7.16
	华侨	(万人次)	2.55	3.65	3.70	1.74	1.02
	港澳同胞	(万人次)	24.50	22.74	25.96	26.59	21.34
	台湾同胞	(万人次)	0.86	0.87	1.57	14.58	20.94
	旅游外汇收入(外汇券)	(万元)	8 305	12 924	18 609	28 476	31 085

沿岸水的影响;还发现了夏季南海水沿福建沿海向上势力比往年弱,影响范围仅限于南部沿海,中、北部受其它水系影响,认为是黑潮入侵的结果;鉴定了浮游生物 501 种,底栖生物 1 220 种,获得了福建省海岸带叶绿素时空变化的重要图谱,并估算出海区的初级生产力;水化学调查填补了硝酸盐、碱度等空白;提供整个海岸带污染物分布及环境质量状况图。查明海岸带地貌类型基本特征,划分了岸滩动态类型,摸清泥沙分布迁移规律,底质类型分布规律,并划分了 7 个沉积区。

【海岛调查】 由福建省科委牵头,组织海洋局三所、福建省海洋研究所、福建省水产研究、厦门大学、中科院南京地理与湖泊研究所等单位,自 1989 年 2 月起开始进行福建省海岛调查。这次为期 5a 的海岛调查,计划由南而北展开。经全国海岛办批准,厦门市政府于 1989 年 5 月成立领导小组,领导厦门市海岛资源综合调查和试验开发,计划将鼓浪屿、大嶝岛作为重点调查岛屿,鸡屿、火烧屿等 8 个岛屿列为专项调查,猴岛等 13 岛屿列为概查岛屿。这次调查的成果将为厦门周围海岛的开发利用提供科学依据。尤其是与大、小金门岛仅一水之隔的大嶝、小嶝和角屿 3 岛的调查是建国后首次开展的,将填补了岛及周围海域海洋资料的空白。

福建省沿海其他岛屿的调查将于 1990 年全面展开。

(邱辉煌)

【海洋调查】 **厦门港及其航道水文泥沙调查** 是厦门港规模最大的一次水文泥沙试验,1986 年 5~11 月在九龙江河口 5 个断面 23 个站点和 5 个临时潮位站进行准同步测验，观测了水深、潮位、流速、流向、悬沙含量等项，获得了6万多个实测数据，计算出潮量和潮输沙量，阐述了厦门港潮汐、潮流和余流特性以及潮量的变化，厦门港悬移泥沙的分布特征和运移规律。

闽江通海航道水文泥沙调查 于1986年6～10月开展，这次调查自马尾经川石岛至外沙，在8个断面24个站位进行水文泥沙的准同步测验，其中同步站点达18个。获得7万多个水文泥沙实测数据，计算出潮量及潮输沙量。阐明了河段在径流和潮流相互作用下的潮位、潮流和潮量变化特征、悬沙含沙量分布、潮输沙率和潮输沙量变化特征，以及各分叉水道分沙分流比及盐度分布和变化规律。

潮间带生态调查 1987年海洋局三所在厦门港5个泥沙滩进行了潮间带生态调查。结果表明潮间带的动物种类丰富，5个断面共采集到底栖动物274种，其中优势种40种，环节动物89种居各类别之首，其次是软体动物和甲壳动物。火烧屿断面的种类数最多达147种，最少的断面仅106种。获得总平均栖息密度和生物量分别为323个/m^2和48.61g/m^2。构成5个断面高栖息密度和高生物量的动物类群主要是软体动物，其次是环节动物和甲壳动物。

台湾海峡西部石油地质地球物理调查 于1986年和1987年进行，参加调查单位有中国科学院南海海洋研究所、福建省海洋研究所和福建省水产研究所。此次调查获得了大量的资料，完成单道和多道反射地震剖面测线1 134km，重力测量与水深测量1 430km，磁力测量1 212km。调查结果表明台湾海峡西部有两个轴向NE并具一定规模的厦澎凹陷和乌丘屿凹陷。这两个凹陷是台西盆地的组成部分，并且也是发育良好的生、储、盖组合区，说明台湾海峡西部有良好的油气远景。这一成果引起国外专家的关注，也引起国内石油部门的重视。中国海洋石油总公司南海东部石油公司，根据这一成果，决定将南海珠江口盆地的油气勘探区向东北扩展到24°N以南、119°E以西的台湾海峡南部地区；中油总公司南黄海石油公司也有意由北向南而从东海南下进入台湾海峡进行勘探。

这次调查还根据获得的资料对台湾海峡油气资源储量作了预测。结果预测出台西盆地石油资源量至少有5.1亿t，可能值为33.2亿t，最大值为46.6亿t，与国外同行预测台湾海峡石油储量可达41亿t相近。估计台西盆地天然气资源量为2.66万亿m^3，原油储量为6.6亿t。

【海洋运输与港口】 1986～1989年，福建省加快沿海港口基础设施的建设步伐，提高海洋运输在交通内部结构的比重，至1989年全省沿海港口共有大小泊位416个，交付使用的有4个万吨级、2个5 000吨级及一批中小码头，拥有深水泊位6个。建成各种类型的对外开放口岸64个，其中一类海空口岸12个，二类口岸33个，对台贸易点19个。1989年全省沿海港口货物吞吐量达1 614.99万t，比1988年增长27.7%。完成客运量198万人次，旅客周转量7 500万人·km；完成货运量602万t，货物周转量66.62亿t·km。1989年全省共有各类海洋运输船只971艘，33.73万总吨位，其中沿海轮驳船626艘，16.87万吨位；远洋轮驳船88艘，16.20万吨位，沿海帆船257艘，6 430吨位。

湄州湾南北岸被列为中国4个过驳中心之一，是一个新兴的海港群。"七五"期间秀屿港已建成3 000吨级盐码头、5 000吨级商业码头和1 000吨级码头各1座，能接纳2.5万吨级载煤轮进港卸煤，是省内主要煤炭水上过驳点之一。肖厝港区1988年起开建了万吨级专货泊位和煤炭专用码头各1座。湄州湾3港区1988年完成货运量41.81万t。

【海洋捕捞】 福建省海洋渔场面积12.51万km^2，其中沿海渔区1.78万km^2，内海渔区3.18万km^2，近海渔区2.54万km^2，外海渔区5万km^2。根据近海主要经济鱼类资源衰退的状况，1986年全省继续调整近海作业结构，积极开拓新渔场、新资源，推向外海生产，取得了生产的持续增长。1989年全省有机动渔船54艘、渔用机帆船41 533艘、渔用木帆船和木船17 050艘，分别比上年增长17.3%、10.48%和29.61%。渔业机械达75.51万kW，比1988年增长13.16%。1989年海洋捕捞产量达77.49万t，比1988年增长11.29%，占全省水产品总产量的75.22%。增产的主要品种是鲳鱼、鳓鱼、鳗鱼、鲹鱼、鲐鱼、石斑鱼、鱿鱼、马面鲀，以及海虾、梭子蟹和青蟹。减产的品种主要有大黄鱼、带鱼、马鲛鱼、比目鱼等。继1985年3月开创福建省远洋渔业之后，1986～1989年继续组织远洋捕捞船队，与塞拉利昂、秘鲁、澳大利亚和智利等国合作捕鱼。与此同时，组织渔船开拓外海渔场，开辟了舟外、对马海峡和台湾浅滩等新渔场，外海捕捞量占全省海洋捕捞量的10～15%。（邱辉煌）

【海水养殖】 福建省浅海滩涂可养殖面积2 701km^2，其中浅海706km^2，滩涂1 995km^2。1986～1989年，福建省采用"责任滩"、"自留滩"等形式，进一步完善海水养殖生产责任制，促进滩涂、浅海和垦区水面的开发利用。积极推广运用海水养殖的新技术，如牡蛎疏苗、蓄水养蛏、贝类套养、虾蛤混养等。太平洋牡蛎的筏式养殖推广范围扩大到沿海14个县(市)，并应用到褶牡蛎的养殖上，比传统的竖石养蛎产量提高4～5

倍。引进和扩大养殖新品种，如从澳大利亚引进了太平洋牡蛎，使牡蛎养殖范围从传统的滩涂推向浅海，单产提高了10～12倍。引进了班节对虾、紫贻贝等新品种，并大面积推广应用，推动海水养殖扩大到浅海。1988年海水增养殖发展最快，产量达25.01万t，比1987年增长97.2%；1989年养殖面积达87.47万亩，产量25.53万t，均比1988年增长2.2%。1988年对虾养殖产量达2.5万t。

【**水产加工**】 福建省沿海一带有国营冷冻厂、加工厂40多家，乡镇水产加工厂、冷冻厂80余个，初步形成冷藏、食品加工、综合利用和制冷设备等水产加工业体系。

随着对虾养殖业的发展，福建省的对虾加工业也渐兴起。1985年全省仅漳浦、宁德和霞浦三县市设有对虾加工厂，1986～1987年全省对虾加工单位已达50家。1988年海关出口水产品量达2.27万t，创汇10 929.70万美元；1989年出口2.08万t，创汇9 935.46万美元，对虾加工的产品质量在国内一直名居前茅。1986～1987年试加工140t带头鲜虾出口外销，创汇131万美元。

1986年对海藻制碘工厂进行了调整，从原有10家调余7家，年产碘13t、产胶700t。紫菜加工，除生产直接食用的紫菜饼、快餐汤、调味紫菜等包装品外，还将其加工成琼脂。全省有11家琼胶加工厂，1987年生产琼指105t，占全国产量的一半。鱼露、鱼丸、水产罐头、鱼酱油、蛎干等是传统的水产加工品，1986～1989年均逐年增产。另外，还根据外商需要，扩大生产蚝油出口。1988年蛎肉产量达6万t，名列全国榜首。

【**海水制盐与盐化工**】 福建省现有国营盐场17个、乡镇盐场203个，盐场总面积126km^2。1989年产原盐90.81万t，比上年下降1.9%，产值1.16亿元，比上年增长19.13%。产品除满足省内食用、工业及农牧业用盐需要外，还远销赣、湘、桂、沪、贵等8个省市，1989年销量55万t；另外出口港澳地区和新加坡、菲律宾、马来西亚等国6.24万t，创汇180.99万美元，分别比1988增长55.6%和46.8%。

原盐除大部分供应工业、加工业和民用食盐外，近年还增加了若干新的花色品种。部分原盐改制成精制盐、餐桌盐、食品工业用的片状白盐、虾味盐等调味盐和药用盐等供应市场，适应不同用途的需要。全省现有平潭、龙海、福安、惠安等9个碘盐加工厂(点)，年产5万t加碘盐，供应省内防治地方甲状腺肿大病。沿海一些县市还建有以海盐为原料的盐卤化工厂，生产氯化钾、溴素、氯化镁、芒硝、碳酸镁等化工产品。如晋江县年产250t氯化镁，惠安县年产100多吨碳酸镁，罗源县年产14t钾(钠)镁肥等。

但是福建省的盐业存在以原盐为主要产品、盐品种不多、二三次盐加工产品和盐化工精细品少、盐卤化工发展缓慢等不足。主要原因是盐田分散，盐卤集中回收率低，综合利用能力低和生产设备陈旧，造成了企业经济效益低，难以为继，一些盐卤化工厂建后由于规模小、成本高、资金短缺而关闭。

【**滨海矿产**】 福建省沿海蕴藏丰富的滨海矿产，不仅储量大，而且种类齐全、品位优良。其中已探明的有玻璃砂储量1亿t、型砂2亿t、标准砂2 000万t、建筑砂8.2亿t，独居石、锆石、磷钇矿和钛铁矿等金属砂矿1万多吨。沿岸还有花岗岩石材23亿m^3，高岭土几亿吨，以及广泛分布的叶腊石、硅线石、玄武岩等。共有50多种矿产资源，产地400多处，已探明储量的矿产21种，各类矿床32处。

1986～1989年，全省沿海地区有平潭中国标准砂厂、东山县硅砂矿、南安县石料厂、福州石料厂以及散布于沿海的50多个采砂场等工矿企业。主要产品有玻璃砂(附产型砂)、水泥标准砂(附产过滤砂、压裂砂、磨料砂等)、花岗石板材、叶腊石和建筑砂等。

平潭中国标准砂厂是中国唯一的水泥标准砂生产基地，主产标准砂，综合生产化纤砂、压裂砂、研磨砂、玻璃砂及型砂。1988年生产标准砂15 249t，供应全国(除台湾省外)6 700多家水泥企业和建筑、科研、大专院校开展水泥标号检定和物理力学性能测定使用。

东山县的山只和梧龙2个硅砂矿已成为中国目前最大的玻璃砂、优质型砂综合生产基地。1988年东山硅砂选矿厂生产玻璃砂18.6万t，型砂2.4万t。晋江深沪湾周围有小型硅砂开采场20多处，年产硅砂30万t，供省内冶炼厂作铸造型砂，仅1989年年产值达600万元。

福建省滨海矿产资源储量丰富，但开发利用存在地质工作程度低、资源尚不甚清楚、产品品种少、单纯出售矿物原料、矿山装备水平低、采选加工方法落后等不足，除平潭、东山两地采用机械化、半机械化开采加工外，大部分矿场仍处于手工开采状态。

(邱辉煌)

【**滨海旅游业**】 福建滨海地区历史悠久，文化发达，不仅名山胜景星罗棋布，而且人文荟萃，文物古迹较多，人文旅游资源与自然旅游资源相得益彰，发展前景十分广阔。1986～1989年期间，福建省利用滨海地区风光旖旎、沙滩洁净、宗教胜迹等旅游资源，积极兴建滨海旅游业，吸引了大批国内外游客。据统计，1986～

1989年累计接待来闽洽谈贸易、探亲访友、旅游以及进行科学技术交流的境外旅客179.98万人,旅游创汇收入累计达91 094万元外汇券。

【海洋能开发】 据概算,福建省沿海可供开发利用的海洋能资源较丰富,计有潮汐能蕴藏量1 033万kW,年发电量达284亿kW.h,沿岸潮汐能约200万kW,海流能蕴藏量约4万kW,波浪能蕴藏量为2 000万kW,盐差能蕴藏量约800万kW。

1986～1989年,福建省抓紧进行已建潮汐电站运行试验和拟建电站的可行性研究和方案论证。1987年建成的平潭县幸福洋试验潮汐电站,总装机容量1 280kW,年发电量315.17万kW.h,已投入运行试验。1986～1989年,对列入国家大型潮汐电站试验项目的连江县大官坂潮汐电站进行了规划和工程量及投资评估,潮汐资源蕴藏量为装机容量9万kW,年发电量2.77亿kW.h。此外,还对平潭县火烧港潮汐电站(千千瓦量级)、平潭县竹屿港潮汐电站(万千瓦量级)作了方案论证。1986年底,厦门市科委主持了"厦门潮汐电站综合利用研讨会",设想建造火烧屿、五通和鸡屿3处潮汐电站,若付之实施后估计总装机容量可达100万kW。 (邱辉煌)

【厦门经济特区】 厦门经济特区1986～1989年海洋开发进展喜人,尤以港口、海滨旅游、水产及海洋生物制品(鲎试剂)等成绩斐然。

厦门港口自特区成立后,深水泊位建成6个,在建4个。现已具有装卸、换装、转运、代理、理货等多种业务能力,散肥灌包能力在全国领先。1989年全港货物吞吐量512.6万t,比特区成立时(1980年)增加1.7倍。1988年沿海客运进出口达32.5万人次,内河(内海)客运量达190.2万人次,分别比1980年增加6.2倍与0.8倍。港口外贸功能明显增强,1988年外贸吞吐量占全港货物吞吐量的55%。

海运事业发展较快。1988年本地区拥有各种船只10万t,比特区成立前的1978年增长4.4倍。国际航线已有18条,与30多个国家或地区的50多个港口有海运往来。对台航运日臻发展,1988年开辟了对台转口的集装箱运输及客运航线。

海滨旅游发展迅速。1988年厦门入境达15.2万人次,进入全国15个主要旅游城市行列。1989年在全国入境旅游业滑坡的情况下,台湾客源有增无减;1986年仅为1 251人次,1989年为7.3万人次,比1988年增加22.5%。1988年国际旅游船抵厦达18艘次,世界著名豪华客轮"伊丽莎白"号也首航抵达。全市现已形成鼓浪屿、南普陀、万石岩、集美四大片游览区。

厦门是福建海洋渔业主要基地和优良渔港之一。1987年渔业产量6.85万t,创历史最高水平。养、捕比例1988年为37.4∶62.6,较1980年(2∶8)趋向合理。海洋捕捞渔场扩大,捕捞种类增加,捕捞技术与效率提高。

厦门鲎试剂厂使用活鲜海鲎血液生产鲎试剂,1988年经卫生部批准为定点生产单位,成为中国最大生产厂家。产品灵敏度仅在0.5～0.25Eμ/ml范围内变动,其产量占全国总产70%。

厦门海洋开发势头良好。海洋产值(港口营运、海运、水产、盐业等)增长速度较快,以1985年为100计,1986年为116.5,1987年为147.9,1988年为164.8。

(周定成)

【官井洋大黄鱼保护区】 官井洋是全国著名的大黄鱼产卵场,过去由于滥捕十分严重,致使洋内大黄鱼资源衰退。为拯救大黄鱼资源,经省人大常委会批准,自1986年起实施《官井洋大黄鱼繁殖保护区管理规定》,规定从龟鼻、佛头角、虎屿头、瓦窑前、东安、大屿、舟子角、东洛岛、可门角、陶澳等地点顺次连线所围的水域为保护区,每年5月1～31日为流动作业禁渔期;6月16日至9月15日为定置网禁渔期;在保护区内禁止围网和拖网作业,严禁炸鱼、毒鱼、滥用电力捕鱼、敲船作业。由于加强了管理,官井洋大黄鱼资源已得到了明显恢复。据科研部门调查测定分析,洋内大黄鱼年可捕量达1 000多吨,已接近60年代的资源水平。

【长乐海蚌保护区】 长乐县樟港浅海区盛产海蚌,为保护和繁殖这一资源,1985年省人大颁布施行了《关于海蚌资源繁殖保护管理的若干规定》,确定长乐县梅花镇至江田乡10m等深线以内、面积7万亩的海域为海蚌资源保护区;并在保护区内划出石壁、大鹤、沙尾、文武砂和江田等5处浅海水域为海蚌增殖区,长年禁止进入增殖区内采捕或从事各种作业。规定了保护区的禁捕期和采捕的最小标准。几年来实施效果良好,特别是在增殖区内投放了苗种60万粒,长势良好。

(邱辉煌)

【东吾洋、宝珠屿、鳄鱼屿对虾保护区】 这3处所在海域是长毛对虾繁衍生息的天然场所。为保护东吾洋对虾资源,早在1980年,霞浦县制定了《东吾洋海区管理实施细则暂行规定》,并成立东吾洋海区管理委员会和沿岸乡村管理小组,规定了禁渔期,配备了渔政船实施渔政管理。为保护好全省对虾资源,1985年省府批复省水产厅,同意对全省对虾主要产卵区海域实行保护措施,严禁滥捕对虾,确是霞浦县东吾洋海区、厦门宝珠屿和同安县鳄鱼屿周围海域作为对虾保护区。在保护区内规定了禁渔期和严格控制捕捞强度，有效地保护了保护区内的对虾资源，促使对虾产量逐步回升。以东吾洋为例，该海区50年代产对虾产量100t，60年代仅产40t，70年代只有5t。设立保护区后，产量成倍增长，年均达600t左右，同时，保护区的建立也使海区的对虾放流、人工增殖等科研工作得以顺利开展。

【龙海县红树林自然保护区】 1988年省府批准，设立了龙海县红树林自然保护区。该保护区的设立与台湾淡水河口的红树林保护区组成全球最完整的秋茄姐妹林。1987～1989年该区还提供中国与英国海洋生物学家在区内开展"中英沿岸生态系与资源的保护与管理合作研究"。

【赤潮灾害】 1986年以来，福建海域多次发生赤潮灾害。据监视和跟踪调查，三沙湾海区每年都有赤潮发生，少则1～2次，多则3～4次。1986年4月同安湾发生过夜光藻引起的赤潮。1986年5、6月间，厦门西海域发生了由地中海指管藻异常增殖而引起2次赤潮。1986年东山湾海域发生赤潮，东山县惠姚村村民因食用受赤潮影响的贝类引起了136人中毒，59人住院抢救，1人死亡。这是中国首例麻痹性贝毒(PSP)中毒死亡的记载。

1987年3～5月，厦门西海域发生3次赤潮，据测试分析，分别是由聚生角刺藻、柔弱角刺藻、短角弯角藻和尖刺菱形藻异常增殖引起的。同年10月崇武海区也发生过由夜光藻引起的赤潮。1989年福清县附近海域发生的赤潮，造成1.3万亩养殖缢蛏绝收、虾苗死亡1亿尾的损失。

【高集海峡大桥】 位于厦门岛北端的高崎与对岸的集美镇之间的高集海峡，正架设着中国第一座按一级公路标准的跨越海峡大桥。这座大桥于1986年12月由交通部批准筹建，由交通部第一公路总公司和第三航务工程局承担施工。大桥工程包括：主桥、集美互通式立交桥、高崎引道、全桥照明、大桥现代化管理系统以及绿化布置、房屋建筑等七个部分。

高崎引道于1987年10月开工，1989年底已全线贯通。集美互通式立交桥总长3 503m，其中快速干道长达2 458.62m，90%在水上架设，1989年底完成工程量的85%。主桥于1988年1月开工，预计1981年5月交付使用。大桥建成后将大大缓解高集海堤进出岛的公路交通的拥挤状况。

【闽江口通海航道整治工程】 闽江口马尾以下50km的通海航道，是福州港联接外海的咽喉通道，对福州市及马尾经济开发区的发展起着制约作用。长期的江水冲淤使航道日见淤浅，乘潮只能通过5 000～6 000吨级的海轮。

为充分发挥水运优势，降低运输成本，提高港口和航道的综合经济效益，省府决定对闽江口通海航道加以整治。整个工程分两期进行，马尾港第一期航道整治工程于1981年开工，至1987年完成，已使航道海轮通过能力提高到乘潮可通过万吨级轮船。

闽江口通海航道第二期工程已经省交通厅委托海洋局三所完成了环境影响评价，由省府批准于1989年开始动工，预计4年完成。二期工程计划从亭江至外拦门沙航道实施抛坝和疏浚，抛坝总长10.72km，工程量为111万m^3；挖槽工程总长13.44km，工程量为232万m^3。

【厦门东渡港二期工程】 经国务院正式批准，厦门东渡二期工程于1986年9月完成环境影响评价等工作并于1988年开工。该项工程计划再建设4个深水泊位，其中3.5万吨级集装箱泊位1个，2.5万吨级多用途泊位2个，2.5万吨级煤炭码头1个，预计可增加年吞吐量350万t，总投资达3亿元。至1989年底，已完成了主体工程的钻探等工作。其中煤码头的港外公路已建成，集装箱和杂货辅助生产区及向北通道的回填工程，已完成填方45万m^3，占总回填量的95.75%，完成投资总额近2 000万元，为1990年东渡港二期工程全面展开打下良好的基础。

【"714"气象雷达】 为了准确及时地探测西太平洋地区的台风、暴雨等自然灾害，加强对台湾海峡两岸的天气预报服务，1987年5月在福建省长乐县石屏山建成"714"气象雷达并投入使用。这是一座具有世界先进水平的雷达，它的使用，表明中国对台湾海峡地区的气象测量工作向现代化水平迈出了新的一步。

（邱辉煌）

广东省海洋、海岸带综合开发

【概况】 广东省沿海有32个市县，大陆海岸线3 368km，潮间带面积2 042km²，水下岸坡（0～20m）面积24 394km²；岛屿658个，面积890km²，岛屿岸线长1 658km。1986年沿海市县人口为2 506.14万，工农业总产值421.11亿元，分别占全省的46.9%和56.4%。改革开放以来，沿海地区引进外资和实际利用数分别占全省总数的80%和90%，沿海经济的发展与山区形成明显的梯度发展格局。

广东省的海洋开发利用，目前主要集中在南海北部地区，海岸带和大陆架海域是生产的重点地区。

广东沿海气温高、日照时间长、蒸发量大，秋冬季常出现持续干旱，对盐业生产十分有利。1988年全省盐田面积91.48km²，原盐产量44.7万t。

广东海洋渔业资源丰富。南海鱼类有200多种，在北部大陆架海区有1 000多种。捕捞的经济鱼类有中国鲳、燕尾鲳、银鲳、鲋鱼、鲚、鳗丽、石斑鱼、大黄鱼、海鳗、鲷鱼、鲹科、羊鱼科、狗母鱼科、大眼鲷科、笛鲷科、海鲶科、带鱼、马面鲀、鲭科、飞鱼科等。1988年海洋捕捞产量为89.9万t，比1987年增产12.2%。海水养殖业发展迅速，1988年养殖面积130万亩，产量12.1万t；其中对虾养殖自1987年以来投入5.7亿元，已建成并投产虾池面积24万亩，建成对虾冷冻厂33座，大小育苗场151间，对虾饲料厂62间，初步形成了配套比较完善，产、供、销、技一体化的系统工程；1988年对虾收获面积21万亩，总产1.2万t。广东海水养殖鱼、贝类也有较大发展，1988年网箱养殖1.5万箱，以石斑鱼为主，产量1 000t；咸淡小鱼类养殖面积5万亩，产量1.4万t；贝类养殖50多万亩，产量7.4万t，其中珍珠达1 200kg。

【海岸带调查】 广东省海岸带综合调查（含海南省，不含香港和澳门地区。下同）1980年5月开始，1987年2月结束。调查面积共计65 000km²，其中陆域面积33 000km²，海域面积32 000km²；全省分为珠江口、粤东、粤西、海南岛4个岸段进行调查，每个岸段保持500～600人的技术队伍，共约2 000人，由省海岸带综合调查大队下属16个专业组分工协作。

这次调查采用实地踏测、路线考察、定点连续观测、大面观测、断面调查、钻探采样、社会访问和查阅资料等多种方法，结合使用卫星图像遥感解释、计算机数据分析和年代测定等新技术方法。七年中，按照"全国海岸带综合调查简明规程"和岸查档案工作"暂行规定"等要求，先后完成了4个岸段和全省海岸带的各专业调查报告、资料汇编、技术档案和综合报告。其中调查报告2 668万字；资料汇编151册，共14 530页；作者原图1：20万至1：120万共403幅；形成档案3 227卷，开发利用方案、专题报告49份，共130万字；出版珠江口文集、开发利用文集8册，共170万字。

结合广东省海岸开发利用的需要，此次调查还完成了粤东滨海沙荒地及海南岛西部沙荒地改造利用；澄饶联围、龙营围、雷州湾综合开发；神泉港、甲子港、碣石港、乌坎港、汕尾港、澳头港、英嘴港、北津港、水东港、草潭港、企水港和清澜港的整治利用；红树林的保护、利用和管理；汕头、海口和雷州湾的环境质量评价；粤东和雷州半岛地下水资源评价与珠江口岛屿等专项调查研究。其中有的经过论证后进行试点开发，取得了明显的社会效益、经济效益和生态效益，如粤东滨海沙荒地改造利用、澄饶联围综合利用和神泉港整治。

这次调查，基本查明了广省沿海自然环境基本特点与社会经济状况，摸清了各种自然资源的数量和质量及其时、空变化的特点和开发利用的可能性，特别对沿海滩涂资源进行了调查和测量。在上述调查研究的基础上，陆续部署了12个开发利用试点，提出了典型岸段近期的开发利用设想和全省海岸带综合开发利用设想。

此项调查获1987年度广东省科技进步一等奖。

（徐国旋）

【海岛调查】 广东省沿海拥有737个海岛（含海南省，未含香港、澳门地区的海岛），其中面积在5km²以上近20个。目前广东沿海岛屿有居民定居的约40个，总人口约35万人。较集中分布于下列6个岛群：南澳岛和南澎列岛；红海湾岛群；大亚湾内外的三门列岛、中央列岛；珠江口的万山群岛；担杆列岛、佳蓬列岛、高栏列岛；台山县的川山群岛、阳江县的海陵岛；湛江市的东海、南三、硇洲、特呈和新寮岛。

广东省海岛资源综合调查和开发试验是根据全国统一部署进行的。1989年首先部署以南澎列岛为中心的 汕头海区岛屿综合调查；在省综合调查大队组织下，组成海洋水文、化学、环境质量、气候、地质、地貌与第四纪地质、土地资源、生物、社会经济等9个专业组，从1989年8月开展海、陆外业调查，预计1990年6月完成。此外，在调查的同时还在南澳县进行了盐田技术改造、太平洋牡蛎吊养等试验项目。

（徐国淦）

【海上运输与港口】 广东省海岸岬湾相间，河口和潮汐通道错纵，沿海共有大小港湾近百个，这些港湾自然条件优越，开发前景很好。广东省面向南海，沿海港口众多；南海是远东国际航线通道，可通往世界各地，因此海上运输业相当发达。

1986年以来，广东省的海上运输与沿海港口开发建设有了很大的发展。目前，广东经营海上运输业务的企业主要有广州海运局、广州远洋运输公司、招商局及广东地方所属航运部门等。至1988年底，广州海运局已拥有运输船舶128艘，188万净载重吨位，7 597个客位，并拥有国内沿海最大的货船——罗浮山轮（52 000吨级）；最大的油船——大庆252轮（72 000吨级）；最大的旅游船——紫罗兰轮（万吨级）。与国内沿海和长江中下游的南通等50多个港口通航，货运航线达350多条，客运有广州到大连、青岛、上海和厦门等7条航线。1988年广州海运局完成货运量2 779万t，货物周转量696.10亿t·km，客运量174万人，旅客周转量5.36亿人·km。1961年成立的广州远洋运输公司，是中国建立最早的国际海运企业。到1988年底，经营的航线有20条，航行世界五大洲120多个国家和地区的800多个港口。运输量不断增长，1988年货运量达1 092万t，货物周转量达1 025.03亿t.km。到1988年底，广东省已拥有广州港、湛江港、汕头港、蛇口港、赤湾港、九洲港、中山港、海安港、西堤港、汕尾港和太平港等年货物吞吐量10万吨以上的港口82个，1 021个泊位，万吨级以上的泊位44个；其中广州港、湛江港2个大型港口，年吞吐量1 000万t以上。1988年，全省沿海主要港口货物吞吐量6 553万t，比1986年增长25.5%，1989年吞吐量达8 000万t以上。

目前，广东省沿海正在兴建或计划兴建和扩建的港口有前江、莱芜、汕头、广浜、神泉、乌坎、汕尾、惠来、盐田、蛇口、赤湾、妈湾、新沙、南沙、高栏、台山铜鼓角、阳江、博贺、水东、海安和流沙诸港等。一些地方性的小港也在规划扩建或整治之中。 （王文介）

【沿海经济特区】 广东省深圳、珠海、汕头经济特区总面积501.1km²。试办经济特区以来，3个特区在建设中充分运用中共中央、国务院给予的优惠政策，紧抓基础设施的建设，积极开展外引内联，密切国内、国际间的经济技术合作，工业、农业、交通、邮电、建筑、旅游和文教卫生事业都迅速发展，特区的经济面貌起了根本的变化。

1986年以来，各经济特区的发展逐步进入了新阶段，其主要特点有：

1.投资环境日臻完善，外引内联不断发展。1986～1988年，3个经济特区基本建设投资逐年增加，共完成基本建设投资200.51亿元，道路、港口、通信、供电、供水设施进一步完善，对外资的吸引力不断加强，3个特区共与外商签订经济合同3 475宗，合同规定外商投资额28.06亿美元，实际利用外资16.69亿美元。日本、联邦德国、美国、加拿大、意大利、香港等国家和地区一批实力雄厚的跨国公司开始到特区投资。外商投资出现以直接投资为主、工业项目为主、大型项目为主的特点。1988年新签订的利用外资的合同中，外商直接投资合同占67.6%；工业项目占90%以上。在利用外资、引进先进技术设备的同时，特区大力发展国内横向经济联合。1988年3个特区共批准内联企业818家，合同总投资14.4亿元。经济特区的"窗口"和"辐射"作用愈来愈明显。

2.生产保持高速发展，初步形成了外向型经济结构。经济特区按照国家制定的"特区的产业结构以工业为主，建设资金以外资为主，产品以外销为主"的方针，积极引进海外资金、技术，广泛与内地进行经济联合，使特区经济迅速发展。1986～1988年，3个经济特区工农业总产值从25.64亿元增加到103.27亿元，增长了约3倍。其中工业总产值从25.27亿元增加到102.27亿元，初步形成了以电子、轻工、纺织、食品、建材为主的工业生产体系。

外向型经济的主体架构已初步形成。具体表现在：(1).各经济特区外资企业处主导地位，其产值占各特区工业产值的一半以上。(2).特区产品的出口产值已超过工业总产值的一半，并在海外设立了一批生产厂和推销网点，为特区的产品直接进入国际市场开辟了新的渠道。(3).各经济特区建立了以出口港澳为主的外向型农业生产基地。

3.大力开拓国际市场，外贸出口成绩显著。目前，3个特区已有电子、纺织、食品等重点行业的数百种自产产品销往55个国家和地区。1988年出口总额达20.8亿美元，占全省出口总额的27.8%，比上年增长77.3%。其中，贸易出口12.74亿美元，增长83.8%；"三来一补"出口1.84亿美元，增长65%；"三资"企业出口6.24亿美元。经济特区已扩展国际市场销售网络，参与了国际分工和协作，在对外贸易方面发挥了优势。

（罗民刚）

【沿海水产业】 广东海洋面积辽阔，海水终年温暖，近海水质肥沃，浮游生物多，饵料丰富，滩涂面积广，为鱼类洄游和产卵场所，底栖生物种类繁多。南海海洋面积 360 万 km^2，渔场面积 75 万 km^2，其中南海北部近海渔场 45 万 km^2。

自 1986 年以来，广东海洋捕捞渔业发展迅速，海水养殖面积和产量都有较大的发展，养虾业和网箱养殖名贵鱼类石斑鱼产量也大幅度上升，底栖贝类养殖稳步上升。近年来，在广东省沿海共投放人工鱼礁 3 307 个，9 200m^3，为鱼类增殖提供了生息场所。（见表 1）。

（宁传声）

表 1　广东省 1986～1989 年水产状况表

	海洋捕捞（万 t）	海水养殖面积（万亩）	海水养殖产量（万 t）	养虾（万亩）	对虾总产产量(t)	对虾饲料厂（间）	网箱养殖（箱）	网箱养殖产量(t)
1986	81.1	109.5	5.9	7.6	4 424	19	4 644	236
1987	89.6	129.7	10.5	34.2	10 677	61	9 306	656.7
1988	89.9	130	12.1	24.1	15 144	61	16 941	1 108
1989	101.3	134.2	12.1	15.5	11 300	20	18 860	1 344

	贝类养殖总面积（万亩）	贝类养殖总产量（万 t）	牡蛎面积（万亩）	牡蛎产量（万 t）	小贝类面积（万亩）	小贝类产量（万 t）	渔船（艘）	带冰渔船产量（万 t）
1986	40.3	3.7	24.7	0.7	8.9	2.9	5 641	33.2
1987	50.4	6.6	27	1.0	21.3	5.4	7 725	43.9
1988	52.1	7.7	27.3	1.3	22.2	5.9	10 216	54.2
1989	54.3	7.7	27.8	1.2	24.1	5.9	9 313	63

【海盐生产和盐化工】 广东省海盐生产 1977 年曾达到最高水平，盐田生产面积 16.74 万亩，产量 95.76 万 t。自 1977 年以后的 10 年里，由于“围海造田”、“围海养殖”的冲击和自然灾害的损失，加上盐业生产资料价格上涨等因素，1986 年，盐田生产面积减少到 14.8 万亩，产量下降到 37 万多吨，造成广东省每年缺盐达 30 万 t。

自 1986 年起，政府采取许多倾斜政策促进盐业生产；1986 年广东省人民政府作出《关于调整盐的出场价、销售价的通知》，全省一级原盐出场价由平均 52.80 元/t 调为 100 元/t，全税区食盐法定税额减征 30 元/t。1987 年 1 月，广东省盐务局制定《关于进一步增强我省盐业产销企业自我改造、自我发展能力的若干规定》，使直属产、销企业 1987 年增加自有资金约 800 万元，用于企业技改挖潜，发展多种经营和职工福利设施，1987 年全省原盐产量和经济效益有较大的突破，改变了连续 6 年生产任务完成不了的局面。1988 年广东省盐业企业全面实行场长（经理）任期目标责任制与承包经营责任制，取得了显著的效益。1989 年 4 月广东省盐务局制定《关于扶持生产搞活流通的几项经济措施》，从历年包干节余中调剂 360 万元投入盐业生产，协调查产销关系，增强企业活力。1989 年，产、销均超额完成国家计划，出口创汇 210 万美元。1989 年 11 月，盐价调整方案得到国务院批准，广东省人民政府及时发出《关于提高盐价的通知》，粗生盐提高出场价和盐业发展基金两项合计平均盐价格上升 80 元/t。盐业生产首次有了盐业发展基金，对促进盐业生产起着积极的作用。

盐业的基本建设做了大量工作。广东海盐生产区域的海提长达 1 113km，抗灾力弱，严重危害生产。为此，广东省盐务局 1987～1989 年积极投入全省性冬季堤围维修巩固工作，投入资金累计 470 万元，修复危堤 132km，完成土方 21 万 m^3；石方 4.1 万 m^3 等。1986～1989 年，广东盐业投入基建、技改挖潜、恢复、仓库和福利设施的建设资金达 1 480 万元，恢复、扩建盐田 4km^2，增加生产能力 3 万 t。

1989 年 6 月，广东盐务局发出《关于执行新的广东省海盐生产技术操作要点》，以加强生产企业管理，提高产量和质量。1986～1989 年，产品质量提高、科技成果显著，2 个产品获省、部优质产品奖；1 项科研成果获广东优秀成果奖；1 项获轻工部成果三等奖。科技工作者在改变盐的产品结构、增加盐的品种等做出了贡献。现在,广东盐业以盐为基础,积极开展多种经营,从单一原盐生产发展到生产优质盐、调味盐、加碘盐、加锌加铁盐、保健盐等多品种。同时兴办水产养殖场、育苗场、禽畜场等,1989 年多种经营产值达 1 240 万元。

表 2 广东省 1986～1989 年海盐产、销情况表

项目	计量单位	1986	1987	1988	1989	1986～1989 年平均
原盐产量	万 t	37.26	48.03	44.76	41.46	42.88
盐田生产面积	万亩	14.83	14	13.72	13.7	14.06
原盐销售	万 t	62.45	63.19	84.42	71.37	70.36
其中：食盐	万 t	38.71	42.01	54.34	49.00	46.02
工业盐	万 t	18.89	18.46	22.52	17.79	19.42
省外调进原盐	万 t	32.49	26.25	26.72	38.30	30.94

注:表列数不包海南部分。

广东海盐化工生产这几年停滞不前,主要是由于海盐产不敷销,缺口大,制约了盐化工业的发展。每年工业用盐在 20 万/t 左右,年生产烧碱 10 万 t,盐酸 14 万 t,液氯 1.5 万 t。盐卤综合利用因成本过高、销路不广而停滞。因此,广东盐业化工只要原盐解决,将可有较大发展。 (刘启德)

【矿产资源开发】 广东省海岸带发现矿床有 166 个,其中大型矿床 11 个,主要是泥炭;中型矿床 44 个,以泥炭为主,其次有锡矿,钨矿、粘土、石英砂和重晶石等;小型矿床 111 个。发现矿种 30 种,经勘探或普查被确认具有工业开采价值的矿种主要有钨、锡、石英砂、石墨、泥炭、粘土、钛铁砂矿等,铁、铅锌、金、重晶石、沉凝灰岩和石灰岩等矿种也有一定开采价值。锡矿、钨矿、石灰砂、泥炭是广东省海岸带的优势矿种,目前由国营专业开采的有澄海县莲花山钨矿,陆丰、海丰一带的锡矿,珠海市下栅、惠东县平海的石英砂矿。泥炭主要分布在雷州半岛,除小规模民营开采外,均未计划大规模利用。

广东省海岸带地下热矿水资源丰富,共计有 48 处。目前,已开发利用的热矿水区有 6 处:中山市三乡雍陌热氡泉、宝安县玉律热泉、广州三元里温泉、台山温泉、潮州市东山 湖热泉和东山下埔碳酸水等。在珠江三角洲第四纪沉积层中还有富含铵态氮的地下肥水,据测算储量为 10 308 万 t,可采 6 185 万 t。

广东省近海大陆架油气资源丰富,经勘探证实珠江口、北部湾盆地的石油和天然气具有工业开采价值。此外,台湾浅滩盆地和东沙群岛陆架是寻找海洋油气资源的远景区。 (刘 军)

【沿海种植业】 广东省沿海地处南亚热带、热带,沿海台地、平原广阔,是广东省粮食、甘蔗、花生、水果及热带、亚热带经济作物的重要生产基地和出口基地。1988 年沿海各市耕地面积 2 366.46 万亩,人均耕地 0.61 亩,比全国人均耕地面积少一倍多,人口稠密的潮汕平原,人均耕地仅 0.3 亩左右。各地区土地利用也存在较大的差异。珠江三角洲和潮汕平原一带,土地肥沃,河网密集,水源充足,灌溉方便,是著名的鱼米之乡和农业高产区。海陆丰、惠阳和粤西等地,垦殖条件相对较差,地表沙土疏松,干旱较严重,是广东省土地潜力较大的地区。

广东沿海对外贸易位置优越,毗邻港澳市场,通往欧美日也较为方便,对于发展外向型农业甚为有利。

广东沿海的农作物以粮食、甘蔗、花生为主,合计播种面积占作物总播种面积的 85%以上,水果、蔬菜、热带作物等也占重要的地位(见表 3)。广东沿海也是国内主要的农产品出口地区,国外市场已从港、澳地区拓展到欧、美、日等国家和地区。 (江璐明)

【沿海畜禽业】 1989 年,广东沿海各市畜牧业总产值为 14.9 亿元(按 1980 年不变价),占全省畜牧业总产值的 39.45%(表 4)。饲养的禽畜以猪、牛为主,其次是鸡、鸭、鹅等。禽畜出口在农产品出口中的比重不断增加。

广东沿海发展畜牧业的条件比较优越,农副产品和栽培饲料丰富,草地四季常青。据测算,广东沿海各市每年可用作饲料的农副产品有:秕谷 129.6 万 t,谷糠 6.5 万 t,稻秆类 1 296 万 t,蔗尾蔗叶 120 万 t,花生藤 119 万 t,还有糖厂的糖蜜、花生麸、薯类等。以上资源现多未充分利用。沿海饲料资源也很丰富,河冲、塘库、滩涂有利于可作饲料的水生物的繁殖,并提供丰富的渔副产品饲料，也为水禽等饲养提供了良好的放养场所。

草地资源主要分布在粤西和粤东。粤西沿海有140.2万亩，粤东有17.7万亩。草地四季常青，再生性强，产草量大。

1988年，沿海各县市生猪出栏量为601.28万头，占广东全省生猪出栏量的37.83%。珠江口、潮汕平原和雷州半岛等是广东沿海商品猪生产和出口基地。

(江璐明)

表3　广东省沿海各县(市)农业生产主要指标　　(单位:万t)

年份	产量＼品种	粮食	糖蔗	花生	水果	生猪
1986	总产量	588.73	1 149.30	27.14	105.93	730.82
	占全省总产比例	37.32%	69.32%	44.74%	55.78%	35.91%
1987	总产量	631.97	1 063.31	23.81	163.65	606.39
	占全省总产比例	37.13%	79.43%	44.50%	61.96%	40.20%
1988	总产量	594.04	1 214.02	21.81	159.76	601.28
	占全省总产比例	36.29%	78.90%	42.11%	57.47%	37.83%
1989	总产量	697.03	1 352.92	23.35	—	—
	占全省总产比例	38.36%	80.47%	42.17%	—	—

表4　广东省沿海各县(市)牧业总产值　　(单位:亿元)

年份＼产值	(按现行价计算)牧业产值	(按80年不变价计算)	
		牧业产值	占全省牧业产值比例
1986	26.7169	12.1043	39.48%
1987	35.5859	13.4454	41.82%
1988	49.3099	14.3913	41.09%
1989	—	14.9	39.45%

【沿海林业】 1985年冬，广东省委、省政府作出了“五年种上树，十年绿化广东”的决策。经过4年艰苦奋战，全省造林绿化工作取得了令人瞩目的成绩，现已成为全国第一个基本消灭荒山的省。仅1987年，沿海市县(含海岸带)造林面积达466.38万亩；新会县已成为广东省第一个造林绿化达标县，并荣获全国平原绿化先进单位称号。

据海岸带调查统计，广东省海岸带范围，陆域面积有2 765.26万亩，其中有林地面积524.76万亩，森林覆盖为21.4%。森林树木优势种有马尾松、木麻黄、窿缘桉和苦栋，其次为台湾相思、杂木等，共有蓄积量653.12万m^3。各林种的面积：防护林91.84万亩，用材林317.69万亩，薪炭林59.39万亩，经济林(含竹林)50.72万亩，特种用途林5万多亩，灌木林25.31万亩，疏林95.49万亩，四傍林不完全统计有4 488.9万株，折合面积26万亩。广东沿海因地处热带、南亚热带，在沿海滩涂上普遍生长具热带特色的红树林，面积5.7万亩，主要集中分布在粤西的雷州半岛沿海。

1983年广东省海岸带调查在粤东沿海沙荒地部署了4个开发利用试点：潮阳县果林试验、陆丰县沙埔农林场林牧试验、惠来县南海林场混交林试验、惠东县港口林场林、菜、紫胶试验。经过6年来的实践，已取得了明显社会效益、经济效益和生态效益，对全省270万亩的滨海沙荒地的改造利用，具有实际指导意义。

(刘　军)

【沿海旅游业】 广东省沿海地区旅游事业的发展一直处于全省的前列；珠江三角洲旅游区，尤其是深圳、珠海和中山市，已成为广东的旅游中心。1987年，广州、深圳、珠海、汕头等4市的国际旅游外汇收入达18.76亿元(外汇兑换券),占全省的92%。

从1986年以来,全省入境国际旅客逐年上升,1987年为2 530万人次(含海南),1988年2 888万人次,1989年有所下降,仍达2 392.8万人。

1988年全省旅游业收入53亿元,比1987年增长31%,是1986年的2.1倍(含海南省)。

广东省沿海旅游业发展如此迅猛,除了国家给予优惠政策外,地方旅游部门也做了很大努力;主要在以下几方面创造了良好的条件:

1.加速旅游宾馆、饭店、酒店和基础设施的建议。1979以来,沿海市县积极引进外资、侨资,并使用部分国内资金,兴建和改造了一批高水平的宾馆、饭店、酒店,并配套有现代化游乐园、渡假村和国际标准的高尔夫球场等游乐设施和交通设施。

2.充分利用丰富的旅游资源,加强旅游资源的开发。广东沿海拥有丰富的旅游资源,粤东沿海主要有汕头市的妈屿岛海滨浴场、岩石风景区、惠东港口海滨浴场、惠阳霞涌海滨浴场、达濠岛青云岩风景区、潮阳莲花峰、饶平东界所城、陆丰碣石会武山等名胜古迹;以广州为中心的珠江三角洲综合旅游区,主要有广州市的广州起义烈士陵园、黄埔军校旧址、黄花岗七十二烈士墓、南越王墓、镇海楼、白云山风景区、深圳市的大小梅沙海滨浴场、玉律温泉、西丽湖、锦绣中华,珠海市的唐家公园、石景山旅游中心,番禺莲花山、东莞虎门炮台、林则徐公园、斗门白藤农民渡假村;中山市的长江乐园、雍陌温泉、新会崖门抗元古迹、银洲湖水上公园等名胜古迹;粤西沿海主要有台山上下川岛海滨浴场、阳江市闸坡海滨浴场、电白县虎头山海滨浴场、放鸡岛潜水旅游地、湛江市的湖光岩、硇洲岛灯塔等名胜古迹。以上旅游资源都逐步得到开发和建设,辟为旅游胜地,以其独特风光和历史古迹吸引了大批中外游客。

3.增加开放口岸、发展旅游交通。10年来,沿海新开放了太平港、中山港、三埠港、莲花山港及梅沙码头、湾仔码头等一批出入境口岸,并不断简化出入境手续,使游客出入境十分方便。 (郑 锋)

表5 海洋自然保护区

序号	保护区名称	位 置	级别	面积(km^2)	主要保护对象	建立年份
1	乌屿鸟类自然保护区	南澳县	县	0.04	鲣鸟、军舰鸟等多种海鸟	1988
2	汕头大学周围自然环境保护区	汕头市	市	4	植被、地貌景观	1985
3	港口海龟自然保护区	惠东县	省	8	海龟	1985
4	大亚湾水产资源自然保护区	深圳、惠阳、惠东等市、县交界之间	省	1 028.80(海面)	珍珠贝、鲍鱼贝、江瑶贝、各种经济鱼、虾、藻类	1983
5	深圳市内伶仃岛自然保护区(含福田红树林鸟类保护区)	深圳市	国家	(含红树林3)	弥猴、红树林、鸟类	1984年(省)1988年(国家)
6	深圳水库水源和水质保护区	深圳市	市	60.50	水源、水质	1984
7	大杧岛珍贵野生动物放养保护区	珠海市	区	6.66	弥猴、黑叶猴、水鹿、梅花鹿	1984
8	上川岛车旗岭自然保护区	台山县	县		弥猴、南亚热带绿阔叶林	
9	通明海红树林保护区	湛江市	市	20	红树林	1987
10	海康自蝶贝自然资源保护区	海康县	县	258(海面)	自蝶贝为主贝类	1983

(马应良)

【海洋灾害】 广东省面临南海,属东亚季风区,在高温多雨条件下,物质循环迅速,形成一个强大的自然生态系统和不同生物气候带,但也存在区域性的灾害性天气,主要有台风及风暴潮。另外,随着工业的发展,“三废”大量排放,使江河入海口以及港湾污染日益严重,赤潮发生呈增长趋势。

台风　1986年以来，广东省遭受损失较大的台风共8次，造成的直接经济损失数十亿元(表6)

赤潮　1986年以来，广东沿海发生的赤潮有：

1.1986年2月在深圳湾西部海域发现夜光藻赤潮，使周围牡蛎场50%的牡蛎死亡；4月发生裸甲藻赤潮。

2.1987年10月在深圳湾发现骨条藻赤潮。

3.1988年4月在深圳湾发现夜光藻、角甲藻赤潮。12月23～26日在大鹏湾盐田至南澳镇沿岸，发现长约20km、宽2～3km的赤潮带，赤潮生物成斑块分布于海面，海水呈粉红色，最严重的是沙渔涌码头附近水域，几乎被赤潮生物所覆盖，在背仔角以东离岸20～30m也有1条长约300m、宽20～30m的赤潮带，夜间当海浪冲击时闪烁着绿色荧光。岸边海沙也似有油质和粘质。海面有腥臭味，并有死鱼发生。经调查分析，确认是夜光藻引起的赤潮。

4.1989年4月2～4日在深圳湾发现赤潮，初期海水呈红色，后变为红褐色。调查分析得知，是由长叉状角藻、三角藻、圆筛藻、骨条藻等赤潮生物引起的。

从上可见，珠江口周围海域是广东省赤潮多发区，自1981年以来10年中，有记录的赤潮就达17次，其次是北部湾围洲岛海域。

香港海域发生赤潮更为频繁，首次见到赤潮是1971年6月在陀罗港发现的夜光藻赤潮；第2次赤潮发生在1975年。在70年代至少接连发生6次。据《New Scientist》1987年9月24日报道：1977～1987年的11年间，记录到赤潮176次，其中吐露港占95次。1980年以来，赤潮越来越频繁地发生，1980～1986年共出现69次；1987年1～10月出现32次，1988年头3个月也发生11次。1987年8月在吐露港由骨条藻引起的赤潮，造成的箱养鱼损失300多万港元；1983年的一次赤潮，死鱼达数吨。　(马应良)

表6　广东省遭受的主要台风状况

台风名称	形成和登陆时间	主要受害范围	直接经济损失
8607号台风	1986年7月11日在陆丰县登陆	陆丰、海丰、惠东、惠阳、博罗等，遍及全省大部分地区	15.5亿元
8616号台风	1986年8月16日形成，9月5日登陆	文昌县至徐闻县沿海	伤亡397人、4.64亿元
8702号台风	1987年6月18日形成，19日5日登陆	电白、阳江等8县	2.5亿元
8710号台风	1987年8月22日登陆	三亚市	受害208万人，死亡27人。1.6亿元
8805号台风	1988年7月14日形成，19日登陆	汕头、汕尾、惠州、广州等地区	受害405万人，死亡17人，伤153人。10亿元
8817号台风	1988年9月22日登陆	惠来、陆丰、南澳、汕头、潮阳等地	受害71万人，死亡7人，伤115人。1.63亿元
8903号台风	1989年5月16日形成，20日在台山县登陆	珠海市、斗门县、台山县	严重
8908号台风	1989年7月13日形成，18日登陆	中山、珠海、江门、阳江、斗门、台山等地	严重

【大亚湾核电站工程】　大亚湾核电站位于深圳市东65km处大亚湾畔的大坑村。1984年4月开始进行通电、通水、通路和平整场地的“三通一平”工作，至1989年底，电站建设范围为1.98km^2，其中厂区0.64km^2；已开挖土方624万m^3，建起一座库存容为160万m^{3}的水库，1条28km长的厂外公路，1个1 000吨泊位的材料码头，1个5 000吨泊位的卸货码头；修起2条各长1 000多米的防波大堤，可抗击12级台风和千年一遇的海啸；建成深圳主厂区的微波通讯网；兴建1个占地10万m^{2}的拥有228套住宅的外国专家村和30万m^{2}的办公室、加工厂房场地、住宅等一批临时设施；主体工程土建已完成全部工作量的70%左右。

大亚湾核电站总机容量为2×90万kW，总投资40多亿美元。预计第一座核电机组于1992年下半年投产，第二座在1993年中投产，年总发电量可达100亿kW.h。

大亚湾核电站是中国正在兴建的规模最大的核电站，由广东核电合营有限公司负责。广东核电投资公司(GNIC)和香港核电投资公司(HKNIC)合资组成，双方除按股权共筹4亿美元股金外，其余资金由合营公

海南省海洋、海岸带综合开发

【**概况**】 1988年4月13日第七届全国人民代表大会第一次会议通过了"关于设立海南省的决定"。海南省管辖的范围除海南本岛所属13个沿海市、县外,还包括西沙群岛、中沙群岛和南沙群岛的岛礁及其海域。海南岛位于南海西北海域,面积33 920km²。海南省海岸带总面积11 992km²,其中浅海面积2 303km²,滩涂面积489km²,陆上土地面积9200km²。海岸线长1617.8km。全省有面积在10m²以上的海岛600多个,海岛岸线长126.6km,面积12.4km²。

海南省具有丰富的海洋资源。全省地处热带,光热充沛,许多热带植物的种植面积和产量均居全国之冠。海洋水产资源丰富,200m以内渔场面积22.5万km²,西沙、南沙、中沙群岛渔场面积7.6万km²。具有开采价值的矿产30多种,石碌铁矿是亚洲八大矿山之一。莺歌海、东方、榆亚是海南三大盐场,盐田生产面积达37.51km²。海南岛拥有大小港湾68处,其中已开发和正在开发较大的有海口、洋浦、八所、三亚等,还有主要渔港24个。海南岛素有"东方夏威夷"之称,旅游资源十分丰富。

海南建省后,新的生产格局是以港口为依托、以港口城市和有港口依托的城市为枢纽、形成各具特色的经济区和不同功能的环岛产业带;特别是洋浦开发区的尝试,为把海南省办成大特区提供了一个新的典范。

(王绍章)

【**海洋生物资源及开发**】 根据调查资料,海南省潮间带生物共有1 142种,其中腔肠动物46种,环节动物63种,软体动物423种,节肢动物185种,棘皮动物78种,藻类215种。其他门类9种。其代表种有鹿角珊瑚、大珠母贝、斑节对虾,黑孔海参,舌骨牡蛎、海南江蓠,珍珠麒麟菜等。红树是海南潮间带典型的木本植物,有18科31种,现有面积7万多亩。潮下带生物主要是浮游生物,其中浮游植物233种,浮游动物131种。

海南省海洋自然条件适宜水产资源的发展,环形海流和南海暖流带来大批洄游鱼类和外洋性鱼类;南海诸岛周围的珊瑚海域也形成了众多的渔场,使海南省的水产业具备了良好的基础。据统计,海南省海洋水产资源在800种以上,其中主要鱼类有600多种,主要经济鱼类40多种,如蓝圆鲹、鲐鱼、红尾笛鲷、海鳗、大黄鱼、石斑鱼、带鱼和金枪鱼等,软体动物有墨鱼、鱿鱼、海参、沙蚕等;另外还有各种贝类、甲壳类和藻类。

丰富的海洋水产资源给海南省的海洋捕捞业和养殖业带来巨大的潜力。1986~1989年全省海洋捕捞产量稳步增长(见表1)。1989年全省有海洋渔业船舶1 090艘、95 100吨位,其中新造渔船696艘;全省215个渔业乡村渔业总收入3.15亿元。在捕捞结构上更趋合理,积极开发外海渔场,对西沙、中沙、南沙、东沙群岛海域渔场的综合开发取得可喜成绩。

近年来,海南的浅海养殖较为发展,养殖种类主要是鱼、贝、虾、藻类。 (陈 刚)

司向国际筹措贷款。整个工程由法国电力公司承担总的技术责任,所采用的M310压水式反应堆由法国供应,汽轮发电机组由英国供应。这是中国迄今为止世界最大的中外合资项目。 (马应良)

【**西江通海高栏港方案**】 西江干流全长2 214km,贯通滇、黔、桂、粤,经珠江三角洲由磨刀门入海。由于水丰沙少、河床稳定,通航里程达1.4万余千米,仅次于长江,发展航运条件优越。西江航运是开发西南,振兴西南的重要条件。通海口门更是西南对外开放的主要出路。

目前西江通海口门可能有磨刀门、横门、虎跳门等3个。1989年春河海大学西江考察组提出,从西江航运和珠江三角洲沿海海运的迫切需要看,3个口门都应尽早打通。虎跳门的航道和港口问题较为落实,近期先考虑此方案是合适的。虎跳门水道可通3 000吨级船到西江干流,虎跳门与崖门相邻,崖门内银洲湖长25km,宽近2km,两岸线建万吨级泊位,上游通潭江、也通西江干流。虎跳门、崖门出海航道穿越黄茅海。在黄茅海海湾口东侧,珠海市正积极筹建万吨级以上大型海港——高栏港。高栏港实质上是河口港,港区包括高栏、南水、大 、荷包4个岛屿包围的水域,面积达80万km²,可利用岸线约30km。风浪掩蔽较好,潮流主槽贯穿港区,高栏岛和南水岛间用堤连接,隔断东侧

表1 海南省1986～1989年海洋捕捞业统计表 (单位:t,万元)

年份＼种类	鱼类	虾蟹类	贝类	藻类	小计	产值
1986	79 786	4 569	242	1 240	85 837	—
1987	90 524	4 294	514	1 067	96 339	—
1988	98 450	4 530	2 034	947	105 961	28 676
1989	114 701	7 862	1 512	986	125 061	33 340

【盐业资源开发利用】 海南岛沿岸滩涂辽阔,可筑盐田之地甚多,特别是西部至西南部海滩平坦,光照时间长,风力大、降水少、蒸发量大,海水浓度高,污染少,晒盐条件好。

海南省现拥有大小盐场19个,其中莺歌海、东方、榆亚盐场三大盐场中以莺歌海盐场最为著名。莺歌海盐场1958年投产,盐田总面积的37.94km²,生产面积28.24km²,占全省盐田总面积的62.5%,常年产盐量16～20万t,最高年产27万t,是中国滩晒海盐生产单元最大的盐场,最近三年盐业总产值共9 110.51万元。除莺歌海盐场外,东方、榆亚盐场都有百年以上的盐生产历史,现有生产面积共9.97km²。1986年和1987年全省共有盐场15个,原盐产量分别为27.60万t和34.04万t,盐业工业总产值分别为2 658万元和3 199万元。1988年,全省有盐场16个,盐田生产面积为47.22km²,原盐总产量为37.50万t,盐业工业总产值为3 606万元。1989年,全省有盐场19个,盐田生产面积为43.88km²,原盐总产量为24.87万t,采盐业工业总产值为2 353万元。

由于历史原因和能源等条件的限制,海南省的盐化工企业生产基础比较薄弱,1987年生产烧碱167t,盐酸302t;1988年生产烧碱162t,盐酸389t,液氯41t。

(马应良)

【滨海砂矿】 海南岛东南部沿海分布着丰富的滨海砂矿资源,现已查明各类砂矿区20多个,矿产资源50多种,主要为钛铁矿和锆英矿,其它砂矿有独居石、镍、铬、钴和金红石等。自1958年起,海南岛的钛、锆砂矿就已进行小规模开采,先后建起了万宁乌场钛矿、文昌清澜钛矿、琼海沙笼钛矿、南港钛矿等4个国营矿场和1个产品加工厂,采矿能力为每年70万t左右。80年代后期,海南的钛矿开采业发展迅速,仅万宁县就有钛矿开采点200多家,至1989年,全省共有大型钛矿24个,锆英矿28个,独居石矿6个。近年来,采矿技术不断改造,在1987年完成乌场、南港钛矿各1条采矿生产线的基础上,1988年建成乌场、南港第二条采矿生产线,新增采矿生产能力120万t/a。1986～1989年,全省钛精矿年产量分别为5.15万t、5.02万t、13.13万t和7.93万t。

锆英矿也是海南重要的滨海砂矿,1988年清澜钛矿厂试生产锆英粉获得成功,并投入生产,年产量3万多吨,1989年海南锆英石精矿首次进入国际市场,第一季度出口5 000多吨,创汇30多万美元。

鸡啼门、磨刀门和沿岸流带来泥沙,对港区和航道水深的维护很有利。两岛连堤东侧将吹填成陆域,供港口和工业开发区使用。港口规划包括5万吨级以上的油、煤码头和大型集装箱、件杂货泊位以及3千吨级的内河航舶装卸作业区。高栏港和通西江航道的建成将对珠海市、珠江三角洲的西部和西江流域的经济发展带来重大而深远的影响。 (严以新)

【汕头港航道整治】 汕头港位于韩江和榕江汇合的河口地区,是广东省东部开发较早的海港。目前,口外拦门沙滩顶自然水深不足5m,加上潮差较小,5000吨级海轮乘潮难以通过,限制了汕头港的进一步发展。

汕头湾能容纳$1\times10^8m^3$的纳潮量,海潮是维持港口深水水域及通海航道的重要动力因素。50年代开始的湾内围海造田使纳潮量明显减少,导致深水水域面积缩小及口外拦门沙淤高,水道变浅。南京水利科学研究院通过现场观测和模型试验研究,确定了整治与疏浚相结合、拦沙与导流相结合和纳潮束水攻沙的外航道整治原则。第一期工程在航道东侧建造5.2km导流拦沙堤和2.75km潜堤。1989年拦沙堤开始施工,从已建部分观测情况看,拦沙效果显著。第二工程将在导流拦沙堤建成以后进行航道开挖。为维持一定的潮流动力,在港口和其它工程规划中,尽量避免人为减少湾内纳潮量,以不再增加外航道的维护疏浚量。(陈志昌)

另外，海南省的非金属的石英砂的储量也很丰富，估计储量约数亿吨，储量居全国首位。主要分布在文昌县、儋县和东方县，现有少量开采。1989年，在文昌县发现了一个特大石英矿，为制造高级玻璃开辟了丰富的原料来源。 （马应良）

【滨海旅游资源开发】 海南岛四季如春，年平均气温22～26℃，夏无酷暑，冬无严寒，在世界热带地区气候类型中独具一格。在全岛长达1 617.8km的海岸线上，大批著名的景观地貌、生物资源、名胜古迹组成了众多的旅游景点，如儋县的兵马角、龙门激浪、牙龙湾，文昌县的珊瑚礁带、椰林、天涯海角、火山群等。

1986年1月，海南岛被选为全国七个重点旅游区之一；近几年来，海南省的旅游业得到迅速发展，全岛已形成网络状的旅游景点系统。海口市和三亚市作为全省旅游重点区域，扩建了海口机场、三亚机场等重要设施，开辟了香港、新加坡、泰国等国际民航包机航班。1989年拟定的《三亚区域风景旅游整体规划》已得到省政府批准。

1980～1986年，海南接待国外游客14.5万人次，平均每年递增47.8%。1986年全省共接待国内外游客23万多人次，比1985年增长近一倍，创汇950万美元，回收人民币3 550万元。1988年海南建省后，海南的旅游事业在景点开辟，入港人数、接待能力和创汇收入等方面都有更大发展，当年全省共接待国内外游客118.6万人次，比上年增长57.9%，旅游业营业点收入2.3亿元。全省建成并开业的宾馆14家，增加床位2 198张，新辟旅游景点100多个。1989年全省共接待国内外游客88.05万人次，旅游宾馆床位增加到11 100张。 （马应良）

【海洋港口和运输】 建省以来，海南省除继续建设洋浦深水港和新建乌场港外，主要是对海口港、八所港、清澜港等港口进行改造和扩建，使港口吞吐能力由建省前的740万t增加1 000万t。现在，海南环岛已开发大小港口18个，拥有码头泊位51个，其中已建成使用的万吨泊位4个，5 000吨级泊位5个，3 000吨级泊位6个。

建省后海洋运输业也得到很大发展，现在海运总运力已近16万t，是建省前38年总和的4倍。1988～1989年，海洋运输克服货源不足、运力疲软等困难，较好地完成了任务。1988年全省港口货物吞吐量为827万t；1989年为895万t，实现利润1 745万元。"六五"期间海运业共完成货运量226.8万t，货物周转量8 071.5万t.km；客运量737.3万人次，客运周转量23 220.2万人.km，分别比"五五"期间增长177.4%和176%。 （熊仕林）

【海洋自然保护区】 在海南省54个自然保护区中，海上自然保护区有9个。另外还有10个自然保护区位于滨海地区，也具备海洋类型特征。

海南省9个海上自然保护区：1.临高角自然保护区，位于临高县沿海，面积34.67km²，主要保护对象为珊瑚礁生态系统，建于1986年。2.珊瑚礁自然保护区，位于临高县沿海，面积324km²，主要保护对象为珊瑚礁、自蝶贝生态系统，建于1986年。3.麒麟菜自然保护区，位于文昌—琼海县一带沿海，面积93.40km²，主要保护对象为珊瑚、麒麟菜、江蓠、拟石花菜，建于1983年。4.白蝶贝自然保护区，位于儋县—临高一带沿海，面积44.00km²，主要保护对象为白蝶贝及其生态环境，建于1983年。5.鲍鱼保护区，位于三亚市沿海，面积0.67km²，主要保护对象为鲍鱼及其生态环境，建于1983年。6.大东海珊瑚礁自然保护区，位于三亚市沿海，面积0.135km²，主要保护对象为珊瑚，建于1989年。7.鹿回头珊瑚礁自然保护区，位于三亚市沿海，面积1.4km²，主要保护对象为珊瑚礁，建于1989年。8.东岛白鲣鸟自然保护区，位丁西沙群岛中的东岛，面积1.8km²，主要保护对象为白鲣鸟及其生态环境，建于1980年。9.西沙、南沙、中沙群岛自然保护区，位于南海112°00′～114°20′E和16°30′～15°40′N的区域，面积2 400km²，主要保护对象为海龟、玳瑁、虎斑贝等海洋动物及其生态环境，建于1980年，这是海南省面积最大的自然保护区。

另外，海南省滨海海洋类型自然保护区有：琼山县红树林自然保护区，文昌县清澜港红树林保护区，陵水县南湾珍贵动物自然保护区，万宁县大洲岛金丝燕、常绿季雨林自然保护区，文昌县铜鼓岭热带雨林次生林、水源林和弥猴自然保护区，东方县鱼鳞洲风景保护区，万宁县大花角自然保护区，临高县彩桥红树林自然保护区，三亚市牙龙湾青梅港红树林自然保护区和儋县新英湾红树林自然保护区。 （陈　刚）

【海洋灾害】 **台风和风暴潮** 1986～1989年，影响海南省的台风有27次，其中登陆的台风有11次。5～11月是台风影响海南省的主要时期，其中8月和10月台风出现频次最高。4年间，海南省遭受风暴潮灾害9次，其中1989年5次。台风暴潮发生的次数一般与台风影响的频次有关(见表2)

台风、风暴潮灾害是造成海南省穷困落后的原因之一。1986～1989年，全省因台风、风暴潮灾害造成的经济损失39.9亿元。

1986～1988年，8616号、8710号、8823号和8824

号台风在8～10月份分别在三亚市和文昌县、万宁县登陆。其中8710号台风最大风速40m/s，台风中心最大风力12级以上；8824号台风在万宁县沿海登陆时，有强冷空气南下共有影响，全省降了大暴雨，使南渡江流域发生较大洪水，澄迈县金江站、定安县城站、琼山县龙塘站和海口站的洪峰水位分别超过警戒水位0.75m、1.0m、0.74m和0.36m，这次台风使全省有117个村庄41 970人被洪水围困。

上述四次台风给海南省造成的灾害情况共有：8人死亡，86人受伤、房屋倒塌10 871间，水稻成灾面积138.92万亩，旱粮成灾面积120.5万亩，损失粮食1.69万t，甘蔗受灾面积121.75万亩，刮倒(断)林木10 083.1万株，橡胶受害面积1 248.2万亩，其他农作物受灾面积26.69万亩；损坏船只127艘，网具384张；毁坏水利工程有：水库123宗，堤防494处213.55km，崩决渠道492.12km，渡槽102座，水陂闸坝2012座，其他水利工程312宗；毁坏桥梁166座、公路575.9km；毁坏通讯线路杆997根，线路4537.5km，输电线路杆3 052根，线路1 755.21km。总共损失6.48亿元。

1989年6～10月，海南省遭受8905号、8926号、8925号和8928号台风袭击。其中8905号台风在陵水县沿海登陆，中心风力12级以上，全省都受其影响，降雨200～250mm；8926号台风在三亚市—陵水沿海登陆，南部各市县的风力在12级以上，全省普降暴雨，暴雨中心在琼中县乘坡一带，日降雨量426mm。8925号和8928号台风均从海南岛南部近海经过，其中心距三亚市分别为80km和60km，台风中心风力均在12级以上。受8926号和8925号台风影响，陵水河洪水较大，陵城站水位达5.23m，超警戒水位1.13m。8928号台风影响通什市时，通什市水位超警戒水位3.1m。

1989年5次台风给海南省造成的灾情十分严重。在台风影响期间，全省有346个村庄、16.569万人被洪水围困，102人死亡，819人受伤，房屋倒塌44 784间；农作物受灾面积5 039.3万亩，刮倒(断)林木8 867.49株；毁坏桥梁270座，公路1 169.1km；毁坏通讯线路杆7 703根，线路5 834.2km，毁坏输电线路杆1 423根，线路2 830.8km；毁坏船只396艘，网具3 890张。港口设施受灾损失经济价值73 364.365万元，毁坏水利工程造成损失经济价值6 167.66万元。1989年海南省受5次台风、风暴潮造成总损失经济价值33.44亿元。

浓雾 海南省浓雾多集中在冬、春季出现，海面出现雾日多在10月份。据调查，1989年因雾天航行造成海难事故多起，仅海南省海运总公司就有2艘100吨级货船受损坏，经济损失巨大。

赤潮 1989年5月，南海海域发生多起赤潮现象；一是在三亚港附近，海水因赤潮呈红色，有粘稠感，附近养殖的蟹有死亡现象，持续时间约10d。二是在海口港等地发生赤潮，海水呈带状红色。（褚柳宁）

表2 影响和登陆海南省台风频次表 （单位：次）

月份 / 项目 / 年份	5		6		7		8		9		10		11		12		全年	
	影响	登陆	影响	登陆	影响	登陆	影响	登陆	影响	登陆	影响	登陆	影响	登陆	影响	登陆	影响	登陆
1986	1	1			2		3	3			3		2				11	4
1987			1				1	1					2				4	1
1988			1				1				2	2	1				5	2
1989	2		1	1	2	1					2	2					7	4
合计	3	1	3	1	4	1	5	4			7	4	5				27	11

【重点开发海洋工程】 海南省办大特区，重点开发的是沿海地区。根据目前海南特区的新生产布局，把海南规划为海口、三亚、文城、那大和八所五个重点开发区进行建设，与其相对应的港口是海口港、三亚港、清澜港、洋浦港和八所港。

海口重点开发区 包括海口、琼山和澄迈等沿海市、县，其内有海口滨海金融贸易、港澳国际、海甸岛东部、金盘工业四大开发区，现已投入资金4.28亿多元，目前部分项目已经投产。主要海洋工程建设有海口(秀英)港、海口新港、马村港及秀英油码头、新港渔码头、利是行码头等。海口港现有泊位13个，码头长1 270m，1989年吞吐量256万t，正在准备扩建2个万吨级泊位将于1990年初动工。海口新港现有泊位11个，码头总长340m，1989年吞吐量136万t，拟定扩建5 000吨级货运泊位1个，1 000吨级货运泊位3个，扩建和改造东渡泊位4个。这两项工程总投资约1.3亿元。马村港于1987年9月新建成2万吨级煤专用码头泊位1个，长172.5m；400吨级工作船码头泊位1

个,长45m;加上码头的配套设施,总共投资4 400万元。

三亚重点开发区 包括三亚、陵水和乐东等沿海市、县,是以旅游业与主导的风景旅游开发区。三亚市现有三亚港、榆亚盐场海港和河港、水上运输社等4处港口和码头。三亚港现有泊位7个,码头总长704.5m,1989年吞吐量63万t。陵水县新村港现有1 000吨级泊位2个,还有简易码头40m,可靠50吨级以下木船。1988年吞吐量3.3万t。

三亚重点开发区以海岸带景源开发为风景旅游资源开发的重点。早在20年代,三亚大东湾就闻名遐迩,现已建成旅游度假区,吸引着大量国内外游人。风景比大东湾更胜一筹的牙龙湾,其度假镇工程于1986年动工建设。

文城重点开发区 包括文昌、琼海和万宁县。该区将以农业、农产品加工、食品、轻纺和仪表业为主,利用侨眷集中的优势大力发展"三来一补"产业,充分利用沿海港口对外贸易。清澜港和乌场港是新建港口,对海南岛东部经济建设起了举足轻重的作用。1989年6月清澜港一期工程竣工。乌场港过驳点一期工程于1989年9月动工。另外,铺前港正着手扩建,该港现有150吨级码头泊位4个,20吨级简易码头泊位3个;1988年吞吐量为5万t。

那大重点开发区 包括临高县和儋县,将利用天然气和石油发展海南石油化工业、并建设成钛白粉、水产加工和生物工程、科技农业基地。本区内的洋浦开发区的开发建设使海南特区建设达到了一个新的水平。洋浦港第一期工程已于1987年1日开建,整个工程计划1990年全部建成使用。洋浦港沿途港口有新英港、白马井港和渔业公司码头。白马井港现有400吨级泊位码头2个,长80m。渔业公司码头(包括水产、卸鱼、修船、油、水码头)总长1 162m,最大靠泊能力300t。

八所重点开发区 包括东方、昌江两县,是海南矿产资料集中地,以八所港为依托,发展钢铁、水泥等重工业。1986年,国家投资6 920万元对八所港进行防波堤外移改造,计划在1990年竣工;该工程完成后,将把八所港由一个以运矿为主的专业港口转为多功能的综合性港口。

【洋浦港第一期工程】 洋浦港第一期工程主要建设项目有:2个2万吨级多用途深水泊位,码头长444m;1个3 000吨级工作船码头长100m;疏竣工程10万m^3;陆域挖填工程103万m^3;港区道路堆场21.6万m^2;仓库1.42万m^2;还有工艺设备、给排水工程、供电照明工程等。1986年8月,从洋浦港区通往那大镇的运输公路动工,揭开了第一期工程的序幕。该公路总投资300万元,已于1988年底建成。港口工程1987年1月动工,截止1989年底,累计完成投资11 721万元,建设2个2万吨级码头及其他工程。整个工程计划1990年底完成。

【八所港防波堤改造工程】 八所港是海南省目前吞吐量最大的深水港口,也是中国唯一的以输出铁矿石为主的专业性港口。

鉴于八所港对海南经济影响举足轻重,交通部于1986年批准八所港原西防波堤外移工程,同时兴建2个万吨级泊位的杂质码头。八所港防波堤改造工程主要包括:新建防波堤546m;－10m码头400m;－4m码头170m;旧防波堤拆除工程;港区陆域土方、路场、给排水及供电照明工程;通讯导航和环保工程和港池疏竣工程等。

八所港防堤改造工程于1987年9月开始施工,计划1990年上半年全部建成交付使用。届时,八所港的年吞吐量将从现在的400万t增加到600万t左右。截止1989年底,八所港防波堤改造工程已完成总工程量的62%,完成投资4 290万元。

【清澜港扩建工程】 清澜港是海南岛东海岸唯一对外贸易运输口岸,该港原只有300吨级泊位的栈桥码头1个,设备简陋,装卸工艺落后,年吞吐量只有5万t。扩建工程于1984年12月由广东省计划委员会批复同意。决定扩建港址在海军码头南侧的陈家村附近。"三通一平"工作于1987年8月基本完成;码头主体工程于1987年4月开始,1989年7月竣工,现已建成5 000吨级码头泊位1个,长135m;500吨级泊位2个,长125m;护岸工程长168m;码头过渡段长19.5m。港区回填量13.3万m^3,港区排水渠1 300m,港区生产生活用房6 430m^2。整个工程总投资1 216.4万元。工程完成后新增加港口吞吐量50万t。

【海口电厂专用煤码头工程】 海口电厂专用煤码头位于澄迈县马村港,距海口市38km。该码头1986年4月动工,1987年9月开始投入简易生产。该港现建成重力空心方块顺岸结构的2万吨级码头泊位1个,长172.5m;400吨级工作船码头泊位1个,长45m,码头前沿水深10.5m;挖疏航道500多m,底宽80m,建成防波堤348m,堆场1.5万m^2,还有其他码头配套设施,总投资4 400多万元。 (王绍章)

【南海海洋观测站和6礁主权石碑建成】 南沙群岛

广西壮族自治区海洋、海岸带综合开发

【概况】 广西壮族自治区是中国唯一临海的少数民族自治区，其沿海地区包括北海市（含合浦县）、钦州市、防城自治县和防城港区，面积 11 572km²，占广西总面积 4.9%；其中沿海的 33 个乡、镇面积 3 057km²。大陆海岸线东起合浦县桂粤交接的英罗港洗米河口，西至防城县中、越交界的北仑河口，直线距离 185km，岸线长度 1 083km，海岸曲折，多属于微弱冲填的溺谷型海岸。500m² 以上的岛屿有 624 个，岛屿岸线 354km，面积 46km²，除涠洲岛和斜阳岛为火山岛外；其余均为大陆岛。沿海地区属南亚热带海洋季风气候，全年季风盛行，6～9 月台风频繁，年均受台风影响 2、3 次。沿海河流流域总面积约 4.2 万 km²；其中流域面积 50km² 以上的河流有 123 条，分别汇成 22 条干流入海，年径流总量约 250 亿 m³。近海潮汐类型属混合潮，多年平均潮差为 2.42m。

广西沿海资源量比较丰富。海岸带总面积 9 404km²，其中潮间带滩涂面积 1 005km²，水深 15m 以内浅海面积 3 803km²，陆域面积 4 596km²。50%～90%保证率的地下水资源量 122 亿 m³/a，可利用量为 36 亿 m³/a。矿产资源以钛铁砂矿、石英砂、锆石、粘土、石膏等为主，共 28 种；矿产地 145 处，矿床 55 处，矿（化）点 90 处。水产资源有海产鱼类 500 多种，虾类 200 多种，头足类 40 多种以及儒艮、中国鲎、文昌鱼等珍稀动物。广西沿海岸线曲折，港湾水道众多，有天然港群之称；共有大小港口 21 个，近 60 个泊位。

广西沿海地区 1988 年人口为 263.13 万，占全区人口的 6.4%；社会总产值为 41.55 亿元，占全区的 7.4%；工农业总产值为 31.25 亿元，占全区的 7.09%。该区域的经济状况可概括为：解放后的前 20 多年虽有一定的发展，但由于行政区划多变和其它因素，经济发展缓慢，仍处于自然经济为主的经济形态；1978 年以来，特别是开辟沿海开放区以来，经济有了长足的进步，但目前经济发展水平仍远远落后于其它沿海地区；沿海地区海洋开发的程度很低，主要以传统的海洋产业为主，海洋渔业（不含加工）、海洋盐业和海洋运输业的产值在海洋产业中的比重在 80%以上，其中海洋渔业（不含加工）的产值占上述 3 项产业产值合计的 80%以上；海洋化工、海洋生物制药、滨海砂矿开采、滨海旅游业和海洋能开发等仅处于起步阶段。

（沈玉芸　蒋明星）

【海岸带调查】 广西壮族自治区海岸带调查是全国海岸带调查的一部分。1982 年 10 月成立广西海岸带和海涂资源综合调查领导小组，调查工作从 1983 年 3 月开始至 1986 年 11 月结束。调查面积总计 9 404.01km²，其中：陆域（含滩涂）面积 5 601.01km²；0～15m 浅海面积 3 803km²。参加调查的单位 13 个，人数 457 人。获得原始数据 145.1 万个；样品（标本）294 657 瓶（种）；钻探进尺 4 539m；整理归档科技档案材料 647 个案卷；编写成果报告 9 卷 10 册共 300 多万字；绘制并印刷出版成果图件 44 幅。各专业调查成果分别获得厅级以上主管部门的成果登记，其中：游泳生物、水文、地貌与第四纪地质、地质、气候、海化、档案等专业调查成果分别获得广西区科委、广西科学院、广西地矿局、广西气象局、国家档案局等部门的科学技术

是中国的一部分。然而多年来一些国家不顾中国政府的多次警告和抗议，非法侵占了中国 30 多个岛、礁和沙洲。

联合国海洋组织采纳国家海洋局局长严宏谟的建议，在南沙群岛永署礁设立中国南沙海洋观测站，定为全球海平面联测第 74 号站。该站工程于 1988 年 2 月正式动工，经过半载奋战，完成 5 000 吨级深水码头、7 000 多平方米的人造陆地和 1 万多平方米水泥结构楼房的基础建设以及各种仪器、设备的安装调试。1988 年 8 月，中国南沙海洋观测站建成，并正式向联合国海洋组织发送南海海域海洋观测资料。

中国南海群岛永署、赤瓜、华阳、南薰、渚碧、东门等六礁的主权石碑于 1989 年 8 月 2 日全部落成。这些主权石碑是由中国人民解放军南海舰队鉴制的。石碑采用高级天然花岗岩，碑铭横幅镌制，上边一排刻“中华人民共和国南海群岛”，中央刻礁名。其中最大的永署碑正面高 50cm，宽 80cm。这 6 块石碑作为中国领土主权的标志，将永远矗立在祖国神圣不可侵犯的南沙群岛。

（王绍章）

进步奖。广西海岸带调查总成果于1987年2月在广州通过了国家级验收，并获1987年广西区科技进步奖一等奖。

此次调查取得了成果得到了广泛的应用，效益非常显著。例如，地貌与第四纪地质调查为北海、涠洲岛地下水资源的开发提供了依据；对依据调查资料建立的北海市两个石英砂资源保护区实施了有计划的保护和开采利用，取得了可喜的效益。 （邓朝亮）

表1 广西沿海市县、港区人口 （单位：万人）

市县＼年份	1986	1987	1988	1989
北海市	17.99	18.46	19.01	19.47
合浦县	93.15	94.99	97.19	100.52
钦州市	94.35	96.89	99.86	101.77
防城县	43.73	44.63	45.72	46.73
防城港区	1.00	1.16	1.35	1.48
合计	250.22	256.13	263.13	269.96

表2 广西沿海地区几项主要经济指标

项目＼年份	1986	1987	1988	1989
工业总产值(80年不变价)(万元)	81 304	93 223	—	—
农业总产值(80年不变价)(万元)	66 092	74659	73 712	88 529
海洋捕捞量(万t)	13.07	15.1	16.19	17.94
海洋盐业产量(万t)	8.13	9.45	11.91	14.88
港口吞吐量(万t)	103.1	158.5	189.2	225.51

【海岛资源调查】 广西海洋资源研究开发保护领导小组组织领导广西海岛资源综合调查工作。1989年7月14日，广西海洋资源研究开发保护领导小组扩大会议在南宁召开。会议着重讨论了广西海岛资源综合调查的有关问题，通过了《广西海岛资源综合调查计划》及《广西海岛资源综合调查技术指导小组名单》。1989年6～8月，各专业调查任务先后落实，组成了气候、水文、地质、地貌、海水化学、海洋生物、植被、林业、土壤、土地利用、社会经济、环境质量、陆地经济脊椎动物和档案等14个专业组。1989年10月起外业调查先后展开。 （沈玉芸）

【海洋管理机构】 广西的海洋产业处于初期发展阶段，尚未形成一个协调、合理的开发格局，不仅现有的海洋产业内部存在着结构不合理等问题，需要加强行业管理，而且海洋开发各行业之间相互关联，存在着利益冲突和相互妨害，急待统一协调，实行综合管理。1987年4月，广西壮族自治区人民政府办公厅下文成立“广西海洋资源研究、开发、保护领导小组”，下设办公室。1988年11月，广西壮族自治区人民政府批准成立“广西海洋管理处”，该处是自治区政府的一个职能部门，负责综合管理广西的海洋事业，它的成立为实施海洋综合管理奠定了基础。 （蒋明星）

【港口建设】 1986年是广西海港建设大见成效的一年，北海港石步岭新港区1号～7号万吨级码头建成并交付使用，使广西海港拥有万吨级泊位数上升到9个，结束了自1876年以来北海港没有深水码头的历史。

由交通部、广西交通厅、北海市政府共同投资230万元，在涠洲岛兴建了能靠泊500吨级客货轮码头1座，设计年吞吐量为10万t。该码头于1987年11月动工，1988年12月竣工。1989年，交通部、广西交通厅又与钦州市联合投资242万元，在沙井港新建500吨级泊位2个，设计近期年吞吐量34万t。

1986年末，防城港年吞吐量近期为363万t，港区总面积19.6km²，为华南沿海仅次于黄埔港、湛江港的第三大港。它拥有1万吨级泊位2个、1.5万吨级泊位3个、2.5吨级泊位2个、5 000吨级泊位1个、2 000吨级泊位1个、500吨级泊位3个；码头岸线总长达1 676m；生产用仓库总面积44 673m²，容量为62 544t；堆场1 86 795m²，容量350 248m³。

（黄德彰）

【海上运输】 随着沿海港口的建成，海上运输也有较快的发展。至目前为止北海港已与87个国家和地区的173个港口通航；北海海运公司的国营运输船只已辟有总里程达7.22万km的营运航线110条(包括在外港间运输线)。海南建省后，北海市至海口市航线货运倍增，1989年开辟了北海至海口客货轮航线，每天1班。

1986年前，广西航行港、澳的运输公司只有北海市、梧州市两个口岸的4家企业，到1989年末，增加了防城港区、南宁市、柳州市、贵港市4个口岸的14家企业、170多艘船舶、7万多吨位的运力。1986年港澳运输量为67万t、旅客运输1万人、444万人·km；1989年为87万t、1.5万人、646万人·km，集装箱运输1 260个。

为解决长期以来国家调拨广西的煤炭和粮食的运

输困难和承运广西进出口近洋国家的物资，经交通部、广西区政府批准，广西海洋运输公司于1989年4月成立。现已购1艘日本造7 000吨级货船，命名邑江号。

（黄德彰）

【沿海水产养殖】 广西近海水域海洋环境污染较小，水化要素比较稳定，全年无缺氧现象，温盐适中，饵料生物丰富，适宜多种鱼、虾、蟹、贝、藻类的繁衍栖息。可供进行人工养殖的品种有30多种，目前已进行人工养殖的品种有：赤点石斑鱼、青石斑鱼、鲈鱼、罗非鱼、梭鱼、鲻鱼、长毛对虾、墨吉对虾、中国对虾、日本对虾、斑节对虾、近缘新对虾、锯缘青蟹、马氏珍珠贝、白蝶贝、近江牡蛎、文蛤、泥蚶、江蓠、海参、海马等20多种。1986年以前，广西海水养殖面积多年徘徊在1.95～3万亩之间，产量1 000t左右。养殖方式多为池塘粗养或海涂地播或平养，除珍珠、牡蛎等品种的养殖技术比较成熟外，其余品种均处于需提高养殖技术的开发阶段。1986年以来，海水养殖业作为振兴地方经济的外向型产业之一受到重视，先后扩建了对虾养殖面积1.95万亩、牡蛎水泥柱养殖面积3万亩、青蟹养殖池7 995亩以及一批养殖生产配套设施。

至1989年底，广西海水养殖业共拥有国营、集体、个人养殖场（户）2 854个，专业队伍计10 665人，养殖面积7.5万亩，产量2 110t，面积和产量分别比1986年增长了43.3%和85.4%。技术开发较成熟的养殖种类有南珠、近江牡蛎和对虾，这3个品种的养殖从育苗（或采苗）→养成→收获→加工→销售，均已流水作业化，基本形成生产网络。珍珠贝年产育苗能力超过2亿只，1989年产珍珠1t多，系列产品100多种，远销欧美。对虾种苗年生产能力达7亿尾，自给有余。近江牡蛎已大面积推广水泥柱养殖；青蟹人工育苗已完成中试，转入批量生产；石斑鱼等名贵鱼类的网箱养殖已取得科研成果，其它品种养殖技术亦不断提高。

（卢兆发）

表3　海水养殖主要品种统计　　（单位：亩・t）

年份＼项目	总面积	总产量	对虾		青蟹		牡蛎		文蛤		泥蚶		鱼类	
			面积	产量	面积	产量	面积	产量	面积	产量	面积	产量	面积	产量
1986	52438	1138.4	10763	78.3	11268	116.0	13855	328.5	439	494.7	（含泥蚶）		6790	96.0
1987	52527	1352.8	21186	491.6	11039	172.7	15707	336.0	595	282.5	（含泥蚶）		2690	70.0
1988	76134	2383.0	28597	602.1	8637	253.8	29316	540.9	3721	454.1	1405	161.9	4458	162.8
1989	75121	2109.9	17618	434.0	8688	487.0	38516	373.0	2772	314.5	1972	78.5	5435	393.0

【海洋生物资源综合利用】 80年代后期广西海洋生物资源开发利用有三个特点。1.海产品的低温保鲜发展快。1988年广西水产系统有冷藏库28座，容量1.25万t，日制冰能力800t；冰鲜和鲜活海产品产量6.6万t，分别比1986年和1987年增长了154.8%和13.8%；冰鲜及鲜活海产品在捕捞总产量中的比重由1987年的40%上升到了1988年的45%，改变了过去以水咸鱼为主的单一产品结构。2.海产品加工能力大大提高，精加工海产品大幅度增长。水产品加工厂（场）1987年有29座，沿海从事水产加工的渔民有4 000多人。1988年广西水产品加工总量为2.15万t，产值为1亿元，比1986年和1987年分别增长16.22%、495.24%和11.98%、288.65%，其中，鱼罐头、鱼肝油制品、鱼粉、腌干制品、冻鱼等加工品产量1987年分别为389t、390t、1 142t、472t、1.52万t，1988年分别为1 030t、735t、1 210t、3 300t和1.51万t。海蜇皮产量受资源条件影响起伏较大，1986年为1 697t，1987年为5 600t，1988年锐减为200t。3.海洋生物加工向系列化方向发展。冻鱼、冻虾、咸鱼、牡蛎等海产品已开发生产出罐头系列、冻品系列、鱼肝品系列、调味品系列等产品数十种，还生产出各种海味方便食品。广西珍珠公司、北海海洋生物制药厂等单位已生产出珍珠首饰、珍珠药品、珍珠保健食品、珍珠美容化妆品等四大系列共130种产品，年产值超过5 000万元，畅销国内外，成为广西水产加工业出口创汇的拳头产品。防城县水产研究所开发了鱼翅酒、海参酒、鳖鳔酒、鳝鳔酒、对虾酒、复合海珍酒等名贵海珍滋补酒系列产品。在海蛇的综合利用和鲎试剂的研制方面，广西海洋研究所和北海市制药厂等单位做了大量的工作，海蛇毒干粉、海蛇皮革、海蛇酒、海蛇胆酒、海蛇油、以海蛇肉为主要原料的"龙凤会"罐头、鲎试剂等小试和中试产品已经问世，但由于技术设备等条件的限制，上述产品尚未批量生产。

（蒋明星）

【海洋盐业】 广西沿海气候温和，日照时间长，适合发展盐业生产。至1989年末，盐田总面积为6.681万亩，分布在钦州、北海、合浦、防城四市（县）境内，北部湾畔，其中有效生产面积为5.17万亩。共有8个国营盐场和部分规模较小的集体盐场。海盐生产受天气影响，丰欠幅度较大。正常年景生产原盐12万t；1977年因大旱，年产盐26.5万t，为最高年产；1989年产原盐14.8万t。

目前，广西全区各类用盐年需要量为45万t，其中75%依赖调进。预计“八五”期间年需要量将增至60万t，“九五”期间会突破70万t。由于从1973年到1986年9号台风造成重灾期间，基本上没有投入，致使盐田严重失修，海堤危险地段多，抗灾能力差，单产低，生产方式落后，加上盐价低，企业连年亏损，经济拮据，连简单再生产都难以维持。灾后中央和地方政府采取了有力措施，并拨款3 000多万元扶持盐业生产。1989年底理顺了盐价，建立了盐业发展基金，调动了企业的积极性，并采取多种途径提高职工素质，进行技术改造；同时决定新建扩建部分盐田。（高景增）

【**沿海林业**】 解放初期，广西沿海地区森林贫乏，如合浦县森林覆盖率仅7%，且分布不均匀。党和政府从50年代开始组织群众造林绿化。60～70年代初造林绿化得到较快发展，在海岸地带营造了木麻黄防风固沙林；在台地、低丘营造了以窿缘桉为主的水土保持林、用材林；在乡村开展四旁绿化，并采取封山育林措施。80年代，营造了一批防护林和以湿地松为主的用材林。至80年代中期，沿海地区森林面积为505.5万亩，森林覆盖率为29.1%。1987～1989年，又营造用材林、防护林、经济林和薪炭林55.2万亩，其中沿海乡镇在这三年中共造林21.45万亩。此外，广西沿海分布有天然红树林10.5万亩，主要分布在英罗港、丹兜港、珍珠港。近10多年来，林业部门还在上述三港湾内钦州湾、南流江口等处滩涂营造红树林幼林，并取得了一定成效。现在，广西海岸线已绿化50%以上，部分乡镇初步形成了点、线、面相结合的沿海防护林体系。

（广西林业厅）

【**沿海种植业**】 广西沿海地区以中低丘陵和台地为主，占总面积的70%以上；平原约占总面积的27%。1989年，该地区有耕地239.55万亩，人均有耕地0.89亩。该区域主要农作物为粮食作物，其次为经济作物，还有水果、蔬菜等，是广西水稻、花生、甘蔗、水果和黄红麻的重点产区之一。1986～1989年，年均粮食播种面积350万亩左右，粮食产量分别为63.73万t、73.18万t、59.49万t和87.62万t；单产分别为182.1、208.3、171.4、235.2kg/亩。1989年，该地区种植花生25.27万亩，总产3万t；甘蔗36.37万亩，总产118.99万t；水果18.66万亩，总产6.66万t。

该地区光、热充足，但水、旱、风、虫等自然灾害较多且频繁，耕作栽培技术不高，农作物产量，特别是粮食作物产量既低又不稳，1989年的粮食亩产比广西平均亩产低6kg。该地区种植业发展还有较大潜力，除提高现有耕地单产外，尚有可垦荒地（含坡度在15°以下的丘陵地）30多万亩，待改良的碱酸田30多万亩。

（阮辅韬）

【**沿海旅游业**】 广西沿海旅游资源丰富，主要分布在北海市（含合浦县）和钦州市。自然景观以滨海风光为代表，主要有：位于北海市区南面、被称为“南国北戴河”的白虎头海滩；位于北海市区西6km、濒临大海的冠头岭和位于北海市南67km、由火山喷发而成的涠洲、斜阳两岛等。人文景观以历史古迹为代表。

沿海旅游业于1985年起步。1986年，北海市成立了旅游公司、国际旅行社北海支社和北海市中国旅行社，开始有组织地接待入境游客。1988年北海市成立了旅游局。1986～1989年，北海市共接待入境游客10 220人次，创汇136.49万元外汇人民币；同时接待了国内游客52万人次，回笼货币约2 600万元人民币。沿海其它市县旅游业正待开发。（余小军）

【**沿海矿产资源**】 **钛铁砂矿** 合浦县官井钛铁砂矿已控制矿体面积20km²，平均厚17.2m，平均品位19.97～68.96kg/m³，探明储量102万t。该矿床除Ti符合工业利用外，尚伴生Sc、Zr等，经选矿试验，均可在开发利用时回收。

粘土 1986年在合浦县十字路找到花岗岩风化型砂质高岭土矿。已控制矿体面积26km²，厚度1～29.4m。原矿石经－325目水筛后，白度＞82%，产率38.7%，为假六方片状，铁、钛低，符合刮刀涂布级。远景地质储量大于2 000万t。

北海市地下水 北海市1∶5万城市综合调查时，在禾塘村、龙潭村、后塘村等地找到了地下水资源。1986年勘探了禾塘地下水资源，查明自上而下有4个地下潜水层，地下水丰富，水质好，允许开采量5.83万m³/d，可满足北海市自来水厂目前的需要，现已开采。1987年在涠洲岛开展找淡水工作，打了3眼井，涌水量都大于50m³/s，水质好，基本可解决该岛军民饮用水。

矿泉水 1986～1988年，在沿海地区先后发现多处矿泉水源，发现有面积大于6.5km²的含Sr的偏硅酸矿泉水源地（含偏硅酸62.4～68.9mg/L）。

（张忠伟）

【**海洋自然保护区概况**】 1979～1989年，广西区内外的林业、水产、环保、科研、高校等部门的10多个单位在广西沿海地区先后调查并提名过14个自然保护区，其中属于海洋自然保护区的有10个。在这10个被提名的海洋自然保护区中，已正式得到广州壮族自治区人民政府批准的有2个，即将获批准的1个，已申报建立国家级海洋自然保区待批的2个。

儒艮自然保护区 该区位于广西合浦县沙田乡至营盘乡沿岸近海海域，面积864km²。主要保护对象为世界珍稀动物——海牛目儒艮科的儒艮(Dugong dugong)。保护区内发育着大小数十条适于儒艮活动的海底潮沟、深槽，生长着三片共约2.3km²儒艮喜食的两种海草，还分布着13km³的红树林，为儒艮的生长、栖息和繁殖提供了适宜的环境。1986年广西壮族自治区人民政府批准该区为自治区级自然保护区，由广西环保局管理，目前该区管理机构和人员尚未落实。

涠洲岛鸟类自然保护区 该区位于广西北海市南部海域内的涠洲岛和斜阳岛，总面积约26km²。主要保护对象为迁徒候鸟、旅鸟和当地留鸟，据不完全统计，共约14目30科80多种，其中留鸟有17科37种。这两个海岛是候鸟和旅鸟迁徙东南亚、西沙群岛、海南岛和印支半岛的重要中途“驿站”。1983年，广西壮族自治区人民政府批准该区为自治区级自然保护区，由广西林业厅管理。

防城县北仑河口海洋自然保护区 该区位于广西防城县江山乡至东兴镇沿海的滨海地带，面积26.8km²。保护对象为红树林海洋生态系统。保护区内有连片红树林11.9km²，是中国大陆沿岸目前最大片的红树林区之一。保护区西部北仑河口约2.1km²区域内破坏的红树林急待恢复并保护。建立该保护区有利于恢复红树林海洋生态系和保护海洋环境，养护浅海渔业资源，保护海岸和海堤。1989年6月，广西海洋管理处向广西壮族自治区人民政府申报自治区级海洋自然保护区。 (蒋明星)

【热带气旋灾害】 1986～1989年，进入北部湾的台风、热带风暴、热带低压共15个，其中台风2个、强热带风暴3个、热带风暴6个、热带低压4个。

1986年进入北部湾北部海面的台风或热带风暴有4个。7月21～22日，9号热带风暴登陆，恰遇天文大潮，在风增水和暴风巨浪的共同作用下，广西沿海80%海堤被冲毁，缺口465处，长558km，河堤崩缺154km，打沉、损坏、漂失船只280艘，冲毁水产养殖面积5.74万亩，珍珠养殖场4个，损坏房屋139 809间(倒塌55593间)，受淹农田163.5万亩，损失粮食11.9万t，受灾乡镇105个计203万人，死亡37人，伤330人，失踪5人。经济损失达3.9亿元。8月11～12日，受13号台风影响，5.96万亩的水稻受灾，甘蔗倒伏5 700亩，150t八角被打落，3 322m水利设施被冲坏，80多间房屋倒塌。9月5～6日，受16号台风影响，损失大小船只79艘，漂失8艘，损坏、倒塌房屋358间，受灾42 800人，直接经济损失500多万元。

1987、1988年基本无台风灾害。

1989年7号热带风暴对广西大陆沿海造成大灾害，北海市涠洲岛受灾严重。 (孔宁谦)

【强对流天气】 1986年4月12日，广西沿海出现强对流天气，普降暴雨，部分地区出现冰雹、龙卷风，风力8～9级，阵风12级，损坏渔船5艘、房屋(含倒塌)1 213间、农作物3 000亩、水利设施40多处，冲走虾苗250多万尾，吹断电线杆142根、果树2万多棵，死2人伤11人，损失100多万元。5月11日，钦州市普降暴雨，113 424人受灾，死2人，受灾作物10.23万亩，破坏水利设施35处，冲崩海、河堤17处，损坏桥梁4座。

1987年5月下旬，一场6～7级东南大风配合大潮致使北海市沿岸海堤被冲垮3处。

1988年6月底，受热带低压环流影响，广西沿海连降大暴雨，日降雨300mm以上，28.95万亩作物受灾，冲坏水利设施283处、海堤18处，受淹房屋1 045间，倒塌32间，死伤20人。

1989年3月20日，合浦县沿海受强对流天气侵袭，大部分乡镇遭灾。农作物、水利、盐业设施、海堤、房屋均受较大损坏，打沉船3艘，伤3人，损失200万元。5月3日海面突发强对流天气(风力30m/s)，持续约40min，涠10-3油田关键设施——“南海希望号”生产处理储油轮连接单点系泊装置及注水、输油软管被拉断，停产20多天，直接经济损失300余万美元。

(孔宁谦)

台湾省海洋、海岸带综合开发

【概况】 台湾省台湾本岛位于中国东南沿海大陆架的边缘，西面为台湾海峡，东面为太平洋，北接东海，南连南海。在本岛外围，有许多小岛屿。其中位于台湾海峡中心的澎湖群岛最大，由64个岛屿组成，其中较大的岛屿有澎湖岛、白沙岛、西屿（渔翁岛）。此外，还有21个小岛分散在台湾本岛四周，主要有：钓鱼台列屿、彭佳屿、棉花屿、苍瓶屿、基隆屿、龟山屿、绿岛、兰屿等。土地总面积为35 961km²（据1979年底台湾统计），其中台湾本岛面积35 823km²。海岸线总长1 823.5km²，其中台湾本岛海岸线长1 600多千米。

【台湾的海洋环境】 **深度与海底地形** 台湾西面为台湾海峡。海峡最窄为150km，宽处约200km，长约400km。海峡平均深度约60m。台湾东面为大陆斜坡，面对浩翰的太平洋。东北与琉球群岛相距600km。4 000m等深线逼近海岸，琉球海沟深达7 000m。琉球海脊在琉球海沟之北，东西走向，将东海与太平洋分开。绿岛与兰屿在东部海区之南，其海底地形极不规则。台湾南面为巴士海峡，属于深海，与菲律宾相距约350km。巴士海峡为太平洋入南海的入口，经此入口，太平洋表层和深层海水可与南海相交换。此入口处有－2 600m之深海槛介于其间。台湾北面是东海大陆架，其深度小于200m，有澎佳屿等几个小岛。

台湾本岛的海岸 由于该岛大部呈缓慢上升，且山脉走向及构造线均与岛线平行，大致成南北走向，所以台湾本岛的海岸线一般短促而平直。台湾本岛海岸依其升降及海岸岩层组成性质，大致可分为四类：东部断层海岸，西部隆起海岸，北部升降混合海岸，南部珊瑚礁海岸。

台湾海峡东部地质构造 在台湾西部平原上见到的盆地、高地和其他地质构造都延伸进入台湾海峡的大陆棚上。这些地质构造有：新店断层、台北断层、新庄断层、观音陆棚、新竹盆地、新竹断层、苗粟隆起、台中盆地、北港－澎湖基盘高区、义竹断层和台湾南部盆地。延伸的方向构成扇形的辐射状。东西横向的北港—澎湖基盘高区被考虑为影响沉积物沉积的拦坝，它拦阻了很厚的新第三纪沉积物沉积在台湾西北部，最厚的沉积层在此区域里发现。北港—澎湖基盘高区的周围显示有很多断层的存在，这证明了这个区域里曾经有过活跃的地质构造作用，而且还可能继续活动。

沉积物 台湾海峡大部分为沙底。大陆沿海为泥质，越至北面，泥质范围越广。在台湾西岸亦有泥质，但范围狭小。在澎湖群岛附近，多岩礁与石块。台湾东岸，泥沙分布范围极狭，外侧多岩石，更深则为深海沉积的软泥。台湾北面多为沙质，沿岸有岩石。台湾南面之深海区域，均为深海软泥，沿岸则多岩石。

海流 台湾东部海域为黑潮主流北上的通道。黑潮主流势力强大，终年不息，经东海流向日本南部，台湾西部海域即台湾海峡海流则较为复杂，季节变化甚大，主要受黑潮支流、南海季风飘流和中国大陆沿岸流的影响。 （蒋肇奇　洪华生）

【台湾海洋研究发展史】 抗日战争胜利以后，前台湾总督府水产试验场正式命名为台湾省水产试验所。1954年，台湾经济部与台湾大学合办“台湾大学渔业生物试验所”。1959年，台湾大学设立“国际海洋研究会中国委员会”。1964年，“台美科学合作委员会”成立。同年成立台湾海洋学院（1989年升格为台湾海洋大学）。1965年，台湾参加国际黑潮探测，由台湾海军“阳明舰”担任调查船（880t，船速10kn）。同年，台湾私立文化学院成立海洋系。1966年，“台湾中国石油公司”开始在台湾近海勘测海底石油。1968年台湾大学海洋研究所成立。1968年，台湾参加联合国“亚洲近岸海域矿产资源联合勘探协作委员会”（CCOP），参加“亨特号”勘探作业。在东海大陆架之下发现了台湾盆地。同年，筹建台湾省水产试验所东港分析，发展养虾事业。1969年，台湾国科会租借美国的“九连号”作调查船（900t，航速12.5kn），对台湾海峡与南海进行调查。同年，台湾“中国石油公司”与美国石油公司磋商，进行台湾海峡海域石油勘探。台湾“中油公司”内部成立“海洋石油勘探处”。1972年，私立文化学院海洋研究所成立。1973年，在台湾海峡打了第一口井。同年，在海洋学院成立渔业研究所。1975年，在海洋学院成立水产食品科学研究所。1980年，台湾成立中山大学海洋学院（1986年易名海洋科学学院，并成立海洋科学研究中心）。1984年，台湾启用委托挪威建造的新型海洋调查船“海研一号”（1 050t，最大航速14.2kn），“九连号”停用。1985年，台湾大学成立渔业科学研究所。1986年11月，新竹外海长康油气田投产。1987年，海洋学院成立养殖研究所。目前，海洋科技已列为台湾12项重点科技计划之一。1988年，台湾的海洋研究经费为4亿元(台币)。

由上可见，台湾海洋研究和海洋开发始于20世纪60年代。迄今已有20余年的历史，发展速度比较快，成果也比较显著。不过由于台湾土地和海域面积狭小，政治和经济实力有限，因此，总的来说，仍处于中等发达水平。但在某些科技方面，在国际上居于领先地位，如水产养殖业。

【黑潮调查】　1962年，台湾参加了由联合国教科文组织政府间海洋学委员会发起的黑潮及邻近海区合作研究，1965～1969年共进行了8个航次的黑潮调查，调查后每年出版一册调查报告，内容包括水文资料、化学分析、浮游生物和海底沉积物分析报告等。1971年10月后中断调查研究。

近年来由于台湾人口不断增加，经济持续增长，台湾对海洋环境的研究和海洋资源的开发日趋迫切。黑潮暖流直接影响台湾气候，黑潮流经的台湾东北海域与东海交界处是台湾的主要鲭鲹渔场，因此台湾国科会选定在台湾东北海域与黑潮的交换区进行“黑潮边缘物质交换计划”研究(Kuroshio Edge Exchange Processes — Northeastern Area of Taiwan，KEEP — NAT)。此计划是台湾发展海洋科学以来所进行的最大的研究计划，研究经费近1.5亿新台币，自1989年8月起执行，研究期五年。同时，台湾已决定加入全球海洋环流实验(WOCE)计划，该计划中有一部分是观测黑潮。

【海底油气资源开发】　台湾四周海域可能有3个油气蕴藏区：1.台湾以北的台湾海盘；2.北港—澎湖基盘高区以北的北部盆地；3.北港—澎湖基盘高区以南的南部海盆。

1970年，台湾曾将大陆棚划分为五大矿区，分别由台湾中油公司以及同外资合作经营。

据台湾中油公司1986年宣布：台湾邻近海域共发现8处油气田，即：高雄岸外CFC构造、新竹岸外CBK、CBA、CBL、CBS构造、基隆北方YCM构造、鹿港岸外CDA构造及澎湖岸外CDW构造。

1988年5月16日，台湾中油公司透露：震测显示，台湾南部海域天然气蕴藏量相当丰富，预计贮量将超达50亿m^3。

1973～1986年，台湾在海上共钻井约84口，分别在鹿港外海、澎湖西海域、新竹外海及高雄外海获油气。1984年6月，台湾中油公司在新竹岸外约25km处的长康油气田进行钻探。1985年11月，台湾中油公司与美国麦德美公司签订了共同开发新竹岸外长康油气田(简称CBK)工程的协议，长康油气田面积在39km^2以上，估计蕴藏30亿m^3天然气与300万桶原油，到1986年底，已有9口生产井正式投产，日产天然气约100万m^3和凝析油约1 000桶(海底管道输运能力为4 000桶)。1987年海上共钻井6口，总进尺22 035m，其中3口井见气和凝析油，其它3口为干井。1988年，在新竹外海共钻井7口，其中3口获油气，合计日产天然气62.5万m^3、油240桶。新竹外海之长康油气田以及邻近构造地质已趋明朗，今后海上勘探将逐步跳出新竹外海地区向南部海盆、澎湖盆地、东新岛盆地扩展。1988年二维震测工作，循此方向前进，计完成测线长约3 464km，用以了解各构造形貌。

【水产资源开发】　1950年以来，台湾的水产业发展较快。远洋渔业、近海渔业及养殖渔业的产量都有较大增长。详见表1。

表1　1950年和1986～1988年水产产量对比

(单位：万吨)

年份	合计	远洋渔业	近海渔业	沿岸渔业	养殖渔业
1950	8.42	1.20	2.15	2.60	2.47
1986	109.44	49.74	27.64	5.45	26.61
1987	123.60	59.69	28.05	5.32	30.54
1988	136.07	73.17	27.82	4.99	30.09

1973年以前，台湾的远洋渔业发展较快。1973年以后，受能源危机及200 n mail经济区域的影响发展迟缓。1984年以后，才又有较大幅度的上升。但是台湾远洋渔业经营规模太小，尚停留在初级产业经营方式上，缺乏国际渔业合作及公海资源开发的竞争能力。

台湾水产养殖业比较发达，1988年养殖面积约为660km^2，其中咸水养殖约为280km^2，淡水养殖180km^2，浅水养殖140km^2。养殖种类约50多种，其中鱼类25种，贝类12种，甲壳类10种，藻类3处。尚有20多种的养殖生产可望于数年内获得成功。四种最重要的水产养殖对象为：罗非鱼，遮目鱼，鳗鱼，草虾。能进行商业化大批量生产的仅10多种。

台湾水产养殖业中，草虾养殖发展十分迅速。1988年养虾面积已达163km^2。1987年草虾产量创最高记录，约7.5～8万t。同年冷冻草虾出口量为42 600t，价值约4.5亿美元。1988年虾病严重，死亡率达65%。

【盐业开发】 1959年以来，台湾盐业发展较快，尽管其天然条件较差，年产量仍维持30～60万t。副产品有：粗石膏、精石膏、高级氢氧化镁、干芒硝、结晶芒硝、固体氯化镁、硫酸镁、氯化钾。

【潮间带开发】 台湾四面环海，每年都要遭受台风袭击，严重影响沿海地区的安全。为了保护沿海地区，特别是西海岸免受风暴潮的影响，大规模建设了海堤。

台湾东海岸多系陡直岩壁，西海岸滨海临浅海，岸线平直，海滩辽阔。高、低潮间出现了广大的海埔地。据估计，台湾海埔地面积为538km²，除公共设施外，可有净生产面积440km²。据粗估，有70%的净生产面积已被开发。

【滨海砂矿开发】 台湾的滨海砂矿主要分布于西海岸及岸外的砂洲中。矿种为锆英石、独居石、玻璃砂和磁铁砂。共有约40处，以中小型为主。玻璃砂矿主要分布于台湾西海岸，共有矿床6处，总储量约8 363.4万t。磁铁矿分布于北部海岸，总储量约190万t。锆英石砂矿也分布于西海岸，总储量约22.2万t。目前，台湾的滨海砂矿资源尚未被充分利用，处于小规模开采状态。

表2 1986～1988年台湾五大港口的货物装卸量

(单位：100万t)

年份	基隆	台中	高雄	花莲	苏沃
1986	66.2	9.5	143.7	4.6	3.5
1987	79.9	11.9	160.5	4.5	3.8
1988	76.6	14.9	181.7	5.4	4.5

【航运工程建设】 台湾本岛海岸线平直，除基隆与高雄两大良港外，只有小型港湾。1949年以后，为了发展对外贸易，积极扩建了原有的港口并开辟了几个新港。目前台湾已建成的国际港口有：基隆、台中、高雄、花莲、苏沃。此外还建成了一些次要的港口：台东、绿岛、兰屿、东港、安平、马公等。

台湾的海运事业比较发达，造船工业发展较快。"台湾造船公司"的年造船能力可达50万载重吨；台湾"中国造船公司高雄厂"的年造船能力高达150万t，油轮、散装货船、多用途杂货船、货柜船均能建造。高雄厂制造的油轮的载重量可达45万t。

【红树林保护区】 红树林与沿岸渔业资源的兴衰有密切的关系，还具有保护鸟类、保护海岸与净化水质的功能。但随着水产、航运、港口建设与围垦工程的发展，各大河口的红树林相继绝迹。目前，台湾的红树林在淡水、东石塭港尚有小片存在；在安平、澎湖、通霄、中洲一带只有零星分布，数量极其有限。为了保护这一资源，台湾省政府于1985年6月4日将淡水河口的一片区域划为"红树林生态保护区"。

【海洋工程】 台湾沿海地区的经济建设发展速度很快，对生态、环境均产生了很大的冲击。目前，台湾有14项重要经济建设计划。这14项计划的43%的经济建设项目建于滨海地区。因而必须对有关的海洋地质、地形、水文作相应的调查了解，以及评估这些工程对海洋生态和海洋环境可能产生的影响。台湾海洋研究部门，每年都要为产业部门做大量的服务工作。目前比较大型的工程有：台湾"中国钢铁公司"第三阶段扩建工程；第4核电厂的建设工程；台中火力发电厂温排水扩散问题；台湾—香港—新加坡—沙特阿拉伯、新加坡—印尼—澳大利亚跨海电缆的更新等。

（蒋肇奇　洪华生）

国家海洋局海洋环境预报中心

◀ 国家海洋预报台于 1986 年 7 月 1 日起每天一次在中央电视台发布海洋环境预报。图为正在制作海浪预报图的录像片

▲ 预报中心在“七五”期间引进二台大型计算机 Cyber 180-840 和 180-855S。图为机房一角

◀ 预报中心于 1988 年开展了卫星遥感微机数字化处理系统与技术。图为正在使用微机进行卫星云图数字化处理

◀ 预报中心承担“七五”重点科技攻关第 76 项“海洋环境数值预报研究”。图为正在输出大气和海浪数值预报产品

（插页排列顺序不分先后）

国家海洋局南海分局

①国家海洋局南海分局

②定期对南海区域进行断面调查。图为南海分局调查监测队员在进行海洋气象观测

③圆满完成了中美海气合作调查8个航次。图为第八航次欢送仪式

④对广东大亚湾核电站放射性进行海洋采样调查。图为南海分局海洋调查监测队的工作人员在休息时进行研究

⑤对南沙群岛海域进行调查。图为南海分局海洋调查监测队的科研人员在采集海水

⑥利用海监飞机对南海区域进行污染观测。图为南海分局有关单位的工作人员对航空照片进行分析

⑦为了加强与地方政府的合作，提高全民族的海洋意识，在广西召开"广西海洋环境监视网筹备会"。图为大会盛况

⑧航空遥感。图为南海分局海洋环境保护监测中心巡航科的工作人员用红外紫外仪进行观测

⑨加强海洋管理、防止海洋污染。定期对南海区域的钻井平台进行检查。图为南海分局海洋环境监测中心的工作人员登上平台进行工作

⑩公益服务有了新进展。图为南海分局海洋环境预报区台的工作人员进行24小时海浪预报分析

⑦

②

美海氣合作调查第六航次欢送仪式
REWELL CEREMONY FOR THE 8TH CRUISE OF THE U.S./PRC JOINT TOGA PROGRAM
③

东大亚湾核电站放射性调查海洋採样站位图
先进单位
④

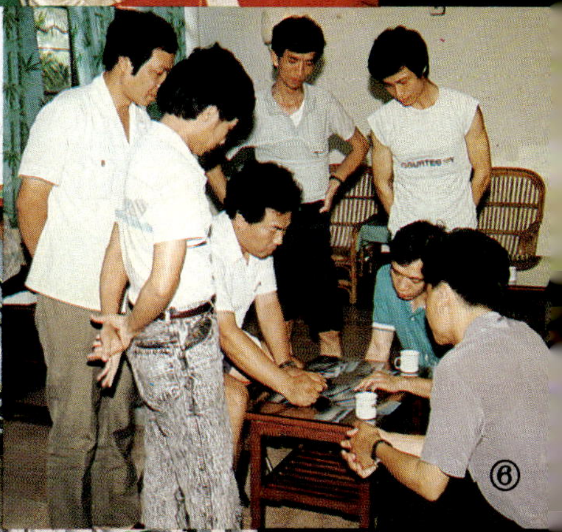
⑥

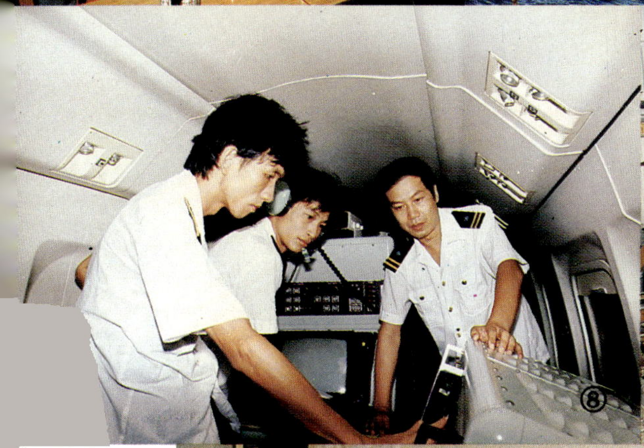
⑧

⑩

中国科学院海洋

①中科院海洋研究所与中科院南海所等单位共同研制的深海资料浮标于1990年7月正式投放海上试用，它填补了中国深海资料浮标的空白

②该所与中科院力学所及中国海洋石油总公司合作进行的南海西部石油开发区区域性工程地质调查与评价及北部湾涠11-4海区A平台工程地质调查与评价工作，其成果获1988年国家经委科技进步一等奖。图 为科研人员在海上工作

③该所自1986年以来对西太平洋海域进行了多次海上调查，发现了“棉兰老潜流”。图为科研人员在海上工作

④该所于1987年利用地下卤水资源提取高纯镁砂技术获得成功，所提取的高纯镁砂的纯度为MgO 99.9%、CaO 0～0.05%、B_2O_3 0%。图为科研人员在进行实验分析

⑤“大虾新宝”主治对虾病菌性和病毒性疾病以及原因不明性综合症。“鱼虾救星”可救治因硫化氢、亚硝酸盐、氨氮中毒及缺氧造成的浮头，消除鱼虾养成池中的病菌病毒，净化水质。且可把有害物质转化为营养物质，加速鱼、虾生长。获第

①

②

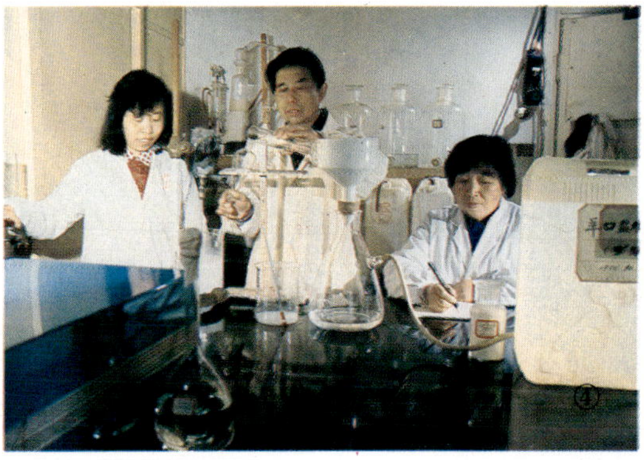
④

③

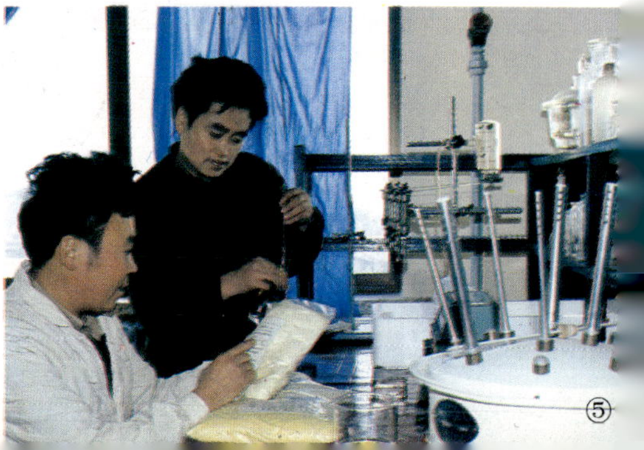
⑤

研 究 所

二届国际专利及新技术新产品展览金奖。图为科研人员在进行化学分析

⑥该所研制的ULA-1通用逻辑分析仪具有显著的通用性和适用性，可开发目前流行于世的各种类型微处理机和单片机

⑦该所从美国引进的海湾扇贝经研究获得了育苗、养殖技术的成功，已形成规模产业。经济、社会效益显著。获1990年国家科技进步一等奖。图为人工养殖的海湾扇贝

⑧该所研究、培育出了中国对虾三倍体幼体，人工诱导中国对虾雌核发育获得成功，这是一项重要的技术突破。

⑨该所研制的“YZ-Ⅲ型遥测波浪仪”获1989年中国科学院科技进步三等奖

⑩该所与日本东京大学地震研究所合作，于1989年首次进行了东海、黄海海底地壳热流与大地电磁的研究。图为科研人员正在投放海底热流计，测量海底地壳温度

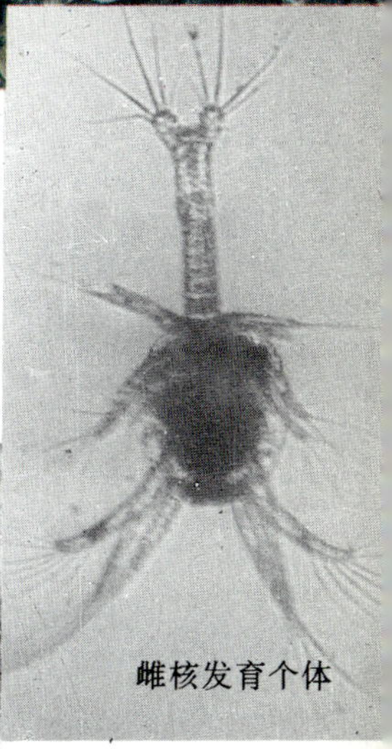

雌核发育个体

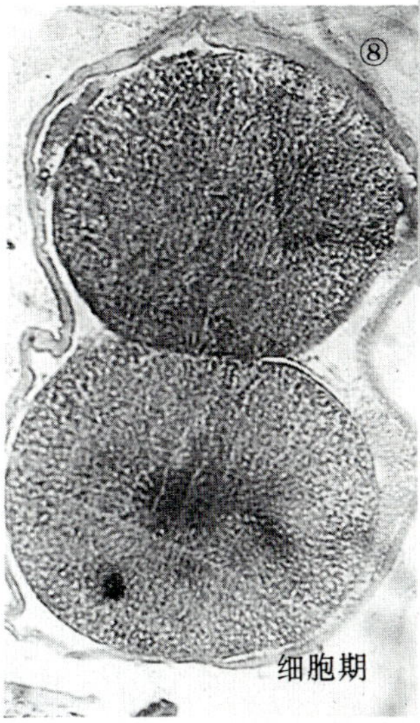

⑧

细胞期

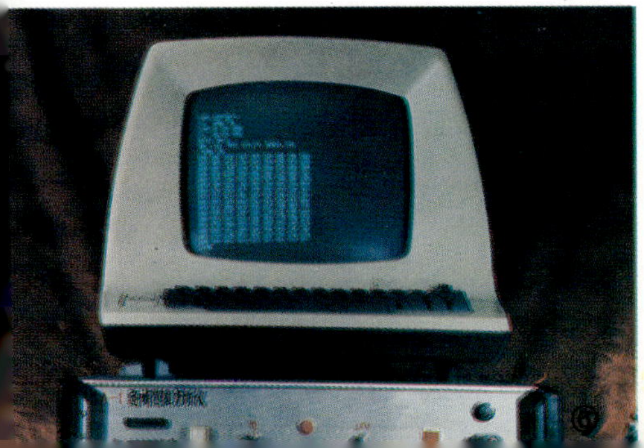

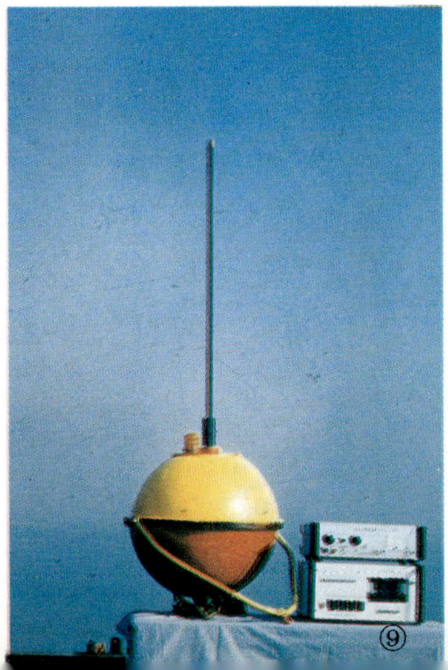

国家海洋局海洋技术研究所

国家海洋局技术研究所是中国专门从事海洋技术研究、主要是海洋监测技术研究的专业性研究机构。该所技术力量雄厚，拥有海洋、机械、电子、计算机、声学、化学、光学等各类专业技术人员300余人，并拥有先进的仪器设备，检测手段先进。在研究、开发海洋环境监测技术和仪器设备的同时，还致力于为地方企业的技术改造服务。

地址：天津市南开区咸阳路60号
邮政编码：300111　　电话：76.7821，76.6001

①

①FZS1－1型海洋资料浮标
②深海声学释放器
③TLY1－1型深海海流计
④航空遥感系统设备
⑤SYA2－1数字式实验室盐度计
⑥XZC3－1型船用气象仪

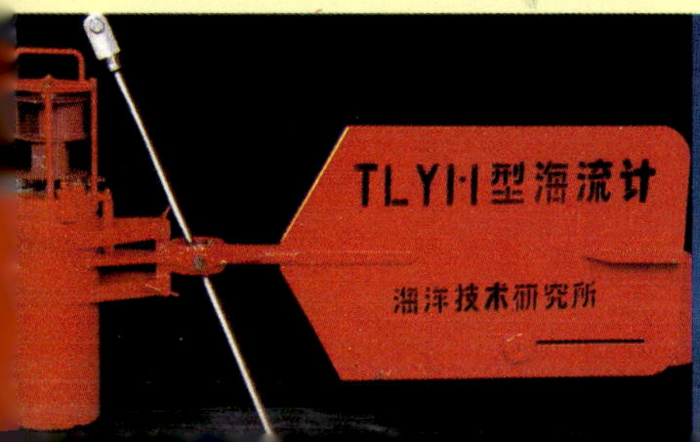

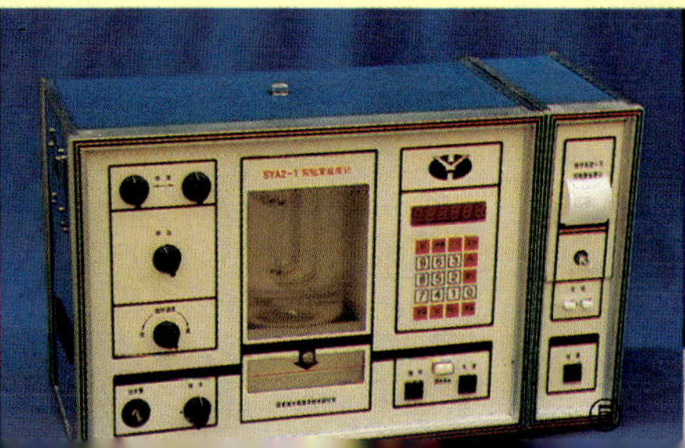

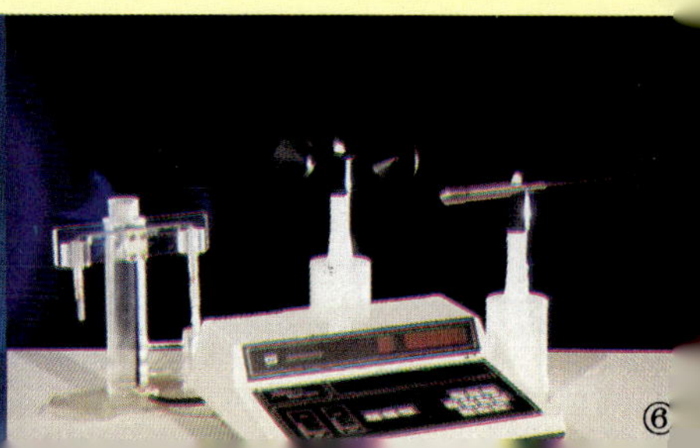

⑥

国 家 海 洋 局
杭州水处理技术开发中心

国家海洋局杭州水处理技术开发中心是膜科学技术的科研生产联合体，主要从事电渗析、反渗透、超滤、微孔过滤等技术的开发和应用研究，在国内膜法水处理技术领域颇占优势，拥有日产百吨级电渗析海水淡化装置，日产千吨级苦咸水淡化和工业用水除盐、脱氯、软化等电渗析装置的设计和生产能力；拥有设计和生产制备纯水、高纯水的中空纤维、卷式、板式、管式和折叠式等大型工业化装置的能力；拥有承担国家重大科研项目的能力，是国家科技攻关项目水处理开发分项的主持单位，现已承担国家科技攻关、国家火炬计划、国家自然科学基金、国家技术标准等13个国家科技项目。

电渗析器

本中心瞄准当今水问/题，积极致力于新技术开发

为舰艇、岛屿、沿海城镇和内陆苦咸水地区提供制取饮水用装置；

为工业锅炉给水和工艺用水进行脱盐、脱氯、软化等处理；

为电子和医药工业提供脱除胶体、离子、细菌和热源的高纯水；

为工业废水进行深度处理，回收有用物质和回用水，建立闭路循环系统；

为物质分离、浓缩、提纯提供手段。

开展各种业务服务活动

提供技术咨询

国内外各种水处理技术发展动态

各种水处理技术的方法及其应用

膜法工艺的研究、设计

装置的配套、操作管理、保养维修

提供技术服务

承包或协作膜法水处理技术—膜和器作的研究开发

脱盐水处理工程的系统设计

电子工业超纯水反渗透系统设计

水处理设备配套和安装调试

膜和水质的分析测试

培训操作和管理人员

反渗透组件和装置

销售经营

各种系列型号的电渗析配套装置

反渗透系列配套装置、超滤装置

各种规格的反渗透膜、超滤膜、微孔滤膜

技术转让

洽谈科技成果转让合同、技术协作和合资经营项目

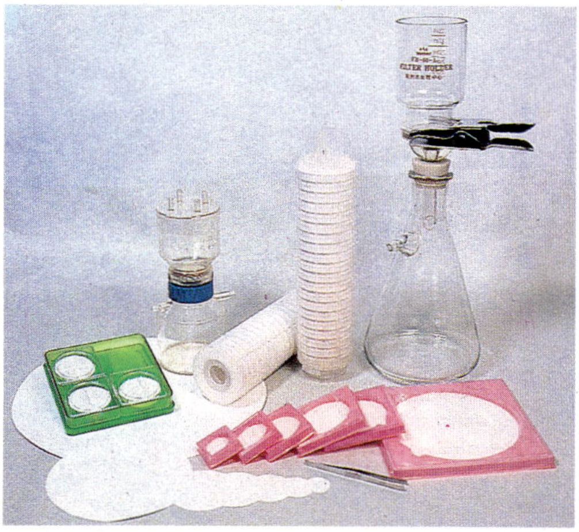

微孔滤膜和滤器

地址 Add：中国浙江省杭州市西溪河下9号 XiXiHe Xia NO.9 Hang Zhou，Zhejiang，China

电话 Tel：886924　电挂 Cable：3152　电传 Telex：33035　NBOHZ CN　邮政编码 Post code：310012

国 家

简 介

国家海洋信息中心是全国海洋资料、海洋科技情报和海洋科技档案三位一体的综合性的海洋信息技术基础和公益性科技服务部门，也是世界资料中心 D·海洋学中心。其主要任务是组织协调全国海洋资料、科技情报和海洋科技档案工作；负责海洋资料、海洋科技文献、海洋科技档案的搜集、处理、贮存和服务；建设和管理国家海洋资料数据库、海洋科技情报和档案数据库；向全国各有关部门和单位以及国外有关机构和科学家提供海洋资料、资料产品、潮汐、潮流预报、海洋图件绘制、海洋文献检索、海洋信息报道、情报调研、海洋专利、海洋档案、计算机软件的维护开发、声像录制、印刷发行等服务；管理并实施海洋资料、书刊的国际交换工作，代表国家参加有关国际组织及其活动。

办公大楼 ▶

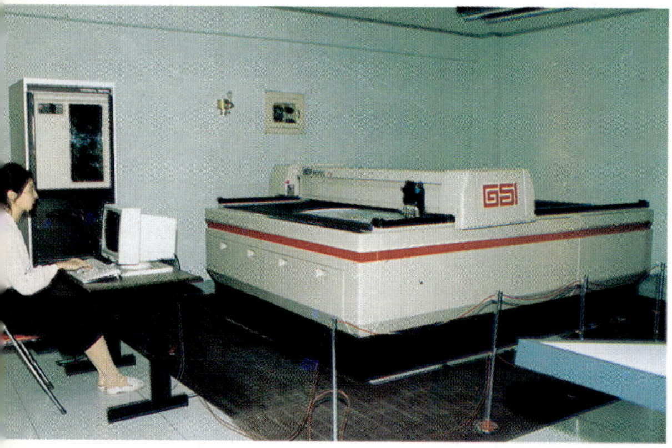

▲ 3200-78 型计算机绘图系统

▲ 联合国教科文组织海委会西太海洋制图专家组第一次会议 1990 年 6 月 12～14 日在国家海洋信息中心召开

IBM-4341 计算机 ▶

海洋信息中心

▲ 国家海洋信息中心主任侯文峰向世界资料中心—A 海洋地球物理资料中心主任洛克 维奇介绍中心工作情况

▶ 信息中心副主任陈伯镛陪同海委会秘书长库伦堡参观国家海洋信息中心文献馆

成　果

国家海洋局
第三海洋研究所

①国家海洋局第三海洋研究所是一所社会公益服务性质的综合性海洋研究所，其技术力量雄厚，可从事综合性、多学科的海洋、港湾资源开发调查、海洋灾害研究、环境影响综合评价和海洋实用技术开发研究。图为该所部分科学实验楼

②该所是国务院学位委员会第二批批准的硕士研究生授予权单位。图为该所所长张金标研究员在指导研究生工作

③成功地完成对闽江口内外沙、厦门港底沙运动观测任务。图为科技人员应用水下 γ 谱仪跟踪放射性示踪沙的运/动情况

④该所与加拿大合作，先后开展了四次大型围隔生态实验，目前该所已拥有 80 年代世界水平的海洋生态系实验研究技术、仪器装置和实验基地。1989 年承办了海洋生态系实验国际高级培训班。图为中、加科学家在厦门自然海区从事海洋围隔生态实验

⑤开展海-气物质交换实验的国际合作研究。目前已初步具备一套适应于海上、陆上和飞机上进行大气采样、分析研究的设备，并培养一批从事海洋大气实验的研究人才。图为该所副所长黄自强、副研究员陈立奇在向台湾淡江大学学者介绍“中美海气实验”合作项目中厦门站的现场实验情况

⑥应用卫星和航空遥感完成多项研究工作，并获得重要的研究成果。图为林敏基副研究员与遥感中心科技人员应用卫星与航空遥感资料分析厦门城市规划与环境现状

国家海洋局第一海洋研究所

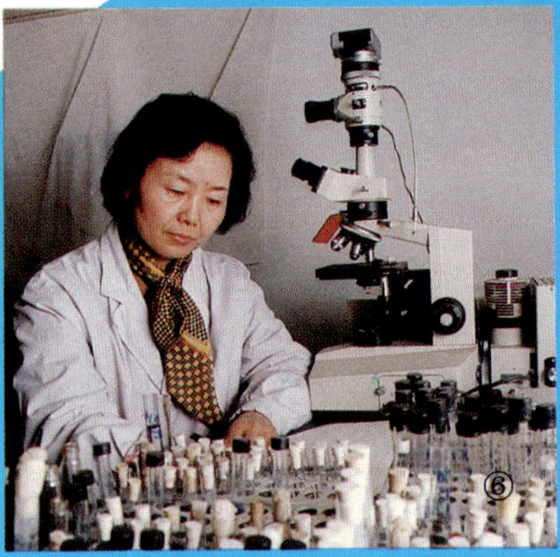

①国家海洋局第一海洋研究所一隅

②著名海洋生物学家吴宝玲研究员(右站者)、副研究员张坤诚(左蹲者)、助理研究员黄风鹏(右蹲者)在南极进行生物调查研究

③副所长袁业立研究员在成果鉴定会上作报告

④副总工程师丁永耀与外国专家在实验室进行仪器开发

⑤副研究员郭炳火(右)在中日黑潮合作调查中现场测定温、盐、深

⑥副研究员孙修勤在实验室进行对虾微生物病菌检查

前进中的青岛

◀ 新建的逸夫科技馆

▼ 青岛海洋大学校园鸟瞰

▼ 1986 年建成的测试中心，配有各类先进的现代仪器设备。照片是工作人员正在透射电子显微镜上分析测试

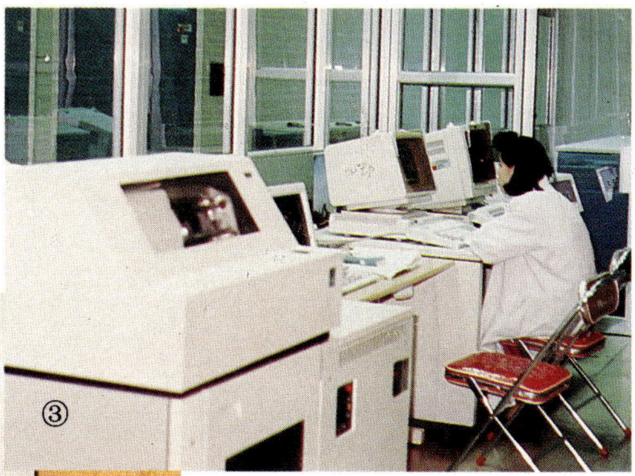

◀ 学校新建了计算中心大楼。目前计算中心拥有 MV-6000 机和 IBM 4381 机。这是计算机主机房

▶ 学校为物理海洋实验室新建了大楼，这是物理海洋实验室内的主要设备之一——高压轴流式风机

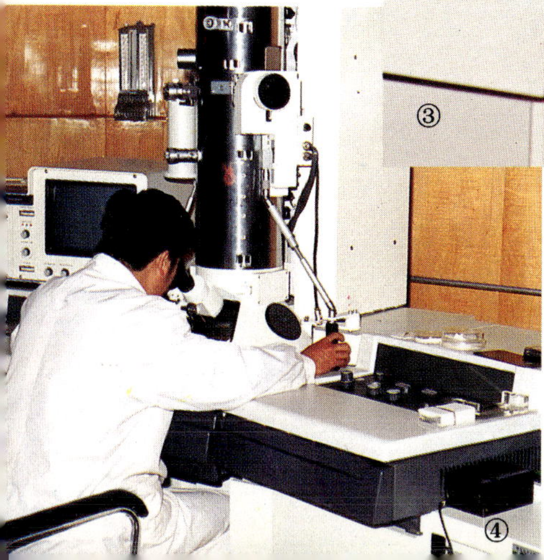

▶ 1989 年 3 月 30 日，是学校建校 30 周年纪念日，照片是 30 周年校庆大 会会场

海洋大学

▲ 海洋系师生校友为我国物理海洋学开拓者、海洋科学教育先驱—赫崇本教授树碑纪念

蓬勃发展的物理海洋专业

◀ 海洋科技人员正在物理海洋实验室大型水槽做海浪实验

▲ "七五"期间学校承担了部分国家科技攻关项目，这是达国际先进水平的"风暴潮数值预报"课题评审会会场

▶ 海洋科学博士后流动站 1988 年初建立，这是一位物理海洋专业博士后在从事海洋卫星遥感的研究

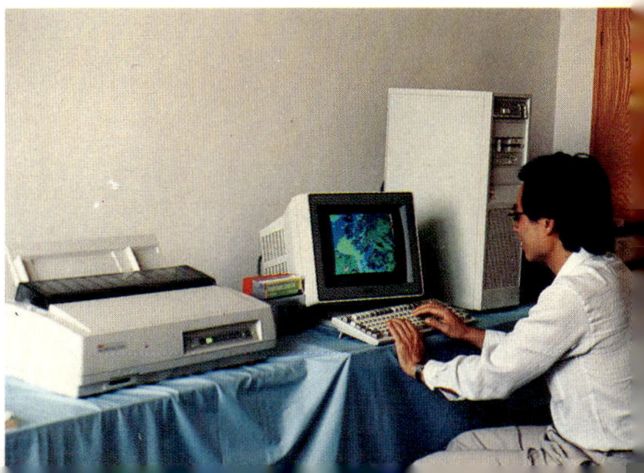

①国家海洋环境监测中心主楼

②疏浚物及其它废弃物倾倒区选划、倾倒技术咨询以及各类海区环境影响评价等

③海洋化学、水质理化指标及污染物分析测试、油种鉴别、油膜厚度测定等

④海洋生物及资源调查、区系分类、海洋微生物的分离和鉴定以及污染物对海洋生物的毒性毒理实验，污染事故调查等

⑤海洋沉积年代学研究，利用^{210}Pb 进行测试海洋污染沉积速率

⑥海洋和海岸工程的可行性研究，现场水位、波浪、海流、气象观测、计算及预报，海底取样、沉积物机械组成、矿物、化学成分及土力学性质试验等

国家海洋环境监测中心

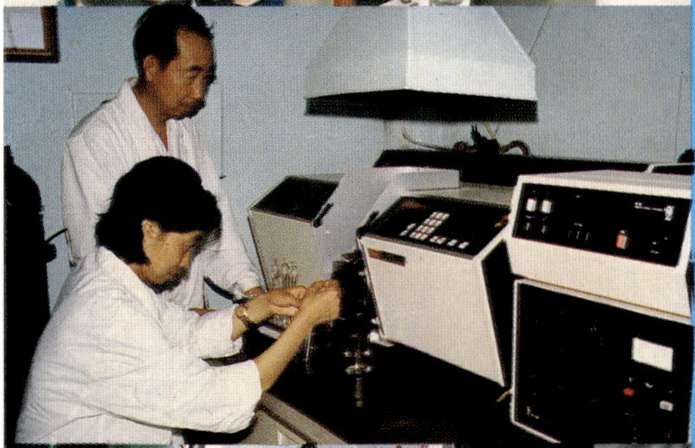

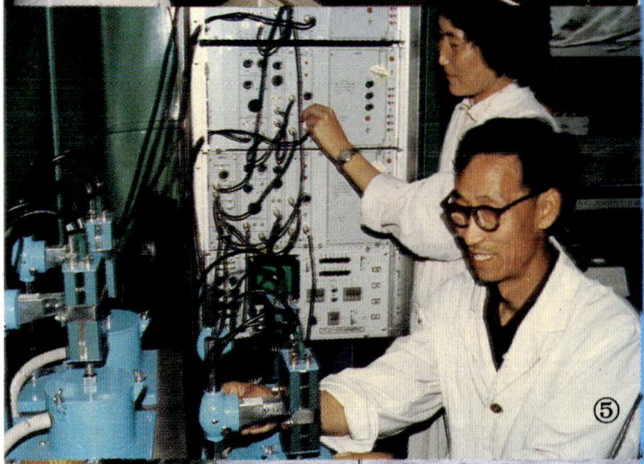

中华人民共和国轻工业部
制盐工业科学研究所

专业设置：制盐工艺、化工工艺及设备、盐业机械、盐田生物。全国海湖盐标准化质量检测中心和全国海湖盐工业科技情报站设在本所

▲ 本所实验楼之一

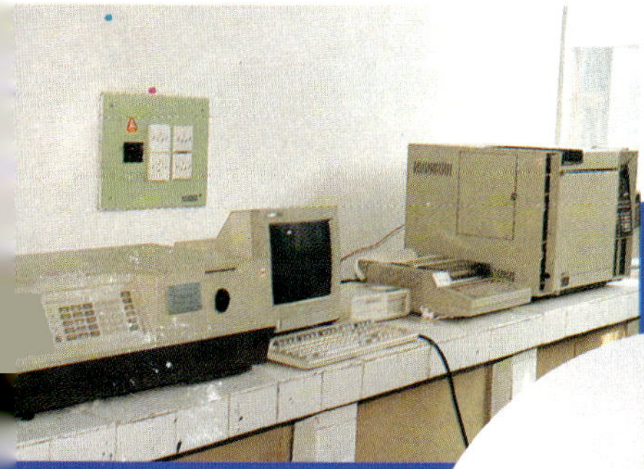

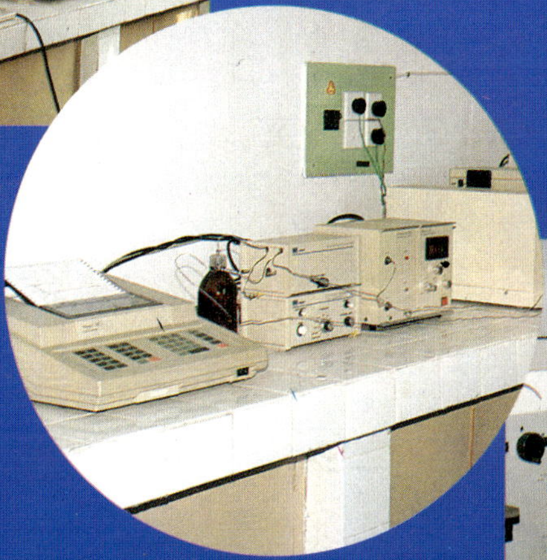

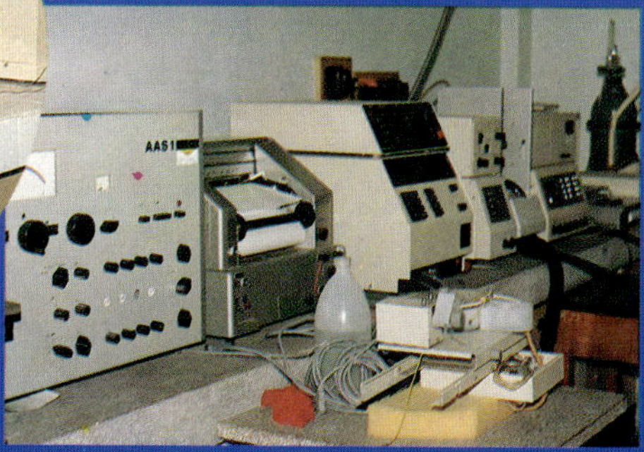

先进的仪器设备（联合国计划开发署提供）

▲ 轻工业部肖永定副部长和中国盐业总公司谭治副总经理来所指导工作

▲ 中间试验场盐藻养殖基地

地址：天津市塘沽区营口道27号

电话：022—982730　邮政编码：300450　电报挂号：1136　传真：022—984805

厂长：邹　群

兴城水泵厂

国家二级企业

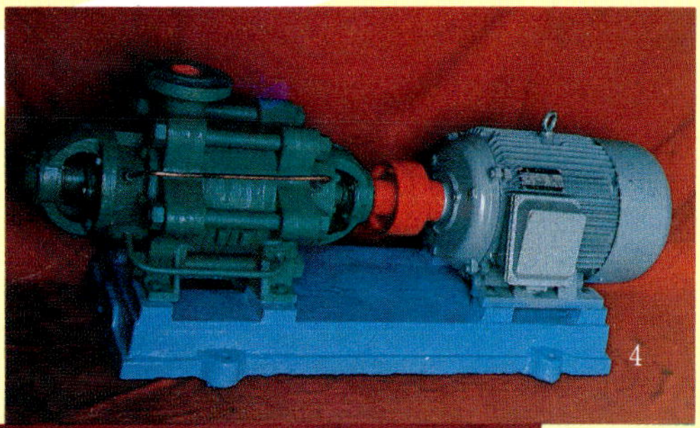

1. TDF 型高压多级耐腐蚀离心泵
2. SZ 型水环式真空泵及压缩机
3. IS 型单级单吸清水离心泵
4. D、DG 型多级离心水泵
5. Y 型冷热油泵
6. FW 型耐腐蚀漩涡泵

兴城水泵厂为您提供各型优质水泵

THE XINGCHENG WATER PUMP FACTORY PROVIDES YOU WITH THE EXCELLENT QUALITY OF VARIOUS WATER PUMPS

厂址：中国辽宁省兴城市铁西 1003 **号**

Address：1003 Tiexi，XINGCHENG，LIAONING PROVINCE，CHINA

电话：2526　2584	Tel：2526　2584
电挂：2623	Cable：2623
邮政编码：121600	P. O. Code：121600

“极地”号南极考察船

国家南极考察委员会

▲ 国家南极考察委员会主任武衡(右)和中国南极研究学术委员会主任孙鸿烈(左)

▼ 国家南极考察委员会办公室主任郭琨

▲ 中国极地研究所所长董兆乾

▲ 中山站

◀ 气象观测

▲

▶ 南大洋海洋学考察

“极地”号在中山站冰山卸油

▶ 长城站区地质考察

◀ 阿德利企鹅

南半球数值分析资料图集
南极科学考察论文集
南极科学考察论文集
中国南极科学考察
China's Antarctic Scientific Exploration
PROCEEDINGS
ISAR
南极研究
南极政治与法律
最后的大陆—南极洲
南极之行
南极的天气与气候
澳大利亚南极考察手册
中国南极长城
川学研究

▶ 南极出版物

国　外　篇

国 外 概 况

·专文·

国外海洋工作的新动向

许 启 望
（国家海洋局情报所）

随着近代海洋研究的深入和海洋战略资源的不断发现，人们的海洋价值观念发生了重大变化。海洋作为资源的宝库是地球上尚未充分开发利用的最大领域，它在解决人类面临的人口、资源和环境等紧迫问题方面将发挥越来越大的作用。人们开始把眼光转向海洋，向海洋要食物、要能源、要空间，把海洋视为未来的希望。同时，随着现代海洋开发兴起，国际海洋资源的重新分配和管理已经提到议事日程，联合国海洋法公约确立的国际海洋法律新制度，将大大改变世界海洋地理形势。另一方面，全球变化特别是气候变化所可能引起的一系列社会经济问题，已引起全世界严重关切。因此，今后十年海洋将成为世界性开发和国际竞争的重点。

1. 国际海洋法律制度的新变化

1982 年联合国通过了海洋法公约，确立了大陆架、200n mile 专属经济区和国际共管海域海底资源开发的法律制度。根据这种新制度，全世界海洋将有 35.8%的海域要划归沿岸国家管辖，其面积比全球陆地面积的总和还要大。在该区域内，沿岸国家享有一切自然资源的主权权利，即从事经济性勘探开发的主权权利，在该区域内建造和使用人工岛设施及结构物以及从事科学研究、海洋环境保护的管辖权等。同时，国际海底资源也不再无主的，而是全人类共同继承的财产。新的国际海洋法制度突破了“领海之外即公海”的传统观念，大大改变世界海洋地理形势。因此有些国际法专家认为，200n mile 专属经济区的确立，乃是自三百多年前公海自由论提出以来海洋法的最重大发展。随着海洋法公约的生效，一个国际海洋新秩序将逐渐形成，围绕国际海洋资源的重新分配和管辖海域划界的斗争将变得日益突出和复杂。为了适应国际海洋和形势，谋求维护和扩大本国的海洋权益，世界海洋国家都在研讨其影响，调整海洋政策，宣布建立大陆架和专属经济区（或渔区）制度。迄今，全世界共有 101 个国家或地区宣布了 200n mile 专属经济区或渔区，4 个国家划定了 15～20 n mile 的渔区，还有 77 个国家宣布了划定本国大陆架的外部边界标准。200 n mile 专属经济区制度的建立，沿海国面临两个紧迫问题，即管辖海域划界和对专属经济区的有效管理。因此，今后海洋管理主要将围绕这二个方面展开。管辖海域划界主要包括一些宽度不足 200n mile 的封闭或半封闭海域，在这些海域，沿海国的专属经济区还存在着互相重叠，需要进行谈判划分海上边界。目前全世界有这样的海域 370 多处，因而这些临海国家或地区的海域划界任务将是复杂、艰巨和繁重的。另一方面，专属经济区地位确立之后，就存在着一个有效的管理问题。这方面虽然涉及众多的问题，但是一个基本的任务是要建立一个完善的管理制度和方法，包括法律制度、管理设施以及建立包括海域自然地理、资源、环境和动态预报在内的情报信息系统。现在一些国家已经开始做这方面的工作，由于工程巨大，需要持续相当长的时间才能逐步建立和完善起来。

2. 海洋开发取得新进展

在海洋开发方面，1986～1989 年，国外也取得很大进展。传统的海洋产业有了新的发展，同时也在向新的领域开拓。特别是海洋油气、海水增养殖、滨海旅游、空间利用、海洋再生能源、深海采矿等方面发展比较快。海洋油气开发是新兴的海洋产业，也是目前海洋开发中发展最快的一个产业，已成为现代海洋经济的主体。1989 年世界近海已探明石油储量为 365.6 亿 t，天然气 30.1 万亿 m^3，海上石油产量达 7.24 亿 t，天然气 3 078.1 亿 m^3，两者产量分别占世界油气总产量的 25%和 20%。据某些石油专家估计，到 2000 年世界海洋油气生产将呈较大上升趋势，海上石油产量可能达到 13 亿 t，约占届时世界石油总消耗量的 40%以上。另外，海洋再生能源的开发也取得进展，潮汐发电已进入实用阶段，已建设小型潮汐发电站十几个。目前各国开发重点已转向海洋热能发电的开发，美国、日本、法国等都在积极进行开发研究。目前，日本正在建造一座1 000kW海洋热能发电站。美国一座4万kW的热能发电站也在施工之中。国外预测，第一座商业性海洋热能电站将在90年代初期问世，1995年左右太平洋某些岛屿上将建设6座5万kW的海洋热能发电站，到2010年全世界可能会有1 000多个海洋热能电站投入运行，但大部分是小型电站。在海洋生物资源利用方面，目前世界海洋渔获量约为8 000万t，从食物量讲它只占世界食物量的1%，但所提供的蛋白质则占人类食用动物蛋白质的22%，是一个重要的蛋白质来源。同时现代海洋农牧化的发展，为海洋生物资源利用开辟了一条广阔的新途径。1989年世界海水养殖产量约为800万t，占世界海洋渔业总产量的10%左右。有人估计，随着海洋生物技术的发展，今后20年内世界海水养殖产量可能达到3 000万t，而未来50年内海洋农牧化生产将超过捕捞渔业，成为海洋渔业的主体。在海洋空间利用方面，已从传统的港口和海运向新的利用领域扩展，包括利用海洋空间建设各种生产、生活、娱乐、储藏设施，在海洋上建设机场、桥梁和海底隧道，铺设海底管道和电缆等。目前全世界有较大海港3 000多个，年吞吐量达50亿t，90%的货物是依靠海洋运输，年创产值1 000多亿美元。已经建造了10个海上机场，建造海底隧道200多条，1986年英法合作开发英吉利海峡海底隧道，进展较快，预计1990年可凿通。现在全世界有上千个海上娱乐设施和旅游中心，其中有海洋公园200多个，每年仅娱乐钓鱼一项收入就有280多亿美元。据国外预测，本世纪内海洋空间利用仍以传统的港口和海运为主，但新的空间利用领域也会出现某些新的突破。到2000年，世界海港吞吐量可能达到180多亿t，海运产值约4 000亿美元。新的海洋空间利用主要将在建设大型工业人工岛、围海造地以及研究利用深海底建立核废料处理场的可能性方面取得进展。

3.重视海洋高技术开发

近年来，国外为迎接21世纪的“海洋开发新世纪纪”，十分重视海洋新技术特别是高技术开发。1986年，美国提出了“全球海洋科学规划”，把发展海洋科技提到全球战略的地位，以求“保持并增强美国在海洋科技领域的领导地位”。随后美国全国研究委员会也提出一份90年代海洋科技发展战略的报告，同样强调以海洋技术来增强美国的海洋竞争能力。1989年日本海洋开发审议会应日本首相要求提出“海洋开发基本构想及推进海洋开发方针政策的长期展望”报告。这个2000年的海洋开发设想，从国际海洋新形势和对未来社会经济发展需求出发，确立了以发展海洋新技术和高技术提高日本海洋开发和国际竞争能力的发展战略。同时，各国都增加了这方面的投入，海洋高技术开发取得迅速发展。国外海洋高技术发展的重点是深海资源勘探开发技术、海洋生物技术以及以海洋遥感技术为主的海洋环境探测系统。深海资源勘探开发技术主要包括深海油气开发技术、深海多金属结核矿物开发技术、深潜技术等。目前海上油气开发正在向深海推进，2000年的目标是力图突破1 000m开发水深，因此重点是发展柔性石油平台和海底采油技术。美国1989年在墨西哥湾安装了世界上最深的张力腿平台，作业水深达537m；并在开发更深的张力腿平台(763～915m)。深海矿物开发技术，经过30多年的研究日趋成熟，目前已研制成功多种水力提升或采矿系统，其中性能最好的可达日产1万t的生产能力。在深潜技术方面，美、日、法、苏等国已制造出6 000m级深潜器，1989年日本又开发10 000m级无人深潜器。海洋生物技术也取得进展，特别是在应用生物遗传工程和分子生物学进行海产品优良品种选育，创造有价值的新品种，以及开发海洋生物医药等方面，取得较大进展。海洋卫星遥感技术由于全球变化研究的动力加速了发展步伐，估计今后十年以卫星遥感为主的海洋主体监测系统将会完成。

4.全球变化研究进一步推动海洋环境研究的发展

由于现代工业化进程，人类活动对地球环境的无情冲击加速了，全球生态环境正经历着重大变化，出现了气候变暖、沙漠化、热带雨林减少、海平面上升、自然灾害频繁等变化，引起了国际社会的严重关切，世界各国和一些有关的国际科学组织，加强了全球变化的研究，实施了一系列研究计划。1985年开始实施了为期10年的世界气候研究计划。1989年美国提出全球变化研究计划(即全球地圈和生物圈研究计划)，得到世界各国的积极响应和参与，已形成一个世界性的全球变化研究计划。这项长期的多学科联合研究计划的最终目标，是要发展全球环境变化和季度预报、年度预报和年代预报技术，其关键在于建立一个长期的全球监测系统，重点是发展卫星遥感系统。在这个领域，由于海洋占地球表面的2/3而占居重要地位。因此，许多国家都加强了海洋环境调查、观测和研究，担负与世界气候研究计划、全球变化的研究计划中有关海洋环境变化研究任务；发达国家为此还开展了海洋卫星遥感技术开发，过去20多年已经发射了10颗海洋卫星。最近，为适应全球变化研究的需要，美国、日本、西欧制定了对地观测系统计划，美国的对地观测系统命名为“自由空间站”，日本的对地观测系统名为ADEOS计划，它们都将在90年代内完成。因此，在全球变化研究的推动下，今后十年海洋环境变化研究将大大向前迈进。

美　国

【概况】 美国东临大西洋,西滨太平洋,南接墨西哥湾,所属阿拉斯加州位于北美洲西北部,夏威夷州位于太平洋北部。海岸线长2.27万km,是世界上200 n mile专属经济区最大的国家,面积达762万km^2,为其陆地领土面积的81%。美国政府一直注重海洋科技研究和海洋经济的发展,为各项海洋科技基础研究和海洋发展计划提供资助,保护其研究和开发的领先地位。美国海洋科技总投资从1972年的7.36亿美元增加到1985年的17.19亿美元,虽然最近几年的投入费用略有减少,但投入量仍属世界前列。美国注重海洋立法和管理,制定了长期科技研究规划,开展国际合作,以科技促进海洋经济的发展。1987年美国的海洋经济总产值占国民经济总产值的2.6%,其骨干产业为海上油气、海上运输和海洋渔业。

【油、气资源开发】 美国的油、气资源约有35%分布于其专属经济区内。到1989年,近海石油探明可采储量约为11.07亿t,天然气储量约为1.85万亿m^3。1986～1989年,美国的近海石油产量分别为:6 285、6 061、5 645、5 300万t;天然气的产量分别为:1 232、1 175、1 080、959亿m^3。近海的天然气产量占世界近海产量的38%,居第一位。作为主要海洋经济之一的海上油、气业,1987年产值达260亿美元。1985～1989年美国共进行了约4 600次海上钻井,占世界近海钻井数的40%。1986年的油价下跌也影响到海上油、气开采活动,使得随后几年的产量下降。1988年后,近海开采活动有所回升,海上油、气开发出现转机。预计到2000年,美国近海石油(包括天然气)的产量将达0.8～1.0亿t。

【渔业资源开发】 美国近海的渔业资源主要以油鲱、青鳕、鲑鱼、蟹和虾类为主。1985～1988年的海洋渔业产量分别为477、494、574、572万t,这期间捕捞量的增加主要是由于重视了国家渔业政策和对本国资源的开发。在1987年的574万t的渔获量中,有38%捕自3n mile以内的领海海域,56%捕自3～200n mile内的水域,6%捕于国际水域,其中有鳍鱼类的捕获量占总渔获量的83%。1987年美国的商业性海洋捕鱼业为国民总产值提供了170亿美元。在过去的10年中,美国的渔民和渔业加工人员几乎增加了30%,1987年从事捕捞业的人员达24.7万人,捕捞船只12.82万艘,其中超过5t的渔船为3.82万艘。为了减少渔产品的进口量,美国计划依靠扩大水产增养殖、增加捕捞以满足国内水产品需求量的25%。

【矿物资源开发】 滨海砂矿主要有砂金、砂铂、钛铁矿、铬铁矿、磁铁矿、锆石、金红石、兰晶石、矽线石和建筑砂砾等,估计总储量在20亿t以上。近海主要砂矿中含有钛、金、铬和锡等。在北卡罗来纳州外海的布莱克海台和其它海区贮藏着5亿t的磷酸盐矿物,价值达1 500亿美元。据估计,美国大陆架仅砂和砾石的资源价值就达6万亿美元。由于美国所需的钛、铬、钒、钴、锰等重金属的50%得从国外进口,因此,美国专属经济区勘探计划的主要目的是寻找和估计海底矿物资源贮量,在绘制精确的近海海底状况图的基础上,确定矿物富集区及有经济开发价值的地段,并制定了一些可列为商业性开采的地区,如俄勒冈和华盛顿岸外的胡安·德富卡、布兰柯断裂和戈达海脊等海区。现在美国的砂和砾石开采仍处于小规模阶段,开采价值为100亿美元。深海采矿中,目前商业上可行的深海采矿技术尚未成熟,预计商业性深海采矿需在21世纪才能实现。

【海运和造船】 海运和造船业是美国海洋经济的主要产业之一。到1987年底,商业船队共拥有6 427艘,总吨位达0.202亿t,居世界第六位。80年代以来,美国航运船舶的总吨位一直在增加。1984～1987年间港口年吞吐量为15～20亿t左右,其中外贸运输量占较大比重。1986年水运总吨位为18.74亿t,其中国内海运吨位为5.6亿t,石油和石油产品的运输占总运量的42.2%。1988年,港口的生产总值达980亿美元。美国现有1 941个深水海洋终点站,3 214个船舶停泊地,这些终点站和停泊地的地理分布较均衡,东海岸占33%,西海岸和墨西哥湾各占25%,大湖区占17%。海运量较大的沿海港口依次为纽约、长滩、洛杉矶和西雅图。近几年,造船业略有下降,1987年从事造船的人数为8万人,造船业的单位69个,投入使用的各类运输船69艘。另外,1987年美国船主在国外船厂预定建造29艘大型运输船。

【海洋补助金计划】 该计划的宗旨是把美国沿海和大湖区的大学及研究所的力量联合起来,并为之提供资金,以从事与海洋和沿海区开发利用有关的研究项目。目前该计划网络了300多所大学和研究机构,3 000多位科学家和工程技术人员。计划1/3的基金来自非联邦机构,2/3的基金则由联邦资助。自1981年以来,每年的基金约在3 900万美元左右。1987年,海洋补助的大学计划重审了补助金的任务和其国际计划,增加了海洋战略研究计划和资源管理补助金等方面的内容。其中对执行战略计划方面主要进行的研究工作有:(1)沉积物和海岸带的稳定性;(2)沿海矿物资源状况;(3)渔业的捕捞和预报;(4)水质对海岸资源的影响;(5)海洋生物工程研究。海洋补助金计划的每项工作均符合国家和地区的需要,推动了海洋经济的发展,一些投资较少的研究项目往往会获得巨大的经济效益。

【国家水下研究计划】 这是联邦政府用于支援海洋研究的重点项目之一,目的在于促进与国民经济密切相关的基础性或针对性较强的海洋科研项目的发展。所资助的海洋科研项目的内容涉及海洋生物评价、海洋污染、海洋地质过程、海洋技术等多方面,并为大学、政府所属机构的海洋研究提供各种水下潜器和设备,其中包括载人潜器、无人遥控潜器、海面支援潜水系统和海底居住舱。该计划通过下述3个具体项目来支援海洋科学发展:(1)潜器科学计划——分深海和浅海两部分。在深海计划中,NOAA提供"阿尔文"号深潜器,并承担20%的作业费用。(2)潜水研究与发展计划——进行潜水生理和高压病的药物研究、潜水安全作业条例和标准的制定。(3)水下研究——由有关大学实施,研究项目有生物生产力(包括营养盐循环和幼鱼繁殖)、污染物的迁移和归宿、沿海过程、海洋地壳活动等。水下研究的重点将转移到对生物生产力和生物资源、海洋地壳和矿物资源、物质迁移与归宿、全球海洋与大气过程、沿海和海湾过程的研究。

【北加利福尼亚沿海环流研究计划(NCCCS)】 1986年10月由内务部主持、EG&G华盛顿海洋服务公司具体实施的一个大型沿海海洋学研究计划,目的是了解旧金山至俄勒冈之间的陆架海域的环流情况,为渔业生产和海洋矿产管理提供资料。在计划实施中,除使用系留仪器外,还使用拉格朗日漂流法、CTD/XBT测量等技术,进行直接和间接的海流测量,收集气象、海平面、海水温度等资料,重点是获得高质量完整的表层流资料。在1987年3～8月的试验计划中,共布放了8个海流计系泊系统,进行了2个航次水文调查、2次漂流浮标试验,并进行了卫星海面温度成像,实时气象监测。在1988年3月～1989年6月的主计划实施中,进行了5个航次的系泊系统布放和回收、大范围的水文调查、4次航空跟踪漂流浮标试验,并继续收集卫星海表面温度、气象和海平面资料等。在计划实施期间,进行了实时数据遥测试验,通过对16个装有Argos卫星发射机的海洋表面系泊系统的实时遥测,监测沿海的海流和温度。这些资料有助于寻找上升流区和渔业丰产区。另外,试验所获得的资料有助于制定切实可行的海洋环境保护政策,以便有效地保护海洋资源。

【海洋环境保护】 1985～1989年是美国海洋污染调查、研究和监测的第3个五年规划时期,这期间的海洋环境保护工作重点为:(1)扩大联邦政府的非点源污染的调查和监测;(2)有关海洋生境损失和变化的研究;(3)沿岸海域污水排放影响的研究和监测;(4)工业废物海洋处理的研究和监测;(5)海洋油气开发造成的海洋环境的影响和监测;(6)危害物质偶然排放对海洋环境的影响和监测;(7)船舶废弃物和投弃渔网碎片对海洋环境的影响和监测;(8)协调和扩大各部门对资源的监督能力;(9)有关合成有机化合物排放入海的研究;(10)营养盐和病原体的监测和研究;(11)海洋污染资料汇编、处理和污染情报的应用:(12)加强沿岸和河口区的研究工作。在1988～1992年的海洋污染防治规划中,列出了13种海洋污染源:非点源污染;生境的损失和改变;生活污水;工业废物;海洋油气开发作业;石油和有害物质的偶然泄漏;放射性废物;疏浚物;海上运输;海洋能开发活动;深海采矿;沙砾石和贝壳开采;战略石油储存库废水等。虽然这些污染源提供的污染物量和危害性差别很大,但作为海洋环境保护的一部分,有关部门都采取了相应的管理措施,以减少每一种污染源的直接排放量。

【调查船】 美国拥有各种类型的海洋调查船300多艘,由于一些船只使用时间较长,故近几年进行了较大规模的更新和维修。从1976年开始,NOAA实施对所属调查船只改装计划,包括更换4艘旧船,改装19艘,并新建7艘,该计划的预算投资为6.13亿美元。"研究者"号经改装后,于1988年重新服役,并易名为"M·鲍德里奇"号,船上装备了新型的海洋实验室,可执行各种海洋与大气观测任务;新配备了两台DEC Mico－vaxz型计算机,用于收集、处理现场观测资料,并配制了一艘用于"NOAA水下研究计划"的缆系遥控潜水器。1988年1月,海军新建的"莫里"号大洋深海调查船投入使用,替代"鲍迪奇"号,用于海洋测量和收集水深、重力、地球磁力资料。该船长152.5m,宽21.4m,吃水9.2m,排水15 821t,工作速度37km/h,航程33 000km。另外,新建的"坦纳"号接替1989年8月退役的"杜登"号。其它正在建造中的新船为用于近海调查的"麦克唐奈"号、"利特哈尔斯"号以及为华盛大学建造的"汤姆逊"号。海军部门正计划建造一艘替换"巴特利特"号的新型海洋调查船。

【水下研究站】 1987年9月,NOAA所属的"水族馆"号现代化海底研究站投入正式使用。这座耗资550

万美元的水下研究站安放在维尔京群岛附近的海底，用于渔业资源调查、物理海洋学、海洋工程和加勒比海的珊瑚漂白原因的研究，它将取代原“水下实验室”号水下居住室。“水族馆”号水下研究站重81t，高13.1m，宽3.7m，长5.0m。有3个舱室、1个湿区、1个主闸封和出入闸封组成，可供6名科研人员在海底长期工作。

【潜水器】 斯克里普斯海洋研究所研制的深海遥控潜水器RUMⅢ号于1988年1月正式投入水下科学调查活动。该潜水器可下潜到海底进行近距离的观察，可长时间地收集岩石样品或沉积物岩芯；在此之前进行的25d海上试验期间，它被成功地投放到1 250m的海底25次。新罕布什尔大学海洋系统工程实验室自80年代以来，一直注重对自持式遥控潜器的研制，并已成功地研制出EAVEⅠ和EAVEⅡ型遥控潜器。“阿尔文”号深潜器几经改装，现为7.6m长，2.4m宽，最大航速2.8km/h，正常潜水持续时间可达6～10h，潜水深度4 000m。虽然海军部门用于海洋工程研究发展的总经费在缩减，但包括自航式无缆潜器和系缆遥控潜器在内的无人潜器计划得到了充足的经费支持，开展了包括壳体材料、水声通讯链、电源、人工智能等多学科技术研究，使这些技术的研究得到了迅速的发展。

【海洋产品中心】 设在国家气象中心的美国海洋产品中心(OPC)成立于1985年1月。其主要职责是进行海洋气象分析和预报结果的发布、评价，改进并建立新的海洋气象分析预报系统；对来自全球电信系统的海洋资料进行质量控制，并进行存储处理。中心的主要工作包括：(1)海洋气象预报——海洋表面风预报、沿海及大湖面风预报、开阔洋面的海雾预报、船舶上层结构的结冰预报、发布特殊海洋天气图；(2)波浪预报；(3)海洋热力结构分析——全球海面流度分析、盐度分析、海洋特征分析。　　(古　因)

【专属经济区测绘】 1983年，美国政府宣布200 n mile专属经济区，成立了专属经济区测绘与研究联合办公室(JOMAR)，负责海洋专属经济区海底测绘的组织工作，为专属经济区国土海洋资源开发提供基本图体。

近年来沿海专属经济区测绘的重点在以下几方面：(1)进行以近岸海区为主的地震及地球物理测量；(2)在所有沿海专属经济区测量船上安装标准的地球物理测量传感器；(3)开展4 000m水深冲击钻机研制；加强专属经济区测绘资料及图件的管理。截止到1988年底，美国地质调查局使用声纳测试扫描系统已完成约48%的专属经济区测绘任务，测绘海区包括东海岸、西海岸、墨西哥湾、波多黎各、白令海、阿留申群岛和夏威夷等海域，已出版多种专属经济区图集。

【沿海人口调查】 在美国国家海洋大气局(NOAA)的主持下，1960～2010年50年美国沿海人口变动情况的调查报告完成。据报告透露，今后20年内美国墨西哥湾东南沿海和太平洋沿岸区的人口将增长19～23%。该报告得出以下三点引人注目的结论：(1)到2010年，美国沿海人口可能增长60%，总数达到约1.27亿；(2)目前，沿海州县(除阿拉斯加外)人口总数占全国总人口的一半，占地却只有全国的11%，沿海人口密度为全国平均数的4倍；(3)到2010年，加利福利亚州、得克萨斯州和佛罗里达州3州人口增长最快，人口总数分别为1 400万、1 200万和1 100万。1988～2010年人口变动“热点”的沿海县有佛罗里达州Dscola县(72%)和Martin县(61%)；墨西哥湾的Citrus县(81%)和Hernando县(73%)以及太平洋区阿拉斯加州基奈半岛(65%)。国家海洋大气局预测，到2010年，纽约县人口密度最大，每平方英里达71 000人。

【俄勒冈州沿海发现海底火山群】 据国家海洋大气局和俄勒冈州立大学的科学家报道：近两年来，在俄勒冈州沿海约4 800km的海域发现一个海底火山群。这些火山是在近10多年的海底喷发过程中形成的，有的火山仅30m高，但是半数火山的高度已达1 609m。这些火山的形成可能与1986～1987年国家海洋大气局在这一海区海底热液裂口调查中所发现的高温含矿水的喷发有关。1989年以前获得的这一海区的海底图像以及1989年8月在这一海区进行的深海地貌调查都发现了1981年的调查所没有发现的新熔岩堆积而成的火山锥。1989年8月国家海洋大气局的一个科研小队乘坐Alvin潜器下潜到这一海区的海底，发现了熔岩流正在扩展，并覆盖了已经裂开的海底的巨大裂口。参加调查的人员认为，胡安德福卡(Juan de Fuca)海脊南部海底的扩张正在加剧，因为这里的火山频繁，然而，现在科学家仍不清楚海底火山多长时间喷发一次。80年代中叶开始执行的海底热液裂口计划的基本目标就是认识沿中大洋脊热液裂口喷发的热化学物质的海洋效应。

【美国全球海洋科学计划(GOSP)】 国家海洋大气局(NOAA)、国家科学基金会(NSF)、能源部(DOE)、航空航天局(NASA)的海军共同制定了美国全球海洋科学计划，研究海洋与地球、大气和生物圈全球系统的相互作用，科学地认识海洋资源保护和管理的规律，提高全球系统变化长期预报的时效和准确率。此计划执行期初步规定为1986～1992年，主要科研项目包括全球海洋构造与动力学、全球海气相互作用、全球生态系和生产力过程、全球海洋岩石圈及地质过程、沿岸边缘海区及极地海域过程等。

【海面溢油清除网】 近年来，面对日益严重的海洋石油污染，美国首先增强了应变能力，在首都华盛顿成立了一个由民间资助的非营利组织——海上溢油清除公司，以建立全美海上溢油回收及清除网。经过两年的努力，现已建立5个区域网络，可以有效地治理包括夏威夷、波多黎各和维尔京群岛在内的美国潮间带及近海水域突发性的油溢事件。据公司负责人称，今后5年该公司技术设备购置及保养、科研等估计需要投资8亿美元，这些经费大多由埃克森、壳牌、科洛柯等石油公司和海洋保护协会提供。 （吴克勤）

日　本

【海上人工岛】 日本是建造海上人工岛最多的国家。如神户港人工岛4.36km²，大阪南港人工岛9.36km²，横滨大觉人工岛3.21km²，四日市人工岛3.87km²，六甲人工岛5.83km²。1986年，日本开始建造世界上最大的人工岛——关西国际海上机场。1986年，日本科技中心和运输省船舶技术所在山形县鹤冈市的由良湾水深41m的海域，进行了使用钢架修建浮游式人工岛的试验活动。该实验活动为期3a。1988年日本在九洲的上五岛建成了世界上最大的浮动式海上贮油系统。这个系统采用5艘石油贮运驳船组成，总容量为440万m³。可贮石油340万t。由于日本的地震频繁，在海上贮存石油可以避免地震的破坏，能保证公共环境的安全。

【海洋牧场计划】 由于世界各国纷纷划定200n mile经济区或渔业区，对渔业大国日本是一个沉重打击。为此，日本农林水产省制定了"海洋牧场计划"。该计划从1980年开始到1988年结束，历时9年。通过论证比较最后选定了仙台湾周围海域和山阴海域。根据这两个海域的特点，分析研究了具体措施。仙台湾海域具备适于鱼贝类生长发育的天然条件，并已建立了一些增养殖场。在远海大陆架建造大规模的人工岩礁，使之具有控制各种自然环境的功能。山阴海域是三角洲海域。将这一海域分成底层水上升带（人工涌升）、中央海区养殖带、海岛区种苗生产带等，有计划地在各带采取人工手段，创造适合鱼贝藻类生长发育的环境。在食物链的综合利用方面，人工手段大致分两种。一种为直接放种苗增加资源，另一种为通过增加初级生产力，间接增加资源。日本已研究了各种措施，如种苗生产、海洋放流、沿岸建设以及开发新技术等等。今后仍将进一步采用各种人工手段发展海洋牧场。发展海洋牧场的关键是生物生活的最适合环境因种类不同而异。研究生物生产，掌握生物与环境的关系，制定出最有效的措施，是发展海洋牧场的根本。

【海洋调查】 日本每年要派调查船进行2 500余航次的海上调查和科学考察。主要进行海洋学、水文学、气象、地质学、渔业和海洋矿物以及测绘调查。自从建成2 000m深潜器以来，许多科学家利用它在日本周围进行水下考察。1987年对相模湾东南面的冲山滩、水深750～1 300m的海底进行了详细的调查，发现了许多蛤群，每平方米有600～700个，重约5～9kg，还有其它的生物群落分布。在小笠原群岛西南偏西120km处调查中发现在水深约500m处有一座火山，火山口的直径约100m，还有热液喷口和硫化物矿床。而且还有许多生物群落。这些深海动物群落个别的是依靠化学合成获取营养而生存的。在冲绳海域的调查中发现，海脊水深在950～1400m之间。在底部的许多裂缝中喷出220℃的热泉，形成了一个由镁石灰组成2m高的"烟囱"和山丘。在距冲绳70n mile的伊是名调查中，除有许多热液喷发"烟囱"外，还发现了酷似含有金、银、锌、铜、铅的黑子矿床，其水深1 330～1 410m，热泉温度为150～160℃，以及许多生物群落，如虾、蟹等动物。 （郑金林）

【海洋温差发电】 日本于1981年12月在太平洋上瑙鲁共和国建成世界上第一个陆上型100kW海水温差发电装置之后，1986年又建成250kW海水温差发电装置。1982年9月在日本九洲奄美群岛的德之岛建成50千瓦级的试验型发电设备。经过研究改进，最近在日本鹿儿岛县冲永良部岛的和泊镇建成1 000kW级的海水温差发电设备。该装置使用闭式循环发电系统，其中包括热交换器、透平、发电机系统，温和冷海水取排水管系统，输电系统等。

日本在和泊镇不单用这两种系统进行发电，而且还正在研究利用它的冷热原理调整花木类植物的开花时间，以及用于牛舍的冷气设备和使用低温海水养殖海胆和鲍鱼等。

【海洋科学研究】 日本在海洋科学研究中组织了有许多科学家参加的大型研究，还制定了许多研究计划。1987年日本开始了世界气候研究计划（WCRP）的研究，为期4年。同年以文部省为首开展了为期3年的深层环流过程研究。1988年召开了日本春季海洋学大会，讨论了90年代海洋学研究方向、研究计划和国际合作计划，提出90年代的海洋研究课题有太平洋海洋环流、海气相互作用、边缘海的海水循环和物理循环、新的观测技术和观测系统等。日本在太平洋海洋环流研究中，开展了北太平洋亚热带环流变动过程的研究、黑潮流场以及热量输送的评价，现在正在进行从菲律宾海扩大到整个太平洋的大洋深层环流研究。在海气方面，日本利用卫星遥感资料进行海面通量评价和西太平洋海气相互作用的研究，包括热带海洋全球大气计划(TOGA)，海洋混合实验(OMLEF)，埃尔尼诺和南方涛动(SO)研究等。另外日本还进行日本海的底层水、深层水形成过程的研究。日本科技厅制定了为期5a的研究计划(1987～1992)，主要在西太平洋进行深海研究，其中包括地球物理和化学方面的研究，地质和地壳结构的研究。在采集海底岩石、热水样品的同时，进行岩石、矿物的化学成份分析。生物学方面研究有毒环境中生物的特殊机制。

【**海洋遥感**】 1987年日本发射了MOS－1海洋卫星，该卫星的主要设备有：可见光与热红外辐射仪(VTIR)、微波扫描辐射仪(MSR)、多频谱电子自动扫描辐射仪(MESSR)、小型资料收集系统(DCS)等，可昼夜连续获取地面辐射信息，获得大量的海洋学、气象学和水产学方面的信息。1990年春将发射MOS—2海洋卫星。该卫星装载的传感器主要有：高度计、微波辐射计和散射计等。日本在大力发展航天遥感的同时，还特别注重发展航空海洋遥感技术。在航空遥感中，已经装备了大型专用遥感飞机，每月对日本周围海域进行两次航空观测。该机还经常使用投掷式深温计(AXBT)测量次表层温度剖面。日本应用遥感技术观测海面温度和海水浊度等海洋要素的工作已经进入到实用阶段。利用多频微波辐射计、微波波高计、雷达及红外线辐射仪等仪器，观测潮汐、波高、海流和海上风等遥感技术也已接近实用阶段。现在日本正在进行穿透水蒸气进行全天候观测的研究工作。

【**海洋调查船**】 1989年日本建成一艘新的现代化远洋调查船，取代东京大学海洋研究所的“白凤丸”。该船长100m，宽16.2m，排水量为3 980t，航速16kn。船上设有10个实验室，可容纳35名科研人员，船上装有3套万米电缆绞车、多波束回声探测仪和声学剖面仪。日本海洋科学技术中心1988年定造了一艘新的海洋调查船“横须贺丸”，计划于1990年建成，并将它作为深潜器“深海6 500”号的母船。该船长95m，宽16m，排水量为4 500t，航速16kn，共容乘员57名。船上设有3个实验室，不仅可装载“深海6500”号深潜器，还可搭载万米无人遥控潜器。船上装备有用于深潜器的支援系统，主要有吊车、自动导航系统、水下通讯系统。调查仪器主要有多窄束回声探测仪、声学多普勒海流部面仪等。日本气象厅于1987年和1988年为长崎海洋气象台所属的“长风丸”和函馆海洋气象台所属的“高风丸”更换了新式船。这两艘新式海洋观测船装备了先进的观测装置，有观测海面上空的船用自动高层气象观测装置和观测海上气象的综合气象观测装置及观测海洋的CTD装置和自动分析仪器及表层海流计。

【**潜水技术**】 日本的潜水技术主要由海洋科学技术中心负责。到1986年为止，该中心在公海上进行了日本第一个水下居住试验和一系列的饱和潜水模拟实验，训练了大批潜水人员并不断地改进潜水设备。为了支援饱和潜水专门建造了一艘现代化的半潜式双体船“开洋丸”号。该船是一座非常稳定的潜水作业平台，可动力定位，且甲板面积宽敞，配备了包括甲板减压舱和下潜式减压舱在内的一整套深海饱和潜水设备。1988年利用该设备在日本的相模湾成功地进行了300m饱和潜水试验。此后于1989年又在海上进行第二次试验。

（郑全林）

【**潜水器**】 日本继2 000m潜水器之后，于1989年又下水一艘6 500m深潜器。“深海6500”号全长9.5m、宽2.7m、高3.2m、重25t，乘坐3人。内装音响导航装置、超声波观测声呐、电视摄像机等，并装备了新型机械手，可进行高精度的观测调查，其下潜深度超过美国和法国的载人深潜器，为世界之最。它可调查98%的大洋洋底。日本在发展载人潜水器的同时，也研制了许多无人潜水器。1987年以来研制了新“大黄蜂－500”号和“海豚－3K”等多功能无人潜水器。“大黄蜂－500”号全长1.2m、宽1m、高0.5m、重120kg(空气中)，内装深度计、方位计和电视摄像机、信息传输装置等，主要用于海洋调查。“海豚－3K”号无人潜水器长3m、宽2m，高2m，空气中重约3.3t，有效负载最大150kg。速度：前进3kn、后进2kn、左右1.5kn、上下1kn，装有2个前后推进器、2个上下推进器及2个左右推进器。内装彩色摄像机、流速计、机械手、声呐、声学导航装置，深度计、下水和回收装置等，可下潜3 300m。该无人潜水器可用于探险调查。1988年日本科技厅又投资40亿日元，开始建造万米深无人潜水器。“深海－10000”号上装有摄像机和机械手等，由工作母船进行控制和操纵。它可长时间进行水下调查工作，主要用于深海矿物资源和生物资源调查，还可以进行潜水艇失事时的救捞工作。

【水下机器人】 目前,日本的水下机器人正向智能化多形式的方向发展。潜水机器人是日本"高级机器人技术计划"中的一项。通产省1983年制定了这项计划,按计划研制的水下机器人样机将于1993年鉴定验收。目前正在研制的这种机器人主要用于石油生产平台的检修。关键技术是保持强潮流条件下的运动方向的稳定性能,在非规则表面的爬行技术、视觉技术等。1987年日本港湾研究所研制了一种能在水下行走的机器人,该水下机器人有6条腿,每条腿有3个人造关节,这些关节由一部微型计算机通过马达控制,可在不规则表面上向任何方向行走,可用于水下乱石堆中的施工质量的检查。1988年日本开始研制一种能详查热液矿床的深海钻探机器人。该机器人的投资为1 300万日元。它能在水下3 500m的海底作业,其壳体类似三角吊钟,内装钻机,可在海底钻3m深的取样井。

【海洋浮标】 日本目前使用的20个锚泊浮标,主要分布在本洲南方大洋上、东中国海、日本海、三陆远海、四国远海等海区。这些锚泊浮标构成一个海洋浮标监测网,获取气象、海象、地震、海啸等资料。此外,日本每年还使用大批的漂流浮标进行观测。这些浮标主要是日本气象厅、海上保安厅和水产厅三大部门研制的。为了提高气象、海象的预报准确率,合理有效地开发海洋资源,每年都要对浮标进行必要的维护和保养。日本浮标多采用空气湿电池和镍镉蓄电池,在无人管理的情况下可工作一年。这些浮标一般可适应有效波高15m、最大风速60m/s、潮流6kn的海洋环境。近年来,日本水路部研制出一种智能化的特殊浮标。该浮标可用于收集危险海区(如有海底火山喷发区)的气象学和海洋学资料。这种自推自导式浮标的外形为船形,由小型发动机推进,程序控制,无人操纵,也可用人工远距离控制。

【海洋声层析技术】 1986年,日本气象厅在关东地区以东水深3 500m的海域进行了海水中声波传播的实验,并且连续观测了海水的温度,获得成功。因为它是海洋学声层析系统的基础试验,所以它的成功意味着应用该系统可进行深海海流变化和水温分布的观测。具体方法是在水深1 500m处安放声波发射装置,该装置发出400Hz的低频信号,声波在水中以1 500m/s的速度传播,在相距120km处接收水中信号,再用电脑分析接收装置收到的信号,就可获得该区间的海水温度变化。现已证明,该装置还可以测出海流的大尺度变化。该厅还进行了300km等距4个测点处的深海水温和海流的测量。1987年日本海洋科技中心试制了共鸣型低频声源,并进行了声源性能评价。日本目前声层析技术的研究目标是研制传播距离为1 000km、监测海面至海底海洋结构的海洋声层析系统。由于海洋声层析技术是一种水下大范围测量技术,日本特别重视,其发展的重点项目是传播1 000km的声波的声源系统以及高精度的测时技术和实时资料的传送技术。海洋声层析技术与海洋遥感技术相结合将对海洋的观测产生不可估量的影响。

【海底光纤电缆】 横跨太平洋、连结日本和美国的超长距离的海底光纤电缆于1989年初投入使用。该光缆从日本东南部的千仓下水,经过关岛一直延伸到美国西海岸加利福尼亚的波因特阿里纳。总长度13 311km,费用约7亿美元。该光缆可传递声音、图象和各种电脑信息,同时可提供4万对话路。该电缆由光导纤维构成,每对线路每秒可以传递2.8亿比特信息。为防止渔船刮损和鱼咬坏,该光缆采用金属铠装式,而且在水深100m以下的海底,光缆埋在泥土之中,在100～3 000m的大洋底光缆用金属包起来,形成保护层。该光缆每隔69km安装一个继电器,以保持信号的清晰度。

（郑全林）

【海洋生物工业应用研究中心】 日本政府对海洋生物技术非常重视,于1988年成立海洋生物工业应用研究中心。该中心的研究设施、仪器以及建设费用为60亿日元。该中心分两个部分,即岩手县釜石市分部和静冈县清水市分部。这两个部分的费用各为30亿日元。需3年时间建成。1990年可以投入使用。

岩手县釜石分部从事冷流海洋生物研究;静冈县清水分部则从事暖流海洋生物的研究。该中心二个分部都设有海水取水设备、海水无菌化装置、再现海洋条件的实验水槽、特殊培养槽、特殊采取装置、各种分析装置等等。与该中心有关的其它大型设备也已提前使用,如微重力技术中心(涉及失重条件下的研究)和离子技术中心(有关新材料开发研究)。

该中心可供来自政府、大学和私营企业的研究人员使用。另外,由于对国内外的研究人员开放,也可进行国际合作研究。

【海洋生物技术协会】 该协会成立于1987年9月,目的在于收集情报,开展研究工作,促进工业化和国际合作。

该协会自成立以来,已经召开了三次学术交流大会。并于1989年9月4～6日在东京召开了第一届国际海洋生物技术会议。

（郑全林）

【海洋生物技术研究所】 该海洋生物技术研究所是由日本24家民间企业出资，于1988年12月21日成立的。它是一个合作研究开发公司，有自己的研究人员，主要进行以下研究开发业务：1.自立研究项目的研究；2.接受通产省、工业技术院的大型研究计划；3.接受国内外大企业、大学、研究单位的合同，或进行合作研究等。除此以外，该海洋生物技术研究所的研究人员，还进行以下分科技术的研究。1.海洋生物活用基础技术；2.有用物质生产技术；3.有用生物体机能利用技术；4.辅助技术等。具体的研究对象生物有海洋微生物、藻类、原索动物、海绵动物、腔肠动物等生物资源。还有采取技术、保存技术、育种、改良技术、分离、精制技术等尖端海洋技术。

【国际合作】 日本在海洋方面与国外进行了双边和多边合作，并与许多国家建立了合作关系。日本与中国主要进行了黑潮合作调查，合作时间为1986～1992年，到目前为止，已经进行了多次合作调查，并于1989年10月在日本东京召开了第一次黑潮合作调查研讨会，中、日各出版一次联合调查图集。从1985年起日本就与法国联合调查日本周围的深海沟。法国使用了可下潜6 000m深的“鹦鹉螺”号潜水器，1989年双方开始对日本的北富士湾的海底裂谷进行调查。主要调查板块构造、热液矿床、底栖生物分布等。与美国的合作研究项目很多，主要有以下几个方面：海洋调查、海洋采矿、水产养殖、海洋地质学、海洋设备、潜水生理学、潜水技术，海洋仪器、海上通讯等。日本于1974年就开始与西德进行了合作研究，现在仍然在海洋调查、海洋生物学、深海矿产资源、水产养殖、海气相互作用、生物遥测技术、水下实验室等方面进行着合作研究。日本还参加了国际机器人发展计划，该计划的目标是研究机器人技术，研制深海机器人。日本方面由通产省工业科技厅负责这项为期8年、耗资200亿日元的计划。通产省还派遣“第2白岭丸”帮助太平洋群岛国家调查海底矿物资源。日本政府为支援发展中国家，制定了开发援助计划，主要帮助建设的项目有港口建设、油管铺设、水利工程、水产开发的人员培训和技术研究等。

（郑全林）

苏 联

【海洋科学研究概况】 1986～1989年，苏联的海洋科学研究取得了瞩目的成就。目前，苏联拥有庞大的海洋研究机构，分布在科学院、渔业部、地质部、国家气象委员会以及大学系统等18个部门，共有170多个生产和研究单位，科学研究及工程技术人员达1万多名。

物理海洋学研究 把海洋动力学作为研究的中心，先后对湍流、内波、海气相互作用、大洋温盐微结构、海洋链、天气涡旋等进行了研究。在研究中，以电子计算机为基础，广泛采用了数值模拟法、海洋遥感法以及多边形测量法，发现了大洋天气涡旋，从根本上动摇了经典的大洋环流理论，这对于掌握海洋中水体和热量循环的特性、澄清各种海洋水文物理现象有着重要的意义。

海洋生物学研究 采用电子仪器、化学和生物快速分析法、定量方法和生物地理相结合的方法以及船用计算机进行生物群落数值模拟的现代方法，研究了海洋生物分布的基本规律、大洋食物链、初级生物生产力、上升流区和世界大洋其他区域的生态系统问题，并对苏联近海的海洋鱼类、贝类、藻类进行了增养殖研究，发展了生物圈的学说。

海洋地质和地球物理学研究 在对太平洋、大西洋、印度洋、南极海域的考察中，先后发现和研究了一系列海脊、山脉、海沟、断裂区，编绘了大洋地貌图和构造图以及太平洋地球物理场分布图；研究了沉积层厚度和物理参数，以及各构造区的大洋地壳；对沉积形成、沉积层系和沉积物类型的分布、沉积物的组成和构造，以及在古大洋沉积的原始空间相互关系等进行了放射性年代和古地磁年代的确定，奠定了有关大洋锰结核及苏联海域油气储量的现代知识的基础，创立了有关地球的岩石圈板块构造和进化的现代科学理论，提出了岩石圈板块运动的机理，研制出大洋岩石板块构造的模式，并为全世界所采用。

大洋化学研究 重点研究了大洋水的化学结构、生命素化学、海底沉积化学、世界大洋污染、海水中碳氢化合物和有机化学，并提出了大洋化学结构的设想以及在此基础上形成的化学海洋学区划原则；完成了世界大洋水平和垂直的化学海洋学区划工作，编制了30～5 000m的10个水层上关于氮氧化合物、磷和硅的化学海洋学区划。

海洋气象和气候学研究 提出了关于世界大洋气候的科学概念，并研制成功海洋和大气相互作用的全球数值模式，利用这一模式可以评价和验证有关大洋对地球气候影响的设想。

海洋声学研究 近几年来采用新的海洋声学成果，发展了一系列数字声学模型，借助电脑能对海流、海底地质、温度、盐度、深度等各种参数进行实时的信息采集、处理、显示和传递以及进行通讯、定位和遥控，这种声学模型已成为海洋学的主导方向，对于人类征服海洋具有重要的科学价值、经济价值和军事价值。

（李桂香）

【重要海洋研究计划】 在第11个五年计划（1981～

1985)和第12个五年计划(1986～1990年)期间,苏联在海上实施了生物学、地理学、化学、经济学、法学等34项海洋研究计划,并动用了400多艘各种类型的调查船和勘探船参加这些工作。

剖面计划 主要任务是通过研究大气与海洋的相互作用来研究气候的短期变化。在进行过程中,曾在大西洋和太平洋的五个能量活跃区进行海洋学和气象学观测,动用了39艘调查船共完成了160个航次的调查,并研制了能量活跃区海洋和大气相互作用的数值模式。

声学计划 主要任务是研究大洋及洋底地貌的不均匀性对声场形成及其结构的影响,考虑到大洋各种尺度的复杂性,研制出声场的数值模式,并研究了大洋底对声音散射、动力过程及生物产生的海洋噪声。研究结果表明,在声散射方面,覆盖锰结核的洋底与未覆盖的洋底区域有明显不同,可用声学方法勘探锰结核。同时,根据海洋噪声可判断风暴中大洋表层动力情况。

水化学计划 根据计划要求,苏联学者测出了海洋从大气中吸收二氧化碳的数量每年约4Gt,而向大气中释放的氧气每年约6Gt。这些数值的测定,对预报地球上气候的变化具有重要意义。

海水资源计划 研究出从海水中提取贵重金属的吸附方法以及萃取锶、铷、硼和有色贵金属的吸附剂。苏联在萨哈林水电站安装了萃取装置,并获得第一批商业性产品——碳酸锶。

世界海洋污染研究计划 进一步研究了大洋水污染的动力状态,组建了在苏联海域内倾倒废弃物的全苏监督系统,提出防止水面石油扩散的有效方法。

海洋石油计划 主要任务是对苏联大陆架上石油、天然气资源进行定量评价,制定出苏联水域石油和天然气资源地质经济分类法,并鉴定了促进石油和天然气集聚的构造特征。

大洋生物资源研究计划 研究了大洋生物群落的结构以及生产区生态系统活动的理论基础,并研制出数值模式,提出增加新的捕捞鱼种和开发新的捕捞区的建议。

南大洋研究计划 确定了南极环极洋流的界限、强度、结构,以及纬度之间的热量和盐度交换值,提供了有关南大洋的水文状况、大气、生态系统、生物生产力以及地质、地球物理等最新资料,研究结果表明,涡旋运动在南极环极流中具有重要作用。

波罗的海研究计划 编写了有关波罗的海综合特性的论著,详细地描述了该海区生态系统的状况及其变化、海水动力学、海水污染及海底生物区。

白海研究计划 研制出能够再现白海的传热、辐射、动力和结冰等相互联系过程的数值模式,评价了白海的生物资源,发展了海洋贻贝养殖工作。

世界大洋研究规划 苏联科学院海洋大气物理和地理学部现已制定出国家的"世界大洋、大气和陆地表面研究及其资源合理利用"规划,该规划分五个部分,着重论述了包括海洋矿产、生物、海气作用等在内的世界大洋的研究与开发。

大地构造研究规划 由苏联大地构造委员会制定的1986～1989年大地构造研究规划总的研究方向是大陆、大洋和过渡带的构造以及其形成和演化,有用矿产分布的构规律性。

此外,苏联还实施了"南中国海"、"海洋大陆分界"、"古海洋学"、"加勒比海"、"西太平洋"、"海洋法"等计划,这些都取得重要成果。

【海洋技术】 **海水声速剖面仪** 由苏联科学院远东科学中心的太平洋海洋研究所研制,用于研究海水中声速的传播机制。其技术性能如下:声速测量范围为1 380～1 560m/s,声速测量误差为0.3m/s,声速分辨能力为0.03m/s,最大测量深度为960m,测深误差为0.5m,深度分辨能力为0.2m,潜水盒的潜水速度为2±0.3m/s,穿孔低带记录资料的频率为10.1Hz。

远距深海探测激光系统 由苏联科学院远东科学中心太平洋海洋研究所研制。这种设备极为轻便,在船只行驶中可进行测量,不需要投入海中,而且能抗光斑——射入水中的光线从动荡水面的折射。设备中有4个平行波道,可接收由激光脉冲反射的信号。其中1个波道只记录光斑,其余3个波道记录从水的表层到80m深的各个不同深度的光的散射。初步试验结果表明,这种设备的激光束已能精确记录水下的40m的温度异常情况。

综合测量系统 由苏联科学院海洋水文物理研究所研制。该系统包括:通用水文测量仪、流速水温测量仪、海水光衰减指数测量仪、辐射测量仪、生物发光能量测量仪。这种设备分船舷装置和水下潜装置两部分。电子计算机在船舷装置内,负责接收、转换测得的水文物理信息,并将其输入到记录器中。此外,船舷设备还包括离合装置、同步装置、通道转换器、位移记录器及控制部件等。各种测量仪器装在下潜部分中。为了更好地传输数据,这种综合测量系统的信息输出装置还配备了模数转换器、用户通讯控制台、信息通道转换器等装置。

海洋卫星 1986年以来,苏联共发射了5颗海洋卫星:宇宙1766号(1986年发射)、宇宙1869号(1987年7月发射)、宇宙1870号(1987年发射)、宇宙1940号(1988年4月发射)、海洋1号(1988年7月发射)。这些卫星的主要使命是绘制一幅海洋图,使之用于地球资源和海洋资源的开发。这些海洋系列卫星是苏联空间计划的组成部分，也是苏联地球资源开发卫星的组成部分。

调查船　1985年以来，苏联已建成或正在建造的海洋调查船有5艘。

"费德罗夫院士"号是1987年由芬兰的造船厂为苏联建造的一艘新型科学调查船，主要用于南极考察。该船长144.2m、宽23.5m、吃水8.5m、总排水量13 000t、航速16kn、自持力80d，总推进功率12MW。船上设有12个实验室，计算机位于船体中央，海洋学绞车可达6 000m水深。船上还配有直升飞机、起重机、登陆艇等。

"瓦维尼特"号和"瓦克里特"号，是芬兰造船厂为苏联石油工业部建造的两艘海洋调查船，主要用于300m以内水深的陆架区的海洋开发前期工程的土工调查。船长85.8m，宽16.8m，吃水5.6m，航速13n，续航8 000n mile，船的中部是钻台和35m高的井架，并配有动力水龙头和绞车。该船装配有NAVOS综合导航系统和卫星导航设备、水声定位系统和无线定位系统。

另外，还有2艘6 600吨级的调查船正在建造，它们主要用于海底剖面、层次和构造，海洋物理和化学等方面的调查。

深潜器　1987年由芬兰制造、1988年交苏联科学院使用的"和平1号"和"和平2号"深潜器，可在6 000m深海停留4h。其工作周期10h，最大船速5kn，装有两个7个自由度的机械手和多种探测仪、传感器等设备。

海洋机器人　1989年4月，苏联首次使用海洋机器人搜寻沉没于挪威海域的一艘苏联核潜艇，海洋机器人充分显示了其可靠性能。这类海洋机器人由苏联科学院远东分院研制而成，现已在世界海洋水域里完成了160余项潜水试验。机器人装有各种电子装置，能在6 000m深海作业。

海洋钻井平台　据1987年统计，苏联有海洋钻井平台96个，居世界第6位。这些平台分别在黑海、里海、巴伦支海、鄂霍次克海和萨哈林岛沿岸进行钻井活动。其中自升式平台工作水深达91.4m，半潜式平台工作水深为450m，钻井船水深为300m。目前，苏联正在研制一种深水作业平台、加强型的平台和浮式钻井装置。

【苏、美合作进行污染控制】　苏联和美国于1985年11月在莫斯科就防止航船海洋污染和估价污染物对海洋生物的影响达成了一项合作协定。为此，双方制定的1986年联合研究计划包括了海洋污染控制课题。该课题由苏联海运部和美国海岸警卫队实施。研究计划还包括改进消除油溢的方法和技术手段，交换寒冷气候下油溢控制技术资料，在国际海洋机构范围内建立控制污染的标准和建议，以及改进用化学试剂治理海洋环境污染的方法。

这项联合计划的发展和实施有助于双方了解污染物对海洋生物和生态系的影响，以及进一步促进双方资料交换。它由美国环保局和苏联国家水文气象和自然环境管理委员会主持实施。

【海洋运输】　80年代以来，苏联建设的新港口和专用码头有尤日内港、东方港、诺沃塔林斯基港等。1980～1987年，有13km长的泊位交付使用。为适应海运业的发展，苏联向一些国家订购了一些船舶，据统计，1986年为153艘。1988年达189艘。为使苏联的海运合理化、效率化，增加的船舶以集装箱船为主，而运输煤炭、谷物的专用散装货船增加的不多。目前，在苏联注册的7 822艘船舶中，有3 112艘运输船，其中仅有2 021艘船从事国际间的贸运工作。据统计，1986年苏联海运量为24 950万t，比上年增加4.3%。

【海洋渔业】　1986年苏联的渔业总产量达1 126万t，产量仅次于日本，是世界上第二大渔业国。主要渔场有16个，其中捕区太平洋渔场671万t，捕区大西洋渔场316万t，捕区地中海和黑海渔场为39万t。

苏联在发展远洋渔业的同时，还大力发展水产增养殖业。目前，苏联有160个养殖场和专业繁殖场，养殖年产量约50万t；每年放流10亿尾左右的鲑鳟鱼、鲟鱼和其它珍贵鱼类鱼苗。与此同时，苏联积极扩大国际合作，与冰岛联合研究　鱼类的洄游，与美国合作共同对白令海公海进行深海调查，与挪威合资发展远东地区大麻哈鱼的养殖业。

【近海大陆架油气开发】　苏联是世界上大陆架最长的国家，相当于全球海洋陆架面积的22%，大陆架拥有1/5的全国油气资源，而80%以上的近海油气资源蕴藏在里海、鄂霍次克海、巴伦支海和卡拉海。到1986年，在大陆架上共发现37个天然气田和31个油田。目前，苏联的所有近海石油开采均集中在里海、黑海和亚速海。里海的石油及凝析油产量占近海产量的一半，另一半产于萨哈林岛和北极海。（李桂香）

英　国

【海洋科研与开发经费】　1985年，英国政府用于海洋科研与开发的经费为1.93亿英镑。1987～1988年，英国政府用于海洋科研与开发的经费约 1.03 亿英镑，其中基础研究经费占 35.8%，环境保护占 19.3%，从海洋获取食物占 16.6%，能源生产占 16.5%，运输占 10.9%，矿产资源开采占 2.7%。工业界用于这方面的投资也相当于这个数目。

【海洋科学研究】 英国是一个岛国，在海洋科学研究方面基础较好，是目前世界上海洋科学研究先进国家之一。为了加强英国海洋科学研究各部门间的支援与协作，英国政府于 1985 年成立了高层次的海洋科学技术协调委员会，负责英国的海洋科学研究与开发的总体战略计划。

英国的海洋研究课题主要有：英国及欧洲周边海域和领海的质量与生物生产力控制过程研究；英国大陆架生物资源和非生物资源的系统测量与评价，以及开展这项工作所需技术的开发；地质演变过程基础研究；大洋天气系统研究；气候系统整个组成部分的全球海洋模拟，并积极参加有关的国际合作计划；电子技术与电气工程海洋应用研究，包括水声、水下通讯、潜水器及海底系统等的研究；材料研究，包括复合材料、陶瓷、结构物及其系统研究，以改善系统的安全性能、减轻重量、延长使用寿命，同时开展数值模式和物理模式在沿海、浅海及海底系统中的应用研究；开展沿海侵蚀、泥沙搬运以及海浪、海流、潮汐与水下结构物相互作用的研究；海洋研究、海洋勘探开发所需先进仪器的开发与应用研究、北海研究、生物地球化学海洋通量研究等。

【海洋盐度巨变引起厄尔尼诺现象的研究】 英国 190 余名科学家进行了为期 4a(1986～1989 年)的研究，以求找到引发厄尔尼诺现象的原因。他们进行了环球海上调查，行程达 22.4 万 km。科学家们认为，海洋中海水含盐量的巨大变化引起了厄尔尼诺现象，造成世界气候严重反常。测量结果表明，南太平洋中含盐量大的冷海水汇成一股海流流向赤道。当这股海流移动时，在整个太平洋的其他地区产生巨大的旋涡，扰乱了通常稳定的热水区。温度高的热水区从新几内亚一直延伸到太平洋的中心，使海面湿度高达 30℃ 左右。厄尔尼诺现象产生许多新的海流，使暖海水流向太平洋的东边。在海面同大气的相互作用下，又使信风发生变化。科学家发现，厄尔尼诺现象起源于数千米以外的太平洋的另一边，会引起远及中国和澳大利亚等国的旱灾以及美洲的洪水，破坏南美的渔业资源，减少印度洋季风。英国科学家的发现，可以发明一种早期预报系统，能够及时预报这些灾难，现在已可能在厄尔尼诺现象出现几个月前发现东太平洋海面温度上升。

【海洋碳循环研究】 英国海洋学家在离爱尔兰海岸西南 643.6km 的海域收集资料，揭开了海洋碳循环之谜。据科学家估计，地球燃烧矿物燃料排放的二氧化碳每年约 50 亿 t。其中 25 亿 t 留在大气中加剧温室效应，海洋吸收大约 10～15 亿 t。其余的二氧化碳有一部分变成有机碳深入海底。这是因为海上浮游生物通过光合作用，把二氧化碳变成有机碳，有一种甲壳动物专食浮游生物，然后沉入深海排泄，一天可把几百万吨的有机碳送入深海。而在浅海排泄的有机碳，很快作用于微生物，重新形成二氧化碳回到大气中去。深海排泄物中的有机碳可在深海储存几百年。由此可见，这种甲壳动物能够除去大气中的大量二氧化碳。

【海洋石油开发】 目前英国已进入世界七大产油国行列，实现了石油自给。1985 年英国海洋石油产量达 1.27 亿 t，1986 年下降到 1.19 亿 t，1987 年为 1.16 亿 t。1988 年由于一连串事故及油气田维修，使英国海洋石油产量继续下降。1989 年，英国岸外 8 个新油田投入生产，准备大规模石油开发工程计划。另外还有 11 个油田，其中有 4 个储量相当大，已获得政府批准进行开发或处于详细计划阶段。现在北海产油的有 51 个油田，有 7 个正在开发，今后更多的油田将靠海底或浮动生产设备并利用现有的海上基础设施来开发。未来大多数油田比现在油田要小。（相玉兰）

【深海采油系统】 近年来英国石油公司一直在研究建造无需潜水员的“海底采油系统”(Disps)，以便开发外海大陆架深水区的石油资源。一个重 140t、高 10m 的 Disps 试验油井架于 1989 年夏季首次下海。它将潜入苏格兰西海岸威廉堡附近 150m 深的洛赫林海底进行试验。Disps 的核心部分(模型油井架)，其结构外形很像庞大的钢箱，长 33m，高 10m，宽 25m。由运载船放入海底并固定于适合地点，进行钻井采油。一个重 21t 的采油调控设备舱，将置于远距制导运载器内，后者由水力推进器向前或向两侧推进并携载照相机进行生产监测。当 Disps 进行采油时，石油受压力而上喷，通过软管流入油槽或采油平台。Disps 以海底管道联接许多油井。英国石油公司现有的最大采油平台 Magnus 仅能潜入 200m 水深，而 Disps 能在 350m 深的水下操作，且无需潜水员。

【英吉利海峡海底隧道】 英法联合建造穿越英吉利海峡的海底隧道于 1987 年 11 月开工，计划到 1993 年年底竣工。该隧道全长 53km，由三条并行隧道组成。两条直径各为 7.6m 的火车隧道和一条直径为 4.8m 的服务隧道。该隧道每天可通行 400 列火车，每年通过

3 100万人和1 600万t货物。整个英吉利海底和隧道工程预计耗资170亿美元。

【**南极研究**】 英国政府于1983年通过国家自然环境研究委员会批准的扩大英国南极考察活动计划。1987年4月英国南极局成立了执行该规划的特别小组，并向政府提出了未来有待于研究的项目。英国南极局在制定规划选择其优先发展项目时，主要以科学、政策、后勤三个方面为基本出发点，优先考虑具有全球性重要意义的项目，并加强对南极大陆及其周围水域生物资源和非生物资源的研究，这是反映英国国家利益的重要领域。规划突出了对南极体系中物理、化学、生物的相互作用过程的研究，这与国际地圈——生物圈计划是相呼应的。英国90年代南极的研究领域有：南极自然环境的模式与变化；西南极的地质演变；南极大陆和淡水生态系的动力学；南大洋生态系的结构和动力学，南极日地现象的物理学；人类极地生活；南极地理资料与制图。

【**再生能源开发**】 英国能源部从70年代后期开始开发再生能源，包括风能、潮汐能、波能、地热能、生物能和太阳能等。政府花在再生能源方面的开支从1978～1979年的360万英镑增加到1989～1990年度的2 000万英镑。风能：风能是英国最有希望的再生能源之一。英国目前正在研究水平轴和垂直轴两种风力涡轮发电机。垂直轴的优点是适用于任何风向。1987年，英国在苏格兰的奥克尼建立的风力发电站，其发电能力为3 000kW。风力发电机采用水平轴向，叶片直径60m，设计风速8～27m/s，涡流转子正常速度为34r/min，塔高37m。潮汐能：在英格兰和威尔士西海岸的许多海湾可利用潮汐能发电。塞文河湾是世界上潮汐最大的地方之一，能源部主持进行了塞文河口潮汐电站的选址和规划设计的可行性论证。英国计划在塞文河口筑一条16km长的拦河坝，设166个水闸，装216台涡轮发电机，装机容量864万kW，每年平均发电170亿度。英国还计划在默西河上筑拦河坝，建造中型的潮汐能发电站，其装机容量70万kW，每年发电0.6亿kW.h。如果所有可利用的潮汐都利用起来，估计潮汐能发电站每年可发电540亿kW.h。波能：英国波能利用历史悠久，1982年，英国能源部对10余种波能发电装置进行筛选，只保留了鸭式、海蚌式两种给予资助，振荡水柱式由工业部拨款加以研究。1988年在Islay岛建第一座岸式波能发电站，由女王大学设计180kW振荡水柱式装置，用双平面威尔斯透平，自整流并利用聚焦、缩窄波道蓄波能，发电成本预计约4便士/kW·h。

【**海水脱盐装置**】 英国海水淡化设备公司为长期航海的船员研制出一种新型海水脱盐装置，从而使长期航海的船舶无须向饮用水储存箱补充淡水。该装置借助反渗透处理将海水中的盐分和不纯物除去，产水量15.7～252.4L/h。这种装置采用耐腐蚀的材料制成，体积小，安装和操作简便，用交流电即可运行。通过起动注液泵将海水送到脱盐装置主体，然后经50μm和5μm孔径的过滤器过滤再经反渗透膜除去杂质。最后还要采用电子技术进行检查。若合格则输送到船上的贮水箱，若不合格则予舍弃排放到船外。

【**海洋技术**】 **水下机器人** 英国是世界上潜水器数量较多的国家之一。目前其研究的重点是研制比现有潜器深度更大、航程更广、水下作业时间更长的不依靠水面母船的水下机器人（亦称无人无缆潜水器）。另外，英国和意大利正合作进行为期5年（1988～1992年）的水下机器人研究，该机器人长6m，直径1.5m，装备有声呐和电视传感器，能在水下6 000m处工作250h，而现在的机器人只能在水下4 000m处工作12h；该机器人主要用于清理和维修。英国斯林斯比工程公司制成用于维修海底电话线的水下机器人。这个机器人安装有两个液压传动装置，它既能在水中游动，也能在海底爬行，能在水深1 000m处对电话线进行修理，及在2 000m处从事简单的切割和紧固工作。

环境监测系统 英国Obsermet有限公司和Valeport海洋科学有限公司在Scalloway港安装了一套综合风速风向和潮汐的监测系统。新型的OMC2901数字获取系统和控制装置把OMC160风速风向传感器和BTH700验潮仪有机地综合成一体。这一新装置的输出数据通过无线电遥测系统向港口控制中心的接收站发出。

多频率海底控制和定位系统 英国DBE科技有限公司研制了多频率海底控制和定位系统。它能在水下一定范围内同时进行高度综合数据的快速通信和精确的智能式声学定位。它主要应用于海底油井阀门的控制、水下探测、海底工程、遥控追踪，短基线控制、油管拖出、地震浮缆跟踪、管道安装、应急再定位、油管应力测量、腐蚀监视等。

AS370型海底监视声呐 英国UDI Group有限公司生产的AS370型海底监视声呐适用于港湾入口、航道、船停泊处的水下监测以及需要对安全隐蔽潜水员、潜艇或攻击型水上飞机的水下结构的监测，可长期固定于浅海中。AS370可以与多个水下装置结合起来使用，呈网状排列，以进行大面积测量。操作者利用简单的跟踪球指示器和荧光屏图像/清单来控制该系统。通过光纤连接电缆，就可以达到水下传感器、显示器、控制装置间几千米距离的传输和测量。AS370 由水下装置、控制装置、显示器和电缆组成。水下装置高 1 900mm，直径 1 049mm，重 155kg；显示装置长 575mm，宽 4 755mm，高 515mm，重 56kg。

AS360MS5 **型高分辨率扫描声呐** 英国 UDI Group 有限公司在高效 AS360 通用型声呐的基础上又研制出第三代声呐—— AS360MS5 型高分辨率扫描声呐，它主要由换能器、电器件、控制装置及联接电缆组成，是一种高分辨率、安装在小型无人潜水器中的特殊扫描声呐，最大作用距离为 60m。在短距离以内，采用了最新电视技术和宽频带声呐，为操作者提供了最佳黑白和彩色可见图像 。

【海洋资料中心】 英国海洋资料中心成立于 1989 年 4 月，归属于英国自然环境研究委员会。它的前身是海洋信息与服务处(1976 成立)。这个中心的主要任务是：建立和完善海洋资料管理系统；建立并维护海洋资料库，向海洋研究人员及政府提供高质量的数据资料；负责海洋资料的国际交换和管理。该中心是国际海洋资料中心网络的成员之一，直接参与全球性区域性的海洋资料的处理和管理，并得到联合国科教文组织的政府间海委会和国际科学联合理事会的国际资料中心赞助和支持。它存有从世界各国收集的波浪资料，北美及欧洲的锚系海流计资料等，并有各次国际合作研究项目的海上现场记录。

【高压中心】 英国高压中心成立于 1987 年 4 月。该中心设在阿伯丁。该中心分两部分，一部分是英国最大的高压工业研究设施，另一部分是一个完整的医疗和研究设施，包括潜水员应急治疗舱和医学研究实验室。高压中心已达到劳埃德船级社入级标准，第一次实验潜水已于 1987 年 3 月开始，最近创造了水下 305m 的第一次载人深潜纪录，也是英国迄今在潜水模拟器中取得的最深载人潜水纪录。

【水下非破坏性鉴定中心】 1987 年 2 月，英国水下非破坏性鉴定中心在伦敦正式成立。该中心的主要任务是评定现有检验资料的可靠性，改进非破坏性试验技术的精度。该中心还将致力于研究用遥控机械装置和自动化设备替代潜水员的工作，并保证检验数据的质量。此外，该中心还要对非破坏性试验方法所包含的各种物理过程进行研究。该中心投入使用后，在协助工业和政府有关部门保证海上油气安全生产上起到重要的作用。 (相玉兰)

法 国

【概况】 法国是西方主要海洋国家之一，大陆海岸线长达 3 500km，本土及海外领土专属经济区面积 1 100 万 km^2。英吉利海峡、大西洋和地中海围绕法国，在西北部、西部及南部的沿海地区，拥有敦刻尔克、加来、勒阿弗尔、圣马洛、布雷斯特、南特、波尔多、马赛、土伦、尼斯等良港，海岸带水域面积宽阔、陆域资源丰富多样，海洋技术先进，为法国有效开发与利用海洋资源，科学管理海洋空间，积极参加国际海洋竞争提供良好环境条件及可靠技术保证。

法国管理海洋的最高机构是独立的海洋国务秘书处，它是政府协调和管理全国海洋事务的行政管理部门。 (郭正强)

【海洋油、气产业】 1985 年，法国海洋石油年营业额约 100 亿法郎，占整个海洋产业部门营业额的 50～60%，预计到 2000 年可达 140 亿法郎。法国两家公司经营的北海弗里格气田每年产气约 150 亿 m^3，1990 年将生产天然气 180 亿 m^3，2000 年将达到 200 亿 m^3。法国海洋油气产业具有全球意义。该国石油公司以其先进开发技术向海外开拓。据统计，法国在海外的海洋探区分布于 18 个国家，勘探总面积 450 万 km^2。法国独资经营的海洋探区的钻井进尺达 85.7 万 m，合资探区的钻井进尺为 52.3 万 m。1981～1986 年，法国海洋石油技术研究费用为 22 亿法郎，其中国家投资约占 35%(7.7 亿法郎)，欧共体投资 1.63 亿法郎。最近 10 年间，法国海洋石油产量持续上升：1980 年为 4 500 万 t，1985 年达 6 200 万 t，1990 年为 7 000 万 t。

【海洋渔业】 对法国来说，海洋渔业是一个重要的海洋产业部门。1985 年以后，法国政府改变过去以近海渔业为主的状况，实行远洋渔业与近海渔业并举开发，而又以远洋捕捞业为主的方针，组建远洋船队，先后派遣 10 多条大型渔船前往太平洋及印度洋上法属海外领地周围海域捕鱼。两年间，法国渔民共捕获 400 万 t 海产品，营业额达 1 500 万法郎。1990 年，法国远洋海产品上岸量可达 230 万 t，占全年渔获量的 60%左右。最近，法国政府制订一项宏伟的海洋渔业战略规划，其内容要点包括：(1)法国分期支出巨额投资(1.68 亿法郎)，以便夺回法属圭亚那水域的捕虾权，并预期 5～6 年内收回全部投资；(2)全力资助金枪鱼捕捞业发展，推广印度洋金枪鱼捕捞经验。目前，法国已有 18 艘船在印度洋水域作业，并将进一步扩大作业范围；(3)仿效苏联在科库伦水域的成功经验，发展和加强留尼汪岛的渔业基础实力，使该岛成为以捕捞金枪鱼为主的后勤基地；(4)巩固和开发圣皮埃尔、密克隆群岛水域以养殖为主的渔业优势；(5)在保持北大西洋水域捕鱼能力的同时，积极向非洲大陆外海及西印度洋开拓，进行金枪鱼围网作业，建立一支拥有金枪鱼围网、拖网、罐头加工和运鲜船组成的联合捕捞船队。

【海水养殖】 法国海水养殖品种分两大类，即鱼、虾类和贝类。1987年，海水鱼、虾养殖产量857t，1988年为985t，1989年突破1 000t大关，达1 250t，预计1990年可达1 500t，2000年时将达2 300t。法国海水养殖鱼、虾的品种有虹鳟、鲑鱼、大菱鲆、狼鲈、金鲷、对虾等，其中虹鳟、鲑鱼、狼鲈的经济效益较高，深受渔民欢迎。贝类养殖是法国海水养殖业的传统大宗品种，占有重要地位，主要养殖品种有牡蛎、贻贝和菲律宾蛤仔。1985年，贝类养殖产量为15.02万t，1990将达22万t。法国牡蛎养殖历史悠久，大西洋沿岸的布列塔尼、拉罗舍尔、特朗布拉德等地潮间带是养殖牡蛎的天然场所，养殖面积宽阔，约1.5亿m^2，其中马恩奥列尼是牡蛎生产中心，面积0.35亿m^2。在地中海沿岸地带养殖场主要分布于赛特泻湖地区，面积约0.35亿m^2，其中贻贝养殖面积0.15亿m^2。扇贝产区主要是圣布里厄湾，1986年，法国扇贝产量为5 500t，1988年为7 000t，预计1990年将达9 200t。

【海岸带旅游业】 80年代中期以来，法国政府实施了一项海岸带区划政策，将南部地中海沿岸地区定为海岸带旅游区，进行重点开发。首先，，在南部几个滨海省的海洋事务管理机构组织下，大规模地整治沿海沙滩和起伏不平的沼泽地，有计划地建立一批新城，同时，建设独特的旅游设施——家庭度假村。1985年，马赛至尼斯的地中海“蓝色海岸”地区的国内外游客为150万人次。在马赛以西沿海地区开放以后，1988年游客增至210万人次，1990年可达250万人次。法国对海岸带地区采取综合治理方针，利用现有自然风光和建筑设施，发展和完善沿海地区旅游业。例如，法国投资6 000万法郎，加速开发自然环境优美的朗斯河口地区，美化朗斯潮汐电站站区环境，作为法国又一个游览胜地。自1987年以来，每年夏秋两季，约有50万游客到此观光，观赏布列塔尼海滨地区奇异风光及绚丽壮观的朗斯电站，这为法国带来一笔相当可观的旅游收入。

【港口贸易和海上运输】 法国是世界上最大农产品出口国之一。据统计，法国本国沿海地区之间贸易量仅占12%，而国际贸易量占88%。目前，马赛、敦刻尔克、波尔多、勒阿弗尔等港口承担出口货物总量的87%，每年产值达12亿法郎。法国商船队总吨位名列世界第11位，油船排行为世界第8位。法国经海路的对外贸易量正逐年增长，其进口量的69%及出口量的65%是由法国商船运输的，其中石油产品在进出口总量中占绝对优势，约为2/3。因此，海上运输是法国经济发展的生命线。

【海洋技术】 **潜水和潜水器** 法国高级海洋研究中心(CEMA)、海军、法国海洋技术公司(COMEX)及法国海洋开发研究院共同实施了人工潜水研究计划。1988年，法国海洋技术公司潜水员成功潜入531m深度的海底；1989年12月，潜水员完成了在300m水下深处生活72天的试验，创造了深潜时间最长的世界纪录。

最近10年，法国研制了多种型式的潜水器。“鳐鱼2”号(Raie Ⅱ)，工作深度6 000m，重0.6t，速度1.5kn，长3m，宽1m，高1m。“萨加－N”号(Saga－N)，直径5m，长4.6m，排水量545t，工作深度最深600m(正常作业460m)，乘员13名。“银珠”号，全长28m，最大宽度7.4m，最大作业深度600m，续航力150n mile，水面排水量200t，水下排水量545t，最大航速6kn，正常航速4kn，自持力15d。

深水钻探技术和钻探船 法国石油公司使用立管及水下辅助设备，在地中海深水区钻探两口油井，井深达3 607m，费用约6 000万美元。这种深水钻探技术的特点是使用方便、操作灵活、数据精确、适应性强，可在海况条件恶劣情况下正常运转，能控制各种临界井口接管操作。如果在3 000m水深处发生井喷时，也能顺利封住井口，卸下立管。这是目前世界上最先进的深水钻探技术。

MCSV型钻探船“大西洋”号是一艘多用途的半潜式钻探船。这艘自动推进定位钻探船航速12kn，能在12级风力下保持稳定，可作为一个特别的工作平台，在任何水深处进行作业。船上装备的各种技术装置十分可靠，能长期为一个或几个油田服务。

近海油、气生产系统 法国埃尔夫－阿基坦石油公司在东弗里格油、气田进行作业时，使用了世界上第一套水下自动生产系统；6个涂上防护层的水下采油树在102m深处运转，每天通过6条脐形管线将500万m^3的油、气输送到18km以外的弗里格平台控制站。另一套Skuld型样机系统已在100m深处进行试验。这套装置长14m、宽12m、高12m，最大工作深度为450m，离控制站最远距离达30km，可通过机器人进行操纵，是一套标准化水下自动生产系统。

深海采矿技术 法国海洋开发研究院，法国原子能委员会及 TECHICATOM 公司共同研制新型 PLA2－6000 号深海多金属采集装置，并于 1987 年 10 月在法国南部土伦港首次试验获得成功 。这个重 15t 的自动采集装置按流体动力学原理设计，可高速航行，自动下潜深度达 6 000m，在深海海底采集多金属结核，并使用液压技术，通过自控装置程序自动返回水面。PLA2－6000 号装置建造计划得到多国支持，日本和苏联已与法国签订了合作协定，现已批量生产，预计 1992 年正式投入试使用。同时，法国海洋开发研究院又设计一种半自动化系统，用于开采海底多金属结核。法国科学家使用通用电缆和船舶连接的海底机器人采集海底结核，由 5 000m 长的输送管道送到位于海底上方约 200m 的平台上，再由真空吸泵将海底结核送到船上。

高速水平船舶技术 目前，法国正实施一项大规模气垫船发展计划，设计和研制各种类型的气垫船：(1)能携带科学家和设备的水陆两用气垫船(有效载荷 500kg)；(2)可输送 1 500kg 物资的海洋气垫船 ADOC12 号；(3)同加拿大运输发展中心合作，共同制造海洋气垫及履带式交通工具；(4)同本国军事部门合作，共同研制了负载 200t 的侧壁式气垫船。

海洋空间遥感技术 法国海洋空间遥感技术计划主要有三项：(1)“波赛东”(Poseidon)卫星计划。这颗卫星将于 1990 年发射，是国家空间研究中心利用卫星测高技术及有关跟踪系统研究海洋和海冰的手段。卫星上主要遥感仪器是美国研制的水色扫描仪，可获得生产力资料，用于研究全球二氧化碳收支状况及生化周期。(2)斯波特卫星(Spot)。法国于 1985 年开始发射系列卫星。卫星上除安装扫描式可见光成象系统外，斯波特 3 号和 4 号卫星将增加 1～2 种传感器。其中 3 号卫星将于 1990 年发射。(3)海洋地形卫星和“波赛东”卫星。这是美国航天局和法国国家空间研究中心联合进行的一项研究，基本设想是在海洋地形卫星上试飞“波赛东”卫星上的传感器，卫星上还有一台雷达高度计，测量精度将达到 1～3cm。这颗卫星利用法国阿丽亚娜火箭发射。

【红海研究新进展】 自 80 年代中期起，法国实施一项红海地质调查计划。调查目的是研究红海北侧区域的近代特殊环境及其伴生的热液活动。从组成含矿层位的矿物及地球化学特征来看，红海含矿层位虽同已发现的大量海底热液矿床(近代矿床或古矿床)相似，但与太平洋和大西洋洋底海脊处的硫化物矿床相比，仍然极不相同。由于红海北部克布里特海渊内发现硫化物热液，对这方面研究又提出了新的解释。1987 年，法国科学潜艇“赛纳”号下潜到这个海渊内部，进行现场研究，并对红海再次进行深部钻探，提取岩心样品，为新的解释提供可靠的新依据，使红海研究取得新进展。

【海洋环境质量观测和研究】 同其他国家一样，水资源保护是法国防污染活动的主要目标，海洋自然成为优先保护的一个重要环境。从 1986 年起，法国进一步完善全国海洋环境质量观测网，在长达 3000 多千米海岸线上，布设了 50 个测区，10 个工作面，使法国整个近岸水域及河口区域都置于观测网监视之下，每年测量数据达 6 万个左右，实验分析海洋化学污染参数有水温、盐度、PH、溶解氧、氨、硝酸盐、亚硝酸盐、磷碳盐、浊度、有机碳、无机碳、化学耗氧量、硫化物、碳氢化合物、洗涤剂、有机氯、多氯联苯、增塑剂、汞、铅、锌、镉、铜、铁、铬、锰及底质土或生物体内的含毒量。测量资料、分析结果和研究成果以统一管理方式予以保存。通过自动远距传输技术，管理部门向沿海各地发布污染警报，并向用户提供服务。

【法、英大西洋海底调查】 调查区域为英国法耳默思湾至法国布雷斯特之间的大西洋洋区。两国约有 10 个科研单位参加这项活动。1986 年 7～8 月间，两国研究人员使用法国西纳号潜水器进行了为期 30d 的调查活动。潜水调查计划包括生物学、沉积学、构造地质学与地质学等研究项目。这次调查活动具有重大科学意义：1. 促进法、英两国科学界在海洋科学领域内的积极合作；2. 在利用载人潜水器进行深潜调查方面跨出了新的一步；3. 两国潜水员共进行 13 次潜水活动，对洋底进行大面积视频和摄影调查，采集了大量岩样，选定两个研究点，研究了波丘派恩湾周围峭壁的地质和地层情况，增进了有关该湾存在着加里东造山期地层接触关系的认识。

【法、日西南太平洋热液矿床联合调查】 1987～1992 年，法、日两国科学家联合调查西南太平洋岩浆喷发地带的热液矿床。调查区域为斐济岛以西约 350km 的隆起带。该区域因东侧的太平洋板块俯冲影响，使西侧海域岩浆喷发，并发生海底扩张。因此，存在着富含铜、铝、金、银等热液矿床，两国将设想联合开发的研究方案，这是联合调查的经济目的。

【法、日南太平洋海盆联合考察】 这个海盆位于太平洋板块和印度洋板块的碰撞结合处，存在着热液出口、矿物沉积和火山口生物等。1987 年 11 月，日本一艘双体科学考察船对北斐济海盆进行考察，测定水下 2 000～4 000m 深处海盆形状、确定热液出口位置、寻找供法国深潜器进行水下探测的适当地点。科学潜艇考察计划的目的是了解反弧形海盆的海底延伸机制，研究印度洋和太平洋板块之间缓冲带的小板块特征。这次法、日南太平洋海盆联合考察计划经费由两国均担，各为200万美元。

【法、日中太平洋调查】 这项调查计划始于1987年，主要目的是调查中太平洋深海矿物资源和深海底栖生物，研究海底矿物资源锰结核的成因，将法、日两国在海洋开发领域内的合作推向新阶段。

【法国在欧洲经济共同体海洋科学研究计划中承担的海洋研究项目】 在这方面，法国正在进行或计划开展的海洋研究项目如下：

1. **海洋学** 法国的研究工作是有关海区的海洋过程研究，着重进行多学科综合研究，更好地了解海洋系统，为数学模式提供资料，其目的是确定影响海洋环境并且起主导作用的物理量。其次，为了确定生物地球化学循环中各种元素的主要途经及滞留点，法国科学家正从事海洋环流中各要素循环研究，开展有关测量海洋系统边界层物质和能量的研究及评价陆架海区对大洋的影响。

2. **模拟研究** 模拟研究的基本目的是建立海洋环境管理决策支援系统。法国在这方面的研究工作是研究各种类型的海洋物理模型及欧洲区域海洋和陆架区的第四代管理模型；研制和改进沿海水域和沿岸流模型，并将这些模型同区域海洋模型统一，研制生态过程模型和系统，解决生态模拟研究中的问题。

3. **海洋环境研究** 法国主持制定了"2000年欧洲河海系统计划"，共有12个成员国的25个海洋研究机构及其科学人员参加了这项计划的各种海洋研究活动。法国科学家主要从事其沿海水域营养源、有机化合物和无机化合物的现场调查，测定化合物边界层交换、内循环和通量的过程，研制特定区域的生物地球化学模型，用于预报长期变化结果。

4. **海洋技术** 最近，法国建议欧洲经济共同体联合建造一艘海底研究船，用于共同开发欧洲海洋。欧洲共同体已采纳了法国的建议，并将这个项目称为"奈雷依斯"计划。据法刊报道，这是一艘海底钻探开采船，船长110m、宽20～22m、载重8 000t，可在北冰洋中活动。船上装备能在6 000m洋水中钻井的钻台，钻井深度在沉积海底为5 000m，在岩石海底达3 000m，能经受速度为20m/s大风的袭击。其特殊之处是可以释放用于深海研究的潜水艇。这项计划使欧共体成员国既能独立地进行海底生物、化学环境、地壳结构、海底火山、海底测绘等方面研究，又能进行海底锰结核开发及海底掩埋放射性核废料研究。关于研究费用，法国一再表示愿意承担全部科研经费。这项计划必将成为欧洲联合开发海洋的"海洋欧洲"的基础。 （郭正强）

联 邦 德 国

【概况】 联邦德国位于欧洲中部，北临北海和波罗的海，海岸线长570km，大陆架面积4.9万km^2，是世界上主要海洋国家之一。进入80年代以来，联邦德国加快了海洋工作的步伐，成立了一些海洋工作机构：1984年成立海洋工程协会、1987年成立造船和海洋工业协会、地球海洋企业协会、浅海和沿岸水域研究与保护训练中心等，并制定实施了一系列海洋科技工作规划以促进海洋研究与开发。现在，联邦德国的海洋科技水平已居世界先进之列。 （贾 泓）

【海洋研究和海洋技术发展规划】 联邦德国政府于1986年12月批准了由研究与技术部提出的发展海洋研究和海洋技术的五年规划；其目标是进一步加深对海洋、海底和海洋与大气、海洋与滨岸区相互作用的了解，以及对海上结构物影响的认识，保护海洋、海岸生态系统的生存环境；合理地加强对各种海洋矿产和食物资源的开发利用；提高海洋经济效益和竞争能力。该规划的投资同以往的几个规划基本持平。在国家整个研究经费预算中，1986～1990年用于海洋研究和海洋技术发展的费用为7.852亿马克(约占联邦政府研技部总预算的2%)。加上内务部、经济部、农林部、国防部、交通部和环境部用于海洋研究和海洋技术的费用，联邦德国1986～1990年用于该方面的财政预算总额达12.29亿马克。

【商业船队】 联邦德国海船拥有量近年不断下降，据联邦交通部统计，1988年初共有100总吨以上的海船1 391艘，共计548.5万总吨。而1989年初已下降到1 301艘，524.5万总吨。在商船队中，挂联邦德国船旗的船有950艘，共计372.8万总吨，比1988年减少74艘、4万总吨。根据联邦德国沿海海员协会统计，1988年共有沿海船519艘，69.81万总吨，144.3万载重吨；1989年为425艘，58.5万总吨，121.4万载重吨。联邦德国沿海船队船舶吨位大多在500总吨以上，其中500～1 000总吨的占30%，1 000～1 600总吨占12.6%，1 600总吨及其以上的船达39.3%。

【海洋研究船只】 1986年3月联邦德国新型海洋研究船"流星"号建成下水，它是按照当代学科海洋综合考察的全部要求设计建造的最先进的新型调查船。在船上装备了新研制的扇形测线,多频测深装置、船舶气象站,卫星导航系统,数据处理和分配装置以及带有次级调节控制功能的中心液压系统等一系列先进海洋调查仪器和设备。这条船总长97.50m,宽16.50m,主甲板高7.70m,航速15kn,实验室总面积240m²,科学器材舱存贮容积1 000m³,可供29名科学家从事调查研究工作。“流星”号已于1986年11月首航红海、地中海、印度洋和西北大西洋、进行了为期一年的综合考察。

同年5月,新型、现代化的地震测量船“Mintrop”号正式投入使用,该船总长92m,宽15m,高6.8m,排水量3180t,航速15.5kn,船上主要设备有航线监测仪、气象云图绘迹仪、带有电报和光波传讯装置的海上卫星无线电定位系统、可以产生不同频率的气枪和带有中心计算机高速接口装置和磁带装置的船用记录系统等,它将适应现在和未来全部海上地球物理测量。

1987年4月,联邦德国赖茨堡“Kroger”造船厂建成海洋研究船“Atair”号,船上装备了用于海洋调查、沉船探测和模拟试验用的各种仪器和设备,船长51.50m,宽11.4m,高3.15m,航速11.6kn,还装备了2艘长7.4m小艇,其中一艘可用于潜水调查和作业。这是一艘新型调查船。

【海洋油、气开发研究】 联邦德国第一座海上天然气平台于1986年在距北海海岸7.5km的埃姆斯河口建成投产,该平台重400t,甲板面积300m²,这是一个为适应北海海区极为恶劣环境条件而专门设计、建造的新型生产系统。

1987年联邦德国与挪威共同研制出“SOLS”深水装油系统,该系统结核简单,便于维修保养,既可用于新建油轮,也可用于现有油轮;可使海上装油工作大为简化和经济,即使在较差气候条件下也可以进行装油作业。

1989年联邦德国又建造了一种集中了固定式和浮动式平台之优点的新型廉价海上石油生产平台,该平台采用轻型钢结构外壳同时还配备了经过改装的半潜式平台“West Vision”作为设备、装置和工作人员住宿的基地。该平台的特点是坚固的外壳将使得钻头便于在水面之上进行维修,并避免浮动式平台容易出现的升井问题,另外半潜式装置能容纳大量的特种设施,从而使其外壳变得很轻,便于在生产阶段结束后拖到其它地方锚定。 (贾 泓)

【海洋技术】 1987年联邦德国研制成功“高精度激光测距定位仪”及可灵活伸缩的水下管式测杆。1986年研制出“210—SF型海流跟踪浮标”、“Sea Trak现场测流系统”、“浮游生物拖网”、“HB438系列多用途浮游生物拖网”以及用于地质学方面的“新型振动取样器”、“气动式沉积物取样器”、“530型旁侧声呐”、“G—801型海洋质子磁力仪”等。1986年联邦德国齐根大学建成一座新的用于检验水下材料、构件和机械的深海模拟装置,该装置包括一个671升的用以保持内压的流体压力罐,它既可充水又可充油,能摸拟6 000m深处的海洋环境条件。这个深海装置是在联邦政府研技部赞助下,花了2年时间研制成功的。同年为了处理环境污染,又研究出一种用以分析和判断海上石油污染源的可靠方法——气体色谱/质谱联合测定法,这种方法已在联邦德国大陆架海区航空遥感监测经受了100多次不同情况的考验,是一种快速、简便而又经济的石油污染源测定方法。其次,为了长期连续监测海水中的油含量,普罗依萨格海洋技术公司研制出Horiba OCMA—34型油污探测器,还研制了一种用于海滨、海上钻井和各种加油区的“吸油器”。1987年联邦德国奥尔登大学科技人员研制成功了一种激光污染监测仪器;它可测出海面上10^{-3}mm厚的石油污染层。1988年联邦德国GKSS研究中心研制出一种用于在几千米深水下进行焊接作业的“深水焊接机器人”,这是一种全自动计算机控制的机器人,已成功地在一个深水模拟装置中进行了耐高压试验。它可在无潜水员情况下进行“监视”作业。

【旅游用潜艇】 据1989年消息,联邦德国Bruker公司研制的适于旅游的“Scamid TSIV”型潜艇4种规格,最小艇长11.5m,最大艇长19m,可分别携乘游客24人、32人、40人和48人,下潜深度50～75m。电液推进系统电源来自于无须管理的电池组,客量为600kW.h。经过一年多使用证明,该推进系统有着可靠性好、重量轻、结构体积小等优点,特别是采用比例阀液压系统,其控制操作十分轻便。为进一步开发,Bruker公司正考虑研制一种“Subtours TSⅡ”长航距旅游潜艇,艇长24m,载客18人可下潜150m。推进系统采用柴油机发电设备、主电池容量为240kW·h,可在水下逗留8h,水下航速5kn。

【南极考察】 联邦德国极地研究船“北极星”号1986～1987年对南级连续进行了3个航次考察,其中第二个和第三个航次执行了各季威德尔海考察计划,首次对南到76°S的威德尔近海和东岸进行了浮冰、海洋学和生物群落的冬季详细观测,并对包括冰原增长和运动在内的海水、海冰和较低大气结构进行了物理和化学调查研究。1988年11月～1989年1月,“北极星”号又进行了向基地补给和海洋生物调查的南极考查。1989年,该船进行了第二次南极考察并承担观测和设营工作。

1986年,联邦德国在威德尔海东部冰架上新建一个南极考察站,该站以德国海豹生物学家德雷舍尔命名,主要从事生物和气象学方面的研究,它是继联邦德国在南极设立的“格·冯·诺伊迈尔”考察站和其它三个夏季站之后的第五个考察站。 (贯 泓)

【第4次北极考察】 “北极星”号极地考察船于1987年9月完成第4次北极考察,考察为期112天,分为三个阶段。第一阶段在格陵兰海调查两种水团即极地大洋水和格陵兰涡流的界面。与美国斯克里普斯海洋研究所合作,在船上测量的同时,在Polar-2飞机上使用了一种新研制的大洋水色传感器,测量并记录叶绿素和表层水中藻类的分布。第二队段阶段继续调查锋系,重点是调查弗拉姆海峡和东格陵兰海流的海洋学剖面。这次考察是国际格陵兰海规划的一个组成部分,除联邦德国外,斯堪的纳维亚半岛的国家、美国和加拿大参加了该规划。在第一、第二阶段,对一种可测量平流层臭氧含量的激光测量系统进行了试验,试验表明性能良好。由于“北极星”号上安装了这种测量系统,就有可能在北极至南极的所有纬度上测量臭氧剖面,有助于了解大气中空气化学过程以及极区平流层臭氧“空洞”的成因。第三阶段最重要的研究目的是从海洋学角度调查北极水团的环流以及通过采集沉积物岩芯和地球测量研究北冰洋地质史。 (吴润华)

【国际合作】 联邦德国积极参与国际性海洋研究合作计划,如国际海洋考察十年计划、世界气候研究计划、大洋钻探计划、全球海洋通量计划、北海资料联合搜集计划(JONSOAP)、北海波浪联合计划(JON-SWAP)等。

扩大和加强同发展中国家在科学技术领域的合作,是联邦德国近年来一再强调的一项重要政策,在海洋科技领域,联邦德国旨在寻求同那些海洋矿产资源丰富而开发技术薄弱的国家开展长期有效的合作。中国作为联邦德国的一个重要贸易伙伴,在海洋开发领域的合作前景广阔。1986年6月,联邦德国研究与技术部同中国鉴订了合作开展海洋研究及开发现代海洋技术的协定。根据协定条文,两国除了联合研究海洋、海底及矿产外,还将在防治海洋污染、调查极地海域和开发水下技术等领域进行合作,两国还将开展科学家之间的学术交流、交换科技资料、合作制订研究计划和举办专业会议等。1987年5月、6月间两国科学家乘联邦德国“太阳”号调查船首次在中国南海海域进行了地质地球物理调查,取得丰富成果。1987年海洋局一所的科学家参加了联邦德国“流星”号印度洋调查,调查主要集中在阿拉伯海的靠近阿曼的上升流区域、深海地区的大洋水域、巴基斯坦的大陆架区域进行。

(贯 泓)

【船舶制造与海洋技术协会】 1987年10月联邦德国海洋技术协会和船舶制造工业协会合并,成立了“联邦德国船舶制造与海洋技术协会”。该协会涉及船舶制造、近海技术、水下技术、海洋环境技术、海洋采矿、海洋调查技术和海上建筑等行业。协会工作重点是:

参与制定并实施西德海洋经济政策;参与实施有效的海洋环境保护;支持会员公司开拓新市场;在扩大沿海区域的基础设施方面与发展中国家合作;确保船舶制造和海洋技术领域的创新能力,确立研究与发展重点,提出合适的研究项目以及与高等学校和研究机构合作。

新的协会会址设在汉堡,拥有170个会员公司。

(吴润华)

【放射化学研究室】 1987年4月联邦德国水文研究所放射化学实验室在希尔多大建成。该实验室除了用作联邦德国水文研究所的物化环境问题研究外,还同时作为赫尔果兰生物研究所和联邦渔业科学研究院的同位素实验室。它的研究重点是北海—波罗的海和大西洋放射性裂变物质的分布和滞留规律,以及改善海水和海底放射性物质的测量和分析方法等。

(贯 泓)

加 拿 大

【概况】 加拿大濒临大西洋、太平洋和北冰洋,有总面积4 697 000km^{2}的近岸海域,世界上最长的海岸线(241 791km)和面积居世界第二位的大陆架(3 704 671km^2)。加拿大可以直接从海洋及其资源的开发中获得80多亿加元的年收入和14万个就业机会。加拿大政府通过14个部门实施的有关海洋的计划达75项之多,每年投入的人力13 000人工作年,资金13亿加元。为了加强海洋科学研究,促进海洋技术发展,更好地开发利用海洋,1987年加拿大政府制定了长期经济发展的新海洋政策,其宗旨是使加拿大最大限度地保护来自三大洋的经济、科学和主权利益。为了保障新政策的贯彻执行,加拿大成立了国家海洋委员会,以协调政府、产业部门、研究部门、各大学之间的海洋研究与开发。 (于保华)

【海洋科学研究】 **拉布拉多海流研究** 拉布拉多海流为加拿大东海岸的一股寒流,对加拿大东部地区气候和渔业的影响很大。在这项为期10a(1978～1988)的研究中,125个测站进行了13条测线、140～1 500m水层温度、盐度、溶解氧、硝酸盐、硅酸盐和磷酸盐测量以及拉布拉多海海水混合及垂直运动测量,其目的在于研究拉布拉多海流的季节变化和年变化以及大气与海洋的气体交换。

海洋资源与地质研究 进行了矿产资源、地质化学、地质构造、储油构造、地质年代、资源评价等领域多学科综合研究和海底、海床岩石地质及地球物理勘探,探明加拿大东部近海海底石油储量约22亿t,天然气储量2万亿m^3。在北极海区发现了丰富的油气资源,仅劳希德海区石油储量就在1.35亿t以上。加拿大海底煤储量相当可观,约占陆地煤总产量的39%。

海洋碳研究 与美国斯克里普斯海洋研究所合作研究,结果证实大气中CO_2含量受"厄尔尼诺"和"南方涛动"的影响。在海洋CO_2研究方面,进行了海洋通量及海洋CO_2过程研究,主要研究海洋中碳通量和生物泵的作用。建立了生物泵模式和海气CO_2通量模式,以进行全球碳循环的各个复杂过程、碳通量及碳的分析研究。建立了海洋氟里昂的现场测定方法,解决了海洋氟里昂的现场测量中外界污染及其他干扰因素的技术难关,并使用该技术进行了太平洋东部海域500～1 000m氟里昂气体测量。

海洋倾废研究 目前加拿大进行的海洋倾废研究,集中在疏浚物的海上倾废方面,近几年海上倾废研究的主要目标是:1.沉积物的毒性检验;2.物理影响的控制;3.提高研究数据的质量;4.倾废区评价;5.拟定废物的海上焚烧计划。

【海洋石油天然气开发】 加拿大目前正加紧开发新的油气田。以加拿大石油公司为首的石油公司集团1988年开始研究距圣·约翰以东422km处大沙洲上特拉诺瓦油田的开发远景。该油田位于大沙洲北部,水深95.1m,是目前加拿大东部岸外准备开发的第二个油田。加拿大石油公司正在研究开发该油田的方案,计划使产量达到70 000桶/d,并决定在开发过程中使用浮式采油系统加海底基板的方式。特拉诺瓦油田投产需要4年准备时间,总投资估计超过10亿加元。

此外,加拿大石油有限公司及其同行1989年7月中旬投资700万美元开始在波弗特海作地震测试,并计划钻更多的井以寻找丰富的储油层。

【海水养殖技术】 加拿大的水产养殖业发展迅速,养殖品种30余种,主要养殖对象为鲑鳟鱼、牡蛎和贻贝。

鱼类增养殖技术 鲑鳟鱼是主要商品化养殖对象,养殖地点集中于中部淡水区域即安大略、马尼托巴、萨斯喀切温和阿尔伯塔以及不列颠哥伦比亚地区。近年来,鲑鱼养殖发展较快,仅不列颠哥伦比亚地区的鲑鱼养殖场1984～1988年已由10个增加到178个。1987年的产量为1 000t,1990年可达15 000t。加拿大目前正在大力发展商品化养殖鲑鳟鱼,重点攻关项目是鱼类优良品种培养技术。为此加拿大科学家正在研究用遗传工程来提高鱼类种群品质。达尔豪西(Dal-houise)大学已得到当地政府280万加元专款,进行用DNA指纹法遗传技术来选育和生产纯种鱼类的研究。

贝类养殖技术 贝类养殖种类主要为牡蛎、贻贝、扇贝等。乔治亚湾现已发展成为全部依靠半人工海区采苗。目前其太平洋海岸的牡蛎养殖区面积为10～15万m^2,集约化养殖区平均产量可达18～28t/万m^2。不列颠哥伦比亚地区现有牡蛎养殖场400个,1988年产量为3 000t。

加拿大养殖的贻贝品种有加州贻贝和紫贻贝,不列颠哥伦比亚地区每年养殖产量可达几千吨。在该地区南部进行垂下式养殖紫贻贝试验也取得良好结果,目前已经开始进行工厂化养殖,以贻贝和牡蛎混养为主。

加拿大扇贝养殖的主要品种为阿拉斯加扇贝,大西洋海岸的纽芬兰岛是加拿大扇贝养殖中心,年产三龄扇贝几万只。目前,由于苗种不足,工厂化养殖难以实行。

最近5年来,加拿大的海水养殖业发展很快,几乎所有加拿大的沿海地区都进行人工养殖研究和投资。海水养殖技术的发展,使加拿大渔业生产发生了深刻变化,渔产品由90%依赖进口减少到20%。

【潜水器】 继"海豚"号和"阿克斯"号(ARCS)研制成功之后,太平洋地球科学中心、贝德福海洋研究所以及国防部等部门连续开发了不同用途的多种型号潜水器。加拿大最新研制的潜水器中,具有代表性的产品为用于支持蒙特利湾水生研究所工作的潜水器,该潜器带有2 000m长的光纤缆,功率为22kW,工作深度2 000m;用于检查弗吉尼亚电站两个湖泊间水道的潜水器,该潜水器系缆长2 000m,功率7.35kW;用于深海地热喷口调查的潜水器,该潜水器带有5 000m长的铠装脐缆和单模光纤数据和视频传输系统;两艘工作深度为5 000m的ROV无人遥控潜水器,其中一艘用于海洋科学研究所的海洋研究,另一艘为穆迪港深海服务公司进行救捞工作。此外,国际潜水工程公司正在研制海洋大型观光潜艇,可供32名旅客在水深45m以内欣赏海底风光。该艇呈圆筒型,长16.5m,宽3.6m,排水量约54.5t。动力源为蓄电池组,功率为

36.8kW。国际潜水工程公司目前还承担了6 000m的无人无缆遥控器的研制工作。

【海洋资料浮标网】 加拿大的资料浮标计划始于1986年5月。由于加拿大西部海岸濒临以猛列风暴著称的北太平洋，因此政府首先将其财政资源分配到西海岸建立浮标网。1987年8月加拿大从美国国家资料浮标中心购买了4个海军海洋气象自动装置浮标用于西海岸深海布放。浮标上用的传感器有风速、风向仪的测温热敏电阻、气压计和波浪传感器。1987年9月，又有两个NOMAD船型浮标布放在西海岸大约3 400m的水深处。NOMAD浮标(满压载为10t)装备两台风速仪、两台气压计、一台水温传感器，一台气温传感器、一台起伏传感器以及一台能见度为5n mile的导航灯。1988年加拿大用自己的浮标取代美国布放在夏洛特皇后湾西部的NOMAD浮标。除此之外，加拿大还在鲁珀特王子港北部的道格拉斯水道布放了一个直径3m的圆盘浮标，1987年6月在温哥华附近的豪桑德(Howe Sound)也布放了一个3m直径浮标，并且准备在今后几年还要增加一些浮标。此外，加拿大1988年在伊利湖等大湖区布设3个直径3m浮标，在北极的大块浮冰上布设了一些浮标数据收集平台。

(于保华)

【海洋公园】 加拿大建立国家海洋公园的目的是保护和保全海洋环境和生态系统突出的典型区域，为此，政府部门专门制定了《加拿大海洋公园政策》，由环境部公园署与海洋渔业和交通等有关联邦部门合作，负责设计和管理这些特殊的海洋区域。现有的国家公园是1987年建立的，位于休伦湖佐治亚湾的法汤姆法夫，面积130km^2。另外，位于夏洛特皇后岛南端的南莫尔斯比国家海洋公园，将在1992年完成近岸矿产和资源的评价后正式建立。还有一些准备新建的海洋公园有：圣·劳伦斯河口与萨格奈峡湾交界处(大西洋9区)、芬迪湾的西伊勒斯(大西洋6区)、兰开斯特海湾(北极5区)和南莫尔兹比(太平洋1、2区)。

(卢明生)

印 度

【概况】 印度位于南亚次大陆，东临孟加拉湾、西滨阿拉伯海，南濒浩翰的印度洋，海岸线长6 000多千米，200m等深线面积为452 074km^2，占其陆地国土面积的67.75%，是印度洋区域的海洋大国。在发展中国家中，印度拥有相当的经济实力，科学技术也比较先进，得天独厚的地理条件为该国提供了丰富海洋资源，因此，印度是有条件合理开发及科学管理海洋及其资源的国家。

印度的海洋科研机构在70年代末已初具规模；地质调查局负责除勘探和开发石油、天然气以外所有的与地质科学有关的海洋调查；海洋油、气勘探和开发属于石油及天然气委员会的工作范围；原子能委员会研究沿海区域矿物沉积和迁移及放射性元素的存在和状态；塔塔基础研究所从事化学海洋学研究，气象局研究海洋气象及提供气象服务；国家海洋研究所负责物理、化学、地质、生物海洋学的基础研究及海洋数据处理，并进行海洋资源调查工作；海洋渔业研究任务由海洋渔业研究所及渔业技术研究所承担；海军海道测量进行海洋水文研究；教育部下属的一些大学和高等学校也附设从事海洋地质和海洋生物学研究的机构和部门。所有这些海洋研究机构及其工作均由国家海洋研究委员会协调。1981年，印度政府又决定新设海洋开发部。在国内，该部作为协调海洋资源管理政策及进行海洋科学研究和海洋资源开发活动的中心机构，对外代表政府进行国际海洋科学交流活动。在联合国海洋法会议期间，海洋开发部起着政府同与会国讨论问题的咨询源作用，尤其在深海海底矿物资源开发活动中起着领导力量作用。至此，印度洋研究及海洋开发体制基本确立，为合理利用海洋资源及发展海洋经济提供了管理保证。

(郭正强)

【渔业资源开发】 印度海洋渔业年产量为560万t左右，占整个印度洋渔业产量的40%，近期将增至600多万吨。至2000年，印度对海洋鱼类的需求量达1 400万t。印度近海渔区分布在西部阿拉伯海和东部孟加拉湾的沿岸海区。对印度来说，现时最重要的是加强研究两种大洋性鱼类(沙丁鱼和鲭鱼)和虾类。25年来，印度在近海鱼类和虾类种群方面研究取得了很大进展。同时，它还提出了沿海水产养殖发展计划：在国家科学技术发展局指导下，沿海各邦至少建立一个水产养殖区，在校攻读生物学和渔业科学专业的大学毕业生参加这项研究活动，以印度果阿水产养殖区为基地，实施一项详尽的培训和试验计划。

【海洋油、气资源开发】 70年代初，印度在孟买附近海域发现了大油田，这使石油工业取得较大发展。1985年，原油产量突破3 000万t，孟买近海油田产量占全国原油产量的2/3。印度希望在2000年之前，近海区域石油产量达11 500万t。为此，印度在其潜在油区坎贝湾、孟买海隆、印度—锡艺海槽、孟加拉湾、保克海峡、拉克代夫海及安达曼群岛和尼科巴群岛周围海域，加紧进行海上勘探、钻井或测量工作，目前已达到外大陆架100m水深的区域。在近海油田开发中，国家海洋研究所起了重要作用，其工作包括海底地质和地球物理测量，从 1982 年至今，国家海洋研究所已完成 3 000 多千米的地球物理测量。

【近海矿物资源】 印度近海矿物资源中，最重要的是西南部沿海地带富含独居石和钛铁矿的砂矿。目前正在贾马亚嘎深水区域挖掘石灰砂，又在泰米尔纳德海滩开采少量的富含石榴石的砂。海洋地质调查计划首先集中于具有最大矿物潜力的近海区域，其次是有助于本国地质学家了解大陆架和大陆坡地质史的有科学意义的区域。在现场调查时，科学家使用各种抓头式采样器采集了大陆架和最深海沟中的样品，以便了解海底各种类型沉积物、岩石和矿物的分布，已在喀拉拉、泰米尔纳德、马哈拉施特拉、安得拉、普拉德和奥里萨等沿海地区发现了富含重矿物（独居石和钛铁矿）的海滩砂，并在印度洋东南部的印度海脊及其西部深水区域的各点采集了铁锰结核和大量含镍、钴、锰的样品。地质测量表明在印度半岛周围区域存有富含钙质有机物的矿床，在西部海岸地区和拉克代夫群岛附近有富含磷酸盐结核和钡的矿床。

【深海锰结核资源】 据印度专家估计，印度洋被锰结核覆盖的区域约有 1 500 万 km^2，适合于第一代采矿的主要区域约为 50 万 km^2，印度洋海底锰结核约为 1.5 亿 t。在开发海底资源方面，印度政府将印度洋作为其展现国家实力的有利场所，花费巨资进行深海海底多金属结核考察。早在 1983 年之前，印度为开发海底矿物资源至少投资了 3 000 万美元，连续组织 5 次现场考察，采集到直径在 8.5cm 以上、重量超过 200g 的锰结核样品，并获得有关环境参数的基础资料。以后经过几年努力，国际公约已给予印度“最早投资者”地位。印度是唯一获得这种地位的发展中国家。印度海洋开发部代表政府已向国际海底机构筹备委员会提出两个位于印度洋、面积均为 15 万 km^2 的有经济价值矿区。据有关资料报道，最初阶段考察目标是被定为富集多金属结核矿物的中印度洋国际海底区域。印度专家对这块“首选区域”的海底矿物的金属含量作了肯定评估，确信海底锰结核储量十分丰富，为一种足以开采 20 年以上的锰结核资源及经济上可获利较高的矿床品位。同时，印度也采取了采矿、冶金等商业性开发步聚，具体方案是建立一个类似于国家海洋研究所的独立组织或机构，这类机构必须有能力参加广泛的海洋开发活动。

【海洋能源】 印度对海洋能源进行了广泛的开发研究，在南部喀拉拉邦沿海试验基地建造一个小型海洋能发电站，装机容量为 150kW，预主 1990 年 4～5 月间投入运行。据估计，印度海洋波能发电潜力可达 4×10^4MW。最近，印度和英国签署一项协议，共同在马德拉斯以北的恩科雷建设一个世界上最大的波能发电站，发电能力为 5 000kW，预计 1995 年完工。此外，印度海洋能专家对该国河口区域盐度差发电能力作了精确估算：东海岸排入孟加拉湾的河水流量约为 $16.6\times10^3m^3/s$，这样流量的河水可提取 39.9×10^3MW 的盐度差电能，西海岸排入阿拉伯海的河水流量约 $5.9\times10^3m^3/s$，相应的盐度差发电能力为 14.9×10^3MW。目前，印度海洋开发部已对开发海洋盐度能工程进行可行性研究，初步确定将于 1993 年开始开发这种永恒的海洋能源。

【南极考察】 印度于 1983 年 8 月正式参加南极条约组织，进而寻求商议国地位。早在 1982 年，印度就进行了第一次南极考察，实地观测南极气象和研究大地测量学，并对无线电波在极地传播进行了研究。1982～1983 年，进行了第二次南极考察，在近 60 天的时间里，考察队在达克森高地从事地质调查，在沃尔萨特山脉进行地质勘探，并深入内陆地带，对冰、雪进行了研究，记录了雪的积累和陆架冰的消融以及陆架冰表面微起伏外形变化对热力特性的影响，还对极冠雪层和冰的密度进行了研究。两次南极考察共耗资 560 万美元，主要建造两栋营房及一条长 3 084m 跑道，在南极阿斯特里特公主海岸附近的莫德皇后地建立了一个永久考察基地。1988～1989 年夏季，在希尔麦克赫丘陵建造一个名为梅特里的新站，它是考察队从事科学考察和研究的主要基地。该基地拥有 3 栋两层楼房，能接纳 20 人，附近平地建成直升飞机机场。1988 年，考察队在新站从事的科学计划包括以下项目：继续在沃尔萨特山脉、约 1 000km^2 的亨博特地块进行地质测量；格鲁伯地块及希尔麦克赫和沃尔萨特山脉之间浅雪封区的航空磁测和样品搜集；臭氧研究；希尔麦克赫和沃尔萨特山脉的气象和高层大气现象观测与资料搜集。船上研究计划仍集中于生物研究，尤其是磷虾、枪乌贼和鱼的分布及变化。对南极冰川湖泊、绿洲和岸边生态系演变，寒冷适应机制、生理学、能流量、食物链动态和生物量，也进行了研究。

【沿海土地立法管理】 印度沿海地带资源开发在法律上是有保证的。一般地说，海岸带资源开发和管理遇到的第一个问题便是土地问题，而印度早已制定旨在解决这方面问题的基础法律，即《海岸地区土地占有条例》。在印度，任何海岸地区开发和管理计划都同五个层次上的活动有着密切关系，即中央政府、国家公司、邦政府、市、县、乡政府、土地所有人或租用人。中央政府不仅对全国海岸地区土地拥有全权，而且以派出代表机构等方式对沿海各邦土地拥有全权。中央政府有关海岸地区资源开发和管理目标可通过建立各种国家公司来实现。为了发挥国家公司的作用，中央政府可委以特权。邦政府在不侵夺中央政府权利的前提下，也具有同样广泛的权力。沿海各邦都制订“土地取得条例”。所有这些法律条例保证印度在利用及开发沿海地区资源时，能制订一项区域性海岸地区综合开发和管理计划。这项计划对资源利用、港口发展、能源供给、海滨旅游等问题特别关注，合理安排项目，妥善解决海岸带土地纠纷，以便逐渐改变海岸地区无政府管理的不良状态。（郭正强）

东南亚地区

【概况】 东南亚地区位于中国以南、印度以东，是太平洋和印度洋之间的交通要道，战略地位十分重要。包括缅甸、泰国、马来西亚、新加坡、印度尼西亚、菲律宾、文莱、越南、老挝、柬埔寨等国家和地区，其海陆总面积约1 800万km^2，大陆海岸线长约11 700km。它的自然地理位置独特，具有约占东南亚总面积2/3的广阔海域，资源丰富，从海中开采的锡占世界总产量的55～60%，石油估计占世界总产量的7%。目前东南亚已成为海洋活动中心，大陆架开采油气、渔业生产、海上贸易和运输的发展引人注目，而且该地区海洋领土管辖争论为数众多，已成为一个重大政治利益中心。

（贾泓）

【海洋渔业】 东南亚地区渔业十分发达，在该地区至少有500万人直接以捕鱼为生，而且还有2 500多万人受当地有关渔业政策的影响，东南亚渔业产量约占世界渔获量约17%，该区域的海洋渔获量约占世界总渔获量的11%；其种类繁多，鱼类和无脊椎动物达2 500多种，但缺少优势种和具有捕捞价值的密集鱼群。由于鱼类在各国海区中流动，所以东南亚国家及在该地区有渔业利益的其他国家感到渔业管理日益重要，它既能保护鱼类资源又能维持良好的国际关系。

文莱 文莱渔业的优先地位较低，仅对领地3 n mile以外的底层鱼类资源进行了一些商业性规模的捕捞作业。

缅甸 每年可稳定收获约78万t的底层鱼类和约73万t的中上层鱼类。其中大多是小批量的个体渔民捕捞，近年来在不断扩大渔业生产的基础上，采取行动发展水产养殖，以减轻对海洋水域的依赖。

印度尼西亚 印度尼西亚的研究活动集中于海洋渔业的资源评价和养殖渔业的新技术和技术改进上。现有24个渔港和140个其它卸鱼点。底层鱼类占渔业产量的1/3左右，渔获量不断增加。1986年为245.7万t，1987年达261.0万t。虾类是主要出口产品。由于扩大养殖面积，改进捕捞技术，海产品出口量大幅度上升，1988年上半年海产品出口量达59 668t，创汇2.634亿美元，与1987年同期相比，出口量增加了11 840t，多创汇7 560万美元。在出口海产品中，虾类最多，达25 089t，创汇2.184亿美元。1988年虾产量5万t，占世界总产量的11%。大部分海产品销往日本、新加坡、香港、荷兰、泰国、马来西亚等国家和地区。另外，该国重视捕捞鲣鱼和金枪鱼，1987年捕获量为13.5万t，1988年达41万t，政府鼓励大型私立金枪鱼捕捞公司的发展，这些公司的捕捞船只1987年仅有75艘，到1989年底至少有500艘。该政府对专属经济区渔业的主要计划是发展工业渔业，它是出口的一个主要生产者。

马来西亚 马来西亚的渔业发展迅速，在很大程度上是由于追逐高值鱼类和进行海虾的商业性拖网渔业。但近几年捕捞的渔货量呈下降趋势，1985年渔获量63.2万t，1986年61.6万t，1987年60.8万t。水产养殖业在渔业中已占据重要的位置，为开发这一产业，政府制定了一系列发展战略和规划，1986～2000年预计投资9.4亿元，使年养殖量达到206 070t，产值4.92亿元。另外，1987年，马来西亚又争取到亚洲开发银行的渔业研究和开发项目投资1 350万美元，主要用于建立近岸渔业资源繁殖、保护中心，此项工程预计1992年3月完成。

菲律宾菲律宾有广阔的大陆架，其渔场既便利了商业性渔民也便利地方性渔民，但有些渔场已开发过度，总渔获量没有明显增加，1986为191.6万t，1987年为198.9万t。近几年在海洋渔业方面最引人注目的是金枪鱼渔业的发展，产量不断增长，政府鼓励商业性捕捞，并向其东西两部分相对开发不足的毗邻水域扩大其作业范围，用大型渔船捕捞鲣类金枪鱼供出口。由于目前进口渔产品增多，严重影响了菲律宾的渔业发展。据菲律宾中央银行公布的1988年从日本进口鱼产品的计划项目表明，1985年菲律宾从日本进口鱼产品539万kg，1986年增至3 220万kg，价值775万美元，1987年为6 650.5万kg，价值1 435万美元，1988年达11 422.8万kg，价值2 290万美元，比1985年增加了21.2倍，这样严重干扰了菲律宾的水产品销售市场。

新加坡 新加坡是个远洋渔业国，但其渔业产值在国民生产总值中所占比例在东南亚地区（除老挝外）中最低，从事渔业人员的比例最低，对水产品的总需求量也最低。但新加坡海产品人均消费量却很高，在亚洲仅次于日本居第二位，年消费量人均达 30kg。虽然新加坡不是个主要渔业生产国，但该国能够迅速加工并能将鱼类产品运往国际市场，在世界海产品贸易增长中起着一定作用，现已成为一个海产品加工业的主要转船运输和加工中心。据联合国粮农组织统计，新加坡鱼类产品出口额已从 1975 年的 2 000 万美元上升到 1987 年的 2.86 亿美元。

泰国　泰国是个远洋渔业国，其海洋渔获量有 1/3 左右捕获自其他国家水域，近年来捕捞量有所减少，1986 年渔获量 253.6 万 t，1987 年为 216.5 万 t。为弥补海洋渔业的衰退，泰国把更多的力量投入水产养殖，1988 年虾产量约 4 万 t，占世界总产量的 9%。

越南　1986 年其捕捞量为 82.5 万 t，1987 年为 87.1 万 t，1989 年达 94.3 万 t，比 1988 年上升 5%，并大量出口加工水产品，出口值达 1.7 亿美元，比 1988 年增加 3.62%。另外，还投资建造了总功率 51.5 万 kW 的船队和 60 家沿岸冷冻加工厂。

【海洋油气资源开发】　东南亚地区具有丰富的石油、天然气资源，印尼、马来西亚、文莱都是石油输出国。菲律宾、越南等国也正在积极探测近海石油和天然气，不断在近海海域发现新油气田。1986～1989 年，由于国际上油价下跌，原油开采生产走向低潮，国家财政收入受到影响，为此各国已采取恢复措施。

印度尼西亚　印度尼西亚是东南亚最大的石油生产国，近年来在纳土纳附近的南海海域加强勘探。1986 年在西纳土纳海已钻探 30 多口井并发现 37 个油气田，其中至少 2 个投产，在东纳土纳海区也钻约 30 口井并发现 1 个气田。Maxus 东南苏门答腊公司 1987 年发现东南苏门答腊近海的 Intan 油田，到 1989 年 6 月为止已打 6 口开采井，每口井初始产量 5 000 桶/d。另外为了扭转 80 年代勘探、生产的不景气，吸引租赁作业者，1989 年印尼采矿能源部提出一揽子新的优惠政策，如边远地区和深水区的勘探和生产、采油量的分配额从原来的 15%提高到 20%；政府对原油价格实行浮动，控制天然气价格，简化作业者在管理、供应和服务上的税收手续等，使承租作业人员的兴趣大增，到 1989 年底，已有 45 个外国石油公司在大约 70 个合作区作业，其中 18 个是海上区域，动用了 14 条钻井船。近海勘探投资 1989 年比 1988 年上升了 20%，钻井数也略有回升。

马来西亚　马来西亚的油气田基本都在南海南部巽他大陆架上，石油储量约 23 亿桶，居世界第 23 位，目前已开发约 12 亿桶；天然气储量约 110 亿 m^3，居世界第 17 位。该国的海上油气资源勘探开发主要依赖外资进行，现共有 44 个海上油田，近海天然气田 45 个。1986 年产量约 1 600 万 t 。1989 年又在岸外钻了约 160 口井。石油所得税的税率的改善鼓励了钻探和开采，如税率从 40%削减到 35%；每个石油协议在税收上都分别得到利益，每年规定的勘探费用从 5%上升到 15%；每年二次开采费用从 6%增加到 10%。在新条件下共签订了 23 个开采分享合同，目前正在加强天然气开采以适应国内外的需求；努力促进液化天然气的生产以输往泰国、台湾、南朝鲜和日本。

菲律宾　菲律宾的陆地和海域都有油气资源，自 1973 年石油危机发生以来，菲律宾采取了开放政策，恢复岸外油气勘探，其钻探活动持续上升。到 1989 年为止，外国公司已在该国打了 149 口井，1986 年菲律宾的石油产量为 246.9 万桶，1987 年 203.9 万桶，1988 年 220 万桶，1989 年约为 350 万桶。

泰国　自 1971 年颁布向私人公司转让和出租海洋油气资源勘探、生产、贮运法开始，泰国加强了泰国湾的近海开发权利，共有 12 个国家公司申请勘探开发，到 1989 年为止总共有 18 个近海租借地开展勘探和开采活动，泰国石油当局已和太平洋德克萨斯公司签订了一个协议，泰国将出卖 B 构造属区块 B_{14}、B_{15}、B_{16}的开采权给美国专利局。另外泰国还在增加天然气的开采量，预计到 1990 年天然气产量将翻一番，达 0.28 亿 m^3。

越南　越南近海大陆架区也蕴藏着油气资源，但其不具备独立开发的能力，只能依赖外国的资金和技术。为吸引更多的外国石油公司投资，在修改的投资法中，允许外国公司拥有 100%的所有权；15%～25%的税率；对投资模式、管理控制、利润回国和雇佣工人等都无限制。1987 年越南安装了 2 台钻机作业，原油产量 27 万 t，同时铺设 320km 的海上输油管。1988 年苏联帮助越南制定了年产 162 万 t 的原油计划，预计 1990 年产量可达 250 万 t。另外，越南石油公司还与英国石油开发有限公司签定了关于越南中部岸外石油勘探的协议。

【海洋运输】　位于印度洋与太平洋之间的东南亚海域是船舶来往于波斯湾石油港与日本之间的直通航道，具有许多海港，在世界航海中占有重要地位，尤其是石油和贸易航线对这一地区的各国经济发展影响很大，而位于马六甲——新加坡海峡末端、进入南中国海入口处的新加坡是重要的海运中心和世界最繁忙港口之一，也是东南亚地区具有最完善海运部门的国家，有最大、最现代化的造船和修船业、大型多样的船队及最大的港口，同时还是海运辅助业务的基地，如租船、货物转运、船员培训、外轮供应、储存与供应、海洋保险以及金融业务，该国有条件成为太平洋地区船舶经纪中心。

【海洋技术】 **阔体双翼船** 新加坡与瑞典、香港合资经营的海威造船厂私人有限公司于1985年建造。该船适用于沿岸浅海地区，能同时容纳60个人和2.7t货物，船内设有现代化的操作仪器、雷达通讯、音响等设备；该船命名为HAREEM。

张力腿钻井平台 新加坡船厂为美国CONOCO油气公司建造，平台有4根柱腿，用12根垂直管状钢锚定在海底；该平台1988年初开始建造，1989年安装。

海底光纤电缆 1989年新加坡投资数百万美元建设海底光纤电缆系统，用以连接新加坡及太平洋地区的主要贸易伙伴国家和地区，其中之一是连接美国和日本的海底光纤电缆系统，全长9 000km，是太平洋地区第一条数控式海底光缆系统。新加坡投资550万美元用于购买该系统中的140条电路，并通过其它光缆同新加坡相连。另外一项也是连接美国和日本的横穿太平洋海底光缆，预计1992年投入使用。

海洋通讯系统 由于菲律宾海上和沿海通讯设备技术落后，给通讯联络带来不便，尤其是1988年内发生的12起海难事故因通讯不畅，延误了信息的及时传递，为此菲律宾投资3 800万美元建立一套适时高效和可靠的海洋通讯系统，用于港口和船舶导航通讯项目，在沿海12个港口建立通讯站。（贯　泓）

主要的国际海洋计划

【世界大洋环流实验计划（WOCE）】 这是“世界气候研究计划”（WCRP）的重要组成部分。气候的长期变化与全球海洋变化密切相关，但迄今还缺乏描述和模拟世界大洋环流的能力，使气候预测遇到困难。目前海洋探测技术如卫星遥感、系留浮标及大型电子计算机的应用，为描述和模拟大洋环流提供了可能性，因此“世界大洋环流实验”计划列入了“世界气候研究计划”。

“世界大洋环流实验计划”的主要目标有两个：(1)发展气候变化预测模式，收集验证模式所需的资料，包括测定热量和淡水的大尺度通量及其5a以上期间的辐散、年度和年际变化的表面通量的响应；测定海洋变化分量及其小尺度的统计特征，其时间尺度为几个月到几年，空间尺度为几千公里到全球；测定影响几十年至一百年间尺度气候系统的水团形成、运动及环流等的速率和性质。(2)确定对海洋长期变化有代表性的WOCE特定数据集，研究大洋环流长期变化的测量方法，包括：确定WOCE特定数据集的代表性；确定对几十年时间尺度气候观测系统的连续性所必不可少的海洋学要素、指数和场；发展适用于气候观测系统的经济有效的技术。

世界大洋环流计划从1979年开始提出，由联合科学委员会（JSC）和气候变化与海洋联合委员会（CCCO）共同发起，经过多年的筹备，在有关国际组织的积极配合及众多国家和积极参与下，于1987年最后确定下来。该计划包括三个核心计划，即全球描述、南大洋、涡流动力学计划。将从1990年开始进入实施阶段，头5年为集中观测期。为此建立了一个包括卫星遥感和现场船只、浮标组成的全球观测系统。这期间，欧洲空间局将发射“ERS－1”卫星，美国、法国联合发射“海面地形卫星”，日本发射“海洋观测卫星－2”。卫星遥感可获得全球海面地形和风应力的资料，并能收集海面热量、水气通量的资料，以便为建立数据库和全球大洋环流模式创造条件。中国已成立了WOCE委员会，拟参加这项计划。

【热带海洋和全球大气计划（TOGA）】 本计划是一项详细调查热带海洋海况变化对全球气候影响的计划，为期10年。其主要任务是研究南、北纬度20度范围内的热带海洋和全球气候的逐年变动，从而确定这些变动的机制及变动预测性机制，以提高中、长期天气预报的准确性；研究建立在几个月至数年时间尺度上海洋与大气藕合系统变化的预报模式的可行性，研究厄尔尼诺现象响应机制。本计划从1985年开始执行以来，已建立了一个观测系统，对赤道区域及其海洋与大气相互作用进行了几年的研究；特别是研究热带太平洋及其在海温异常变化中和有关的厄尔尼诺及南方涛动气压形式中的作用，以便了解能否在几个月至几年的时间尺度上进行各种预报。中国也参加此项国际计划活动。

【全球海洋通量研究计划（JGOFS）】 该计划是在1984年美国提出的一项多学科性的海洋研究——海洋通量研究计划（GOFS）的基础上形成的。其目的是要了解全球范围的海洋生物和海水化学的相互作用过程以及这些过程出现的速率，以便认识海洋作为一个生物和化学系统是如何变化的，从而为理智地处理人类对全球生态系统影响而引起的问题提供科学依据。为此，该计划提出的目标是：识别和定量测定大洋中控制生物化学循环的物理、化学和生物过程及其同全球大气的相互作用，要透彻了解支配海洋中生源物质的生产和归宿的过程，并能预报它们对全球范围扰动的影响和反应。美国、日本、加拿大、法国、联邦德国、英国、荷兰、中国等十几个国家参加了这项国际研究计划。从1986年开始各国相继制定了本国的研究计划，并开展了调查研究活动。如法国专门成立一个GOFS委员会，制定了本国的海洋通量研究计划，决定在1987～1990年对地中海和北大西洋进行观测，1990年以后观测工作向南印度洋扩展。1989年春季，美国、英国、法国、加拿大、德国和荷兰第一次联合在东北大西洋进行了半年的调查研究。这项计划经费主要由美国国家科学基金会提供支持。

【**大洋钻探计划**(ODP)】 这项计划实际上是深海钻探计划(DSDP)的继续和发展。从1980年提出，1985年开始实施，为期10年，计划到1994年结束。该计划的目的主要是进一步研究大洋地壳构造和演化历史，为深海底油气资源开发打基础。这项世界性的研究计划是由美国国家科学基金会、加拿大、欧洲科学基金会、法国、日本、西德和英国提供资助和参加；1987年苏联也参加了这项计划。使用的钻探船是"JOIDES决定"号(排水量为16 862t)。自1985年以来，已经在大西洋、太平洋、印度洋和南极威德尔海等地完成了120多个航次的钻探任务。1989～1990年主要在太平洋区域进行钻探，完成8个航次。 (许启望)

【**洋中脊跨学科全球实验计划**(RIDGE)】 美国国家科学基金会(NSF)发起洋中脊跨学科全球实验(Ridge Interdisciplinary Global Experiment，简称RIDGE)，得到了国家大气局(NOAA)、海军研究署(ONR)和美国地质调查局(USGS)的支持。RIDGE的科学目标是：1.认识地幔流、熔化物的产生及洋中脊地底下岩浆的输送；2.认识岩浆向大洋地壳输送的过程；3.认识洋中脊火山活动及随时间变化过程；4.认识循环海水与地壳相互作用的物理、化学及生物过程；5.认识生物与洋中脊环境理化性质相互作用过程；6.确定洋中脊地壳热液裂口的分布和强度，确定裂口与海洋环境的相互作用。RIDGE计划办公室设在华盛顿大学，分测绘采样、海上实验及理论、实验分析三个工作组。1989年底，三个工作组完成RIDGE科学计划的制定，预计1990年或1991年开始RIDGE现场计划。现场实验拟采用声层析等多种新技术，地球物理学家希望应用声层析技术获得洋中脊地底50～100km地幔结构的图像。因为地震产生的地震波穿过地球的速度直接受地幔岩石及其熔化物温度的影响。预计在一年左右的时间内，在大洋扩张中心1 000km^{2}的洋底设置100台洋底地震仪(OBS)，测量不同地震的地震波，获得地幔及岩浆形成地区结构的图像，推导岩浆流动的方向。RIDGE计划另一任务就是沿洋中脊的某些地段设立永久性海底火山观测站，采用遥控摄影机监测热液裂口活动及新裂口群的变化；观测站的地震仪和倾斜仪记录火山爆发前的地壳运动。在观测站还要打些孔洞，进行海底地底地质取样，并在海底以上水柱中设置锚定仪器阵，监测海水温度及其化学性质，探测新的热液裂口。这些仪器将使用无人潜器、遥感潜器或载人潜器布放，观测数据由卫星实时传送到岸上实验室。RIDGE科学家希望到下个十年末，沿洋中脊火山活跃区至少设置一个观测所。尽管RIDGE的主要目标是认识全球动力系中的海底扩张中心，但是，这项研究亦可能产生许多间接的效益。例如，活动热液裂口周围的硫化矿富含铁、铜、锌和钴等金属，对海底这些新形成矿床的研究可以向经济地质字家提供在陆地上寻找这些宝贵金属矿床新的、可靠的判据。温度极高的热液裂口的细菌则是制造工业酶和进行遗传工程研究的生物技术公司最感兴趣的。RIDGE计划还将推动工程及仪器仪表的发展，所需发展的新技术将包括海底或深钻井仪器信息提取技术，数据长期储存技术，新能源利用技术等。在新能源利用方面，已考虑利用热液裂口的能源，为海底长期观测提供动力。海底能源利用的新技术在经济部门及军事上具有多种应用，将引起工业界和政府的广泛兴趣。

(吴克勤)

附

【世界海洋石油、天然气勘探和开发】 世界海洋油气勘探工作在80年代初得到迅猛发展。目前,勘探活动范围已遍及除南极洲以外的所有大陆架区域。勘探中除采用常规地球物理勘探和地质勘探方法外,还使用了地球化学勘探、电子计算机和利用卫星测高法来寻找油气。1986年的油价暴跌使海上活动跌入谷底,1988年后有所回升,海上活动增长明显的地区包括亚—澳地区、欧洲北海和非洲。海上钻井总数从1985年的118艘减少为60艘。地震活动测线数从1985年的110万km测线减少到1988年的64万km,下降42%,海上地震船数从1985年的118艘减少为60艘,海上钻井总数从1985年的3 244口减至1987年的2 027口,1988年回升到2 214口。目前,世界海上钻井水深记录为2 328m,是壳牌公司在墨西哥湾密西西比峡谷657号区块创造的。墨西哥湾的绿色峡谷31—4井则创造了683.7m的生产水深世界纪录。

海上原油产量除1986年受油价影响未达到7亿t外,1987年和1988年均超过了7亿t。1987年产量7.37亿t,占世界陆海石油总产量的26%。海上天然气产量自1985年以来有所下降,到1988年下降了10%。世界上最大的海上产油国是英国,1985年产量为12 743万t,但此后产量逐年下降。年产量超过3 000万t的国家还有墨西哥、沙特阿拉伯、美国、委内瑞拉、挪威和印度。海上石油产量增长最快的国家是安哥拉卡宾达,1988年比1985年增长了1.65倍;下降幅度最大的是伊朗,1988年比1985年减产47%。

世界最大的海上天然气生产国是美国,1985年的产量占全世界海上天然气总产量的37.5%,但此后其产量一直呈下降趋势。年产量超过100亿m^3的国家还有英国、挪威、荷兰、苏联、马来西亚和墨西哥。值得注意的是,东南亚地区的海上天然气生产有了迅速发展,特别是马来西亚1988年的产量比1985年几乎增加了2倍,泰国也提高了56%。此外,巴西同期的天然气产量也几乎增加了一倍。海上天然气产量下降最严重的是意大利,1988年比1985年减少了75.5%。

（王家琇）

【1986～1989年国外膜法水处理技术发展概况】 回首1986～1989年国际上膜法水处理技术的发展,可以看出该技术已在脱盐、分离、浓缩、纯化等许多领域占据优势。渗析、微滤、超滤、电渗析和反渗透等技术已趋成熟,渗透汽化、膜电解、膜蒸馏、液膜、促进传质膜和生物工程用膜等技术的研究开发也处于方兴未艾的阶段。

从市场角度来看,微滤和超滤技术的市场最大,主要在医药和电子工业方面得到广泛的应用,今后的主要方向是在食品、生物工程和石油开发等方面的开拓。电渗析技术已在苦咸水淡化、纯水制备和部份废水处理方面占领了相当的市场,今后在各种工业和加工过程液体的脱盐和再利用方面仍有相当大的潜力。反渗透技术在海水淡化和苦咸水淡化以及超纯水制备方面已有相当大的市场,另外的市场是各种工业和加工过程液体的浓缩和纯化。渗透汽化技术已在无水乙醇制备中初步应用,它在恒沸物的分离方面具有潜力。膜电解技术已在氯碱工业中应用,有相当大市场,在其他膜电解氧化还原领域的潜力也是相当大的。可以预见到,随着生物工程的进展,生物工程用膜的潜力是很可观的。

就研究开发来看,首先是膜材料的研究有很大进展。主要努力是开发新的膜材料,使膜有高效、专用、寿命长、耐热和耐化学性等功能。如在反渗透中用荷电膜等材料向低压和超低压操作发展;超滤中用聚醚砜膜可在杀菌温度下长期工作;微滤中PTFE膜耐各种化学试剂;瓷膜、炭膜和金属膜等有优异的耐高温性能;渗透汽化中的PVA复合膜很适于乙醇脱水制无水乙醇等。新膜的开发也促进新工艺的出现,如“nano”膜的开发使盐和低分子有机物的分离成为可能;双极膜的研制成功使从盐生产相应的酸碱和酸碱的回收变为现实;膜的电解也为膜的有机电化合成打下了基础;膜载催化剂能使膜催化的特种反应连续高效地进行。结合膜工艺和组合膜工艺看来是若干过程最优化的选择,如电镀废水处理用电渗析和离子交换技术相结合;恒沸物的分离用蒸馏和渗透汽化的技术相结合;生物制品的纯化和浓缩用超滤、电渗析和反渗透的组合工艺;二级污水处理用膜分离法和生化处理的结合工艺。在节能和降低成本方面的工作也取得重要进展,如在太阳能和风能及波浪能的利用、反渗透能量回收涡轮机的发明、建立多用途工厂(如发电厂和脱盐相结合的工厂)等方面。其他研究工作,比如在过程最佳化、计算机系统控制和系统性能预报方面也取得进展。

（高从阶）

表 1　1988 年世界海上油气探明可采储量

地　区/国　家	原　油（亿 t）	天然气（亿 m³）	地　区/国　家	原　油（亿 t）	天然气（亿 m³）
北美			卡塔尔	3.01	43 986.62
加拿大	2.81	3 001.92	沙特阿拉伯	94.26	14 160.00
美　国	11.07	18 507.12	阿联酋	8.08	4 984.32
拉丁美洲			非洲		
阿根廷	0.34	50.98	安哥拉－卡宾达	3.29	444.62
巴　西	6.44	1 161.12	贝　宁	1.01	—
智　利	0.71	651.36	喀麦隆	5.55	351.17
哥伦比亚	0.10	402.14	刚　果	5.52	623.04
厄瓜多尔	0.10	297.36	加　蓬	4.11	—
墨西哥	52.06	13 027.20	加　纳	0.04	—
秘　鲁	0.30	28.32	象牙海岸	0.36	96.29
特立尼达/多巴哥	0.79	2 562.96	尼日利亚	20.14	34 125.60
委内瑞拉	16.11	8 544.14	塞内加尔	0.41	—
欧洲			南　非	—	300.19
丹　麦	0.47	962.88	坦桑尼亚	—	566.40
爱尔兰	—	396.48	扎伊尔	1.10	—
荷　兰	2.26	3 001.92	亚澳地区		
挪　威	14.80	28 707.98	澳大利亚	1.73	10 478.40
西　德	0.01	50.98	文　莱	1.78	2 180.64
英　国	16.63	11 497.92	缅　甸	—	1 104.48
地中海			印　度	3.84	4 106.40
希　腊	1.00	—	印　尼	5.48	7 929.60
意大利	0.69	962.88	日　本	0.01	50.98
利比亚	1.10	424.80	马来西亚	3.15	13 990.08
西班牙	0.40	226.56	新几内亚	0.41	3 500.35
突尼斯	0.38	—	新西兰	0.07	1 416.00
南斯拉夫	0.50	147.26	菲律宾	0.03	—
中　东			台　湾	—	283.20
巴　林	1.78	—	泰　国	0.55	2 265.60
埃　及	3.84	1 246.08	越　南	2.33	—
伊　朗	39.36	7 929.60	欧亚地区		
阿　曼	—	453.12	苏　联	5.75	45 312.00
			总　　计	345.60	296 499.07

（资料来源：＜Offshore＞1989.6）

表 2 世界海上钻井统计

地区/国家	1985	1986	1987	1988	1989(预计)	地区/国家	1985	1986	1987	1988	1989(预计)
北 美						卡塔尔	10	4	1	2	3
加拿大	53	19	15	11	10	沙特阿拉伯	65	48	30	32	34
美 国	118	843	764	891	912	阿联酋	70	48	41	32	34
拉丁美洲						非洲					
阿根廷	5	2	4	4	4	安哥拉一卡宾达	49	38	36	45	48
巴 西	168	85	63	72	73	喀麦隆	57	30	23	26	26
智 利	15	11	12	10	8	刚 果	10	12	10	12	16
厄瓜多尔	0	0	2	2	0	加 蓬	34	21	18	20	19
墨西哥	32	34	16	20	28	加 纳	2	0	0	2	1
秘 鲁	58	32	30	16	17	象牙海岸	6	10	6	8	6
特立尼达/多巴哥	35	20	8	10	7	摩洛哥	0	0	1	0	0
委内瑞拉	7	3	4	4	5	尼日利亚	25	20	14	18	20
欧洲						南 非	17	10	8	8	10
丹 麦	4	3	2	2	2	坦桑尼亚	0	0	0	2	0
法 国	2	2	0	0	0	突尼斯	10	8	5	5	3
西 德	8	1	1	3	1	扎伊尔	5	3	0	2	2
爱尔兰	5	8	3	3	1	亚澳地区					
荷 兰	78	55	40	37	38	澳大利亚	60	48	35	41	38
挪 威	87	72	64	76	70	文 莱	60	26	20	22	26
葡萄牙	1	0	0	0	0	中 国	26	18	23	20	22
英 国	157	152	138	142	152	印 度	117	118	99	101	104
地中海						印 尼	257	136	115	131	154
希 腊	0	1	1	3	1	日 本	12	3	1	1	0
意大利	43	36	32	39	38	马来西亚	55	71	78	62	51
利比亚	0	0	2	2	2	新西兰	5	3	5	4	4
马耳他	0	0	2	2	1	菲律宾	0	2	3	5	4
西班牙	14	10	3	6	6	南朝鲜	0	9	0	1	1
土耳其	0	0	1	1	1	台 湾	7	9	5	5	5
南斯拉夫	—	0	2	1	2	泰 国	63	44	51	57	61
中东						越 南	0	2	2	2	3
埃 及	132	82	88	79	74	欧亚地区					
伊 朗	0	0	0	0	0	罗马尼亚	1	0	2	1	1
以色列	0	0	0	1	0	苏 联	86	90	96	109	92
阿 曼	0	0	2	1	2	总 计	3 244	2 284	2 027	2 214	2 250

(资料来源<Offshore>1989.6)·

表3 世界海上油气产量

地区/国家	原油(万 t/a)				天然气(万 m^3/d)			
	1985	1986	1987	1988	1985	1986	1987	1988
北美								
加拿大				0.30				
美 国	6 250.00	6 285.00	6 061.25	5 645.00	36 195.79	33 748.94	32 182.00	29 578.48
拉丁美洲								
巴西	1 876.85	1 880.00	1 980.00	1 880.00	665.52	608.88	1 101.65	1 285.73
智 利	110.70	56.25	54.50	45.20	270.17	260.54	273.88	255.84
墨西哥	8 514.75	8 500.00	8 356.85	8 331.25	2 653.58	2 690.40	3 012.79	3 112.37
秘 鲁	564.75	582.75	578.20	517.70				
特立尼达/多巴哥	678.40	639.00	641.40	586.05	979.87	1 040.76	1 095.53	1 060.75
委内瑞拉	4 755.60	4 500.00	5 308.10	4 945.00	1 807.67	1 780.28	1 725.48	1 702.32
哥伦比亚					620.21	359.66	602.54	693.84
欧洲								
丹 麦	257.00	275.25	280.40	292.20	336.87	410.81	465.61	484.27
西 德				53.50				20.67
荷 兰	119.30	103.35	96.00	92.95	4 854.82	4 191.36	4 658.64	4 505.71
挪 威	3 779.40	3 902.90	4 324.70	4 535.10	8 241.12	8 527.15	8 107.11	7 930.25
英 国	12 742.95	11 182.95	11 573.50	10 473.35	16 499.23	15 859.20	12 653.66	12 525.94
爱尔兰					652.21	651.36	657.43	841.10
地中海								
希 腊	131.75	136.00	130.85	121.05	24.64	25.83	27.39	25.52
意大利	141.05	144.70	286.95	311.70	1 174.43	1 175.56	1 191.42	292.26
利比亚				100.00				
西班牙	245.50	180.45	175.45	151.10		123.25	260.18	234.74
突尼斯	148.30	130.60	141.80	141.60				
中东								
埃 及	3 715.30	2 948.00	3 010.70	2 956.60	317.18	311.52	342.36	325.68
伊 朗	3 052.75	2 525.00	2 577.55	1 615.00				
卡塔尔	979.95	790.00	956.55	949.95	275.55	266.21	272.75	

续表 3

地区/国家	原油(万 t/a)				天然气(万 m³/d)			
	1985	1986	1987	1988	1985	1986	1987	1988
沙特阿拉伯	7 529.65	5 535.00	7 551.35	7 406.45	1 643.32	1 418.83	1 506.40	1 491.73
中立区(伊一沙特)	1 330.00	1 330.00	1 259.90	1 275.70				
阿联酋	3 091.05	3 076.40	2 958.25	2 954.15	1 999.39	1 972.01	2 081.55	1 985.86
非洲								
安哥拉一卡宾达	850.00	927.90	925.10	2 254.40	76.66	85.53	95.83	111.01
喀麦隆	665.00	625.00	1006.30	935.45				
刚 果	571.95	575.00	583.95	668.35	8.50	8.50		
加 蓬	563.95	525.00	463.15	541.40	0.85			
加 纳	10.00	1.50	1.50	1.15				
尼日利亚	2 079.40	1 447.60	2 280.75	2 358.05	257.15	277.54	274.48	323.07
象牙海岸	110.40	97.30	86.80	77.20		5.47	5.47	3.77
扎伊尔	88.15	83.00	87.25	67.65				
亚澳地区								
澳大利亚	2 370.60	1 920.30	2 172.85	2 020.05				
文 莱	493.95	493.35	478.35	448.85	2 359.06	2 308.08	2 327.90	2 305.25
中 国	12.45	5.00	6.50	14.55				
印 度	3 070.00	3 105.00	2 919.85	3 091.05	895.59	1 054.47	1 218.78	1 226.26
印 尼	2 415.00	1 959.40	2 257.70	2 218.15	2 143.82	1 879.51	2 245.89	2 350.56
日 本	4.05	6.90	6.50	6.20	73.63	155.76	144.43	130.27
马来西亚	1 397.40	1 604.35	1 021.35	1 313.35	1 376.35	4 078.93	3 998.78	3 738.24
新西兰	59.70	70.00	103.75	105.40	1 452.82	1 045.01	812.78	767.47
菲律宾	42.55	39.20	23.70	29.85				
泰 国(凝析油)	67.05	79.70	71.35	96.25	979.87	968.27	999.70	1 557.60
台 湾							54.77	57.23
欧亚地区								
苏 联	825.00	825.00	1 035.00	1 008.00	4 177.20	3 681.60	3 964.80	3 766.56
总 计	75 641.65	67 493.90	73 749.90	71 356.40	96 688.91	95 811.91	90 686.96	87 347.94

(资料来源<Offshore>1989.6)

表4　世界海上油气产量及所占比重

年　份	近海石油产量(亿 t)	海陆石油总产量(亿 t)	近海石油所占比重(%)	近海天然气产量(亿 m^3)	海陆天然气总产量(亿 m^3)	近海天然气所占比重(%)
1985	7.56	27.32	27.7	3 526		
1986	6.75	28.54	23.7	3 497		
1987	7.37	28.39	26.0	3 310		
1988	7.14	28.85	24.7	3 188	20 101	15.9
1989		29.69			21 020	

表5　世界海上油、气储量分布(%)

地区	原油	天然气
中东	50	47
拉丁美洲	20.5	9.5
西欧	12.5	13
非洲	6	4
远东	6	14.5
北美	4	8.5
中央计划国家	1	3.5

(注:1988 年世界海洋石油探明可采储量 345.6 亿 t,天然气探明可采储量 29.65 万亿 m^3;表中数字据此计算。资料来源:<Ocean Industry>1988.4)

【大洋多金属矿物资源开发研究现状】 大洋多金属矿物资源主要是锰结核矿和热液矿,世界各国从战略物质储备立场出发,增强了大洋矿物资源开发研究。近 20 多年来,美、英、法、德、日等国财团在锰结核矿方面的投资估计达 6.4 亿美元(按 1982 年美元价值计),各国政府的总投资大约是国际财团的 1/3,约 2.1 亿美元。

美国内政部是其大洋矿产资源的主管部门,现已制定钴壳矿和硫化矿前景矿区的勘探计划。美国地质测量局(USGS)已完成东海岸专属经济区 650 000km^2 的海底测绘,预计在 1986～1992 年完成墨西哥湾和波多黎各专属经济区的测绘,最终确定锰结核矿、钴壳矿和硫化矿的富矿区和矿区地形。

法国和德国也制定了锰结核矿、钴壳矿和硫化矿勘探技术和采矿技术发展计划。法国的计划由法国政府投资,由法国海洋开发研究院组织深海采矿技术和冶炼技术研制。德国主要以 Preussag 有限公司、Clausthal 技术大学和几家研究机构与法国合作,开展采矿技术和冶炼技术研究,同时开展了太平洋 Johnston 岛周围钴壳矿和 Galapagos 矿区硫化矿的经济评价。日本由通产省主持深海矿区资源开发,投资 2 亿日元于 1989 年研制成功锰结核液压采矿系统。日本现有 48 家公司联合进行深海矿产资源调查,年均投资目前可能已大大超过其他国家。

深海矿产资源经济评价也是世界各国当前研究的热点之一,据美国东西方研究中心估算,一座年产 200～400 万 t 矿石的锰结核矿矿场总的基本投资 12～20 亿美元,年产 70～150 万 t 热液矿矿石的矿场,总的基本投资为 5～10 亿美元。尽管现已公开的估算表明锰结核比钴壳矿更接近于商业化开采,但许多研究者却认为在钴壳矿采矿和冶炼技术有保证的情况下,钴壳矿的开采更有竞争力,经济效益更好。(吴克勤)

【1986～1989 年世界海洋水产业状况】 据联合国粮农组织统计,1986～1988 年世界水产品总量分别为 8 920、9 200、9 400 万 t。其中日本占世界第一位,产量分别为 1 197、1 184、1 285 万 t;苏联和中国分别占第二位和第三位,1986 年的产量分别为 1 126、813 万 t;中国 1988 年的产量为 1 091 万 t。

世界渔业产量主要来自三个地区:一个是西北太平洋(1986 年产量占总产量的 27%),一个是东北太平洋(1986 年产量占总产量的 12%)。这两个地区都位于北半球,具有很宽的大陆架和重要的渔业资源。第三个为东南太平洋,这个地区有很强的沿岸上升流,在智利和秘鲁沿海形成大渔场。

年产量超过 100 万 t 的渔类品种有 8 个:狭鳕、鳀、日本沙丁鱼、南美沙丁鱼、毛鳞鱼、大西洋鳕、鲹和鲐,其中产量最高的狭鳕,1986 年产量达 660 万 t。这 8 个品种主要分为三类:小型中上层鱼类、鳕鱼和鲹鱼,其中小型中上层鱼类产量在总产量中约占 75%,而且近年来产量增长也最快。另外,世界捕虾业亦呈增长趋势,1986 年产量达 190 万 t。

1986 年以来,发展中国家对世界渔业产量的贡献大于发达国家的贡献,这主要是由于多数发达国家的沿海渔业资源已捕捞过度,而且发展中国家对发达国家的远洋渔业捕捞进行限制,而发展中国家的渔业却一直在稳步发展。从地区的角度看，亚洲在世界渔业产量中所占比例最大，1986年约占40%；拉丁美洲其次，占20%（包括墨西哥），但拉丁美洲是世界上渔业产量增长最快的地区；欧洲的渔业发展比较平稳，产量增长不大，1986年产量为1 230万t，由于其近海资源不同程度捕捞过度，因此正努力开拓远洋渔业；北美洲（美国和加拿大）1986年产量为660万t。

海水养殖业尽管发展很快，但其产量所占比例仍然很小。然而，一些品种的养殖业是相当成功的。虾类养殖发展很快，1989年养殖总产量达56.5万t，比1988年增长了18%，占世界虾类总产量的26%，主要养殖品种为斑节对虾（占33%）、中国对虾（占28%）、墨吉对虾、白对虾和印度对虾等，养殖技术亦有很大提高。贝类养殖发展也很快，1988年，中国贝类养殖产量112万t，其次是南朝鲜（36.9万t）、日本（36万t）、法国（18.16万t）、美国（12.8万t），养殖方法主要为底播养殖和垂吊养殖，养殖的品种约44种，其中牡蛎有11种，太平洋牡蛎产量占50%以上；欧洲国家多养殖贻贝，荷兰贻贝养殖产量居欧洲首位，生产约10万t，其次是法国、西班牙、丹麦等。世界贻贝养殖年产量约50～60万t。另外，近年来小型双壳类，即蛤类养殖蓬勃发展，养殖对象有15种，年产量约13万t。据估计，1988年世界海水养殖太平洋鲑、大西洋鳟产量分别11.1、24.7万t，大马哈鱼养殖产量超过14万t；大西洋鳟养殖区域主要是挪威、苏格兰、法罗群岛等国，而太平洋鲑养殖区域主要是日本、不列颠哥伦比亚和智利。

表6　1989年世界主要养虾国家和地区的养虾情况

国家和地区	产量 (t)	面积 (km^2)	单产 (kg/km^2)
中　　国			
大　陆	165 000	1 450	113 800
台湾省	20 000	40	500 000
印度尼西亚	90 000	2 500	36 000
泰　　国	90 000	800	112 500
菲　律　宾	50 000	2 000	25 000
厄瓜多尔	45 000	700	64 300
越　　南	30 000	1 600	18 700
印　　度	25 000	600	41 600
拉丁美洲和加勒比地区	12 000	120	100 000
南　美　洲	7 000	80	87 500
总　　计	564 800	10 923	51 700

（侯恩淮　卢明生）

附　　录

附录1 1986～1989年间重要海洋科研项目及获奖成果一览表

序号	项目名称	国家、部门批准编号	负责单位	主要负责人（前三名）	参加单位	时间	完成（获奖）情况
1	全国海岛资源综合调查及开发试验	J87－07	全国海岛资源综合调查领导小组办公室			1987～1992	
2	胶州湾海洋资源研究开发保护综合开发试验	J87－08	青岛市海洋资源研究开发委员会办公室			1987	
3	人造皮肤的开发（以海藻为原料）	K88－01－01	青岛海洋大学			1988	已完成
4	浅海生态系统	K88－02－11	国家海洋局一所			1988	
5	南极科学考察	K88－02－21	国家南极考察委员会办公室			1988～1990	
6	海浪方向谱探测技术及应用研究	K89－01－42	青岛海洋大学			1989	
7	海水（含地下卤水）综合开发利用		国家海洋局情报所等			1987～1989	已完成
8	海岸带及邻近海域开发		国家海洋局情报所等			1986～1988	已完成
9	海洋技术政策		国家海洋局战略所			1987～1990	
10	对虾高产及饵料开发		河北省黄骅县对虾养殖场		河北省水产所 南开大学	1986～1988	已完成
11	对虾大面积高产养殖技术开发		山东省寒亭水产局 山东省海水养殖场		中科院海洋所	1986～1988	已完成
12	对虾、罗非鱼大面积混养技术开发		山东省即墨水产局		山东海洋学院	1986～1988	已完成
13	鲍鱼人工养殖技术开发		大连水产养殖公司		大连水产学院		
14	斑节对虾人工养殖技术开发		福建省漳浦县水产中心			1986～1987	已完成
15	江蓠养殖加工技术开发		广东省海岸带资源开发公司		湛江水产学院	1986～1987	已完成
16	海湾扇贝人工育苗及养殖技术开发		山东省蓬莱县水产技术推广站等			1986～1988	1989年获国家星火计划三等奖
17	河北黄骅县浅海滩涂综合技术开发		黄骅县科委 黄骅县水产局		沧州农科院 山东海洋学院	1987～1990	
18	浙江温岭县浅海滩涂综合技术开发		温岭县科委 温岭县水产局 温岭县林业局		温岭县林业局、水产局、省柑桔所、水产所	1987～1990	
19	山东寿光县浅海滩涂综合技术开发		寿光县科委		中科院海洋所、山东制盐所、天津轻工学院	1987～1990	

说明：1）重要海洋科研项目系指列入部、省级以上的项目；

2）获奖成果系指获部、省级二等奖、国家级三等奖以上的成果；

3）1～23项系国家科委各年度计划中和“星火计划”中的部分重点项目。

续表1

序号	项目名称	国家、部门批准编号	负责单位	主要负责人(前三名)	参加单位	时　　间	完成(获奖)情　　况
20	江苏射阳县浅海滩涂综合技术开发		射阳县科委		射阳县中路港开发区、县芦苇开发公司、县水产养殖公司	1987～1990	
21	福建东山湾浅海滩涂综合技术开发		漳州市水产开发中心		福建省水产研究所	1987～1990	
22	广西钦洲湾浅海滩涂技术开发		北海市水产养殖公司、钦洲地区、钦州市科技开发中心				
23	海岛资源综合调查和开发试验		海南省科技厅、计划厅、海洋局、农业厅、环境资源厅、海南军区	辛业江	沿海各省、县、西南、中沙群岛办事处、海陆空三军和有关科研单位	1989～1993	
24	丙稀酸酯共聚乳液水泥砂浆		南京水利科学研究所	林宝玉 卢安琪 庄英豪等		1978～1986	国家科技进步三等奖、水电部科技进步二等奖
25	对虾养殖大面积高产及亲虾越冬技术	河北省1986年科技研究计划	河北省海岸办	张洪杰	中科院海洋所等	1986～1990	
26	大范围海浪数值预报	75－76－01－01	山东海洋学院			1986～1990	
27	海流数值预报(渤、黄、东海及西北太平洋)	75－76－01－02	中科院海洋所			1986～1990	
28	海流数值预报(南海及邻近洋区)	75－76－01－03	中科院南海所			1986～1990	
29	海表温度数值预报	75－76－01－04	山东海洋学院			1986～1990	
30	风暴潮数值预报(长江口以南)	75－76－01－05	中科院海洋所			1986～1990	
31	风暴潮数值预报(长江口以北)	75－76－01－06	山东海洋学院			1986～1990	
32	海冰数值预报	75－76－01－07	国家海洋局预报中心			1986～1990	
33	中国海温跃层的基本特征及其数值预报	75－76－01－08	中科院海洋所			1986～1990	
34	温跃层的数值预报方法研究	75－76－01－09	国家海洋局一所			1986～1990	
35	海表大气风场和气压场数值预报	75－76－01－10	北京大学			1986～1990	
36	大气边界层短期数值预报	75－76－01－11	南京大学			1986～1990	
37	海洋环境数值预报的计算机系统	75－76－02	国家海洋局预报中心			1986～1990	
38	TIROS－N和GMS卫星资料接收和处理系统	75－76－03－01	清华大学			1986～1990	
39	海洋－大气辐射传递及反演	75－76－03－02	山东海洋学院、国家海洋局预报中心			1986～1990	
40	TOVS数据的精确反演	75－76－03－04	北京大学			1986～1990	
41	中国近海表层环境因子测报	75－76－04－01	国家海洋局二所			1986～1990	

续表 2

序号	项目名称	国家、部门批准编号	负责单位	主要负责人（前三名）	参加单位	时间	完成（获奖）情况
42	渤海冰情遥感测报	75—76—04—02	国家海洋局预报中心			1986～1990	
43	南海石油污染航空遥感技术研究	75—76—04—03	中科院南海所			1986～1990	
44	海面油溢量估算、测报和鉴别航空遥感技术研究	75—76—04—04	国家海洋局一所			1986～1990	
45	海洋航空遥感数据处理技术研究	75—76—04—05	国家海洋局二所			1986～1990	
46	海洋环境要素波谱与信息特征研究	75—76—04—06	国家海洋局一所			1986～1990	
47	Ⅱ型海洋资料浮标	75—76—05—01	山东省海洋仪器仪表研究所			1986～1990	
48	小型海洋资料浮标	75—76—05—02	国家海洋局技术所			1986～1990	
49	深海资料浮标	75—76—05—03	国家海洋局技术所			1986～1990	
50	深海潜流浮标	75—76—05—04	国家海洋局技术所			1986～1990	
51	海洋大气边界层的探测和数据处理系统	75—76—06—01	国家海洋局预报中心			1986～1990	
52	多普勒流速剖面声纳	75—76—06—02	中科院声学所			1986～1990	
53	温跃层深度探测	75—76—06—03	中科院声学所			1986～1990	
54	海浪光学探测及信息处理	75—76—06—04	山东海洋学院			1986～1990	
55	光散射法探测海洋次表层温度剖面	75—76—06—05	山东海洋学院			1986～1990	
56	利用5mm、135cm、8mm波长探测3km以下大气温度、湿度、总水汽量、云中总含量	75—76—06—06	北京大学			1986～1990	
57	C波段散射计深测海浪	75—76—06—07	华东师范大学			1986～1990	
58	热带海洋辐射平衡、动量、热量、水汽、二氧化碳、气溶胶的观测和分析以及气候模式参数化的方法研究	75—76—07—01	国家海洋局预报中心			1986～1990	
59	热带和西太平洋海洋大气系统物理场基本特征、能量转换和输送过程的研究	75—76—07—02	中科院大气物理所			1986～1990	
60	热带天气系统的发生、发展与海况的相互影响	75—76—07—03	北京大学			1986～1990	
61	热带海洋对中纬度大气环流和海洋环流对我国气候异常的影响	75—76—07—04	南京大学			1986～1990	
62	我国近海环流与大洋环流的关系，中国海海洋和大气特征与ENSO的关系	75—76—07—05	国家海洋局一所			1986～1990	

续表 3

序号	项目名称	国家、部门批准编号	负责单位	主要负责人（前三名）	参加单位	时　间	完成（获奖）情　况
63	我国陆架环流与大洋环流的变异相互作用及其短气候变化的关系	75－76－07－06	中科院海洋所			1986～1990	
64	热带太平洋诸流系对季风的响应	75－76－07－07	国家海洋局一所			1986～1990	
65	表层海水温度预报方法研究及预报技术		国家海洋局预报中心			1986	国家科技进步二等奖
66	风暴潮预报及现行预报技术		国家海洋局预报中心			1986	国家科技进步二等奖
67	西沙日产200t海水淡化装置		国家海洋局二所			1986	国家科技进步三等奖
68	南极考察情报研究		国家海洋局情报所			1986	全国科技情报二等奖
69	首次南大洋考察		国家海洋局二所 中科院海洋所等			1987	国家海洋局科技进步一等奖
70	海洋情报检索系统		国家海洋局情报所			1987	国家海洋局科技进步一等奖
71	辽宁省海岸带地貌、水文、化学、环保调查		国家海洋局环保所	李兰天 宁怀东 韦兴平等		1987	国家海洋局科技进步二等奖
72	海面溢油鉴别系统研究		国家海洋局环保所	戴云丛		1987	国家海洋局科技进步二等奖
73	青岛港新港址调查研究		国家海洋局一所			1987	国家海洋局科技进步二等奖
74	深海宇宙尘研究		国家海洋局一所			1987	国家海洋局科技进步二等奖
75	江苏省海岸带水动力条件和物质组成及辐射状沙脊冲淤演变规律的研究		国家海洋局一所			1987	国家海洋局科技进步二等奖
76	海洋测绘试点		国家海洋局一所			1988	国家海洋局科技进步二等奖
77	台湾海峡西部海域综合调查		国家海洋局三所			1988	国家海洋局科技进步二等奖
78	南海中部海域浮游生物、底栖生物初级生产力、微生物、水化学及声速调查		国家海洋局三所			1988	国家海洋局科技进步二等奖
79	若干核素对海洋生物及生态系统的影响及其转移规律的研究		国家海洋局三所	蔡福龙 陈　英 许丕安等		1978.10～1986.12	国家海洋局科技进步二等奖
80	重金属在海水沉积物界面的转移过程		国家海洋局三所			1988	国家海洋局科技进步二等奖
81	海水提铀机理研究		国家海洋局三所			1988	国家海洋局科技进步二等奖
82	黄渤海沿岸污损生物生态学研究		国家海洋局三所			1988	国家海洋局科技进步二等奖

续表 4

序号	项目名称	国家、部门批准编号	负责单位	主要负责人（前三名）	参加单位	时间	完成(获奖)情况
83	《中外船舶手册》、《中国海洋年鉴》(1986)		海洋出版社			1989	国家海洋局优秀图书奖
84	海洋环境数值模拟和工程参数统计分析研究		国家海洋局一所			1989	国家海洋局科技进步一等奖
85	百吨级大规模集成电路用超纯水系统开发试验		国家海洋局二所			1989	国家海洋局科技进步一等奖
86	大亚湾核电站海洋生态零点调查研究		国家海洋局三所	黄宗国 吴启泉 林仁法等		1986.12～1990.3	国家海洋局科技进步一等奖
87	TH 系列 847 专用防腐涂料的研制及推广应用		国家海洋局淡化所			1989	国家海洋局科技进步一等奖
88	边界层声遥感探测系统		国家海洋局预报中心			1989	国家海洋局科技进步一等奖
89	风暴潮数值预报方法研究		国家海洋局预报中心			1989	国家海洋局科技进步一等奖
90	黄河口及其附近海域开发环境调查研究		国家海洋局一所			1989	国家海洋局科技进步二等奖
91	光棘球海胆增养殖技术试验		国家海洋局一所			1989	国家海洋局科技进步二等奖
92	卷式超滤组件和装置研制		国家海洋局二所			1989	国家海洋局科技进步二等奖
93	728 工程邻近海域放射性背景值调查研究		国家海洋局三所	蔡福龙 陈　英 许丕安等		1985.1～1987.12	国家海洋局科技进步二等奖
94	SLY_{1-1}型声学多普勒海流计		国家海洋局三所	曾潮生		1975～1986	国家海洋局科技进步二等奖
95	海洋污染物的精确分析技术研究及国际分析互校		国家海洋局三所、二所、环保所			1989	国家海洋局科技进步二等奖
96	极轨气象卫星微机实时接收和处理系统		国家海洋局预报中心			1989	国家海洋局科技进步二等奖
97	黄海污染现状综合调查		国家海洋局北海分局、一所、环保所			1989	国家海洋局科技进步二等奖
98	海洋环境数值预报研究	计科〔1986〕200 号	国家海洋环境预报中心	巢纪平	国家教委、中国科学院	1986～1990	
99	中美海气相互作用调查	国海调〔84〕803 号	国家海洋局一所 国家海洋环境预报中心	巢纪平	国家气象局、中国科学院	1985～1990	
100	黄骅县海岸带综合开发区域试验	河北省〔87〕科技计划	国家海洋局一所	徐家声	黄骅县科委	1987～1990	
101	大洋锰结核调查	国海调〔85〕253 号	国家海洋局二所	眭良仁	国家海洋局东海分局	1983～1990	
102	长江口及其毗邻东海近岸水域污染物和营养物生物地球化学研究	国海外〔83〕312 号	国家海洋局二所 国家海洋局环保所	余国辉 周家义	国家海洋局北海分局	1985～1988	

续表5

序号	项目名称	国家、部门批准编号	负责单位	主要负责人(前三名)	参加单位	时间	完成(获奖)情况
103	中国第三次南极考察——南设得兰群岛邻近海域	国南办计〔86〕040号	国家海洋局二所	刘金灿	国家海洋局一所、三所、水科院东海水产所、中科院海洋所	1986～1987	
104	中国、联帮德国南海地球科学研究	国海外〔87〕368号	国家海洋局二所	金翔龙		1987～1989	
105	杭州湾锋面调查研究	国家自然科学基金项目4860244	国家海洋局二所	苏纪兰		1987～1989	
106	宁波深水港域开发研究	浙江省“七五”重点科技攻关项目850328	国家海洋局二所	叶银灿	杭州大学	1985～1989	
107	中国、加拿大海洋生态系围隔式实验合作研究		国家海洋局三所等	侯舒民 陈孝麟 庄栋法等	厦门大学、青岛海洋大学、国家海洋局环保所	1983～1987	
108	福建省海岸带及海涂资源综合调查		国家海洋局三所	陈承惠		1984～1986	
109	SWC1－1闭端SWC2－2开端6000m深海颠倒温度表		国家海洋局技术所	冯茂生		1982～1986	国家海洋局科技进步二等奖
110	SZC6－1型数字传输式温盐深剖面仪		国家海洋局技术所	廉双喜		1984～1986	国家海洋局科技进步二等奖
111	SCA型压力式验潮仪		国家海洋局技术所	王德贵 孟宪义		1982～1987	国家海洋局科技进步二等奖
112	JZA2－1型温盐检定设备		国家海洋局技术所	岑士奎		1984～1987	国家海洋局科技进步一等奖
113	ZQA3－1型水文气象自动观测系统		国家海洋局技术所	张道平	国家海洋局南海分局	1988	国家海洋局科技进步二等奖
114	《海洋调查规范》	国海调〔87〕262号	国家海洋局技术所	逯玉佩		1987～1989	通过鉴定
115	氯化钾与混合盐制双硫化钾百吨级扩试		国家海洋局淡化所	吕 铮 袁俊生	天津长芦汉沽盐场	1989	通过国家海洋局鉴定
116	沙漠油田蒸馏造水装置研制		国家海洋局淡化所	张 洪		1987～1989	通过国家海洋局鉴定
117	中国2000年海洋污染预测及防治对策研究		国家海洋局环保所	汤烈风		1983～1986	国家海洋局科技进步二等奖
118	《海洋监测规范》	国海发〔85〕1071	国家海洋局环保所	张寿明		1986～1989	
119	均苯三甲酰氯合成和新型复合膜的研制	国家自然科学基金项目2880255	国家海洋局杭州水处理中心	高从阶 鲁学仁 鲍志国		1989～1990	
120	电渗析法特殊择性膜分离过程及其控制因素研究	国家自然科学基金项目2870339	国家海洋局杭州水处理中心	薛德明 马建红 莫剑雄等		1988～1990	

续表 6

序号	项目名称	国家、部门批准编号	负责单位	主要负责人（前三名）	参加单位	时　间	完成（获奖）情　况
121	离子交换网膜制备和应用	浙江省自然科学基金资助	国家海洋局水处理中心	江维达 钱跃南 莫剑雄等		1989～1990	
122	国产工业用水处理膜组件和装置的研究开发及在电子工业超纯水制备系统中的应用研究	75－70－02－13专题	国家海洋局水处理中心、电子工业部第十设计院	胡振华 姚复宝 汪林德	浙江无线电厂	1986～1990	
123	国产反渗透装置在电厂锅炉补给水系统中的开发应用研究	75－70－02－14专题	国家海洋局水处理中心 浙江省湖州水处理设备厂	呼丙辰 谢祖林		1986～1990	
124	国产反渗透装置在海岛地下苦咸水淡化系统中的开发及应用	75－70－02－15专题	国家海洋局水处理中心、中国人民解放军海军医学研究所	呼丙辰 丁南瑚		1986～1990	
125	膜材料和膜基础研究	75－70－02－16专题	无锡化工研究所、天津纺院膜分离工程所、中科院北京环保所、北京工大环保系、国家海洋局水处理中心	张金城		1986～1990	
126	中盐度苦咸水淡化反渗透膜及组器的研究	75－70－02－17专题	国家海洋局水处理中心、天津纺院膜分离工程所、兰州膜科学技术所	高丛阶		1986～1990	
127	超滤、微孔滤膜及组器技术应用研究	75－70－02－18专题	天津纺院膜分离工程所、国家海洋局水处理中心、中科院大连化物所、无锡化工研究设计院、中科院北京环保所	杨溥臣		1986～1990	
128	大型反渗透组件研制		国家海洋局二所	呼丙辰 林斯寿 胡振华等		1987	国家海洋局科技进步一等奖
129	百吨级大规模集成电路用超纯水系统的开发试验		国家海洋局水处理中心	徐荣安 胡振华 程淑霞等	浙江无线电厂	1989	国家海洋局科技进步一等奖
130	国产膜技术在电子工业超纯水系统中的应用研究		国家海洋局水处理中心、电子工业部第十设计院	徐荣安 胡振华 程淑霞等		1989	国家计委、国家科委、财政部荣誉证书
131	聚砜中空纤维		天津纺院膜分离工程所	杨溥臣 王　琤 王静娟等		1986	国家科技进步三等奖
132	海洋环境和资源信息自动查询、检索、服务系统	情－2－002－01	国家海洋资料中心（国家海洋局情报所）	侯文峰 郭丰义 奚智祥等		1983～1987	国家科技进步二等奖、国家海洋局科技进步一等奖
133	2000年中国海洋开发研究	科情86－2－029	国家海洋局情报所	钮因义 艾万铸 隋绍生等		1986	国家科委科技情报成果二等奖
134	加强国际合作，开辟搜集渠道，获取世界范围海洋文献资源	科情86－2－2	国家海洋局情报所	李士杰 盖明举 陈乐楠		1986	国家科委科技情报成果二等奖
135	南极考察情报研究和声象服务	科情86－2－027	国家海洋局情报所	胡领太 王明洲 许启望等		1986	国家科委科技情报所成果二等奖

续表7

序号	项目名称	国家、部门批准编号	负责单位	主要负责人（前三名）	参加单位	时　间	完成（获奖）情　况
136	海洋情报检索系统		国家海洋局情报所	李士杰 何维焕 侯秀生等		1987	国家海洋局科技进步一等奖
137	太平洋及其邻近海域潮汐表		国家海洋局情报所	王　骥 焦宗凤 朱雨楠等		1988	国家海洋局科技进步二等奖
138	1975年2月4日海城7.3级地震预报		国家海洋局情报所	侯文峰 郑文振 金承钟等		1986	国家地震局科技进步一等奖
139	海洋资料浮标网资料处理技术和产品		国家海洋局情报所	侯文峰 蒋兴伟 徐炎光等		1986～1989	国家海洋局科技进步二等奖
140	南黄海北部综合研究与南海暖流的发现		中科院南海所 中科院海洋所			1986	中科院科技进步一等奖
141	南海北部湾涠11－1海区工程地质调查与评价		中科院力学所 中科院海洋所			1986	中科院科技进步一等奖
142	渤黄东海潮波数值模型和分布特征		中科院海洋所			1986	中科院科技进步二等奖
143	“海杂一号”海带新品种的培育和大面积推广应用		中科院海洋所			1986	中科院科技进步二等奖、山东省科技进步二等奖
144	渤海地质		中科院海洋所			1986	中科院科技进步二等奖
145	黄河口区海岸带环境、生物资源及合理开发利用的研究		中科院海洋所			1987	中科院科技进步一等奖
146	南海莺歌海盆地区域性工程地质调查报告		中科院海洋所 中科院力学所			1987	中科院科技进步一等奖
147	等鞭藻3011工厂化培养和生产应用		中科院海洋所			1987	山东省科技进步二等奖
148	东海地质		中科院海洋所			1988	中科院科技进步一等奖
149	三峡工程对河口及邻近海域生态与环境的影响		中科院海洋所			1988	中科院科技进步二等奖
150	黄岛Ⅲ号对虾优质人工配合饵料的研制和推广应用		中科院海洋院			1988	中科院科技进步二等奖
151	南海西部石油开发区区域性工程地质调查与评价及北部湾涠11－4海区A平台工程地质调查与评价		中科院力学所 中科院海洋所			1988	国家经委专业科技成果一等奖
152	莺歌海阿科区块海洋环境调查分析及研究		中科院海洋所等			1988	国家经委专业科技成果二等奖
153	海湾扇贝工厂化育苗及养成技术		中科院海洋所			1989	中科院科技进步一等奖
154	潮汐潮流的分析和预报		中科院海洋所			1989	中科院自然科学二等奖

续表 8

序号	项目名称	国家、部门批准编号	负责单位	主要负责人（前三名）	参加单位	时间	完成（获奖）情况
155	《中国动物志》软体动物门头足纲		中科院海洋所			1989	中科院自然科学二等奖
156	长江三峡工程对生态与环境的影响及对策		中科院成都分院 中科院海洋所等			1989	中科院科技进步一等奖
157	南海石油开发区海洋污损生物和平台钢腐蚀调查		中科院南海所 中科院海洋所			1989	中科院科技进步二等奖
158	海湾扇贝工厂化育苗及养成技术推广		中科院海洋所等			1989	农业部科技进步二等奖
159	山东省海岸带和海涂资源调查		中科院海洋所等			1989	山东省科技进步一等奖
160	山东省海岸带和海涂地貌与第四纪地质调查		山东师范学院 中科院海洋所等			1989	山东省科技进步二等奖
161	对虾工厂化育苗技术		水科院黄海所 中科院海洋所等			1988	北京国际发明展览会金奖
162	海藻大量培养螺旋藻技术	75－05－03－02	中科院海洋所	曾呈奎 周百成		1986～1990	已鉴定
163	三峡工程对河口生态与环境的影响及对策的研究	75－16－06－04	中科院海洋所	刘瑞玉 罗秉征		1988～1990	中科院科技进步二等奖
164	水下运动传感器和声波测高计的研制	75－75－06－12	中科院海洋所	朱鉴平 邱树松		1986～1990	已鉴定
165	海流数值预报（渤黄东海及西北太平洋）	75－76－01－02	中科院海洋所	方国洪		1986～1990	已鉴定
166	长江口至北部湾台风暴潮数值预报	75－76－01－05	中科院海洋所	刘凤树		1986～1990	已鉴定
167	中国海温跃层基本特征及数值预报	75－76－01－08	中科院海洋所	张法高		1986～1990	已鉴定
168	深海资料数据浮标	75－76－01－03	中科院海洋所	马秉锟		1985～1990	已鉴定
169	海气相互作用及其与短气候变化的关系	75－76－07－06	中科院海洋所	胡敦欣		1986～1990	已鉴定
170	优良藻种的选育和培养条件	75－05－03－01	中科院海洋所	谭桂英		1986～1990	已鉴定
171	藻类工厂化生产中试	75－05－03－03	中科院海洋所	曾呈奎		1986～1989	已鉴定
172	螺旋藻喂养对虾鲍鱼小试	75－05－03－05	中科院海洋所	周百成		1986～1990	已鉴定
173	对虾良种选育的研究	75－06－03－10	中科院海洋所	蔡难儿		1986～1990	已鉴定
174	对虾病害防治技术的研究	75－06－03－12	中科院海洋所	陈 弱		1986～1990	已鉴定
175	亲虾越冬技术的研究	75—06—04—09	中科院海洋所	张乃禹		1986～1990	
176	虾池排出水对海洋生物生长的影响及控制的研究	75－76－04－10	中科院海洋所	曹登宫		1986～1990	
177	麒麟菜、江蓠养殖技术的研究	75－06－04－11	中科院海洋所	吴超元 任国忠		1986～1990	

续表9

序号	项目名称	国家、部门批准编号	负责单位	主要负责人（前三名）	参加单位	时间	完成（获奖）情况
178	海湾扇贝增殖技术的研究	75－06－04－14	中科院海洋所	张福绥		1981～1990	
179	胶州湾水产开发技术	75－06－04－18	中科院海洋所	刘瑞玉		1986～1990	
180	紫菜单细胞育苗	75－71－05－03	中科院海洋所	费修绠		1986～1990	
181	全雌性对虾的培育	75—71—05—06	中科院海洋所	蔡难儿		1987～1990	
182	海浪数值预报	75－76－01－01	中科院海洋所	王　涛		1986～1990	
183	黄东海温度场形成机制及南黄海水文数值预报	75－76－01－04	中科院海洋所	翁学传		1987～1990	
184	海洋渔场环境因子及中心渔场测报研究	75－76－04－01	中科院海洋所	杨纪明		1986～1990	
185	黄东海典型水文特征信息的提取	75－76－04－05	中科院海洋所	蓝淑芳		1986～1990	
186	螺旋藻的应用研究	87－07－05	中科院海洋所	曾呈奎 周百成		1987～1990	
187	胶州湾水产生产农牧化研究	87－08－01	中科院海洋所	刘瑞玉 罗秉征		1987～1990	
188	三峡工程对河口生态与环境的影响及对策的研究	87－11－02	中科院海洋所	刘瑞玉 张法高		1988～1990	
189	海洋石油开发区区域性前期工程地质调查与评价	87－18－01	中科院海洋所	秦蕴珊 黄庆福		1987～1990	国家经委专业科技成果一等奖
190	海洋工程水文气象要素的观测和研究	87－18－02	中科院海洋所	庄国文		1987～1990	中科院科技进步二等奖
191	辽东湾海底土壤腐蚀性调查研究	87－18－04－03	中科院海洋所	季明棠		1988～1990	
192	辽东湾石油开发区附着生物的调查	87－18－04－04	中科院海洋所	黄修明		1988～1990	
193	钢筋混凝土港工结构的阴极保护系统研究	87－18－04－05	中科院海洋所	季明棠		1988～1990	
194	东海至菲律宾海的深部结构与构造演化	87－42－04	中科院海洋所	喻普之		1986～1994	
195	西太洋热带环流对我国近海环流和气候的影响	87－44－02	中科院海洋所	胡敦欣		1987～1990	
196	中国东部沿海全新世海面变化及环境变迁	87－45－03	中科院海洋所	韩有松		1987～1990	
197	南海东北部综合研究与南海暖流的发现		中科院南海所 中科院海洋所	陈清潮 管秉贤		1986	中科院科技进步一等奖
198	曾母暗沙专题研究		中科院南海所	陈清潮		1987	中科院科技进步二等奖
199	鲑点石斑鱼人工繁殖研究		中科院南海所	陈兴乾 梁海鸥 肖耀光等		1988	中科院科技进步二等奖
200	南海北部湾涠11－1海区工程地质调查和评价		中科院力学所 中科院南海所	范时清 罗又郎 袁友仁等	中科院海洋所	1986～1987	国家科技进步二等奖、中科院科技进步一等奖

续表 10

序号	项目名称	国家、部门批准编号	负责单位	主要负责人（前三名）	参加单位	时间	完成（获奖）情况
201	莺歌海阿科区块海洋环境调查分析及研究		南海西部石油公司 中科院南海所	严文侠	中科院海洋所、国家气象局	1988	国家经委专业科技成果二等奖
202	南海石油开发海洋环境及其观测手段的研究与开发		中科院南海所	杨天鸿 夏戡原 范时清等		1986	中科院“六五”攻关奖
203	大珠母贝游离有核珍珠和人工育苗研究		中科院南海所	谢玉坎 许志坚 林碧萍	海南水产所	1986	广东省科技进步二等奖
204	CHZ_9 海洋重力仪研制		中科院测量与地球物理所 中科院南海所	吕碧瑶等		1987	中科院科技进步一等奖
205	OMC_{-1}海洋光学多参数测量仪		中科院南海所	钟其英 邓崇仁 柯天存等		1988	广东省科技进步二等奖
206	中国及邻区海陆大地构造图		中科院地质所 中科院南海所	张文佑 刘昭蜀 何善谋等		1988	国家自然科学三等奖
207	广东省海岸带和海涂资源综合调查研究		广东省海岸办、国家海洋局南海分局、中科院南海所	黄金涛 赵焕廷 宁朝景等	广州地理所、水科院南海水产所、中山大学	1987	广东省科技进步特等奖
208	广东海岸带环境质量调查与评价		国家海洋局南海分局、中科院南海所	何悦强 温伟英等	华南环科所、南海水产所、中山大学	1987	广东省环保科技成果二等奖
209	温跃层深度探测	75—76—06—03	中科院声学所	关定华 张云鹏	山东海洋学院	1986～1989	
210	浅海内波起伏特性的研究	87—1—05	中科院声学所	高天赋 张云鹏		1986～1990	
211	典型海水声信道的多途机理的研究	87—1—03	中科院声学所	高天赋 陈跃明		1986～1990	
212	数值声场预报	87—1—02	中科院声学所	高天赋 周志愚		1986～1990	
213	声纤传感技术	基金 8588014（高技术）	中科院声学所	汪德昭 陈守六		1989～1991	
214	高分辨率彩色图象声纳的研究和开发应用	75—75—06—11	中科院声学所	朱维庆		1986～1989	
215	水下信息压缩和声通讯技术研究	75—75—06—23	中科院声学所	朱维庆		1986～1990	
216	高分辨率声像声纳	89—1—195	中科院声学所	朱维庆		1989～1990	
217	声达的信号处理	75—76—06—01	中科院声学所	朱维庆		1986～1990	
218	典型浅海海底混响模型研究	87—1—04	中科院东站	张仁和		1987～1990	
219	应用非线体声学方法遥测海底声体积散射强度的研究	基金 1870762	中科院东站	许振夏		1988～1990	
220	中浅层声学地层测量装置的研制	75—25—2—5	中科院东站	华乐荪	交通部水运规划设计院	1986～1990	
221	由浅海混响反演海底反射与散射系数研究	基金 1880753	中科院东站	张仁和		1989～1991	
222	彩色图像声纳研制	学科代码 030204	中科院东站	许振夏		1985～1989	

续表 11

序号	项目名称	国家、部门批准编号	负责单位	主要负责人（前三名）	参加单位	时　间	完成（获奖）情　况
223	南海海流数值计算	75—76—01—03—03	中科院大气物理所	季仲贞 李荣凤	中科院南海所	1986～1990	
224	大气和大洋环流模式的设计和建立	4860206	中科院大气物理所	张学洪		1987～1989	已完成
225	大洋环流数值模拟研究	学科代码D0508、D0601	大气科学和地球流体力学国家重点实验室	曾庆存		1988～	部分完成
226	热带太平洋物理量场基本规律及能量输送和转换过程	75—76—07—02	中科院大气物理所	符淙斌	中科院南海所、中科院海洋所、南京大学大气科学系	1986～1990	
227	西太平洋热带海域海气相互作用与年际气候变化研究	87—44	中科院大气物理所	周晓平 甘子钧 胡敦欣等	中科院海洋所、中科院南海所、兰州高原大气物理所、中科院力学院、地理所	1986～1990	
228	对虾种群动态规律的研究		水科院黄海水产所	邓景耀		1986	国家自然科学三等奖
229	对虾配合饵料技术		水科院黄海水产所	侯文璞		1986	农业部科技进步二等奖
230	中国渔业区划		水科院黄海水产所	夏世福	水科院东海水产所	1986	农业部一等奖
231	中国浅海滩涂渔业区划		水科院黄海水产所	王中元	水科院南海水产所	1986	农业部二等奖
232	对虾精荚人工移植技术		水科院黄海水产所	杨丛海		1988	农业部科技进步二等奖
233	对虾良种选育技术	75—06—02—10	水科院黄海水产所	杨丛海	中科院海洋所等	1986～1990	
234	鳀鱼资源渔场调查及变水层拖网捕捞技术研究	75—06—04—20	水科院黄海水产所	朱德山	荣成水产所等	1986～1990	
235	对虾病害防治技术	75—06—03—12	水科院黄海水产所	杨丛海	青岛海洋大学等	1986～1990	
236	海参鲍鱼海湾扇贝增殖技术	75—06—04—14	水科院黄海水产所	张　煜	中科院海洋所等	1986～1990	
237	虾塘排出水体对海洋生物影响及控制方法的研究	75—06—04—10	水科院黄海水产所	白雪娥	中科院海洋所等	1986～1990	
238	东海外海远东拟沙丁鱼资源调查及开发利用研究	学科代码C020502	水科院东海水产所	丁仁福		1988	国家科技进步二等奖
239	象山港赤潮自然生态调查	农业部重点8707—3	水科院东海水产所	陈亚瞿		1987～1990	
240	海湾扇贝南移养殖试验	农业部重点03—03—05	水科院东海水产所	赵传絪		1988～1990	
241	几内亚比绍沿海渔业资源调查	外经贸〔88〕合字194号	水科院东海水产所	黄锡昌		1988～1989	通过鉴定
242	中国浅海滩涂渔业资源调查		水科院南海水产所	余勉余		1986	农业部成果二等奖
243	中国陆架渔业环境调查		水科院南海水产所	陈冠贤		1986	水科院科技进步二等奖

续表12

序号	项目名称	国家、部门批准编号	负责单位	主要负责人（前三名）	参加单位	时 间	完成（获奖）情 况
244	南海珠江口盆地1：20万海洋工程地质调查	UNDP CPR/85/044	地矿部广州海洋地质调查局	冯志强		1986～1990	
245	东海地质构造特征及油气资源研究		地矿部海洋地质综合研究大队			1987	地矿部科技进步一等奖
246	东海石油地质海洋地质情报调研		地矿部海洋地质调查局情报室			1988	国家科委科技进步一等奖
247	潜水员呼吸用氦气回收与精制装置研究		交通部石油部海洋水下工程科研院	徐长存 朱元忠		1987	部级二等奖
248	KZF_{-1}钛制盔甲式常压潜水器	经基字(82)·90号、交救字(82)1621号	广州救捞局海上援救装备研究所	高庭辉	广州重型机器厂、上海交通大学	1988	国家经委优秀科技成果二等奖
249	69 000t成品油轮试制		大连造船厂	王汉苍	大连工学院	1989	国家科技进步一等奖
250	115 00t穿梭油轮试制		大连造船厂	叶克健	大连工学院	1988	国家科技进步一等奖
251	118 000t穿梭油轮		大连造船厂	吕传祯	大连工学院	1986～1988	省科技进步一等奖
252	中压电制在船上应用		大连造船厂	李玉亭	大连海运学院	1989	国家科技进步二等奖
253	大型浅吃水油轮研究	中船总技(86)469号	大连造船厂	沈闻孙	大连工学院	1985～1987	
254	60 000t油轮船型开发	中船总技(86)1045号	大连造船厂	许步文	大连工学院	1986	
255	油轮设计专家系统	中船总技(87)1270号	大连造船厂	宋韶和	大连工学院	1987～1989	
256	新船型及专用设备“一条龙”项目深化研究	中船总技(88)1461号	大连造船厂	龚利民	上船设计院、七〇八所	1988～1990	
257	80 000t油轮船模阻力试验及节能装置试验	中船总科(89)692号	大连造船厂	龚利民	七〇二所 七〇八所	1989	
258	船机桨配合及射流试阻减振	中船总科(89)692号	大连造船厂	林克斌	大连工学院	1986～1989	
259	海鹰舰用相扫三座标雷达		南京船舶雷达研究所	潘谱华 王学仁 王雪勤等		1970～1987	国家科技进步一等奖
260	海神—Ⅲ舰用作战指挥系统		南京船舶雷达研究所	贺士廉 周自兴 陈义安等		1983～1989	中船总公司科技进步一等奖
261	350m氦氧饱和潜水模拟实验研究		海军医学研究所 海司航保部防救室	龚锦涵 罗锐仁	海军411医院	1988～1990	军队科技进步一等奖
262	潜水呼吸器高压无人试验设备		海军医学研究所	毛方琯		1988	国家科技进步三等奖、军队科技进步二等奖
263	QSZ—1型单人常压潜水装具		中船总公司七〇二所 海军医学研究所等	徐芑南		1988	国家科技进步二等奖、中船总公司科技进步一等奖

续表13

序号	项目名称	国家、部门批准编号	负责单位	主要负责人（前三名）	参加单位	时　间	完成（获奖）情　况
264	HJ801潜水装具		海军医学研究所 中船总公司487厂	潘国琪		1989	军队科技进步二等奖
265	200m潜水装具		海军医学研究所 中船总公司487厂	顾锡城		1981～1989	军队科技进步二等奖
266	海上救护直升机改装及救生药材装备标准		海军医学研究所	朱昌吉		1988	军队科技进步二等奖
267	大范围海浪数值预报	75－76－01－01	青岛海洋大学	文圣常	中科院海洋所	1986～1990	
268	海流数值预报（渤、黄、东海）	75－76－01－02	青岛海洋大学	陈宗镛		1986～1990	
269	海表温度数值预报	75－76－01－04	青岛海洋大学	苏育嵩	中科院海洋所	1986～1990	
270	风暴潮数值预报（长江口以北）	75－76－01－06	青岛海洋大学	冯士筰		1986～1990	
271	中国海跃温层的基本特征及数值预报	75－76－01－08	青岛海洋大学	杨殿荣		1986～1990	
272	海洋－大气辐射传递及反演	75－76－03－02	青岛海洋大学	贺明霞	国家海洋预报中心	1986～1990	
273	温跃层深度探测	75－76－06－03	青岛海洋大学	包青华		1986～1990	
274	光散射法探测海洋层次表层温度剖面	75－76－06－05	青岛海洋大学	刘智深		1986～1990	
275	海水中液－固界面分级交接动力学和机理研究	32820163	青岛海洋大学	张正斌		1987～1990	国家自然科学三等奖
276	拉格朗日余流和长期输运过程的研究		青岛海洋大学	冯士筰		1986～1987	国家自然科学三等奖
277	我国渤海和十个海湾水质预测及物理自净能力的研究		青岛海洋大学	陈时俊		1984～1986	国家科技进步三等奖
278	宽视角水下激光电视		青岛海洋大学	郑国星		1986～1989	国家发明三等奖
279	热带海洋辐射平衡动量热量水汽CO_2气溶胶的观测分析法	75－76－07－01	青岛海洋大学	徐静琦		1986～1990	
280	C波段散射计探测海浪要素	75－76－06－07	青岛海洋大学	刘智深		1986～1990	
281	卤虫卵加工中间试验	9210	青岛海洋大学	王贻义		1987～1989	
282	风浪频谱理论形成研究	32820160	青岛海洋大学	文圣常		1987～1989	
283	渤海无潮区生成机理基本物征及其应用的研究	32820161	青岛海洋大学	陈宗镛		1987～1989	
284	中国河口主要沉积动力过程研究及其应用	D9487005	青岛海洋大学	杨作升		1988～1991	
285	黄河口痕量元素的地球化学研究	D4870288	青岛海洋大学	黄薇文		1988～1990	国家教委科技进步二等奖
286	裙带菜丝状体育种的研究	C3870487	青岛海洋大学	赵焕登		1988～1990	

续表 14

序号	项目名称	国家、部门批准编号	负责单位	主要负责人(前三名)	参加单位	时间	完成(获奖)情况
287	东方对虾形态学研究	C3870070	青岛海洋大学	陈宽智		1988～1991	
288	无机交换法研究海水中重金属络合容量的新方法	D4870282	青岛海洋大学	刘莲生		1988～1990	
289	裙带菜繁殖生物学的研究	C3870496	青岛海洋大学	缪国荣		1988～1990	
290	海洋激光探测逆光学研究	D4870275	青岛海洋大学	刘智深		1988～1990	
291	水下机器人激光观测系统的技术开发	(89)516	青岛海洋大学	郑国星		1989～1990	
292	北太平洋海域海洋气象导航研究		青岛海洋大学	秦曾灏	青岛远洋公司等五单位	1984～1986	国家教委二等奖
293	浅海风暴潮动力机制及数值预报方法研究		青岛海洋大学	秦曾灏 刘凤树	中科院海洋所	1984～1987	山东教委一等奖
294	慈溪岸滩现场观测研究	中美科技合作项目(国家科委批准)	河海大学和美国佛罗里达大学	薛鸿超 过 达 王 象	浙江省河口海岸所等	1983～1989	
295	海南岛港港沉积作用及深水港开发利用	国家科委010号3－P－87－1003－02	南京大学	王 颖	加拿大Bedford海洋研究所	1988～1990	
296	石英砂表面结构与沉积环境	国家自然科学基金项目	南京大学	王 颖		1984～1986	
297	潮滩沉积作用与沉积相	国家自然科学基金项目	南京大学	王 颖		1987～1990	
298	河流海洋系统	国家自然科学基金项目	南京大学	任美锷		1988～1990	
299	古代、现代潮滩与风暴沉积	国家教委博士点基金项目	南京大学	王 颖		1988～1989	
300	海南岛珊湖礁海岸	国家教委博士点基金项目	南京大学	朱大奎		1989～1991	
301	潮滩与河口湾沉积作用	国家教委博士点基金项目	南京大学	王 颖	英国Sou－thampton大学海洋系	1985～1988	
302	Landsat and spot 遥感信息应用效果分析	75－73－02－03	南京大学	陈钦銮		1985～1989	
303	藻类蛋白的开发与应用	75－05－03－01 75－05－03－02	南京大学	曾昭琪		1985～1989	
304	重力式海工建筑物底部波浪浮托力	5880384	大连理工大学	邱大洪		1989～1991	
305	浅水区墩群上的非线性波浪力	学科代码1210	大连理工大学	邱大洪		1989～1992	
306	混凝土水下储罐油水装置工艺试验研究	(85)海油设技022	大连理工大学	王惟诚		1985～1989	
307	南海铺管前期科研	学科代码161402	大连理工大学	邢至庄		1986～1988	
308	海浪谱在水流作用下的变形	87304	大连理工大学	李玉成		1988	国家教委科技进步二等奖
309	水流和地形组合条件下的波浪谱变形	9187003－1	大连理工大学	李玉成		1988～1990	
310	波和流对小尺寸桩的载荷	9187003－3	大连理工大学	李玉成		1988～1990	

续表 15

序号	项目名称	国家、部门批准编号	负责单位	主要负责人（前三名）	参加单位	时　间	完成（获奖）情　况
311	任意方向插件上的波浪力	5880383	大连理工大学	李玉成		1989～1991	
312	插砌条石防波堤护面层厚度的研究	学科代码 E0902	大连理工大学	李玉成 仲路权	中国水产科研院	1984～1986	
313	中国河口主要沉积动力过程研究及其应用	D9487005	华东师范大学	陈吉余	青岛海洋大学 中山大学	1987～1991	
314	海水提铀	二军字 80 号	华东师范大学	陈邦林		长期	
315	上海城市污水外排长江口研究	沪市政 72 号	华东师范大学	陈邦林等	上海市城市排水监测站	1988	上海市科技进步二等奖
316	长江口南支石洞口污水排放口改善工程可行性研究	沪市政（88）25号	华东师范大学	陈邦林等	上海市城市建设设计院	1988～1989	
317	长江口细颗粒泥沙特性研究		杭州大学	张志忠		1988	交通部科技进步二等奖
318	细颗粒泥沙特性研究	国家自然科学基金项目	杭州大学	张志忠		1984～1988	
319	福建马尾港淤积整治模式研究	学科代码 D0605	杭州大学	胡达仁		1984～1989	
320	南海涠 11－1 混凝土多用平台可行性方案研究		天津大学等五院校	邱大洪 徐继祖			国家教委科技进步一等奖
321	海洋环境条件设计标准研究		天津大学	刘德辅	交通部一航院	1983～1989	国家教委科技进步二等奖
322	5 000－62 000t 肥大船型前期研究	中船总公司项目	华中理工大学	向家润	上海沪东船厂	1985～1990	
323	深海资料浮标锚碇系统	75－76－05－03	华中理工大学	张祖枢		1987～1990	
324	国内外电控陀螺经长航大纬度差使用性能研究	部项目	上海海运学院	杨在金		1986～1989	
325	都天庙－三江营 30km 航段上交通管理系统的研究	87－004－G	上海海运学院	陈君义		1986～1990	
326	2000 年中国交通运输海运系统发展战略研究	部项目	上海海运学院	任兴源		1986～1990	
327	水运运量的预测方法研究	部项目	上海海运学院	任光源 刘巧生		1986～1989	
328	上海市海岸带和海涂生物资源调查		上海水产大学	肖树旭	东海水产研究站 上海水产研究所	1981～1986	上海市农业科技成果二等奖
329	东海区大陆架渔业资源调查和区划研究	学科代码 C020502	浙江水产学院	余显炜		1986～1988	
330	东海中上层鱼开发	学科代码 C020502	浙江水产学院	余显炜 毛锡林		1987～1990	
331	江蓠育苗和栽培技术研究	75－06－04－011	湛江水产学院	刘思俭		1986～1990	
332	红藻生殖器官研究	国家自然科学基金项目 （82）地准字 509	湛江水产学院	李伟新		1983～1990	

续表 16

序号	项目名称	国家、部门批准编号	负责单位	主要负责人（前三名）	参加单位	时间	完成（获奖）情况
333	经编无节尼龙网应用于小型围网的试验研究	农业部重点项目渔－05－13	湛江水产学院	陈良国		1989～1990	
334	珍珠着色试验	农业部贷款项目87－4	湛江水产学院	沈海光		1987～1990	
335	鲍鱼三倍体培育技术	农业部重点项目8604－13	湛江水产学院	容寿柏		1987～1990	
336	HYS－101型沿岸水深测量自动化系统		海军大连舰艇学院	袁森寿		1987～1988	军队科技进步二等奖
337	载人潜水器—深潜救生艇		上海交通大学等	朱继懋	武汉造船厂	1989	国家科技进步一等奖

附录2　中国主要海洋企事业机构名录

部属系统

单位名称:南京水利科学研究院
院长:窦国仁
地址:南京市广州路223号
邮码:210029
电话:633662
电传:34153 NHRIC CN
电挂:5710

该院(简称南京水科院)隶属水利部、交通部、能源部领导,现有职工872人,其中高级科研人员140人,中级255人。下设水工研究所、河港研究所、材料结构研究所、土工研究所、技术情报室、计算中心、勘测设计院,水利部大坝安全监测中心亦设在该院。拥有各种大型试验厅、室20余座;藏有中外文图书、资料15万卷册、期刊700多种。中国水利学会岩土工程专业委员会、中国海洋工程学会的办事机构设在该院。有博士、硕士学位授予权。名誉院长严恺。平均每年承担科研任务400项。1985～1988年间,获国家、部、省级奖50余项。出版《水利水运科学研究》、《海洋工程》、《岩土工程学报》、《水利水运科技情报》等刊物。主要承担水利、水电、水运工程和其它有关工程的科学试验任务,也从事理论和管理方面的研究。

单位名称:交通部上海船舶运输科学研究所
所长:黄忠秀
地址:上海市民生路200号
邮码:200135
电话:8840438
传真:021 8842773
电传:33107 SSSRI CN
电挂:5970

该所(简称交通部上海船研所)是面向全国交通行业、多学科、多专业的综合性研究所,现有职工1 200余人,其中高级技术人员210余人,中级280余人。设有15个专业研究室和一个实验工厂。拥有船模基本水池、空泡试验室、节能试验室、航海试验室和大中型及微型电子计算机等研究试验手段。有JK－88型、CJBW型舰船及工业用微电脑监测装置等。建所以来,共获得各种级别成果奖213项,其中获国家、部、省(市)级的成果奖150项。能承接交通运输工程、船舶工程、港口工程、海洋工程、自动监控工程、通讯导航工程、环保工程、工程检测、航行安全技术、节能技术、计算机技术及其新装备的论证、评价、研究、开发、设计、生产、工程安装和技术咨询服务以及从事对外合作开发、合作生产和合资经营等业务。

单位名称:交通部石油部海洋水下工程科学研究院
院长:石中瑗
地址:上海市龙吴路1500号
邮码:200232
电话:4390246. 4367219
电挂:9038

该院(简称海洋水下工程科研院)现有职工270人,其中高级职称23人、中级职称64人。拥有可模拟300m深海洋环境的实验舱群和从国外引进的舱和潜水设备等。该院专门从事潜水和救捞技术、水下作业技术和装备、水下结构物检测、维修、特殊环境和生理医学研究。建院11年来,获部级一等奖3项、二等奖2项、三等奖11项、四等奖2项,国家科委四等奖1项。该院可进行潜水技术及作业技术研究、实验,进行救助打捞、水下管道、水下结构工程等设计、施工和检测。

单位名称:交通部第一航务工程勘察设计院
院长:冯敏亮
地址:天津河西区大沽南路1472号
邮码:300222
电话:84. 1931
传真:841925
电传:234109 FDINE CN
电挂:1390

该院(简称一航院)创建于1958年,是交通部直属的水运工程综合性甲级勘察设计院。职工913人。专业技术干部575人,其中高级职称126人,中级205人。配备有M－240D和MV/4000计算机系统和齐全的勘察仪器设备。从事港口、船厂、海岸工程及临海地区开发的规划、勘察设计、咨询工作,并承担项目可行性研究、项目评估、编制设备规划书及招标评标文件、工程监理及基础工程施工。1983年以来,获国家级优质工程金奖4项,银奖4项、部级优秀勘察设计奖5项,国家级科技进步奖3项,部级科技进步奖8项。具有雄厚的技术力量和丰富的勘察设计经验,在水运工程建设行业中有极高的信誉。

单位名称：交通部第三航务工程勘察设计院

院长：程庆阳

地址：上海市肇嘉浜路 831 号

邮码：200032

电话：4381730

传真：4335958

电传：30315 THIDI CN

电挂：6236

该院（简称三航院）创建于 1958 年，系交通部直属单位。具有国家颁发的勘察与设计甲级证书。该院是从事港口工程勘察设计、咨询、工程监理的综合性单位，也是全国最大的港口工程的勘察设计全能单位之一。独立承担国内外各类港口、航道、运河、船闸、修造船厂、路桥、机场、填海工程、房建等综合性大型工程项目的规划、咨询、可行性研究的勘察设计以及工程监理任务。现有职工 685 人，各类专业技术人员 530 人，其中高级工程师 121 人（教授 9 人），工程师 203 人。

单位名称：交通部第四航务工程局

局长：邹本龙

地址：广东省广州市前进路 163 号

邮码：510231

电话：410219、413456—2812

传真：441842

电传：441154　TFHEB　CN

电挂：2272

该局（简称四航局）是交通部直属国营大型综合性企业。专门承担大型海岸、海洋工程，大中型港口建设及线路、管道、隧道的勘察设计、科学技术研究工程施工和设备制作安装，承担金属结构及其构件制造，钢质船舶和机械制造，水泥混凝土制品制造等。现有职工 12 000 余人，工程技术人员 830 余人，其中高级 114 人。拥有大型工程船舶 110 多艘，大型施工机械 1 100 多台。拥有大型波浪试验和计算机设备。该局先后荣获全国科技大会奖、国家优质工程奖、全国施工企业管理优秀奖、经济效益先进单位，1989 年荣获国家二级企业和省级先进企业的称号。

单位名称：交通部第四航务工程局科学研究所

所长：费民康

地址：广州市前进路 157 号

邮码：510230

电话：447883

电挂：0457

该所（简称四航局科研所）创建于 1960 年，有工程技术人员 100 多人。其中高级工程师 22 人。承接国内外港口码头、防波堤等航务工程以及工业与民用建筑工程中有关土木工程的科研、检测、咨询等业务，从事软基加固，桩基基础、钢结构与混凝土防腐、建筑材料、海洋动力、施工工艺、电算程序等技术开发、服务以及工程桩基动、静态测试、土工试验、混凝土测试、工程质量检测、工程勘测、钻探等工作。拥有结构、地基模型、土工、建材等专业试验室。有大型波浪试验港池、海洋腐蚀暴露站、桩基动、静测试设备，软基处理设备、工程地质勘探设备，微型计算机以及各类测试、计量、机械设备 1 000 多台（套）。科研成果获全国科学大会奖的 2 项，获交通部科技进步三等奖的 2 项，获国家专利的 2 项。

单位名称：天津港湾工程研究所

所长：王海滨

地址：天津市河西区大沽南路 1474 号

邮码：300222

电话：840305，840037

电传：23346 FMEB CN

电挂：8661

该所（简称天津港湾工程所）是一个以科研为主体、兼营设计、施工、勘察的综合性研究所。现有 9 个研究室，并属有从事基础工程、新技术开发应用的“天津软基技术开发公司”。出版国内外公开发行的《港口工程》期刊。现有职工 322 人，其中高工 43 人、工程师 116 人。拥有港口水工模型试验室 1 个，有成套的测试仪器和数据处理系统，大型整体试验港池、大型水槽、打桩分析仪和计算机等。该所以软土地基加固及基础工程、港工特种砼及建材、水工波浪模型试验和数字模型试验等为技术专长。获国家级奖 3 项、获部省级奖十几项。

单位名称：交通部天津水运工程科学研究所

所长：朱南华

地址：天津塘沽新港二号路 37 号

邮码：300456

电话：97—5508，5208，4710

传真：975125

电挂：7405

该所（简称天津水运工程所）直属交通部。现有职工 410 人，其中高级职称 47 人，中级 76 人。下设 7 个室 1 个队。拥有试验大厅 11 座，实验室数十个，均配有现代化测试仪器。主要从事水运工程方面的科研与勘测设计工作，包括河、海泥沙运动及减淤措施研究；水运工程结构和通航水工建筑物研究；港口环境监测与保护措施研究；新型施工机具研究及水运工程设计及地形、水文测量;遥控航模;新型测试仪器研制;技术情报服务等。共获国家优秀奖 5 项,特等奖 1 项,二等奖 2 项、三等奖 1 项、部级优秀奖二等 1 项、三等 3 项、四等 2 项。

单位名称:交通部上海海上救助打捞局科研所

所长:李士明

地址:上海市杨浦区杨树浦路 1426 号

邮码:200090

电话:5191710—378

传真:5419568

电传:33105 SHTOW CN

电挂:1911

该所(简称上海救捞局科研所)创建于 1979 年 2 月,有职工 84 人,其中高级职称 7 人,中级职称 19 人。设 5 个研究室。拥有 100m 潜水模拟系统、250m 饱和潜水模拟训练基地、遥控无人深潜器、大功率 X 光机室等大型设施,以及其它专用测试设备和仪器近 50 台。该所以潜水技术的开发应用研究为主,重点是潜水新设备、新装具、水下作业新技术、潜水病防治、潜水医学监督和保障及高压氧治疗技术的应用研究。获国家级科技成果奖 2 项、部级成果奖 6 项。

单位名称:中国海洋工程服务有限公司广州分公司

经理:赵家麒

地址:广州市滨江东路 536 号

邮码:510260

电话:447234 转各部

传真:412319

电传:44432 COESK CN

电挂:0361

该公司于 1981 年在广州海难救助打捞公司的基础上组建。共有职工 2 800 多人,其中专业技术人员 898 人(高级职称 36 人,中级 126 人)、潜水员 170 多人。拥有各类船舶 51 艘,其中 15 000kW 拖轮“德跃”轮是目前远东地区最大的拖轮,“南洋”号 500t 浮吊船和“重任 1501”1.5 万吨驳船是华南地区目前最大的起重船和驳船。还拥有打捞浮筒 26 只,先进的水下机器人(ROV)1 套、各类施工设备 453 台。主要经营海上救助打捞、重件起重吊装、拖航运输、海洋工程(平台守护、移位、潜水、水下爆破、检修等)、水工工程(码头、桥梁、防波堤、隧道等)。该公司下设海上救援设备研究所,主要从事海上援救设备、救助、打捞、水下爆破、焊接等科研项目的开发与研究。获得国家科技进步二等奖 3 项。

单位名称:广州海运管理局

局长:钱维扬

地址:广州市沙面南街 22 号

邮码:510130

电话:413456

传真:413456 转 2505

电传:44212

电挂:0053

该局是交通部直属大型骨干企业。有职工 1.8 万人,其中中高级职称 2 042 人。各类运输船 127 艘,191 万载重吨和 7 000 个载客位。该局主要承担石油、煤炭、矿石、粮食、糖和橡胶等货物运输和旅客运输,兼营远洋运输。航线通达国内沿海、长江中下游港口和世界各大港口。该局连续 11a 超额完成国家运输任务,多次荣获国家、交通部和广东省奖励。

单位名称:地矿部上海海洋地质调查局

局长:顾宗平

地址:上海市延安西路 526 号

邮码:200050

电话:2523130

传真:2527499

电传:33285　MAGEO　CN

电挂:1771

该局(简称地矿部上海海地局)共有 2 800 多人,其中高级职称的 100 余名,中级职称的 550 余名。下设第一、三海洋地质调查大队、海洋地质综合研究大队、技术装备研究所、技工学校等单位。主要承担东海油气普查勘探和海洋地质调查研究任务。拥有“勘探二号”自升式钻井平台、“勘探三号”半潜式钻井平台、“勘 407”工程浅钻船和 5 艘地球物理调查船、“阿戈—码西兰”高精度定位系统、“IBM4381”、“TQ—6”、“Comand—3”计算机、两套“3700”测井系列、两座码头基地以及 8 条辅助供应船。近年来,共获国家、部、省级奖 50 余项。

单位名称:上海海洋地质调查局技术装备研究所

所长:周秉义

地址:上海市延安西路 526 号

邮码:200050

电话:2526078

传真:2527499

电传:33285 MAGEO CN

电挂:5692

该所(简称上海海地局技术装备所)是地矿部唯一承担陆地和海洋石油设备研究设计的单位,并设有经营部。现有高级工程师16人,工程师16人,总人数62人。有10多个项目荣获国家和地矿部的成果奖。业务范围:石油钻采设备(包括钻井水下设备)设计、工程地质取样、岩心钻探、物探钻机及泥浆泵、物探震源及其装载系统、通用机械、液压传动机械及系统的研究设计、钻采仪器的研究设计和维修、电力拖动设备、控制系统的设计和技术咨询服务、微电脑的造型咨询、机房设计、软件开发、维修和人员培训。

单位名称:地矿部广州海洋地质调查局

局长:刘庆民

地址:广州市环市东路477号

邮码:510075

电话:755460

传真:765102

电传:44783

电挂:6347

该局(简称地矿部广州海地局)直属地矿部。是一个多学科、多功能的综合性海洋地质勘察单位。下属有第二、四海洋地质调查大队,第十二石油普查勘探大队和四个公司。职工2 560人,其中高级职称108人,中级300余人。固定资产3亿多元。有3艘1 000~4 000t海洋地质科学调查船、1艘滨海地质调查船和2艘油料运输船及其专用的码头。配有一批导航定位、地震、重力、磁力、测深、多频探测、旁侧声纳扫描、浅层地球物理、CTD、海底照相及海底取样等的现代化仪器,设有电子计算中心、综合实验室、科学研究室。该局在南海发现了珠江口、北部湾等一系列大、中型油气盆地,提交了具有先进水平的地质勘探和科研成果。可为进入中国海域作业的外国公司提供高精度的海洋地球物理测量、导航定位、资料处理和实验分析服务。

单位名称:地矿部海洋地质研究所

所长:何起祥

地址:青岛市18号信箱

邮码:266071

电话:32996

电挂:8726

该所(简称地矿部海洋地质所)现有各类科技人员198人,其中高级职称的46人。设有7个研究室、1个实验室。地矿部第四纪研究中心挂靠该所。该所研究方向是:在区域海洋地质调查的基础上开展以油气为重点的海洋矿产资源的综合调查研究。主要任务与研究重点是:近海油气资源分析与评价、滨海砂矿与深海多金属结构、现代海洋沉积与第四纪地质、环境地质及河口港湾三角洲地质、海区构造与地球物理场、海洋地质情报研究等。配有各种海上调查和室内样品分析测试仪器。主办《海洋地质与第四纪地质》、《海洋地质研究集刊》、《海洋地质动态》、《海洋地质情报文集》及《中国地球科学》等刊物。近年来共获国家、部省级成果奖10余项。

单位名称:地矿部石油钻井研究所

所长:许益群

地址:山东省德州市东风东路35号

邮码:253005

电话:22554

电传:22468

电挂:0966

该所(简称地矿部石油钻井所)成立于1965年,现有职工133人,其中高级技术职称人员8人,中级26人。该所是一个面向全国石油勘探系统的以应用技术研究开发为主的综合性研究单位,具有较雄厚的钻井专业技术力量。设有石油钻井、泥浆、完井、技术装备、科技情报、编辑出版和技术培训等科研技术部门,并有与之配套的泥浆、水泥浆、钻井工具和钻井液化学处理剂生产车间,已形成科研、试验、生产、技术服务和技术开发的综合配套体系,具备了承担油气勘查钻井工程科研、技术和生产项目的能力。完成了国家、部、局的科研项目70余项,取得重要科技成果32项,其中获得地矿部科技成果一、二、三等奖多项。

单位名称:轻工业部制盐工业科学研究所

所长:林家骅

地址:天津市塘沽区营口道27号

邮码:300450

电话:(022)982730

传真:(022)984805

电挂:1136

该所(简称轻工部制盐所)成立于1955年,直属轻工业部。所本部占地15 000m²,中间试验场占地1 500亩。建有原盐、化工、天然胡萝卜素、卤虫卵加工生产基地及机加工车间。全所现有职工237人,其中高级技术人员14人,中级技术人员80余人。下设制盐工艺、化工、机械、生物及工程设计等专业。建所以来,共完成300多项科研项目。近期承担的联合国计划开发署项目、欧洲经济共同体项目和国家级火炬及科技攻关项目取得了良好的经济和社会效益。

全国海湖盐标准化质量检测中心和全国海湖盐工业科技情报站设在该所。

国家海洋局系统

单位名称:国家海洋局北海分局

局长:张季栋

地址:山东省青岛市四方区抚顺路22号

邮码:266033

电话:335513

电传:32135 BHFJ CN

电挂:0948

北海分局是国家海洋局的派出机构,现有职工1 800多人,其中高级职称25人,中级275人。固定资产1.02亿元。有25个海洋台站和监察站。拥有12艘监测、监视执法船和远洋考察船、2架航空遥感飞机、3套海洋监测浮标、8台资料信息处理微机及1 700多台套仪器设备。1986年以来,获得省、部级科技进步二等奖2项、三等奖4项。

单位名称:国家海洋局东海分局

局长:张志挺

地址:上海市浦东东塘路630号

邮码:200137

电话:5480475

传真:5480475×318分机

电传:33473

电挂:9519

东海分局是国家海洋局的派出机构,是区域性管理海洋事务的职能部门,司局级。现有人员1 900余人,其中高、中级专业人员212人。拥有各类海洋科学调查船、海监船13艘,其中万吨级综合性科学调查船1艘,海洋遥测浮标4个。使用国家海洋局提供的海监飞机进行海洋执法管理、监测。分局下辖7个处级单位和20个海洋监察站,分驻在华东3省市沿海地区,从事海洋综合管理、海洋公益服务和海洋科学研究工作。

单位名称:国家海洋局南海分局

局长:梁　松

地址:广州市新港中路353号

邮码:510300

电话:451585

传真:451237

电传:44239 SCS CN

电挂:广州3982

南海分局是国家海洋局派出机构。现有职工1 600多人,其中高级职称20多人,中级200多人。拥有海洋综合调查船、海监船及辅助船近20艘,拥有海洋遥测资料浮标及各种先进设备。从事海洋各学科的研究,并具有维修和制造海洋浮标的技术和能力。1989年获部级科技进步三等奖1项、优秀三等奖1项。

单位名称:国家海洋环境预报中心

主任:巢纪平

地址:北京市海淀区大慧寺8号

邮码:100081

电话:831.3573

传真:831.3632

电传:22493 MFCEN CN

电挂:7315

国家海洋环境预报中心即国家海洋环境预报研究中心(简称国家海洋预报中心),隶属国家海洋局,主要从事海洋环境预报服务和发布海洋灾害警报。中心现有科技人员260余名,其中高级科技人员34名,中级110名。中心配有先进仪器设备的大气海洋环境评价实验室、Cyber180/840、Cyber180/860计算机系统、通信系统、填绘图系统、卫星遥感系统以及声像系统。中心负责海洋预报业务化实施并致力于海洋灾害的预报研究工作。1986～1989年,中心获国家科技进步二等奖2项,三等奖1项,获局一等奖2项,二等奖2项。中心开发研制的卫星遥感微机实时接收处理系统,“声雷达遥感系统”已进行推广应用,深受使用单位欢迎。

单位名称:国家海洋环境监测中心

主任:周家义

地址:辽宁省大连市凌河街42号

邮码:116023

电话:471429(直拨号0411)

传真:471429

电挂:3152

该中心(简称国家海洋监测中心)隶属国家海洋局,下设7个研究室和渤海环境监测中心站。现有职工380余人,其中高级科技人员40余人,中级120余人。具有成套的海上采样和调查设备及高精度的室内分析仪器。主要从事海洋环境污染监测、海洋倾废、海洋石油污染与防治、海冰和海洋开发等方面的调查研究,以及开展海洋环境评价和污染物测试分析技术等项工作。取得科技成果90余项,其中获部省级一、二、三等科技进步奖近20项。

单位名称:国家海洋信息中心

主任:侯文峰

地址:天津市河东区六纬路93号

邮码:300171

电话:314436 244161

传真:022-314408
电传:23138 NODC CN
电挂:5060

该中心(简称海洋信息中心)隶属于国家海洋局,是全国统一的海洋资料、海洋科技情报和海洋科技档案三位一体的综合性的海洋信息技术基础和公益性科技服务部门。1989年国际科联确定该中心为世界资料中心(WDC-D)海洋学中心。该中心的主要任务是组织协调全国海洋资料、科技情报和科技档案工作;负责海洋资料、科技文献、科技档案的搜集、处理、贮存和服务;建设和管理国家海洋资料数据库、海洋科技文献情报和档案数据库;向全国各有关部门和单位以及国外有关机构和科学家提供资料、资料产品、潮汐、潮流预报、海洋图件绘制、海洋文献检索、海洋信息报道、情报调研、海洋专利、声像录制、海洋档案、印刷发行等服务;管理并实施海洋资料国际交换工作,代表国家参加有关国际组织及其活动。该中心下设9个业务室和一个印刷厂。有职工547人,其中高级科技人员44人,中级141人。拥有IBM-4341计算机、光盘检索、声像制作、激光照排、3200-78型绘图系统等设备。馆藏国内外各类海洋数据资料8 000万站次,中外文图书10万多册,期刊3 000种,工具书4 000册。业务建设已初步实现了海洋环境资料和文献检索服务标准化和自动化。获得科技成果近200项,其中获国家级、部级科技进步奖近20项。

单位名称:国家海洋标准计量中心
主任:曾谋荣
地址:天津市南开区黄河道咸阳路60号
邮码:300111
电话:27.4821
电传:23174 TJPTB CN(22)
电挂:3152

该中心(简称海洋计量中心)负责国家海洋标准化、计量和质量的技术归口管理工作。为国家海洋局直属事业单位,正司级。编制定员80名,现有高级工程师12名,工程师17名。配有12 000m颠倒温度表检定设备,30mpa压力容器,100mpa压力容器,精密电导率比测量装置和各种环境试验等设备。5项计量标准取得国家技术监督局颁发的合格证书。该中心研制的系列标准海水1988年度获部级三等奖,温、盐、深检定设备获国家海洋局1988年度一等奖。

单位名称:国家海洋局第一海洋研究所
所长:陈则实
地址:青岛市红岛路13号
邮码:266003
电话:266810
传真:0532-279562
电传:32135 BHFJ CN
电挂:1164

该所(简称国家海洋局一所)为综合性海洋科学研究所,有物理海洋、地球流体力学、海洋地质、港湾、遥感应用、海洋化学、海洋生物、综合技术和情报资料等研究室及实验室22个,全所584人,科技人员422人,其中高级138人、中级193人。主要研究方向为海洋环境变化规律及预报、海气相互作用、中尺度海洋现象;海洋地质、地貌、沉积、构造、测绘;港湾水动力条件和泥沙回淤;海水化学性质和环境质量评价;海洋生物生产力和应用微生物学;海洋遥感应用等。20多年来,获奖科技成果178项,其中国家级7项,省部级55项。主要设备:MV-8000和VAX-Ⅲ计算机、全球定位系统(CPS)、ODOM测深仪、KSS-5海洋重力仪、G801-C磁力梯度仪、浅地层剖面仪、地貌仪、MT-251质谱仪、956波浪跟踪系统、安德拉海流计、水位计、自动天气站、卫星资料遥测系统、微波定位系统、营养盐自动分析仪、气相、液相色谱仪、γ谱仪等。

单位名称:国家海洋局第二海洋研究所
所长:余国辉
地址:杭州市西溪河下9号
邮码:310012
电话:886924
传真:881539
电传:355035 NBOHZ CN
电挂:3152

该所(简称国家海洋局二所)是综合性海洋科学研究机构。主要从事中国海及邻近洋区的海洋资源调查和评价,海洋环境预报、保护、海洋遥感技术应用、海洋工程物理和地质研究、海水淡化与水处理技术研究等。承担与海洋工程、港口码头、航道与河口整治、海底电缆管道敷设、海上油气、海洋渔业、海涂围垦及海洋资源开发利用前期调查等有关的各项任务,此外,还承担高纯水制备与污水处理、遥感图像计算机处理及分析测试计算等服务。现有科技人员482名,其中高级124名,中级234名。该所有硕士学位授予权。拥有先进的377深海调查照相机、K-HAPSW型旁视声纳、微波定位系统、440双频回声测深仪、LS-5801液闪计数器、8864计算机、3030原子吸收仪、24DC元素分析仪、气象卫星地面接收站、DASIS图像处理系统及多种规格的微孔系列虑膜、中空、卷式反渗透组件及装置和各种规格的电渗析器等产品。1986~1989年期间获国家科技进步奖 3 项，部、省科技进步奖 29 项。

单位名称：国家海洋局第三海洋研究所

所长：张金标

地址：福建省厦门市大学路 178 号

邮码：361005

电话：224880

传真：0592－224881

电挂：2111

该所（简称国家海洋局三所）是社会公益服务性质的海洋综合性研究所。全所职工 555 人，其中高级科技人员 111 人，中级 235 人。设 9 个研究室、2 个研究中心、1 个开发公司。主办《台湾海峡》期刊。中华人民共和国厦门海洋管区设在该所。该所设有国内领先水平的受控生态实验室、超痕量分析洁净实验室和海洋放射性实验室，有各种仪器设备 3 000 多台（件），还配有 2 艘海洋监测调查船。该所以海洋综合调查研究和海岸带、海岛资源开发利用、环境保护、管理为重点，参与国家和国际组织的大洋调查和南极考察。持有国家颁发的甲级《环境影响综合评价证书》和国家海洋局颁发的《环境工程规划设计证书》和《勘察设计证书》。建所以来取得 1 000 多项科技成果，其中获国家、部省级奖达 60 多项。该所有硕士授予权。

单位名称：国家海洋局海洋技术研究所

所长：李允武

地址：天津市南开区咸阳路 60 号

邮码：300111

电话：274821 273001

电传：23174

电挂：3152

该所（简称国家海洋局技术所）主要从事海洋观测技术研究。600 余名职工，有科技人员 300 余名（其中研究员 4 名，副研究员 44 名）。设备齐全并拥有 1 万 m^2 的实验工厂，获得了 2 项国家级、11 项部省级科技进步奖和 200 多项科研成果。承担了“七五”攻关重点课题中的三个子课题。掌握先进的水密、耐压、三防、自容等通用海洋及声光调制技术。研制了规格齐全的温盐深剖面仪、测波仪、海流计、水质仪、污染监视仪器设备、采水器、底质采取设备，与美、德、加、英、挪、芬、日、朝等十来个国家开展科技交流，与联合国教科文组织海委会合作办了培训班，组织国际研讨会。出版《海洋技术》季刊和《海洋开发技术进展》年刊。

单位名称：国家海洋局天津海水淡化与综合利用研究所

所长：杨耀中

地址：天津市南开区白堤路

邮码：300192

电话：31.8282

电挂：9574

该所（简称国家海洋局淡化所）440 人，其中正高工 2 人，副高工 36 人，中级职称 48 人。所内设有 6 个室和防腐技术开发中心及实验基地。有气相色谱仪、原子吸收分光光度计、紫外可见分光光度计、发射光谱仪等仪器设备。业务范围：海水、苦咸水淡化、工业用水脱盐、纯水、超纯水制备、饮用水除氟、废水处理和化工、轻工、医药、食品的浓缩、分离、提纯等技术开发和装置的研制；海水、卤水、地下卤水化学资源开发技术研究及海洋化工、盐化工新产品的开发；海水直接利用技术开发研究及化工循环冷却水处理；防腐材料选择及防腐方法研究、防腐涂料研究及涂层施工技术研究。获部委级成果一等奖 1 项。产品有：蒸馏淡化设备、太阳能淡化装置；平板超滤器、中空纤维系列超滤器及组件、化工产品、防腐涂料及换热器、专用涂料、水质稳定剂、水产养殖专用水处理剂等。

单位名称：国家海洋局海洋发展战略研究所

副所长：杜碧兰

地址：北京海淀区大慧寺路 8 号

邮码：100081

电话：831.7542，8313917

电传：22536 NBO CN

电挂：北京 3189

该所（简称国家海洋局战略所）于 1987 年经国家科委批准成立，是国家海洋局直属事业单位。编制 30 名。设有 3 个研究室。现有人员 19 名。其中高级职称 6 名，中级职称人员 3 名。研究方向是研究并拟订中国海洋发展战略、方针、政策、法规，为国家海洋工作决策提供服务。开展中国海洋立法研究、开展海洋资源合理开发利用的方针、政策研究、开展海洋政策及海洋环境保护、海洋灾害防治政策和措施研究。研究成果获部级二等奖 1 项、三等奖 1 项。

单位名称：中国海洋报社

总编辑：李茂和

地址：北京复兴门外大街 1 号

邮码：100860

电话：867803．868941－204

传真：862209

电传：22536 NBO CN

电挂：3189

该社成立于1989年4月3日，隶属国家海洋局。该社实行总编负责制，下设采编部、经理部和办公室。编制47人，现有20人，其中高级职称1人，中级职称7人。该社分别在海口、南宁、广州、厦门、舟山、杭州、连云港、青岛、天津、大连、福州、上海等地筹建了记者站。

单位名称：海洋出版社
社长：汪兆椿　总编辑：周培兴
地址：北京复兴门外大街1号
邮码：100860
电话：867608
电传：22536 NBO　CN
电挂：3189

该社成立于1978年6月，是中央一级出版社，直属国家海洋局领导。现有职工130余人，其中高级职称人员近30名。设有12个处、室，另设有印刷厂、海洋书店和邮购部等。初步形成了立足海洋、面向全国的具有海洋特色的出版体系。该社每年平均出版图书100余种约3 000余万字。出版海洋专业期刊和其他期刊27种，其中英文版期刊12种。每年约有5%书刊获得全国性或省部级奖励。该社还与外国出版公司合作，已出版外文版海洋图书38种共2万余册，获得较好的社会效益和经济效益，为国际交流起到积极作用。

单位名称：国家海洋局宁波海洋学校
校长：闫秉耀
地址：浙江省宁波市江东区曙光路80号
邮码：315040
电话：333803(总机)
传真：331565
电挂：3535

该校(简称国家海洋局宁波海校)创办于1980年1月，是国家海洋局直属的多科性中等专业学校。现设6个专业，还举办各种形式的进修班和短期轮训班。现有教职工190人，其中高级讲师16人、讲师46人。另有部分国内海洋界知名的研究员、副研究员、高级工程师任客座教授。除正常的教学任务外，还担负国家海洋局系统成人教育培训任务，并承担国家海洋局和有关部门委托的海洋科研任务。主要仪器设备有：气相色谱仪、原子吸收仪、千米温盐深自记仪、无井验潮仪、电子计算机、导航雷达、极普仪、劳兰A、单边带收信机、751分光光度计、移频机、摄录相机等。

单位名称：国家海洋局杭州水处理技术开发中心
主任：程义方
地址：杭州市西溪河下9号
邮码：310012
电话：886924
传真：881539
电传：35035 NBOHZ CN
电挂：3152

该中心(简称国家海洋局水处理中心)于1984年组建。专门从事分子分离膜及组器技术的研究开发。拥有高中级科技人员70余名。利用膜技术在海(咸)水淡化、工业用水处理、纯水超纯水制备、废水处理和化工分离等方面填补了国家一些技术空白，获国家和部省级科技成果奖21项。形成了电渗析、反渗透、超过滤、微孔过滤四大主流技术，开发出一系列功能膜高技术产品。拥有一套膜与组器件性能检测方法和装置，研制出大型制膜机，卷膜机、中空纤维抽丝机等工作母机，产品销往国内20几个省市和中东、东南亚地区。

中科院系统

单位名称：中国科学院海洋研究所
所长：秦蕴珊
地址：青岛市南海路7号
邮码：266071
电话：279062－347
传真：270882
电传：32222
电挂：3152

该所(简称中科院海洋所)前身是中科院水生生物研究所海洋生物研究室，创造于1950年8月1日。著名生物学家童弟周、曾呈奎、刘瑞玉先后担任过该所所长。现有职工1 079人，科技人员近800人，其中高级人员166人(研究员35人)、中级379人。有中科院学部委员1人、第三世界科学院院 士1人、博士生导师11人、硕士生导师80人。拥有“科学1号”、“金星二号”、“科学二号”3艘海洋调查船，能开展远洋及近海的多学科考察。还有一座海洋生物培育楼。尚有其它大型精密仪器近百台(套)。现阶段研究方向和任务是：中国海和临近大洋海洋环流和资源综合调查研究、资源合理开发利用、环境生态预测和保护研究，以及海洋科学各重要领域的基础理论研究和综合研究。共取得重大科研成果200多项，其中获国家自然科学奖、科技进步奖和科技发明奖9项、全国科学大会奖14项、中国科学院自然科学奖、重大科技成果奖和科技进步奖59项。其他重大科技成果奖和科技进步奖41项。1986～1989年间共获各类奖57项，其中国家级奖一等1项、二等2项、三等3项、四等1项，部级奖一等9项、二等13项、三等15项、省级奖二等4项、三等5项。

单位名称：中国科学院南海海洋研究所
所长：孙玉科
地址：广州市新港西路164号
邮码：510301
电话：451335
传真：451672
电挂：0380

该所（简称中科院南海所）建于1959年。工作人员700余人，其中高级科技人员100余人，中级200余人。该所以研究热带海洋环境资源及海洋开发中的海洋学问题为主，着重研究南海及邻近大洋的海洋环境特征、地质演化、生态系统、水域生产力、实验生物学等。同时，进行海洋资源和能源的勘探开发、海洋工程地质与油气井位调查、海岸河口的开发利用、海洋环境保护、海洋水产生物的增养殖、海洋仪器设计研制等工作。全所设有11个研究室，4个临海实验站，以及计算机组，录相照相组、图书馆、编辑室、科海新技术开发公司，并拥有两艘科学考察船以及一批先进的分析测试、数值采集及计算处理设备。截止1989年共获奖100余项。

单位名称：中国科学院声学研究所
所长：关定华
地址：北京海淀区中关村路17号
邮码：100080
电话：2569080
传真：2561457
电传：222525 IOAAS CN
电挂：7208

该所（简称中科院声学所）成立于1964年，在北京有14个研究室，在上海、青岛、海南岛设有声学研究室。全所科技人员600多人，其中研究员30多人（含中科院学部委员2人）、副研究员和高工100多人、助研、工程师和实验师近400人。声学所设有水声物理、海洋水声设备、环境声学、电声学、语言声学、大气声学、地声学、检测超声、医学超声、功率超声、特超声、超声电子学、声学材料与换能器、非线性声学、声信号处理、计算声学、声学计量与标准等学科。拥有固定资产4 000多万元，大型仪器设备90多台。小型计算机、微机近百台。国家重点开放实验室"声场与声信息开放研究实验室"设在所本部。1979年以来，取得重大科技成果300余项，其中获国家级奖20余项、部、省级奖100多项。

单位名称：中国科学院北海研究站
站长：韩有泉
地址：青岛市台东区上清路8号
邮码：266023
电话：363946
电挂：4430

该站（简称中科院北海站）隶属于中科院声学所，1961年建站，现有职工108人，其中高级职称13人，中级职称54人。该站主要从事海洋声学、水声工程、电声学、舰船噪声、地声、噪声控制、信号分析处理及计算机应用方面的实验研究工作。拥有振动与声信号分析处理、噪声测量与评价、换能器测量、以PDP－11－23为主的小型计算机和微型计算机等设备及海上水声测量船。获国家自然科学二等奖1项、国防科委重大科技成果奖1项，还获得中国科学院、山东省科技成果奖多项。

单位名称：中国科学院东海研究站
站长：冯绍松
地址：上海小木桥路456号
邮码：200032
电话：4311591，4335050
电挂：5153

该站（简称中科院东海站）建于1960年，隶属于中科院声学所。现有职工157人，其中高级研究人员31人、中级61人。该站是一个进行水声物理、水声工程、信号处理、声学技术和计算技术应用等学科综合研究的单位。主要研究领域有水声学基础研究、声学技术、非线性声学、海底研究等。该站是全国水声分科学会的挂靠单位。与上海声学学会合作出版《声学技术》和《声学丛刊》。1977年来，共获国家、院、部、上海市奖56项，其中国家级奖5项，院、部、市级一等奖5项，二等奖20项。

单位名称：中国科学院南海研究站
站长：唐永禄
地址：海南省海口市滨海大道51号
邮码：570005
电话：772826，773300
电挂：1331

该站（简称中科院南海站）建于1958年，直属中科院声学所领导，系中国第一个水声研究站。该站现有职工70人，其中高级职称者6人，中级职称者31人。设有4个研究室和一个科学技术开发部。有全套信号记录和信号处理设备，有微计算机等，还配备有专用水声考察船。30多年来，对南海各海区进行了多次大规模的水声物理综合考察，积累了大量资料数据，建立了相应的理论模型。取得了可喜的研究成果，其中有5项成果获国家级奖，有4项获院、省级奖。该站还大力开展民用项目的开发研究，产品有《WDC－Ⅰ型机立窑料封自控仪》，《VD－Ⅰ型水泥计量装包装置》，《RCA－Ⅰ型防逃自动报警控制系统》等。该站还准备承揽城市噪声监测、工业噪声检控和厅堂音响改进和设计等工程。

单位名称：中国科学院大气物理研究所

所长：曾庆存

地址：北京德胜门外祁家豁子

邮码：100029

电话：2028604

传真：86.1.2028604

电挂：5000

该所（简称中科院大气物理所）建于1958年。现有职工560人，其中高级科研人员98人、中级177人。主要研究领域包括气候变化及其预测、数值天气预报、中尺度动力学和灾害性天气预报，大气物理学和大气探测，中层大气物理、大气环境、酸雨问题、大气化学、地球流体力学和全球变化、洋流数值模拟、海洋数值模拟、热带海气相互作用等。1986～1989年间共获国家自然科学奖、国家科技进步奖、中国科学院自然科学奖、科技进步奖等44项。

单位名称：中国科学院地球物理研究所

所长：刘光鼎

地址：北京市朝阳区大屯路甲11号

邮码：100101

电话：4919573

电挂：7594

该所（简称中科院地球物理所）成立于1950年，现有职工377人，其中科技人员297人，具有高级专业职称的72人，学部委员3人。是国家确定的硕士、博士研究生培养单位和博士后流动站单位。下设10个研究室，出版3种学术期刊。建有高温高压物理开放研究实验室、成象中心、地磁台链和资料情报四大中心。跟踪和开拓世界地球物理科学的新领域，为能源和资源预测、勘探和开发以及减轻地球自然灾害、环境保护等提供科学依据。

单位名称：中国科学院广州能源研究所

所长：吴治坚

地址：广州市先烈中路81号

邮码：510070

电话：778642，775600－353

传真：020－751056

电传：44514 OSICG CN

电挂：0508

该所（简称中科院能源所）隶属中国科学院，专门从事新能源和可再生能源的研究。全所211人。从事海洋能转换与利用研究的科技人员有22人，其中高级职称8人、中级10人。主要研究海洋波浪能的利用、海水温差发电、太阳能海水淡化技术等。航标灯用BD101型波力发电装置获1986年中科院科技进步二等奖，并获专利权。嵊岬岛海水淡化装置获1984年中科院重大科研成果二等奖。拥有静水池主动式气动型波能转换模拟试验装置、开式海洋热能转换实验室模拟系统、雾滴提升循环模拟实验装置、太阳能海水淡化试验装置等。

单位名称：中国科学院南京地理与湖泊研究所海洋资源及环境研究组

组长：朱季文

地址：南京北京东路73号

邮码：210008

电话：634985

电挂：1472

该研究组立于1980年，现有研究员2人，副研究员2人，助理研究员4人。研究方向为区域海岸带资源与开发战略、海面变化对沿海环境及经济的影响。获江苏省科技进步特等奖1项、四等奖1项、中科院科技进步二等奖和三等奖各1项。

水科院系统

单位名称：中国水产科学研究院

院长：潘荣和

地址：北京永定路南青塔村150号

邮码：100039

电话：8214442

电挂：3055

该院（简称中国水科院）创建于1978年，隶属农业部，现有19个直属研究单位。共有职工3 400多人，其中科技人员1 800多人（高级354人，中级778人）。全院固定资产1.4亿元，拥有近500台件万元以上的仪器设备。水科院以应用基础研究、应用技术研究为主，同时进行开发研究。先后获得省、部级科技成果奖240项，国家级奖38项。水科院负责组织承担重大科技任务、进行国际合作、开展学术交流、培养人才，为水产决策部门和促进水产生产服务。编辑出版的公开刊物有十余种。

单位名称：中国水产科学研究院黄海水产研究所

所长:邓景耀
地址:青岛市莱阳路19号
邮码:266003
电话:286650
传真:(0532)270702
电挂:4282

该所(简称水科院黄海水产所)系中国水科院所辖的综合性海区研究所。1947年创建于上海,1949年10月迁至青岛。现有职工404人,其中高级研究人员59人,中级科技人员98人。有现代化渔业资源调查船“北斗”号和2艘渔业试捕船,有原子吸收分光光度计、紫外分光光度计、氨基酸分析仪、液相色谱仪等精密仪器15台套。该所主要研究近海渔业资源的管理和养殖以及渔场环境保护、海水动植物育苗和养殖技术、外海、远洋渔业资源调查与开发利用以及水产品保鲜加工和综合利用。已完成国家和地方下达的研究课题500多项,取得155项重要科研成果,其中获得世界金牌2枚,获国家级奖励12项,获部、省级奖励54项。

单位名称:中国水产科学研究院东海水产研究所
所长:郭南麟
地址:上海市军工路300号
邮码:200090
电话:5434690
传真:021-5432926
电挂:5346

该所(简称水科院东海水产所)创建于1958年,隶属于中国水产科学研究院。局级建制。全所职工428人,其中科技人员234人(高级61人,中级84人),该所是面向东海区的综合性水产研究机构,以海洋水产资源的开发利用和捕捞技术研究为重点。从事海水鱼虾贝藻类增养殖、海洋渔场环境保护、水产品保鲜加工及鱼类学应用、开发技术的研究。拥有渔业资源调查船3艘,海水养殖基地19.9万m^2、渔具模型试验水池、鱼类标本室等。先后获省、部级以上奖励的科研成果达65项。

单位名称:中国水产科学研究院南海水产研究所
所长:曾炳光
地址:广州市新港西路231号
邮码:510300
电话:451246 451320-21
传真:451442
电挂:2389

该所(简称水科院南海水产所)创建于1953年,隶属于中国水产科学研究院,设有8个研究室和1支调查船队,拥有3艘调查船。在海南省设有热带水产研究开发中心,在深圳有海水养殖试验基地。共有职工505人,其中高级科技人员31人,中级103人。拥有各种实验仪器524台。该所以海洋渔业及相关学科的应用基础研究、技术研究和开发研究为主。编辑出版国内外公开发行的《水产文摘》和国内公开发行的《南海水产研究》。截止1989年,已取得重要科技成果152项,其中获国家级奖9项,部(省)级奖34项。该所兴办有科技服务公司、南海珍珠开发公司、深圳南海水产种苗开发有限公司。

单位名称:海军医学研究所
所长:鞠通远
地址:上海市翔殷路880号
邮码:200433
电话:5481335
电挂:8206

该所成立于1954年,现有9个研究室。主要从事放射防护、潜水医学、舰艇卫生、卫生勤务、流行病、航空医学、舰艇营养给水等专业研究。在医学、药学、生物学、化学、工程技术等学科和技术领域都有基础研究、应用研究和开发研究。该所现拥有价值1 700余万元的先进科研实验仪器和设备。至今共开展了700多项课题研究,获国家级、省部及军队级科技成果奖、进步奖200余项,有的达到或接近世界先进水平。在高压氧治疗方面有较大技术优势。

教育系统

单位名称:青岛海洋大学
校长:施正铿
地址:青岛市鱼山路5号
邮码:266003
电话:(0532)284361
传真:(0532)279091
电传:32163 SCO CN
电挂:1331

该校是全国重点大学之一,设3个学院、14个系、39个专业。是以海洋和水产学科为特色、包括理、工、农(水产)、文、社会科学的综合性大学。共有90余个实验室,藏书75万册,中外期刊2 000多种。拥有博士、硕士、学士授予权。物理海洋学和水产养殖学是国家重点学科。物理海洋专业设有博士后流动站。学校有专职研究机构18个,并有出版社。1978年以来,共获国家、部委、省级奖57项。现有在校生6 000余名。教职工1 000余人,其中正、副教授级职称人员400余人。学校拥有总值4 000万元的仪器设备，价值5万元以上的大型精密仪器50余种。

单位名称：上海水产大学

校长：乐美龙

地址：上海军工路334号

邮码：200090

电话：5431090（总机）

传真：(21)5434358

电挂：4347

上海水产大学是农业部直属、面向全国的多科性水产大学。设有4个系、2个教学部和1个夜大学。有硕士学位授予权。现有在校生近2 000人。教职工920人，其中高级职称159人，中级职称189人。有各种实验室31个，大型仪器设备730多台件。主要研究方向是水产资源、鱼类学、水生生物和生态学、水产经济动物养殖、海藻栽培、鱼病学、食品科学和食品工艺、制冷和冷藏技术、渔具和捕捞技术、渔业机械和仪器设计、渔业经济和渔业企业管理等。近10a来获得国家、部、省级科研成果30多项。中国水产学会主办的《水产学报》挂靠该校。中央农业干部管理学院在该校设立分院。

单位名称：浙江水产学院

院长：唐逸民

地址：浙江省舟山普陀区平阳浦

邮码：316101

电话：53851 53855（直拨）5440

电挂：7108

该院1958年创建于舟山，宁波设有分院。现有学生近1 000人，教职工410人，其中高级职称32人，中级95人。现设水产、航运、经济管理3个系统的专业。有实验室60多个。32a来培养了高级水产、航海专门人才3 760人。共获得科研成果100多项，不少项目获国家、部、省奖励。有5名教师被联合国列为世界海洋科学家。

单位名称：湛江水产学院

院长：顾学文

地址：广东省湛江市解放东路40号

邮码：524025

电话：281372

电挂：8110

该院始创于1935年。现隶属于农业部。设4个系、2个部和1个分院、21个专业。在校生1 475人，教职工701人，其中教授7人，副教授70人，讲师132人。获国家奖2项、省部级奖21项。藏书24.9万册。拥有主要仪器设备2 106台(件)、480t钢壳渔轮2艘，还有海水和淡水养殖场、网厂、琼脂厂、珍珠研究室、珍珠试验站等。

单位名称：大连海运学院

院长：陈祖慰

地址：辽宁大连凌水桥

邮码：116024

电话：471611－

传真：471395

电传：86175 DMC CN

电挂：3189

该院固定资产1.27亿元。在校生4 403人，其中本专科3 600人，夜函大633人，留学生22人，研究生148人，教职工2 170人，高级职称243人，中级职称626人。专任教师758人，其中教授35人，副教授185人，讲师326人。全院设置专业17个、博士授权点3个、硕士授权点8个。获国家重大科研项目奖8项。

单位名称：上海海运学院

院长：陈希群

地址：上海市浦东大道1550号（民生路口）

邮码：200135

电话：8820300

传真：8840909

电传：33557 SOR CN

电挂：5013

该院是以海洋运输技术和交通运输管理工程为重点的工、管、文、法学科齐全的多科性大学，是交通部所属的重点高等院校之一。学院有9个系13个专业。现有学生3 122人，其中本专科生2 851人，研究生122人，函授生149人，现有教师769人，其中教授、副教授162人，讲师296人，主要设备有：MV20000计算机系统、雷卡航海模拟器，激光淬火机、语音实验系统等。科研成果：获国家级奖3项，省级奖12项。

单位名称：哈尔滨船舶工程学院

院长：吴德铭

地址：哈尔滨市南岗区文庙街

邮码：150001

电话：492571

传真：244913

电挂：5307

该院是一所为船舶工业、海洋开发以及国民经济建设培养工程技术人才的全国重点大学之一，又是发展中国船舶海洋科技、特别是舰船技术研究的重要基地之一。现有在校生达5 000余人，拥有科技人员1 400余人，其中高级职称400余人，中级600人。该院拥有的航模水池、循环水槽、大型结构试验装置、仿真实验系统以及声学实验室等均达到国内领先水平，有的达到世界水平。1986～1989年共获国家级各种成果奖36项、省部级奖113项。为洲际导弹技术、水声测量、舰船技术发展以及各种舰船型号研制任务作出了贡献。

单位名称：青岛远洋船员学院

院长：邓献斌

地址：青岛市江西路东端

邮码：266071

电话：363121－251

传真：366074

电挂：4693

青岛远洋船员学院，隶属交通部和中国远洋运输总公司。拥有教职工466名，其中高级职称44人，中级职称177人。在校生近千人。拥有从国外引进的GMDSS模拟器及航海、轮机模拟器等先进的教学设备和天象馆等。

单位名称：集美航海学院

院长：喻志成

地址：福建省厦门市集美镇嘉庆路1号

邮码：361021

电话：668155 668149

传真：668415

电挂：5300

该院由爱国华侨领袖陈嘉庚先生于1920年2月创办。直属交通部。现有教职工760人，其中高级职称70多人、中级职称200多人。现有在校学生1 200人。建校以来，共培养毕业生7 269人，还为各单位培训4 747名船员。集美航海学院本科学制4年、专科学制3年，还试办招收初中毕业生5年制专科班。学院现有3系、2部、1所，4个专业。面向全国招生。

单位名称：厦门大学海洋系

系主任：李少菁

地址：福建省厦门市厦大海洋系

邮码：361005

电话：227397

电挂：0633

该系（简称厦大海洋系）有教授12名，副教授31名，讲师57名。设海洋生物、化学、物理3专业。有博士和硕士授予权。接受多国留学生。主要科研方向有：海洋浮游生物学、鱼类及生态学、底栖无脊椎生物学、经济海产动物增养殖、海洋生物地球化学、风暴潮数值预报及应用研究、海洋环境综合评价、中国海湾河口内陆架沉积环境及开发利用等。1986年，获国家级三等奖1项、部委级特等奖1项、二等奖1项、三等奖2项。有2万元以上贵重仪器30多台，仪器设备固定资产500多万元。

单位名称：厦门大学亚热带海洋研究所

所长：许天增

地址：厦门大学亚热带海洋研究所

邮码：361005

电话：227397

电挂：0633

该所于1983年10月由教育部批准命名。现有人员49名，其中高级职称11名，中级职称28名。共有18个研究方向。2万元以上仪器设备有40多台，5万元以上有10多台。获国家、省、部级奖10多项，其中国家级1项。

单位名称：南京大学海洋科学中心

主任：王　颖

地址：南京市汉口路22号

邮码：210008

电话：(025)637551转2664

传真：(025)306387

电传：34151 PRCNU CN

电挂：0909

该中心是南京大学的一个综合性海洋研究机构，由海洋地貌与沉积、海洋大气、海洋构造、海洋遥感与制图、海洋生物、海洋经济与管理等研究室组成。共有研究人员120余名，其中教授15名、副教授20名、讲师26名。中心建有国家级专业实验室“海岸带与海岛开发实验室”，下设沉积、同位素测年、海洋勘测设备、海洋地理信息系统与制图、海洋生物资源开发等实验室。拥有先进的微波定位仪、地震剖面仪、船用旁测声纳、CTD系统、双频道回声测深仪等设备。主要从事海洋与海岸带的环境、资源、生态系与人地关系的调查研究，进行规划与决策性分析及开发利用研究。1986年以来获国家级科技进步奖2项，部、委及省级科技进步奖5项。

单位名称：华东师范大学河口海岸研究所

所长：陈吉余

地址：上海市中山北路3663号

邮码:200062
电话:2547978,2577577×2662
电传:ECNU 33328 CN
电挂:0187

该所建立于1957年,是中国最早从事河口海岸研究的专门机构之一。现有教授6名,副教授级27名,中级职称30名。有6个研究室和1个中心实验室。通过对河口海岸物理、化学、生物过程的揭示,丰富和发展具有自身特色的河口海岸动力地貌学和沉积动力学,并为国民经济建设服务。1986年以来,出版专著3部、发表中、英文论文80余篇,获国家及省、部级科技成果奖13项。主要仪器设备有:原子吸收光谱分析仪,恩特克海流计、库尔特计数器、微波定位仪和扫描电子显微镜等。

单位名称:华东师大海水资源化学研究室
主任:陈邦林
地址:上海市中山北路3663号
邮码:200062
电话:2577577－2704
电挂:0187

该室有教授2人、副教授5人,讲师等6人。拥有X射线衍射仪、微电泳仪、粒度分布仪、差热—热重联合仪、紫外分析仪、惰圆偏振仪、膜天平、流动电位仪等仪器设备。主要从事河口污染物转移规律、河口化学、海水资源化学等方面的研究及应用界面化学新产品的开发。1986年后,获国家级奖1项,部、省级奖5项。主要产品有:微电泳仪Ⅲ型、医用酶斑板、油井钻井润滑剂及四效防冻液等。

单位名称:河海大学航运及海洋工程系、海岸及海洋工程研究所
系主任、所长:席与耀
地址:南京市西康路1号
邮码:210024
电话:632106转611、525
电传:34101 ECTUW CN
电挂:5478

该系始建于1953年,1979年成立海岸及海洋工程研究所。1988年获得港口、航道、海岸及海洋工程乙级设计证书,可承担相应的规划、设计任务。现有教职工145名,其中教授10名(博士导师4名);副教授40名;中级职称49名。1985年以来,获得省、部级奖22项。该系所现有实验室、仪器室10个,大小试验港池3座、波浪水流试验槽8条、大型河流动力、泥沙试验大厅、场地4处、船闸、港工、海工结构试验台5座。每年可接受33名研究生。可进行港口、码头、防波堤、护岸、船坞、船闸、升船机、航道整治、泥沙运动、海岸动力以及隧道、管道、热污染等水工水利学的实验研究和模型试验。可承担海湾河口和河道中风、浪、流及泥沙运动的现场测量与试验研究。

单位名称:上海交通大学水下工程研究所
所长:朱继懋
地址:上海华山路1954号
邮码:200030
电话:4310310－3121
传真:4330892
电传:33262 JIASH CN
电挂:2513

该所是国内最早组建的水下工程和深潜技术方面的研究所。从事载人和无人潜水器研究。有深潜实验室1个,拥有2 000m深海环境模拟装置和400kg/cm^{2}压力筒等国内独有的试验装备。有科研人员40余名,其中高级职称10名(教授2名)、中级数十名。近年来获国家级一等奖1项、部级一等项1项、二等奖1项、三等奖多项。SJT－5观察型无人遥控潜水器已小批量生产,可供用户需要。

单位名称:大连理工大学海洋工程研究所
所长:邢至庄
地址:辽宁省大连市沙河口区栾金村
邮码:116023
电话:(0411)－471511－524
传真:(0411)－471009
电传:86231 DUT CN
电挂:7108

经国家教委批准于1983年建立该所,下设5个研究室。现有专职科研人员30名,兼职科研人员60名,其中高级职称33人,中级职称30人。拥有波浪水池2座、波流水槽1座、风浪水槽1座、电液伺服结构疲劳试验系统、地震模拟系统、震动三轴仪和扭剪仪、真三轴试验机等。专门从事发展海洋工程的应用技术研究,包括流体、流体与结构相互作用,结构分析、结构抗震、软土地基的稳定等方面。获得过全国科学大会奖1项、全国优秀设计奖1项、国家级科技进步二等奖1项、三等奖2项,国家教委科技进步一等奖2项及省级科技进步奖多项。

单位名称:华中理工大学船舶和海洋工程系
系主任:曾广武
地址:武汉珞瑜路151号

邮码:430074
电话:701152－3258
电传:40131 HBHUT CN
电挂:7122

该系成立于1959年,有教职工181人,其中高级职称25人(教授12人)、中级53人,博士点3个、硕士点6个。主要研究海洋工程结构、船舶、水动力学、船舶结构、新船型舰船总体、内燃机设计制造,以及电力电子技术、自动控制技术。有船舶和海洋工程特种机械与海洋装置结构实验室、船舶试验水池、风洞实验室、压力筒实验室、结构试验中心、特种机械实验室、应用电子技术实验室等。30多年来,培养了各类毕业生近5 000人,完成科研课题近100项,其中获国家科技进步奖5项,获各部委及省级奖近30项。

单位名称:天津大学海洋与船舶工程系、海洋及特种工程研究所

系主任兼所长:刘德辅
地址:天津市南开区天津大学
邮码:300072
电话:319116－2175
传真:022－318329
电传:23288 TUICO CN
电挂:1496

海洋与船舶工程系设海洋工程、船舶工程2个专业及一海洋开发机械专门化。为海洋开发、航运和航务部门培养设计、研究、规划和管理人才。招收硕士和博士生。海洋及特种工程研究所下设7个研究室,从事海洋工程和船舶工程结构振动、结构可靠度分析、地震、海水、波浪、海流与结构相互作用、土壤地基与结构相互作用、海洋环境条件设计标准等研究。拥有海洋水工程实验室、海工结构实验室、振动实验室、动力实验室和大型船模实验室等设备。共获国家级科技进步奖3项、部省级16项。现有教授6名、副教授及高工28名,其他教学及科研人员60余人。

单位名称:青岛海洋大学海洋生物遗传研究室

主任:童裳亮
地址:青岛市鱼山路5号
邮码:266003
电话:284361
电传:32163 SCO CN
电挂:1331

该室于1983年由国家教委批准建立。现有科技人员9人,其中高级和中级职称各4人。该室主要从事海洋生物遗传育种和病害防治研究。在海藻遗传育种方面已取得可喜成果。该研究室建立的海带单倍体育种技术曾获国家科学大会奖。采用此技术培育出来的海带新品种"单海一号"与"单杂10号"获山东省教育厅科研成果一等奖、国家教委科研成果二等奖。此外,在紫菜的酶法单细胞育苗、江篱、轮虫的遗传育种,全雌对虾与对虾三倍体诱导,鱼类病毒病的研究方面也已取得进展。

单位名称:哈尔滨船舶工程学院水声研究所

所长:姚　蓝
地址:哈尔滨南岗区文庙街
邮码:150001
电话:492571～9转五系
电挂:3507

该所成立于1979年,现有科技人员80余人,其中高级25人、中级28人。该所是国家重点学科,具有硕士、博士授予权,并设有博士后流动站。1986年以来引进了80余万美元的仪器、设备。共获得国家级奖5项,部省级奖近20项,另有"尤里卡"世界发明博览会银奖和专利等多项。与英、意等国家有技术合作关系。主要从事海洋信道与目标回波特性、水下结构振动与声辐射、水下声图像与声传输、水声信号处理及声器件与声基阵等方面的研究工作。

单位名称:哈尔滨船舶工程学院惯性导航研究室

主任:黄德鸣
地址:哈尔滨市南岗区文庙街哈尔滨船舶工程学院31号楼
邮码:150001
电话:342571－402分机
电挂:5307

哈船工自控系惯导室现有各类科技人员32人,其中高级职称9人、中级16人。研究方向有平台罗经、捷联式惯性导航系统、组合导航系统、生物医学工程、生产过程自动控制、微机应用及其他开发项目。获国家级科技进步二等奖1项、三等奖1项,省、部级科技进步一等奖1项,二等奖3项,三等奖1项。该室具有机、电加工能力,拥有100级超净装备间、隔振基座和精密光学分度头、导航仪器实验室、组合导航实验室、微机机房、抽气冲油、抽气充气等设备。

单位名称:大连海运学院船舶金属材料工艺研究所

所长:关德林
地址:大连凌水桥
邮码:116024
电话:471611－9611

传真:0086－0411－471395
电传:86175 DMC CN
电挂:3189

该所是"船机修造工程"学科专业的博士及硕士学位授权点,共有各类技术人员43人,其中正副教授7人、讲师13人。拥有离子轰击处理装置、离子镀膜装置、25kg真空感应炉、150kg中频感应炉、低温无刻蚀镀铁装置、透射电镜、扫描电镜、电子探针、X衍射仪、X应力仪、MTS万能试验机等仪器设备。主要从事金属表面强化、新材料研制、大型零部件修复技术、失效分析及寿命预测等。获国家发明二等奖1项、四等奖1项;获省科技成果二等奖1项、三等奖1项、交通部科技成果二等奖2项。

单位名称:南京农业大学土化系海涂研究室
主任:陈邦本
地址:南京市中山门外卫岗
邮码:210014
电话:432115－2243
传真:025—431492
电传:342220 NJAU
电挂:0110

该室现有科研人员8人,其中教授2人、副教授1人,讲师5人。主要研究海涂土壤资源及其开发利用。

单位名称:辽师大地理系海洋经济地理研究室
主任:梁喜新
地址:大连市黄河路850号
邮码:116022
电话:401181－364
电挂:1597

全室有教授1人、副教授2人、中级职称7人。主要研究方向:1.海洋经济地理;2,中国沿海经济地理;3.沿海城市与港口地理。获省科技进步二等奖1项。

单位名称:中山大学河口海岸研究所
所长:罗章仁、吴超羽
地址:广州市河南新港路
邮码:510275
电话:446300－343 425540
电挂:8776

该所于1989年成立,其前身为河口海岸研究室。有专职科研人员15人,兼职人员17人,专职编制中有高级职称6人,中级职称5人。配有海岸河口海上测验设备,可装备8条船进行同步测验。在河口海岸综合开发和治理、港口航道自然条件评价和回淤计算、滨海热电站(厂)址条件、围海造地、沙质海岸防护、河口海岸冲刷与淤积等方面进行了大量工作,尤其是在珠江口和海岸有人量的基础资料和分析成果,可为有关单位提供咨询以至承担可行性研究任务。

单位名称:南京师范大学鲸类研究室
主任:周开亚
地址:南京市宁海路122号
邮码:210024
电话:(025)631636－328分机
传真:(025)309448

该室有高级研究人员2人、中级2人、硕士及博士研究生2～3人。主要研究海兽的保护生物学,包括生态学、环境化学等。承担的课题主要有国家自然科学基金、农业部水产局、国家环保局、江苏省教委等资助的关于白鳖豚和海豚类的研究项目。

单位名称:杭州大学河口与港湾研究室
主任:张志忠
地址:浙江杭州天目山路34号
邮码:310028
电话:881224
电挂:9600

于1980年1月建室。25个科研人员中,正副教授、高级工程师12人,余为讲师。拥有扫描电镜、X射线、库尔特计数器、长流动电位仪、双光束原子吸收仪、三轴剪切仪、偏光显微镜、环型、组合型与直型水槽和模型试验厅等。除"港口与航道治理专业"(对口交通部,面向全国)和"水资源与环境专业"(面向浙江省)的教学任务外,同时对河口学、海岸学、细颗粒泥沙、环境科学、港口航道勘测、规划、泥沙回淤与治理措施等为主要研究方向。先后获得部、省级科技进步二等与三等奖各3项。

单位名称:福建省集美水产学校
校长:洪天来
地址:厦门市湖滨东路
邮码:361012
电话:551641.551655
电挂:5700

福建省集美水产学校是爱国华侨领袖陈嘉庚先生于1920年创办的。学校现有教工161人。其中高级讲师12人、讲师45人。学生630人。学校设轮机管理、无线电通讯、海水养殖、淡水养殖、渔捞航海、制冷加工、水产经济贸易等课程。1974年以来已培养了5 000名毕业生。在缢蛏人工育苗、泥蚶人工育苗和对虾池花蛤养殖等科研项目取得显著成绩。获得过省级科技进步奖。

企业系统

单位名称：天津远洋运输公司

总经理：张世界

地址：天津塘沽浙江路29号

邮码：300450

电话：984370～9

传真：982140

电传：23221 TOSCO CN

天远公司成立于1970年10月1日，现有职工10 500名，其中有中级以上职称的专业技术干部3 400名。拥有远洋船舶122艘，航行于120多个国家和地区的600多个港口。按航线设有定期班轮和不定期班轮。船型有"一多、二重、三小"3个特点；所谓"多"就是用途多，可装杂货、散货、集装箱，也可出租、客运。所谓"重"就是重吊船，300吨级重吊船为国内仅有，在国际上也为数不多。所谓"小"就是有4 000～7 000吨级船舶，可以"走江串河"。服务项目有：货运代运、海、铁、空联运、仓储运输、船舶供应、服务和修理等业务。

单位名称：广州远洋运输公司

总经理：叶广威

地址：广州市环市东路412号

邮码：510061

电话：(020)765567

传真：765636

电传：44380 COSCA CN

电挂：COSCO GUANG ZHOU

广州远洋运输公司是中国远洋运输总公司属下的大型远洋运输骨干企业之一，拥有146艘远洋船舶，航行于130多个国家和地区的900多个港口。每月23班定期班轮驶向世界各国。班轮准班率一直居国内同行之首，达到国际先进水平。

单位名称：南京远洋运输公司

总经理：张清华

地址：南京市中山北路507号二楼

邮码：210011

电话：802153.801838

传真：802147

电传：342232 NASCO　CN

电挂：NASCONT

目前拥有3艘远洋船舶，2.5万载重吨。经营中国至朝鲜、日本、香港和东南亚的进出口运输。

单位名称：中华人民共和国船舶检验局海船规范科学研究所

所长：郑镇洲

地址：上海市浦东大道1234号

邮码：200135

电话：8826789

传真：8842626

电传：33160 ZCSH CN

电挂：CHINAREG SHANGHAI

该所隶属中华人民共和国船舶检验局。现有高级职称38名、中级28名。主要任务是研究、制定中国船舶和海洋工程、海上技术安全法规、规范、规划、标准、指导性文件等；进行海上安全有关方面的各种研究、试验与论证工作。有VAX5038计算机及微机多台、防火结构卧式炉、立式炉各1座；测振动、应力应变数据采取设备等。该所可对船舶和海洋工程设计、建造进行咨询，对防火结构和机械应力应变、振动和噪声、声响、防爆等提供试验和检测服务。该所已编制出海船规范15种、海上工程设施规范3种、指导性文件3种。获国家科技进步奖4项及交通部科技进步奖4项。

单位名称：上海海洋石油开发工程联合(集团)公司

总经理：李　光

地址：上海市蒲西路166号4号楼

邮码：200030

电话：4386750

传真：4386103

电传：33307 SOOSC CN

电挂：2074

该公司成立于1988年10月，简称海工集团。由上海市和中央在华东地区部分从事海洋工程设计、制造、拖运、服务、设备配套等工作的有关设计院、研究所、公司、工厂等共38个大中企业联合组成，现有职工91 000人，其中高中级技术人员9 900人，总资产10.8亿元。经营范围：主营在东海、南黄海等中国海域内承包海洋石油勘探、开发工程中的成套或局部项目的设计、制造、安装、运输等业务，其中包括大型海洋钻井平台、导管架、早期浮式生产系统，油、气、水处理措施、生活模块、水下工程，石油化工工程，电脑控制工程等。同时为用户提供供应船、直升飞机、海陆运输、气象、通讯、海洋防污染等优质服务。

单位名称：中国海洋石油总公司

总经理：钟一鸣

地址:北京东三环北路甲 2 号京信大厦
邮码:100027
电话:4663366
传真:4662994
电传:210561 CNOOC CN 电挂:3113

主要业务是从事海洋石油天然气的勘探、开发、生产、加工利用和产品销售。公司实行对外合作和自营相结合的经营方式,以多种形式长期、广泛地与外国公司发展合作关系。公司注册资本为 60 亿元人民币。

单位名称:中国海洋石油总公司 海洋石油勘探开发研究中心
副主任:王善书
地址:河北省新城县
邮码:074010
电话:2799
电传:22611 CNOOC CN
电挂: 3100

该研究中心是中国海洋石油总公司石油勘探开发方面的研究和参谋机构。现有职工 590 人,其中科技人员 480 人(高级工程师 110 人,工程师 150 人)。中心拥有 VAX 计算机系统、各类工作站、齐全软件、TSQ－70 色/质仪等较先进的科研手段。截止 1989 年,中心共完成 200 余项成果,获国家科技奖 5 项、部级奖 30 项。并有 30 余家外国公司来中心进行技术交流。中心采取项目合作、项目承包、单项合作与承包、委托经纪人(大的石油公司)输出地质技术、劳务等多种方式,与国内外石油公司合作。

单位名称:中国海洋石油总公司南海东部石油公司
总经理:陈铜台
地址:广州市江南大道中 164 号
邮码:510240
电话:429072
传真:429072 转 2258 或 2261
电传:44468 NHEOC CN
电挂:4254

南海东部石油公司是中国海洋石油总公司下属的具有法人地位的地区公司,主要负责经营南海东部海域石油和天然气资源的勘探、开发、生产和销售。公司已同 9 个国家的 27 家外国公司建立了合作关系。在三轮海上石油招标中,共签订了 26 个石油合同和协议。累计吸引外资 9 亿多美元。发现含油气构造 18 个,获原油地质储量 3.74 亿 t,预测到 1995 年建成 7 个油田,原油年产能力达到 500 万 t 以上。现有职工 950 人,其中高级 229 人、中级 196 人。拥有通信卫星地面站、大型复晒机、SUN－4、VAX3500 计算机及 60 多台微机等先进设备。

单位名称:中国海洋石油总公司南 海西部石油公司
总经理:王 彦
地址:广东湛江坡头
邮码:524057
电话:280888 转各部门
传真:285635
电传:452076 NHWOC CN
电挂:8097

该公司是中国海洋石油总公司下属具有法人资格的地区公司。职工总数 10 089 人,其中高级职称 389 人、中级 1 182 人。公司下属有研究、设计机构及专业承包服务公司 9 个;在广州、深圳、海口、三亚、北海等市设有办事处。固定资产 16 亿元。主要业务:在中国南海东经 113°10′以西海域从事石油和天然气勘探、开发、生产以及加工利用和销售。该公司实行对外合作与自营相结合的开放式经营,以多种形成长期、广泛地与外国公司发展合作关系。该公司与 23 个国际石油公司组成的 8 个合作伙伴执行了 9 个石油合同,与外国专业承包公司成立了 5 个合营公司,签定了 200 多个协议。

单位名称:南海西部石油公司海洋物探公司
经理:张建祥
地址:广东湛江市坡头区 11 号信箱
邮码:524057
电话:280888 转 24000
传真:285635 或 285681
电传:452076 NHWOC CN
电挂:8097

该公司专门从事海洋石油地震勘探、海洋工程地质调查和导航定位。有职工 325 人,其中高级工程师 10 人,工程师 68 人。主要装备有:南海 502 地震船、南海 503 海洋工程地质调查船和导航定位仪器。公司拥有一整套为海洋石油勘探提供定位导航服务设备。在 2 000km 长的海岸线建有 36 个定位岸台,覆盖整个南中国海和北部湾海区。

单位名称:渤海工程设计公司
经理:刘楚凡
地址:天津塘沽 536 信箱
邮码:300452
电话:975661
传真:771401

电传:23163 OBPCC CN
电挂:塘沽 6265

成立于 1965 年 2 月,归属于中国海洋石油总公司渤海石油公司。近 500 名职工中有技术人员 300 多人(其中高级工程师 80 多人),配备有 VAX11/785 小型计算机系统。全套CAD 硬软件、电脑排版、激光打印出版系统及电子扫描缩微系统。主要业务范围:海洋油气田开发工程各阶段设计及项目管理、海洋油田陆上基本设计,工程船舶设计及有关海洋工程的应用研究(环境、海冰力学、防腐等)。持有甲级工程设计证书、甲级工程勘察证书、二类压力容器设计证书及甲级环境影响评价证书。1986～1989 年有 12 项成果获国家、部省级科技进步奖。

单位名称:中国船舶科学研究中心
主任:董世汤
地址:无锡 116 信箱
邮码:214082
电话:668012
传真:0510－201164
电传:362016 CSSRC CN
电挂:7020

该中心(七 0 二所)成立于 1962 年,隶属中船总公司中国舰船研究院。有大、中型实验室 18 座。拥有科技人员近千名,其中国家级有突出贡献的中青年专家 3 人,高级研究人员 300 余名,中级科技人员 400 余名。涉及流体力学、结构力学、船舶工程、船舶设计、数学、物理、机械、电子、计算机等多种专业。主要从事舰船、海洋工程及其他工程领域的总体力学性能、噪声振动等方面理论研究、模型和实物试验、工程设计研制、生产等工作。近五年来,在军品民品的科研试验和技术开发方面作出了大量贡献。获得国家级奖励 5 项,部级奖 35 项和研究院级奖 65 项。该中心与国内外有广泛的交往和合作关系。

单位名称:中国船舶与海洋工程设计研究院
院长:苏拔英
地址:上海市四川中路 346 号
邮码:200002
电话:3215044
传真:3290929
电传:33029 MARIC CN
电挂:5465

该院为中船总公司下属机构,已建院 40 年。拥有包括 40 名教授级高工、300 多名副教授级高工和近 700 名工程师在内的 1 800 名职工和包括风、浪、流全模拟的试验水池在内的较齐全的流体动力试验设施。主要从事各类军用辅助舰艇、民用船舶、海上浮动构筑物、工程船舶、气垫船和其他性能船舶、陆上建筑、机电仪表、自动化导航研究、开发设计以及流体力学模型试验、电子计算机应用等各种技术服务。获国家、部、省级奖 200 多项,包括国家特级奖 2 项、国家级科技进步一等奖 3 项。目前,该院在气垫技术、船舶节能技术、水动力学理论的若干方面和喷水推进组合体等领域已进入国际先进行列。

单位名称:上海海洋石油平台工程设计公司
总经理:练 淦
地址:上海市四川中路 346 号
邮码:200002
电话:3215044
传真:3290929
电传:33029 MARIC CN
电挂:5465

该公司为中船总公司下属的专业公司,专门从事海洋工程包括各类浮动式钻井平台、导管架生产平台、浮式生产系统以及各类海上施工、作业等特种船舶、特种装置的研究、设计、咨询和项目管理。拥有一支近 500 名的专业配套的技术队伍(包括从事该专业 30～40 年的十余名教授级高工和 60 余名副教授级高工)。他们设计的半潜式钻井平台、座式钻井平台、各类模块均获国家科技进步一等奖。该公司拥有风、浪、流全模拟试验水池 1 座,已承接国内外许多海洋工程试验项目。该公司为涉外企业,已向外国公司承包过设计项目。

单位名称:中国船舶工业总公司七院七 0 七所
所长:李德顺
地址:天津市红桥区丁字沽三号路 24 号
邮码:300131
电话:570933 571882
传真:574177
电挂:8228

该所成立于 1961 年,隶属中船总公司七院。现有职工 1 600 余人,工程技术人员 700 余人,其中高级职称 300 多人,中级职称 200 多人。下设 12 个处、9 个研究室、1 个中心实验室、1 个综合性试制工厂以及教育培训中心和高科技开发公司。主要从事惯性导航、平台罗经、无线电导航、自动操舵仪、计程仪等船用产品的研制以及民品的开发工作。该所是舰船导航产品检测中心,国家二级计量单位。建所以来获全国科学大会奖 13 项、国家、部委奖 50 多项。

单位名称:南京船舶雷达研究所
所长:秦学昌
地址:南京市中山北路346号
邮码:210003
电话:805956
传真:801624
电挂:3866

该所隶属于中船总公司舰船研究院,成立于1970年8月。现有职工1 534人,其中高级职称126人、中级职称427人。主要从事舰船电子设备的研制及高、新技术课题的研制。获国家级奖7项、部、省级奖29项。

单位名称:广州船舶及海洋工程设计院
院长:潘惠泉
地址:广州市麓湖路3号
邮码:510060
电话:336023(总机)
传真:345701
电传:44707 GUMEC CN
电挂:0191

该院是中国船舶总公司属下从事船舶及海洋工程科研开发、工程设计、项目管理及技术咨询的专业院所。现有170人,其中高级工程师28人、工程师61人。配备APOLLO计算机辅助设计工作站、自动绘图机、工程复印机、缩微/还原机等先进设备。曾先后承担过国家、部委及各石油公司等客户委托的各种船舶及海洋科研/设计项目,如8万t生产储油轮、"南海希望"号17万t生产储油轮、W11-4油田生活模块及直升机坪、南海503号地质采芯船、500t起重船等。多次获得省、部级重大科技进步奖。

单位名称:中国船舶工业总公司船舶工艺研究所
中国船舶工业总公司应用软件开发中心
所长兼中心主任:王正达
地址:上海市中山南二路851号
邮码:200032
电话:4399626
传真:(02)14390908
电挂:5689

主要从事船舶、海上石油平台及各种钢结构物的建造工艺和方法;船舶机电管系安装工艺;焊接、切割、无损检测技术;防腐、防锈、装、金属表面处理和各类防护系统;自动化装备的设计与制造;非金属材料应用及测试技术;计算和应用软件、系统软件和支撑软件的开发,计算机软、硬件接口和网络、数据库技术和软件学研究等。

单位名称:大连船舶设计研究所
所长:吕传祯
地址:大连市西岗区沿海街1号
邮码:116002
电话:234111转3514;239831
传真:86-411-233461
电传:86164 DLSPY CN
电挂:4111

该所前身是大连造船厂设计工艺研究所(简称船研所)。现有职工350人,其中研究员9人、高工52人、工程师92人。主要从事船舶及海洋工程产品设计工作,已经设计并建造了数十种万吨级以上各种类型的船舶及钻井平台、生活模块等。近年来独立设计的9.5万t和4.4万t出口成品油船开创了中国船舶设计工作的新纪元。该所设计的11.5万t穿梭油轮、6.9万t化学品成品油轮、11.8万t穿梭油轮、钻井平台、生活模块和其它多种产品分别获得了国家金质奖、科技进步奖和其他多种奖励称号。该所拥有先进的设计手段。以IBMPS/2为中心的微机网络正在逐步形成。

单位名称:上海船厂
厂长:陈为铨
地址:上海市浦东即墨路1号
邮码:200120
电话:840451转各部
传真:86-021 -842840
电挂:3002

该厂创建于1900年,现隶属于中船总公司。全厂职工近万人,各类技术人员1 700人。固定资产2.4亿元。该厂拥有3.5万吨级和2万吨级船台各1座;3.5万吨级浮船坞1艘;1万t和0.5万t干船坞各1座。该厂是集造船、修船、柴油机制造、铸锻制品及钢结构工程等为一体的大型企业。承造3.9万t以下国内外各类型远洋运输船、多用途船、集装箱船、冷藏船、客轮、拖轮、浮船坞、起重船、海上石油钻井平台等。钻井平台"勘探三号"获国家技术一等奖和国家金奖;出口德国的1.23万t集装箱多用途船获国家金奖。该厂是国内承修改装远洋、沿海船舶和外轮最多的厂家。该厂制造的柴油机不仅用于出口船,而且整机出口德国。该厂还拥有11个涉外维修代理服务站。

单位名称:中华造船厂
厂长:张希平
地址:上海市共青路130号
邮码:200090
电话:5432600

传真:86－21－5432859
电传:33086 ZOHUS CN
电挂:3446 上海

该厂创建于 1926 年,是中船总公司所属的一家大型企业。全厂职工 6 000 余人,其中各级技术人员 1 000 余人。主要产品有:船舶、煤气柜、压力容器等。拥有色谱仪、万能材料试验机、显微硬度计、X 光探伤机、超声波探伤仪、工业 X 机、测功仪、磁带记录仪、声级机等仪器 373 台。金切、锻压、起运、焊机等设备 1 776 台。截止 1989 年,产品获国家质量金奖的 1 项,获国家质量银奖 3 项,获上海市新产品奖 1 项,获国防科委三等奖 1 项。

地方企事业系统

单位名称:辽宁省海洋技术开发中心
主任:魏振铎
地址:沈阳市和平区三好街
邮码:110003
电话:394481 393840

该中心于 1984 年 11 月成立。归省科委领导。中心共联合全省 14 个有关单位。编制 12 人。中心主要任务:负责协调辽宁省海洋开发工程项目前期可行性研究;组织海岸带和海岛调查并对海洋开发中的问题进行协作攻关;编制全省海洋开发规划、计划;推广科技成果、组织技术交流、开展技术培训、承担海洋方面咨询服务工作。获省科技进步一等奖 1 项,三等奖 1 项。

单位名称:山东海洋技术开发中心
主任:姜克岩
地址:青岛市徐州路
邮码:266071
电话:366438
电挂:2732

该中心是山东省科委的直属机构,编制 30 人。现有高级职称 6 人,中级职称 6 人。主要任务是:组织编制山东省海洋科技发展规划和计划,组织全省海洋环境和资源调查、海洋科研项目联合攻关、海洋技术开发、海洋科研成果应用与推广、海洋技术咨询和人才培训、国内外海洋技术开发合作项目和科技资料信息交流等。对山东省的海洋调查、海洋科研、海洋技术开发等实行统一组织、管理和协调。

单位名称:天津海岸带开发咨询服务公司
经理:李　荫
地址:天津市河西区友谊路 40 号
邮码:300061
电话:33.3468
传真:0086－022－311901
电传:23174 TJPTB CN TREG 204
电挂:3468

该公司是由 44 家科研、设计、工程及大专院校等单位组成的经济实体——集团公司,具有法人资格。配有先进仪器 500 台(件)、传感器装备齐全的美国"奖状 SⅡ"型遥感飞机 2 架、各类工程调查船舶 35 艘、数据库 4 个、大、中型试验室(场)多所。从事工农业和海洋方面的高级科研人员 1 000 多名,中级科技人员 4 000 多人。承担过国家大、中型综合项目 100 多个,获天津市二、三等奖多项。

单位名称:河北省水产研究所
所长:李万滋
地址:河北省秦皇岛市海港区东山浴场
邮码:066002
电话:3315541;331671
电挂:3055

该所是河北省唯一涉及海洋开发的水产专业综合技术研究所。主要从事海、淡水养殖、水产资源调查、水产品综合加工利用等应用技术的开发研究。现有职工 115 人,科技人员 87 人,其中高级人员 10 名、中级 28 名。有价值千元以上仪器设备 100 余件,重、大、精、稀的仪器设备 14 件。每年承担国家、部、省及有关办、局的科研任务 20 余项。截止 1989 年,获全国科学大会成果奖 1 项、国家发明二等奖 1 项、国家科技进步一等奖 1 项、二等奖 1 项、国家自然科学三等奖 1 项、部、省级科技进步一等奖 2 项、二等奖 5 项、三等奖 5 项、四等奖 1 项、省科学大会成果奖 3 项,省局级科技进步奖 5 项。

单位名称:江苏省海洋水产研究所
所长:陈金邦
地址:江苏省南通市教育路 31 号
邮码:226007
电话:512284,516285
电挂:3152

该所建于 1978 年 5 月。现有职工 92 人,其中高级职称 6 人、中级职称 24 人。主要仪器设备有:OL96 型显微镜、高级摄影连续变倍体视显微镜,UC－23 型数字式 PH/ORP 计,数字式 DO/O_2/Temp 测定仪,双人垂直式超净工作台等。从事海洋水产方面的应用研究。获部级科技进步二等奖 1 项、三等奖 1 项,省科技成果三等奖 1 项。可为有关单位提供黑鲷苗种和成套养殖技术。

单位名称：江苏海水综合利用研究所

所长：王宝光

地址：连云港市新浦云山路

邮码：222001

电话：52865

电挂：4282

该所已有30余年的历史，现有105人，高级职称5名、中级职称37名。拥有岛津GC－16A型气相色谱仪，PE－683型红外分光光度计，原子吸收分光光度计及电分析仪器等。专门从事海水化学资源提取技术的研究及精细化工产品的技术开发，1986～1989年获国家科学技术进步三等奖1项，省科技进步及优秀学术论文奖30多项。产品有优质G11－长效不冻液、内外墙建筑涂料等。

单位名称：浙江省河口海岸研究所

所长：余宗佑

地址：杭州清泰街55－4号

邮码：310009

电话：776981

该所成立于1957年，全所职工169人，其中高级工程师15人，工程师39人。主要设备有：66×30m钱塘江河口整体模型和66×12m河口海岸整体模型试验厅各1座、水槽试验室一座。该所还设测验队，有200吨级测船和WD－3型高精度无线电定位系统，并配置水下地形和水文测验等成套设备。获全国和省科技成果和科技进步奖的项目40多个。

单位名称：福建海洋研究所

所长：刘添才

地址：厦门市东渡海山路36号

邮码：361012

电话：623062. 623169

电挂：4430

该所建于1980年1月。隶属于福建省科委。有职工110人，其中高级研究人员13人、中级29人。拥有720吨级装有卫星导航仪的海洋综合调查船1艘、13吨级港湾调查船1艘及温盐深自记仪、原子吸收光谱、气相色谱仪、高速冷冻离心机、浅地层剖面仪、矿物鉴定仪、高级显微镜等仪器。主要研究探索台湾海峡及邻近海域和福建省沿海海洋学规律、生物、非生物资源的分布与开发和利用等。获省科技进步一等奖1项，国家科技进步二等奖1项。

单位名称：连云港市水产科学研究所

所长：陈文勇

地址：连云港市海头湾

邮码：222042

电话：23679

电挂：2076

该所成立于1958年8月，全所28人，其中高级职称1名、中级职称5名。拥有综合育苗楼、饵料培养室，水质分析化验室、标准室、生物试验室等一系列与水产科研相配套的设施。主要从事海洋水产增养殖研究。另外，还拥有一支实力雄厚的潜水队伍。主要产品有：对虾苗、梭子蟹苗、紫菜苗、沙蚕、海参、牡蛎、贻贝、扇贝等。

单位名称：锦州市水产研究所

所长：蔡久仕

地址：锦州市太和区凌南东里60号

邮码：121000

电话：26400　26314

该所成立于1961年6月，现有职工44人，其中高级工程师1人、工程师7人。主要负责本地区海洋和内陆渔业的开发利用、增殖等应用科学技术研究，以及水产技术引进、推广、技术服务、咨询等工作。设有海水养殖、淡水养殖、鱼虾饲料、微生物、情报资料和水产技术推广等6个室。至1989年止，共完成科研项目72项，其中获全国科学大会奖1项，省重大科研成果奖1项，省水产局科技奖1项。

单位名称：辽宁省大连海洋渔业总公司

总经理：张　毅

地址：大连市甘井子区大连湾

邮码：116100

电话：714314

传真：714323

电传：86211 DLOFC CN

电挂：9482

该公司是以海洋捕捞为中心、鱼品加工为重点、内外贸相统一、近海远洋相配套的全国特大型渔业联合企业。系国家二级企业和省级先进企业。现有职工15 000人，固定资产4.8亿元。拥有170余艘捕捞船只和年修船300艘的修船厂，全部引进国外进口设备的鱼品加工生产线、现代化渔具加工厂。该公司拥有技术人员2 000余名，其中高级人员62人、中级人员413人。主要生产各类干鲜水产制品、冷冻制品。珍味烤鱼片获国家银牌奖；鱼粉、红塑鱼肉香肠和对虾饵料获省优质奖。

单位名称:大连碧龙海珍品有限公司

总经理:陈德若
地址:大连市旅顺口区龙塘镇大龙塘村
邮码:116044
电话:旅顺 2861 转 4088
传真:(0411)471130
电挂:旅顺 8914

该公司成立于 1985 年 11 月 1 日,由大连水产学校、旅顺龙凤养殖场、瑙鲁共和国国际 A-1 公司合资经营。注册资本 2 000 万元人民币。拥有员工 800 余人,其中管理技术人员占 10%。公司主要从事鲍鱼的人工养殖,兼营海参、海胆、扇贝、海带等的养殖与加工。年产鲍鱼达 500t 以上。公司拥有 8 000m^2 的育苗池、2 百万 m^2 养殖海域、年产 3 000t 以上的现代化饵料加工厂及成品加工车间。具有先进的养殖技术和设备完善的科研机构。自行研制的柔性组合式鲍鱼养殖网笼获国家专利。自行研制配合饵料、室内鲍鱼越冬成活率达 98.7%。公司堪称世界养鲍行业之首。所产鲍鱼畅销国内外,成为中国主要的鲍鱼等海珍品养殖与出口创汇基地。

单位名称:天津市水产养殖公司

经理:王景才
地址:天津和平区南京路 238 号
邮码:300020
电话:703306

该公司共有职工 734 人,其中高级职称 1 人、中级职称 26 人。公司下属 7 个独立核算单位、年产万 t 饵料厂 1 个、联营厂 4 个、150t 冷库 1 个、淡水养殖水面 177 万 m^2。经营商品:海淡水产品、渔需物资、天然冰,并开展养殖生产技术咨询服务等项业务。

单位名称:天津市海洋渔业公司

经理:殷悦顺
地址:天津市塘沽区三槐路培新里 3 号
邮码:300450
电话:983056 984607
电挂:0361

全民企业,职工 4 000 人。固定资产 1 亿元。有海洋生产渔轮及冷冻加工运输船 40 艘。经营范围:海洋捕捞、海上气涨救生筏装配与修理;三个虾场,养虾水面 667 万 m^2;淡水鲤、鲫、罗非鱼及海参、贻贝等养殖;亲虾育苗、鱼种越冬、鱼粉、饵料、苇子、苇制品;制造 8154 型等渔轮,修理、制造 3 000t 以下各类船舶,非标准加工制造;对虾、蜇皮、鱼货加工出口,海、淡、干、鲜鱼货冷冻、储藏,批发与零售,生、熟鱼片,鱼罐头及机制冰;承揽全国各港口海运和仓储业务及汽车运输业务;汽车修理。

单位名称:福建省海洋渔业公司

经理:张荣山
地址:福建福州马尾青州
邮码:350015
电话:682418
传真:682419
电传:92249 PMFMW CN
电挂:4523

该公司是海洋捕捞、冷冻加工、渔船修理、渔船修造、水产运输、渔需物资供应和后勤服务配套的大型国营联合企业,拥有 3 支远洋渔业船队。是福建省先进企业,全国同行业八大重点骨干企业之一。公司创建于 1961 年。固定资产近亿元,职工 3 569 人,其中专业技术人员 849 人(高级职称 25 人,中级 190 人)。共有渔轮及辅助船 55 艘,万吨冷库、5 000m^3 容量油库、万吨水厂各 1 座。主要产品有海水鱼、烤鱼片、水产蔬菜罐头、各类鱼网绳索具、海马牌饲料等。

单位名称:福建省水产养殖公司、福建四海水产有限公司

经理:余学林
地址:福建省福州市环城路 4 号
邮码:350001
电话:550511.534168.537855.522630
传真:536019
电挂:8896

该公司系福建省水产厅直属企业,拥有大中专毕业生 35 人,其中具有高级职称的 1 名、中级职称的 8 名。公司以联合经营形式,与福建沿海 18 个县(市)水产养殖公司、水产养殖中心、水产供销公司联营,已形成了一个从对虾育苗、养成、收购、加工储运、销售到技术咨询服务、渔需物资供应等相互配套的服务和经营体系。并引进外资成立中外合资企业——福建四海水产有限公司。投资联营的虾池占全省虾池面积的 2/3 以上,1988、1989 两年出口总值均在千万美元以上。公司管理使用的"AAA"牌、"高雅"牌冻对虾(去头虾、单冻虾、盘装虾、虾仁)系列产品及其他水产品(鱼、贝、藻)质量优良,在国际上享有盛誉。

单位名称:山东省海洋仪器仪表研究所

所长:李玉高
地址:青岛市浙江路 28 号
邮码:266001

电话：(0532)270927
电挂：1596

该所建于1966年10月，隶属于山东省科学院。有职工445名，其中高级职称41人、中级62人。从事海洋及水工等仪器仪表和装备的研究、试制和生产，为海洋开发、研究、军事、交通等提供调查技术和装备。承担水工仪器、医疗仪器、自动化仪表的研制和生产。荣获国家、部、省级奖励多项，填补国内空白9项。该所研制成果曾为中国发射导弹、通讯卫星提供服务。

单位名称：南洋国际水下工程公司
董事长：朱继懋　总经理：杜松寿
地址：上海市宛平路194号
邮码：200030
电话：4371140 4713842
传真：4371140
电传：33262 JIASH　CN
电挂：2513

该公司成立于1985年，全民所有制，独立核算，具有法人地位。公司成员共17名，其中高级职称3名，中级职称8名。公司设有SJT－5、SJT－10无人遥控潜水器和计算机等主要仪器设备。公司主营潜水器及水下装置的研究、设计、产销、技术咨询及来料加工和装配；承包与海上石油、海洋工程有关的服务项目。兼营自行研制的游艇、船模及轻工日用新产品的试制、试销。

【台湾省主要海洋研究机构】台湾省的海洋研究机构主要有台大海洋所、省水产试验所、省水产试验所东港分所、台湾海洋大学、文化大学海洋系与海洋研究所、中山大学海洋科学院与海洋科学研究中心、台大渔业生物试验所、成功大学海洋及水利工程所、台湾中国石油公司海域石油勘探处等。

台湾大学海洋研究所 该所正式成立于1968年8月1日，隶属台大理学院。其主要任务是：进行各种海洋学基础研究、培育海洋科学研究人才、研究同开发海洋资源有关的问题、参与国际性的海洋研究。该所下设三个组：海洋物理组、海洋地质与地球物理组、海洋生物与渔业组，每个组均设有硕士班和博士班。该所现有120余人，其中有博士16人、硕士4人。现任所长刘锡江。该所拥有实验馆一座，占地近4 000m^2，设有图书室、实验室、研讨室及研究室。主要研究设备有：X－光绕射仪、厚子吸收光谱仪、颗粒分析仪、α/β计数仪、比色仪、气休色层分析仪、软式X－光仪、温盐深记录仪、海流仪、潮波仪、盐度计、氧气分析仪、荧光仪、各种显微镜与电脑资料处理系统。全自动卫星导航调查船“海研一号”1984年7月31日下水，系由挪威建造（耗资2.5亿元台币），船长49.99m，宽10.30m，吃水4.3m，排水1 050t，净吨位792GRT，最大航速14.2节，一般航速12.0节，可载船员19人、科研人员15人。该调查船由台湾大学管理，其它单位需使用时，经台湾 国科会批准向台大申请。该船使用率很高，忙时，一个月的出海天数在24d以上。1989年已决定再筹建2艘近海海洋研究船。船长约为25m，排水量150t，每艘造价约为台币3 000万元。将来，“海研一号”将专注深海研究。“海研一号”与两艘新筹建的近海调查船将参加联合国教科文组织的为期5a(1990～1994)的黑潮调查计划，研究经费为1.5亿元(台币)。目前，台湾国科会正集中8个研究机构的27位高级研究人员，针对台湾东北海域与黑潮的各种现象进行密集式探讨。台湾东北海域为台湾省的主要鲭鲹渔场。该所出版学报《Acta Oceanographica Taiwanica》，到1989年已出版发行22期。

台湾省水产试验所 该所前身为台湾总督府水产试验场，1945年正式命名为台湾省水产试验所。该所有5个研究部门：海洋渔业、水产加工、水产养殖、渔业生物及试验船应用技术。该所设在基隆和平岛。现任所长廖一久。该所下设7个分所和1个养殖中心：

竹北分所：从事淡水鱼类养殖试验研究；

鹿港分所：从事鳗鱼、吴郭鱼、鳟鱼、牡蛎等养殖试验研究，并拥有马陵养鳟场和武陵养殖场；

台南分所：从事遮目鱼、虾类、藻类、贝类等养殖试验研究；

高雄分所：从事南海渔业资源调查；

东港分所：从事虾类、乌鱼、遮目鱼养殖试验，以及虾类资源调查工作；

澎湖分所：从事近海渔场的开发研究，鲷类、石斑鱼、牡蛎等养殖及水产加工试验，拥有白沙养殖场和大叶养殖场；

台东分所：开展东部渔业开发试验以及龙虾、九孔等养殖试验；

台西水产养殖中心：从事藻类、文蛤、淡水虾类等试验研究。该中心已经省政府同意，即将升格为台西分所。

台湾省水产试验所拥有“海功”、“海富”、“海建”、“海农”、“海鸿”等5艘调查船。水产试验所现编制为134人，其中研究人员111人，行政人员23人，聘雇临时人员9人。各分所均无独立编制，其人员由总所调派。该所出版的《台湾省水产试验所试验报告》至1989年已出版发行40多期。

为了进一步发展台湾的水产事业，目前台湾正在酝酿改组台湾水产研究机构的布局。拟将该所升格为中央水产研究所，下设东港水产养殖研究中心与高雄海洋渔业协调中心。并将竹北分所、台南分所、台东分所、澎湖分所、鹿港分所与台西水产养殖中心改属各地方政府，专注改良试验与推广工作，以及致力于栽培渔业。

台湾省水产试验所东港分所　东港分所于1968年7月开始筹建，1971年正式命名。该所是台湾目前较著名的水产研究机构，在国际上享有一定声誉。该分所人员编制为24人，外单位协作人员18人，临时聘雇人员18人，实际工作的总人数为60人。研究人员为32人，其中高级研究人员10人。东港分所的主要贡献为改进经济海产虾类的繁、养殖技术。他们已完成草虾、砂虾、熊虾、斑节虾、白须虾、青虾及红尾虾等七种重要经济海产虾类的繁殖试验，其中草虾、斑节虾、砂虾及红尾虾均已能大量繁殖。目前该分所正积极从事虾类资源调查研究，为虾苗人工放流准备各种基础资料，朝海洋水产农牧化方向前进。

该所出版的书刊有：《水产养殖》、《台湾试验所东港分所研究报告丛书》与《东港分所研讨会专辑》。

台湾海洋大学　台湾海洋大学正式命名于1989年7月1日。原系1964年成立的台湾海洋学院。海洋学院的前身为省立海事专科学校。该校有10个系和5个研究所：渔业学系、水产制造系、养殖学系、航海学系、机械工程学系、航运管理学系、海洋学系、河海工程学系、电子工程学系、造船工程学系；渔业、水产食品、养殖、海洋、海河工程。海洋渔业和海底矿产的勘探、开采两部分是该校的重点领域。

中山大学海洋科学学院与海洋科学研究中心　中山大学正式成立于1980年7月1日。最初，校内设海洋学院。1986年8月1日起，正式成立海洋科学学院，同时成立海洋科学研究中心。现任院长为张昆雄。研究海洋已成为该校的重要特色。中山大学海洋科学学院的下属单位有：海洋资源学系，海洋生物研究所与海洋地质研究所。海洋生物研究所成立于1981年，现有教师6人（含兼职2人），其中副教授以上的教师4人。海洋资源学系成立于1983年，现有教师14人（含兼职3人），其中副教授以上的教师10人。海洋地质研究所成立于1985年，现有教师9人（含兼职4人），其中副教授以上的教师8人。整个海洋科学学院的教职员总人数为33人。该学院的发展重点，将先从台湾沿海环境入手，研究生物资源、自然生态以及资源利用、环境保护等。规划中争取成立的单位有：海洋环境科学系、海洋生物技术与工程研究所、海洋资源经营管理研究所，海洋生物增殖研究所等。目前中山大学有一艘水下工作艇（ROV）。该艇将配合筹建中的两艘近海研究船发展台湾的听音器、机械手臂及水下通讯等科技。

文化大学海洋系与海洋研究所　文化大学系私立大学。文化大学海洋系成立于1965年夏季，下设海洋地质组、海洋生物组、航海学组。从1966年3月起，出版期刊《海洋汇刊》。文化大学海洋研究所成立于1972年，下设海洋矿产资源组、生物资源组及航运研究组。

台湾大学渔业生物试验所　渔业生物试验所成立于1954年7月15日。最初由经济部与台湾大学合办。1965年7月，经济部停止资助，由台大单独负担。研究经费主要靠农委会补助。1983年在农委会的资助下，在台湾大学校园内建立了一栋4层楼的渔业科学馆。该所现有工作人员25人，其中特约研究员7人，研究助理10人，技术辅助人员3人。　（蒋肇奇　洪华生）

附录 3　全国有关海洋研究开发机构概况一览表

名称	主管部门	职工总数(人)				科技人员(人)				高级科技人员(人)				获奖成果(项)				课题数(项)				科技论文(篇)				科技著作(万字)			
		1986年	1987年	1988年	1989年	1986年	1987年	1988年	1989年	1986年	1987年	1988年	1989年	1986年	1987年	1988年	1989年	1986年	1987年	1988年	1989年	1986年	1987年	1988年	1989年	1986年	1987年	1988年	1989年
中国水产科学研究院黄海水产研究所	中国水产科学研究院	495	423	420	407	460	254	254	290		44	46	56		6	12	2	46	40	40	39	33	70	53	44	0	70	178	53
中国水产科学研究院东海水产研究所	中国水产科学研究院	475	459	438	439	296	341	231	238		25	29	43		1	6	7	61	50	49	53	13	14	23	57	0	110	80	120
中国水产科学研究院南海水产研究院	中国水产科学研究院	606	536	516	505	491	287	244	243		35	36	31		11	4	3	43	36	34	28	17	14	21	52	0	0	115	60
中国水产科学研究院渔业机械仪器研究所	中国水产科学研究所	524	475	470	461	450	220	258	252		33	29	37		4	6	2	73	76	48	39	1	13	10	7	0	0	0	0
水利部交通部南京水利科学研究院	水利部交通部	903	919	879	876	598	746	644	605		138	113	110	80		10	71	396	402	444	463	94	127	73	118	0	22	161	15
地质矿产部石油地质研究所	地质矿产部石油地质海洋地质局	104	103	115	112	79	95	108	109		4	37	36		0	2	2	4	4	6	8	17	29	4	16	0	25	46	93
地质矿产部海洋地质研究所	地质矿产部	291	1234	283	290	221	1064	205	202		26	38	44		4	0	0	13	11	16	18	28	68	51	53	47	33	50	86
地质矿产部石油钻井研究所	地质矿产部石油地质海洋地质局	117	268	121	129	98	159	86	80		0	8	8		2	2	1	14	16	19	16	0	8	4	5	0	0	0	0
化学工业部海洋涂料研究所	中国化工新材料开发公司	191	184	184	182	169	145	135	133		15	15	15		0	1	0	26	25	31	33	0	0	0	0	0	0	0	0
交通部水运科学研究所	交通部	431	436	458	446	326	388	326	323		60	58	86		2	4	3	60	74	73	48	50	19	22	53	0	0	30	40
交通部天津水运工程科学研究所	交通部	454	428	421	410	386	397	248	259		33	32	29		1	3	0	55	72	55	81	8	6	6	9	0	0	0	0
交通部上海船舶运输科学研究所	交通部	1227	1234	1231	1228	621	1064	678	705		118	114	210		10	5	11	203	289	425	500	53	55	30	33	0	45	80	0
交通部石油部海洋水下工程科学研究院	交通部、中国石油天然气总公司	263	268	261	256	146	159	153	147		25	24	35		0	2	3	23	27	44	45	11	24	11	29	0	27	0	0
交通部上海海上救助打捞局科研所	交通部上海海上救助打捞局			84	86			54	59			8	7			3	3			20	20			0	0			0	0
广州海上救助打捞局海上援救装备研究所	交通部广州打捞局			73	26			57	13			1	3			0	1			10	3			0	0			0	0

续表1

名称	主管部门	职工总数(人)				科技人员(人)				高级科技人员(人)				获奖成果(项)				课题数(项)				科技论文(篇)				科技著作(万字)			
		1986年	1987年	1988年	1989年	1986年	1987年	1988年	1989年	1986年	1987年	1988年	1989年	1986年	1987年	1988年	1989年	1986年	1987年	1988年	1989年	1986年	1987年	1988年	1989年	1986年	1987年	1988年	1989年
国家气象局气象科学研究院	国家气象局	540	552	564	560	457	422	511	523		101	102	127		13	14	17	76	106	113	123	41	147	206	285	277	60	396	379
大连市海洋气象科学研究所	国家气象局	15	15	12	11	15	15	12	11		0	1	1		0	1	0	11	10	11	10	4	0	2	1	0	0	0	0
青岛市海洋气象科学研究所	青岛市气象局	8	8	6	6	8	8	6	6		0	1	1		0	3	2	5	6	5	4	2	1	5	5	0	0	0	0
广东省热带海洋气象研究所	广东省气象局	97	91	88	70	94	85	86	69		2	10	9		1	5	1	21	43	32	51	0	0	18	19	0	0	8	0
国家海洋环境预报中心	国家海洋局		326	368	373		299	278	235		26	35	27	7	2	4		30	33	27		15	15	10		30	0	0	
国家海洋局海洋发展战略研究所	国家海洋局				17				14				6				2				9				15				99
国家海洋局海洋技术研究所	国家海洋局	693	654	665	670	586	556	343	348		33	53	51		19	19	1	49	46	83	125	326	60	23	34	0	0	0	0
国家海洋局海水淡化与综合利用研究所	国家海洋局	400	418	431	438	341	337	145	156		5	15	17		0	0	1	7	15	20	39	1	0	9	5	0	0	0	0
国家海洋局海洋科技情报研究所(国家海洋信息中心)	国家海洋局	542	555	557	547	502	399	305	308		34	47	46		5	6	3	12	53		51	5	22	10	10	63	142		52
国家海洋局海洋环境保护研究所(国家海洋环境监测中心)	国家海洋局	374	381	383	385	347	288	253	262		17	33	45		28	3	3	45	41	43	62	34	15	27	31	0	0	0	0
国家海洋局第一海洋研究所	国家海洋局	569	582	586	582	355	472	394	419		56	92	112		9	2	8	75	114	100	105	122	148	112	150	55	30	72	50
国家海洋局第二海洋研究所	国家海洋局	602	610	604	598	554	510	489	499		49	55	124		12	8	11	41	62	42	60	141	52	103	99		17	0	0
国家海洋局第三海洋研究所	国家海洋局	570	570	570	560	499	430	413	419		48	69	91		3	10	6	45	61	42	79	70	108	96	77		18	0	70
中国科学院声学研究所	中国科学院	977		934	936	876		700	727			154	175			5	10	137		143	123	99		138	92	131		75	0

续表 2

名　　称	主管部门	职工总数(人)				科技人员(人)				高级科技人员(人)				获奖成果(项)				课题数(项)				科技论文(篇)				科技著作(万字)			
		1986年	1987年	1988年	1989年	1986年	1987年	1988年	1989年	1986年	1987年	1988年	1989年	1986年	1987年	1988年	1989年	1986年	1987年	1988年	1989年	1986年	1987年	1988年	1989年	1986年	1987年	1988年	1989年
中国科学院遥感应用研究所	中国科学院	230	229	236	289	212	194	208	256		30	36	44		1	0	2	29	46	36	44	19	30	25	38	0	0	12	8
中国科学院地质研究所	中国科学院	530	516	513	515	425	454	427	408		121	121	120		4	6	6	81	97	113	101	156	206	194	234	247	217	330	250
中国科学院地球物理研究所	中国科学院	411	378	376	363	358	269	278	297		62	61	73		4	5	2	38	57	70	54	35	50	73	152	96	0	21	0
中国科学院大气物理研究所	中国科学院	589	541	551	554	511	408	427	444		81	98	98		8	11	6	63	63	70	72	106	105	145	184	18	167	1	196
中国科学院海洋研究所	中国科学院	1216	1078	1089	1079	1068	920	778	798		152	155	166		6	7	9	118	127	135	146	102	85	150	162	20	0	380	118
中国科学院南海海洋研究所	中国科学院	792	711	710	707	553	607	542	546		80	83	97		8	8	4	30	55	69	83	110	92	68	102	0	76	59	204
中国科学院广州能源研究所	中国科学院	213	201	203	209	204	176	166	172		33	32	38		4	2	3	20	41	62	72	22	35	38	30	0	0	58	0
中国船舶及海洋工程设计研究院(708所)	中国船舶工业总公司			1829	1799			1399	1351			279	279			28	20			57	71			89	123			4	0
海洋石油总公司海洋石油勘探开发研究中心	中国海洋石油总公司	516	559	578	596	447	449	436	480		3	108	98		19	0	11	41	38	2	40	0	3	125	39	0	0	30	80
辽宁省海洋技术开发中心	辽宁省科学技术委员会			12	8			11	7			2	1			3	1			2	2			15	10			60	60
辽宁省海洋水产研究所	辽宁省水产局	206	208	205	204	195	172	116	119		1	18	18		2	2	5	27	23	33	38	3	10	12	12	0	0	0	0
辽宁省芦苇科学研究所	辽宁省造纸芦苇工业公司	52	65	59	54	31	45	51	41		0	4	4		2	2	2	8	14	17	16	1	2	5	3	0	0	0	0
营口市水产科学研究所	营口市水产局	67	63	71	72	32	36	35	33		0	5	5		1	0	0	3	3	0	0	0	0	0	0	0	0	0	0
锦州市水产科学研究所	锦州市水产局	45	48	45	44	33	40	35	32		0	2	1		0	0	0	4	3	4	2	0	0	0	0	0	0	0	0
大连市水产研究所	大连市水产局	345	280	259	52	334	231	64	47		0	5	6		1	2	0	16	15	17	13	5	15	11	2	0	0	2	0
天津市水产研究所	天津市水产局	159	172	170	175	137	135	113	120		7	12	12		2	0	1	16	12	9	14	3	2	3	4	0	0	0	0
河北省水产研究所	河北省畜牧水产局	146	119	120	116	103	92	87	86		0	9	9		3	2	2	23	24	29	21	7	6	0	9	0	0	0	0

续表3

名称	主管部门	职工总数(人)				科技人员(人)				高级科技人员(人)				获奖成果(项)				课题数(项)				科技论文(篇)				科技著作(万字)			
		1986年	1987年	1988年	1989年	1986年	1987年	1988年	1989年	1986年	1987年	1988年	1989年	1986年	1987年	1988年	1989年	1986年	1987年	1988年	1989年	1986年	1987年	1988年	1989年	1986年	1987年	1988年	1989年
山东省海洋仪器仪表研究所	山东省科学院	460	456	442	443	387	336	160	166		27	27	42		6	3	1	28	39	33	38	6	0	0	15	0	0	0	0
山东省海水养殖研究所	山东省水产局	255	237	230	236	161	119	92	119		4	12	12		2	2	6	17	26	24	24	8	25	35	30	0	0	0	0
山东省海洋水产研究所	山东省水产局	219	218	214	219	201	161	118	137		1	15	20		2	1	11	36	35	20	18	15	27	25	23	0	67	0	0
山东省海洋药物科学研究所	青岛市医药总公司	131	130	137	127	126	112	90	86		7	20	18		0	1	1	16	20	35	16	1	3	4	8	0	0	0	0
烟台市水产研究所	烟台市水产局	72	74	79	89	41	46	51	51		0	5	5		1	11	2	14	11	12	14	0	2	6	6	0	0	0	0
青岛海水资源综合利用研究所	青岛市科学技术委员会			26	27			21	22			3	3			0	0			2	5			1	0			0	0
青岛市水产研究所	青岛市水产局			78	85			11	22			0	0			0	0			1	2			0	0			0	0
江苏省海洋水产研究所	江苏省水产局	146	96	98	97	138	82	65	64		0	4	6		1	0	0	13	10	12	12	3	2	3	0	0	0	0	0
江苏沿海地区农业科学技术研究所	江苏省农业科学院	608	532	523	508	493	497	104	115		20	23	23		7	6	8	30	30	29	26	27	35	39	45	0	0	16	4
江苏省海水综合利用研究所	连云港市科学技术委员会			102	106			71	72			5	5			0	0			12	11			6	6			23	0
南通市水产科学技术研究所	南通市水产局			23	20			20	18			2	2			3	0			4	3			0	0			0	0
连云港市水产科学研究所	连云港市水产局	23	23	25	29	8	18	14	17		0	1	1		0	0	0	4	4	3	4	0	0	0	2	0	0	0	0
上海市水产研究所	上海市水产局	304	282	283	282	273	233	151	175		0	16	23		3	2	0	35	41	25	29	2	3	12	5	0	0	0	2
浙江省海洋水产科学研究所	浙江省水产局	182		140	137	169		86	83			15	17			7	1	21		24	25	1		4	6	0		0	0
浙江省海洋水产养殖研究所	浙江省水产局		140	75	73		116	52	50		17	7	6		2	6	0		22	7	9		5	0	0		0	0	0

续表4

名称	主管部门	职工总数(人)				科技人员(人)				高级科技人员(人)				获奖成果(项)				课题数(项)				科技论文(篇)				科技著作(万字)			
		1986年	1987年	1988年	1989年	1986年	1987年	1988年	1989年	1986年	1987年	1988年	1989年	1986年	1987年	1988年	1989年	1986年	1987年	1988年	1989年	1986年	1987年	1988年	1989年	1986年	1987年	1988年	1989年
浙江省河口海岸研究所	浙江省水利厅	174	176	166	179	147	126	94	108		15	15	16		3	4	2	13	30	21	20	5	0	9	2	0	0	0	0
浙江省舟山市水产研究所	舟山市水产局	28	28	29	28	27	28	24	24		0	1	1		0	1	1	8	9	8	7	0	4	3	1	0	0	0	0
浙江省舟山盐业科学研究所	舟山市盐业局		-	42	41			23	22			1	1			0	0			6	6			0	0			0	0
宁波市水产研究所	宁波市水产局			40	41			34	35			3	3			3	1			17	9			1	0			0	0
厦门市水产研究所	厦门市水产局			25	26			25	25			0	0			1	0			7	7			2	4			0	0
福建海洋研究所	福建省科学技术委员会	132	109	106	104	103	92	77	75		1	11	13		1	0	0	5	15	13	14	0	0	3	7	0	0	6	23
福建省水产研究所	福建省水产厅	200	193	200	192	164	157	165	121		13	13	14		2	3	2	31	35	28	29	34	1	14	36	110	292	74	45
福州市水产科学研究所	福州市水产局	29	18	28	32	26	16	19	25		2	2	2		0	3	0	9	8	11	13	0	0	0	1	0	0	0	15
福建省闽东水产研究所	福建省宁德地区水产局	17	15	18	18	17	14	13	14		0	1	0		0	0	0	5	9	5	7	0	0	0	0	0	0	0	0
广州市水产研究所	广州市水产总公司			45	47			18	20			0	0			0	0			4	5			0	0			0	0
珠海市水产科学研究所	珠海市农渔业委员会			21	20			12	12			0	1			0	0			2	3			0	0			0	0
湛江市水产研究所	湛江市水产局	15	14	14	16	14	14	12	15		0	1	0		0	0	0	2	2	6	5	0	0	0	0	0	0	0	0
广西壮族自治区海洋研究所	广西科学院	139	132	136	135	82	120	77	79		3	3	3		5	1	5	11	13	17	14	0	25	23	18	0	0	5	0
广西壮族自治区水产研究所	广西壮族自治区水产局	159		156	147	65		73	73			9	9			1	0	12		16	15	0		14	16	0		18	0
海南省水产研究所	海南省农业厅			27	29			20	22			2	4			0	0			8	7			0	0			0	0

附录4 中国海洋学术团体

【中国海洋湖沼学会】1950年1月成立,同年8月加入中华全国自然科学专门联合会,1951年3月15日在内务部登记注册;隶属中国科学技术协会;挂靠中科院海洋所。现有会员4 875人,外籍会员13人。下设16个二级(专业)学会和9个地区学会。主办《海洋与湖沼》、《中国海洋湖沼学报》刊物。第五届理事会由98名理事(含为港澳台保留的2名)组成。

名誉理事长: 曾呈奎

顾　　问: 施成熙

理 事 长: 刘瑞玉

副理事长: 刘建康 文圣常 毛汉礼 陈吉余 秦蕴珊 梁瑞驹 董金海 奚盘根

秘 书 长: 秦蕴珊

副秘书长: 穆广志 何起祥 胡传杯

常务理事:(按姓氏笔画为序)

万国铭 文圣常 毛汉礼 尤芳湖 邓景耀 业治铮 刘建康 刘恬敬 刘瑞玉 孙玉科 冯士筰 李少菁 李光友 何起祥 佘大奴 陈吉余 陈则实 陈宗尧 孟庆闻 泮荣和 胡鸿钧 施正铿 秦蕴珊 桑毅修 钱志宏 梁瑞驹 董金海 黎尚豪

学术交流委员会主任:秦蕴珊

国际学术交流委员会主任:刘建康

编辑出版委员会主任:刘瑞玉

科普委员会主任:陈吉余

科技咨询委员会主任:文圣常

中国海洋湖沼学会所属专业学会、地区学会一览表

名称	成立时间(恢复活动时间)	挂靠单位	理事长(会长)
藻类学会	1979.10	中科院海洋所	费修绠
鱼类学会	1979.10	中科院水生生物所	曹文宣
水文气象学会	1979.10	青岛海洋大学	文圣常
海岸河口学会	1980.3	华东师范大学	陈吉余
风暴潮及海啸学会	1980.11	国家海洋环境预报中心	刘凤树
水环境学会	1981.3	中科院海洋所	秦蕴珊
化学学会	1981.8	中科院海洋所	顾宏堪
生态学会	1983.4	中科院海洋所	郭玉洁
地质学会	1984.7	中科院海洋所	秦蕴珊
海洋遥感学会	1984.9	国家海洋局一所	袁业立
甲壳动物学会	1985.11	中科院海洋所	刘瑞玉
贝类学会	1986.10	中科院海洋所	齐钟彦
潮汐与海平面研究会	1988.2	国家海洋信息中心	王 骥
药物学会	1988.2	青岛药物研究所	关美君
计算海洋物理专业委员会	1989.7	青岛海洋大学	冯士筰
青年科学研究会	1988.2	中科院海洋所	李乃胜
青岛市海洋湖沼学会	1978.3	青岛海洋大学	
山东省海洋湖沼学会	1978.3	青岛海洋大学	
广东省海洋湖沼学会	1978.3	中科院南海所	
上海市海洋湖沼学会	1979.2	地矿部上海海洋地质调查局	
江苏省海洋湖沼学会	1979.5	中科院南京地理与湖泊所	
浙江省海洋湖沼学会	1979.7	国家海洋局二所	
福建省海洋湖沼学会	1979.10	厦门大学	
湖北省海洋湖沼学会	1979.10	中科院水生生物研究所	
连云港市海洋湖沼学会	1986.1	连云港水产学校	
《海洋与湖沼》		中科院海洋所	曾呈奎(主编)
《中国海洋湖沼学报》		中科院海洋所	

(顾传宬)

【**中国海洋学会**】　1979 年 9 月成立，隶属中国科学技术协会，挂靠国家海洋局。现有会员 1 万多人。下设 17 个二级（专业）学会和 6 个地区学会。主办《海洋学报》、《海洋世界》刊物。第三届理事会由 98 名理事（含为港澳台保留的 2 名）组成。

名誉理事长：曾呈奎　罗钰如　严　恺　任美锷　文圣常　杨　樾

名誉理事：刘瑞玉　何恩典　李德生　邱秉经　陈国珍　金德祥　赵今声　郑　重　赵　诩　高云昌　钱志宏　黄　胜　张智魁

理事长：严宏谟

副理事长：杨文鹤　关定华　施正铿　刘光鼎　陈吉余　秦蕴珊

秘书长：关定华（兼）

副秘书长：赵　林　金鼎华　侍茂崇　许星煌　侯湘琴

常务理事：（按姓氏笔画为序）

丁一汇　王　颖　王善书　邓景耀　孙　枢　刘光鼎　邢至庄　关定华　成思危　李少菁　佘大奴　陈吉余　严宏谟　苏纪兰　金鼎华　杨文鹤　赵　林　张德洪　施正铿　秦蕴珊　巢纪平

学术委员会主任：王　荣

科普委员会主任：薛鸿超

咨询委员会主任：赵　林

国际学术交流委员会主任：王　颖

海洋学报编审委员会主任：苏纪兰

中国海洋学会所属专业学会、地区学会一览表

名　称	成立时间	挂靠单位	理事长（会长）
海洋环境科学学会	1979.4	国家海洋局环保所	周家义
海洋工程学会	1979.8	南京水利科学研究院	严　恺
海洋地质学会	1979.10	地矿部上海海洋地质调查局	业治铮
海岸河口学会	1980.4	上海华东师范大学海岸河口研究所	陈吉余
海洋物理学会	1980.9	中科院南海所	关定华
海洋化学学会	1980.9	厦门大学	陈国珍
海洋观测技术学会	1980.10	国家海洋局海洋技术所	李允武
风暴潮及海啸研究会	1980.11	国家海洋局海洋环境预报中心	刘凤树
海洋国际问题研究会	1981.11	国家海洋局海洋发展战略研究所	罗钰如
海洋调查研究会	1981.12	国家海洋局北海分局	张季栋
海水淡化与水再利用学会	1982.10	国家海洋局二所	石　松
海洋遥感学会	1984.9	国家海洋局一所	袁业立
海岸带开发与管理研究会	1984.11	国家海洋局一所	任美锷
海洋经济研究会	1984.11	山东社会科学院海洋经济研究所	张海峰
潮汐与海平面研究会	1986.11	国家海洋局情报所	郑文振
海洋生物工程学会	1988.10	国家海洋局一所	吴宝玲
海洋法学会	1989.9	国家海洋局海洋发展战略研究所	陈炳鑫
上海海洋学会	1979.2	地矿部上海海洋地质调查局	陈吉余
浙江海洋学会	1979.7	国家海洋局二所	余国辉
辽宁海洋学会	1979.7	国家海洋局环保所	万帮和
福建海洋学会	1979.10	国家海洋局三所	张金标
广东海洋学会	1980.4	中科院南海所	孙玉科
北京海洋学会	1980.5	国家海洋局海洋环境预报中心	叶连俊
《海洋学报》	1979	海洋出版社出版	苏纪兰（主编）
《海洋世界》		海洋出版社出版	

（邱希盛）

【**中国航海学会**】　1979 年成立，隶属中国科学技术协会，挂靠中华人民共和国交通部。现有会员 17 000 多人。下设 16 个专业委员会和 19 个地区学会。主办《中国航海》、《航海技术》刊物。设有学术交流、科普教育、国际交流、财务审计、编辑、咨询、航海史研究等 7 个学会工作委员会。

中国航海学会是国际航行联合会的成员国之一；与日本航海学会建立有定期双边学术交流活动；该会倡议发起的"亚太地区海运学术讨论会"从 1987 年起，每隔 2 年举行一次。

1987 年元月召开的二届理事会上，选举产生了新的理事会。

名誉理事长：叶　飞　王首道　邓兆祥

顾　　问：李维中　梁　广　魏震东　董华民　袁　庚　方枕流　陈新丰　高梦槐　李　宁　朱杰　杨　健　左文渊　叶鸣皋　赵　刚　李国堂

理 事 长：彭德清

副理事长：钱永昌　张序三　林祖乙　贺崇升　罗钰如　冯洪达　方嘉德　高　原　周启新　陈德鸿　卓友瞻　沈志成

秘 书 长：王志远

常务副秘书长：丁荣生

副秘书长：刘振刚　唐建华　武凤林　初吉东

常务理事：（按姓氏笔画为序）

丁荣生　王志远　王宪章　文　干　方嘉德　田　来　冯洪达　叶广威　卢希令　卢国基　曲　辰　刘　锷　刘延穆　刘振刚　李世杰　李克麟　李寅飞　李景森　杨大年　杨守仁　吴景宁　何明德　沈志成　沈肇圻　宋孔祥　张　奇　张世界　张承贤　张序三　张树青　张毓清　张德洪　陈忠表　陈嘉震　陈德鸿　罗钰如　林祖乙　周以恒　周启新　卓友瞻　郑仁周　孟广钜　贺崇升　胡家明　钱永昌　郭洪勋　徐文耀　高　原　黄忠秀　龚　鎏　彭德清　解莅民

中国航海学会所属专业委员会、地区学会一览表

名　　称	挂 靠 单 位	理事长(会长)
海洋船舶驾驶专业委员会	广州远洋运输公司	叶广卫
内河船舶驾驶专业委员会	武汉河运专科学校	陈震林
船舶机电专业委员会	大连海运学院	殷佩海
通讯导航专业委员会	大连海运学院	陈祖慰
救助打捞专业委员会	上海救助打捞局	傅明德
船舶防污染专业委员会	交通科学院水运所	梁一如
集装箱运输专业委员会	交通科学院水运所	王联忠
危险品运输专业委员会	交通科学院水运所	张承贤
水运管理专业委员会	上海海运学院	陈希群
水运技术经济专业委员会	交通部水运规划设计院	曹右安
海运法规专业委员会	中国远洋运输总公司	陈忠表
内河港航监督专业委员会	交通部长江航务局	黄建成
内河航运开发建设专业委员会	交通部长江航务局	唐国英
航标专业委员会	交通部安全监督局	林玉乃
引航专业委员会	交通部安全监督局	林玉乃
中国航海史研究会	交通部水运规划设计院	胡家明
广州航海学会	广州海运局	
山东航海学会	青岛远洋运输公司	
广西航海学会	广西交通厅	

续表 1

名　　称	挂　靠　单　位	理事长(会长)
辽宁航海学会	大连远洋运输公司	
上海航海学会	上海港务局	
天津航海学会	天津远洋运输公司	
江苏航海学会	江苏省交通厅	
安徽航海学会	安徽省交通厅	
武汉航海学会	中国长江轮船总公司	
贵州航海学会	贵州省交通厅	
浙江航海学会	浙江省交通厅	
厦门航海学会	厦门交通局	
黑龙江航海学会	黑龙江航运管理局	
湖南航海学会	湖南省交通厅	
福建航海学会	福建省交通厅	
四川航海学会	四川省交通厅	
重庆航海学会	重庆轮船公司	
湛江航海学会	湛江港务局	
深圳航海学会	东鹏实业有限公司	
《中国航海》	上海船舶运输科研所	黄忠秀(主编)
《航海技术》	上海海运局	王为民(主编)

(丁荣生)

【中国水产学会】 1963 年成立,隶属中国科学技术协会,挂靠中华人民共和国农业部水产司。现有会员 15 000 多人。下设 15 个专业委员会、研究会和 27 个地区学会。主办《中国水产》等刊物。

名誉理事长:费鸿年　曾呈奎　孟庆闻

名誉副理事长:曲　铭　(台湾省)

顾　　问:陆　桂　钟　麟　骆肇尧　陈秋白　冯顺楼　孙瑞璋　沈汉祥

理 事 长:张延喜

常务副理事长:钱志林

副 理 事 长:乐美龙　刘恬敬　刘　筠　刘瑞玉　宋之问　严绍颐　潘金培　潘荣和

秘 书 长:李庆斋

副秘书长:黄克佳　崔　禾

常务理事:(以姓氏笔画为序)

王铁人　王东石　王民生　丘书院　乐美龙　冯瑞峰　刘　筠　刘瑞玉　刘恬敬　张延喜　严绍颐　宋之问　迟英杰　吴敬南　欧阳海　杨丛海　钱志林　唐逸民　郭南麟　鲍金德　潘金培　潘荣和

中国水产学会所属专业委员会、地区学会一览表

名　　称	挂　靠　单　位	理事长(会长)
池塘养鱼专业委员会	珠江水产研究所	欧阳海
江湖水库渔业专业委员会	黑龙江水产研究所	张觉民
海水养殖专业委员会	黄海水产研究所	杨丛海
海洋渔业资源专业委员会	黄海水产研究所	邓景耀
渔船和渔业机械仪器专业委员会	渔业机械仪器研究所	丁永良
水产捕捞专业委员会	东海水产研究所	黄锡昌
水产品加工和综合利用专业委员会	浙江水产学院	伍汉民
渔业制冷和水工专业委员会	上海水产大学	冯志哲

续表1

名　称	挂　靠　单　位	理事长(会长)
渔船驾驶专业委员会	大连水产学院	文　干
图书情报专业委员会	中国水产科学研究院	王民生
科学普及工作委员会	北京市水产总公司	鲍金德
鱼病研究会	水生生物研究所	潘金培
鲑鱼类研究会	黑龙江水产研究所	魏立贤
渔业史研究会	中国水产学会	丛子明
水产名词审定委员会	黄海水产研究所	刘恬敬
北京水产学会	北京市水产总公司	鲍金德
上海水产学会	上海市水产局	束昭生
天津水产学会	天津市水产研究所	梁金符
河北省水产学会	河北省水产研究所	徐绍斌
辽宁省水产学会	辽宁省水产局	韩丕琪
吉林省水产学会	吉林省水产局	柳玉璋
江苏省水产学会	江苏省水产局	周松亭
浙江省水产学会	浙江省水产局	张立修
福建省水产学会	福建省水产研究所	王铁福
山东省水产学会	山东省水产局	陈宗尧
广东省水产学会	广东省水产局	黄　辉
广西壮族自治区水产学会	广西壮族自治区水产局	匡纬远
海南省水产学会	海南省农业厅水产处	陈乃书
《水产学报》	上海水产大学	陆　桂(主编)
《中国水产》	中国水产杂志社	杨　坚(主编)
《国外水产》	黄海水产研究所	汪哲夫(主编)
《海洋渔业》	东海水产研究所	

注:部分内陆省、自治区的水产学会暂未列入本表。

(黄克佳)

【**中国太平洋历史学会**】 1984年1月3日成立,是太平洋自然科学和社会科学工作者多学科综合性的群众学术团体,挂靠国家海洋局。主办《太平洋》会刊和《走向太平洋丛书》。理事会由47人组成。

顾　　问:于光远　方　强　彭德清　肖　鹏

理 事 长:周谷城

副理事长:陈翰笙　罗钰如　任美锷　贾兰坡　杨　植　李春辉

秘 书 长:贾兰坡

副秘书长:刘克夫　房仲甫　刘保琨　王仙民

国际学术联络组组长:陈翰笙

《太平洋》编委会主编:周谷城

(佳晓)

附录 5　中国海洋科学技术专家名录*

姓名	性别	出生年月	工作单位	职务和职称	研究领域
于　良	男	1929.1	青岛海洋大学	系主任、教授	基础光学、海洋光学与海洋技术
于本楷	男	1925.1	东海水产研究所	研究员	海洋捕捞、全国海洋渔具区划
马志良	男	1930.9	上海交通大学	教授	海洋工程
马绍先	男	1926.3	青岛海洋大学	教授	渔具理论、渔具设计，捕捞技术研究
马锦华	男	1933.4	中国船舶及海洋工程设计研究院	主任工程师、高工	舰船总体性能研究设计，在水雷爆炸动力响应等方面有成果
毛国华	男	1934.1	国家海洋局预报中心	研究员	计算机应用，功率电子技术
王　荣	男	1934.5	中科院海洋所	研究员	浮游生物
王　琦	女	1931.9	青岛海洋大学	教授	沉积岩及海洋沉积，出版专著2册
王　颖	女	1935	南京大学大地海洋科学系	系主任、教授 江苏省科协副主席	海洋地质学
王子臣	男	1933	大连水产学院	教授	海水养殖、栉孔扇贝、鲍鱼、魁蚶、海胆人工育苗技术
王义强	男	1924.9	上海水产大学	教授	鱼类营养生理，《河鳗人工繁殖》获福建省科技二等奖
王义源	男	1926.3	上海海运学院	教授	交通运输管理
王文彬	男	1929.7	国家海洋局技术所	高工	SZC4－1型千 m 自容式 STD 自记仪获国家海洋局科技成果一等奖
王化桐	男	1935.5	青岛海洋大学	副校长、教授	浅海动力学、物质输运和海洋环境保护
王龙飞	男	1933.7	南京船舶雷达研究所	副总工程师、高工	雷达信号处理
王尧耕	男	1931.1	上海水产大学	教授	海洋鱼类资源，《东海区带鱼幼鱼保护区调查报告》、《上海市十五年(1986～2000)科技发展规划》
王如才	男	1933.9	青岛海洋大学	副校长、教授	栉孔扇贝自然海区人工采苗、人工育苗，扇贝、牡蛎多倍体的研究
王克行	男	1932.1	青岛海洋大学	所长、教授	对虾养殖技术研究。对虾工厂化育苗技术获国家科技进步一等奖
王汉苍	男	1927.10	大连船舶设计研究所	高研	船舶轮机和油轮及化学品轮的设施。曾主持九种新产品设计
王两铭	男	1934.8	国家海洋局环境预报中心	研究员	天气、海洋动力学、数值预报，专合著5本
王守忠	男	1930.12	交通部一航院	副总工程师、高工	工程设计、对结构力学和工程振动学有深透研究，著《振动理与习题解》一书
王学仁	男	1937.8	南京船舶雷达研究所	副所长、高工	雷达、电子机械工程。获国家科技进步一等奖
王光宇	男	1935.10	地矿部广州海洋地质调查局	副局长、高工	国家有突出贡献中青年专家
王景明	男	1929.3	青岛海洋大学	教授	海洋流体动力学及海洋内波
王季襄	男	1925.5	上海水产大学	教授	食品科学。著《团头鲂的保护研究》、《对虾在冷藏过程中的酶褐变及防治方法》
王宝灿	男	1931.4	华东师大河口海岸所	室主任、教授	海岸动力地貌、沉积、海平面变化，著《海岸动力地貌》
王树良	男	1939.3	中国船舶与海洋工程设计研究院	室主任、高工	舰船总体性能研究设计，在登陆舰艇线型、推进设计方面有成果

※指教授、研究员、教授级高工以上专家。部分1986年以前离、退休专家未列入。按姓氏笔画为序。

续表1

姓名	性别	出生年月	工作单位	职务和职称	研究领域
王逢辰	男	1927.1	大连海运学院	教授	船舶操纵与避碰
王素娟	女	1928.6	上海水产大学	教授	海藻生物工程，著《增紫菜营养细胞直接育苗和养殖的研究》
王彬华	男	1914.3	青岛海洋大学	教授	海洋气象学，有《普通气象学》、《海雾》等著作
王惟诚	男	1930.4	大连理工大学	副主任、教授	近海油气开发工程技术、近海工程结构
王筱庆	女	1926.4	青岛海洋大学	教授	海藻学和浮游藻分类。有《海藻学》、《胶州湾的浮游植物》等著作
王德恒	男	1924.3	海军医学研究所	研究员	放射医学。获军队科技进步二等奖1项
王德恺	男	1927.11	海军医学研究所	研究员	营养学。全国科学大会奖、军队科技成果三等奖等
方乃正	男	1932.9	上海海运学院	教授	船舶电气管理
方国洪	男	1939.12	中科院海洋所	研究员	海洋潮汐和环流动力理论、数学模拟和预报方法
方祥鳞	男	1931.12	大连海运学院	教授	驾驶自动仪
文　干	男	1927	大连水产学院	院长、教授	航海技术，著《中国海区简易天文定位法》
文圣常	男	1921.11	青岛海洋大学	名誉所长、教授	海浪理论应用、理论风浪频谱及方向谱，海浪数值预报
邓重健	男	1929.7	交通部一航院	高工	港口设计，专长结构设计及工程抗震
邓振强	男	1931.10	大连海运学院	教授	微机在船舶轮机自动化中的应用
邓景耀	男	1933.11	水科院黄海所	所长、研究员	渔业资源种群动态调查研究，曾获全国科学大会奖、农业部技术改进一等奖及国家自然科学三等奖
甘子钧	男	1935.3	中科院南海所	副所长、研究员	物理海洋学
卞伯仲	女	1950.9	青岛海洋大学	副所长、教授	海洋微藻培育
叶甲壬	男	1912.4	海军医学研究所	研究员	潜水医学
叶龙飞	男	1929.8	中科院南海所	高工	海洋新技术、物理、原子能技术
叶治铮	男	1920	中国科学院地学部	名誉所长、教授	知名的沉积学家
田　原	男	1920.12	中国船舶及海洋工程设计研究所	高工	船舶结构设计，主持海上储油轮设计及发展船舶结构CAD
申振亚	男	1925.1	大连理工大学	教授	系泊浮体在规则波作用下的动力反应，二阶波浪的数值计算、港内波况数值计算
石　松	男	1926.9	国家海洋局杭州水处理中心	研究员	海水淡化、水处理
石中瑗	男	1932.10	交通部石油部海洋水下工程科研院	院长、研究员	水下技术和潜水生理；300m氦氧饱和潜水及高海拔水下作业实验等多项部一、二等奖
左中道	男	1931.1	青岛海洋大学	教授	热带海洋大气动力学
包澄澜	男	1935.5	国家海洋局环境预报中心	副主任、教授	热带天气、台风暴潮、专著9本
丘书院	男	1924.2	厦门大学海洋系	教授	鱼类学、著有《福建鱼类志》等书
乐美龙	男	1932.1	上海水产大学	校长、教授	海洋渔业、国际海洋法
卢　海	男	1928.9	海军医学研究所	研究员	心血管病学
冯士筰	男	1937.3	青岛海洋大学	所长、教授	浅海动力学、风暴潮、拉氏余流、环流和输运等理论预测和应用
冯志强	男	1935.6	地矿部广州海洋地质调查局	副局长、高工	中国海洋地质专业委员会理事

续表2

姓名	性别	出生年月	工　作　单　位	职务和职称	研　究　领　域
冯志哲	男	1925.12	上海水产大学	教授	《食品冷冻工艺学》、《鱼类调保鲜及工艺的研究》、《对虾保鲜研究》
冯怀珍	男	1921.10	杭州大学	教授	海岸动力地貌、沉积与海平面变迁
冯绍松	男	1931.4	中科院东海站	站长、研究员	海洋声学和非线性声学
冯顺楼	男	1911.1	水科院南海所	高工	海洋捕捞专家，"机轮灯光围网"、"渔用柔性异型浮子"、"人工鱼礁试验"等
冯蔚然	男	1923.2	上海海运学院	教授	技术经济
史　同	男	1928.10	大连船研所	高研	船舶轮机设计，曾主持多种船舶及采油模块设计
史致丽	女	1935.10	青岛海洋大学	教授	海洋环境化学
冉祥熙	男	1932.3	青岛海洋大学	校党委书记、教授	计算数学。编著《函数构造概述与 spline 函数》
邬明川	男	1932.9	中国船舶及海洋工程设计研究院	室主任、高工	船舶与海洋工程总体设计、船舶耐波性研究及科技情报分析
许天增	男	1936.1	厦门大学海洋系	所长、教授	水声学。获水产总局、省科技术进步奖各1项。世界领先成果一项
许启望	男	1936.6	国家海洋局情报所	室主任、研究员	海洋科技情报研究
许学彦	男	1924.5	中国船舶及海洋工程设计研究院	顾问、高工	舰船总体设计，主持设计"东风"轮、"远望"号和"向阳红10"号等
许振夏	男	1937.12	中科院东海站	室主任、研究员	非线性水声学、水声工程。获部院级成果奖三项、全国科学大会奖一项
许富良	男	1929.7	中国船舶及海洋工程设计研究院	院科技委主任、高工	海洋调查船等总体、性能研究设计、"远望"号总体设计师
邢　复	男	1935.5	交通部一航院	院副总工程师、高工	港口设计，对港口工程结构及地基设计有很深研究
邢至庄	男	1930.9	大连理工大学海工所	所长、教授	海洋工程结构物、流体与海洋工程结构物的相互作用
吕　华	男	1926.12	地矿部广州海洋地质调查局	地矿部南海地质调查部指挥、高工	《油气资源勘查40年》专著编委会副主任委员、主编
吕乃平	男	1937.12	国家海洋环境预报中心	研究员	天气动力学、海洋大气边界层物理
吕明达	男	1932.5	青岛海洋大学	教授	海洋物理、非平衡态统计及声学光学等
朱　夏	男	1920.2	中国科学院地学部	地学部委员、技术顾问、教授	上海第七届政协委员；上海地质调查局技术顾问
朱　福	男	1931	上海海洋地质调查局实验室	室主任、高工	
朱大奎	男	1934	南京大学大地海洋科学系	教授	海岸演变与海岸带开发
朱而勤	男	1932.11	青岛海洋大学	教授	海洋矿物、海洋沉积，出版专著3部
朱绍庐	男	1929.5	大连海运学院	主任、教授	轮机自动化
朱继懋	男	1937.2	上海交通大学	海工所所长、教授	船舶设计、海洋工程，获国家科技进步一等奖1项
朱维庆	男	1937.3	中科院声学所	室主任、研究员	声纳技术，声信号处理。研制了侧扫声纳，声像声纳，小型多波束测深声纳
朱梦熊	男	1925.6	上海海运学院	教授	财务会计
朱海林	男	1934.11	华中理工大学船海系	教授	舰船柴油和燃气机工程，涡轮增压系统，气动垫力学

续表 3

姓名	性别	出生年月	工　作　单　位	职务和职称	研　究　领　域
伍汉霖	男	1934.4	上海水产大学	研究员	鱼类分类,形态,药用毒鱼类,《中国石首鱼类分类系统研究及新属新种的叙述》,福建省科学技术成果奖
伍荣生	男	1933	南京大学大气科学系	系主任、教授	天气动力学、大气边界层研究
任福延	男	1922.9	交通部一航院	副总工、高工	港口设计、对港口工程结构有较深研究
任美锷	男	1913	南京大学大地海洋科学系	名誉系主任、学部委员、教授	海洋沉积学
向大威	男	1937.9	中科院东海站	副站长、研究员	水声工程,获全国科学大会奖 3 项,院级奖 10 项。国家级有贡献专家
刘　濂	女	1933.7	河北省师范大学	教授	生态植被
刘从信	男	1932.1	国家海洋局技术所	总工、高工	遥测浮标技术、平台水文气象数据采集系统,海洋资料浮标网调整与总体规划
刘凤树	男	1928.12	中科院海洋所	研究员	浅海强制和自由长波动力学及风暴潮理论和预报
刘永长	男	1936.10	华中理工大学船海系	教授	海洋及船舶动力装置研究,燃烧学,工作过程优化
刘以宣	男	1936.4	中科院南海所	研究员	地质构造
刘光鼎	男	1929.12	中科院地球物理所	所长、教授、学部委员	海洋石油地质、地球物理。曾获国家自然科学二等奖。
刘庆民	男	1936.8	地矿部广州海洋地质调查局	局长、高工	
刘百庸	男	1916.8	上海海运学院	教授	船舶工程
刘应中	男	1931.2	上海交通大学	教授	船舶流体力学,海洋工程
刘定宇	男	1927.2	大连海运学院	教授	光学处理及其应用
刘忠权	男	1927.11	海军医学研究所	研究员	舰艇卫生。军队科技成果二等奖 1 项,三等奖多项
刘思俭	男	1925.7	湛江水产学院	教授	海洋植物,江蓠自然海区人工育苗及栽培技术
刘恬敬	男	1922.4	水科院黄海所	名誉所长、研究员	海藻生态与养殖。"海带自然光育苗"、"海带养殖"、"条斑紫菜养殖"等
刘昭蜀	男	1931.7	中科院南海所	研究员	地质构造
刘祖惠	男	1930.3	中科院南海所	高工	地质构造
刘维倩	男	1926.10	中国船舶及海洋工程设计研究院	高工	特种船用机械及海洋平台模块的流程。管系、机械,安全设计
刘景昌	男	1932.1	海军医学研究所	研究员	潜水医学。国家科技进步一等奖 1 项,军队科技成果二等奖 1 项等
刘智白	男	1908.3	青岛海洋大学	教授	偏微分方程理论及方程
刘智深	男	1938.12	青岛海洋大学	教授	海洋光学、激光海洋学、海洋探测中信息、图像处理
刘瑞玉	男	1922.11	中科院海洋所	研究员	甲壳动物分类及生态
刘鼎铭	男	1932.9	上海海运学院	教授	交通运输管理
刘德辅	男	1937.12	天津大学海洋与船舶工程系	系主任、教授	海洋环境条件随机分析及海洋工程设计标准及可靠度研究
江德蕃	男	1926.3	上海海运学院(已退休)	教授	海洋船舶驾驶
齐孟鹗	男	1929.12	中科院海洋所	研究员	海洋声学
关定华	男	1927.10	中科院声学所	所长、研究员	海洋物理。声场与海底关系,海底质声遥测,海底地貌仪。获自然科学奖 1 项
关德林	男	1946.4	大连海运学院	所长、教授	材料研究

续表 4

姓名	性别	出生年月	工　作　单　位	职务和职称	研　究　领　域
仲豫明	男	1925.1	中国船舶及海洋工程设计研究院	高工	船舶动力装置设计、海洋调查船装置设计
过　达	男	1932.3	河海大学	试验中心主任、教授	海岸及海洋工程,海工结构动力加响应、海工测试与试验技术
达式奎	男	1924.3	上海水产大学	教授	《冷库围护结构 K 值测定》、《热流计动态标定》、《VPM 法测食品之 QW》
孙文达	男	1933.9	青岛海洋大学	教授	钢筋混凝土及预应力混凝土结构工程。编著《建筑结构可靠度》
孙允恭	男	1936.7	中科院声学所	室主任、研究员	声纳技术,声信号处理,岸用声纳,自适应波束形成计算机
孙玉科	男	1929.8	中科院南海所	所长、研究员	工程地质
孙玉善	男	1927.11	青岛海洋大学	教授	海洋资源化学
孙志楷	男	1931.1	青岛海洋大学	教授	电子学与信息系统、海洋技术等
孙秉一	男	1931.4	青岛海洋大学	教授	化学海洋学、地球化学
孙松鹤	男	1936.11	中国船舶及海洋工程设计研究院	副院长、高工	海洋调查船和海洋工程动力装置研究设计及长远规划研究
孙复中	男	1936.11	中国船舶及海洋工程设计研究院、上海海洋石油平台工程设计公司	副总工程师、高工	海洋工程和特种工船舶总体、性能、结构研究和设计
孙湘平	男	1934.10	国家海洋局一所	研究员	物理海洋学
严　恺	男	1912.8	河海大学	名誉校长、教授学部委员	水利、海岸及海洋工程
苏广庆	男	1931.10	中科院南海所	研究员	
苏育嵩	男	1930.6	青岛海洋大学	教授	海洋热学、水团分析与水温预报。1985 年获国家科技进步三等奖。
苏纪兰	男	1935.12	国家海洋局二所	国家海洋局学术委主任、教授	陆架及河口动力学
苏拔英	男	1933.11	中国船舶及海洋工程设计研究院	院长、高工	船舶与海洋工程长远规划研究、技术开发及总体性能设计
苏锦祥	男	1935.1	上海水产大学	教授	鱼类学。《真鲷人工繁殖与苗种培育的研究》获福建省科技成果奖
李　延	男	1933.3	中科院海洋所	研究员	海洋化学、间隙水及海水－沉积物界面交换,通量及机制
李　松	男	1928.10	厦门大学海洋系	教授	海洋浮游桡足类生物学、分类及幼体。专著 3 本
李士才	男	1944.4	中科院声学所	副所长、研究员	声纳技术,信号处理。数据压缩系统,通用数据显示系统,262 自检系统。岸用声纳
李士杰	男	1931.11	国家海洋局情报所	研究馆员	海洋科技文献
李允武	男	1934.4	国家海洋局技术所	所长、高工	海洋观测技术、水声学
李少菁	男	1931.2	厦门大学海洋系	系主任、教授	海洋浮物游动物学。著有《海洋生物学》等专著 4 部(合作)
李永祺	男	1935.10	青岛海洋大学	系副主任、教授	海洋环境生物学。发表《海洋的放射性》和《海洋污染生物学》等著作
李玉成	男	1932.12	大连理工大学沿岸工程国家重点实验室	副主任、教授	波浪与直墙、海堤建筑物相互作用、波浪与水流、地形影响下的变形、波浪、水流对小尺度构件作用
李光友	男	1940.1	中科院海洋所	研究员	无脊柱动物免疫学
李伟新	男	1928.5	湛江水产学院	教授	海洋藻类

续表5

姓名	性别	出生年月	工作单位	职务和职称	研究领域
李明仁	男	1950.9	青岛海洋大学	所长、教授	海洋微藻培育
李杰才	男	1926.11	地矿部第十二石油普查勘探大队	副总工程师、科委副主任、高工	
李杰仁	男	1937.9	上海海运学院	教授	电机
李国栋	男	1934.9	大连海运学院	教授	电液控制系统、数字传真与CAD技术
李思发	男	1938.4	上海水产大学	教授	淡水鱼类增养殖
李春宝	男	1928.11	大连海运学院	教授	船舶无线电导航技术
李冠国	男	1919.8	青岛海洋大学	教授	海洋生态学。编写《海洋生态学》教材
李复雪	男	1928.11	厦门大学海洋系	教授	海洋底栖生物学
李星颉	男	1909.11	浙江水产学院	原学院顾问、教授	渔业资源
李振五	男	1933.10	地矿部广州海洋地质调查局	处长、科委副主任、高工	海洋地球物理
李淑霞	女	1935.10	青岛海洋大学	副院长、教授	系统分析理论研究及生态与经济系统数学模式研究
李启虎	男	1939.7	中科院声学所	室主任、研究员	声纳技术、信号处理。岸用声纳、自适应滤波器、262潜用声纳
李粹中	女	1934.10	国家海洋局二所	研究员	海洋地质、工程地质、陆架与深海沉积地化及港口泥沙回淤
李嗣尧	男	1920.10	中国船舶及海洋工程设计研究院	顾问、高工	舰船研制规划、统筹管理及军工史编审
李嘉泳	男	1913.9	青岛海洋大学	教授	无脊椎动物胚胎学。编著《组织胚胎学》等
李震杰	男	1921.12	青岛海洋大学	教授	鱼虾的营养生理与配合饲料。中国对虾营养与配合饲料研究获部，省科技术进步二等奖
李德尚	男	1928.2	青岛海洋大学	教授	大型陆水鱼类增养殖、水库杂鱼群抑制，水库施肥，网箱养鱼，水库鱼产力
李德镍	男	1913.3	交通部一航院	高工	港口工程设计，专长水工结构及地基设计
杨　植	男	1917.10	上海交通大学	教授	船舶设计，主持过多艘万吨轮及其它船舶的设计与研究工作
杨天鸿	男	1934.12	中科院南海所	研究员	物理海洋学
杨纪明	男	1931.12	中科院海洋所	研究员	鱼类生产力与海洋生态
杨守仁	男	1931.10	大连海运学院	副院长、教授	海洋船舶驾驶、航海学
杨兆宇	男	1928.2	地矿部上海海洋地质调查局	副总工程师、高工	
杨作升	男	1938.1	青岛海洋大学	所长、教授	海洋沉积动力学、矿物学。主编论文集二本
杨启伦	男	1931.1	地矿部上海海洋地质调查局	总工程师、高工	
杨烈宇	男	1918.7	大连海运学院金属材料工艺所	教授	金属材料学及工程
杨美楣	女	1928.4	大连海运学院	教授	英语、俄语
杨春龄	男	1928.2	大连海运学院	教授	船舶辅机、制冷液压传动
杨树康	男	1937.4	中科院南海所	研究员	
杨靖先	男	1932.2	青岛海洋大学	教授	海洋有机化学

续表6

姓名	性别	出生年月	工　作　单　位	职务和职称	研　究　领　域
杨楚良	男	1933.12	青岛海洋大学	处长、教授	晶态与非晶态材料中的电子态、理论物理
杨溥臣	男	1934.3	天津纺织工学院膜分离工程所	所长、研究员	海水淡化，有机分离膜
吴元恺	男	1934.3	南京船舶雷达研究所	高工	雷达系统工程。获国家科技进步一等奖
吴宝玲	男	1925.3	国家海洋局一所	副所长、研究员	海洋生物学
吴敬楠	男	1927.12	辽宁省海洋水产所	研究员	渔业资源学、对虾生态学，海水养殖工艺。获全国科学大会奖、自然科学4等奖等
吴景荣	男	1926.10	集美航海学院	教授	航海导航仪器、回声测深仪、计程仪
吴超元	男	1925.10	中科院海洋所	研究员	植物生理。中国海洋湖沼学会常务理事、中国藻类学会、常务理事、秘书长、国际藻类学会执行理事会理事
吴端国	男	1931.7	中国船舶及海洋工程设计研究院	高工	船舶和海洋工程结构研究设计、节点分析
吴瑜端	女	1928.10	厦门大学海洋系，亚热带海洋研究所	第一副所长、教授	海洋环境化学。元素生物地球化学
何大仁	男	1932.10	厦门大学海洋系	教授	海洋动物生理学
何广纳	男	1926.2	大连理工大学	教授	海洋土力学及软土地基加固、码头、船闸海堤地基和土工结构
何恩典	男	1920.1	厦门大学海洋系	教授	水产物理。获水产总局、省科技进步奖各一项
何悦强	男	1930.4	中科院南海所	研究员	环境保护
何廉声	男	1932.2	地矿部第二海洋地质调查大队	曾任总工程师、科委主任、高工	现任康华南方(集团)公司副总工程师
佘显炜	男	1935.12	浙江水产学院	系主任、教授	渔具力学
佘敬曾	女	1930.11	青岛海洋大学	教授	物理化学
余志豪	男	1935	南京大学大气科学系	教授	海气相互作用
余宙文	男	1939.4	国家海洋局科技司	司长、教授	物理海洋学
余国辉	男	1933.7	国家海洋局二所	所长、浙江省科协副主席、研究员	海洋环境化学、海水中痕量金属测定、迁移、变化规律
沈汉祥	男	1908.9	青岛海洋大学	教授	鱼类养殖技术。《养鱼学之理论与实际》一书获教育部图书奖
沈庆道	男	1933.6	中国船舶及海洋工程设计研究院	处长、高工	船舶及海洋工程标准化研究及技术开发规划及管理
沈奇心	男	1934.7	中国船舶及海洋工程设计研究院	副总工程师、高工	流体力学，在舰船阻力、性能方面富有研究成果
沈闻孙	男	1930.5	大连船研所	高研	船舶船体设计，曾主持多种大型油轮设计
沈焕庭	男	1935.9	华东师大河口海岸所	室主任、教授	河口海洋学，水文，地貌，沉积。合著专著2本
沈鼎新	男	1929.7	上海海运学院	教授	自动控制
宁韶和	男	1932.12	大连船研所	高研	油轮及化学品船的总体设计，曾主持油轮设计
宁德驰	男	1930.7	上海海运学院	教授	交通运输管理
张　煜	男	1926.12	黄海水产所	研究员	海参人工育苗、养殖。“刺参人工育苗养殖”。“对虾资源预报”
张二骏	男	1929.2	河海大学	教授	海岸工程、海岸小河口潮流数学模型

续表7

姓名	性别	出生年月	工作单位	职务和职称	研究领域
张大错	男	1937.3	青岛海洋大学	教授	海浪计算方法、海浪业务化数值预报、海浪与海洋环境
张仁和	男	1936.11	中科院东海站	室主任、研究员	海洋物理。水声研究获国家自然科学奖二项，中科院成果奖三项
张汉林	男	1925.8	中国船舶及海洋工程设计研究院	高工	船舶电气仪表及测试系统设计研究
张正斌	男	1935.5	青岛海洋大学	系主任、教授	海洋物理化学。海洋液－固界面化学研究获国家自然科学三等奖
张如虎	男	1926.7	中国船舶及海洋工程设计研究院	高工	船舶总体设计，尤其擅长渔业船舶设计
张在勇	男	1934.6	大连船舶设计研究所	高研	船舶轮机安装调试工艺，主管几种军船、滚装船等设计工作
张则谅	男	1933.9	上海海运学院	教授	航海地文
张学洪	男	1941.3	中科院大气物理所	研究员	大洋环流数值模拟、大气和大洋环流耦合数值模式
张志南	男	1937.11	青岛海洋大学	系主任、研究员	底栖生物生态和小型生物生物学
张叔英	男	1938.10	中科院东海站	副站长、研究员	水声工程。获国家级奖二项，院级奖10项
张基永	男	1927.11	厦门大学海洋系	教授	鱼类生物学研究
张金标	男	1938.12	国家海洋局三所	所长、研究员	浮游生物学。对水母的分类区系有深入造就
张既义	男	1928.12	上海海运学院	教授	国际经济法
张保民	男	1921.10	青岛海洋大学	教授	
张春寿	男	1933.2	青岛海洋大学	系主任、教授	大学英语
张洪杰	男	1939.12	河北省海办	主任、高工	海洋生物及海岸带综合调查与开发；曾获河北省1986年科技特等奖，国家1989年二等奖
张春明	男	1931.11	国家海洋局环保所	高工	海洋环境分析化学、分析质量控制
张炳炎	男	1934.10	中国船舶及海洋工程设计研究院	高工	船舶总体设计，主持设计“向阳红10”号、电子侦察船等
张炳根	男	1934.1	青岛海洋大学	教授	常微分方程定性与稳定性理论研究及其在生态、海洋中应用
张耀光	男	1934.7	辽宁师范大学海洋资源研究所	所长、教授	海洋经济地理
张润泽	男	1927.11	大连海运学院	教授	电子工程。船舶无线电导航。船舶导航雷达
张维衡	男	1934.10	华中理工大学船海系	教授	海洋工程结构振动。减振降原
张葆华	男	1930.2	上海海运学院	教授	热能动力机械
张福绥	男	1927.12	中科院海洋所	研究员	贝类养殖实验生态
张德洪	男	1932.12	交通部科技司	司长、高工	在船型技术经济论证和软科学研究方面在国内外有名望
张燕霞	女	1934.6	中科院海洋所	副所长、研究员	海藻化学
初汉平	男		青岛海洋大学	教授	大学英语和英语语法
陈　騊	男	1929.1	中科院海洋所	研究员	海洋微生物
陈　坚	男	1935.8	华中理工大学船海系	教授	电力电器传动，深潜递变电源，有专著43万字，成果多项

续表8

姓名	性别	出生年月	工作单位	职务和职称	研究领域
陈 松	男	1932	国家海洋局三所	研究员	海洋界面物理化学过程
陈上及	男	1924.11	国家海洋局情报所	研究员	海洋水文物理、海洋数据处理分析
陈士荫	男	1930.6	大连理工大学	教授	海岸动力及海岸泥沙运动,港口及航道冲淤
陈川爵	男	1938.5	交通部一航院	高工	港口工程设计
陈世阳	男	1922.6	青岛海洋大学	教授	海洋微生物、水产动物病害、水产品腐败微生物。低聚藻酸钠代血浆获全国科学大会奖
陈心铭	男	1929.2	集美航海学院	教授	船舶轮机
陈介康	男	1937.5	辽宁省海洋水产所	所长、研究员	海洋生物生态学,获国家自然科学四等奖和部级一等奖
陈丙咸	男	1933	南京大学大地海洋科学系	教授	海洋遥感
陈吉余	男	1921.9	华东师大河口海岸研究所	所长、教授	河口海岸学、创立河口海岸动力地乳学。《上海市海岸带资源和海涂资源综合调查报告》获上海市科技进步一等奖
陈则实	男	1933.11	国家海洋局一所	所长、研究员	物理海洋学
陈邦林	男	1935.7	华东师大化学系	教授	在河口化学、海洋资源化学、界面化学方面获11项科技奖。
陈向荣	男	1933.10	青岛海洋大学	教授	海洋能源利用。专利"翼龙式透平"
陈时俊	男	1933.10	青岛海洋大学	教授	环境流体动力学。《水质预测及对策研究》获国家科技进步三等奖
陈伯真	男	1936.3	上海交通大学	教授	船舶结构力学、海洋工程。获国家教委一等奖、二等奖各1项
陈丽蓉	女	1934.12	中科院海洋所	研究员	海洋矿物学
陈国华	男	1938.2	青岛海洋大学	教授	海洋物理化学。研制海水电导盐度计获国家发明四等奖
陈国珍	男	1916.12	国家海洋局	原副局长、教授	分析化学
陈金泉	男	1935.5	厦门大学海洋系	教授	物理海洋学。获部委、国家级科技进步奖各3项
陈明耀	男	1931.9	湛江水产学院	系副主任、教授	海水养殖。海产饵料生物培养和海水珍珠养殖
陈绍综	男	1929.5	大连船研所	高研	船舶轮机设计,曾参加大型化学品成品油轮设计建造工作
陈修白	男	1917.5	青岛海洋大学	教授	水产品加工
陈俊昌	男	1939.2	中科院南海所	研究员	海洋波浪
陈祖慰	男	1929.11	大连海运学院	院长、教授	无线电导航
陈铁云	男	1918.12	上海交通大学	教授	船舶结构力学,海洋工程。获国家科委一等奖、二等奖各一项
陈清潮	男	1932.8	中科院南海所	研究员	海洋生物
陈嘉震	男	1913.2	上海海运学院	院长顾问、教授	航海技术
汪人俊	男	1938.1	青岛海洋大学	院长、教授	偏微分方程理论及其应用,有限元方法。
汪炳祥	男	1929.3	青岛海洋大学	教授	海浪、普遍几何群速及其应用、三参量海面阻力系数模式
汪德昭	男	1905.12	中科院声学所	名誉所长、研究员	物理学、声学,《水声学》、《中苏联合考察总结报告》等专著

续表 9

姓名	性别	出生年月	工　作　单　位	职务和职称	研　究　领　域
陆尔康	男	1936.1	中国船舶及海洋工程设计研究院	室主任、高工	船舶结构研究分析，对铝合金焊接结构设计富有成果
陆祥润	男	1927.6	大连海运学院船电系	教授	船舶电力拖动自动控制
陆鑫森	男	1933.8	上海交通大学	教授	船舶结构力学。获国家教委科技二等奖一项
杜志瀛	男	1931.9	中国船舶及海洋工程设计研究院	高工	舰船消磁设计，柴油机消磁，微机在消磁中应用，著有《舰船消磁》
狄正彭	男	1933.8	交通部石油部海洋水下工程科研院	室主任、研究员	水下技术：研制成遥控潜器、彩色图象声纳等
於家鹏	男	1938.1	中国船舶及海洋工程设计研究院	高工	计算流体及统计预报研究，著有著作2本
邱大洪	男	1930.4	大连理工大学海工所	副所长、教授	波浪与水工建筑相互作用，港口及近海工程结构，波浪引起的渗流场
邹仁林	男	1936.8	中科院南海所	副所长，研究员	珊瑚
邹积贵	男	1930.3	青岛海洋大学	教授	国际共产主义运动。编著《马克思主义基本原理》等
邹景忠	男	1934.10	中科院海洋所	研究员	海洋环境生态学
林庆礼	男	1924.11	黄海水产所	研究员	海洋化学与环境保护。《渔业水质标准》、《渤黄海污染调查》等
林在旭	男	1928.10	大连海运学院	教授	通信与电子学系统，电讯网络
林宗熙	男	1932.6	交通部石油部海洋水下工程科研院	主任工程师、高工	水下工程：300m 氦氧饱和潜水模拟舱获部科技二等奖
林俊轩	男	1933.2	青岛海洋大学	系副主任、教授	海洋声学、声反演、海底参数及水声信号处理
林振宏	男	1937.1	青岛海洋大学	系副主任、教授	海洋沉积、海洋矿产。发表编著(合)二本、译著一本
林新濯	男	1926.9	东海水产研究所	研究员	海洋渔业资源
罗九茹	女	1935.9	国家海洋局淡化所	高工	仪表自动化，盐度计
罗秉征	男	1930.4	中科院海洋所	研究员	河口生态
周　桐	男	1930.12	青岛海洋大学	教授	中国革命史，编著《简明中国革命史》
周开亚	男	1932.10	南京师范大学	室主任、教授	白暨豚及其它海兽的研究
周自兴	男	1938.8	南京船舶雷达研究所	试制工厂厂长兼总工程师、高工	电子机械工程。获全国科学大会奖、国家科技进步二等奖
周纪浔	男	1938.10	中科院声学所	研究员	海洋物理，小掠角海底反射和散射远距离混响
周志武	男	1932.12	上海海洋地质调查局综合研究大队	总工程师、高工	
周启新	男	1906.2	中国航海学会、中国科协全国委员会委员	副理事长、一级工程师	在航海技术方面，是一位有知识的航海老专家
周良根	男	1927.12	中国船舶及海洋工程设计研究院	高工	船舶总体设计，主持集装箱船、大型多用途货船等设计
周良弼	男	1930.7	华中理工大学船海系	教授	海洋和船舶动力工程、动力装置设计，摩擦学
周应祺	男	1943.1	上海水产大学	教授	《上海市水产品需求市场预测》，《围网渔船作业性能预测》，《日本海鱿鱼钓鱼场调查和钓捕技术研究》

续表 10

姓名	性别	出生年月	工　作　单　位	职务和职称	研　究　领　域
周忠民	男	1933.7	大连船研所	高研	船舶电工与自动化设计，曾主持穿梭油轮等多种产品设计
周明煜	男	1934.4	国家海洋环境预报中心	研究员	天气动力学，海洋大气边界层物理
周家义	男	1931.8	国家海洋局环保所	所长、研究员	海洋环境化学，痕量金属在海洋环境中的存在形态、分布和迁移规律
周晓平	男	1934.4	中科院大气物理所	研究员	热带海气相互作用
郑　重	男	1911.10	厦门大学海洋系	教授	浮游动物学，著有《浮游生物》等专著7本
郑　楠	男	1932.2	中国船舶及海洋工程设计研究院	高工	气垫艇总体性能及低阻高性能围裙设计研究
郑义芳	男	1929.2	国家海洋局一所	高工	物理海洋学
郑文振	男	1926.11	国家海洋局情报所	室主任、研究员	海平面、潮汐。1987年科学院二等奖1项，海洋局、地震局一等奖各1项
郑文莲	女	1927.3	中科院南海所	研究员	海洋鱼类分类形态学
郑可圃	男	1932.11	青岛海洋大学	系主任、教授	自然辨证法
郑执中	男	1917.8	中科院南海所	研究员	海洋生物
郑守仪	女	1931.5	中科院海洋所	研究员	有孔虫分类及生态
郑克钊	男	1933.2	大连海运学院	教授	柴油机燃烧乳化燃
郑全安	男	1943.9	国家海洋局一所	室主任、研究员	遥感海洋学
郑国星	男	1935.12	青岛海洋大学	教授	海洋技术、激光、光纤、机器人视觉。水下激光电视获国家发明三等奖
郑柏林	女	1914.6	青岛海洋大学	教授	海藻学。发表《海藻学》和《青岛马蹄礁海藻初级生产力的研究》等著作
郑际嘉	男	1929.12	华中理工大学船海系	教授	船舶及海洋工程结构的动力学和动力屈曲。科技进步二等奖
项忠权	男	1932.7	天津大学海洋与船舶工程系	系副主任、教授	海洋工程抗震及结构振动研究
金庆焕	男	1934.10	地矿部广州海洋地质调查局	总工程师、科委主任、高工	兼职教授。广东省石油学会常务理事、副秘书长。中国海洋地质专业委员会常务理事
金柱青	男	1930.12	上海市科委	市科委主任、高工	海洋调查船和运输船舶总体规划设计及设计方法论研究
金翔龙	男	1934.11	国家海洋局二所	研究员	海洋地质地球物理、海底构造
尚尔昌	男	1932.2	中科院声学所	研究员	声学，海洋物理。《浅海声场研究》、《水声学》专著、《简正波声场变换与过滤》
苗祥庆	男	1918.3	中科院南海所	高工	石油地质
孟庆闻	女	1926.11	上海水产大学	教授	鱼类学.《中国软骨鱼类侧线管系统及罗伦瓮和罗伦管系统的研究》朱元鼎、孟庆闻获国家自然科学三等奖
孟庆显	男	1923.5	青岛海洋大学	教授	水产动物病害。鱼虾贝类疾病的研究获省科技进步二等奖
季仲贞	男	1940.11	中科院大气物理所	研究员	海洋数值模拟及计算列表
季锡琪	男	1934.8	中国船舶及海洋工程设计研究院	高工	船舶耐波性研究。主持设计中国第一个风浪流水池
呼延如琳	男	1918.6	河海大学	教授	水利、河口工程、河流与河口航道整治工程

续表11

姓名	性别	出生年月	工作单位	职务和职称	研究领域
范时清	男	1933.11	中科院南海所	研究员	海洋地质
昌天诚	男	1931.1	大连海运学院	教授	大功率电子学与微电子技术在船舶电力自动控制系统中的应用
赵一阳	男	1934.2	中科院海洋所	研究员	海洋地球化学
赵子丹	男	1932.6	天津大学海岸工程研究室	室主任、教授	海岸、港口工程、海岸动力过程、泥沙运动冲淤变化
赵今声	男	1903.6	天津大学	副校长、教授	在天大创办港口及航道工程专业，海岸工程、海岸河口冲淤研究
赵传纲	男	1926.5	水科院东海所	原副所长、研究员	海洋渔业资源、东海大陆架渔业资源调查
赵松龄	男	1936.3	中科院海洋所	研究员	海洋第四纪地质学
赵法箴	男	1935.5	水科院黄海所	室主任、研究员	对虾生态与养殖学曾获国家科技进步一等奖、国际发明展览金牌奖、世界知识产权金奖等
赵维信	女	1937.11	上海水产大学	教授	鱼类生理学，《应用放射免疫测定鱼类促性腺激素，性激素的研究》，获农牧渔业部科技进步二等奖
赵焕庭	男	1937.1	中科院南海所	研究员	河口海岸
赵耀南	男	1932.12	天津大学水资源与港湾工程系	教授	用随机理论及模糊数学研究波浪荷载预报及破碎波力问题
郝　斌	男	1929.11	中科院海洋所	研究员	动物生理学。对虾养殖，人工育苗
郝颐寿	男		青岛海洋大学	教授	
胡方西	男	1939.1	华东师大河口海岸所	室主任、教授	海岸带水文，中国沿岸月平均潮差变化规律，三门湾潮波
胡正元	男	1932.12	海军医学研究所	研究员	听觉生理。全国科学大会奖1项，国家科技进步三等奖1项
胡正琪	女	1932.8	青岛海洋大学	教授	复变函数理论及应用研究
胡国松	男	1937.12	河北省水产研究所	研究员	海洋资源、渔业计划调查，省一等奖；对虾资源调查，农牧渔业部一等奖
胡敦欣	男	1936.10	中科院海洋所	研究员	物理海洋学
胡鹤永	男	1927.8	上海水产大学	教授	《水产学通论》、《鱼类集群行为及其优越性》、《挪威、丹麦、冰岛渔业概况讲座》等教材。
洪广文	男	1934.2	河海大学	研究室主任、教授	海岸工程，波浪与波浪作用理论、风浪谱与波要素统计分布
洪殿清	男	1927.11	大连海运学院	研究员	高等学校教学研究
洪文友	男	1922.11	青岛海洋大学	教授	船艺和渔船方向，渔船推进性能，螺旋浆导管防蚀装置研究
姚竞春	女	1925.3	海军医学研究所	研究员	潜水医学。军队科技成果三等奖等
贺明霞	女	1939.9	青岛海洋大学	教授	海洋物理，海洋遥感与海洋光学信息处理
钱正绪	男	1935.10	中科院海洋所	研究员	海洋光学
侯自强	男	1937.8	中科院声学所	副所长、研究员（院秘书长）	水声工程，数字信号处理。近岸综合声纳，自适应波束形成计算机等
侯国本	男	1919.12	青岛海洋大学	教授	海洋工程动力学、海洋工程模拟试验。编著《黄河海港》、《龙口湾深水港》等著作

续表 12

姓名	性别	出生年月	工作单位	职务和职称	研究领域
侯朝焕	男	1936.8	中科院声学所	副所长、研究员	水声物理，声纳工程和信号处理。获国家级成果奖4项
俞聿修	男	1933.10	大连理工大学土木系	系副主任、教授	波浪及其与建筑物的相互作用；波浪模拟技术
俞光耀	男	1936.1	青岛海洋大学	系主任、教授	海流、水团及环流动力学。获国家科技进步三等奖
俞颖生	男	1908.11	上海海运学院	高工	海洋船舶驾驶
恽　良	男	1932.6	中国船舶及海洋工程设计研究院	副总工程师、高工	我国最早的气垫技术研究者之一，主持及参加多型气垫艇研制
恽才兴	男	1935.6	华东师大河口海岸所	副所长、教授	河口海岸动力地貌与遥感
练　淦	男	1927.10	中国船舶及海洋工程设计研究院、上海海洋石油平台工程设计公司	顾问、高工、总经理	船舶和海洋工程总体规划研究及设计，流体与结构耦合分析
钮因义	男	1928.9	国家海洋局情报所	总工程师、研究员	海洋资源与开发、海洋开发基础研究，海洋软科学研究
费修绠	男	1932.4	中科院海洋所	研究员	海藻实验生态与人工培育
费鸿年	男	1900.11	水科院南海所 中国水产学会及中国鱼类学会	研究员、名誉理事长	水产资源学家、中国水产资源学的主要开拓者和带头人之一
施正铿	男	1932.4	青岛海洋大学	校长、教授	物理海洋学和区域海洋学
钟其英	男	1936.9	中科院南海所	研究员	海洋物理
秦学昌	男	1940.12	南京船舶雷达研究所	所长、高工	雷达总体及舰用作战指挥系统。获国家科技进步二等奖
秦曾灏	男	1933.7	上海市气象局、上海台风研究所、青岛海洋大学	副局长、研究员、教授	海洋气象学、风暴潮、海流、海洋长波，海气相互作用等
秦蕴珊	男	1933.6	中科院海洋所	所长、研究员	海洋沉积学
袁文光	男	1934.8	地矿部上海海洋地质调查局	总工程师、高工	地球物理
袁业立	男	1938.2	国家海洋局一所	副所长、研究员	物理海洋学
袁安存	男	1932.3	大连海运学院	教授	电子工程、无线电导航
袁耀初	男	1937.11	国家海洋局二所	研究员	陆架与大洋海流动力学、黑潮、陆架环流及赤道系研究
袁随善	男	1916.2	中国船舶及海洋工程设计研究院	顾问、高工	运输船舶和渔船总体性能研究设计，船型分析及耐波性研究
顾　雄	男	1932.11	中国船舶及海洋工程设计研究院	高工	我国最早的气垫技术研究者之一，主持和主管多项气垫艇设计
顾小霖	男	1932.12	中国船舶及海洋工程设计研究院	副院长、高工	高速舰船总体性能研究设计，主持设计多型军用快艇
顾民权	男	1931.2	交通部一航院	总工程师、高工	港口及船厂设计，对港口、船厂总体设计和河流泥沙问题有很深研究。国家级有贡献中年专家
顾家龙	男	1932.5	河海大学	教授	海岸及港口工程，海岸水流、泥沙和海岸演变
钱宇清	男	1927.5	大连海运学院	教授	轮机管理和内燃机
钱祖文	男	1931.8	中科院声学所	研究员	非线性声学、颗粒介质中的声传播及其反演
钱耀鹏	男	1932.6	大连海运学院	教授	船舶柴油机及其管理，乳化油应用技术
钱淡如	男	1929.6	上海海运学院	教授	海洋船舶驾驶
徐　斯	男		青岛海洋大学	图书馆馆长、研究馆员	图书管理科学，计算机软件开发

续表 13

姓名	性别	出生年月	工 作 单 位	职务和职称	研 究 领 域
徐中直	男	1931.12	大连船研所	高研	船舶船体设计，曾主持多种大型油轮船体设计
徐世忻	男	1923.5	中国船舶及海洋工程设计研究院	高工	船舶电气装置设计，发展电力计算及绘图系统 CAD
徐世琼	男	1935.5	上海水产大学	教授	《低势能源在食品冷冻工程中的应用》、《洄转式冻结器特性研究》等
徐州浙	男	1936.10	青岛海洋大学	研究生部主任教授	海洋地球物理、磁学等专著两本
徐启明	男	1932	地矿部上海海洋地质调查局	处长、高工	程动力装置自动控制和海上油田早期开采设计
徐其昌	男	1936.11	中科院声学所	研究员	水声换能器及换能材能
徐绍斌	男	1925.10	河北省畜牧水产局	副局长、高工	海洋渔业、海洋牧场科技开发；海岸资源综合调查等
徐恭昭	男	1927.11	中科院南海所	研究员	海洋生物
徐维垣	男	1920.8	青岛海洋大学	教授	外国文学和翻译
徐继祖	男	1931.3	天津大学海洋工程研究所	副所长、教授	海冰工程，海洋工程冰力学
殷培龄	男	1928	上海海洋地质调查局综合研究大队	高工	
高　风	男	1926.7	海军医学研究所	研究员	潜水装置。军队科技成果二等奖1项、全国科学大会奖1项等
高天斌	男	1940.3	中科院声学所	室主任、研究员	海洋物理。简正波声场变换、浅海内波和声起伏粗糙界面声散射
高文彬	男	1923.12	上海海运学院	教授	经济法
高学兴	男	1938.5	河北省乐亭县水产局	副局长，高工	海水养殖。"对虾育苗"、"对虾大面积高产配套技术"获省一等奖、"对虾大面积高产配套技术"获国家二等奖
高清廉	男	1936.12	青岛海洋大学	院长、教授	渔船性能方向：螺旋浆导管防蚀装置、拖网渔船螺旋浆设计工况研究、玻璃钢渔船设计
高登义	男	1940.1	中科院大气物理所	研究员	海洋和极地考察
郭文辉	男	1930.9	中国船舶及海洋工程设计研究院	高工	海上结构物结构分析设计。参与开发导管架设计程序
郭可评	男	1925.5	中国船舶及海洋工程设计研究院	院科技委副主任	船舶及海洋工程结构研究、试验与分析
郭令智	男	1914	南京大学地球科学系	原副校长、教授	大地构造学。大陆边缘与古岛弧研究
郭忠信	男	1935.10	中科院南海所	研究员	
郭南鳞	男	1937.11	东海水产研究所	副所长、研究员	海洋捕捞
郭彦良	男	1937.1	中国船舶及海洋工程设计研究院	副总工程师、高工	船舶总体设计。主持设计大型多用途货船、大型储油船及航海测量船
唐云澜	男	1933.5	中国船舶及海洋工程设计研究院	高工	船舶总体设计。主持设计远洋货船等并研究民船发展规划
唐功麒	男	1935.3	国家海洋局淡化所	副所长、高工	海洋化工。防腐涂料 TH－784 涂料获国家二等奖
唐质灿	男	1934.1	中科院海洋所	研究员	腔肠动物分类与生态
唐逸民	男	1937.5	浙江水产学院	院长、教授	海洋渔业

续表14

姓名	性别	出生年月	工作单位	职务和职称	研究领域
席与耀	男	1933.7	河海大学	系主任、科研所所长、教授	海港与近海工程、船坞工程结构、浮式海上平台动力响应
席嘉珍	男	1935	地矿部上海海洋地质调查局	副总工程师、高工	
贾欣乐	男	1932.4	大连海运学院	教授	船舶自动控制
贾传荧	男	1940.7	大连海运学院	教授	航海技术、驾驶自动化
夏邦美	女	1933.11	中科院海洋所	研究员	海藻分类学
夏宗伦	男	1928.10	青岛海洋大学	教授	大学英语
夏勘原	男	1934.5	中科院南海所	研究员	地质构造
翁学传	男	1933.9	中科院海洋所	研究员	物理海洋学
翁泽民	男	1936.2	集美航海学院	教授	涡轮机
翁祖章	男	1936.2	交通部一航院	副院长、高工	港口设计。对港口总体设计有很高造诣,对油港散货等专用港口有很深研究。
诸广成	男	1928.1	上海海运学院	教授	港口航道工程
晏成栋	男	1922.11	华中理工大学船海系	教授	长期从事船的机械和水下机械手,研究“鱼鹰1号”机械手获国家科技进步二等奖
陶建华	女	1937.5	天津大学力学系	教授	水波问题,数值模拟研究,波浪绕射折射及波、流对工程结构作用
陶鉴凡	男	1935.10	中国船舶及海洋工程设计研究院	高工	船舶结构设计、分析,特别研究舰体波浪载荷、振动等
奚盘根	男	1934.3	青岛海洋大学	环保中心主任,教授	环境海洋学,拉格朗日余流研究曾获国家自然科学三等奖
栾乾文	男	1913.9	国家海洋局一所	研究员	海洋生物学,生物化学
柴象浩	男	1924.11	青岛海洋大学	教授	渔捞学,渔业资源
索如瑛	男	1926.3	水科院黄海水产所	研究员	海藻生态与养殖
黄广普	男	1936.10	厦门大学海洋系	教授	同位素海洋化学
黄士冲	男	1932.11	南京船舶雷达研究所	科技委副主任、高工	自动控制
黄士松	男	1919	南京大学大气科学系	名誉系主任,教授	天气动力学
黄世玫	女	1929.9	青岛海洋大学	教授	浮游生物生态。发表《胶州湾浮游动物》等著作
黄世蕉	男	1934.8	上海水产大学	教授	《应用放射性免疫测定法测定鱼类促性腺激素、性激素的研究》。农业部科技进步二等奖
黄庆福	男	1933.9	中科院海洋所	研究员	海洋地质学
黄宏波	男	1935.1	中国船舶及海洋工程设计研究院	副总工程师、高工	船舶总体性能研究设计,撰编总体性能设计手册
黄宗国	男	1936.3	国家海洋局三所	研究员	海洋生态。系统研究了中国近海污损生物生态,并有专著。
黄祥鹿	男	1933.5	上海交通大学	教授	海洋工程。获部级一等奖1项,二等奖1项

续表 15

姓名	性别	出生年月	工作单位	职务和职称	研究领域
黄培基	男	1936.8	国家海洋局一所	研究员	物理海洋学
黄曾旸	男	1935.4	中科院声学所	室主任、研究员	声纳技术、信号处理。声纳系统设计及其技术实现
黄锡昌	男	1930.2	水科院东海水产所	原所长、研究员	海洋捕捞、东海大陆坡深海渔场综合调查
崔　毅	男	1934.1	上海海运学院	教授	计算机及应用
崔玉珩	男	1931.10	中科院海洋所	研究员	底栖生物
崔功豪	男	1934	南京大学大地海洋科学系	教授	城市规划、海洋经济空间规划
梁　琴	女	1930.3	国家海洋局一所	研究员	海洋化学、地球化学
梁元博	男	1931.7	中科院南海所	研究员	
梁其荀	男	1923.6	国家海洋局	原总工、高工	海港工程
梁喜新	男	1927.7	辽师大地理系	教授	海洋经济地理
梁象秋	男	1933.12	上海水产大学	教授	水生生物。《毛蟹人工培养》
曹文达	男	1933.12	中科院海洋所	研究员	海洋化学。腐殖质及海水—生物体界面交换、组成分及过程
符淙斌	男	1939.10	中科院大气物理所	研究员	热带海气相互作用
脱天禄	男	1927.12	中国船舶及海洋工程设计研究院	高工	近海浮式结构物水动力性能试验研究及船舶建造工艺研究
巢纪平	男	1932.10	国家海洋环境预报中心	名誉主任、研究员	天气、海洋动力学数值预报、专著一本
常庆生	男	1933.10	海军大连舰艇学院海测系	教授	测量平差及海流定位
常学谦	男	1932.3	大连海运学院	教授	画法几何、机械制图
常夏晨	男	1928.7	大连海运学院	教授	电磁场理论及电磁边值问题
龚崇准	男	1928.6	河海大学	教授	海港工程、波浪绕射教学模型、波浪对直墙堤作用
龚锦涵	男	1927.6	海军医学研究所	研究员	潜水医学。国家科技进步一等奖1项、军队科技成果一等奖2项
盛子寅	男	1935.3	上海科学院	常务副院长、高工	船舶操纵性
盛忠义	男	1931.2	地矿部第十二石油普查勘探大队	科委主任、高工	
戚赉芪	男	1922.10	华中理工大学船海系	教授	船舶及海洋动力装置,燃烧学,高压喷油研究
温保华	男	1925.4	青岛海洋大学	教授	海洋工程、能源工程。编写《内燃机热力性能》、专利"翼龙式透平"
温致义	男	1915.1	上海海运学院	教授	英语
彭其祥	男	1916.8	青岛海洋大学	教授	电工学

续表16

姓名	性别	出生年月	工作单位	职务和职称	研究领域
彭阜南	男	1923.11	国家海洋局二所	研究员	岩矿构造重大问题
蒋　莜	男	1927	地矿部上海海洋地质调查局实验室	高工	
蒋维清	男	1929.10	大连海运学院	教授	船舶操纵衡准
蒋敬亲	男	1934	上海海洋地质调查局第一海洋地质调查大队	大队长、高工	
蒋惠民	男	1931.7	大连理工大学海工所	副所长、教授	港口航道淤积及整治研究
董正之	男		中科院海洋所	研究员	头足类分类
董兆凤	男	1911.4	上海海运学院	教授	商业经济
程天柱	男	1921.9	华中理工大学船海系	教授	海洋工程船舶、水动力学、稳性规范研究。有专著和成果
程尔升	男	1936.9	华中理工大学船海系	教授	新型船研究、船池测试技术、水动力学及船舶性能研究
程克武	男	1914.10	上海海运学院	教授	国际经济管理
曾广武	男	1937.11	华中理工大学船海系	教授	海洋结构物优化设计。有四项成果分别获国家和部委级奖励
曾庆存	男	1935.5	中科院大气物理所	研究员	地球流体力学和洋流数值模拟
曾呈奎	男	1909.6	中科院海洋所	原所长、一级研究员	海洋生物、海藻学
曾宪英	男	1930.10	海军医学研究所	研究员	海军航空医学。军队科技成果二等奖1项、全国科学大会奖1项
曾松祥	男	1929.1	中国船舶及海洋工程设计研究院	高工	船舶装置设计、发展喷水推进组合体，获尤里卡银奖
曾昭琪	男	1932	南京大学生物系	教授	菌藻生物工程
曾尊固	男	1933	南京大学大地海洋科学系	教授	区域经济、海洋经济
童　钢	男	1938.9	大连船研所	高研	船舶电气设计。参加并主持油轮及油水补给船的设计工作
傅祥浩	男	1920.10	上海海运学院	教授	交通运输管理
道克敏	男	1938.1	中科院海洋所	研究员	海洋地球物理学
谢世楞	男	1935.1	交通部一航院	院副总工程师、高工	国家级专家。港口设计。对港口工程结构、防波堤设计及海洋水文和波浪有很深研究
谢玉坎	男	1935.8	中科院南海所	研究员	海洋贝类
谢金赞	男	1933.3	河海大学	室主任、教授	海洋工程水文、海岸与河口水文调查。水流与泥沙运动
谢振宏	男	1933.10	水科院黄海水产所	室主任、研究员	捕捞机械与捕捞技术。“围网起网机”，“人工鱼礁”
焦永昌	男	1933	上海海洋地质调查局第一海洋地质调查大队	高工	
景振华	男	1922.6	青岛海洋大学	教授	海流理论。著《海流原理》，预报太平洋海流获国家科技进步二等奖
靳正大	男	1934.3	大连海运学院	教授	模糊数学

续表 17

姓名	性别	出生年月	工作单位	职务和职称	研究领域
蓝　进	男	1928.11	青岛海洋大学	教授	海洋生物多糖在医学、酶学、食品化学等领域的应用
鲍启勋	男	1926.3	大连海运学院	教授	船舶驾驶，船舶陀螺仪表
虞志英	男	1935.10	华东师大河口海岸所	室主任、教授	海岸动力地貌、环境演化与预测
鄢天金	男	1929.12	大连海运学院	教授	磁罗经、测向仪校正及无线电导航仪器
廖云和	男	1925.10	国家海洋局技术所	高工	与美国雷声公司合作，设计并研制成功多功能大洋锰结核探测系统
廖谟圣	男	1935	上海海洋地质调查局技术所装备研究所	副所长、高工	
谭仲楷	男	1935.3	中国船舶及海洋工程设计研究院	高工	船舶总体研究设计。对圆舭艇阻力深有研究。主持多项获奖项目设计
谭玉钧	男	1925.10	上海水产大学	教授	淡水养殖。《上海市郊区大面积池塘养鱼高产试验》获上海市科技进步一等奖
蔡　颐	男	1922.6	中国船舶及海洋工程设计研究院	院科技委副主任、高工	船舶电气、自动化等研究设计
蔡体芬	男	1930.3	中国船舶及海洋工程设计研究院	高工	舰船总体性能研究设计，在高速圆舭艇等设计方面有成果
蔡美昂	男	1934.7	上海海运学院	教授	船舶电气管理
蔡耀国	男	1931.9	湛江水产学院	系主任、教授	海洋生物
管华诗	男	1939.8	青岛海洋大学	副院长，教授	海洋药物，海洋保健食品。防治缺血性心脑血管疾病的新药 PSS 获国际博览会金奖
管秉贤	男	1923.3	中科院海洋所	研究员	中国近海环流和黑潮研究
潘延龄	男	1931.9	大连海运学院	教授	轮机工程及热工理论基础
潘谱华	男	1931.9	南京船舶雷达研究所	科技委主任、高工	雷达系统工程。获国家科技进步一等奖
潜琬英	女	1929.8	国家海洋局环保所	室主任、研究员	海洋分析化学与海洋环境化学，痕量元素分布形态、迁移过程
薛中川	男	1938.11	华中理工大学船海系	教授	海洋工程物流体性能研究，“平头涡尾”船型等3项成果获奖
薛廷耀	男	1917	青岛海洋大学	教授	海洋微生物、海洋资源开发
薛鸿超	男	1929.12	河海大学	教授	海岸及海洋工程、海岸动力学、波浪与建筑物相互作用、河口动力学、风浪掀沙
鞠通远	男	1932.5	海军医学研究所	所长、研究员	卫生勤务。国家级科技进步三等奖1项、军队科技进步二等奖1项等
魏文达	男	1905.10	上海海运学院	教授	经济法
戴荣法	男	1924.5	河北省水文总站	高工	水利。《河北省海岸带资源》、译《城市雨洪水文学》
戴经武	男	1933.12	中国船舶及海洋工程设计研究院	高工	船舶总体设计。主持设计远洋货船、大型集装箱船、液化气体船

附录6　全国人大代表、全国政协委员、全国劳动模范中的海洋界人名录*

王素娟　女　1928.6生　全国劳动模范，上海水产大学教授。从事海藻生物工程研究。著有《增紫菜营养细胞直接育苗和养殖的研究》。

向大威　男　1937.9生　全国政协委员，中科院东海研究站副站长，研究员，国家级有突出贡献中年专家。从事军、民用声纳及信号处理研究。主持或参加30余项研究项目。曾获全国科学大会奖、中科院科技进步二等奖、上海市科技成果二等奖等。合著《水声信号波动检测与参数估计理论》，发表论文30余篇。1978年被评为全国科学先进工作者，1989年被评为国家级有突出贡献专家。全国优秀科技工作者、"五一"劳动奖章获得者，国家级有突出贡献中年专家。

关定华　男　1927.10生　全国劳动模范，中科院声学所所长，研究员。从事声表面波理论的研究。主持研制了中国第一代海底地貌仪。在浅海声场与海底损失的关系一文中求得传播衰减与海底损失的映射关系。提出了海底沉积物分类和海底沉积物声衰减的声遥测方法。进行了在波浪、内波和微观起伏下声场的横向相关中出现相关系数突然降低的现象。1982年，"浅海声场研究"获国家自然科学二等奖。"浅海声场中的海底影响"获科学院一等奖。海底地貌仪和声表面波的研究获1979年全国科学大会奖。

严　恺　男　1912.8生　三届全国人大代表，河海大学名誉校长、南京水利科学研究院名誉院长，教授，学部委员。在天津塘沽新港回淤研究取得重大成果，为淤泥质海岸建港提供科学依据，对国内外都有指导意义。提出在中国开展淤泥质海岸研究。在连云港泥沙淤积、长江口栏门沙、珠江三角洲围垦等问题研究取得巨大进展。指导全国海岸带资源综合调查取得丰硕成果。提出了发展"海岸动力学"和"海岸动力地貌学"两门新边缘学科，在河海大学和华东师范大学已分别写出专著。中国在此学科领域已进入国际先进行列，严恺为中国在此学科主要奠基人。

杨烈宇　男　1918.8生　全国"五一"劳动奖章获得者、全国交通战线劳模、六届全国政协委员、七届全国人大代表，中国农工民主党党中央副主席，大连海运学院船舶金属材料工艺所名誉所长、一级教授，中国发明协会副会长、国务院学位委员学科评议组成员、博士研究生导师。在金属材料铸造、热处理和船舶修造工程方面卓有建树。研制成功"灰口铸铁离子氮碳钛三元渗扩新工艺"、"船用喷咀热处理新工艺"等多项科研成果，均属国内外首创。获国家发明奖、科技进步奖，部、省级成果奖多项。著有《金属学及热处理》、《实用金属材料工艺》、《船机零件热处理》等专著。《离子轰击渗扩技术》转让新加坡，成为中国首次向该国出口的高科技。

杨吟山　男　1961年生　七届全国人大代表，江苏省东台市滩涂开发利用综合试验场代理场长。1983年开始搞滩涂开发工作，注重调查研究和科学实验，建成苏北最大的幼蟹培育基地，利用海边条件培育成蟹，为开发利用滩涂闯出一条新路。

杨溥臣　男　1934.3生　七届全国人大代表，全国优秀科技工作者、"五一"劳动奖章获得者，国家级有突出贡献中年专家，天津纺织工学院膜分离工程所所长，研究员，中国海洋学会理事，中国海水淡化与水再利用学会常务理事。多年从事海水淡化、有机分离膜方面的研究工作。承担海水淡化反渗透膜、超滤膜等国家科技攻关项目，其中，中空纤维超滤膜技术多次获市、部优成果奖和国家科技进步奖，在国内处于领先地位。

吴敬楠　男　1927.12生　七届全国人大代表，辽宁省海洋水产所研究员。从事渔业资源研究，"辽东湾毛虾的生活史和渔获量预报方法"获国家科学大会奖；"辽东湾小黄鱼数量变动和渔获量预报"获省科学大会奖。历任所长，长期从事科研管理，使该所获多项省、部级科研成果，其中"海蜇生活史及生态学"获国家自然科学四等奖。

张　毅　男　1948.2生　全国劳动模范，辽宁省大连海洋渔业总公司总经理、高级经济师。1984年9月任公司副经理，实施了一系列现代化管理方法，企业素质迅速提高，1988年公司在全国同行业率先进入国家二级企业，省级先进企业。公司捕捞产量和经济效益连续5年创历史最好水平，居全国同行业之首。5支远洋捕鱼船队获产量1 000万t，创汇3 000多万美元。

---

* 按姓氏笔画为序

张叔英　男　1938.10生　全国政协委员，中国科学院东海研究站副站长，研究员。长期从事水声技术研究。在声信号处理、声纳设备研制和海底声探测等方面有多项成就，尤其是对主动声纳检测和海底地层剖面仪的研制有造诣。在国内外发表学术论文近40篇。主持完成科研项目20余项。1978年后有10个项目获国家、科学院和上海市重大科技成果（或科技进步）一、二、三等奖，还获1项发明专利和2项实用新型专利。

张松林　男　1956年生　七届全国人大代表，江苏省如东县北坎垦牧场场长。献身黄海滩涂，开发利用滩涂，勇于开拓，百折不挠，不断进取。被誉为"滩涂劲草"。

张燕霞　女　1934.6生　山东省人大常委、五届全国人大代表，中科院海洋所副所长，研究员。主要从事海藻资源化学和海藻工业的研究。编著有《海藻化学与海藻工业汇编》、《复合糖生化研究技术》，发表"海带综合利用的研究"等论文30余篇。对中国海藻化学及工业进行了系统的研究并建立了中国的海藻综合利用工业。曾获全国、省科学大会成果奖和先进科技个人奖。

陈国珍　男　1916.12生　全国政协委员，国家海洋局原副局长，教授。1941～1951.1曾留学英国伦敦大学、帝国理工学院，获博士学位。历任厦门大学系主任、校长助理，二机部生产局总工程师、副局长，国家海洋局副局长、学术委员会主任、科学技术委员会主任。现为中国海洋学会和中国核学会名誉理事、海洋化学学会理事长。多年从事分析化学和海洋化学的研究工作。

陈祖慰　男　1929.11生　第六、七届全国人大代表，大连海运学院院长，教授，世界海事大学董事会董事兼世界海事大学大连分校校长，国务院学位委员会第二届学科评议组成员、国家教委科技委交通运输学科组组员、中国航海学会通讯导航专业委员会主任委员、中国电子学会副主任委员。曾参加国防科委有关导航方面的科研规划，并负责海军中程导航系统体制的研究工作。1960年在大连海运学院负责筹建中国第一个无线电导航专业，并担任该校无线电系主任。1981年指导硕士研究生，从事组合导航方面的研究工作，并为中国大百科全书编写有关无线电导航及船舶自动化方面的辞条。

汪德昭　男　1905.12生　全国政协委员（曾任政协常委），中科院声学所名誉所长，一级研究员。中国国防水声科研的奠基人。1960年亲率科技人员进行了中苏联合考察，为中国海防提供了有关水域的第一批数据。在领导中国科学院声学研究所工作中，在出成果、出人才上成绩卓著。1979年声学所被评为全国先进单位。其研究工作在他与学生尚尔昌教授的著作《水声学》中作了总结。为中国培育了一支能在研究与技术中打硬仗的水声科学队伍，其中不少同志已具有国际学术声望。

杜碧兰　女　1936.5.10生　七届全国人大代表，国家海洋局海洋发展战略所副所长，高工。在海洋预报研究和应用、航空遥感测海温、海冰等研究中取得重要成果。主持了几个国家科技攻关项目，作出了突出贡献，其中海温预报方法的优化研究及业务化工作获国家科技进步二等奖。

邹　明　男　1913年生　全国政协委员，中国海洋石油总公司顾问。曾任西北石油局副局长，60年代后参加了大庆石油会战和大庆、胜利炼油厂的建设。70年代末，参与我国海上石油对外合作，为开创我国海洋石油事业做出了贡献。

郑　重　男　1911.10生　全国政协委员，全国教育系统先进工作者，厦门大学海洋系教授。中国浮游动物学科开拓者。从事浮游甲壳动物、特别是技角类和挠足类生态作为主攻方向。曾著有《浮游生物》、《浮游生物学概论》、《浮游生物生态文集》、《郑重文集》等，并与李少菁等合著《海洋浮游挠足类》上、中卷、《海洋浮游生物学》及与曹文清合著《海洋技角类生物学》等。其中《海洋浮游生物学》一书获国家教委优秀教 材一等奖，已译成英文版，由德国 Springer－Velag 书局向国外发行。

郑守仪　女　1931.5.20生　全国政协常委、致公党中央副主席、山东省政协副主席、山东省侨联副主席；全国"三八"红旗手、全国劳模。中科院海洋所研究员。系统地进行了中国现代有孔虫研究、发表了120多万字的学术论文和专著。曾获山东省自然科学优秀学术成果一等奖、中科院自然科学一等奖、国家自然科学三等奖。

孟庆闻　女　1926.11生　全国政协委员，上海水产大学教授，主要从事水产养殖的教学和科研工作。代表性论著有《鱼类比较解剖》等。现任中国水产学会副理事长。国务院学位委员会学科评议组成员。1987年获亚洲水产学会授予的"对发展亚洲水产学会作出杰出贡献的理事"奖章。

赵今声　男　1903.6生　全国人大代表，天津市政协副主席，天津大学副校长，教授。在天津大学创办港口及航道工程专业，培养本科生上千人，其中不少人已成为科技、设计部门高级专家或领导；创造了海岸工程专业硕士点，指导和培养了大批青年教师和研究生，其中大多成为各部门业务骨干；主持和指导完成近80篇学术论文，完成十多项重要港工设计任务，在中国首次开展了海岸、河口冲淤研究；对福州马尾万吨级码头四个深水泊位的治理、秦皇岛新开河道淤积问题的处理、新港洄淤的治理上都起过重要作用。

赵法箴　男　1935.5生　全国政协委员，水科院黄海水产所室主任，研究员。国家级有突出贡献的中年专家。从事对虾生态与养殖学的研究。1963年首次完成中国对虾幼体发育的生态学。1967年以后长期担任对虾育苗及养殖的课题负责人。取得了中型及大水面养殖对虾成功。1972—1978年，进行了一系列对虾养殖高产试验和对虾饵料的研究。1979年向国家提出了“对虾工厂化育苗”技术攻关的建议，并参加了以后的该项研究，创造出具有世界先进水平的工厂化育苗方法。1985年获国家科学技术进步一等奖。1988年获北京国际发明博览会金牌和世界知识产权组织的金奖。1985年获全国对虾养殖和科技攻关生产服务一等奖。1986年12月，经国家科委批准授予“国家级有突出贡献的中年专家”称号。

郝　斌　男　1929.11生　七届全国人大代表，“九三”学社支委，中科院海洋所研究员。从事中国对虾的生活习性调查研究和对虾生理研究等工作。在对虾养殖和人工育苗方面开展开拓性质的研究工作，对后来对虾养殖业的发展起到推动作用。发现对虾复神经索中的巨大轴突具有高速传导功能，是已知神经纤维中传导最快的。该发现引起国内外学者的关注。在指导有关单位的对虾养殖和人工育苗生产方面取得了良好的成绩。

侯国本　男　1919.12生　全国人大代表，青岛海洋大学教授。主要贡献有：建立海洋动力试验室，其中军港4个、商港6个、渔港5个、油港1个、船坞及港口4个、防护建筑物6个、发电厂引水港池4个及马尔他共和国10万吨级港口试验和毛里塔尼亚共和国6万吨级码头模型试验研究等都取得成功并投入生产；筹建港口航道专业，本科四年制，已于1985年开始招生；对山东石臼港深水大港、黄河海港及黄河三角洲开发及黄河流路稳定等方面的建议均被采纳并投入开发。

侯朝焕　男　1936.8生　全国劳动模范，中科院声学所副所长，研究员。组织并参加了大量海上水声物理实验和考察，在水声器材特性、混响、噪声等方面取得了重要研究成果。开展了基础研究和声纳系统新方案研究，提出了不少新思想和新系统设计，促进了新型装备的研制。先后主持了8项专题研究，在一些世界前沿课题上取得了多项具有应用前景的成果。获国家发明奖3项、全国科学大会奖1项、部院级成果奖2项。在推进国家高技术发展计划发展方面作出了贡献。

黄恩元　男　1938.1生　全国劳动模范，营口港务局局长、高工。1985年获全国总工会“五一”劳动奖章，1989年获全国劳动模范称号。为百年老港的更新和鲅鱼圈新港的开发、建设作出了特殊贡献。

曾呈奎　男　1909.6.18生　七届全国人大代表，山东省科协主席、省侨联主席、省人大常委会副主任，全国科协委员，中科院海洋所一级教授，第三届世界科学院院士、国际藻类学会理事。主编《中国经济海藻志》、《海带养殖学》、《中国常见海藻》(英文版)、《海藻栽培学》等著作，发表学术论文200余篇，对搞清中国海藻资源、促进中国经济海藻人工栽培事业和海藻化学工业的建立及发展起到关键作用。在海带、紫菜生物学及人工栽培和海藻比较光合作用研究等方面具世界先进水平。

附录7 1986～1989年间逝世的中国海洋科学技术专家名录*

刘锦新 男 1917.2～1986.7 地矿部南海地质调查指挥部顾问，高工。

朱元鼎 男 1896.10～1986.12 上海水产大学原院长、名誉院长，一级教授，全国人大代表。1920年毕业于东吴大学生物系。历任上海圣约翰大学教授、生物系主任、研究院院长、理学院院长和代理教务长，1957年后任上海水产学院院长，名誉院 长兼东海水产研究所所长。中国著名鱼类学家和教育家。鱼类分类学的主要奠基人。长期从事鱼类形态分类比较解剖的研究。在鱼类演化和系统发育方面作出了重大贡献。重要著作有《中国石首鱼类分类系统的研究和新属新种的叙述》、《中国软骨鱼类的侧线管系统以及罗伦瓮和罗伦管系统的研究》(获1987年国家自然科学三等奖)。

吴尚懃 女 1921.7.7～1988.3.11 中科院海洋所研究员。主要从事实验胚胎学、分子生物学和发育生物学的研究工作。先后获得国家发明创造一等奖、全国、省科学大会奖、中科院重大成果一等奖。是国内外有影响的发育生物学家。1988年3月11日在山东省日照市做试验因车祸不幸殉职。

毛汉礼 男 1919.1.25～1988.11 中科院海洋所副所长，研究员，学部委员，“九三”学社中央委员，山东省政协委员。中国著名的海洋学家、中国海洋科学事业的创始人之一、中国海洋物理学的奠基人。1951年在美国加州大学斯克里普斯海洋所获硕士学位。曾担任国务院学位委员会学科组成员、国家自然科学基金会海洋学科组成员、国家科委海洋组成员、中国海洋湖沼学会副理事长、国际大地测量及地球物理学联合会中国委员会主席、山东省政协四、五、六届委员、山东省经济发展战略委员会成员、《中国大百科全书》“海洋学”篇编委，名列《中国大百科全书》知名科学家。

许继增 男 1905.3～1989.1 青岛海洋大学教授，“九三”学社成员。1931年毕业于北洋大学土木工程系，获学士学位。1949年起，先后任山东大学工学院土木系主任、教授，青岛工学院副教务长，西安冶金建筑学院建筑工程系主任、山东冶金学院教授。1963年后任教于山东海洋学院。主要从事工程力学的教学及研究工作。曾参加编写了《建筑力学教程》、《理论力学》、《工程力学》、《应用力学习题集》、《材料力学习题集》等教材、讲义。写有论文《楔形梁应力之分析》等。

张瑞翔 男 1930～1989.9.23 逝世前为中华人民共和国地质矿产部地质勘查管理司副司长，中国南极考察委员会专家组成员、全国海洋资源研究开发保护专家组成员、中国地质学会海洋地质专业委员会常务理事、中国海洋地质学会常务理事。1952年毕业于清华大学地质系。生前长期从事石油普查和海洋地质调查管理工作，多次代表中国政府参加国际海洋法会议等国际会议。

黄文沣 男 1907～1989 曾任福建省水产研究所所长，研究员。海洋渔业专家。1926年毕业于集美学校水产部，1930年毕业于日本东京农林省水产讲习所渔捞科。1949年前曾任福建省渔业管理局局长、福建省立水产高级职业学校校长，解放后，历任厦门大学海洋系副教授、山东大学水产系副教授、集美水产学校校长、福建省水产研究所所长、研究员、福建省水产学会理事长等。长期从事海洋渔业的教学和研究工作，对中国东部沿海的水产资源和渔具渔法的调查研究均取得丰富成果，为开发这些海区的水产资源、推广和革新渔具渔法做出了贡献。

---

* 指教授、研究员、教授级高工以上的专家。按逝世时间先后排列。

附录8　中国参与的国际海洋机构

【联合国国际海底管理局和国际海洋法法庭筹备委员会】 联合国国际海底管理局和国际海洋法法庭筹备委员会(简称“海底筹委会”)是根据联合国海洋会议的决议于 1983 年 2 月成立的，其任务为筹备建立国际海底管理局和国际海洋法法庭制定有关规则、规章并处理先驱投资者申请登记问题。海底筹委会下设总务委员会、全权证书委员会和四个特别委员会。海底筹委会目前有 159 个成员。中国是海底筹委会的正式成员，并当选为大会副主席。自 1983 年起，中国参加了海底筹委会的历次会议。

【政府间海洋学委员会(IOC)】 政府间海洋学委员会(简称海委会)是联合国教科文组织内的职能自治组织，成立于 1960 年，总部设在巴黎，目前有成员国 117 个。

海委会的业务活动包括海洋科学与生物资源、海洋科学与非生物资源、海洋污染研究与监测、海洋动力学与气候、海洋制图等科学计划，全球海平面观测、全球海洋观测、太平洋海啸警报、漂流浮标合作、海洋资料与情报交换等海洋服务计划，以及训练、教育和相互援助计划。

中国于 1977 年参加政府间海洋学委员会，并从 1979 年起连任海委会执理会成员国。

【伦敦倾废公约(LDC)】 1972 年 10 月在伦敦召开了有关海洋倾废的政府间会议，通过了《防止倾倒废物及其他物质污染海洋的公约》(简称“伦敦倾废公约”)。该公约于 1975 年 8 月 30 日生效，秘书处设在国际海事组织。目前有 65 个国家批准或加入了公约。公约每年召开一次缔约国协商会议，并下设科学组、放射性专家组、法律专家组。公约的宗旨是促进各国对海洋污染的一切来源进行有效控制，特别是防止倾倒废物及其他物质污染海洋。中国于 1985 年加入该公约，并参加了历次协商会议和有关专家组会议。

【南极条约组织】 南极条约于 1961 年 6 月生效，南极条约组织随即成立。通过每两年举行一次的例会，南极条约国对南级条约的执行情况进行检查。目前，南极条约组织共有 39 个成员国，其中 26 个为协商国，13 个为非协商国。中国于 1983 年 5 月 9 日加入南极条约，并于 1985 年 10 月 7 日成为南极条约协商国。

【海洋研究科学委员会(SCOR)】 海洋研究科学委员会是国际科联下属的非政府间专业科学组织，创立于 1957 年，现有成员国 35 个。中国于 1985 年成立了中国海洋研究委员会并于同年加入该组织。

海洋研究科学委员会的主要工作是通过各种工作组执行的，目前该组织共有工作组 70 余个。此外，海洋研究科学委员会还定期召开联合海洋学大会，以促进各国海洋学术团体的合作与交流。

【南极研究科学委员会(SCAR)】 南极研究科学委员会是国际科联下属的非政府间专业科学组织，目的是促进南极科学考察的国际合作。该组织成立于 1958 年，目前有 25 个成员国。中国于 1986 年 6 月 23 日加入南极研究科学委员会。

【联合国水科学与渔业情报系统(ASFIS)】 联合国水科学与渔业情报系统是由联合国粮农组织、政府间海洋学委员会、联合国环境规划署和联合国海洋事务及海洋法办公室共同发起的国际情报系统，其宗旨是通过国际合作在世界范围内收集和传播有关海洋和水产方面的情报信息，促进海洋和淡水环境方面科学和技术的进步。该系统创立于 1959 年，总部设在罗马。设在华盛顿的坎布里奇科学文摘社是它的出版机构。目前该系统有成员国 11 个，中国于 1986 年正式参加该系统工作。

(李海清)

【国际海道测量组织(IHO)】 国际海道测量组织是一个咨询性的政府间组织，于 1921 年在摩纳哥正式成立，下设指导委员会、财务委员会、测量局工作委员会、海图委员会、公约及总则委员会、航海文件委员会和海洋学委员会等。其主要职责是：促进海道测量及航海图书规范、图式标准的统一；协调出版全世界范围内统一小幅的标准化海图；分海区设立无线电航行警告机构；进行资料交流和建立测量、制图资料库。中国于 1922 年加入该组织，在此后的一段时间里国民党当局参加了该组织的活动。1977 年恢复了中华人民共和国的合法席位，由中华人民共和国交通部挂靠归口对外。经常性的国际业务交流、航海图书出版、资料交换等由海军司令部航海保证部承担。目前，该组织共有 55 个成员国。

(孔令户　韩范畴)

附录 9 海洋行业常用量和单位(推荐形式)表

量 的 名 称	量的符号	单位名称	单位符号	废止单位及换算关系和注释
距离 长度 航程	*L*	米 千米(公里) 海里 (仅适于航程) (海上站位布设可使用)	m km n mile	1mile=1609.344m 英寻 1fa=1.8288m 英尺 1ft=0.3048m 英寸 1in=0.0254m 码 1yd=0.9144m 链 1chain(chn)=20.1168m 浪 1fur=201.168m 杆 1rod=5.0292m 天文单位距离 1A=1.49597870×10^{11}m 秒差距 1pc=3.0857×10^{16}m 光年 1l.y=9.46053×10^{15}m
时间	*t*	秒 分 时 日 年	s min h d a	注:时间应理解为时间区间或间隔,如用了多长时间、待多少时间等,以上单位和符号可用此范围。时刻不应理解为量,表述时刻不宜采用此符号,如 1980 年 3 月 24 日 4 时 28 分不应写成 1980a3 月 24d4h28min
经纬度	θ,φ	度 分 秒	(°) (′) (″)	注:为区别东经、西经和北纬、南纬,在量的后边加上区别符号 E、W 和 N、S,如 26°43′28″N,118°27′42″E
质量	*m*	千克(公斤) 克 吨 质子质量单位	kg g t u	lcar=2×10^{-4}kg=0.2g 1oz=31.1034768g 1lb=453.59237g 注: 1u=1.66057×10^{-27}kg =1.66057×10^{-24}g
力	*F*	牛[顿]	N	1kgf=9.80665N 1dyn=10^{-5}N ltf=9.80665kN 1lbf=4.448222N
面积	*A*(*S*)	平方米	m^2	1a(公亩)=1dam^2=10^2m^2 1b(靶恩)=100fm^2=$10^{-28}m^2$ 1ft^2=9.290304dm^2
体积	*V*	立方米 升 (仅适于非精密测量)	m^3 L(l)	1c.c=1cm^3=$10^{-6}m^3$ 1y=1μl=$10^{-9}m^3$ 1st=1m^3 1 英加仑=4.546091878dm^3 1 美加仑=3.785411784dm^3 注:海洋技术 45 号报告中坚决废止升
功	*W*(*A*)	焦[耳] 千瓦时 (用于电功)	J kW·h	lerg=10^{-7} J=0.1μJ 1kgf.m=9.80665J
功率	*P*	瓦[特]	W	1 马力=735.499W 1kgf.m/s=9.08665W lerg/s=10^{-7}W 1VA=1W
电荷量	*Q*	库[仑]	C	1aC=10C 1Cabs=1C 1Cint=0.99985C 1sC=$3.335640952\times10^{-10}$C
电位 电压 电动势	*V*,φ *V* *E*	伏[特]	V	1aV=10^{-8}V 1Vabs=1V 1Vint=1.00034V 1sV=2.99792458×10^{2}V
磁场强度	*H*	安[培]每米	A·m^{-1}	1N/Wb=1A/m 1Oe=≙(1000/4π)A/m

续表 1

量 的 名 称	量的符号	单位名称	单位符号	废止单位及换算关系和注释
磁通量密度 磁感应强度	B	特[斯拉]	T	1Gs≙10^{-4}T 1sT=2.99792458×10^{6}T 1aT=10^{-4}T 1r=1nT
磁通量	Φ	韦[伯]	Wb	1Ma≙10^{-8}Wb 1V.s=1Wb
电容	C	法[拉]	F	1aF=10^{9}F 1Fabs=1F 1Fint=0.99951F 1sF=1.112650056×10^{-12}F
磁位差(磁势差) 磁通量,磁动势	Um F,Fm	安[培]	A	
发光强度	I	坎[德拉]	cd	1 旧烛光=(1/0.981)cd 1 国际烛光=1.005cd
光亮度	L	坎[德拉]每平方米	cd.m^{-2}	1nt=1cd・m^{-2} 1sb=10^{4}cd・m^{-2} 1la=$\frac{1}{\pi}$sb=$\frac{1}{\pi}$×10^{4}cd・m^{-2}
光照度	$E(Ev)$	勒[克斯]	1x	1ph=10^{4}lx(辐透) 1mc=1lx(米烛光) 1cmc=10^{4}lx(厘米烛光) 1lm/m^{2}=10^{4}lx(流明每平方米)
放射性活度	A	贝可[勒尔]	Bq	1Ci=3.7×10^{10}Bq=37GB_q 不要用放射性、放射强度取代放射性活度
照射量	X	库[仑]每千克	C.kg^{-1}	1R=2.58×10^{-4}C・kg^{-1}
吸收剂量 比授予能	D Z	戈瑞	Gy	1rad=10^{-2}Gy
剂量当量指数	H_1	希[沃特]	Sv	1rem=10^{-2}Sv
热力学温度	T,Θ	开[尔文]	K	
摄氏温度 水温	t,θ tw	摄氏度	℃	1°F=5/9　K=5/9℃ 华氏温度=9/5θ+32
势温度	θ	摄氏度	℃	
温差	$\Delta T,\Delta\Theta$ $\Delta t,\Delta\theta$	开[尔文] 摄氏度	K ℃	
压力、压强	P	兆帕[斯卡] 千帕[斯卡]	MPa,kPa	1kgf/cm^{2}=0.0980665MPa
海水压力	P_s	兆帕[斯卡] 千帕[斯卡]	MPa,kPa	1bar=0.1MPa 1dbar=0.01MPa=10kPa
海水深度	H	米	m	1ft=0.3048m
绝对盐度	S_A		×10^{-3}	

续表2

量的名称	量的符号	单位名称	单位符号	废止单位及换算关系和注释
实用盐度	S			
电阻率	ρ	欧[姆]·米	Ω.m	
电导率	C,γ,σ	西[门子]每米	$S.m^{-1}$ $mS\cdot cm^{-1}$	$1mS\cdot cm^{-1}=1m\Omega^{-1}\cdot cm^{-1}$
做为实用盐度温度和压力函数的电导率	$C(s,t.p)$	西[门子]每米	$S.m^{-1}$ $mS\cdot cm^{-1}$	
海水样品在15℃气压为1013.25hpa时与标准氯化钾质量分数为32.4356×10^{-3}的溶液的电导率比	K_{15}	1		
15℃,气压为1013.25hpa时海水样品与实用盐度为35.0000的标准海水电导率之比	R_{15}	1		
海水样品与实用盐度为35.000在同一温度、标准大气压下的电导率比	Rt	无量纲	1	
海水现场电导率与温度为(15±0.002)℃,标准大气压实用盐度为35.0000的标准海水电导率之比	R	无量纲	1	
海水现场电导率与其在同一温度下,标准大气压下电导率的比值	Rp	无量纲	1	
实用盐度为35.0000的标准海水在标准大气压下,温度为t时的电导率与在15℃时的电导率比值	r_t	无量纲	1	
氯度	cl	无量纲	10^{-3}	
质量	m	千克(公斤)	kg,g t mg,μg	1lb=453.59237g 1sh ton=907.185kg=0.907185t 1long ton=1016.05kg=1.01605t
密度 (废止容重、重度两个名称)	ρ	千克每立方米 千克每立方分米 克每立方厘米	$kg\cdot m^{-3}$ $kg\cdot dm^{-3}$ $g\cdot cm^{-3}$	
做为实用盐度、温度和压力的函数的海水密度	$\rho(s,t,p)$	千克每立方米	$kg\cdot m^{-3}$	
纯水最大密度	$\rho(\max)$ $\rho\max$	千克每立方米	$kg.m^{-3}$	
最大密度的温度	$t(\max)$ $t_{\max}$	摄氏度	℃	注:对于纯水: $t_{\max}=(3.985\pm0.005)$℃
相对密度 (废止此概念和等效的概念比重)	d	无量纲		
测定海水(纯水)密度的新参考值,标准大洋水最大密度	ρ_{max} (SMON) ρ'	千克每立方米	$kg\cdot m^{-3}$	注:SMOW是由大洋海水蒸馏而成的标准大洋水,由国际原子能协会(IAEA)制备与分发。它具有如下特征. $(^2D/H)(SMOW)=(155.76\pm0.05)\times10^{-6}$ $(^{18}O/^{16}O)(SMOW)=(2005.20\pm0.45)\times10^{-6}$ $\rho_{max}(SMOW)=(999.975\pm\varepsilon)kg\cdot m^{-3}$ ε不超过$3\times10^{-3}kg\cdot m^{-3}$

续表 3

量的名称	量的符号	单位名称	单位符号	废止单位及换算关系和注释
海水相对密度的克纽森参数 (废止此参数)	σ	无量纲	$\times 10^{-3}$	注:使用密度超量,而不使用克纽森参数 $\sigma=(d-1)\times 10^{-3}$
海表层水相对密度的克纽森参数 (废止此参数)	σ_t	无量纲	$\times 10^{-3}$	
密度超量	γ	千克每立方米	$kg \cdot m^{-3}$	注:$\gamma=\rho-1000(kg \cdot m^{-3})$
比容(比体积)	α, v	立方米每千克	$m^3 \cdot kg^{-1}$	
比容变态 (比体积变态) 比容余数	δ	立方米每千克	$m^3 \cdot kg^{-1}$	注:$\delta=\alpha-\alpha^{\circ}$ α°为详细说明的标准海水的比容
比容偏差	δ	立方米每千克	$m^3 \cdot kg^{-1}$	注:$\delta=\alpha(s,t,p)-\alpha(35,o,p)$
热比容异常	$\Delta(s,t)$	立方米每千克	$m^3 \cdot kg^{-1}$	注:$\Delta(s,t)=\alpha(s,t,o)-\alpha(35,o,o)$
体膨胀系数	α_r	每开[尔文]	K^{-1}	注:$\alpha_r=\frac{1}{V}\frac{dv}{dT}$
相对压力系数	α_p	每开[尔文]	K^{-1}	注:$\alpha_p=\frac{1}{p}\frac{dp}{dT}$
压缩率	κ	每帕[斯卡]	Pa^{-1}	注:$\kappa=-\frac{1}{V}\frac{dv}{dp}$
开端颠倒温度表压力系数	Q	摄氏度每兆帕[斯卡]	$^{\circ}C \cdot MPa^{-1}$	$1^{\circ}C/at \approx 10.198^{\circ}C \cdot MPa^{-1}$
摩擦系数	$\mu(f)$	无量纲		
表面张力	$\gamma(\sigma)$	牛[顿]每米	$N \cdot m^{-1}$	$1dyn/cm=1\times 10^{-3}N.\ m^{-1}=1mN.\ m^{-1}$ $1ibf/in=175.126835274N.\ m^{-1}$
动力粘度	$\eta(\mu)$	帕[斯卡]秒	$Pa \cdot s$	$1kgf \cdot s/m^2=9.80665Pa \cdot s$ $1P=0.1Pa \cdot s$ $1cP=1mPa \cdot s$ $1lbf \cdot s/in=6.894757293\times 10^3Pa \cdot s$ $=6894.75293Pa \cdot s$ $1Reyn=6894 \cdot 757293Pa \cdot s$
运动粘度	v	平方米每秒	$m^2 \cdot s^{-1}$	$1st=10^{-4}m^2 \cdot s^{-1}=cm^2 \cdot s^{-1}$ $1cst=10^{-6}m^2 \cdot s^{-1}=mm^2 \cdot s^{-1}$
流速	V	米每秒 厘米每秒	$m \cdot s^{-1}$ $cm \cdot s^{-1}$	$1kn=0.51444m \cdot s^{-1}=51.444cm \cdot s^{-1}$ $1ft/s=0.3048m \cdot s^{-1}=30.48cm \cdot s^{-1}$ $1yd/s=0.9144m \cdot s^{-1}=91.44cm \cdot s^{-1}$
流向	θ	度	(°)	1 方位=22°30′
波高	H	米	m	1ft=0.3048m
波向		度	(°)	1 方位=22.5°
波周期		秒	s	

续表 4

量的名称	量的符号	单位名称	单位符号	废止单位及换算关系和注释
水位、潮位		米	m	
潮(位)差		米	m	
科里奥利参数	f	弧度每秒	$rad \cdot s^{-1}$	
罗斯比参数	R	无量纲		注:$Ro=U/(f \cdot l)$
埃克曼数	E	无量纲		注:$E=\upsilon(f \cdot h^2)$ υ 为运动粘度 f 为科里奥利参数 h 是垂直长度
重力势 (废除动力高度、动力深度两个术语)	Φ	平方米每二次方秒	$m^2 \cdot s^{-2}$	1gdm(动力米 dynamic metre) $\doteq 10m^2 \cdot s^{-2}$ 1gpm(位势米 geopotential metre) $\doteq 9.8m^2 \cdot s^{-2}$
稳定度 (不含压缩系数校正)	E	每米	m^{-1}	注:$E=-(1/\rho)[\frac{\partial_P}{\partial_s} \cdot \frac{\partial_S}{\partial_Z}+\frac{\partial_P}{\partial_T}(\frac{\partial_t}{\partial_Z}+\Gamma)]$ Γ 是纯热温度梯度
Väisälä 频率	N	每秒	s^{-1}	注:$N=(g \cdot E)^{1/2}$ g 重力加速度;E 为稳定度
变形外半径, 外部畸变半径	r_e	米	m	注:$r_e=(g \cdot H)^{1/2}f$ H 是海面深度;f 为科里奥参数
惯性半径	r	米	m	注:$r=\upsilon/f$ υ 为流速. f 为科氏参数
变形内半径 内部畸变半径	r_i	米	m	$r_i=N \cdot h/f$ N 为 Väisälä 频率 h 为水层厚度 f 为科氏参数
赤道内部畸变半径	r_o	米	m	注:$r_o=(N \cdot hR/Z\omega)^{1/2}$ ω 为地球自转角速度 R 为地球自转半径
赤道惯性半径	r	米	m	
海洋运输量		立方米每秒	$m^3 \cdot s^{-1}$	1sverdrup$=10^9m^3 \cdot s^{-1}$ $=1km^3 \cdot s^{-1}$
正割体积模量	K		MPa	
电导地常数			cm	
海水冰点温度	t_f		℃	
气　温	$Ta, ta, \Theta a$	摄氏度	℃	1°F=5/9K=5/9℃
气　压	P_a	百帕[斯卡]	hPa	1mbar=1hPa 1torr=(101325/760)Pa $1mmHg=1.333224hPa=\frac{4}{3}hPa$ $1mmH_2O=9.80665Pa=0.098hPa$ $1atm=1013.25hPa$
风　速	υ	米每秒	$m. s^{-1}$	$1kn=0.51444m. s^{-1}$
风　向	θ	度	(°)	1 方位=22.5°
水蒸气压	e'	百帕[斯卡]	hPa	

续表 5

量　的　名　称	量的符号	单位名称	单位符号	废止单位及换算关系和注释
饱合蒸气压	e_w	百帕[斯卡]	hPa	
绝对湿度	ρ_v	克每立方米	g. m－3	
相对湿度	Vw(对于水),Vi(对于冰)	无量纲	%	
热力学露点温度	T_d	开[尔文]	K	
露点温度	t_d,θ_d	摄氏度	℃	
降水量		毫米	mm	
能见度		千米	km	1nmile＝1. 852km 1mile＝1. 609km
日照持续时间(照度,日照)		小时	h	
(太阳)辐照度	Es	瓦[特]每平方米	W. m^{-2}	1langleg/min＝697. 8W. m^{-2}
云量		无量纲	10^{-1}	1 成＝1×10^{-1}
绝对虚温	Tv	开[尔文]	K	注:Tv＝(1＋60899)T
位　温 位虚温	θ θ_v	摄氏度	℃	$\theta=T(\frac{1000}{p})\quad\frac{Rd}{Cpd}$ $\theta v=(1+0.6089)\theta$
比湿	q	无量纲	1	
混合比	w	无量纲	1	
重力加速度	g	米每二次方秒	m. s^{-2}	注:气象行业计算重力加速度的公式为: g＝980. 61(1－0. 0026373cos2φ ＋0. 0000059cos^{2}2φ)－0. 0003086 (cm. s^{-2}) φ 为当地纬度 z 为当地海拔高度 m
热,热量	Q	焦[耳]	J	1cal＝4. 1868J
热流量	Φ	瓦[特]	W	1cal/s＝4. 1868W 1 大卡/小时(1kcal/h)＝1. 163W
热流(量)密度	q,Φ	瓦[特]每平方米	W. m^2	1langley/min＝697. 8W. m^{-2} 1cal/(cm^2. s)＝41. 868kW. m^{-2} 1 大卡/(小时. 米^2)＝1. 163W. m^{-2}
热导率(导热系数)	λ,κ	瓦[特]每米开[尔文]	W. m^{-1}. k^{-1}	1cal/(cm. k. s)＝418. 68W. m^{-1}・K^{-1}
绝热系数	M	平方米开[尔文]每瓦[特]	m^2. K. W^{-1}	
热　阻	R	开[尔文]每瓦[特]	K. W^{-1}	
热　容	C	焦[耳]每开[尔文]	J. K^{-1}	1cal/K＝4. 1868J. K^{-1} 1kcal/℃＝4. 1868kJ. K^{-1}
比热容 定压比热容 定容比热容 饱合比热容	C C_p C_v C_s	焦[耳]每千克开[尔文]	J. kg^{-1}. K^{-1}	1cal/(g. ℃)＝4. 1868KJ. kg^{-1}. K^{-1} 1cal/(kg. ℃)＝4. 1868J. kg^{-1}. K^{-}
摩尔热容	C_m	焦[耳]每摩[尔]开[尔文]	J. mol^{-1}. K^{-1}	1cal/(mol℃)＝4. 1868J. mol^{-1}K^{-1}
热扩散率	$a(\sigma,\kappa)$	平方米每秒	m^2. s^{-1}	注:$a=\frac{\lambda}{p.cp}$ λ 为热导率 P 为密度　Cp 为定压比热容

续表6

量的名称	量的符号	单位名称	单位符号	废止单位及换算关系和注释
周期	T	秒 毫秒 微秒 纳[诺]秒	s ms μs ns	注:s一般用于运动学、力学、电学 ms一般用于低频声频 μs一般用于中频高频 ns一般用于光波
频率	$f,(\gamma)$	赫[兹] 千赫[兹] 兆赫[兹]	Hz kHz MHz	注:Hz一般用于运动学、力学、电学 kHz一般用于低频、声频、中频 MHz一般用于高频
声压 静压力	P P_o	帕[斯卡] 帕[斯卡]	Pa Pa	注:P_o为没有声波时媒质中的压力 1dyn/cm^2=10Pa, 1g/cm^2=0.0980665kPa
质点位移	ξ	米	m	
质点速度	u	米每秒	m.s^{-1}	
质点加速度	α	米每二次方秒	m.s^{-2}	
体积速度	U	立方米每秒	m^3.s^{-1}	
(海水)声速	C,Cw	米每秒	m.s^{-1}	注:沉淀物声速为Cs
声能密度	D,W	焦[耳]立方米	J.m^{-3}	1erg.cm^{-3}=0.1J.m^{-3}
声(源)功率	W,P	瓦[特]	W	1erg.s^{-1}=1×10^{-7}W
声能通量	Φ	瓦[特]	W	1erg.s^{-}1=1×10^{-7}W
声强(度)	I	瓦[特]每平方米	W.m^{-2}	1erg.s^{-1}.cm^{-2}=10^{-3}W.m^{-2}
声阻抗率	Z_s	帕[斯卡]秒每米	Pa.s.m^{-1}	1CGSrayl=10Pa.s.m^{-1} 1reyl=1Pa.s.m^{-1}
声压级 噪声频率声压级	Lp,L Lp_f	分贝	dB	注:基准声压空气中为:20μPa 水中为1μpa
声强级	L_I	分贝	dB	注:基准声强为1PW/m^2
声功率级	L_w	分贝	dB	注:基准声功率为1PW
阻尼系数	δ	每秒	S^{-1}	
时间常数 驰豫时间	τ	秒	S	
损耗系数 反射系数 透射系数	δ γ τ	无量纲 无量纲 无量纲		
传声损失	R	分贝	dB	
声压谱(密度)级	L_{ps} (L_s)	分贝	dB	注:基准值:空气中为20μPa/$\sqrt{\text{Hz}}$ 水中为1μPa/$\sqrt{\text{Hz}}$
波长	λ	米 纳米	m nm	1Å=0.1nm
波数	σ	每米	m^{-1}	
电磁波在真空中的传播速度	C,Co	米每秒	m.s^{-}1	若C代表介质中的速度 则Co代表真空中的速度
折射率	n	无量纲		
光子	r	焦[耳]	J	

续表 7

量 的 名 称	量的符号	单位名称	单位符号	废止单位及换算关系和注释
辐射通量 辐射功率	Φ,ρ F	瓦[特]	W	
辐射强度	$I(Ie)$	瓦[特]每球面度	W. sr^{-1}	
辐射亮度 辐射度	L (Le)	瓦[特]每球面度平方米	W. sr^{-1}. m^{-2}	
(在表面一点上的)辐照度	E (Ee)	瓦[特]每平方米	W. m^{-2}	1langlay/min=697.8W. m^{-2}
(表面一点上的)辐(射)出[射]度	M (Me)	瓦[特]每平方米	W. m^{-2}	
爆光量	H	焦[耳]每平方米	J. m^{-2}	
向下辐照度	Ed	瓦[特]每平方米	W. m^{-2}	注:辐射到水面上包括被研究点的极小面上表面的辐射通量,除以面元的面积为向下辐照度
向上辐照度	Eu	瓦[特]每平方米	W. m^{-2}	注:辐射到水面包括被研究点的极小面元下表面的辐射通量除以面元的面积为向上辐照度
向下向量辐照度,净(向下)辐照度	$\bar{E}$	瓦[特]每平方米	W. m^{-2}	注:净(向下)辐照度或向量的模是做为具有一参考水平平面的向下和向上辐照度的差异而给出的
标量辐照度	$\dot{E},E_。$	瓦[特]每平方米	W. m^{-2}	注:在一点上,围绕该点所有方向上辐射度分布的积分
向下和向上的标量辐照度	$\dot{E}_d,\dot{E}_u$ 或 E_{od},E_{ou}	瓦[特]每平方米	W. m^{-2}	注:在一点上辐照度分布分别对上半球和下半球的积分
球面辐照度	E_s	瓦[特]海平方米	W. m^{-2}	注:辐射到球面上的辐射通量与该球面面积之比,当球心固定而半径趋于零时的极限 $E_s=\frac{1}{4}E_。$
平均余弦	$u,\overline{U}d,\overline{U}_u$	无量纲	I	注:$\bar{u}=\frac{Ed-Eu}{.\ E}$
(辐射度、辐照度等辐射学量(X)的)垂直衰减系数	K	每米	m^{-1}	注:$k=\frac{d\ln(x)}{dz}=-\frac{1}{x}\quad\frac{dn}{dz}$
辐照度比	R	无量纲		注:$R=Eu/Ed$ $Eu.Ed$ 分别为同处向上和向下的辐照度
辐[射]出[射]度比	ε	无量纲		注:一表面辐出度和黑体在相同温度下辐出度的比值
吸收率	A	无量纲		注:$A=\Phi_a/\Phi_o$
散射率	B	无量纲		注:$B=\Phi_b/\Phi_o$
向前散射率	B_f	无量纲		
向后散射率	B_b	无量纲		
衰减率	C	无量纲		注:$C=A+B$
反射率	ρ	无量纲		
透射率	T	无量纲		注:$T=\Phi t/\Phi o,T=1-c$
吸收有效系数	Q_a	无量纲		
散射有效系数	Q_b	无量纲		

续表8

量的名称	量的符号	单位名称	单位符号	废止单位及换算关系和注释
衰减有效系数	Q_c	无量纲		注：$Q_c=Q_a+Q_b$
吸收系数 线性吸收系数	a	每米	m^{-1}	注：垂直于射束的极薄介质的吸收率除以介质层厚度(ΔΥ))为吸收系数
体积散射函数	$\beta(\theta)$	每米球面度	$m^{-1}\cdot sr^{-1}$	注：该量为在一小体积元上，每单位体积、每单位辐照度沿给定方向上所发出的辐射强度
总散射系数	b	每米	m^{-1}	注：垂直于射束的无限小薄层介质的散射率除以该层厚度 $b=B/\Delta r=\int_{4\pi}\beta(\theta)d\omega$
向前散射系数	b_f	每米	m^{-1}	
向后散射系数	b_b	每米	m^{-1}	
总衰减系数	C	每米	m^{-1}	注：垂直射束无限小薄层介质衰减率除以该层厚度 $c=a+b$
光子残余概率	$\bar{\omega}$ ω	无量纲		注：散射系数与衰减系数的比值 $\bar{\omega}=b/c$
吸收数	$\bar{\alpha}$ α	无量纲		注：吸收系数与衰减系数的比值 $\bar{\alpha}=\alpha/c=1-\bar{\omega}$
(正则) 体积散射函数	$\bar{\beta}(\theta)$ $\beta(\theta)$	每球面度	sr^{-1}	注：$\bar{\beta}(\theta)=\frac{1}{b}\beta(\theta)$ b 为总散射系数 $\beta(\theta)$为体积散射函数
向前、向后散射率	$\bar{b}_f,\bar{b}_b$ 或 $\bar{b}_f,\bar{b}_b$	无量纲		注：$\bar{b}_f=bf/b_f/b$ $\bar{b}_b=b_b/b$
光学路径长度	τ	无量纲		注：几何路径长度与沿路径的总衰减系数的乘积 $\tau=cl$
元素的相对原子质量	Ar	无量纲		注：此量是元素的平均原子质量与核素 ^{12}C 原子质量的1/12之比
物质的相对分子质量	Mr	无量纲		
分子或其他基本单元数	N	无量纲		
物质的量	$n(v)$	摩[尔]	mol	当基本单元不变时 lg－atom＝1mol 1m＝1g－mol＝1mol＝1molar 当基本单元变化时，视摩尔数的基本单元而定，如 $1g-mol(H_2SO_4)=2mol(\frac{1}{2}H_2SO_4)$ g－eq 和 eq 视取的基本单元和基本单元在反应过程中得失 H^+(或 e^-)个数而定，如果取的基本单元在反应中仅得失1个 H^+(或 e^-)则 1g－eq＝1mol. 如果是 a 个 H^+(或 e^-)则 $1g-eq=\frac{1}{a}mol$
摩尔质量	M	千克每摩[尔]	$kg\cdot mol^{-1}$	注：此量以前称为克原子量、克分子量，在以分子、原子为基本单元的情况下，原单位为 $kg\cdot mol^{-1}$的 0.001 倍
摩尔体积	V_m	立方米每摩[尔]	$m^3\cdot mol^{-1}$	
摩尔内能 摩尔焓	$U_m(E_m)$ H_m	焦[耳]每摩[尔]	$J\cdot mol^{-1}$	
摩尔热容 定压摩尔热容 定容摩尔热容	C_m $C_{p,m}$ $C_{v,n}$	焦[耳]每摩[尔]开[尔文]	$J\cdot mol^{-1}K^{-1}$	1cal th/(mol·K)＝4.1840J·$mol^{-1}K^{-1}$ 1cal IT/(mol·K)＝4.1868J·$mol^{-1}K^{-1}$

续表 9

量的名称	量的符号	单位名称	单位符号	废止单位及换算关系和注释
物质B的浓度 (物质B的物质的量浓度)	C_B $C(B)$	摩[尔]每立方分米	$mol \cdot dm^{-3}$	注:在无特殊说明时,物质B的浓度就是物质B的物质的量浓度
溶解氧	$C(O)$	微摩[尔]每立方分米	$\mu mol \cdot dm^{-3}$	不再使用 mg/dm^3、$10^{-3}(mL/L)$表示溶解氧
总碱度	A	毫摩[尔]每立方分米	$mmol \cdot dm^{-3}$	溶解氧以体积分数表示的结果与以微摩尔每立方分米为单位的表示的结果的换算关系是:$C(0)/\mu mol/L = 89.23\varphi(0)/10^{-3}$
活性硅酸盐	$C(SiO_3\text{-}Si)$	微摩[尔]每立方分米	$\mu mol \cdot dm^{-3}$	
无机磷酸盐	$C(PO_4\text{-}P)$	微摩[尔]每立方分米	$\mu mol \cdot dm^{-3}$	
亚硝酸盐	$C(NO_2\text{-}N)$	微摩[尔]每立方分米	$\mu mol \cdot dm^{-3}$	
硝酸盐	$C(NO_3\text{-}N)$	微摩[尔]每立方分米	$\mu mol \cdot dm^{-3}$	
氨氮	$C(NH_3\text{-}N)$	微摩[尔]每立方分米	$\mu mol \cdot dm^{-3}$	
(水)硬度	Hc $C(\frac{1}{2}Ca^{2+}+\frac{1}{2}Mg^{2+})$	毫摩[尔]每立方分米	$mmol \cdot dm^{-3}$	德国度=$0.3566 mmol/dm^3$ 注:硬度指水中$\frac{1}{2}Ca^{2+}+\frac{1}{2}Mg^{2+}$的浓度 $1 meq/L = 1 mgat/L = 1 mg-atom/L = 1/2 mmol \cdot dm^{-3}$
单位质量溶液中成分B的物质的量	M_B $M(B)$	摩[尔]每千克	$mol \cdot kg^{-1}$	
物质B的质量浓度	ρ_B, $\rho(B)$	千克每立方米	$kg \cdot m^{-3}$	①分子分母上均含词头 ②元素符号、分子式进入单位 ③数字和单位混写
铜、锌、铅、镉、铬、砷、硒、汞、挥发酚、氰化物、硫化粉等在海水中的质量浓度	$\rho(Cu)$ $\rho(Zn)$ $\rho(Pb)$ $\rho(Cd)$ $\rho(Cr)$ $\rho(As)$ $\rho(Se)$ $\rho(Hg)$ $\rho(CN)$ $\rho(S)$ $\rho(666, DDT)$	微克每立方分米	$\mu g \cdot dm^{-3}$	
油的质量浓度	$\rho(oil)$	毫克每立方分米	$mg \cdot dm^{-3}$	
化学耗氧量	$D(COD)$	毫克每立方分米	$mg \cdot dm^{-3}$	
五日生化耗氧量	$D(BOD_5)$	毫克每立方分米	$mg \cdot dm^{-3}$	

续表 10

量的名称	量的符号	单位名称	单位符号	废止单位及换算关系和注释
浑浊度	md	毫克每立方分米	$mg \cdot dm^{-3}$	
大肠杆菌数	$Bcoli$	个每立方分米	个·dm^{-3}	
物质 B 的放射浓度(指海水中)	α_{γ}	毫贝可[勒尔]每立方分米	$mBq \cdot dm^{-3}$	$1\mu\mu ci/L = 1\times10^{-12}Ci/L = 3.7\times10^{-2}B_q/dm^3 = 37mB_q/dm^3$ 注:放射性强度含乎不清建议不用
(底质、生物体)内的放射性比活度	α	毫贝可[勒尔]每千克	$mB_q \cdot kg^{-1}$	$1\mu\mu ci/kg = 1\times10^{-12}Ci/kg = 3.7\times10^{-2}B_q/kg = 37mB_q/kg$ 注:放射性强度含乎不清建议不用
物质 B 的质量分数	ω_B $\omega(B)$	无量纲	$\%, \times10^{-3}, \times10^{-6}, 1$	
汞,有机汞,甲基汞、铜、铅、镉、铬、砷、硒、硫化物、有机氯、油类等在海洋底质海洋生物中的质量分数	$w(Hg)$ $w(Hg)$ $w(Hg)$ $w(Cu)$ $w(Pb)$ $w(Cd)$ $w(Zn)$ $w(Cr)$ $w(As)$ $w(Se)$ $w(S)$ $w(666, DDT)$ $w(oil)$		$\times10^{-6}$	
物质 B 的体积分数	φ_B, $\varphi(B)$	无量纲	$\%, \times10^{-3}$ $\times10^{-6}, 1$	
物质 B 的物质的量分数	xB, $x(B)$	无量纲		
溶质 B 的物质的量比(溶质 B 的摩尔比)	r_B, $r(B)$	无量纲		注:此量是溶质 B 与溶剂的摩尔比
溶质 B 的质量摩尔浓度	b_B, $b(B)$ $m_B, m(B)$	摩[尔]每千克	$mol \cdot kg^{-1}$	注:此量表示溶质 B 的物质的量与溶剂的质量之比
物质 B 的化学势	μ_B, $\mu(B)$	焦[耳]每摩尔	$J \cdot mol^{-1}$	注:$\mu_B = (\partial G/\partial n_B)T \cdot P \cdot nC\cdots$ G 为吉布斯函数 nB,nC…分别为物质 B,C…的物质的量
物质 B 的绝对活度	λB, $\lambda(B)$	无量纲	1	注:$\lambda_B = \exp(\mu_B/RT)$
物质 B 的分压力(在气体混合物中)	ρ_B, $\rho(B)$	帕[斯卡]	Pa	注:$\rho_B = \chi_B \cdot P$
物质 B 的相对活度,物质 B 的活度(特别在稀薄液体中)	αm,B $\alpha(m,B)$ αB, $\alpha(B)$	无量纲	1	
溶质 B 的活度系数	γ_B, $\gamma_{(}B)$	无量纲	1	注:$V_B = \frac{\alpha B}{m_B/m}$
渗透压[力]	Π	帕[斯卡]	Pa	
物质 B 的化学计量数	ν_B, $\nu(B)$	无量纲	1	注:ν_B 出现在化学反应方程式中 $\theta = \sum v_B B$ 生成物 v_B 为正,反应物 v_B 为负

续表 11

量 的 名 称	量的符号	单位名称	单位符号	废止单位及换算关系和注释
正则分布函数	Q,Z	无量纲	1	注:$Z=\sum_r exp(-Er/KT)$
扩散系数	D	平方米每秒	$m^2\cdot s^{-1}$	注:$n_B\langle v_B\rangle=-Dgrad\ C_B$ $\langle v_B\rangle$为分子B的局部平均速度
离子的电荷数	Z	无量纲	1	注:Z是离子电荷与元电荷之比
元电荷	e	库[仑]	C	注:一个电子的电荷等于$-e$, $e=(1.6021892\pm0.0046)\times10^{-19}C$
解离度	α	无量纲	1	
电解质电导率	γ,χ κ,σ C	西[门子]每米	$S\cdot m^{-1}$	
摩尔电导率	Am	西[门子]平方米每摩[尔]	$S\cdot m^2\cdot mol^{-1}$	
离子的迁移率 离子的电流分数	t	无量纲	1	注:此量表示由特定种类离子携带电流与全部电流之比
液体密度	ρ	千克每立方米 千克每立方分米 克每立方厘米	$kg\cdot m^{-3}$ $kg\cdot dm^{-3}$ $g\cdot cm^{-3}$	波美度:$B°$ 波美度分为重波美度和轻波美度。 特活德尔度 乳稠度 API度 它们与SI密度单位换算复杂
放射性浓度		贝可[勒尔]每立方米 贝可[勒尔]每立方分米 毫贝可[勒尔]每立方分米	B_q/m^3 B_q/dm^3 mB_q/dm^3	$1mCi/L=3.7\times10^7B_q/L=37mB_q/dm^3$ $1\mu\mu Ci/L=3.7\times10^{-2}B_q/L=37mB_q/dm^3$ 不要用放射性强度、放射性等名词代替放射性浓度
重力加速度	g	米每二次方秒	$m\cdot s^{-2}$	$Gal=10^{-5}m\cdot s^{-2}$ $mGal=10\mu m\cdot s^{-2}$
正常重力加速度	g_n	微米每二次方秒	$\mu m\cdot s^{-2}$	
自由空间异常	$\Delta g'$ (Δg_F)	微米每二次方秒	$\mu m\cdot s^{-2}$	注:$\Delta g'=g-gn$
布格异常	$\Delta g''$ (Δg_B)	微米每二次方秒	$\mu m\cdot s^{-2}$	注:在假定密度为$1030kg\cdot m^{-3}$的海水被密度为$2670kg\cdot m^{-3}$的地壳岩石取代的条件下,计算的修正值,修正后的自由空间异常
地磁强度	H	安[培]每米	$A\cdot m^{-1}$	
地磁通密度 地磁感应强度	B	纳[诺]特[斯拉]	nT	$1Gs=10^{-4}T=10^5nT$ $1\gamma=1nT$ $1aT=10^{-4}T$ $1sT=2.997924558\times10^6T$ 注:过去统称的地磁强度实际是指地磁通密度
国际地磁参考场(IGRF)	B_r	纳[诺]特[斯拉]	nT	注:IGRT由表示一组有限函数的方程推导的地磁场,这组方程由IAGA于1968年确定
磁化强度	M, Hi	安[培]每米	$A\cdot m^{-1}$	注:受极化磁性材料感应的磁力矩除以该物质的体积为磁化强度
磁化率 磁化系数	χ, K	无量纲		注:此量是感应磁化强度和地磁场强度之比
磁倾角	I	度,分,秒	(°)(′)(″)	注SI单位为rad,但以“°”“′”“″”为好

续表 12

量的名称	量的符号	单位名称	单位符号	废止单位及换算关系和注释
磁偏角	D	度,分,秒	(°)(′)(″)	
地内增温率(地热梯度)	$\partial t/\partial z$, $\partial t/z$, $\partial\theta/\partial z$	开[尔文]每米 毫开[尔文]每米	$K\cdot m^{-1}$ $mK\cdot m^{-1}$	
地热流量密度	q, (φ)	瓦[特]每平方米	$W\cdot m^{-2}$	$1HFU=41.868mW\cdot m^{-2}$ $(\mu cal/cm^2\cdot s)$
热生成率	A	瓦[特] 每立方米	$W\cdot m^{-3}$	$1HGU=10^{-13}cal/(cm^3\cdot s)$ $=4.1868\times10^{-7}W\cdot m^{-3}$ $=0.41868\mu W\cdot m^{-3}$
介质对水的渗透率	K	平方米	m^2	$1darcy=0.9869\times10^{-12}m^2$ $=0.9869\mu m^2$
压缩波速度	Vp	千米每秒	$km\cdot s^{-1}$	
切变波速度	Vs	千米每秒	$km\cdot s^{-1}$	
沉淀速率	V	微米每年	$\mu m\cdot a^{-1}$	SI 单位 m/s 太大
重力加速度梯度		每二次方秒	s^{-2}	$1E=0.1mGal/km=10^{-9}Gal/cm$ $=10^{-9}S^{-2}$
丰度	A	无量纲		元素在地质体中的平均质量分数
粒度	G	米,厘米,毫米	m,cm,mm	原粒度为 G=log2φ
细度	F	毫米,微米	mm,μm	
空隙度 孔隙度	η $\eta p,\eta$	无量纲		注:岩土中空隙体积与岩石、土总体积之比
孔隙比	e	无量纲		注:岩土中孔隙体积与颗粒体积之比
(重量)含水量	W,Wg	无量纲		注:岩土中含水质量与干燥岩土重量之比
饱合(重量)含水量	W_{sat}	无量纲		
体积含水量	W_v	无量纲		

(秦嗣仁　赵秀筠)

中国海洋年鉴编辑部

地　　址：天津市河东区六纬路93号

邮政编码：300171

电　　话：244164－271；315213－271

电　　挂：5060

传　　真：086－022－314408

电　　传：23138　NODC　CN

（京）新登字 087 号

1987～1990 中国海洋年鉴

中国海洋年鉴编纂委员会

中国海洋年鉴编辑部编

*

海洋出版社出版（北京市复兴门外大街 1 号）

新华书店北京发行所发行　国家海洋信息中心印刷厂印刷

开本：787×1092　1/16　印张：31.7　字数：1 074 千字

1992 年 6 月第一版　1992 年 6 月第一次印刷

印数：1～5 000

*

ISBN 7－5027－2434－6/P・205